BVT

Kaum eine Frage ist umstrittener und stärker mit Ideologie befrachtet als die, warum manche Länder wirtschaftlich äußerst erfolgreich sind, während andere unfähig scheinen, aus ihrer Armut herauszufinden. Liegt es am Klima? An der Kultur? An der Politik? Der führende amerikanische Wirtschaftshistoriker David S. Landes entwickelt in seiner umfassenden Geschichte der Weltwirtschaft der letzten 600 Jahre wichtige Ansätze zur Lösung der Probleme.

David S. Landes, geboren 1924 in New York, lehrte bis zu seiner Emeritierung an der Harvard University. Sein Buch *Der entfesselte Prometheus* (1973) wurde zum Klassiker der Industrialisierungsgeschichte. Mit *Wohlstand und Armut der Nationen* löste Landes eine Debatte aus, die weit über die Grenzen seines Fachs hinausging.

David S. Landes

Wohlstand und Armut der Nationen

Warum die einen reich und die anderen arm sind

Aus dem Amerikanischen von
Ulrich Enderwitz, Monika Noll und
Rolf Schubert

Berliner Taschenbuch Verlag

November 2002
BvT Berliner Taschenbuch Verlags GmbH, Berlin,
ein Unternehmen der Verlagsgruppe Random House GmbH
Die Originalausgabe erschien 1998 unter dem Titel
The Wealth and Poverty of Nations. Why Some Are So Rich and Some So Poor.
bei W.W. Norton & Company, New York

Lektorat: Andrea Böltken
Register: Frank Zimmer, Berlin
Die Karten wurden von Ditta Ahmadi und Peter Palm, Berlin, erstellt
Umschlaggestaltung: Nina Rothfos und Patrick Gabler, Hamburg, unter
Verwendung einer Fotografie von © Corbis/Bettmann/Picture Press
Gesetzt aus der Times durch Bongé + Partner, Berlin
Druck und Bindung: Elsnerdruck, Berlin
Printed in Germany · ISBN 3-442-76126-3

Für meine Kinder und Enkel,
in Liebe

... the causes of the wealth and poverty of nations – the grand object of all enquiries in Political Economy.

*Malthus an Ricardo in einem Brief vom 26. Januar 1817**

* J.M. Keynes, *Collected Works*, Bd. X, S. 97f., zit. in: Skidelsky, *John Maynard Keynes: The Economist as Saviour 1920–1937*, S. 419. Ich danke Morton Keller für dieses Zitat.

Inhalt

Vorwort und Dank

Mit diesem Buch lege ich eine Weltgeschichte vor. Allerdings nicht in der multikulturellen, anthropologischen Bedeutung prinzipieller Gleichbehandlung, nach dem Motto: Alle Völker sind gleich, und der Historiker versucht, ihnen allen Gerechtigkeit widerfahren zu lassen. Vielmehr war meine Absicht, den Hauptstrom ökonomischer Fortschritte und Neuerungen zu verfolgen und zu verstehen: Wie sind wir dahin gekommen, wo wir uns befinden, und zu dem geworden, was wir sind – und zwar unter dem Gesichtspunkt der Produktion, der Distribution, der Konsumtion. Diese Fragestellung gestattet eine stärkere Zentrierung und begrenzt entsprechend die Darstellung. Dennoch bleibt die Aufgabe gewaltig, und so langwierig die Vorarbeiten auch waren, auf die das Buch zurückblickt, kann es doch nicht mehr als eine erste Annäherung sein. Eine solche Aufgabe läßt sich unmöglich in Angriff nehmen ohne die Beiträge und Ratschläge anderer – das heißt, ohne die Mitwirkung von Kollegen, Freunden, Studenten, Journalisten, historischen Zeugen, toten und lebenden.

Bekennen muß ich mich zuerst zu meiner Dankesschuld gegenüber Studenten und Kollegen aus Seminaren an der Columbia University, der University of California in Berkeley, der Harvard University sowie an anderen akademischen Orten, an denen ich mich weniger lange aufhielt. Viel gelernt habe ich vor allem durch die Arbeit und die Lehrtätigkeit im Rahmen der sozialwissenschaftlichen Grundstudienprogramme und des Basislehrplans in Harvard. In beiden Einrichtungen kommen die Lehrenden in Kontakt mit Studenten und Assistenten aus dem ganzen Fächerspektrum und aus anderen Fakultäten und müssen sich der Herausforderung durch aufgeweckte, streitbare, unabhängige Menschen stellen, die sich von Unterschieden in Alter, Rang und Erfahrung nicht einschüchtern lassen.

Zweitens erhielt, hauptsächlich dank des anteilnehmenden Verständnisses von Dr. Alberta Arthurs, das vorliegende Werk schon früh Unterstützung von seiten der Rockefeller Foundation, die Geldmittel für Forschungen und für die Niederschrift zur Verfügung stellte und die zwecks Anregung und intellektuellem Austausch eine Reihe von Wissenschaftlern in der stiftungseigenen schönen Villa Serbelloni im italienischen Bellagio an den Ufern des Comer Sees zusammenführte – dort, wo Plinius der Jüngere einst Schönheit, Arbeit und Müßiggang miteinander versöhnt hatte. Das Treffen mündete in die Veröffentlichung von *Favorites and Fortunes* (hrsg. von Patrice Higonnet, Henry Rosovsky und mir selbst) und gab mir Gelegenheit, einen ersten Essay über neuere mathematisch-statistisch fundierte wirtschaftsgeschichtliche Forschungen zum Thema europäisches Wachstum zu schreiben. Zu den

Personen, die mir damals und bei anderer Gelegenheit halfen, zählen die beiden Mitherausgeber, Higonnet und Rosovsky, außerdem Robert Fogel, Paul David, Rudolf Braun, Wolfram Fischer, Paul Bairoch, Joel Mokyr, Robert Allen, François Crouzet, William Lazonick, Jonathan Hughes, François Jequier, Peter Temin, Jeff Williamson, Walt Rostow, Al Chandler, Anne Krueger, Irma Adelman und Claudia Goldin.

Die Rockefeller Foundation unterstützte auch zwei thematisch bestimmte Kongresse – im Jahre 1988 einen über Lateinamerika und im darauffolgenden Jahr einen über die Rolle der Geschlechter im Wirtschaftsleben und in der ökonomischen Entwicklung. Von den Beitragenden zu diesen anregenden Gesprächen, die regelrechte Blitzschulungen waren, nenne ich David Rock, Jack Womack, John Coatsworth, David Felix, Steve Haber, Wilson Suzigan, Juan Dominguez, Werner Baer, Claudia Goldin, Alberta Arthurs und Judith Vichniac.

Dank schulde ich auch Armand Clesse und dem Luxemburg-Institut für Europäische und Internationale Studien. Herr Clesse spielt mittlerweile eine Schlüsselrolle beim Bemühen, Wissenschaftler und Intellektuelle zur Diskussion und Analyse zeitgenössischer politischer, sozialer und ökonomischer Probleme anzuregen. Sein Hauptthema ist die »Lebenskraft von Nationen«, womit im weitesten Sinne praktisch alles gemeint ist, was Nationen leistungsfähig macht. Das Ergebnis dieser Bemühungen war eine Reihe von Kongressen, die ihren Niederschlag nicht nur in Sammelbänden gefunden haben, sondern auch in einem wachsenden und in seinem Wert unschätzbaren Netz von persönlichen Kontakten zwischen Wissenschaftlern und Spezialisten. Ein von Herrn Clesse veranstalteter Kongreß ist eine wundervolle Mischung aus Diskussion und Geselligkeit – eine normalerweise freundschaftliche Übung in der Kunst, übereinzustimmen und unterschiedlicher Meinung zu ein. Im Jahre 1996 organisierte Herr Clesse genau solch ein Treffen, das der Auseinandersetzung mit dem noch unfertigen Manuskript des vorliegenden Buches diente. Zu den Anwesenden zählten William McNeill, Universalhistoriker und hinsichtlich seines enzyklopädischen Wissens würdiger Nachfolger des früheren Byzantinisten Arnold Toynbee, Stanley Engerman, der als Auswerter und Rezensent wirtschaftshistorischer Literatur im Amerika eine Sonderstellung einnimmt, Walt Rostow, vielleicht der einzige Gelehrte, der nach seiner Beschäftigung in der Staatsverwaltung zu echter akademischer Tätigkeit zurückgefunden hat, Rondo Cameron, der Einzelkämpfer gegen Idee und Begriff einer Industriellen Revolution, Paul Bairoch und Angus Maddison, die Sammler und kalkulatorischen Bearbeiter des Zahlenmaterials zu Wachstum und Produktivität.

Ein ähnliches Treffen, dessen Thema die »Einzigartigkeit der europäischen Zivilisation« war, wurde im Juni 1996 in Israel unter der Schirmherrschaft der Yad-Ha-Nadiv Rothschild Foundation (Koordinator Guy Stroumsa) abgehalten und führte einige Personen der genannten Gruppe mit einem weiteren Team zusammen, dem Mittelalterforscher und andere angehörten, darunter Patricia Crone, Ron Bartlett, Emanuel Sivan, Esther Cohen, Yaacov Metzer, Miriam Eliav-Feldon, Richard Landes, Gadi Algazi.

Weitere Gelegenheiten, Teile des vorliegenden Materials zur Diskussion zu stellen, boten mir Tagungen in Ferrara und Mailand (Bocconi-Universität) im Jahre 1991, der III. Curso de Historia de la Técnica in der Universität Salamanca im Jahre 1992 (organisiert von Julio Sánchez Gómez und Guillermo Mira), ein Convegno der Società Italiana degli Storici dell'Economia (Sekretärin Vera Zamagni) zum Thema »Innovazione e Sviluppo« im Jahre 1993, mehrere Sitzungen des Wirtschaftshistorischen Workshops in Harvard, die »Jornadas Bancarias« der Asociación de Bancos de la República Argentina zum Thema »La Estrategias del Desarrollo«, die 1993 in Buenos Aires stattfanden, ein Kongreß im englischen Hull 1993 (Gesellschaft für Wirtschaftsgeschichte, Tawney Lecture), eine Tagung an der Universität Cambridge über »Technischer Wandel und ökonomisches Wachstum« (organisiert von Emma Rothschild) im Jahre 1993, das Colloquium von Jacques Marseille und Maurice Lévy-Leboyer (Institut d'Histoire économique, Paris, 1993) über »Les performances des entreprises françaises au XXe siècle«, eine Konferenz zum Thema »Konvergenz oder Niedergang in der britischen und amerikanischen Wirtschaftsgeschichte« an der Notre Dame University im Jahre 1994 (organisiert von Edward Lorenz und Philip Mirowski, gefördert von Donald McCloskey), eine Sitzung zum Thema Industrielle Revolution (organisiert von John Komlos) auf dem Elften Internationalen Wirtschaftshistorischen Kongreß in Mailand im Jahre 1994 und eine Sitzung der Sozialwissenschaftsgeschichtlichen Vereinigung 1994 in Atlanta.

Außerdem Vorträge an den Universitäten von Oslo und Bergen im Jahre 1995 (organisiert von Kristine Bruland und Fritz Hodne), ein Symposion 1995 in Paris zum Werk von Alain Peyrefitte (»Valeurs, Comportements, Développement, Modernité«, organisiert von Raymond Boudon), das sich unter anderem mit regionalen Unterschieden in der ökonomischen Entwicklung Europas beschäftigte, dazu Symposien im Jahre 1995 über »Reichtum und Armut von Nationen«, die in Reggio Emilia und an der Bocconi-Universität in Mailand (organisiert von Franco Amatori) stattfanden.

Desgleichen im Jahre 1996 eine Tagung an der Universität Oslo über »Technische Revolutionen in Europa, 1760–1860« unter der Leitung von Kristine Bruland und Maxine Berg und ebenfalls 1996 eine Tagung an der Fondazione Eni Enrico Mattei in Mailand über »Technik, Umwelt, Wirtschaft und Gesellschaft« (organisiert von Michele Salvati und Domenico Siniscalco). Und im Jahre 1997 ein Planungstreffen in Madrid für den bevorstehenden Zwölften Internationalen Wirtschaftsgeschichtlichen Kongreß zum Thema »Ökonomische Folgen der Kolonialreiche 1492–1989« (organisiert von Leandro Prados de la Escosura und Patrick K. O'Brien).

Unnötig zu bemerken, daß sich jede dieser Begegnungen auf Punkte konzentrierte, die für die Beteiligten von besonderem Interesse waren, und daß ich daraus Gewinn sowohl für mein Gesamtthema als auch für seine besonderen Aspekte zog.

Angesichts der Vielzahl von Treffen, zu denen noch eine große Menge persönlicher Unterhaltungen und Beratungen hinzukommt, ist es nicht leicht, eine vollständige Liste der Personen zu erstellen, die mir bei diesen und anderen Gelegenheiten behilflich waren. Zuerst meine Lehrer, die mir durch das, was sie mir beibrachten, und durch ihr Vorbild unvergeßlich sind: A. P. Usher, M. M. Postan, Donald C. McKay, Arthur H. Cole. Desgleichen meine Kollegen in den wirtschafts- und geschichtswissenschaftlichen Abteilungen der Columbia University (vor allem Carter Goodrich, Fritz Stern, Albert Hart und George Stigler), der University of California in Berkeley (vor allem Kenneth Stampp, Hans Rosenberg, Richard Herr, Carlo Cipolla, Henry Rosovsky und Albert Fishlow) und von Harvard (Simon Kuznets, C. Crane Brinton, Alexander Gerschenkron, Richard Pipes, David und Aida Donald, Benjamin Schwartz, Harvey Leibenstein, Robert Fogel, Zvi Griliches, Dale Jorgensen, Amartya Sen, Ray Vernon, Robert Barro, Jeff Sachs, Jess Williamson, Claudia Goldin, Daniel Bell, Nathan Glazer, Talcott Parsons, Brad DeLong, Patrice Higonnet, Martin Peretz, Judith Vichniac, Stephen Marglin, Winnie Rothenberg).

Und vergessen seien auch nicht die außerordentlichen Anregungen, die ich 1987/88 empfing, als ich ein Jahr am Zentrum für Wissenschaftliche Forschung in den Verhaltenswissenschaften in Palo Alto verbrachte. Ich war der Nutznießer einer erlesenen Gruppe von Wirtschaftswissenschaftlern: Kenneth Arrow, Milton Friedman, George Stigler, Robert Solow (vier spätere Nobelpreisträger!). Konnte man mit einem Referat vor ihnen bestehen, brauchte man kein Publikum mehr zu fürchten.

Und zu den oben erwähnten Kollegen kommen andere im In- und Ausland hinzu. In den USA: William Parker, Roberto Lopez, Charles Kindleberger, Liah Greenfield, Bernard Lewis, Leila Fawaz, Alfred Chandler, Peter Temin, Mancur Olson, William Lazonick, Richard Sylla, Ivan Berend, D. N. McCloskey, Robert Brenner, Patricia See, Margaret Jacob, William H. McNeill, Andrew Kamarck, Tibor Scitovsky, Bob Summers, Morton und Phyllis Keller, John Kautsky, Richard Landes, Tosun Aricanli. In Großbritannien: M. M. Postan, Lance Beales, Hrothgar John Habakkuk, Peter Mathias, Barry Supple, Berrick Saul, Charles Feinstein, Maxine Berg, Patrick K. O'Brien, P. C. Barker, Partha Dasguppa, Emma Rothschild, Andrew Shonfield. In Frankreich: François Crouzet, Maurice Lévy-Leboyer, Claude Fohlen, Bertrand Gille, Emmanuel Leroy-Ladurie, François Furet, Jacques LeGoff, Joseph Goy, Rémy Leveau, François Caron, Albert Broder, Pierre Nora, Pierre Chaunu, Rémy Prudhomme, Riva Kastoryano, Jean-Pierre Dormois. In Deutschland: Wolfram Fischer, Hans Ulrich Wehler, Jürgen Kocka, John Komlos. In der Schweiz: Paul Bairoch, Rudolf Braun, J.-F. Bergier, Jean Batou, François Jecquier. In Italien: Franco Amatori, Aldo de Madalena, Ester Fano, Roby Davico, Vera Zamagni, Stefano Fenoaltea, Carlo Poni, Gianni Toniolo, Peter Hertner. In Japan: Akira Hayami, Akio Ishizaka, Heita Kawakatsu, Isao Suto, Eisuke Daito. In Israel: Shmuel Eisenstadt, Don Patinkin, Yehoshua Arieli, Eytan Shishinsky, Jacob Metzer, Nahum Gross, Elise Brezis. Und anderswo: Herman van der Wee, Francis

Sejersted, Erik Reinert, H. Floris Cohen, Dharma Kumar, Gabriel Tortella, Leandro Prados de la Escosura, Kristof Glamann. Ihnen allen und anderen schulde ich Dank für Anregungen, Kritik, Informationen, Einsichten. Wir waren nicht immer einer Meinung, aber so soll es ja auch sein.

Besonders bedanken möchte ich mich bei meinem Lektor, Edwin Barber, der den Text nicht nur kritisch durchging und verbesserte, sondern mir auch etliches übers Schreiben beibrachte. Man lernt nie aus.

Schließlich möchte ich meiner Frau Sonia danken, die mit Engelsgeduld Jahre voll mit Bücherstößen, Sonderdrucken, Referaten, Briefen und sonstigem Schrott ertragen hat. Selbst mehrere Arbeitszimmer reichten nicht aus; nur der Computer hat mich gerettet. Und jetzt wird aufgeräumt.

Einleitung

»Keine neue Erhellung hat die Frage erfahren, warum arme Länder arm sind und reiche Länder reich.«

Paul Samuelson, 1976[1]

Im Juni des Jahres 1836 fuhr Nathan Rothschild von London nach Frankfurt, um an der Hochzeit seines Sohnes Lionel mit seiner Nichte (Lionels Kusine Charlotte) teilzunehmen und mit seinen Brüdern über den Eintritt seiner Kinder in das Familienunternehmen zu reden. Nathan war vermutlich der reichste Mann der Welt, jedenfalls was flüssige Mittel anging. Unnötig anzumerken, daß er sich alles leisten konnte, wonach ihm der Sinn stand.

Der damals neunundfünfzigjährige Nathan war im allgemeinen bei guter Gesundheit – wenn auch ein bißchen beleibt –, ein Energiebündel von unermüdlichem Arbeitseifer und unbezähmbarem Temperament. Als er London verließ, litt er indes an einer Entzündung am unteren Rücken, nahe dem Ende der Wirbelsäule. (Ein deutscher Arzt diagnostizierte ein Furunkel, aber es könnte sich auch um einen Abszeß gehandelt haben.)[2] Trotz medizinischer Behandlung eiterte das Geschwür und wurde schmerzhaft, was Nathan jedoch nicht hinderte, von seinem Krankenbett aufzustehen und an der Hochzeit teilzunehmen. Wäre er im Bett geblieben, hätte man die Hochzeit im Hotel gefeiert. Auch seinen Geschäften widmete er sich weiterhin, wobei er seiner Frau diktierte. Mittlerweile hatte man den großen Dr. Travers von London herbeizitiert, und als dieser das Problem nicht lösen konnte, zog man einen führenden deutschen Chirurgen hinzu, vermutlich um die Wunde zu öffnen und zu säubern. Nichts half; das Gift breitete sich aus, und am 28. Juli 1836 starb Nathan. Es wird erzählt, daß die Taubenpost der Rothschilds die Nachricht nach London brachte: *Il est mort.*

Nathan Rothschild starb wahrscheinlich an einer durch Staphylokokken oder Streptokokken verursachten Sepsis – früher sprach man von Blutvergiftung. Mangels näherer Informationen können wir nicht sagen, ob das Furunkel (Abszeß) ihn umbrachte oder eine sekundäre Infektion durch die Skalpelle der Chirurgen. Die Keimtheorie gab es damals noch nicht und dementsprechend auch keine Vorstellung davon, wie wichtig Sauberkeit ist. Antibakterielle Mittel waren ebenfalls unbekannt, ganz zu schweigen von Antibiotika. Und so starb der Mann, der sich alles kaufen konnte, an einer Allerweltsinfektion, die sich heutzutage ohne Mühe heilen läßt, sofern man sich nicht scheut, einen Arzt, ein Krankenhaus oder auch nur eine Apotheke aufzusuchen.

Die Medizin hat seit den Zeiten von Nathan Rothschild enorme Fortschritte gemacht. Aber eine bessere, wirksamere medizinische Versorgung – die Behandlung von Krankheiten und die Heilung von Verletzungen – erklärt die Veränderungen nur zum Teil. In einem beträchtlichen Maße hat die höhere Lebenserwartung unserer Tage in einer verstärkten Vorbeugung ihren Grund und verdankt sich eher unserem reinlicheren Leben als der verbesserten Medizin. Sauberes Wasser und rasche Abfallbeseitigung, außerdem Fortschritte in der persönlichen Hygiene – darauf kommt es entscheidend an. Lange Zeit waren Magen-Darm-Infektionen der große Todbringer; die Keime gelangten von Abfällen auf die Hände und von dort über Nahrungsmittel in den Verdauungstrakt. Und dieser unsichtbare, aber tödliche Feind, der stets gegenwärtig war, wurde von Zeit zu Zeit noch unterstützt durch epidemisch auftretende Mikroben wie den *Vibrio*-Bazillus der Cholera. Die beste Gelegenheit zur Übertragung bot der gemeinsame Abort, wo der Kontakt mit Unrat dadurch begünstigt wurde, daß es kein Toilettenpapier und keine waschbare Unterkleidung gab. Wer in ungewaschenem Wollzeug lebt – und Wollzeug wäscht sich nicht gut –, leidet an Juckreiz und kratzt sich. Die Hände waren also verschmutzt, und das große Versäumnis bestand darin, daß man sie vor dem Essen nicht wusch. Aus diesem Grund lagen die Krankheits- und Todesraten bei religiösen Gruppen wie den Juden oder den Muslimen, die Waschungen vorschrieben, niedriger. Dies gereichte ihnen allerdings nicht immer zum Vorteil, da die Menschen sich leicht einreden ließen, daß die Juden weniger zahlreich starben, weil sie die Brunnen der Christen vergifteten.

Die Lösung für das Problem lieferten nicht veränderte Glaubensvorstellungen oder religiöse Lehren, sondern der industrielle Fortschritt. Das Hauptprodukt der neuen technischen Entwicklung, die wir als Industrielle Revolution bezeichnen, war billige, leicht waschbare Baumwolle – und zusammen mit ihr Seife, die in Massenproduktion aus pflanzlichen Ölen hergestellt wurde. Zum ersten Mal konnten sich die einfachen Leute Unterkleidung leisten, Leibwäsche, wie man damals sagte, weil dies der waschbare Textilstoff war, den die Wohlhabenden direkt auf der Haut trugen. Jedermann (und jede Frau) konnte sich mit Seife waschen und sogar baden, auch wenn man sich durch zu häufiges Baden dem Verdacht aussetzte, schmutzig zu sein. Ein sauberer Mensch hatte es schließlich nicht nötig, sich so oft zu waschen! Aber das nur nebenbei. Die Hygiene des einzelnen wandelte sich nachdrücklich, so daß im ausgehenden neunzehnten und im beginnenden zwanzigsten Jahrhundert gewöhnliche Menschen oft reinlicher lebten als ein Jahrhundert früher Könige und Königinnen.

Das dritte Element, das beim Rückgang von Krankheit und frühem Tod eine Rolle spielte, war eine bessere Ernährung. Die war in großem Maße einer reichlicheren Versorgung mit Lebensmitteln zu verdanken und mehr noch verbesserten, beschleunigten Transportmöglichkeiten. Hungersnöte, oft das Ergebnis lokaler Engpässe, wurden seltener; die Nahrung gewann an Vielfalt und wurde reicher an tierischen Proteinen. Die Veränderungen schlugen sich unter anderem in einem größeren und robusteren Körperbau nieder. Da sie jedoch in erster Linie eine Frage der Gewohnheit und des Geschmacks wie auch des Einkommens waren, vollzogen sie sich weit langsamer als die genannten medizinischen und hygienischen Neuerungen, die sich von Staats wegen durchsetzen ließen. Noch im Ersten Weltkrieg staunten die Türken, die gegen das britische Expeditionskorps bei Gallipoli kämpften, über den Größenunterschied zwischen den mit Steaks und Lammfleisch großgezogenen Soldaten aus Neuseeland und Australien und den verkümmerten Jugendlichen aus britischen Industriestädten. Und wer sich Gruppen anschaut, die aus armen Ländern in reiche eingewandert sind, wird feststellen, daß die Kinder größer und besser gewachsen sind als ihre Eltern.

Dank dieser Fortschritte hat sich die Lebenserwartung drastisch erhöht, während die Kluft zwischen Arm und Reich schmaler geworden ist. Die Haupttodesursachen bei Erwachsenen sind nicht mehr Infektionen, und hier besonders Infektionen des Magen-Darm-Trakts, sondern die Verfallserscheinungen hohen Alters. In den reichen Industrienationen mit ihrer medizinischen Versorgung für jedermann sind die Fortschritte am größten, aber selbst einige ärmere Länder haben eindrucksvolle Erfolge vorzuweisen.

Die Entwicklungen in Medizin und Hygiene stehen für ein umfassenderes Phänomen – für den Gewinn, den es bringt, wenn Wissen und wissenschaftliche Einsichten Anwendung in der Technik finden. Daraus schöpfen wir Hoffnung, was die Bewältigung der Probleme betrifft, die unsere Gegenwart und Zukunft überschatten. Wir fühlen uns dadurch sogar zu Phantasien von einem ewigen Leben oder, besser noch, von ewiger Jugend ermutigt.

Diese Phantasien sind allerdings, soweit sie wissenschaftlich fundiert sind, das heißt, eine wirkliche Basis haben, die Träume der Reichen und vom Glück Begünstigten. An den Fortschritten im Wissenserwerb haben nicht alle gleichmäßig teil, nicht einmal innerhalb der reichen Nationen. Wir leben in einer Welt der Ungleichheit und der Unterschiede. Grob gesagt, zerfällt unsere Welt in drei Gruppen von Nationen: In der ersten Gruppe geben die Menschen viel Geld aus, um nicht zuzunehmen, in der zweiten haben sie genug zum Leben, und in der dritten wissen sie nicht, wo sie ihre nächste Mahlzeit hernehmen sollen. Mit diesen unterschiedlichen Situationen gehen schroffe Diskrepanzen in den Sterbeziffern und in der Lebenserwartung einher. Die Menschen in den reichen Ländern sorgen sich darum, daß sie ein möglichst hohes Alter erreichen und werden auch immer älter. Sie trainieren, um fit zu bleiben, kontrollieren und bekämpfen das Cholesterin, vertreiben sich die Zeit mit Fernsehen, Telefonieren und Spielen, trösten sich mit Euphemismen wie »die goldenen Jahre« oder »die zweite Jugend«. »Jung sein« ist gut, »alt sein« etwas Minderwertiges und Problematisches. Die Menschen in den armen Ländern kämpfen währenddessen darum, am Leben zu bleiben. Sie müssen sich um Cholesterin und verfettete Arterien keine Sorgen machen, teils wegen ihrer schmalen Kost, teils weil sie früh sterben. Ihr Alter, falls ihnen eines beschieden sein sollte, suchen sie durch zahlreiche Kinder zu sichern, die ein angemessenes Gespür für Verpflichtung gegenüber den Eltern anerzogen bekommen.

Die alte Aufteilung der Welt in zwei Machtblöcke, Ost und West, hat sich erledigt. Heute bildet die Kluft im Hinblick auf Reichtum und Gesundheit, die arme und reiche Nationen trennt, die große Herausforderung und Bedrohung. Das wird oft als Gegensatz zwischen Nord und Süd gefaßt, weil sich die Aufteilung geographisch darstellt; passender wäre aber, von einem Gegensatz zwischen dem Westen und der restlichen Welt zu sprechen, weil die Aufteilung auch eine historische Dimension hat. Hier liegt die, für sich genommen, größte Schwierigkeit und Gefahr, mit der sich die Welt des dritten Jahrtausends konfrontiert sieht. Die einzige andere Sorge, die an dieses Problem heranreicht, ist die Umweltzerstörung, und beide hängen eng miteinander zusammen, sind in der Tat eins. Die Verschwendung von Ressourcen und die Naturzerstörung, die mit der steigenden Produktion und den wachsenden Einkommen enorm zugenommen haben – sie sind es, die den Raum bedrohen, in dem wir leben und uns bewegen.

Wie groß ist die Kluft zwischen Arm und Reich, und wie entwickelt sie sich? Ganz grob und in aller Kürze: Der Unterschied zwischen dem Pro-Kopf-Einkommen in der reichsten Industrienation, sagen wir der Schweiz, und der ärmsten nicht-industrialisierten Nation, Mosambik, beläuft sich auf ungefähr 400 zu 1. Vor zweihundertfünfzig Jahren betrug das Verhältnis zwischen reichsten und ärmsten Nationen vielleicht 5 zu 1, und der Unterschied zwischen Europa und beispielsweise Ost- oder Südasien (China oder Indien) lag bei etwa 1,5 oder 2 zu 1.[3]

Wächst die Kluft auch gegenwärtig noch? Hinsichtlich der Extreme ist das eindeutig der Fall. Einige Länder machen nicht nur *keine* Fortschritte, sondern werden ärmer, relativ und manchmal sogar absolut gesehen. Wieder andere halten mit Müh und Not ihre Position. Andere holen auf. Unsere Aufgabe (die Aufgabe der reichen Nationen) ist es, den armen Ländern dabei zu helfen, gesünder und wohlhabender zu werden – im eigenen Interesse nicht weniger als in ihrem. Tun wir das nicht, werden sie sich nehmen, was sie nicht selbst erzeugen können; und wenn sie keine Verdienstmöglichkeiten durch den Export von Waren haben, werden sie Menschen exportieren. Kurz gesagt, Reichtum übt eine unwiderstehliche Anziehungskraft aus, während Armut hochgradig ansteckend ist: Sie läßt sich nicht isolieren, weshalb auf lange Sicht unsere Ruhe und unser Wohlstand davon abhängen, daß es den anderen gutgeht.

Wie werden die anderen das erreichen? Wie helfen wir ihnen? Dieses Buch wird sich bemühen, zu einer Antwort *beizutragen*. Ich betone »beizutragen«. Niemand verfügt über eine simple Antwort, und alle Patentrezepte haben den Charakter von Heilsbotschaften.

Ich schlage vor, die Probleme historisch anzugehen. Ich tue das, weil ich nach Ausbildung und Veranlagung Historiker bin und weil man bei schwierigen Fragen dieser Art am besten so vorgeht, wie man es am besten kann und versteht. Ich tue es aber auch, weil man sich von dem Problem am ehesten einen Begriff machen kann, wenn man fragt: Wie und warum sind wir an den Punkt gelangt, an dem wir stehen? Auf welche Weise wurden die reichen Länder so reich? Warum sind die armen Länder so arm? Warum übernahm Europa (»der Westen«) in der sich wandelnden Welt eine führende Rolle?

Ein historischer Ansatz garantiert noch keine Antwort. Andere haben ebenfalls über diese Dinge nachgedacht und verschiedenartige Erklärungen gefunden. Die meisten davon lassen sich zwei Richtungen zuordnen. Manche sehen im Reichtum und in der Vorherrschaft des Westens einen Triumph der Tüchtigkeit. Die Europäer, so meinen sie, waren klüger, besser organisiert, arbeitsamer; die anderen waren unwissend, überheblich, faul, rückständig, abergläubisch. Andere kehren die kategorialen Zuordnungen um: Die Europäer seien aggressiv, rücksichtslos, gierig, skrupellos, verlogen gewesen; ihre Opfer dagegen lebensfroh, unschuldig, schwach – geborene Opfer, die entsprechend gründlich von ihrem Schicksal ereilt wurden. Wir werden sehen, daß diese einander diametral entgegengesetzten Vorstellungen zwar Elemente von Wahrheit enthalten, aber auch ideologischen Hirngespinsten entspringen. Die Dinge sind immer komplizierter, als uns das lieb ist.

Einer dritten Richtung zufolge ist es schlicht falsch, den Westen in einen Gegensatz zur restlichen Welt zu bringen. Im Gesamtstrom der Weltgeschichte sei Europa ein Nachzügler, der auf der Woge der früheren Errungenschaften anderer schwimme. Diese Sicht ist augenscheinlich unrichtig. Wie die historischen Quellen beweisen, war Europa (der Westen) während der letzten tausend Jahre die treibende Kraft der Entwicklung und Modernisierung.

Bleibt noch das moralische Problem. Etliche meinen, der Eurozentrismus sei schlecht nicht nur für uns, sondern für die Welt insgesamt; man müsse sich deshalb vor ihm hüten. Sollen sie doch! Was mich betrifft, so ziehe ich die Wahrheit dem Rechtdenken vor. Auf diesem Boden fühle ich mich sicherer.

1

Die Ungleichheiten der Natur

Die Geographie hat heutzutage nichts zu lachen. Als Schüler in der Grundschule mußte ich Landkarten lesen und durchpausen, ja sogar welche aus dem Gedächtnis zeichnen. Wir erfuhren von fremdländischen Orten, Völkern und Sitten – und das lange Zeit bevor das Wort »multikulturell« erfunden war. Gleichzeitig gediehen auf höherer, akademischer Ebene Schulen, die Wirtschaftsgeographie und Kulturgeographie betrieben. In Frankreich wäre es niemandem in den Sinn gekommen, eine regionalgeschichtliche Studie anzufertigen, ohne zuerst die materiellen Bedingungen des individuellen und gesellschaftlichen Lebens darzulegen.[1] Und in den USA untersuchten Ellsworth Huntington und seine Schüler die Einflüsse der Geographie, und besonders des Klimas, auf die menschliche Entwicklung.

Trotz vieler nützlicher und aufschlußreicher Forschungen aber brachte Huntington die Geographie in Verruf.[2] Er ging zu weit. Er war so beeindruckt vom Zusammenhang zwischen natürlicher Umgebung und menschlicher Aktivität, daß er immer mehr auf die Geographie zurückführte, wobei er mit materiellen Einflüssen begann und zu kulturellen überging. Zuletzt brachte er die Zivilisationen in eine Rangordnung und schrieb die besten – oder was er für die besten hielt – günstigen klimatischen Bedingungen zu. Huntington lehrte an der Universität Yale und gelangte nicht von ungefähr zu der Ansicht, der Standort der Universität, New Haven in Connecticut, verfüge über das förderlichste Klima in der ganzen Welt. Der Glückspilz. Die übrige Welt schloß sich in absteigender Linie an, wobei die Gebiete mit farbigen Bevölkerungen weiter hinten kamen oder das Schlußlicht bildeten.

Aber mit solchen Thesen stand Huntington einfach nur in der Tradition der philosophischen Geographie. Die Philosophen verknüpften gern Milieu und Gemütsart miteinander (man denke an die althergebrachte Gegenüberstellung von kalten und warmen Klimaten mit den dazugehörigen Temperamenten nüchterner Nachdenklichkeit und überschäumender Lustsuche), während die noch in den Kinderschuhen steckende Disziplin der Anthropologie im neunzehnten Jahrhundert zu zeigen beanspruchte, welche Auswirkungen die Geographie auf die Verteilung von Vorzügen und geistigen Fähigkeiten hatte, wobei beides unfehlbar in der Gruppe des Autors am reichlichsten vertreten war.[3] Heute wird der Spieß gelegentlich umgedreht, wenn afroamerikanische Mythologen das heitere, schöpferische »Sonnenvolk« dem frostigen, unmenschlichen »Eisvolk« gegenüberstellen.

Diese Art von Selbstbeweihräucherung mittels Analyse mag in einer geistigen Welt akzeptabel erschienen sein, in der man Verhalten und Charakter gern in Begriffen rassischer Zugehörigkeit bestimmte; aber sie verlor ihre

Glaubwürdigkeit und Annehmbarkeit in dem Maße, in dem die Menschen anfingen, auf übelmeinende Vergleiche zwischen den Gruppen empfindlich und ablehnend zu reagieren. Und die Geographie befand sich auf der Verliererseite. Als Harvard nach dem Zweiten Weltkrieg das Geographische Institut kurzerhand abschaffte, erhob kaum jemand die Stimme zum Protest – außer der kleinen Gruppe der Entlassenen.[4] Eine Reihe führender Universitäten – Michigan, Northwestern, Chicago, Columbia – folgte dem Beispiel, und auch jetzt gab es keinen ernsthaften Widerstand.

Diese Institutsauflösungen sind in der Geschichte des höheren Bildungswesens der USA ein einmaliger Vorgang und spiegeln ohne Frage die intellektuellen Schwächen des Faches, seinen Mangel an theoretischer Grundlage, seine Hansdampf-in-allen-Gassen-Mentalität (beschönigend gesagt, seine katholische Offenheit), die spezielle »Leichtfertigkeit« der Anthropogeographie. Aber hinter diesen Kritikpunkten versteckte sich Unzufriedenheit mit einigen der Befunde. Die Geographie war durch eine rassistische Färbung verunziert, und niemand wollte sich an ihr schmutzig machen.

Wenn jedoch mit »Rassismus« eine wie auch immer beschaffene Bindung individuellen Handelns und Verhaltens an die Zugehörigkeit zu einer Gruppe, insbesondere einer biologisch definierten Gruppe, gemeint ist, dann gibt es keine Thematik oder Disziplin, die weniger rassistisch wäre als die Geographie. Hier haben wir ein Fach, das sich in seiner Beschränkung auf Einflüsse des natürlichen Milieus für nichts weniger interessiert als für gruppenbedingte Eigenschaften. Für die Lufttemperatur oder die Menge und den Zeitpunkt von Niederschlägen oder die Beschaffenheit des Landes ist niemand verantwortlich zu machen.

Trotzdem umgibt die Geographie der Schwefelgeruch des Häretischen. Warum? Andere wissenschaftliche Disziplinen haben ebenfalls Unsinn verzapft oder sich zu etwas verstiegen, und doch wurde keine andere so sehr herabgesetzt und so geringschätzig behandelt – und sei es auch nur durch die Mißachtung, mit der man sie strafte. Meinem Gefühl nach ist es das Wesen der Geographie selbst, das sie zu Recht oder zu Unrecht in Verruf bringt. Sie verkündet eine unliebsame Wahrheit, daß nämlich die Natur ebenso wie das Leben ungerecht ist und ihre Wohltaten ungleich verteilt und daß sich außerdem diese Ungerechtigkeit der Natur nur schwer wiedergutmachen läßt. Eine Zivilisation wie die unsere mit ihrem ausgeprägten Hang, alles meistern zu wollen, läßt sich nicht gern einen Strich durch die Rechnung machen. Sie schätzt keine Entmutigungen, und mit denen warten geographische vergleichende Betrachtungen reichlich auf.[5]

Kurz: Die Geographie überbringt schlechte Kunde, und jedermann weiß, was mit Boten geschieht, die das tun. Um es mit den Worten eines Vertreters des Faches zu sagen: »Anders als in anderen historischen Disziplinen ... wird hier der Forscher unter Umständen für die Ergebnisse verantwortlich gemacht, ganz ähnlich wie dem Meteorologen die Schuld daran gegeben wird, wenn man an den Strand will und die Sonne sich nicht blicken läßt.«[6]

Aber Verleugnung hilft uns nicht weiter. Auf einer Weltkarte, die das Produkt oder das Einkommen pro Kopf der jeweiligen Bevölkerung zeigt, liegen die reichen Länder in den gemäßigten Zonen, insbesondere auf der nördlichen Erdhälfte; die armen Länder liegen in den Tropen und Subtropen. Kenneth Galbraith beschrieb in seiner Zeit als Agrarökonom den Sachverhalt mit folgenden Worten: »[Wenn] man entlang dem Äquator einen dreitausend Kilometer breiten Streifen rund um die Erde absteckt, stellt man fest, daß sich *kein einziges* entwickeltes Land darauf befindet.... Überall ist der Lebensstandard niedrig und die Lebensspanne kurz.«[7] Und Paul Streeten, der beiläufig auch auf den instinktiven Widerstand der Menschen gegen unangenehme Wahrheiten hinweist, erklärt:

> »Vielleicht am auffälligsten ist, daß die meisten unterentwickelten Länder in den tropischen und subtropischen Zonen liegen, zwischen dem Wendekreis des Krebses und dem des Steinbocks. Neuere Autoren setzen sich über diesen Umstand allzu leichtfertig hinweg und betrachten ihn als weitgehend zufällig. Das zeigt, wie tief bei uns der Hang sitzt, optimistisch an die Probleme heranzugehen, und wie schwer wir uns damit tun, zur Kenntnis zu nehmen, wie sehr sich die Ausgangsbedingungen der heutigen armen Länder von denen unterscheiden, mit denen sich die fortgeschritteneren Länder in der Zeit vor ihrer Industrialisierung konfrontiert sahen.«[8]

Sicher, die Geographie ist nur einer der Faktoren, die hier eine Rolle spielen. Manche Forscher geben der Technik und den reichen Ländern, von denen sie entwickelt wurde, die Schuld: Ihnen wird vorgeworfen, Verfahren entwickelt zu haben, die auf gemäßigte Zonen abgestellt seien, so daß potentiell fruchtbarer tropischer Boden brachliegen bleibe. Andere werfen den Kolonialmächten vor, sie hätten in die äquatorialen Gesellschaften störend eingegriffen, so daß diese die Herrschaft über ihre natürliche Umwelt verloren hätten. So wird geltend gemacht, der Sklavenhandel habe durch Entvölkerung großer Gebiete deren Rückverwandlung in Wildnis ermöglicht, was wiederum der Tsetsefliege und der Ausbreitung von Trypanosomiasis (Schlafkrankheit) Vorschub geleistet habe. Die meisten Autoren ziehen es vor, sich zu dem Thema gar nicht erst zu äußern.

So leicht darf man es sich nicht machen. Der Historiker darf die Vergangenheit nicht ausradieren oder umschreiben, um sie angenehmer zu machen; und der Ökonom mit seiner bequemen Annahme, daß jedes Land dazu bestimmt sei, sich früher oder später zu entwickeln, muß bereit sein, genau hinzusehen, wenn das nicht eintritt.[9] Man mag heute, in einer Zeit der Tropenmedizin und der Hochtechnologie, noch soviel von einer Abschwächung geographischer Beeinträchtigungen reden, verschwunden sind diese Beschränkungen nach wie vor nicht, und früher fielen sie eindeutig stärker ins Gewicht. Die Welt war nie eine planierte Spielwiese, und alles hat seinen Preis.

Wir beginnen mit den einfachen, unmittelbaren Auswirkungen des natürlichen Milieus und gehen weiter zu den komplexeren, stärker vermittelten Zusammenhängen.

Zuerst zum Klima. Die Welt weist eine breite Palette von Temperaturen und Temperaturmustern auf, je nach Standort, Höhenlage und Neigungswinkel der Sonneneinstrahlung. Die Unterschiede wirken sich unmittelbar auf den Aktivitätsrhythmus sämtlicher Arten aus: In kalten, nördlichen Wintern rollen sich einige Tiere einfach zusammen und halten Winterschlaf; in heißen, schattenlosen Wüsten suchen Eidechsen und Schlangen kühle Plätze unter Felsen oder sogar unter der Erdoberfläche. (Das ist der Grund, warum Schlangen einen so großen Teil der Wüstenfauna stellen; Reptilien sind Kriechtiere.) Der Mensch geht den Extremen normalerweise aus dem Weg. Die Menschen ziehen durch die Wüste, lassen sich aber nicht dort nieder; daher Namen wie Rub'al-Chali (»Leeres Viertel«) in der Arabischen Wüste. Nur Gier – die Entdeckung von Gold oder Erdöl – oder das Pflichtbewußtsein wissenschaftlichen Forschens kann die vernünftige Abneigung gegen so harte Lebensbedingungen überwinden und rechtfertigen, daß man sich ihnen unterwirft.

Aufs Ganze gesehen, übertrifft die Beschwerlichkeit der Hitze die der Kälte.[10] Wir alle kennen die Fabel von der Sonne und dem Wind. Gegen die Kälte schützt man sich, indem man Kleider anzieht, ein Obdach baut oder findet und Feuer macht. Diese Techniken reichen Zehntausende von Jahren zurück und sind der Grund dafür, daß sich die Menschheit von ihrer ursprünglichen Heimat Afrika schon früh in kältere Landstriche ausbreiten konnte. Hitze ist ein anderes Kapitel. Dreiviertel der Energie, die durch Muskeltätigkeit freigesetzt wird, nimmt die Form von Wärme an; wie jeder maschinelle Apparat oder Motor muß auch der Körper diese Wärme abstrahlen oder wegschaffen, um eine angemessene Temperatur aufrechtzuerhalten. Leider besitzt das menschliche Tier für diesen Zweck nur wenige Vorrichtungen. Die wichtigste ist das Schwitzen, besonders wenn es durch eine rasche Verdunstung unterstützt wird. Feuchte, schwüle Landstriche verringern den Abkühleffekt des Schwitzens – es sei denn, man hat einen Diener oder Sklaven, der einem Luft zufächelt und die Verflüchtigung der Ausdünstung beschleunigt. Sich selbst Luft zuzufächeln mag zwar psychologisch hilfreich sein, aber der eigentliche Kühleffekt wird dabei durch die Wärme zunichte gemacht, die durch die eigene motorische Aktivität entsteht. Das ist ein Naturgesetz: Nichts geschieht umsonst; in der Wissenschaft nennt man dies das Gesetz der Erhaltung von Energie und Masse.

Der einfachste Weg, dieses Problem der Energieverschwendung zu lösen, besteht darin, keine Wärme zu erzeugen, mit anderen Worten, sich ruhig zu verhalten und nicht zu arbeiten. Daraus erklären sich solche sozialen Anpassungen wie die Siesta, die den Sinn hat, die Menschen in der Mittagshitze von Aktivität abzuhalten. Als Indien noch unter britischer Kolonialherrschaft stand, pflegte man dort zu sagen, nur tollwütige Hunde und Engländer liefen in der Mittagssonne herum. Die Einheimischen waren schlauer.

Sklaverei dient dazu, andere Menschen die schwere Arbeit machen zu lassen. Es ist kein Zufall, daß in der Vergangenheit Sklavenarbeit mit tropischen und subtropischen Klimaten verknüpft war.[11] Dasselbe gilt für die Arbeitsteilung zwischen den Geschlechtern: Besonders in warmen Landstrichen leisten die Frauen schwere Feldarbeit und kümmern sich um den Haushalt, während die Männer sich auf den Krieg und die Jagd spezialisieren – beziehungsweise in der modernen Gesellschaft auf Kaffee, Kartenspiel und Motorfahrzeuge. Ziel ist, die Arbeit und Fron auf diejenigen abzuwälzen, die sich nicht wehren können.

Als Lösung für das Hitzeproblem hat sich die Klimatisierung erwiesen. Sie kam allerdings sehr spät in Gebrauch – eigentlich erst nach dem Zweiten Weltkrieg, obwohl man sie in den USA zuvor schon aus Kinos, den Praxisräumen von Ärzten und Zahnärzten und den Büros wichtiger Leute wie etwa der Mitarbeiter im Pentagon kannte. In Amerika ermöglichte die Klimaanlage den ökonomischen Aufschwung des Neuen Süden. Ohne sie wären Großstädte wie Atlanta, Houston und New Orleans auch heute noch verschlafene Landstädte.

Aber die Klimatisierung ist eine kostspielige Technik und für die meisten der Armen in der Welt unerschwinglich. Hinzu kommt, daß sie die Hitze einfach nur von den Glücklicheren auf die weniger Glücklichen umverteilt. Sie benötigt und verbraucht Energie, die sowohl bei ihrer Erzeugung als auch bei ihrer Verwendung Wärme produziert (nichts geschieht umsonst) und dadurch die Temperatur und Luftfeuchtigkeit der nicht gekühlten Umgebung erhöht – wie jeder weiß, der schon einmal an dem Entlüftungsschacht einer Klimaanlage vorbeigegangen ist. Und natürlich gab es sie den größten Teil der Geschichte hindurch auch gar nicht. Die Produktivität der Arbeit in tropischen Ländern war entsprechend gering.[12]

Soviel zu den unmittelbaren Auswirkungen. Hitze, zumal wenn sie das ganze Jahr über anhält, hat noch schwerwiegendere Konsequenzen: Sie begünstigt die Ausbreitung von Lebensformen, die für den Menschen schädlich sind. Mit steigender Temperatur nehmen die Insektenschwärme zu, und die Parasiten, die sie mit sich führen, reifen und vermehren sich in kürzerer Zeit. Das hat zur Folge, daß Krankheiten sich schneller ausbreiten und die Immunität gegen Abwehrmaßnahmen sich rascher entwickelt. Das Vermehrungstempo ist das kritische Maß für die Gefahr von Seuchen: Eine Wachstumsquote von 1 bedeutet, daß die Krankheit stabil ist – ein neuer Krankheitsfall an Stelle eines alten. Bei ansteckenden Krankheiten wie Mumps und Diphtherie liegt die höchste Wachstumsquote etwa bei 8. Für die Malaria beträgt sie 90. Durch Insekten übertragene Seuchen in warmen Klimaten können verheerend sein.[13] Der Winter ist demnach, was immer die Dichter über ihn sagen mögen, der große Freund der Menschheit: ein stiller weißer Killer, der Insekten und Parasiten vernichtet und mit Seuchen aufräumt.

Außer in höher gelegenen Regionen kennen die tropischen Länder keinen Frost; die Durchschnittstemperatur im kältesten Monat bleibt über 18 Grad Celsius. Infolgedessen wimmelt es dort von biologischen Aktivitäten, die vielfach zerstörerische Auswirkungen auf den Menschen haben. Das südlich der Sahara gelegene Afrika bedroht alle, die dort leben oder dorthin gehen. Durch das Auftauchen neuer Nationen, die Armeen aufstellen und die Rekruten untersuchen lassen, fangen wir gerade an, das Ausmaß des gesundheitlichen Problems zu ermessen. Wir wissen zum Beispiel, daß viele Menschen nicht nur einen, sondern eine ganze Reihe von Parasiten beherbergen und deshalb zu krank zum Arbeiten und in einem fortlaufenden Verfallsprozeß begriffen sind.

Ein oder zwei Beispiele mögen die grausige Situation veranschaulichen.

In den warmen Gewässern Asiens und Afrikas, egal ob Kanäle oder Tümpel oder Bäche, lebt eine Schnecke, die einem Wurm *(Schistosoma)* als Wirtstier dient, der zur Fortpflanzung Tausende von winzigen geschwänzten Larven (*Cercariae*) ins Wasser ausschüttet, die sich dann einen Säugetierwirt suchen und durch Bißwunden oder Kratzer oder andere verletzte Hautstellen in dessen Körper eintreten. Sobald sie es sich in einer Vene bequem gemacht haben, wachsen die Larven zu kleinen Würmern heran und paaren sich. Die Weibchen legen Tausende von stachligen Eiern – die Stacheln sollen das Wirtstier daran hindern, sich der Eier zu entledigen. Diese wandern nun in die Leber oder die Eingeweide, wobei sie unterwegs Gewebe zerreißen. Die Auswirkungen auf die Organe kann man sich vorstellen: Es kommt zu Zerstörungen der Leber, zu Darmblutungen, zu karzinogenen Verletzungen, zu Beeinträchtigungen der Verdauung und Ausscheidung. Das Opfer wird von Schüttelfrost und Fieber befallen, leidet an allen möglichen Schmerzen, kann nicht mehr arbeiten und ist anfällig für andere Krankheiten und Parasiten, so daß es oft schwerfällt zu sagen, was am Ende den Tod verursacht.

Wir kennen diese Geißel der Menschheit unter dem Namen Schneckenfieber, Leberegelkrankheit oder, in medizinischer Fachsprache, als *Schistosomiasis* beziehungsweise als *Bilharziose*, nach Theodor Bilharz, der 1852 als erster die Verbindung zwischen Wurm und Krankheit herstellte. Im tropischen Afrika ist sie besonders weit verbreitet, aber auch in den übrigen Gebieten des Kontinents findet sie sich außerdem in den subtropischen Regionen Asiens und in Südamerika, wo sie in einer verwandten Form auftritt. Ein spezielles Problem ist sie überall da, wo Menschen im Wasser arbeiten – beim Anbau von Sumpfreis zum Beispiel.[14]

In den letzten Jahrzehnten hat die Medizin eine Reihe von partiellen Heilmitteln entwickelt, wenngleich durch die Zerstörungskraft dieser Wurmmittel das Heilverfahren fast ebenso schlimm ist wie die Krankheit. Das gleiche gilt für die chemische Bekämpfung der Wirtsschnecke: Das Mittel tötet nicht nur die Schnecken, sondern auch die Fische. Die Gewinne eines Jahres werden durch die Verluste im nächsten zunichte gemacht: Die Bilharziose ist nach wie vor unbezwungen. In der Vergangenheit war sie sogar noch verheerender.

Bekannter ist die *Trypanosomiasis* – eine Gruppe von Krankheiten, zu denen die Tierkrankheit Nagana, die Schlafkrankheit und in Südamerika die Chagas-Krankheit zählen. Die Quelle dieser Krankheiten sind Trypanosomen, parasitische Protozoen, die zu den Geißeltierchen gehören und ihren Namen ihrer bohrerförmigen Gestalt verdanken. Das *Trypanosoma brucei* ist außerdem »ein raffiniertes Biest mit einer einzigartigen Fähigkeit, seine Antigene zu verändern«[15]. Wir kennen mittlerweile Hunderte davon; möglicherweise gibt es Tausende. Mal entdeckt man es, mal wieder nicht. Das Immunsystem des Körpers ist machtlos, weil es das Trypanosoma nicht findet. Die einzige Hoffnung auf Abwehr des Erregers besteht demnach in Medikamenten – die sich noch im Versuchsstadium befinden – und in der Bekämpfung der Überträger.

Im Falle der afrikanischen Trypanosomiasis ist der Überträger die Tsetsefliege, ein gemeines kleines Insekt, das vertrocknet und stirbt, wenn es nicht immer wieder Säugetierblut bekommt. Selbst heute, da wir über wirkungsvolle Gegenmittel verfügen, sind in weiten Gebieten des tropischen Afrika diese Insekten so zahlreich, daß Vieh dort nicht existieren kann und die Lebensbedingungen für Menschen schädlich sind. Früher, vor dem Aufkommen der Tropenmedizin und der Pharmazie, hatte diese Seuche schwerwiegende Auswirkungen auf das gesamte Wirtschaftsleben: Tierzucht und Transport mit Tieren waren unmöglich; nur Güter von hohem Wert und geringem Umfang ließen sich bewegen, und dann auch nur von menschlichen Trägern. Unnötig zu bemerken, daß niemand freiwillig zu dieser Arbeit bereit war. Die Lösung fand man in der Sklaverei, einer gewohnheitsbildenden Pestilenz eigener Art, die einen Großteil des Kontinents unablässigen Raubzügen und Gefährdungen unterwarf. All diese Faktoren wirkten abschreckend auf den Handel und den Verkehr zwischen den Stämmen und ließen städtisches Leben, das abhängig ist von Lebensmittelzufuhren von außerhalb, praktisch nicht aufkommen. Das wiederum hatte die Verlangsamung jener Austauschprozesse zur Folge, die den kulturellen und technischen Fortschritt vorantreiben.[16]

Tabelle 1.1. Reichweite und Umfang tropischer Krankheiten, 1990

Krankheit	Betroffene Länder	Zahl der Infizierten ('000)	Zahl der Gefährdeten ('000 000)
Malaria	103	270 000	2 100
Schistosomiasis	76	200 000	600
Lymphatische Filariasis	76	90 000	900
Onchozerkose	34	17 000	90
Chagas-Krankheit	21	16–18 000	90
Leishmaniose	80	12 000	350
Lepra	121	10–12 000	1 600
Afrikanische Schlafkrankheit	36	25	50

Quelle: Weltgesundheitsorganisation (WHO), Sonderprogramm für Forschung und Schulung im Bereich tropischer Erkrankungen, 1990, zit. in: Omar Sattaur, »WHO to Speed Up Work on Drugs for Tropical Diseases«, S. 17.

Sicher, die Medizin hat bei der Bekämpfung dieser Leiden große Fortschritte gemacht. Ihre Bemühungen reichen fast bis zum Beginn des europäischen Vordringens in diese Gegenden zurück. Körperlich unangepaßt an die besonderen Härten und Gefahren warmer Klimazonen, brachten die Europäer Ärzte mit. Natürlich stifteten in jenen frühen Tagen ahnungslose, wenn auch von guten Absichten beseelte Ärzte unter Umständen mehr Schaden als Nutzen; dennoch brachten die Behandlungen den Menschen letztlich Linderung. Erst in der zweiten Hälfte des neunzehnten Jahrhunderts legte die Keimtheorie den Grund für eine gezielte Forschung und für wirksame Vorbeugungs- und Behandlungsmaßnahmen. Davor war man auf empirisch gestützte Vermutungen und Eingebungen angewiesen. Das bedeutete glücklicherweise nicht, daß man aufs Geratewohl handelte. Das Gewicht, das auf empirische Beobachtung gelegt wurde, und das Realitätsprinzip – nach dem Motto »solange du siehst, was ich sehe, kannst du dem, was du siehst, vertrauen!« – machten sich bezahlt, auch wenn es am Verständnis der Phänomene fehlte.

Nehmen wir den weltweit größten Killer: die Malaria. Vor der Entdeckung der bakteriellen Krankheitserreger schrieben die Ärzte »Fieberanfälle« sumpfigen Ausdünstungen zu – was zwar, kausal gesehen, falsch, aber doch mit Blick auf die empirischen Zusammenhänge kein unsinniger Schluß war. Die Franzosen in Algerien, die über ihre krankheitsbedingten Verluste entsetzt waren, nahmen daraufhin eine systematische Trockenlegung von Sumpfgebieten in Angriff, um die schlechte Luft (*mal-aria*) loszuwerden. Ob diese Unternehmungen die Luft sauberer werden ließen, bleibe dahingestellt; aber sie vertrieben jedenfalls die Stechmücken. Im Zeitraum zwischen 1846–1848 und 1862–1866 sank die Zahl der durch Malaria verursachten Todesfälle im Militär um 61 Prozent, während die Krankheitsrate zwischen den dreißiger und den sechziger Jahren des letzten Jahrhunderts sogar noch stärker zurückging.[17] Maßnahmen dieser Art brachten außerdem segensreiche Nebeneffekte mit sich. Für die Zivilbevölkerung verfügen wir über keine Zahlen, aber auch für sie muß sich die gesundheitliche Situation verbessert haben, und zwar gleichermaßen für Einheimische wie für französische Kolonisten. Über die Politik und Vorgehensweise der Franzosen in Algerien mag man sagen, was man will: Sie ermöglichten jedenfalls Millionen von Algeriern ein längeres und gesünderes Leben. (Ein algerischer Nationalist würde darauf vielleicht antworten, daß die Trockenlegung auch die Landflächen vergrößerte, auf denen sich die französischen Kolonisten ansiedeln konnten.)

Das Beispiel Algerien verdeutlicht, welchen Vorteil Verbesserungen des natürlichen Milieus haben: Die Leute vor dem Krankwerden zu bewahren ist besser, als sie erkranken zu lassen und dann zu heilen. Im Laufe des vergangenen Jahrhunderts haben Medizin und öffentliche Hygiene die Lebenserwartung enorm gesteigert – die Zahlen für in den Tropen lebende und arme Bevölkerungen haben sich denen aus den bekömmlicheren, reicheren Klimazonen angenähert. So konnte etwa im Jahre 1992 ein Säugling, der in einer einkommensschwachen Volkswirtschaft zur Welt kam (klammert man China und Indien aus, trifft das auf über eine Milliarde Menschen zu), mit einer Lebenszeit von sechsundfünfzig Jahren rechnen, wohingegen Menschen in den reichen Ländern (828 Millionen) durchschnittlich siebenundsiebzig Jahre vor sich hatten. Diese Differenz (37,5 Prozent längere Lebenserwartung), die nicht klein ist, aber kleiner als früher, wird in dem Maße weiter abnehmen, in dem arme Länder reicher werden und die Langlebigkeit in den reichen Gesellschaften an biologische Grenzen und die Schranken der mit Überflußmilieus verknüpften Erkrankungen stößt.[18] Zu den entscheidendsten Verbesserungen kam es in der Säuglingspflege (Kleinkinder unter einem Jahr): In den ärmsten Ländern sank die Sterblichkeit von 146 pro 1000 Lebendgeburten im Jahre 1965 (114 in China und Indien) auf 91 im Jahre 1992 (79 in Indien, 31 in China). Dennoch bleibt der Unterschied zu den reichen Ländern bestehen: Deren ohnehin niedrige Raten bei der Säuglingssterblichkeit sanken im gleichen Zeitraum sogar noch schneller, von 25 auf 7.[19] Viel niedriger geht es nicht mehr.

All das ist kein Grund zur Selbstzufriedenheit. Die heutige Medizin kann Säuglinge retten und Menschen länger am Leben erhalten, aber das bedeutet nicht unbedingt, daß sie gesund sind. Tatsächlich bilden Sterblichkeits- und Krankheitsrate, statistisch gesehen, einen Gegensatz. Tote Menschen zählen nicht als Kranke, wie der wissenschaftliche Vertreter der Tabakindustrie zu verstehen gab, als er unverfroren geltend machte, die Schätzungen der hohen gesundheitlichen Kosten des Rauchens müßten nach Maßgabe der geringeren Lebenserwartung der Raucher reduziert werden. Umgekehrt in den Tropen: Antibiotika, Immunisierungen und Schutzimpfungen retten zwar Menschen, aber häufig nur auf Kosten lebenslanger Kränklichkeit. Schon die bloße Tatsache, daß es eine Spezialdisziplin namens Tropenmedizin gibt, macht das Problem deutlich. Soviel diese Disziplin auch erreicht hat, die forschenden Wissenschaftler haben ebenso wie die Opfer unter den Einheimischen und den Imperialisten aller Couleur einen hohen Preis dafür zahlen müssen.[20]

Die Vorbeugung ist heutzutage kostspielig, und die Behandlung umfaßt häufig derart ausgedehnte Therapiemaßnahmen, daß die Gesundheitseinrichtungen sie nicht bereitstellen können und die Patienten Schwierigkeiten haben, sie in die Tat umzusetzen. Nach den Zahlen von 1990 lebten die meisten Menschen mit tropischen Krankheiten in Ländern, in denen das durchschnittliche Jahreseinkommen bei 400 Dollar lag. Die Regierungen dieser Länder brachten weniger als 4 Dollar pro Kopf für die Gesundheitspflege auf. Kein Wunder also, daß sich die Arzneimittelfirmen, nach deren Angaben die Entwicklung und Vermarktung eines Medikaments oder Impfstoffes ungefähr 100 Millionen Dollar kosten, mit der Versorgung dieser Art von Kunden schwertun.[21] Selbst in den reichen Ländern übersteigen die Kosten für Medikamente unter Umständen die finanziellen Mittel der Patienten und die Zahlungswilligkeit der Krankenkassen. Die neuesten Behandlungsmethoden gegen AIDS zum Beispiel kosten ein Leben lang 10 000 bis 15 000

 Dollar pro Jahr – für Opfer in der Dritten Welt ein unvorstellbares Vermögen.[22]

Schließlich können Gewohnheiten und Einrichtungen Krankheiten begünstigen und medizinische Lösungen hintertreiben. Krankheiten sind fast unfehlbar durch menschliche Verhaltensweisen geprägt, und die Heilmethoden schließen nicht nur Medikamentierungen, sondern auch Veränderungen im Verhalten ein. Hier liegt der Hase im Pfeffer: Sich eine Spritze geben zu lassen ist leichter, als seine Lebensweise zu ändern. Schauen wir uns AIDS in Afrika an. Anders als sonstwo sucht die Krankheit Frauen nicht weniger als Männer heim und entspringt in überwiegendem Maße dem heterosexuellen Verkehr. Die Epidemiologen suchen noch nach Erklärungen für diesen Sachverhalt, aber unter anderem wurden als Ursachen in Betracht gezogen: eine bei den Männern verbreitete und von ihnen erwartete Promiskuität, die Praxis des Analverkehrs zur Verhinderung von Schwangerschaften und die nach wie vor praktizierte Beschneidung von Frauen (Klitorektomie), die sexuelle Lust und Begierde unterbinden soll. Keiner dieser Übertragungswege ist ein eigentlich medizinisches Problem, so daß die Ärzte hier keine andere Möglichkeit haben, als die Leiden der Opfer zu lindern und den vollen Ausbruch der Krankheit hinauszuschieben. Angesichts der Armut dieser Gesellschaften ist das herzlich wenig.

Von den materiellen Beschränkungen abgesehen, findet sich die heutige Medizin auch mit ideologischen und religiösen Hemmnissen konfrontiert – überall zwar, aber in stärkerem Maße in den ärmeren, technisch rückständigen Gesellschaften. Überlieferten Geheimmitteln und Zaubersprüchen gibt man unter Umständen den Vorzug vor den ausländischen, gottlosen Heilmethoden. Wissenschaftsgläubige Menschen aus dem Westen tun solche Praktiken als Ausdruck von Aberglauben und Unwissenheit ab. Dennoch wird mit ihnen möglicherweise eine psychosomatische Linderung der Leiden erreicht, und die Heiltränke erzielen trotz aller chemischen Unreinheit und geringen Konzentration manchmal eine Wirkung. Das ist der Grund, warum Wissenschaftler und Arzneimittelfirmen heute Geld für die Erforschung der Heilkräfte exotischer Arzneistoffe ausgeben.

Diese gelegentlichen Erfolge der traditionellen Heilkunst haben im Verein mit antikolonialistischen Stimmungen und der gefühlsbedingten Anhänglichkeit an die einheimische Kultur (ganz zu schweigen vom Interesse der etablierten Heilkundigen an einer Wahrung ihres Besitzstandes) bei Politikern und Ethnologen Kritik an der Tropenmedizin (beziehungsweise der modernen Medizin überhaupt) laut werden lassen und eine, wie vorsichtige auch immer, Parteinahme für »alternative« Praktiken in Mode gebracht.[23] Im Hinblick auf Afrika macht die in diesem Zusammenhang entstandene Literatur geltend, daß die Tropenmedizin in ihrer Überheblichkeit und ihrer Verachtung für einheimische Heilverfahren weniger geleistet habe, als ihr möglich gewesen wäre, ferner, daß die von Europa gezogenen Grenzen und der kommerziell ausgerichtete Ackerbau europäischen Stils traditionelle Schranken für Krankheitsüberträger (Käfer, Parasiten usw.) niedergerissen hätten. Selbst »absolut vernünftige« staatliche Gesundheitsmaßnahmen verletzten unter Umständen Gefühle der einheimischen Bevölkerung, während Untersuchungen und Vorkehrungen vielleicht als erniedrigend und ausbeuterisch erschienen.[24]

Ein weiteres Problem ist das Wasser. Tropische Gebiete weisen normalerweise genug Niederschlagsmengen auf, aber der Zeitpunkt der Regengüsse ist oft unregelmäßig und unberechenbar, und es geht dabei alles andere als sanft zu. Die Tropfen sind riesig; es gießt wie aus Eimern. Die Durchschnittswerte sind nichtssagend, wenn man sich die Extreme anschaut, ein Jahr mit dem anderen, eine Jahreszeit mit der folgenden, einen Tag mit dem nächsten vergleicht.[25] In Nordnigeria fallen 90 Prozent aller Niederschläge in Form von Regenstürmen mit einer Wassermenge von 25 Millimetern pro Stunde; das entspricht der halben monatlichen Niederschlagsmenge in Kew Gardens am Rande Londons. Java kennt noch heftigere Regengüsse: Ein Viertel der jährlichen Niederschläge stürzt mit einer Menge von 60 Millimetern pro Stunde herab.

In solchen Klimaten hat es der Ackerbau schwer, mit Dschungel und Regenwald zu konkurrieren: Diese Schatzkammern der Artenvielfalt sind allen Spezies förderlich, nur nicht dem Menschen und seiner beschränkten Palette von Feldfrüchten. Das Ergebnis ist eine Art Krieg, aus dem sowohl die Natur als auch der Mensch als Verlierer hervorgehen. Die Bemühungen, Wald zu roden, nehmen die Form einer verschwenderischen Zerstörung und Abholzung wertvoller Pflanzen und Bäume an. Und das üppige Wachstum des Dschungels sagt auch nichts über die landwirtschaftlichen Möglichkeiten aus. Rodet man den Wald und legt Pflanzungen an, knallt die Sonne auf die schattenlosen Flächen herunter; heftige Regen prasseln auf die Erde, ohne durch Blätter und Zweige gebremst zu werden, waschen die Nährstoffe aus dem Boden und sorgen für eine neue Form von Vergeudung. Ist der Boden lehmig und besteht zu großen Teilen aus Eisen- und Aluminiumoxiden, wird er durch Sonne und Regen zu einem steinharten Panzer verbacken. Auf zwei oder drei Erntejahre folgt eine unabsehbare Brache. Der neugerodete Boden wird rasch wieder aufgegeben, und bald schon ersticken die aufwendigen Behausungen und Tempel unter wuchernden Ranken und Lianen. Weil sie auf Nahrungsüberschüsse aus der Umgebung angewiesen sind, können Städte hier nicht gedeihen. Die oft chaotisch verlaufende Verstädterung im heutigen Afrika ist in hohem Maße abhängig von überseeischen Lebensmittelzufuhren.

Am anderen Extrem verwandeln sich Trockengebiete in Wüste; der Wüstensand breitet sich unerbittlich aus und begräbt angrenzende, einst fruchtbare Gebiete unter sich. Um 1970 schob sich die Sahara mit einer Geschwindigkeit von sechs Metern pro Stunde in die Sahelzone vor – geologisch gesehen, im Galopp.[26] Diese Ausbreitung von Ödland stellt in allen semiariden Klimazonen ein Problem dar: in den Präriegebieten der USA (man denke an die »Okies«, die Farmarbeiter aus Oklahoma, in Steinbecks

 Früchte des Zorns), in der israelischen Negev und den Gegenden unmittelbar östlich des Jordanflusses ebenso wie in Westsibirien. Ein Rückgang der Regenfälle genügt, um die Feldfrüchte verdursten und den Wind die trockene Humusschicht abtragen zu lassen. Während in gemäßigten Breiten der wiederkehrende Regen neuen Feldanbau ermöglicht, sind die tropischen und subtropischen Wüsten weniger nachsichtig.

Eine mögliche Antwort auf unregelmäßige Befeuchtung liegt in der Wasserspeicherung und künstlichen Bewässerung; aber dem steht in den betreffenden Gegenden der unvorstellbar hohe Verdunstungsgrad entgegen. In der Region um die indische Stadt Agra zum Beispiel übersteigen die Niederschläge den Wasserbedarf der heutigen Landwirtschaft nur während zweier Monate im Jahr; der Feuchtigkeitsüberschuß, den die Erdkrume in diesen nassen Monaten aufnimmt, trocknet innerhalb von nur drei Wochen weg.

Es ist deshalb kein Zufall, daß sich die Besiedlung und Kultivierung des Landes entlang der Flüsse vollzog, die aus ihren Einzugsgebieten Wasser und zusammen mit dem Wasser jährliche Ablagerungen fruchtbarer Erde herabführen: etwa Nil, Indus, Tigris und Euphrat. Die dort entstandenen alten Kulturzentren waren zuallererst Nahrungszentren – auch wenn uns die Bibel daran erinnert, daß sogar den Ägyptern Hungersnöte das Leben schwermachten. Nicht alle Ströme sind so großzügig wie die genannten. Der westafrikanische Fluß Volta bezieht sein Wasser aus einem Gebiet von über 100 000 Quadratkilometern – die Hälfte der Fläche Großbritanniens –, weist aber an seiner Mündung bei Niedrigwasser nur einen kärglichen Durchfluß von 28 Kubikmetern pro Sekunde auf, gegenüber 3500 bis 9800 Kubikmetern beim Höchststand. Der Wassermangel im Stromgebiet des Volta tritt in der heißesten und windigsten Zeit des Jahres ein; der Wasserverlust durch Verdunstung ist dann hoffnungslos hoch.[27]

Außerdem gibt es die Katastrophen – die sogenannten Jahrhundertüberschwemmungen, -stürme und -dürren, die sich ein- oder zweimal in jedem Jahrzehnt ereignen. In den Jahren von 1961 bis 1970 erlitten an die zweiundzwanzig Länder in »klimatisch benachteiligten Gegenden« (das heißt in Gegenden, die Überschwemmungen und Dürren ausgesetzt sind oder Wüstengebiete einschließen) durch Orkane, Taifune, Wassermangel und ähnliche Katastrophen Schäden in Höhe von nahezu 10 Milliarden Dollar – fast genausoviel, wie sie von der Weltbank an Darlehen erhielten, so daß ihnen so gut wie nichts für Entwicklungsaufgaben verblieb. In Bangladesch, das sich auf Höhe des Meeresspiegels befindet und rasch unter Wasser gesetzt ist, forderte der Wirbelsturm von 1970 etwa eine halbe Million Tote und vertrieb doppelt so viele Menschen aus ihren Häusern. In Indien, das sich um eine jährliche Wachstumsrate von 2 bis 3 Prozent in der Produktion von Futterpflanzen bemüht, reicht eine schlechte Wachstumsperiode aus, um den Ernteertrag um 15 Prozent sinken zu lassen.[28] Die Folgen solcher gar nicht so seltenen Ausnahmesituationen können sogar für reiche Gesellschaften extrem kostspielig sein, wie die Verluste beweisen, die in den USA auf das Konto des Wirbelsturms Andrew im Jahre 1992 und der großen Überschwemmungen gingen, von denen der mittlere Westen in den Jahren 1993 und 1997 heimgesucht wurde. Für arme Bevölkerungen, die ihr Dasein am Rande des Existenzminimums fristen, sind die Auswirkungen mörderisch. Falls Fernsehkameras zugegen sind, erfahren wir etwas davon; falls nicht, hören und sehen wir nichts von den Millionen, die ertrinken und verhungern. Und wenn wir von ihnen nichts hören und sehen, kümmert es uns auch nicht!

Das Leben in schlechten Klimaten ist mithin gefährlich, bedrängt und grausam. Menschliche Fehler, mögen sie auch besten Absichten entspringen, verstärken noch die von der Natur verursachten Leiden. Selbst gute Einfälle bleiben nicht ungestraft. Kein Wunder, daß diese Regionen in Armut verharren, daß viele von ihnen nur immer ärmer werden, daß zahlreiche, vielbejubelte Entwicklungsprojekte entsetzlich gescheitert sind (von ihnen hörte man vorher mehr als danach), daß sich gesundheitliche Verbesserungen in neuen Krankheitsformen verlaufen und den Gegenangriffen der alten Übel erliegen.

Insbesondere Afrika hat hart mit diesen Handikaps zu kämpfen; obwohl viele Fortschritte erzielt worden sind, wie die Sterblichkeitsziffern und die Daten zur Lebenserwartung zeigen, bleiben die Krankheitsziffern hoch, die Ernährungssituation unbefriedigend, Hungersnöte eine regelmäßig wiederkehrende Erscheinung und die Produktivität niedrig. Während der Kontinent einst imstande war, seine Bevölkerungen zu ernähren, kann er das heute nicht mehr. Hilfe aus Übersee ist primär Lebensmittelhilfe. Die Menschen dort nutzen nur einen Bruchteil ihres Potentials. Die Regierungen kommen mit ihren Aufgaben nicht zu Rande. Angesichts der hartnäckigen natürlichen Belastungen, denen die Afrikaner ausgesetzt sind, kann man sich nur darüber wundern, wie relativ gut sie bislang noch zurechtgekommen sind.

Und doch wäre es falsch, die Geographie als etwas Schicksalhaftes zu betrachten. Ihr Einfluß läßt sich vermindern oder umgehen, wenngleich das stets seinen Preis kostet. Wissenschaft und Technik spielen hier die Schlüsselrolle: Je mehr wir wissen, desto mehr können wir tun, um Krankheiten zu verhüten und für bessere Lebens- und Arbeitsbedingungen zu sorgen. Heute verfügen wir eindeutig über mehr Handlungsmöglichkeiten als in der Vergangenheit, und die Aussichten für die tropischen Gebiete sind besser, als sie es vormals waren. Fortschritte in diesen Regionen setzen ein waches Bewußtsein und aufmerksame Beobachtung voraus. Die rosarote Brille müssen wir ablegen. Dadurch, daß wir das Problem wegerklären oder ignorieren, schaffen wir es nicht aus der Welt und tragen auch nichts zu seiner Lösung bei.

»Ich habe immer das Gefühl gehabt, daß mich das gemäßigte Klima kräftigt und belebt«

Persönliche Eindrücke können in die Irre führen, und sei's auch nur, weil Individuen verschieden reagieren. Was dem einen behagt, ist dem anderen zuwider. Dennoch trifft das Gesetz der hitzebedingten Erschöpfung für alle zu; nur wenige bringen ihre volle Arbeitsleistung, wenn es heiß und feucht ist. Hören wir einen Diplomaten aus Bangladesch, der sich daran erinnert, wie er und seine Landsleute den Aufenthalt in gemäßigten Zonen erlebten:

»In Ländern wie Indien, Pakistan, Indonesien, Nigeria und Ghana habe ich mich immer durch die geringste körperliche oder geistige Anstrengung strapaziert gefühlt, wohingegen ich in Großbritannien, Frankreich, Deutschland oder den USA immer das Gefühl hatte, daß mich das gemäßigte Klima kräftigt und belebt, nicht nur während langer Aufenthalte, sondern auch bei kurzen Reisen. Und ich weiß, daß Leute aller tropischen Völker beim Besuch gemäßigter Klimazonen ähnliche Erfahrungen gemacht haben. Ich habe auch Hunderte von Menschen aus den gemäßigten Zonen beobachtet, wie sie sich strapaziert und erschöpft fühlten, sobald sie sich außerhalb klimatisierter Räume aufhielten.

In Indien und anderen tropischen Ländern ist mir aufgefallen, daß die Bauern, die Industriearbeiter und überhaupt alle körperlich oder am Schreibtisch Tätigen in einem langsamen Rhythmus arbeiten und lange und häufige Pausen machen. In den gemäßigten Zonen dagegen habe ich bemerkt, daß die Leute mit viel Einsatz und großer Energie in raschem Tempo arbeiten und sehr wenige Ruhepausen einlegen. Ich weiß aus eigener Anschauung und aus der Erfahrung, die andere tropische Völker in den gemäßigten Zonen gemacht haben, daß dieser auffällige Unterschied in der Arbeitsenergie und Arbeitsleistung nicht völlig und nicht einmal wesentlich auf unterschiedliche Ernährungsniveaus zurückzuführen ist.«[29]

2

Antworten auf die Geographie: Europa und China

Wie ungleichmäßig die Naturbedingungen sind, zeigt der Gegensatz zwischen dieser unseligen Situation und den weit günstigeren Verhältnissen in den gemäßigten Zonen, und dort insbesondere in Europa und innerhalb Europas zuerst und vor allem im westlichen Teil.

Nehmen wir das Klima. In Europa gibt es Winter, die kalt genug sind, um Krankheitserreger und Seuchen zu unterdrücken. Die Strenge des Winters nimmt zu, je weiter man nach Osten in kontinentale Klimazonen vordringt, aber selbst in seinen milderen Formen taugt er zur Abwehr um sich greifender Krankheiten. Es finden sich auch hier endemische Erkrankungen, aber die sind nichts im Vergleich mit den Verkrüpplern und Killern, die man in heißen Zonen antrifft. Parasiten bleiben die Ausnahme. Man hat geltend gemacht, diese relative Freiheit von Parasitenbefall sei schuld daran, daß Europäer so anfällig für Epidemien sind: Sie seien den Krankheitserregern nicht hinlänglich ausgesetzt gewesen, um Abwehrmechanismen aufbauen zu können.

Selbst im Winter sind die Temperaturen in Westeuropa noch freundlich. Verbindet man rund um den Globus die Orte mit gleichen Temperaturen durch Linien (Isothermen), so buchten diese nirgends so weit nach Norden aus wie an der europäischen Atlantikküste. Die mittlere Wintertemperatur im Küstenbereich Norwegens, der sich zwischen dem 58. und dem 71. Grad nördlicher Breite befindet, übersteigt den Mittelwert von Vermont oder Ohio, die rund zwanzig Grad näher zum Äquator liegen. Dank dieses Umstandes konnten die Europäer rund um das Jahr Ackerbau betreiben.

Zustatten kamen ihnen dabei auch die vergleichsweise regelmäßigen Niederschläge, die das ganze Jahr hindurch fallen und selten in Wolkenbrüchen ausarten: Der Regen »tropfet als ein sanftes Himmelsnaß«. Das ist ein Muster, dem man sonst nur ausnahmsweise auf dem Erdball begegnet. Über der ganzen eurasischen Kontinentalmasse regnet es im Sommer reichlich, im Winter dagegen nicht. Die Niederschläge vom Atlantik haben sich im Winter erschöpft, ehe sie die weiten Ebenen des mittleren und östlichen Europas erreichen. Die landumschlossenen Steppen Asiens dürsten nach Wasser; das Ergebnis sind Orte wie die Wüste Gobi. Dem südlichen und östlichen China bringen die Wolken Rettung, die von den Seegebieten vor Südostasien nach Norden ziehen; das gleiche gilt für den Südosten der USA, der von den Ausdunstungen des Golfs von Mexiko profitiert.

Diese zuverlässige und gleichmäßige Versorgung mit Wasser begünstigte eine soziale und politische Organisationsstruktur, die sich von der in den flußtalgebundenen Zivilisationen unterschied. An den Flüssen fiel die Kontrolle über die Nahrung unvermeidlich denen zu, die über den Fluß und die von ihm gespeisten Kanäle verfügten. Schon früh trat eine zentralisierte Herrschaft in Erscheinung, weil der Herr über die Nahrung auch Herr über die Menschen war. (Die biblische Erzählung von Joseph und Pharao gibt diesen Vorgang in allegorischer Form wieder. Um an Brot zu kommen, liefern die hungernden Ägypter dem Pharao zuerst ihr Geld, dann ihr Vieh, dann ihr Land und schließlich sich selbst aus [1. Buch Mose 47,13-22].) Nichts derartiges war in Europa möglich.

Das günstige europäische Klima ist das Geschenk der riesigen warmen Meeresströmung, die wir als den Golfstrom kennen und die in den tropischen Gewässern vor Afrika aufsteigt, ihren Weg westwärts quer über den Atlantik und durch die Karibik nimmt und dann in hauptsächlich nordöstlicher Richtung zurück über den Atlantik wandert. Die im Uhrzeigersinn verlaufende Drehung verdankt sich der Erdrotation in Verbindung mit dem Umstand, daß Wasser emporsteigt, wenn es sich erwärmt; die äquatorialen Strömungen in der südlichen Hemisphäre bewegen sich gegen den Uhrzeigersinn (siehe Karte 1). In beiden Hemisphären wandern die äquatorialen Strömungen von Ost nach West und führen Wärme und eine reiche maritime Fauna und Flora mit sich.

Normalerweise müßten die nördlichen und südlichen äquatorialen Strömungen ungefähr den gleichen Umfang haben, aber eine zufällige geologische Besonderheit läßt aus dem nördlichen äquatorialen Strang die weltweit größte ozeanische Strömung werden. Diese geologische Besonderheit ist die Form, die Südamerika annahm, als die tektonischen Platten auseinanderdrifteten und sich der amerikanische Kontinent vom afrikanischen löste; genauer gesagt, es ist die große brasilianische Ausbuchtung Südamerikas nach Osten (die im groben Umriß der westlichen Ausbuchtung der afrikanischen Atlantikküste entspricht). Der brasilianische Vorsprung spaltet die südliche äquatoriale Strömung und schickt rund die Hälfte davon nach Norden, wo sie sich mit ihrem nördlichen Gegenstück zu einer gewaltigen Masse warmen Wassers vereint, die letztlich noch die Küsten Irlands und Norwegens bespült (siehe Karte 1). Dieser geologische Glückstreffer beschert Europa warme Winde und sanften Regen, Wasser zu jeder Jahreszeit und geringe Verdunstungsraten – kurz, die Bedingungen für gute Ernten, große Viehherden und dichte Hartholzwälder.

Gewiß, Europa weist kein einheitliches Klima auf. Am stärksten und gleichmäßigsten fällt der Regen entlang dem Atlantik, wo die feuchtigkeitsgesättigten Westwinde vom Meer aufs Land überwechseln. Je weiter man nach Osten in Richtung der polnischen und russischen Steppen vordringt, desto »kontinentaler« wird das Klima, und desto stärker weichen sowohl hinsichtlich der Feuchtigkeit als auch bei der Temperatur die Extreme voneinander ab. Das gleiche gilt für die Mittelmeergebiete: Die Temperaturen sind zwar mild, aber der Regen fällt spärlicher, ungleichmäßiger. In Spanien, Portugal, Süditalien und Griechenland ist der Boden weniger ertragreich, Olivenbäume und Weinreben gedeihen besser als Getreide, Weidewirtschaft rentiert sich eher als Ackerbau. Verschiedentlich ist geltend gemacht worden, daß diese geographischen Beeinträchtigungen für die Armut und sogar die industrielle Rückständigkeit Südeuropas im Vergleich mit Nordeuropa verantwortlich gewesen seien.[1] (Wir werden noch sehen, daß andere, kulturelle Ursachen mindestens ebenso wichtig gewesen sein dürften.)

Wenn das Klima so günstig ist, warum entwickelte sich Europa dann so langsam, Tausende von Jahren später als Ägypten und Sumer? Wieder liefert die Geographie die Antwort: Schuld daran sind die Hartholzwälder. Edmund Burke nannte die Sache beim Namen, als er Inder und Engländer einander gegenüberstellte: »Ein seit Urzeiten zivilisiertes und hochentwickeltes Volk ... während wir noch in den Wäldern lebten.«[2] Erst als die Menschen über eiserne Schneidewerkzeuge verfügten, im ersten Jahrtausend unserer Zeitrechnung, waren sie imstande, die an sich fruchtbaren Ebenen nördlich der Alpen zu roden. Kein Zufall also, daß die erste Besiedlung der Gebiete, die später Europa heißen sollten, entlang von Seen stattfand (in sogenannten lakustrischen, häufig auf Pfählen erbauten Ansiedlungen) und auf Grasland – nicht unbedingt die fruchtbarsten Böden, dafür aber einer primitiven Technik ohne Eisenwerkzeuge am leichtesten zugänglich. Erst später vermochte Europa genug Lebensmittel zu erzeugen, um dichtere Populationen zu ernähren und die Überschüsse zu produzieren, die zur Erhaltung städtischer Zentren nötig sind, in denen kultureller Austausch und Entwicklung stattfinden kann. Selbst da noch blieb der Wald zum größten Teil erhalten und dehnte sich in den Jahrhunderten nach dem Untergang Roms, als die Bevölkerungszahlen schrumpften, sogar wieder aus. In Märchen und Sagen wie *Rotkäppchen*, *Hänsel und Gretel*, *Tom Thumb* und anderen Erzählungen von Wäldern, Wölfen, Hexen und allerlei drohenden Gefahren hat die Volksüberlieferung die Erinnerung daran bewahrt.

Wie diese Geschichten deutlich machen, wäre es falsch, das geographische Milieu Europas als Idylle darzustellen. Europa kannte Hungersnöte und Krankheiten, lange Phasen der Abkühlung und der Erwärmung, Epidemien und Pandemien. Die Bauern wußten, daß sie eine oder vielleicht zwei Mißernten überleben konnten, daß aber danach der Hungertod kam. Hier spielte der Wald ebenfalls eine wichtige Rolle – als Quelle von Beeren, Nüssen und sogar Eckern und Kastanien. Und auch hier bedeutete die regelmäßige Wasserzufuhr, daß der Ackerbau keine Nebensächlichkeit blieb, daß auf jede Trockenheit bald wieder Regen und neue Ernten folgen würden. Um einen Eindruck davon zu bekommen, wie schmal der Grat ist, der unzuverlässigen und seltenen Niederschlag von regelmäßiger Versorgung mit Regen trennt, muß man sich die trockenen Regionen anschauen, wo die Landbestellung ein Gücksspiel ist und der Boden in Gefahr steht, zur Wüste zu werden – nicht nur die Gegenden südlich der vordringenden Sahara oder die Landstriche östlich des Jordanflusses am nördlichen Rand der arabischen Wüste, sondern auch die amerikanischen Prärien westlich des 100. Meridians oder die sibirische Steppe, wo Chruschtschow Weizen anzubauen versuchte, oder die Baumwollgebiete um den Baikalsee.

Dieses vorteilhafte Milieu ermöglichte es den Europäern, einen größeren Teil des Landes bewaldet oder brachliegen zu lassen; auf den Brachflächen konnten sie Viehzucht betreiben und mußten nicht auf der Suche nach Weiden in die Ferne streifen. Ihre Tiere waren größer und stärker als die anderer Gebiete. Das Pony, auf dem die Mongolen die asiatischen Steppen unsicher machten, nahm sich winzig neben einem europäischen Schlachtroß aus; das gleiche galt auch für arabische Reitpferde. In großen Teilen Indiens erlaubte das Klima überhaupt keine Pferdezucht. Allerdings hatten nicht nur große, sondern auch kleine Tiere ihre Vorteile. Die Mongolen und Tataren konnten leicht ihr menschenleeres Landesinnere durchstreifen und den seßhaften Bevölkerungen der Umgebung rasch und heftig zusetzen. Das europäische Roß, auf dem ein Krieger in voller Rüstung saß, kam einem lebenden Panzer gleich und war bei Sturmattacken unwiderstehlich, im Schlachtgetümmel unschlagbar.

Der Konflikt zwischen den beiden militärischen Taktiken resultierte in einigen der größten Schlachten der Menschheitsgeschichte. Im Jahre 732 führte Karl Martell, der Großvater von Karl dem Großen und Hausmeier des fränkischen Hofes, in der Nähe von Tours ein Ritterheer gegen die eindringenden Araber und setzte dem scheinbar nicht zu bremsenden muslimischen Expansionsdrang im Westen eine Grenze.[3] Gut vierhundertfünfzig Jahre später, nämlich 1187, ließen die sarazenischen Truppen Saladins bei den Felsen von Hittin das europäische Ritterheer auf sich zustürmen, um im letzten Augenblick auszuweichen und die Ritter durchzulassen. Die Pferde der Kreuzfahrer, die ihre Reiter den ganzen Tag über durch die glühende Sonne getragen hatten, waren inzwischen erschöpft. Die Sarazenen brauchten den in der Falle sitzenden Gegner nur noch im Rücken anzugreifen und niederzumachen. So endete das Königreich Jerusalem, das die Kreuzfahrer errichtet hatten, und die Macht des christlichen Adels im Heiligen Land.

Langfristig gesehen, trugen indes die Europäer den Sieg davon. Größere Tiere bedeuteten einen Vorteil bei Schwerarbeit und beim Transport. Mit Hilfe von Zugpferden ließen sich die lehmigen Böden der großen nördlichen Tiefebene umpflügen (das Pferd ist leistungsstärker als der Ochse, das heißt, es bewegt sich schneller und verrichtet mehr Arbeit in weniger Zeit) und die Feldfrüchte auf die städtischen Märkte schaffen. Später zogen die Pferde Feldgeschütze in den Krieg und in die Schlachten. Die europäischen Herden waren normalerweise größer und lieferten Massen von tierischem Dung (gegenüber den menschlichen Exkrementen, die man in Ostasien verwendete). Das ermöglichte einen intensiveren Ackerbau und höhere Erträge, was wiederum die Menge an Viehfutter vergrößerte, und so fort in einer aufwärts weisenden Spirale. Die Folge war, daß die Europäer über eine Ernährung verfügten, die reich an Milchprodukten, Fleisch und tierischem Protein war. Sie wurden größer und stärker und blieben relativ frei von dem Wurmbefall, der China und Indien heimsuchte.[4] (Noch vor wenigen Jahren erkrankte in China jeder fünfte, der Bluttransfusionen erhielt, an Hepatitis, weil die Leber der Blutspender von Parasiten verseucht war und die Reihenuntersuchungen nichts taugten.)[5] Die gesünderen Europäer lebten länger und schöpften ihr Arbeitspotential besser aus.[6]

Das soll nicht heißen, daß die Ernteerträge pro *Fläche* oder *Bevölkerungsdichte* höher waren als die in den warmen Gegenden, in denen Gesellschaften mit Bewässerungssystemen arbeiteten. Der Gewinn, den Tierdung, Pflug (durch ihn werden Nährstoffe von unten nach oben befördert) und Brache verschafften, konnte die Vorteile des fruchtbaren Schlammes nicht wettmachen, den Nil, Euphrat und Indus anschwemmten, ganz zu schweigen von den alluvialen Ablagerungen des Huangho und des Jangtse und von den Mehrfachernten, die in Gegenden möglich sind, in denen es rund um das Jahr warm ist.[7] Auf der anderen Seite konnten unvorhergesehene Störungen bei den Flußkulturen, hervorgerufen etwa durch Wassermangel oder ein Übermaß an Wasser oder durch feindliche Eingriffe in das Bewässerungssystem viel größeren Schaden anrichten als Trockenheits- oder Nässephasen in einem regenreichen Klima.[8] Die Durchschnittswerte führen in die Irre. So ergiebig die Monsunregen aufs Ganze gesehen sind, sie variieren stark von Jahreszeit zu Jahreszeit und von Jahr zu Jahr. Überschwemmungen und Dürrezeiten sind gang und gäbe. In China und Indien waren Reparatur- und Ersetzungsaufgaben entsprechend dringlich. Selbst wenn Katastrophen ausblieben, begünstigten die Nachfrage nach Arbeitskräften in der Regenzeit und die großen Ernteerträge, die der bewässerte Feldanbau erbrachte, eine hohe Bevölkerungsdichte – sie übertraf pro Einheit Ackerland die afrikanische um das Dreißigfache, die europäische um das Vierzigfache und die amerikanische um das Hundertfache.[9] Daraus erklärt sich, warum in so frühem Alter Ehen geschlossen wurden und warum sich fast jeder verheiratete – und zwar ohne Rücksicht auf die materielle Lage.[10]

Im christlichen Europa und zumal in den westlichen Teilen waren dagegen Ehelosigkeit, späte Hochzeiten (man heiratete erst, wenn man es sich ökonomisch leisten konnte) und weiter auseinanderliegende Geburten anerkannte Phänomene. Dem mittelalterlichen Europa galten Kinder als mögliche Belastung in Notzeiten. Denken wir an die Geschichten von Hänsel und Gretel und von Tom Thumb – die Eltern überantworten die Kinder dem Hungertod und lassen sie im Wald zurück, damit sie deren Leid nicht mit ansehen müssen. Die Zivilisationen der Flußtäler strebten möglichst hohe Bevölkerungszahlen an; die Europäer konzentrierten sich auf kleine Familien, eine unzersplitterte Erbfolge und Bündnisse zwischen Familien.

Die Zahlen allein sind also nicht aussagekräftig; nach Ansicht mancher Forscher dürfte Europa, wenn man die Gesundheit der Menschen und die Unterstützung durch Haustiere als Faktoren berücksichtigt, mehr Energie in die Landwirtschaft eingebracht haben als die viel größeren Bevölkerungen Asiens. Das Vorhandensein der bäuerlichen Bevölkerungsmassen in Asien ermunterte die dortigen Herrscher außerdem dazu, aufwendige Bauprojekte auf Zwangsarbeitsbasis in Angriff zu nehmen. Diese Bauten sollten später einmal europäische Besucher mit Staunen und Entsetzen erfüllen und zu großen touristischen Anziehungspunkten werden, die durch den Gegensatz von maßlosem Reichtum und quälender Armut verblüfften, dem sie entsprangen. »Der Glanz asiatischer Fürstenhöfe, die religiösen Bestattungsmäler, die bewässerungstechnischen Bauwerke, die Luxusgüter und das hohe handwerkliche Können schienen lediglich zu bezeugen, daß politische Organisation Blut aus Steinen pressen konnte – sofern es genügend Steine gab.«[11]

Die Europäer dagegen mußten keine Pyramiden errichten.[12] Europa, besonders der westliche Teil, hatte ein Glückslos gezogen.

Schauen wir uns nun China an, wo »fieberhaft Ackerbau getrieben wird ... und es von Menschen nur so wimmelt.«[13]

Wer die Geschichte der Weltwirtschaft verstehen will, muß sich mit China beschäftigen, der frühreifsten und in seiner Entwicklung lange Zeit erfolgreichsten Region der Welt. Hier haben wir ein Land, das ungefähr 7 Prozent der Landfläche der Erde umfaßt und von etwa 21 Prozent der Weltbevölkerung bewohnt wird. Das alte chinesische Sprichwort bringt es auf den Punkt: »Land ist knapp, und Menschen gibt es viele.«[14]

Vor rund zweitausend Jahren drängten sich an die 60 Millionen Menschen auf einem Gebiet, das heute den nördlichen Rand Chinas bildet – eine gewaltige Menge für ein so kleines Territorium. Das nächste Jahrtausend über blieb die Zahl mehr oder minder stabil, aber dann, etwa vom zehnten bis zum Anfang des dreizehnten Jahrhunderts, verdoppelte sie sich nahezu und stieg auf annähernd 120 Millionen. Hauptsächlich wegen der Pandemien, die damals auch Europa und den Nahen und Mittleren Osten heimsuchten, kam es an diesem Punkt zu einem Rückschlag in der demographischen Entwicklung, bis dann, ausgehend von einem Tiefstand von 65–80 Millionen um 1400, die Bevölkerungszahl der Chinesen auf 100–150 Millionen im Jahr 1650, auf 200–250 Millionen im Jahr 1750, auf über 300 Millionen gegen Ende des achtzehnten Jahrhunderts, auf rund 400 Millionen im Jahr 1850, auf 650 Millionen im Jahr 1950 und auf heute 1,2 Milliarden oder mehr als ein Fünftel der gesamten Weltbevölkerung anstieg. Diese außerordentliche Zunahme ist das Ergebnis einer (bis heute andauernden) alten Fortpflanzungsstrategie, die darin besteht, daß jedermann zur Ehe verpflichtet ist, früh geheiratet wird und eine Menge Kinder gezeugt werden. Das zieht einen hohen Nahrungsmittelbedarf nach sich, und die Nahrungsmittelproduktion wiederum braucht viele Arbeitskräfte. Eines bedingt das andere.

Diese Strategie reicht Tausende von Jahren zurück, bis in die Zeit, da einige Stämme am östlichen Rand der asiatischen Steppe ihren Hirtennomadismus um der höheren Erträge willen aufgaben, die ein seßhaftes Leben als Ackerbauern bot. Von Anfang an waren sich ihre Häuptlinge des Zusammenhanges zwischen Bevölkerungsgröße, Nahrung und Macht bewußt. Von ihrer politischen Einsicht zeugt, daß sie erstens potentielle Landbebauer auftrieben und ihnen urbare Böden zuwiesen (sie dort fest ansiedelten), daß sie zweitens Getreide speicherten, um künftige Heere ernähren zu können, und daß sie drittens Verwaltungszentren (im Unterschied zu bloßen Feldlagern) gründeten und ihre Versorgung mit Lebensmitteln organisierten. Was diese Punkte angeht, so verfügen wir über die »Geschichte der drei Reiche«, in denen über die kriegerischen Auseinandersetzungen zwischen verschiedenen Staaten um das Jahr 200 vor unserer Zeitrechnung berichtet wird:

»Ts'ao Ts'ao sagte: ›Starke Soldaten und genügend zu essen: das bildet die Grundlage eines Staates. Die Leute von Ch'in nahmen das Reich in Besitz, weil sie der Landwirtschaft ihr vorrangiges Augenmerk schenkten. Hsiao-wu benutzte Militärkolonien, um die westlichen Gebiete zu befrieden. Das ist eine gute Methode, von der frühere Generationen Gebrauch machten.‹ In diesem Jahr rekrutierte er Volk, um in staatlichen Ansiedlungen im Raum von Hsu [mittleres Honan] Ackerbau zu treiben, und erntete eine Million Maß Korn. Dann unternahm er ... Feldzüge in alle Himmelsrichtungen. Er mußte keine Kräfte darauf verwenden, Getreide herbeizuschaffen. So zerschlug er die Banditenhorden [die Streitkräfte seiner politischen Konkurrenten] und brachte dem Reich Frieden.«

Ein halbes Jahrhundert später war man derselben Quelle zufolge »bestrebt, die Fläche bebauten Landes zu vergrößern und Getreidevorräte anzulegen, damit es möglich wurde, die ›Banditen‹ zu vernichten«. Dazu war es außerdem nötig, »Kanäle für die Bewässerung auszuheben, damit große Kornvorräte für die Truppen angelegt werden konnten und Wasserwege für den Transport des staatlichen Getreides zur Verfügung standen...« Es folgen einige Berechnungen: »Binnen sechs oder sieben Jahren würden Millionen Maß Getreide am Huai gespeichert werden können. Das würde ausreichen, um 100 000 Mann fünf Jahre lang zu ernähren. Wu würde auf diese Weise erobert werden und die Waffen [von Wei] überall triumphieren.«[15] Und so geschah es auch.

Diese sprunghafte Bewegung, in der sich der nach Arbeitskräften hungernde Boden und die nach Nahrungsmitteln hungernden Arbeitskräfte gegenseitig hochschaukelten, mußte zwangsläufig Zeiten des Mangels und sogar regelrechte Hungersnöte nach sich ziehen. Für Viehzucht blieb da kein Platz. Um 300 unserer Zeitrechnung klagte ein gewisser Shu Hsi in einer Denkschrift:

»Besonders schlimm ist die Lage in San-Wei, und doch gibt es überall in dieser Region Weideland für Schweine, Schafe und Pferde. All das sollte abgestellt werden, so daß für diejenigen mit wenig oder keinem Land Abhilfe geschaffen wird. ... All die Weidegebiete sollten verlegt werden, so daß Pferde, Rinder, Schweine und Schafe in menschenleeren Ebenen grasen, die Menschen hingegen, die auf der Suche nach einem Auskommen umherstreifen, von Staats wegen Land zugewiesen bekommen können.«[16]

Augenscheinlich konnte die chinesische Landwirtschaft gar nicht rasch genug produzieren. Staat und Gesellschaft strebten ständig nach neuem Land und höheren Erträgen und produzierten und verbrauchten Menschen, um Menschen zu ernähren. Unter dem Kaiser T'ai Wu (der von 424–452, also über ein Jahrhundert später, regierte) überließ der Staat nichts dem Zufall. Bauern ohne Ochsen wurden gezwungen, sich Ochsen zu mieten und sie mit ihrer Arbeitskraft zu bezahlen. Es wurden Listen von den Familien erstellt, Volkszählungen durchgeführt, Arbeitspflichten und Arbeitsvorgänge schriftlich fixiert. »Ihre Namen wurden an ihrem Arbeitsort aufgeschrieben, so daß es möglich war, ihren Arbeitserfolg zu kontrollieren. Sie durften außerdem keinen Wein trinken, keinen Theaterunterhaltungen beiwohnen und der Landwirtschaft nicht den Rücken kehren, um Wein zu produzieren oder Handel zu treiben.«[17]

Keine Zeit demnach für Vergnügungen oder Geldverdienen. Nur für die Nahrungsmittelerzeugung und das Kinderkriegen.

Über die Zeit hinweg betrachtet, durchläuft der Kreislauf aus Nahrungsproduktion, die Arbeitskräfte braucht, und Erzeugung von Arbeitskräften, die Nahrung brauchen, eine Reihe von Stadien:

1. Die Chinesen oder Han, wie sie sich schließlich selbst nannten, fingen im Norden an, in den Wäldern, die an das öde innerasiatische Steppengebiet angrenzen. Sie rodeten das Land (durch Feuer?) und bebauten es, so gut sie konnten; da jedoch die Niederschläge unregelmäßig fielen und die Bäume fehlten, die dem Boden hätten Halt geben können, machte die starke Erosion den Erträgen schon bald den Garaus. Die Han verlegten daraufhin ihre Wohnsitze nicht nach Westen, in die trockenen Gebiete, die eine bereits große Bevölkerung nicht ernähren konnten, sondern auf die Lößböden entlang dem Oberlauf des Huangho, des Gelben Flusses.[18]

2. Der Ackerbau auf Lößböden war eine Einführung in das Wirtschaften mit Wasser und die Kunst der Bewässerungstechniken und damit eine Vorbereitung auf den nächsten Ortswechsel, der in das Flußbecken des unteren Huangho und seiner Zuflüsse führte, das nasser und fruchtbarer war, aber auch größere Gefahren barg.[19] Dort lernten die Han den Reis kennen, eine Feldfrucht, die viel mehr Kalorien pro Anbaufläche lieferte als die traditionellen Getreidearten Hirse, Kaoliang (Sorghumhirse) und Gerste, die gleichwohl wichtig blieben. Weizen kam erst später dazu.

Um etwa 500 vor unserer Zeitrechnung hatten die Chinesen durch künstliche Anlagen und Vorrichtungen gelernt, die Versorgung mit Wasser und seine Verwendung zu verbessern, beim Pflügen Zugtiere einzusetzen (vor allem den Wasserbüffel), intensive Unkrautbekämpfung zu betreiben und tierische Abfälle einschließlich menschlicher Exkremente als Dünger zu benutzen. All das erforderte ein Unmaß an Arbeitskräften, aber die Anstrengung machte sich bezahlt. Die Ernteerträge schnellten auf 1100 Liter Korn pro Hektar empor, was bedeutete, daß ein beträchtlicher Überschuß für den Unterhalt von nicht in der Lebensmittelerzeugung tätigen Produzenten zur Verfügung stand. Das chinesische Energiesystem war etabliert.

3. Zwischen dem achten und dreizehnten Jahrhundert unserer Zeitrechnung kam es zu einer zweiten Revolution im agrarischen Bereich. Die Han

breiteten sich ständig weiter nach Süden aus, ins Becken des Jangtse und darüber hinaus, wobei sie die Eingeborenen, die dort ein Wanderleben auf Brandrodungsbasis führten, beiseite drängten oder vor sich hertrieben. Die meisten dieser Eingeborenen suchten schließlich Zuflucht in den Bergen und in anderen Gebieten, die für einen intensiven Landbau ungeeignet waren. Sie leben auch heute noch dort – als die größte Minorität Chinas.

In diesem feuchteren, wärmeren Klima erlaubten milde Winter und lange Sommer ein volles Doppelernteprogramm: Winterweizen zum Beispiel, der im Mai geerntet wurde, und Sommerreis, den man im Juni pflanzte und im Oktober oder November erntete. Wo die Verhältnisse es gestatteten, gingen die Chinesen noch weiter und verlegten sich auf die Kultivierung von Wasserreis auf überschwemmten Flächen. Mit Hilfe von schnellwüchsigen Sorten schafften sie drei oder mehr Ernten pro Jahr. Dafür mußten sie jeden Tropfen Jauche und jedes Gramm Dung aufheben und nutzen, unablässig jäten und die Anbauflächen in der Weise maximal ausnutzen, indem sie die Saat in Pflanzschulen (auf engem Raum) vorzogen und dann die Setzlinge (die mehr Platz brauchten) in die Reisfelder auspflanzten. Ökonomisch gesprochen, ersetzten sie Land durch Arbeitskräfte und setzten sechzig bis achtzig Personen pro Hektar ein, wo ein amerikanischer Weizenfarmer mit einer einzigen auskäme; dadurch erzielten sie Ernten, die doppelt und dreifach so hoch waren wie bei dem auch schon ertragreichen Trockenanbau und bis zu 2700 Liter pro Hektar betrugen. Bei maximaler Nutzung konnten tausend Personen von der Nahrung leben, die auf einem einzigen Quadratkilometer erzeugt wurde. »Bis zum dreizehnten Jahrhundert hatte China auf diese Weise die wahrscheinlich höchstentwickelte Landwirtschaft der Welt ausgebildet; mit China konkurrieren konnte höchstens noch Indien.«[20]

Bei alledem blieb wenig Platz für Haustiere, abgesehen von den fürs Pflügen und für die Reiterei des Heeres nötigen Zug- und Reittieren. Eine weitere Ausnahme stellte das Schwein dar – der große Abfallvertilger Chinas und die Hauptfleischquelle für die Tafel der Reichen. Hingegen gab es nur wenige Rinder oder Schafe: Der chinesische Speiseplan kannte kaum Molkereiprodukte oder tierisches Protein, und Wollkleidung war weitgehend unbekannt. Als die Briten versuchten, ihre Wollwaren an die Chinesen zu verkaufen, wurde ihnen erklärt, ihre Sachen seien zu kratzig für Menschen, die an Baumwolle und Seide gewöhnt seien. Und das war in der Tat der Fall.

4. Spätere Erfindungen trugen nur noch unwesentlich zur Auffüllung der chinesischen Kornkammer bei. Im siebzehnten und achtzehnten Jahrhundert führte man neue Pflanzen aus fernen Ländern ein – Erdnüsse, Kartoffeln, Süßkartoffeln, Jams. In trockeneren, höher gelegenen Gebieten gediehen diese Feldfrüchte gut, aber letztlich waren sie nicht mehr als eine Ergänzung zum System der Reisproduktion, das mit der Nachfrage nicht mehr Schritt halten konnte.[21]

5. Daß man sich weitgehend auf Reis konzentrierte, hatte Vor- und Nachteile. Der Nährstoffbedarf der Pflanzen (besonders der Bedarf an Phosphat und Pottasche) ist beim Reis niedriger als bei anderen Grundnahrungsmit-

teln; der Arbeitsaufwand ist dagegen größer. Der Kalorienwert pro Acker übertrifft beim Reisanbau den der Getreidesorten der gemäßigten Zonen wie Weizen, Roggen und Hafer; der Proteingehalt allerdings ist nur halb so hoch.[22] Reis ist ein widerstandsfähiges Getreide: Er gedeiht in verschiedenen Lebensräumen und ist die einzige Körnerfrucht, die auf kargen Böden Jahr für Jahr gute Erträge liefert, vorausgesetzt, er bekommt genug Wasser. Andererseits hatten das Waten in nassen Reisfeldern und die Verwendung von menschlichen Exkrementen zur Düngung eine hohe Quote von Bilharzioseerkrankungen und anderen häßlichen Parasitenkrankheiten zur Folge, was wiederum zu Produktivitätsverlusten und einem entsprechend höheren Bedarf an Arbeitskräften führte.

Für die chinesische Geschichte hatte dieses arbeits- und bewässerungsintensive Energiemodell wichtige Konsequenzen. Zum einen bedeutete die Tatsache, daß man sich auf die eigene Bevölkerung verließ, jeden Verzicht auf die Eingliederung fremder Sklaven in das Heer der Arbeitskräfte. (Natürlich lebten große Teile der Bevölkerung in Knechtschaft, auch wenn sie keine Leibeigenen im strengen Sinne waren.) Gleichzeitig breiteten sich die Chinesen einfach aufgrund ihrer schieren Menge unaufhaltsam aus. Für dünn gesäte, nicht so gut organisierte und technisch weniger fortgeschrittene Volksgruppen war es äußerst schwer, die Chinesen fernzuhalten.

Zum anderen verlangten die wasserwirtschaftlichen Aktivitäten nach einer überregionalen Macht und leisteten der kaiserlichen Herrschaft Vorschub. Dieser Zusammenhang zwischen Wasser und Macht fiel europäischen Beobachtern bereits früh auf; Montesquieu bemerkte ihn, Hegel griff das Thema wieder auf, und Marx übernahm es von ihm. Die ausführlichste Analyse allerdings unternahm in neuerer Zeit Karl Wittfogel, der dieser Herrschaft auf wasserwirtschaftlicher Grundlage den Namen orientalischer Despotismus gab, mit all den Konnotationen von Gewalt und Knechtschaft, die darin stecken.[23] (Andere haben ähnliche Überlegungen vorgetragen, diese aber wohlweislich von allen dunklen Andeutungen einer sozialen und kulturellen Systemkritik gereinigt.)[24]

Im Bemühen, politische Linientreue zu beweisen (dem Maoismus und seinen nachfolgenden Inkarnationen ein Gütezeugnis auszustellen), und rasch bei der Hand damit, den Chinesen demokratische Gesinnung zu bescheinigen, hat eine Generation westlicher Sinologen die These von der Wasserbaugesellschaft rundweg abgestritten. Einer der Wissenschaftler gewahrt hinter dieser These ein kaum verhohlenes neoimperialistisches Programm: »Offensichtlich besteht die praktische Konsequenz dieser Theorie darin, Einmischung zu propagieren und zu rechtfertigen.«[25] Vermutlich sollen diese Loyalitätsbekundungen, wenn schon nicht westliche, so jedenfalls doch chinesische Leser überzeugen, da sich fast alle Kritiker der Wasserbauthese um das Wohlwollen eines übelnehmenden Regimes bemühen, das Einladungen zu vergeben hat und den Zugang zum Land kontrolliert.

Die Tatsachen strafen die Gegner der Wasserbauthese Lügen. Diese berufen sich auf empirische Belege dafür, daß die frühen Siedlungszentren der

Chinesen nicht sonderlich auf Bewässerungssysteme angewiesen waren, daß damals und später viel Wasser aus Brunnen kam, statt durch Kanalsysteme herbeigeführt zu werden, und daß gewisse Aspekte der Wasserbewirtschaftung stets Sache lokaler Planung und Finanzierung waren – als sei damit irgendwie die Tatsache widerlegt, daß letztlich die Verantwortung bei höheren Stellen lag, insbesondere was die Verpflichtung und Organisation von Arbeitskräften für größere Aufgaben betraf: für den Bau der großen Dämme, Wehre und Kanäle, für Schleusenanlagen, Ausbesserungsarbeiten und Katastrophenhilfe. Maßnahmen dieser Größenordnung überstiegen die lokalen Möglichkeiten bei weitem. Es stand Gewaltiges auf dem Spiel. Zum einen waren eventuelle Fehlschläge oder Katastrophen um so weitreichender und kostspieliger, je kühner die Eingriffe in die Natur ausfielen.[26] Zum anderen stand und fiel der Staatsapparat mit der Produktion von Nahrungsüberschüssen.

So sah die Realität aus. Um es mit den Worten eines Wissenschaftlerteams zu sagen, das gleichzeitig von Wittfogel nichts wissen will: »Voraussetzung sind auch ... verfügbare bewässerungsfähige Ländereien, eine angemessene gesellschaftliche Hegemonie, ein adäquater Verstaatlichungsprozeß usf.«[27] Wie wahr!

3

Die europäische Ausnahmestellung: Ein anderer Weg

Europa hatte Glück, aber Glück ist nur ein Anfang. Tausend Jahre zuvor hätte man dieser Ausbuchtung am westlichen Ende der eurasischen Landmasse, die wir als den Erdteil Europa bezeichnen, nie und nimmer eine große Zukunft vorausgesagt. Um es in Begriffen auszudrücken, die sich unter heutigen Wirtschaftshistorikern allgemeiner Beliebtheit erfreuen: Damals lag die Wahrscheinlichkeit, daß Europa einmal eine weltweite Vorherrschaft erringen würde, irgendwo in der Nähe von Null. Fünfhundert Jahre später tendierte sie auf Eins hin.

Im zehnten Jahrhundert ließ Europa gerade erst eine lange Periode hinter sich, in der es von allen Seiten feindlichen Invasionen, Raubzügen und Plünderungen ausgesetzt gewesen war. Da waren die Nordmänner oder Wikinger, seefahrende Räuber, deren leichte Schiffe mit dem stürmischsten Seegang zurechtkamen und gleichzeitig flache Flüsse hinauffahren konnten, um weit im Landesinneren zu brandschatzen; sie kamen aus dem heutigen Skandinavien und verwüsteten die Küsten des Atlantiks und des Mittelmeeres bis hinunter nach Italien und Sizilien. Andere zogen ostwärts in die slawischen Gebiete und setzten sich dort als neue herrschende Schicht fest (die Rus, die Rußland ihren Namen gaben und dieses finstere Land an die siebenhundert Jahre lang regierten); schließlich drangen sie fast bis an die Mauern von Konstantinopel vor.

So furchterregend waren diese Plünderer, so rücksichtslos gingen sie vor (es machte ihnen Spaß, Säuglinge in die Luft zu werfen und sie mit dem Speer aufzuspießen oder sie mit dem Kopf gegen eine Mauer zu schmettern), daß sich nur das Gerücht von ihrem Nahen zu verbreiten brauchte, damit die Bevölkerung in Angst und Schrecken verfiel und ihre Führer, die geistlichen Hirten einbegriffen, Hals über Kopf die Flucht ergriffen und mit ihrer beweglichen Habe das Weite suchten. Zwar hinterließen die Seelenhirten ihren Gemeinden ein paar Gebete, um den Schutz des Allmächtigen zu erflehen, aber der Altar war keine gute Zufluchtsstätte, denn die Wikinger wußten, wo es etwas zu holen gab, und hielten stracks auf Kirchen und Burgen zu.

Ebenfalls als Seefahrer kamen, allerdings über das Mittelmeer, die Sarazenen (Mauren), die Stützpunkte in den Bergregionen der Alpen und der Côte d'Azur errichteten und von dort Überfälle auf die Handelsstraßen zwischen Nord- und Südeuropa verübten. Diese schwer zugänglichen und doch durch die See mit den muslimischen Gebieten in Verbindung stehenden Festungen waren praktisch uneinnehmbar; der Volksüberlieferung zufolge weisen Farbe und Aussehen mancher Dörfler in den Hochalpen bis heute auf ihre maghrebinische Herkunft hin.

Zu Lande zwar, aber dennoch äußerst schnell beweglich, kamen schließlich von Osten weitere asiatische Eindringlinge, nämlich die heidnischen Magyaren oder Ungarn, geritten, die eine ural-altaische Sprache (entfernt verwandt mit dem Türkischen) sprachen; Jahr für Jahr fegten sie durch die Lande und waren zur Stelle, sobald sie von irgendwelchen Zwistigkeiten oder Erbfolgeschwierigkeiten in Europa Kunde erhielten. Sie waren schnell genug, um in einem einzigen Kriegszug von ihren Wohnsitzen an der Donau ins östliche Frankreich und an die Südspitze Italiens vorzustoßen. Anders als die Nordmänner, die bereit waren, sich für eine Reihe von Jahren niederzulassen, um besser Beute machen zu können, oder die sich sogar im Grunde endgültig als herrschende Schicht etablierten, wie in Teilen von England und der Normandie (die von ihnen den Namen erhielt) oder in Sizilien, zogen sich die Ungarn jeweils wieder zurück und schleppten Beute und Sklaven in Wagen oder auf Packtieren mit sich fort.

Niemand unterwirft sich dieser Form von Schädigung und Mißhandlung ewig. Die Europäer lernten es, den ungarischen Vorstößen Widerstand zu leisten, selbst wenn ihre Führer sie dabei nicht unterstützten, weil sie nur zu rasch bei der Hand damit waren, sich mit den Eindringlingen auf Kosten ihrer Untertanen zu arrangieren. Statt zu versuchen, die Nordmänner draußen zu halten, ließen die Dörfler sie herein, umzingelten sie und fielen von allen Seiten über sie her.[1] Die Ungarn, die zu schnell hereinbrachen, als daß man ihren Einfall hätte verhindern können, waren beim Abzug um so schwerfälliger; nachdem die überheblichen Scharen mit dem beutebeladenen Troß ein paarmal in den Hinterhalt geraten waren, kamen sie zu der Überzeugung, daß es bessere Methoden geben müsse, seinen Lebensunterhalt zu verdienen. Was die Sarazenen betraf, so lag die Lösung des Problems wie in den muslimischen Gebieten selbst darin, daß man den Maultierkarawanen und Wagenkolonnen der Kaufleute militärischen Begleitschutz gab. Kurz, die Europäer machten Aggression zu einem kostspieligen Geschäft. Ironischerweise fanden die Europäer bei ihren Bemühungen Unterstützung in den Hauptquartieren der Gegner. Im Laufe der Jahre wurden die skandinavischen Stämme und die ungarischen Eindringlinge seßhaft und zivilisierten sich. An die Stelle der nomadischen Kriegslager traten Königreiche, und deren Herrscher blickten ungnädig auf diese anmaßenden »Hauptleute« mit ihren Privatarmeen und waghalsigen Abenteuern, die von ihren Raubzügen beutebeladen und großmäulig zurückkehrten und den inneren Frieden bedrohten. Könige haben für Unruhestifter nichts übrig. Durch eine Mischung aus Drohungen und Belohnungen gelang es ihnen, die Räuber und Piraten zu der Einsicht zu bringen, daß sich mehr gewinnen ließ, wenn man Gutsherr wurde und zu Hause Schafe schor, statt den Kriegsherrn zu spielen und andernorts Schafe zu reißen.

Manche haben die These vertreten, daß diese Beseitigung der internen Gefahren Europa auf den Weg des Wachstums und des Fortschritts gebracht habe. Das ist die klassische Sicht des Ökonomen: Zuwachs gilt ihm als etwas

Natürliches, das überall stattfindet, wo sich die Gelegenheit dazu bietet und Sicherheit herrscht. Man braucht nur die Hemmnisse zu beseitigen, und schon stellt sich Wachstum von selber ein. Andere sind der Ansicht, daß die Befriedung einer Gesellschaft zwar eine notwendige Voraussetzung, aber keine hinreichende Bedingung ist. Wachstum und Entwicklung verlangen Unternehmungsgeist, und der ist nicht selbstverständlich gegeben. Im übrigen fehlte es im mittelalterlichen Europa keineswegs an Hemmnissen, die solchem Fortschritt im Wege standen.

Will man sich eine Vorstellung vom Gesamtcharakter dieses Vorgangs machen, so muß man das Mittelalter als Brücke zwischen einer antiken Welt, die im Mittelmeerraum lag – Griechenland und anschließend Rom –, und einem modernen Europa nördlich der Alpen und der Pyrenäen sehen. In jenem mittleren Zeitraum trat eine neue Gesellschaft ins Leben, die sich sehr stark von den vorangegangenen Gemeinwesen unterschied und die einen Weg beschritt, durch den sie sich nachdrücklich von anderen Zivilisationen absetzte.

Gewiß, Europa hatte schon immer einen Unterschied zwischen sich und den Gesellschaften im Osten gemacht. Die großen Schlachten zwischen Griechen und Persern – Salamis und die Thermopylen – galten der Überlieferung und der Schulweisheit früherer Generationen nach als Ausdruck des Ringens zwischen West und Ost, zwischen freier Stadt (der Polis, von der unser Wort »Politik« herstammt) und aristokratisch regierten Reichen,[2] zwischen Volksherrschaft (an der jedenfalls die freien Bürger teilhatten) und orientalischem Despotismus (allgemeiner Knechtschaft). Damals wurde gelehrt, die Griechen hätten die Demokratie erfunden, das Wort ebenso wie die Sache. Das ist nach wie vor gängige Ansicht, die allerdings inzwischen wesentliche Einschränkungen erfahren hat, weil mehr Gewicht auf die Tatsache gelegt wird, daß die Griechen Sklaven hielten und daß sie die Frauen vom politischen Entscheidungsprozeß ausschlossen (wenn auch nicht aus der Öffentlichkeit verbannten).

Der Gegensatz zwischen griechischer Demokratie und orientalischem Despotismus hing eng mit dem zwischen Privateigentum und herrscherlichem Allbesitz zusammen. Tatsächlich war es ein entscheidendes Merkmal des Despotismus, daß der Herrscher, der als Gott oder als Teilhaber am Göttlichen betrachtet wurde und der sich dadurch von seinen Untertanen abhob und weit über ihnen thronte, mit ihrem Leben und ihrer Habe machen konnte, was er wollte. Schließlich besaßen sie beides von seinen Gnaden. Und was für den Herrscher galt, das galt auch für sein Gefolge. Der Kriegsadel besaß im Normalfall ein Monopol auf Waffen, und die Gemeinen achteten darauf, daß sie die kriegerischen Herren nicht beleidigten, nicht deren Begehrlichkeit weckten oder auch nur deren Aufmerksamkeit erregten; ihnen frei ins Gesicht zu schauen war eine Unverschämtheit, die strengste Bestrafung erheischte.

Wir Heutigen erkennen natürlich, daß eine solch beschränkte Verfügung über Eigentum den Unternehmungsgeist lähmt und die Entwicklung hemmt:

Denn warum sollte jemand Kapital oder Arbeit in die Schaffung oder den Erwerb von Reichtum investieren, wenn er nicht sicher sein kann, ob er ihn behalten darf? Um es mit Edmund Burke zu sagen: »Ein Gesetz gegen Eigentum ist ein Gesetz gegen Gewerbefleiß.«[3] In den Systemen des asiatischen Despotismus dagegen galten solche Verhältnisse als der letzte Zweck der menschlichen Gesellschaft: Wozu existierten die gemeinen Menschen, wenn nicht zu dem Zweck, das Wohlleben ihrer Herrscher zu befördern?

Ganz bestimmt waren sie nicht dazu da, eigenen Willensregungen zu frönen. Die Erfahrung der Bewohner von Baktra (dem heutigen Balkh) ist in dieser Hinsicht lehrreich. Die Abwesenheit ihres Herrschers, der einen Kriegszug gegen die Inder unternahm, nutzte ein in der Nachbarschaft lebender Nomadenstamm, um sich in den Besitz der Stadt zu bringen. Die Bewohner lieferten den Angreifern einen heftigen Kampf und verteidigten nicht nur ihre eigenen Häuser und Familien, sondern auch die des abwesenden Herrschers; sie unterlagen jedoch. Bei seiner Heimkehr eroberte der Herrscher die Stadt zurück, und als er von der Tapferkeit seiner Untertanen erfuhr, schimpfte er sie aus. Krieg sei nicht ihr Geschäft, belehrte er sie; sie hätten die Pflicht, demjenigen, der sie beherrsche, egal, wer es sei, Abgaben zu entrichten und zu gehorchen. Die Ältesten des Volkes leisteten gebührend Abbitte und versprachen, solchen Hochverrat künftig nicht wieder zu begehen.[4]

So gesehen, war schon die bloße Vorstellung von ökonomischer Entwicklung eine westliche Erfindung. Aristokratische (despotische) Reiche waren im Normalfall Ausbeutungsunternehmen: Wollten die Führungsschichten mehr haben, so dachten sie nicht in Begriffen von Produktivitätszuwächsen. Woher hätten die auch kommen sollen? Sie erhöhten einfach den Ausbeutungsdruck (und die Unterdrückung) und fanden gewöhnlich auch noch etwas, das sich herauspressen ließ. Manchmal verschätzten sie sich und preßten zu stark, und das konnte dann bedeuten, daß die Ausgebeuteten die Flucht ergriffen, aufbegehrten oder sich bei Gelegenheit offen gegen ihre Herren erhoben. Diese galten zwar als sakrosankt, aber unsterblich waren sie nicht. Andere Gesellschaften unterdes, in denen es Raum für vielfältige Initiativen gab, die eher von unten als von oben kamen, konnten mit Wachstumsvorstellungen mehr anfangen.

Die alten Griechen unterschieden zwischen frei und unfrei, nicht so sehr unter dem Gesichtspunkt materieller Vorteile (für ökonomische Unternehmungen, die sie mit Ausländern und anderen unfeinen Leuten in Zusammenhang brachten, hatten sie nicht viel übrig) und nicht einmal mit Blick auf die Vorteile ihres eigenen Systems, sondern vielmehr, weil ihnen das andere System als tyrannisch und deshalb als falsch erschien. Und doch erlagen die Griechen schließlich der Despotie, am offenkundigsten in dem Reich, das Alexander begründete und das seine asiatischen und ägyptischen Nachfolger beherrschten; den gleichen Weg gingen später die Römer, als sie sich nur zu bereitwillig in eine tyrannische Alleinherrschaft fügten. In ihrer schließlichen Gestalt ähnelte die klassische Welt des Mittelmeers den östlichen Zivilisationen – eine mächtige kleine Führungsschicht umgab sich mit Abhängigen, Dienern und Sklaven und wurde von einem Alleinherrscher angeführt. Allerdings blieb es bei der bloßen Ähnlichkeit. Andersdenkende wußten, daß dieses System nicht recht war, verwahrten sich in Wort und Schrift dagegen und mußten für ihre Vermessenheit büßen. Das republikanische Ideal war nur schwer auszurotten.

Währenddessen mußte nach dem Untergang Roms das Recht auf Eigentum wiederentdeckt und neu bekräftigt werden. Diese Welt, die wir als das Mittelalter – als die Zeit dazwischen – kennen, war eine Welt des gesellschaftlichen Übergangs, ein Amalgam aus klassischem Erbe, germanischem Stammesrecht und Stammesbrauch und dem, was wir heute als die jüdisch-christliche Tradition bezeichnen. Aus allen drei Überlieferungen ließ sich Rückhalt für die Einrichtungen des Privateigentums ableiten. Das germanische Gewohnheitsrecht war das einer nomadischen Gesellschaft, in der jeder Krieger Herr über seine bescheidene Habe war, die bescheiden deshalb blieb, weil sich die Gemeinschaft ständig auf der Wanderung befand. Nichts an diesem Eigentum war so ausgefallen und wertvoll, daß es Anlaß zu Besitzstreitigkeiten oder zum Streben nach Macht hätte geben können.[5]

Damit soll weder gesagt sein, daß es keine anderen Motive für das Streben nach Macht gab, noch daß der Zustand dieser nomadischen Völker keinen Wandlungen unterworfen war. Im Laufe ihrer Wanderungen und Eroberungen kam es durchaus zu solchen Streitigkeiten um Besitz und Macht. Jeder französische Gymnasiast kannte früher die Geschichte von der Vase von Soissons, einer Kostbarkeit, die von den Franken im Krieg gegen die Gallier aus einer Kirche geraubt worden war. Der fränkische Häuptling Clovis wollte sie zurückgeben, einer Christin zu Gefallen, in die er sich verliebt hatte; der Krieger aber, der die Vase geraubt hatte (oder dem sie bei der Teilung der Beute zugefallen war), weigerte sich, sie herauszugeben. Sie war sein rechtmäßiges Eigentum, und um das deutlich zu machen, zerschlug er sie vor Clovis' Augen. Was dein ist, ist dein, und was mein ist, ist mein, bedeutete er damit dem Häuptling. Als die Truppen das nächste Mal Aufstellung nahmen, hielt Clovis vor dem Vasenzertrümmerer an und fragte ihn, was mit seiner Sandale los sei; als der Mann sich bückte, um nachzuschauen, zerschmetterte Clovis ihm mit der Streitaxt den Schädel. Was dein ist, ist dein, aber du selbst bist mein, sollte das heißen.[6]

Spannungen und Zwiespalt gab es also. Aber was auf lange Sicht den Ausschlag gab, das waren die Beschränkungen der Machtausübung durch die politische Zersplitterung und die allenthalben unsicheren Verhältnisse. In den Jahrhunderten nach dem Untergang des Römischen Reiches war der Arm obrigkeitlicher Gewalt kurz. Im wesentlichen entsprang Macht der auf freier Übereinkunft basierenden Verbundenheit der Gruppe oder einer Führungsschicht innerhalb der Gruppe; sie war entsprechend begrenzt. Sicher, das Wahlprinzip machte dem Prinzip der Erbfolge Platz (die Germanen waren stark durch das römische Vorbild oder vielmehr Prinzip beeinflußt). Aber alte Bräuche und Erscheinungsformen sind nicht so leicht aus der Welt zu schaffen: Auch wenn er durch Geburt zur Nachfolge bestimmt war, mußte der Herrscher immer noch in aller Form gewählt werden. Er war also ein irdisches Wesen, weniger göttlich als menschlich, und das galt auch für seine Macht.

Manch einer bemühte sich um eine Wiederherstellung des einstigen Imperiums. Der Traum vom Römischen Reich blieb immer lebendig.[7] Wären die Wiederherstellungsversuche erfolgreich verlaufen, man hätte die Neugeburt der alten Tyrannei und Willkürherrschaft erwarten können. Aber die Versuche scheiterten an den schlechten Verkehrs- und Nachrichtenverbindungen, den unzulänglichen Transportmöglichkeiten, den Auseinandersetzungen um Legitimitätsfragen, dem Widerstand regionaler Machthaber, dem Triumph der Realität über die Phantasie. Unter den so beschaffenen Umständen ließ sich Privateigentum festhalten und verteidigen. Manchmal wurde es mit Gewalt weggenommen, wie man ja auch heute noch überfallen und beraubt werden kann. Aber das Prinzip blieb lebendig: Eigentum war ein Recht, und Beschlagnahmung konnte daran genausowenig etwas ändern wie Raub und Plünderung.

Die Vorstellung von Eigentumsrechten reicht in biblische Zeiten zurück und wurde durch die christliche Lehre in gewandelter Form überliefert. Die Abneigung der Juden gegen autokratische Verhältnisse, sogar wenn es sich nicht um eine Fremdherrschaft handelte, entstand in Ägypten und in der Wüste: Gab es je ein halsstarrigeres Volk auf der Welt? Ich darf zwei Beispiele anführen, bei denen in Reaktion auf ein Volksbegehren direkt mit der Heiligkeit des Eigentums argumentiert wird. Als der Priester Korah in der Wüste einen Aufstand gegen Moses anzettelt, verteidigt sich Moses gegen den Vorwurf, die Macht an sich gerissen zu haben, mit den Worten: »Ich habe nicht einen Esel von ihnen genommen und habe ihrer keinem nie ein Leid getan.« (4. Mose 16,15) Und als die Israeliten, die mittlerweile im Lande seßhaft geworden sind, nach einem König verlangen, gewährt ihnen der Prophet Samuel ihren Wunsch, warnt sie allerdings vor den Folgen: Ein König, sagt er ihnen, werde nicht so sein wie er. »Siehe, hier bin ich; antwortet wider mich vor dem Herrn und seinem Gesalbten, ob ich jemandes Ochsen oder Esel genommen habe?« (1. Samuel 12,3)

Diese Tradition, durch die sich das israelitische Gemeinwesen von sämtlichen Königreichen in der Umgebung unterschied und die nicht wenig zu der Feindseligkeit beitrug, mit der benachbarte Herrscher ihm begegneten – wer brauchte schon solche Störenfriede? –, geriet im Christentum tendenziell in Vergessenheit, als sich die bekennende Gemeinde in eine Kirche verwandelte und diese Kirche dann auch noch zur offiziellen, staatlich begünstigten Religionsgemeinschaft eines autokratischen Reiches wurde. Man beißt nicht die Hand, die einen füttert. Hinzu kam, daß die Gläubigen von der Überlieferung nichts erfuhren, weil die Kirche schon früh entschieden hatte, daß nur Menschen mit besonderer Eignung wie zum Beispiel bestimmte Geistliche Kenntnis von der Bibel haben sollten. Die Heilige Schrift mit ihren egalitären Gesetzes- und Moralvorstellungen, mit ihrer Kritik an der Macht und ihrem Lobpreis der Schlichtheit, wovon die Bücher der Propheten voll sind, lud die Gläubigen zur Widersetzlichkeit und zu Differenzen mit den weltlichen Autoritäten geradezu ein. Ehe man die Laien an den Texten teilhaben lassen konnte, mußten diese zensiert und gesäubert werden. Die Folge war, daß erst mit dem Auftauchen häretischer Sekten wie der Waldenser (um 1175 von Petrus Waldes gegründet), der Lollarden (um 1376 von John Wyclif ins Leben gerufen), der Lutheraner (seit 1519) und der Calvinisten (Mitte des sechzehnten Jahrhunderts), die allesamt besonderes Gewicht auf den persönlichen Glauben legten und für die Übersetzung der Bibel in die jeweilige Landessprache sorgten, diese jüdisch-christliche Tradition explizit ins politische Bewußtsein Europas drang und die Herrscher daran erinnerte, daß sie ihren Reichtum und ihre Macht von Gott erhalten hatten und beides nur unter der Bedingung genossen, daß sie sich ordentlich betrugen. Eine unbequeme Lehre.

Dennoch ging auch schon die mittelalterliche Christenheit des Westens mit den Anmaßungen weltlicher Herrscher ins Gericht – bei denen es sich natürlich um Monarchen handelte, die sich den römischen Kaisern schwerlich an die Seite stellen ließen. (Die Ostkirche dagegen lehnte sich niemals gegen die byzantinischen Cäsaren auf.)[8] Dadurch ließ die Westkirche implizit dem Privateigentum ihren Schutz angedeihen. In dem Maße, in dem die Machtansprüche der Kirche wuchsen, konnte diese gar nicht anders, als sich auf das ältere Prinzip des Judaismus zu berufen, daß die ganze Welt eigentlich Gott gehörte, und auf das neuere christliche Prinzip, daß der Papst Gottes Stellvertreter auf Erden war. Die irdischen Herrscher konnten nicht einfach machen, was sie wollten, und selbst die Kirche, Gottes irdische Statthalterin, durfte Rechtsansprüche nicht mit Füßen treten und sich nicht nehmen, was ihr gefiel. Der ausführliche Schriftverkehr, der Stiftungen von Gläubigen an die Kirche begleitete, bezeugt diese Verpflichtung zum korrekten Handeln und zu ordnungsgemäßen Verfahrensweisen.

All das bewirkte, daß sich Europa von den umgebenden Zivilisationen auffällig unterschied.

In China überwachte, regelte, unterdrückte der Staat, selbst wenn er nichts wegnahm. Autorität sollte nicht die Frucht des guten Willens des Herrschers, seiner rechten Einstellung, seiner persönlichen Qualitäten sein. Dreihundert Jahre vor unserer Zeitrechnung unterwies ein Moralphilosoph einen Fürsten in der Kunst zu herrschen, die darin bestehe, nicht die Zuneigung, sondern den Gehorsam der Untertanen zu erringen. Ein Fürst könne nicht alles sehen und hören, deshalb müsse er das ganze Reich in seine Augen und Ohren verwandeln. »Obwohl er tief im Inneren eines Palastes mit gewundenen Galerien lebt, entgeht ihm nichts, bleibt ihm nichts verborgen, kann nichts seinen wachsamen Blick trüben.«[9] Ein solches System steht und fällt mit der Ehrlichkeit und Tüchtigkeit der lebendigen Augen und Ohren, deren sich der Herrscher bedient. Er ist auf Gedeih und Verderb ehrgeizigen Untergebenen mit unbegrenzten Fähigkeiten zur Täuschung und Heuchelei ausgeliefert. Die Schwäche der Alleinherrschaft liegt im Menschenmaterial, auf das sie angewiesen ist. Und das ist ein Glück!

Ein Wissenschaftler, der für Beschönigungen nichts übrig hat, nennt das System »totalitär«:

»Kein privates Unterfangen und kein Aspekt des öffentlichen Lebens konnte sich der staatlichen Regulierung entziehen. Erst einmal gab es eine ganze Reihe von Staatsmonopolen. ... Aber der vielarmige Zugriff des Staatsmolochs, die Allgewalt der Bürokratie, ging weit darüber hinaus. ... Dieser Wohlfahrtsstaat überwachte bis in die kleinsten Einzelheiten jeden Schritt, den seine Untertanen machten, und zwar von der Wiege bis zum Grab.«[10]

Auch in Europa fanden sich reichlich despotische Herrschaftsformen; sie wurden allerdings durch das Recht, durch die territoriale Zersplitterung und innerhalb der einzelnen Staaten durch die Aufteilung der Macht zwischen dem Zentrum (der Krone) und der regionalen, grundherrschaftlichen Gewalt abgemildert.[11] Die territoriale Zersplitterung führte zur Konkurrenz, und die Konkurrenz sorgte dafür, daß man nett zu braven Untertanen war. Behandelte man sie schlecht, wechselten sie vielleicht anderswohin.

Weltreiche mußten die Abwanderung ihrer Untertanen nicht fürchten, schon gar nicht, wenn sie sich wie China als der Mittelpunkt des Universums, als die Heimstatt aller Zivilisation begriffen und alles außerhalb ihrer Grenzen als barbarische Finsternis ansahen. Es gab keinen anderen Ort, wo man hingehen konnte, so daß eine symbolische Grenze genügte, wie der »Weidenzaun«, eine niedrige Palisade, die von der Großen Mauer zum Meer reichte und China von den mongolisch-tatarischen Gebieten im Norden trennte. In einem Gedicht zu diesem Thema stellt der Mandschuherrscher Ch'ien-lung fest: »Wenn wir Schranken errichten und den Menschen Vorschriften machen, folgen wir dem Weg der Vorfahren, / Da es genügt, ein Seil zu spannen, um ein Verbot anzuzeigen. ... Die Sache auszubauen oder nicht auszubauen macht keinen Unterschied: / Ist die Idee vorhanden und der Rahmen gesteckt, bedarf es keiner langen Ausführungen mehr.«[12]

Der Wettstreit um die Macht in den europäischen Gesellschaften (man beachte den Plural) ließ auch den spezifisch europäischen Typus der halbautonomen Stadt entstehen, die als Kommune organisiert ist und die wir unter diesem Namen kennen. Städte gab es natürlich überall auf der Welt – soweit die Landwirtschaft hinlängliche Überschüsse produzierte, um eine Population aus Herrschenden, Soldaten, Handwerkern und anderen nicht an der Nahrungsmittelerzeugung Beteiligten zu erhalten. Viele dieser städtischen Zusammenballungen erlangten große Bedeutung als Märkte, ganz zu schweigen von ihrer Rolle als Verwaltungszentren. Aber etwas der Kommune Vergleichbares trat nirgends außerhalb des westeuropäischen Raumes in Erscheinung.[13]

Zum Wesen der Kommune gehörte erstens ihre ökonomische Funktion – diese Einheiten waren »Verwaltungsgebilde von Kaufleuten, durch Kaufleute und für Kaufleute«[14] – und zweitens ihre außergewöhnliche zivile Macht: ihre Befugnis, den Bewohnern sozialen Status und politische Rechte zu verleihen, Rechte, die grundlegend für das Geschäftsleben und für die Freiheit von äußerer Einmischung waren. In einer hierarchisch geordneten Agrargesellschaft, in der die Bevölkerung zum größten Teil in Abhängigkeit lebte, sei es als Leibeigene von Grundherren, sei es als ortsgebundene Hintersassen, war das von alles entscheidender Bedeutung. Die Städte wurden so zu Pforten in die Freiheit, zu Durchlässen im Netz der Knechtschaft, von dem das Land überzogen war. »Stadtluft macht frei«, lautete das mittelalterliche Diktum. Das war im buchstäblichen Sinne der Fall: Als der Graf von Flandern einen entlaufenen Leibeigenen, der ihm auf dem Markt von Brügge über den Weg lief, zurückforderte, verjagten die Bürger ihn und seine Schlägertruppe kurzerhand aus der Stadt.

Die Folgen waren überall in der Gesellschaft spürbar. Dank ihrer Ausnahmestellung wurden die Städte zu Anziehungspunkten, Zufluchtsorten, Zentren des Austauschs mit dem flachen Land; die Wanderungsbewegung in die Städte verbesserte nicht nur das Einkommen und die soziale Stellung der Zuwanderer selbst, sondern auch derer, die sie zurückließen. (Allerdings nicht ihre Gesundheit. Die Städte waren schmutzig und übervölkert; sie boten ansteckenden Krankheiten einen idealen Nährboden, so daß es nur der Zuwanderung zu verdanken war, daß sie ihre Einwohnerzahlen halten und weiter wachsen konnten.) Die Befreiung aus der Leibeigenschaft stand in Westeuropa in einem direkten Zusammenhang mit der großen Zahl von Dörfern mit Marktprivilegien und städtischen Kommunen sowie mit der Bevölkerungsdichte und der Nähe dieser Tore zur Freiheit. Wo wie in Osteuropa Städte und Marktflecken selten und unfrei waren, blieb die Leibeigenschaft erhalten und verschlimmerte sich nur.

Warum gewährten die Herrschenden Landleuten und Städtern solche Rechte und verzichteten auf einen Teil ihrer Macht beziehungsweise übertrugen sie auf die Betreffenden? Dafür gab es vor allem zwei Gründe. Erstens sorgten neue Ackerflächen, neue Ernten, Handel und Märkte für Steuereinnahmen, und die verliehen größere Macht.[15] (Die breitere Palette von konsumtiven Genüssen nicht zu vergessen!) Zweitens suchten paradoxerweise die Landesfürsten dadurch ihre Macht innerhalb des eigenen Herrschaftsgebiets zu vergrößern: Freie Bauern (die Betonung liegt wohlgemerkt auf »frei«) und Städter (Bürger) waren die natürlichen Feinde des landbesitzenden Adels und unterstützten die Krone oder den Landesfürsten im Kampf gegen die regionalen Grundherren.

Man beachte ferner, daß in Europa Herrscher und ehrgeizige Magnaten, die auf diese Weise ihre Einnahmen vergrößern wollten, die Beteiligten durch die Gewährung von Marktrechten, Freiheiten und Privilegien *anlocken* mußten; die Beteiligten mußten zum Kommen *überredet* werden.[16] (Das war in China anders, wo die Herrscher Tausende und aber Tausende von Menschen wie Vieh den Ort wechseln und zwecks Verbesserung der Erträge neues Land bestellen ließen.) Diese Befreiung von materiellen Lasten und Gewährung ökonomischer Privilegien zogen darüber hinaus häufig politische Zugeständnisse und Selbstverwaltung nach sich. Die Initiative hierzu kam von unten, und auch das war ein wesentlich europäisches Verhaltensmuster. Integrierender Bestandteil war ein Gefühl für Rechte und Verträge – das Recht, *Verhandlungen zu führen* und *Anträge zu stellen* –, alles zum Vorteil der Freiheit und Sicherheit ökonomischer Betätigung.

Ironischerweise also stellten der Untergang Roms und der ihm folgende Zustand der Schwäche und Zersplitterung für Europa einen großen Glücksfall dar. (Soviel zu dem Lamento, das Generationen von Altphilologen und Lateinlehrern angestimmt haben.) Der römische Traum von Einheit, Macht und Ordnung (die *pax Romana*) dauerte fort und hat sich tatsächlich bis in die Gegenwart erhalten. Schließlich betrachtete man gewöhnlich Zersplitterung als großes Unglück, als Nährboden für Konflikte; nicht von ungefähr gilt heute der europäische Einigungsprozeß als heilbringende Antwort auf die Kriege der Vergangenheit. Und doch bildete in jenem mittleren Zeitraum zwischen Antike und Neuzeit die Zersplitterung den stärksten Schutz gegen Willkürherrschaft und Unterdrückung. Politische Rivalität und das Recht, sich davonzumachen – beides veränderte die Situation von Grund auf.[17]

Noch eine weitere Spaltung war hilfreich: die Zwietracht zwischen weltlicher und kirchlicher Macht. Anders als in islamischen Gesellschaften, wo die Religion im Prinzip die oberste Macht war und die ideale Regierung in die Hand heiliger Männer gehörte, unterschied das Christentum im Bemühen um Duldung durch das Römische Reich schon früh zwischen Gott und Kaiser. Jedem das Seine. Das schloß Mißverständnisse und Konflikte nicht aus: Nichts ist so instabil wie eine Doppelherrschaft; einer muß klein beigeben. Am Ende war das die Kirche, was bedeutete, daß man dem Kaiser gab, was des Kaisers war, und dann auch noch ein gutes Stück von dem, was Gottes war. Auf der Strecke blieb bei diesem Konflikt unter anderem die einheitliche Glaubenslehre: Wo die Macht geteilt ist, gedeihen Meinungsdifferenzen. Das mag schlecht für die Glaubensgewißheit und die Konformität der Gesellschaft sein, aber für den Geist und für Initiativen aus dem Volk ist es zweifellos gut.

Auch hier spielte die Zersplitterung wieder eine ausschlaggebende Rolle. In manchen Ländern, zumal in den südeuropäischen, gelang es der Kirche, sich als politische Macht zu behaupten, in anderen dagegen nicht; dort entstand in Europa das Potential zu freiem Denken. Diese Freiheit fand später ihren Ausdruck in der protestantischen Reformation, aber auch schon vorher blieb Europa die religiöse Kontrolle über das Denken erspart, die sich im Islam als ein Fluch erwies.

In China hingegen, wo sich kein Glaubensdogma ausbildete und tatsächlich eine außerordentliche religiöse Toleranz vorherrschte, dienten das Beamtentum und der kaiserliche Hof als Hüter einer höheren, vervollkommneten laizistischen Moral; in dieser Eigenschaft legten sie fest, was herrschende Lehrmeinung war, urteilten über Denken und Verhalten und unterdrückten abweichende Ansichten und Neuorientierungen, einschließlich technischer Neuerungen. Dies war eine in kultureller und intellektueller Hinsicht homöostatische Gesellschaft: Mit ein bißchen Veränderung konnte sie leben (jegliche Veränderung ließ sich ja auch schwerlich verhindern); aber sobald diese Veränderungen den Status quo bedrohten, griff der Staat ein und stellte die Ordnung wieder her. Die Geschlossenheit und Ausgereiftheit der überkommenen Verhaltensprinzipien und ethischen Grundsätze, das Gefühl von Vollständigkeit und Überlegenheit – dies genau war es, was China den Kenntnissen und Lebensweisen, die von außerhalb kamen, so feindselig begegnen ließ, mochten sie auch noch so nützlich sein.

Ein letzter Vorzug der Zersplitterung sei genannt: Durch die Dezentralisierung der Staatsgewalt war Europa gefeit davor, mit einem Schlage erobert zu werden. In der Geschichte der Reichsgründungen trifft man immer wieder auf solche handstreichartigen Eroberungen – ein, zwei Niederlagen, und ein ganzes autokratisches Weltreich stürzt in sich zusammen. So geschah es mit Persien nach den Schlachten bei Issos (333 v. u. Z.) und bei Gaugamela (331 v. u. Z.), mit Rom nach der Plünderung der Stadt durch Alarich (410) und mit dem Sassanidenreich nach den Schlachten bei Kadisija (637) und bei Nahawand (642), ebenso mit dem aztekischen Mexiko und dem peruanischen Inkareich.

Europa hatte demgegenüber nicht alles auf eine Karte gesetzt.[18] Im dreizehnten Jahrhundert machten die mongolischen Eindringlinge aus den asiatischen Steppen kurzen Prozeß mit den slawischen und chasarischen Königreichen des heutigen Rußlands und der Ukraine; um aber die Nachfolgestaaten des Römischen Reiches angreifen zu können, mußten sie sich erst noch einen Weg durch die Reihe von mittel- und osteuropäischen Staaten bahnen, die auch ihre eigenen Vorgänger im Invasionsgeschäft einbegriff – Polen, Litauer, Deutsche, Ungarn und Bulgaren. Das hätten sie auch durchaus schaffen können, wären sie nicht durch Probleme in der Heimat abgelenkt und zur Umkehr bewogen worden. Auf jeden Fall aber hätten sie einen weiteren Vormarsch teuer bezahlt, besonders in waldreichen Gegenden. Kurz danach begannen die Türken, die sich in Anatolien niedergelassen hatten, mit der Expansion nach Europa; sie eroberten den Balkan, anschließend das Gebiet der unteren Donau und erschienen zweimal vor den Mauern Wiens, der Hauptstadt der deutschen Ostmark. Im Zuge ihres Vordringens unterwarfen sie die Serben, die Bulgaren, die Kroaten, die Slowenen, die Albaner, die Ungarn und eine Vielzahl anderer Völker in diesen verworrenen, von Zank und Streit erschütterten Landstrichen. Aber das war es dann auch; als sie Wien erreichten, waren sie mit ihren Kräften am Ende.[19]

Zum Teil lag die Brüchigkeit dieser Großreiche natürlich in ihrem ausbeuterischen, überschußsüchtigen Charakter und darin begründet, daß es den Untertanen egal sein konnte, wer jeweils herrschte: Ein Despot war wie der andere, ein fremdländischer Erobererstamm so anmaßend und raubgierig wie der nächste. Warum sollten die Bewohner von Persien sich Gedanken darüber machen, wie Alexander mit Darius umsprang? Oder was neunhundert Jahre später die Araber dem Sassanidenreich antaten? Warum sollten sich die müden, unterdrückten römischen »Bürger« in der Endzeit des Reiches darum sorgen, ob Rom fiel oder nicht? Oder auch die unterworfenen Stämme in Mexiko sich dafür interessieren, was mit Montezuma passierte? Die Griechen der klassischen Zeit (bis zum fünften Jahrhundert vor unserer Zeitrechnung), die sich als die Verteidiger der Freiheit gegen die asiatische Tyrannei sahen, betrachteten diese Gleichgültigkeit der despotisch regierten Völker als ihre Geheimwaffe:

> »Wo es Könige gibt, muß es die größten Feiglinge geben. Denn die menschlichen Seelen sind geknechtet und weigern sich, zur Mehrung der Macht eines anderen bereitwillig und bedenkenlos Risiken auf sich zu nehmen. Unabhängige Menschen dagegen, die für sich selbst und nicht für andere Risiken auf sich nehmen, begeben sich bereitwillig und begierig in Gefahr, weil sie selbst den Preis des Sieges empfangen.«[20]

Als die Europäer sich endlich einigermaßen sicher vor Angriffen von außen sahen (ab dem elften Jahrhundert), waren sie in der Lage, wie nie zuvor und wie nirgends sonst ihren eigenen Nutzen zu verfolgen. Nicht daß es im Landesinneren keine Gewaltbereitschaft mehr gegeben hätte! Das zehnte und elfte Jahrhundert waren voll von räuberischen Übergriffen des hohen Lehnsadels, denen allerdings die Ablehnung und Empörung im Volk entgegenwirkte, die von der Kirche geteilt wurde und ihren Ausdruck in massenhaften »Friedensversammlungen« fand; außerdem wurde diese Gewalttätigkeit von oben durch eine an Stärke gewinnende Zentralregierung bekämpft, die mit handelsstädtischen Interessen zusammenwirkte.[21] Zeit und Geld arbeiteten für die Ordnungskräfte. Auch daß sich Gelegenheit bot, die Raufbolde an ferne Fronten abzuschieben (man denke an die Kreuzzüge), trug zur Befriedung bei. Wie ein Ökonom vielleicht sagen würde, konnte sich das System nach dem Ende der exogenen Erschütterungen an die Aufgabe machen, mit seinen endogenen Unruhestiftern fertig zu werden.

Nun folgte eine lange Periode der Bevölkerungszunahme und des ökonomischen Wachstums, die bis zur Mitte des vierzehnten Jahrhunderts dauerte, als die Europäer von der Pest (dem »schwarzen Tod«) in ihren verschiedenen Formen als Beulen- und als Lungenpest heimgesucht wurden und ein Drittel der Bevölkerung oder mehr starb; nimmt man die Verluste durch Folgekrankheiten hinzu, kann man sagen, daß die Bevölkerungszahl halbiert wurde. Das war ein schwerer Schlag; aber er brachte den Prozeß nicht zum Stillstand. Die folgenden hundertfünfzig Jahre waren eine Periode des Wiederaufbaus, weiterer technischer Fortschritte und einer fortdauernden Entwicklung. Vor allem erlebten diese Jahrhunderte die weitere Expansion einer Zivilisation, die sich mittlerweile ihren Nachbarn überlegen zeigte und die überseeische Gebiete zu erforschen und zu erobern begann.

Dieser lange, vielhundertjährige Reifeprozeß (1000–1500) basierte auf einer ökonomischen Revolution, einem Wandel der ganzen Prozedur des Verfertigens, Beschaffens und Ausgebens, wie ihn die Welt seit der sogenannten neolithischen Revolution nicht mehr erlebt hatte. Die letztere (8000 bis 3000 vor unserer Zeitrechnung) hatte für ihre Verwirklichung Jahrtausende gebraucht. In ihrem Zentrum hatten die Erfindung der Landwirtschaft und die Domestizierung von Haustieren gestanden; beides hatte zu einer ungeheuren Erhöhung der für die Arbeit verfügbaren Energie geführt. (Alle ökonomischen [die Arbeitsleistung betreffenden] Revolutionen drehen sich im Kern um eine Vermehrung der verfügbaren Energie, weil dadurch die menschliche Tätigkeit in jeder Hinsicht befördert und verändert wird.) Dieser Abschied vom Jäger- und Sammlerdasein, der mit einer sprunghaften Verbesserung der Lebensmittelversorgung einherging, erlaubte eine beträchtliche Zunahme der Bevölkerung und ein neues, dichteres Siedlungsmuster. Die neolithische Revolution war es, die größere Siedlungen und Städte ermöglichte, mit all den kulturellen und technischen Austauschprozessen und Bereicherungen des Lebens, die daraus entsprangen.

Auch die ökonomische Revolution des Mittelalters basierte auf Fortschritten in der Produktion und im Einsatz von Energie sowie auf den begleitenden Zuwächsen an Arbeitsleistung. Zunächst die Lebensmittelversorgung: Dies war eine Zeit der Neuerungen in den Anbautechniken. Ich rede von Neuerung statt von Erfindung, weil diese Techniken in frühere Zeiten zurückreichten. So war der Pflug auf Rädern mit seinen tief in die Erde eindringenden eisernen Pflugscharen von den vorrückenden Germanen ins Land gebracht worden, hatte aber wegen des Mangels an Zugtieren und wegen der geringen Bevölkerungsdichte nur begrenzt Verwendung gefunden. Jetzt breitete er sich über ganz Europa nördlich der Loire aus, erschloß die reichen Flußtäler und verwandelte Land, das man den Wäldern abgewann, in fruchtbaren Ackerboden; kurz, er wirkte Wunder auf den schweren, lehmigen Böden, die dem älteren, hölzernen römischen Hakenpflug trotzten, der sich auf den kiesigen Böden des Mittelmeerraums durchaus bewährt hatte.

Der Räderpflug, der schwere Böden umwälzen mußte, verlangte nach Zugtieren, die der Anstrengung gewachsen waren. Von den großen, durch Stallfütterung stark gemachten Ochsen, wie sie nirgends sonst zu finden waren, haben wir bereits gesprochen, auch von den mächtigen Zugpferden, die noch leistungsstärker, wenn auch nicht kräftiger als Ochsen waren. Diese lebenden, beweglichen Maschinen boten einer an Land ebenso reichen wie an Arbeitskräften armen Wirtschaft große Vorteile. Hinzu kam, daß auch die Zeit knapp war: Die landwirtschaftliche Arbeit ist bei der Aussaat und der Ernte durch Phasen fieberhafter Aktivität gekennzeichnet, wo man günstiges Wetter nutzen muß, um die Saat in die Erde oder die Feldfrucht in die Scheune zu bringen. Das galt in besonderem Maße für den auf Gemeindebasis betriebenen Ackerbau in Europa, wo zerstreute und durcheinandergewürfelte Felder und freie Flächen für erhebliches Chaos sorgten und jeder Bauer mit all seinen Nachbarn Schritt halten mußte. Starke, behende Tiere waren da von entscheidender Bedeutung, und die Bauern vereinten auf der Suche nach dem besten Vieh ihre züchterischen Anstrengungen.

Hand in Hand mit diesen überlegenen Techniken – und ihnen ebensosehr als Wirkung entspringend wie sie als Ursache befördernd – ging ein intensivierter Anbau, insbesondere der Wechsel von der Zweifelderwirtschaft (bei der jedes Jahr die eine Hälfte der Anbaufläche brachlag) zur Dreifelderwirtschaft mit Fruchtfolgesystem (ein Jahr Wintergetreide, ein Jahr Sommergetreide und ein Jahr Brache). Das ergab eine Vergrößerung der Anbaufläche um ein Drittel (ein Sechstel der Gesamtfläche, aber ein Drittel der Hälfte, die vorher bewirtschaftet wurde); das wiederum erhöhte die Fähigkeit zur Viehhaltung, wodurch sich die Menge an Dung vergrößerte, mit dem sich die Erträge verbessern ließen, und so weiter, in spiraligem Zyklus. Angesichts der Zersplitterung der Felder und der kollektiven Nutzung der Zugtiere war diese tiefgreifende Veränderung ohne starke Führung durch die Kommune und enge Kooperation undenkbar; Beispiel und Erfolg vergrößerten die Bereitschaft dazu.

Wieviel von dieser Entwicklung Reaktion auf den zunehmenden Bevölkerungsdruck war und wieviel auf einen originären Wachstumsimpuls zurückging, ist schwer zu sagen. Ohne Frage war beides im Spiel. Aber allem Anschein nach begann das Bevölkerungswachstum die Lebensmittelversorgung zu überflügeln, denn diese Jahrhunderte waren auch von großen Anstrengungen geprägt, urbares Land zu gewinnen, entweder durch die Rodung von Wald oder aber dadurch, daß man durch Dammbauten, Trockenlegung und Pumpsysteme dem Wasser Land entriß. All das kostete enorm viel Kraft und Kapital, und der Erfolg der Bemühungen zeugte nicht nur von individueller und kollektiver Tatkraft, sondern auch von dem Einfallsreichtum einer Gesellschaft, die zu lernen anfing, wie man Tiere und menschliche Arbeitskraft durch Maschinen ersetzt. Vor allem die unermüdliche und zuverlässige Windmühle war für das Auspumpen von Marschland und Poldern eine unentbehrliche Voraussetzung. Holland verdankte sich der Windmühle.

Die Historiker heben zu Recht hervor, welche Bedeutung in einer überwiegend agrarischen Gesellschaft, die ihre meisten Ressourcen in die Versorgung mit Lebensmitteln stecken muß, Zugewinnen in der Produktivität der Landbestellung und in den Ernteerträgen zukommt. Und doch waren solche Fortschritte wesentlich ein Produkt freizügiger Verhältnisse. Der kleine Teil der Bevölkerung, der in Städten lebte – er war die Keimzelle der meisten Ideen und Erfolgsrezepte für den technischen, intellektuellen und politischen Wandel. Gewiß, die kleinen und großen Städte waren ihrerseits durch das flache Land geprägt: Zuwanderer aus den ländlichen Regionen brachten Wertvorstellungen, Gewohnheiten und Einstellungen mit, die besser aufs Land paßten und die auf die städtischen Aktivitäten die Wirkung einer Zwangsjacke hatten. So folgte etwa die Organisation der Kaufleute und Handwerker in Zunftverbänden dem Modell eines Nullsummenspieles – was der eine gewann, büßte der andere ein –, als wären die Beteiligten Figuren auf einem begrenzten Spielfeld. Hinzu kam, daß die Lebensverhältnisse in der Stadt es nötig machten, sparsam mit Raum und Zeit umzugehen, was ebenfalls den Drang, sich über die anderen zu erheben, dämpfte. Also durfte niemand einem anderen ein Schnippchen schlagen oder etwas außerhalb der festgesetzten Zeiten verkaufen; Preiskonkurrenz war verpönt wie auch jeder Abstrich bei der Qualität und Gediegenheit eines Produkts, um es billiger verkaufen zu können; desgleichen gehörte es sich nicht, beim Einkauf den Preis zu drücken, um mit mehr Gewinn verkaufen zu können; kurz, kommerziellen Wettbewerb gab es nicht. Jeder, der seinem Beruf nachging, hatte Anrecht auf ein auskömmliches Leben. Löblich, aber nicht sehr dynamisch. Das Ziel war eine egalitäre soziale Gerechtigkeit, die sich allerdings auf Unternehmungsgeist und Wachstum eindeutig hemmend auswirkte – ein Sicherheitsnetz, das auf Kosten der Einkommen ging.

Das alles galt im Prinzip. Man darf indes getrost davon ausgehen, daß damals nicht anders als heute Regeln dazu da waren, gebrochen zu werden. Ebensowenig wie die Liebe läßt sich das Geschäftsleben hinter Schloß und Riegel verwahren. Im mittelalterlichen Europa war deshalb die Ausbildung von Zunftordnungen nicht weniger Reaktion auf die Entwicklung freier Handelsbeziehungen als Ausdruck einer älteren Moral. Große und kleine Städte schossen wie Pilze und voller Ambitionen aus dem Boden; in Frankreich, in den Niederlanden, im Rheinland leisteten ihnen die regierenden Fürsten durch die Gewährung großzügiger Privilegien Schützenhilfe. Versuche, lokale Monopole aufrechtzuerhalten, wurden allerdings durch die Entstehung wachsender Vorstädte (*faubourgs*) durchkreuzt, für die das Regelsystem der Stadt keine Geltung hatte. Dort ließen sich Außenseiter und Juden nieder, arbeiteten Handwerksgesellen für Meister, deren Werkstatt die Aufträge nicht mehr bewältigen konnte. Dort galten keine Marktrestriktionen. So entstanden Zwillingsstädte wie Hamburg-Altona oder Nürnberg-Fürth: alter Reichtum, neuer Reichtum; strenge Ordnung, Wildwuchs; Aufnahmebeschränkungen, freier Zugang.

Eine unvermeidliche Folge des lebhaften Handels war, daß Leistung zum Auslesekriterium wurde. Das verstieß zwar gegen das Gleichheitsprinzip (nach dem alle gleich viel erwirtschaften sollten), aber es war unmöglich, eine Uniformität der Leistung durchzusetzen. Manche Handwerker arbeiteten einfach besser als andere und lockten mehr Käufer an, als sie zu bedienen vermochten. Gleichzeitig führte gerade der Versuch, den Wettbewerb durch Zugangsbeschränkungen zum Meisterpatent einzudämmen, zur Entstehung eines Reservoirs von beschäftigungslosen Talenten. Um die erfolgreichen Meister mit den talentierten beschäftigungslosen Gesellen zusammenzubringen, brauchte es nicht viel. Da die Gesellen häufig nicht in der städtischen Werkstatt des Meisters arbeiten durften, weil auch die Größe der Werkstätten Beschränkungen unterlag, waren sie *en chambre* in den Vorstädten tätig. Hier wurzeln die Anfänge des Verlagswesens und der verstärkten Arbeitsteilung, mit beträchtlichen Zuwächsen in der Produktivität.

Die städtischen Produktionskontrollen wurden auch dadurch in ihrer

Wirksamkeit beeinträchtigt, daß Industriearbeit in die ländlichen Regionen ausgelagert wurde. Im Ackerbau mit seinen jahreszeitlich begrenzten und unregelmäßigen Beschäftigungsmustern steckte ein Reservoir ungenutzter Arbeitskraft, das um so größer war, als außerhalb der Städte die Einschränkungen im Hinblick auf Frauen- und Kinderarbeit keine Geltung hatten. Massiv unterbezahlte Frauen und Kinder ermöglichten größere Ausbeutungsraten. Bereits früh (im dreizehnten Jahrhundert) begannen deshalb Kaufleute Heimarbeiter anzustellen, die einige der monotoneren, weniger anspruchsvollen Arbeiten verrichteten. Im wichtigsten Industriezweig, der Manufaktur von Textilien, besorgten Bäuerinnen die Spinnerei auf Verlagsbasis: Die Kaufleute lieferten das Rohmaterial – Wolle, Flachs und später auch Baumwolle im Rohzustand – und holten das fertige Garn ab.

Diese Veränderungen bei der Vergabe von Arbeiten stieß anfänglich bei den städtischen Arbeitern auf wenig Widerstand; als aber die Kaufleute damit begannen, Garn in Heimarbeit verweben zu lassen, war das ein Angriff gegen eine der damals mächtigsten Interessengruppen, die Weberzunft in den Städten. Sie gossen damit Öl ins Feuer. In Italien gelang es den unabhängigen Städten, die über das umliegende Land politische Kontrolle ausübten, diese »unfaire« Konkurrenz zum größten Teil zu vernichten. In den Niederlanden, dem anderen großen Zentrum der Tuchherstellung, marschierten die städtischen Weber in die Dörfer, um dort die Baumwollwebstühle zu zertrümmern; die Weber auf dem Land setzten sich zwar zur Wehr, dennoch erlitt das Verlagssystem einen Rückschlag, von dem es sich jahrhundertelang nicht erholte. Das einzige Land, in dem sich das Verlagswesen frei entfalten konnte, war England, wo die politische Unabhängigkeit von Regionen es der Krone schwermachte, Ansprüche von Zünften auf eine Monopolstellung zur Geltung zu bringen, und wo die Zünfte rasch zu Bruderschaften mit großem Zeremoniell verkamen. Bereits Anfang des fünfzehnten Jahrhunderts wurde über die Hälfte des englischen Wollstoffs in ländlichen Heimen gefertigt. Der Rückgriff auf billige Arbeitskräfte ermöglichte es, billiger als die ausländische Konkurrenz zu produzieren, so daß England, das einst hauptsächlich Primärerzeugnisse, darunter auch Rohwolle, exportiert hatte, zu Beginn des sechzehnten Jahrhunderts schon auf dem besten Weg war, die im Manufakturwesen führende Nation Europas zu werden.

Die ökonomische Entfaltung des mittelalterlichen Europas wurde demnach durch eine Folge von organisatorischen Neuerungen und Anpassungen befördert, zu denen die Anregung zumeist von unten kam und die sich dadurch ausbreiteten, daß sich andere an ihnen ein Beispiel nahmen. Die Herrscher, sogar regionale Machthaber, wetteiferten in dem Bemühen, mit der Entwicklung Schritt zu halten, Aufgeschlossenheit zu beweisen, Arbeitskräfte verfügbar zu machen, Unternehmungen anzulocken und die Steuern einzustreichen, die sie abwarfen. Gleichzeitig erfand die Geschäftswelt neue Gesellschafts-, Vertrags- und Austauschformen, um Investitionen zu ermöglichen und Zahlungsvorgänge zu erleichtern. In diesen Jahrhunderten kam eine ganz neue Palette kommerzieller Techniken in Gebrauch; Handelsgesetzbücher wurden ausgearbeitet und in Kraft gesetzt; Teilhaberschaften wurden ersonnen, damit Geldgeber und Unternehmer, jene, die für die Finanzmittel und die Waren sorgten, und jene, die damit in fernen Weltgegenden Handel trieben, zusammenfanden. Diese »kommerzielle Revolution« ging fast zur Gänze von den Kreisen der Handeltreibenden selbst aus, die erforderlichenfalls die Gesetze dieser oder jener städtischen beziehungsweise staatlichen Gemeinschaft umgingen, neue Stätten der Begegnung und des Warenverkehrs (Häfen und Vorhäfen, Vorstädte, lokale Märkte, internationale Messen) schufen, kurz, eine eigene Welt ins Leben riefen, mit der sie das verwickelte, störende Mosaik der politischen Einheiten überzogen.

Dadurch erreichten sie einen wesentlichen Zuwachs an Sicherheit, eine starke Abnahme der Aufwendungen für die Geschäftstätigkeit (die Ökonomen sprechen von »Geschäftskosten«) und eine Ausdehnung des Marktes, die der Spezialisierung und Arbeitsteilung Vorschub leistete. Es war die Welt von Adam Smith, die bereits fünfhundert Jahre vor ihm Gestalt anzunehmen begann.

4

Die Erfindung des Erfindens

Als Adam Smith im achtzehnten Jahrhundert über diese Dinge schrieb, hob er hervor, daß Arbeitsteilung und die Ausweitung des Marktes einen förderlichen Einfluß auf die technische Innovation haben. Genau das war im mittelalterlichen Europa der Fall – in Gesellschaften, die zu den erfindungsreichsten der ganzen menschlichen Geschichte zählen. Manch einer mag darüber erstaunt sein: Lange Zeit betrachtete man diese Jahrhunderte als finsteres Zwischenspiel zwischen der Größe des Römischen Reiches und der Großartigkeit der Renaissance. In technischer Hinsicht ist dieses Klischee nicht länger haltbar.[1]

Ein paar Beispiele:

1. *Das Wasserrad.* Schon die Römer kannten es und begannen im letzten Jahrhundert ihres Imperiums, als es mit den Eroberungen vorbei und der Nachschub an Sklaven fast auf Null geschrumpft war, interessante Dinge mit ihm anzustellen. Aber damals war es schon zu spät; die politische Ordnung und der Handel brachen zusammen. Auf Kirchengütern mag die Erfindung durchaus überlebt haben; immerhin verschaffte sie den Mönchen mehr Zeit zum Beten. Jedenfalls wurde sie im zehnten und elften Jahrhundert wieder aufgegriffen; in einer Region mit reichlich Niederschlag und einem dichten Netz von Wasserläufen fiel ihre Verbreitung nicht schwer. Auf der am Rande der zivilisierten Welt gelegenen, rückständigen britischen Insel weist das *Domesday Book*, die auf Anordnung Wilhelms des Eroberers durchgeführte Bestandsaufnahme des Landbesitzes in England, für das Jahr 1086 rund 5600 Wassermühlen aus; auf dem europäischen Festland gab es viele weitere.

Eindrucksvoller sind die Fortschritte, die in der Nutzung der Wasserkraft gemacht wurden: Die Müller erhöhten Druck und Wirksamkeit des Wassers, indem sie Dämme bauten und Teiche anlegten und Mühlräder in einer Reihe aufstellten, um die abnehmende Wasserkraft für eine ganze Palette von Aufgaben zu nutzen, angefangen mit der kraftaufwendigsten und dann in absteigender Folge. Gleichzeitig wurde es durch die Erfindung oder Verbesserung von Zusatzgeräten – Kurbeln, Zahnrädern – möglich, Kraft über Zwischenräume hinweg zu übertragen, ihre Richtung zu ändern, Rotations- in Kolbenbewegungen umzuwandeln und auf diese Weise eine Vielzahl von Tätigkeiten zu verrichten: also nicht nur Korn zu mahlen, sondern auch Tuch zu walken (zu stampfen) und damit die Wollfertigung zu verändern, Metall zu hämmern, Blech zu walzen und Draht zu ziehen, Hopfen für Bier zu zerstampfen, Lumpen für die Papierfertigung zu zermahlen. »Papier, das nach seiner Erfindung durch die Chinesen und seiner Übernahme durch die Araber ein Jahrtausend lang oder länger mit den Händen und Füßen hergestellt worden war, wurde maschinell gefertigt, sobald es im dreizehnten Jahrhundert das mittelalterliche Europa erreichte ... Das Papier war fast um die halbe Welt gewandert, aber keine Kultur oder Zivilisation, mit der es unterwegs in Kontakt kam, hatte versucht, seine Erzeugung zu mechanisieren.«[2] Wie keine andere Zivilisation stützte sich die europäische auf den Einsatz von Energie.

2. *Augengläser.* Eine scheinbar banale Geschichte, etwas so Alltägliches, daß es schon trivial wirkt. Und doch verlängerte die Erfindung der Brille das Arbeitsleben gelernter Handwerker auf das Doppelte, zumal wenn die Tätigkeiten strapaziös für die Augen waren, wie bei Schreibern (vor der Erfindung des Buchdrucks außerordentlich wichtig) und Lesern, Instrumentenbauern und Werkzeugmachern, Feinwebern, Feinschmieden.

Das Problem ist biologischer Natur: Weil die Linse des menschlichen Auges um das vierzigste Lebensjahr an Elastizität verliert, tritt ein Zustand ein, der Ähnlichkeit mit der Weitsichtigkeit hat (tatsächlich handelt es sich um Presbyopie oder Altersweitsichtigkeit). Das Auge vermag sich nicht mehr auf nahe Objekte einzustellen. Aber wenn er vierzig war, konnte ein Handwerker im Mittelalter einigermaßen sicher damit rechnen, daß er noch zwanzig weitere Jahre leben und tätig sein konnte, die besten Jahre seines Arbeitslebens – vorausgesetzt, er konnte gut genug sehen. Die Brille löste das Problem.

Wir glauben zu wissen, wo und wann die ersten Augengläser in Erscheinung traten. Grobe Vergrößerungsgläser und Kristalle (*lapides ad legendum*) hatte man schon früher entdeckt und zum Lesen benutzt.[3] Der Trick bestand darin, die Verzerrung zu verringern und ein Paar zu einem Sehgerät zu verbinden, das sich ohne Gebrauch der Hände tragen ließ. Das gelang offenbar zuerst gegen Ende des dreizehnten Jahrhunderts in Pisa. Wir haben einen Zeitzeugen aus dem Jahre 1306, der behauptet, den Erfinder gekannt zu haben:

> »Nicht alle Künste [im weiten Sinne von handwerklicher Kunst] sind bereits entdeckt; wir werden nie erleben, daß man aufhört, sie zu entdecken. Jeden Tag kann eine neue Kunst aufgespürt werden. ... Es sind erst zwanzig Jahre vergangen, seit die Kunst entdeckt wurde, Brillen zu machen, die uns beim Sehen helfen, eine Kunst, die zu den besten und unentbehrlichsten der Welt zählt. Und das ist vor so kurzer Zeit geschehen, daß eine neue Kunst erfunden wurde, die es vorher noch nie gegeben hatte. ... Ich selbst habe den Mann gesehen, der sie entdeckte und ausübte, und habe mit ihm gesprochen.«[4]

Diese konvexen Linsen waren offensichtlich nicht gleichmäßig und hatten keine Normqualität, wie wir heute sagen würden. Aber hier kam den mittelalterlichen Optikern die Natur des Problems zu Hilfe und sorgte dafür, daß ihrer in den Anfängen steckenden Kunst dennoch Erfolg beschieden war: Die Linsen zur Korrektur von Presbyopie müssen nicht übermäßig genau geschliffen sein. Sie haben vor allem die Aufgabe, zu vergrößern, und auch wenn manche stärker vergrößern als andere, sind doch praktisch alle hilfreich für den Benutzer. Deshalb kann es vorkommen, daß sich in einem Restaurant jemand eine Brille leiht, um die Speisekarte zu lesen, und deshalb werden in Billigläden solche Brillen dutzendweise zum Verkauf angeboten. Der Käufer probiert einfach ein paar aus und wählt die passendste. Menschen, die an Myopie leiden (Kurzsichtige), können das nicht.

So sahen die Anfänge aus. Um die Mitte des fünfzehnten Jahrhunderts stellten italienische Städte, unter ihnen vor allem Florenz und Venedig, bereits Tausende von Brillen her, mit konkaven ebenso wie mit konvexen Linsen, je nachdem, ob es sich um Kurzsichtigkeit oder um Altersweitsichtigkeit handelte. Zumindest die Florentiner (und wahrscheinlich auch andere) erkannten außerdem, daß die Sehschärfe mit dem Alter immer mehr abnimmt, und fertigten konvexe Linsen in verschiedenen Stärken an, die auf Fünfjahreszeiträume berechnet waren, während der Zeitraum bei den konkaven Linsen zwei Jahre betrug; der Benutzer konnte also eine ganze Garnitur kaufen und die Gläser im Laufe der Zeit wechseln.

Brillen machten es möglich, feinmechanische Arbeiten auszuführen und feine Instrumente zu handhaben. Aber das Umgekehrte galt gleichfalls: Die Brillen regten zur Erfindung feiner Instrumente an und trieben Europa in der Tat in eine Richtung, wie sie nirgends sonst eingeschlagen wurde. Die Muslime kannten das Astrolabium, aber damit hatte es sich auch schon. Die Europäer gingen weiter und erfanden Meßgeräte, Mikrometer, Feinfräser – eine ganze Batterie von Geräten zur Präzisionsmessung und -steuerung. Damit legten sie den Grund für Gelenkmaschinen mit Paßteilen.

Präzisionsarbeit: Wenn andere Zivilisationen dergleichen verrichteten, dann aufgrund generationenlanger Übung. Die Fertigkeit steckte in der Hand, nicht im Zusammenwirken von Auge und Werkzeug. Es wurden bemerkenswerte Ergebnisse erzielt, aber kein Produkt glich dem anderen, wohingegen sich Europa bereits auf Reproduktionsprozesse zubewegte – die Fertigung von ganzen Partien und schließlich die Massenproduktion. Die Kenntnis der Linsen bereitete außerdem weitere optische Fortschritte vor, und das nicht nur in Italien. Sowohl das Teleskop als auch das Mikroskop wurden um 1600 in den Niederlanden erfunden und breiteten sich von dort rasch aus.

Europa genoß drei bis vier Jahrhunderte lang ein Monopol auf korrigierende Linsen. Faktisch führten sie zu einer Verdoppelung des Kontingents an gelernten Handwerkern und bewirkten sogar noch mehr, wenn man in Rechnung stellt, wieviel wertvolle Erfahrung der Arbeit an ihnen entsprang.[5]

3. *Die mechanische Uhr.* Noch so etwas Banales, das uns in seiner Alltäglichkeit als etwas Selbstverständliches erscheint. Und doch hat Lewis Mumford völlig zu Recht von der »Urmaschine« gesprochen.[6]

Vor der Erfindung dieser Maschine maßen die Menschen die Zeit mit Hilfe von Sonnen- oder Wasseruhren. Sonnenuhren funktionieren natürlich nur an sonnigen Tagen; Wasseruhren gingen ungenau, wenn die Temperatur fiel und sich dem Gefrierpunkt näherte, ganz zu schweigen von den durch

Wasserablagerungen und Verstopfungen verursachten langfristigen Abweichungen. In warmen, sonnigen Klimaten leisteten beide Vorrichtungen relativ gute Dienste, aber nördlich der Alpen kann es passieren, daß wochenlang die Sonne nicht scheint, während die Temperaturen nicht nur mit den Jahreszeiten wechseln, sondern auch vom Tag zur Nacht schwanken.

Das mittelalterliche Europa verlieh der verläßlichen Zeitmessung neue Bedeutung. Zuvörderst die Kirche mit ihrer Verpflichtung zum siebenmaligen täglichen Gebet, wobei die eine Gebetszeit, die *matina*, ihrem Namen zum Trotz ein nächtliches Ritual war, das einen Weckdienst erforderte, um die Mönche vor Sonnenaufgang aus dem Schlaf zu rütteln. (Davon handelt das französische Kinderlied *Frère Jacques*: Bruder Jakob hat verschlafen und die Glocke zur Morgenandacht nicht geläutet.)[7] Und auch die neuentstandenen kleinen und großen Städte hatten ihre Zeitansage. Eingezwängt in ihren Mauern, mußten sie die Zeit kennen und ihren Ablauf regeln, um kollektive Tätigkeiten zu organisieren und Raum zu sparen. Sie setzten einen Zeitpunkt fest fürs Aufwachen, für den Anfang der Arbeit, für den Beginn des Marktes, für die Schließung des Marktes, für das Ende des Arbeitstages und schließlich für das Löschen der Herdfeuer (*couvre-feu* im Französischen, woraus sich das englische *curfew*, Abendglocke, Sperrstunde, herleitet) und fürs Schlafengehen.

All das ließ sich mit den älteren Zeitmessern vereinbaren, solange es nur eine verbindliche Zeitmessung gab; aber in dem Maße, in dem die Städte wuchsen und die Zeitsignale sich vermehrten, traten Diskrepanzen auf, die zu Zank und Streit führten. Die Gesellschaft brauchte ein verläßlicheres Zeitmeßinstrument und fand es in der mechanischen Uhr.

Wir wissen nicht, wer diese Maschine erfand und wo das geschah. Allem Anschein nach ist sie im letzten Viertel des dreizehnten Jahrhunderts in Italien und England aufgetaucht (vielleicht ein Fall von simultaner Erfindung). Kaum bekannt geworden, breitete sie sich rasant aus und verdrängte die Wasseruhren; nicht allerdings die Sonnenuhren, die gebraucht wurden, um die neuen Maschinen mit dem letztinstanzlichen Zeitgeber vergleichen zu können. Die frühen Versionen steckten noch in den Kinderschuhen, gingen ungenau und waren rasch kaputt – und zwar so rasch, daß es sich lohnte, zusammen mit der Uhr auch gleich einen Uhrmacher einzukaufen.

Ironischerweise war die neue Maschine dazu angetan, die kirchliche Autorität zu untergraben. Das kirchliche Ritual hatte zwar in den städtelosen Jahrhunderten, die dem Untergang des Römischen Reiches folgten, ein Interesse an der Zeitmessung wachgehalten, aber die Zeit, an der die Kirche sich orientierte, war die natürliche Zeit. Tag und Nacht waren genauso unterteilt wie in der Natur; so daß außer bei den Tagundnachtgleichen die Tages- und Nachtstunden zahlenmäßig nicht übereinstimmten; außerdem wechselte natürlich die Länge dieser Stunden mit den Jahreszeiten. Die mechanische Uhr dagegen arbeitete mit gleich langen Stunden, und das bedeutete eine neue Art, die Zeit zu berechnen. Die Kirche widersetzte sich dem; es dauerte ungefähr ein Jahrhundert, bis sie sich zu den neuen Stunden bequemte. Die Städte allerdings übernahmen die Stunden gleicher Länge von Anfang an; die öffentlichen Uhren, die man in den Türmen und Glockentürmen der Rathäuser und Marktplätze einbaute, wurden zum zentralen Symbol einer neuen, weltlichen, kommunalen Macht. Jede Stadt wollte eine eigene Turmuhr haben; wurde die Stadt erobert, galt die Uhr als besonders kostbare Kriegsbeute; Touristen kamen, um diese Maschinen zu sehen und zu hören, wie man sonst Pilgerfahrten zu heiligen Reliquien unternommen hatte. Neue Zeiten, neue Sitten.

Die Uhr stellte die größte Leistung der mittelalterlichen Erfindungsgabe auf dem Gebiet der Mechanik dar. In ihrer Grundidee war sie revolutionär und von radikalerer Neuartigkeit, als ihren Erfindern bewußt war. Zum ersten Mal trat hier eine digitale an die Stelle einer analogen Apparatur: Man zählte eine regelmäßige, sich wiederholende Folge von diskreten Aktionen (Schwingungen eines oszillierenden Reglers), statt eine kontinuierliche, regelmäßige Bewegung wie das Wandern des Schattens auf einer Sonnenuhr oder das Fließen von Wasser zu registrieren. Heute wissen wir, daß solch eine sich wiederholende Schwingung regelmäßiger ablaufen kann als jedes kontinuierliche Phänomen; so gut wie alle Vorrichtungen mit äußerstem Präzisionsanspruch stützen sich mittlerweile auf das digitale Prinzip. Aber das konnte im dreizehnten Jahrhundert noch niemand wissen, wo man vielmehr überzeugt davon war, daß sich die Zeit als kontinuierliche Erscheinung am besten auf ein anderes Kontinuum abbilden und dadurch messen ließ.

Die mechanische Uhr mußte den schonungslosen Normen genügen, die Erde und Sonne bereithielten; Aussetzer und Fehlschläge blieben nicht verborgen. Das hatte zur Folge, daß die Uhrmacher einem unerbittlichen Druck ausgesetzt waren, die Technik und Konstruktion der Uhren immer weiter zu verbessern. Durchweg waren es daher die Uhrmacher, die den Marsch in Richtung Genauigkeit und Präzision anführten: Sie waren Meister in der Kunst der Miniaturisierung, ständig damit beschäftigt, Fehler aufzuspüren und zu korrigieren, ewig auf der Suche nach Neuerem und Besserem. Bis heute sind sie Pioniere auf dem Gebiet des Maschinenbaus geblieben – Vorbilder und Lehrer für andere Bereiche.

Schließlich brachte die Uhr Ordnung und Verfügungsmacht mit sich, sowohl im Kollektiven als auch im Persönlichen. Die öffentliche Sichtbarkeit und der private Besitz von Uhren legten den Grund für ein selbständiges Haushalten mit der Zeit: Die Menschen konnten nun ohne Diktat von oben ihr Kommen und Gehen koordinieren. (Ganz anders beim Militär, wo nur Offiziere wissen müssen, was die Uhr geschlagen hat.) Die Uhr lieferte die Interpunktionszeichen für die Gruppenaktivität, während sie es gleichzeitig den einzelnen ermöglichte, mit Blick auf eine Erhöhung der Produktivität ihre eigene Arbeit (und die von anderen) zu organisieren. Tatsächlich ist der Begriff der Produktivität als solcher ein Nebenprodukt der Uhr: Kann man erst Arbeitsprozesse auf gleichförmige Zeiteinheiten beziehen, verändert das die Arbeit unwiderruflich. Man geht von der aufgabenorientierten Haltung des Bauern (eine Verrichtung nach der anderen, so wie es Zeit und Tageslicht erlauben) und von der zeitfüllenden Geschäftigkeit des häuslichen Bediensteten (sich immer zu schaffen machen) zu dem Bemühen über, pro Zeiteinheit möglichst viele Produkte zu erzeugen (nach dem Motto »Zeit ist Geld«). Die Erfindung der mechanischen Uhr nimmt in ihren ökonomischen Auswirkungen die Analyse von Adam Smith vorweg: Zuwächse im Volksvermögen sind das unmittelbare Resultat von Verbesserungen in der Produktivkraft der Arbeit.

Die mechanische Uhr blieb rund dreihundert Jahre lang ein europäisches (westliches) Monopol; in ihren höheren Formen blieb sie es bis ins zwanzigste Jahrhundert hinein. Für andere Zivilisationen, genauer gesagt, für deren Herrscher und Führungsschichten, blieben Uhren ein Objekt der Bewunderung und Begierde, ohne daß eine von ihnen eine Uhrmacherei entwickelt hätte, die europäischen Ansprüchen genügte.

Die Chinesen bauten in der Zeit der T'ang- und der Sung-Dynastie einige astronomische Wasseruhren – komplizierte und kunstreiche Apparaturen, die möglicherweise hervorragend funktionierten, ehe sie anfingen zu verstopfen. (Wasserablagerungen sorgen dafür, daß Wasseruhren im Laufe der Zeit aus dem Takt geraten.) Diese riesigen Maschinen waren kaiserliche Projekte, eigens für den Kaiser und seine Astrologen angefertigt und ihnen vorbehalten. Bei den Chinesen galten die Zeit und das Wissen darüber als intime Herrschaftsaspekte, die das Volk nichts angingen. Dieses Monopol erstreckte sich ebensosehr auf tages- wie auf jahreszeitliche Bestimmungen. In den Städten wurden mit Hilfe von Trommeln und anderen Geräuscherzeugern die Stunden angezeigt (eine Stunde entsprach zwei von unseren), und fürs ganze Land setzte der kaiserliche Kalender die Jahreszeiten und die dazugehörenden Aktivitäten fest. Und dieser Kalender war keine gleichförmige, objektiv bestimmbare Gegebenheit. Jeder neue Kaiser schuf seinen eigenen Kalender und drückte dem Ablauf der Zeit seinen Stempel auf. Private Kalenderberechnungen waren unter diesen Bedingungen sinnlos.

Die Signale, mit denen die Stunden in den großen Städten eingeteilt wurden, ersparten es den Betroffenen nicht, sich ständig des Zeitablaufs bewußt zu sein und auf die Zeit zu achten. Vor allem waren die Signalgeräusche keine numerischen Anzeigen. Die Stunden hatten Namen, statt daß sie gezählt wurden; das allein schon beweist, daß mit der Zeit nicht gerechnet wurde. Ohne Stütze durch den Konsum im eigenen Land, ohne einen von den Volksmassen in Anspruch genommenen Uhrenhandel stagnierte die chinesische Uhrmacherei und machte eher Rückschritte, als daß sie sich fortentwickelte. Sie gelangte nie über die Wasseruhren hinaus, und als die Chinesen die mechanischen Uhren des Westens kennenlernten, waren sie kaum in der Lage, diese neuen Apparaturen zu verstehen und nachzubauen. Nicht, daß es ihnen an Interesse gefehlt hätte: Der kaiserliche Hof und die wohlhabenden Oberschichten waren ganz wild nach diesen Maschinen; aber weil sie sich schwer damit taten, die technische Überlegenheit Europas anzuerkennen, taten sie die Uhren als bedeutungsloses Spielzeug ab. Ein schwerer Fehler.

Auch der Islam hätte versuchen können, sich die mechanische Uhr anzueignen und sie nachzubauen, und sei es auch nur, um genaue Gebetszeiten einhalten zu können. Und wie in China fertigte man auch in den muslimischen Ländern Wasseruhren schon lange, ehe in Europa irgend etwas ähnliches bekannt war. Man denke an die Uhr, die Harun al-Raschid um das Jahr 800 als Geschenk an Karl den Großen schickte: Niemand am fränkischen Hof konnte viel damit anfangen, und so verschwand sie unbeachtet in der Versenkung. Wie die Chinesen waren auch die Muslime von den westlichen Uhren und Taschenuhren fasziniert und setzten alles daran, sich mittels Kauf oder Tributzahlungen in ihren Besitz zu bringen. Niemals aber nutzten sie diese Uhren, um ein öffentliches Zeitbewußtsein zu schaffen, das über die Wahrnehmung des Gebetsrufs hinausging. Wir haben in diesem Punkte das Zeugnis des Ghiselin von Busbeck, des Botschafters des Heiligen Römischen Reiches bei der Hohen Pforte in Konstantinopel, der 1560 in einem Brief schrieb: »… wenn sie öffentliche Uhren aufstellten, so würden nach ihrer Meinung die Autorität des Muezzins und ihrer alten Riten herabgesetzt werden.«[8] Ein Sakrileg also!

4. *Buchdruck*. Der Buchdruck wurde im neunten Jahrhundert in China erfunden (wo auch die Erfindung des Papiers gelang); bereits im zehnten Jahrhundert war er überall in Gebrauch. Diese Leistung ist um so eindrucksvoller, als sich die chinesische Schrift, die aus Begriffszeichen besteht und auf keinem Alphabet beruht, nicht ohne weiteres für bewegliche Typen eignet. Aus dem Charakter der chinesischen Schrift erklärt sich, warum der chinesische Buchdruck hauptsächlich den ganzseitigen Blockdruck, auch Tafeldruck genannt, verwendete, und auch, warum bei alten chinesischen Texten Zeichnungen einen so großen Platz einnehmen. Wenn man einen Block schnitzt, ist es leichter, Zeichnungen einzuschlagen als eine Vielzahl von Schriftzeichen. Hinzu kommt, daß Schriftzeichen der Schriftkultur abträglich sind: Man lernt die Zeichen vielleicht als Kind, aber wenn man sie nicht ständig gebraucht, verliert man die Fähigkeit, sie zu lesen. Bilder waren da hilfreich.

Der Tafeldruck beschränkt den Umfang und die Verbreitung der Publikationen. Er eignet sich gut, um klassische und heilige Texte, buddhistische Mantras und dergleichen, zu verbreiten, aber wenn es um die Veröffentlichung neuerer Werke geht, erhöht er die Kosten und das Risiko und leistet kleinen Auflagen Vorschub. Einige Drucker in China verwendeten in der Tat bewegliche Typen, aber wegen der Beschaffenheit der Schriftsprache und des finanziellen Aufwands, der daraus resultierte, setzte sich die Technik nie so durch wie im Westen. Es kann sogar durchaus sein, daß sie ähnlich anderen chinesischen Erfindungen eine Zeitlang fallengelassen und später neu eingeführt wurde.[9]

Aufs Ganze gesehen, trug in China der Buchdruck zwar zur Bewahrung und Ausbreitung von Wissen eine ganze Menge bei, aber wie in Europa zu »explodieren« vermochte er nie. Viele von den Veröffentlichungen gingen auf staatliche Initiative zurück, und das konfuzianische Staatsbeamtentum hatte für abweichende Meinungen und neue Ideen nichts übrig. Selbst empirische Beweise für die Falschheit überkommenen Wissens wurden unter Umständen als bloßer Schein verworfen.[10] Die Folge war, daß geistige Tätigkeit zur privaten oder regional beschränkten Angelegenheit wurde; der wissenschaftliche Fortschritt im alten China beweist eine erstaunliche Sprunghaftigkeit. »Der große Mathematiker Chu Shih-chieh, der in der nördlichen Schule seine Ausbildung erhielt, wanderte südlich nach Yang-chou, wo seine Bücher gedruckt wurden, er aber keine Schüler finden konnte. Demzufolge wurden die komplizierteren seiner Einsichten für spätere Generationen unverständlich. Seine Grundlagentexte hingegen waren allgemeines Gedankengut und überall zu finden.«[11] Grundlagentexte als eine Art von kanonischem Schrifttum reichen aber nicht aus; schlimmer noch, sie können lähmende Wirkung auf den Fortschritt des Denkens haben.

Europa verfiel Jahrhunderte später als China auf den Buchdruck. Man darf allerdings nicht glauben, erst mit dem Buchdruck sei das Buch in Gebrauch gekommen und das Lesen erfunden worden. Im Gegenteil, das Interesse am geschriebenen Wort nahm im Mittelalter rasant zu, besonders nachdem das Verwaltungswesen und der Aufstieg der Städte für eine gesteigerte Nachfrage nach Aufzeichnungen und schriftlichen Zeugnissen sorgten. Amtsgewalt gründet auf Papier. Der Schriftwust, der da entstand, war außerdem zum großen Teil in der Umgangssprache geschrieben, was eine Brechung des priesterlichen Monopols auf die tote, aber heilige Schriftsprache, das Latein, bedeutete und den Weg für eine breite Leserschaft und eine kirchenkritische religiöse Literatur frei machte.

Das wiederum führte dazu, daß die Schreiber der Nachfrage nicht mehr gerecht werden konnten. Alles mögliche wurde probiert, um den Lesestoff zu vermehren. Manuskripte wurden zu Heften arrangiert und gebunden, die sich trennen ließen; dadurch wurde eine Aufteilung der Schreibarbeit möglich, während anschließend das Buch von mehreren gleichzeitig gelesen werden konnte. Und wie in China ging der Tafelsatz der beweglichen Type voraus, mit dem Ergebnis, daß eher Flugblätter als Bücher entstanden, die auch jetzt reichlich bebildert waren. Als mithin Gutenberg in den Jahren 1452–1455 seine Bibel herausbrachte, das erste westliche Buch, das mit beweglichen Typen gedruckt war (und, wie manche meinen, das schönste Buch, das je gedruckt wurde), führte er den Buchdruck in eine Gesellschaft ein, deren Produktion an Geschriebenem bereits ungeheuer zugenommen hatte und die deshalb nach der neuen Technik geradezu lechzte. Binnen eines halben Jahrhunderts verbreitete sich das Drucken vom Rheinland aus durch das ganze westliche Europa. Die Produktion von Inkunabeln (Bücher, die vor 1501 gedruckt wurden) wird auf Millionen Exemplare geschätzt – allein in Italien waren es 2 Millionen.

Ungeachtet seiner offenkundigen Vorteile fand der Buchdruck nicht überall bereitwillige Aufnahme. Die muslimischen Länder leisteten lange Widerstand, hauptsächlich aus religiösen Gründen: Die Vorstellung eines gedruckten Korans war nicht akzeptabel. Juden und Christen besaßen in

Istanbul Druckereien, nicht aber die Muslime. Das gleiche in Indien: Erst Anfang des neunzehnten Jahrhunderts wurde dort die erste Druckerei eingerichtet. In Europa hingegen vermochte niemand der neuen Technik Einhalt zu gebieten. Die politische Macht war zu fragmentiert. Die Kirche hatte versucht, Übertragungen der Heiligen Schrift in die Volkssprache zu verhindern und die Ausbreitung kanonischer ebenso wie nichtkanonischer Texte zu verbieten. Nun wurde sie förmlich überrollt. Die bösen Geister der Irrlehren waren schon lange vor Luther losgelassen, und der Buchdruck verurteilte jeden Versuch, sie wieder an die Kette zu legen, zum Scheitern.

5. *Schießpulver*. Die Europäer übernahmen diese Erfindung wahrscheinlich Anfang des vierzehnten, vielleicht auch schon Ende des dreizehnten Jahrhunderts von den Chinesen. Die Chinesen kannten das Schießpulver bereits im elften Jahrhundert und setzten es zuerst als Brandsatz ein, wobei sie oft ausgehöhlte Lanzen als Feuerträger benutzten; Verwendung fand es sowohl beim Feuerwerk als auch im Krieg. Seine Nutzung als Treibstoff kam erst später; den Anfang machten wenig wirksame Belagerungsgeschütze und Pfeilschußvorrichtungen, bis dann (Ende des dreizehnten Jahrhunderts) die Kanone erfunden war. Wie wirksam und ausgeklügelt einige dieser Geräte waren, lassen ihre Namen ahnen: »achtseitige, zauberkräftige, schreckenverbreitende Wind-und-Feuer-Kanone« oder »herzdurchbohrender, zauberkräftig-giftsprühender Neunpfeil-Feuerdonnerer«.[12] Offenbar schätzte man den Krach, den sie machten, nicht weniger als ihre tödliche Wirkung. Praktische Gemüter finden diese bildhafte, schwülstige Sicht von der Technik eher irritierend.

Die Chinesen legten auch weiterhin mehr Wert auf Brennsätze als auf Schießstoffe, vielleicht, weil sie den Gegnern zahlenmäßig so überlegen waren, vielleicht auch, weil der Kampf gegen Nomadenvölker Belagerungskriege nicht erforderlich machte.[13] Militärische Verträge aus dem sechzehnten Jahrhundert erwähnen Hunderte von Spielarten dieser Brandgeschosse: »fliegende Röhren«, die offenbar von den fünfhundert Jahre älteren Feuerspeeren abstammten und benutzt wurden, um Schießpulver und flammende Papierstückchen auf die Segel feindlicher Schiffe zu sprühen; »Schießpulverkübel« und »Feuerquader« – Granaten aus Schießpulver und in Giftflüssigkeit getränktem Papier; andere Apparaturen, die mit Chemikalien und menschlichen Exkrementen gefüllt waren und den Feind erschrecken, blenden und vermutlich Ekel in ihm erregen sollten; schließlich auch tödlichere Granaten, vollgestopft mit Metallkügelchen und Sprengstoffen.[14] Einige davon wurden geschleudert, andere mit einem Bogen verschossen. Man staunt über die Begeisterung, mit der hier immer neue Rezepte erfunden wurden, als wäre der Krieg ein Wettstreit in Sachen Einfallsreichtum.

Wie der Name schon sagt, benutzten die Chinesen das Schießpulver in Pulverform und erzielten ebendeshalb eine schwache Reaktion: Die feinkörnige Masse verlangsamte nämlich den Vorgang der Zündung. Die Europäer dagegen fanden im sechzehnten Jahrhundert heraus, wie man das Pulver »körnt«, wie man es in die Form kleiner Kerne oder Kiesel bringt. Sie beschleunigten damit den Zündungsvorgang und erreichten durch eine gründlichere Vermischung der Bestandteile eine vollständigere und wirksamere Explosion. So konnte man sich ganz und gar auf die Reichweite und das Gewicht der Geschosse konzentrieren; mit Krachmachen, Stinkereien und Blendeffekten hielt man sich nicht auf.

Zusammen mit Erfahrungen aus der Glockengießerei (Glockenguß ließ sich in Kanonenguß überführen, und die Technik des Gießens war austauschbar) sorgte diese Konzentration auf die Durchschlagskraft der Geschosse dafür, daß Europa bald schon die weltweit besten Geschütze hatte und militärische Überlegenheit gewann.[15]

Wie diese Beispiele deutlich machen, blieben andere Gesellschaften auch bereits vor der Erschließung der Welt (ab dem fünfzehnten Jahrhundert) und damit vor der großen Konfrontation hinter den europäischen Gesellschaften zurück.[16] Warum das geschah, ist eine wichtige historische Frage – man lernt aus Fehlschlägen nicht weniger als aus Erfolgen. Wir können uns hier nicht jede nichteuropäische Gesellschaft oder Kultur anschauen, aber zwei verdienen es, daß wir uns einen Augenblick lang näher mit ihnen befassen.

Der erste der beiden Kulturzusammenhänge, der islamische, nahm anfänglich das Wissen der Völker, die er unterwarf, auf und entwickelte es weiter. In dem hier behandelten Zeitraum (von rund 1000 bis 1500) erstreckte sich die muslimische Herrschaft vom westlichen Rand des Mittelmeeres bis nach Hinterindien. In dem Zeitraum davor, von etwa 750 bis 1100, übertraf die islamische Wissenschaft und Technik die europäische bei weitem; diese mußte sich ihr Erbe erst wieder zurückholen und tat das in einem gewissen Umfang mittels der Kontakte zur muslimischen Welt in Grenzregionen wie Spanien. Der Islam war der Lehrmeister Europas.

Dann lief etwas schief. Die islamische Wissenschaft wurde von religiösen Eiferern als Häresie gebrandmarkt und erlag dem Druck der Theologie, die spirituellen Konformismus forderte. (Für Denker und Forscher war das unter Umständen eine Frage, die über Leben und Tod entschied.) Aus Sicht des militanten Islam war die Wahrheit bereits geoffenbart. Was *zurück* zur Wahrheit führte, war nützlich und statthaft; alles übrige war Irrtum und Täuschung.[17] Der Historiker Ibn Chaldun, ein Konservativer in religiösen Fragen, war nichtsdestoweniger entsetzt über die Bildungsfeindlichkeit der Muslime:

> »Als die Muslime Persien eroberten (637–642) und dort auf eine unbeschreiblich große Zahl von Büchern und wissenschaftlichen Manuskripten stießen, schrieb Sa'd bin Abi Waqqas an Umar bin al-Chattab und bat um die Erlaubnis, sie zu beschlagnahmen und als Beute unter die Muslime zu verteilen. Damals schrieb Umar ihm: ›Wirf sie ins Wasser. Wenn, was sie enthalten, rechte Weisung ist, hat Gott uns bessere Weisung gegeben. Ist es Irrweg, hat Gott uns dagegen geschützt.‹«[18]

Vergessen wir an dieser Stelle nicht, daß der Islam anders als das Christentum zwischen Religiösem und Säkularem keinen Unterschied macht. Die beiden bilden ein geschlossenes Ganzes. Der Idealstaat wäre eine Theokratie, und mangels eines solch vollkommenen Zustandes überläßt ein guter Herrscher Fragen, die Seele und Geist (im weitesten Sinne) betreffen, den Glaubensgelehrten. Für die Wissenschaft kann das eine eklatante Behinderung ihrer Arbeit bedeuten.

Was die Technik betrifft, so gab es durchaus Bereiche, in denen der Islam Veränderungen zuließ und Fortschritte machte: Man denke an die Übernahme der Papierherstellung oder die Einführung und Verbreitung neuer Anbaupflanzen wie Kaffee und Zuckerrohr oder die Bereitschaft der Osmanen, Kanonen und Uhren zu nutzen (allerdings nicht, sie herzustellen). Die meisten dieser Dinge wurden indes von außerhalb eingeführt und blieben auch weiterhin abhängig vom Nachschub aus dem Ausland. Der einheimische Erfindungsreichtum scheint versiegt zu sein. Selbst im goldenen Zeitalter des Islam (750–1100) löste sich das Denken von der Praxis: »Fast fünfhundert Jahre lang schrieben die bedeutendsten Wissenschaftler in Arabisch, und dennoch änderte diese Blütezeit der Wissenschaft nichts daran, daß die Technik im Islam nur langsame Fortschritte machte.«[19]

Die einzige Zivilisation, die den europäischen Leistungen den Rang hätte ablaufen können, war die chinesische. Dafür scheinen zumindest die historischen Daten zu sprechen. Man schaue sich die lange Liste chinesischer Erfindungen an: der Schubkarren, der Steigbügel, das Kummet (damit das Pferd sich beim Ziehen nicht erdrosselt), der Kompaß, das Papier, der Buchdruck, das Schießpulver, das Porzellan. Und doch bleibt im Hinblick auf Wissenschaft und Technik das alte China ein Mysterium – und dies trotz der gewaltigen Anstrengungen des verstorbenen Joseph Needham und anderer, die Fakten zusammentrugen und die offenen Fragen zu klären suchten. So berichten uns zum Beispiel die Fachleute, daß China in der industriellen Entwicklung Europa weit voraus war: bei den Textilien, wo die Chinesen schon im zwölften Jahrhundert über eine mit Wasserkraft betriebene Maschine zum Spinnen von Hanf verfügten, an die fünfhundert Jahre, ehe man im England der Industriellen Revolution Wasserspinnmaschinen und Mulemaschinen kannte;[20] oder bei der Verhüttung, wo die Chinesen schon früh lernten, Kohle und Koks einzusetzen, um in Hochöfen Eisenerz zu schmelzen (jedenfalls wird das berichtet), und wo mit dieser Technik bereits Ende des elften Jahrhunderts 125 000 Tonnen Roheisen produziert wurden – Großbritannien erreichte diese Zahl siebenhundert Jahre später.[21]

Das Geheimnis liegt in dem Versäumnis Chinas, sein Potential zu aktualisieren. Allgemein wird von der Annahme ausgegangen, theoretisches Wissen und Verfahrenstechnik wirkten zusammen und verstärkten einander; sei ein überlegenes Verfahren erst einmal bekannt, dann müsse es doch zwangsläufig die älteren Methoden verdrängen. Die chinesische Industriegeschichte bietet jedoch Beispiele dafür, daß Techniken in Vergessenheit gerieten oder sich zurückentwickelten. Wie wir sahen, ging es mit der Uhrmacherei rückwärts statt vorwärts. So wurde auch die Maschine zum Spinnen von Hanf nie für die Baumwollspinnerei genutzt, die keinerlei Mechanisierung erfuhr. Und den Schmelzprozeß auf Kohle/Koks-Basis gab man zusammen mit der gesamten Eisenverhüttung wieder auf. Warum?

»Allem Anschein nach kann uns keine der gängigen Erklärungen überzeugend darlegen, warum in einer Periode, in der die chinesische Wirtschaft aufs Ganze gesehen gedieh und sich entwickelte, kein technischer Fortschritt stattfand. Fast alle Elemente, die von Historikern normalerweise als wesentliche Faktoren für die Industrielle Revolution Nordwesteuropas angesehen werden, waren auch in China vorhanden. Sogar eine Revolution in den Klassenbeziehungen hatte stattgefunden, jedenfalls auf dem Lande; die aber hatte keine nachhaltigen Auswirkungen auf die Produktionstechniken. Nur die Naturwissenschaft à la Galilei und Newton fehlte, was allerdings kurzfristig nicht von Bedeutung war. Hätten die Chinesen über den manischen Hang der Europäer des siebzehnten Jahrhunderts zum Basteln und Verbessern verfügt, sie hätten aus dem von Wang Chen beschriebenen Modell mit Leichtigkeit eine leistungsstarke Spinnmaschine entwickeln können... Eine Dampfmaschine wäre ihnen schwerer gefallen; aber auch ihre Entwicklung hätte einem Volk, das in der Sung-Dynastie Doppelkolben-Flammenwerfer konstruiert hatte, keine unüberwindlichen Schwierigkeiten bereiten können. Der entscheidende Punkt ist, daß sich niemand darum bemühte. Auf den meisten Gebieten, wobei die Landwirtschaft die wichtigste Ausnahme bildet, hörte die chinesische Technik auf, sich weiterzuentwickeln, lange bevor Mangel an wissenschaftlichen Kenntnissen zu einem ernsthaften Hindernis hätte werden können.«[22]

Warum also? Die Sinologen haben dafür mehrere Erklärungen in Vorschlag gebracht. Die überzeugendsten zielen alle in die gleiche Richtung:

– Das Fehlen eines freien Marktes und institutionell verankerter Eigentumsrechte. Der chinesische Staat mischte sich ständig in private Unternehmungen ein – übernahm lukrative Geschäfte in eigene Regie, verbot andere, manipulierte Preise, erzwang Bestechungsgelder, beschnitt private Bereicherungschancen. Eine beliebte Zielscheibe war der Seehandel, in dem das Reich der Mitte eine Abwendung von den eigentlichen Interessen des Kaiserreichs, eine Unfrieden stiftende Macht und Quelle von Ungleichheiten in der Einkommensentwicklung, ja schlimmer noch, eine Einladung sah, dem Land den Rücken zu kehren und auszuwandern. Unter der Ming-Dynastie (1368–1644), als der Staat den Versuch machte, jeglichen Überseehandel zu verbieten, wurde diese Haltung auf die Spitze getrieben. Derartige Verbote hatten Heimlichkeit und Schmuggelei zur Folge, und die Schmuggelei brachte Korruption (Schutzgeldzahlungen), Beschlagnahmungen, Gewalt und Aburteilungen mit sich. Schlechte Staatsverwaltungen erstickten die Eigeninitiative, erhöhten die Geschäftskosten und hielten Leute mit Talent von Handel und Industrie fern.

– Das allgemeine Wertesystem der Gesellschaft. Ein führender Sozialhistoriker (Geschichtssoziologe) sieht im Geschlechterverhältnis ein wesentliches Hemmnis: Die weitgehende Beschränkung der Frauen auf die häusliche Sphäre machte es zum Beispiel unmöglich, Textilmaschinen gewinnbringend im Rahmen von Fabriken einzusetzen. In diesem Punkte unterschied sich China markant von Europa und Japan, wo die Frauen freien Zutritt zum öffentlichen Raum hatten und wo häufig von ihnen erwartet wurde, daß sie außerhalb des Hauses arbeiteten, um ihre Mitgift zusammenzubringen oder zum Unterhalt der Familie beizutragen.[23]

– Der große ungarisch-deutsch-französische Sinologe Etienne Balazs legt den Akzent auf den Gesamtrahmen. Er betrachtet das Scheitern der technischen Entwicklung in China als Moment eines umfassenderen Musters totalitärer Herrschaft. Er greift zur Erklärung dieser Herrschaft nicht auf die These vom wasserwirtschaftlich bedingten Zentralismus zurück, aber er sieht den Mangel an Freiheit, das erdrückende Gewicht, das dem Herkommen, der Einigkeit, der angeblich höheren Weisheit der Altvorderen beigemessen wird. Es lohnt sich, seine Analyse im Wortlaut zu zitieren:

> »...versteht man unter Totalitarismus, daß der Staat und seine ausführenden Organe und Funktionäre alle Verrichtungen des sozialen Lebens ohne Ausnahme im Griff hatten, so war die chinesische Gesellschaft in hohem Maße totalitär... Keine private Initiative, keine Äußerung von öffentlichem Leben bleibt amtlicher Kontrolle entzogen. Da sind erstens eine ganze Reihe von Staatsmonopolen, die alle wichtigen Konsumgüter einschließen: Salz, Eisen, Tee, Alkohol, Waren aus dem Ausland. Dann gibt es ein eifersüchtig gehütetes Erziehungsmonopol. Es gibt praktisch ein Monopol auf Schriftliches (ich war im Begriff zu sagen, ein Pressemonopol): Alles Geschriebene von nichtamtlicher Seite, das der Zensur entgeht, hat geringe Aussicht, an die Öffentlichkeit zu dringen. Aber der Zugriff des Moloch-Staates, die Allgewalt der Bürokratie, reicht noch viel weiter. Es gibt Kleidervorschriften, Bestimmungen für den öffentlichen und privaten Hausbau (die Größe der Häuser betreffend); welche Farben getragen werden, welche Musik man hört, die Feste, die gefeiert werden, alles ist geregelt. Es gibt Vorschriften für die Geburt und Vorschriften für den Tod; der fürsorgliche Staat wacht genauestens über jeden Schritt seiner Untertanen, von der Wiege bis zum Grab. Das ist ein Regime der Akten und Schikanen [*paperasseries et tracasseries*], nicht enden wollenden Schriftkrams, nicht enden wollender Belästigungen.
> Der Einfalls- und Erfindungsreichtum der Chinesen, durch den die Menschheit soviel gewonnen hat – Seide, Tee, Porzellan, Papier, Buchdruck und anderes mehr –, hätte China zweifellos noch weiter bereichert und an die Schwelle der modernen Industrie geführt, wäre da nicht diese erstickende staatliche Kontrolle gewesen. Der Staat ist es, der den technischen Fortschritt in China abwürgt. Nicht nur in dem Sinne, daß der Staat alles im Keim erstickt, was gegen seine Interessen verstößt oder zu ver-

stoßen scheint, sondern auch durch die eingefleischten Gewohnheiten, an denen die Staatsräson unerbittlich festhält. Die Atmosphäre von bürokratischer Routine, von Traditionalismus und von Unbeweglichkeit, die jede Innovation, jede nicht im voraus angeordnete und abgesegnete Initiative verdächtig macht, ist dem Geiste freien Forschens abträglich.«[24]

Kurz, niemand gab sich Mühe. Wozu auch?

Wie immer die Mischung von Faktoren auch aussah, herauskam jedenfalls ein eigenartiges Muster aus versprengten Initiativen und sisyphushaften Rückschlägen – ein Stück aufwärts und dann wieder hinunter –, als liege die Gesellschaft unter einem großen seidenen Baldachin begraben. Das Ergebnis, wenn nicht der Zweck der Veranstaltung, war ein von Unbeweglichkeit geprägter Wandel, oder vielleicht könnte man auch sagen: eine sich wandelnde Unbeweglichkeit. Die Innovation durfte (konnte) bis zu einem bestimmten Punkt voranschreiten, und dann war Schluß.

Den Europäern waren solche Eingriffe und Störungen weit fremder. Sie traten vielmehr während dieser Jahrhunderte in eine aufregende Welt der Innovation und des Wettstreits ein, durch die etablierte Interessen in die Schranken gewiesen und die konservativen Kräfte erschüttert wurden. Die Veränderungen hatten kumulativen Charakter; Neuartiges verbreitete sich rasch. Ein neuer Sinn für Fortschritt trat an die Stelle der alten, kraftlos gewordenen Autoritätsgläubigkeit. Dieses berauschende Gefühl von Freiheit erfaßte (infizierte) sämtliche Bereiche. Das waren die Jahre der häretischen Entwicklungen in der Kirche, jener vom Volk ausgehenden Bewegungen, die, wie wir im Rückblick sehen können, die Spaltung der Kirche durch die Reformation vorwegnahmen. Es waren die Jahre neuer Ausdrucksweisen und kollektiver Handlungsformen, die ältere Kunstformen herausforderten, gesellschaftliche Strukturen in Frage stellten und andere politische Ordnungen bedrohten. Es waren die Jahre neuer Methoden, Dinge zu tun und zu fertigen, die Neuartigkeit zu einer Auszeichnung und zu einer Quelle der Lust werden ließen. Es waren die Jahre utopischer Entwürfe, die eine bessere Zukunft ersannen, statt an verlorene Paradiese zu erinnern.

Wichtig bei alledem war die Kirche als Hüterin des Wissens und als Schule für Techniker. Man würde vielleicht das Gegenteil erwarten, würde annehmen, daß die organisierte Geistlichkeit mit dem besonderen Gewicht, das sie dem Gebet und der Kontemplation beimaß, wenig Interesse für die Technik aufbrachte. Wenn die Kirche in der Arbeit die göttliche Strafe für die Erbsünde sah, konnte sie doch wohl nicht bestrebt sein, diese Strafe zu mildern. Und doch tat sie genau dies: Der Wunsch, die Geistlichkeit von zeitaufwendigen irdischen Arbeiten zu entlasten, führte zur Einführung und Ausbreitung von Kraftmaschinen sowie dazu, daß – zuerst bei den Zisterziensern – Laienbrüder (*conversi*) für die groben Arbeiten in Dienst genommen wurden. Diese Anstellung von Arbeitskräften sorgte wiederum dafür, daß man der Arbeitszeit und der Arbeitsleistung verstärkte Aufmerksamkeit zuwandte. All das führte dazu, daß auf den Klostergütern bemerkenswerte Ansammlungen von mechanisch angetriebenen Apparaten entstanden – komplizierte Anlagen, die aus der verfügbaren Wasserkraft das Optimum an Energie herausholen und auf eine ganze Abfolge von Arbeitsvorgängen verteilen sollten. Eine Beschreibung der Arbeiten im Kloster Clairvaux aus der Mitte des zwölften Jahrhunderts preist die Vielseitigkeit dieser Maschinerie in den höchsten Tönen: Man konnte damit »kochen, seihen, mischen, reiben [polieren], [Kraft] übertragen, waschen, mahlen, biegen«. Der Autor, der augenscheinlich stolz auf diese Errungenschaften ist, teilt sodann dem Leser mit, er werde sich jetzt einen Scherz erlauben: Die Walkhämmer hätten, meint er, die Gerber von der Strafe für ihre Sünden erlöst; er danke Gott, daß es solche Vorrichtungen gebe, die den Menschen ihre schwere Arbeit erleichterten und die Rücken ihrer Pferde schonten.[25]

Woher diese eigentümliche europäische Freude am Erfinden? Diese Lust am Neuen und Besseren? Diese Kultur des Entdeckens – oder, wie es manche genannt haben –, die »Erfindung des Erfindens«? Wissenschaftler haben dafür eine Vielzahl von Gründen angeführt, die zumeist in einem Zusammenhang mit religiösen Wertvorstellungen stehen:

1. Die jüdisch-christliche Achtung vor der Handarbeit, die eine Reihe von Bibelstellen auf den Begriff bringt. Ein Beispiel: Als Gott Noah vor der kommenden Sintflut warnt und ihm sagt, er werde gerettet werden, ist der Retter nicht Gott persönlich. »Mache dir einen Kasten von Tannenholz«, befiehlt er Noah, und der baut gemäß den göttlichen Angaben eine Arche.

2. Die jüdisch-christliche Unterwerfung der Natur unter den Menschen. Diese steht im schroffen Gegensatz zu weitverbreiteten animistischen Glaubensvorstellungen und Praktiken, die etwas Göttliches in jedem Baum und Fluß gewahren (daher die Wasser- und Waldnymphen). Heutige Ökologen mögen diesen animistischen Vorstellungen den Vorzug vor dem geben, was an ihre Stelle trat; im christlichen Europa allerdings stießen heidnische Naturkultler auf taube Ohren.

3. Der lineare Zeitbegriff der jüdisch-christlichen Tradition. Andere Gesellschaften dachten sich die Zeit zyklisch: Sie kehrte an einen früheren Punkt zurück und begann von neuem. Die lineare Zeit kann progressiv oder regressiv sein, sie kann sich auf einen besseren Zustand hinbewegen oder sich von einem früheren glücklicheren Zustand entfernen. Für die Europäer war in dem Zeitraum, mit dem wir uns beschäftigen, die progressive Sicht maßgebend.

4. Letzten Endes aber würde ich den Hauptakzent auf den Markt legen. In Europa hatte das Unternehmertum freie Hand. Innovation kam zum Zuge und zahlte sich aus; die Herrscher und etablierten Interessengruppen waren nur begrenzt imstande, die Innovation zu verhindern oder davon abzuschrecken. Der Erfolg gebar Nachahmung und Wettstreit, außerdem ein Bewußtsein von Macht, das auf lange Sicht Menschen fast in den Rang von Göttern erhob. Nach wie vor gab es die alten Mythen – von der Vertreibung aus dem Paradies, vom hochfliegenden Ikarus, vom angeketteten Prometheus –,

76 um vor Hybris zu warnen. (Schon der Begriff *Hybris* – kosmische Überheblichkeit – legt Zeugnis davon ab, daß es Menschen gibt, die hoch hinauswollen, und andere, die sie daran zu hindern suchen.)

Die Handelnden aber schenkten den Warnungen keine Beachtung.

5

Die große Erschließung der Welt

»Das größte Ereignis seit Erschaffung der Welt, abgesehen von der Fleischwerdung und dem Kreuzestod ihres Schöpfers, ist die Entdeckung Westindiens.«

Francisco Lopez de Gomara, *Historia general de las Indias*

»*Ein* historisches Ereignis gibt es, das jeder kennt. Selbst wer für Geschichte nichts übrig hat, weiß, daß Christoph Kolumbus Amerika entdeckt hat. Daß diese Tatsache allgemein bekannt ist, zeigt, wie sehr sich die hier vollbrachte einzigartige Leistung, die Entdeckung einer Neuen Welt, überall in Europa und Amerika den Menschen als das bemerkenswerteste Ereignis der irdischen Geschichte eingeprägt hat.«

F. A. Kirkpatrick, *The Spanish Conquistadores*

»Ihr seid als Kultur verloren!« krähte der Ethnologe dem Indianerhäuptling ins Gesicht. »Verloren zu sein macht uns nichts aus«, antwortete der Häuptling. »Gefunden zu werden – davor haben wir Angst.«

Unlängst bereitete sich die Welt auf die Feierlichkeiten zum fünfhundertjährigen Jubiläum der Entdeckung Amerikas durch Kolumbus vor. Die verschiedensten Gruppen drängten sich danach, den Mann und seine Leistung zu ehren. In den USA, einem Land, dem manche einst den Namen Columbia hatten geben wollen und wo an die siebzig Städte und eine große Zahl von Messen und Vereinigungen den Namen des Entdeckers tragen, abgesehen davon, daß dort Italienisch- und Spanischstämmige miteinander wetteifern, wem der (gebürtige beziehungsweise eingebürgerte) Landsmann am meisten zur Ehre gereicht – in diesem Land konnte man mit Fug und Recht eine noch grandiosere Neuauflage der Vierhundertjahrfeiern von 1892 erwarten: Damals hatte es eine Weltausstellung (die *Columbian Exposition*) gegeben sowie Gedenkveranstaltungen in Hülle und Fülle, und im folgenden Jahr waren farbenfrohe Briefmarken zur Erinnerung an das Ereignis herausgekommen.

Zu dieser Zeit waren die Leute noch gut auf Kolumbus zu sprechen, und es stand zu erwarten, daß 1992 der Jahrestag sogar noch aufwendiger und anspruchsvoller ausfallen würde (500 war schließlich mehr als 400). Dann aber lief etwas, alles, schief. Kolumbus, die Symbolfigur einer historischen Großtat, der Geburtshelfer einer neuen Welt, stellte sich als politisches Problem heraus. Es zeigte sich – was sich schon seit Jahren unterschwellig angekündigt hatte –, daß in den Augen vieler Menschen der Großadmiral kein Held, das europäische Vordringen in die Neue Welt keine große Entdeckung, der Jahrestag dieses Ereignisses kein Anlaß zum Feiern war.[1]

Im Gegenteil. Kolumbus erschien nun als großer Schurke, die Europäer waren Eindringlinge, die Eingeborenen unschuldige, fröhliche Menschen, die vom raffgierigen, Seuchen einschleppenden Weißen Mann versklavt und schließlich ausgelöscht wurden.[2] Im kalifornischen Berkeley, das schon lange die Rolle einer aufsässigen, respektlosen (oder besser, ihren Respekt anderen Göttern bezeugenden) städtischen Enklave mit eigener Außenpolitik spielte, benannte der Stadtrat den Kolumbustag in Tag der Eingeborenenvölker um und wartete mit zwei Aufführungen einer Oper auf, die *Verzieh dich (wieder), Kolumbus* betitelt und das Werk eines indianischen Komponisten namens Weiße Wolke Wolfsfalke war.[3] Zwei Jahre später beschloß Mexiko im vollen Bewußtsein der Symbolträchtigkeit seines Tuns, Gedenkmünzen zu Ehren der Azteken »und einer Zivilisation mit unvorstellbar hochentwickelter Kunst, Wissenschaft und Kultur« herauszubringen.[4] Für Konquistadoren kein Wort der Anerkennung mehr.

Nun war klar, daß sich die Geschichte nicht ausradieren oder rückgängig machen ließ. Niemand hatte vor, Amerika zu räumen und nach Europa zurückzukehren; dafür, daß Kolumbus wieder nach Hause fand, war es zu spät. Aber es gab genug Antikolumbusstimmung, zumal in Intellektuellenkreisen, um Freudenbekundungen so deplaziert erscheinen zu lassen wie einen Schuhplattler beim Leichenschmaus. Also, keine festlichen Umzüge, keine Souvenirs, keine T-Shirts und Aufkleber, keine Produktwerbung, keine historischen Inszenierungen (wie hätte man sich auf den Wortlaut einigen können?), keine Festreden, keine Briefmarken, keine Münzen, keine Tombolas. Und als die Staatliche Kunstgalerie in Washington, D.C., eine Jubiläumsausstellung mit dickem Glanzpapierkatalog veranstaltete, ließ sie sich von der Devise AAK leiten – Alles Außer Kolumbus.[5] Die Ausstellung beschäftigte sich mit Gott und der Welt, mit den anderen Ereignissen des Jahres 1492 und der Zeit darum herum. Das wichtigste Ereignis von allen wurde bewußt totgeschwiegen. Entkernte Geschichte.

Wie die meisten umstürzlerischen Erschütterungen des Geschichtsbildes enthält auch der Angriff gegen Kolumbus – genauer gesagt, der Anstoß, der an den Vorgängen nach seiner Landung genommen wird – viel Wahres, viel Unsinniges und viel Abwegiges.

Das *Wahre* liegt in dem unseligen Schicksal, das die Eingeborenen erlitten, die beim Eintreffen der Europäer in der Neuen Welt lebten. Von seltenen, geringfügigen und folgenlosen Ausnahmen abgesehen, begegnete man ihnen mit Verachtung, Gewalttätigkeit und sadistischer Grausamkeit. Von den Mikroben und Viren, die die Europäer unwissentlich einschleppten, wurden sie nahezu ausgerottet. Ihr Land, ihre Kultur und ihre Würde wurden ihnen entrissen. Für sie gibt es nichts zu feiern.

Das *Unsinnige* liegt in den Spitzfindigkeiten um das Phänomen Entdeckung: Inwiefern habe Kolumbus die Neue Welt entdeckt? Sie sei doch schon immer dagewesen! Den Eingeborenen sei ihr Land wohlbekannt gewesen. Sie seien es, die es lange Zeit vorher entdeckt hätten.[6] (Wir haben zwar vielleicht keine neue Kolumbus-Marke, aber das Postamt der USA, das weiß, was sich gehört, hat prompt reagiert und im Jahre 1992 eine Gedenkmarke herausgebracht, die an die Asiaten erinnert, die vor etlichen zehntausend Jahren nach Nordamerika überwechselten und die Vorfahren der Indianer sind.) Im übrigen habe Kolumbus bekanntermaßen nicht gewußt, wohin es ihn verschlagen hatte. Im Jahre 1492 hätten die amerikanischen Eingeborenen Kolumbus entdeckt.

Selbstverständlich taten sie das, geradeso, wie er sie entdeckte. Zu Begegnungen gehören immer zwei. Die Feststellung der Wechselseitigkeit berechtigt aber nicht dazu, die eine Seite fallenzulassen.[7]

Diese Art von Paradoxie spielt interessanterweise auch in der Mathematik eine wichtige Rolle. Der Forschungsmathematiker findet und beschreibt neue Theoreme und Beweise. Er nennt sie »Wahrheiten«. Hat er sie entdeckt? Oder hat er sie erfunden? Warteten sie nur darauf, offengelegt zu werden, und waren schon immer vorhanden – seit Ewigkeiten aufgezeichnet in dem großen »Buch«, wie Paul Erdös es nennt? Oder gibt es sie nur dank ihrer Erfindung? Wie auch immer! Der Mathematiker hat sie gefunden/erfunden, und das mathematische Denken und die Vorstellung verändern sich dadurch.[8] So verhält es sich auch mit Kolumbus' Entdeckung: Als die Neuigkeit Europa erreichte, veränderte sie die Vorstellung von der Erde und ihren Bewohnern – die Ideenwelt der Menschen – ein für allemal.

Das *Abwegige* liegt in der These, das besondere Gewicht, das auf Kolumbus als Entdecker gelegt werde, europäisiere einen weltumspannenden Prozeß der Begegnung und des Austausches, und dieser Eurozentrismus bereite den Boden für eine billige Überheblichkeit, die Historiker dazu verführe, das falsche Positive (das große Zeitalter der Entdeckungen) herauszustreichen und das tatsächliche Negative (die katastrophalen Folgen des Eindringens) außer acht zu lassen.

Diese Kritik hat ein gewisses Maß an Berechtigung, aber ein guter Historiker bemüht sich, die Balance zu halten. Die Erschließung der Neuen Welt (für Europa war sie neu) hatte zwar die Form eines Austausches, aber eines asymmetrischen. Maßgebend war die europäische Sicht. Europa brachte die Sache in Gang, reagierte auf die Entdeckung und entschied über die Richtung der weiteren Entwicklungen. Handlungspraktisch betrachtet – *wer wirkt auf wen ein?* –, war dies ein einseitiges Unterfangen.

Was die Selbstbeweihräucherung angeht, zu der solche Ereignisse einladen, so nutzen die Menschen, die Großen wie die Kleinen, jede dazu sich bietende Gelegenheit; haben die entsprechenden Mythen erst Gestalt angenommen, sind sie nur schwer wieder aus der Welt zu schaffen. Dabei haben die heroischen Entdeckermythen den Beistand der Wissenschaft schon längst verloren – in der fachwissenschaftlichen Literatur jedenfalls findet man sie nicht mehr vertreten. Seit Carl Sauer, Woodrow Borah und die kalifornische Schule für Wirtschaftsgeographie aufgrund archäologischer Befunde verkündet haben, daß die Ankunft des Weißen Mannes und der ihn begleitenden Krankheitserreger (Pocken, Grippe und so weiter) neun Zehntel der indianischen Bevölkerung Mexikos, deren Zahl sich auf 25 Millionen

Menschen belaufen haben dürfte, das Leben kostete, hat niemand mehr die Geschichte der Eroberung Mexikos mit der gewohnten Selbstgefälligkeit betrachten können.[9]

Die nomenklatorischen Einwände der Kritiker sollen für Sühnebereitschaft sorgen und politisch mobilisieren. Sie zielen eher auf die Erzeugung eines Unrechtsbewußtseins als auf Erkenntnis. Sie richten sich gegen die europäische (westliche) Vorherrschaft und die Gewinne, die damit verknüpft sind. Sie verfolgen den Zweck, Schuldgefühle zu erregen, ein schlechtes Gewissen zu machen, den Boden für Wiedergutmachungsforderungen zu bereiten. Wir sind besser beraten, wenn wir uns auf die Frage konzentrieren, was passierte und warum es geschah.

Daß die Europäer die Neue Welt entdeckten, war kein Zufall. Europa verfügte mittlerweile über eine wesentliche Überlegenheit in kriegerischer Hinsicht und konnte seine Waffen einsetzen, wo immer seine Schiffe hinkamen; und dank neuer Navigationstechniken konnten europäische Schiffe überallhin gelangen.

Halten wir hier einen Augenblick inne, um zu überlegen, was diese Ungleichheit, ganz allgemein gesehen, bedeutet. Als eine Gesetzmäßigkeit des gesellschaftlichen und politischen Zusammenlebens möchte ich bezeichnen, daß sich drei Faktoren nicht miteinander vertragen: erstens eine ausgeprägte Ungleichheit im Machtverhältnis; zweitens privater Zugang zum Instrumentarium der Machtausübung und drittens Gleichheit zwischen Gruppen oder Nationen. Wo eine Gruppe stark genug ist, um eine andere herumzuschubsen, und wo sie Vorteil daraus ziehen kann, wird sie nicht zögern, ihre Macht einzusetzen. Selbst wenn sich das Staatswesen als Ganzes der Aggression enthält, werden Privatgesellschaften und Individuen nicht lange auf die Einladung zu Übergriffen warten. Sie werden vielmehr zu ihrem privaten Vorteil tätig werden und andere, den Staat einbegriffen, mit sich reißen.

Das ist der Grund, warum es Imperialismus (die Herrschaft einer Gruppe über eine andere) seit jeher gibt.[10] Er ist Ausdruck eines tief verankerten menschlichen Triebes. Es gibt andere, zartere Regungen: den Impuls zur Selbstlosigkeit, Solidaritätsvorstellungen, die Goldene Regel. Aber selbst wo solch noble Ideale durch die organisierte Religion geheiligt und propagiert wurden, verstieß man ebensooft gegen sie, wie man sie befolgte. Tatsächlich wurden die erhabensten Prinzipien, einschließlich der Religion selbst, nur allzu häufig bemüht, um Aggressionen zu rechtfertigen. Einzig und allein der erklärte Entschluß der politisch herrschenden Macht, nicht nur selbst auf solch aggressives Verhalten zu verzichten, sondern auch die Mitglieder der Gruppe davon abzuhalten, vermag diesem Trieb entgegenzuwirken.

Im mittelalterlichen Europa gab es keine Zentralgewalt, die diesen Entschluß hätte fassen können. Im Gegenteil, die miteinander konkurrierenden Fürstentümer gaben reichlich Anlaß zu Privatkriegen, und persönliche Bindungen – feudale Verpflichtungen und Treueverhältnisse – sorgten dafür, daß sich genug Krieger für Heereszüge zusammenfanden. Und so kam es, daß Europa, nachdem es jahrhundertelang in Bedrängnis gelebt hatte und den verschiedensten Invasionen zum Opfer gefallen war, vom elften Jahrhundert an zum Angriff überging. In den Kreuzzügen (der erste fand 1096 statt) manifestierte sich diese Wendung nach draußen. Zum Teil leistete ihnen Vorschub, daß mit ihrer Hilfe das Blutvergießen im Innern nach draußen verlagert werden konnte. Das war damals eine kriegslüsterne Gesellschaft.

Und was für ideale Gegner wählte man sich! Die Kreuzzüge nahmen den jahrhundertealten Glaubenskrieg, den Kampf zwischen Christentum und Islam, wieder auf und trugen ihn in das feindliche Lager. Theoretisch gab es keine Sache, die heiliger war; in der Praxis aber erwies sich wie stets das idealistische Anliegen als Deckmantel für schurkische Plünderung und Raubgier. Ein dreitägiges Brennen und Morden im griechischen Konstantinopel, mit ein paar nebenbei verübten Massakern an Juden und Christen (aber handelte es sich bei den Christen der Ostkirche überhaupt um Christen?), war soviel wert wie die gesamte Beute von Jerusalem und die zweifelhaften Freuden der armseligen Königreiche, die man in Anatolien und im muslimischen Palästina begründete.[11]

Die Eroberung der Kreuzfahrer war nicht von Bestand. Die Muslime vertrieben die Eindringlinge wieder und sehen seitdem in diesem Erfolg ein Gottesurteil. Aber der Krieg gegen die Muslime wurde auch andernorts geführt, vor allem in Spanien, wo im Laufe der folgenden Jahrhunderte (der entscheidende Sieg wurde 1492 in Granada erfochten) die christlichen Königreiche immer erfolgreicher eine Vielzahl konkurrierender Scheichtümer bekämpften, in die das Kalifat von Córdoba zerfallen war. Diese *taifas* waren die Konkursmasse von el-Andalus: »Jeder qa'id und Mann von Einfluß, der eine Schar von Gefolgsleuten um sich sammeln konnte oder eine Burg besaß, um sich notfalls darauf zurückzuziehen, gebärdete sich als Sultan und beanspruchte die Insignien königlicher Macht.«[12]

Bei diesen immer wieder aufflammenden Kämpfen hatten die Muslime den Nachteil, daß sie abhängig von berberischen Soldaten waren, die aus Nordafrika herübergebracht wurden, das heißt von Söldnern, deren Treue gegenüber den Fürsten, die sie mieteten, begrenzt war. Gegen sie standen auf christlicher Seite Ritter und Raufbolde im Feld, die mit Vorliebe Bauern und Geistliche drangsalierten und die deshalb der König von Kastilien auf den klugen Rat der Kirche hin in den Kampf gegen die Ungläubigen schickte. Der Beweggrund war der gleiche wie beim ersten Kreuzzug ins Heilige Land: Besser, sie toben sich bei denen aus als bei uns. Nichtsnutze auf beiden Seiten – deshalb dauerten die Kämpfe so lange. Aber logistisch und demographisch waren die Christen im Vorteil. »Das Christentum breitete sich langsam südwärts aus, wobei sein Vordringen eher einem Sickerprozeß als einem Flutvorgang glich.«[13]

Am Ende brach die Zivilisation zusammen, und die Barbarei triumphierte. Córdoba, eines der bedeutendsten Zentren der Bildung und Wissenschaft in Europa, fiel im Jahre 1236; Sevilla, der wirtschaftliche Mittelpunkt von el-Andalus, folgte im Jahre 1248. Beide Städte gingen im Grunde durch einen Blackout der arabischen Seite verloren: Ferdinand III. von Kastilien hielt sich gar nicht für stark genug, die Mauren im Tal des Guadalquivir bereits militärisch aufzurollen. Der Emir bot an, sich als Ferdinands Vasall in das kleine Bergnest Granada zurückzuziehen; dort wurstelte er weiter, wobei er eine Strategie ängstlicher Kollaboration mit Kastilien und systematischer Gleichgültigkeit gegenüber dem Schicksal der muslimischen Glaubensgenossen woanders verfolgte. Wie man sich bettet, so liegt man: Als Granada an der Reihe war (1490–1492), verhallten seine Hilferufe ungehört. So handelte denn der letzte maurische Herrscher von Granada einen gutdotierten Abzug aus und verließ Spanien, verachtet von seiner eigenen Mutter: Für Feiglinge hatte sie nichts übrig.

Die Gewinner bei dieser *Reconquista* waren Portugal, das sein Territorium bis Mitte des vierzehnten Jahrhunderts von den Muslimen befreit hatte, und Kastilien, ein in Expansion begriffener Frontstaat, in dem sich *Caballero*-Weidehirten (heute würde man sie Cowboys nennen), Rauhbeine und Glücksritter zusammengefunden hatten, denen die großen maurischen Städte im Süden mit ihren Marmorpalästen und kühlen Brunnen, ihren grünen Gärten und Zentren der Gelehrsamkeit als eine unwiderstehliche Verlockung in die Augen stachen.[14]

Und was kam nach der *Reconquista*? Nun, das Land mußte unter Kontrolle gebracht und neu besiedelt, Güter mußten zugeteilt und ausgebeutet, Bauern (besonders muslimische Landwirte) mußten zur Arbeit für ihre neuen Herren gezwungen werden. Und es galt, das Königreich zu christianisieren, denn Königin Isabella war zutiefst gläubig. Zwar hatte man dem Islam Zugeständnisse gemacht, als die Übergabe Granadas ausgehandelt wurde, aber vor dem wahren Glauben hatten die eingegangenen Verpflichtungen nicht lange Bestand. Durch das Heilige Amt der Inquisition, ganz zu schweigen von Spionen und Denunzianten aus dem Laienstand, entfaltete die Kirche eine äußerst rege Tätigkeit. Konvertiten aus dem Judentum, die zumeist zum Übertritt gezwungen worden waren, mußten sorgfältig überwacht werden; das gleiche galt für ehemalige Muslime. Die kastilische Gesellschaft war befallen vom Juckreiz des Frömmlertums, einer Art spiritueller Räude.

Bei alledem aber blieb noch Kraft für weitere Kriegszüge und Abenteuer. Die Waffen abzulegen fällt Männern nicht leicht, die wenig anderes kennen als das Schwert und das Streitroß, die Kameradschaft des Schlachtfeldes, die Faszination des Tötens und die Freuden des Plünderns. Schon vor der endgültigen Vertreibung der Mauren zogen Portugal und Spanien los, um jenseits des Meeres die Lage zu sondieren und zum Angriff überzugehen. Die ersten Angriffsziele waren Inseln im Mittelmeer und vor den Küsten Nordafrikas. König Jakob I. von Aragón eroberte von 1229–1235 die Balearen und brüstete sich später mit seiner Eroberung als mit dem »Besten, was Menschen in den letzten hundert Jahren getan haben«. Die Portugiesen wiederum ergriffen im Jahre 1415 von Ceuta Besitz; 1436 folgte Casablanca und 1471 Tanger.

Der Krieg versteht es, seine Ziele zu rechtfertigen und seine Eroberungen zu feiern. So auch bei diesen neuen Kreuzfahrern: Dichter sangen ihr Lob und verklärten deren Gewalttaten zu ritterlichen Leistungen und Attitüden. Expeditionen zur See gewannen besonderes Prestige: Ein einziges Königreich »inmitten des Meeres« zu erobern, »wo es Gott gefallen hat, ihm seinen Ort zuzuweisen«, sei »ruhmreicher«, erklärte Jakob I., als drei auf dem Festland. Am Ende des Jahrhunderts prahlte sein Chronist, kein Fisch dürfe sich ohne Erlaubnis des Königs dort tummeln.[15]

Kriegführen kostet Geld. Das Muster dieser vom Adel unternommenen Raubzüge war das der herkömmlichen feudalen »geschäftlichen« Unternehmungen. Irgendein Adliger – ein »aristokratischer Hooligan«, wie ein Historiker sich ausdrückt – zog mit dem Segen und manchmal auch der finanziellen Unterstützung des Landesfürsten an der Spitze einer Kriegsrotte los, häufig auf Schiffen, die von Kaufleuten aus dem weiten Umkreis ausgerüstet worden waren, und schnappte sich, was er kriegen konnte. Was ihm in die Hände fiel und was er festzuhalten vermochte, gehörte ihm; er teilte es mit seinen Leuten, die Beute und Belohnungen beanspruchten, mit seinen Geldgebern, die ihren Anteil verlangten, und dem Oberherrn, der als Zeichen der Verbundenheit und Treue einen Tribut erwartete.

Die Ziele für die Beutezüge wurden nicht willkürlich ausgewählt. Diese Räuberbanden hielten sich zuerst an die nächstgelegenen und am leichtesten zugänglichen Orte. Ein Ökonom würde von geringen Einstiegskosten sprechen. Hinzu kam, daß die Zielorte von Ungläubigen bewohnt wurden; das allein schon sanktionierte das Unternehmen. Die Muslime nennen die nichtmuslimische Welt *Dar el-Harb*, Haus des Schwertes, womit sie sagen wollen, daß dieser Teil der Welt offensteht für Eroberungen. Die Christen kannten keinen solchen Ausdruck, handelten aber so, als sei er ihnen vertraut.

Jenseits dieser in der Nähe wohnenden Opfer gab es eine ganze Reihe entfernter gelegener Versuchungen: Gold, das mit Kamelkarawanen durch die Wüste Afrikas kam, weiß der Himmel woher; Gewürze, die per Schiff vom Indischen Ozean durch das Rote Meer und den Persischen Golf gebracht wurden und dann auf dem Landweg in Häfen der Levante gelangten, wobei sie durch viele Hände gingen und mit jedem Austauschakt teurer wurden; fabelhafte Seidenstoffe, die mit Karawanen den ganzen, langen Weg von China herbeigeschafft wurden. All diese kostbaren Dinge waren Faustpfänder in der Hand muslimischer Kaufleute. Fand sich ein Weg, diese Mittelsmänner zu umgehen, konnte man reich werden, während man ein gottgefälliges Werk tat.

So sahen die Schätze des Ostens aus, die den Menschen in Europa bekannt waren und die sie in die Hand nehmen konnten. Gerüchte und Sagen kündeten von noch größeren Wundern, von Dingen, um die sich Träume spinnen ließen: Im östlichen Afrika lag das Reich des Priesters Johannes, eine christliche Enklave in der Welt des Islams, nicht weit entfernt davon der verlorene Garten Eden, weiter östlich das Land von Xanadu, und zog man nach Westen, nun, dann stieß man in unbekannte Regionen vor. Den meisten Menschen war klar, daß die Erde rund war und daß man theoretisch in den Osten gelangen konnte, wenn man westwärts segelte. Aber für Menschen, die an die Gewässer des Binnenmeeres gewöhnt waren, war der Atlantik ein furchteinflößender Ozean. Selbst die Völker, die an seinen Küsten lebten, sahen nichts als eine schreckliche Leere. Wenn die Spitze Cornwalls als Land's End oder die Nordwestecke Spaniens als Finisterre bezeichnet wurden, dann war das mehr als die Feststellung einer bloßen topographischen Tatsache.

Wo Unwissenheit herrscht, hat die Phantasie freies Spiel. Der Westen war der Ort der Inseln der Seligen, der Ort des geheimnisvollen, im Meer versunkenen Atlantis – ein Zauberreich, in dem es von Ungeheuern und Strudeln und wasserspeienden Geschöpfen wimmelte, von all den Gefahren, die Empirie und Einbildungskraft zusammenbrauen konnten. Enormer Mut war nötig, um sich auf den Ozean hinauszuwagen, bis weit jenseits der Landmarken, von denen die Portolanos, die damaligen Küstenkarten, übersät waren und die von einem Küstenpunkt zum anderen ein Gefühl der Sicherheit gaben. Die Fahrten der Wikinger nach Westen und Norden und wieder nach Westen legen Zeugnis ab von ihrer Seemannskunst und ihrem Mut wie auch von ihrer engen Vertrautheit mit dem Meer (seiner Farbe, seinen Launen, seinen Tiefen, sogar seinem Grund) und mit seiner Fauna (den Fischen und Vögeln), die ihnen die Nähe von Land vorauszusehen erlaubte, lange ehe sie es zu Gesicht bekamen; dadurch war es ihnen möglich, zwischen den Inseln im Nordatlantik hin- und herzuspringen. Die Genuesen und andere Italiener kamen danach; zuerst lernten sie die Iberische Halbinsel zu umrunden und nach England zu segeln. Bis zum vierzehnten Jahrhundert hatten sie in Gesellschaft der Portugiesen und Basken die nahe gelegenen atlantischen Inseln aufgespürt: die Azoren, die Madeiragruppe[16], die Kanarischen Inseln – bis auf die letztgenannten, die nahe beim afrikanischen Festland liegen, allesamt unbewohnt.[17] (Die Kapverdischen Inseln, die südlich von Bojador auf dem 15. Grad nördlicher Breite liegen, entdeckten die Europäer erst Mitte des fünfzehnten Jahrhunderts; auf der Insel São Tomé im Golf von Guinea begannen sie erst in den neunziger Jahren des fünfzehnten Jahrhunderts Fuß zu fassen.)

Heute machen diese Inselchen keinen großen Eindruck mehr. Sie sind nur mehr kleine Außenposten, die höchstens noch von Touristen oder von Ortsansässigen besucht werden, wenn diese zurückkehren, nachdem sie auf dem Festland ihre Ausbildung abgeschlossen oder Geschäfte getätigt haben. In den Jahrzehnten nach ihrer Entdeckung allerdings bedeuteten sie eine markante Erweiterung des europäischen Lebensraums. Man beachte, daß die Kanarischen Inseln auch schon den alten Römern bekannt waren, die von ihrer Existenz durch den König von Mauretanien erfahren hatten. Den Raum der Römer erweiterten sie nicht. Es braucht ein Gemisch aus Kenntnissen, Ressourcen und Bedürfnissen, damit aus einer Entdeckung Vorteil gezogen werden kann.

Im fünfzehnten Jahrhundert war dieses Gemisch vorhanden. Vor allem erwiesen sich die südlichen Inseln (die Madeiragruppe und die Kanaren) als vorzüglich geeignet für den Anbau von Zuckerrohr, das zur einträglichsten Anbaufrucht Europas werden sollte. Die Europäer begegneten dieser Pflanze zuerst im Nahen Osten, wohin die Araber sie aus Indien gebracht hatten, um sie dann weiter in den Mittelmeerraum, nach Zypern, Kreta und in den Maghreb, auszubreiten. Heimkehrende Kreuzfahrer wiederum brachten das Zuckerrohr nach Europa – nach Griechenland, Sizilien, an die portugiesische Algarve.

Zucker ist ein starkes Suchtmittel, von Natur angenehm für den Geschmackssinn (kein Geschmack, an den man sich gewöhnen muß) und Balsam für die menschliche Seele. Anfangs war er äußerst teuer und sein Gebrauch auf pharmazeutische Zwecke beschränkt; man kaufte ihn beim Apotheker, während die meisten Europäer ihren Süßstoffbedarf mit Obst und Honig deckten. Aber nicht zum ersten Mal sprach ein Arzneimittel die Gesunden nicht weniger als die Kranken an. Dank eines sich ausbreitenden Anbaus fiel der Preis so sehr, daß Zucker schließlich beim Krämer zu haben war. Nun wurde Zucker zu einer Zutat bei allen möglichen Gerichten; Zucker kann kein Essen verderben, sagt ein deutsches Sprichwort. (Die Deutschen kochen heute noch nach dieser Devise.) Auch als Konservierungsmittel und als Mittel zur Geschmackskaschierung bewies das beliebte Beutegut Zucker seine Brauchbarkeit. Im fünfzehnten und sechzehnten Jahrhundert war Zucker noch ein Luxus: Die Herrin des Hauses schloß die Zuckerstangen weg, um sie vor den Dienstboten in Sicherheit zu bringen; gleichzeitig wurde er zu einem unabdingbaren Bestandteil des Speiseplans; sein Genuß breitete sich von der Spitze der sozialen Hierarchie immer weiter nach unten aus.

So erfolgreich die mittelmeerischen Anbauzentren auch waren, mit den atlantischen Inseln konnten sie aus Gründen sowohl des Klimas als auch der Sozialstruktur nicht mithalten. Zuckerrohr wächst am besten in tropischen und subtropischen Klimaten. Es braucht viel regelmäßige Wasserzufuhr und liebt stetige Wärme – beides findet man in diesen Gebieten nahe dem Äquator, die in der Bahn der regenschwangeren Passatwinde liegen. Es verlangt auch einen hohen Aufwand an harter kollektiver Arbeit, jener Art von Arbeit, die von freien Männern gescheut wurde, weshalb die Pflanzer lieber Sklaven arbeiten ließen, sofern welche verfügbar waren. Als die Keuzfahrer Mittelmeerinseln wie Zypern eroberten, trafen sie eben dies an: eine Zuckerindustrie, die von den Arabern mittels Sklaven betrieben wurde, die zumeist aus Ostafrika stammten.

Im christlichen Europa allerdings ließ sich ein solches System nicht ohne weiteres einführen; das hätte eine Rückkehr zu älteren, mittlerweile nicht mehr akzeptablen Einrichtungen bedeutet. Die Sklaverei war schon lange der Leibeigenschaft gewichen, zum Teil deshalb, weil es sich für Christen nicht gehörte, Sklaven zu halten (was unter anderem darin seinen Grund hatte, daß sich die Vorstellung vom Menschen als beweglicher Habe nicht mit dem Sakrament der Ehe vertrug), zum Teil auch deshalb, weil der Nachschub an Sklaven aus heidnischen Gebieten oder den Territorien der Ungläubigen gering war und unzuverlässig funktionierte – und zudem durch die Bekehrungsarbeit der Kirche torpediert wurde. Sicher, bei Schwarzen lag der Fall möglicherweise anders. Man konnte bezweifeln, daß sie überhaupt eine Seele hatten, daß sich Christen aus ihnen machen ließen. Wir wissen, daß die Portugiesen keine Bedenken hatten, für den Dienst im Haus oder für die Arbeit auf den Zuckerrohrfeldern der Küstenebene schwarze Sklaven einzuführen; etwa 10 Prozent der Bevölkerung von Lissabon bestanden Mitte des sechzehnten Jahrhunderts offenbar aus Schwarzen.[18] Viele von ihnen (die Frage ist, wie viele) wurden indes schließlich freigelassen und verschmolzen mit der übrigen Bevölkerung. Trotz gelegentlicher dienstbarer »Mohren«, die uns auf Ölbildern von eleganten Interieurs aus jener Zeit begegnen, faßte die Einrichtung der schwarzen Sklaverei niemals Fuß in Europa. Wenn die Europäer schwarze Sklaven bei der Feldarbeit einsetzten, dann weit weg von zu Hause.

Die Atlantikinseln waren weit weg. Hier fand sich eine Tabula rasa, ein Versuchsfeld für neue gesellschaftliche Anordnungen. Man kann verfolgen, wie sich die Angelegenheit entwickelte. Auf die Azoren und die Madeiragruppe kamen anfangs europäische Siedler oder Unfreie, denen man keine Wahl gelassen hatte – Sträflinge, Prostituierte, Opfer und verwaiste Überlebende religiöser Verfolgungen.[19] Die Kapverdischen Inseln dagegen, die vor der Küste von Gambia liegen, waren ideal postiert, um den Sklavenhandel anzuzapfen, der nicht weit davon entfernt florierte; es dauerte nicht lange, da wurden Schwarze auf einige der anderen Inseln und nach Lissabon verschifft.

Als die Afrikaner feststellten, daß sich der Weiße Mann, der gekommen war, um Gold und Pfeffer einzutauschen, auch für die Ware Mensch interessierte, waren sie gleich bei der Hand. Im letzten Vierteljahrhundert vor Kolumbus entwickelten sich die Kapverdischen Inseln und in geringerem Maße auch die Madeiragruppe zu einem Versuchsgelände für Zuckerplantagen auf der Basis von Sklavenarbeit; im sechzehnten Jahrhundert folgte São Tomé. Die Pflanzer, die widerstandsfähig genug waren, den Härten des Klimas zu trotzen, während sie die Sklaven zur Arbeit abrichteten und deren Arbeitskraft ausbeuteten, machten große Vermögen; das gleiche galt für die italienischen Handelsschiffer. Die portugiesische Krone strich währenddessen in Form von Lizenzgebühren, Zuckerkontrakten und Steuern ein Drittel oder mehr vom Bruttogewinn ein. Diese Plantagen dienten als Vorbild für die späteren, noch gewinnträchtigeren Entwicklungen in der Neuen Welt.

Die Atlantikinseln erweiterten den Aktionsradius Europas enorm. In ein paar kühnen Vorstößen fanden die Seeleute Hunderte von Kilometern weiter westlich und südlich Anlaufstellen für ihre Segelschiffe, Absprungrampen ins Unbekannte, Anlaufstellen für die Rückfahrt. Hier gab es Oasen in der Ödnis des Ozeans; sie linderten die Mühsal und machten das Unmögliche möglich. War es Glück oder kluge Voraussicht, daß Kolumbus die entfernteste Kanareninsel ansteuerte, die direkt in der Bahn der großen Ostwinde lag, ehe er nach Westen aufbrach? Wie auch immer, er fand sich auf der breiten Straße der Äquatorialwinde wieder, und diese warmen, stetigen Winde trieben ihn binnen eines Monats über den Atlantik.

Verrückt. Aber damals, im Jahre 1492, glaubten die Spanier, ihnen sei alles möglich. Kolumbus war ein Querkopf. Er wollte in westlicher Richtung nach Asien, was für die Portugiesen uninteressant war. Aber Spanien gewann dem Plan etwas ab, weil das Land mit Portugal übereingekommen war, die Welt unter sich aufzuteilen, und weil es seinem Rivalen die östliche (um Afrika herumführende) Route überlassen hatte – ein weiterer Beweis für die Hybris dieser Königreiche. Spanien mußte nach Westen, oder es konnte einpacken. Kolumbus unterschätzte übrigens die Größe der Aufgabe: Er hielt die Welt für viel kleiner, als sie war. Aber als Ausgangsbedingung war das gar nicht schlecht: Tatsächlich war der Ozean weniger breit, als er annahm.

Kolumbus fand eine neue Welt. Noch auf seinem Totenbett konnte er das nicht glauben; er meinte nach wie vor, ein Inselreich vor der Küste Chinas und Cipangus (Japans) gefunden zu haben. Und er wußte auch nicht, daß jenseits der Inseln zwei große Landmassen lagen, die Kontinente, die wir heute unter den Namen Nord- und Südamerika kennen. Er traf nackte oder fast nackte Menschen an, die noch in der Steinzeit lebten und die sich in die Hand schnitten, als sie anfangs die Schwerter der Spanier bei der Klinge anfaßten.[20] Einige von ihnen brachte er als Belegexemplare zurück nach Spanien – wie Tiere für einen Zoo.

Kolumbus fand keinen großen Schatz, keine Haufen von Gold, Seide, Gewürzen oder irgendwelchen anderen wertvollen Dingen, die man mit dem Orient verband. Vor allem Gold wollte er finden, nicht so sehr für sich selbst (eine hohe Stellung und Ruhm waren ihm wichtiger) als vielmehr für sein Königshaus, denn ihm war klar, daß ihm nichts das Interesse und die Unterstützung der Krone besser sichern konnte.

Daß Gold so knapp war, enttäuschte ihn; aber er machte das Beste aus der Situation, indem er versicherte, die Inseln könnten Sklaven in Menge liefern und seien außerdem denkbar geeignet für den Zuckerrohranbau; ihn kannte er von den Kanarischen Inseln und der Madeiragruppe. Auch Vieh könne man auf ihnen züchten; und so kam es denn auch. Die Geschichte der Karibik nach der Ankunft des Weißen Mannes bestand weitgehend aus der Ersetzung von Menschen durch Rinderherden; dann folgte eine Neubesiedlung der Inseln mit schwarzen Sklaven, die auf den Zuckerrohrplantagen arbeiten mußten.

Die Entvölkerung der Inseln wurde durch Massaker, durch barbarische Grausamkeiten, durch tiefe Verzweiflung beschleunigt. Die Eingeborenen begingen Selbstmord, hörten auf, geschlechtlich miteinander zu verkehren, trieben ab, brachten die Neugeborenen um. Sie fielen außerdem zu Zehn- und zu Hunderttausenden Krankheitserregern aus der Alten Welt (Pocken, Grippe) zum Opfer. Die Spanier debattierten, ob die Wilden, denen sie begegneten, eine Seele hätten und Menschen wären; aber die Aufzeichnungen lassen deutlich werden, wer die eigentlichen Wilden waren. Als Kolumbus seine ersten Indianer traf, konnte er ihr Zutrauen und ihre Freundlichkeit gar nicht genug rühmen; in ihrer enttäuschten Gier nach Gold beantworteten die Spanier diese Freundlichkeit mit Bestialitäten, wie sie keine Bestie ersinnen könnte:

> »Die Spanier ..., welche zu Pferde und mit Lanzen und Schwertern bewaffnet waren, richteten ein greuliches Gemetzel und Blutbad unter ihnen an. Sie drangen unter das Volk, schonten weder Kind noch Greis, weder Schwangere noch Entbundene, rissen ihnen die Leiber auf und hieben alles in Stücken. ... Sie wetteten mit einander, wer unter ihnen einen Menschen auf einen Schwertstreich mitten von einander hauen, ihm mit einer Pike den Kopf spalten oder das Eingeweide aus dem Leibe reißen könne. Neugeborene Geschöpfchen rissen sie bei den Füßen von den Brüsten ihrer Mütter und schleuderten sie mit den Köpfen wider die Felsen. Andere schleppten sie bei den Schultern durch die Straßen, lachten und scherzten dazu, warfen sie endlich ins Wasser und sagten: da zapple nun, du kleiner schurkischer Körper. ... Sie machten auch breite Galgen, ...hingen zu Ehren und zur Verherrlichung des Erlösers und der zwölf Apostel je dreizehn und dreizehn Indianer an jeden derselben, legten dann Holz und Feuer darunter und verbrannten sie alle lebendig. ... Andern, die sie bloß deswegen am Leben ließen, hieben sie beide Hände ab, banden sie ihnen an, jagten sie sodann fort...«[21]

Es erübrigt sich, viele von diesen Zeugnissen anzuführen. Der Leser würde vor soviel Blut und menschlicher Bosheit nur zurückschrecken. Alles war versammelt: die spontanen Formen ausschweifender Grausamkeit, die willkürlichen, unbekümmerten, gedankenlosen Morde, das ausgelassene Wetteifern im Ersinnen von Torturen, die ausgeklügelten Formen, Schmerz zuzufügen, die durch nichts motivierten Ausbrüche kollektiven Tötungsrausches, der Haß auf das Leben.

Überraschen kann hier das Fehlen rationaler Erwägungen, selbst bei der Behandlung wertvoller Arbeitskräfte. Schon sehr früh schrieb eine Gruppe von Dominikanermönchen an den spanischen König und beklagte, bei den Gewaltmärschen von einer Schürfstätte zur anderen stürben so viele Bergarbeiter, daß die folgenden Gruppen keinen Führer brauchten. (Hänsel streute Kiesel auf den Weg, um ihn zu markieren; die Spanier ließen Leichen zurück.) Im gleichen Brief war von über achthundert Indianern die Rede, die zu einem Ort namens Puerto de Plata (Silberhafen) verschifft und zwei Tage an Bord festgehalten wurden, ehe man sie an Land brachte. Unter welchen Bedingungen? Einzelheiten werden nicht genannt, nur dies, daß sechshundert von ihnen starben und über Bord geworfen wurden, wo sie wie Planken auf dem Wasser trieben. Bei den Sklaven aus Afrika sollten später die Überlebensraten höher sein.[22]

Ähnliches erlebte die Welt erst wieder bei der nationalsozialistischen Judenvernichtung und dem Massenmorden im Zweiten Weltkrieg. Binnen Jahrzehnten waren die einheimischen Arawaks (Tainos) und Kariben ausgerottet.[23]

Die Eroberung der Karibik war natürlich erst der Anfang der Geschichte. Der Hunger der Spanier nach Gold war ungestillt, die Unternehmungslust streitbarer Unzufriedener unbezwinglich. Die Anführer der Expeditionen und Vertreter der Krone stellten fest, daß sich mit Widersetzlichkeit und Aufruhr am besten in der Weise fertig werden ließ, daß man die Unruhestifter per Schiff an unbekannte Küsten verfrachtete. Sollten sie doch dort dem Jungbrunnen nachjagen; wenn das Glück es wollte, kamen sie dabei um. Die von Verzweiflung getriebene Tatkraft und Zähigkeit dieser Abenteurer spottet jeder Beschreibung. Die Geschichte der spanischen Eroberungen ist deshalb zum Teil eine Geschichte unseliger Fahrten und vergeblicher Märsche in legendäre Reiche und ins Vergessen. Allerdings auch eine Geschichte von Glückstreffern wie im Falle von Mexiko und Peru. Ein einziger Fund, ein einziger Bericht konnte Dutzende von Expeditionen ins Leben rufen und rechtfertigen. Das waren die Faktoren, die zur Schaffung eines Reiches führten: Macht, Gier und Sendungsbewußtsein, gewürzt mit Leichtgläubigkeit, Ingrimm und Wahnwitz.

*

Schwarzes Gold[24]

Das Gold, das von irgendwoher in Afrika kam und seinen Weg zur Mittelmeerküste fand, war eine Quelle der Faszination für europäische Kaufleute. Sie zogen an Orte wie Tunis, um Silber und Waffen, Textilien und Leder, Reis und Feigen, Nüsse und Wein (der vermutlich von dort weiter exportiert wurde) gegen Getreide und Viehfutter, Öle, Fette, Grieß und Honig und schließlich – zum Ausgleich der Zahlungsbilanz – gegen Gold einzutauschen. Gegen Goldstaub, Goldbarren, Goldmünzen (maurische Dukaten). Nicht nur übte das gelbe Metall einen fast unwiderstehlichen Zauber aus, der Wechselkurs machte außerdem diese Geschäfte extrem gewinnträchtig. In Tunis tauschte man in der ersten Hälfte des vierzehnten Jahrhunderts Silber gegen Gold im Verhältnis von 10 zu 1, während das gleiche Gold auf den Märkten von Valencia 13 Einheiten Silber entsprach. Solch eine Diskrepanz konnte nicht von Dauer sein; rege Handelstätigkeit sorgt für einen funktionierenden Markt, und der sorgt für einheitliche Preise. Zur Mitte des vierzehnten Jahrhunderts betrug die Rate bereits 10,5:1 in Neapel und 11:1 in Florenz. Der Zustrom aus Afrika war derart groß, daß weite Teile des westlichen Mittelmeerraums zu einer Goldwährung überwechselten, wie die neuen Münzbezeichnungen belegen: der *pierrale d'oro* in Sizilien, der *reial d'oro* auf Mallorca, der *alfonsino* in Sardinien (1339), der Goldflorin in Aragón (1346).

Schriftliche und kartographische Quellen aus der Mitte des dreizehnten

Jahrhunderts belegen, wie fasziniert die romanischen Länder von diesem Gold und seinem unbekannten Herkunftsort waren. Die Lieferanten indes achteten sorgsam darauf, daß dieser Herkunftsort geheim blieb – womit sie fraglos weise handelten, denn sie durften davon ausgehen, daß die christlichen Ungläubigen für Gold bereit waren, zu morden und zu sterben. Wir wissen heute, daß dieses Gold tief aus dem Innern Westafrikas kam, aus Gegenden irgendwo am Oberlauf des Nigers und nahe den Quellgebieten der Flüsse Gambia und Senegal. Man erzählte sich, die Schwarzen, die das Gold schürften, hätten anonymen Tauschhandel damit getrieben: Die Käufer hätten an einem verabredeten Ort Handelsgüter niedergelegt und sich dann zurückgezogen; die Goldschürfer hätten dann die Waren an sich genommen und als Bezahlung soviel Gold zurückgelassen, wie ihnen angemessen erschien. Unnötig zu sagen, daß die geheime Herkunft des Goldes die Phantasie beflügelte. Manche behaupteten, das Gold wachse dort wie Karotten, andere versicherten, es werde von fleißigen, dienstbaren Ameisen aus der Erde heraufgebracht, und wieder andere wollten wissen, daß es von nackten Männern gefördert werde, die in Erdhöhlen lebten.

Wie dem auch sei, das kostbare Metall mußte von seinem Herkunftsort durch das sagenhafte afrikanische Königreich Mali geschafft werden, das den Zugang nach Timbuktu und zu den Karawanenstraßen durch die Sahara kontrollierte und auf dem Weg zur Goldquelle die entfernteste Station war, von der die mittelmeerischen Kaufleute wußten. Dort mußten die Edelmetallhändler einen gewichtigen Tribut an die regionalen Zwischenhändler und den König, den sogenannten Mansa, zahlen; glaubt man den Erzählungen, so nahm Mali die Körner und ließ den Händlern den Staub. (Eine Mühle, mit der sich die Körner zu Staub und zu Blättchen zerkleinern ließen, mochte unter diesen Umständen nützlich sein.) Von Zeit zu Zeit versuchten der Mansa und seine Agenten, die Goldschürfer zu Produktionssteigerungen zu zwingen, um ihre Einnahmen zu erhöhen. Das allerdings scheiterte an dem passiven Widerstand der Schürfer, die einfach die Lieferungen einstellten.

Dabei profitierte der Mansa von seiner Duldung des Handels bereits mehr als genug. Ein Mansa namens Musa (das arabische Wort für Moses) unternahm im Jahre 1324 eine Pilgerfahrt nach Mekka. Eine solche Reise dauerte über ein Jahr, und der Mansa war entschlossen, sie stilvoll zu absolvieren. Er blieb drei Jahre in Ägypten; an den Besuch erinnerte man sich noch Jahrhunderte danach. Er überreichte 50 000 Dinar dem Sultan, der sich nicht zu fein war, ein so fürstliches Geschenk anzunehmen, und beschenkte die Heiligtümer, die er besuchte, und die Beamten, die ihn gastlich bewirteten und ihm behilflich waren, mit Tausenden von Goldbarren. Am Ende seines Aufenthaltes, so wird erzählt, war der Goldwert in Ägypten um 10 bis 25 Prozent gefallen.

Obwohl der Mansa für seine Ausgaben ein ganzes Vermögen mitgebracht hatte – achtzig bis hundert Kamele trugen jeweils dreihundert Pfund Gold (was heute einem Wert von ungefähr 190 bis 230 Millionen DM entspricht) –, besaß er am Ende seiner Pilgerfahrt keinen Pfennig mehr und mußte sich für die Heimfahrt Geld leihen. Seine Gläubiger wurden für ihr Vertrauen nicht schlecht belohnt, sie bekamen mehr als das Doppelte der geliehenen Summe wieder.

Der Reichtum des Mansa machte Eindruck. Arabische Autoren wie Ibn-Amir Hadschib haben uns ausführliche Schilderungen des Königs und Königreichs von Mali hinterlassen. Ihnen zufolge genoß der Mansa bei seinem Volk mehr Verehrung als irgendein Herrscher anderswo auf der Erde. Er war die verkörperte Majestät – angefangen von seiner Haltung und seiner Art zu gehen bis hin zu der Demut, die seine Untertanen in seiner Gegenwart bewiesen, wenn sie sich niederwarfen, mit dem Kopf die Erde berührten, jedes seiner Worte mit bewunderndem und beistimmendem Gemurmel begrüßten. Niemand durfte sich erdreisten, leger gekleidet vor ihm zu erscheinen oder auch nur in seiner Gegenwart zu niesen; dergleichen Unverschämtheit wurde mit dem augenblicklichen Tode bestraft.

Die legendären Geschichten von der Größe des Mansa erhielt Europa nur aus zweiter Hand. Landkarten, vor allem der *Katalanische Atlas* von 1375, zeigten den Herrscher wie einen europäischen Monarchen auf dem Thron sitzend, mit einer Krone auf dem Haupt, dem Reichsapfel und dem Zepter in der Hand. »So reichlich Gold findet man in diesem Land«, vermerkt der *Katalanische Atlas*, »daß dieser Fürst der reichste und vornehmste König weit und breit ist.« Diese Bewunderung und Hochschätzung sollte nicht von Dauer sein. Der Goldhandel ging zurück; Mali erlebte einen Niedergang. Als gegen Ende des vierzehnten Jahrhunderts die Portugiesen zur afrikanischen »Goldküste« hinabgelangten und erfolgreich durch Gambia vordrangen, erblickten sie in den Nachfolgern des Mansa Musa nur noch grobe, anmaßende Pappkameraden. *Sic transit gloria mundi.*

*

Wie wichtig es ist, bekleidet zu sein

Die Nacktheit war kein unwesentlicher Gesichtspunkt: Anfangs wurde sie als Zeichen paradiesischer Unschuld gewertet. Kolumbus etwa war anfänglich hingerissen davon.[25] »Männer wie Frauen«, schrieb er, »sind so splitternackt, wie sie von ihrer Mutter in die Welt gesetzt wurden.« Und weiter: »Was ihre Schönheit betrifft, so versicherten die Christen, sie sei bei Männern wie Frauen unvergleichlich.« Und: »Dieser physische Glanz verbindet sich … mit dem moralischen: ›Ich glaube nicht, daß es auf dieser Welt bessere Menschen oder ein besseres Land gibt.‹«

Hand in Hand mit der Schönheit ging die Unschuld. »Der Admiral kann nicht glauben, daß ein Mensch jemals so gutherzige, großmütige und furchtsame Leute gesehen hat; sie gaben ihre gesamte Habe an die Christen her, und sobald sie diese erblickten, liefen sie ihnen alles holen.« Und: »Sie begehren die Güter anderer nicht.« Und weiter: »Sie sind sehr sanftmütig und kennen das Böse nicht, sie können sich nicht gegenseitig umbringen.«[26]

 Aber solch eine Idylle konnte auf dem Prüfstand der Erfahrung nicht lange standhalten. Etwas vor allem gaben diese großzügigen Menschen nicht ohne weiteres her, und das waren ihre Frauen. Und danach verlangte es nach monatelanger Seefahrt die sexuell ausgehungerten Spanier am allerdringlichsten, dringlicher sogar als nach Gold. Hinzu kam, daß die Unschuldigen, die den Spaniern so bereitwillig von ihren Besitztümern abgaben, von diesen das gleiche erwarteten. Sie nahmen sich also, was sie haben wollten; und darin sahen die Spanier Diebstahl. Ein und derselbe Kolumbus, der bei der Ankunft ins Schwärmen geraten war, bereute bald schon seine Vertrauensseligkeit und gab seinen Männern folgenden praktischen Rat mit auf den Weg: »Wenn während eurer Fahrt nach Cibao ein Indianer das Geringste stiehlt, müßt ihr ihm zur Strafe die Nase und die Hände abschneiden, weil dies die Teile des Körpers sind, die sie nicht verbergen können.«

So war nun also aus dem edlen Wilden schlicht und einfach der Wilde geworden. Was blieb ihm anderes übrig? Wie hätte er, konfrontiert mit den rücksichtslosesten Gewalttätern, die je auf nichtsahnende Opfer losgelassen wurden, jenem von der Heiligen Schrift inspirierten Idealbild die Treue halten können? Pascal Bruckner vertritt überzeugend die These, daß der Indianer »von Anfang an verloren (war), weil man ihn idealisiert hatte«. Das neue, dem Weißen Mann viel genehmere Bild vom Wilden wurde außerdem durch andere Aspekte der indianischen Kultur gestützt – vor allem durch den Kannibalismus, den die Eingeborenen angeblich praktizierten. Einige Forscher bestreiten, daß es diese Praktik gegeben habe, zumindest was die Indianer der Karibik betrifft. (Für Mexiko oder Zentralamerika dürfte der Kannibalismus zweifelsfrei feststehen.) Wie glaubhaft solche negativen Befunde sind, ist schwer zu sagen; schließlich ist es sehr schwierig, etwas Nichtvorhandenes nachzuweisen. Es steht aber fest, daß sich die Ethnologen in diesem Fall gelegentlich von dem Bedürfnis leiten lassen, von den Beziehungen zwischen Europäern und amerikanischen Eingeborenen ein Schwarzweißbild zu entwerfen, bei dem alles Böse der einen Seite und alles Gute der anderen zugeschlagen wird.[27]

Manchmal wird die kannibalistische Praktik indirekt verteidigt. Der Sozialanthropologe David Maybury-Lewis führt als ein in dieser Hinsicht repräsentatives und wichtiges Werk die Reisebeschreibung von Hans Staden an, die unter dem Titel *Warhaftig Historia und Beschreibung eyner Landtschafft der Wilden, Nacketen, Grimmigen Menschfresser Leuthen, in der Newen welt America gelegen* 1557 in Marburg erschien, und erklärt anschließend, die Tupinamba-Indios, bei denen Staden als Gefangener lebte, hätten »Gefangene regelmäßig und in ritueller Form gegessen«. »Das galt«, fährt er fort, »als ein heldenhafter Tod. Ein gefangener Krieger, der in manchen Fällen jahrelang mit denen, die ihn gefangen hatten, zusammenlebte und unter Umständen sogar bei ihnen eine Familie gegründet hatte, wurde hinausgeführt und in einem zeremoniellen Duell mit der Keule erschlagen, woraufhin die ganze Gemeinschaft ihn aufaß, um an seinem heldenhaften Wesen teilzuhaben.«[28]

Maybury-Lewis stellt ferner fest, daß die gleichen Tupinamba entsetzt waren über die Grausamkeit, die Europäer durch die routinemäßige Anwendung der Folter in Prozessen und bei Bestrafungen sowie durch die Praxis der Sklaverei an den Tag legten; er beklagt anschließend die Einseitigkeit der Urteile und Einstellungen von Europäern. Aber natürlich fällt es jedem von uns sehr schwer, »sich mit den Augen der anderen zu sehen«. Der Relativismus – die Fähigkeit, sich einzufühlen – steht uns gut zu Gesicht und ist eine besondere Tugend der Ethnologie. Diese Fähigkeit allgemein anzutreffen, darf man indes nicht erwarten. Im Europa des sechzehnten Jahrhunderts blieb sie einigen wenigen Kirchenmännern vorbehalten, deren Argumente sich erst würdigen ließen, als man sie aus der abgeklärten Distanz der Erinnerung aufnehmen konnte.

*

Geschichte und Legende

Die Geschichte der spanischen Missetaten und Verbrechen bei der Eroberung Amerikas ist so entsetzlich, daß sie sich im Rückblick immer wieder als eine Quelle des Unbehagens und der Beschämung erweist. Was für Menschen waren das, die soviel Grausamkeiten und Verrat begehen konnten? Die Antwort, wie bereits oben umrissen, liegt in der sozialen Auslese der Beteiligten und in den historischen Umständen. Zum einen zog die Art von Abenteuern, die in der Neuen Welt zu erwarten waren, die wagemutigsten, hungrigsten, rücksichtslosesten Mitglieder der spanischen Gesellschaft an, bei denen es sich in vielen Fällen um Schurken handelte, die wenig auf ihr eigenes Leben und noch weniger auf das der anderen gaben. Zum anderen konnte die lange historische Erfahrung Spaniens, der andauernde Krieg gegen äußere und innere Feinde (die *Reconquista* und die Verfolgung anderer Religionsgruppen) nur die Haltung befördern, daß der Zweck die Mittel heiligt, und jedes Gefühl für Anstand und Menschlichkeit auslöschen. Zusätzlich macht Tzvetan Todorov noch den Faktor der Entfernung geltend: Die Spanier operierten weit weg von zu Hause und konnten ihre Macht und ihre Wut Fremde spüren lassen, andere, die sie als Untermenschen betrachteten und die für sie deshalb außerhalb oder jenseits des Regelsystems standen, die das Verhalten sogar gegen einen Feind bestimmten. Unter solchen Umständen gibt es keine Schranken, keine Tabus. Deshalb wetteiferten sie darin, sich Böses auszudenken und in die Tat umzusetzen, was dann regelrecht in eine kollektive Raserei ausartete. Todorov fügt hinzu: »Die ›Barbarei‹ der Spanier hat nichts Atavistisches oder Animalisches; sie ist durchaus menschlich und kündigt das Kommen der modernen Zeiten an.«[29]

Ein schwarzer Tag, der diese ungeheure Morallosigkeit und die Gelegenheit zur Eroberung zusammentreffen und damit weit schwächere Völkerschaften gierigen, grimmigen, unberechenbar grausamen Menschen in die Hände fallen ließ.

Im Bemühen, diese Geschichte von Untaten in ein weniger schreckliches

Licht zu rücken, wenn nicht gar zu entschuldigen, haben die Apologeten, bei denen es sich in vielen Fällen um Nachkommen jener Konquistadoren handelt, zwei argumentative Wege eingeschlagen. Der eine besteht darin, die Vorwürfe dadurch zu entkräften, daß sie als Erdichtungen oder Übertreibungen abgestempelt werden. Aus dieser Absicht erklärt sich der Begriff *leyenda negra* (schwarze Legende): schwarz, was soviel bedeutet wie Schwarzmalerei (gibt es aber ein Schwarz ohne Beimischung von Farben?), und Legende statt Geschichte. Man tut die Vorwürfe ab, statt sie zu widerlegen, weil eine Widerlegung unmöglich ist. (Die gleiche Taktik und die gleiche Terminologie wird auch zur Entkräftung des Arguments verwendet, daß die spanische Intoleranz und der religiöse Fanatismus im eigenen Land, die in der fixen Idee von rassischer Reinheit [*limpieza de sangre*] und in der Verfolgung des Irrglaubens bis in die innersten Winkel des Traumlebens gipfelten, die Fähigkeit der Nation zum freien Forschen und zur Wissenschaft verkrüppelt habe. Auch hier ist es einfacher, die unangenehme Kunde abzutun, als sie zu widerlegen.)

Der zweite Weg besteht im Verweis auf die Missetaten anderer Kolonisatoren, insbesondere der angelsächsischen, protestantischen Besiedler Nordamerikas, deren Eroberungsstrategie anders und deren Opfer weniger zahlreich gewesen seien, die hinsichtlich Grausamkeit und Heuchelei den Vergleich aber nicht zu scheuen brauchten.[30] Als ob die Missetaten anderer die eigenen Verbrechen entschuldigen könnten. Diese Überlegung weist einen gewissen Zusammenhang mit späteren Argumentationsweisen auf, bei denen es um Machtprobleme und die Politik des Imperialismus geht. Vielen lateinamerikanischen Historikern und Ideologen war es ein wichtiges Anliegen, die Bösartigkeit der *Gringos* zu unterstreichen, die kämen, um in Mittel- und Südamerika die Vorherrschaft auszuüben. Unausgesprochen wird so das Unglück der Indianervölker dieser Regionen den Nordamerikanern in die Schuhe geschoben.[31]

6
Auf nach Osten!

»Von all den großen Ereignissen, die sich in der neueren Geschichte zugetragen haben, genießen diejenigen, die mit den Reisen und Entdeckungen der *Europäer* im fünfzehnten und sechzehnten Jahrhundert zu tun haben, zu Recht Vorrang ... Was den Ruhm und die Großartigkeit dieser Leistungen angeht, so steht außer Frage, daß die *Portugiesen* Anspruch auf das Erstgeburtsrecht und den Löwenanteil haben. ...es muß klar gesagt werden, daß sie als erste die Navigation auf dem Meer in Gang brachten und den anderen Nationen den Gedanken an die Entdeckung ferner Regionen eingaben.
Andere Nationen waren so weit entfernt davon, Unterfangen dieser Art so früh wie die Portugiesen in Angriff zu nehmen, daß die letzteren ihre Unternehmungen bereits an die achtzig Jahre betrieben, ehe einer der Nachbarn auf die Idee solcher ausländischer Entdeckungen verfiel. ... die Reihe von Ereignissen bewies, daß die Planungen das Ergebnis gesunder Überlegung waren und daß sie sich aus den besten Vernunftgründen herleiteten.«

Thomas Astley, *Voyages and Travels*

Wie die Spanier begannen auch die Portugiesen damit, daß sie von einer Insel zur nächsten sprangen. Die Westküste Afrikas hinunter, mit dem Ziel, um die muslimischen Gebiete herum in den Indischen Ozean zu gelangen. Die ersten Etappen waren einfach. Auf der Fahrt nach Süden schwellten die Passatwinde ihre Segel. Aber für die Rückkehr nach Lissabon bedeutete das Probleme. Es war ein genialer Einfall, nicht einfach gegen den Wind zurückzukreuzen, sondern nach Westen und Norden auszuschwingen und über die Azoren heimzufahren.

Das gleiche Bild, nur in Umkehrung, jenseits der Kanarischen Inseln. Hier erwies sich die Fahrt nach Süden als schwierig, weil die Winde und die Strömungen drehten. Das Problem fing in der Gegend von Kap Bojador (27 Grad nördl. Br.) an, an der symbolischen Grenze zwischen Schöpfung und Chaos, wo die aufgewühlten Wasser das Meer zum Brodeln zu bringen schienen. Ein Jahrzehnt lang (1424–1434) scheiterten alle Unternehmungen an dieser unsichtbaren Grenze.[1]

Dennoch drängten die Portugiesen weiter voran, unternahmen eine Reise nach der anderen, legten Meile um Meile zurück. Zuerst glaubten sie, daß an der unfruchtbaren Küste niemand lebe; dann stießen sie auf einige Eingeborene, machten ein paar Gefangene, hörten von Sklaverei, sahen neue Profitmöglichkeiten. Um Profit nämlich drehte sich alles: Zurara, dem Biographen-Hagiographen Prinz Heinrichs, zufolge »... liegt es auf der Hand, daß [kein Seemann oder Kaufmann] an einen Ort würde gehen wollen, wo sich ihm keine Gelegenheit böte, Gewinn zu erzielen.«[2]

Der Südatlantik ist nicht wie andere Ozeane. Auf der afrikanischen Seite ist er nicht durch einen schiffahrtsfreundlichen Festlandsockel begrenzt; die

 Strömungen und Winde arbeiten den südwärts fahrenden Schiffen entgegen, und die Küste ist öde und trocken. Hinter den Kapverdischen Inseln findet man außerdem bis hinunter nach Guinea kaum einen Hafen oder Nachschubquellen. Die altehrwürdigen Methoden der Küstenschiffahrt, die sich im Nordatlantik, im Mittelmeer, im Indischen Ozean und im Chinesischen Meer als so erfolgreich erwiesen haben, funktionieren hier nicht. Hier ist Hochseenavigation angesagt.[3] (Siehe Karten S. 102/3, S. 104/5, S. 106/7)

An dieser Stelle kamen den Portugiesen die Erfahrungen zustatten, die sie gesammelt hatten, als sie die Passatwinde nutzten, um von den Inseln nach Hause zurückzukehren; nur daß jetzt die Richtung eine andere war. Nachdem sie sich jahrzehntelang in mühsamer Kreuzfahrt ihren Weg nach Süden erkämpft hatten, unternahmen sie den kühnen Schritt, mit gefüllten Segeln weit nach Westen auszuschwingen, quer über den Ozean bis nach Brasilien, und sich dann erst südöstlich zu wenden. Das verlängerte die Route um Hunderte von Seemeilen und bedeutete Wochen oder gar Monate auf hoher See, ohne Land zu sichten; letztlich aber kürzten sie damit die Reise ab und konnten problemlos um die Spitze Afrikas in freundlichere Gewässer segeln.

Man darf darin nicht bloßes Glück sehen. Die Portugiesen konnten so verfahren, weil sie gelernt hatten, die Breite zu bestimmen. Im Nordatlantik hatten die Seeleute ihre nordsüdliche Position immer danach bestimmt, wie hoch der Polarstern stand. In dem Maße, wie sie sich dem Äquator näherten, verschwand der Polarstern hinter dem nördlichen Horizont, und sie mußten sich am Sonnenstand orientieren. Das Problem wurde hier dadurch kompliziert, daß sich die Position der Sonne am Himmel änderte: Im europäischen Sommer stand sie weiter im Norden, also höher am Himmel, im Winter dagegen weiter im Süden. Dieser Positionswechsel, den man unter dem Namen Deklination kennt, mußte in Rechnung gestellt werden, wenn man die Sonnenhöhe für die Messung des Breitengrads nutzen wollte. Hier zahlte sich nun die Stellung der Iberischen Halbinsel als Grenze und Brücke zwischen Zivilisationen aus. Im vierzehnten und fünfzehnten Jahrhundert hatten dort arabische und jüdische Astronomen (die Schlüsselfigur war Abraham Zacut) brauchbare Tafeln für Seefahrer ausgearbeitet, die über die Sonnendeklination Auskunft gaben.[4]

Wenn man imstande war, zu Wasser wie zu Land den Breitengrad zu bestimmen, erschlossen sich einem die Meere, denn man konnte nun seine nordsüdliche Position bestimmen; wußte man auch, auf welchem Breitengrad sich der Zielort befand, konnte man dorthin gelangen, indem man auf diesen Breitengrad überwechselte und dann an ihm entlangfuhr. (Gelegentlich ergab sich nur das Problem, daß man nicht wußte, ob man nach Westen oder nach Osten segeln mußte.) Die wichtigste Information, die Bartolomëu Dias von seiner Reise (1488) mitbrachte, war die Koordinate der Südspitze Afrikas. Dank dieser Information konnten die Portugiesen von jeder beliebigen Stelle im Südatlantik aus ihren Weg dorthin finden.

Ihre Erkundungsfahrten hatten die Portugiesen fast ein ganzes Jahrhundert gekostet. Zum Teil ging die Leistung auf Konto des portugiesischen Königshauses und seines frommen, durch nichts von seinem Lebenswerk abzulenkenden Prinzen (er soll jungfräulich gestorben sein), den wir heute als Heinrich den Seefahrer kennen. Er erbaute bei Sagres auf einem Felsen über dem Meer eine Forschungsstation für die Seefahrt und arbeitete jahrzehntelang an der Erforschung der Wissenschaft und der Technik der Hochseenavigation. Einiges war auch das Werk privater Schiffskapitäne und Seeleute, die in der Verlängerung des Bugspriets Reichtümer winken sahen. All das basierte auf Verbesserungen in der Schiffsbaukunst: Man baute Karavellen, die eher lang und schlank als breit waren, und Frachtkoggen, führte das Heckruder als normalen Steuermechanismus ein, entwickelte eine Kombination aus Latein- und Rahsegeln, verband Techniken der atlantischen und der mediterranen Seefahrt miteinander. Als Dias von der Südspitze Afrikas heimkehrte, brachte er auch Ideen mit, die Eingang in den Bau der Schiffe fanden, mit denen ein Jahrzehnt später Vasco da Gama auf Fahrt ging (und die nicht mehr Karavellen genannt wurden). Zehn Jahre danach kam es schon wieder zu neuen Veränderungen. Jede Expedition war ein Erfahrungsprozeß und spornte zu Verbesserungen an.

Die Segelschiffahrt auf dem Ozean hing außerdem von Navigationsinstrumenten ab: vom Kompaß für die Orientierung, vom Astrolabium und vom Jakobsstab für Höhenmessungen bei den Himmelskörpern, von Vorrichtungen für Beobachtungen mit dem Rücken zur Sonne, von Sanduhren für Zeitmessungen und Schätzungen der Geschwindigkeit. Und nicht zu vergessen, alle Segelkunst stand und fiel mit der Zähigkeit wettergeprüfter Seeleute. Diese Kumpane, die eine merkwürdige Meute bildeten, hatten reichlich Gelegenheit zu bedauern, daß sie angeheuert hatten. Sie erkrankten und starben auf diesen endlosen Fahrten oft an Skorbut, fielen der Jungfrau und allen Heiligen mit unzähligen Ave-Marias und Bittgebeten auf die Nerven, suchten das Meer mit abergläubischen Gesten zu besänftigen; und kaum daß sie wieder den Fuß auf festes Land gesetzt, ihre Heuer für Alkohol und Frauen verjubelt hatten und mit leeren Taschen dastanden, erlagen sie erneut der Versuchung. So war halt das seefahrende Volk. (Außerdem waren die Preßkommandos immer bereit zuzupacken.)

Die portugiesische Strategie, dem weiteren Vorgehen jeweils die gemachten Erfahrungen zugrunde zu legen, war sehr sinnvoll. Jede Fahrt baute auf den vorhergehenden auf; jedesmal wagten sie sich ein wenig weiter vor; jedesmal notierten sie den Breitengrad, veränderten ihre Karten und hinterließen ein Zeichen, daß sie dagewesen waren. Psychologische Hemmschwellen machten manche Schritte besonders schwierig, wie etwa beim Kap Bojador und auch beim Kap der Stürme, das später in Kap der Guten Hoffnung umbenannt wurde (die Symbolik war wichtig). Allmählich machte die Furcht der Vernunft und dem methodischen Denken Platz. Die Entscheidung, nach Westen zu segeln, fast bis an die Küste Südamerikas, und sich dann wieder ostwärts zu wenden, war die einfallsreichste und kühnste von allen; sie beweist, wie sehr die Portugiesen auf ihre Fähigkeit vertrauten, sich zurechtzufinden. (Verglichen damit, war die Fahrt des Kolumbus ein

 Spaziergang.) Besser, man blieb in Bewegung, als daß man ewig kreuzte und auf der Stelle trat. Nichts besser, als mit dem Wind segeln zu können; nichts besser, als mit gefüllter Leinwand zu segeln.

Der portugiesische Vorstoß nach Ostindien bleibt unverständlich ohne die Existenz von Männern wie Vasco da Gama, einem Matrosen und Seefahrer von Kindesbeinen an, einem ebenso hartnäckigen wie hart durchgreifenden Menschen. Wir wissen weniger über Vasco da Gama, als uns lieb ist, aber eine Anekdote aus der Zeit vor seinen Ostindienfahrten verrät uns viel über seinen Charakter. Man schrieb das Jahr 1492, und Gama war etwa dreißig. Eine portugiesische Karavelle, die mit Gold von El Mina (an der Westküste Afrikas) zurückkehrte, wurde von einem französischen Freibeuter aufgebracht, obwohl die beiden Länder in Frieden miteinander lebten. Was tun? Die Berater des portugiesischen Königs empfahlen den diplomatischen Weg: Man solle einen Gesandten schicken und um die Rückgabe des Schiffes und seiner Goldladung ersuchen. König Johann fand das keine gute Idee: »Ich lege keinen Wert darauf zu erleben, wie einer meiner Gesandten ungnädig empfangen wird oder sich in Vorzimmern die Beine in den Bauch stehen muß. Das wäre ärgerlicher für mich als der Verlust des Goldes.«

Also schickte König Johann nach Gama, »einem Mann, in den er Vertrauen setzte, der auf Flotten gedient hatte und in Dingen des Meeres bewandert war«. Das Meer war die große Schule Portugals, und das nicht nur in Sachen Navigation. Am nächsten Morgen befanden sich Gama und ein hastig zusammengetrommeltes Kommando auf dem Kai von Setubal, wo zehn französische Schiffe vertäut lagen und mit reichem Handelsgut beladen wurden. Alle Schiffe wurden gekapert, ihre Ladungen beschlagnahmt und versiegelt, die Mannschaften an Land gebracht. Mehr war nicht erforderlich. Die französischen Schiffseigner wurden beim König von Frankreich vorstellig. Dieser schickte die Karavelle und das Gold zurück – nicht eine Unze fehlte. Und der König von Portugal gab die französischen Schiffe und ihre Ladungen frei – mit jeder Elle Tuch und jedem Weinfaß.

Daß Kolumbus eine neue Welt entdeckte, erschütterte die Portugiesen so, wie der Sputnik die Amerikaner erschütterte. Schließlich hätten sie Kolumbus haben können und hatten ihn abgewiesen. Jahrzehnte mühsamer, kostspieliger Erforschungen rund um Afrika lagen hinter ihnen, und nun entdeckten die Spanier auf Anhieb eine neue Welt (oder am Ende gar Asien). Es gab keine Gerechtigkeit! Jetzt hieß es loslegen: Im Juli des Jahres 1497 stach eine kleine Flotte von vier Schiffen unter dem Befehl Vasco da Gamas von Lissabon aus in See, um das fallengelassene Projekt des Bartolomëu Dias weiterzuverfolgen, Afrika zu umrunden und nach Indien zu gelangen. Sie fuhren über 40 000 Kilometer weit und waren mehr als zwei Jahre unterwegs; nur vierundfünfzig Mann der ursprünglich hundertsiebzig Besatzungsmitglieder kehrten lebend zurück.

Wie sich erwies, war diese teure Erkundungsreise alles andere als ein kommerzieller Erfolg. Zu Gamas Erstaunen hatten die muslimischen Kaufleute, die er in Indien traf, kein Bedürfnis, mit christlichen Ungläubigen Handel zu treiben; noch schlimmer war, daß die Glasperlen, Kinkerlitzchen und Hemden, mit denen er Tauschhandel treiben oder die er verkaufen wollte, sosehr sie die Bewohner der Karibik bezaubern mochten, in Indien praktisch wertlos waren, wo man den Unterschied zwischen wertlosem Tand und wertvollen Waren kannte und weit bessere Stoffe fertigte als in Europa. So kehrte da Gama mit mehr oder minder leeren Händen zurück. Das bißchen, das er heimbrachte, war Kriegsbeute; in seiner Gier und Verzweiflung hatte er ein kleines muslimisches Fahrzeug mit einer Ladung Gewürze angegriffen und gekapert. Kein guter Einstieg: Von da an verließen sich die Portugiesen bei ihren Bemühungen, an den Küsten des Indischen Ozeans Fuß zu fassen, eher auf Gewalt als auf kommerziellen Wettbewerb.

Weit wichtiger war, daß da Gama Nachrichten brachte – zweierlei Nachrichten. Erstens wußte er zu berichten, daß die Europäer stärker waren als die Einheimischen jener Regionen; sie hatten bessere Schiffe und bessere Schußwaffen. Zweitens: Er hatte zwar keinen Handel treiben können, aber es gab dort Gewürze in Menge und zu Preisen, die riesige Profite versprachen. Fünfzig Kilogramm Pfeffer bekam man in Calicut für drei Dukaten. Nachdem diese fünfzig Kilogramm durch die Hände von einem halben Dutzend Zwischenhändler gewandert und unterwegs beträchtliche Abgaben und Bestechungsgelder an Könige, Scheichs und Behörden gezahlt worden waren, ließen sie sich in Venedig für achtzig Dukaten verkaufen. Was zählten gegenüber dieser Gewinnspanne die Kosten für die Ausrüstung einer Flotte? Und was zählte dagegen das Leben der Seeleute?

Portugal konnte Revanche nehmen. König Manuel schrieb an seine königlichen Kollegen Ferdinand und Isabella (»Erlauchtes, unübertreffliches Fürstenpaar, hochvermögende Herrscher!«), um ihnen von »riesigen Städten, großen Palästen und Flüssen, großen Volksmengen« zu berichten – keine Spur von nackten Wilden – und mit Gewürzen, kostbaren Steinen und »Goldminen« anzugeben. Von Skorbut und Tod, von muslimischen Kaufleuten und kommerziellen Enttäuschungen war nicht die Rede. So sah die Gegend aus, die Kolumbus gesucht und nicht gefunden hatte. Möge es Euch im Halse steckenbleiben!

Zu Anfang des Jahres 1500, weniger als sechs Monate nach Gamas triumphaler Rückkehr, schickten die Portugiesen unter dem Oberbefehl von Pedro Alvares Cabral eine zweite Flotte nach Ostindien – dreizehn Schiffe diesmal und eintausendzweihundert Mann, darunter Soldaten. Cabral hatte den Auftrag, Reichtümer heimzubringen und Konflikten aus dem Weg zu gehen; sollte allerdings ein Fahrzeug feindliche Absichten bekunden und ihnen zu schaden versuchen, war er angewiesen, es gar nicht erst herankommen zu lassen, auf Abstand zu halten und in Grund und Boden zu kartätschen.

Nichts illustriert besser, wie sehr sich die Portugiesen ihrer Überlegenheit bewußt waren. Denn es ist wohlbekannt, daß die Partei mit den stärkeren Waffen den Gegner aus der Distanz und ohne sich selbst zu gefährden erledigen kann; wohingegen die waffentechnisch schwächere Partei dem Feind zu Leibe rücken und persönliche Tapferkeit und Stärke beweisen muß, will sie einen Sieg erringen. Die Anweisungen, die Cabral erhielt, waren ein Hinweis auf veränderte Machtverhältnisse in der Welt. Die Asiaten, die soviel zahlreicher waren als die Portugiesen und auch reicher und in vielerlei Hinsicht zivilisierter, waren außerstande, das zu verstehen, konnten es sich schlechterdings nicht vorstellen. Und doch verhielt es sich so: *Europa konnte sich nun an jedem beliebigen Ort auf der Erde festsetzen, der in Reichweite von Schiffskanonen lag.*[5]

Die Portugiesen widmeten sich ihrer Aufgabe mit einer Methodik, die dem Prinzen Heinrich das Herz hätte höher schlagen lassen. Neugier und Gier verflochten sich hier mit rationaler Vorgehensweise, wie die Instruktionen (*Regimento*) zeigen, die Diogo Lopes de Sequeira im Jahre 1508 für seine Entdeckungsfahrt nach Madagaskar mit auf den Weg bekam:

1. Die Flotte sollte rund um die Insel fahren und der Westküste (der Afrika zugewandten Küste) besondere Aufmerksamkeit schenken; befahren und erforschen Sie jeden Hafen, stellen Sie fest, welche Einfahrt- und Ausfahrtgelegenheiten existieren, untersuchen Sie die Ankerplätze unter Berücksichtigung von Winden, Strömungen und Beschaffenheit des Meeresbodens; und *schreiben Sie alles auf* [kursiv vom Verf.].
2. Bei der ersten Begegnung mit Eingeborenen: Zeigen Sie ihnen eine Reihe von Artikeln und Metallen (Gewürze, Wachs, Kupfer), um zu sehen, ob diese Dinge auf der Insel bekannt sind; und wenn es sie gibt, fragen Sie, wie man sie bekommt und durch Handel erwerben kann. Finden Sie heraus, an welchen Tauschgütern die Eingeborenen interessiert wären.
3. Finden Sie heraus, welche anderen Schiffe diese Häfen anlaufen. Wo kommen sie her? Was transportieren sie? Handeln sie mit ihren Waren auf anderen Inseln beziehungsweise verkaufen sie verschiedene Artikel an verschiedenen Orten? Wo kommen die Kaufleute und Mannschaften dieser Schiffe her? Sind es Muslime oder Heiden (*gentiles*)? Weiße oder Schwarze? Wie sind sie gekleidet? Treten sie bewaffnet auf?
4. Sind diese anderen Schiffe groß oder klein? Welcher Art sind sie? Zu welchen Zeiten kommen und gehen sie? In welchem Rhythmus (jährlich, häufiger)? Ihre Navigationstechnik?
5. Hat die Insel ihre eigenen Fahrzeuge, und falls ja, wohin fahren sie, was führen sie mit, was suchen sie?
6. Was produziert die Insel, was wollen die Eingeborenen dafür haben? Sind diese Erzeugnisse teuer oder billig?
7. Politische Verfassung: Welche Art von Königen oder Herrschern, muslimische oder heidnische? Wie leben sie? Wie sprechen sie Recht? Was besitzen sie? Verfügen sie über Schätze? Welche Arten von Rang und Stand, und wie werden diese aufrechterhalten? Was für Streitkräfte und was für Waffen: Elefanten oder Pferde, Waffen, Feuerwaffen, irgendwelche Artillerie? Sind die Soldaten furchtsam oder kriegerisch?

8. Gibt es eigene, unabhängige muslimische Herrscher; erkennen sie die heidnischen Herrscher an?
9. Ist die Bevölkerung muslimisch oder heidnisch? Falls letzteres, wie kommen die Muslime mit ihnen aus? Gibt es Christen wie in Indien?[6] Kennen sie den Heiligen Thomas?
10. Wie sind die Bräuche beschaffen? Ähneln sie, teilweise zumindest, denen der Malabarküste?
11. Gibt es dort große oder kleine Städte oder Dörfer von besonderer Bedeutung? Sind sie befestigt? Wie ist das Land besiedelt?
12. Geld? Gibt es irgendeine Standardwährung, oder existieren einfach nur »Geldsorten« wie die von Manicongo [Afrika?]? Wird, was das betrifft, Kupfer als Ware gehandelt, und falls ja, welche Dinge werden daraus gefertigt? Wird es insbesondere verwendet, um Schußwaffen zu gießen, und falls ja, was für welche? Und wie produzieren sie außerdem im gegebenen Falle ihr Schießpulver?

Ein ähnlicher Fragebogen für Malakka (Malaiische Halbinsel) enthält außerdem ausführliche Erkundigungen nach den Chinesen, die in diesen Teilen Handel trieben: Schiffe und Navigationstechniken? Waffen und Art der Kriegführung? Handel, Kaufleute, Handelsniederlassungen, Waren, Preise? Politische Macht? Kleidung und Bräuche? Größe und Umriß von China?[7]

Diese systematischen Nachforschungen reichen in Portugal bis mindestens ins Jahr 1425 zurück; sie begannen mit der Erforschung der Kanarischen Inseln. Im Jahre 1537 erinnerte sich Pedro Nuñes, der Kosmograph von König Johann III., voll Stolz: »Es liegt auf der Hand, daß die Entdeckung von Küsten, Inseln, Kontinenten nicht dem Zufall geschuldet ist, sondern unsere Seeleute sind im Gegenteil gut informiert ausgelaufen, ausgestattet mit Instrumenten und mit den Regeln der Astronomie und der Geometrie.«[8] Der Gegensatz zu Spanien ist auffällig. Die Spanier übernahmen diese methodische Vorgehensweise erst im letzten Viertel des sechzehnten Jahrhunderts. Entweder brauchten sie diese Methodik nicht (keine Konkurrenz, einfachere Navigation), oder sie paßte nicht zu ihrer Tradition und ihrem Stil. Während die Portugiesen Besitzansprüche dadurch besiegelten, daß sie die Entdeckung durch Eintragung der entsprechenden Breitengrade in die Karten festhielten, schufen die Spanier zur Bestätigung ihrer Entdeckungen harte Fakten. Sie stellten Kreuze auf, »bekehrten« Eingeborene, errichteten christliche Bauwerke, setzten Gerichtshöfe ein und bauten Gefängnisse. Ziel der Spanier waren Schätze, Ziel der Portugiesen Handelsprofite. Zwei imperiale Perspektiven.

Die Geschichte des europäischen kommerziellen und politischen Vordringens in den Indischen Ozean und nach Ostasien steht im Bann der Frage »Was wäre gewesen, wenn?«. Was, wenn im sechzehnten Jahrhundert kein Durcheinander in Asien geherrscht, kein Krieg zwischen indischen Staaten

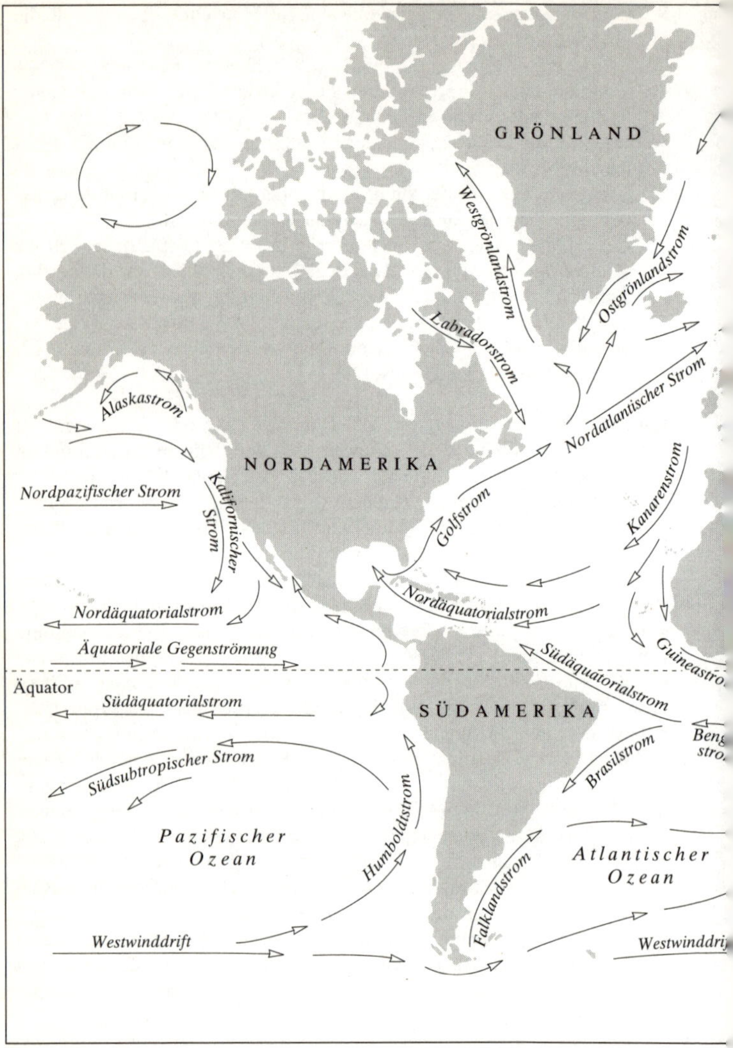

Meeresströmungen

Im Zeitalter des Segelschiffs gaben diese Strömungen, zusammen mit den vorherrschenden Winden, die Schiffsrouten vor.

Nord-
polarmeer
egischer Strom
ASIEN
UROPA
FRIKA
SW-NO-Monsundrift
Indischer Gegenstrom
Äquatorialer Strom
Mosambik-
strom
Indischer
Ozean
Westaustralstrom
AUSTRALIEN
Ostaustralstrom
gulhas-
strom
Westwinddrift
Kuroshio
Nordpazifischer Strom
Pazifischer
Ozean
Nordäquatorialstrom
Äquatoriale Gegenströmung
Südäquatorialstrom

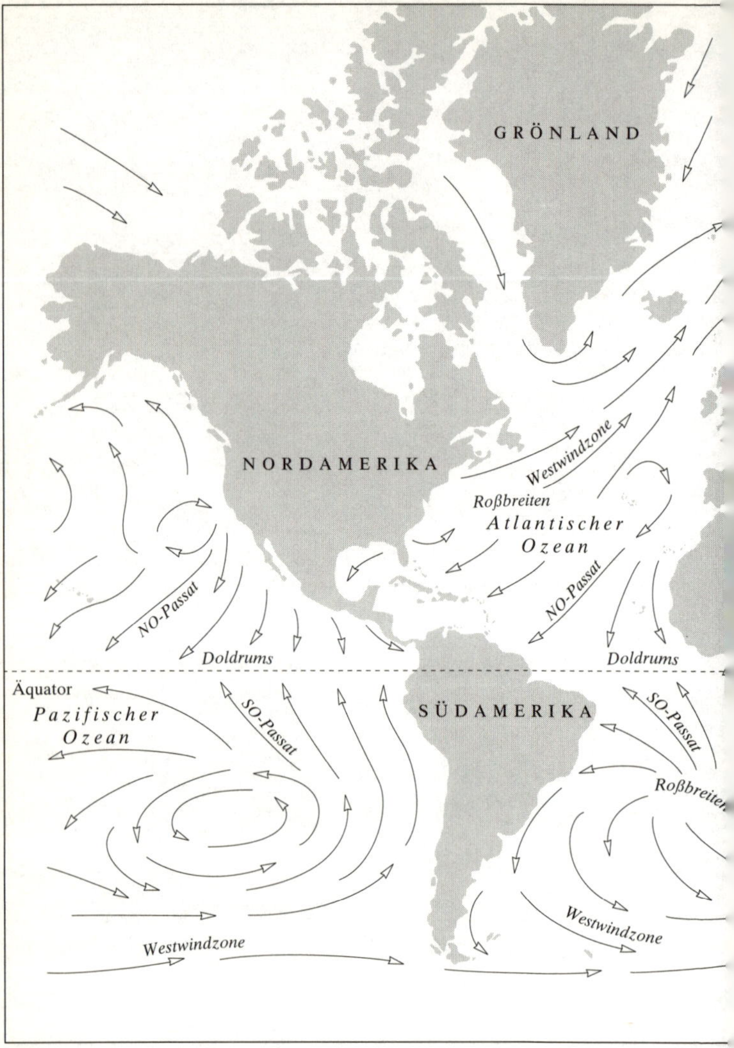

Vorherrschende Winde, Januar-Muster

Kalmen und Doldrums entstehen dort, wo gegenläufige Winde aufeinandertreffen. Sollten gemieden werden.

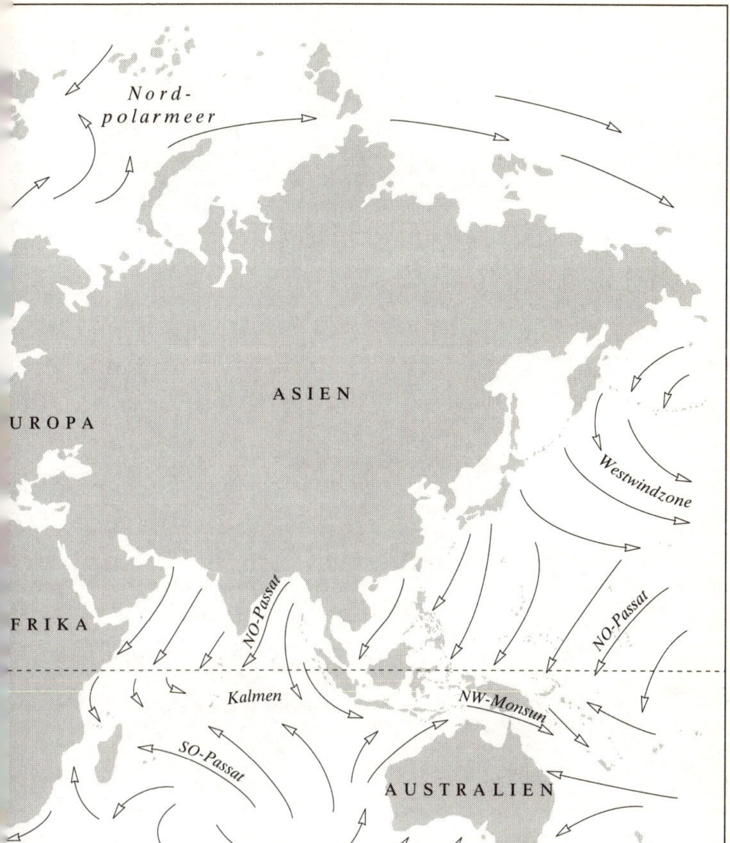
Nord-
polarmeer
ASIEN
UROPA
FRIKA
NO-Passat
Westwindzone
NO-Passat
Kalmen
NW-Monsun
SO-Passat
AUSTRALIEN
Indischer Ozean
Brüllende Vierziger

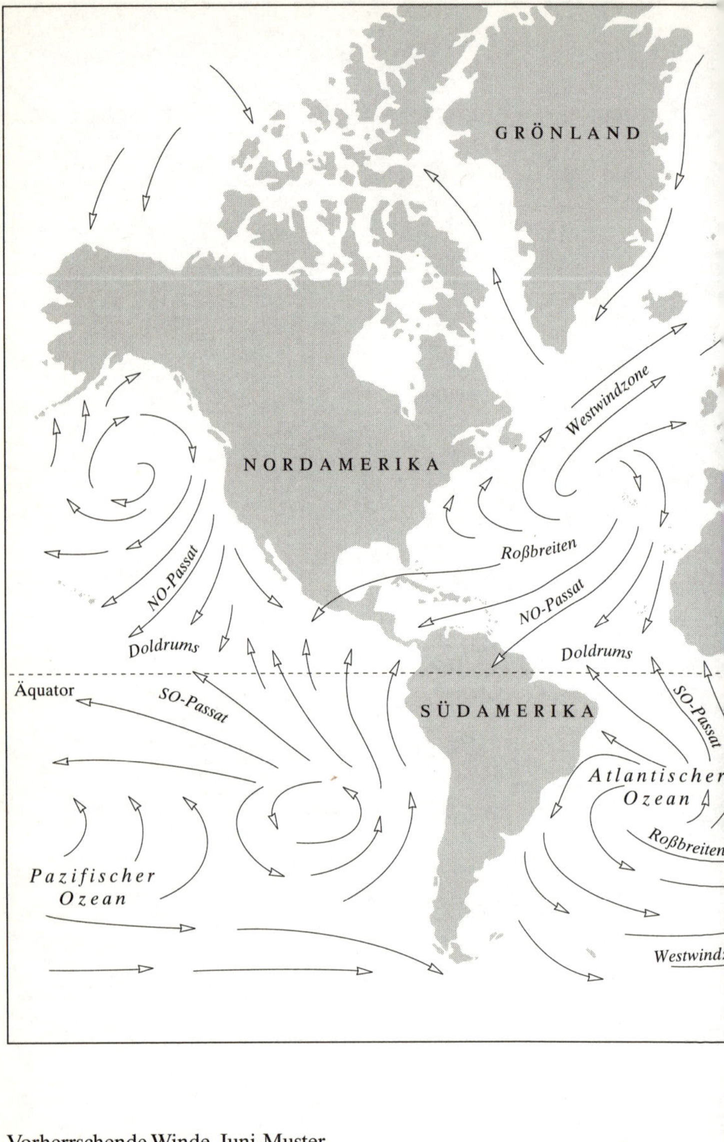

Vorherrschende Winde, Juni-Muster

Nordpolar-
meer
ASIEN
UROPA
FRIKA
SW-Monsun
SO-Monsun
Doldrums
SO-Passat
AUSTRALIEN
Indischer Ozean
Brüllende Vierziger

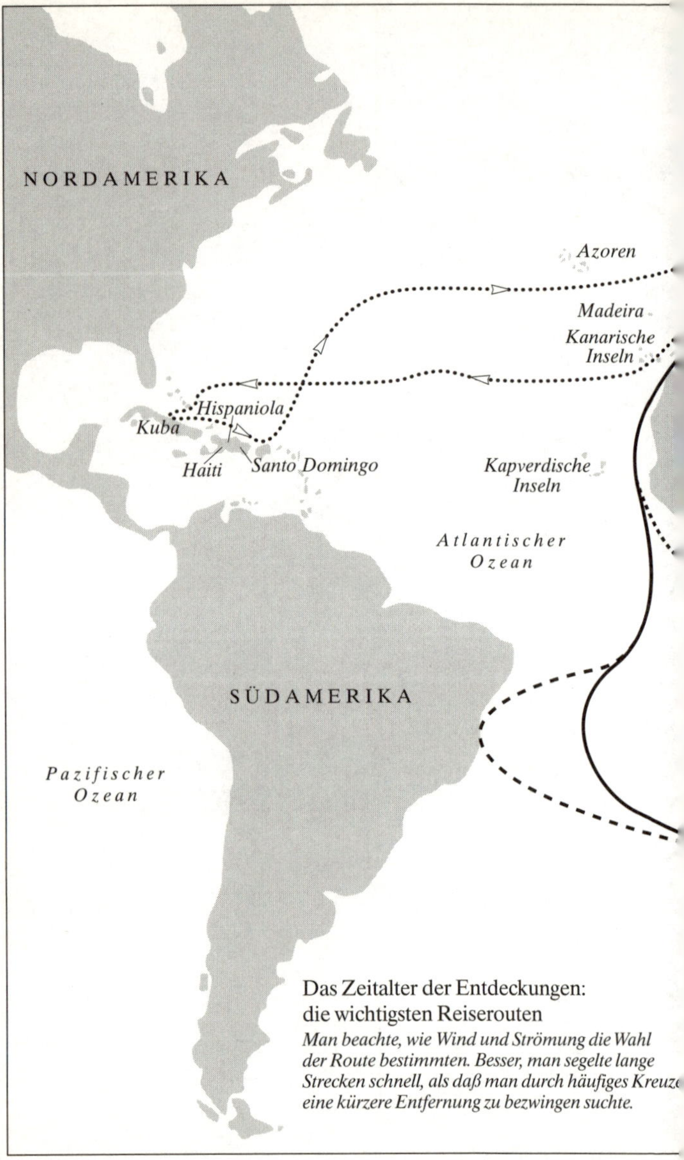

Das Zeitalter der Entdeckungen: die wichtigsten Reiserouten

Man beachte, wie Wind und Strömung die Wahl der Route bestimmten. Besser, man segelte lange Strecken schnell, als daß man durch häufiges Kreuz eine kürzere Entfernung zu bezwingen suchte.

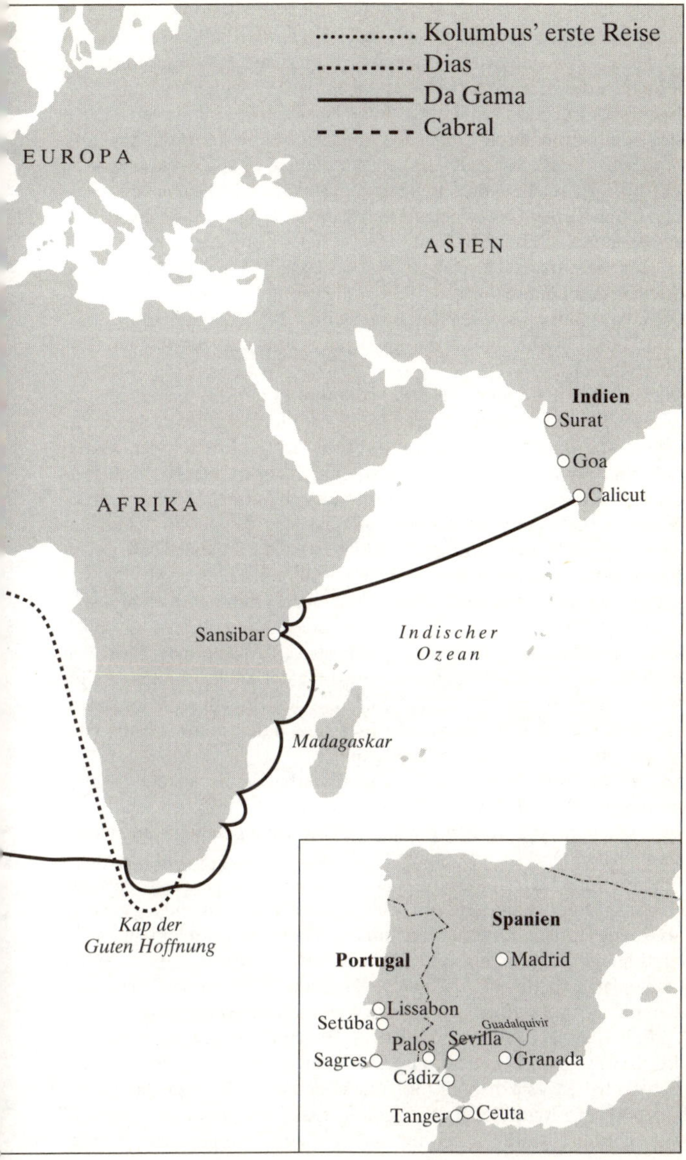
Kolumbus' erste Reise
Dias
Da Gama
Cabral
EUROPA
ASIEN
Indien
Surat
Goa
Calicut
AFRIKA
Sansibar
Indischer Ozean
Madagaskar
Kap der Guten Hoffnung
Spanien
Portugal
Madrid
Lissabon
Setúba
Guadalquivir
Palos
Sevilla
Sagres
Granada
Cádiz
Tanger
Ceuta

 und turkmenischen Eindringlingen getobt, China nicht dem Isolationismus gehuldigt, kurz, Asien sich nicht in einem Tief befunden hätte, in dem es den rücksichtslosen Vorstößen dieser neuen Invasoren wehrlos ausgeliefert war? Insbesondere die chinesische »Absenz« wirkte sich verhängnisvoll aus.

Zwischen 1405 und 1431 unternahmen die Chinesen mindestens sieben größere Schiffsexpeditionen, um die Gewässer Indonesiens und des Indischen Ozeans zu erkunden. Diese Fahrten dienten dem Zweck, Flagge zu zeigen, die Barbaren Bekanntschaft mit dem Reich der Mitte machen zu lassen und ihnen Respekt davor beizubringen, ihre Huldigung und ihren Tribut entgegenzunehmen und dem Kaiser die wenigen Raritäten mitzubringen, die er sich nicht in seinem eigenen Reich beschaffen konnte. Die Schiffe brachten insbesondere exotische zoologische Exemplare mit zurück – Giraffen, Zebras, Strauße; außerdem Edelsteine und heilkräftige tierische, pflanzliche und mineralische Substanzen zur Bereicherung des chinesischen Arzneimittelschranks.

Wieweit diese Fahrten mit Handel verknüpft waren, ist nicht ganz klar. Die Schiffe führten wertvolle Waren (Seidenstoffe, Porzellan) mit, die für den Tausch bestimmt waren, allerdings wohl nicht auf dem freien Markt, sondern im Rahmen des Austausches von Geschenken: Die Barbaren entrichteten Tribute, die Chinesen revanchierten sich mit freundlichen Gaben. Andererseits sollten die Expeditionen offenbar den Weg für normale Handelsbeziehungen bahnen; und wirklich folgten auch Kaufleute nach, um eigene Geschäfte zu machen. Private Handelsfahrten schlossen sich an, die wahrscheinlich aus dem gewachsenen Ansehen der Chinesen Nutzen zogen. Aber wenngleich der Handel eines der Ziele des Unternehmens war, blieb diese Art, ihn zu fördern, doch eine recht kostspielige Methode. Tatsächlich zahlte so das chinesische Volk für die Gewinne der Staatsbeamten, die für die Ausrüstung der Schatzflotten sorgten und den Privathandel förderten, und zwar so sehr, daß die finanzielle Belastung durch diese Fahrten bald schon die Mittel des Reiches überforderten.[9]

An Großartigkeit übertrafen diese Schiffsverbände bei weitem die kleinen portugiesischen Flotten, die später kamen. Die chinesischen Schiffe waren wahrscheinlich die größten, die die Welt bis dahin gesehen hatte: Hohe, mit zahlreichen Decks ausgestattete Dschunken (der Begriff ist allerdings hier eher irreführend) erfüllten die Rolle schwimmender Feldlager; jede von ihnen transportierte Hunderte von Seeleuten und Soldaten und legte Zeugnis ab von der fortgeschrittenen Technik der Chinesen im Schiffbau, in der Navigation und in der organisierten Seefahrt.[10] Die größten waren ungefähr 130 Meter lang, 50 Meter breit (man denke an die 30 Meter der *Santa Maria* des Kolumbus) und verfügten über neun versetzt angeordnete Masten sowie über zwölf Rahsegel aus roter Seide. Das waren die sogenannten Schatzschiffe, für Luxuszwecke gebaut, ausgestattet mit großen Kabinen und Sälen, die Fenster hatten – sie dienten zur Unterbringung der Repräsentanten des Kaisers und der ausländischen Würdenträger, die sie zurück nach China begleiteten. Andere Schiffe waren für andere Zwecke vorgesehen: »Pferdeschiffe«, Achtmaster, die Reittiere nach Südasien brachten, wo diese Tiere aus klimatischen Gründen nicht leicht zu züchten waren, und die außerdem Bau- und Ausbesserungsmaterial mitführten; Versorgungsschiffe, Siebenmaster, die hauptsächlich Proviant transportierten; Truppentransporter mit sechs Masten; fünfmastige Kriegsschiffe für die Schlacht; schließlich kleinere, schnellere Schiffe, um mit Piraten fertig zu werden. Zur Flotte gehörten sogar Wassertanker, um sicherzustellen, daß der Verband einen Monat oder länger über Frischwasser verfügte.

Die erste dieser Flotten, die im Jahre 1405 unter dem Oberbefehl des kaiserlichen Eunuchen und Admirals Cheng Ho auslief, bestand aus 317 Schiffen und transportierte 28000 Mann.[11] Von 1404 bis 1407 veranstaltete China eine regelrechte Orgie, was den Bau und die Ausrüstung von Schiffen betraf. Ganze Küstenprovinzen wurden eingespannt, ganze Wälder im Inland abgeholzt, um Baumaterial zu gewinnen. Hunderte von Zimmerleuten, Schmieden, Segelmachern, Seilern, Kalfaterern, Fuhrleuten und Schleppern, sogar Leute zum Zeitmessen, wurden mitsamt ihren Familien abkommandiert und verschickt, in Arbeitsgruppen zusammengefaßt und in Siedlungen neben ihrem Arbeitsplatz untergebracht. Da die Schiffbauer gemeinhin nicht lesen konnten, wurde das Wissen im Normalfall auf praktischem Wege weitergegeben; sie benutzten handgefertigte Modelle, deren Teile ohne Nägel perfekt zusammenpaßten. Keine Einzelheit war zu geringfügig, um nicht in ihre Planungen Eingang zu finden: ineinandergreifende Planken, Mehrfachschichten, eine Abdichtung der Plankenfugen mit Jute und deren Abdeckung mit gesiebtem Kalk und Holzöl, Eisennägel, die gegen Rost versiegelt waren, besondere Hölzer für verschiedene Zwecke, sogar große »Drachenaugen«, die am Bug aufgemalt wurden, damit das Schiff »sehen« konnte, wohin es fuhr. Diese Augen, nebst einem guten Heckruder und genügend Ballast, das Ganze angeleitet von seemännischer Erfahrung und Volksweisheit, sorgten dafür, daß die Schiffe sicher von einem Hafen zum anderen gelangten. Der Schiffsbau selbst ging in riesigen Trockendocks vor sich (China war in diesem Punkte der europäischen Technik Hunderte von Jahren voraus), die zum Jangtse hin offen waren. Auf diese Weise bauten oder überholten die Chinesen innerhalb von drei Jahren nicht weniger als 1681 Schiffe. Das mittelalterliche Europa hätte sich solch eine Armada nicht im Traum vorstellen können.[12]

Und doch verlief diese chinesische Erschließung des Meeres und der großen weiten Welt im Sand, besser gesagt, sie wurde bewußt fallengelassen.[13] In den dreißiger Jahren des fünfzehnten Jahrhunderts regierte ein neuer Kaiser in Peking, »der wußte nichts von Joseph«, wie es im 2. Buch Mose heißt. Eine neue, konfuzianische Clique gewann an Einfluß, Mandarine, die den Handel verachteten und ihm mißtrauten (für sie war die wahre Quelle des Reichtums der Ackerbau) und von Abscheu gegen die Eunuchen erfüllt waren, die sich um die Planung und Durchführung der großen Fahrten gekümmert hatten. Einige Jahrzehnte lang konkurrierten die zwei Gruppen um die Macht, bald gewann die eine, bald die andere die Überhand. Fiskalische Rücksichten allerdings und die höhere Staatsmoral sprachen für die konfuzianische Seite. Die Unternehmungen zur See hatten die Finanzen des Reiches überstrapaziert und in einer Bevölkerung, die durch Steuern und Frondienste ausgeblutet war, das Ansehen des Staates geschwächt.

Die im frühen fünfzehnten Jahrhundert getroffene Entscheidung, die Hauptstadt nach Peking zu verlegen, verschlimmerte die Lage noch: neue Stadtmauern, ein Palastkomplex mit über neuntausend Räumen, Bauern, die im Prinzip 30 Tage Frondienst leisten mußten, tatsächlich aber jahrelang ununterbrochen bei den Arbeiten festgehalten wurden. Allein die Transportkosten für den Umzug – die bisherige Hauptstadt Nanking lag rund 1200 Kilometer entfernt – trieben die Steuerzuschläge in die Höhe.[14] Ein paar verantwortungsbewußte Beamte erhoben ihre Stimme, aber der kaiserliche Hof erstickte die Proteste durch strenge und demütigende Bestrafungen. Ein Präfekt, der gegen die zusätzlichen Abgaben Einspruch erhob, wurde in einen Käfig gesperrt und mit Schimpf und Schande in die Hauptstadt gekarrt, um dort dem Kaiser Rede und Antwort zu stehen. Soviel zum Thema Pflichtbewußtsein. An der Nordwestgrenze ließ währenddessen ein ständiger Strom wechselnder nomadischer Räuberhorden dem Reich keine Ruhe; der Kampf gegen die Eindringlinge zehrte ebensosehr an den Kräften, wie er unausgesetzte Aufmerksamkeit erheischte.

Nach jahrzehntelangem Hin und Her zwischen Lobpreisungen und Schmähungen, zwischen begeisterter Zustimmung und heftiger Ablehnung entschied man sich also schließlich, nicht nur die maritimen Erkundungsfahrten aufzugeben, sondern sogar die bloße Erinnerung an die Geschehnisse auszulöschen, damit spätere Generationen nicht in Versuchung gerieten, die gleichen Torheiten erneut zu begehen. Ab 1436 wurden Bitten, den Schiffswerften neue Handwerker zuzuteilen, abschlägig beschieden und ausländische Gesandtschaften, die um eine Wiederaufnahme des traditionellen Austausches von Geschenken ersuchten, abgewiesen, vermutlich aus sparpolitischen Gründen. Da keine Schiffe mehr gebaut und überholt wurden, schrumpften die staatlichen und privaten Flotten. Piraten tummelten sich in den unbewachten Gewässern (die Japaner waren besonders aktiv), und China verlegte sich immer stärker auf den Transport über Binnenkanäle. Im Jahre 1500 drohte bereits jedem, der ein Schiff mit mehr als zwei Masten baute, die Todesstrafe; im Jahre 1525 verpflichtete man die Behörden an den Küsten, alle seetüchtigen Fahrzeuge zu zerstören und ihre Eigner festzunehmen. Im Jahre 1551 wurde es dann zu einem Verbrechen, mit einem Mehrmaster zur See zu fahren, und sei es auch nur zu Handelszwecken.[15]

Daß man das Programm der großen Seefahrten fallenließ, war Teil einer umfassenderen Abschottungspolitik, eines Rückzugs vor den Bedrohungen und Versuchungen des Meeres. Diese freiwillige Einigelung, die einen wichtigen Wendepunkt in der chinesischen Geschichte darstellt, hätte zu keinem ungünstigeren Zeitpunkt geschehen können, denn sie entwaffnete China nicht nur just in dem Augenblick, in dem der Aufstieg der europäischen Macht begann, sie versetzte außerdem die Chinesen in eine störrische Selbstzufriedenheit und ließ sie gleichgültig gegen die Erfahrungen und Neuheiten werden, mit denen europäische Reisende sie bald schon bekanntmachen sollten.

Warum? Warum raffte sich China nicht zu jener kleinen zusätzlichen Anstrengung auf, die es um die Südspitze Afrikas hinauf in den Atlantik hätte gelangen lassen? Warum gab es auch Jahrzehnte und gar Jahrhunderte, nachdem europäische Besucher erstmals in chinesischen Gewässern aufgetaucht waren, noch keine chinesischen Schiffe in europäischen Häfen? (Das erste Schiff dieser Art, ein Produkt der Diplomatie, besuchte anläßlich der Weltausstellung von 1851 London.)

Wie stets gibt es mehrere Gründe. Das resultierende Faktum ist überdeterminiert, wie die Soziologen sagen.

Zum einen mangelte es den Chinesen an Perspektive, Zielstrebigkeit und vor allem Neugier. Sie fuhren hinaus, um sich zu zeigen, nicht um zu sehen und zu lernen; um die anderen mit ihrer Anwesenheit zu beehren, nicht um zu bleiben; um Huldigung und Tribut zu empfangen, nicht um Handel zu treiben. Sie ruhten in sich und brauchten sich nicht zu verändern. Sie hatten, was sie brauchten, und mußten nicht raffen und schaffen. Anders als die Europäer wurden sie nicht von Gier und Leidenschaft getrieben. Die Europäer hatten ein bestimmtes Ziel: die Reichtümer Ostindiens. Sie mußten unbedingt die Südspitze Afrikas umrunden, das war der entscheidende Punkt. Die Chinesen mußten das nicht. Was sie haben wollten, konnten sie im Indischen Ozean finden, und in seiner Geringfügigkeit glich das Gewünschte eher einer Nachspeise als einem Appetitanreger.[16]

Gleichzeitig lief das Bedürfnis, zu imponieren, darauf hinaus, daß die Kosten weit höher waren als der Gewinn. Diesen Fahrten stand die Verschwendungssucht ins Gesicht geschrieben. Während für die westlichen Abenteurer die ersten Erträge und die Aussicht auf noch größere künftige Gewinne einen mächtigen Ansporn bildeten, sprach in China der pekuniäre Gesichtspunkt gegen das Unternehmen. Auf ihre Weise ähnelte die chinesische Neuorientierung sehr stark der heutigen Haltung in den USA gegenüber Projekten wie dem Supergleiter und der Weltraumstation.

Die Gefährdung des Programms – daß es heute da war und morgen wieder verschwunden sein konnte – wurde durch seinen amtlichen Charakter noch verstärkt. Die Gelegenheiten zur Privatinitiative, die in Europa sogar königliche Projekte wie die Entdeckung eines Seeweges nach Ostindien boten, sorgten für zusätzliche Finanzmittel und garantierten, daß rationell vorgegangen wurde. Nichts von alledem in China, wo der konfuzianische Staat kaufmännischen Erfolg verabscheute. Die Erschließung der Meere zog außerdem enorme Ausgaben für den Schutz gegen Piraterie nach sich: je betriebsamer der Schiffsverkehr, desto größer der Anreiz für Seeräuber.[17] In den Augen des chinesischen Staates waren mithin die Kaufleute Schnorrer, die sich auf Kosten des Reiches mästeten.

Daher die Entscheidung, sich vom Meer abzukehren. Im Jahre 1477 fragte ein mächtiger Eunuch namens Wang Chi, Chef der Geheimpolizei, nach den Logbüchern von den großen Seefahrten; er wollte das Interesse an Schiffsexpeditionen wiederbeleben. Der Vizepräsident des Kriegsministeriums reagierte darauf mit der Beschlagnahmung der Dokumente, die entweder versteckt oder verbrannt wurden. Als er wegen des geheimnisvollen Verschwindens der Aufzeichnungen zur Rede gestellt wurde, erklärte er diese für »betrügerische Aufschneidereien, die von bizarren Dingen weit jenseits dessen handeln, was die Augen und Ohren des Volkes wahrnehmen« – kurz, für unglaubwürdig. Was die Dinge betraf, mit denen die Schatzschiffe zurückkehrten, »Betelnuß, Bambussprossen, Wein aus Reben, Granatäpfel, Straußeneier und ähnliche Merkwürdigkeiten mehr«, so hätten sie China offenkundig keinen Nutzen gebracht. Diese Fahrten zum Westlichen Ozean hätten »unsägliche Mengen Geld und Korn« verschlungen, ganz zu schweigen von »der Unzahl Menschenleben«. Und damit hatte es sein Bewenden.

Die Frage bleibt: Was, wenn die Chinesen den Handel und die Erkundungsfahrten nicht aufgegeben hätten, was, wenn die Portugiesen bei ihrem Vordringen in den Indischen Ozean auf diese riesigen meerbeherrschenden chinesischen Schiffe gestoßen wären? Oder mehr noch, was, wenn die Chinesen nicht irgendwo in der Nähe der Straße von Mosambik ihre Fahrt abgebrochen hätten, sondern um die Südspitze Afrikas herum in den Atlantik vorgestoßen wären und so maritime Beziehungen zu Westafrika und Europa geknüpft hätten? Das ist die Art von kontrafaktischen Fragen, die Historiker und Ökonomen faszinieren, nicht, weil sie sich jemals beantworten ließen, sondern weil ihnen ein Erkenntniswert zukommt. Wenn wir zurückschauen, glauben wir zu wissen, was passiert ist. Schauen wir nach vorn, müssen wir verschiedene Ausgänge in Betracht ziehen. Fragen wie die obigen schärfen unsere Aufmerksamkeit für Kausalzusammenhänge, helfen uns, zwischen wichtigen und unwichtigen, direkten und indirekten Einflüssen zu unterscheiden, verweisen auf Möglichkeiten, die andernfalls übersehen würden.

Was zum Beispiel die Möglichkeit einer weiteren maritimen Expansion Chinas angeht, so ist denkbar, daß die Sache kriegerisch ausgetragen, die Konkurrenz durch die Ausübung von Gewalt entschieden worden wäre. Oberflächlich gesehen, war China unermeßlich stärker und reicher. Wer konnte den Chinesen die Stirn bieten? Und doch verlief die wirkliche Entwicklung in der entgegengesetzten Richtung. Die Chinesen hatten das Geheimnis des Schießpulvers vor den Europäern entdeckt; dennoch verfügten die Europäer über bessere Schußwaffen und größere Feuerkraft, zumal aus der Entfernung. Die Chinesen hatten größere Schiffe, aber die Europäer verstanden sich besser auf die Navigation. Vergleichen wir die beiden Parteien, wie sie sich 1400 darstellen, so hätten die Chinesen die Oberhand gewinnen können, zumindest im Indischen Ozean und im Südchinesischen Meer. (Sogar starke Tiere tun sich schwer, wenn sie ihr schwächeres Beutetier in der Nähe seines Baus angreifen.) Fünfzig Jahre später allerdings hätten die Europäer sogar in asiatischen Gewässern mit den chinesischen Schiffen Katz und Maus gespielt. Natürlich hätten die Chinesen durch Erfahrung klug werden und den Europäern schließlich mit vergleichbaren Waffen und Schiffen entgegentreten können. Das ist eines der Probleme, die man mit hypothetischen Konstruktionen hat: Sie haben keinen Endpunkt, und die Glaubwürdigkeit nimmt ab, je mehr spekuliert wird.

Der Isolationismus stand China gut zu Gesicht. Rund, in sich geschlossen, heiteren Gemüts, von unausrottbarer Harmonie, zog das Reich der Mitte weitere Hunderte von Jahren seine Bahn, unbeirrbar und durch nichts zu erschüttern. Die Welt allerdings zog an dem Land vorbei.

7

Von der Entdeckung zum Imperium

Die Neuigkeit von den Entdeckungen des Kolumbus verbreitete sich dank der Druckerpresse rasch.[1] Nichts kündete deutlicher vom Realitätsgehalt dieser Entdeckungen als die Aufregung und Verwunderung, die sie erregten. Die Welt hatte sich Europa erschlossen und dessen Selbstwahrnehmung verändert. Wer sind wir? Wer sind sie? Theologen und Moralphilosophen fragten nach dem Wesen der »Wilden«, die man in jenen fernen Ländern antraf, und danach, wie man mit ihnen angemessen umging. Den Künstlern bot die Neue Welt eine Fülle von Bildern und Motiven, nicht nur für sich genommen, sondern auch als Teil der neuen Ökumene. Für die Kartographen wurden die Landkarten zu vergänglichen Erscheinungen, die ständig nach neuesten Informationen revidiert werden mußten. Die Seeungeheuer und ornamentalen Ausschmückungen verschwanden und machten Platz für neue Landmassen, die eine immer exaktere Gestalt annahmen.

Neuland lädt dazu ein, initiativ zu werden. Das Herrscherpaar von Spanien sah die Gelegenheit zur Gründung eines großen Reiches und nahm sie wahr. Das stand zwar in keinem offensichtlichen Zusammenhang mit dem Heiligen Krieg der Christenheit gegen den Islam, wurde aber dennoch als Fortsetzung des von Gott geheiligten und vom Papst gesegneten Kreuzzugs betrachtet. Sogar die Enttäuschung verwandelte sich in einen zusätzlichen Anreiz, denn sie bedeutete, daß der Schatz noch darauf wartete, aufgespürt zu werden. Kolumbus, der Tölpel, hatte nur nicht begriffen, wo er suchen mußte. Bloß der Anfang war gemacht, und der Preis gehörte denen, die am schnellsten handelten. Überseespekulanten kauften alte Schiffe und überholten sie, bauten neue, heuerten buntgewürfelte Besatzungen an. Probleme? Fang jenseits des Ozeans ein neues Leben an! Soldaten und *caballeros*, deren Dienste für Sold zu haben waren, Haudegen, Gauner und Raufbolde strömten herbei, um ihr Glück zu machen oder ihm wieder aufzuhelfen. Diese Menschen schätzten die Sagen und Fabeln der »Ritterromane« – Geschichten von Amazonen, von kopflosen oder hundeköpfigen Ungeheuern oder, besser noch, von El Dorado (dem Mann aus Gold). Die Amazonensage war besonders beliebt, weil sie die Motive des Weiblichen und der männlichen Tapferkeit miteinander verknüpfte. Berichte über diese Kriegerinnen tauchten überall auf; stets warteten Amazonen hinter dem nächsten Bergzug oder auf einer nur wenige Tagereisen entfernten Insel. Einem der Berichte zufolge wollten zehntausend von ihnen nach Spanien ziehen, um sich »von den Männern unseres Volkes, die für ihre Galanterie wohlbekannt sind«, schwängern zu lassen.[2] Die schiere Ausgefallenheit dieser Geschichten und Verheißungen verschaffte ihnen Glaubwürdigkeit. In diesen fernen Landen war schlechthin alles möglich.

Ein Vierteljahrhundert lang segelten die Spanier in der Karibik umher, kamen mit den Festlandsgebieten im Süden und Norden in Kontakt und waren jedesmal wieder enttäuscht, daß sie die Schätze nicht finden konnten, die doch bei jeder neuen Landung vermeintlich auf sie warteten. Mit Sklaven, botanischen Neuheiten, exotischen Tieren und Goldkörnern, die auf reiche Adern hoffen ließen, trösteten sie sich derweil über alle Enttäuschungen hinweg. Boten wurden mit Edelsteinen und Goldkörnern zurück nach Spanien gesandt, um die Krone zu bewegen, Verstärkungen, Tiere, Waffen zu schicken. Währenddessen ließen sich Gruppen von Konquistadoren in der Neuen Welt nieder, pflanzten ihre Fahne auf, errichteten ihr Kreuz, gründeten »Städte«, die sie in die Rechtstradition der europäischen kommunalen Gemeinwesen stellten, und benannten diese Siedlungen nach Gottheiten, Heiligen und den verschiedensten sakralen Dingen; sie tauschten farbige Glasperlen gegen Goldkörner, mischten sich in die Streitigkeiten zwischen den Eingeborenen und spielten einen Stamm gegen den anderen aus. Sie bekämpften, terrorisierten, folterten und töteten die Eingeborenen, schliefen mit deren Frauen, Töchtern und zu Spanierinnen erklärten Witwen und brachten vielen heidnischen Seelen das Heil, oft im gleichen Augenblick, in dem sie dem heidnischen Körper den Tod bereiteten. Und immer forschten sie nach Gold. Ihre Hartnäckigkeit ist beredtes Zeugnis ihres Hungers nach Gold ... und ihrer Torheit: Adam Smith bezeichnet diesen »unstillbaren Hunger« als »die Lotterie in der Welt, welche die größten Nachteile mit sich bringt«.[3]

Suchet, so werdet ihr finden. Als die Spanier im zweiten Jahrzehnt des sechzehnten Jahrhunderts die Küste von Yukatan entlangsegelten, trafen sie Indianer, wie sie zuvor noch keine gesehen hatten. Diese trugen Baumwollkleider und lebten in Städten, die aus Steinen erbaut waren. Sie kannten keine festen Metalle, weder Bronze noch Eisen, aber sie hatten Waffen – Schlingen, Giftpfeile, Keulen, die mit rasiermesserscharfen Splittern aus Obsidian besetzt waren –, und sie waren nicht so einfach umzubringen und einzuschüchtern wie die Bewohner der Inseln. Die Spanier mäßigten also ihren Ton, trieben Handel, machten Komplimente und erfuhren von einem Land irgendwo im Westen, jenseits der Berge, wo ein großer König herrschte, der reich an Schmuck und glitzernden Schätzen war. Jeder neue Kontakt nährte die verheißungsvolle Aussicht, zum Teil deshalb, weil der Herrscher jenes Landes, der den Fremden unbekannt blieb, Befehl gegeben hatte, sie mit Geschenken freundlich zu stimmen; er hoffte, sie dadurch zum Abzug bewegen zu können. Unnötig zu sagen, daß dies ein verhängnisvoller Irrtum war.

Nun zog eine Gruppe nach der anderen die mexikanische Küste entlang in Richtung Norden und Westen. Der Zufall wollte es, daß der Anführer der entscheidenden Erkundungsflotte ein gewisser Hernando Cortés war, vormals Student in Salamanca, schurkisch, früh entwickelt, ein sagenhafter Schürzenjäger mit einer Schwäche für die gefährlichste Art von Frauen – Ehefrauen. Cortés hatte reichlich Grund, Spanien den Rücken zu kehren. Er sah gut aus und strotzte vor Kraft, war charmant, intrigant und diplomatisch, ein geborener Führer, der sich für seine Männer aufopferte und dem sie in die Hölle zu folgen bereit waren. Einen solchen Mann brauchte es, um eine Schar von ein paar hundert Leuten zusammenzuhalten und mit dieser Rotte (die später noch Verstärkung erhielt) das mächtigste Staatswesen in Nordamerika zu erobern.

Cortés' Persönlichkeit reicht allerdings nicht aus, den Sturz der Azteken zu erklären. Geschichte ist nicht einfach das Resultat heroischer Entschlüsse. Handelnde Subjekte sind wichtig – aber für den Untergang des aztekischen Reiches gab es tiefere Gründe. Der wichtigste dieser Gründe liegt im Charakter der Reiche beschlossen, deren Herrschaft auf die Eintreibung von Tributen gegründet ist; sie unterscheiden sich von Königreichen und Nationalstaaten durch ihre ethnische Vielfalt und ihren Mangel an Übereinstimmung und Zusammenhalt. Die Spaltung zwischen »wir« und »die anderen« trennt die Herrschenden von den Beherrschten und die einzelnen Gruppen im Reichsverband, nicht hingegen die Mitglieder des Verbands von denen, die außerhalb stehen. Solche Einheiten sind zwangsläufig Ausdruck nackter Gewalt. Sie wurzeln in keinen tiefempfundenen Treueverhältnissen, erfreuen sich keiner echten Legitimität, pressen aus den Untertanen Reichtum durch die Androhung heraus, ihnen andernfalls Schmerzen zuzufügen. Der machtvolle Eindruck, den sie unter Umständen vermitteln, ist deshalb nur Schein; die Verdrängung der einen tyrannischen Clique durch eine andere wird häufig vom gemeinen Volk begrüßt, das wider alle Vernunft hofft, ein Wechsel werde an seiner Unterdrückung etwas ändern. Tatsächlich ist die Strahlkraft dieser Gebilde nur falscher Glanz; ihr scheinbar harter Panzer ist eine brüchige Schale.

So auch bei den Azteken. Sie waren eine kleine Gruppe, ein rauhes Nomadenvolk, das aus den unzivilisierten Wüstengebieten im Norden (dem heutigen Südwestteil der USA) in die besiedelten südlichen Regionen vorgestoßen war. Freundliche Aufnahme fanden sie nicht; eine Zeitlang verrichteten sie sogar Sklavendienste für ein höher entwickeltes Volk an den Ufern des großen Sees in der Ebene von Mexiko (der See ist seit langer Zeit verlandet und bietet heute der bevölkerungsreichsten Stadt der Welt ein fragwürdiges, in ständigem Absacken begriffenes Fundament). Im Sklavendienst lernten sie kriegerische Härte und den Kampf um die Macht. Nach ihrem Ausbruch aus der Sklaverei suchten die Azteken in Schilfdickichten Unterschlupf und versteckten sich dort, bis sie an Zahl und Stärke hinlänglich zugenommen hatten. Als sie das schützende Schilf verließen, ursprünglich weil sie trinkbares Wasser brauchten, warfen sie ein Volk nach dem anderen nieder, dank einer Kombination aus Geschicktheit, Kühnheit und vor allem schreckenerregender Grausamkeit, die ihre Gegner lähmte und zur Kapitulation bewog, noch ehe sie besiegt waren.[4]

Der aztekische Terror nahm die Form industriell betriebener Blutopfer an. Das ist ein heikles Thema, das die Ethnologen und Ideologen des Landes, wo nicht gar apologetisch behandelt, lieber gemieden oder ignoriert haben. Man kann aber die Stärken und Schwächen des aztekischen Reiches, seinen Aufstieg und Untergang nicht verstehen, wenn man sich nicht mit dieser hassenswerten Praktik auseinandersetzt. Menschenopfer zu religiösen Zwecken waren in der Region (einschließlich der von den Mayas bewohnten Gebiete im Süden) gang und gäbe; darin fand der Glaube Ausdruck, daß insbesondere der Sonnengott Menschenblut brauchte, um bei Kräften zu bleiben. Wurde er nicht damit versorgt, erschien er möglicherweise nicht mehr am Himmel. Auch andere Götter brauchten Opfer: Zum Beispiel mußten Säuglinge und Kinder geopfert werden, um fruchtbare Ernten oder reichlich Regen sicherzustellen; die Tränen der Opfer verhießen Wasser.[5]

Für solche symbolischen Handlungen (die als Akte einer Götter und Menschen verbindenden Speisung galten) waren nicht viele Opfer nötig. Bei den Erwachsenen, die dargebracht wurden, handelte es sich hauptsächlich um Kriegsgefangene; beim Opfergang sollten sie sich in der Rolle von Helden sehen, die für eine edle Sache starben: Sie erfüllten den Zweck, um dessentwillen sie auf der Welt waren. Manche Forscher haben die Ansicht vertreten, die Opfer, die ihr Herz und Blut hingeben mußten, hätten sich selbst auf diese Weise gesehen; es sollte indes nicht unterschlagen werden, daß sie erst ein Beruhigungsmittel verabreicht bekamen, ehe sie bewogen werden konnten, fügsam die steilen Stufen zum Altar hinaufzuklettern.

Die aztekische Neuerung war das Werk eines Angehörigen der königlichen Familie namens Tlacallel, eines Königsmachers und Beraters einer Reihe von Herrschern. Dieser Fürst der Finsternis ließ es sich einfallen, andere, mildere Götter durch den Stammesgott Huitzilopochtli zu ersetzen, den »Kolibri der linken Seite«, wobei mit linker Seite der Süden gemeint war; das war eine blutdürstige Gottheit, die aus nichts als aus Flügeln und Klauen bestand und unter deren heftig schlagenden Schwingen der Opferkult sich in ein Schreckenswerkzeug verwandelte. Wo einst das Opfer nur eine Handvoll Menschen betroffen hatte, da führte Tlacallel mehrere Blutorgien ein, die tagelang währten und Hunderte, dann Tausende von Opfern auf dem Altar niederstreckten, wo man ihnen das noch schlagende Herz aus der Brust riß und mit ihrem Blut die Götzenbilder besprengte; ihre Körper wurden die Stufen hinuntergerollt und ausgeschlachtet, um der Aristokratie als kulinarische Leckerbissen vorgesetzt zu werden.

Letzteres ist den Ethnologen, die Wert auf eine untadelige Eingeborenenkultur legen, peinlich; in solchen kannibalistischen Geschichten sehen sie ein Legitimationsinstrument für ausländische Geringschätzung und Unterdrückung.[6] (Das war bei den Konquistadoren zweifellos der Fall, die mit Abscheu reagierten, als ihre aztekischen Gastgeber dadurch ihre Gastfreundschaft demonstrierten, daß sie das Essen ihrer Gäste mit dem Blut von Opfern tränkten, die sie vor ihren Augen hingeschlachtet hatten.) Manche haben sich zu der Behauptung verstiegen, die ganze Kannibalismusgeschichte sei ein Märchen, eine spanische Erfindung. Andere waren bereit, unter gleichzeitigem Hinweis auf gelegentliche spanische Ausrutscher, das Faktum der Menschenfresserei zuzugeben – als ob sich Verzweiflungstat und institutionalisiertes Verhalten miteinander vergleichen ließen;[7] oder sie haben versucht, geltend zu machen, dies sei die einzige Möglichkeit für die Azteken gewesen (jedenfalls für die aztekische Aristokratie, der das Menschenfleisch vorbehalten blieb), bei ihrer Ernährung an genügend Protein zu kommen. Solchem Unsinn, der dadurch noch unsinniger wird, daß er sich auf die privilegierten Schichten der aztekischen Gesellschaft bezieht, läßt sich bestenfalls zugute halten, daß er Phantasie beweist.[8]

(Ironischerweise fanden sich später die Europäer ihrerseits von den Chinesen des Kannibalismus geziehen; diese stellten sich Fremde ohnehin mit Vorliebe als Barbaren vor.[9] In China dienten solche Greuelmärchen dazu, den Kontakt zwischen Einheimischen und Ausländern zu unterbinden. In Afrika, wo Kannibalismus nicht unbekannt war, warnten die Portugiesen die Eingeborenenbevölkerung vor dem angeblichen englischen Appetit auf Menschenfleisch; sie hofften, die Eingeborenen würden den Eindringlingen Beine machen oder sie gar töten. Und die Chinesen, die ihr Überlegenheitsgefühl zu einer gewissen Pauschalität animierte, behaupteten das gleiche von den Portugiesen. Barbar ist Barbar.)

Die aztekischen Massenopfer hatten genau den Effekt, den unser Finsterling königlichen Geblüts mit ihnen zu erzielen hoffte: Sie schwächten den Widerstandswillen der Feinde der Azteken entscheidend. Aber natürlich nährten die Unterlegenen insgeheim ihren Haß gegen die Azteken. Deren Opferrituale beschworen außerdem ein Nachschubproblem herauf: Wo ließen sich genug Opfer herbekommen? Durch Krieg? Aber das hieß, daß man unablässig in den Kampf ziehen mußte. Aus den Gefängnissen oder den Reihen der Sklaven? Aber das bedeutete verschärfte Unterdrückung und potentielle Instabilität. Durch die heimliche Kollaboration der Anführer verbündeter oder unterworfener Völkerschaften? Diese Strategie führte zu den sogenannten Blumenkriegen, bei denen aristokratische Kollaborateure anderer Volksgruppen hinter Blumenwänden zuschauten, wie die Azteken Scheinkriege und Turniere veranstalteten, die dem Zweck dienten, Opfer für die rituellen Schlachtungen zu rekrutieren – und das vor den Augen der Häuptlinge dieser Opfer.

All seiner scheinbaren Macht und ruhmreichen Größe zum Trotz war demnach das aztekische Reich ein Kartenhaus. Wegen seiner Tyrannei verabscheut und von Streitigkeiten zerrissen, war es bereits in Auflösung begriffen, als die Spanier eintrafen. Der Haß war so groß, daß Cortés keine Schwierigkeiten hatte, Verbündete zu finden, die ihm wertvolle Informationen lieferten und kostbare Transporthilfen zur Verfügung stellten. Ohne diese Unterstützung hätte er seine kleine Streitmacht, Artillerie und das übrige eingeschlossen, nie und nimmer über das Gebirge in die mexikanische Ebene schaffen können.

Dort angekommen, verfügten die Eindringlinge über einen enormen Vorteil. Sie hatten die überlegenen Waffen – nicht so sehr Gewehre und Kanonen, auch wenn diese sich anfangs als schreckenerregend erwiesen und Cortés den Gegner mit wohlberechneten Salven beeindruckte und einschüchterte, sondern ihre stählernen Schwerter und Dolche. Die Stöcke, Schlingen und mit Obsidiansplittern gespickten Keulen der Azteken verwundeten mehr, als daß sie töteten; und genau dazu waren sie ja auch bestimmt. Zweck des Krieges war es, Menschen kampfunfähig zu machen und gefangenzunehmen, um sie später als Schlachtopfer darzubringen. Nach aztekischen Maßstäben kämpften die Spanier unfair: Sie zielten auf den Körper statt auf Beine und Arme, weil eine Bauchwunde den Gegner niederstreckte, wenn sie ihn nicht gleich umbrachte. Die aztekische Taktik, sich in Massen auf den Gegner zu stürzen und ihn durch die schiere Anzahl von Angreifern zu erdrücken, kehrte sich ironischerweise gegen die Azteken selbst: Jeder Hieb oder Stoß der Spanier traf. An den Rändern des Getümmels erzielten die hauenden und stechenden spanischen Lanzen- und Schwertreiter eine verheerende Wirkung. Die Azteken hielten sie zuerst für ein einziges, zweiköpfiges Tier.[10]

All das zeugt davon, welch grundlegenden Vorteil den Spaniern die Kenntnis der Eisenverarbeitung verschaffte. Und dieser Vorteil erschöpfte sich nicht in der Waffentechnik. Die Spanier waren vollständig angewiesen auf eiserne Gerätschaften wie Schaufeln, Pickel, Äxte, Hämmer, Ambosse, Werkzeuge. Sie mußten Hufeisen fertigen und anbringen, Waffen reparieren, zerbrochene Gerätschaften ersetzen. Jeder Nagel, jedes Stück Eisen waren kostbar, weil sie von Spanien herübergebracht werden mußten. Ein Hufeisen kostete 30 Pesos, Nägel kosteten 80 Pesos pro hundert Stück. Manch ein Reiter fand es billiger, sein Pferd mit Gold beschlagen zu lassen.[11]

Die Reaktion der Azteken auf diese Taktiken wurde durch die Ungewißheit und Unschlüssigkeit ihrer Führung massiv geschwächt. Als Moctezuma, der Herrscher, von diesen Fremden erfuhr, von ihren hohen Schiffen, dem blonden Haar und der hellen Haut, die sie teilweise besaßen, von ihren bärtigen Gesichtern und ihren gleißenden Rüstungen, wußte er nicht, ob er sie für Menschen oder Götter halten sollte. Bei den Azteken gab es die mythologische Überlieferung, daß der große Quetzalcoatl, der höchste Gott im Pantheon, der vor langer Zeit seiner nur allzu menschlichen Trunksucht zum Opfer gefallen und von einer rivalisierenden Gottheit vertrieben worden war, eines Tages über das Meer im Osten zurückkehren werde. War dies die verheißene Rückkehr?

Moctezumas Spione berichteten, diese Fremden ähnelten in ihrem Betragen eher Menschen als Göttern. Zum einen äßen sie gern. Das ließ sich allerdings auch gegenteilig verstehen, denn am Genuß von Blut und Menschenfleisch beteiligten sie sich nicht, was wiederum im Einklang mit dem Mythos stand, der Quetzalcoatl menschliche Züge und die Ablehnung von Menschenopfern bescheinigte. Zum anderen hätten sie ein ausgeprägtes Faible für Frauen, besonders für hübsche Frauen. Waren Götter sexuell interessierte und bedürftige Wesen? Schwer zu sagen. Für einen Europäer hätte die Frage natürlich kein Problem dargestellt. Wären die Azteken mit griechischer Mythologie vertraut gewesen, hätten sie in der Fleischeslust der Spanier ein Zeichen ihrer Göttlichkeit erkannt. Hin- und hergerissen zwischen

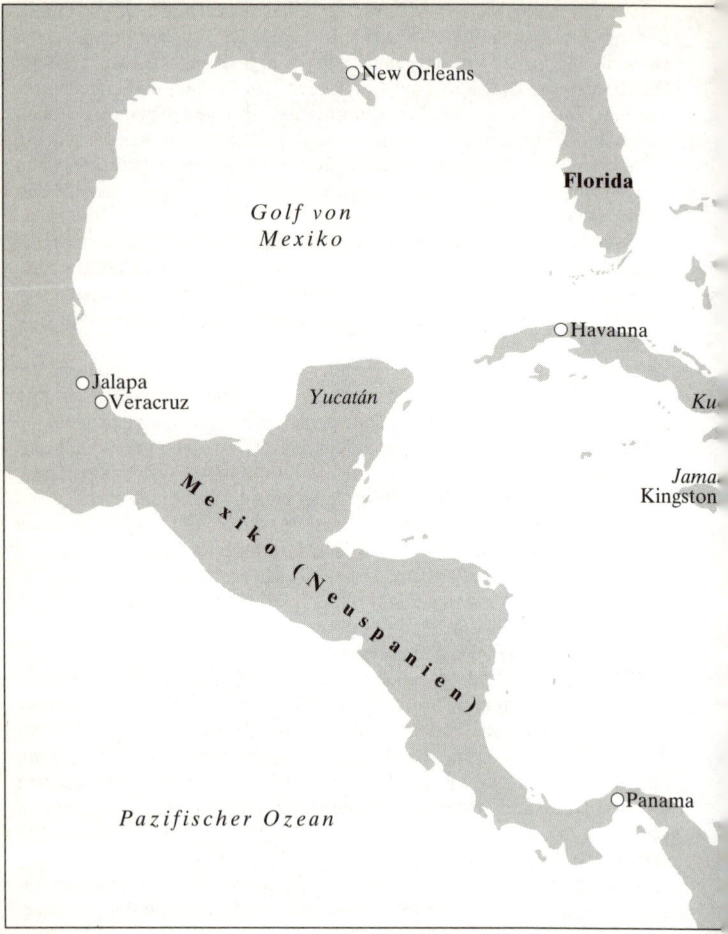

Die Karibik und ihre kontinentalen Begrenzungen

Man beachte den Unterschied zwischen den größeren Inseln (den Großen Antillen) und der Kette kleinerer Inseln im Osten (den Kleinen Antillen).

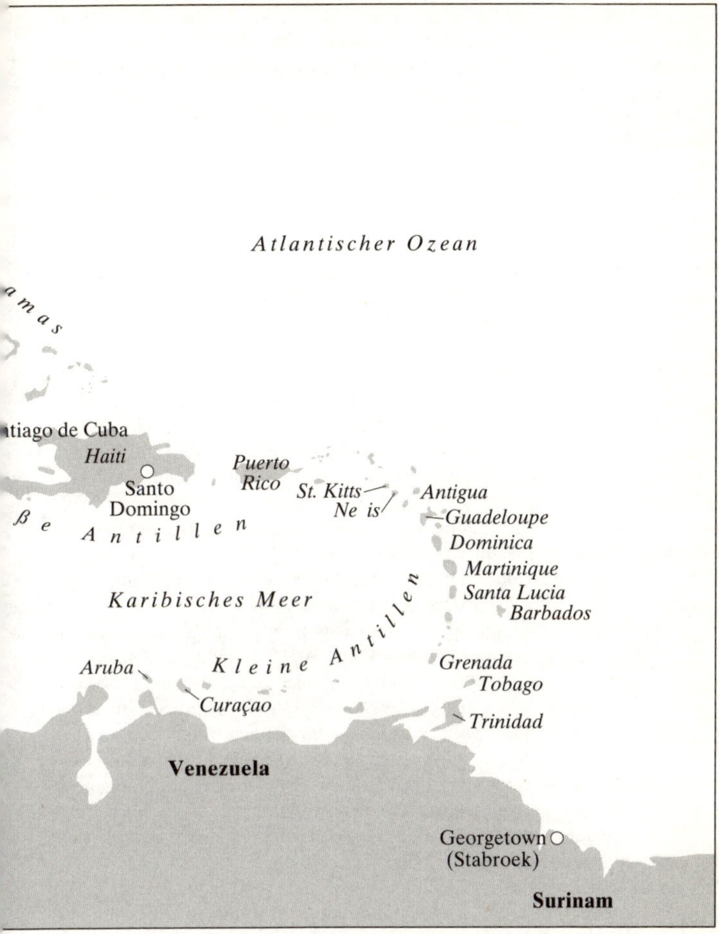

Atlantischer Ozean
amas
tiago de Cuba
Haiti
Santo
Domingo
Puerto
Rico
St. Kitts
Ne is
Antigua
Guadeloupe
Dominica
Martinique
Santa Lucia
Barbados
ße Antillen
Karibisches Meer
Kleine Antillen
Aruba
Curaçao
Grenada
Tobago
Trinidad
Venezuela
Georgetown
(Stabroek)
Surinam

 dem Drang, den Kampf aufzunehmen, und der Bereitschaft, seine Absetzung zu akzeptieren, versuchte Moctezuma, Cortés durch Bestechung zum Abzug zu bewegen, während er ihn gleichzeitig einlud, sein Reich in Empfang zu nehmen.

Bei alledem sahen sich die Spanier in einer gefährlichen Lage. Sie waren zum Bleiben entschlossen: Cortés hatte seine Schiffe verbrannt, und die Männer wußten folglich, daß sie sich nicht aus dem Staub machen konnten. Sie mußten kämpfen oder den Tod erleiden. Schlimmeres als den Tod: Die Azteken sorgten dafür, daß die Spanier mitbekamen, welches Schicksal Gefangene bei ihnen erwartete; auf den Mauern stellten sie blutige, geschundene Leichname zur Schau. Ein weiterer taktischer Fehler. Nichts war geeigneter, die Spanier zu Tapferkeit und Entschlossenheit anzuhalten.

Auch so erlitten die zahlenmäßig fürchterlich unterlegenen Spanier noch unverhältnismäßig schwere Verluste – trotz Verstärkung (die eigentlich geschickt worden war, um Cortés zu verhaften) und trotz einiger Erfolge in Nahkampfgefechten. Moctezuma mochte schwanken, andere Azteken aber, geborene und geschulte Krieger, wußten, was für Männer sie vor sich hatten, und hegten nicht die Absicht, vor einem Haufen anmaßender Eindringlinge die Waffen zu strecken. Die Spanier wurden aus der Hauptstadt hinausgejagt. Sie traten einen alptraumhaften Rückzug an, entlang den Dämmen, im Wasser (die Azteken hatten die Brücken zerstört), auf allen Seiten von Feinden umringt. Zahlreiche Spanier ertranken, weil das Gewicht ihres Goldes sie hinabzog; es zurückzulassen hatten sie nicht über sich bringen können. Die Hälfte bis drei Viertel ihrer kleinen Streitmacht kam um.

Noche trista nannten die Spanier das Ereignis, und doch grenzte es an ein Wunder, daß sie überhaupt entkamen. Die Azteken konnten nicht zuletzt deshalb ihren Vorteil nicht nutzen und den Spaniern nicht den Todesstoß versetzen, weil sie unglücklicherweise durch die subtilste und geheimste der spanischen Waffen geschwächt waren, von der die Eindringlinge selbst gar nichts wußten – den Krankheitskeimen aus der Alten Welt, unsichtbaren Todesboten für eine Bevölkerung, die mit den übertragenen Krankheiten noch nie in Berührung gekommen war. Die Erreger hatten bereits in der Karibik furchtbar gewütet. Jetzt streckten sie Hunderte von aztekischen Kriegern just im Augenblick ihres Sieges zu Boden.

Cortés bekam seine Verschnaufpause. Monate verstrichen. Neue Flotten brachten neue Streitkräfte. Seine indianischen Verbündeten halfen ihm dabei, die Bauteile für Schiffe herzustellen, sie über das Gebirge in die mexikanische Ebene zu schaffen und dort zusammenzusetzen, so daß er mit den Schiffen gegen die auf einer Insel gelegene Hauptstadt vorrücken konnte. Diesmal entschied er den Krieg zu seinen Gunsten, brachte das aztekische Reich zu Fall, zerstörte die Tempel der Azteken, stürzte ihre Götzen. Überraschen konnte das die Azteken schwerlich: Ihr Schriftzeichen für eine eroberte Stadt zeigte einen brennenden Tempel. Der Gott des Siegers heimst alles ein.

Die Eroberung des Inkareiches verlief im wesentlichen gleich: auch hier ein ausgedehntes Reich auf tributärer Grundlage, zentralisiert und mit hochentwickelten Verwaltungsstrukturen; aber auch hier Spaltung und Haß im Innern, wobei die Inka nicht nur die unterworfenen Stämme in Schach halten mußten, sondern sich auch gegenseitig befehdeten; und auch hier wieder Krankheiten als stille Partner der europäischen Eroberer. Als Francisco Pizarro mit seinem kleinen Kriegstrupp anrückte, hatte das Land gerade sieben Jahre Bürgerkrieg hinter sich (der Inka war offenbar an den Pocken gestorben) und präsentierte sich entsprechend geschwächt.

Auch hier machten die ersten Kontakte Appetit auf mehr: Die kleinsten Küstendörfer schienen in Gold zu schwimmen. Abermals erleichterten verfehlte Vorkehrungen das spanische Vordringen. Die Inka hielten die Spanier zwar nicht für Götter, aber sie unterschätzten gröblich die Möglichkeiten einer so kleinen Streitmacht, und sie hegten seit jeher Verachtung für die Bewohner der Küste. Undenkbar, daß diese sich gegen die harten Krieger des Hochlandes durchzusetzen vermochten! Erneut verstanden es die Spanier, sich die Zwietracht zunutze zu machen und bei den lokalen Gruppen Unterstützung zu finden. Sie zogen in die auf dem Hochland gelegene Stadt Cajamarca, um dort den Inka zu treffen; Pizarro hatte ihm hoch und heilig versprochen, ihn als Freund und Bruder zu empfangen. Dann versteckte sich der größte Teil von ihnen und lag im Hinterhalt. Die Inka sahen darin ein Zeichen der Furcht, und in der Tat pinkelten sich viele Spanier buchstäblich in die Hosen vor Angst.

Die Tausende, die der Inka mitgebracht hatte, marschierten ein, herrlich gekleidet, aber unbewaffnet. Sie füllten den Platz; der Inka Atahualpa saß in seiner Sänfte, die von den Vornehmsten des Reiches getragen wurde. Nun trat ein spanischer Priester vor und reichte dem Inka eine Heilige Schrift. Atahualpa öffnete sie, sah hinein und warf sie auf den Boden. Das war das Signal. Der Mönch rannte zu Pizarro zurück: »Herbei! Herbei, ihr Christen! Stürzt euch auf diese feindlichen Hunde, die Gottes Heiligtümer verwerfen!« Die folgende Schlächterei bezahlten an die siebentausend Indianer mit dem Leben; hinzu kamen zahlreiche Verwundete. Die Reiter der Spanier verfolgten die übrigen und durchbohrten sie nach Belieben mit ihren Speeren; besonders hatten sie es auf die prächtig Gekleideten abgesehen, in denen sie Anführer vermuteten. »Wäre die Nacht nicht hereingebrochen, hätten von den mehr als 40 000 Mann umfassenden indianischen Truppen nur wenige überlebt.«

Atahualpa wurde gefangengenommen, nackt, aber unverletzt. Die Spanier forderten und erhielten ein Lösegeld, das größer war, als irgendein europäischer Monarch hätte aufbringen können – genug Gold, um einen größeren Raum bis zur Decke zu füllen. Die Indianer bezahlten also, und nun mußten die Spanier ihre Geisel freigeben; versprochen ist versprochen. Sie verhafteten ihn aber sogleich wieder unter der Anklage des Hochverrats gegen die spanische Krone (sic!); und nachdem sie ihm die letzte Ölung verabreicht hatten (Erlösung geht vor), beraubten sie das Inkareich im übertragenen ebenso wie im buchstäblichen Sinne seines Hauptes.[12]

Das ist eine blutige Geschichte, voll von Grausamkeit und Verrat, Überhebung und Scheinheiligkeit; aber Gesichtspunkte wie gut, böse oder häßlich sind bei der Beurteilung dieser Vorgänge unangebracht. Die Beteiligten waren einander würdig. Bevor Pizarro auf dem Schauplatz erschien, hatte Huayna Capac, der frühere Herrscher und Vater von Atahualpa, bereits klargestellt, wie mit unterlegenen Gegnern zu verfahren sei, als er die Angehörigen eines aufständischen Stammes enthaupten und die Leichen in einen See werfen ließ: »Jetzt seid ihr nichts weiter als ein Haufen kleiner Buben!«[13] Dem Vernehmen nach betrug die Zahl der Opfer zwanzigtausend; es war die »wahrscheinlich blutigste Schlacht in der Geschichte der prähispanischen Neuen Welt«[14]. Bis zum heutigen Tag kennt man den See unter dem Namen Blutsee.[15]

In einer tiefschürfenden Analyse wirft der Biologe und Historiker Jared Diamond die Frage auf, warum die Inka sich so naiv – nach unseren Vorstellungen dumm – verhielten. Er erklärt das mit dem Unterschied zwischen schriftkundiger und schriftloser Gesellschaft. Die Spanier waren »Erben eines gewaltigen Wissensfundus über menschliches Verhalten und menschliche Geschichte«; die Inka hatten »nicht nur keine Vorstellung von den Spaniern noch irgendwelche persönlichen Erfahrungen mit anderen Eindringlingen aus Übersee«, sie hatten »nicht einmal von ähnlichen Bedrohungen anderer Reiche an irgendeinem anderen Ort und zu irgendeinem anderen Zeitpunkt der Geschichte gehört (oder gelesen)«.[16]

Aber die Inka hätten immerhin von sich auf andere schließen können.

Die peruanischen Völker leisteten länger Widerstand und wehrten sich besser als die Azteken; manch einer würde tatsächlich behaupten, sie seien bis heute dabei. Pizarro bemächtigte sich Atahualpas im Jahre 1532, aber erst 1539, als das Inka-Heer von Charcas kapitulierte und der Inka Manco Zuflucht in Vilcabamba suchte, war die spanische Herrschaft über das Land einigermaßen gesichert. Selbst da noch schürte die Exilregierung der Inka von den Bergen aus Unruhen, und es dauerte bis 1572, ehe Vizekönig Francisco de Toledo diesem Widerstand ein Ende machen konnte. Zum Teil war diese Zähigkeit der Inka Folge der Tatsache, daß die europäischen Krankheiten die Bevölkerung Perus weniger stark heimsuchten. Der Grund dafür ist unklar, aber während die Bevölkerung Mexikos im Jahrhundert nach der Ankunft der Spanier von ungefähr 25 Millionen auf zwischen 1 und 2 Millionen schrumpfte, nahmen die Zahlen in Peru nur um etwa ein Fünftel ab.[17]

Trotz gelegentlicher Erfolge blieben diese Bemühungen, die Eindringlinge aus dem Land zu werfen, vergeblich. Die Spanier waren im Hinblick auf Technik, Disziplin und Organisation überlegen; ihre Erfahrung in Kriegsdingen ließ die Eingeborenen wie Amateure aussehen. Sie fanden die Unterstützung von Kollaborateuren, bei denen es sich in vielen Fällen um Konvertiten handelte, die sich einem Christentum angeschlossen hatten, das ebenso tolerant gegenüber unblutigen heidnischen Praktiken war, wie es kompromißlos die spanische Herrschaft stützte.[18] Außerdem konnten die

Spanier mit Hilfsmitteln aus einem fernen, aber mächtigen Reich und mit einem unablässigen Zustrom abenteuerlustiger Glücksritter rechnen. Und sie verstanden es, sich überkommene Machtstrukturen zunutze zu machen. Die Erben des Inka wurden zu einem dem Müßigang frönenden Erbadel, der sich mehr und mehr mit der spanischen Führungsschicht vermischte. Die Abkömmlinge aus dieser Verbindung, von denen etliche im Geschäftsleben tätig sind und staatliche Ämter bekleiden, bilden heute die High Society in Lima und Quito. Die früheren Stammeshäuptlinge (Kaziken) nahmen auf lokaler Ebene auch weiterhin die Verwaltungsgeschäfte wahr; sie erhielten eine Sonderstellung und waren von Fronarbeiten und Steuern befreit; seit 1619 wurden ihre Kinder in besonderen Jesuitenschulen erzogen. Manche dieser Sprößlinge entwickelten sich zu nostalgischen Chronisten des alten Regimes, dem sie tränenreich nachtrauerten; aus anderen wurden beredte Vorkämpfer einer massiv ausgebeuteten Bevölkerung. (Die nostalgischen Elogen auf die gute alte Zeit stießen in Europa stärker auf Widerhall als bei der weitgehend analphabetischen Eingeborenenbevölkerung des eigenen Landes.) Soweit noch protestiert wurde, geschah das in der Form von Bittschriften, die sich streng an die Regeln und die Hierarchie der spanischen Herrschaft hielten. Das Inkareich war Geschichte.[19]

*

»Er, der alles sieht«: Die Inka vor Pizarro

Die Inka haben keine Schriftzeugnisse hinterlassen – eine Schrift kannten sie nicht. Wir sind deshalb auf archäologische Überbleibsel angewiesen, von denen wegen der erbarmungslosen Gier der Spanier nach Gold und Silber nicht viel erhalten geblieben ist, sowie auf die verklärenden Berichte, die bei den Besiegten gesammelt oder von deren Nachkommen niedergeschrieben oder von irgendwelchen frühen spanischen Besuchern verfaßt wurden.[20] Aufs Ganze gesehen, stimmen diese Quellen in drei wesentlichen Punkten überein.

Das Inkareich war das größte Imperium, das je in der Neuen Welt geschaffen wurde. Es erstreckte sich über eine Länge von 4000 Kilometern vom heutigen Kolumbien im Norden (2 Grad nördl. Br.) bis in das Gebiet des heutigen chilenischen Santiago im Süden (35 Grad südl. Br.) und von der Küste bis zur Ostseite der Wasserscheide in den Anden und zum bolivianischen Hochland. Wie bei den Azteken waren auch hier die Grenzen des Reiches zum Teil geographisch bedingt – die Inka fühlten sich in dichtem Wald nicht zu Hause – und zum Teil Folge des Widerstandes, den aufsässige Stämme wie die Araukaner ihrem weiteren Vordringen entgegensetzten. Die letzteren trotzten auch lange den Spaniern und kapitulierten erst vor den Repetiergewehren des neunzehnten Jahrhunderts.[21]

Die Größe des Inkareiches verwundert angesichts der Barrieren, die das Land dem Verkehr und dem Nachrichtenwesen entgegensetzte. Die südamerikanischen Täler und Hänge führen von den Bergen zum Meer hinab und durchschneiden die von Norden nach Süden verlaufenden Verkehrswege; diese natürlichen Hindernisse gewannen dadurch noch an Gewicht, daß die Menschen dort das Rad nicht kannten (aller Lastentransport erfolgte durch Lamas oder durch Menschen) und keine Küstenschiffahrt entwickelt hatten.[22] Das Erfolgsgeheimnis war ein Verkehr, der mittels Läufern und Trägern abgewickelt wurde. Überall entlang den Reichsstraßen, in Abständen von rund 1,5 spanischen Meilen (knapp sieben Kilometern), gab es beidseits der Straße kleine Baracken, die den Kurieren als Unterkunft dienten. Jeder Läufer orientierte sich nur in eine Richtung und wartete darauf, eventuell eintreffende Botschaften und Sendungen zur nächsten Station zu bringen. Die Kuriere wurden von früher Jugend an in dieser Tätigkeit trainiert und schafften, wenn sie rund um die Uhr ihr Laufpensum absolvierten, 50 spanische Meilen (über 250 Kilometer!) täglich. Vom Chronisten Bernabé Cobo erfahren wir, daß man für die rund 630 Kilometer lange schlechte Straße zwischen Lima und Cuzco drei Tage brauchte.[23] Etwa ein Jahrhundert später benötigte die von Pferden gezogene spanische Post zwölf bis dreizehn Tage für die Strecke.[24] Im achtzehnten Jahrhundert war die Postkutsche zwischen New York und Boston für die mehr als dreihundert Kilometer lange, ebene Strecke eine Woche unterwegs. (Natürlich transportiert der Kutschenwagen weit mehr als Packtiere und Träger.)

Der Inkaherrscher konnte demnach in enger und kurzfristiger Verbindung mit den entferntesten Regionen des Reiches bleiben und über eine höchst vielfältige Gesellschaft seine absolute, uniforme Herrschaft ausüben. Er galt als göttlich. Alles Land gehörte im Prinzip ihm, und er seinerseits lieh es den lokalen Gemeinwesen und erhielt von ihnen als Gegenleistung Tributzahlungen in Form von Sachleistungen und vor allem Fronarbeit, die sogenannte *mita*. Mit Hilfe dieser Zwangsarbeit wurden Straßen und Wasserwege gebaut, der Dienst im Heer und an den Kurierstationen versehen, Güter transportiert und öffentliche Gebäude (von Palästen bis zu Kornkammern) errichtet, Schulden eingetrieben und Zuwendungen verteilt. Für die Bekleidung war der Inka zuständig. Der gewöhnliche Untertan empfing anläßlich seiner Verheiratung ein Gewand, das er im Alltag trug, eines für Festtage und einen Umhang für die Arbeit bei schlechtem Wetter. Waren diese Kleidungsstücke verschlissen, konnte er sich neue holen. Neben der Fronarbeit hatten die Leute auch noch eigene Aufgaben zu verrichten. Die Inkagesellschaft glich einem Ameisenhaufen: Jeder arbeitete, sogar die kleinen Kinder ab einem Alter von fünf Jahren. Die Frauen sponnen im Gehen Garn; angeblich sorgte man beim Straßenbau für eine glatte Oberfläche, damit sie nicht stolperten, weil sie zu beschäftigt waren, um auf ihre Füße zu achten. Von lokalen Tauschgeschäften abgesehen, war der Handel den staatlichen Behörden vorbehalten.

Unter Berücksichtigung dessen, daß die Zentralgewalt das Sozialprodukt vereinnahmte und letztlich verteilte, haben manche Forscher von einem sozialistischen System gesprochen, was eine durchaus passende Bezeichnung

sein mag; seiner Form und Wirkung nach unterschied sich das System indes
nicht von dem anderer aristokratischer Despotien mit ihrem »Hauptverteiler«, der eine kleine Oberschicht von der großen, relativ undifferenzierten Masse abtrennt. Dieselben einebnenden, homogenisierenden Züge wie diese Despotien weist auch die Inkagesellschaft auf: In ihrem Lebensunterhalt und in ihrem Erscheinungsbild ebenso karg wie bäurisch, lernte die große Masse zu essen und zu trinken und in Hockstellung geduldig auszuharren. Die Herrschenden unterschieden sich durch ihre Kleidung, ihre Einrichtung, ihre Nahrung – unter anderem durch das Privileg, Kokablätter zu kauen und sich einen Rausch zu verschaffen. Sicher, auch die Gemeinen schafften es, sich diesen der Oberschicht vorbehaltenen Stoff zu besorgen; ohne ihn hätten sie ihre Knochenarbeit nicht verrichten können. Aber wenn sie es nur zum Vergnügen nahmen, war das etwas anderes; die Spione und Aufpasser schwärmten überall herum, stets bereit, zu jeder Tages- oder Nachtstunde in Häusern und Gefäßen herumzuschnüffeln und die Exklusivität des Privilegs mit Gewalt durchzusetzen. Was war ein Privileg schließlich wert, wenn es jeder genießen konnte?

Die Augen des Inka waren überall. Das Wort für Statthalter lautete *tukrikuk* und hatte die Bedeutung »er, der alles sieht«.

In dem einen Jahrhundert seines Bestehens tat das Inkareich viel, um die Völker unter seiner Herrschaft zu einen und eine gemeinsame Sprache zu schaffen, *quechua*, das von der Andenbevölkerung bis heute gesprochen wird – wie Che Guevara erfahren mußte, als er versuchte, sie auf spanisch für die Sache der Revolution zu gewinnen. Unter dem »Friedensregiment« des Inka herrschte jedoch keineswegs eitel Eintracht und Ordnung. Die Indianer scheinen geduldig und fügsam gewesen zu sein, aber wenn Leute zu alkoholischen Getränken und Drogen greifen, ist das immer ein schlechtes Zeichen. Einiges mag auf das Konto einer, wie wir es heute sehen würden, lieblosen Kinderaufzucht gehen: Der Säugling wurde nie in den Armen gehalten, nicht einmal zum Stillen. Fest steht jedenfalls, daß die Kultur dem normalen Menschen Initiative, Unabhängigkeit und Persönlichkeit raubte.

8

Bittersüße Inseln

Als die spanischen Konquistadoren erst die Festlandsreiche mit ihren Schätzen und Völkerschaften entdeckt hatten, verloren sie das Interesse an der Karibik. Sie blieben lange genug auf diesen Inseln, um das vorhandene Gold einzusammeln, den Goldschmuck ebenso wie den Goldstaub; dabei rotteten sie die Eingeborenen zum größten Teil aus. Sie brauchten zu essen und fanden den wichtigsten Stärkelieferanten der dortigen Regionen, die Maniokknolle, schädlich und ungenießbar.[1] Getreide anzubauen kam ihnen nie in den Sinn: Die Indianer wurden für die Schürfarbeit gebraucht, und die Spanier waren nicht gekommen, um sich als Bauern niederzulassen. Also führten sie – für teures Geld – Lebensmittel aus Europa ein und brachten Vieh ins Land, das dort grasen sollte, wo Männer einst gejagt und Fischfang betrieben hatten. Damals, in den Anfangsjahren, hatten die Konquistadoren leere Mägen; sie bewegten sich »am Rande des Verhungerns«, wie Pierre Chaunu sagt. Später wurden aus ihnen die gewaltigsten Fleischesser aller Zeiten.[2]

Die Spanier postierten kleine Garnisonen auf den Inseln und richteten Marinestützpunkte ein, um den Transport der Schätze zu sichern, die vom amerikanischen Festland nach Europa geschafft wurden. Aber abgesehen von ein paar Verwaltern, die sie auf Kuba, Santo Domingo (Hispaniola), Jamaika und Puerto Rico (den Inseln der Großen Antillen) stationierten, zogen sie weiter, um sich auf dem Festland niederzulassen und dort das Leben kastilischer Dons und Hidalgos zu führen. An die wirtschaftlichen Möglichkeiten dieser sonnengetränkten paradiesischen Flecken verschwendeten sie danach kaum mehr einen Gedanken. Um noch einmal Chaunu zu zitieren: »Die spanische Kolonisation steht und fällt mit den Indianern.« Da die Arawaks nun ausgerottet waren und die Kariben sich als widerspenstig erwiesen, *que d'îles inutiles*! Was für nutzlose Inseln![3]

Im Rückblick betrachtet, war die spanische Sucht nach Gold ein schwerer Fehler. Die Inseln warteten darauf, genutzt zu werden, und Spaniens Versäumnis war Europas Chance. Kolumbus hatte diese Chance erkannt. Als er das Gold nicht fand, auf das er gehofft hatte, schrieb er seinem Herrscherpaar, diese Inseln seien wie geschaffen für den Zuckerrohranbau. Damals war er bemüht, ihr Interesse wachzuhalten, eine Rechtfertigung für seine Reise zu finden. Und er hatte recht. Kolumbus hatte das Zuckerrohr auf der Madeiragruppe und den Kanarischen Inseln kennengelernt. Faktisch empfahl er die weitere Ausbreitung einer Pflanze sowie der mit ihr verknüpften Anbautechnik, mit der man Jahrhunderte zuvor in Südasien begonnen hatte, gleichermaßen durch ausgelaugte Böden erzwungen wie durch eine steigende Nachfrage nach Zucker motiviert.

Dafür, daß das Zuckerrohr von den Atlantikinseln vor Afrika in die Neue Welt kam, waren jedoch nicht die Spanier, sondern die Portugiesen und die Holländer verantwortlich. Die einen pflanzten bereits früh Zuckerrohr in Brasilien an, und die anderen sorgten als Kaufleute, Raffinierer[4] und Kapitalgeber für den Vertrieb der brasilianischen Ernte. Die Holländer brachten während der Personalunion des portugiesischen Königshauses mit dem spanischen eine Zeitlang (1630–1643) die Nordostküste Brasiliens (Pernambuco) in ihren Besitz; dort erfuhren sie, in welchem Maße Zuckerrohr die Böden auslaugt, und hielten noch vor ihrer Vertreibung Ausschau nach neuen Anbauflächen. Ihre Suche lenkte sie nach Norden zum nächstgelegenen Schwachpunkt im Abwehrgürtel des Feindes, nämlich zu den Kleinen Antillen. Sie bemächtigten sich einiger Inseln (Aruba, St. Martin, Curaçao, Santa Lucia), die indes »bloße Erdschollen« waren. Sie setzten sich auch auf dem südamerikanischen Festland fest (Surinam), wo sie auf jungfräulichem Boden einige Plantagen anlegten. Der Erfolg war bescheiden. Wie sich herausstellte, verstanden sich die Holländer besser darauf, mit Zucker und Sklaven zu handeln, als ersteren anzubauen und letztere auszubeuten.

Mittlerweile setzten ihnen bereits die Engländer zu, die 1624 St. Christopher (St. Kitts), 1628 Nevis und weitere Inseln besetzten. Die beste dieser frühen Eroberungen war Barbados (1627), weil es praktisch unbewohnt war – die Engländer konnten damit machen, was sie wollten. Windwärts und ein gutes Stück östlich der übrigen Antillen gelegen, wurde die Insel sowohl von Kariben als auch von den Spaniern nur selten besucht. Jamaika, das weit größer als die anderen war, kam später (1655) dazu. Die spanische Krone hatte es acht Adelsfamilien übereignet, die weder bereit waren, sich die Insel zu teilen, noch fähig, sie zu entwickeln; als die Engländer die Insel in Besitz nahmen, zählten weiße und schwarze Bewohner zusammengenommen nicht mehr als 3000 Personen.[5] Tatsächlich war Jamaika ein Schreckensort, wo es von Sandfliegen, Stechmücken, Kakerlaken und Malaria übertragenden Moskitos nur so wimmelte; aber schließlich gab es Insekten überall in der Karibik, entweder unvorstellbar große oder so kleine, daß man sie mit bloßem Auge gar nicht sah. Doch selbst die kleinsten summten nervtötend und waren bösartig giftig. Bessere Leute stellten die Beine ihrer Tische und Betten in Schüsseln mit Wasser, um das Krabbelzeug fernzuhalten.[6]

Die Engländer betrachteten diese karibischen Inseln ursprünglich als Kolonien für Siedler, vergleichbar der Ostküste Nordamerikas. Angezogen von billigem, fruchtbarem Land, kamen zahlreiche Einwanderer, ließen sich nieder und bauten Tabak, Indigo und Baumwolle an. (Der Tabak war so minderwertig, daß er auf dem Londoner Markt niedrigste Preise erzielte.) In ihrem Gefolge kamen Leute, die sich für ein paar Jahre bei anderen dienstverpflichtet hatten, um sich das Geld für den Kauf einer eigenen Farm zu verdienen. Um 1640, kaum mehr als zehn Jahre nach der Besetzung der Insel, sollen bereits über 30 000 Menschen auf Barbados gelebt haben, soviel wie in Massachusetts und Virginia zusammen, was eine Besiedlungsdichte von knapp 70 Personen pro Quadratkilometer bedeutete.[7]

 Anschließend allerdings kamen die Zuckerrohrpflanzer, angeregt durch das holländische Beispiel und zum Teil sogar von den Holländern finanziert; die Zuckerrohrplantagen schluckten alles übrige. Keine marktgängige Feldfrucht brachte größeren Gewinn ein. Und keine kostete mehr: Massive Kapitalaufwendungen für Mahlwerke, Kochkessel, Bottiche und Destillieranlagen (für Rum) waren erforderlich, außerdem große Landflächen, damit sich der Aufwand lohnte. Die größten Ausgabenposten betrafen den Kauf von Vieh, das sich durch Zucht vermehren ließ, und von Sklaven, die sich im Normalfall nicht vermehrten. Die Sklavenbevölkerung der Karibik ließ sich nur mittels ständiger Importe stabil erhalten.

Der Erfolg der Zuckerrohrplantagen war der Ruin der kleinen und mittleren Tabak- und Baumwollfarmen. Durch die darauffolgende Konzentration von Landbesitz verloren die zeitlich begrenzten Arbeitsverträge an Attraktivität: Was hatte es für einen Sinn, jahrelang zu schuften, wenn man beim Auslaufen des Vertrages nicht damit rechnen konnte, sich als selbständiger Farmer niederlassen zu können? Außerdem war die Arbeit auf den Zuckerrohrplantagen ungewöhnlich hart und unangenehm, und nur zu oft behandelten die Pflanzer ihre Arbeiter wie den letzten Dreck und prügelten sie, bis das Blut floß. Viele pfiffen auf ihre Verträge und setzten sich ab, um ihr Glück auf anderen Inseln zu suchen oder sich den Freibeutern anzuschließen. Viele »erlagen unterwegs den Strapazen oder verhungerten«[8].

Die Franzosen waren den Engländern dicht auf den Fersen. Zuerst konzentrierten sie sich auf Guadeloupe und Martinique (1635); beide Inseln hatten die Engländer aus Angst vor den Kariben gemieden, die aus dem Hinterhalt angriffen und vergiftete Pfeile benutzten. Anders als die Azteken versuchten die Kariben ihre Gegner zu töten. Die Franzosen mußten für ihre Hartnäckigkeit einen hohen Preis zahlen; aber schließlich besaßen sie dann auch die zwei größten Inseln der Kleinen Antillen, die über fruchtbaren Boden und gute Häfen verfügten; sie sind bis zum heutigen Tag französisch geblieben, sind *départements d'outre-mer.* (Manchmal teilte man sich diese winzigen Inseln auch, wie das bei St. Martin noch heute der Fall ist. Mach mir ein bißchen Platz! Selbst so alte Gegenspieler wie die Engländer und Franzosen lebten gelegentlich einträchtig nebeneinander und kämpften Seite an Seite gegen den gemeinsamen spanischen Feind.)

Die große französische Erwerbung allerdings, die für die Franzosen die gleiche Bedeutung hatte wie Jamaika für die Engländer, war das Westende von Hispaniola (für die Franzosen Santo Domingo, heute Haiti). Die Osthälfte blieb spanisch. Die Insel eignet sich für eine solche Aufteilung: Die beiden Enden sind durch einen hohen Gebirgszug voneinander getrennt. Im Laufe der Jahre war Santo Domingo zu einem beliebten Schlupfwinkel für *flibustiers* (Freibeuter) und entlaufene Sklaven (sogenannte Buschneger) geworden. Ihre bloße Existenz gab ein schlechtes Beispiel, und ihre räuberische Lebensweise – Chaunu nennt sie »eine internationale Verbrecherorganisation französischen Ursprungs« – forderte die Spanier zu mehreren Strafexpeditionen heraus, die allerdings erfolglos blieben.[9] (Das waren Leute, die zurückschlugen.) Die Franzosen verbündeten sich mit diesen Störenfrieden und übernahmen mit ihrer Hilfe kurzerhand diesen Teil der Insel. Die Spanier hielten sich von da ab fern.

Santo Domingo war die letzte große Karibikinsel, die mit der Zuckerproduktion begann, und gleichzeitig war sie die fruchtbarste und ertragreichste. Mit dem Zucker wurden enorme Vermögen gemacht, in Frankreich und auf der Insel selbst; er ermöglichte ein Leben in Luxus, schöne Anwesen, prächtige Kutschen und schwarze Bedienstete in protzigen Livreen (wenn auch zumeist barfüßig; das französische Landvolk ging übrigens ebenfalls barfuß). Derart einträglich war diese Plantagenwirtschaft, daß Adam Smith, der das englische Westindien besser als das französische kannte, darin einen Beweis für die französische Überlegenheit sah: »...die Art ihrer Verwaltung«, schrieb er, »verbürgt eine bessere Behandlung der Negersklaven.«[10] Sein Irrtum hätte nicht größer sein können. Im Jahre 1790 machten die Sklaven von Santo Domingo, ermutigt durch die Lehren der Französischen Revolution, einen Aufstand und riefen nach den Vereinigten Staaten von Amerika die zweite neue Nation der Neuen Welt aus. Der Versuch der Franzosen, die Insel zurückzuerobern, scheiterte – und zwar mehr an Krankheiten als am feindlichen Feuer. Als die Waffen schwiegen, waren sämtliche Weiße in Haiti tot, vom siechen Alten bis hinab zum Säugling. Eine Ausnahme machte man nur bei einigen wenigen Ärzten.

Unter glühender Sonne das Zuckerrohr anzubauen, zu schneiden, zu zerstampfen und den Saft zu raffinieren, kostete viel Arbeit; rund um die Uhr mußte der Saft ausgepreßt, gekocht und abgeschöpft werden, damit die Ernte nicht verdarb, ehe sie verarbeitet war. Auf den Feldern verrichteten Männer und Frauen die Arbeit von Tieren. Keine Pflüge, wenige Ackergeräte, alles mußte per Hand gemacht werden. Das Motiv dahinter war, für ständige Arbeit zu sorgen und die Leute beschäftigt zu halten, weil Müßiggang zu Scherereien führte. In der Zuckermühle schoben die Arbeiter das Zuckerrohr zwischen Walzen; die kleinste Unachtsamkeit konnte zur Folge haben, daß eine Hand oder ein Finger in die Apparatur geriet und der Arm gleich nachfolgte. Die Kessel hielten ihre eigenen kleinen Höllenqualen bereit. Man tat gut daran, vorsichtig zu rühren: Ein Spritzer Sirup, und der Schmerz war teuflisch. »Gerät ein Zuckerkocher mit irgendeinem Körperteil in den brühheißen Zucker, haftet dieser wie Klebstoff oder Vogelleim, und's ist schwer, Gliedmaßen oder Leben zu retten.«[11]

Die Zuckerrohrpflanzer hätten gern weiße Männer beschäftigt, aber weiße Männer, das heißt freie Männer, wollten von solcher Arbeit nichts wissen – jedenfalls nicht zu den Löhnen, die sich die Pflanzer leisten konnten. Die Spanier hätten Indianer zu der Arbeit gezwungen, aber Indianer gab es in der Karibik nicht mehr. In Mexiko und Peru waren die Indianer an *encomenderos* gebunden; als Lohnarbeiter für den freien Markt standen sie nicht zur Verfügung. Soweit sie Zwangsarbeit verrichten mußten, wurden sie vor allem in den Bergwerken eingesetzt. Trotzdem wurden einige Indianer zur

 Arbeit auf den Zuckerrohrplantagen von Vera Cruz gepreßt. Sie bewährten sich nicht. Wenn sie nicht an Krankheiten starben, brachte die Schufterei sie um.

Die Lösung für den Mangel an Arbeitskräften, auf den Inseln ebenso wie auf dem Festland, bestand darin, schwarze Sklaven zu Zehntausenden ins Land zu bringen. Sogar Bartolomé de Las Casas, jenes Musterbild an klerikalem Humanismus, machte in diesem Punkt einen Unterschied zwischen Indianern und Afrikanern. Er wollte die Zuwanderung von Weißen befördern und war gleichzeitig um den Schutz der Eingeborenen bemüht, die bereits in Massen starben und für die er sich verantwortlich fühlte: Er wollte ihre Seelen retten, denn immerhin hatten sie eine Seele. Bei den Schwarzen war er sich offenbar nicht so sicher. Jeder Siedler sollte nach seinem Vorschlag zehn schwarze Sklaven ins Land bringen dürfen, damit die Indianer verschont bleiben konnten.[12] Unnötig zu bemerken, daß sich dieser maßvolle Vorschlag schon bald als völlig unzulänglich erwies. Auch Afrikaner starben nämlich an Krankheiten und schlechter Behandlung.

Wie viele Afrikaner wurden in die Neue Welt gebracht? Parallel zum wachsenden Bewußtsein von der Schwere des Verbrechens sind die Schätzungen im Laufe der Jahre immer weiter gestiegen, aber daß es im Zeitraum dreier Jahrhunderte rund zehn Millionen waren, dürfte eine nicht unrealistische Annahme sein. Und das sind nur die Überlebenden eines tödlichen Handelsverkehrs. Die Fährte von der Stelle im Innern Afrikas, wo die Sklaven gefangen oder gekauft wurden, bis zum Hafen, in dem man sie verschiffte, war gesäumt von den Gebeinen und Fußfesseln derer, die unterwegs umkamen – nach den Schätzungen eines führenden Forschers auf dem Gebiet unter Umständen nicht weniger als die Hälfte.[13] Und das war erst der Anfang. An der Küste wurden die Gefangenen unter Bedingungen gehalten, die auch die robusteste Gesundheit untergruben. Sodann starben, weil es Zeit brauchte, bis die Sklavenhändler eine volle Schiffsladung gesund wirkender Körper beisammen hatten, viele von den bereits an Bord Befindlichen, noch ehe das Schiff überhaupt Segel setzte. Die sogenannte Mittelstrecke, die Ozeanüberquerung der inmitten von Schmutz, Schleim, Erbrochenem und Durchfallexkrementen Zusammengepferchten, war ein Todeskommando. Und doch hatten die Sklavenhändler Angst, die Menschenfracht aus ihren stinkenden Quartieren an Deck kommen zu lassen – weil sie fürchteten, es könnten welche über Bord springen. Wenn jeder siebente starb, galt das als normal; war es jeder dritte oder vierte, so erschien das übertrieben, aber entschuldbar.

Jeder Tag auf See kostete Menschenleben – kein Sklavenschiff ohne eine Eskorte von Haifischen. Deshalb zogen es die Sklavenhändler vor, die östlichen Inseln anzulaufen und dort ihre Fracht zu verkaufen – je eher, desto besser; fuhren sie bis zu den Großen Antillen, nahmen sie einen Aufpreis. Die Sklavenschiffe kündigten sich in Windrichtung Kilometer weit durch ihren Gestank an, der nie von ihnen wich, auch nicht, wenn die Sklaven schon ausgeladen waren, und nicht einmal, wenn das Schiff gar nicht mehr in der Branche arbeitete. Die Überlebenden kamen so krank, geschwächt, verängstigt und niedergeschlagen (»depressiver Stupor«) an – die Schwarzen waren überzeugt, der Weiße Mann wolle sie fressen –, daß viele während der anschließenden »Akklimatisierung« zusammenbrachen.

Nur kommerzielles Interesse schützte die Sklaven: Der Händler wollte seine Ware nicht verlieren. Die Mannschaft, bei der die Sterblichkeitsraten ungefähr so hoch waren wie bei den Sklaven, hatte allen Grund, von der Geruchsbelästigung angefangen, das Schiff ordentlich und sauber zu erhalten. Wir hören von einigen Schiffen, denen es gelang, die Reise ohne Verluste zu absolvieren; möglich war das also. Wir erfahren auch, daß einige Länder die Transporte besser abwickelten als andere. Die Holländer galten als die besten Transporteure: Sie hatten eigens für diesen Zweck gebaute Fahrzeuge, bei denen die Quartiere unter Deck geräumiger waren und Windhauben sogar für Lüftung sorgten. Einige Sklavenhändler stopften die Schiffe voll, weil sie sich ausrechneten, die Lieferzahlen auf diese Weise steigern zu können, selbst wenn unterwegs mehr starben. Andere pferchten die Sklaven weniger eng zusammen, weil sie der Ansicht waren, es lohne sich, weniger Sklaven zu kaufen, dafür aber mehr von ihnen an den Bestimmungsort zu bringen. Aber es war schwierig, menschlich zu verfahren, schon allein deshalb, weil Sklavenschiffe von einer Atmosphäre der Angst und des Hasses erfüllt waren.

An Land wurde der Sklave verkauft und nach einer »Akklimatisierungsphase« in die Arbeit eingewiesen. Die Akklimatisierung, ein Ausleseprozeß, diente dazu, die Schwachen auszusondern und die Rebellischen zu zähmen. Ständige Übeltäter wurden ausgepeitscht; taugten sie schon nicht als Arbeitskräfte, so doch immerhin als abschreckendes Beispiel. Wer wegrannte, wurde oft von den eigenen Gefährten verfolgt und zurückgebracht, da diese sonst die Arbeit des Flüchtlings mit übernehmen mußten und durch Zusammenarbeit ihr Los nur erleichtern konnten. Wie bei anderen Unterdrückungssystemen dieser Art beruhte die Sklaverei zum Teil auf der Mitwirkung, zu der sich die Opfer bereitfanden.

Die schwere und erschöpfende Arbeit selbst war zwar auf eine gewisse Effizienz gerichtet (durch koordinierte Arbeit in Kolonnen), aber auch auf Monotonie und Verblödung abgestellt. Das Ziel war nicht, Geist und Hand anzuregen, sondern, im Gegenteil, diese Geschöpfe stumpf und fügsam zu machen. War Schnelligkeit gefragt, wie etwa zur Erntezeit, dann wurden die Sklaven durch die Peitsche angetrieben. Für die Plantagenbesitzer und Aufseher waren die Schwarzen nichts weiter als Tiere; sie machten freizügig von Stock und Peitsche Gebrauch, manchmal so freizügig, daß sie ihre Opfer verstümmelten oder töteten. Aus ganz materiellen Gründen waren schwangere Frauen bis nach der Niederkunft von der Prügelstrafe befreit; hatten sie geboren, wurde von ihnen erwartet, daß sie mit dem Säugling auf dem Rücken wieder auf den Feldern arbeiteten. Das Gesetz sah für die Tötung eines Sklaven Geldstrafen vor, die natürlich höher ausfielen, wenn es der Sklave eines anderen war; aber da es ein anerkanntes Recht auf Bestrafung gab, hatte ein brutaler Besitzer wenig Mühe, der Bußzahlung zu entgehen.

Und so ging es weiter, in einem nicht enden wollenden Zirkel aus Quälereien und Demütigungen. Einzelnen humanitär gesinnten Plantagenbesitzern stand die weit überwiegende Zahl derer gegenüber, die in solch humanitärer Haltung eine Gefahr für die Gesellschaft und für ihren Reichtum sahen. Und gute Herren waren auch nicht von Dauer: Sie konnten sterben, wegziehen, und ein Wechsel des Managers genügte, damit erträgliche Verhältnisse unerträglich wurden. Sklavengesellschaften konnten sich Freundlichkeit und Nachsicht nicht leisten. Auf Barbados wurden Quäker mit schweren Geldstrafen belegt, weil sie Schwarze in ihre Kirchen aufgenommen und ihnen damit ein gewisses Maß an Menschlichkeit zugestanden und eine unstatthafte Erfahrung von Sonntagsruhe vermittelt hatten. Ruhe? Das war etwas für Menschen, die nicht arbeiten mußten.

Die demographischen Daten sagen alles. Die Sklaven in der Karibik konnten sich gar nicht so schnell vermehren, wie sie starben.

Die Bedeutung des Zuckerrohranbaus für die Entwicklung einer atlantischen (interkontinentalen) Wirtschaft und für die Industrialisierung Europas wird seit langem diskutiert. In der einfachsten Form lautet das Argument – vertreten vor allem durch Eric Williams –, daß die Profite aus dem Sklavenhandel und aus der Ausbeutung der Sklavenarbeit den Acker eines im Entstehen begriffenen Kapitalismus bewässert oder, um die Metapher zu wechseln, »das gesamte produktive System des Landes befruchtet« hätten.[14] In ihrer komplizierteren Form schließen die Überlegungen an Adam Smith an: »Das auf der Basis von Sklavenarbeit funktionierende atlantische System bot England Gelegenheit, die Arbeitsteilung voranzutreiben und seine ökonomischen und sozialen Strukturen zu transformieren...«[15]

Williams' These hat Lob und Tadel geerntet, aus guten und auch aus schlechten Gründen. Wie nicht anders zu erwarten, fiel die anfängliche Reaktion weitgehend negativ aus; aber diese »fast einhellige Ablehnung ist in den letzten Jahren durch neue Forschungen, Analysen und Interpretationen in Frage gestellt worden«. Zum Teil ist die Neubewertung Ausdruck »der intellektuellen und moralischen Gärung, die Folge des Aufbegehrens gegen den Kolonialismus, der Entstehung neuer Nationen und der Bürgerrechtsbewegungen wie auch der bitteren Erinnerung an den Sklavenhandel und die Sklaverei«.[16] Wie für Williams selbst besteht das Ziel darin, den selbstzufriedenen, in ihr Empire verliebten Briten ihre Schuld gegenüber Afrika ins Gedächtnis zu rufen. Wenn Großbritannien zur »führenden Industrienation« aufstieg, dann auf dem von Peitschenhieben malträtierten Rücken seiner schwarzen Sklaven.[17]

Eric Williams' Kritiker stößt seine materialistische (marxistische) Einstellung ab: Sie werfen ihm vor, daß er alles auf ökonomische Motive und Interessen zurückführe.[18] Nur zu wahr; aber Idealisten waren die Pflanzer ja schließlich auch nicht. Triftiger ist die empirische Kritik, die an Williams geübt worden ist: Historiker haben versucht, die Gewinne aus dem Sklavenhandel zu überschlagen, und sind zu dem Ergebnis gekommen, daß er alles andere als eine Goldgrube war. Einige Fahrten erwiesen sich in der Tat als extrem gewinnträchtig; andere waren ein völliges Verlustgeschäft, bei dem auch noch das Schiff draufging. Einer der Schätzungen zufolge entsprach die Profitrate der in anderen Branchen und betrug im Durchschnitt weniger als 10 Prozent. Die Schwankungen (das Risiko) waren größer, aber das habe vermutlich ebenso anziehend wie abschreckend gewirkt.[19] Nicht alle schließen sich dieser Schätzung an. Ein Kritiker findet die 10 Prozent niedrig, weil ihr eine zu geringe Zahl transportierter Sklaven zugrunde liege und sie von Preisen ausgehe, die über ein Viertel niedriger lägen als tatsächlich der Fall.[20] Aber auch so waren die Gewinne insgesamt einfach nicht groß genug (ganz zu schweigen davon, daß ja nur ein Teil davon in Handel und Industrie flossen), um verändernd auf den Verlauf der britischen Entwicklung einwirken zu können. Was der letztgenannte Kritiker auch einsieht!

Aber der Sklavenhandel war nur Teil eines größeren Komplexes, der traditionell unter dem Namen Dreieckshandel bekannt war und heute als das atlantische System bezeichnet wird. Die Sklavenarbeit ermöglichte einen hochintensiven Zuckerrohranbau und eine entsprechend ertragreiche Zuckergewinnung. Der Zucker (und abgeleitete Produkte wie Rum und Melasse) warf wiederum seine eigenen Gewinne ab, die sowohl den Pflanzern als auch den Kaufleuten zugute kamen, die den Zucker verkauften und die Plantagen finanzierten, während er den Tee- und Kaffeetrinkern sowie anderen Koffeinsüchtigen die Illusion schenkte, etwas Nahrhaftes zu sich zu nehmen.[21] Die Pflanzer wiederum kauften für sich und ihre Sklaven Lebensmittel (weil sie kein Land, das sich für den Zuckerrohranbau eignete, für die Nahrungsmittelproduktion opfern wollten). Zum Teil kamen diese Lebensmittel aus Europa; in zunehmendem Maße aber stammten sie auch aus den Kolonien in Nordamerika. Die Pflanzer kauften außerdem Industrieerzeugnisse: billige Baumwolltextilien und feine Seidenstoffe, Kupferkessel zum Kochen, Abscheiden und Destillieren, Eisen, Nägel, Schußwaffen, Maschinen und Ersatzteile für die Zuckermühle. Währenddessen tauschten britische Unternehmer in Afrika Handelswaren gegen Sklaven ein. Alles hing zusammen, und die Sklaverei war ein entscheidender Bestandteil. Sie führte zur Ankurbelung von Landwirtschaft und Industrie, zur Steigerung der Löhne und Einkommen in Großbritannien, trieb die Arbeitsteilung voran und beförderte die Erfindung arbeitsparender Vorrichtungen.[22]

Aus dieser ganzheitlichen Perspektive ist es gar nicht erforderlich, die These von der Bedeutung der Sklaverei für die Industrialisierung auf die Profite (sie waren nicht entfernt so hoch, wie allgemein angenommen) und den Konsum derer zu gründen, die Sklaven kauften, verkauften und einsetzten. Gewiß, viel von diesem Geld floß tatsächlich nach Großbritannien, und einiges davon kam indirekt der Industrie zugute. Aber für das Industriekapital bedeutete das nur einen geringen Zuwachs. Die fern von ihren Plantagen in England lebenden Pflanzer pflegten ihr Vermögen in Landbesitz, gesellschaftliches Ansehen und einen gutsherrlichen Lebensstil zu stecken. (Stark geschmälert wurden ihre Einkünfte auch dadurch, daß sie sich um die Produktion und Verwaltung ihrer Plantagen nicht selber kümmerten.) Bei den Kaufleuten lag die Sache anders, und von ihnen investierten einige im industriellen Bereich; aber sie bildeten bereits unter ihresgleichen die Ausnahme und stellten unter den Industriellen eine verschwindend kleine Gruppe dar.

Andererseits wuchs der Markt, und zwar in einer Größenordnung, die ins Gewicht fiel. (Wir reden hier nicht von den Gewinnspannen, sondern vom Volumen des Marktes.) Die Afrikaner und Amerikaner wollten Erzeugnisse, die in maschinenfreundlicher Reihenfertigung hergestellt wurden. Nehmen wir die Baumwolle. Zu Beginn des achtzehnten Jahrhunderts steckte die britische Baumwolle noch in den Kinderschuhen und wurde unbeabsichtigt durch die sogenannten »calico arts« (Kattuntechniken) geschützt, die sich gegen Warenimporte aus Indien richteten. Obwohl die britische Baumwollproduktion Mitte des Jahrhunderts, als die ersten Versuche mit Spinnmaschinen gemacht wurden, noch weit hinter der Produktion von Wolle zurücklag, hatte sie schon ein starkes Wachstum hinter sich und war im steilen Aufstieg begriffen, zum Teil dank der massiven Verkäufe an die Plantagen. Als sich die mechanische Spinnerei bei Wolle als schwierig erwies, versuchten es die Konstrukteure mit Baumwolle und hatten Erfolg.

Die Frage bleibt, ob das atlantische System *entscheidend* daran beteiligt war, jene revolutionären Veränderungen herbeizuführen, oder, um es in dem kontrafaktischen Vokabular zu sagen, das derzeit bei Wirtschaftshistorikern in Mode ist, ob es ohne das atlantische System zur Industriellen Revolution gekommen wäre. Die Antwort lautet meines Erachtens eindeutig: Jawohl, es wäre dazu gekommen. Die ausschlaggebenden Veränderungen in den Bereichen Energie (Kohle und Dampfmaschine) und Metallurgie (Eisenverhüttung mittels Koksöfen) waren weitgehend unabhängig vom atlantischen System; und das galt auch für die ersten Bemühungen um eine Mechanisierung der Wollspinnerei.

Ohne Sklaverei hätte sich die Industrie allerdings langsamer entwickelt. Das ist für sich genommen nicht sehr aussagekräftig. Das gleiche ließe sich mit Blick auf jede Steigerung der Nachfrage sagen: Eine größere Nachfrage ist besser als eine geringere. Die eigentliche Frage ist, um wieviel langsamer sich die Industrialisierung vollzogen hätte. Hier muß man sich die britischen Industrieexporte im Verhältnis zur Gesamtnachfrage anschauen und sehen, welchen Anteil der Atlantikhandel an den Industrieexporten hat. Statisch, das heißt, in einer Abfolge von Momentaufnahmen betrachtet, war der Exportmarkt wesentlich kleiner als der Inlandsmarkt, und die Verkäufe nach Amerika stellten einen noch kleineren Teil des Binnenmarktes dar, weil da ja auch noch die traditionellen kontinentaleuropäischen Exportmärkte waren. Dynamisch allerdings, das heißt, wie eine Filmsequenz betrachtet, wuchsen die Exporte schneller als die Inlandsnachfrage, und die atlantischen Exporte stiegen viel schneller als die Verkäufe nach Kontinentaleuropa. Sie spielten also durchaus eine Rolle. Um es mit den Worten von Barbara Solow und Stanley Engerman zu sagen: »Es dürfte schwerfallen, zu behaupten, daß [die Ausdehnung des Marktes aufgrund der Profite aus den Plantagen] eine notwendige Voraussetzung oder eine zureichende Bedingung für die Industrielle Revolution war, aber ebenso schwer ließe sich leugnen, daß [sie] deren Größenordnung und zeitlichen Verlauf beeinflußte.... Wäre alle Auswanderung in die westliche Hemisphäre freiwillig und ohne Zwang erfolgt, die Wirtschaft Großbritanniens und seine nordamerikanischen Kolonien hätten sich langsamer entwickelt.«[23]

Demnach bleibt die Frage offen, um wieviel langsamer die Entwicklung verlaufen wäre. Aber wesentlich mehr läßt sich dazu nicht sagen.

(Natürlich ist die Geschichte damit nicht beendet, weil andere ideologische Positionen diese historische Debatte in Gang halten. Die Länder der Dritten Welt und ihre Sympathisanten möchten die Liste der Anschuldigungen gegen die reichen, imperialistischen Länder ausbauen, um nicht nur ihre Position als Kläger, sondern auch ihre Ansprüche auf Schadensersatz zu untermauern. Für die reichen, imperialistischen Länder ist es Ehrensache und eine Frage der Selbstachtung, diese Anschuldigungen zurückzuweisen. Der Streit um die Auswirkungen der Sklaverei wird ewig weitergehen, weil er sich mit empirischen Mitteln nicht beilegen läßt und eine Deckadresse für die Austragung anderer Konflikte ist.)

*

Die Zuckerrohrplantage als Hazienda[24]

Im Zuckerhandel spielten die Spanier nie eine bedeutende Rolle. Es gab schnellere Wege, reich zu werden, und als sie sich dann doch dem Zucker zuwandten, sahen sie darin hauptsächlich die materielle Grundlage für gesellschaftlichen Status und ein aufwendiges Leben. Die Vorteile, die Spezialisierung und Arbeitsteilung sowie die Einbindung der Zuckerrohrplantagen als Produktionsstätten in ein umfassenderes ökonomisches System boten, begriffen sie im Unterschied zu den englischen Pflanzern nie.

Der Zucker gelangte schon früh nach Neuspanien. Bereits 1524, nur wenige Jahre nach der Eroberung Tenochtitlans und dem Fall der Azteken, baute Hernando Cortés in der Nähe von Vera Cruz Zuckerrohr an und richtete eine Zuckermühle ein. (In dieser sumpfigen Ebene auf Meeresniveau wuchsen Weizen und Mais nur schlecht; die Spanier erkannten sehr rasch, welche Möglichkeiten der Anbau halbtropischer Erntefrüchte eröffnete.) Andere schlossen sich an, und bald schon pflanzten die Indianer Zuckerrohr, um es an die Mühlen zu verkaufen. Die spanische Krone erkannte das Potential, das hier lag, und wies im Jahre 1550 den Vizekönig von Neuspanien an, Aspiranten auf den Anbau von Zuckerrohr und den Betrieb von Mühlen Land zur Verfügung zu stellen. Um 1600 gab es bereits über vierzig Mühlen im Land, die eine beträchtliche industrielle und auch landwirtschaftliche Investition darstellten. Bei diesen Mühlen handelte es sich entweder um kleine Anlagen (*trapiches*), die mit tierischer oder gar menschlicher Muskelkraft (*trapichillos a mano*) angetrieben wurden, oder später dann um wasserkraftgetriebene *ingenios*, denen der weitaus größte Teil der Produktion entstammte. Eine der größten dieser Mühlen, Santisima Trinidad in Jalapa, hatte sieben Kessel und zwei Häuser für das Raffinieren. Sie beschäftigte über zweihundert afrikanische Sklaven, wurde auf einen Wert von 700 000 Pesos geschätzt und brachte 40 000 Goldpesos Reingewinn pro Jahr.

Am Anfang versuchten die zuckerproduzierenden Güter indianische Arbeitskräfte einzusetzen; der Umstand, daß einige Indianer von sich aus Zuckerrohr auf dem eigenen Land anbauten, war Hinweis darauf, daß sie nichts gegen diese Erntefrucht hatten; eher im Gegenteil. Aber Anbau ist nicht gleich Anbau, und Sinn und Zweck der Plantagenwirtschaft war es, durch lange Arbeitszeiten und teuflische Arbeitsrhythmen, die die Beschäftigten an den Rand völliger Erschöpfung trieben, möglichst hohe Erträge zu erzielen. Eine Zeitlang verwendete man unterschiedslos Indianer und Schwarze bei der Feldarbeit und in der Mühle, aber die Schwarzen erwiesen sich als widerstandsfähiger und deshalb als weit produktiver. Kenner des Gewerbes wollten wissen, ein Schwarzer sei so gut wie vier Indianer. Viele Indianer brachen einfach zusammen und starben, und zwar so viele, daß die spanische Krone in den Jahren 1596 und 1599 Verfügungen erließ, die den Einsatz von Indianern in den Zuckermühlen untersagten. Das führte zu Problemen während der Erntezeit; die Pflanzer wurden bei Hof vorstellig und baten um Ausnahmeregelungen, damit sie *indios de socorro* zwangsausheben konnten. Im November 1601 indes erließ Philipp III. ein generelles Verbot. Von da an war die mexikanische Zuckerproduktion eine reine Sklavenindustrie.

Die Grausamkeit, mit der auf den Plantagen und in den *ingenios* verfahren wurde, ist nur erklärlich, wenn man davon ausgeht, daß Schwarze als seelenlose Ausrüstungsgegenstände betrachtet wurden, die man verbrauchen und nach Bedarf ersetzen konnte, oder als Brennstoff, um das Feuer in Gang zu halten. Während der Zerkleinerung des Zuckerrohrs wurde rund um die Uhr gearbeitet. Aufseher und Antreiber sorgten für eine fast ununterbrochene Fron; die männlichen Erwachsenen arbeiteten zwanzig Stunden täglich. Für die Verpflegung sorgte normalerweise der Plantagenbesitzer, aber es gab auch manche, die sich nicht verpflichtet fühlten, ihre Arbeiter zu verproviantieren. Einige gaben den Sklaven am Sonntag frei, damit sie ihre Parzellen bearbeiten und sich um ihre Essensration für die Woche kümmern konnten; bei anderen mußten die Sklaven einfach sehen, woher sie etwas zu essen bekamen. Aufs Ganze gesehen, nahmen die Plantagenbesitzer mehr Rücksicht auf ihre Tiere als auf ihre Sklaven und gönnten ersteren die nötige Ruhe – nicht aus Liebe zu den Tieren, sondern weil die hirnlosen Geschöpfe einfach nicht mehr weiterarbeiteten, wohingegen ein Sklave, der genug Geist und Phantasie besaß, um sich noch Schlimmeres vorstellen zu können als seine Erschöpfung, die Arbeit fortsetzte.

Es versteht sich von selbst, daß solch schlechte Behandlung Widerstand provozierte, nicht nur passiven (Selbstmord, Abtreibungen und Kindsmord), sondern auch aktiven (Sabotage, Mord, Flucht zu Räuberbanden). Der Selbstmord nahm eine Vielzahl von Formen an; eine der gängigsten bestand darin, statt Nahrung Erde zu essen. Die Weißen hielten Sabotageakte meist für Unfälle; sie hielten die Schwarzen für zu beschränkt, um ihnen zuzutrauen, daß sie trickreich vorgingen. Das hinderte die Plantagenbesitzer nicht, die Sklaven für ihre Fehler zu bestrafen oder Unschuldige blutig büßen zu lassen. Wie anders ließ sich diesen Bestien Achtsamkeit beibringen? Die Flüchtigen (*cimarrones*) waren derweil genauso wild und grausam, wie sie es von ihren Herren gelernt hatten und wie es ihnen ihre realistische Einschätzung der Strafen eingab, mit denen sie im Falle ihrer Ergreifung rechnen mußten; so wurden sie zum Schrecken der weißen Bevölkerung. Kein gutes Klima für eine industrielle Entwicklung!

Die größten spanischen Zuckerrohrplantagen waren autarke Domänen, ähnlich mittelalterlichen Herrensitzen. Sie bauten Feldfrüchte an, betrieben Viehzucht, errichteten Kapellen, um der Frömmigkeit zu genügen und fürs Seelenheil zu sorgen; manchmal webten sie sogar selber das Tuch für die Bekleidung von Sklaven und Pächtern. Der Plantagenbesitzer und seine Familie lebten in üppigstem Luxus, als wollten sie sich hinter seidenen Vorhängen gegen das Leid und Elend um sie herum abschirmen. Einen schroffen Gegensatz dazu bildet die strikte Spezialisierung der englischen Zuckerinseln, die so wenig Platz für die Produktion von Nahrungsmitteln ließ, daß diese vom nordamerikanischen Festland oder gar von Europa hergeschafft werden mußten. Textilien anzufertigen war dort völlig unvorstellbar. Und schon im achtzehnten Jahrhundert war das Letzte, wonach britischen Pflanzern der Sinn stand, ein Leben auf der eigenen Plantage. Der Aufenthalt auf der Plantage war etwas für Bevollmächtigte und Verwalter. Der Besitzer selbst wohnte in England und genoß dort das Dasein. Nennen wir es Arbeitsteilung, auch wenn es sich um eine von der unwirtschaftlichen Sorte handelte.

Die Bevollmächtigten und Verwalter wurden derweil reich, hatten allerdings auch eine geringere Lebenserwartung.[25]

9

Reich im Osten

Portugal ist ein kleines Land von bescheidener Fruchtbarkeit. Im fünfzehnten Jahrhundert belief sich seine Bevölkerung auf ungefähr eine Million, und seine wichtigsten Erzeugnisse und Exportartikel waren Wein (Portwein und zunehmend auch Madeira – süffige, berauschende Getränke) und Rohrzucker, der rasch an Bedeutung gewann. Hätten die Portugiesen der damaligen Zeit die heute klassischen Überlegungen von David Ricardo zur Rolle des komparativen Vorteils im Außenhandel vorwegnehmen können, sie hätten diese vernünftige Bahn weiter verfolgt, hätten sich um ihre eigenen Angelegenheiten gekümmert und ihre landesspezifischen Erzeugnisse gegen die Manufakturwaren anderer Nationen eingetauscht. Statt dessen schlugen sie jede vernünftige Anwandlung in den Wind und machten aus ihrem Land die Basis eines Weltreiches. Portugals weitreichendes System von Herrschaftsgebieten sollte drei Viertel der Erdkugel umfassen und sich von Brasilien im Westen bis zu den Gewürzinseln und nach Japan im Fernen Osten erstrecken.

Diese Art, sich über Vernunft und Wirklichkeitssinn kurzerhand hinwegzusetzen, ist aus der Geschichte durchaus bekannt. Wir werden später noch mehrere Beispiele dafür kennenlernen. Tatsächlich sind es genau solche vernunftwidrigen Entscheidungen, die der Geschichte Unberechenbarkeit verleihen und die Vorhersagbarkeit historischer Prozesse vereiteln. Die portugiesische Expansion ist aber besonders überraschend, weil Portugal weder die Menschen noch die Mittel dazu hatte. Die Bevölkerung des Landes war zu klein, um große Scharen nach Übersee zu schicken; ein Grund dafür, daß Portugal so schnell und eifrig Sklaven aus Afrika importierte, dürfte das Interesse gewesen sein, dem Mangel an Arbeitskräften zu Hause abzuhelfen. Die materiellen Ressourcen des Landes, insbesondere seine Fähigkeit, seetüchtige Fahrzeuge zu bauen und zu bewaffnen, waren begrenzt. Hier war ein Leichtgewicht, das sich um den Schwergewichtstitel bewarb.

Die Leistung der Portugiesen zeugt von ihrem Unternehmungsgeist und ihrer Zähigkeit, ihrem Glaubenseifer und ihrer religiösen Begeisterung, ihrer Fähigkeit, die neuesten Kenntnisse und Techniken einzusetzen und nutzbar zu machen. Kein törichter Chauvinismus; Pragmatismus hatte Vorrang. Sie holten Fremde ins Land, deren Geld, Know-how und Arbeitskraft ihnen Vorteile verschafften, setzten Sklaven als Arbeiter und gelegentlich als Soldaten ein, heirateten Frauen jeder Couleur und ohne weiteres mehrere gleichzeitig. Für portugiesische Frauen gab es auf diesen langen Reisen keinen Platz, auch wenn manchmal ein paar Waisenmädchen mitgeschickt wurden, die sich nicht weigern konnten. Wie den Männern erging es auch diesen wenigen weißen Frauen in den ungesunden Klimaten nicht gut: Eine Niederkunft zum Beispiel war normalerweise für Mutter und Kind das Todesurteil. Rassenmischung funktionierte besser: Die Männer kauften und genossen farbige Sklavinnen zu Dutzenden – als solle ihren Lenden eine neue Nation entspringen.

Ihr einziger emotionaler Festposten war ihre Religiosität. Auf jedem ihrer Schiffe fuhren Priester und Mönche mit, um für ihre Sicherheit und ihr Seelenheil Sorge zu tragen (durch die Kraft des Gebets und das Sakrament), um bei den Ungläubigen und Heiden den Glauben zu verbreiten und um ihr Gewissen zu beruhigen. Diese Gottesmänner legitimierten und sanktionierten Habsucht und Gier.

Das Bekenntnis zur Religion führte in kommerzieller Hinsicht zu einem ernsthaften Nachteil: Es brachte ein Moment von Unversöhnlichkeit in Begegnungen, die entkrampfter und profitabler hätten verlaufen können. Für die Portugiesen waren die Muslime Ungläubige, Feinde des wahren Glaubens. Jede Brutalität war erlaubt. Alle Muslime zur See waren ein gefundenes Fressen; jedes muslimische Königreich wurde als feindlich betrachtet. Auf seiner zweiten Reise im Jahre 1502 krönte Vasco da Gama einen Sieg über eine muslimische Flottille vor Calicut damit, daß er rund achthundert »Mauren« die Ohren, Nasen und Hände abschneiden und dem Herrscher der dortigen Region mit dem humorigen Vorschlag schicken ließ, er solle daraus Curry machen. Und einer seiner Kapitäne, ein Onkel mütterlicherseits namens Vincente Sodre (der es verdient, als ein Scheusal im Gedächtnis zu bleiben), peitschte den Chef der muslimischen Kaufmannschaft in Cannanore (an der Malabarküste), bis er ohnmächtig wurde, stopfte ihm dann Exkremente in den Mund und drückte eine Schweineschwarte darauf, um sicherzugehen, daß der Mann den Kot auch schluckte.[1]

Solche Handlungen hatten zur Folge, daß die Portugiesen Krieg mit den zahlreichen Gebieten führten, die an den Indischen Ozean angrenzen: mit Ostafrika, Arabien und Persien, einem Großteil Indiens, dem größeren Teil des Indonesischen Archipels. Um einen Essay aus dem sechzehnten Jahrhundert über die *Großartigkeit und Ehrenhaftigkeit eines kriegerischen Lebens in Indien* zu zitieren: »Und darüber braucht man sich auch nicht zu wundern, denn wir sind ja die geschworenen Feinde aller Ungläubigen, und es kann deshalb schwerlich überraschen, daß sie uns mit gleicher Münze heimzahlen. ... Wir können in diesen Gegenden nicht ohne Waffe in der Hand überleben und auch nur in der gleichen Manier Handel mit den Einheimischen treiben, indem wir nämlich stets auf der Hut sind.«[2] Waren jemals Neuankömmlinge mehr darauf aus, sich in ihrer neuen Umgebung Probleme aufzuladen?

Dessenungeachtet unterschied sich die politische Strategie der Portugiesen zwangsläufig stark von den spanischen Eroberungen, die eher eine Frucht glücklicher Umstände darstellten. Zum einen waren die Einheimischen weit zahlreicher, und ihre Vertrautheit mit Metallen und mit dem Krieg machte sie zu ernsthafteren Gegnern. Zum anderen waren sie nicht anfällig für Krankheiten, die von den Portugiesen eingeschleppt werden mochten. Im Gegenteil, die Portugiesen hatten Grund, sich vor den dortigen ansteckenden Keimen und Parasiten zu fürchten. Das Ergebnis war, daß sie ihre Gier zügeln mußten, um ihre Kräfte nicht zu verzetteln. Die Portugiesen hielten Ausschau nach ausgewählten Orten von strategischem Gewicht, nach Schlüsselpositionen, die wichtige Durchfahrten kontrollierten – Malindi und Mombasa an der afrikanischen Küste (Ausgangspunkte für Fahrten nach Indien), Ormuz am Eingang des Persischen Golfes, Malakka (zwischen Sumatra und Malaysia, an der Straße, die den Indischen Ozean und den Golf von Bengalen mit dem Südchinesischen Meer und den Gewürzinseln verbindet), Macau an der Mündung des Perlflusses (der das Tor zu Südostchina ist). Sie wollten Aden (Zugang zum Roten Meer), konnten es aber nie erobern. Die wichtigste Basis von allen war Goa, die Perle der Malabarküste – Umschlagplatz für Pfeffer, Hafen für die Einfuhr arabischer Pferde nach Südindien (das südindische Klima ließ eine heimische Pferdezucht nicht tunlich erscheinen), ein Ort, geschützt durchs Meer und auf der Landseite durch einen Wasserlauf, in dem es von Krokodilen wimmelte.

Schließlich lernten die einheimischen Herrscher der Region, mit den portugiesischen Enklaven auszukommen und Handel zu treiben, wie sie das seit jeher auch schon mit anderen Fremden getan hatten. Griffen sie die Portugiesen wirklich einmal an, fielen ihnen oft genug Feinde aus den eigenen Reihen in den Rücken. Die Portugiesen spielten die regionalen Gruppierungen perfekt gegeneinander aus und zogen damit mehr als einmal den Kopf aus der Schlinge.

Aber ernsthaftere Gegner waren im Anmarsch. Alles wurde anders, als die Holländer und Engländer die Szene betraten. Im Jahre 1605 eroberten die Holländer Amboina und vertrieben die Portugiesen aus anderen Stützpunkten auf den Molukken (Gewürzinseln). 1622 verloren die Portugiesen Ormuz an die Perser, denen englische Schiffe und Kanoniere entscheidende Hilfe leisteten. 1638 nahmen die Holländer Elmina ein, die erste portugiesische Festung an der Küste von Guinea, Sinnbild der wagemutigen portugiesischen Vorstöße und Umschlagplatz für Gold und Sklaven aus Afrika. Im Jahre 1641 kam Malakka an die Reihe, und wieder waren es die Holländer; in den Jahren 1665–1667 folgte Makassar. Im Verlauf dieser Ereignisse vertrieben die Holländer die Portugiesen kurzerhand von den Gewürzinseln, dem ursprünglichen Zweck des ganzen Unternehmens. Portugals große Stunde war vorüber, aber den Nationalstolz bringen widrige Umstände erst richtig auf Touren, und so hielten sie fest, was sie nur irgend konnten. Goa behielten sie bis 1961 (es hatte schon längst seinen Reichtum und seine kommerzielle Bedeutung verloren), als das weit stärkere Indien einmarschierte und die Macht übernahm, ohne daß es eines besonderen Anlasses oder Vorwandes bedurft hätte. Kein unabhängiges Land mit Selbstachtung konnte mit solch einem Pfahl im Fleisch leben.

Primär verfolgte Portugal im Osten das Ziel, Pfeffer und andere Gewürze zu beschaffen und direkt nach Europa zu verschiffen, um auf diese Weise die

Zwischenstationen zu vermeiden, die den herkömmlichen Handelsverkehr durch Asien und übers Mittelmeer belasteten.[3] Die Portugiesen kauften die Gewürze oder eigneten sie sich gewaltsam an, um sich für die Hemmnisse schadlos zu halten, die ihrem Handel durch die muslimische Kaufmannschaft in den Weg gelegt wurden. In den ersten Jahrzehnten rissen sie auf diese Weise einen großen Teil des Handels an sich. Auf dem Gipfelpunkt der portugiesischen Aktivitäten machten an die vierzig Prozent des nach Europa eingeführten Pfeffers die Reise um das Kap der Guten Hoffnung; die Venezianer waren die Leidtragenden. Mit der Zeit allerdings brachten sich die alten Handelswege wieder stärker zur Geltung. Der unmittelbare portugiesische Anteil ging auf etwa 20 Prozent zurück; er fiel immer noch ins Gewicht, spielte aber nicht mehr die entscheidende Rolle. Im Jahre 1570 gab die portugiesische Krone ihr Monopol auf den Handel zwischen Lissabon und dem Osten (Goa) auf. Der König war nicht länger selber Kaufmann, sondern verkaufte Konzessionen, häufig an ausländische Kaufleute. 1586 erwarb das deutsche Handelshaus der Welser die Exklusivrechte auf den Kauf von Pfeffer in Ostindien. Der Handel befand sich auf dem Tiefstand. Die Portugiesen verkauften ein wertloses Monopol.[4]

(Die Zahlen bezüglich der Marktanteile sind Näherungswerte. Über Gesamtdaten verfügen wir nicht.[5] Wir wissen allerdings, daß Venedig, dessen Bezugsquelle die Transporte waren, die über Land in die Levante kamen, in der zweiten Hälfte des sechzehnten Jahrhunderts erneut zum wichtigsten europäischen Stapelplatz für Pfeffer wurde. Als die Kunde von den ersten erfolgreichen holländischen Fahrten nach Ostindien eintraf [Cornelius Houtman, 1595], konnte sich Venedig ebenso wie Portugal ausrechnen, daß der »vollständige Zusammenbruch« der älteren Handelsverbindungen bevorstand.[6] Im Jahre 1625 stuften die venezianischen Zollbehörden Gewürze bereits als »westliche Waren« ein: Sie kamen jetzt vom Atlantik statt aus dem Nahen Osten.)

Um für den schrumpfenden Gewürzhandel Ersatz zu schaffen, schalteten sich die Portugiesen in den innerasiatischen Handelsaustausch ein. Der hatte auch schon floriert, lange bevor die Europäer eintrafen: Kaufleute aus Gujarat, Java und China tauschten Pfeffer und Gewürze gegen indische und chinesische Stoffe und gegen chinesisches Porzellan ein; arabische Kaufleute schafften zu Fuß und per Schiff Sklaven aus Afrika in die muslimische Welt; Schiffe von überallher transportierten Teak- und Sandelholz und andere edle Hölzer, Elfenbein und Rhinozeroshorn, das als Aphrodisiakum geschätzt wurde, außerdem seltene und weniger seltene Tiere, unter anderem Affen, Tiger und vor allem Pferde und Elefanten für den Einsatz im Kampf und bei zeremoniellen Gelegenheiten; jeder führte schließlich Edelmetalle mit, um Rechnungen begleichen zu können (Silber aus der Neuen Welt, das nach Indien und China gelangte, Gold aus Ostafrika und Japan). Ein großer Teil dieses asiatischen Handels entstand spontan und vollzog sich regellos – in einer Art von Brownscher Molekularbewegung. Man ging dorthin, wo die Schiffsfrachten waren, und schipperte von einem Hafen zum anderen. In späteren Zeiten hießen solche Schiffe Trampdampfer, hier waren es noch Trampsegler.[7]

Hand in Hand mit dieser Entwicklung ging eine Verschiebung weg vom Handel und hin zu Aktivitäten, die ein Ökonom als rentenorientiert bezeichnen würde. Vor allem nutzten die Portugiesen ihre Macht, um sich am Handel anderer zu bereichern. Sie wurden zu den Raubrittern des Indischen Ozeans. Alle Handelsfahrzeuge mußten eine portugiesische Handelslizenz kaufen. Taten sie das nicht, riskierten sie, aufgebracht zu werden. Der Wechsel zum Gaunertum und zum regionalen Handel ermöglichte wichtige Einsparungen; viel weniger Schiffe mußten von Europa nach Asien fahren. Statt dessen benutzten die Portugiesen Schiffe, die in Indien gebaut wurden. Hartholz war leicht zu bekommen, und die indischen Zimmerleute lernten rasch, nach europäischen Vorgaben zu arbeiten – und sie taten es für viel geringere Löhne. Auch die Mannschaften rekrutierten sich immer mehr aus Einheimischen. Abgesehen von fünfzehn oder zwanzig europäischen (oder eurasischen) Soldaten, Kanonieren und Offizieren bestand manchmal die gesamte Belegschaft eines Schiffes aus Asiaten oder afrikanischen Sklaven. Bedenkt man, wie groß der Indische Ozean ist, würde man meinen, daß es unendlich vieler Patrouillenschiffe bedurft hätte, um sicherzustellen, daß alle sich der portugiesischen Kontrolle unterwarfen. Aber hier kam die Topographie den Portugiesen zu Hilfe: Die engen Handelsrouten und Durchfahrten machten die Überwachung leicht. Außerdem mußte man nicht überall präsent sein. Nur wenige exemplarische Enterungen und Beschlagnahmungen waren nötig, und alle wußten, woran sie waren.

Das Problem war nur, daß auch andere in das Spiel einsteigen konnten. Die europäischen Neuankömmlinge kämpften verbissener und segelten besser. In den Berichten über frühe holländische und englische Fahrten in die Gegend (Anfang des siebzehnten Jahrhunderts) wimmelt es von feindseligen Begegnungen: Man lauerte sich auf und versteckte sich, stellte Fallen und beging schnöden Verrat, attackierte und kaperte. Der Buhmann der einen war der Held der anderen. James Lancaster, ein verwegener und listenreicher englischer Kapitän, war auf seiner zweiten Fahrt nach Ostindien (1601) mit den Gewinnen, die er durch Handel erzielte, nicht zufrieden. Kein Problem! Als Lancaster zwei Jahre später nach England zurückkehrte, war sein Schiff beladen mit Beute; König Jakob schlug ihn für seine Verdienste zum Ritter. Die Oberfläche des Indischen Ozeans spiegelte die Tiefe darunter: überall Raubtiere, die einander auffraßen. Das Ganze lief auf legalisierte Piraterie hinaus, wobei für die Holländer und Engländer als Legitimationsgrund der Krieg gegen Spanien diente, der auf Portugal ausgedehnt wurde, nachdem sich die beiden Königreiche der Iberischen Halbinsel 1580 in Personalunion vereinigt hatten. Dieses Beutespiel war derart gewinnbringend, daß auch, nachdem die beiden iberischen Königreiche sich nach 1640 wieder getrennt hatten, die Holländer und Engländer nur höchst ungern zu friedlichen Verhältnissen zurückkehrten. Was konnte besser sein als

Das gute alte Regiment, der simple Plan,
Daß nehmen soll, wer stark genug,
Und behalten soll, wer's kann?[8]

Die Territorialmächte der ostindischen Region beobachteten diesen internen europäischen Wettstreit und hielten sich heraus. Sie heimsten lieber ihren Anteil am monopolistischen Handel ein oder benutzten die Fremden als Bundesgenossen in ihren eigenen Kriegen. Außerdem standen die Asiaten den Phänomenen der Seeherrschaft und des maritimen Wagemuts weitgehend gleichgültig gegenüber. »Kriege zur See«, erklärte Schah Bahadur, der Herrscher von Gujarat und Nachbar der Portugiesen, »sind die Sache von Kaufleuten und haben mit dem Ruhm von Königen nichts zu schaffen.« Das kam der chinesischen Haltung ziemlich nahe. Noch so ein folgenschwerer Irrtum.

Währenddessen schrumpfte die Macht der Portugiesen: Ein Historiker spricht von dem »eigentümlich brüchigen Aufbau ihrer Seeherrschaft«[9]. Er hätte auch von einem sandigen Unterbau reden können. Bald waren nur noch die großen Erinnerungen übrig, verewigt in der Dichtung von Luis da Camoëns (*Die Lusiaden*), der die unsichtbaren Bugwellen besang, die »durch Meere wallten, nie zuvor befahren«[10]. Eitel Stolz! Im Jahre 1737 bemerkte der britische Gouverneur von Bombay: »Das portugiesische Königshaus nimmt seit langem nicht unbeträchtliche jährliche Unkosten in Kauf, um seine Besitzungen in Indien zu halten – und dies nur, wie es scheint, aus Gründen der Ehre und der Religion.«[11]

*

Die Würze des Lebens

Wir Heutigen wundern uns vielleicht, warum Pfeffer und andere Würzstoffe den Europäern damals so teuer waren. Der Grund dafür liegt im Problem der Konservierung von Nahrung in einer Welt, in der die Subsistenzmittel knapp bemessen waren: Die Nahrungsvorräte in Form von Getreidesorten reichten kaum aus, weshalb es unmöglich war, große Mengen Getreide darauf zu verwenden, Tiere durch den langen Winter zu füttern, abgesehen natürlich von Zuchttieren, Zugvieh und Pferden. Deshalb das traditionelle herbstliche Schlachtfest. Um das Fleisch in einer Welt ohne künstliche Kühlung das Jahr über zu konservieren und durch Hitze und Kälte hindurch eßbar zu erhalten, wurde es geräuchert, gepökelt, gepfeffert und auf andere Arten haltbar gemacht; wurde es dann zubereitet, würzte man es stark, um den Hautgout-Geschmack und Fäulnisgeruch möglichst zu überdecken. Daher das Paradox, daß die Küche wärmerer Länder normalerweise »heißer«, nämlich schärfer, ist als die in kühleren Ländern – es gibt mehr zu verbergen.

Würzmittel brachten noch einen zusätzlichen Vorteil. Die Menschen damals konnten das zwar nicht wissen, aber die stärkeren Gewürze wirkten sich

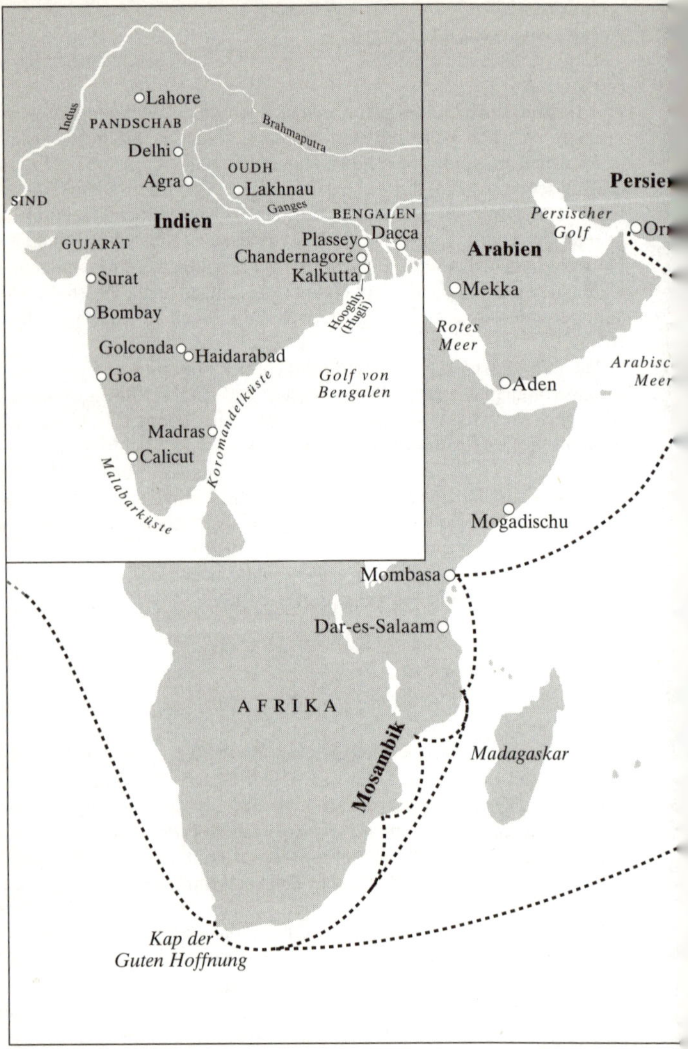

Handelsrouten in den Meeren des Ostens

Der Handel zwischen den einzelnen Regionen und Ländern blühte bereits vor der Ankunft der Europäer im siebzehnten Jahrhundert.

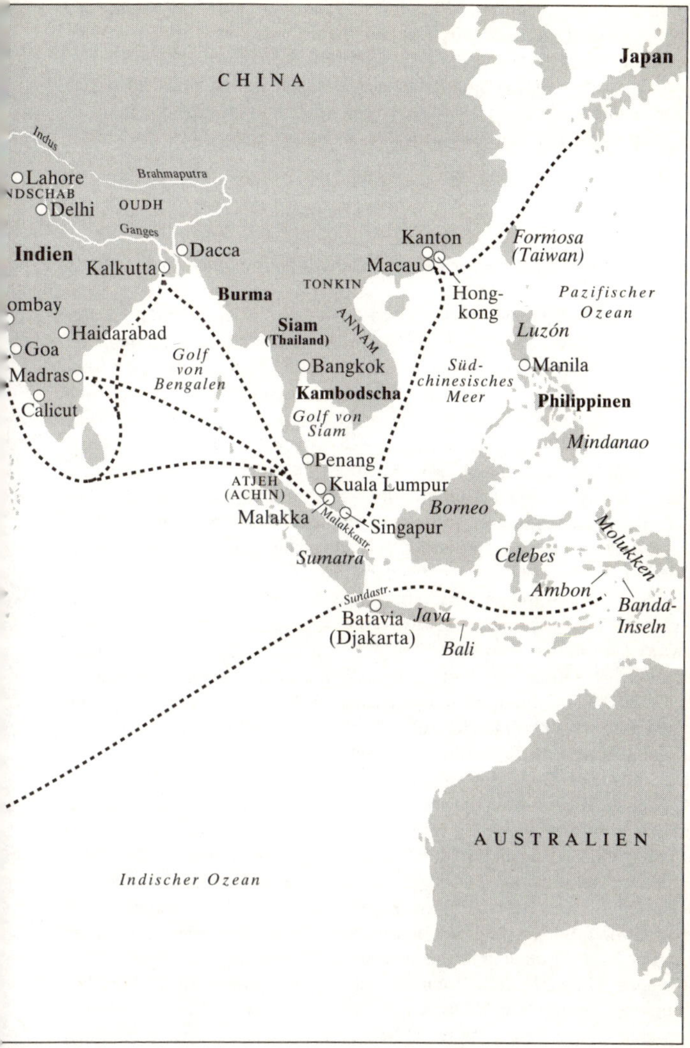
Japan
CHINA
Indus
Lahore
NDSCHAB
Delhi
Brahmaputra
OUDH
Ganges
Indien
Dacca
Kalkutta
Kanton
Macau
Formosa (Taiwan)
Hong-kong
TONKIN
Burma
ombay
Pazifischer Ozean
ANNAM
Siam (Thailand)
Haidarabad
Goa
Golf von Bengalen
Luzón
Bangkok
Süd-chinesisches Meer
Manila
Madras
Calicut
Kambodscha
Philippinen
Golf von Siam
Mindanao
Penang
ATJEH (ACHIN)
Kuala Lumpur
Malakka
Malakkastr.
Borneo
Singapur
Molukken
Celebes
Sumatra
Ambon
Sundastr.
Batavia (Djakarta)
Java
Banda-Inseln
Bali
AUSTRALIEN
Indischer Ozean

 im Sinne einer Schwächung und Tötung der Bakterien und Viren aus, die der Fäule Vorschub leisten und durch sie gedeihen. Tabasco und andere scharfe Soßen zum Beispiel verringern die Gefahren, die der Verzehr infizierter Austern mit sich bringt; jedenfalls ist nachgewiesen, daß sie im Reagenzglas Mikroorganismen abtöten. Gewürze waren mithin im mittelalterlichen Europa nicht einfach ein Luxus, sondern eine Notwendigkeit, wie ihr Marktwert bezeugt.

*

»Os Cafres da Europa« – Die »Kaffern Europas«[12]

Will man den Aufstieg und Fall großer Reiche verstehen, so muß man stets ebensosehr auf die Kräfteverhältnisse und Umstände im Heimatland schauen wie auf die Bedingungen draußen. Als die Portugiesen den Südatlantik eroberten, hatten sie in der Navigationstechnik eine Vorreiterrolle inne. Die Bereitschaft, von fremden klugen Köpfen zu lernen, darunter viele Juden, bescherte ihnen Kenntnisse, die sich unmittelbar in die Praxis übersetzen ließen; als im Jahre 1492 die Spanier ihre Juden vor die Alternative stellten, entweder zum Christentum überzutreten oder das Land zu verlassen, fanden viele von ihnen Zuflucht in Portugal, das sich weniger stark in den Antisemitismus verbohrt hatte. 1497 allerdings gab die portugiesische Krone ihre tolerante Haltung unter dem Druck der römisch-katholischen Kirche und des spanischen Nachbarn auf. An die siebzigtausend Juden wurden gezwungen, sich taufen zu lassen – ein sakramental abgesegneter großer Schwindel. Im Jahre 1506 erlebte Lissabon sein erstes Pogrom, das zweitausend »bekehrte« Juden mit dem Leben bezahlten. (Spanien war mit dergleichen bereits seit zweihundert Jahren zugange.) Von da an trudelte das intellektuelle und wissenschaftliche Leben Portugals unaufhaltsam in einen Abgrund der Frömmelei, des Fanatismus und der Blutsreinheit.[13]

Der Abstieg vollzog sich allmählich. Die Inquisition wurde in Portugal erst in den vierziger Jahren des sechzehnten Jahrhunderts eingesetzt und begann 1543 mit der Verbrennung von Irrgläubigen; ihre ganze Grausamkeit und Erbarmungslosigkeit entfaltete sie allerdings erst ab den achtziger Jahren des sechzehnten Jahrhunderts, nachdem die Königshäuser Spaniens und Portugals in der Person Philipps II. vereinigt worden waren. Doch schon vorher fanden die Kryptojuden, unter ihnen Abraham Zacut und andere Astronomen, das Leben in Portugal gefährlich genug, um scharenweise auszuwandern. Mit sich fort nahmen sie Geld, kommerzielles Know-how, Beziehungen, Kenntnisse und – was noch schlimmer war! – jene unwägbaren Eigenschaften der Neugier und des Nonkonformismus, die das Treibmittel des Denkens sind.

Das war ein herber Verlust, aber den größten Verlust fügt sich in Fällen von Intoleranz der Eiferer selbst zu. Es ist dieser Prozeß der Selbstdemontage, der solchen Verfolgungen ihre Haltbarkeit, ihren Bestand verleiht; sie sind nicht das Ereignis eines Augenblicks oder einer Regierungszeit, sondern die Sache von ganzen Generationen und Jahrhunderten. 1513 fehlte es Portugal bereits an Astronomen; in den zwanziger Jahren des sechzehnten Jahrhunderts war es vorbei mit der Vorreiterrolle auf wissenschaftlichem Gebiet. Das Land versuchte, eine neue, christliche Tradition auf astronomischem und mathematischem Gebiet zu begründen, und scheiterte – nicht zuletzt deshalb, weil gute Astronomen in Verdacht gerieten, es mit dem Judentum zu halten.[14] (Vergleiche hierzu den Argwohn, mit dem man im Spanien der Inquisitionszeit Ärzten begegnete.)

Wie die Spanier setzten auch die Portugiesen alles daran, sich gegen fremdländische und häretische Einflüsse abzuschotten. Die Erziehung wurde von der Kirche kontrolliert, die einen mittelalterlichen Lehrplan in Geltung erhielt, der sich um Grammatik, Rhetorik und scholastische Beweisführung drehte. Gefragt waren Exhibitionismus und Haarspaltereien (rund 247 gereimte Regeln zur Syntax lateinischer Substantive mußten auswendig gelernt werden). Die einzige Naturwissenschaft höheren Niveaus fand sich in der Medizinfakultät Coimbras – der einzigen Ausbildungsstätte für Medizin, über die das Land verfügte. Selbst dort waren nur wenige Lehrer bereit, ihren Galen um Harveys willen aufzugeben oder gar die noch brisanteren Lehren eines Kopernikus, Galilei und Newton zu propagieren, die alle drei im Jahre 1746 (als andernorts die Aufklärung bereits in vollem Gange war) von den Jesuiten mit dem Kirchenbann belegt wurden.[15]

Mittlerweile gingen keine portugiesischen Studenten mehr ins Ausland, um dort zu studieren, und die Einfuhr von Büchern wurde akribisch durch Inspektoren überwacht, die von der Heiligen Inquisition auf eintreffende Schiffe und in Buchhandlungen und Bibliotheken geschickt wurden. Im Jahre 1547 wurde erstmals ein Index verbotener Schriften aufgestellt; er wurde immer wieder erweitert und gipfelte in der gigantischen Liste von 1624 – alles dem Seelenheil der Portugiesen zuliebe.

Im Königreich selbst und in den überseeischen Gebieten sorgte eine dreifache Zensurschranke dafür, daß Druckgenehmigungen nur spärlich erteilt wurden und geistige Originalität nicht zum Zuge kam. Soweit Druckereien zugelassen wurden (in Goa, keine einzige in Brasilien), befanden sie sich in den Händen von Geistlichen, zumeist Jesuiten, die ihre Publikationen auf Wörterbücher und religiöse Themen beschränkten.[16] Aus Brasilien und Angola mußte sogar dieses Schrifttum zuerst nach Portugal geschickt und der Zensur vorgelegt werden.

Kein Wunder, daß Wissenschaft und Gedankenarbeit verkümmerten. Einige wenige genossen schließlich das Privileg, von der Bevormundung ausgenommen zu sein – nämlich die adligen und geistlichen Mitglieder der 1720 gegründeten Königlichen Historischen Akademie, bei denen es sich durchweg um Amateure handelte; sie durften Bücher einführen, die ansonsten verboten waren, zogen es aber vor, schmeichlerische Elogen auf die königliche Familie zu verfassen.

Natürlich war es unmöglich, ein Land, das zum Konzert der europäischen

 Nationen gehörte und imperiale Aspirationen hatte, vollständig abzuschotten. Die portugiesischen Diplomaten und Agenten im Ausland kamen mit der Nachricht zurück, daß die Welt voranschritt, während Portugal auf der Stelle trat. Diese *estrangeirados*, wie sie geringschätzig genannt wurden, erregten tiefen Argwohn, denn sie hatten sich angesteckt. Daß man nicht auf sie hörte, war für die Portugiesen Ehrensache. Leider! Denn diese Leute gewahrten, was nur wenige Portugiesen sehen konnten oder wollten: daß es dumm war, sich an die christliche Einheit zu klammern; daß die Heilige Inquisition eine nationale Katastrophe war, daß die Kirche den Reichtum des Landes verschlang, daß die Regierung durch ihr Versäumnis, Landwirtschaft und Industrie zu fördern, Portugal zur Rolle »der besten und einträglichsten englischen Kolonie« verurteilt hatte.[17] (Die klassischen Nationalökonomen Großbritanniens drückten die Sache anders aus. Ricardo sah in Portugal das Paradebeispiel für den Gewinn, der sich aus dem Handel und der Nutzung komparativer Vorteile ziehen ließ.)

Die intellektuelle Beschränktheit der Portugiesen war bald schon sprichwörtlich: so etwa bei Diego da Couto, der im Jahre 1603 von »der Erbärmlichkeit und mangelnden Aufgeschlossenheit dieser unserer portugiesischen Nation« sprach, bei Francis Parry, der 1670 als englischer Gesandter in Lissabon weilte und feststellte, die Leute seien »so wenig neugierig, daß keiner mehr weiß, als er unbedingt wissen muß«, und bei Mary Brearley, die im achtzehnten Jahrhundert Portugal besuchte und bemerkte: »Das Gros der Leute hat keinerlei Hang zu unabhängigem Denken und ist bis auf wenige Ausnahmen geistiger Tätigkeit zu abgeneigt, um Gelerntes in Frage zu stellen.«[18]

Durch diese selbstverschuldete Isolation büßten die Portugiesen sogar auf den Gebieten, auf denen sie einst führend gewesen waren, ihre Qualifikation ein. »Sie, die einst eine Vorreiterrolle in der Theorie und Praxis der Navigation gespielt hatten, fielen so weit zurück, daß sie als Nachzügler hinter dem Troß herhinkten.«[19]

Ende des siebzehnten Jahrhunderts waren bereits mehrere Steuerleute in der *carreira da India* (der Flotte, die den Indienhandel betrieb) Ausländer. Vorbei die Tage, in denen die portugiesischen Seekarten bestgehütetes Geheimnis waren; die Holländer hatten bessere Karten. Und als König Johann V. (der von 1706 bis 1750 regierte) von seinem Oberbaumeister überredet wurde, den Unterricht in Mathematik, Militärtechnik und Astronomie wiederaufleben zu lassen, kamen die erforderlichen Instrumente aus dem Ausland.

Bis 1600 war aus Portugal ein rückständiges, schwaches Land geworden. Ein Jahrhundert später hatte sich die Lage noch verschärft. Die kryptojüdischen Naturforscher, Mathematiker und Ärzte von einst waren geflohen; keine Nonkonformisten erschienen, um ihre Stelle einzunehmen. Im Jahre 1736 beklagte Dom Luis da Cunha, daß es in Portugal keine reformatorische (kalvinistische) Gemeinde gebe. Er stellte fest, die hugenottische Herausforderung habe den katholischen Klerus in Frankreich davor bewahrt, auf das

»erbärmliche« Niveau der portugiesischen Geistlichkeit herabzusinken.[20] Provokative Worte, die aber ins Schwarze trafen: So gewichtig die Gewinne aus dem Warenaustausch sein mögen, sie sind geringfügig, verglichen mit den Früchten, die der Austausch der Ideen trägt.[21]

10
Streben nach Gewinn

»...Wir Amsterdamer fahren...
Über die Meere und an fernste Küsten, allzeit gelockt vom Geld,
Im Streben nach Gewinn erkunden wir jeden Hafen der Welt.«
Joost von den Vondel[1]

Verglichen mit anderen Ländern, ist Holland klein – fast so klein wie Portugal und schwerlich groß genug, um den Imperialisten von Rang spielen zu können. Im Jahre 1500 zählte Holland ungefähr eine Million Einwohner; 150 Jahre später waren es doppelt so viele. Klein, aber potent: Im siebzehnten Jahrhundert lebte die Hälfte der Holländer in Städten, ein höherer Prozentsatz als irgendwo sonst in Europa. Und aktiv: Im Jahre 1627 fiel einem Beobachter auf, wie belebt die holländischen Straßen und Wasserläufe waren; er stellte fest, »daß es in den Straßen Roms nicht so viele Kutschen gibt (und daran herrscht dort, weiß Gott, kein Mangel!) wie hier zweirädrige Wagen voller Reisender. Und dazu wimmelt es auf den das Land durchquerenden Kanälen ... von Booten.«[2] Noch eindrucksvoller waren die großen und kleinen Häfen, Bienenstöcke der Schiffahrt. In den sechziger Jahren des sechzehnten Jahrhunderts zählte allein die Provinz Holland rund 1800 seetüchtige Schiffe – das Sechsfache dessen, was Venedig ein Jahrhundert zuvor auf dem Gipfelpunkt seiner Entwicklung hatte aufbieten können. Ungefähr fünfhundert dieser Schiffe gehörten zu Amsterdam; tatsächlich aber war die ganze Seeküste gespickt mit Masten: über fünfhundert Kähne bloß für den Heringshandel, die zum größten Teil in längst vergessenen, kleinen Häfen mit Namen wie Hoorn, Enkhuizen, Medemblik stationiert waren.[3]

Auch hier wieder wuchs eine kleine europäische Nation über sich selbst hinaus, und in dieser Leistung schlugen sich sowohl hauseigene holländische Fähigkeiten nieder wie die Konkurrenzsituation, in der sich die europäischen Nationalstaaten herausbildeten. Vor allem aber drückte sich im Erfolg der Holländer eine Einstellung gegenüber Arbeit und Kommerz aus, wie sie die Geschichte vom Hasen und Igel illustriert. Beute und rasche Gewinne waren schön und gut, aber worauf es langfristig (wohlgemerkt, langfristig) ankam, das waren die kleinen, mit geringem Risiko eingeheimsten Profite, die sich akkumulieren und keine Enttäuschungen bereithalten.[4]

Wir sprechen von Holland, aber die Holländer selbst kannten ihr Land als die Vereinigten Niederlande. Die Niederlande waren eine Konföderation, die nördliche Hälfte einer Reihe von Städten, Grafschaften und Herzogtümern, damals die lebendigste und am höchsten entwickelte städtische Kultur im nördlichen Europa, die das Pech hatte, zum Spielball und zur Verschiebemasse feudaler Tauschgeschäfte und dynastischer Eheschließungen zu werden. Anfang des sechzehnten Jahrhunderts erbte Karl V., Kaiser des Heiligen

Römischen Reiches, dank der Ehe seines Vaters Philipp mit Juana, der Tochter von Ferdinand und Isabella, die spanische Krone. Zu Karls vielen Titeln und Herrschaftsansprüchen gehörte auch der eines Herzogs von Burgund (ebenfalls die Frucht einer glücklichen dynastischen Verbindung). Burgund wiederum übte in den Niederlanden die Herrschaft aus. Auf diese Bäumchen-wechsle-dich-Weise gelang es der spanischen Linie der Habsburger, eine der reichsten und weltaufgeschlossensten Gegenden Europas – ein Zentrum industriellen, kommerziellen und geistigen Fortschritts, das schon lange frei von feudaler Knechtschaft und gewöhnt an ökonomische, intellektuelle und spirituelle Vielfalt war – unter seine Kontrolle zu bringen. Zu den unlösbaren Konflikten, die das heraufbeschwor, gehörte die Tatsache, daß der Herrscher Spaniens, dem die spanische Vergangenheit Verpflichtung war, in seinem Reich nie und nimmer ein offenes Bekenntnis zum Protestantismus dulden konnte.[5]

Daß Holländer und Spanier sich bekämpfen mußten, ist eine Ironie der Geschichte. Die Niederlande (der nördliche und der südliche Teil) hatten Besseres zu tun. Diese mannhaften Bürger, Seeleute, Fischer und Bauern waren zu den Mittelsmännern Nordeuropas geworden. Sie trieben einen Import-Export-Handel mit den wichtigsten Erzeugnissen der Nordsee, Skandinaviens und Osteuropas, mit Getreide, Bauholz, Fisch, Talg, Teer, Häuten. Sie stellten Wollstoffe und Mischgewebe her und waren Meister des kommerziellen Kreditwesens und des internationalen Finanzgeschäfts. Antwerpen, die große Hafenstadt an der Schelde, spielte in der neuen maritimen Wirtschaft eine beherrschende Rolle. Sie verknüpfte ein riesiges europäisches Hinterland mit dem Atlantik und den noch weiter entfernt gelegenen Gebieten. Alten Handelszentren wie Venedig und Genua lief sie den Rang ab und wurde zum Zielhafen für Frachten, die aus den überseeischen neuen Welten kamen. Die Schiffe mochten zuerst Lissabon und Sevilla anlaufen, aber endgültig halt machten sie in den Niederlanden, wo ihre Fracht in Empfang genommen und verarbeitet wurde, um dann in alle Welt hinauszugehen.

Gleichzeitig war dies aber auch Spaniens großer Augenblick auf der Weltbühne. Der ungeheure Zufluß kolonialer Reichtümer verlieh der spanischen Krone ungeheuren Auftrieb. Spanien war nun die führende Macht in Europa, und niemand durfte sich seinen Absichten und Ansprüchen in den Weg stellen. Als sich deshalb diese verdammten Flachländer in ihrem Wollzeug erdreisteten, gegen die spanischen Repräsentanten in ihren Seidenroben das Haupt zu erheben, wurden sie als eine Horde von Bettlern verlacht (*tas de gueux*). Weder mit Geld noch mit Truppen gedachte Spanien zu knausern, um ihnen zu zeigen, wer der Herr im Haus war.

Soweit die Welt des Reichtums und der Kanonen! In der Sphäre des Glaubens indes verschärften zwei weitere Umstände den Konflikt und gewannen maßgebende Bedeutung für das Schicksal der Region. Zum einen triumphierten in Spanien Fanatismus und Intoleranz und führten im Jahre 1492 zur Vertreibung der Juden (später dann zu einer ähnlichen Vertreibung der Muslime). Viele der Juden suchten Frieden und ein menschenwürdiges Leben in den Niederlanden, die im Ruf der Toleranz standen.

Das zweite große religiöse Ereignis war die Ausbildung des protestantischen Christentums zu einem organisierten Kult und Glaubenssystem. Sektentum und Häresie waren eine alte Geschichte, aber als im Jahre 1517 Martin Luther seine »Fünfundneunzig Thesen« an die Tür der Kirche in Wittenberg nagelte, tat er den ersten Schritt zur Spaltung der römisch-katholischen Christenheit. In den folgenden Jahrzehnten übersetzten Protestanten in mehreren Ländern die Bibel in die jeweilige Volkssprache (was zuvor schon die Lollarden getan hatten). Die Menschen lasen nun selbst und machten sich eigene Gedanken; Laien gesellten sich den rebellierenden Geistlichen bei. Zu den Gebieten, die ohne viele Umstände zu dem neuen Bekenntnis überwechselten, zählten die Niederlande, insbesondere die nördlichen Provinzen, wo religiös Andersdenkende schon lange einem Kult des persönlichen Gewissens huldigten.

So fanden denn also die spanischen Verwalter und Geistlichen, als sie nach Norden kamen, eine spirituelle Vielfalt und Anarchie vor, wie man sie in Spanien schon längst ausgerottet hatte. Unerträgliche Zustände! Sie reagierten darauf mit Strafen und Unterdrückungsmaßnahmen, unbekümmert um die Empörung, die ihnen entgegenschlug, und obwohl viele ihnen nachdrücklich davon abrieten. Schließlich mußte Recht bleiben, was Recht war, und man durfte Gott nicht dem Mammon opfern (außer natürlich in den Kolonien). Also brachten die Spanier Spione, Gesinnungsschnüffler und Soldateska ins Land; sie führten die Heilige Inquisition in eine Region ein, die diese Einrichtung nie gekannt hatte (1522/23); und sie ordneten eine Reihe von exemplarischen Hinrichtungen an, die in der Öffentlichkeit einen Sturm der Entrüstung auslösten und zum Widerstand anstachelten.

Den unvermeidlichen Aufstand führten die Kalvinisten der nördlichen Provinzen, die sogenannten Wassergeusen, an; die Provinzen im Süden, deren Bevölkerung überwiegend katholisch war, blieben fügsamer. Selbst dort allerdings fügten das Kriegsrecht und eine allgegenwärtige Überwachung dem offenen Markt und freien Handel Schaden zu. Im Jahre 1576 vereinigten sich die südlichen Provinzen mit ihren Brüdern im Norden im Kampf gegen die Eindringlinge. Diese wiederum eroberten einige wichtige Städte – darunter Antwerpen und Gent – und ließen zu, daß diese in der für die Kriegführung des sechzehnten Jahrhunderts typischen Manier geplündert wurden. Binnen weniger Jahre zerstörten die Spanier den Wohlstand Antwerpens und provozierten einen neuen Exodus. Kaufleute, Weber (von denen die kostbaren Geheimnisse der »neuen Stoffe« nach England gebracht wurden), Juden, Kalvinisten – sie alle zogen fort. Auch Katholiken, die begriffen, daß in einer Welt anmaßender Caballeros und herumschnüffelnder Mönche selbst Rechtgläubige keine geschäftliche Zukunft hatten.

Die südlichen Provinzen gaben auf, die nördlichen hielten durch und hatten 1609 endlich ihre Unabhängigkeit erkämpft. In ihrer Mehrheit war die Bevölkerung noch nicht kalvinistisch, aber angeführt hatten den Aufstand die Protestanten. Anfangs zwangen die Spanier diese unverschämten Rebellen noch mit einem Schwertstreich und ein paar Kanonaden in die Knie. Die damaligen Holländer waren jedoch zähe Burschen. Sie bogen sich, aber brachen nicht, und sie lernten, Krieg zu führen. Und wie die flämischen Bürger des mittelalterlichen Courtrai oder die Schweizer Bauernschaft bei Morgarten, Sempach, Murat, Dornach und auf anderen Schlachtfeldern, wie die englischen Langbogenschützen bei Agincourt oder die japanischen Bauern im Kampf gegen die Samurai von Satsuma lehrten sie die hochmütigen Nachfahren kriegserprobter Generationen, daß auch kleine Leute kämpfen können.

Amsterdam segelte im Schlepptau – vorsichtig und kollaborationsbereit. Erst als der Krieg gewonnen war, schlug sich die Stadt auf die Seite der Unabhängigkeit. Aber trotz oder gerade wegen ihres Taktierens wurde sie sogleich zur Hauptstadt der Konföderation und zum Zentrum des Geschäftslebens. Was ihr an Prinzipientreue fehlte, das machte sie durch Klugheit wett. Manchmal zahlt sich Gesinnungslosigkeit aus.

Ebenso bei den kolonialen Unternehmungen. Am liebsten hätten die Holländer den Portugiesen und Spaniern das blutige Geschäft der ruhmvollen Eroberungen überlassen und sich mit der Rolle von Mittelsmännern, Agenten, Bearbeitern, Verteilern und so weiter beschieden. Aber als Spanien Portugal praktisch annektierte und im Jahre 1585 die Häfen von Sevilla und Lissabon für holländische Schiffe schloß, zwang es diese nüchtern denkenden Flachländer, sich zu kampfstarken Seeleuten auf fremden Meeren zu entwickeln.

Die Holländer lernten auf dem Weg der Spionage. Die Schlüsselfiguren waren Cornelis de Houtman, Seemann und Schiffskapitän, und Jan Huyghen van Linschoten, Buchhalter, Reisender und Geograph. Beide Männer verbrachten etliche Jahre in portugiesischen Diensten, weil die Portugiesen jeden brauchten, den sie bekommen konnten, und nicht ahnten, daß Holländer ein Sicherheitsrisiko darstellten. Als die beiden Gastarbeiter nach Holland zurückkehrten, brachten sie wertvolle Informationen über die Länder und Meere des Fernen Ostens mit: über Küsten, Felsen und Riffe, Inseln und Häfen, Fahrtrouten, Winde und Strömungen, jahreszeitlich bedingte Stürme und Flauten, Breitengrade und Kompaßpeilungen, Vögel, die Land anzeigen, Freund und Feind, Stärken und Schwächen der Portugiesen.

Dann setzten die Holländer Segel. Ein halbes Dutzend Schiffe stachen in See und kehrten wieder zurück, die einen leer, die anderen beladen. Das Wichtigste dabei war der Nachweis, daß es sich schaffen ließ. Ein halbes Dutzend Kompanien, dann noch vier weitere, wurden gegründet, die allesamt entschlossen waren, die Gewürze und Schätze Ostindiens in ihren Besitz zu bringen. Das konnte natürlich nicht gutgehen. Man überredete sie zu fusionieren. Wie bei der Konföderation: Gemeinsam war man stark. So trat im Jahre 1602 die Vereenigde Oost-indische Compagnie (VOC), alias Jan Compagnie, ins Leben.

Die Holländer machten sich nun daran, durch Handel Geld zu verdienen. Sie trafen auf eine Welt, in der das Handeltreiben an die Ausübung von Gewalt gebunden war. Kein Gewürz ließ sich ohne das Einverständnis des jeweiligen örtlichen Herrschers oder seines Vertreters kaufen, die ihrerseits darauf achteten, daß sie ein auskömmliches Leben hatten. Kein Kauf war sicher: Örtliche Herrscher verkauften dieselbe Ernte zweimal. Die politischen Rivalitäten in der Region waren kompliziert und wechselhaft – Muslime kontra Ungläubige, kleine Häuptlinge, die nach der Königs- oder Sultanswürde strebten, Königstreue kontra Rebellen, wobei aus den einen die anderen wurden und sich dann das Verhältnis wieder umkehrte. Und kompliziert und verschärft wurde das Ganze noch dadurch, daß andere Europäer im Spiel waren. Die Portugiesen, die dort bereits saßen, waren bereit zu bestechen, zu lügen, zu stehlen, ja selbst zu morden, um den Holländern einen Strich durch die Rechnung zu machen. Desgleichen die Spanier, die sich durch die Hintertür ihrer Philippinen einschlichen. Und ihnen dicht auf den Fersen die Engländer, die noch zu vereinzelt kamen, um mit den anderen um Märkte oder Territorien konkurrieren zu können, die aber ihre geringe Anzahl durch seemännische Tüchtigkeit und gute Artillerie wettmachten.

Jedermann in diesen fernöstlichen Gewässern war zur Hälfte Bandit, einschließlich der die dortigen Küsten unsicher machenden Seeschakale, die sich aus dem Hinterhalt auf die kleineren Schiffe stürzten und die auch heute noch schutzlosen Flüchtlingen auflauern. Die tollsten Hechte aber, die Piraten der Piraten, waren die Engländer. Kein Schiff war ihnen zu groß zum Entern. Die Strategie war nicht schlecht: Kann man sich nicht durch Geschäfte sein Geld verdienen, schröpft man diejenigen, die das tun. Und zwischen diesen verschiedenen Europäern segelten und lavierten Kaufleute aus dem fernöstlichen Raum: Händler aus dem indischen Staat Gujarat, Araber vom Roten Meer und aus dem Persischen Golf, Malaysier und Indonesier und vor allem die Chinesen. Diese waren im eigenen Land durch die Eingriffe und korrupten Ansprüche des Staates in ihrer Entfaltungsmöglichkeit stark eingeschränkt; aber kaum waren sie weg von zu Hause, legten sie einen Unternehmungsgeist an den Tag, der den ihrer Konkurrenten weit in den Schatten stellte.

Die Holländer lernten also zu kämpfen. Ihre Seeleute mochten die Insel Texel als Landratten verlassen, aber auf der monatelangen Fahrt nach Ostindien wurden sie täglich gedrillt, schrubbten die Decks, fuhren die Kanonen aus, hievten die Munition ins Rohr, überprüften ihre Zielgenauigkeit, arbeiteten an den Feuerlöschpumpen, machten sich für den Kampf auf hoher See bereit. All diese Fertigkeiten würden sie brauchen, wenn sie das Glück hatten, die normalen Fährnisse einer langen Seereise heil zu überstehen.

Daheim in Amsterdam hatten die Direktoren der Kompanie wenig übrig für diese Kosten und Risiken, die den Großteil der Gewinnspanne aufzehrten. Gewürze zum Beispiel waren damals in Europa zehn- bis zwölfmal soviel wert wie in Ostindien; stellte man aber die allgemeinen Unkosten in Rechnung, sank der Gewinn auf unter 100 Prozent – was sich immer noch sehen lassen konnte, aber doch weit entfernt von den erträumten Profiten war.

Sicher, es waren ja gerade die Hemmnisse, denen dieser Markt ausgesetzt war, die die riesige Preisdifferenz zwischen Herkunftsort und Absatzmarkt begründeten. Ein freier, effektiver Markt hätte die Gewinnspannen pro Wareneinheit sinken lassen, selbst wenn der Kapitalertrag, absolut gesehen, stieg. Sinkende Gewinnspannen wären allerdings der Jan Compagnie auch nicht recht gewesen. Was sie wollte, war der Ausschluß der Konkurrenz und die Möglichkeit, in Ostindien die Preise zu diktieren und große Spannen zwischen Kauf- und Verkaufspreis aufrechtzuerhalten. Darin lagen die höchsten Profite. Das hatte nichts mit Geschäft zu tun, sondern mit Macht und deren Einsatz – die Ökonomie spricht in diesem Zusammenhang von Rentenorientierung.

Im übrigen waren die Herren von der Kompanie Pragmatiker. Sie begrüßten die Aussicht auf den Friedensschluß mit Spanien, zu dem es nach rund achtzig Jahren kalten und heißen Krieges im Jahre 1609 endlich kam. Der Friedensvertrag sah eine Aufteilung der Gebiete auf der Grundlage der bestehenden Verhältnisse vor, und die bestehenden Verhältnisse wollte die Kompanie zuvor noch rasch ändern. Also schickten die Direktoren einen schnellen Segler nach Ostindien, um der Benachrichtigung der Philippinen durch die Spanier zuvorzukommen und die Agenten der Kompanie zu instruieren, an möglichst vielen Orten Faktoreien und Agenturen zu begründen, um Gebietsansprüche geltend machen zu können. Solch ein aggressives Vorgehen war zwar geeignet, Zusammenstöße zu provozieren, aber jetzt war nicht der Augenblick, auf Katzenpfoten zu gehen. Die Kompanie wollte unbedingt auf den Gewürzinseln Fuß fassen, der weltweit einzigen Quelle für Muskatnuß, Nelken und Muskatblüten. Brachte man diese Gewürze nach Indien, erzielten sie Profite, die zehn- und fünfzehnmal höher lagen als die Kosten. »Die Bandainseln und die Molukken sind unser Hauptziel. Wir raten aufs Entschiedenste, diese Inseln an die Kompanie zu binden, wenn nicht durch Vertrag, so mit Gewalt!«[6]

Das waren die frühen Jahre, die Jahre der schmutzigen Hände. Als die Kompanie ihre Position erst gefestigt hatte, fing sie an, rohe Gewalt zu mißbilligen. Aber da gab es dann noch die Agenten draußen, die der Kompanie die harten Tatsachen des Lebens in Asien in Erinnerung riefen – oder jedenfalls ihre Sicht von diesen harten Tatsachen. Hören wir Jan Pieterszoon Coen, den jungen und energischen Prokonsul der Kompanie in Batavia, dem heutigen Djakarta – einer Stadt, die er als ostindisches Hauptquartier der Kompanie (als holländisches Goa) gründete, weil sich von hier aus die enge Durchfahrt zu den Molukken, die unter dem Namen Sundastraße bekannt ist, kontrollieren ließ:

> »Euer Gnaden sollten aus Erfahrung wissen, daß der Handel in Asien unter dem Schutz und mit der Unterstützung von Euer Gnaden Waffen betrieben und aufrechterhalten werden muß und daß die Waffen mit den Gewinnen aus dem Handel bezahlt werden müssen; wir können also Handel nicht ohne Krieg treiben und Krieg nicht ohne Handel führen.«[7]

Südostasien und das indonesische Archipel

Für die Holländer wurden die »Gewürz-Inseln« – die Molukken und die Banda-Inseln – zur Quelle ihres Reichtums. Von dort stammten die seltenen Gewürze – Nelken, Muskatnüsse, Zimt –, auf denen sie ihr Monopol aufbauten.

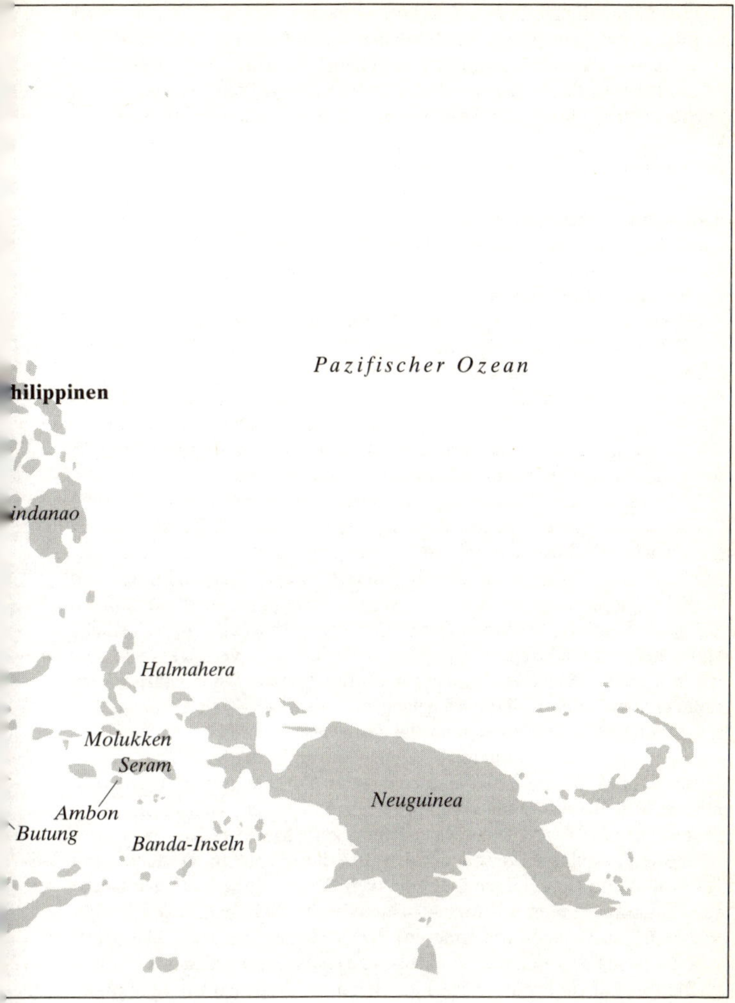
Pazifischer Ozean
hilippinen
indanao
Halmahera
Molukken
Seram
Ambon
Butung
Banda-Inseln
Neuguinea

Eine Generation später die gleiche Geschichte. Die Delfter Kammer der Kompanie beklagte, wieviel Menschenleben und Geld die militärische Eroberung Malakkas und Ceylons gekostet habe. »Ein Kaufmann«, stellten sie fest, »täte besser daran, sein Vermögen auf ehrenwerte Weise zu mehren und reiche Schiffsladungen von Asien nach den Niederlanden zu schicken, statt kostspielige Eroberungen zu machen, die gekrönten Häuptern und mächtigen Fürsten besser anstehen als Kaufleuten, die nach Gewinn streben.« Darauf antwortete der in Ostindien weilende Antonio van Diemen: »Zwischen dem Allgemeinen und dem Besonderen und zwischen der einen Art von Handel und einer anderen besteht ein großer Unterschied. Die tägliche Erfahrung lehrt uns, daß der Handel der Kompanie in Asien ohne territoriale Eroberungen keinen Bestand hat.«[8]

Während dieser Jahre agierten die Männer draußen wie Monarchen, und die Bürger zu Hause rangen die Hände. Wie sollten die Direktoren Entscheidungen treffen? Normalerweise dauerte es zwei, drei Jahre, bis eine Anweisung von Amsterdam nach Ostindien und die Antwort zurück nach Amsterdam gelangt waren. Da war dann schon alles gelaufen. Die Geschichte der überseeischen Imperien, und das gilt nicht nur für das holländische, ist weitgehend eine Geschichte vollendeter Tatsachen.

Es würde zu lange dauern, diese Geschichte vollendeter Tatsachen Revue passieren zu lassen und zu schildern, wie die Holländer die Portugiesen angriffen (häufig in Absprache mit örtlichen muslimischen Herrschern), in spanisches Gebiet einfielen, mit den Engländern kämpften, gegen Piraten und die Seeräuberei vorgingen (was für den einen Staat Piraterie ist, gilt dem anderen als Politik), Strafexpeditionen und Präventivschläge gegen örtliche Herrscher durchführten, Versprechen abgaben und Verträge schlossen, falsches Spiel trieben und Verrat begingen. Beschränken wir uns auf die Feststellung, daß es den Holländern gelang, sich die Molukken (die Gewürzinseln) und Java »anzueignen« und das restliche Indonesische Archipel mit Erfolg zu ihrer Einflußsphäre zu machen. Sie eroberten auch Ceylon und Formosa (Taiwan) und gründeten entlang der Ostküste Indiens (der Koromandelküste bis hinauf ins nördlich gelegene Bengalen) Faktoreien. Weniger erfolgreich waren sie auf der westlichen Seite (Malabarküste); dort rückten sie den Portugiesen zu sehr auf den Pelz, die sich auf ihrem angestammten Grund und Boden noch immer zu verteidigen wußten. Die Holländer versuchten auch vergeblich, Macau in ihren Besitz zu bringen, erwirkten aber schließlich (zusammen mit anderen) die Erlaubnis, in Kanton Handel zu treiben. In Japan waren sie die einzigen zugelassenen Europäer; allerdings blieben sie auf eine winzige Insel im Hafen von Nagasaki beschränkt und mußten sich ganz schöne Demütigungen bieten lassen. Profitsucht kennt keinen Stolz.

Aus dieser Geschichte kriegerischen Handels zogen die Holländer gewisse Lehren: Niemandem durfte man trauen, nicht einmal den christlichen, europäischen Glaubensbrüdern (sie hatten da ihre einschlägigen Erfahrungen gemacht); und die Asiaten im allgemeinen und Muslime im besonderen

waren verlogene, diebische Schurken. Andere Europäer wiederum lernten,
in den Holländern habgierige, frömmelnde Heuchler zu sehen, während die Muslime und andere Einheimische die durch Religion, Furcht und Erfahrung gespeiste Überzeugung gewannen, daß Ungläubige wie diese zu jeder Hinterlist fähig waren. Keines dieser Klischees entsprach vollständig der Wahrheit oder war völlig falsch. Das Leben und Wirken in Ostindien brachte nicht die besten Seiten der Menschen ans Licht. Außerdem lernten die Asiaten, auch wenn sie das nicht wissen konnten, keineswegs die angenehmste Sorte von Holländern kennen. Die Kompanie rekrutierte für ihre unteren Ränge die Hefe der holländischen und deutschen Gesellschaft; in den oberen Rängen erhielten die Gierigsten den Vorzug. Batavia genoß den Ruf eines mörderischen Pflasters, und niemand mit auch nur ein bißchen Selbsterhaltungstrieb war scharf darauf, lange in den verpesteten Regionen zu verweilen, aus denen nicht viele zurückkehrten. Diese Männer hatten Grund, sich mit dem Reichwerden zu beeilen.

Wie ließ sich ihre verständliche Unersättlichkeit zügeln? Die Kompanie suchte die Leute durch Knauserigkeit zur Bescheidenheit zu erziehen. Sie bezahlte armselige Löhne und Gehälter. Unnötig zu erwähnen, daß sich dies als schlechte Taktik erwies. Habgier erzeugt Habgier; die Knauserigkeit der Direktoren förderte bei den Angestellten der Kompanie die schlimmsten Eigenschaften zutage. Am Ende waren diese weit mehr damit beschäftigt, in die eigene Tasche zu wirtschaften, als ihren Oberen zu Hause in Amsterdam zu dienen. Ein guter Anwalt würde zu ihrer Verteidigung vorbringen, daß ihnen keine andere Wahl blieb. Sie mußten Wege finden, zu Geld zu kommen; notfalls mußten sie es eben stehlen.

Und das taten sie. Die holländischen Geschäfte in Ostindien bestanden zum größeren Teil nicht aus den Schiffsladungen, die aus den Niederlanden kamen und dorthin gingen, sondern aus dem Frachtverkehr von einem asiatischen Hafen zum anderen: Man verschiffte Baumwolle von der Koromandelküste nach Indonesien und China, Seidenstoffe von China, Tonkin, Indien und Persien nach Manila und weiter nach Neuspanien (Mexiko), Goldbarren und Münzgeld aus Japan und den Philippinen (es stammte aus Mexiko), Tee und Gold aus China, Kaffee aus Mokka und später aus Java, Sklaven von der Arakanküste, von Buton und Bali. Und so weiter. Ein Schwarm mittelgroßer und kleiner Schiffe und Dschunken (die Chinesen waren äußerst tätig) kreuzte auf den östlichen Meeren, fuhr von einem Hafen zum anderen, je nachdem, wohin Angebot und Nachfrage sie riefen. Zusammen mit diesen Frachten fuhren die Schätze, die sich die einzelnen Matrosen zusammengekauft und zusammengestohlen hatten und die sie in ihren Seekisten mitführten oder über die Reling der kompanieeigenen und privaten Schiffe hängten. Diese Spitzbuben lebten wie die Hunde und wurden wie Hunde behandelt (um Sklaven kümmerte man sich mehr, weil Sklaven Geld wert waren).[9] So trieben sie also Handel. Jeder auf dem Schiff war ein Händler, und die Kapitäne und Ladungsaufseher mußten darum kämpfen, daß ihr Laderaum frei von den privaten Handelsgütern blieb. Sie mußten schließlich ihre eigene Ware transportieren.

Eine historisch evidente Binsenwahrheit ist, daß Regeln, die ständig wiederholt und bestätigt werden müssen, keine sind. So auch hier: Die Kompanie setzte fortlaufend die Qualität und Quantität von Gütern, die zollfrei nach Holland gebracht werden durften, neu fest und war bemüht, sich die wertvollsten Güter vorzubehalten. Das nutzte wenig. Über ähnliche Festsetzungen bei der englischen Ostindischen Kompanie schreibt ein britischer Historiker: »Was bei diesen ungeheuren Vorkehrungen herauskam, hätte sich jedes Spatzenhirn ausrechnen können.«[10] Obwohl ab und zu jemand gefaßt und bestraft wurde, ging der ungesetzliche Handel ungestört weiter, einfach deshalb, weil ihn jedermann bis hinauf zum Kapitän betrieb.

Für die großen Fische war der Anreiz dazu sogar noch größer als für die kleinen – ihre Seekisten waren geräumiger. Selbst die sogenannten Inspektoren konnten viel mehr verdienen, wenn sie ein Auge zudrückten. Ein Generalgouverneur mit einem nominellen Monatsgehalt von 700 Gulden konnte ein Vermögen von 10 Millionen Gulden nach Hause bringen; ein junger Kaufmann war bereit, der Ernennungsbehörde 3500 Gulden für einen Posten zu zahlen, der mit 40 Gulden monatlich entlohnt wurde, aber 40 000 einbrachte. Zu guter Letzt fing die Kompanie an, die Beamten nach Maßgabe ihrer vermuteten Einkünfte zu besteuern, was diese nur dazu antrieb, sich noch emsiger ihren privaten Geschäften zu widmen. Kein Wunder, daß nach der Auflösung der *Vereenigde Oost-indische Compagnie* ihr Kürzel VOC mit *Vergaan onder Corruptie* (Untergegangen in Korruption) wiedergegeben wurde.[11]

Aber auch so scheffelte die Kompanie Geld. Sie zahlte Dividende, die von der Gründung der Gesellschaft an im Durchschnitt bei 18 Prozent pro Jahr lagen. Die größten Erträge der Kompanie stammten aus ihren Monopolen auf landwirtschaftliche Produkte: Als erstes sind da die Gewürze von den Gewürzinseln zu nennen, sodann Reis, der aus Java stammte, weil man nicht zulassen konnte, daß die auf Gewürze spezialisierten Inseln ihren Boden für den Anbau von Nahrungsmitteln verschwendeten, dann Kaffee und Zucker, von den Holländern nach Java gebracht (der Kaffee stammte ursprünglich aus dem Gebiet der auf der Arabischen Halbinsel am Roten Meer gelegenen Stadt Mokka, aber die Holländer ließen ihn auf der Insel derart heimisch werden, daß Javakaffee heute ein fester Begriff ist). Die übrigen Gewinne ergaben sich aus Geschäften auf dem offenen Markt: In China wurde mit Porzellan, Seidenstoffen und Tee gehandelt, in Indien mit Seidenstoffen und Baumwolle, und so weiter. Hier allerdings mußte die Kompanie mit anderen Käufern konkurrieren, zu denen auch die eigenen Vertreter zählten. Kein Wunder, daß die Direktoren Monopolen den Vorzug gaben.

Auf lange Sicht indes waren die Monopole eine heikle Sache. Ihre Aufrechterhaltung gegen Einheimische und Fremde erforderte einen so kostspieligen Aufwand an Gewaltmitteln, daß nur ein Souverän mit der Macht, Steuern zu erheben, hoffen konnte, diese Kosten zu decken.[12] Die unvermeidliche Folge war, daß die Kompanie ihre Herrschaftsfunktionen an einheimische Fürsten delegierte. Dadurch setzte sie sich der Gefahr jener Art von außergeschäftlichen Ausgaben aus, die unabsehbar und unkalkulierbar sind, die in den Rechnungsbüchern nicht auftauchen, weil sie überall und nirgends getätigt werden, und die sinnlos wuchern, bis es zu spät ist. (Zum Vergleich schaue man sich die Haushaltsdefizite an, von denen die modernen Nationalstaaten geplagt werden.)

Die Delegierung von Herrschaftsfunktionen drängte außerdem die Kompanie in die Richtung einer Kommandowirtschaft. Um es mit den Worten von J. S. Furnivall zu sagen: »...der Archipel wurde zu einem einzigen großen Landgut, einer riesigen Plantage.«[13] Diese Strategie mag gelegentlich die direkten Einnahmen der Kompanie vergrößert haben, aber nur auf Kosten der einheimischen Bauern und der Steuereinnahmen, so daß, langfristig gesehen, die Kompanie weniger gewann, als ein freier Markt sie hätte gewinnen lassen können.[14]

Wenn sie nicht mit Gewalt dazu gezwungen werden (und Gewalt hat ihre eigenen Kosten), werden Menschen auf lange Sicht nicht zulassen, daß man sie übers Ohr haut. Irgendwann drehen sie lieber Däumchen oder werden »kriminell«.

Nehmen wir die Gewürznelken. Der Nelkenbaum, der in ausgewachsenem Zustand an die dreizehn Meter hoch ist, fand sich nur auf Amboina (Ambon) und ein paar kleineren Inseln. Die Holländer, die nach einem Monopol strebten, siedelten die Menschen von den übrigen Nelkeninseln nach Amboina um und zerstörten zuvor ihre Bäume, um sie besser in der Hand zu haben und sie daran zu hindern, an nichtholländische Abnehmer zu verkaufen. Nach der Lesart der Kompanie genossen nur Ambonesen das »Privileg«, Nelkenbäume anzubauen.

Dieses Privileg schloß die Verpflichtung ein, auf Verlangen der Kompanie Bäume zu fällen; außerdem mußten alle Lebensmittel von der Kompanie zu deren (hohen) Preisen gekauft werden. Die Kompanie wiederum konnte den Preis für die Nelkenernte nach Gutdünken festsetzen. Vermutlich war es das Ziel, dem Erzeuger sowenig wie möglich zu zahlen, aber immerhin genug, um ihn an dem Gewerbe festhalten zu lassen. Unnötig zu sagen, daß die Kompanie in ihrer unvernünftigen Gier nicht genug zahlte, so daß die »privilegierten« Ambonesen das Interesse an ihrem Privileg verloren. Als die Holländer im Jahre 1656 feststellten, daß die Nelkenproduktion hinter der Nachfrage herhinkte, veranlaßten sie die Bewohner der Insel, mehr Bäume zu pflanzen. Im Jahre 1667 wurden dann aber weitere Anpflanzungen untersagt, und in den Jahren 1692 und 1697 ließ man die Erzeuger Bäume fällen. Mitte des achtzehnten Jahrhunderts verstärkte sich die Nachfrage wieder; also verfügte man neue Pflanzungen, nur um ein paar Jahre später wieder mit dem Bäumefällen zu beginnen. Die Erzeuger waren mittlerweile verarmt und verbittert; die Bevölkerungszahl von Amboina war auf ein Drittel gesunken. Die Briten und Franzosen hatten währenddessen angefangen, auf ihren eigenen Territorien Nelkenbäume anzubauen. Das holländische Monopol war gebrochen, und die Gewürze büßten ganz allgemein ihre Stellung als kostbares Handelsgut ein.[15]

 Ein anderes, noch markanteres Beispiel für das, was Adam Smith als »verderbliches System«[16] bezeichnete, ist der Kaffee. Er gelangte erstmals im Jahre 1661 nach Holland, und ab 1696 versuchte man, den Kaffeebaum in Java anzupflanzen. Die einheimischen Erzeuger erhielten rund 10 Stüver fürs Pfund und nahmen unter diesen Bedingungen bereitwillig die Produktion der neuen Anbaufrucht auf. Daraufhin senkte die Kompanie, die für Einsparungen immer zu haben war, den Preis auf 2,5 Stüver, was die Erzeuger damit quittierten, daß sie anfingen, Kaffeebäume zu fällen, obwohl das bestraft wurde. Die Kompanie führte nun Zwangsanbau und Lieferverpflichtungen ein, während sie den Preis anhob; als später allerdings der Pfefferpreis stieg, forderte die Kompanie die Erzeuger auf, die Kaffeebäume zu fällen und statt dessen Pfeffersträucher anzupflanzen. Im Jahre 1738 beschloß man, die Anbaufläche für Kaffee um die Hälfte zu verkleinern; im folgenden Jahr setzte die Kompanie die Verkaufsquote auf 2,7 Millionen Pfund fest. Als aber klar wurde, daß allein die Niederlande 6 Millionen Pfund abnehmen würden, erhöhte die Kompanie ihre Quote auf 4 Millionen Pfund – immer auf Nummer Sicher gehen. Dabei zahlte sie aber den javanischen Erzeugern so wenig, daß sie im Jahre 1751 weniger als eine Million Pfund von ihnen bekam. Kaffeebäume brauchen vier Jahre, bis sie tragen, und dieses Hin und Her zwischen Pflanzen und Abholzen verhinderte, daß flexibel und rational auf die wechselnde Nachfrage reagiert werden konnte.

Im Laufe des achtzehnten Jahrhunderts erlebte die Holländisch-Ostindische Kompanie einen Rückgang des Handelsvolumens (Gewürze waren im Wert gefallen) und entsprechend auch der Profite; dennoch zahlte sie weiter großzügige Dividenden und lieh sich sogar die dafür benötigten Summen. Ein sehr schlechtes Zeichen. Erzielte sie Gewinne? Die Unterlagen sind unvollständig, und die damaligen Buchhaltungsmethoden machen Kalkulationen schwierig. Die Gewinne und Verluste durch Einsatz herrschaftlicher Gewalt zum Beispiel sind in den kommerziellen Ergebnissen nicht enthalten; und einschlägige Zahlen lassen sich auch gar nicht beschaffen. Sogar Fernand Braudel, der über einen riesigen Stab an Forschungsassistenten verfügte, mußte sich geschlagen geben, »weil das der Buchführung zugrunde gelegte System selbst jede Gesamtbilanz unmöglich macht und mithin auch jede genauere Kalkulation der wirklichen Gewinne«[17]. Wer will behaupten, daß auch nur die Direktoren, die Heeren XVII, die tatsächliche Geschäftslage kannten? Wir setzen voraus, daß große Geschäftsunternehmen rational sind und daß die Rationalität mit Durchblick einhergeht. Die Annalen des Wirtschaftslebens jedoch machen deutlich, daß viele Entscheidungen aus dem Stegreif und aufs Geratewohl getroffen werden. Wie sonst wohl könnten diese Unternehmen sich so entsetzlich in die Klemme bringen?[18]

Gegen Ende des Jahrhunderts sorgten politische Bedrohungen überdies für eine wesentliche Verschlimmerung der Lage. Holland verwickelte sich 1781–1784 in einen Krieg mit England; die Kompanie hatte Schwierigkeiten, den Warenverkehr zwischen den Niederlanden und Ostindien aufrechtzuerhalten. Sie bat um eine Stundung ihrer Schulden, während sie neue machte. Der Staat war nunmehr der einzige, der der Kompanie noch Geld lieh (die Banken hüteten sich); die Kompanie sah daher ihr Schicksal auf Gedeih und Verderb mit dem der Vereinigten Provinzen verknüpft. Dann kam die Französische Revolution, die der radikalen Fraktion in den Niederlanden Auftrieb gab und im Jahre 1795 zur Errichtung einer von Frankreich abhängigen Batavischen Republik führte, die sich um das Wohlergehen der großen Gesellschaften viel weniger sorgte als das alte Regime. Nachdem die Wiederaufnahme des Krieges gegen England die Verkäufe um fast zwei Drittel hatte zurückgehen lassen, kam es, wie es kommen mußte. Der holländische Staat übernahm die Gesellschaft – ihr Vermögen, ihre Schulden, ihr Imperium.

Dieses Imperium blieb erhalten; in der Tat arbeiteten die Regierungen der wiederhergestellten Niederlande (seit 1814) bis weit ins neunzehnte Jahrhundert hinein an seiner Abrundung. Die Verwaltungskosten deckte man durch die Auflage von Lieferquoten bei bestimmten Plantagenerzeugnissen (Kaffee, Tee, Zucker) und durch gewinnbringende Monopole auf Salz und Opium. Von 1870 an gab man das Zwangsanbausystem der Plantagen auf, teilweise weil man zu der Überzeugung gelangt war, daß man mit einem freien Markt besser fahren werde, aber auch weil man wegen der Zwangsarbeit ein schlechtes Gewissen hatte. Zwei neue, rasch in den Vordergrund drängende Produkte beschleunigten den Übergang zum Liberalismus: die Einführung brasilianischer Gummibäume im Jahre 1883 und die Entdeckung und Ausbeutung von Ölvorkommen auf Borneo und Sumatra gegen Ende der achtziger Jahre des letzten Jahrhunderts (1890 wurde die Royal Dutch gegründet). Aber es blieb nicht viel Zeit, um die Fehler einer früheren Epoche wettzumachen; nicht lange, da ermöglichte es der Zweite Weltkrieg den Japanern, die holländischen Besitzungen an sich zu reißen. Die japanische Besetzung dauerte nur wenige Jahre, aber die reichten voll und ganz aus. Der Wechsel des Regimes nährte Freiheitsbestrebungen. Er lehrte die Indonesier, daß Asiaten Europäer schlagen konnten, daß die Europäer nicht unbezwingbar waren.

Die japanische Kapitulation ließ den Archipel in die Hände der Holländer zurückfallen, aber nur für einen Augenblick. Im Jahre 1949 gewährten die Niederländer den Inseln die Unabhängigkeit, und dies um so bereitwilliger, als die öffentliche Meinung in Holland durch mehrere Generationen bußfertiger Selbstkritik darauf vorbereitet worden war. Eine neue Indonesische Republik nahm das Steuer in die Hand. Auch sie war ein Imperium und erhob Anspruch auf alle von den Holländern übernommenen Gebiete zuzüglich weiterer Territorien wie Osttimor; um regionale Identitäten und Ansprüche kümmerte sie sich nicht. Wer sich mit der indonesischen Herrschaft nicht arrangieren konnte, fand Zuflucht in den Niederlanden – dort wurde man besser behandelt. Als Ironie der Geschichte mutet an, daß somit dank der Holländisch-Ostindischen Kompanie und des westlichen Imperialismus der Traum der alten Sultane von Sumatra und Java durch die neuen Sultane der »Volksdemokratie« in die Tat umgesetzt wurde.[19]

11
Golconda[1]

»Die Briten sind wie eine starke, reißende Wasserströmung, sie sind hartnäckig, energisch und von unwiderstehlicher Kühnheit. Wenn sie etwas wirklich wollen, gebrauchen sie auch Gewalt, um es zu erlangen. Die Holländer sind sehr tüchtig, klug, geduldig und ruhig. Soweit möglich, versuchen sie ihr Ziel durch Überredung statt durch Gewalt zu erreichen. Es kann durchaus passieren, daß Java von den Briten erobert wird.«

Ein javanischer Fürst, ca. 1780[2]

Pecunia non olet – Geld stinkt nicht –, pflegten die Römer zu sagen. Den Menschen gefällt vielleicht nicht, wie es verdient wurde oder wer es besitzt, aber das Geld selbst mögen sie und nehmen es mit Vergnügen.

Aber ebensogut läßt sich auch sagen, daß vom Geld ein durchdringender Duft ausgeht, der Menschen von nah und fern herbeilockt.

In Jahre 1592 stand England im Krieg mit Spanien und Portugal, das, wie gesehen, durch Heirat und Erbschaft der spanischen Krone zugefallen war. Vier Jahre vorher hatten die Engländer eine vom Meer aus versuchte spanische Invasion zurückgeschlagen und die spanische Flotte (die sich als unüberwindliche Armada präsentierte) zerstört. Jetzt lauerte ein englisches Geschwader bei den Azoren spanischen Schiffen aus der Neuen Welt auf, um sie zu kapern und vielleicht Schätze aus Mexiko oder Peru zu erbeuten, als eine portugiesische Karacke (eine Handelsgaleone), die *Madre de Deus*, aufkreuzte. Sie war auf dem Rückweg von Ostindien und wollte nach Lissabon.[3] Die *Madre de Deus* war größer als alles, was die Engländer je zu Gesicht bekommen hatten: 55 Meter lang, 16 Meter breit, 1600 Registertonnen, dreimal so groß wie das größte Schiff in England; sieben Decks, zweiunddreißig Kanonen nebst anderen Waffen, vergoldete Aufbauten und ihr Laderaum gefüllt mit Schätzen.

Hier fand sich, wovon man sonst nur träumt – Kisten, die von Juwelen und Perlen überquollen, Gold- und Silbermünzen, Bernstein, der älter war als England, Ballen feinsten Tuchs, Gobelins wie für einen Palast, 425 Tonnen Pfeffer, 45 Tonnen Gewürznelken, 35 Tonnen Zimt, 3 Tonnen Muskatblüten, 3 Tonnen Muskatnuß, 2,5 Tonnen Benzoeharz (ein hocharomatischer Balsam, der als Basis für Parfums und Arzneimittel dient), 25 Tonnen Koschenillefarbe (ein Färbemittel, das aus dem getrockneten Körper der Weibchen einer Schildlausart gewonnen wird, die man in semitropischen Klimaten antrifft), 15 Tonnen Ebenholz. Noch ehe der Kommandeur des englischen Geschwaders die Prise in Verwahrung nehmen konnte, hatten sich die plündernden Besatzungen schon die Taschen mit allem, was sie tragen konnten, vollgestopft.

Als die Prise im Hafen von Dartmouth einlief, überragte sie die anderen

Schiffe und die kleinen Häuser am Kai. Kaufleute, Händler, Taschendiebe und Spitzbuben strömten wie die Aasgeier aus weitem Umkreis zusammen; sie kamen von London und aus ferneren Regionen, um das Schiff zu besuchen (die ortsansässigen Fischer pendelten unablässig und für teures Geld zwischen Fahrzeug und Ufer hin und her) und in den Tavernen und Spelunken nach betrunkenen Seeleuten Ausschau zu halten, um von ihnen zu kaufen, zu stehlen, zu stibitzen und mit ihrer Beute Hehler reich zu machen. Nach englischem Recht gehörte ein großer Teil dieser Prise der Königin; und als Elisabeth I. erfuhr, was los war, schickte sie Sir Walter Raleigh hin, damit er ihren Anteil rettete und die Plünderer bestrafte. »Ich werde sie bis auf die Haut ausziehen«, schwor der markige Sir Walter, »denn man hat Ihre Majestät beraubt, und zwar größter Kostbarkeiten.«

Als Sir Walter die Sache in die Hand nahm, war die Ladung, die auf eine halbe Million Pfund geschätzt wurde – fast halb soviel, wie sich in der Staatskasse befand –, bereits auf 140 000 Pfund zusammengeschrumpft. Dennoch benötigte man immer noch zehn Frachter, um den Schatz um die Küste herum und die Themse hinauf nach London zu schaffen. Nach der Lösegeldsumme für Atahualpa war dies der vielleicht größte Fang, den die Geschichte je gesehen hatte. Und wie das Lösegeld für Atahualpa regte er den Appetit an. Dieser Hauch von Überfluß, dieser Vorgeschmack auf die Reichtümer des Ostens, weckte schlagartig das englische Interesse an jenen fernen Regionen und änderte den Kurs des Landes (und der Welt).

Aus der Geschichte mit der »Mutter Gottes« zogen die Engländer noch eine weitere Lehre. Als einige Jahre später eine reiche Prise zum Entladen in die Themse geschleppt wurde, erhielten die Stauer als Arbeitskleidung »Segeltuchwämser ohne Taschen«[4].

Wie die Holländer drangen auch die Engländer Ende des sechzehnten Jahrhunderts in den Indischen Ozean vor. Sie kamen als Schwarzhändler und Räuber, die sich besser aufs Kämpfen als aufs Handeltreiben verstanden. Erst später und dann auch nur langsam wandten sie sich dem Kommerz zu.

Die Holländer schufen ihre *Vereenigde Oost-indische Compagnie* dadurch, daß sie eine Reihe von selbständigen Kompanien miteinander verschmolzen und in der Absicht, die Portugiesen und andere mögliche Konkurrenten vom Indonesischen Archipel zu vertreiben, beträchtliche Schiffskontingente und Waffenarsenale in die Region brachten. Die Engländer dagegen gingen unsystematisch vor und behandelten jede Fahrt als eigene Unternehmung, für die sie jedesmal das Kapital kaufmännischer Teilhaber auftreiben mußten. Wenn die Engländer in jenen Anfangstagen mit den Holländern aneinandergerieten, siegten sie zwar manchmal, verfügten aber nicht über die nötige Kampfkraft, um den Holländern ernsthaft Paroli zu bieten; auf der Suche nach alternativen Handelschancen wandten sie sich daher dem nördlich gelegenen Indien zu. Das sollte sich als Glückstreffer erweisen.

Wie die Holländer gingen auch die Engländer den Portugiesen lieber aus dem Weg. Zuerst faßten sie an der Ostküste Indiens, der sogenannten Koromandelküste, Fuß, ein gutes Stück von der Malabarküste entfernt. Auf der Westseite Indiens machten sie einen Bogen um Goa und sicherten sich Handelsprivilegien in Surat, dem Haupthafen des Mogulreiches, der ihnen Zugang zu den Reichtümern des Landesinneren und zum Handel mit Persien und Arabien verschaffte. Später (1661) erlangten sie die Erlaubnis, sich in Bombay niederzulassen, damals noch eine fast unbewohnte Insel, wo sie (ähnlich wie die Portugiesen in Goa) relativ sicher vor Angriffen von der Landseite aus waren; sie entwickelten die Niederlassung zu einer großen Faktorei und zum wichtigsten Handelszentrum an der Westküste.

Auf der anderen Seite der indischen Halbinsel schoben sich die Engländer, nachdem sie sich in Madras festgesetzt hatten, weiter nach Norden in den Golf von Bengalen und ins Tal des Hooghlyflusses vor. Dort begannen sie im Jahre 1690, auf dem Gebiet eines winzigen Dorfes namens Kalkutta eine eigene Handelsniederlassung zu errichten. Entscheidend war, daß sie im Jahre 1698 eine Art von »feudalem« Privileg (*zamindari*-Besteuerungsrechte) käuflich erstanden. Auch wenn diese Rechte anfänglich von den dortigen Behörden, die den europäischen Eindringlingen feindlich gegenüberstanden, mißachtet wurden, gewannen sie doch in dem Maße Anerkennung, in dem indische Kaufleute und Beamte von den Handelsbeziehungen zu den Engländern und von deren Unterstützung und Goodwill abhängig wurden.[5]

Stets ging es darum, sich mittels finanzieller Zuwendungen die Freundschaft und Kollaboration von Einheimischen zu sichern. Das fing an mit den großen Kaufleuten und dem Gefolge des Großmoguls. Danach kamen die örtlichen Vertreter und Lehnsleute, die von den Engländern Geschenke (Bestechungsgelder) und Bezüge erwarteten, damit sie ihre Fahrzeuge für den Transport von Exportgütern zur Verfügung stellten und in manchen Fällen sogar in den englischen Handel investierten. Thomas Roe, Gesandter am Hofe des Großmoguls in Agra, erklärte, worum es ging: »Es kann als Regel gelten, daß man Profite auf dem Meer und im friedlichen Handel suchen muß, denn unbestritten ist es ein Fehler, in Indien nach Garnisonen zu streben und Landkriege führen zu wollen.«[6]

Die Holländer versuchten ebenfalls, in Indien ins Geschäft zu kommen, hatten aber nicht den gleichen Erfolg wie die Engländer. Für die Holländer hatte Indonesien Priorität; auf Indien verwandten sie nur den kümmerlichen Rest ihres Interesses und ihrer Hilfsmittel. Auf den Inseln vertrieben die Holländer mit ihrer Feuerkraft die Konkurrenz und hatten leichtere Hand bei der Ausübung von Gewalt. Sie verschafften sich einen starken Stand; das Verhaltensmuster wurde durch das aggressive Temperament von Prokonsuln wie Coen vorgegeben. Daß die Holländer solch ein Vorgehen bevorzugten, war zugleich Ausdruck der empirischen Verhältnisse. In Indonesien konnten sie auf eine Monopolstellung zielen, gegen die Interessen der Einheimischen. Das ging in Indien nicht, wo die einheimischen Herrscher stärker waren und es europäische Mitspieler gab, die bereits Fuß gefaßt hatten und ihnen den Markt streitig machten.

Alle Geschäftsleute geben allerdings dem Monopol den Vorzug vor dem

Wettbewerb. Kaum wurden die Engländer stärker, griffen auch sie zur Gewalt: Sie drohten mit Seeblockaden, die den indischen Handel mit anderen Ländern geschädigt und die Pilgerfahrten nach Mekka gestört hätten; sie bauten und bemannten Festungen; sie kaperten indische Schiffe und erpreßten Lösegelder. Im Jahre 1677 schrieb Gerald Aungier, Präsident der Ostindischen Kompanie in Surat und Gouverneur in Bombay, an die Direktoren der Kompanie in London, um ihnen die neuen Geschäftsprinzipien unmißverständlich darzulegen. Er empfahl eine »strenge und kraftvolle« Vorgehensweise: »Die Gerechtigkeit und die schwierige Lage Ihrer Besitzungen verlangen nunmehr von Ihnen, daß Sie Ihr Handelsnetz mit dem Schwert in der Hand verwalten.« Dieser Rat stieß in London auf offene Ohren, wo Josiah Child, der Leiter der Kompanie, entschlossen war, die verworrenen politischen Verhältnisse in Indien mit Gewalt zu meistern. Im Jahre 1687 wies er Fort St. George (vor den Toren von Madras) an, mit Gewalt für einen großen und kontinuierlichen Strom von Einkünften zu sorgen, um damit »in Indien eine ausgedehnte, wohlgegründete, sichere englische Herrschaft zu errichten, die in alle Zukunft Bestand hat«[7]. Das war ein Freibrief zur Einmischung in die Politik und Staatsverhältnisse Indiens. Das Mogulreich stand bereits im Begriff auseinanderzubrechen, was indische Anwärter auf die Macht veranlaßte, sich unter den ausländischen Kompanien nach Verbündeten umzusehen.

Nun ist es so, daß erbliche Herrschaft Narren nicht weniger als Staatsmänner zeitigt, und so huldigten die Moguln der irrigen Überzeugung, Kaufleuten wie den Briten bleibe gar nichts anderes übrig, als sich den kriegerischen Nachfahren von Timur und Babar zu unterwerfen. Die Nawab von Bengal schröpften und molken die Fremden auf die althergebrachte Weise – wozu sonst waren Schwämme schließlich gut, wenn nicht zum Auspressen?

Eine Zeitlang ließen sich die Briten das gefallen und hielten still. Weil sie aber keine normalen Kaufleute waren, brachten willkürliche Besteuerungen sie auf die Idee, die Waffen zu gebrauchen. Ein verärgerter Engländer sagte es 1752 klipp und klar: »Clive, 's wär' nicht schlecht, dem alten Köter [dem Nawab] eine Tracht Prügel zu verpassen. ...die Kompanie muß ernsthaft darüber nachdenken, oder der Handel in Bengalen wird die Mühe nicht mehr lohnen.«[8] Und Clive dachte ernsthaft nach.

In Indien fanden die Engländer heraus, daß Asien dem Handel mehr und Besseres zu bieten hatte als bloß Gewürze. Vor allem erzeugte Indien die besten Baumwollgarne und -stoffe, und daraus zogen die Engländer rasch Nutzen. Hier liefen sie ihren Rivalen den Rang ab. Die Portugiesen hatten an diesen Erzeugnissen wenig Interesse gezeigt, und selbst die Holländer waren in diesem Punkte schwer von Begriff. Die britische Ostindische Kompanie dagegen beschloß, in Baumwollfabriken zu investieren und einen Markt zu erschließen: »Kalikostoffe sind eine Ware, deren Nutzen nicht allgemein bekannt ist; der Verkauf muß forciert und alle Häfen müssen in die Bemühungen einbezogen werden.«[9]

Traditionell galten diese Bemühungen regionalen Käufern in Indonesien und Südostasien, die Gewürze und andere Landeserzeugnisse gegen indisches Tuch tauschten. Wie die Holländer folgten auch die Engländer diesem Schema, denn sie hatten wenig eigenes zu verkaufen, und die Baumwolle diente so als wichtiges Zahlungsmittel. (Die englischen Wollstoffe kamen in Klimaten, in denen es eher darum ging, sich kühl als warm zu halten, nicht sonderlich gut an.) Die folgenschwere Neuerung der britischen Kompanie aber bestand darin, daß sie diese Baumwollstoffe nach Europa einführte. Während in den Jahren 1619–1621 die Holländisch-Ostindische Kompanie rund 12 000 Ballen Kaliko in die Niederlande verschiffte, war die britische Kompanie im Jahre 1625 bereits bei 221 500 Ballen angelangt. Dann, nach einer kurzen Verschnaufpause, in der die Tendenz rückläufig war, hob der Baumwollhandel in der zweiten Hälfte des achtzehnten Jahrhunderts ab: In den sechziger Jahren waren es 200 000 Ballen jährlich, in den Siebzigern 578 000, in den Achtzigern 707 000. Die Holländer folgten im Schlepptau, blieben aber mindestens um die Hälfte hinter dem britischen Handelsvolumen zurück.[10]

Die indischen Baumwollstoffe veränderten die Kleidung in Europa und in den überseeischen Ablegern Europas von Grund auf. Baumwolle war leichter und billiger als Wolle, dekorativer (wenn man sie färbte oder bedruckte) und einfacher zu reinigen und zu wechseln – kurz, sie war wie geschaffen für eine neue weite Welt. Sogar in kalten Klimaten verwandelte die Baumwolle, weil sie sich als Material für Unterwäsche eignete, die Ansprüche an Sauberkeit, Bequemlichkeit und Gesundheit. Für die amerikanischen Pflanzungen war sie ideal; um es mit den Worten eines jamaikanischen Kaufmanns zu sagen (1704): »…da besagte Insel in einer heißen Klimazone liegt, besteht die Kleidung der Bewohner zu einem großen Teil aus farbigen Kalikostoffen, die, weil sie leicht und billig sind und oft gewaschen werden können, sehr viel dazu beitragen, die Menschen reinlich und bei Gesundheit zu erhalten.«[11] Hier war eine Ware, die auf eine so breite und erweiterbare Nachfrage stieß, daß sie einer Industriellen Revolution als Motor dienen konnte.

Die Engländer kauften also Kattunballen, in geringerem Umfang auch Rohseide (aus Bengalen), Indigo und Salpeter[12]; auch mit Pfeffer handelten sie, während sie die kostspieligeren, selteneren Gewürze den Holländern überließen. Aber der Pfeffer, der einst den europäischen Entdeckungen und Eroberungen als Leitstern gedient hatte, verlor an Bedeutung. Neue Anbaugebiete waren erschlossen worden; das Angebot überstieg die Nachfrage. Die Pfefferpreise sanken so tief, daß dieses einst so edle Gewürz auf bestimmten Schiffsrouten nur nach Europa kam, weil es als Ballast gebraucht wurde.[13]

Indien führte nach China. Als die Europäer in den Indischen Ozean vordrangen, fanden sie dort ein florierendes Handelsnetz vor, das Asien von Ost nach West verknüpfte, von China, Japan und den Philippinen bis zu den Karawansereien und Häfen der Levante und Ostafrikas. Die Eindringlinge verschafften sich mit Gewalt Zugang. Im achtzehnten Jahrhundert wuchs der europäische Hunger nach chinesischen Waren rapide: nach Porzellan, das Europa erst in den zwanziger Jahren des achtzehnten Jahrhunderts herzustellen lernte, nach Rohseide und nach Tee, einer süchtig machenden Substanz und Ergänzung zum westindischen Zucker.

Diese Käufe warfen ein Zahlungsproblem auf. Die Europäer hätten gern mit ihren eigenen Produkten bezahlt, aber die Chinesen wollten fast nichts von dem, was Europa fertigte (Uhren und Taschenuhren bildeten eine große Ausnahme). Also bezahlten die Europäer mit ungemünztem und gemünztem Edelmetall, verschoben aber damit nur das Problem: Was konnten sie verkaufen, um in den Besitz spanischen Silbers und japanischen oder brasilianischen Goldes zu gelangen? Eine schwierige Frage!

Die Lösung bestand natürlich darin, etwas zu finden, was die Chinesen wollten. Wie sich herausstellte, war dies das Opium, das in Bengalen angebaut wurde und sich als ebenso marktgängig wie verhaltensprägend erwies. Hier waren die Briten gegenüber den Holländern stark im Vorteil. Im Prinzip hatten zwar die Kaufleute beider Nationen das Recht, sich um diese Ware zu bemühen, aber die Briten nutzten ihren wachsenden politischen Einfluß in der Region und verdrängten die Holländer vom Markt – für diese ein schwerer Schlag.

Hatten die Engländer ursprünglich zusammen mit den Holländern angefangen, so gewannen sie nun also einen großen Vorsprung vor ihnen. Außerdem sahen sie sich in der Position, ein weitaus reicheres Territorium als Indonesien unter ihre Herrschaft zu bringen und zu plündern. Neben China war Indien das bevölkerungsreichste Land in Asien. Wir verfügen über keine Zählungen, aber einer Schätzung zufolge lag die Bevölkerungszahl im späten sechzehnten Jahrhundert bei 100 Millionen, und das könnte noch niedrig gegriffen sein.[14] Indien besaß große fruchtbare Landstriche, vor allem die ausgedehnten Stromtäler der Ebenen im Norden – die Täler des Indus, des Ganges und des Brahmaputra –, und war keineswegs dicht besiedelt. Ein indischer Forscher bescheinigt dem damaligen Indien einen Überfluß an Ackerland und nimmt an, im siebzehnten Jahrhundert habe man dort immer noch die Landwirtschaft auf die ertragreichsten Flächen beschränken können; außerdem seien genug Weideflächen und Abfälle vorhanden gewesen, um in großem Maße Viehzucht treiben zu können.[15] (Andererseits zog Indien wegen religiöser Tabus aus seinen Rindern weit weniger Nutzen, als möglich gewesen wäre, besser gesagt, sie richteten mehr Schaden an, als sie Nutzen brachten.) Weit mehr als Indonesien verfügte Indien zudem über breite und gutausgebildete Handwerkerschichten, deren Erzeugnisse überall in der Region zirkulierten. Das Ergebnis war, daß die indische Wirtschaft einen beträchtlichen Überschuß produzierte, der es den Herrschern und ihren Höfen gestattete, ein Leben in sagenhaftem Luxus zu führen:

> »Die Jahreseinkünfte des Mogulherrschers Aurangzeb (1658–1701) sollen sich auf 450 000 000 Dollar belaufen und die von Ludwig XIV. [sei-

> nem Zeitgenossen] um das Zehnfache überstiegen haben. Eine Schätzung aus dem Jahre 1638 gelangt zu der Annahme, daß der Hof des indischen Mogulreiches einen Schatz im Werte von eineinhalb Milliarden Dollar angehäuft hatte.«[16]

Der Ruf Indiens, ein Land voller Paläste und Tempel zu sein, lockte einen Eindringling nach dem anderen an – vor allem türkische Nomaden, berittene Krieger, die aus den zentralasiatischen Ebenen ausschwärmten, um die seßhaften Gesellschaften in ihrem Umkreis zu plündern. Die letzten dieser türkischen Herrscher, die sich in Indien festsetzten, waren die Moguln, die Dynastie von Babar (1483–1530), einem Nachkommen des schrecklichen Timur (auch Timur der Lahme oder Tamerlan genannt), der Menschen wie Vieh vor sich hertrieb und Berge aus menschlichen Schädeln aufhäufte. Als die Engländer nach Indien kamen, saßen dort Babars Enkel Akbar (Regierungzeit 1556–1605) und danach sein Urenkel Dschahangir (Regierungszeit 1605–27) auf dem Thron.

Die Moguln waren sunnitische Muslime, anders als ihre Nachbarn im westlich gelegenen Persien, die Schiiten waren. Gegenüber ihren in der Mehrzahl hinduistischen Untertanen übten sie zwar im allgemeinen Toleranz, dennoch verliehen sie Nordindien ein muslimisches Gepräge, durch das es sich vom Süden deutlich unterschied. Natürlich beherrschten die Moguln das Land als despotische Besetzer und konnten nicht auf Loyalität zählen. Ihre Herrschaft wurde immer wieder von einheimischen Hindustaaten in Frage gestellt und durch Aufstände und Palastverschwörungen untergraben. Brüder brachten sich gegenseitig um, Kinder ihre Väter, Väter ihre Kinder. In einer Welt konkurrierender Herrschaftsansprüche konnte man Fremden nur begrenzt trauen, aber immerhin noch mehr als den eigenen Verwandten.[17]

Die Despotie dieser muslimischen Herrscher – die nicht schlimmer und nicht besser war als die der hinduistischen Despoten – wurde noch verschärft durch die Maßnahmen, die sie ergriffen, um Aufstände zu vereiteln. Das ist ein klassisches Problem autokratischer Regime: Wie kann man verhindern, daß sich Statthalter eine eigene Basis schaffen und rivalisierende Machtzentren begründen? Im mittelalterlichen Europa waren Lehnsgüter ursprünglich personengebunden, nicht erblich; im Laufe der Zeit aber setzte sich die Tendenz durch, daß die Belehnten sich fest etablierten und ihre Besitzungen an die Nachkommen vererbten. Sie verbanden sich mit der landbesitzenden Oberschicht der Region und schufen jene zersplitterten Machtverhältnisse, die wir unter dem Namen Feudalismus kennen. Wie in anderen türkischen Staaten mußten die Vertreter des Herrschers rotieren. Das beschränkte die Ausbildung örtlicher Macht, verhinderte aber auch, daß der Amtsträger ein persönliches Engagement für sein jeweiliges Territorium entwickelte. Sein Ziel bestand darin, in kürzester Zeit soviel wie möglich herauszuholen und an sich zu reißen; in soziales Kapital wurde wenig investiert.[18] Nehmen ohne Geben! In von Bewässerungssystemen abhängigen

Regionen wie diesen konnte solche Vernachlässigung der gemeinschaftlichen Einrichtungen verheerende Folgen haben, wie die Chronik indischer Hungersnöte belegt.

Aus vergleichbaren Gründen hatte der einzelne Bauer (und hatten in der Tat sämtliche Untertanen) keinerlei Motiv, sich um eine Verbesserung des Bodens zu bemühen, da er ja sein Land nur von Gnaden des Herrschers besaß. Es gebe in diesem Land, notierte François Bernier, ein französischer Arzt, der im siebzehnten Jahrhundert ein Dutzend Jahre in Indien verbrachte, kein *mien et tien* (kein mein und dein), mit anderen Worten, kein Bewußtsein von Eigentum. Niemand traue sich, seinen Reichtum zur Schau zu stellen, weil er fürchten müsse, daß er ihm abgepreßt oder entrissen werde. Niemand kümmere sich um die Verbesserung von Produktionsmethoden oder Arbeitsmitteln. Daraus erkläre sich, schrieb Bernier, der himmelschreiende Gegensatz zwischen den im Überfluß lebenden wenigen und den verarmten vielen, die Baufälligkeit der Häuser, die Gedrücktheit der breiten Masse, das Fehlen jeden Anreizes, Kenntnisse zu erwerben und sich zu bilden.

Daraus erklären sich auch die massiven Beschränkungen des Kreditwesens und des kommerziellen Entwicklungspotentials, das im Kreditwesen steckt. Man hat viel Aufhebens darum gemacht, was für ein lebhaftes Handelsmeer der Indische Ozean gewesen sei, als die Europäer eintrafen;[19] auch der Reichtum der *sarafs*, die zu hohen Zinssätzen Geld an Bauern und Kaufleute liehen, ist oft gerühmt worden. Aber hohe Zinsen bedeuten hohes Risiko. Welche Sicherheiten hatte der Schuldner anzubieten? Wieviel konnte sich angesichts der Notwendigkeit, Reichtum zu verheimlichen, die den Geldgeber weitgehend im unklaren über die Vermögensverhältnisse des Geldnehmers ließ, der erstere an letzteren zu verleihen trauen?[20] Die kommerzielle Aktivität in Indien blieb weit hinter ihren Möglichkeiten zurück.

Wie schafften es dann aber die indischen Kaufleute, Bankiers und Geldverleiher, reich zu werden? Die Antwort lautet: Sie legten goldene Eier. Sie zahlten und bestachen, horteten und ließen teilhaben; und bei ihrem Tod bemühte sich die Familie, soviel wie möglich von dem Vermögen geheimzuhalten. Hier die Beobachtungen eines Engländers aus dem Jahre 1689:

> »Ihr [der Kaufleute] Reichtum besteht nur aus Bargeld und Juwelen, vom Unterschied zwischen beweglichem und unbeweglichem Vermögen weiß man in Indien nichts, und was sie haben, halten sie so gut wie möglich geheim und verborgen, damit nicht die Staatskasse des Mogul zu ihrer Schatzkammer wird. Das schränkt sie in ihrem Lebensstil ein und hält sie zu großer Heimlickeit in ihren Handelsgeschäften an...«[21]

Überall lauerten mithin Zielkonflikte – beim Herrscher zwischen den Impulsen, sich zu bereichern und dem Gemeinwesen zu dienen, beim Untertan zwischen den Bedürfnissen, den Reichtum zu verstecken und ihn zu genießen. Aber letztlich hatten der Despot und seine Vertreter überall Zugriff.

 Hier genossen die Fremden aus Europa einen enormen Vorteil. Ihnen konnte nicht auf diese Weise mitgespielt werden, und sie vermochten sogar einheimische Geschäftsleute und Arbeiter unter ihren Schutz zu stellen. Auf lange Sicht lief das darauf hinaus, daß die Fremden Hoheitsrechte übernahmen. Manche würden vielleicht lieber von widerrechtlicher Machtergreifung reden, aber unter despotischen Verhältnissen ist jede Übernahme von Macht eine Machtergreifung.

Und was war mit den kleinen Bauern und den Unberührbaren, den Gemeinsten der Gemeinen? Sie flüchteten sich in Geduld, in Halsstarrigkeit, ins Durchhalten – die Tugenden eines unterdrückten Volkes. Sie entflohen ihren Peinigern auch häufiger, als man bei einer Gesellschaft, die aus Dorfgemeinschaften bestand und keine sicheren Freiräume eröffnete, erwarten sollte. Im mittelalterlichen Europa schreckte insbesondere in städtischen Gegenden und in Grenzgebieten die Möglichkeit oder Drohung, daß Untertanen abwanderten, die Herrschaft vor allzu großem Machtmißbrauch ab. Die Abwanderung lohnte sich. In Indien tauschte man durch die Flucht wahrscheinlich ein trauriges Leben gegen ein anderes aus; selbst da aber konnte die Fluchtmöglichkeit Anlaß zur Mäßigung sein, denn kein Raubtier verliert gern seine Beute.

Dabei blieb immer noch genug Reichtum, den man an sich bringen konnte – ein Forscher schätzt das Mehrprodukt im damaligen Indien auf die Hälfte des agrarischen Gesamtprodukts. Dieser »Batzen« mußte der Ostindischen Kompanie ein Anreiz sein, sich stärker politisch als kommerziell zu betätigen, denn mit politischen Mitteln ließ sich mehr Geld gewinnen, als sich auf kommerziellem Weg verdienen ließ. Hinzu kam, daß innere Konflikte und Gewaltakte die Kompanie antrieben (zwangen), zu ihrer Verteidigung militärische Macht aufzubieten; diese wiederum ermunterte sie dazu, sich in örtliche Streitigkeiten einzumischen.

Daß aus London weise Mahnungen kamen, konnte die Vertreter der Kompanie vor Ort nicht davon abhalten, diese schlüpfrige Bahn einzuschlagen. Die Statthalter hatten – als Lehre und zur Rechtfertigung – das holländische Vorbild in Indonesien vor Augen; am Ende trug ihr Standpunkt den Sieg davon. London schwenkte auf ihre Linie ein. Nachdem die Aktivitäten der Kompanie in Indien reorganisiert und drei »Präsidentschaften« für die Provinzen Bengalen, Bombay und Madras geschaffen worden waren, verabschiedeten die Direktoren in London einen Beschluß, der die Mission der Kompanie nach holländischem Vorbild neu bestimmte:

> »Der Steigerung unserer Einkünfte gilt unsere Sorge ebensosehr wie unseren Handelsbeziehungen; damit bewahren wir uns unsere Stärke, auch wenn zwanzig Unglücksfälle unseren Handel stören; damit werden wir zu einem eigenen Gemeinwesen in Indien; ohne das sind wir nichts als eine Vielzahl von Eindringlingen, die das Königliche Handelsprivileg verbindet und die nur dort Handel zu treiben befähigt sind, wo keiner von den Mächtigen es als sein Interesse ansieht, uns daran zu hindern…«

Diese umfassendere Zielsetzung war nicht auf ein Monopol wie in Indonesien gerichtet. Die britische Ostindische Kompanie war bereit, andere am indischen Markt teilhaben zu lassen, abgesehen vielleicht von den Franzosen, die es für gut befunden hatten, die Engländer politisch herauszufordern. Dennoch verschaffte ihre Macht und privilegierte Stellung der Kompanie in einer Situation scheinbar gleicher kommerzieller Bedingungen entscheidende Vorteile. Die Angestellten der Kompanie waren rasch bei der Hand, sich bietende Gelegenheiten zu nutzen, nicht nur um auf eigene Rechnung Handel zu treiben, sondern auch um einheimischen Amtsträgern und Geschäftspartnern ihren Namen und ihren faktischen Einfluß zu leihen, vorausgesetzt, diese waren bereit, für die Gunst zu bezahlen.

In einer muslimischen Welt, die von Stolz und Fremdenfeindlichkeit geprägt war, brachte das britische Auftreten für alle gesellschaftlichen Schichten Demütigungen mit sich; das galt für den Grenzbeamten am Schlagbaum ebenso wie für den Fürsten in seinem Palast. Die Anmaßungen der Ungläubigen untergruben die Würde und Legitimität der vizeköniglichen Behörden und führten zum Krieg zwischen dem Nawab von Bengalen und der Kompanie; Krieg aber liefert stets Anlässe zu Klagen und Haß. So auch in diesem Fall: Der junge Prinz Sirasch-ud-Daula beschloß, den Briten eine Lektion zu erteilen, und nahm im Jahre 1756 Kalkutta, ohne daß er auf nennenswerten Widerstand stieß. Anschließend beging er »jenes große Verbrechen, das denkwürdig wegen seiner Grausamkeit und wegen des ungeheuren Vergeltungsakts ist, der ihm folgte«[22]. Das Verbrechen war das Massaker des »Schwarzen Lochs«, einer 6 x 5 Meter großen Kammer mit nur zwei kleinen, vergitterten Fenstern. In diese Zelle stopften die Männer des Nawab in einer schwülfeuchten, stickigen Juninacht einhundertsechsundvierzig Gefangene – Zivilisten und Soldaten, darunter auch ein paar Frauen. Bitten und Proteste wurden laut, aber der Nawab hatte sich bereits zur Ruhe gelegt und durfte nicht mehr gestört werden. Am Morgen waren nur noch dreiundzwanzig Gefangene am Leben.

Die Untat schrie nach Vergeltung, und die örtlichen Vertreter der Kompanie waren nur zu froh über diese Gelegenheit zum Zuschlagen.[23] In aller Eile wurde eine Flotte ausgerüstet, die mit einem kleinen Kontingent britischer Soldaten und Sepoytruppen von Madras nach Norden segelte; sie stand unter dem Befehl von Robert Clive, einem jungen Zivilbeamten der Kompanie, der als Schreibtischmensch zugleich eine natürliche Begabung für das Kriegführen mitbrachte. Wegen widriger Winde brauchten die Schiffe an die zwei Monate, ehe sie den Golf von Bengalen hinaufgesegelt waren und in den Hooghlyfluß einfahren konnten. Dort eroberten die Briten Kalkutta mühelos zurück, erlegten ud-Daula eine riesige Entschädigungszahlung auf und erzwangen für die Kompanie die Wiederherstellung sämtlicher Privilegien. Sein Nachtschlaf kam den Nawab teuer zu stehen.

Aber das war noch nicht alles. Der Krieg zwischen Großbritannien und Frankreich in Europa fand seinen Widerhall in Bengalen, wo der Nawab den Franzosen Avancen machte, weil er sich rächen und sich den eingegangenen

 Verpflichtungen entziehen wollte. Noch so eine mogulische Fehlspekulation! Die Briten unter Clive, die davon Kenntnis erhalten hatten, griffen an und eroberten den französischen Handelsstützpunkt bei Chandernagore (Chandarnagar), eine kommerzielle Konkurrenz, die der Kompanie schon lange ein Dorn im Auge war. Der Nawab nahm das krumm: Wer waren diese britischen Kaufleute, daß sie sich erdreisteten, gegen andere Kaufleute auf seinem Hoheitsgebiet Krieg zu führen? Außerdem reute ihn wie weiland Pharao seine Schwäche; er meinte, ein zweites Mal besser abschneiden zu können – schließlich war seine Armee der britischen Streitmacht zahlenmäßig weit überlegen.

Diesmal beschlossen die Briten, ud-Daula loszuwerden. Auf der Suche nach Bundesgenossen unter den Unzufriedenen am indischen Hof – »Wie großartig wäre es für die Kompanie, einen der Kompanie ergebenen Nabob zu haben!« – stießen sie auf Mir Dschafar, den angeheirateten Onkel des Nawab, der zu den Befehlshabern von dessen Truppen zählte.[24] Einheimische Amtsinhaber und Kaufleute standen bereit, sich kaufen und verkaufen zu lassen, bei falschem Spiel mitzuwirken und Verrat zu begehen. Durch Vermittlung eines schlauen hinduistischen Kaufmannes namens Omichund (Umichand oder Amin Chand) kauften die Briten Mir Dschafar und bewogen ihn mit dem Versprechen, ihn zum Nawab zu machen, zum Verrat. Mir Dschafar seinerseits verpflichtete sich, seine Erhebung zum Nawab mit einer gigantischen Summe zu honorieren.

Schließlich endete das Ganze in einer Schlacht, die am 23. Juni 1757 bei Plassey (Placis, Palasi), einem Dorf hundertfünfzig Kilometer nördlich von Kalkutta, ausgetragen wurde und in der die Briten und ihre Verbündeten dem Nawab und seinen Gefolgsleuten gegenüberstanden. Die Briten siegten und lenkten durch ihren Sieg die indische Geschichte in neue Bahnen. Die Barden des imperialen Ruhms künden von Robert Clive, dem Buchhalter, der zum Befehlshaber wurde. Sie erzählen von Führerschaft und Verrat und von kleinen, aber entscheidenden Vorkehrungen – etwa davon, daß die Gewehre in einem Monsunregen gegen die Nässe geschützt wurden. Die antiimperialistischen Bilderstürmer tun das als Fabelei ab, spielen das Heldentum herunter (tapfer sein kann jeder) und beklagen die Bereitschaft der einheimischen Beamten und Magnaten, sich kaufen zu lassen, deren Treulosigkeit.[25]

Aber das ist gerade die Achillesferse von aristokratischen Reichen wie dem Mogulreich und seinen Komponenten: Gibt es in ihnen überhaupt Treue? Der Nawab begann die Schlacht mit fünfzigtausend Mann gegenüber den dreitausend auf seiten der Briten. Von den fünfzigtausend griffen tatsächlich nur zwölftausend für ihn in den Kampf ein, und die traten so schnell den Rückzug an, daß nur fünfhundert von ihnen fielen. Die britischen Verluste beliefen sich auf vier Europäer und vierzehn Sepoys. Und hier handelte es sich um eine der wichtigsten Schlachten der Geschichte.[26]

Nach dem Sieg wurde die Rechnung aufgemacht. Die Summen, bei denen man schließlich anlangte, beliefen sich auf 10 Millionen Rupien (= 1,4 Millionen britische Pfund, bei einem Wechselkurs von 7,14285 Rupien pro Pfund) an die Kompanie als Entschädigung für erlittene Verluste, auf 8 Millionen Rupien Kompensationszahlungen und Bestechungsgelder für die ortsansässigen Kaufleute Kalkuttas (5 Millionen für die britischen, 2 Millionen für die armenischen und 1 Million für die indischen Kaufleute), auf 5 Millionen Rupien für das Flottengeschwader und das Heereskommando der Briten und dazu noch auf persönliche Vergütungen für die Mitglieder des Vorstands der Kompanie, in einer Größenordnung von mehr als einer Viertel Million Rupien pro Person.

Insgesamt kam eine Summe von 2 340 000 Pfund heraus, das Fünffache dessen, was auf der *Madre de Deus* erbeutet worden war – ein Betrag, den man heute mit über 1,5 Milliarden Mark beziffern würde.[27] Mir Dschafar tat das nicht weiter weh. Das Geld kam nicht aus seiner Tasche. Aber auch so konnte die bengalische Staatskasse diese ungeheuren Forderungen nicht befriedigen. Am Ende wurde etwa die Hälfte der Summe ausgezahlt, in Münzgeld und in Juwelen. Für den Rest wurden neue Zahlungstermine vereinbart und dann wieder neue; und bei jeder Stundung erhielt die Kompanie Entschädigungen in Form von Privilegien, Gebieten und Steuern. Die Vorstandsmitglieder der Kompanie jedenfalls erhielten ihre Vergütungen im vollen Umfang – ihre Ansprüche genossen Priorität.[28]

Ergänzt wurden diese erpreßten Geldzahlungen durch die stillschweigende Übereignung von *zamindari*-Rechten an die Kompanie, das heißt von Rechten zur Besteuerung großer Landstriche in der Umgebung von Kalkutta. Diese Landstriche trugen dem Nawab eine Ablösungspacht von rund 23 000 Pfund ein, warfen aber Gesamtpachteinnahmen von 53 000 Pfund ab – immerhin ein Nettogewinn von rund 30 000 Pfund. Und mit dem Wachstum Kalkuttas stieg auch der Wert des umliegenden Landes, so daß nach einem Jahrzehnt die Pachteinnahmen auf 146 000 Pfund gestiegen waren. Der Nawab hatte unterdes sein Recht auf die Ablösungspacht an Clive übertragen, der mittlerweile zum Gouverneur der Besitzungen der Kompanie in Bengalen ernannt worden war: Der Angestellte hatte sich in einen Grundherrn seines Arbeitgebers verwandelt. Clive erhielt außerdem ein *dschagir*, ein feudales Recht, in der Armee des Mogulherrschers den Befehl über etwa sechstausend Fußsoldaten und fünftausend Berittene zu führen. Die Verquickung von Politik und Kommerz in der Kompanie spiegelte sich in der Rolle ihrer Repräsentanten wider.

Wie in Indonesien war also auch in Indien Macht gleich Geld und Geld gleich Macht. Die indischen Überschüsse, die der Mogulstaat und seine feudalen Vasallen abgesahnt hatten, flossen nun der Ostindischen Kompanie und ihren Beamten und Repräsentanten zu. Kaufleute und Zivilbeamte sahen in ihren unzureichenden Gehältern eine Aufforderung zu privaten Unternehmungen und öffentlicher Korruption. Junge, ehrgeizige Männer ließen sich die Aufnahme in den Dienst der Kompanie etwas kosten. Parlamentsmitglieder und Leute mit Einfluß suchten für Freunde und Verwandte Posten und zahlten dafür mit ihrer eigenen Münze. Das Indische Haus war ein »Lotteriebüro, das jedermann einlud, sein Glück zu versuchen, und das für die wenigen Glücklichen ... fürstliche Vermögen bereithielt«[29]. Natürlich war nicht alles nur eine Frage des Glücks.

Keine Frage, daß Indien ein von Krankheiten heimgesuchtes Land war. Viele dieser Neureichen schafften es gar nicht mehr zurück nach England. Selbst wenn sie gesund blieben und in dem Geschäft bewandert waren, hatten viele Probleme damit, ihre Erwerbungen zu Geld zu machen; die Ansprüche der Gestorbenen wurden von Interessenvertretern wahrgenommen, die ihr eigenes Süppchen kochten und oft von niemandem kontrolliert wurden. Die Brosamen, die auf diese Weise von der indischen Tafel herabfielen, mästeten ein kleines Heer von Händlern, Rechtsanwälten, Notaren, Juwelieren, Wechselmaklern, Schmugglern, Vertrauensleuten und Schiebern.

Lord Clive (er hatte ein irisches Adelspatent erhalten und hoffte, bald einen englischen Titel zu bekommen) hatte größere Probleme als die meisten; er mußte so ungeheuer viel nach England schaffen. Er schickte 180 000 Pfund in Wechseln an die Holländisch-Ostindische Kompanie in Amsterdam, die dann mit Verlust eingelöst und zum Kauf von Wechseln in Sterling verwendet wurden. Über 40 000 Pfund liefen über die englische Ostindische Kompanie, und beträchtliche Beträge, deren Höhe unbekannt ist, gingen durch die Hände privater Kaufleute. Er legte auch gewaltige Summen in Juwelen an – 25 000 Pfund allein in Diamanten, die er in Madras erstand – und brachte diese mit zurück, um sie in England wieder zu verkaufen. »Wir können getrost davon ausgehen«, schrieb Macaulay, »daß kein Engländer, der mit nichts anfing, jemals in irgendeinem Lebensbereich schon im frühen Alter von vierunddreißig ein solches Vermögen angehäuft hat.«[30]

Nach seiner Rückkehr machte Clive von seinem Vermögen einen »rühmlichen« Gebrauch. Er schenkte große Summen seinen Schwestern, anderen Verwandten, mittellosen Freunden, überschrieb seinen Eltern ein Jahreseinkommen von 800 Pfund, was nach heutigem Geld knapp 700 000 Mark entspricht, und bestand darauf, daß sie sich eine Kutsche anschafften; seinem früheren Vorgesetzten beim Militär, »dessen Mittel sehr bescheiden waren«, setzte er 500 Pfund jährlich aus. Nachdem er an die 50 000 Pfund für solch großzügige Zuwendungen geopfert hatte, kaufte er Land, um sich und einem kleinen Gefolge von Klienten Sitze im Unterhaus zu verschaffen. Er erstand außerdem ein ansehnliches Paket (100 000 Pfund) Anteile an der Ostindischen Kompanie, die er von Strohmännern erwerben ließ, um sich einen kleinen Stimmblock zu sichern. Damals waren die Sitzungen des »Rats der Eigentümer«, wie man die Aktionärsversammlung nannte, »riesig, stürmisch, ja, geradezu tumultuarisch... Stimmen wurden in gigantischem Maße fingiert.« Robert Clive war jemand, mit dem man rechnen mußte.

Kurzfristig erwies sich diese Verschiebung von Reichtum und Macht aus dem geheimnisvollen Osten auf den Landadel Englands und in die Wandelgänge des englischen Parlaments als unbekömmlich – alles ging zu rasch vor sich, war zu neu. Wie kamen diese Nabobs (die verballhornte Fassung des indischen Nawab-Titels zur Bezeichnung von Superreichen hat sich bis heute erhalten) dazu, große Güter zu kaufen, sich gesellschaftlich aufzuspielen, die englische Politik zu korrumpieren? Wie nicht anders zu erwarten, wurde der Ruf nach einer offiziellen Überprüfung und parlamentarischen Untersuchung laut. Die Folge waren skandalöse Prozesse (Warren Hastings) und wichtige Veränderungen in der Verfassung der Ostindischen Kompanie. Die neuen Bestimmungen, zu denen eine strengere staatliche Kontrolle der bengalischen Verwaltung zählte, machten es schwerer, in kurzer Zeit »stinkreich« zu werden, aber man konnte nach wie vor in Indien binnen weniger Jahre mehr verdienen als in England während eines ganzen Lebens.

Langfristig sahen sich die Briten durch ihre imperialen Ansprüche in Indien vor schwerwiegende politisch-strategische und moralische Probleme gestellt. Die Ostindische Kompanie betrachtete ihre Erwerbungen als etwas Endgültiges – »so dauerhaft, wie menschliche Weisheit sie zu machen vermag« (1766). Deshalb mußte sie »die Bevölkerung schützen und umhegen ... deren Interesse und Wohlergehen nunmehr unsere Hauptsorge gilt« – um der Kompanie willen. Indien wurde mit einem Landgut verglichen, auf dem Pächter und Grundherr durch Gleichheit der Interessen verbunden seien.[31]

Sehr klug und sehr britisch; aber nicht einfach. Auch nach der Reform der Kompanie blieb die Aufgabe einer ökonomischen Entwicklung des Landes, die noch dadurch kompliziert wurde, daß sich die Engländer klugerweise scheuten, in die sozialen und kulturellen Einrichtungen Indiens einzugreifen. Die indische Wirtschaft wandelte sich und wuchs in dem Maße, wie neue Techniken, insbesondere die Eisenbahn, von außerhalb eingeführt wurden. Aber außer als Lieferantin von Rohbaumwolle reagierte sie nur langsam auf die Industrielle Revolution; die indische Baumwolltuchfabrikation, einst die größte der Welt, schrumpfte, bis sie praktisch nicht mehr existierte. Indische Historiker machen dafür die kolonialen Unterdrücker verantwortlich, die nicht nur Schutzzölle verhinderten (lang lebe der Freihandel!), sondern mehr noch die indische Produktion besteuerten, um für britisches Garn und Tuch Chancengleichheit auf dem indischen Markt zu erzwingen. Aber da lag nicht das Problem. Sowohl den indischen als auch den britischen Unternehmern stand es frei, moderne Fabrikationsformen in Indien einzuführen, wie das dann auch seit den fünfziger Jahren des neunzehnten Jahrhunderts geschah. Wenn sie das vorher nicht taten, hatten sie vermutlich gute Gründe.

*

Woher kommt unser Wissen? Wie sehen die empirischen Beweise aus?

Einige der wichtigsten Arbeiten über die Geschichte Indiens stammen von indischen Forschern; die aber mußten sich ironischerweise fast ausschließlich auf europäische Berichte und Geschäftsbücher stützen. Die indische Seite hat uns fast keine schriftlichen Dokumente hinterlassen. Was wir zum Beispiel über den Handel im Indischen Ozean vom sechzehnten bis zum achtzehnten Jahrhundert wissen, ist fast ausschließlich den Archiven der privilegierten Handelsgesellschaften und ihrer Heimatstaaten entnommen; außerdem bieten sich Reiseberichte und die Korrespondenz zwischen Europa und den Überseegebieten als Quellen an.[32] Diese Dokumente vermitteln deshalb nur die Außensicht von der Geschichte. Sie sind allerdings reichhaltig und aufschlußreich – auch eine Menge Material aus den überseeischen Gebieten selbst findet sich darin – und haben die Grundlage für eine Reihe guter historischer Darstellungen geliefert.

Wie es zu dieser Asymmetrie kommt, ist eine kulturgeschichtlich interessante Frage. Die Inder hatten eine Schriftkultur (auch wenn sie über keinen Buchdruck verfügten), und kein Reich wie das der Moguln war ohne Aufzeichnungen und Korrespondenz funktionsfähig. Auch die im internationalen Handel tätigen indischen Kaufleute wären ohne entsprechende Gedächtnis- und Kommunikationshilfen nicht ausgekommen. War die Erhaltung der Dokumente ein Problem? Wie hätten dann aber die Akten der Ostindischen Kompanie in Madras, Bombay und Kalkutta überdauern können? Gab es einen wesentlichen Unterschied der Formen, in denen die kommerzielle Tätigkeit organisiert wurde? Die privilegierten Kompanien stützten sich auf einen ausgetüftelten Verwaltungsapparat, und Verwaltung bedeutet Papierkram. Vielleicht besteht das Problem in der Kontinuität und Verwahrung. Die politischen Einheiten Indiens waren vergängliche Gebilde, und das erstreckte sich auch auf ihre Akten. Vielleicht wären Ton oder Stein als Schreibmaterial besser gewesen.

Eines ist klar: Die damaligen Europäer interessierten sich bereits für Aufzeichnungen. Man beachte in diesem Zusammenhang den Unterschied zwischen *hieratisch* und *generell* schriftkulturellen Gesellschaften. Bei allem Analphabetismus breiter Volksschichten gehörten die Europäer zum letzteren Typus. Von den Mittelschichten an aufwärts las man nicht nur, sondern schrieb und veröffentlichte auch – und das nicht nur auf amtlicher Ebene, sondern auch im Privatbereich. In der nichteuropäischen Welt dürften dem wohl die Japaner und die Juden am nächsten gekommen sein. Die Europäer waren außerdem von leidenschaftlicher Neugier mit Blick auf andere Völker und Gesellschaften erfüllt: Die weit überwiegende Mehrzahl der Reiseberichte wurde damals von Europäern und für Europäer verfaßt.

Der Faktor Neugier war ein wichtiger und charakteristischer Aspekt der europäischen Expansion und Vorherrschaft. Ob bewußt oder unbewußt (tatsächlich traf beides zu), er bereitete den Weg für die Erforschung und Nutzung der außereuropäischen Regionen. In den letzten Jahren haben antikolonialistische Kritiker sich heftig an dem angeblichen Unheil gestoßen, das westliche Neugier angerichtet habe; Gelehrte, Spione und diplomatische Vertreter wurden als Übeltäter alle in einen Topf geworfen. Die bekannteste Fassung dieser Vorwürfe ist Edward Saids vieldiskutiertes Buch *Orientalismus* (1978). (Mehr über dieses einflußreiche Buch in Kapitel 24, S. 422.) Soweit die Kritiker die Ansicht vertreten, daß die Wahrheit über eine Gesellschaft nur deren Mitgliedern zugänglich ist, befinden sie sich im Irrtum. Soweit sie diese Ansicht dazu benutzen, die Arbeiten von intellektuellen Gegnern zu diskreditieren, handeln sie polemisch und unwissenschaftlich. Soweit sie damit hingegen auf die entscheidende Bedeutung und Erkenntniskraft hinweisen wollen, die im Guten wie im Bösen dem Eingeweihtsein zukommen, treffen sie einen wichtigen Punkt.

*

Nahrung, Einkommen und Lebensstandard

In welcher Lage befand sich die breite Volksmasse im vorbritischen Indien? Europäische Reisende und Besucher berichteten von allgemeiner Armut, ja von Elend, und die indischen Gesprächspartner bestätigten das. Warum gab es so viele Tempel in Südindien? »...der Boden ist ungeheuer fruchtbar, während die Bevölkerung nur wenige Lebensbedürfnisse hat.« Ein englischer Reisender besucht einen örtlichen Fürsten, der seine Bauern als »nackte, halbverhungerte Strolche« bezeichnet. Wie steht es mit ihren Bedürfnissen? »Geld taugt nicht für sie: Sie kriegen Lebensmittel und einen Arschtritt, mehr brauchen sie nicht.«[33]

Einige Historiker machen geltend, diese fremden Beobachter hätten weniger gesehen und begriffen, als sie dachten, und sie hätten ein schwarzes Bild von Indien gemalt, um das Bild Europas um so heller erstrahlen zu lassen. Ein paar haben sogar – auf Basis von Schätzungen des Lebensmittelverzehrs – behauptet, der indische *ryot* habe besser gelebt als der englische Landarbeiter.[34]

Solche wirtschaftsgeschichtlichen Vergleiche mittels Kalorienmessungen erscheinen mir angesichts der breiten Kluft zwischen dem technischen Entwicklungsstand in Europa und Asien wenig glaubhaft. Und auch die Versuche, vergleichende Schätzungen des Einkommens vom zwanzigsten auf das achtzehnte Jahrhundert zurückzuprojizieren, können mich nicht überzeugen.[35] Der Möglichkeiten, daß man verzerrte Ergebnisse erhält, sind unendlich viele; und die Auswirkungen selbst kleinster Fehler sind bei einem Zeitraum von über zweihundert Jahren ungeheuer. Bei solchen Übungen in Spekulation verdienen die Zahlen nur dann Glauben, wenn sie mit dem historischen Kontext in Einklang stehen. Und den Kontext im Falle Indiens bilden eingeschränkte Eigentumsrechte und technische Rückständigkeit. Westeuropa, das sich bereits auf dem Weg zur Industriellen Revolution befand, entwickelte und verbesserte einfallsreiche, arbeitsparende Apparaturen, vor allem hand- und kraftbetriebene Maschinen. Europa hatte Asien schon längst überholt. Die Sache ist ganz einfach: Produktivere Techniken bedeuten höhere Einkommen.

Die Verhandlungen zwischen den Briten und Mir Dschafar wurden durch zwei Mittelsmänner geführt, von denen der eine Omichund hieß. Er war ein bengalischer Kaufmann, der sich in Kalkutta niedergelassen hatte, um vom Schutz der Kompanie zu profitieren; als der Nawab in die Stadt einfiel und sie besetzte, erlitt er schwere Verluste. Dieser Omichund, so berichtet uns der Historiker Macaulay mit der Offenheit eines Zeitalters, das von ideologischem Wohlverhalten noch nichts wußte, sei dank seiner geschäftlichen Erfahrung bestens geeignet gewesen, zwischen den Engländern und dem Hof des Nawab zu vermitteln. »Er besaß großen Einfluß bei seiner eigenen Rasse und verfügte in hohem Maße über die Tugenden des Hindu, rasche Beobachtung, Takt, Gewandtheit, Zähigkeit, und über die Laster des Hindu, Unterwürfigkeit, Gier und Hinterlist.«

Omichunds Aufgabe war es, den Nawab einzulullen und hinters Licht zu führen. Das tat er denn auch. Dank seiner Erfindungen und Erdichtungen konnten die Planungen zügig vorangetrieben werden; aber je weiter sie gediehen, desto mehr hing alles von Omichunds Verschwiegenheit ab. Ein Wort von ihm konnte die ganze Verschwörung auffliegen lassen. Und genau an diesem Punkt kam Clive die beunruhigende Nachricht zu Ohren, Omichund winke mit der Möglichkeit, die Sache zu verraten, sofern er nicht eine riesige Vergütung erhalte. Wie riesig? Er fordere 300 000 Pfund Sterling (nach heutiger Währung mehr als 190 Millionen Mark), und außerdem verlange er, daß dieses Zahlungsversprechen in den Vertrag aufgenommen werde, durch den die Erhebung des Mir Dschafar auf den bengalischen Thron besiegelt werde.

Clive geriet außer sich vor Zorn. Das war himmelschreiende Treulosigkeit, und es war nackte Gier. Er beschloß, die Hinterlist mit gleicher Münze heimzuzahlen, und ließ zwei Vertragsfassungen ausarbeiten – eine echte, auf weißem Papier, in der Omichund nicht erwähnt wurde, und eine falsche, auf rotem Papier, die eine Klausel zu Omichunds Gunsten enthielt. Nicht alle Engländer waren bereit, bei diesem Betrug mitzumachen: Admiral Watson weigerte sich, die rote Fassung zu unterschreiben, was mit Sicherheit Omichunds Verdacht erregen mußte. Clive – dem es nun auch nicht mehr darauf ankam – fälschte also die Unterschrift des Admirals.

Nun war die Zeit zum Handeln gekommen. Der siegessichere Nawab griff zu den Waffen. Clive und seine englischen Truppen – Männer, die laut Clive noch nie einem Feind den Rücken zugekehrt hatten – schlugen ihn bei Plassey (1757) in die Flucht. Der Nawab verlor die Schlacht und anschließend seinen Thron. Die Sieger kamen zusammen, um die Beute zu teilen. Auch Omichund eilte hoffnungsfroh zur Konferenz, denn Clive hatte ihn bis zum letzten Augenblick mit ausgesuchter Zuvorkommenheit behandelt. Nun wurde der weiße Vertrag verlesen. Kein Wort über Omichund. Als der sich an Clive wandte, bekam er zur Antwort: »Der rote Vertrag ist ein Trick. Sie bekommen gar nichts.« Der arme Mann fiel in Ohnmacht, wurde wiederbelebt, war aber nie mehr bei klarem Verstand. Nach und nach versank er in Teilnahmslosigkeit und Konfusion. Einst ein Mann von scharfem Verstand und schlichter Kleidung, lief er nun, luxuriös gekleidet und behängt mit Juwelen, ziellos in der Gegend herum. Binnen weniger Monate war er tot.

Macaulay, der normalerweise mit Clive sympathisierte, verurteilte das Täuschungsmanöver scharf: »... dieser Mann, der sich in anderen Abschnitten seines Lebens als englischer Gentleman und Soldat erwies, wurde, kaum daß er es mit einem indischen Intriganten zu tun bekam, seinerseits zu einem indischen Intriganten und gab sich ohne Skrupel dazu her, heuchlerische Schmeicheleien auszusprechen, Dokumente auszutauschen und Unterschriften zu fälschen.«[36] Aber das war nicht der Punkt, dessentwegen Macaulay Clive verurteilte. Er wies zwar auf dessen moralische Schwächen hin, zog es aber dann vor, das politisch Unzweckmäßige dieses Schachzuges anzuprangern, »wie ihn ein Machiavell hätte anwenden können«.

Macaulays entscheidendes Argument war, daß Clive »nicht nur ein Verbrechen, sondern mehr noch einen groben Schnitzer begangen« habe. Individuen dürften sich durch Treulosigkeit bereichern, Staaten hingegen nicht, betonte Macaulay. In der öffentlichen Sphäre sei ein Ruf der Wahrhaftigkeit mehr wert als Kühnheit und Intelligenz, zumal in einer Welt, in der Lug und Trug allgegenwärtige Erscheinungen seien. Nichts sonst als der Ruf uneingeschränkter Ehrlichkeit habe es Großbritannien ermöglicht, sein Imperium in Indien mit so geringen Kosten aufrechtzuerhalten; nichts sonst habe den Reichtum der indischen Nation aus seinen Verstecken und Horten ans Licht bringen können. Die mächtigsten Fürsten des Ostens, stellt er fest, könnten ihre Untertanen nicht dazu bewegen, sich von ihren Schätzen zu trennen, selbst wenn sie ihnen Wucherzinsen in Aussicht stellten; die Briten hingegen könnten mit einem Zinssatz von 4 Prozent viele Millionen Rupien lockermachen.

Soweit Macaulays Einschätzung! Sie trifft einen Punkt. Aber hatten Clives Nachfolger mehr Skrupel als er? Oder haben die Imperialisten und Staatsmänner einfach gelernt, besser zu lügen? Oder in manchen Dingen zu lügen und in anderen nicht? In Geldfragen Ehrlichkeit zu beweisen und im übrigen die Sau rauszulassen? Das wäre blanke Ironie. Tatsache ist, daß auch schon zu Macaulays ehrbaren Zeiten Wahrhaftigkeit eine Funktion der Staatsräson war. Auch in Geldfragen – ganz besonders in Geldfragen. Es stimmt, daß Investoren dem britischen Wort Glauben schenkten und vierprozentige Staatsanleihen kauften und nie von Großbritannien enttäuscht wurden ... bis das zwanzigste Jahrhundert kam und der Krieg und die Defizite die Kaufkraft des Pfunds untergruben und den Goldstandard zerstörten. Ist Inflation eine Art von unpersönlichem Betrug?

12
Gewinner und Verlierer: Die imperiale Bilanzrechnung

> »Die Entdeckung Amerikas, die Umschiffung Afrikas schufen der aufkommenden Bourgeoisie ein neues Terrain. Der ostindische und chinesische Markt, die Kolonisierung von Amerika, der Austausch mit den Kolonien, die Vermehrung der Tauschmittel und der Waren überhaupt gaben dem Handel, der Schiffahrt, der Industrie einen nie gekannten Aufschwung und damit dem revolutionären Element in der zerfallenden feudalen Gesellschaft eine rasche Entwicklung.«
>
> Marx/Engels, *Manifest der Kommunistischen Partei*

Die Wende vom achtzehnten zum neunzehnten Jahrhundert war gleichermaßen ein Ende und ein Anfang. Damals kam es zur Auflösung der Holländisch-Ostindischen Kompanie, wurde der britische Sklavenhandel über den Atlantik verboten (ohne daß dies schon das Ende der Sklaverei bedeutet hätte)[1], erreichte das Rohrzuckergeschäft seinen Gipfelpunkt und erlebte seinen Niedergang (wozu der Aufstand in Santo Domingo [dem heutigen Haiti] und der Zusammenbruch der dortigen Plantagen zählten), stürzte das Ancien régime in Frankreich, ging die Periode der frühen kolonialen Imperien zu Ende. In der neuen Ära sollte Europa seine förmliche Herrschaft über überseeische Territorien einbüßen (der große Verlierer war hier Spanien), dafür aber eine umfassendere ökonomische Vorherrschaft gewinnen. Europa sollte sich auch seinen Weg in Gebiete erzwingen, die zuvor als unzugänglich und unantastbar galten (China, Japan); gleichzeitig sollte es in anderen Regionen (Indien, Indonesien) eine neue, ihm ebenbildliche Art von Kolonialreichen errichten.

Dreh- und Angelpunkt dieser Wandlungen war die Industrielle Revolution, die im achtzehnten Jahrhundert in Großbritannien begann und dann rund um die Welt Nachahmung fand. Die Industrielle Revolution ließ einige Länder reicher werden und andere (relativ) ärmer; genauer gesagt, einige Länder durchliefen eine Industrielle Revolution und wurden reicher, während andere das nicht taten und arm blieben. Tatsächlich begann dieser Sortierungsprozeß viel früher, im Zeitalter der Entdeckungen.

Für einige Nationen wie zum Beispiel für Spanien stellte die Erschließung der Welt eine Einladung dar, Reichtum anzuhäufen, Pomp zu entfalten, Ansprüche zu nähren – eine traditionelle Verhaltensweise, nur daß sie jetzt in gewaltigeren Dimensionen praktiziert wurde. Holland und England hingegen sahen darin eine Chance, neue Dinge auf neue Weise zu tun, auf der Woge technischen Fortschritts zu schwimmen. Und für wieder andere wie die Ureinwohner Amerikas oder Tasmaniens war dies eine apokalyptische Zeit, die Stunde eines von außen hereinbrechenden furchtbaren Schicksals.

Die Erschließung Amerikas hatte zunächst einen Austausch – den sogenannten kolumbianischen Austausch – von Lebensformen der beiden Biosphären zur Folge. Die Europäer trafen in der Neuen Welt neue Völker und Tierarten an, vor allem aber neue Pflanzen – von denen einige nahrhaft waren (Mais, Kakao, Kartoffel, Süßkartoffel), einige suchterregend und schädlich (Tabak, Koka) und einige industriell verwertbar (neue Harthölzer, Gummi). Diese Erzeugnisse wurden auf unterschiedliche Weise in Zusammenhänge der Alten Welt integriert, manche bereits früh, andere spät (Gummi gewann erst im neunzehnten Jahrhundert Bedeutung).

Die neuen Nahrungsmittel änderten die Ernährungsgewohnheiten rund um die Welt. Mais zum Beispiel wurde zu einem wesentlichen Bestandteil der Küchen Italiens (Polenta) und des Balkans (Mamaglia), während die Kartoffel im nördlich der Alpen und der Pyrenäen gelegenen Europa zu einem Grundnahrungsmittel avancierte, das mancherorts (in Irland oder Flandern) sogar das Brot verdrängte. Die Kartoffel war derart wichtig, daß manche Historiker darin die Quelle und das Erfolgsgeheimnis der Bevölkerungsexplosion des neunzehnten Jahrhunderts gesehen haben.[2] Zusammen mit Erdnüssen, Süßkartoffeln und Jamswurzeln bildete die Kartoffel, die auf kargen, hügeligen Böden wuchs, außerdem eine wertvolle Zusatznahrung für eine chinesische Bevölkerung, die im achtzehnten Jahrhundert anfing, die Kapazität der Nahrungsquelle Reis zu übersteigen.

Europa wiederum bescherte der Neuen Welt neue Pflanzen – Zucker, Getreidearten – und eine neue Fauna – das Pferd, Hornvieh, Schafe und neue Hunderassen. Einige davon dienten als Eroberungswerkzeuge, andere, wie die Rinder und Schafe, nahmen den Einheimischen viel Land weg. Weit schlimmer war, daß die Europäer und die schwarzen Sklaven, die sie aus Afrika herüberbrachten, häßliches, mikroskopisch kleines Gepäck mitführten: die Viren von Pocken, Masern und Gelbfieber, die parasitischen Sporentierchen der Malaria, den Diphtheriebazillus, die Typhussalmonellen, die Spirochäten der Frambösie, die Tuberkulosebakterien. Gegen diese Krankheitserreger hatten die Bewohner der Alten Welt verschiedene Formen von Resistenz entwickelt. Jahrhunderte des Befalls mit den Keimen hatten zur Auslese von menschlichen Stämmen geführt, die immun gegen die Krankheiten waren. Die indianischen Bewohner Amerikas hingegen starben in Massen, so daß manchmal ganze Gegenden entvölkert wurden; nur die Streuung der wenigen Überlebenden und ein paar glückliche Fälle von Resistenz ermöglichten es einigen wenigen durchzukommen. Warum die eurasische Biosphäre soviel giftiger ist als die amerikanische, ist schwer zu sagen. Liegt es an einer größeren Dichte der Populationen und Häufigkeit der Ansteckungen? An einer zufälligen Verteilung der Keime? Wo waren die Krankheiten der Ureinwohner Amerikas? Nur eine hat uns erreicht – die Syphilis, die von den Franzosen Italienische Krankheit, von den Deutschen Franzosenkrankheit genannt wurde, während sie sich von den Seehäfen ins restliche Europa ausbreitete.[3]

Aber auch die Eindringlinge hatten ihre Schwächen. Die Touristen aus dem Norden, die Mexiko besuchen, nennen den Durchfall, von dem sie dort häufig ereilt werden, »Montezumas Rache«; in Indien spricht man vom »Delhi-Bauch«. Solche Spitznamen verraten die Bereitschaft, das Ganze mit Humor zu nehmen; tatsächlich aber fielen die Europäer, die in früheren Jahrhunderten in diese Gegenden zogen, leicht den dortigen Keimen und Infektionen zum Opfer und »starben wie die Fliegen«.[4] Alles hing vom Ort ab. Auf das Klima und die hygienischen Bedingungen – Entleerung und Abfallbeseitigung, Wasserversorgung und Kanalisation, persönliche und gesellschaftliche Gewohnheiten – kam alles an. So war die Ansteckungsgefahr in den Gebieten um den Indischen Ozean drei- bis viermal größer als in den gemäßigten Zonen, während sie in Westindien und den amerikanischen Tropen bis zu zehnmal höher lag und Westafrika einer Einbahnstraße in den Tod gleichkam. Die Sterblichkeitsraten dort überstiegen die in den gemäßigten Zonen um das Fünfzigfache.[5] Innerhalb dieser Gesamtregionen verwandelte große Bevölkerungsdichte einzelne Orte in regelrechte Pesthöhlen: zum Beispiel Bombay in Indien, Batavia in Indonesien. Die Trilogie von Fernand Braudel (*Civilisation matérielle*, usw.) zeigt auf einem der Buchumschläge eine wohlhabende portugiesische Familie in Goa, wie sie in einem Raum speist, dessen Boden mit Wasser bedeckt ist: Der Tisch steht im Wasser, die Füße ruhen im Wasser. Das hielt zweifellos Kriechtiere von der Teilnahme an der Mahlzeit ab. Allerdings war es eine Einladung für feindliche Schwimmer. Von Fliegern wollen wir gar nicht reden.

Die Wanderungen nach Übersee, die freiwilligen wie die unfreiwilligen (Sklavenhandel), brachten demnach viel Leid und Tod in die Welt. Aber sie schufen auch Reichtümer und Bereicherungschancen für die Europäer, für die Daheimgebliebenen ebenso wie für die Hinausgegangenen. In Marktgesellschaften ist das bei jeder Migration ein Gesetz: Menschen ziehen hinaus, um ihre Situation zu verbessern, und indem sie das tun, vergrößern sie zugleich die Wirtschaftskraft der Daheimgebliebenen; in ihrer neuen Heimat schaffen oder erbeuten sie Güter (Lebensmittel, Holz, Mineralien oder handwerkliche Produkte), die sie dann in die alte Heimat verschiffen oder mit denen sie dorthin zurückkehren.

Es dauerte lange, bis diese Vorteile voll zum Tragen kamen. Erst im neunzehnten Jahrhundert erschlossen Fortschritte im Transportwesen den Mittelwesten Amerikas für eine kommerziell betriebene Landwirtschaft. Die gleichen Fortschritte verbilligten und erleichterten die Einwanderung nach Amerika, just zur rechten Zeit, um für eine beispiellos angeschwollene europäische Bevölkerung ein Ventil zu schaffen. Aber auch schon die kleineren Bewegungen in der Zeit davor sorgten dafür, daß Amerika zur Lebensmittelversorgung der kolonialen Plantagen und der Mutterländer einen ansehnlichen Beitrag leisten konnte; die ganze spätere Entwicklung war im Keim schon angelegt. Das ökonomische und demographische Wachstum Europas im achtzehnten und neunzehnten Jahrhundert ging nicht ohne Qualen und Nöte vonstatten; aber kein Kontinent hat sich je leichter modernisiert. Das war zum großen Teil der Neuen Welt zu verdanken – und geschah auf dem

Rücken von amerikanischen Eingeborenen, afrikanischen Sklaven und Kontraktarbeitern.

»Wenn Spanien weder Geld noch Gold, noch Silber hat, dann deshalb, weil es dies alles besitzt, und wenn es arm ist, so deshalb, weil es reich ist. ... Man könnte meinen, es sei die Absicht gewesen, aus dieser Republik eine Republik verzauberter Menschen zu machen, die außerhalb der Naturordnung leben.«

Martin Gonzales de Cellorigo, 1600[6]

Lange vor Ackerbau und industrieller Produktion kamen Schätze und Beutegut. Der kolumbianische Austausch verteilte nicht nur Pflanzen und Tiere, sondern auch Reichtümer um – in einem umstandslosen Transfer von Altreich zu Neureich. Die ökonomische Hauptbedeutung des Zuflusses von Reichtum aus Übersee aber bestand in seinen verschiedenartigen Auswirkungen. Einige nutzten ihren Reichtum, um zu konsumieren; andere sparten und investierten. Das taten auch die einzelnen Länder: Einige waren am Ende kaum reicher als zu Anfang, während andere ihren neuen Reichtum nutzten, um ihn zu mehren.

Ironischerweise erwiesen sich die Nationen, mit denen alles angefangen hatte, Spanien und Portugal, am Ende als die Verlierer. Hier findet die Geschichte und Theorie der Ökonomie eines ihrer großen Themen. Alle Wachstumsmodelle betonen schließlich die Notwendigkeit und Wirksamkeit von Kapital – Kapital als Ersatz für Arbeitskräfte, als Schlüssel zum Kredit, als Balsam für angeschlagene Projekte, als Wiedergutmacher von Fehlern, als zweite Chance für große Unternehmungen, als Hauptmotor der wirtschaftlichen Entwicklung. Ist Kapital vorhanden, so sollte das übrige sich eigentlich von selbst ergeben. Und dank ihrer Kolonialreiche verfügten Spanien und Portugal über Kapital.

Vor allem Spanien. Der neue Reichtum des Landes traf in Rohform ein – als Geld, das investiert oder ausgegeben werden konnte. Spanien entschied sich fürs Ausgeben – es kaufte Luxusgüter und führte Krieg. Krieg ist die verschwenderischste aller Verwendungsformen: Er zerstört, statt aufzubauen; er kennt keine Vernunftgründe und keine Hemmungen, und die unvermeidliche Ungleichverteilung und Knappheit der Ressourcen haben eine rücksichtslose Irrationalität zur Folge, die sich nur kostensteigernd auswirken kann. Spanien lebte um so bedenkenloser auf großem Fuß, als der Reichtum dem Land unverhofft und unverdientermaßen zugefallen war. *Einen Lotteriegewinn auf den Kopf zu hauen fällt allemal leichter.*

Wo ging das Geld hin? Sofern es nicht gehortet wird, findet Geld immer eine Verwendung, wechselt den Besitzer und kehrt zurück, vermehrt sich, verliert sich. Einen großen Teil seines Reichtums verbrauchte Spanien auf den Schlachtfeldern Italiens und Flanderns. Soldaten und Waffen wurden gekauft, darunter auch eiserne Kanonen, die von dem zeitweiligen Kriegsgegner England stammten, Versorgungsgüter, geliefert von den zeitweiligen Kriegsgegnern Holland und Flandern, sowie Pferde und Schiffe.

Unterdes kam der Reichtum aus Westindien immer weniger den spanischen Handwerken und Gewerben zugute, weil die Spanier es immer weniger nötig hatten, Dinge selbst zu produzieren; sie konnten sie einfach kaufen.[7] Im Jahre 1545 hatten die handwerklichen Erzeuger Spaniens aufgrund der Bestellungen aus der Neuen Welt einen Auftragsüberhang für sechs Jahre. Im Prinzip waren damals die überseeischen Gebiete dazu verpflichtet, ausschließlich bei spanischen Produzenten zu kaufen. Aber Kunden und Gewinne warteten, und so wandten sich spanische Kaufleute an ausländische Lieferanten und deckten mit ihrem Namen die verbotenen Transaktionen. Soviel zur gesetzlichen Regelung von wirtschaftlichen Prozessen. Und ebensowenig flossen die amerikanischen Schätze in die spanische Landwirtschaft; Spanien konnte Lebensmittel kaufen. 1675 stellte ein Spanier frohgemut fest, die ganze Welt arbeite für Spanien:

> »Möge die Londoner Industrie ihre Gewebe nach Herzenslust fertigen, Holland seinen Kambrik, Florenz sein Tuch, die westindischen Gebiete ihren Biber und ihre Vikunjawolle, Mailand seine Brokatstoffe, Italien und Flandern ihr Leinen – solange nur unser Geld dies alles genießen kann. Bewiesen wird dadurch nur, daß alle Nationen Handwerker für Madrid ausbilden und daß Madrid die Königin der Hauptstädte ist, denn alle dienen ihr, und sie dient keinem.«[8]

Solche törichten Reden werden auch heute noch geführt, im Gewand des Theorems vom komparativen Vorteil und der neoklassischen Handelstheorie. Ich habe ernsthafte Forscher erklären hören, die USA brauchten sich wegen ihres riesigen Handelsdefizits gegenüber Japan keine Sorgen zu machen. Schließlich bekämen wir von Japan nützliche Dinge im Austausch gegen Papier, das mit dem Bild George Washingtons bedruckt sei. Das klingt gut, ist aber falsch. Reichtum ist nicht so gut wie Arbeit und verfügbares Vermögen nicht so gut wie Wohlstand, den man sich verdient hat. Ein marokkanischer Gesandter, der sich von 1690 bis 1691 in Madrid aufhielt, sah das Problem mit klaren Augen:

> »Durch die Eroberung und Ausbeutung der indischen Länder und die großen Reichtümer, die sie von dort bezieht, verfügt die spanische Nation heute über den größten Wohlstand und das höchste Einkommen aller Christen. Aber die Liebe zum Luxus und zu den Bequemlichkeiten der Zivilisation hat sie überwältigt, und man findet selten einen aus dieser Nation, der Handel treibt oder geschäftlich ins Ausland reist, wie es die anderen christlichen Nationen tun, zum Beispiel die Holländer, die Engländer, die Franzosen, die Genuesen und ihresgleichen. Auch die Handwerke der niederen Klassen und des gemeinen Volkes werden von dieser Nation verachtet, die sich den anderen christlichen Nationen überlegen dünkt. Die meisten von denen, welche diese Handwerke in Spanien ausüben, sind Franzosen; ... sie strömen nach Spanien, um Arbeit zu suchen und Geld zu verdienen. In kurzer Zeit sammeln sie große Vermögen an.«[9]

Der Rückgriff auf Metöken (Fremde) zeugt von der Unfähigkeit der betreffenden Nation, Fertigkeiten und Unternehmungsgeist in den eigenen Reihen zu mobilisieren.

Mit anderen Worten: Spanien wurde (beziehungsweise blieb) arm, weil es zuviel Geld hatte. Die Nationen, in denen die Arbeit getan wurde, bildeten gute Gewohnheiten aus und pflegten sie, und ihr Streben ging dahin, neue Methoden zur rascheren und besseren Bewältigung der Aufgaben zu entwickeln. Die Spanier hingegen frönten ihrem Hang zu Hochfahrenheit, Müßiggang und Lustbarkeiten – was Carlo Cipolla als »herrschende *Hidalgo*-Mentalität« bezeichnet. Damit standen sie nicht allein. Überall in Europa ehrte man den vornehmen Lebensstil und verachtete die körperliche Arbeit, allerdings nirgends so sehr wie in Spanien, teilweise deshalb, weil eine von Konfrontation und Krieg geprägte Gesellschaft eine schlechte Schule für Geduld und harte Arbeit ist, zum Teil aber auch deshalb, weil die Handwerke und Verrichtungen der Industrie und Landwirtschaft im spanischen Bewußtsein schon lange mit verachteten Minoritäten wie den Juden und Muslimen verknüpft waren. Hören wir den Chronisten Bernaldez, der Ende des fünfzehnten Jahrhunderts über die Juden schreibt:

> »...sie alle waren Kaufleute, Kleinhändler, Steuerpächter; sie waren Verwalter beim Adel und geübte Schafscherer, sie waren Schneider, Schuhmacher, Färber, Gürtelmacher, Weber, Lebensmittelhändler, Hausierer, Seidenweber, Schmiede, Goldschmiede und übten andere, ähnliche Berufe aus. Keiner von ihnen bebaute Land, keiner war Landarbeiter, Schreiner oder Zimmermann. Alle sahen sich nach leicht auszuübenden Gewerben um und nach Möglichkeiten, mit wenig Arbeit sein Auskommen zu finden.«

Was Gott verflucht hat, wird den Parias überlassen; und was die Parias tun, ist verflucht.[10] Besser noch, arm und arbeitslos zu sein. Die Armen in Spanien spielten eine höchst wichtige Rolle; sie halfen den Reichen, sich das Seelenheil zu erkaufen.[11]

Als Mitte des siebzehnten Jahrhunderts der große Zufluß von Edelmetall vorbei war, steckte die spanische Krone bis über beide Ohren in Schulden; schon 1557, 1575 und 1597 war es zum Staatsbankrott gekommen. Das Land glitt in eine lange Periode des Niedergangs. Bei der Lektüre dieser Geschichte drängt sich einem die Moral auf, daß leicht errungenes Geld ein Danaergeschenk ist. Kurzfristig hat man Vorteile davon, aber die bezahlt man mit unmittelbaren Verzerrungen und später Reue.[12]

Dem hätten die Nationen des nördlichen Europa zugestimmt. Sie profitierten von der Erschließung der Welt. Sie fingen Fisch, gewannen und raffinierten Walfischtran, bauten Getreide an, kauften welches und verkauften es weiter, woben Tuch, gossen und schmiedeten Eisen, schlugen Holz und förderten Kohle.[13] Während Gold- und Silberschätze ihnen zu ihrem Glück erspart blieben, schufen sie sich ihre eigenen Kolonialreiche. Auch wenn sie, soweit sich ihnen die Gelegenheit dazu bot, raubten und plünderten, setzten sie doch nicht so sehr auf den Abbau von Bodenschätzen als vielmehr auf erneuerbare Ernten und eine kontinuierliche Industrie (einschließlich der Sklavenindustrie, aber die bildete die Schattenseite). Sie bauten auf Arbeit.

Die ökonomische Gewichtsverlagerung in den Norden Europas wird nicht nur durch das unrühmliche Fiasko Spaniens belegt. Auch die italienischen Stadtstaaten – Venedig, Florenz, Genua –, große alte Zentren des Handels und des Handwerks, zählten zu den Verlierern. Italien hatte in der kommerziellen Revolution des Mittelalters eine führende Rolle gespielt und den Weg aus der Autarkie in den internationalen Handel und die Arbeitsteilung gewiesen. Noch im sechzehnten Jahrhundert war Italien ein wichtiger Mitspieler, der herausragende handwerkliche Produkte fertigte und Spanien und Nordeuropa maßgebliche kommerzielle und geldwirtschaftliche Dienste leistete. Aber die Gelegenheiten, die sich durch die Große Erschließung der Welt boten, hatte Italien nie beim Schopf gepackt: Italienische Schiffe traf man im Indischen Ozean oder auf den Atlantikrouten nicht an. Italien war auf das große Binnenmeer fixiert, steckte darin fest. Es wurde auch durch alte Strukturen gelähmt: Die Herrschaft der Zünfte lastete auf den Handwerken und machte es ihnen schwer, sich neuen Anforderungen des Geschmacks anzupassen. Die Arbeitskosten blieben hoch, weil das Handwerk weitgehend auf städtische, zunftmäßig organisierte Werkstätten beschränkt blieb, in denen erwachsene Handwerker beschäftigt wurden, die einen jahrelangen Gesellendienst hinter sich hatten.[14]

Daß der Norden dem Süden den Rang ablief, wurde registriert. Bereits im achtzehnten Jahrhundert thematisierten Beobachter den Unterschied in psychologischen Begriffen. Von den Bewohnern des Nordens hieß es, sie seien griesgrämig, freudlos und fleißig. Sie arbeiteten hart und gut, hätten aber keine Zeit, das Leben zu genießen. Demgegenüber galten die Menschen des Südens als unbeschwert und fröhlich, als derart leidenschaftlich, daß sie der Zügelung bedurften, und als eher dem Müßiggang denn der harten Arbeit zugeneigt. Diesen Gegensatz brachte man mit der Geographie und dem Klima in Zusammenhang: dort bewölkte, hier sonnige Himmel, dort Kälte, hier Wärme. Manche konstatierten sogar ähnliche Unterschiede zwischen einzelnen Regionen und Volksgruppen: zwischen Lombarden und Neapolitanern, zwischen Katalanen und Kastiliern, zwischen Flamen und Wallonen, zwischen Schotten und den Bewohnern von Kent.

In diesen Klischees steckten ein Gran Wahrheit und jede Menge Gedankenlosigkeit. Sie zu verwerfen fällt nicht schwer. Aber dann bleibt immer noch die Frage zu beantworten, warum die einen ihres Wohlstandes verlustig gehen, während die anderen einen Aufstieg erleben. Der »Aufstieg und Fall« Spaniens gleicht dem von Rom: Er wirft das faszinierende Problem der Gründe für Erfolg und Mißerfolg auf, ein Problem, das der Forschung ein unerschöpfliches Thema bietet.

Wahrscheinlich die provokativste Erklärung hat uns der deutsche Soziologe Max Weber geliefert. Weber, der als Historiker der antiken Welt begann, sich aber zu einem Muster an sozialwissenschaftlicher Vielseitigkeit entwickelte, veröffentlichte 1904/05 einen der bedeutsamsten und provokativsten Essays, die je geschrieben wurden: »Die protestantische Ethik und der Geist des Kapitalismus«. Seine These lautet, daß der Protestantismus – genauer gesagt, der Protestantismus in seinen kalvinistischen Ausprägungen – den Aufstieg des modernen Kapitalismus befördert habe, das heißt den Aufstieg jenes Industriekapitalismus, den Weber aus seinem deutschen Heimatland kannte. Der Protestantismus habe das nicht etwa dadurch geschafft, daß er die der freien Entfaltung wirtschaftlicher Aktivitäten hinderlichen Aspekte des römisch-katholischen Glaubens abgeschwächt oder abgeschafft habe (wie zum Beispiel das Verbot der Wucherei), und auch nicht dadurch, daß er das Streben nach Reichtum legitimiert, geschweige denn erfunden habe, sondern vielmehr dadurch, daß er zum Schöpfer einer dem wirtschaftlichen Erfolg förderlichen Alltagsethik geworden sei.

Ausgangspunkt hierfür war laut Weber die Prädestinationslehre des kalvinistischen Protestantismus. Ihr zufolge konnte niemand Erlösung durch den Glauben oder durch Werke erlangen; die Frage des Seelenheils hatte Gott für jedermann bereits vorweg entschieden, und nichts konnte daran mehr etwas ändern.

Ein solcher Glaube hätte leicht einer fatalistischen Einstellung Vorschub leisten können. Wenn das Verhalten und der Glaube keine Rolle spielten, warum dann nicht leben, wie es einem gefiel? Wozu ein gutes Leben führen? Das Motiv zur guten Lebensführung lag dem Kalvinismus zufolge darin, daß sie ein überzeugender Beweis der Erwähltheit war. Jedermann konnte erwählt sein, aber es lag nahe anzunehmen, daß die meisten der Erwählten durch ihren Charakter und ihre Lebensweise das Schicksal anzeigten, das ihnen beschieden war. Diese indirekte Bestätigung bildete einen machtvollen Ansporn zu gottgefälligen Gedanken und Verhaltensweisen. Wie schrieb doch die Engländerin Elizabeth Walker im Jahre 1689 an ihren Enkel, um ihm einen der weniger bedeutenden Gnadenbeweise ans Herz zu legen: »Nicht alle reinlichen Menschen sind gut, aber es gibt wenige gute Menschen, die nicht auch reinlich sind.«[15] Und wenn auch der strikte Glaube an die Vorherbestimmung nur ein oder zwei Generationen Bestand hatte (dieser Art von Dogma mangelt es an bleibendem Reiz), blieb er doch in der Form des säkularen Verhaltenskodexes, in dem er sich Ausdruck verschaffte, erhalten: harte Arbeit, Ehrlichkeit, Ernsthaftigkeit, sparsamer Umgang mit Geld und Zeit (beides hat uns Gott nur geliehen).[16] »Die *Zeit* ist *kurz*«, mahnte der puritanische Geistliche Richard Baxter (1615-1691), »und die *Arbeit* ist *lang*.«[17]

So nützlich all diese Wertvorstellungen für das Geschäft und die Kapitalakkumulation auch sind; Weber hob hervor, daß Ziel des guten Kalvinisten nicht der Reichtum ist. (Wohl aber fiel es dem guten Kalvinisten leicht zu glauben, daß ehrlich erworbener Reichtum ein Zeichen der göttlichen Gnade sei.) Um Menschen zu finden, die nach Reichtum strebten, brauchte

 Europa nicht auf die protestantische Reformation zu warten. Weber geht es darum, deutlich zu machen, daß der Protestantismus eine neue Art von Geschäftsmann hervorbrachte, eine Art von Person, die auf bestimmte Art zu leben und zu arbeiten beanspruchte. Auf die *Lebensform* kam es an; die Reichtümer waren bestenfalls eine Folgeerscheinung.

Ein guter Kalvinist würde sagen, daß hier das Problem Spaniens lag: Die Reichtümer fielen Spanien in den Schoß, sie waren nicht verdient. Man vergleiche die unterschiedliche Haltung, die in der frühen Neuzeit Protestantismus und Katholizismus gegenüber dem Glücksspiel einnahmen. Beide verdammten es, aber bei den Katholiken war der Grund, daß man verlieren konnte (würde) und daß kein verantwortlicher Mensch sein Wohlergehen und das der anderen auf diese Weise aufs Spiel setzen durfte. Der Protestantismus hingegen verdammte das Glücksspiel, weil man vielleicht gewann und der Charakter dadurch verdorben wurde. Erst viel später verkam die protestantische Ethik zu einer Reihe von Maximen für materiellen Erfolg und zu geschniegelten, salbungsvollen Predigten über die Vorzüge des Wohlstands.

Gegen die Webersche These sind alle möglichen Einwände vorgebracht worden. Die römischen Katholiken waren sich unsicher, ob sie die These als Lob auffassen oder als Kritik zurückweisen sollten. Der historische Materialismus verwarf die Vorstellung, daß Abstraktionen wie Werte und Haltungen, zumal wenn sie religiösen Ursprungs waren, Einfluß auf die Produktionsweise nehmen konnten. Seine Ablehnung fiel um so entschiedener aus, als Max Weber mit seiner These den sakrilegischen, erklärten Anspruch erhob, der Marxschen Theorie etwas entgegenzusetzen. In der Absicht, das Pferd wieder richtig aufzuzäumen, vertraten einige die These, der Kapitalismus habe den Protestantismus hervorgebracht, während andere erklärten, der Protestantismus habe Menschengruppen angesprochen – Kaufleute, Handwerker –, die durch ihre persönlichen Wertvorstellungen bereits zu harter Arbeit und geschäftlichem Erfolg disponiert gewesen seien.[18]

In einer einflußreichen Untersuchung mit dem Titel *Religion und Frühkapitalismus* hat der englische Sozialhistoriker R. H. (»Harry«) Tawney den Zusammenhang zwischen Protestantismus und Wirtschaftswachstum in Abrede gestellt. Der Aufschwung der englischen Ökonomie im siebzehnten Jahrhundert, so seine These, habe erst begonnen, als der Einfluß der Religion geschwunden und weltlicheren Einstellungen gewichen sei. Ein Verdienst gestand er der Ethik der Puritaner und Dissenter allerdings zu: Sie habe die Kaufleute und Fabrikanten gegen alle aristokratische Verachtung immun gemacht und vor den Fallstricken des Sozialneids bewahrt. Sie habe ihnen ein Selbstwertgefühl und Bewußtsein der Rechtschaffenheit verliehen, das ihnen in einer Welt der antikommerziellen Vorurteile als feste Burg gedient habe. Gleichgültig gegen die Versuchungen des gehobenen Müßiggangs, hätten so die guten Kalvinisten Generation um Generation ihre Arbeit getan und unverdrossen Reichtum und Erfahrung akkumuliert.[19]

Die gleiche Art von Kontroverse hat sich an der These des Soziologen

Robert K. Merton entzündet, die an die Weberschen Überlegungen anschließt und besagt, daß es eine Verbindung zwischen dem Protestantismus und der Entstehung der modernen Naturwissenschaften gebe. Merton war nicht der erste, der diese Ansicht vertrat. Im neunzehnten Jahrhundert stellte Alphonse de Candolle, Sproß einer Genfer Hugenottenfamilie, fest, daß von den zweiundneunzig Ausländern, die zwischen 1666 und 1866 in die Französische Akademie der Wissenschaften aufgenommen worden waren, nicht weniger als einundsiebzig den protestantischen Konfessionen und nur sechzehn der katholischen angehört hatten, während es sich bei den restlichen fünf um Juden oder Personen unbestimmter Religionszugehörigkeit handelte – und dies bei einem Populationsfundus außerhalb Frankreichs, der 107 Millionen Katholiken und nur 68 Millionen Protestanten umfaßte. Eine ähnliche Zählung der ausländischen Mitglieder in der Londoner Royal Society zwischen 1829 und 1869 ergab einen Gleichstand zwischen Katholiken und Protestanten, während bei den Populationen, aus denen die Betreffenden kamen, die Zahl der Katholiken die der Protestanten um mehr als das Dreifache überstieg.[20]

Zu einem großen Teil dürfte sich in diesen Zahlen die Tatsache widerspiegeln, daß in den katholischen Ländern Katholiken leichteren Zugang zu den älteren akademischen Berufen und zum Staatsdienst hatten und deshalb eine andere Art von Ausbildung bevorzugten. Aber einen gewichtigen Einfluß hatten auch die Befürchtungen der Geistlichkeit, ihre Abneigung gegen die Befunde und maßgebenden Modelle einer Wissenschaft, die der religiösen Lehre widersprach. Um es mit den Worten des englischen Chemikers und unitarischen Geistlichen Joseph Priestley zu sagen, »nährte« der Papst, wenn er die Naturwissenschaften förderte, »eine Schlange an seinem Busen«, denn er hatte »Grund, bereits vor einer Luftpumpe oder einer Elektrisiermaschine zu zittern«.[21]

All diesen Belegen zum Trotz vertritt ein anderer Forscher die Ansicht, es gebe keine empirische Grundlage für den behaupteten Zusammenhang.[22] Webers Daten über die unterschiedliche Ausbildung von Katholiken und Protestanten im Deutschland der Jahrhundertwende (denen zufolge die Protestanten stärker den kommerziellen und naturwissenschaftlichen Ausbildungsgängen zuneigten) gingen auf falsche Berechnungen zurück; katholische und nichtkalvinistische Geschäftsleute schnitten im Geschäftsleben ebensogut ab wie Webers kalvinistische Idealtypen; die Unterschiede zwischen dem nördlichen und südlichen Europa ließen sich genausogut geographisch oder rassenkundlich erklären, und Max Weber spiele »Des Kaisers neue Kleider«, seine Protestantismusthese sei viel Lärm um nichts.

Tatsächlich kann man sagen, daß die Mehrzahl der heutigen Historiker Webers These für nicht überzeugend und nicht akzeptabel erklären würde; sie habe ihren Triumph gehabt und sei mittlerweile überholt.

Dem kann ich nicht zustimmen. Nicht auf Basis einer Empirie, die zeigt, daß protestantische Kaufleute und Fabrikanten eine führende Rolle im Handel, im Bankwesen und in der Güterfertigung spielten.[23] In den manufakturellen Zentren (*fabriques*) Frankreichs und des westlichen Deutschlands waren normalerweise Protestanten die Arbeitgeber, Katholiken die Arbeitnehmer. In der Schweiz bildeten die protestantischen Kantone die Zentren der exportorientierten Manufaktur (Uhren, Maschinen, Textilien), während die katholischen Kantone primär landwirtschaftlich tätig waren. In England, das zum Ende des sechzehnten Jahrhunderts überwiegend protestantisch war, spielten die Dissenter (sprich: die Kalvinisten) in den Fabriken und Hammerwerken der anbrechenden Industriellen Revolution eine unverhältnismäßig aktive und wichtige Rolle.

Und auch aus theoretischer Sicht kann ich nicht zustimmen. Den Kern der Sache bildete in der Tat die Schaffung eines neuen Menschen – rational, ordentlich, fleißig, produktiv. Diese Eigenschaften waren zwar nicht neu, aber verbreitet waren sie auch nicht. Der Protestantismus ließ sie unter seinen Anhängern zum Gemeingut werden; diese beurteilten einander nach Maßgabe jener Normen. Das ist eine eigene Geschichte, aus der Weber erstaunlich wenig macht: die Rolle des Gruppenzwangs und der wechselseitigen Kontrolle für die Durchsetzung der Verhaltensnormen – jeder paßte auf jeden auf, und einer kümmerte sich um die Angelegenheiten des anderen.

Zwei Eigentümlichkeiten des Protestantismus spiegeln diesen Zusammenhang wider und bekräftigen ihn. Das eine ist das besondere Gewicht, das auf Erziehung und schriftkulturelle Bildung gelegt wurde, bei Mädchen wie bei Jungen. Dabei handelte es sich um ein Nebenprodukt der Bibellektüre. Von guten Protestanten wurde erwartet, daß sie im stillen Kämmerlein die Heilige Schrift lasen. (Demgegenüber erhielten die Katholiken zwar Religionsunterricht, mußten aber nicht lesen können und wurden sogar ausdrücklich von der Bibellektüre abgehalten.) Das Ergebnis waren eine stärker verbreitete Schriftkultur und ein größerer Fundus von Anwärtern auf höhere Bildung; hinzu kam eine ausgeprägtere Kontinuität bei der Weitergabe der Schriftkultur von einer Generation zur anderen. *Mütter, die schreiben und lesen können, machen viel aus.*

Das zweite war die Bedeutung, die der Zeit beigemessen wurde. Hierfür haben wir empirische Beweise, die der Soziologe als unspektakulär bezeichnen würde: die Fertigung und der Vertrieb von Uhren und Taschenuhren. Selbst in katholischen Gebieten wie Frankreich und Bayern waren die meisten Uhrmacher Protestanten, und die Verwendung dieser Zeitmeßinstrumente sowie ihre Verbreitung in ländliche Gebiete waren in Großbritannien und Holland weiter fortgeschritten als in katholischen Ländern.[24] Nichts bezeugt so deutlich die Urbanisierung der ländlichen Gesellschaft wie der Sinn für die Zeit, nebst allem, was an rasch sich ausbreitenden Wertvorstellungen und Vorlieben dazugehört.

Damit soll nicht gesagt sein, daß Webers »idealtypischer« Kapitalist nur unter Kalvinisten und ihren späteren sektiererischen Ablegern zu finden war. Menschen aller Glaubensrichtungen und auch ohne konfessionelle Bindung können zu rationalen, fleißigen, ordentlichen, produktiven, reinlichen und humorlosen Geschöpfen heranwachsen. Und sie müssen auch nicht unbedingt Geschäftsleute werden. Man kann aus diesen Eigenschaften in allen Lebensbereichen Nutzen ziehen. Wie ich sie verstehe, besagt die Webersche Überlegung, daß an einem bestimmten Ort (nördliches Europa) und zu einer bestimmten Zeit (sechzehntes bis achtzehntes Jahrhundert) die Religion das massenhafte Auftreten eines Persönlichkeitstyps begünstigte, der vorher die Ausnahme gebildet hatte, ein Zufallsprodukt, und daß dieser Typ eine neue Wirtschaftsform (eine neue Produktionsweise) schuf, die wir als (industriellen) Kapitalismus kennen.

Hinzu kommt der wachsende Bedarf an fixem Kapital (Ausrüstung und Produktionsanlagen) im industriellen Bereich. Dadurch wurde Kontinuität zu einem entscheidenden Faktor – mit Blick auf die kontinuierliche Aufrechterhaltung und Verbesserung des Vorhandenen und auf die Akkumulation von Kenntnissen und Erfahrungen. Die manufakturellen Unternehmungen unterschieden sich in diesem Punkt markant von den merkantilen, die sich oft nur als kurzfristige Mobilisierung von Kapital und Arbeit darstellten, beides für eine einzelne Handelsfahrt oder ein Projekt zusammenbrachten und anschließend wieder auseinanderlaufen ließen. (Denken wir daran, daß die englische Ostindische Kompanie in ihren Anfangsjahren auf diese Weise operierte, wenngleich sich auch dort bald herausstellte, daß an einem kontinuierlichen Kapitalisierungsprozeß kein Weg vorbeiführte.)

Für diese Anforderungen, die mit der neuen Art zu wirtschaften verknüpft waren, zeigte sich der Unternehmer Weberscher Prägung durch Temperament und Gewohnheiten ausnehmend geeignet; hier ist der Akzent, den Tawney auf den Zusammenhang zwischen Selbstachtung und Kontinuität legt, von besonderer Relevanz. Es ist kein Zufall, daß die französische Krone, die stets bereit und geneigt war, sozial strebsame Bürger (normalerweise Männer des Rechtswesens) mit Adelspatenten zu ehren – gegen ein finanzielles Entgelt, versteht sich –, im siebzehnten Jahrhundert anfing, Adligen zu erlauben, sich im Großhandel (nicht allerdings im Einzelhandel) zu betätigen, und daß sie im achtzehnten Jahrhundert damit begann, den Adelsanwärtern aus der Industrie ein Gebot der Kontinuität aufzuerlegen. Vom neugeadelten *négociant* oder *fabricant* wurde verlangt, daß er »im Gewerbe« blieb – das heißt in Verhältnissen, die zuvor als von Grund auf *déshonorante* und als unvereinbar mit einem so hohen Stand betrachtet wurden.[25] Das Problem, so hätte ein guter Kalvinist die Sache gesehen, bestand darin, daß gesellschaftliche Ehrungen und Ansprüche Männern des Kontors und der *fabrique* nicht guttaten. Sie arbeiteten besser und härter, wenn sie in dunklem Wolltuch einhergingen, ohne Seide, Spitzen und Perücke.

So wichtig diese Ausbreitung einer neuen Art von Geschäftsleuten auch war, sie bildete nur einen Aspekt bei der Verschiebung der ökonomischen Macht und des Reichtums von Süd nach Nord. Nicht nur das Geld, auch das Wissen wanderte nach Norden; und es war Wissen, insbesondere naturwissenschaftliches Wissen, das über die ökonomischen Möglichkeiten entschied. In den Jahrhunderten vor der Reformation stellte das südliche Europa einen

 Hort der Bildung und des geistigen Forschens dar: Spanien und Portugal, weil sie an der Grenze zwischen christlicher und islamischer Zivilisation lagen und Nutzen aus jüdischer Vermittlungstätigkeit zogen, und Italien, das über seine eigenen Kontakte verfügte. Spanien und Portugal gerieten bereits früh ins Hintertreffen, weil religiöses Eiferertum und militärische Kreuzzüge die Fremden (die Juden und dann die *conversos*) vertrieben und die Menschen davon abschreckten, fremdartige und potentiell ketzerische Fragestellungen zu verfolgen. Italien hingegen brachte auch weiterhin führende Köpfe auf den Gebieten der europäischen Mathematik und Naturwissenschaften hervor. Nicht von ungefähr wurde in Rom die erste wissenschaftliche Gesellschaft (Accadèmia dei Lincei, 1603) gegründet.[26]

Die protestantische Reformation aber änderte die Spielregeln. Sie gab der Schriftkultur großen Auftrieb, ließ abweichende Ansichten und Häresien wie Pilze aus dem Boden schießen und beförderte die für alle Wissenschaft zentrale Skepsis und ablehnende Haltung gegenüber herrschenden Lehren. Die katholischen Länder reagierten darauf mit Abschottung und Zensur, statt sich der Herausforderung zu stellen. Unmittelbar nach der Verdammung Luthers setzte in den Gebieten der Habsburgermonarchie, zu denen auch die Niederlande zählten, die Reaktion ein. Die Gegenwart der Marranen, der zwangsgetauften Juden, die als Feinde der wahren Kirche gefürchtet und gehaßt und beschuldigt wurden, die neuen Lehren gezielt zu verbreiten, heizte die Hysterie noch an.

Es folgte eine Flut von Interdikten (seit 1521); verboten wurde nicht nur, Ketzereien in irgendeiner Sprache zu veröffentlichen, sondern auch, sie zu lesen. Die spanischen Behörden, die weltlichen ebenso wie die kirchlichen, betrachteten die Lutheraner (alle Protestanten galten damals als Lutheraner) nicht als christliche Sektierer, sondern als Nichtchristen, vergleichbar den Juden und den muslimischen Glaubensfeinden.[27] Jeder Gedanke an ein Ende der Inquisition wurde fallengelassen; Kirche und Staat vereinigten sich im Bemühen, Denken, Wissen und Glauben zu kontrollieren. Im Jahre 1558 wurde für die unerlaubte Einfuhr ausländischer Bücher und für das ungenehmigte Drucken von Büchern die Todesstrafe eingeführt. Die Universitäten verkamen zu Indoktrinationszentren; Bücher, die nicht mit der Orthodoxie in Einklang standen und das Seelenheil gefährdeten, kamen auf einen *Index Librorum Prohibitorum* (1557 in Rom, 1559 in Spanien), während genehme Bücher mit einem offiziellen Imprimatur (»es möge gedruckt werden«) erschienen. Zu den Büchern auf der spanischen Liste zählten auch wissenschaftliche Werke, deren Autoren Protestanten waren und die deshalb verboten wurden. Zwar wurden immer wieder unter Leibes- und Lebensgefahr Bücher ins Land geschmuggelt, dennoch versiegte der Strom neuer Ideen weitgehend und erreichte die Gesamtgesellschaft nur noch als ein kümmerliches Rinnsal. (Erinnern wir uns an die Durchsicht und Säuberung der Bibliotheken am Anfang von *Don Quixote*. Dabei geht es nicht nur um den Wahnwitz des Verfahrens selbst, sondern auch um die absurden Gründe für das Aussortieren von Büchern – welche Nebensächlichkeiten in einer delirierenden, kenntnisarmen Gesellschaft als gefährlich erscheinen.)

Und die Spanier durften auch nicht im Ausland studieren, damit sie nicht subversive Lehren aufnahmen. Im gleichen Jahr, in dem der *Index* eingeführt wurde (1559), verbot die Krone den Besuch ausländischer Universitäten, abgesehen von so sicheren Orten wie Rom, Bologna und Neapel. Die Auswirkungen waren drastisch. Spanische Studenten waren seit langem an die Universität von Montpellier gegangen, um dort Medizin zu studieren; damit war es jäh vorbei – von 1510 bis 1559 hatte die Zahl der spanischen Studenten 248 betragen, von 1560 bis 1599 waren es nur noch 12.[28] (Man fragt sich, wer dieses Dutzend Irre wohl waren.) Naturforscher mit subversiven Lehren wurden zum Schweigen gebracht und zum Widerruf gezwungen. Regime, die Gedankenkontrolle üben und Rechtgläubigkeit durchsetzen wollen, geben sich nie mit Verboten und Bestrafungen zufrieden. Die Schuldigen müssen ein Geständnis ablegen und Reue bekunden – zu ihrem eigenen Heil und zu dem der anderen.

Die Verfolgungen mündeten in eine endlose »Hexenjagd« mit allem, was dazugehört: bezahlte Schnüffler, spionierende Nachbarn, ein rassistischer Kult um die Reinheit des Blutes (*limpieza de sangre*). Konvertiten, die heimlich am jüdischen Glauben festhielten, wurden dadurch überführt, daß man verräterische Anzeichen des Festhaltens an mosaischen Praktiken bei ihnen aufspürte: Ablehnung von Schweinefleisch, frisches Leinen an Freitagen, ein belauschtes Gebet, unregelmäßiger Kirchenbesuch, eine unvorsichtige Bemerkung. Vor allem Reinlichkeit erregte Verdacht, und wer badete, gab sich damit als Ketzer zu erkennen, Marranen ebenso wie Morisken. »Die Wendung ›der Beschuldigte soll Bäder genommen haben...‹ findet sich immer wieder in den Akten der Inquisition.«[29] Erbliche Unreinheit: Saubere Leute brauchen sich nicht zu waschen. Bei alledem sanken Spanier und Portugiesen immer weiter herab und verloren immer mehr an Substanz. Intoleranz schadet unter Umständen dem Täter mehr als dem Opfer.

So verpaßte die Iberische Halbinsel und in der Tat das ganze mittelmeerische Europa den Anschluß an die sogenannte Revolution der Wissenschaft. In den achtziger Jahren des siebzehnten Jahrhunderts führte Juan de Cabriada, ein Arzt aus Valencia, einen endlosen Kleinkrieg mit Madrider Doktoren, die er vergeblich zu überreden versuchte, Harveys Entdeckung des Blutkreislaufs zur Kenntnis zu nehmen und sich nicht weiter an die traditionelle Galenische Heilkunst zu klammern. Was ist nur mit Spanien los, fragte er sich. »Wir benehmen uns wie Indianer, sind stets die letzten«, wenn es um die Übernahme neuer Erkenntnisse gehe.[30]

Nach Ansicht des britischen Historikers Hugh Trevor-Roper hat diese antiprotestantische, gegenreformatorische Reaktion mehr als der Protestantismus selbst das Schicksal des südlichen Europas für die folgenden dreihundert Jahre besiegelt.[31] Die Reaktion war weder historisch noch dogmatisch notwendig. Aber nachdem die Kirche diesen Weg einmal eingeschlagen hatte, fiel es ihr als der Quelle und Hüterin des wahren Glaubens schwer, ihren Irrtum einzugestehen und den Kurs zu ändern. Läßt sich ermessen, wie schwer? Wie man hört, hat sich Rom nach fast vierhundert Jahren entschlossen, Galilei zu rehabilitieren, jedenfalls so ziemlich. Da haben wir die Antwort!

*

Die Verurteilung des Galilei

Galileo Galilei war kein Heiliger, aber er war ein Genie und ein Geschenk – für Florenz, Italien, Europa und die Welt. Er war ein Wegbereiter der Experimentalwissenschaft, ein aufmerksamer Beobachter (wie es sich für ein Mitglied der Akademie der Luchse gehörte), ein scharfer Denker und ein kraftvoller Polemiker und Debattierer. Das verhinderte nicht, daß er im Jahre 1633 von der römisch-katholischen Kirche wegen Verstocktheit und Ketzerei verdammt wurde: »Die Ansicht, daß die Sonne den Mittelpunkt der Welt bildet und sich nicht bewegt, ist widersinnig, der Idee nach falsch und in aller Form ketzerisch, weil sie in ausdrücklichem Widerspruch zur Heiligen Schrift steht.«

(Galilei war nicht der erste und auch nicht der letzte, dem dergleichen geschah. Ein ebenso bedeutungsvolles, wenn auch weniger stark im historischen Gedächtnis haftendes Ereignis ist die Verbrennung des Dominikanerpaters Giordano Bruno im Februar 1600 in Rom. Er war ein Philosoph, dessen phantasievolles Bild vom Universum unserer heutigen Sicht viel näher kommt als die Vorstellungen eines Kopernikus oder Galilei: ein unendlicher Raum, Milliarden brennender Sterne, eine rotierende Erde, die um die Sonne kreist, eine Materie, bestehend aus Atomen, und so weiter. Jede Menge Ketzereien, verknüpft mit Mysterienlehren und magischen Vorstellungen. Durch die Verbrennung von Bruno bekundete die Kirche in der Tat ihre Entschlossenheit, Wissenschaft und Phantasie an sich zu binden und unter römischer Kontrolle zu halten.[32] Solange aber ein Galilei wirkte und die Stimme erhob, hatte die Freiheit immer noch ihren Raum.)

So also lautete das Urteil. Das Irrtumsbekenntnis, das Galilei ablegte, war etwa vierzehnmal so lang. Dabei ging es nicht um die Verkündung der wahren Lehre, sondern um die Verwerfung der Irrlehre: Für jedermann sichtbar und in allen Einzelheiten sollte vorgeführt werden, wie der Sünder in den Schoß der Kirche zurückkehrte, wie er die Autorität der Heiligen Mutter Kirche anerkannte und annahm, wie er hoch und heilig Buße versprach. Nie wieder würde er in die Irre gehen. Das ist typisch für die Kontrolle des Denkens in Systemen mit Unfehlbarkeitsanspruch: Sie wollen weniger verurteilen als überzeugen – sowohl die Abweichler als auch alle anderen im System.

Warum die Kirche sich auf den Geozentrismus versteifte, bleibt ein Rätsel. Nichts in der Heiligen Schrift scheint das Dogma von der Erde als dem Mittelpunkt des Kosmos zu erfordern. Sicher, die Bibel spricht von der Sonne, die den Himmel durchläuft oder in ihrem Lauf innehält, aber es ist ein leichtes, diese Wendungen als – manchmal metaphorisch gemeinte – Wiedergabe der Wahrnehmungen des menschlichen Auges zu verstehen. Die römische Kurie hätte über die Frage hinweggehen können, ohne daß deshalb das Gespinst des Glaubens und des religiösen Gehorsams zerriß. Aber Glaubensgemeinschaften unterliegen stets der Versuchung, ihre Autorität auf Lehrgebäude und Dogmen zu gründen, weil ihnen diese als Zeichen und Instrument ihrer Herrschaft gelten, zumal in unruhigen Zeiten.

Nicht weniger aus Gründen seines Temperaments als um seiner geistigen Integrität willen warf sich Galilei derweilen mit Begeisterung in die Schlacht. Für den machtvollen Debattierer waren Dummköpfe ein rotes Tuch, und von denen traf er in geistlichen Kreisen jede Menge an. In einer Welt wie der römischen, in der eine praktisch unbegrenzte päpstliche Autorität Hand in Hand ging mit Intrige und Ehrgeiz, Verleumdung und Verrat, spielte er ein gefährliches Spiel. Byzanz am Tiber: Nichts in Rom konnte die vielen Anwärter auf die Macht mehr erfreuen als das Ableben des Heiligen Vaters, denn jeder Papstwechsel zog eine Reorganisation der Machtverhältnisse und Rangordnungen nach sich. Wie gewonnen, so zerronnen, bald Feind, bald Freund. Galilei konnte sich auf niemanden verlassen.

Vielleicht noch schlimmer war, daß Galilei in Reaktion auf die Andeutungen und versteckten Warnungen wegen des Mißfallens, das er erregte, »an die Öffentlichkeit ging«: Er ließ seine Publikationen in italienischer statt in lateinischer Sprache erscheinen und wandte sich damit über die Köpfe der maßgebenden Zirkel hinweg an ein breiteres Publikum. Faktisch propagierte (popularisierte) er die Ketzerei, und das konnte man nicht durchgehen lassen.[33]

Galilei bekannte also seinen Irrtum, und auch wenn er angeblich noch ein letztes Mal aufmuckte: »*Eppure si muove*« [Und sie bewegt sich doch!], mußte er sich einem geisttötenden Hausarrest unterwerfen, der seiner Laufbahn als leistungsstarker, innovativer Wissenschaftler ein Ende machte. Und das war ein katastrophaler Verlust für die italienische Naturforschung, die dem wachsenden Druck, der von der Gegenreformation ausging, noch hatte widerstehen können, solange der große Mann arbeitete und das Feld behauptete.

Und wie stand es um die Naturforschung in anderen Ländern? In den protestantischen Staaten hatte die Verdammung Galileis geringe Auswirkungen. Diese Rebellen gegen die Kirche fanden sich höchstens in ihrem Haß auf den römischen Aberglauben bestätigt. Pater Gassendi, Professor in Aix-en-Provence und hervorragender Beobachter der Himmelserscheinungen, ging im Jahre 1632 nach Holland und berichtete in einem Brief an einen französischen Kollegen über die Haltung, die man dort gegenüber der kopernikanischen Neuorientierung einnahm: »All die Menschen hier sind dafür.«[34] Das war vielleicht eine Übertreibung, trifft aber den Gegensatz zu den Verhältnissen in Gassendis Heimat. Holland, England und die protestantischen Länder ganz allgemein repräsentierten einen anderen Bewußtseinsstand.

 In Frankreich schwankten die Gelehrten zwischen Einsicht und Vorsicht, intellektueller Ehrlichkeit und institutionellem Gehorsam. Der gleiche Gassendi redete Galilei in einem Brief inständig zu, Frieden mit Rom zu schließen und seinem Gewissen treu zu bleiben – und beides in einem Atemzug: »Ich mache mir die größten Sorgen wegen des Schicksals, das Sie erwartet. Sie, der Sie der Ruhm des Jahrhunderts sind! Wenn der Heilige Stuhl gegen Ihre Ansicht entschieden hat, nehmen Sie es hin, wie es einem weisen Manne geziemt! Bescheiden Sie sich mit der Überzeugung, daß Sie nur die Wahrheit gesucht haben.«[35]

Nur die Wahrheit? Aber was war die Wahrheit? Auf dem Stand des damals verfügbaren Wissens ließ Kopernikus, für sich genommen, noch viel zu wünschen übrig. Die kopernikanisch-keplerische Neuorientierung paßte besser zu den empirischen Beobachtungen – aber bewies das schon, daß die Erde sich um die Sonne drehte? Besser und sicherer war es, sich ans Experimentieren zu halten und keine weiterreichenden Fragen zu stellen. Hier bot sich die Möglichkeit, mit den Beobachtungen fortzufahren, ohne Konsequenzen daraus zu ziehen; und diesen Ausweg hießen einige führende französische Naturforscher damals willkommen.[36]

So schrieb etwa Mersenne, der eine wichtige Schaltstelle in der europäischen Gelehrtenwelt darstellte, im Jahre 1634, nichts von dem, was man bisher hinsichtlich der Bewegung der Erde vorgebracht habe, sei beweiskräftig; Pläne zu einem Buch über den Heliozentrismus ließ er fallen. Bei Gassendi das gleiche. Bei Descartes ebenfalls. Der große Descartes rückte mit einer eigenen Version heraus, der zufolge die Himmelskörper in ihren Bewegungen nicht durch irgendeine Art von Sog, von unsichtbarer, magischer Anziehung, sondern durch Kraftwirbel bewegt wurden, die sie mit sich rissen. Anziehungskraft roch nach Aberglauben, während Wirbel irgendwie wissenschaftlich klangen. Der Descartesschen Überlegung zufolge bewegte sich die Erde in ihrem Kraftfeld wie jemand, der in einem Boot fuhr. Das Boot bewegte sich, nicht aber der darin Sitzende. Also bewegte sich auch die Erde nicht. *Quod erat demonstrandum.*

Selbst bei soviel Spitzfindigkeit fiel es Descartes schwer, in einem Frankreich zu leben, in dem jesuitische Haarspaltereien den Ton angaben. Er ging nach Holland und hinterließ keine Nachsendeadresse, außer bei Mersenne. Währenddessen bequemten sich die Franzosen langsam, widerstrebend zu seiner Kosmologie, und als sie erst einmal dort angelangt waren, klammerten sie sich an das Cartesianische System, um nicht die Newtonschen Theorien der Bewegung der Mechanik und der Gravitation übernehmen zu müssen. Lieber stoßen als ziehen. Denn Newton war Engländer, und den Franzosen fiel es schon damals schwer, von anderen zu lernen (*nous n'avons pas de leçons à recevoir...*), zumal von ihren Erbfeinden aus der Zeit von Agincourt und Crécy. Ein empörendes Beispiel dieses intellektuellen Chauvinismus bieten die achtziger Jahre unseres Jahrhunderts, als die französischen Gesundheitsbehörden lieber verseuchte Blutkonserven austeilten, als amerikanische Tests und Vorrichtungen zur Dekontaminierung zu kaufen. (Die USA

haben von den Briten die Rolle des gallischen Buhmannes übernommen,
schon weil die Franzosen den USA nicht verzeihen können, daß sie sich in den beiden Weltkriegen von ihnen haben helfen lassen müssen.) Die französischen Behörden verdammten dadurch Hunderte, vielleicht sogar Tausende zu AIDS und zum Tode.

Als die Franzosen sich schließlich doch mit der Newtonschen Mathematik und Physik abfanden, erwiesen sie sich als sehr erfolgreich darin. An Begabung und Genie fehlte es ihnen beileibe nicht. Sie hatten bloß dem Nationalstolz einige Forschergenerationen geopfert.

*

Wie hartnäckig Intoleranz und Vorurteile sind[37]

Im fünfzehnten Jahrhundert hatte Sizilien das Pech, der kastilischen Krone botmäßig zu sein; als deshalb Ferdinand und Isabella im Jahre 1492 den Befehl gaben, die Juden aus Spanien zu vertreiben oder zur Konversion zu zwingen, war davon auch Sizilien betroffen. Nicht, daß es der Insel an antijüdischen Ressentiments gefehlt hätte; die Reihe von Pogromen, zu denen es dort in früherer Zeit gekommen war, spricht eine deutliche Sprache. Aber die Juden lebten dort schon seit Jahrhunderten und spielten im sizilianischen Handelsleben eine unverhältnismäßig wichtige Rolle, ganz zu schweigen von ihrer Bedeutung als Ärzte und Apotheker. Der spanische Vizekönig in Sizilien schwankte und zögerte, das verhängnisvolle Dekret öffentlich zu machen; aber durch eine Reihe von Anordnungen bereitete er den Boden dafür: Den Juden wurde untersagt, ihren Besitz zu verkaufen, sie wurden gezwungen, alle ausstehenden Schulden zu bezahlen, und es erging gegen sie das unheilschwangere Verbot, Waffen zu tragen.

Die Einzelheiten wollen wir uns ersparen. Die Juden gewannen einen kurzen Aufschub; sie erhielten außerdem die großzügige Erlaubnis, die Kleider mitzunehmen, die sie am Leib trugen, eine Matratze, eine Woll- oder Sergedecke, ein Paar Laken und ein bißchen Kleingeld, dazu etwas Proviant für unterwegs.

Es wird berichtet, viele Sizilianer hätten ihren Weggang bedauert. Zu Recht. Die Handelstätigkeit kam fast zum Erliegen; Häuser und ganze Viertel blieben verlassen zurück; wir dürfen annehmen, daß einige Menschen genug Anstand im Leib hatten, Scham zu empfinden.

Viel später, gegen Ende des siebzehnten Jahrhunderts, drängten einige Sizilianer den König, etwas zur Förderung des Handels zu unternehmen. Karl II. gewährte Messina das Privileg eines Freihafens und verlieh den Juden das Recht, dort Handel zu treiben – unter der Bedingung, daß sie außerhalb der Stadt nächtigten und auf ihren Kleidern ein Erkennungsmal trugen. Solch zweideutige Gastfreundschaft ermunterte die Juden nicht zum Kommen; deshalb wurde ihnen 1728 das Recht eingeräumt, überall auf der Insel Handel zu treiben, in Messina zu wohnen, eine Synagoge und einen Friedhof zu besitzen und Eigentum zu veräußern. Nicht einmal dies half, so daß der König im Jahre 1740 die Juden ausdrücklich zur Rückkehr aufforderte. Eine Reihe von Familien machte von der Einladung Gebrauch, fand sich aber von einer Bevölkerung voller antijüdischer Vorurteile übel behandelt. Dann wollte es der Königin nicht gelingen, einen Thronerben in die Welt zu setzen, und die Geistlichkeit redete dem Königspaar ein, es werde so lange keinen Sohn bekommen, wie es den Juden erlaube, im Land zu bleiben. So kam es denn nach sieben Jahren zu einer neuerlichen Vertreibung.

So leicht Intoleranz, Aberglaube und Unwissenheit zu erwerben und zu bewahren sind, so schwer sind sie wieder auszutreiben. Die vor langer Zeit von fremden (spanischen) Herrschern Siziliens verübten Missetaten und begangenen Sünden haben zur heutigen, anhaltenden Rückständigkeit des Landes beigetragen.

13

Worin bestand die Industrielle Revolution?

Im achtzehnten Jahrhundert wurde die britische Baumwollmanufaktur durch eine Reihe von Erfindungen verändert, aus denen eine neue Produktionsweise entstand – das Fabriksystem.[1] Zur selben Zeit machten andere Industriezweige vergleichbare und oft mit diesen Erfindungen eng verknüpfte Fortschritte, und alles zusammen führte, wechselseitig sich verstärkend, zu weiteren Verbesserungen auf immer breiterer Front. Wegen der großen Zahl und Vielfalt dieser Innovationen ist eine kurzgefaßte Darstellung fast unmöglich; immerhin lassen sie sich unter drei Prinzipien subsumieren: erstens Ersetzung menschlicher Fertigkeit und Anstrengung durch die – ebenso schnell wie gleichmäßig, präzise und unermüdlich arbeitende – (Arbeits-) Maschine; zweitens Ersetzung belebter durch unbelebte Kraftquellen, insbesondere durch die Erfindung von (Kraft-)Maschinen, die Wärme in Arbeit umwandeln und damit eine nahezu unerschöpfliche Zufuhr von Energie eröffnen; und drittens Verwendung neuer Rohmaterialien in größeren Mengen, vor allem die Ersetzung pflanzlicher und tierischer Substanzen durch anorganische und schließlich synthetisch hergestellte Materialien.

Solche Substitutionen machten den Kern der Industriellen Revolution aus. Sie führten zu einem rapiden Anstieg der Produktivität und zugleich des Pro-Kopf-Einkommens. Und dieses Wachstum hielt sich auch noch selbst in Gang. Bis zum damaligen Zeitpunkt hatte die Verbesserung des Lebensstandards immer eine Zunahme der Bevölkerungszahlen zur Folge gehabt, die schließlich die Fortschritte wieder zunichte machte. Nun aber wuchsen zum erstenmal in der Geschichte Wirtschaft und Wissen so rapide, daß es zu kontinuierlichen Fortschritten kommen konnte. Vorbei war es mit den malthusianischen Stillstandsempfehlungen und mit den Stagnationsprognosen der (doch nur Trübsal blasenden) Volkswirtschaft; nun begann eine Zeit der Verheißung und der hohen Erwartungen. Zudem veränderte die Industrielle Revolution das politische Kräftegleichgewicht – sowohl im Innern der Staaten als auch zwischen ihnen und zwischen ganzen Kulturkreisen; sie revolutionierte die Gesellschaftsordnung und verwandelte die Formen des Denkens ebenso wie die des Handelns.

Das Wort »Revolution« hat mehrere Seiten. Es beschwört Bilder eines raschen, ja brutalen oder gewaltsamen Wechsels. Es meint aber auch eine fundamentale oder tiefgreifende Umgestaltung. Für die einen ist es politisch progressiv konnotiert: Revolutionen sind etwas Gutes, und allein die Vorstellung einer reaktionären Revolution, einer Revolution, die die Uhr der Geschichte zurückdreht, gilt ihnen als *contradictio in adiectu.* Andere finden, daß Revolutionen per se immer Wertvolles zerstören und daher von Übel sind.

Diese und noch mehr Bedeutungen hängen an einem Wort, das einmal (im buchstäblichen Sinn) nichts anderes meinte als eine Drehung. Ich will daher klipp und klar sagen, wie ich das Wort im vorliegenden Zusammenhang verwende. Ich benutze es im ältesten übertragenen Sinn, als »große Veränderung von Verhältnissen oder einzelnen Dingen« – diese Bedeutung reicht zurück bis ins fünfzehnte Jahrhundert und ist damit anderthalb Jahrhunderte älter als die »Revolution« im Sinne eines abrupten politischen Wandels.[2] Besonnene Historiker der Industriellen Revolution haben das Wort immer so verwendet, in derselben Weise, wie andere von der »Wirtschaftsrevolution« im Mittelalter oder von der »wissenschaftlichen Revolution« im siebzehnten Jahrhundert oder von der »sexuellen Revolution« im zwanzigsten Jahrhundert sprechen.

Der Akzent liegt also eher auf tiefgreifend als auf schnell. Es wird niemanden überraschen, daß die außerordentlichen technischen Fortschritte der großen Industriellen Revolution nicht über Nacht erreicht wurden. Nur wenige Erfindungen kommen fix und fertig auf die Welt. Im Gegenteil: Es bedarf vieler kleiner und großer Verbesserungen, damit aus einer Idee eine Technik wird.

Man nehme die Dampfkraft. Die erste Vorrichtung, die mit Hilfe von Dampf ein Vakuum herstellte und auf diese Weise eine Pumpe antreiben konnte, wurde 1698 von dem Engländer Thomas Savery als Patent angemeldet, die erste eigentliche (mit Kolben ausgestattete) Dampfmaschine 1705 von Thomas Newcomen. Newcomens atmosphärische Maschine (die so heißt, weil sie lediglich mit atmosphärischem Druck arbeitete) verbrauchte jedoch große Mengen an Energie, da der Zylinder abkühlte und bei jedem Kolbenhub neu erwärmt werden mußte. Am besten funktionierte die Maschine deshalb, wenn sie Wasser aus Kohlebergwerken pumpen mußte, wo Brennstoff fast kostenlos zur Verfügung stand.

Erst lange danach, nämlich sechzig Jahre später, erfand James Watt (1768) eine Maschine mit gesondertem Kondensator, deren Brennstoffausnutzung so gut war, daß man die Dampfkraft auch außerhalb von Bergwerken, in den neuen Industriestädten, gewinnbringend einsetzen konnte; und erst nach weiteren fünfzehn Jahren war die Maschine auf die Rotationsbewegung umgestellt, so daß sie die Räderwerke der Industrie antreiben konnte. In dieser ganzen Zeit hatten Ingenieure und Mechaniker unendlich viele kleine und große Fertigungs- und Wartungsprobleme zu lösen. Die Aufgabe etwa, innen glatte und exakt kreisrunde Zylinder herzustellen, damit der Kolben bei seiner Bewegung dicht anliegen kann und keine Luft auf die Vakuumseite gelangt, erforderte Sorgfalt, Geduld und Phantasie.[3] In Sachen Brennstoffersparnis kam jeder Fehler teuer zu stehen, und gut war niemals gut genug.

Das war aber noch nicht alles. Zu erkunden war eine weitere Richtung, nämlich die (mit mehr als atmosphärischem Druck arbeitenden) Hochdruckdampfmaschinen, die kompakter gebaut und zum Antrieb von Schiffen und Landfahrzeugen eingesetzt werden konnten. Das dauerte noch einmal ein Vierteljahrhundert. Im Mittelpunkt standen hierbei Treibstoffeinsparungen, denn der verfügbare Raum war begrenzt, und den wollte man eher für die Ladung als für Kohle nutzen. Die Lösung wurde in der Verbundmaschine gefunden: Mit Hilfe von Hochdruckdampf treibt man zwei oder mehr Kolben nacheinander an; aus dem Hochdruckzylinder entweicht der Dampf in einen größeren Zylinder mit geringerem Druck. Damit folgte man demselben Prinzip, nach dem man im Mittelalter aus herabfallendem Wasser ein Maximum an Energie gewonnen und mehrere Räder hintereinander angetrieben hatte. Die Verbundmaschine ging auf J.C. Hornblower (1781) und Arthur Woolf (1804) zurück; zu ihrem Recht allerdings kam sie erst in den fünfziger Jahren des neunzehnten Jahrhunderts, als sie für Dampfschiffe verwendet wurde und erheblich zur Entwicklung des Seehandels beitrug.

Auch das war noch nicht das Ende. Größe und Triebkraft der Dampfmaschinen waren begrenzt durch die Trägheit des Kolbens. Bei seiner Umkehrbewegung verbrauchte er Unmengen von Energie für die Richtungsänderung. Die Lösung fand Charles A. Parsons (1884), indem er vom Hin und Her zur Kreis- oder Drehbewegung überwechselte und die Kolben durch Dampfturbinen ersetzte. Noch Ende des Jahrhunderts wurden diese bei Kraftwerken eingesetzt; wenig später bei Schiffen. Alles in allem dauerte die Entwicklung der Dampfmaschine zweihundert Jahre.[4]

Bis sie abgeschlossen war, blieb die Wasserkraft, die durch John Smeatons mittelschlächtiges Wasserrad (1750) und Benoît Fourneyrons Turbine (1827) weit besser ausgenutzt wurde, auch weiterhin, wie seit dem Mittelalter, ein wesentlicher Bestandteil der industriellen Fertigung.[5]

Auch die erste Koksverhüttung von Eisen fand schon im Jahr 1709 statt; sie gelang Abraham Darby in Coalbrookdale. (Ich habe selbst in dem verlassenen Gebläseofen in Coalbrookdale gestanden, und dort, zwischen den angefressenen Ziegelsteinen, wo einst das Feuer loderte und das Eisenerz schmolz, kam ich mir vor wie im Herzen der Industriellen Revolution. Heute gehört der Hochofen zu einem Industriemuseum, und neugierige Besucher können von außen in ihn hineinsehen.) Aber diese Leistung war trotz sorgfältiger Studien und Vorbereitung eigentlich ein Glücksfall: Rein zufällig war Darbys Kohle die richtige.[6] Andere hatten weniger Erfolg, und sie mußten ebenso wie Darby den Einsatz koksverhütteten Roheisens auf das Gießen beschränken. Vierzig Jahre lang arbeitete man an der Lösung der Probleme, und erst um die Jahrhundertmitte kam die Koksverhüttung richtig in Gang.

Mehr noch: Diese Technologie hatte spürbare Grenzen. Das Gußeisen eignete sich zwar zur Herstellung von Töpfen und Pfannen, von Herdrückenplatten, Rohren und dergleichen Dingen, die keiner großen Belastung ausgesetzt sind, aber mit Gußstücken läßt sich keine Maschinentechnologie aufbauen. Für bewegliche Teile braucht man die Nachgiebigkeit und Elastizität des Schmiedeeisens (oder Stahls), sie müssen genauer geformt (geschmiedet oder gespant) werden, als es beim Gießen möglich ist.[7] Erst nach einem halben Jahrhundert und vielem Experimentieren konnten die Hüttenbesitzer koksverhüttetes Roheisen herstellen, das sich weiter frischen ließ, und erst dann verfügten die Frischmeister über die Techniken zur Verarbeitung von koksverhüttetem Roheisen (Henry Corts Patente von 1783 und 1784). Bis zur Gewinnung von Flußstahl (1856 durch Henry Bessemer) dauerte es noch einmal ein Dreivierteljahrhundert. Der Flußstahl aber veränderte Industrie und Transportwesen. War früher dieses teure Material nur für kleinere Gegenstände (Waffen, Rasiermesser, Federn, Feilen) verwendet worden, so konnte man es nun zum Bau von Eisenbahnschienen und Schiffen einsetzen. Stahlschienen hielten länger und trugen größere Lasten; Stahlschiffe hatten dünnere Wände und trugen gleichfalls größere Lasten.

Beide technischen Entwicklungsstränge haben ihren gemeinsamen Ursprung im sechzehnten Jahrhundert; als erste nutzte die englische Industrie damals Kohle als Brenn- und Rohstoff und verwendete sie bei der Glasherstellung ebenso wie beim Bierbrauen, Färben, Backstein- und Ziegelbrennen, Schmieden und Verhütten. Bei einem Autor wird dieser Übergang zu fossilen Brennstoffen, der in England viel früher als in anderen europäischen Ländern stattfand, als »erste industrielle Revolution« bezeichnet.[8]

Betrachten wir schließlich die Maschinen mit mechanischem Antrieb. Die Maschine selbst ist nichts anderes als ein gegliedertes Gerät, das ein Werkzeug (oder mehrere Werkzeuge) so bewegt, wie es die Hand machen würde. Sie hat entweder den Zweck, Kraft und Geschwindigkeit des Arbeiters zu steigern – wie etwa bei Druckerpresse, Bohrmaschine oder Spinnrad. Oder aber sie soll das Werkzeug so dirigieren, daß es gleichmäßige, repetitive Bewegungen ausführt – wie bei der Uhr. Oder sie hat die Aufgabe, eine Reihe von Werkzeugen so anzuordnen, daß die mit einer einzelnen Bewegung verrichtete Arbeit vervielfacht wird. Solange Maschinen von Hand bedient werden, ist es relativ leicht, auf ihr unvermeidliches Bocken und Stocken zu reagieren: Der Arbeiter braucht lediglich innezuhalten und aufzuhören, die Kurbel zu drehen oder den Hebel zu ziehen. Der mechanische Antrieb verändert alles.[9]

Wie wir sahen, kannte schon das Mittelalter eine große Anzahl unterschiedlicher Maschinen – zum Mahlen von Getreide oder Malz, zum Formen von Metallen, zum Spinnen von Garn, Walken von Tuch, Scheuern von Stoffen oder zum Anblasen des Feuers im Schmelzofen. Viele von ihnen wurden mechanisch betrieben, meistens mit Hilfe von Wasserrädern. In den dann folgenden Jahrhunderten (ab 1500) fanden diese Geräte weite Verbreitung, da die Grundsätze der Mechanik sich in vielfältiger Weise anwenden ließen. Zu den Haupterfindungen in der Textilindustrie gehörten die Wirkmaschine, der mechanische Webstuhl und die Bandwebmaschine, ferner mechanische Geräte für das Seidenzwirnen. Die folgenreichsten Fortschritte waren jedoch, wie so oft, die unscheinbarsten:

– die Erfindung des Fußpedals für den Antrieb des Spinnrads, weil die arbeitende Person nun zum Fadendrehen und Haspeln beide Hände frei hatte; am Webrahmen konnte man die Pedale treten, während man das Weberschiffchen hin- und herwarf;

– die Erfindung der Flügelspinnmaschine (des sogenannten Sächsischen Spinnrades), die das zusätzliche Zwirnen ermöglichte, weil sie gleichzeitig, aber mit unterschiedlichem Tempo, das Garn aufwickelte und die Spindel drehte;

– der Durchbruch zum kontinuierlichen, in eine Richtung verlaufenden Spinnen und Aufspulen.

All diese Veränderungen haben die Produktivität der Spinnerin auf das Vierfache und mehr erhöht.[10]

Der nächste Schritt war die Mechanisierung des Spinnens, bei der man die Bewegungen des Handspinnens zu reproduzieren suchte. Erforderlich dafür war eine Vereinfachung durch Aufteilung: Die Arbeit mußte in eine Abfolge wiederholbarer Prozesse aufgespalten werden. Das scheint etwas ganz Logisches zu sein, aber es war nicht leicht. Erfolg hatten die Erfinder erst, als sie ihre Geräte bei einer festen Pflanzenfaser einsetzten. Jahrzehntelang, von den dreißiger bis zu den sechziger Jahren des achtzehnten Jahrhunderts, probierte man herum. Aber das Zusammentreffen von mechanischer Spinnerei und Baumwolle stellte die gesamte bisherige Produktion auf den Kopf.

Die Metallindustrie verdankte ihre großen Fortschritte der Ersetzung der Umkehr- durch die Drehbewegung: Von nun an stellte man Bleche her, indem man sie walzte, statt sie zu hämmern; Drähte, indem man Metall auf der Ziehbank durch immer engere Löcher zog; Löcher, indem man sie bohrte, statt sie zu schlagen; und Hobeln und Formen erledigte man nicht mehr mit Meißel und Hammer, sondern mit der Drehbank. Von besonderer Bedeutung war der zunehmende Einsatz von Präzisionsmessung und festgelegten Arbeitsbedingungen. Uhren- und Instrumentenhersteller übernahmen in diesem Punkt eine Vorreiterrolle. Sie bearbeiteten kleinere Teile, die sie mit Spezialwerkzeugen wie Zahnradteilkopf und -fräser leichter den hohen Präzisionsstandards anpassen konnten. Diese Geräte wiederum ließen sich – in Kombination mit ähnlichen, von Maschinenbauern erdachten Werkzeugen – für die Arbeit an größeren Teilen umbauen; nicht zufällig suchten die Baumwollfabrikanten, als sie nach Handwerkern Ausschau hielten, die ihnen Maschinen bauen und diese warten sollten, ausgerechnet nach Uhrmachern; und nicht zufällig hieß der Rädersatz solcher Maschinen damals das »Uhrwerk«. Diese wiederum gaben mit ihrer repetitiven Arbeit den Anstoß zu ersten Versuchen mit einer auf austauschbaren Teilen beruhenden Massenproduktion (Uhren, Gewehre, Lafetten, Flaschenzüge, Schlösser, Eisenwaren, Möbel).

All diese Fortschritte, ergänzt durch die Erfindung von Maschinen für den Maschinenbau, vereinigten sich im letzten Drittel des achtzehnten Jahrhunderts, als das Neue geradezu ansteckend wurde. Ein Teil dieser allgemeinen, zum großen Strom zusammengeflossenen Innovationsbewegung mag sich dem glücklichen Zufall verdanken. Aber nein. Die Innovation war ansteckend, einfach deshalb, weil die einer bestimmten Technik zugrundeliegenden Prinzipien auch viele andere Formen annehmen konnten, viele andere Anwendungsmöglichkeiten zuließen. Konnte man Gewehrläufe ausbohren, dann konnte man auch die Zylinder von Dampfmaschinen ausbohren. Konnte man mit Zylindern (statt mit dem sehr viel langsameren Tafeldruck) Stoffe bedrucken, dann konnte man so auch Tapeten bedrucken; auch Texte ließen sich viel schneller drucken als mit der auf- und niederstampfenden Druckerpresse, und so wurde es möglich, Groschenblätter und -romane in Auflagen von Zig- oder Hunderttausenden herauszubringen. Und eine modifizierte Baumwoll-Spinnmaschine konnte Wolle und Flachs spinnen. Ja, Zeitgenossen haben sogar gemeint, nur die Mechanisierung der Baumwollproduktion habe die anderen Industriezweige zur Modernisierung gezwungen:

> »Hätten die genialen Ideen von Hargreaves und Arkwright nicht das Baumwollkardieren und -spinnen von Grund auf verändert, dann wäre die Wollmanufaktur wohl bis zum heutigen Tag geblieben, was sie seit eh und je war. ... Daß es der Gesellschaft insgesamt gut getan hätte, es wäre geblieben wie immer, will ich gern zugestehen; aber nach der Entdeckung der verbesserten Baumwollproduktion war das nicht mehr möglich.«[11]

Und so ging es denn weiter, vorwärts in eine schöne und auch weniger schöne neue Welt mit höheren Einkommen und billigeren Waren, mit vormals unbekannten Instrumenten und Materialien, mit unstillbaren Gelüsten. Neu, neu, neu. Geld, Geld, Geld. Um es mit den Worten von Dr. (Samuel) Johnson zu sagen, der weiter voraussah als seine Zeitgenossen: »Jedes nur denkbare Gewerbe muß nun auf neue Weise verrichtet werden.«[12] Die Welt hatte sich wie ein Schiff aus der Vertäuung losgerissen.

Lassen sich für diese Revolution Daten benennen? Nicht leicht, weil jeder Innovation ein jahrzehntelanges Experimentieren vorausgeht und eine lange Zeit der Verbesserungen nachfolgt. Wo beginnt sie, und wo hört sie auf? Immerhin, das Herzstück des gesamten Prozesses – der Mechanisierung der Produktion und des Übergangs zur Fabrik – ist die Geschichte der Textilmanufaktur.[13] Deren rasche Veränderung begann mit der Erfindung der ersten Spinnmaschine, der sogenannten »Spinning Jenny«, von James Hargreaves (ca. 1766) und setzte sich fort mit Thomas Arkwrights durch Wasserkraft angetriebene »water frame« (1769) und Samuel Cromptons »Spinning Mule« (1779), die deshalb »Mule« (Maultier) genannt wurde, weil sie eine Kreuzung zwischen Jenny- und Waterspinnmaschine war. Mit ihr konnte man feines Garn ebenso spinnen wie grobes, besser und billiger als jede Handspinnerin. Dann, im Jahre 1787, konstruierte Edmund Cartwright den ersten funktionstüchtigen mechanischen Webstuhl, der die Weberei Schritt für Schritt veränderte: zuerst das Weben des groben Garns, das mit dem Hin- und Herfliegen des Weberschiffchens besser zu vereinen war, später auch die Verarbeitung des feinen Garns. Und 1830 konstruierte der erfahrene Maschinenbauer Richard Roberts – weil es eine entsprechende

Nachfrage von seiten der Fabrikanten gab – einen sogenannten »Self-actor«,
eine vollautomatische Mulemaschine, die die Spinnerei aus der Abhängigkeit von Körperkraft und Fachwissen einer aufsässigen Arbeiteraristokratie befreien sollte. (Die Maschine funktionierte, aber die Aristokratie war nicht verschwunden.)

Diese Reihe von Erfindungen zog sich über etwa sechzig Jahre hin und verdrängte die ältere Technologie – anders als die Dampfmaschine, die sich noch lange Zeit das industrielle Terrain mit der Wasserkraft teilte.[14] Die neue Technik führte zu einer drastischen Kosten- und Preissenkung und zur raschen Zunahme von Baumwollproduktion und -verbrauch.[15] Auf dieser Grundlage vollzog sich die Industrielle Revolution in England ungefähr hundert Jahre lang, sagen wir von 1770 bis 1870 – womit »die gesamte Zeit zwischen der alten Ordnung einerseits und der Durchsetzung eines hinreichend stabilen Verhältnisses zwischen den verschiedenen Momenten der Industrie unter der neuen Ordnung andererseits« gemeint ist.[16]

Andere Fachleute sind mit ihrer Periodisierung von der hier genannten etwas abgewichen.[17] So oder so aber geht es um einen Prozeß, der ein Jahrhundert – plus/minus eine Generation – gedauert hat. Für etwas, das man als Revolution bezeichnet, mag das sehr langsam sein, aber die ökonomische Zeit verläuft nun mal gemächlicher als die politische. Die großen ökonomischen Umwälzungen der Vergangenheit haben noch viel länger gedauert.

Selbst wenn man die quantitativen Daten hinzuzieht, die die Anhänger der selbsternannten Neuen Wirtschaftsgeschichte vorgelegt haben, bleibt folgendes unbestreitbar: ein zwischen 1760 und 1770 lokalisierbarer Bruch im Wachstumstrend; nie dagewesene Steigerungsraten; und vor allem die Anfänge einer tiefgreifenden Umgestaltung der Produktionsweise. Die Technologie rückt ins Zentrum. Das zeigen die gesamtwirtschaftlichen Daten, und die elementarste Logik macht es offenkundig. Nimmt man die niedrigsten Schätzwerte für die Wachstumssteigerung im späten achtzehnten Jahrhundert und extrapoliert *rückwärts*, so landet man rasch bei einem Einkommensniveau, das zum Lebensunterhalt nicht ausreicht. Also hatte sich wirklich etwas verändert.

Bleibt die Frage, warum das gesamtwirtschaftliche Wachstum nicht schneller zugenommen hat. Eine anachronistische Frage, in der die Erwartungen der jüngeren Zeit – mit ihren raschen, durchschlagenden Innovationen und ihren in großen Sprüngen nachholenden Entwicklungen – zum Ausdruck kommen. Dennoch lohnt es, sie zu stellen. Die Antwort lautet, daß die Industrielle Revolution ungleichmäßig verlaufen ist und sich erst nach und nach ausgewirkt hat; daß sie in manchen Industriezweigen früher als in anderen begann und sich entfaltete; daß sie frühere Gewerbe hinter sich ließ, ja sogar vernichtete, und neue aufbaute; daß sie ältere Technologien nicht über Nacht ersetzte – und ersetzen konnte. (Selbst der allmächtige Computer hat die Schreibmaschine nicht völlig verdrängt, geschweige denn Papier und Feder.)[18] Deshalb hängen die Schätzwerte zum damaligen Wachstum so stark davon ab, wie man gewichtet: Bei mehr Gewicht auf Baumwolle und Eisen scheint es schneller, bei weniger Gewicht langsamer zu sein. All das haben schon Wissenschaftler wie A.P. Usher und J.H. Clapham bei ihrem Studium des technologischen Wandels gewußt. Deren Arbeit haben die auf der Kontinuität herumreitenden »neuen Wirtschaftshistoriker« im Grunde wiederaufgegriffen, ohne sie zu zitieren, ja vielleicht sogar ohne sie überhaupt zu kennen.[19]

Viele von denen, die bestreiten, daß es sich um eine Revolution handelt, sind zudem in den Fehler des Entweder-Oder verfallen. Ihr Plädoyer für die Kontinuität hat einiges für sich. Die Geschichte haßt Sprünge, und große Veränderungen und wirtschaftliche Revolutionen kommen nicht aus heiterem Himmel. Alle sind gut und lange vorbereitet.[20] Aber Kontinuität schließt Veränderung keineswegs aus, auch nicht die drastische Veränderung. Einer von denen, die an die Überzeugungskraft von Wirtschaftstheorie und Historiometrie glauben, teilt mit, daß das britische Pro-Kopf-Einkommen zwischen 1780 und 1860 auf das Doppelte sowie zwischen 1860 und 1990 auf das Sechsfache gestiegen ist, und räumt ein, das sei mehr als nur eine Fortsetzung früherer Trends: »Die ersten achtzig Wachstumsjahre waren schon erstaunlich genug, aber sie blieben ein bloßes Vorspiel.«[21] Und Großbritannien hat, so füge ich hinzu, auf diesen langen Zeitraum gesehen nicht einmal die eindrucksvollste Leistung vollbracht.

All diese Fortschritte führten zu einer wachsenden Kluft zwischen modernen Industrieländern und den Nachzüglern der Entwicklung, zwischen Reichen und Armen. Zunächst in Europa: Im Jahr 1750 lag das Pro-Kopf-Einkommen in Westeuropa (ohne Großbritannien) ungefähr 15 Prozent höher als in Osteuropa; im Jahr 1800 etwas über 20 Prozent. Im Jahr 1860 betrug die Differenz schon 64 Prozent und gleich nach der Jahrhundertwende fast 80 Prozent.[22] Dieselbe Polarisierung, nur zugespitzt, ergab sich zwischen Europa und jenen Ländern, die man später die Dritte Welt genannt hat – nicht zuletzt weil die modernen Industrien ihre altmodischen Konkurrenten einfach geschluckt haben, sowohl im eigenen Land als auch in anderen Ländern.

Das Paradox: Die Industrielle Revolution hat die Welt enger zusammengeschlossen, sie verkleinert und homogenisiert; aber zugleich hat sie den Globus gespalten und Gewinner und Verlierer einander entfremdet. Sie zeugte eine Vielzahl von Welten.

*

Wann ist eine Revolution keine Revolution?

Daß die Wissenschaftler, die die Industrielle Revolution als erste untersucht haben, sich vornehmlich auf Produktionsziffern und Preise in bestimmten Industriezweigen stützten, zeigt die Grenzen der damaligen Statistik: Diese

Daten waren alles, was sie hatten und womit sie zu arbeiten verstanden. Und sie ließen sie nicht im Stich. Sie standen für direkte und einfache Umsätze, und wo der Historiker auf Ersatzmaßstäbe zurückgreifen mußte (zum Beispiel auf Rohbaumwollimporte, die bei Nichtanbauländern an die Stelle der Baumwollgarnproduktion treten konnten), waren es sichere und hinreichend stabile Indikatoren für einen eng umrissenen, unzweideutigen Tatbestand.[23]

In den späten fünfziger Jahren gingen die auf Zahlen erpichten Wirtschaftshistoriker erstmals daran, Maßeinheiten für das gesamte Wirtschaftswachstum im achtzehnten und frühen neunzehnten Jahrhundert zu schaffen. Eigentlich war das nichts anderes als die natürliche Ausweitung einer historischen Forschung, die sich mit dem Nationaleinkommen in jüngeren Epochen befaßte und dabei mehr und verläßlichere Daten zur Verfügung hatte.[24] Aber bei der Hinwendung zu Epochen, in denen die staatlichen Behörden noch keine systematischen Datensammlungen anlegten, enthielten solche Rekonstruktionen zum Teil heroische Aufwendungen an Phantasie und Erfindungsgabe: Disparate Zahlen, geschätzt und gesammelt zu verschiedenen Zeiten, zu verschiedenen Zwecken und auf verschiedener Grundlage, wurden einfach vermengt und eingesetzt; Ersatzdaten wurden mit oftmals willkürlichen und nicht immer ausgewiesenen Prämissen über die Beschaffenheit der betreffenden Volkswirtschaft gerechtfertigt; Gewichtungen wurden vorgenommen, obgleich sie aus anderen Zusammenhängen und Epochen stammten; es wimmelte von Indexproblemen; statt der Marktpreise wurden landesübliche oder nominale Preise verwendet; außerdem wurde endlos inter- und extrapoliert, wodurch sich Brüche in der Entwicklung glätten und verwischen ließen. Kein Wunder also, daß diese Konstruktionen je nach Konstrukteur und Zeitpunkt anders ausfallen; daß der letzte Schätzwert nicht unbedingt besser ist als sein Vorgänger (wogegen sich der, der ihn vorgelegt hat, sicher verwahren würde) und daß der äußere Anschein von Präzision weder Haltbarkeit noch Langlebigkeit der Ergebnisse garantiert.[25]

Dieser Anschein von Präzision zeigt auch nicht unzweideutig an, ob die Daten wirklich Bedeutung besitzen. Selbst wenn man ihnen Glauben schenkt – die Interpretation bleibt ein Problem. Wirtschaftstheoretiker sind sich dieser Schwierigkeit längst bewußt. Einer unserer Nobelpreisträger spricht sie mit entwaffnender Offenheit aus: »Die ersten Volkswirtschaftler wurden noch nicht mit Statistiken überschüttet. Ihnen blieb der lästige statistische Beweis erspart. Sie verließen sich auf Geschichtsschreibung und persönliche Beobachtungen. Heute setzen wir unsere ganze Hoffnung auf harte Daten – sofern sie von der Theorie sanktioniert worden sind.«[26] Von Wirtschaftshistorikern ist angesichts dieses Grundsatzes wohl kaum zu erwarten, daß sie ihre ganze Hoffnung auf »harte [sprich: numerische] Daten« setzen – sofern diese vom historischen Belegmaterial sanktioniert worden sind. Wie sie zum Urteil übergehen, läßt sich allerdings häufig nicht einmal mehr als bloße Leichtgläubigkeit bezeichnen.

Bei den hier gemeinten Differenzen geht es im Kern um die von manchen so genannte nichtrevolutionäre (oder »evolutionäre«) Revolution. So beeindruckend das Wachstum einzelner Produktionszweige sein mag – die zwischen 1760 und 1860 erzielte Gesamtleistung der britischen Wirtschaft (oder Industrie), wie sie sich aus neueren quantitativen Untersuchungen ergibt, wirkt eher bescheiden: wenige Prozent pro Jahr für die Industrie; noch weniger für das Produkt der Gesamtgesellschaft. Rechnet man diese Daten außerdem in reale, am Bevölkerungswachstum gemessene Größen um (deflationiert sie also zum Pro-Kopf-Einkommen oder -Produkt), so sinken die Zahlen auf ein bis zwei Prozent pro Jahr.[27] Bei der diesem statistischen Vorgehen eigenen Fehlerspanne könnte das immerhin etwas sein. Etwas – aber auch nichts.

Aber warum sollen wir den Schätzwerten glauben? Weil sie neueren Datums sind? Weil die Autoren uns versichern, daß sie zuverlässig sind? Die dabei verwendeten Methoden sind alles andere als überzeugend. Man beginnt mit dem (fiktiven) Gesamtkonstrukt, und dann zwängt man die einzelnen Produktionszweige hinein, bis sie passen. Einer neueren Studie zufolge bleibt nach dem Addieren der britischen Produktivitätssteigerungen in wenigen Hauptbranchen – Baumwolle, Eisen, Transportwesen, Landwirtschaft – überhaupt kein Raum mehr für zusätzliche Steigerungen in anderen Industriezweigen: sonstige Textilien, Töpfer-, Papier- und Eisenwaren, Maschinenbau, Uhren aller Art. Was läßt sich da machen? Ganz einfach. Der Autor entscheidet, daß der größte Teil der britischen Industrie »mit niedriger Arbeitsproduktivität und langsamer Produktivitätssteigerung leben mußte – womöglich gab es zwischen 1780 und 1860 praktisch überhaupt keine Fortschritte«[28]. Hier wird der Wagen vor das Pferd gespannt, das Resultat vor die Daten, die Phantasie vor die Empirie gesetzt. Und was herauskommt, ist falsch.

Mehr noch, da diese Schätzwerte auf der stillschweigenden Voraussetzung beruhen, zwischen den verschiedenen Epochen bestehe Homogenität – Eisen ist Eisen, Baumwolle ist Baumwolle –, unterschätzen sie zwangsläufig den in Qualitätsverbesserungen und neuen Produkten enthaltenen Fortschritt. Wie soll man den Stellenwert einer neuen Stahlsorte (Gußstahl) messen, mit der sich bessere Zeitmesser sowie bessere Feilen zum Schleifen und Einpassen von Maschinenteilen herstellen lassen, wenn man nur Stahltonnen zählt? Wie soll man messen, welchen Wert die Produktion von Zeitungen hat, die dank der Rotationspresse nur noch einen Groschen kosten? Und wie den Wert von Eisenschiffen, die länger als Holzschiffe halten und erheblich mehr Ladung fassen? Wie soll man die Produktionsmenge von künstlichem Licht messen, wenn man Lampen zusammenzählt und nicht die von ihnen gelieferte Leuchtkraft berechnet? Aus einer neueren Studie, die mit Hilfe des Preises pro Lichteinheit (Lumen) zu quantifizieren sucht, wie stark die Gesamtstatistik die tatsächlichen Werte nach unten verfälscht, geht hervor, daß in diesem Fall die über einen Zeitraum von mehr als zweihundert Jahren wirklich erzielte Steigerung sich zur geschätzten verhält wie tausend zu eins.[29]

Mittlerweile haben die neuen, quantitativ orientierten Wirtschaftshistoriker (die »Historiometriker«) triumphierend die Zertrümmerung der überkommenen Lehre bekanntgegeben. Einer von ihnen hat generell zum Abschied von der Fehlbezeichnung »Industrielle Revolution« aufgefordert, während andere ihre Geschichte dieser Epoche schreiben, ohne den gräßlichen Namen zu benutzen – was für Autoren wie Forscher außerordentlich unbequem ist.[30] Manche, die in Grenzbereichen zwischen Wirtschaftsgeschichte und anderen historischen Disziplinen oder einfach auf einem gesonderten Fachgebiet arbeiten, haben übersprunghaft geschlossen, alle hätten die Geschichte Englands bislang fehlinterpretiert. England, so möchten sie uns weismachen, war nie eine Industrienation (was immer das heißt); die wichtigsten ökonomischen Entwicklungen des achtzehnten Jahrhunderts hätten in der Landwirtschaft und im Finanzwesen stattgefunden, während die Industrie, die man immer überschätzt habe, realiter eine untergeordnete Rolle gespielt hätte.[31] Andere wollten beweisen, daß Großbritannien sich in diesen vermeintlich revolutionären Jahren nur wenig verändert habe (so gingen hundert Jahre Geschichtsschreibung einfach den Bach hinunter); und wieder andere räumten zwar ein, daß man tatsächlich von einem rapideren Wachstum ausgehen müsse, legten dann aber mehr Gewicht auf die Kontinuität als auf die Veränderung. Sie sprachen von »Trendwachstum« oder »Trendbeschleunigung« und behaupteten, es gebe keinen »Knick« in der fiktiven Linie, die den Zuwachs von Nationalprodukt oder -einkommen nachzeichnet. Und als einige Wissenschaftler der neuen Lehre die Gefolgschaft verweigerten, denunzierte ein Historiker sie als »ein totes Pferd, das einfach nicht bereit ist, sich niederzulegen«[32].

Wer mag da noch sagen, der Elfenbeinturm der Wissenschaft sei ein stiller Ort?

*

Immer im Kreis herum geht es besser

Der große Vorzug der Dreh- gegenüber der Umkehrbewegung liegt in ihrer Energieausnutzung: Der bewegliche Teil braucht nicht bei jedem Kolbenhub die Richtung zu wechseln; die Bewegung geht einfach im Kreis herum. (Natürlich hat auch sie ihre eigenen Zwänge; sie gehen zum Großteil auf die Zentrifugalkraft zurück, die gleichfalls den Bewegungsgesetzen unterliegt.) Alles ist Funktion von Masse und Geschwindigkeit: Arbeitet man langsam genug mit leichten Maschinen, dann reicht die Umkehrbewegung, auch wenn sie ihren Preis hat. Geht man jedoch zu großen Stücken und höherem Tempo über, läßt sich mit der Umkehrbewegung nicht mehr arbeiten.

Nichts veranschaulicht diesen Grundsatz besser als der Übergang von der Umkehr- zur Drehbewegung bei Dampfschiffen. Sowohl Handels- als auch Kriegsmarine verlangten von den Planern und Baumeistern immer größere und schnellere Schiffe. Im Fall der weltweit führenden Seemacht England fiel die endgültige Entscheidung für die neue Technologie mit dem Bau des ersten Großkampfschiffes *Dreadnought.* Das war im Jahr 1905. Die Königliche Marine wollte ein gewaltiges Kriegsschiff haben, das 21 Knoten machen konnte, eine Geschwindigkeit, die mit Kolbendampfmaschinen nicht zu erreichen war. Zwar waren bereits Schiffe für 18 und 19 Knoten gebaut worden, aber diese Geschwindigkeit konnten sie nur kurze Zeit halten; schon acht Stunden Fahrt mit 14 Knoten führten dazu, daß die Maschinenlager sich aufheizten und zusammenbrachen. Eine schwierige Fahrt konnte bedeuten, daß das Schiff anschließend zehn Tage im Hafen überholt werden mußte – nicht gerade ein Rezept für Einsatzbereitschaft.

Manche Marineoffiziere fürchteten, mit der neuen Technologie zu viele Risiken einzugehen. Turbinen auf einem Zerstörer, das mochte noch angehen; aber auf dem größten, stärksten Schiff der ganzen Marine? Wenn sich die Neuerer nun irrten? Der Werftdirektor Philip Watts entschied die Sache, indem er den Preis nannte, den man für das Festhalten am Bisherigen würde zahlen müssen. Mit den alten Maschinen, so Watts, wäre die *Dreadnought* nach fünf Jahren nicht mehr auf der Höhe der Zeit.

Das Resultat hat seine Hoffnungen mehr als gerechtfertigt. Der Kapitän des Schiffes, Reginald Bacon, der zuvor die *Irresistible* (die Royal Navy liebt die Übertreibung!) befehligt hatte, war baß erstaunt über den Unterschied:

> »Die Turbinen waren geräuschlos. Tatsächlich habe ich häufig den Maschinenraum der *Dreadnought* besucht, wenn wir 17 Knoten liefen, und es war mir nicht möglich, zu sagen, ob die Turbinen arbeiteten oder nicht. Wenn wir volle Fahrt liefen, war der Unterschied zwischen dem Maschinenraum der *Dreadnought* und dem der *Irresistible* außerordentlich. Im Maschinenraum der *Dreadnought* gab es keinen Lärm, und kein Dampf war sichtbar, kein Wasser oder Öl schwappte herum, die Ingenieure und Maschinisten waren sauber; tatsächlich hätte das Schiff allem äußeren Anschein nach mit gestoppten Turbinen im Hafen liegen können. Im Maschinenraum der *Irresistible* war der Lärm ohrenbetäubend. Es war unmöglich, eine hörbare Bemerkung zu machen, und Telefone waren nutzlos. Die Decksplatten waren glitschig von Öl und Wasser, so daß es schwierig war, durch den Raum zu gehen, ohne auszugleiten. Es war unvermeidlich, daß irgendwo ein Ventil blies, was die Atmosphäre feucht und dunstig machte. Meist waren ein oder mehrere Wasserschläuche auf ein Lager gerichtet, das Schwierigkeiten zu machen drohte. Ständig arbeiteten Männer an den Maschinen, fühlten die Lager, um zu sehen, ob sie kühl liefen oder Anzeichen von Erhitzung zeigten; und die Ingenieure hatten ihre Jacken bis zum Hals zugeknöpft oder sogar Ölzeug angelegt, sie waren schwarz im Gesicht, ihre Kleider naß von Öl und Wasser.«[33]

Als nächstes kam dann der flüssige Treibstoff, der mehr Hitze und höheren Druck erzeugte und Wellen und Schrauben rascher antrieb. Die alten Kohlenbunker nahmen zu viel Raum weg, und die Heizer aßen Unmengen von

Nahrungsmitteln – auch menschliche Maschinen brauchen Treibstoff. Wenn die Kohlenvorräte abnahmen, mußten mehr Männer herbeigeschafft werden, um die Kohle aus entfernteren Bunkern in die näher an den Maschinen gelegenen zu schaufeln: Hunderte von Männern haben die Feuerstellen, denen sie Nahrung brachten, nie gesehen. Bei Öl dagegen brauchte man zum Nachfüllen von Treibstoff lediglich Schläuche zu befestigen und einige Stunden lang zu pumpen, was häufig auf See geschah; solange die Schiffe mit Kohle fuhren, mußten sie tagelang im Hafen festmachen.

Nebenbei gesagt: Auch diese Verbesserungen würden von den herkömmlichen Produkt- und Produktivitätsmessungen im wesentlichen nicht erfaßt. Man würde die Kosten der neuen Ausrüstung zusammenzählen, ohne der veränderten Qualität der Arbeit Rechnung zu tragen.

14

Warum Europa? Warum damals?

> »Sollten wir prophezeien, daß die britischen Inseln im Jahr 1930 fünfzig Millionen Einwohner haben werden, die besser ernährt, gekleidet und untergebracht sind als die heutigen Engländer; daß Sussex und Huntingdonshire reicher sein werden als derzeit die reichsten Regionen des West-Riding-Bezirks in Yorkshire...; daß sich in jedem Haushalt Maschinen befinden werden, die nach heute noch unbekannten Konstruktionsprinzipien gebaut sind..., würden viele uns für verrückt halten.«
>
> Macaulay, »Southey's Colloquies on Society« (1830)[1]

Warum dort und damals eine Industrielle Revolution? In der einen Frage stecken eigentlich zwei. Erstens: Warum und wie konnte ein Land die Kruste der Gewohnheit und des konventionellen Wissens durchbrechen und zu dieser neuen Produktionsweise vordringen? Schließlich kann die Geschichte durchaus mit Beispielen aufwarten, bei denen Mechanisierung und Einsatz unbelebter Kraftquellen keineswegs zu einer industriellen Revolution geführt haben. Man denke an das China der Sung-Dynastie (Hanfspinnen, Eisengewinnung), an das mittelalterliche Europa (Wasser- und Windmühlenantrieb), an das Italien der frühen Neuzeit (Seidenzwirnen, Schiffbau) oder an das Holland des Goldenen Zeitalters. Warum nun, zu guter Letzt, im achtzehnten Jahrhundert?

Zweitens: Warum hat gerade Großbritannien diese Revolution gemacht?

Beide Fragen bilden eine Einheit. Will man die eine Antwort geben, braucht man auch die andere. So funktioniert Geschichte.

In meiner Antwort auf die erste Frage würde ich zwei Dinge ins Zentrum rücken: den *Aufbau* – Akkumulation von Wissen und Know- how; und den *Durchbruch* – Erreichen und Übersteigen von Schwellenwerten. Wie wir bereits sahen, ist in China und den islamischen Ländern der intellektuelle und technologische Fortschritt unterbrochen worden, wobei nicht nur die Weiterentwicklung gestoppt, sondern der Stillstand institutionalisiert wurde. In Europa ist es genau umgekehrt: Hier herrscht ein Kontinuum der Akkumulation. Natürlich hatten Wissenschaft und Technologie auch in Europa, wie überall, ihr Auf und Ab, ihre Stärke- und Schwächephasen sowie immer neue, je nach politischem Umfeld und Häufung genialer Männer wechselnde Zentren. Sollte ich aber die entscheidenden, spezifisch europäischen Erfolgsursachen nennen, dann wären es die drei folgenden Punkte:

1. die zunehmende *Autonomie* der auf dem Denken beruhenden Untersuchung;
2. die Herausbildung von Einheit in der Vielheit, nämlich einer allgemeinen, per se gegen andere antretenden *Methode*, das heißt die Schaffung ei-

ner Beweissprache, die über die Staats- und Kulturgrenzen hinweg anerkannt, verwendet und verstanden wurde; sowie

3. die Erfindung der Erfindung, das heißt der Übergang zu *routinemäßiger* Forschung samt ihrer Verbreitung.

Autonomie: Der Kampf um die Autonomie des Denkens reicht zurück bis ins Mittelalter mit seinen Auseinandersetzungen um Geltung und Autorität der Tradition. Die herrschende europäische Weltanschauung war die der römisch-katholischen Kirche – eine Anschauung von der Natur, die festgelegt war durch die mit dem Wissen der Antike in Einklang gebrachte (aber nicht von ihm veränderte) Heilige Schrift. Vieles davon fand Eingang in die Definitionen der Scholastik, eines philosophischen (und naturphilosophischen) Systems, aus dem sich ein Bewußtsein allseitiger Kompetenz und Autorität gewinnen ließ.

Neue Ideen, die in diese geschlossene Welt eindrangen, traten zwangsläufig als Anmaßung und potentieller Umsturz auf – genau wie im Islam. In Europa freilich wurde ihre Übernahme erleichtert durch den praktischen Nutzwert und gefördert von Herrschern, die sich von dem Neuen einen Vorteil gegenüber Rivalen erhofften. Es war also kein Zufall, daß Europa nach und nach einen Hang zum Novum und einen Sinn für Fortschritt kultivierte – den der antiken Sehnsucht nach einem Gnadenstand (dem verlorenen Paradies) entgegentretenden Glauben, daß das Goldene Zeitalter (Utopia) in der Zukunft liegt und die Menschen der Gegenwart besser versorgt, klüger und leistungsfähiger sind als ihre Vorfahren. So predigte Fra Giordano schon 1306 in Pisa (und das müßte uns doch bekannt vorkommen): »Aber noch längst nicht alle [Künste] sind entdeckt; nie werden wir an ein Ende kommen … und immer neue werden beständig entdeckt.«[2]

Natürlich blieben ältere Einstellungen weiter bestehen. (Ein historisches Bewegungsgesetz besagt, daß jede geistige und praktische Innovation eine Gegenreaktion hervorruft, auch wenn diese nicht immer genauso stark ist wie sie.) Doch in Europa wurde der Einfluß der Kirche begrenzt durch konkurrierende Ansprüche der weltlichen Obrigkeiten (Cäsar gegen Gott) und durch bereits schwelende, allmählich sich vereinigende Brandherde einer religiösen Opposition von unten. Diese ketzerischen Lehren mögen weder intellektuell noch wissenschaftlich aufgeklärt gewesen sein, aber sie haben den Alleinvertretungsanspruch der kirchlichen Lehre untergraben und damit indirekt dem Neuen den Weg geebnet.

Am heftigsten wurde die alte Autorität durch die Ausweitung der individuellen Erfahrungswelt erschüttert. So meinte man etwa in der Antike, niemand könne in den Tropen leben, es sei dort zu heiß. Die portugiesischen Seefahrer zeigten schon bald, wie falsch diese vorgefaßte Meinung war. Vergeßt, was die Alten gesagt haben, brüsteten sie sich; »wir haben das Gegenteil entdeckt«. Garcia d'Orta, dessen Eltern konvertiert waren, während er selbst orthodoxer, aber natürlich heimlicher Jude blieb, studierte in Salamanca und Lissabon Medizin und Naturphilosophie und reiste dann 1534 mit dem Segelschiff nach Goa, wo er als Arzt in den Dienst der portugiesischen Vizekönige trat. In Europa hatte er, eingeschüchtert durch seinen Lehrer, sich nie getraut, die Autorität der alten Griechen und Römer in Frage zu stellen. Nun aber, in der nichtakademischen Welt des portugiesischen Indien, fühlte er sich frei, daß er die Augen aufmachen konnte. »Für mich«, schrieb er, »zählt die Aussage eines Augenzeugen mehr als das von sämtlichen Ärzten und Vätern der Medizin Geschriebene, das auf falschen Informationen gründet«; und weiter: »die heutigen Portugiesen können an einem einzigen Tag mehr Wissen weitergeben, als die Römer es im Laufe von Jahrhunderten konnten«.[3]

Methode: Das Sehen allein reichte nicht. Es galt, die Naturerscheinungen zu begreifen und anders zu erklären als durch Magie. Dingen, die niemand gesehen hatte, konnte man keinen Glauben schenken. Vorbei war es mit Einhörnern, Basilisken und Feuergeistern. Während Aristoteles die Erscheinungen durch die (»Wesens«-) Natur der Dinge erklären wollte (Himmelskörper bewegen sich im Kreis, irdische hingegen auf und nieder), empfahl die neue Philosophie den umgekehrten Gedanken: Nicht die Natur ist in den Dingen, sondern die Dinge sind (und bewegen sich) in der Natur. Überdies gelangten diese neuen Forscher schon früh zu der Auffassung, daß die Mathematik sich vorzüglich dazu eigne, Beobachtungen zu spezifizieren und Resultate in Formeln zu fassen. So schrieb etwa Roger Bacon im dreizehnten Jahrhundert in Oxford: »Sämtliche Kategorien sind abhängig von der Kenntnis der Quantität, also von etwas, was die Mathematik abhandelt, und daher hängt die gesamte Kraft der Logik an der Mathematik.«[4] Diese Verflechtung von Beobachtung und genauer Beschreibung machte ihrerseits Wissen reproduzierbar und verifizierbar. Kaum etwas anderes hat der Autorität so sehr das Wasser abgegraben. Es zählte wenig, wer etwas sagte, sondern was gesagt wurde; wichtig war nicht die Wahrnehmung, sondern die Realität.

Ein solcher Ansatz eröffnete die Möglichkeit des planvollen Experiments. Statt abzuwarten, bis etwas geschieht, muß man es geschehen machen. Nötig war dazu ein intellektueller Sprung; und manche vertreten daher die These, verantwortlich für die neue Auffassung der Wissenschaftler, daß man die Natur nicht nur beobachten, sondern auch auf sie einwirken könne, seien Wiederaufleben und Verbreitung alter magischer Glaubenslehren gewesen (selbst Newton glaubte an die Möglichkeit der Alchemie und die Verwandlung der Materie).[5] »Im direkten Gegensatz zum Naturphilosophen«, schreibt einer dieser Historiker, »hat der Magiker die Natur beeinflußt.«[6]

Nun ja, er hat es wenigstens probiert. Doch dieser Versuch, persönliche Gedankenverbindungen mit allgemeineren Kausalzusammenhängen zu vermischen, macht mich eher skeptisch. Der Sprung von der Beobachtung zum Experiment, von der Passivität zur Aktivität war schwierig genug, und die Verlockungen der Magie, dieser »Welt des Gewinns und der Freude, der Macht, der Ehre und Omnipotenz«, lenkten nur davon ab und behinderten ihn. Die Welt der Magie war ja nichts anderes als eine Parodie der Wirklichkeit, ein kontinuierlich schrumpfender Rest von Unwissen, eine Art intellektueller Antimaterie. Die gelegentlichen Erfolge der Magie waren rein zufällige Nebenprodukte des ganzen Hokuspokus. Wer praktische Magie betrieb, galt leicht als Verrückter, wenn nicht gar als Abgesandter des Teufels – nicht zuletzt weil diese Leute sich oftmals unkonventionell und mitunter auch kriminell verhielten.[7] Diese Praktiken reichen zurück bis in die Uranfänge der Geschichte; noch heute begleiten sie uns und werden es immer tun, weil wir, wie alle Lottospieler, so gern glauben. Daß sie in Zeiten eines stürmischen Aufbruchs zu neuem Wissen, zur Aufdeckung von Geheimnissen und Enthüllung von Mysterien wiederauflebten und -blühten, darf uns nicht überraschen. Die Magie war nicht Auslöser, sondern Reaktion, und eine Rolle spielte sie weniger als Erreger denn als Antikörper.[8]

Für manche ist dieser Umstand eher ein Grund zum Bedauern, da sie darin eine selbstauferlegte Verkümmerung sehen: »Der neue quantitative und mechanistische Ansatz führte schließlich zu einer Metaphysik, die in der Natur keinen Raum für Wesenheiten, Animismus, Hoffnung oder Absichten ließ und dergestalt aus der Magie etwa ›Irreales‹, im modernen Verstand Übernatürliches machte.«[9] Sich wohl fühlen: Genau darüber sollte der Weg zu Wahrheit und Fortschritt führen. Nach den Worten von David Gans, der schon im frühen siebzehnten Jahrhundert für die Popularisierung der Naturwissenschaften sorgte, läßt sich die Tatsache, daß Magie und Hellseherei keine Wissenschaft sind, allein daran ablesen, daß die, die sie betreiben, nicht miteinander diskutieren. Ohne das Streitgespräch gebe es aber kein Streben nach Wissen und Wahrheit.[10]

Diese machtvolle *Verbindung* von Wahrnehmen einerseits und Messen, Verifizieren und mathematischer Deduktion andererseits – diese neue Methode war der Schlüssel zum Wissen. Ihre praktischen Erfolge sicherten ihr Schutz und Förderung, unabhängig davon, was dabei herauskam. Nirgendwo sonst hat sich etwas Vergleichbares herausgebildet.[11]

Ein weiteres Problem war die Frage, wie man experimentieren sollte. Zunächst mußte man sich Forschungsstrategien sowie Instrumente zum Beobachten und Messen ausdenken, und es dauerte fast vier Jahrhunderte, bis die Methode in den spektakulären Fortschritten des siebzehnten Jahrhunderts Früchte trug. Nicht daß es einen Wissensstillstand gegeben hätte. Schon früh fand der neue Ansatz Verwendung in Astronomie und Seefahrt, in Mechanik und Kriegführung, in Optik und Vermessungstechnik – alles praktische Tätigkeiten. Aber erst im ausgehenden sechzehnten Jahrhundert wurde, mit Galileo Galilei, das Experiment systematisiert. Das führte nicht nur zu wiederholter und wiederholbarer Beobachtung, sondern zu bewußter Vereinfachung, die den Ausblick auf das komplexe Ganze ermöglichte. Willst du herausfinden, welche Relationen zwischen Zeit, Geschwindigkeit und Wegstrecke fallender Objekte bestehen? Dann bremse den Fall, indem du sie eine schiefe Ebene herabrollen läßt.

Die Wissenschaftler mußten nun auch besser sehen können, und das gelang ihnen mit der Erfindung des Teleskops und des Mikroskops (um 1600); diese Instrumente eröffneten neue Welten, die fast ebensoviel Wunder und Macht verhießen wie die früheren geographischen Entdeckungen. Zudem mußten sie genauer messen können, denn die kleinste Verschiebung des Zeigers konnte alles verändern. Pedro Nuñes, Astronomie- und Mathematikprofessor an der Universität Coimbra (Portugal), erfand zu Beginn des sechzehnten Jahrhunderts den *Nonius* (benannt nach seinem latinisierten Namen), weil er der Seefahrt und der Astronomie die Möglichkeit verschaffen wollte, noch den Bruchteil eines Grades abzulesen. Verbessert wurde dieses Hilfsmittel später durch die (nach Pierre Vernier, 1580–1637, benannte) Vernier-Skala, und darauf folgte die Erfindung des Mikrometers, die auf den lange verkannten Gascoigne (1639) sowie auf Adrien Auzout (1666) zurückgeht und mit neuen Teilen arbeitet: feinen Drähten zum Ablesen und einer Schraube (statt der Schiene) für die Feineinstellung. Damit ergaben sich Messungen, die auf den Zehntel Millimeter (und weniger) genau waren und astronomische Untersuchungen um vieles präziser machten.[12] (Übrigens: Schon daß man lernte, Präzisionsgewinde herzustellen, war eine große Leistung; und der Nutzen dieser Geräte hing wiederum ab von entsprechenden Brillen und Vergrößerungsgläsern.)

Dasselbe Streben nach Präzision prägte die Entwicklung der Zeitmessung. Astronomen und Physiker mußten Ereignisse auf die Minute und Sekunde genau bestimmen, und genau das ermöglichte ihnen Christian Huygens mit der Erfindung der Pendeluhr im Jahr 1657 und der für Taschenuhren verwendbaren Unruhfeder 1675. Die Wissenschaftler mußten auch besser und schneller rechnen können, und dafür wurden John Napiers Logarithmen ebenso wichtig wie in früheren Zeiten die Rechentafel oder in späteren die Rechenmaschinen und Computer.[13] Außerdem brauchten sie leistungsstärkere Methoden der mathematischen Analyse, die ihnen neben René Descartes mit seiner analytischen Geometrie vor allem Isaac Newton und Gottfried Wilhelm Leibniz mit der Differential- und Integralrechnung lieferten. Diese neue Mathematik hat einen gewaltigen Beitrag zur Entwicklung von Experiment und Analyse geleistet.

Routine: Die dritte institutionelle Säule, auf der die abendländische Wissenschaft ruht, war der Übergang zum routinemäßigen Entdecken, die Erfindung des Erfindens. Es gab eine zerstreute Gruppe von Intellektuellen, die in verschiedenen Ländern arbeiteten und verschiedene Landessprachen benutzten – und trotz allem eine Gemeinschaft bildeten. Was am einen Ort geschah, wurde rasch an anderen bekannt, einerseits dank der gemeinsamen Bildungssprache Latein, andererseits aufgrund der frühen Entwicklung des Kurier- und Postwesens und vor allem, weil die Menschen überallhin reisten. Im siebzehnten Jahrhundert wurden diese Verbindungen institutionalisiert: zunächst in Gestalt selbsternannter menschlicher Schaltstellen wie etwa Marin Mersenne (1588-1648), dann in Form von gelehrten Gesellschaften mit ihren eifrig korrespondierenden Sekretären, häufigen Sitzungen und festen Periodika. Die ersten dieser Gesellschaften entstanden in Italien – so etwa 1603 die Accadèmia dei Lincei (die Akademie der Luchse) in Rom oder 1653 die kurzlebige Accadèmia del Cimento in Florenz. Auf lange Sicht mehr Bedeutung hatten allerdings die Akademien des Nordens: 1660 wurde die Londoner Royal Society gegründet, 1635 die Academia Parisiensis und 1666 deren Nachfolgerin, die Académie des Sciences. Doch schon vorher waren bei informellen, aber regelmäßigen Begegnungen in Kaffeehäusern und Salons Menschen mit ihren wissenschaftlichen Fragen zusammengekommen. »Die Wissenschaften«, schrieb Mersenne 1634, »haben sich unverbrüchliche Freundschaft geschworen.«[14]

Kooperation also, gewaltig angetrieben aber von der scharfen Konkurrenz im Wettlauf um Ansehen und Ehre. In der vorakademischen Welt des sechzehnten Jahrhunderts schlug sich diese Konkurrenz häufig in Geheimhaltung, beschränkter Bekanntmachung, Verzicht auf Veröffentlichung oder der Taktik nieder, die gelungenen Teile einer Arbeit für Disputation und Konfutation aufzuheben.[15] Noch im ausgehenden siebzehnten Jahrhundert gab es den Exzentriker Robert Hooke, aktives Mitglied der Royal Society, dessen Devise hätte lauten können: »Mir ist es zuerst eingefallen.« Wenn wir seinen Worten Glauben schenken dürfen, dann steckte er alle möglichen wertvollen Schöpfungen in seine Schreibtischschubladen, um sie immer erst dann hervorzukramen, wenn ein anderer mit einer vergleichbaren Vorrichtung an die Öffentlichkeit getreten war. So machte er Christian Huygens 1675 die Unruhfeder streitig, diesen wichtigen Beitrag zur Herstellung präziser tragbarer Zeitmesser. Die Geschichte freilich hat Huygens den Lorbeer gereicht, nicht nur weil seine Spiralfeder in einer Taschenuhr getestet wurde und funktionierte, sondern auch weil er seine Erfindung öffentlich ankündigte, als er noch daran arbeitete. Unbewiesene Urheberansprüche kann man nicht ex post geltend machen, auch nicht wenn man ein Mechanikgenie wie Hooke ist.[16]

Triebkraft des Erfindens war gemeinhin das Streben nach Ruhm, und schon in ihren Anfängen war die Wissenschaft ein Kampf um die Ehre, der erste zu sein. Ebendeshalb wurde es so wichtig, seine Sachen vor hochinteressiertem Publikum – oftmals in eleganten Salons – vorzuführen und zu erklären; die dort anwesenden Damen und Herren waren Zeugen der eigenen Leistung. Und ebendeshalb waren die Wissenschaftler, Laien nicht minder als Profis, so versessen darauf, Zeitschriften zu gründen und Artikel unter festem Datum zu publizieren. Und Experimente zu wiederholen, Ergebnisse zu verifizieren, zu korrigieren, zu verbessern, zu überschreiten. Auch in diesem Punkt spielten Druckerpresse und Drucktype eine zentrale Rolle; ferner der Übergang vom Lateinischen, dem unschätzbaren internationalen Verständigungsmittel zwischen Gelehrten verschiedener Länder, zu der von einem größeren Publikum beherrschten Landessprache. Außerhalb Europas gab es nichts, was solchen der Verbreitung dienenden Übereinkünften und technischen Mitteln vergleichbar gewesen wäre.

Wissenschaftliche Methode und Erkenntnis schlugen sich in vielfältiger praktischer Anwendung nieder – die wichtigste war wohl der Einsatz mechanischer Kraft. In diesen Jahrhunderten fanden die älteren Antriebsmaschinen – Windmühle und Wasserrad – zwar weiterhin Beachtung und wurden auch effizienter; aber als die entscheidende Erfindung erwies sich die

 Umwandlung von Wärme in Arbeit mit Hilfe der Dampfkraft. Keine andere Technik fußte so sehr auf dem Experiment – auf jahrzehntelanger Forschungsarbeit über Vakuum und Luftdruck, die im sechzehnten Jahrhundert begann und im späten siebzehnten Jahrhundert zur Verwirklichung gebracht wurde: mit den Erfindungen deutscher, italienischer, englischer und französischer Forscher wie Otto von Guericke (1602–1686), Evangelista Torricelli (1608–1647), Robert Boyle (1627–1691) und Denys Papin (1647–1712?). Zwar hätten die Wissenschaftler des achtzehnten Jahrhunderts nicht erklären können, warum und wie eine Dampfmaschine arbeitet. Das konnte erst Sadi Carnot (1796–1832) mit seinen Gesetzen der Thermodynamik. Aber die Tatsache, daß die Kraftmaschine Kenntnisse vorwegnahm, bedeutete nicht, daß ihre Erbauer nicht von früheren, wissenschaftlich fundierten und methodisch erarbeiteten Errungenschaften gezehrt hätten. James Watt schaffte es. Sein Lehrmeister Joseph Black (1728–1799) brachte ihn zwar nicht direkt auf die Idee mit dem separaten Kondensator; aber in der Zusammenarbeit mit ihm konnte Watt lernen, wie man das Problem in praxi ausprobiert und löst.[17] Selbst auf dieses Verfahren freilich wollte sich der heroische Erfinder nicht ausschließlich verlassen. Watt war befreundet mit Professoren aus Edinburgh und Glasgow, mit hervorragenden englischen Naturphilosophen und ausländischen Wissenschaftlern. Er hatte seine Mathematik gelernt, er führte systematische Experimente durch und berechnete die thermische Leistungskraft von Dampfmaschinen – kurz, er baute auf den mittlerweile akkumulierten Kenntnissen und Ideen auf, um die technische Entwicklung voranzutreiben.[18]

Das alles brauchte Zeit, und dies erklärt, warum die Industrielle Revolution, *langfristig* gesehen, auf sich warten ließ. Im Florenz der Renaissance wäre sie nicht möglich gewesen. Noch weniger im antiken Griechenland. Es fehlte die technische Grundlage; die verschiedenen Entwicklungen hatten sich noch nicht zum einheitlichen Strom des Fortschritts vereinigt.

Kurzfristig gesehen, liegt der Grund in der ökonomischen Konjunktur, im Verhältnis zwischen Angebot und Nachfrage, in Preisen und Elastizitäten. Technik allein reichte nicht aus. Erforderlich war ein technischer Wandel mit so kräftiger Hebelwirkung, daß er den gesamten Markt durchdringen und die Ressourcen neu verteilen konnte.

Ich will an einem Beispiel veranschaulichen, was ich meine. Im Italien des vierzehnten Jahrhunderts haben begabte Mechaniker (deren Namen wir nicht kennen) entdeckt, wie man Seide zwirnen, also Seidenfäden maschinell herstellen, ja – was noch beeindruckender ist – wie man entsprechende Maschinen mit Wasserkraft betreiben kann. Auf der Basis dieser Technik erlebte die italienische Seidenindustrie, zum Ärger anderer neiderfüllter Länder, jahrhundertelang eine Hochblüte. Im Jahre 1670 gelang es den Franzosen, das Geheimnis herauszubekommen, ungefähr um dieselbe Zeit kamen auch die Holländer der Sache auf die Spur; und 1716 brachte Thomas Lombe, nach mehrjährigem geduldigem Spionieren, die Technik nach Eng-

land, wo er eine große mit Wasserkraft betriebene Fabrik errichtete und dort
Hunderte von Menschen beschäftigte.[19]

Diese Fabrik war in fast jeder Hinsicht den späteren Baumwollwebereien vergleichbar. Fast – denn der Unterschied bestand darin, daß Lombes Spinnerei in Derby zusammen mit den schon vorhandenen Handwerksbetrieben und einigen kleineren Spinnereien, die nun gleichfalls mit Maschinen arbeiteten, mehr als genug produzierte, um den Bedarf des Landes an Seidengarn zu decken. Seide war schließlich ein kostspieliger Stoff, und die Seidenmanufaktur versorgte nur einen kleinen und wohlhabenden Kundenkreis. Daher wurde Lombes Spinnerei – trotz ihrer fünfzig Jahre Vorsprung vor den ersten, in den siebziger Jahren des achtzehnten Jahrhunderts entstehenden Baumwollwebereien – nicht zum Modell einer neuen Produktionsweise. Aus der Seide war keine industrielle Revolution herauszuholen.[20]

Mit Wolle und Baumwolle verhielt es sich anders. Wenn die Wolle nieste, bekam ganz Europa eine Erkältung; im Fall der Baumwolle wurde die gesamte Welt krank. In Europa war Wolle sehr viel wichtiger, und die Funktion der Baumwolle für die Industrielle Revolution verdankte sich eher dem Zufall. Die britischen »Kaliko-Gesetze« (von 1700 und 1721), die den Import und sogar das Tragen von bedruckten oder gefärbten Kleiderstoffen aus Ostindien verboten, sollten eigentlich die einheimischen Woll- und Leinenhersteller schützen, förderten aber unbeabsichtigt auch die noch in den Kinderschuhen steckende Baumwollindustrie; um die Jahrhundertmitte war die schon ein kräftiges Kind, wenngleich nach wie vor erheblich kleiner als die älteren Industriezweige. Die ersten Versuche, Spinnmaschinen zu konstruieren, zielten auf die Wolle, denn dort war Profit zu erwarten. Als aber die Wollfaser sich als schwer, die Baumwolle hingegen als leicht handhabbar erwies, richteten die Erfinder ihr Augenmerk auf das bequemer zu verarbeitende Material.

Daß Veränderungen in der Wollindustrie ausblieben, lag auch an deren Verkrustungen und an der monopolistischen Machtstellung der dort Beschäftigten. Die rasch wachsende Baumwollindustrie hingegen konnte, da sie neue Arbeitskräfte anzog, leichter auf neuen Arbeitsbedingungen bestehen. Wir haben es hier mit einer Konstante im Prozeß der technologischen Innovation zu tun: Es ist allemal leichter, unerfahrenen Arbeitern etwas gänzlich Neues als alten Füchsen nur neue Kniffe beizubringen.[21]

Warum das Interesse an der Mechanisierung? Vor allem deshalb, weil das Arbeitskräfteangebot hinter dem Wachstum der Textilindustrie zurückblieb.[22] Den großen Sprung nach vorn verdankte England seiner ländlichen (als Verlagssystem organisierten) Güterproduktion; doch da die Arbeiter über Berg und Tal verstreut waren, lagen die Kosten für Verteilung und Abholung sehr hoch. Zugleich hoben die Unternehmer wegen der massiv gestiegenen Nachfrage die Löhne an, das heißt, sie zahlten einen höheren Preis für die fertige Arbeit. Zu ihrer Bestürzung jedoch verschafften diese höheren Einkommen den Arbeitern nur mehr Freizeit, so daß sich letztendlich das Arbeitskräfteangebot verringerte. Die Verleger (Kaufleute und Fabrikanten in einem) fanden sich in einer Art Tretmühle wieder. Obwohl es all ihren natürlichen Instinkten zuwiderlief, wünschten sie schließlich höhere Nahrungsmittelpreise herbei. Vielleicht, so hofften sie, würden gestiegene Lebenshaltungskosten Spinnerinnen und Weber an die Arbeit zwingen.[23]

Die Arbeiter aber reagierten durchaus auf Marktsignale. Sie arbeiteten nämlich nicht nur für Lohn, sondern zugleich auf eigene Rechnung, und diese Doppelstellung gab ihnen die Möglichkeit, sich auf Kosten des Verlegers zu bereichern. Während sie sich von dem einen Händler die Rohmaterialien besorgten, verkauften sie das fertige Produkt an einen Konkurrenten, wobei sie mal den einen, mal den anderen hinhielten und unglaublich perfekt mit ihren Verpflichtungen herumjonglierten. Zudem lernten sie, für den eigenen Bedarf etwas Rohmaterial abzuzweigen – so daß es zu keinem Knick in der Angebotskurve kam, wenn sie für sich selbst arbeiteten. Um die Unterschlagung zu verbergen, machten die Weber dünnere, schlechtere Gewebe, denen sie mit viel Kunstfertigkeit oder mit Zusätzen Fülle verliehen. Der Fabrikant hingegen versuchte sie von solchem Diebstahl abzuhalten, indem er jedes Stück genau prüfte und wenn nötig den Preis des fertigen Produkts »herabsetzte«. Aus diesem Interessenkonflikt entstand ein kostspieliger Kalter Krieg zwischen Unternehmern und Beschäftigten.

Die Fabrikanten erbaten Hilfe von den Behörden. Sie forderten das Recht, Bummelanten und Nichtstuer körperlich zu züchtigen (was nichts zu deren Besserung beiträgt); ferner das Recht, jederzeit ohne amtliche Genehmigung in den Katen der Weber zu erscheinen und nach unterschlagenen Materialien zu suchen. Diese Forderungen führten zu nichts. Schon damals galt der Wahlspruch des Engländers »My home is my castle«, das eigene Heim war sakrosankt.

Kein Wunder also, daß die enttäuschten Verleger auf die Errichtung großer Werkstätten verfielen, in denen Spinnerinnen und Weber zu festen Zeiten erscheinen und den ganzen Tag unter Aufsicht arbeiten sollten. Das war kein geringes Unterfangen. Immerhin hatte die ländliche Heimindustrie für den Fabrikanten große Vorteile, zu denen vor allem geringe Markteintritts- und Betriebskosten gehörten. Bei dieser Produktionsweise stellten ja die Arbeiter selbst die Produktionsstätten und -mittel bereit, und wenn das Geschäft schlechter ging, konnte der Verleger die Aufträge einfach aussetzen. Große Werkstätten oder Fabrikbetriebe dagegen erforderten eine erhebliche Kapitalinvestition: zuerst in Baugrund und Gebäude, dann in Maschinen.

Im übrigen war das Verlagssystem bei allen beliebt. Die Arbeiter mochten es, da sie keiner strengen Disziplin unterworfen waren und nach eigenem Gutdünken aufhören und wieder anfangen konnten. Diese Unabhängigkeit schlug sich im Arbeitsrhythmus nieder. Bei den Webern zogen sich Ruhe- und Spieltage meist bis weit in die Woche hinein; dann arbeiteten sie bis zum Wochenende hart durch, um am Samstag ihre Produkte abzuliefern und sich den Lohn zu holen. Freitags arbeiteten sie mitunter sogar die Nacht durch. Der Samstagabend war fürs Trinken reserviert, und der Sonntag bescherte noch mehr Bier und Ale. Der sogenannte Heilige Montag war gleichfalls sakrosankt, und den Dienstag brauchte man, um sich von so viel Heiligkeit zu erholen.

Dieser Konflikt in der Textilindustrie – Marxisten würden es ihre inneren Widersprüche nennen – mündete also ganz zwangsläufig in die Zusammenfassung der Arbeiter unter einem Dach, um sie bei der Arbeit unter Aufsicht zu haben. Aber die Fabrikanten mußten, um die Menschen aus den Hütten heraus- und in die Fabriken hineinzubekommen, mehr zahlen. *Solange die Arbeitsmittel in der Fabrik dieselben blieben wie im Bauernhaus, war die Produktion teurer als zuvor.* Die einzigen Herstellungsverfahren, für die das nicht galt, waren Techniken, die mit Wärme arbeiteten (Walken, Bierbrauen, Glasblasen, Schmieden und dergleichen). Dort konnten die aus der Konzentration entstandenen Einsparungen (ein einziger Ofen anstelle von vielen) die Kapitalkosten mehr als wettmachen.[24] Die in England schon im sechzehnten Jahrhundert begonnenen Versuche hingegen, die Arbeitskräfte in der Textilindustrie zu konzentrieren, schlugen ausnahmslos fehl. Mehr Erfolg hatten sie auf dem europäischen Kontinent, wo der Staat die Industrie zu fördern suchte, indem er großen Handwerksbetrieben – »Manufakturen« oder »Protofabriken« – finanzielle Unterstützung gewährte und Arbeitskräfte zuwies. Aber das war ein nur künstlicher Aufschwung, und jede Zurücknahme der Unterstützung hieß im Klartext Bankrott.

Erst mit den Kraft- oder Antriebsmaschinen wurde die Fabrik konkurrenzfähig. Der mechanische Antrieb machte es möglich, größere und leistungsstärkere Arbeitsmaschinen einzusetzen und den Produktpreis der Heimarbeiter immer weiter zu unterbieten. Die Handspinnerinnen arbeiteten schnell; die Handweber langsamer, aber sicher. Denen, die am Alten hingen, kamen die Fabriken trotz der höheren Löhne immer noch wie ein Gefängnis vor. Wo sollten die ersten Fabrikbesitzer also ihre Arbeitskräfte finden? Wo sonst als unter denen, die nicht nein sagen konnten? In England waren das die Kinder, die vielfach aus den Armenhäusern rekrutiert (gekauft) wurden, und die Frauen, vor allem junge, unverheiratete. Auf dem Kontinent konnten die Fabrikanten sich die Arbeitskraft von Sträflingen und Militärangehörigen beschaffen.

So entstand, was Karl Marx die »große Industrie« genannt hat – gezeugt durch die Verbindung zwischen Arbeitsmaschine und Antriebskraft; auch zwischen mechanischen und politischen Kräften, zwischen Kraft und Macht.

*

Das Primat der Beobachtung: Mehr als das, was ich sehe, ist nicht da

Der große dänische Astronom Tycho Brahe (1546–1601) hat zwar noch vor der Erfindung des Teleskops gelebt und gearbeitet, aber er war ein scharfer Beobachter und kannte alle Sterne, die er mit bloßem Auge am Himmel wahrnehmen konnte. Und mehr als diese, so die damalige Annahme, gibt es nicht. Doch eines Abends im November 1572 sah er etwas Neues am Himmel, einen Lichtpunkt im Sternbild der Kassiopeia, der eigentlich nicht hätte da sein dürfen. Das gab ihm zu denken, und so fragte er seine Diener, ob sie auch sähen, was er sah, und sie antworteten ja. Einen Augenblick lang war er zufrieden, wenigstens was seine Sehkraft anging; aber dann fragte er sich besorgt, ob seine Diener ihn vielleicht nur beruhigen und aus Abwehr oder Angst ihrem Herrn nicht widersprechen wollten, denn er wußte selbst, daß er ein hochfahrender und reizbarer Mensch war. (Als junger Mann hatte er in einem Duell seine Nase eingebüßt und trug eine kupferne – einigen Zeugen zufolge eine silberne – Prothese.) Deshalb ging er hinaus auf die Straße, hielt ein paar vorübergehende Bauern an und wiederholte seine Frage. Sie hatten bei einer wahrheitsgemäßen Antwort nichts zu gewinnen und nichts zu verlieren, und der nüchterne Realismus eines Bauern war kaum zu überbieten. Und auch sie sagten, sie sähen das Licht. Da wußte Brahe, daß es am Himmel mehr Dinge gibt, als seine bisherige Weltanschauung es sich hätte träumen lassen. Seine Beobachtungen schrieb er in einer 1573 in Kopenhagen erschienenen Broschüre mit dem Titel *De nova stella* nieder, die zu einem Meilenstein in der Geschichte der Wissenschaft wurde.

Aber Vorsicht: Bei allem naiven, auf die sinnliche Wahrnehmung setzenden Empirismus hatte Brahe den Ehrgeiz, einen Mittelweg zwischen Ptolemäus und Kopernikus zu finden; er sah die Sonne, umkreist von den Planeten, auf einer Umlaufbahn um die Erde. Um guter Naturwissenschaftler zu sein, muß man eben nicht nur gut beobachten, sondern auch gut induzieren können.

*

Meister der Präzision

Alle Studien über Veränderungen und deren Tempo müssen messen, wieviel Zeit verstrichen ist. Dazu braucht man nicht nur eine standardisierte Maßeinheit, sondern auch ein Instrument, das die Einheiten zählt; wir nennen es eine Uhr. Ist keine Uhr vorhanden, kann man etwas annähernd Gleichwertiges an ihre Stelle setzen. Die Seeleute des fünfzehnten und sechzehnten Jahrhunderts, die berechnen wollten, wieviel Zeit ein hölzerner Schwimmer braucht, um vom Bug zum Heck zu treiben, und damit die Geschwindigkeit des Schiffes zu schätzen suchten, konnten sich einer Sanduhr bedienen; hatten sie keine, so blieb ihnen immer noch die Möglichkeit, ein Ave Maria oder einen anderen bekannten Spruch zu sprechen; und heute weiß jeder erfahrene Photograph, daß man Sekunden zählen kann, indem man vier Silben hintereinander spricht: einmal tausend, zweimal tausend, dreimal tausend...

Es versteht sich von selbst, daß derlei persönliche Improvisationen für wissenschaftliche Zwecke kaum ausreichen. Dazu braucht man eine gute

Uhr, aber bis zu ihrer endgültigen Herstellung dauerte es vier Jahrhunderte.
Doch Wissenschaftler haben viel Erfindungsgabe, und so fanden sie Mittel und Wege, die Präzision der vor Pendel- und Federuhr gebräuchlichen Chronometer zu steigern. Eine Möglichkeit bestand in der Verwendung großer Zahnräder mit Hunderten oder gar tausend und mehr Zähnen. So machte es Tycho Brahe, und statt auf seiner Uhr den Stand des Stundenzeigers abzulesen (diese frühen Geräte waren nicht exakt genug, um den Einsatz von Minutenzeigern zu ermöglichen), zählte er, um wieviel Zähne das Rad sich weiterbewegt hatte, und kam so erheblich näher an die genaue Zeitspanne heran. Damit verfolgte er die Bewegungen der Sterne und wies ihnen ihren Platz auf Himmelskarten zu (zu deren beiden Koordinaten die Zeit gehörte). Noch exaktere Messungen brauchte Galileo für seine Studien über Beschleunigung. Mit seinem gewohnten Erfindergeist benutzte er statt mechanischer Uhren kleine, in der Hand gehaltene Wasseruhren, deren Austrittsloch er zu Beginn der Bewegung mit dem Finger öffnete und am Ende schloß. Dann wog er, um die verstrichene Zeit zu messen, die ausgelaufene Wassermenge, denn damals war die Skala der Waage das präziseste Meßinstrument, das man kannte.

Alles wurde anders mit der Erfindung der Pendeluhr. Sie war der erste Zeitmesser, dessen Gang von einem Oszillator mit eigener natürlicher Schwingdauer reguliert wurde. Die früheren Uhren arbeiteten mit einem Gangregler (einem schwingenden Balken oder Kreis), dessen Frequenz sich je nach einwirkender Kraft änderte. Nach mehreren Verbesserungen (jede Erfindung muß verbessert werden) ging eine gute Pendeluhr am Tag nur wenige Sekunden vor oder nach. Die Taschenuhren, die ohne Pendel arbeiteten, waren weniger genau. Die Erfindung der Unruhfeder aber ermöglichte eine erhebliche Annäherung an die gleichmäßige, von Stunde zu Stunde und von Tag zu Tag konstant bleibende Geschwindigkeit. Eine gute edelsteinbesetzte Taschenuhr mit unauffälliger Spiralfeder ging zu Beginn des achtzehnten Jahrhunderts nur ein bis zwei Minuten pro Tag vor oder nach. Zum ersten Mal lohnte es, den Minuten- und sogar den Sekundenzeiger hinzuzufügen.

Dank dieser Fortschritte nahmen die Vorteile, die Europa aus der Technik der Zeitmessung erwuchsen, um ein Vielfaches zu. Das seit langem gehaltene, absolute Wissensmonopol wurde zum faktischen Durchführungsmonopol. Niemand sonst konnte diese Instrumente herstellen oder die Arbeiten verrichten, die von einer präzisen Einhaltung der Zeit abhingen. Die politisch und ökonomisch wichtigste dieser Leistungen: die Berechnung der Längengrade auf See.

15
England und die anderen

Und warum in Europa gerade England? Warum nicht ein anderes Land?

Einerseits ist diese Frage nicht schwer zu beantworten. Im frühen achtzehnten Jahrhundert hatte England einen erheblichen Vorsprung: in der Baumwollfertigung (Verlagssystem), die den Nährboden des Wachstums bildete; im Einsatz fossiler Brennstoffe; in der Technologie der Hauptindustriezweige, die später den Kern der Industriellen Revolution ausmachten, nämlich Textil- und Eisenindustrie sowie Energiegewinnung und Mechanisierung. Hinzuzählen müßte man auch die Effizienz der britischen Landwirtschaft und des britischen Transportwesens (sobald sie kommerziell betrieben wurden).

Unübersehbar ist, welche Vorteile die Effizienzsteigerung in der Landwirtschaft bietet. Zum einen werden durch den Produktivitätszuwachs in der Nahrungsmittelerzeugung Arbeitskräfte für andere Tätigkeiten freigesetzt – für industrielle Fertigung, Dienstleistungen und dergleichen mehr. Zum anderen braucht diese neu entstehende Arbeiterschaft immer mehr Nahrungsmittel. Können sie nicht im eigenen Land beschafft werden, dann müssen Erträge und Reichtum dazu verwendet werden, sie anderswo einzukaufen. (Natürlich kann die Notwendigkeit, Nahrungsmittel zu importieren, auch zur Entwicklung von [gegen Nahrungsmittel austauschbaren] Exportgütern beitragen, also die Industrialisierung fördern; aber die Notwendigkeit allein garantiert nicht, daß dies auch geschieht. Einige der ärmsten Länder der Welt haben früher einmal ihre Bevölkerung selbst ernährt. Heute sind sie in hohem Maße abhängig von Nahrungsmittelimporten, die ihre Finanzreserven aufbrauchen und ihnen Schulden einbringen, während die geringsten Niederschlagsschwankungen oder Handelsbeschränkungen einer Katastrophe gleichkommen. Im schlimmsten Fall stolpern sie von einer Hungersnot in die nächste, und jede hinterläßt neue Entkräftung, Krankheit und immer mehr Abhängigkeit.)

Man kann also den Beitrag, den die Verbesserung der landwirtschaftlichen Produktion zu Englands Industrialisierung geleistet hat, gar nicht hoch genug einschätzen.[1] Dieser Prozeß begann schon im Mittelalter mit der frühen Aufhebung der Hörigkeit und der Kommerzialisierung von Anbau und Warenvertrieb. Daß sich im sechzehnten Jahrhundert rund um London der gewerbliche Gartenbau (Obst und Gemüse) verbreiten konnte und die gemischte Landwirtschaft (Getreide plus Vieh plus getreidefressendes Vieh) immer häufiger wurde, zeugt davon, daß sowohl die Großgrundbesitzer als auch die kleinen Pächter sich schnell umgestellt haben. Diese Entwicklung sorgte für reichhaltigere und vielfältigere Kost mit außergewöhnlich hohem

Anteil an tierischen Eiweißen.[2] Hinzu trat der Übergang zu neuen Bewässerungs-, Düngungs- und Fruchtwechseltechniken – von denen viele mit den Einwanderern aus Nordwesteuropa gekommen waren. Der agrarische Fortschritt fand damals in den Niederlanden statt, auf jenem Land, das der Mensch mit Erfindungsreichtum und eigener Arbeit selber geschaffen (dem Meer abgerungen) und entsprechend gehegt und gepflegt hatte. Schon im Mittelalter brachten die Holländer anderen bei, wie man Landwirtschaft betreibt – den slawischen Siedlern, die sich Neuland erschlossen. Im sechzehnten und siebzehnten Jahrhundert gehörten die Engländer zu den Hauptnutznießern. Ein Fortschritt folgte nun auf den anderen. Eine zentrale Rolle im England des achtzehnten Jahrhunderts spielten die sogenannten »enclosures« – der Übergang vom kollektiven Zwang, offene Felder zu haben, zur individuellen Freiheit, die eigenen Ländereien zusammenzulegen und einzuzäunen oder mit Hecken zu umgeben. Unter Historikern ist der Beitrag der »enclosure«-Bewegung umstritten; die Logik aber läßt vermuten, daß die kostspielige Umstellung sich ausgezahlt haben muß.

In Großbritannien war also, anders als in anderen Ländern, die Landwirtschaft nicht die Machtbasis des Konservatismus. Sie war eine Triebkraft des wirtschaftlichen Wandels – nicht weniger als jeder andere Sektor. Landwirtschaft lohnte, und weil das so war, wurde sie mit Leidenschaft betrieben, und zwar nicht nur von den Bauern, sondern auch von den reichen adeligen Großgrundbesitzern, die sich nicht zu fein waren, mit ihren Stiefeln im Dreck herumzulaufen und sich bei einer Rinderschau oder beim Viehmarkt unters Volk zu mischen. In dieser geld- und marktbewußten Gesellschaft entstanden denn auch schon bald Bauernvereine, in denen »fortschrittsfreundliche« Landwirte zusammenkommen und voneinander lernen konnten, und Bücher über die Landwirtschaft schossen wie Pilze aus dem Boden, um die optimale Praxis besser an den Mann zu bringen. Die Kommerzialisierung führte zu einer integrierten Gutsverwaltung, die alle ökonomischen Ressourcen unter und über der Erde einschloß; in Großbritannien gehörten nämlich, anders als auf dem Kontinent, sämtliche Bodenschätze dem jeweiligen Besitzer des Landes, nicht der Krone. Mehr Chancen für unternehmerische Betätigung.

Zur selben Zeit machten die Briten wichtige Fortschritte im Transportwesen – beim Landverkehr ebenso wie beim Wasserverkehr. Neue mautpflichtige Straßen und Kanäle, die vor allem für Industrie und Bergbau gedacht waren, eröffneten wertvolle Einnahmequellen, schufen die Verbindung zwischen Produktion und Märkten und erleichterten die Arbeitsteilung. Andere europäische Länder versuchten, es England gleichzutun, aber nirgendwo waren diese Fortschritte so verbreitet und effektiv wie hier. Aus einem einfachen Grund: Nirgendwo sonst verdankten sich nahezu alle Straßen und Kanäle der Privatinitiative, so daß sie den Bedürfnissen der Erbauer dienten (statt der Machtentfaltung und militärischen Interessen) und die Benutzer von ihnen profitierten. Ebendeshalb sprach der Agronom und Reisende Arthur Young zwar mit Bewunderung von den breiten, gut gezogenen französischen Landstraßen, klagte aber über die Unterkünfte und Gasthäuser. Der französische Monarch hatte, um die Überwachung des Landes zu erleichtern und den Handel zu fördern, einige wenige Prachtstraßen durchs Königreich bauen lassen – und Young fand sie leer vor. Die britischen Investoren hatten, aus den guten Gründen des Geschäfts, sehr viel mehr gebaut und zusätzlich für Gasthäuser gesorgt, in denen die Benutzer unterkommen und essen konnten.

Dank dieser Straßen (und Kanäle) wurden Wachstum und Spezialisierung vorangetrieben. Für Daniel Defoe war das vielleicht das Beeindruckendste; er beschreibt es in seinem Meisterwerk *Tour Through the Whole Island of Great Britain* (1724–1726): die einheimischen Agrarerzeugnisse (Hopfen für die Bierbrauerei, Schafe für die Wollproduktion, Zuchtvieh) und die regionalen Industrieprodukte (Metallwaren in Sheffield, Birmingham und den West Midlands; Wollwaren im Osten und im Südwesten Englands; Kammgarnstoffe in der Umgebung von Bradford, Wollwaren im Umfeld von Leeds; Baumwollwaren rund um Manchester; Töpferwaren in Cheshire und so weiter und so fort). Kein Wunder, daß Adam Smith so viel Wert auf Marktgröße und Arbeitsteilung gelegt hat: Sein eigenes Land lieferte ihm das beste Beispiel.

Damit freilich gibt man erst einmal nur Auskunft über das *Was* und das *Wie*, nicht aber über das *Warum*; man beschreibt, aber man erklärt nicht.[3] Dieser mit Veränderung gepaarte Fortschritt, diese Revolution verdankte sich nicht dem Zufall, dem schlichten Zusammentreffen verschiedener Dinge. Es lassen sich Gründe dafür finden – und hinter diesen Gründen wieder andere Gründe. (In großen Dingen hat die Geschichte einen Horror vor dem Zufall.)[4] Englands frühe technische Überlegenheit in den Schlüsselindustrien war selbst schon eine Leistung – weder gottgegeben noch willkürlich, sondern das Ergebnis von Arbeit, Erfindungsgabe, Phantasie und unternehmerischer Aktivität.

Das Entscheidende ist, daß England das Zeug zum Aufstieg hatte, ihn dann aber aus eigenen Kräften auch tatsächlich gemeistert hat. Was das heißt, begreift man erst, wenn man nicht bloß die materiellen Vorteile in den Blick nimmt (auch andere Gesellschaften brachten die Voraussetzungen für den Aufbau einer Industrie mit und brauchten dennoch Jahrzehnte, bis sie der britischen Initiative folgten), sondern zugleich die nichtmateriellen Werte (Kultur) und Institutionen.[5]

Diese Werte und Institutionen sind uns so vertraut (deshalb nennen wir sie modern), daß wir sie unbesehen voraussetzen. Gleichwohl bezeugen sie eine entschiedene Abkehr von früheren Normen und sind – im Laufe der Zeit und an verschiedenen Orten – nur gegen verbissenen Widerstand anerkannt und übernommen worden. Selbst heute ist die alte Ordnung noch keineswegs gänzlich verschwunden.

Zunächst einmal wollen wir den Idealfall skizzieren, die Gesellschaft, die theoretisch am besten geeignet ist, materiellen Fortschritt und allgemeinen Wohlstand zu sichern. Wohlgemerkt: Eine solche Gesellschaft ist nicht zwangsläufig »besser« oder »höherwertig« (dergleichen Attribute sollte man tunlichst vermeiden), sondern lediglich eher imstande, Güter und Dienstleistungen zu produzieren. Diese ideale Wachstums- und Entwicklungsgesellschaft

wüßte erstens, wie man die Produktionsmittel einsetzt, verwaltet und verfertigt und wie man an der technischen Front neue Techniken ins Leben ruft, praktikabel macht und meistert;

wäre zweitens in der Lage, dieses Wissen und Know-how an die junge Generation weiterzugeben, sei es über eine formale Ausbildung, sei es in einer Lehre;

wäre drittens bereit, die Arbeit allein nach Sachkompetenz und Verdiensten zuzuteilen sowie Beförderung und Rückstufung immer am Geleisteten zu orientieren;

gäbe viertens individuellem oder kollektivem Unternehmergeist jede nur denkbare Chance, sich zu betätigen; würde sich stark machen für Initiative, Konkurrenz und Wetteifern;[6]

überließe es fünftens den Menschen, die Früchte ihrer Arbeit oder ihres Unternehmens selbst zu genießen oder zu verwenden.

Diese Maßstäbe implizieren: Gleichstellung der Geschlechter (wodurch das Begabungsreservoir auf das Doppelte anwächst), keinerlei Diskriminierung aufgrund nebensächlicher Kriterien (Rasse, Geschlecht, Religion etc.) sowie Verzicht auf Magie und Aberglauben (Irrationalität) zugunsten wissenschaftlicher (Mittel-Zweck-)Rationalität.[7]

Eine solche Gesellschaft besäße auch die politischen und sozialen Institutionen, die zur Erreichung dieser allgemeinen Ziele beitragen, zum Beispiel

1. dem Privateigentum alle Rechte verschaffen, damit Sparen und Investieren gefördert werden;
2. die individuellen Freiheitsrechte sichern – sowohl gegen die Übergriffe der Diktatur als auch gegen alle von Privatpersonen ausgehenden Störungen (Verbrechen und Korruption);
3. explizite und implizite Vertragsrechte durchsetzen;
4. für eine stabile Regierung sorgen, die nicht unbedingt demokratisch, aber öffentlichen Maßstäben unterworfen sein muß (in der nicht eigentlich Menschen als vielmehr Gesetze regieren). Im Fall der Demokratie, die sich durch regelmäßig abgehaltene Wahlen ausweist, siegt die Mehrheit, ohne die Rechte der Minderheit zu verletzen; während die Verlierer ihre Niederlage akzeptieren und sich darauf freuen, daß sie auch wieder einmal ans Ruder kommen;
5. für eine ansprechbare Regierung sorgen, die ein offenes Ohr für Beschwerden hat und Abhilfe schafft;
6. für eine unbestechliche Regierung sorgen, so daß die ökonomischen Ak-

teure nicht versucht sind, sich innerhalb und außerhalb des Marktes Vorteile und Privilegien zu verschaffen. Um es in der Sprache der Ökonomen zu sagen: Gunst und Stellung dürfen nichts abwerfen;

7. für eine gemäßigte, leistungsstarke, genügsame Regierung sorgen. Sie soll die Steuern niedrig halten, ihren Anspruch auf das gesellschaftliche Mehrprodukt zurückschrauben und Privilegienbildung verhindern.

Die ideale Gesellschaft wäre auch ehrlich. Diese Ehrlichkeit würde gesetzlich oktroyiert, aber im Idealfall würde das Gesetz nicht gebraucht. Die Menschen wären überzeugt, daß Ehrlichkeit das Richtige ist (und sich auszahlt), und würden entsprechend leben und handeln.

Weitere Implikationen: Die Gesellschaft wäre gekennzeichnet durch geographische und soziale Mobilität. Auf der Suche nach Marktchancen würden die Menschen ihren Wohnort wechseln, und je nachdem, ob sie etwas aus sich machen oder nicht, würden sie Aufstieg oder Abstieg erleben. Das Neue gälte hier mehr als das Alte, Jugend mehr als Lebenserfahrung, Veränderung und Risiko mehr als Sicherheit. In dieser Gesellschaft gäbe es zwar nicht gleiche Anteile für alle, denn auch Begabungen sind nicht gleich; aber tendenziell wären die Einkommen gleichmäßiger verteilt, als wenn Privileg und Begünstigung das Sagen haben. Die Mittelschicht wäre relativ groß. Die größere Gleichheit würde sichtbar an einheitlicherer Kleidung und dem zwangloseren Umgang der Schichten untereinander.

Keine Gesellschaft der Erde ist an dieses Ideal herangekommen. Einmal abgesehen vom fehlenden Wissen (wie erkennt man, wer besser oder verdienstvoller ist?), ist das hier die hundertprozentig effiziente Maschine, entworfen ohne Rücksicht auf die Launen der Geschichte, das Schicksal und die Leidenschaften der menschlichen Natur. Die leistungsstärksten, entwicklungsfreudigsten Gesellschaften unserer Zeit, etwa die ostasiatischen und die Industrienationen des Westens, sind verunstaltet durch alle nur möglichen Formen der Korruption, des staatlichen Versagens, der privaten Gewinnsucht. Dennoch macht dieses Modell sichtbar, wohin die Geschichte sich bewegt. Diese Kräfte und Fähigkeiten haben den ökonomischen und materiellen Fortschritt vorangebracht. Sie markieren eine entschiedene Abkehr von früheren sozialen und politischen Ordnungen; nicht zufällig kam die erste Industrienation dieser neuen sozialen Ordnung am nächsten.

Zunächst einmal hatte Großbritannien schon früh den Vorteil, eine *Nation* zu sein. Damit meine ich nicht bloß das Reich eines Herrschers, nicht bloß ein staatliches oder politisches Ganzes, sondern eine selbstbewußte und sich selbst bewußt wahrnehmende Einheit, die durch gemeinsame Identität und Loyalität und durch die Gleichheit von Bürgern gekennzeichnet ist.[8] Eine Nation kann den gesellschaftlichen Zweck mit individuellen Bestrebungen und Initiativen in Einklang bringen und die Gesamtleistung durch kollektives Zusammenwirken erheblich steigern. Das Ganze ist mehr als die Summe seiner Teile. Die in einer Nation zusammengeschlossenen Staatsbürger reagieren besser auf die Aufforderungen und Initiativen des Staates; umgekehrt weiß der Staat besser, was er – und wie er das – in Übereinstimmung mit den aktiven gesellschaftlichen Kräften zu tun hat.[9] Nationen können in Wettbewerb miteinander treten.

Überdies war Großbritannien nicht einfach eine beliebige Nation, sondern eine viel früher als andere modern gewordene Industrienation. Das Hauptkennzeichen einer solchen Gesellschaft ist, wie schon gesagt, die Fähigkeit, sich selbst zu verändern und neue Dinge und Methoden zu übernehmen, so daß »modern« und »industriell« ständig etwas anderes bedeuten. Ein zentraler Bereich des Wandels: zunehmende Freiheit und Sicherheit der Bevölkerung. Es ist eine Ironie der Geschichte, daß die Briten sich bis auf den heutigen Tag als *Untertanen* der Krone betrachten, obgleich sie seit langem – schon länger als irgendwo sonst – *Bürger, Staatsbürger* sind. Kaum etwas hat die unternehmerische Initiative mehr gefördert. Dazu Adam Smith:

> »Das natürliche Streben eines Menschen, seine Lebensbedingungen zu verbessern, ist, wird dafür gesorgt, daß es sich in Freiheit und Sicherheit durchsetzen kann, eine so gewaltige Antriebskraft, daß sie allein und ohne jede Hilfe imstande ist, nicht nur ein Land zu Wohlstand und zur Blüte zu bringen, sondern auch hundert unsinnige Hindernisse zu überwinden, mit denen sich die Menschen in ihrer Torheit durch Gesetze nur allzuoft hemmen, und das, obwohl die Freiheit dadurch stets mehr oder weniger eingeschränkt oder ihre Sicherheit verringert wird. Im übrigen ist sichergestellt, daß sich das Erwerbsstreben in Großbritannien frei entfalten kann, und wenn es auch noch weit davon entfernt ist, völlig frei zu sein, so ist es doch genauso unbehindert wie in anderen Ländern Europas, ja sogar noch freier.«[10]

Wie weit man die Anfänge des gesellschaftlichen Vorsprungs in England zurückdatieren soll, ist unter Historikern umstritten. Einer zum Beispiel sieht sie bereits im Mittelalter (vor 1500), zur Zeit der – wie er es nennt – Entstehung des Individualismus. Die damalige Gesellschaft befreite sich von den Lasten der Hörigkeit, ließ eine Bevölkerung aus freien (statt unfreien) Bauern entstehen und entwickelte auch auf dem Land produzierendes Gewerbe und Handel; Sitten und Gebräuche opferte sie dem Profit, Traditionen dem komparativen Vorteil. Mit gemischten Resultaten. Manche verarmten, aber die Löhne stiegen. Viele verloren ihr Land, aber die Mobilität nahm zu, und das Bewußtsein weitete sich.[11]

England gab den Menschen Bewegungsfreiheit. Politische und bürgerliche Freiheiten, die zunächst nur für die Adligen erkämpft wurden (Magna Charta 1215), wurden durch Kriege, Alltagspraxis und Gesetzgebung auch auf das gemeine Volk ausgedehnt. Von all diesen Errungenschaften hat es Ausnahmen gegeben: England war alles andere als vollkommen. Das Land hatte seine Armen (die uns immer begleiten) – und zwar in viel größerer Zahl als Reiche. Neben dem Genuß der Freiheit gab es Privilegienbildung,

 Klassen- und Standesunterschiede, Konzentration von Reichtum und Macht, Zeichen von Bevorzugung und Begünstigung. Aber alles ist relativ, und im Vergleich zu den Menschen jenseits des Kanals waren die Engländer frei und glücklich.

Sie wußten, wer sie sind. Ihre erste massenhafte Erfahrung mit dem Leben in anderen Ländern brachte der Hundertjährige Krieg (vierzehntes und fünfzehntes Jahrhundert) in Frankreich, wo die britischen Freisassen (die Yeomen) ihre besten Rittertugenden gegen die französischen mehr als behaupten konnten. Beteiligt an den dortigen Feldzügen war auch John Fortescue, später Sir John und Gerichtspräsident am Court of King. In den siebziger Jahren des fünfzehnten Jahrhunderts schrieb er ein Buch über *The Governance of England*, in dem er sich kritisch über die schlechte Regierung und das Elend in Frankreich äußerte. Der französische König, so heißt es dort, tut, was ihm gefällt, und hat seine Untertanen so arm gemacht, daß sie sich kaum am Leben halten können. Sie trinken Wasser (statt Bier und Ale); sie essen Äpfel mit braunem (statt weißem) Brot; sie bekommen kein Fleisch, allenfalls etwas Speck oder Kutteln – was eben von den Tieren übrigbleibt, die für die Adligen und Kaufleute geschlachtet werden. Sie tragen keine Wollsachen, sondern einen Sackleinenkittel; auch ihre Hosen sind aus Sackleinen und reichen kaum übers Knie, so daß sie mit bloßen Unterschenkeln umherlaufen. Frauen und Kinder gehen barfuß. Sie müssen Vieh hüten, Felder bestellen und Gelände roden. Sie »gehen krumm und sind schwächlich und nicht imstande, zu kämpfen und das Reich zu verteidigen«. Sie haben keine Waffen und kein Geld, um sich welche zu kaufen. »Aber wahrlich, sie leben in äußerster Armut und schlimmstem Elend, und dabei bewohnen sie doch das fruchtbarste Königreich der Welt.«[12]

Natürlich spricht hier ein Engländer (aber wie früh schon!), und man möge ihm nachsehen, daß er in den höchsten Tönen von der Überlegenheit seines Landes schwärmt. Genau das ist Nationalismus, ein Gefühl der Identität und Höherwertigkeit, und als eines der ersten Länder (man lese Shakespeare) kultivierte England dieses Empfinden, das so ganz anders war als die Identifikation des mittelalterlichen Hörigen mit der unmittelbaren Umgebung seines *pays* oder gar die stumme Unterwerfung des asiatischen *ryot*.[13]

Aber nicht nur die Engländer sangen ein Loblied auf England. Ausländische Besucher der Insel äußerten unisono Hochachtung und Bewunderung. Für manche Asiaten mögen alle Bewohner des Westens gleich ausgesehen haben, Europäer aber bemerkten die Unterschiede. Staunend standen die Besucher vor dem hohen Lebensstandard der englischen Landbewohner: Backsteinhäuschen, Ziegeldächer, Kleidung aus Wolle, Lederschuhe, Weißbrot (wie und wo die Einkommen im Europa der Industrialisierungsepoche stiegen, läßt sich am Verlauf der Weißbrotgrenze verfolgen). Sie sahen Frauen in gemusterten Baumwollkleidern und mit Hüten; Hausmädchen, die sich so wenig von ihrer Herrin unterschieden, daß der Fremde sich fragte, wie er die Person anreden solle, die die Tür öffnete. Sie sahen, wie sie berichten, zwar Arme, aber keine *misérables*; keine ausgezehrten, hageren Gesichter; Bettler, aber keinen »ohne Hemd, Schuh und Strümpfe«. (Die Engländer scheinen stolz auf ihre Bettler gewesen zu sein, die nach ihrer Ansicht einem Gewerbe nachgingen.)[14]

Neben der Kaufkraft der Unterschichten, die mehr kaufen konnten als nur das Lebensnotwendige, gab es den – für seine Zeit außergewöhnlichen – Reichtum des großen englischen Mittelstandes: der Kaufleute und Geschäftsinhaber, der Fabrikanten und Bankiers, der Rechtsanwälte und anderer freier Berufe. Daniel Defoe, am bekanntesten geworden als Autor phantastischer Romane, hat auch hinreißende Reiseberichte und außerordentlich kluge Wirtschaftstraktate verfaßt. Er sah, was um ihn herum geschah, und wenn er über den englischen Konsumenten schrieb, so sagte das mehr als ein staubtrockener Beamtenbericht:

> »Auf diese beiden Gruppen, die Fabrikanten [nicht die Unternehmer, sondern die, die in der Fabrik arbeiten] und die Geschäftsinhaber, stütze ich die Hypothese, die ich dem Publikum vortragen möchte: Sowohl das Einkommen, das sie entweder aus ihrer Arbeit oder ihrem Gewerbe beziehen, als auch ihre unvorstellbar große Zahl sind der Grund dafür, daß der einheimische Verbrauch unserer eigenen und der aus anderen Ländern importierten Produkte so extrem groß ist und bei uns Handel und Industrie sich so prachtvoll entfalten, wie ich noch zeigen werde. …
> Diese Menschen nehmen euch den Löwenanteil eurer Waren ab; für sie sind eure Märkte Samstagabend noch lange geöffnet; denn ihren Wochenlohn bekommen sie zumeist erst spät. … Sie sind zahlreich: nicht Hunderte oder Tausende oder Hunderttausende, sondern Millionen; dank ihrer großen Masse laufen die Räderwerke des Gewerbes, und Industriegüter ebenso wie Erzeugnisse der Bauern und Fischer werden verarbeitet, konserviert und für ausländische Märkte zurechtgemacht; dank ihrer hohen Einkommen können sie ihren Unterhalt sichern, und dank ihrer großen Zahl kann das gesamte Land ernährt werden; mit ihren Löhnen leben sie im Überfluß, und weil sie so aufwendig, groß- und freizügig leben, nimmt der inländische Verbrauch sowohl unserer eigenen als auch der ausländischen Produkte einen solchen Umfang an.«[15]

Daß der hohe Verbrauch zum technischen Fortschritt beitrug, blieb den Zeitgenossen nicht verborgen, und als der Vorsprung Großbritanniens größer wurde, fiel das immer mehr Beobachtern ins Auge. Ohne daß sie einen Kurs in Keynesianischer Wirtschaftslehre gebraucht hätten, begriffen die französischen Kaufleute, daß die maschinelle Produktion zu hohen Löhnen führte, die hohen Löhne eine vermehrte Nachfrage nach industriell gefertigten Gütern in Gang setzten und effektive Nachfrage mehr Wohlstand zur Folge hatte. »Mit einem scheinbar paradoxen System sind die Engländer durch Konsumieren reich geworden.«[16] In der Tat paradox: Eine derartige Ausgabefreudigkeit stand in Widerspruch zur gängigen Volksweisheit, die zu Sparsamkeit und Mäßigung riet, also zu Gewohnheiten, die eher zu den notgedrungen geizigen französischen Bauern paßten. Zu den Folgen gehörte eine industrielle Fertigung, die auf einen großen nationalen und internationalen Markt zielte und sich auf leicht erschwingliche standardisierte Güter konzentrierte – genau diejenigen, die der Maschinenproduktion entsprachen. »Die Engländer«, heißt es bei Charles Marquis de Biencourt, »sind schlau genug, Dinge fürs Volk und nicht für die Reichen zu produzieren«, was ihnen ein großes und stabiles Käuferpublikum sicherte.

Neuerdings hat dieses Käuferpublikum die Aufmerksamkeit der Forschung auf sich gezogen, und zwar weniger weil es als solches interessant wäre, sondern weil sich von ihm aus ein Blick auf den technischen Wandel und auf allgemeinere gesellschaftliche Veränderungen, insbesondere die damals zunehmende Bedeutung der Frauen als Konsumentinnen, werfen läßt.[18] Diese Studien zeigen, daß es einen regen Markt für alle möglichen Stoffe, Kleidungsstücke, Uhren, Haushaltswaren, Steck- und Nähnadeln gab – und zumal für Putz- und Galanteriewaren, also jene persönlichen Accessoires (Kämme, Spangen, Knöpfe, Schmuck), die über das Notwendige hinausgehen und dem äußeren Erscheinungsbild und der Eitelkeit dienen. Viele davon waren eher langlebige Güter und wurden als Erbe oder Geschenk weitergegeben. Daß sie in immer größerer Menge verkauft wurden, zeugte weniger von steigenden Einkommen, als vielmehr von schnellerem Vertrieb und neuen Fertigungstechniken (Arbeitsteilung, Automatisierung, bessere Feilen), die Kosten und Preise senkten.

Es versteht sich von selbst, daß diese Produktion, die zum Großteil auf die Inlandsnachfrage setzte, sich auch in Siedlungsgebieten, Kolonien und Königreichen außerhalb Englands verkaufen ließ. (Kleine Objekte, die im Verhältnis zu Gewicht und Größe viel Wert besitzen, eignen sich ideal als Schmuggelware. Das beste Beispiel sind Armbanduhren.) Kleinstädtische, vergleichsweise isolierte Märkte auf dem europäischen Kontinent, die früher den örtlichen Handwerkern vorbehalten waren, wurden nunmehr von unermüdlichen Trödlern besucht, die die große weite Welt mit sich brachten. Konservativ Gesonnene ärgerten sich über diese Eindringlinge, nicht nur, weil sie Konkurrenten und Fremde waren (viele Hausierer waren Juden), sondern weil sie angeblich Ordnung und Anstand bedrohten. Der deutsche Moralist Justus Möser beklagte im ausgehenden achtzehnten Jahrhundert in einer Schrift über die Osnabrücker Gegend die Unverschämtheit dieser fliegenden Händler. In Abwesenheit des Ehemannes kämen sie (zum Leidwesen der patriarchalen Autoritäten) an die Haustür und führten die Ehefrau mit den Requisiten der Eitelkeit und Verschwendung – Kopftüchern, Kämmen und Spiegeln – in Versuchung. Eine richtige Schneewittchen-Geschichte, nur daß die böse Stiefmutter hier (nicht unähnlich dem Märchen) in Gestalt eines gerissenen Hausierers auftritt und die Prinzessin eine erwachsene Frau ist – freilich beeinflußbar wie ein Kind.[19]

England auf dem Weg zur Industriellen Revolution

Die Kanäle waren die Antwort auf das Bedürfnis nach billigen Transportwegen von den Minen hin zu den städtischen Zentren und den Seehäfen. Die wichtigste Ware war Kohle – als Brennstoff und Ausgangsmaterial zur Gewinnung von Kohlenstoff.

Großbritannien war weitgehend frei von jenen den Markteintritt behindernden irrationalen Zwängen, die die meisten Gesellschaften des Kontinents mit sich schleppten. Am sinnlosesten waren die religiösen:[20] etwa die Verfolgung und Vertreibung der französischen Protestanten (1685 wurde das unter Heinrich IV. erlassene Edikt von Nantes wieder aufgehoben) und der weit verbreitete Ausschluß der Juden von allen möglichen Gewerben, teils (psychologisch) aus Angst und Haß, teils (institutionell) aufgrund der christlichen Ausrichtung der Zünfte und der Nachwirkungen früherer Ausgrenzungen. Aber die Religion war nicht das einzige Zulassungskriterium beim Eintritt in eine Handwerker- oder Kaufmannsgilde. In Teilen Deutschlands zum Beispiel konnten nur Männer, die »von ehrlichen Eltern aus reinem Bett erzeuget« waren, Mitglieder werden.[21] (Einige Wissenschaftler haben versucht, die ökonomischen Konsequenzen dieser Diskriminierungen herunterzuspielen, gerade als habe für jeden Ausgeschlossenen sofort ein anderer ebenso guter oder kluger oder erfahrener Mann bereitgestanden oder als hätten diese Opfer von Vorurteil und Haß nicht den bereits wartenden Konkurrenten kostbares Wissen und wertvolle Fertigkeiten zugetragen.[22] Um derlei Klugredner brauchen wir uns gar nicht zu kümmern; sie gehen sowohl an der Logik als auch an den Tatsachen vorbei.)

England profitierte von den Wunden, die sich andere Nationen selbst beibrachten. Im sechzehnten Jahrhundert flüchteten Weber aus dem Süden der Niederlande nach Großbritannien und brachten die Geheimnisse der »neuen Webstoffe« mit, während holländische Bauern Entwässerungstechniken und intensivere Anbauformen importierten. Im siebzehnten Jahrhundert kamen Juden und heimliche Juden, viele davon zwangskonvertierte Opfer spanischer oder anderer Verfolgung, mit ihrer Erfahrung in öffentlichen und privaten Finanzdingen;[23] und die Hugenotten, Händler und Handwerker, erfahrene Geschäfts- und Finanzleute, brachten ihr Netz aus Religions- und Familienbeziehungen mit.[24]

*

Der Wert der Zeit

Das England der Industriellen Revolution hatte die Strukturen und Institutionen aus früheren Zeiten – Monarchie, Zünfte, Zeremonien, Trachten – zwar bewahrt, aber längst auf ein Abstellgleis geschoben und sie zur Nebensache und zum bloßen Äußeren gemacht. Dort, wo sie noch Einfluß und Ansehen behielten, waren sie lediglich ein Klotz am Bein. Sie bescherten uns die nostalgische Welt von Jane Austen (unsere Art der Nostalgie): eine Welt des Landadels und des Müßiggangs, der Erben, Nichterben und mittellosen Intriganten – die Anspruch auf unverdienten Reichtum erheben. Eine Welt mit erheblicher Anziehungskraft, die ganz in Ruhe darauf wartet, die schlaffen und unfähigen und bildschönen Möchtegernrentiers ins Nirwana der Belanglosigkeit zu locken.

Doch gehandelt wurde anderswo; die Akteure waren neue Männer, lernfreudige Grundbesitzer, zu Unternehmern gewordene Aristokraten, Zuwanderer aus dem Land selbst und dem Ausland. Kraft und Fleiß dieser Gesellschaft ließen sich an ihren materiellen Errungenschaften messen, aber auch an ihren Wertvorstellungen. Herausheben möchte ich hier, wie wichtig ihr Zeit und Zeitersparnis waren, denn kaum etwas faßt die neuen Prioritäten so gut zusammen. Zwei »unauffällige« Beweise: erstens das leidenschaftliche Interesse an der Uhrzeit; und zweitens die Bedeutung des Tempos in Transport und Verkehr.

Im achtzehnten Jahrhundert waren die Briten die weltweit führenden Hersteller und Benutzer von Zeitmessern, und zwar (ganz anders als die übrigen europäischen Gesellschaften) gleichermaßen auf dem Land und in der Stadt. Sie fertigten gute und teure Uhren; aber sie produzierten sie auch in Serie und verkauften sie billig, wenn nötig sogar gegen Ratenzahlung. Sie stahlen sie und verkauften sie weiter: Wer sich keine neue Taschenuhr leisten konnte, hatte die Möglichkeit, eine gebrauchte von einem Hehler zu kaufen. Mittellose (und ehrliche) Anwärter auf eine Uhr legten für den Kauf ihr Geld zusammen und losten dann untereinander aus, wer sie besitzen durfte.

Von diesem neuen Zeitgefühl zeugt auch der Postkutschendienst: Die Fahrpläne waren auf die Minute festgelegt und hingen überall aus; Ankunfts- und Umsteigezeiten waren knapp kalkuliert; die Kutscher wurden mit plombierten Uhren kontrolliert; Geschwindigkeit galt mehr als Komfort; zahlreiche Pferde gingen dabei drauf. Alles in scharfem Kontrast zu Frankreich: Jenseits des Kanals legte der Staat Höchstgeschwindigkeiten fest, und um die Straßen zu schonen, verlangte er Räder mit breiten Felgen, die schwer und langsam rollten. Die Fahrgäste schien das nicht zu stören. Sparen war ihnen wichtiger als Zeit, und sie fanden völlig zu Recht, zwischen Tempo und Komfort bestehe ein Widerspruch. Aber auch Frankreich veränderte sich damals; 1834, am Vorabend des Eisenbahnzeitalters, brachte es einer der Kutschendienste folgendermaßen zum Ausdruck: »Höhere Geschwindigkeiten sind unvereinbar mit bestimmten Erfordernissen, auf die aus Gründen der Bequemlichkeit und bisweilen der Gesundheit nicht verzichtet werden kann. Man hält nicht mehr zum Essen an, auch wenn die Mahlzeiten weit auseinander liegen; man kann nicht mehr aussteigen, nicht einmal an den Stationen, wo die Pferde gewechselt werden, und so fort.« Kurz, keine Pinkelpause mehr. Aber wo bleibt da die Sittsamkeit? »Frauen, Kinder, ältere Menschen können solche Regelungen nicht mitmachen.«[25]

Warum gab es keine industrielle Revolution in Indien? Immerhin besaß Indien im siebzehnten und achtzehnten Jahrhundert die weltweit erste Baumwollindustrie mit einmaliger Qualität und Vielfalt und unschlagbar preiswerter Herstellung. Diese Industrie befriedigte nicht bloß die große Inlandsnachfrage, sondern exportierte etwa die Hälfte ihrer Produkte in die Länder des Indischen Ozeans und auf indirektem Wege auch nach Südostasien und China. Zu diesem seit dem siebzehnten Jahrhundert bestehenden riesigen Markt gesellte sich als weiterer Anreiz die europäische Nachfrage – ein gewaltiger Schub, der unweigerlich alte Lieferprobleme zuspitzen und neue schaffen mußte. Warum aber hatte dann niemand Interesse daran, die Schwierigkeiten durch die Ersetzung von Arbeit durch Kapital (Maschinen) zu beseitigen?

Die indischen Historiker haben dieses Versäumnis in aller Regel ausgeblendet oder bestritten. Manche, zumal indische Nationalisten, machen die Europäer, insbesondere die Briten, dafür verantwortlich. Indien habe über Wohlstand und Ressourcen verfügt, bis diese Eindringliche aufgetaucht seien, sich in die politischen Angelegenheiten des Landes eingemischt und Konflikte geschürt hätten. Diese Spekulationen sind zum Teil reine Erfindung und dabei auch noch gänzlich abwegig. Einer der Historiker zum Beispiel betrachtet die königlichen Werkstätten (*karkhanas*) des siebzehnten Jahrhunderts und träumt sehnsüchtig von einer technologischen Revolution: »Der Gedanke drängt sich auf, ob [sie] nicht durchaus den Weg zur Mechanisierung hätten einschlagen und zu staatlichen Modellfabriken für die neuzeitliche Industrialisierung Indiens werden können, wären sie nicht von den britischen Eroberern hinweggefegt worden.«[26] Dies zu behaupten von einer Institution, die Arbeitskräfte kaufen und kommandieren konnte, soviel sie nur wollte!

Als ein sinnvoller Weg zur Behandlung des Problems bietet sich die alte Frage *Cui bono* (Wem nützt es?) an. Wer hätte von der Mechanisierung und Veränderung profitiert? Involviert waren drei Interessengruppen: die Arbeiter (Spinner und Weber); die Zwischenhändler, die den Webern gegen Lieferzusage zumeist Kapital vorschossen; und die europäischen Kaufleute und konzessionierten Handelsgesellschaften, die sowohl für den inländischen (innerasiatischen) Handel als auch für ihre europäische Kundschaft Ware kaufen wollten.

Es wäre unsinnig, von der ersten Gruppe kapitalgestützte technische Neuerungen zu erwarten. Die Arbeiter hatten natürlich Interesse daran, die Rohmaterialien zu bekommen (Baumwollfaser für die Spinner, Garn für die Weber), aber in diesem Punkt zählten sie einfach auf Zwischenhändler. Weder hatten sie die Mittel noch die Gewohnheit, selbst zum Auftraggeber zu werden. Ein prominenter indischer Wirtschaftshistoriker erwähnt als Ausnahme von der Regel eine »Meuterei« von Webern im Jahr 1630, die gegen die englische Konkurrenz beim Baumwollgarn protestierten, und fährt fort:

»Solche Widerstandsakte waren selten und müssen zusammen gesehen werden mit der Tatsache, daß die meisten Handwerker es als ganz normal hinnahmen, wenn die Gehilfen der Händler zur Reitpeitsche griffen.«[27]

Die Initiative zu technischem Wandel hätte also nur entweder von den indischen Zwischenhändlern, die gleichermaßen Interesse daran und – wenigstens zum Teil – die Mittel dazu hatten, oder von den europäischen Handelsgesellschaften kommen können. Aber keine der beiden Gruppen rührte sich.

Warum nicht? Einige Erklärungsversuche sehen ein implizites Energieerhaltungsgesetz am Werk. Angesichts des flexiblen Arbeitskräfteangebots war es leichter und ökonomischer, zusätzliche Arbeiter anzuheuern – Spinner unter den Unberührbaren und den mittellosen Frauen, Weber unter den Landarbeitern –, als auf technischen Wandel zu setzen; und das könnte auch schon alles sein.[28] Selbst ein überraschender Anstieg der Nachfrage (die stark segmentiert war, weil verschiedene Märkte verschiedene Stoffe verlangten) konnte ja aufgefangen werden, indem man die Güter zwischen den Märkten hin- und herschob, entweder vom Binnen- zum Exportmarkt oder von einem ausländischen Markt zum andern.

Es war sogar möglich, wenn auch sehr schwierig, viele Arbeiter »unter einem Dach« (an einem Ort) zu versammeln und dort unter Aufsicht arbeiten zu lassen. Genau das versuchten die ausländischen Handelsgesellschaften, mit dem Ziel, die prompte Auftragserledigung zu gewährleisten. In einigen Fällen brachte diese Konzentration Größenvorteile und Materialeinsparung – zum Beispiel bei den mit Kohle arbeitenden Industriezweigen oder bei Montageverfahren wie im Schiffbau. In Gestalt neuer Organisationsformen war technischer Wandel also durchaus bekannt. Doch derlei unternehmerische Initiativen blieben die Ausnahme; »der kleine Familienbetrieb [wahrte] seine Vorrangstellung«[29].

Ein weiteres Problem war die technische Ausstattung – Werkzeug, Geräte, Maschinen. Genau dies brauchte man zu einer industriellen Revolution, und so weit war Indien nicht. »In Indien wird nur selten der Versuch gemacht, etwas mit Maschinen zu erledigen, was auch mit menschlicher Arbeit getan werden kann.«[30] Zu den Gründen für diese »allgemeine Gleichgültigkeit« gehört: Niemand scheint ein brennendes Interesse an der Vereinfachung und Erleichterung von Arbeit gehabt zu haben. Sowohl Arbeiter als auch Unternehmer betrachteten schwere Arbeit als das normale Los jedes Arbeiters – und als zweckmäßig. Auch die Segmentierung des Produktionsprozesses leistete der Gleichgültigkeit Vorschub: Die Rohmaterialien ausfindig zu machen, zusammenzuholen und auszuliefern, war nicht Sache des Tuchhändlers. Er schoß Kapital vor, alles übrige erledigten Weber und Spinner. Diese Praxis unterschied sich deutlich vom europäischen Verlagssystem, bei dem der Händler am Produktionsprozeß beteiligt war.

In Indien war also der Endkäufer von allen Eingriffs- oder Korrekturmöglichkeiten abgeschnitten. Der Arbeiter tat, was er immer getan hatte, und der Händler hielt es nicht anders. Aus Berichten über Holland geht hervor, daß die Händler die Weber »an der kurzen Leine« hielten, damit diese keinerlei Vorsprung erhielten und etwa davonlaufen konnten – womöglich mit den Produkten.[31] Manche Händler stellten Aufpasser ein, die die Weber im Auge behalten und den Gang ihrer Arbeit kontrollieren sollten. Damit wollte man den Arbeiter, der die Vorauszahlung zum Zeitpunkt der Fertigstellung seiner Arbeit immer schon aufgezehrt hatte, daran hindern, das fertige Produkt an einen anderen Käufer loszuschlagen. Glaubt man diesen Berichten, so gab es sogar Aufpasser, die ins Haus des Webers gingen und den Stoff vom Webstuhl abschnitten, auch wenn er noch gar nicht ganz fertig war. Wer weiß, einen Tag später wäre vielleicht alles schon weg gewesen, und neun Zehntel waren besser als gar nichts.

Die europäischen Handelsgesellschaften wiederum lernten, sich diesen unsicheren Verhältnissen anzupassen. Bisweilen versagten die Märkte, aber Inder wie Europäer scheinen diese Ausfälle als normal hingenommen zu haben. Wie Hungersnöte: Auch das geht vorüber. Allem Anschein nach ging die Industrie ihren eigenen gemächlichen Gang, und das war nicht irrational. (Die Zwecke entscheiden darüber, welche Mittel rational sind.) An der Koromandelküste im Südosten des Landes kam die Rohbaumwolle aus dem Landesinnern in die an oder hinter der Küste gelegenen Spinner- und Weberdörfer, und zwar in riesigen Karawanen von Tausenden und sogar Zigtausenden Ochsenkarren, einer einzigen formlosen Masse, die sich, beständig weidend, mit einer Geschwindigkeit von einigen Kilometern am Tag in Schlenkern vorwärts bewegte. Da der Treck sich über mehr als fünfhundert Kilometer hinzog, dauerte die Ablieferung der Güter gut ein halbes Jahr.[32]

Die Unsicherheiten bei Transport und Kapitaleinsatz, ganz zu schweigen von den Fluktuationen bei der Lieferung, schlugen sich sogar im Kauf- und Verladerhythmus der europäischen Gesellschaften nieder. Daten über die Verschiffung von Textilien durch die East India Company im Hafen von Bombay zeigen starke Schwankungen, die von wenigen tausend (in einem Jahr sogar null) bis zu fast einer Million Stück reichen.[33] Abhilfe schufen die Gesellschaften durch große Lager und eine genaue Zeitplanung für ihre Versteigerungen, um den Fluktuationen der europäischen Nachfrage gewachsen zu sein. (Ihre Vertreter und Lieferanten in Indien taten derweil alles, um Schiffsladungen, die eigentlich für die asiatischen Märkte bestimmt waren, zu »blockieren«.) Das Ganze war kostspielig, aber billiger als der Versuch, einen technischen Wandel herbeizuführen.

Im übrigen fand die East India Company eine direkte Hilfe für die indische Baumwollindustrie politisch gar nicht geraten. Vom Interessenstandpunkt der britischen Fabrikanten hätte das wie ein Dolchstoß ausgesehen. Gegen Ende des siebzehnten Jahrhunderts warnte ein Pamphletist vor der Möglichkeit, die Kaufleute könnten »Weber und Färber und Spinner und sogar Seide« nach Indien schicken. Wenn man das mache, so drohte er, dann »zweifle ich nicht daran, daß wir bald Baumwollstoffe bekommen und sich genügend Schurken finden werden, die daraus eine Mode machen, und genügend Verrückte, die sie tragen«. Die Handelsgesellschaft beeilte sich,

diese Anschuldigungen zurückzuweisen.[34] Schon als Exporteur von Geld
und Edelmetallen stand die East India Company unter ständigem Beschuß; sie wollte sich nicht auch noch anlasten lassen, sie exportiere Arbeitsplätze.

Woher also sollten Mechanisierungsideen in Indien letztlich kommen? Die indische Gesellschaft kannte technischen Wandel sehr wohl: In der Textilherstellung war der wichtigste die Ersetzung des Spinnrockens durch das Spinnrad (freilich nicht für das feine Musselingarn). Aber die Neuerung blieb ganz im Rahmen der herkömmlichen Handarbeit, und zwischen Handwerkszeug und Maschine besteht ein großer gedanklicher und sozialer Unterschied. Ferner muß man unterscheiden zwischen Allzweck- und Spezialgeräten: Die indischen Handwerker hatten sich, so geschickt sie waren, doch nur ansatzweise auf den Weg der Werkzeugentwicklung gemacht. Dazu Major Rennell, erster Oberinspektor in Bengalen, der 1761 die Schiffswerft in Bombay besuchte: »Verrichtet wird die Arbeit von indischen Handwerkern, von denen es heißt, sie benutzten nur zweierlei scharfkantige Werkzeuge, obgleich sie haltbare und ordentliche Sachen bauen.«[35] Alles Geschick und Können lag in den Händen, und man arbeitete weniger mit dem Auge als mit dem Tastsinn, was in einer Gesellschaft ohne korrigierende Brillengläser nicht überrascht.

Noch schlimmer war: Die indischen Handwerker verwendeten kein Eisen; aber Eisen (und Stahl) ist unverzichtbar für alle Präzisionsarbeiten. In dieser Gesellschaft gab es kein Eisen. Ein indischer Historiker hat das dortige System, das mit Holz, Seilen und Tongefäßen arbeitete, mit der persischen, auf eiserne Räderwerke gestützten Bewässerungstechnik verglichen; und weil er an grenzenlose Substituierbarkeit glaubt, erklärt er den Unterschied mit folgender Ökonomie: »Ein weniger effizientes Werkzeug kann zur Fertigung derselben Ware verwendet werden, wenn man billige gelernte Arbeiter einstellt.«[36] Er hätte aber auch zur Kenntnis nehmen können, daß Indien keine Schrauben kannte, weil die Metallarbeiter kein präzises Gewinde schneiden konnten; und daß eiserne Nägel eine Seltenheit waren. Da sie fehlten, mußte der Schiffbau völlig anders arbeiten. Europäische Schiffe waren mit Nägeln und Bolzen zusammengehalten; bei indischen Schiffen wurden die Planken mit Kordeln und Seilen an den Schiffsrumpf gebunden und dann miteinander verfugt und verleimt.[37]

Nichts erklärt besser als diese Handarbeitsweise, warum nichteuropäische Handwerker nicht ebenso wie die europäischen Wand- und Taschenuhren herstellten. Sie hatten ihre Hände, ihre »unvergleichliche Erfindungsgabe«, aber nicht die Werkzeuge. Sie leisteten Außerordentliches, zum Beispiel bei der Produktion von Musketen. »Selbst heute, im Jahr 1786«, so schreibt ein zum Islam konvertierter Franzose namens Haji Mustafa, »besitzt Colonel Martin, ein Franzose, der sich in den letzten 22 Jahren im Dienst der englischen Armee hervorgetan hat, in Lucknow eine Fabrik, wo er bessere (mit besserem Schloß und besserem Lauf versehene) Pistolen und Gewehre herstellt, als man sie in Europa macht.«[38] Aber diese talentierten Handwerker machten jedes Stück anders, weil sie nicht mit Instrumenten arbeiten konnten oder wollten. Als der erwähnte Colonel Claude Martin, einer der aktivsten Mitarbeiter der East India Company, sich eine Taschenuhr kaufen wollte, besorgte er sie sich in Paris bei Louis Berthoud, dem besten *chronométrier* in ganz Frankreich; und wenn er, was er häufig tat, Wand- und Taschenuhren an den Hof von Aoudh und andere indische Abnehmer verkaufte, erhielt er auch diese aus Europa. Woher sonst? Weder Inder noch Chinesen betätigten sich auf dem Uhrensektor.[39]

Unter diesen Bedingungen war der Übergang zur Maschinerie in Indien nicht zu erwarten. Ein solcher Sprung hätte zur Abkehr von den von Kindheit an gelernten handwerklichen Fertigkeiten geführt, die an Kastenzugehörigkeit sowie an geschlechts- und altersspezifische Arbeitsteilung gebunden waren. Zudem hätte er eine Phantasie erfordert, die über die kulturelle und intellektuelle Erfahrungswelt der Inder hätte hinausgehen müssen. Chaudhuri schreibt dazu: »Es ist unübersehbar, daß Indien im achtzehnten Jahrhundert nicht über die für eine industrielle Revolution erforderliche Erfahrungsbasis verfügte. Jahrhundertelang hatte es keine markanten Fortschritte in der Wissenschaft gegeben, und die intellektuellen Mittel zur Verbreitung und systematischen Aufzeichnung des ererbten Könnens waren höchst unzureichend.«[40]

Noch im neunzehnten Jahrhundert: Die britischen Ingenieure, die das indische Eisenbahnnetz bauten, sahen sehr wohl, daß die einheimischen Arbeiter, billig wie sie waren, Erde und Felsen mit den Händen beiseite schaffen würden; aber sie gingen auch mit größter Selbstverständlichkeit davon aus, daß sie Schubkarren benutzen würden. Weit gefehlt: Die Inder waren gewohnt, schwere Lasten in Körben auf dem Kopf zu tragen, und daran wollten sie nichts ändern. Einem Bericht zufolge sollen Arbeiter sogar Karren auf den Kopf genommen haben, statt sie zu schieben. Vermutlich wollten die Inder mit dem Widerstand gegen die Hilfsmittel die Arbeit auf viele verteilen, so daß mehr Menschen, zumal Frauen und Kinder, einen Arbeitsplatz bekamen.[41] Wie immer es sich damit verhielt: Die gänzlich anders veranlagten europäischen Arbeiter wären glücklich gewesen, über gestiegene Produktivität auch höheren Lohn zu erhalten; ganz zu schweigen von den Arbeitserleichterungen.[42]

16

Albion und seine Verfolger

Als Student lernte ich, daß der *homo sapiens* eine Tiergattung ist, die einen einheitlichen Ursprung hat: Alle heutigen Menschen, gleichgültig welcher Hautfarbe und Größe, stammen von einem gemeinsamen Vorfahren ab, der sich seinerseits vor einigen Millionen Jahren von einer größeren Hominidengattung abgespalten hat. Genau dasselbe gilt für die Spezies *Industriegesellschaft*. Alle Einzelexemplare stammen, ungeachtet ihrer Unterschiede, von dem gemeinsamen britischen Vorfahren ab.

Die Industrielle Revolution in England veränderte die Welt und die Beziehungen der Nationen und Staaten zueinander. Aus Gründen der Macht, aber auch des Reichtums, wurden Ziele und Aufgaben der politischen Ökonomie umgestaltet. Die Welt war von nun an aufgeteilt in einen Spitzenläufer und eine kunterbunt gemischte Verfolgergruppe. Die schnellsten der europäischen »Nachfolgerländer« brauchten etwas mehr als ein Jahrhundert, um ihren Rückstand aufzuholen (siehe Tabelle 16.1).

Tabelle 16.1.
Geschätztes reales BIP pro Kopf der Bevölkerung für ausgewählte Länder (in US-Dollar von 1960)

	1830	1860	1913	1929	1950	1960	1970
Belgien	240	400	815	1050	1245	1520	2385
Dänemark	225	320	885	955	1320	1710	2555
Deutschland/BRD	240	345	775	900	995	1790	2705
Frankreich	275	380	670	890	1055	1500	2535
Italien	240	280	455	525	600	985	1670
Japan	180	175	310	425	405	855	2130
Kanada	280	405	1110	1220	1785	2205	3005
Niederlande	270	410	740	980	1115	1490	2385
Norwegen	225	325	615	845	1225	1640	2405
Portugal	250	290	335	380	440	550	985
Rußland/UdSSR	180	200	345	350	600	925	1640
Schweden	235	300	705	875	1640	2155	2965
Schweiz	240	415	895	1150	1590	2135	2785
Spanien	–	325	400	520	430	640	1400
Tschechoslowakei	–	–	500	650*	810	1340	1980
Vereinigtes Königreich	370	600	1070	1160	1400	1780	2225
Vereinigte Staaten	240	550	1350	1775	2415	2800	3605

* Korrigiert von Paul Bairoch.

Quelle: Bairoch, »Main Trends in National Economic Disparities«, in: Bairoch und Lévy-Leboyer (Hrsg.), *Disparities in Economic Development*, S. 10.

 Einige Anhänger der sogenannten Neuen Wirtschaftsgeschichte haben, weil sie scharf auf Messungen sind und sich von künstlich aufgebauschten Wachstumszahlen über Frankreichs Handel und Industrie im achtzehnten Jahrhundert beeindrucken lassen, die These vertreten, der britische Vorsprung in puncto Industrialisierung sei eigentlich ein Zufall gewesen und die Industrielle Revolution hätte sich durchaus auch auf der anderen Seite des Kanals abspielen können. Frankreich sei schließlich ein Land mit mehr Fläche und Bevölkerung, mit größerem gesamtgesellschaftlichen Produkt und *alles in allem* ebensoviel wissenschaftlichem und technischem Wissen und Können gewesen wie Großbritannien. Andere Historiker wiederum, die dem apriorischen Denken der klassischen Wirtschaftstheorie anhängen, haben geltend gemacht, der Umstand, daß England anderen Ländern in industrieller Technik und Produktivität so weit voraus war, mache im Grunde gar keinen Unterschied. Jede Nation könne und werde letztlich ihren eigenen komparativen Vorteil verfolgen, könne und werde das, was sie braucht, zu den günstigsten Bedingungen kaufen.[1] Was heißt es also schon, wenn Großbritannien Eisen und Stahl besser und billiger herzustellen imstande war? Man konnte auch mit Lyoner Seide und Bordeaux-Weinen Handel treiben und dabei sogar auf eine bessere Handelsbilanz kommen.[2]

Soweit die Theorie. Den Staatsmännern, die damals die Geschicke der europäischen Nationen lenkten, war diese Logik verschlossen; und selbst wenn sie es nicht gewesen wäre, hätten sie ihr wenig Beachtung geschenkt. Für sie hing industrieller Fortschritt mit Macht zusammen.

Englands materieller und sozialer Vorsprung zog zwangsläufig die Aufmerksamkeit seiner Rivalen in Handel und Politik auf sich. Da war zunächst Spanien, das mit seinem Projekt, diesen aufmüpfigen Inselstaat einzunehmen und zu beherrschen, kläglich scheiterte; dann Holland, das mit ansehen mußte, wie der kleine Naseweis es auf dem Feld des Handels überrundete und auf hoher See besiegte; und schließlich das besonders hartnäckige Frankreich, der größere und bevölkerungsreichere Erbfeind, der zwar Anspruch auf die Vormachtstellung in Europa erhob, aber gleichwohl mehrfach der britischen Seemacht, Finanzkraft und wirtschaftlichen Initiative unterlag. Manche Franzosen schrieben voll Bewunderung über England und hielten es der eigenen Regierung als leuchtendes Beispiel vor. »England macht weniger als ein Viertel von Frankreich aus«, notiert der hohe französische Staatsbeamte und Ökonom Pierre Le Pesant, Sieur de Boisguillebert (1656-1714) gegen Ende des siebzehnten Jahrhunderts, »sowohl was die Einwohnerzahl, als auch was die Fruchtbarkeit des Bodens betrifft. ... Dennoch konnte England dem Prinzen von Oranien in den letzten drei oder vier Jahren Einkünfte in Höhe von 80 Millionen Livres [das entspricht etwa drei Millionen Pfund Sterling] gewähren, ohne damit die Bevölkerung an den Bettelstab zu bringen oder von ihrem Land zu vertreiben.«[3]

Andere brachten ihre Angst zum Ausdruck, weil sie in England nicht nur den Feind ihrer Nation, sondern eine über grenzenloses Potential verfügende Handelsmacht sahen. Bei der Vorbereitung der Verhandlungen, die zum Vertrag von Utrecht (1713) führten, warnte der erste Sekretär (*premier commis*) im Außenministerium seine Vorgesetzten, keinesfalls dürfe man England im Pazifik Fuß fassen lassen. Überließe man ihm beispielsweise eine kleine Insel in der vor der chilenischen Küste gelegenen Juan-Fernandez-Gruppe – die so öde und abgeschieden war, daß sie sich als idealer Schauplatz für Defoes *Robinson Crusoe* empfehlen konnte –,

> »...dann kann als sicher gelten, daß sie – so verlassen sie heute noch sein mag – in den Händen der Engländer nach wenigen Jahren ganz anders aussähe: Sie hätte zahlreiche Einwohner, neu gebaute Häfen und das weltweit größte Zwischenlager für europäische und asiatische Industriewaren, die die Engländer dann an die Königreiche Peru und Mexiko verkaufen würden.... Sechzig Millionen in Gold und Silber aus den Bergwerken dieser Länder wären Ziel und Lohn ihres gewerblichen Fleißes. Was für Anstrengungen würde diese so geschickt handeltreibende und mit so vielen Schiffen ausgestattete Nation nicht bereitwillig auf sich nehmen, um diesen gigantischen Ertrag aus Amerika zu bekommen!... und was für ein Verlust für Frankreich, wenn es diesen Markt für seine vergoldeten Stücke (*dorures*), seine Seiden- und Leinenwaren einbüßte; denn da die Engländer diese Dinge nicht selber herstellen, würden sie sie in China und dem Orient kaufen, und während diese Inselbewohner reich, ja zur stärksten Nation Europas würden, würde Frankreich an Kraft verlieren.«[4]

Das perfide Albion als Supermacht. Noch heute und trotz der zwei Weltkriege hält der Durchschnittsfranzose Großbritannien für den europäischen Hauptrivalen und -gegner seines eigenen Landes. Agincourt und Jeanne d'Arc werden so schnell nicht vergessen.

Solche kritischen Urteile waren natürlich unbewußte Verbeugungen vor Englands Erfolgen. Die Franzosen waren, wie wir gesehen haben, ganz besonders erbost darüber, daß die Briten so weit vorn lagen. Wirtschaftliches Wachstum und Akkumulation von Reichtum galten ihnen als Schlüssel zu politischer Macht, und ganz zu Recht sahen sie einen Zusammenhang zwischen den Siegen, die die Briten in Europa und Übersee feierten, und den Ressourcen, die sie mobilisieren konnten: die vielen Schiffe (mehr als hunderttausend gegenüber den zwanzigtausend französischen Schiffen), die unzähligen Seeleute. Einige Franzosen malten sich sogar aus, England sei eine Insel ohne Binnenland, nur aus Küsten und Häfen bestehend, ein Land ohne Landwirte, in dem es nichts als Seeleute und Großstadtbewohner gebe. Andere standen, wie Boisguillebert, mit ehrfurchtsvoller Scheu vor dem britischen Reichtum, den an die Krone gezahlten Apanagen, der Möglichkeit, sowohl im eigenen Land als auch im Ausland Kredite aufzunehmen.

Daß all dies mit dem Handel zusammenhing, war unübersehbar; Voltaire sagt es mit seiner typischen Ungeniertheit:

»Was England so mächtig gemacht hat, ist die Tatsache, daß seit der elisabethanischen Zeit alle Parteien gleichermaßen von der Notwendigkeit überzeugt sind, den Handel zu fördern. Dasselbe Parlament, das den König köpfen ließ, beschäftigte sich eifrigst mit überseeischen Handelsplätzen, als ob nichts geschehen sei. Das Blut Karls I. dampfte noch, als dieses fast ausschließlich aus Fanatikern bestehende Parlament die Navigationsakte von 1650 verabschiedete.«[5]

Im Gegensatz zum französischen Sprichwort ist verstehen nicht unbedingt immer verzeihen. Der englische Handelsprotektionismus – und mehr noch der englische Erfolg – weckte eher Erbitterung als Bewunderung. Im Jahre 1698 ließ Ludwig XIV. seinem Botschafter in London folgende Mitteilung zukommen: »Nirgendwo auf der Welt werden die Regeln der Gleichheit, die für den Handel so vernünftig und notwendig sind, mehr verhöhnt als in England.«[6] Andere Franzosen fühlten genauso. Einer klagte sogar, die Briten trieben ihre Verachtung für das Fair play doch tatsächlich so weit, daß sie Ausländer am Schmuggel zu hindern suchten.[7]

Zumeist verurteilte der kritische Ausländer die Briten wegen ihrer Habgier und ihres Materialismus. »Die berüchtigte Haabsucht der Bataver«, schreibt ein deutscher Reisender um das Jahr 1800, »schwindet gegen die des Britten, wie der Schatten vor dem Tage.«[8] Und ein französischer Besucher, der Comte de Mirabeau, meint: »Da [die Briten] es gewohnt sind, alles zu *berechnen*, berechnen sie auch Begabung und Freundschaft...«[9]

(Bis auf den heutigen Tag meinen und behaupten die Franzosen gern, sie machten sich nichts aus Geld. Damit stehen sie nicht allein: Idealismus heucheln alle, die der Meinung sind, sie hätten weniger, als ihnen zusteht, gegenüber denen, die mehr haben. Im achtzehnten Jahrhundert sahen europäische Beobachter in den Engländern große Materialisten. Hundert Jahre später richtete sich diese Schmähung gegen die Amerikaner, während die Briten sich nun mit ihren vormaligen Kritikern in der Verachtung der *nouveaux riches* einig fühlten.)

Kurz, diesen Briten war nicht zu trauen. Manche Franzosen trösteten sich mit antiken Präzedenzfällen: Großbritannien sei das »moderne Karthago«, Frankreich der Erbe Roms. Letzten Endes werde ein Inselstaat, eine Nation wurzelloser Händler (Geschäftsinhaber) sich gegen ein handfestes *terra-firma*-Königreich nicht behaupten können. Noch ein großer Irrtum.

Im europäischen Wettkampf um Macht und Reichtum war England also seit Beginn des achtzehnten Jahrhunderts zu derjenigen Nation geworden, der andere nachzueifern suchten. Die Länder des Kontinents schickten Kundschafter und Spione, um soviel wie möglich über die Techniken der Briten zu erfahren. Kaufleute und Industrielle besuchten die Insel, um soviel wie möglich zu sehen. Die Regierungen taten alles, um die üblichen Anreize für unternehmerische Initiative zu schaffen: Subventionen, Monopolrechte, außerordentliche Steuererlasse, Zuweisung von Arbeitskräften, Schmiergelder. Ihre Anstrengungen zeitigten gemischte Resultate, nicht zuletzt weil eben diese Unterstützung, parteilich wie sie war, die Verbreitung von Techniken verhinderte oder verzögerte; vor allem aber weil die Nachfolgerländer noch nicht soweit waren, die neue Produktionsweise zu erlernen und zu übernehmen. Überdies verursachte – gerade als die Länder des Kontinents sich klar darüber wurden, wieviel Vorsprung England schon hatte, und ihre ersten zögerlichen Fortschritte in der alles entscheidenden Baumwollmanufaktur machten – die Französische Revolution eine Menge politischer Unruhe, unterbrach die Handelsverbindungen und erzwang eine Unterbrechung des Aufholprozesses. Keine absolute: In Zeiten des partiellen oder allgemeinen Friedens konnten britische Auswanderer und die Festlandskonkurrenten ihre Sache weiter verfolgen – zum Beispiel die Maschinenspinnerei in den südlichen Niederlanden (Gent und Verviers) sowie im Norden Frankreichs einführen. Dennoch waren die Neuerungen zwangsläufig sehr ungleich verteilt und die Techniken bereits überholt. Erst als die Niederlage Napoleons bei Waterloo 1815 den Kämpfen endgültig ein Ende setzte, konnte Europa den Aufholprozeß weiter verfolgen. (In Paris gibt es im übrigen keine nach Waterloo benannte Straße, auch keine rue Napoléon.)

Karl Marx war der Ansicht, was die Briten erlebten, sei lediglich Ausdruck der Logik der Geschichte. Die kapitalistische Produktion habe ihre Gesetze: »Es handelt sich um die Gesetze selbst, um diese mit eherner Notwendigkeit wirkenden und sich durchsetzenden Tendenzen. Das industriell entwickeltere Land zeigt dem minder entwickelten nur das Bild der eignen Zukunft.«[10]

Ja und nein. Im allgemeineren, übertragenen Sinn – soweit Adam Smith' »natürlicher Fortschritt des Wohlstands« gemeint war – hatte Marx recht. Im Detail aber – Zeitpunkt, Struktur und Richtung des Wandels – irrte er. Jedes Land hat seine eigenen Ressourcen und Fähigkeiten, und wenn es die Herrschaft an Vernunft und Markt abtritt, wird seine ökonomische Entwicklung einen Weg einschlagen, auf dem die ihm zur Verfügung stehenden Mittel optimal genutzt werden. Ein Land mit vielen Kohlenvorkommen wird sich auf brennstoffintensive Industriezweige werfen und Techniken entwickeln, die ein Land ohne Kohle vermeiden würde. Ein kohlenarmes Land mit vielen Flüssen wird, wenn irgend möglich, auf Wasserkraft zurückgreifen, statt Dampfmaschinen zu benutzen.

(Natürlich sind diese materiellen Zwänge je nach dem Stand der Technik unterschiedlich stark: Das Fehlen von Kohlenvorkommen zum Beispiel wird weit mehr Druck ausüben, wenn es sich wegen hoher Transportkosten nicht empfiehlt, Brennstoffe zu importieren. Im achtzehnten und beginnenden neunzehnten Jahrhundert waren die hohen Brennstoffkosten ein erhebliches Handicap für die französische Eisenindustrie; und erst als Kanäle und Eisenbahnen gebaut waren, nahm dieser Druck wenigstens teilweise ab. Zweihundert Jahre später mußte die koreanische Eisen- und Stahlindustrie ihren Koksverbrauch teuer bezahlen: Der Koks wurde aus dem Westen Pennsylvanias zuerst zu den Großen Seen, dann per Schiff den St. Lorenzstrom hinunter zum Atlantik und von dort durch den Panamakanal über den Pazifik gebracht. Andere Zeiten, andere Mittel, andere Möglichkeiten. Zur selben Zeit ging mehrere Kilometer entfernt die Stahlindustrie von Pittsburgh zugrunde. Man braucht eben mehr als billige Rohstoffe, um einem Industriezweig zum Erfolg zu verhelfen.)

Es gibt also keine immer gleiche Abfolge, keinen allein möglichen Weg, kein Entwicklungsgesetz. Jedes der sogenannten Nachfolgerländer, die für sich die Industrialisierung wollten, fand – trotz der starken (mal eher anregend, mal eher erschreckend oder beängstigend wirkenden) Beeinflussung durch das britische Vorbild – seinen eigenen Weg in die Moderne. Und mehr noch als auf die frühen Industrialisierer trifft dies auf die heutigen zu. Alles hängt vom Zeitpunkt ab. Der Inhalt moderner Technologie ändert sich beständig, und mit ihm ändern sich für die Nacheiferer Aufgaben und Mittel. Heutige Entwicklungsländer werden zwangsläufig Stadien und Prozesse überspringen, die die Briten jahrzehntelang beschäftigt haben: Warum sollen sie das, was mittlerweile überflüssig ist, noch einmal machen?[11]

All dies heißt nicht, daß das britische Beispiel keinerlei Bedeutung gehabt hätte. Wir müssen zwischen Ziel und Prozeß unterscheiden. Die Staatsmänner des neunzehnten Jahrhunderts, die ihre Länder auf den Weg der Industrialisierung zu bringen suchten, hielten sich England immer vor Augen, gleichgültig ob als Vorbild oder zur Abschreckung. Um sie und den Prozeß zu verstehen, muß man Ausgangspunkt und Ziel kennen. Und für Historiker gibt es natürlich noch besondere Kriterien: Ein Idealtypus hat heuristischen Wert (und sei es nur als Maßstab und Gegenbeispiel), solange man sich klar darüber ist, was man tut.[12]

Würde man das Europa des Jahres 1815 auf einer Karte darstellen, die wiedergibt, wie groß jeweils die Fähigkeit zum Übergang zur Maschine war, so würden sich auf den oberen Rängen diejenigen Länder und Regionen wiederfinden, die damals bereits industrielle Güter für den Weltmarkt herstellten. »Regionen« sage ich deshalb, weil einige dieser Industriegebiete über die noch nicht endgültig festgelegten, immer wieder wechselnden Staatsgrenzen hinwegreichten und weil all diese Länder sozial und kulturell heterogen waren.[13] Diese temporäre Vielfältigkeit (oder innere Ungleichzeitigkeit) trug sogar wesentlich dazu bei, daß sie auf den Übergang vorbereitet waren. Auf den untersten Rängen würden sich all jene wiederfinden, die lange abseits vom Markt (der Waren oder Ideen) gelebt hatten, Gegenden also, in denen ältere agrarische Sozial- und Machtstrukturen noch weitgehend intakt geblieben waren.

Die Gesellschaften mit der besten Eignung für den Übergang zur Maschine lagen allesamt im nordwestlichen Quadranten des Kontinents: Frankreich, die Niederlande, das Rheinland, die protestantischen Kantone der Schweiz sowie Randgebiete im äußersten Nordosten Spaniens (Katalonien) und in Böhmen. Nach Osten und Süden hin wurde diese Eignung immer geringer (oftmals ganz abrupt): in Deutschland jenseits der Elbe, in Österreich und Polen sowie Rußland und den ehemals türkisch besiedelten Gebieten; ferner am Mittelmeer (im größten Teil der Iberischen Halbinsel und im Königreich Neapel). Einer der Wirtschaftshistoriker spricht vom »Entwicklungsgefälle«, einer abfallenden Linie, und zitiert einen Kollegen, der ungeniert schreibt: »Nach Osten zu wandern bedeutete, ebenso in der Zeit wie im wirtschaftlichen Entwicklungsstand zurückzugehen; in Osteuropa und Rußland waren die Industriezentren Inseln in einem Meer der Faulheit von Bauern und der Trägheit von Beamten.«[14]

Was unser Kritiker hier meint, will ich das »Erbe des Mittelalters« nennen, das europäische (anders als britische oder amerikanische) Historiker als »Feudalismus« bezeichnen und erst mit der Französischen Revolution, in anderen Ländern gar noch später, zu Ende gehen lassen. Gemeint ist, mit anderen Worten, das Ancien régime.[15] Es war ein gigantischer Komplex aus Sitten und Gebräuchen, Gesetzen, Praktiken, Einstellungen und Werten – das Werk von Jahrhunderten; für unsere Analyse sind freilich nur drei Aspekte von Bedeutung.

*

Der Bauernstand

Im Mittelalter waren die meisten Kleinbauern in Untertänigkeit oder Hörigkeit hineingezwungen (oder, als Sklaven, dazu erzogen) worden. In aller Regel war der unfreie Bauer an die Scholle gebunden und durfte sie ohne die Zustimmung seines Grundherrn nicht verlassen. Hörigkeit meinte bisweilen auch Leibeigenschaft, eine persönliche, »leibliche« Herr-Knecht-Bindung, so daß der Grundherr den Bauern überall mit hinnehmen konnte und dieser, selbst wenn er die Erlaubnis erhielt wegzugehen, weiterhin zu Abgaben verpflichtet war.

In Westeuropa wurden diese Abhängigkeitsverhältnisse im Laufe des Hoch- und Spätmittelalters gelockert, einerseits weil das Aufkommen der Geldwirtschaft und die wachsende Gier nach exotischen Gütern die Grundherren dazu bewegten, die Naturalabgaben in Pachtzins umzuwandeln, aber mehr noch weil der Aufstieg der Städte Orte entstehen ließ, an denen man der Grundherrschaft entkommen konnte. Um 1500 gab es in England, Frankreich, den Niederlanden und im Westen des Deutschen Reiches nur noch wenige Hörige (oder Leibeigene) im traditionellen Sinn. Am schnellsten verlief der Prozeß in England, wo der grundherrliche Boden entweder von Freisassen oder freien Pächtern bebaut wurde; Landarbeiter (oftmals selber Besitzer einer kleinen Parzelle, die zur Subsistenz nicht ausreichte) wurden je nach Bedarf gemietet. Frankreich und die anderen Länder lagen in der Entwicklung nicht weit zurück, abgesehen von örtlich begrenzten Überresten des Alten und den fast durchweg fortbestehenden grundherrlichen Abgaben anstelle von Pachtzins. Die Französische Revolution schaffte diese Überbleibsel in Frankreich und den annektierten Gebieten einfach ab. Das hieß nicht, daß der Bauer aufhörte zu zahlen; er bekam nur einen neuen Herrn, den Staat, und aus seinen Abgaben wurden Steuern. Die Grundherren erhielten für ihre Verluste keine Entschädigung, was als längst überfällige Herstellung von Gerechtigkeit galt.

Im damaligen Deutschland mit seinen zahlreichen Unterschieden trat auch die Hörigkeit in diversen Formen auf. Westlich der Elbe erinnerte sie an die französischen Verhältnisse: in der Regel Geld- und Naturalabgaben, wenig oder gar kein Lohn für die Arbeit plus Bewegungsfreiheit. Östlich der Elbe lag das Land der Erb- oder Gutsuntertänigkeit und der eigentlichen Leibeigenschaft; Bewegungsfreiheit also nur nach Belieben und auf Befehl des Grundherrn.

Politische Ereignisse verschärften die Differenzen. Die Gebiete westlich des Rheins wurden vorübergehend (bis 1815) dem revolutionären Frankreich einverleibt und behielten dann das von dort übernommene neue Befreiungssystem bei. Östlich des Rheins hingegen kamen die Franzosen – und gingen wieder. Sie hinterließen die Erinnerung an Fremdherrschaft, und damit wurde die Wiedereinführung von Abgabe- und Dienstpflichten gerechtfertigt. Dennoch hatten Krieg und Machtstreben ihre eigene überraschende Logik. Die wichtigste politische Größe im Deutschland östlich des Rheins war das Königreich Preußen, ein modernes, extrem militarisiertes Sparta, das mit romantischen Idealen nichts zu tun haben wollte. Doch Preußen schaffte 1809 die Erbuntertänigkeit ab und befreite die Bauern – nicht weil sich aufgeklärte Anschauungen durchsetzten, sondern weil die französische Armee der preußischen verheerende Niederlagen bereitet hatte und man erkannte, daß Unfreie nicht so hart und gut kämpfen wie Freie.

In anderen deutschen Fürstentümern hatte der Geschmack der Freiheit sofort Appetit auf mehr gemacht; Reaktionäre fanden dort wenig Unterstützung. Die Lösung, mit der alle zufriedengestellt werden sollten, bestand in der Befreiung der Bauern und der Auszahlung der Grundbesitzer; bares Geld gegen Gewissensbisse und Reue. Aber wo sollte das Geld herkommen? In der Regel wurden die Grundbesitzer mit Staatsanleihen entschädigt, die der Staat zurückzahlte, indem er jahrelang von den Bauern Steuern einzog. (An einem einzigen Punkt konnten die Reaktionäre der Zustimmung sicher sein, ja sich sogar beliebt machen: beim Status, den die Juden erhielten. Ihre Arbeits- und Erwerbsbeschränkungen wurden wieder in Kraft gesetzt, und erst Jahrzehnte später gewährte man ihnen zähneknirschend die volle Emanzipation. Und selbst dann noch wurde der öffentliche Fortschritt durch privaten Haß beeinträchtigt.)

Die zweite große Schranke, die Mobilität in den deutschen Gebieten behinderte, war die Aufteilung der Gesellschaft in Stände mit je eigenen Tätigkeiten und Vorrechten. Die Grundherren hatten ihr Land, herrschten über ihre Fron- und Pachtbauern, sprachen Recht in kleinen und sogar großen Angelegenheiten und führten Soldaten in die Schlacht. Die Kaufleute hatten ein Handelsmonopol, durften jedoch kein Ackerland besitzen. Die Ausübung eines Handwerks war den gelernten Gesellen und Meistern in großen und kleinen Städten vorbehalten. Das flache Land war das Revier der Kleinbauern und Grundherren. Daß all dies noch aufs engste mit der mittelalterlichen Vorstellung von den drei Ständen (Grundadel, Bauern und Geistlichkeit) zusammenhängt – nunmehr erweitert durch städtische Kaufleute und Handwerker –, wird dem Leser nicht entgangen sein.[16]

Vieles davon brach bereits im achtzehnten Jahrhundert zusammen. Doch noch im zwanzigsten Jahrhundert fanden sich hartnäckige Restbestände, vor allem in Gebieten, in denen deutsche Adlige gegenüber den slawischen Bauern den Herrn spielen konnten. In allen ostelbischen Gebieten sprachen die Grundherren weiterhin Recht und kassierten Gebühren und Aufwandsentschädigungen. Um es mit einer damaligen Redensart zu sagen: Die Macht des Staates endete am Gutstor. Natürlich gab es einige äußerliche Konzessionen an die parlamentarische Demokratie; aber die meisten waren bloße Fassade. In Preußen zum Beispiel, dem wichtigsten der deutschen Staaten, wurde nach dem Dreiklassenwahlrecht gewählt, bei dem die Reichen unverhältnismäßig viel Einfluß erhielten.

Weiter östlich, in Polen und Rußland, hielt sich das Alte länger, ja die Logik der gewerblichen Landwirtschaft und des komparativen Vorteils trug noch zu seiner Stärkung bei. Vom sechzehnten Jahrhundert an wurden die Ebenen des ostelbischen Europa zur Kornkammer und zum Viehzuchtgebiet für die städtischen Zentren des Westens. Die damit verbundenen Ausfuhrchancen (Getreide, Häute und Talg) lockten Siedler herbei; aber die Besiedlung hatte einen großen Haken: den Arbeitskräftemangel. Land gab es erheblich mehr als Leute.

Russische Agrarwissenschaftler haben vor mehr als hundert Jahren darauf hingewiesen, daß ein solches Auseinanderklaffen unvereinbar mit großem Landbesitz war. Ein späterer Wirtschaftstheoretiker, der an diese Tradition anknüpfte, drückte es folgendermaßen aus: Drei Dinge können nicht koexistieren, nämlich freies Land, freie Arbeitskräfte und großer Gutsbesitz. Warum sollen Bauern sich als Arbeitskräfte anheuern lassen, wenn sie in neue Siedlungsgebiete gehen und dort eigenen Grund und Boden bearbeiten können?[17]

Deshalb mußten Grundherren in Rußland, die Anbau in großem Maßstab betreiben wollten, ihre Arbeiter an den Boden binden. Dies erklärt die sogenannte sekundäre Hörigkeit – eine allmähliche Anhebung der bäuerlichen Abgabe- und Dienstpflichten, die den Fronbauern zum Quasi-Sklaven machten. Diese Strategie läßt sich durch eine vom sechzehnten bis ins achtzehnte Jahrhundert reichende Kette von Erlassen verfolgen, die immer härter und unerbittlicher wurden. Damit vertiefte sich die soziale und politische Kluft zwischen West und Ost: Im Westen wurde die Freiheit beständig größer, im Osten die Unfreiheit immer starrer. Rußland verwandelte sich de facto in ein riesiges Gefängnis, und mit Ausnahme von wenigen Monaten im Jahr 1917 und den Jahren seit 1990 ist es seitdem immer ein Gefängnis geblieben. (Ob das heutige demokratische Experiment von Dauer sein wird, bleibt abzuwarten.)

Ein solches System konnte nur funktionieren, weil es kein Schlupfloch gab. Dafür sorgte vor allem das Fehlen städtischer Gemeinden, die das Recht hatten, den Stand ihrer Einwohner selbst zu bestimmen. Solche großen und kleinen Städte waren, wenn sie überhaupt existierten, viel rarer gesät als im Westen und besaßen weder Freiheitsrechte noch Privilegien. Auswandern war verboten, eine Ausnahme bildeten nur Juden und andere Nicht-Russen. Derweil arbeiteten Staat und Adel Hand in Hand, wenn es darum ging, entlaufene Leibeigene einzufangen und zurückzubringen. (Lediglich im achtzehnten Jahrhundert war es anders: Die damaligen Bergwerks- und Hüttenbetriebe im Ural griffen sich jeden frei herumlaufenden, noch lebenden Mann, dessen sie habhaft werden konnten, und behielten ihn. Für Altruismus freilich war kein Raum.)

Wann immer Unternehmen sich in unbesiedelten Gegenden niederließen – meist um Transportkosten zu sparen (aber auch, wenn Kanäle und Straßen geplant waren) –, blieb als einziger Ausweg die Zwangsarbeit. Sie war Rußlands Schule der Verschwendung, eine Vorwegnahme des Gulag. Selbst in weniger dicht besiedelten Gebieten, wo Tagediebe und Leute, die sich auf der Straße durchschlugen, gegen Verpflegung und Alkohol für Be- und Entladen, Fuhrdienste und Transporte angeworben werden konnten, erforderten die ständigen Arbeiten den Rückgriff auf Unfreie, die als Arbeitskräfte zugewiesen wurden. Ganze Dörfer, die oftmals dem Staat gehörten, wurden auf diese Weise herumgereicht.

Auf lange Sicht mußte das System natürlich scheitern. Unfreie Arbeitskräfte leisten weder gute noch ehrliche Arbeit. Ein Bericht von 1861 über die Rüstungsfabrik in Tula formuliert das folgendermaßen: »Es ist wohl ganz unumstritten, daß nur freie Männer ehrliche Arbeit verrichten. Wer von Kindheit an zur Arbeit gezwungen worden ist, ist unfähig, Verantwortung zu übernehmen, solange sich an seiner sozialen Lage nichts ändert.«[18]

Mehr als die Produktionsziffern erklärt dies die gigantischen Ausmaße mancher dieser ersten Unternehmen: Unmengen von Menschen brauchten sie nur deshalb, weil die Produktivität so gering war. Eine bessere Lösung fand man schließlich mit der Institution der *obrok*, einer Kopfsteuer für jene Leibeigenen, die sich vom Gut entfernen durften, um ihren Lebensunterhalt anderswo zu verdienen.[19] Diese Regelung gestattete dem Leibeigenen, das über den *obrok* hinaus Verdiente für sich zu behalten, und ermutigte zu Initiative und Fleiß. Einige dieser Arbeiter wurden sogar selbst Unternehmer, und die besten von ihnen konnten es zu stattlichem Reichtum bringen – wie etwa die Elissejeffs, die Inhaber des luxuriösesten Petersburger Feinkostgeschäfts, aus dem später, nach der Beschlagnahme durch die Sowjets, der »Gastronom Nr. 1« wurde. Einer der Nachkommen floh in die Vereinigten Staaten, wo er Professor für japanische Sprache und Literatur in Harvard wurde. Viele dieser erfolgreichen Leibeigenen zahlten wahre Vermögen, um sich und ihre Familien freizukaufen – wobei nicht wenige gerissene Großgrundbesitzer ein oder zwei Kinder zurückbehielten, für den Fall, daß der Leibeigene noch reicher würde.

Wie der Aufstieg des privaten Industriesektors zeigt, hatte das System der Leibeigenschaft durchaus seine eigene Zweckmäßigkeit. Im Jahre 1860 arbeiteten schätzungsweise vier Millionen Menschen als Lohnabhängige; hinzu kam eine unbestimmte Zahl kleinbäuerlicher Haushalte, deren Mitglieder Saison- oder Teilzeitarbeit für die Industrie leisteten.[20] De facto besorgte die Arbeit sich ihre Arbeiter und unterwarf sie den Anforderungen und in manchen Fällen auch der Peitsche. Ob sie dabei auch die benötigten Fertigkeiten fand, ist eine ganz andere Frage.

Es ist also gar nicht ausgemacht, daß die allgemeine Befreiung der Leibeigenen im Rußland der Jahre 1861–1866, die gemeinhin als die große wirtschaftshistorische Wasserscheide gilt, sehr viel am Nachschub von menschlichen Körpern änderte; da sie jedoch die Betriebe zwang, freie Lohnarbeiter einzustellen (oder die bereits vorhandenen Arbeiter zu behalten), nötigte sie zu besserer Behandlung und sorgfältigerer Auswahl und machte den Weg frei für neue Technologien und höhere Produktionsstandards.[21] Machte den Weg frei... Dieser Weg war kurven- und dornenreich, zumal in jenen Branchen und Unternehmen, die seit langem vom Staat und seinen Verwaltern betrieben wurden. Zu Beginn blieb die Befreiung hier partiell und halbherzig. Manche Arbeiter erhielten ihre Freizügigkeit, andere nicht. Die Unternehmensverwalter trösteten sich mit Trugbildern: Gingen die besten Arbeiter fort, wären sie doch in jedem Fall zu alt und an eigener Initiative nicht mehr interessiert; gingen die schlechtesten, nun ja, dann wäre es kein Verlust. Das Land litt an einer massiven institutionellen Altlast, es war eingeklemmt zwischen Altem und Neuem, und dieser Dualismus war ein Vorbote jener Schizophrenie, die die Entwicklung der Dritten Welt im zwanzigsten Jahrhundert großenteils geprägt hat.

*

Die Organisation des produzierenden Gewerbes

Eine zweite Hinterlassenschaft des Mittelalters war die Organisation des Handwerks in Zünften oder Innungen. In diesen Korporationen waren selbständige Meister und abhängig Arbeitende (Gesellen) zusammengeschlossen; entstanden waren sie vielleicht einmal aus sozialen oder genossenschaftlichen Gründen, aber sie wurden rasch zu Wirtschaftsverbänden und Monopolgemeinschaften.

Zünfte gab es auf der ganzen Welt – in Europa ebenso wie in den islamischen Ländern, in Indien, China und Japan. Ihre wirtschaftlichen Ziele waren: Kontrolle über Berufs- und Markteintritt, meistens durch eine obligatorische Lehrzeit und Beschränkungen des Meistertitels; Aufrechterhaltung von Qualitätsstandards (Dilettanten oder »Flickschuster«, sprich: Stümper, waren nicht zugelassen); Begrenzung des Wettbewerbs sowohl innerhalb der Zunft (Obergrenze für Werkstattgröße und Zahl der Beschäftigten) als auch außerhalb derselben (keine Produktion durch Nicht-Zunftmitglieder innerhalb des Gerichtsstands und keine Importe von außerhalb).

Hinter diesen Vorschriften stand eine Reihe moralischer Prinzipien, die selbst wiederum aus den Wertvorstellungen der bäuerlichen Dorfgemeinschaft stammten und auf den städtischen Kontext übertragen wurden. Dabei dominierten zwei Dinge: erstens das Bewußtsein, daß die Ressourcen, sei es Grund und Boden, sei es das Käuferpublikum (Marktnachfrage), begrenzt waren und sich daraus ein Nullsummenspiel (des einen Gewinn ist des anderen Verlust) ergab; und zweitens der Vorrang moralischer gegenüber wirtschaftlichen Kriterien. Solange ein Handwerker seine Arbeit gewissenhaft und den Qualitätsanforderungen entsprechend verrichtete, hatte er Anspruch auf seinen Lebensunterhalt.

Gegen diese Ethik des soliden Arbeiters traten jedoch andere Kräfte an: Habgier und Ehrgeiz, die Moral von Markt und Geld. Wie wir bereits beim Verlagssystem sahen, lernten die Händler, sich um die Zunftbarrieren herumzudrücken, indem sie Arbeiter auf dem Lande suchten; oder indem sie, wenn die Arbeit – wie etwa im Uhrmachergewerbe – Fertigkeiten erforderte, die man in den Bauernkaten nicht finden konnte, Gesellen (nicht mehr Lehrlinge und noch nicht Meister) anstellten, die entweder in ihren eigenen Räumen oder in Stadtteilen außerhalb des Gerichtsstandes für sie arbeiteten. Dies war ein großer Schwachpunkt der Monopolverbände: Sie waren aufs engste an die städtischen Gemeinden gebunden und hatten wenig Mittel, um sich in anderen Revieren durchzusetzen.

Nicht daß sie es nicht versucht hätten. In Italien haben sich die industriellen Zentren umliegende ländliche Gebiete in der Regel einverleibt, so daß die Zunftkontrollen über die Stadtgrenzen hinausgriffen. In den Niederlanden (jenem anderen großen Industriezentrum des mittelalterlichen Europa) fielen die städtischen Handwerksmeister und ihre Helfershelfer über das flache Land her, zerschlugen Webstühle und terrorisierten ihre ländlichen Konkurrenten. Solche Ausfälle hatten keinen Erfolg mehr, als die Weber auf dem Lande sich zu wehren lernten und ihnen jeden Schlag heimzahlten; und vom siebzehnten Jahrhundert an wurde das ländliche Handwerk toleriert, wenn nicht anerkannt. In Deutschland war das Chaos der politischen Grenzen so groß, daß jedes Zentrum sich durch seine Ausschließungspraktiken gleich nebenan einen potentiellen Rivalen schuf, der mit größtem Vergnügen Schwarzhändler, »Flickschuster«, Juden und dergleichen gebühren- und steuerzahlende Geächtete mehr bei sich aufnahm.

In Frankreich hingegen konnten die Zünfte ihre Interessen viel leichter vertreten, weil sie – teils als Steuerquellen, teils als Instrumente der sozialen Kontrolle – von der Krone autorisiert und verteidigt wurden. Fast überallhin reichte deren obrigkeitlicher Arm.[22] Gleichwohl fanden Meister außerhalb der Zünfte Mittel und Wege, sich den Zwängen zu entziehen. Manche von ihnen genossen einen solchen Ruf, daß die Nachfrage die Kapazitäten ihrer Werkstatt überstieg. Sie ließen sich also die Arbeit von anderen abnehmen und setzten ihren eigenen Namen darunter. Diese Form der Auslagerung war strengstens verboten, und gelegentlich kamen Zunftvertreter in Begleitung eines Gerichtsvollziehers, machten eine Hausdurchsuchung, konfiszierten die illegale Ware und brummten dem Missetäter Bußgelder auf. Aber auf jeden entdeckten und festgenommenen Meister kamen ein Dutzend, die nicht erwischt wurden.

Gegen Ende des Ancien régime, im Jahre 1762, erkannte die französische Regierung den Status quo in aller Form an und legitimierte die ländliche Produktion, während etliche Beamte nacheinander vergeblich versuchten, die Zunftprivilegien oder die Zünfte selbst abzuschaffen. Ohne jeden Erfolg; aber auch in diesem Punkt vollendete die Revolution, was die untaugliche Monarchie nicht geschafft hatte. 1791 löste die für kurze Zeit auf Laissez-faire eingeschwenkte Regierung sämtliche Kaufmanns- und Handwerksverbände auf – und zwar nicht nur die Zusammenschlüsse der abhängig Arbeitenden, sondern auch die der Unternehmer. Alles in allem war das sehr progressiv und unparteiisch, aber ein Dreivierteljahrhundert lang wurde das Gesetz weit strikter gegen Arbeitervereine als gegen Unternehmerverbände angewandt. Kein Wunder: Das oberste Gebot hieß Ordnung, und das bedeutete, daß die oben an der Spitze und die unten am unteren Ende bleiben sollten.[23]

In Deutschland blieben die Zünfte, obwohl sie längst von Unternehmern und Schwarzhändlern umgangen wurden, in den Stadtstaaten sowie in mehreren Fürstentümern und Monarchien eine gesellschaftliche Macht, und erst mit der Reichsgründung 1870 gaben sie endgültig den Geist auf. Die Frage nach ihrer Berechtigung kam noch einmal in einer allgemeinen Debatte über die »Gewerbefreiheit« aufs Tapet. Auf der einen Seite standen die Liberalen und die Großunternehmer, die der Ansicht waren, Deutschland könne sich gegen seine modernen Konkurrenten nur behaupten, wenn die Menschen die Freiheit hätten, nach eigenem Gutdünken zu arbeiten, den Ort zu wechseln und sich niederzulassen. Was nützte eine deutsche Zollunion, wenn Waren passieren durften, Menschen aber nicht? Wozu diente das Recht, eine Fabrik zu eröffnen, wenn es keine Arbeitskräfte gab? Auf der anderen Seite standen die Konservativen sowie die kleinen Händler und Handwerker mit ihrer Angst vor den neuen Unternehmensformen wie Fabriken und Kaufhäusern. Die Männer der Moderne (unter ihnen die Juden), der freie Markt, die ungehinderte Konkurrenz, der neue Reichtum – so sah für sie der Feind aus.

Diese Versuche, die Zukunft zu blockieren, waren in einem Deutschland, das immer noch nach Macht strebte, zum Scheitern verurteilt. Macht, das hieß Antriebs- und Arbeitsmaschinen, moderne Technologien und die damit verbundenen Neuregelungen. Unerbittlich neigte sich die Waagschale zugunsten der Veränderungsapostel. Eine kurze Atempause erhielten die Zunftanhänger nur 1848/49, als die Revolutionsunruhen ihnen Gelegenheit gaben, ihre lokale Macht auszuspielen. Sie versuchten, die längst aufgegebenen oder vernachlässigten Beschränkungen in Sachen Berufseintritt und Freizügigkeit wieder in Kraft zu setzen, aber vergeblich, und zwar vor allem, weil dieses reaktionäre Unterfangen als Schlag gegen die herrschende Ordnung betrachtet wurde. Im übrigen hatte das aufstrebende Handels- und Industriebürgertum gar keine Lust, zum Mittelalter zurückzukehren.

 Der Damm brach zuerst im relativ rückständigen Österreich. Das Handelsministerium äußerte in einem Bericht ganz unumwunden, für die österreichische Industrie, die sich seit dem Wegfall des Schutzzollsystems in jeder Hinsicht der ausländischen Konkurrenz zu erwehren habe, sei die Gewährung uneingeschränkter Freizügigkeit nicht mehr nur eine Frage des Fortschritts und größeren Wohlbefindens, sondern eine notwendige Bedingung ihrer Konkurrenzfähigkeit.[24] Die Regierung, die immer noch Zweifel in diesem Punkt hegte, mußte sich durch die militärischen Niederlagen in Norditalien von der Dringlichkeit der Reform überzeugen lassen. Der Krieg, zumal einer ohne Erfolge, verhilft zu gezielterem Nachdenken. Am 20. Dezember 1859 verkündete eine kaiserliche Urkunde die unternehmerische Freiheit in allen Hoheitsgebieten der Habsburger. Diese Maßnahme war ansteckend. In allen deutschen Staaten begann das System der korporativen Gewerbeaufsicht zusammenzubrechen. Im Jahr 1870, als das Reich gegründet wurde, war die Schlacht vorüber.[25]

*

Grenzen und Schranken

Eine dritte Hinterlassenschaft des Mittelalters in Sachen Handelsbeschränkungen war das außerordentlich komplizierte Geflecht von Eingriffen in den Transport- und Reiseverkehr: Fluß- und Hafenzölle; Mautgebühren für die Landstraßen; Einlaßgebühren an den Stadttoren (»Ochsen und Juden: 4 Pfennig«); dicht aufeinanderfolgende Zollschranken aufgrund des Gewirrs politischer Grenzen, von denen auch Enklaven und Exklaven umgeben waren; zahllose Freistellungen und Lizenzen, die ebensosehr durch Verstoß wie durch Befolgung gewürdigt wurden.

Die meisten Wege- und Wasserzölle gingen auf Zeiten politischer Instabilität und allgemeiner Unsicherheit zurück, in denen die staatlichen Behörden nicht verhindern konnten, daß Reisende von Raubrittern und Gerichtsständen zur Kasse gebeten wurden. Ist so etwas aber erst einmal da, läßt es sich kaum wieder abschaffen. Was alle respektierten, waren die althergebrachten Ansprüche, denn jeder hatte welche – oder wollte sie haben. Selbst wo staatliche Autorität herrschte und es für Steuererhebungen einer Genehmigung bedurfte, galten die Gebühren, die zu erheben man das Recht hatte, nicht als Preis für Dienstleistungen oder Einrichtungen, sondern als eine zusätzliche Einnahmequelle, also als Gunstbeweis, den man beantragen oder kaufen mußte. Erzählt wird etwa von einem mittellosen und zudringlichen Pfalzgrafen, der in seinem Antrag auf Zollrecht alle Register zog: »So erbarme es Gott und helf uns und unseren armen unerzogenen sechs Kindern und unserer Gemahlin schweren und schwangeren Leibes.«[26]

Diese Zölle dienten also nicht der Verbesserung und Instandhaltung der Verkehrswege, sondern waren reiner Wucher; und zumal auf den Wasserstraßen waren sie so einträglich, daß Transportunternehmer, sogar bei Massengütern, die im Verhältnis zum Gewicht nur geringen Wert haben, oftmals gezwungen waren, Landstraßen zu benutzen, auch wenn man dort nur schlecht und langsam vorankam. Gleichermaßen kostspielig waren die durch Kontrollen und bisweilen auch Umlademaßnahmen verursachten Aufenthalte – eine Form der Arbeitsbeschaffung und ein Vorwand für weitere Forderungen.

Daß diese als Beamte verkleideten Räuber es auf Höchstgewinne abgesehen hatten, läßt sich daraus schließen, daß sie die Leute über ihre Gebührensätze bewußt im unklaren ließen. Selbst wo es feste Tarife gab, achteten die Zolleintreiber sorgfältig darauf, diese nicht öffentlich zu machen, damit sie je nach Gelegenheit auch mehr fordern konnten.[27] (Solche Transaktionen begünstigten die besonders Schlauen und trennten die, die »feilschen« konnten und ein schnelles Mundwerk hatten, von den Unbedarften – faktisch ein Selektionsprozeß.) Das gesamte System sollte zur Bestechung einladen, wozu sogar eine Eß- und Trinkrunde für die Jungs gehören konnte, die freilich nie dazu führte, daß das nächste Schiff ungeschoren davonkam.

Es versteht sich von selbst, daß weder Barone noch Stadträte der Umgebung, die von diesen Einnahmen profitierten, den Wunsch verspürten, darauf zu verzichten, indem sie den Handel erleichterten und die wirtschaftliche Initiative förderten; vielmehr war der zunehmende Handelsverkehr nur ein Anstoß zur weiteren Erhöhung der Tarife. Diese Erhöhungen wurden regelmäßig mit Protest- und Wehgeschrei quittiert; aber niemand war in der Lage, einen noch so kleinen Betrüger zu schnappen; es gab einfach zu viele Glashäuser, als daß jemand Steine hätte werfen können. Daher führte die industrielle Entwicklung zunächst einmal dazu, daß die Schranken noch höher wuchsen.

Eine Gegenkraft gegen derlei Gaunereien war vom siebzehnten Jahrhundert an die Zentralisierungstendenz der europäischen Monarchien. Zu den Hauptzielen der neuen Bürokratien gehörte es, mit den ganzen Abgaben und Verkehrsstörungen aufzuräumen, die nicht bloß als Handelsbeschränkungen und daher Hindernisse für Steuereinnahmen galten, sondern auch als Wilderei, als *lèse-majesté*. Die Briten hatten in dieser Hinsicht wenig zu tun: Ihre Inlandszölle waren schon im fünfzehnten Jahrhundert weitgehend verschwunden; deshalb hatten sie den größten Binnenmarkt in ganz Europa. Frankreich mußte größere Anstrengungen unternehmen, und der große Minister Colbert erließ eine Verordnung nach der anderen, um dieses Erbe der Unordnung abzuschaffen; was wenig nützte. Auch hier griff hundert Jahre später die Revolution ein und räumte die Überreste eines verschlissenen Regimes beiseite.

Deutschland, dessen wucherndes Zollsystem eine Umschreibung für Wahnsinn war – *furiosa Teutonicorum insania* –, machte den Weg sehr viel langsamer frei, teils einfach wegen der Größe der Aufgabe, teils wegen der extremen territorialen Zersplitterung: 38 verschiedene Gebührenordnungen im Jahre 1815; Tausende von autonomen Einheiten, bis hinunter zu Kleinstädten und Landgütern. Nur mit Machtpolitik – den preußischen

 Daumenschrauben – und Chauvinismus war hier etwas auszurichten, und auch dann noch machte es Mühe. Den verstockten Konservativen mußte demonstriert werden, daß es teurer war, sich draußen zu halten, als mitzumachen. Verträge und Verhandlungen im Gefolge der Napoleonischen Kriege befreiten den Schiffstransport auf dem Rhein von alten Schranken, und eine Reihe immer größer werdender Zollunionen, die schließlich im Zollverein von 1834 gipfelten, ermöglichten im größten Teil des Landes relativ ungehinderten Handel. Ich sage »relativ«, weil selbst dieser Zustand noch viel zu wünschen übrigließ. Einige der deutschen Staaten wurden erst in den sechziger Jahren und dann 1870 gegen zähen Widerstand gewonnen. Die alten Hansestädte Frankfurt und Hamburg, die mit Stolz auf eine lange Geschichte zurückblickten, jaulten vor Schmerz; aber in diesen Dingen gilt immer noch La Fontaines Devise: *La raison du plus fort est toujours la meilleure*, oder: Macht schafft Recht.

Wie verbissen Menschen sein können, denen anderer Leute Gewerbe ein Dorn im Auge ist, übersteigt jede Vorstellungskraft. Nehmen wir die Schelde, einen Fluß, der in Nordfrankreich entspringt und durch eines der wohlhabendsten Industriegebiete der Welt, vorbei an Tournai, Gent und Antwerpen, bis zum Meer fließt. Der Zufall der Geschichte will es, daß ein wenig unterhalb Antwerpens die Mündung des Flusses nach Holland hineinreicht, und dieses Land erhielt im 1648 geschlossenen Friedensvertrag von Münster das Recht, sie für durchfahrende Schiffe zu sperren. Mehr als zweihundert Jahre lang tat es das auch, mit dem Ziel, Antwerpen als Seehafen zu ruinieren und durch Rotterdam zu ersetzen – was keine Kleinigkeit ist. Doch fünfzehn Jahre lang, von 1815 bis 1830, gehörten beide Städte zu den Niederlanden, so daß theoretisch die alten Rechte hätten wegfallen müssen. Weit gefehlt: Als Belgien sich 1830 abspaltete, pochte Holland wiederum auf sein Recht und brachte die anderen interessierten Mächte dazu, seine dem internationalen Handel aufgebürdeten Abgaben zu dulden. Erst 1863 konnte Belgien sich nach langwierigen Verhandlungen von diesem überzogenen Zoll freikaufen, wobei jede der an dem Geschäft interessierten Mächte ihren Anteil übernahm.

Die einzige Ausnahme von diesem Rationalisierungs- und Vereinheitlichungsprozeß bildeten die hartnäckig sich haltenden Zollschranken an den Stadttoren (der von den Franzosen so genannte *octroi*). Man fand sie bis ins zwanzigste Jahrhundert hinein; selbst die Eisenbahn hatte ihnen nicht den Garaus machen können (bei der Ankunft mußte man immer mit einer Gepäckdurchsuchung rechnen). Den Durchbruch schaffte das Automobil: Mit steigender Zahl der Fahrzeuge wurde es immer schwieriger, sie an den Stadtgrenzen aufzuhalten und ihren Inhalt zu überprüfen; oder, wie im Paris der zwanziger Jahre, die Autos beim Herausfahren und bei der Rückkehr zwangsweise einer Kontrolle des Tankinhalts (mit dem Meßstab) zu unterziehen. In Florenz allerdings gab es noch in den sechziger Jahren Straßenschilder, die die aus der ländlichen Umgebung der Stadt kommenden Autofahrer aufforderten, mitgeführte Waren wie Wein und Zigaretten zu verzollen. Soweit ich persönlich feststellen konnte, hat weder jemand angehalten, noch wurde jemand angehalten; aber ich war nur kurze Zeit dort.

In Rußland sahen die Probleme ganz anders aus. Schon der Transport selber war mit Schwierigkeiten verbunden, und das lag nicht an Zollgebühren. Es lag an der Natur. Auf dem flachen Land war der Gütertransport im Winter leichter zu bewerkstelligen als im Sommer. Schnee und Eis waren glatt; die Straßen waren es nicht. Für Massengüter (wie Getreide oder Holz) boten sich die Wasserstraßen an. Aber die russischen Flüsse fließen alle in Nord-Süd-Richtung, und der größte Teil des Verkehrs verlief in Ost-West-Richtung. Der Feind war hier die Kälte: Im Süden blieben die Flüsse neun Monate im Jahr eisfrei und schiffbar, im Norden nur sechs Wochen. Verpaßte man den entscheidenden Zeitpunkt, dann verdarb die Ware, dann rosteten die Maschinen, dann wurde aus Brachliegen völliges Vergessen.

Wie entscheidend institutionelle und kulturelle Hindernisse für die wirtschaftliche Entwicklung waren, zeigt sich deutlich an der völlig anders gearteten Erfahrung der europäischen Peripherie – der am Rand, außerhalb des west- und mitteleuropäischen Industrialisierungskerns gelegenen Gebiete; und zugleich an den Unterschieden zwischen ihnen: zwischen jenen Ländern und Regionen, die aufholen konnten, und denen, die noch immer hinterherhinken.

Beginnen wir im Norden. Skandinavien, im achtzehnten Jahrhundert noch hoffnungslos arm, dafür intellektuell und politisch reich, hat die Methoden der modernen Industrie erst spät gelernt, sie sich dann aber, als es erst einmal damit begonnen hatte, rasch angeeignet. Wie sich das auf die Löhne und Gehälter auswirkte, erhellt der statistische Überblick (siehe Tabelle 16.2).

Tabelle 16.2.
Geschätztes reales BIP pro Kopf der Bevölkerung in europäischen Ländergruppen, 1830-1913 (in US-Dollar von 1960; ungewichtete Mittelwerte pro Gruppe)

	1830	1860	1913
Kern-Industrieländer	268	402	765
Skandinavien	219	297	682
Skandinavien ohne Finnland	228	315	735
Sonstige Randländer	215	244	343

Kern-Industrieländer: Deutschland, Frankreich, Italien, Niederlande, Österreich (außer 1830), Schweiz, Vereinigtes Königreich.

Skandinavien: Dänemark, Finnland, Norwegen, Schweden.

Sonstige Randländer: Bulgarien, Griechenland, Portugal, Rumänien, Rußland, Serbien, Spanien, Ungarn (außer 1860). Die Zahl von 1830 gilt nur für Portugal und Rußland.

Quelle: Pollard, »The Peripheral European Countries«, nach Bairoch, »Main Trends in National Economic Disparities«.

 Diese beeindruckende Leistung war nur möglich, weil sie kulturell vorbereitet wurde. Die skandinavischen Länder, die an der europäischen Geistes- und Wissenschaftsgemeinschaft als gleichrangige Partner beteiligt waren, konnten einen hohen Alphabetisierungsgrad und ein erstklassiges höheres Bildungswesen vorweisen.[28] Überdies entwickelten sie sich in einem Klima politischer Stabilität und ungestörter öffentlicher Ordnung. Während sie in früheren Zeiten zu den besonders kriegerischen Völkern Europas gehört hatten – man denke an die Wikinger-Piraten des Mittelalters oder die imperialen Gelüste Schwedens im siebzehnten Jahrhundert –, waren sie nun extrem friedlich und, verglichen mit den Völkern des Südens, geradezu phlegmatisch geworden. Eigentumsrechte waren gesichert; die Bauern waren zum Großteil frei; und das Leben war ein endlos sich dehnendes Band aus trübsinniger Schufterei, hin und wieder unterbrochen von gewaltigen Trinkgelagen und Sonnenschein.

Skandinavien war bereit. Schon im achtzehnten Jahrhundert kündigte sich der spätere Unternehmergeist an: in Schweden mit den Maschinen und genialen Arbeitsgeräten von Polhem; in Norwegen mit den Kobaltbergwerken und -raffinerien, die den europäischen Glas- und Porzellanwerken von Wedgwood bis Meißen ihre glänzenden blauen Farbstoffe lieferten. Viele handwerkliche Produkte waren einfach und verglichen mit denen der südlicher gelegenen Länder rückständig, aber Skandinavien holte den Rückstand bei Werkzeugen, Instrumenten und Technik schnell auf. Nichts zeigt das besser als die Uhrenherstellung: Gegen Ende des achtzehnten Jahrhunderts fertigten die besten dänischen und schwedischen Uhrmacher Geräte, die sich mit denen aus London und Genf messen konnten; und dabei waren sie einheimische Handwerker, nicht etwa emigrierte Westeuropäer wie in Konstantinopel, Moskau und Peking.

Aufbauen konnte Skandinavien auf freier Unternehmerinitiative und schneller Marktreaktion, auf dem Export von Massengütern in fortgeschrittenere Industrieländer, auf der Investition dieser Einnahmen in eine zunehmend diversifizierte Produktion. Die großen Exportgüter waren Holz, Kupfer, später dann Eisenerz; aus Dänemark kamen in erster Linie Agrarprodukte. Immer war die Weiterentwicklung vom Rohstoff zum Fertigprodukt möglich – vom Holzklotz über das Brett zum Papier, vom Eisenerz über Roheisen zum Schmiedeeisen, von rohem Fisch zu konserviertem und eingelegtem Fisch, von Milch zu Sahne, Butter und Käse. Gefördert wurde das zum Großteil durch Verbesserungen im Transport- und Bankwesen, und sowohl der Staat als auch das ausländische Kapital spielten hierbei eine Rolle. Aber früh schon exportierte Skandinavien – in Gestalt seiner Emigranten – selber Know-how: ins zaristische Rußland zum Beispiel, wo Alfred Nobel zu den Pionieren der frühen Erdölindustrie gehörte. In Rußland hatte der Staat jahrhundertelang die Industrialisierung immer mal wieder vorwärtsgeschubst, aber nur unter Pusten und Schnaufen und ständiger Auspressung des Volkes; die Skandinavier hingegen starteten den Prozeß ganz behutsam, und dann glitten sie einfach davon.

Man vergleiche damit die späte industrielle Entwicklung der Mittelmeerländer, insbesondere Italiens, Spaniens und Portugals. Sie alle mußten durch religiöse und geistige Intoleranz schwere Schläge einstecken, und alle wurden von politischer Instabilität heimgesucht. Spanien, dem Namen nach eine Einheit, wurde wie eh und je von regionalen Autonomiebestrebungen zerrissen, und die Schwäche der Zentralgewalt ermunterte zu Überfällen von außen und dynastischen Ansprüchen von innen, so daß es immer wieder zu Revolutionen und Bürgerkriegen kam. Portugal, das zu festerer Einheit verwachsen war, sah politisch ganz ähnlich aus, mit dem Unterschied, daß die Monarchie nach Brasilien fliehen und dort auf bessere Zeiten warten konnte. Italien blieb ein zersplittertes Land: Die Lombardei war bis 1860 und Venedig bis 1866 in der Hand der Habsburger (Österreicher); das Königreich beider Sizilien (Neapel und der Süden) blieb bis 1861 unter Bourbonenherrschaft; der Kirchenstaat und Rom wurden bis 1870 vom Klerus regiert.

All diese Länder waren arm, in ihrer Entwicklung behindert, weil die dürftigen und unregelmäßigen Niederschläge zu weit geringeren landwirtschaftlichen Erträgen führten als in den wasserreichen Ländern Nordeuropas. Spanien war am schlechtesten dran. Es gibt eine fiktive Grenze zwischen dem feuchten Nordeuropa und dem trockenen Süden (ober- und unterhalb 750 mm Niederschlagsmenge pro Jahr), die Portugal und Italien in ungefähr gleiche Hälften teilt; Spanien hingegen liegt zu 90 Prozent im trockenen Bereich, und ein Großteil des feuchteren Landesteils ist gebirgig und landwirtschaftlich nicht nutzbar. Nimmt man noch Spaniens durchschnittliche Erhebung über den Meeresspiegel und die damit verbundenen Temperaturunterschiede hinzu, so ergibt sich das Bild eines für den Getreideanbau sehr ungünstigen Landes.[29]

Man hätte meinen können, solche armen Gegenden kämen – à la suisse – bestens für ländliche Heimindustrie in Frage, aber die Iberische Halbinsel verfügte über zuwenig unternehmerische Initiative und technische Fertigkeiten, einschließlich der Fähigkeit, zu lesen und zu schreiben. All das fehlte bereits seit Jahrhunderten; es ging auf religiösen Fanatismus und gegenreformatorische Verdummung der Menschen zurück und verhinderte jene Diversifikation, die einen Ausgleich für unfruchtbaren Boden und Armut hätte bieten können.[30] Ein Vergleich der Alphabetisierungsraten muß zwar ungenau bleiben, zumal weil in jedem Land andere Definitionen und Kriterien zu finden waren. Gleichwohl ist unbestreitbar, daß zwischen dem Mittelmeerraum und Nordeuropa in diesem Punkt eine große Kluft bestand. So waren um das Jahr 1900, als es in Großbritannien nur noch 3 Prozent Analphabeten gab, in Italien noch 48, in Spanien 56 und in Portugal 78 Prozent der Menschen des Lesens und Schreibens unkundig.[31] Die früheren religiösen Verfolgungen – mit Massakern, Menschenjagd, Vertreibung, Zwangskonversion und selbstauferlegter geistiger Isolation – erwiesen sich als eine Art Erbsünde. Deren Nachwirkungen verschwanden erst im zwanzigsten Jahrhundert – und selbst dann nicht immer.[32]

(Es versteht sich von selbst, daß dieses harte Urteil nie nach dem Geschmack der spanischen Eliten war, weder der politischen noch der intellektuellen Führungskräfte des Landes. Niemand hört gern [oder wird gern daran erinnert], daß sein Versagen auf eigene Schwächen zurückgeht oder daß sein Stolz sich eher Lastern als Tugenden verdankt. Daher der wiederholte Versuch spanischer und hispanophiler Wissenschaftler, das historische Verdikt als »Schauermärchen«, als Beleidigung durch übelwollende Menschen zurückzuweisen. Doch die Tatsache des »Niedergangs« bleibt bestehen und verlangt eine Erklärung: Der Rückstand von mehr als drei Jahrhunderten hat bei Einkommen und technischen Errungenschaften einen hohen Preis gefordert.)

Ausnahmen von diesem allgemeinen Los bildeten einige wenige Zentren, die sich anders als der Rest der Halbinsel als (einigermaßen) anpassungsfähig herausstellten. In Spanien war es zuerst Katalonien; bereits im achtzehnten Jahrhundert ging es zur Mechanisierung der Textilindustrie über. Dann folgte das Baskenland, wo die Förderung von Bodenschätzen, vor allem von Eisenerz im späten neunzehnten Jahrhundert, Geld und Handel anzog. Der größte Teil dieses Eisens ging freilich zur Verarbeitung ins Ausland; in der spanischen Industrie fand es nur wenig Verwendung.

Italien kam schneller voran, besonders in der Poebene (in der von den Habsburgern beherrschten Lombardei) sowie in und um Genua. Venedig und Florenz hingegen, einst blühende Industrie- und Handelszentren, waren bereits dabei, zur reinen Touristenattraktion zu werden – zu bloßen Anhäufungen von Geschäften und Hotels und zu lebenden Museen. Kein Reisender kam um sie herum. (Dieser Zustand dauert bis heute an, und Venedig mußte den Zustrom von Menschen bereits einschränken.) Die Einigung Italiens 1870 änderte kaum etwas an der alten Aufteilung von Arbeit und Reichtum. Der Norden, insbesondere die Lombardei und Piemont, waren eine Mischung aus Landwirtschaft und Industrie, aus Flußmündung und Ebene. Der Süden, der sogenannte *mezzogiorno* (Mittagsland), blieb eine Wildnis, in der auf kargem Hochland und riesigen Latifundien der harte, trockene Boden mühsam bearbeitet wurde. Die analphabetischen Bauern – meist Pächter, die ihren Pachtzins in Naturalform zahlten, und landlose Arbeiter – unterwarfen sich den örtlichen Standespersonen: Alt- und Neureichen, die ihren Dünkel (als »Respektsperson«) hätschelten und einen Lebensstil pflegten, der an die Zeiten des Ancien régime erinnerte.[33] Das Hauptexportgut des Mezzogiorno waren Menschen: Emigranten, die in die Neue Welt (vor allem in die Vereinigten Staaten und Argentinien) und nach dem Zweiten Weltkrieg in den Norden Italiens gingen. Und selbst der Norden schickte seine Kinder ins Ausland, zumeist in die reicheren Industriegebiete nördlich der Alpen. Die Franzosen zum Beispiel holten in den achtziger Jahren des neunzehnten Jahrhunderts viele italienische Immigranten zur Arbeit in die neu eröffneten lothringischen Eisenbergwerke und -hütten.

Trotz hoher Subventionen von seiten der italienischen Regierung und mittlerweile von der Europäischen Union ist der Süden rückständig geblieben. Das Land ist übersät mit stillgelegten Betrieben, Bauruinen und Straßen, die im Nichts enden. Dieser Sumpf aus Scheitern und Hoffnungslosigkeit zeugt von tiefgreifenden Fehlentwicklungen: Bildungsmangel, Vorurteilen, Gemeinschaftsbedürfnis, organisierter Kriminalität. Noch heute zahlt der Süden den Preis für die Sünden von gestern. Viele Norditaliener empfinden soviel Abscheu gegen den Süden, daß sie für Sezession plädieren. Im Klartext heißt das: Vertreibung. Dazu wird es nicht kommen. Nur nüchterne Tschechen lassen die Slowakei gehen.

Osteuropa war wie eine andere Welt. In den slawischen Ländern – insbesondere Rußland – gab es immer noch schlimmste Leibeigenschaft. Der große Reichtum in den Händen eines verschwenderischen Adels bedeutete reduzierte Nachfrage nach den grundlegenden Gütern, die zu einer modernen Industrie hätten führen können. Unter normalen Umständen hätte das autokratische Rußland einfach nur Zeit gebraucht, um es dem Westen gleichzutun: Die Menschen waren Armut gewohnt und wußten nichts von der Außenwelt. Aber Rußland war eine Großmacht mit gewaltigen territorialen Ambitionen. Schon frühzeitig (im sechzehnten Jahrhundert) hatte das Land versucht, vom Westen zu lernen, und sei es nur, um in strategischen Branchen wie der Gummiherstellung autonom zu werden. Als Großmacht brauchte Rußland eine Industrie, und die zaristische Regierung umwarb ausländische Kräfte, die sie dafür bezahlte, daß sie Fabriken gründeten oder sich im Land niederließen und dort arbeiteten. Einzelne Grundherren gestatteten unternehmerisch gesonnenen Leibeigenen, in Handel und Gewerbe tätig zu werden – wobei sie Geldabgaben zu leisten hatten. Das Ergebnis war eine spärlich und ungleich verteilte, in der Entwicklung gehemmte Industrialisierung.

Auch die russischen Unternehmen arbeiteten nicht in derselben Welt wie die westeuropäischen. Sie verkauften ihre Produkte auf dem Binnenmarkt, exportierten wenig oder gar nicht. Sie waren einfach nicht wettbewerbsfähig – weder damals noch späterhin –, schon gar nicht in sowjetischer Zeit. Die Exportgüter der UdSSR gingen ausschließlich in die Satellitenstaaten und in politisch abhängige Länder der Dritten Welt. Gleichzeitig schnellten die Produktionsziffern in die Höhe, und viele glaubten daran. Worauf soll man denn mehr vertrauen: auf Zahlen oder trügerische Beweise? Die Statistiker wären der Wahrheit sehr viel näher gekommen, wenn sie die Produktionsleistung deflationiert, nach realen Marktpreisen und Qualität berechnet hätten.

Noch ärmer und rückständiger als Rußland waren die Balkanstaaten; die meisten ächzten unter dem türkischen Joch, der unfähigen Tyrannei einer Gesellschaft, die noch primitiver war als sie selbst. Lange Zeit hielten sie still, bis sie sich im achtzehnten und neunzehnten Jahrhundert den nationalistischen Virus einfingen und in endlose Befreiungskämpfe (zunächst gegen die Türken und dann gegen andere Balkannationen) verwickeln ließen. Das könnte durchaus ein nobles Anliegen sein; aber da die Identität auf einem unbeugsamen religiösen Glauben beruhte, endete alles in Haß und Unvernunft. Sehr schlecht für wirtschaftliche Betätigung oder Entwicklung.

Diese Gesellschaften brachten es aus sich heraus zu keiner unternehmerischen Initiative. Handel und Geld lagen in den Händen von Griechen, Juden, Armeniern und Deutschen. Diese Außenseiter waren nicht beliebt – nicht bloß weil sie reich wurden durch Kaufen und Verkaufen (also nicht durch harte Arbeit), und zwar auf Kosten der Bauern und Grundbesitzer, sondern auch weil sie sich in Sitten, Kleidung, Aussehen und Religion von den anderen unterschieden. (Die Außenseiter ihrerseits erwiderten die Verachtung, mit Zins und Zinseszins.) Als die Balkanstaaten dann unabhängig wurden und im modernen Sinn Politik machten, taten die Einheimischen alles, um die Fremden zu vertreiben, das heißt die aktivsten wirtschaftlichen Kräfte des Landes zu verweisen. Und das gelang ihnen auch – obgleich die Außenseiter logischerweise gar nicht weggehen wollten. (Diese ungastlichen und feindlich gesinnten Länder boten ja allerlei Möglichkeiten, Geld zu verdienen.)

Noch heute ist der Balkan eine arme Region. Da keine Fremden mehr da sind, bekriegen sie sich gegenseitig und machen für ihr Elend die Ausbeutung durch die reicheren westeuropäischen Wirtschaftsmächte verantwortlich. So läßt es sich leichter ertragen.

Linke Ökonomen und Wirtschaftshistoriker haben für derlei Erklärungen etwas übrig. Ihr Denkmuster heißt: Zentrum und Peripherie, reiches Zentrum und darum herum die abhängigen Gebiete. Aber diese Metaphorik ist nicht einschlägig; Europas Entwicklungsgefälle verlief von West nach Ost und von Nord nach Süd, von Völkern mit Schulbildung zu Analphabeten, von repräsentativen zu diktatorischen Regimen, von Gleichheit zu Hierarchie und so fort. Nicht Rohstoffe oder Geld wurden entscheidend, auch nicht schlechte Behandlung durch Dritte. Entscheidend wurde, was innen drin war – Bildung, Wertvorstellungen, Initiative. Freiheit haben diese Völker mittlerweile genug. Sie wußten nur nicht, was sie damit anfangen sollten.

*

»Das Bajonett ist ein braver Kerl«

In der ersten Hälfte des neunzehnten Jahrhunderts war die Standardwaffe der russischen Infanterie eine Vorderlader-Muskete mit Steinschloß und glattem Lauf, die eher an die Waffen des vorangegangenen Jahrhunderts erinnerte. (Da war schon Daniel Boone mit seiner Kentucky-Büchse besser ausgerüstet.) Das russische Modell von 1828 verwendete ganz wie seine Vorläufer runde Kugeln und konnte ab etwa 200 Metern nicht mehr genau treffen. Die in den westeuropäischen Armeen benutzten Hinterlader galten als ungeeignet – zu kompliziert und nicht robust genug für die offene Feldschlacht. Außerdem bereiteten sie der russischen Rüstungsproduktion zu viele technische Schwierigkeiten.

Mit dieser Rückständigkeit vertrug sich die russische Armee als ganze sehr gut. Erstens lag die Waffenbeschaffung beim jeweiligen Regiment, und die Offiziere gaben ihr Geld lieber für Essen und Trinken aus. (Als Männlichkeitstest war das Trinken beliebter als das Kämpfen.) »Die Regimenter versuchten, sowenig wie möglich für Waffen auszugeben, und für die Beschaffer waren die regelmäßigen Reisen zu schmutzigen Staatsarsenalen und weit entfernten kleinen Rüstungsfabriken eine regelrechte Bestrafung.«[34] Die Waffenhersteller ihrerseits gaben den Käufern genau das, was sie suchten – soundso viel Stück, gute, schlechte und mittelgute. Ramschkäufe versuchte der Staat dadurch zu verhindern, daß er Waffeninspektoren einsetzte. Mit wenig Erfolg; die Inspektoren waren Bestandteil des ganzen Systems und hüteten sich, Gutes mit Schlechtem zu vergelten. (Eine ähnliche Einstellung zur Produktion entwickelte sich unter diversen sowjetischen Fünfjahresplänen: Erfülle den Plan, liefere die Einheiten, bezahle die Inspektoren, und zum Teufel mit der Qualität.)

Das Ergebnis waren schlechte Schrauben und Nieten, falsch sitzende Gewehrläufe, verrottete Schäfte, nicht zueinander passende Schloßteile. Im Jahre 1853, kurz vor Beginn der Kämpfe auf der Krim, besaß die Armee des Zaren nur halb so viele Musketen, wie genehmigt worden waren. Und waren schon die Waffen selber schlecht, so machte der russische Soldat sie noch schlechter. Wie der Leibeigene auf dem Land kümmerte sich auch der auf 25 Jahre Einberufene – der Militärdienst war eine Verurteilung zu »lebenslang« – nicht um seine Werkzeuge. Das Gewehr (»ein Vorführgerät«) wurde zur Parade aufpoliert, aber das Fett mußte der Soldat aus eigener Tasche bezahlen; also wenig oder kein Fett. Gewehrkugeln waren teuer – sie gehörten nicht zu den Dingen, die Rußland in großen Massen produzieren konnte –, daher wurden zu Schießübungen Tonkugeln verwendet, die die Gewehrläufe beschädigten. Selbst Offiziere kümmerten sich nicht um ihre Handfeuerwaffen, so daß das Kriegsministerium schließlich empfahl, lieber Pistolen statt Revolver auszugeben. Die Waffenschmiede der Regimenter besaßen weder Ausbildung noch brauchbare Gerätschaften; mit denselben Stemmeisen, Hämmern und Sägen mußten sie Pferde beschlagen, Räder befestigen und Gewehre reparieren.

Regeln halten sich an die Praxis. Angesichts dieser Mängel gelangten die russischen Strategen zu einer systematischen Unterschätzung der Feuerwaffen. Körper – Körper und »Kampfmoral« – schienen ihnen wichtiger zu sein als Waffen, und das Bajonett galt mehr als das Gewehr. »Die Gewehrkugel ist ein Dummkopf«, meinte Marschall Suwarow, »aber das Bajonett ist ein braver Kerl.«[35] Das Bajonett sei sicherer, der Einsatz von Gewehren könne Entschlußkraft und Kampfgeist nur schwächen. Daher sei es ein Fehler, von Vorder- auf Hinterlader umzusteigen. Der Soldat würde bloß eine Menge Munition vergeuden und vergessen, wie er laden soll. Während in anderen Armeen die Feuerwaffen rasant zunahmen, wurde der russische Soldat zur Sparsamkeit angehalten. Diese regimentseigene Ökonomie war ein Spiegelbild der Gesamtgesellschaft: beschwert durch Unwirtschaftlichkeit; Zeit und Kraft auf Nebentätigkeiten (Ackerbau, Holz- und Heusammeln, Bauarbeiten, Transport) vergeudend; voller Angst vor Veränderung.[36]

270 Der Krimkrieg (1854–1856) war ein Desaster. Die Russen verloren, was sie zu verlieren sich am ehesten leisten konnten, nämlich Menschen – sechshunderttausend. Aber die unerheblichen Gebietsverluste schmerzten die Generäle und den Zaren sehr viel mehr. Manche Russen benutzten immer noch Vorderlader mit Steinschloß, während Briten und Franzosen sie mit ihren Perkussionsbüchsen, die die drei- oder fünffache Reichweite besaßen, einzeln abschossen. Selbst die russischen Generäle waren eine leichte Beute. Nicht daß die Alliierten ein Muster an Tötungseffizienz gewesen wären. Sie hatten selber mit mangelhaftem Nachschub und fehlender Hygiene zu kämpfen (ihr größter Feind war die Krankheit) und erlaubten sich ein gerüttelt Maß an schwachsinnigen Befehlen (damals war es in der britischen Armee noch üblich, daß Offizierspatente gekauft wurden), wie es Tennyson in »Charge of the Light Brigade« liebevoll verewigt hat.

Aber die Russen waren schlimmer.

17

Zum Geldverdienen braucht man Geld

Wir wissen jetzt also, wie die »erste Industrienation« es gemacht hat. Langsam und sachte. England zog sich eine Fabrikarbeiterschaft heran und akkumulierte gleichzeitig Kapital. Damals, in den Anfängen, waren Maschinen in aller Regel klein und billig. Produziert wurde in bescheidenem Maßstab. Ältere Gebäude konnten für industrielle Zwecke umgerüstet werden. Kurz, es gab keine hohen Einstiegskosten. Das britische Unternehmen konnte wachsen und gedeihen, indem man frühere Einkünfte in das Geschäft steckte, persönliche Mittel zusammenlegte, von Verwandten borgte, Anlagen mietete. Außer Kreditmaklern wie etwa Notaren spielten finanzielle Hilfsinstanzen eine sehr geringe Rolle. Die Banken beschränkten sich auf die Vergabe kurzfristiger Darlehen zur Unterstützung realer Transaktionen. Zum Teil wurden daraus Kreditlinien, wenn die Geldaufnahme gleich nach Rückzahlung erneuert wurde. In guten Zeiten kamen solche Kreditlinien einem mittel- oder gar langfristigen Kredit gleich. In guten Zeiten. In schlechten Zeiten konnten sie gekündigt oder die Laufzeiten verkürzt werden.

Mit der Zeit änderte sich all das: Die Maschinen wurden größer und schwerer und machten neue Gebäude erforderlich, die auf sie zugeschnitten waren. Mit der Verbesserung der Verkehrsmittel nahmen Größenvorteile und Produktionsleistung zu. Doch das britische Unternehmen war reich genug, um diese Ausgaben aus eigener Tasche zu bestreiten; wo nicht, wurden in aller Regel weitere Gesellschafter hinzugezogen.[1] Aber selbst England mußte spezielle Wege zur Finanzierung von öffentlichen und quasi-öffentlichen Projekten wie Hafenanlagen, Kanälen und Eisenbahnen finden. Da die sogenannte Bubble Act, das 1720, nach dem Zusammenbruch der berüchtigten Südseespekulation verabschiedete Gesetz, die Bildung eines Gesellschaftskapitals mit frei übertragbaren Anteilen untersagte, gingen die Großprojekte in aller Regel an riesige Gesellschaften, deren Vermögenswerte an Treuhänder übertragen wurden. Keine glückliche Lösung in einem Wirtschaftsleben, in dem jeder unbeschränkt, »bis zum letzten Pfennig« haften mußte. Daß an diesem Zustand ein Jahrhundert lang gesetzlich kaum etwas verändert wurde, zeugt freilich von der Solidität dieser Unternehmungen und der allgemeinen Vitalität der britischen Ökonomie. (Ich unterstelle hier, daß bei tatsächlichem Bedarf an einer Finanzierung durch die Banken eine so für wirtschaftliche Interessen aufgeschlossene Gesellschaft wie die britische die Gesetzgebung geändert hätte.)

Im neunzehnten Jahrhundert, als alles kostspieliger und das Risiko größer wurde, war das effektivste Verfahren zur Mobilisierung von Kapital die staatlich konzessionierte Kapitalgesellschaft mit beschränkter Haftung –

 staatlich konzessioniert, weil die beschränkte Haftung nur von der Krone oder dem Parlament gewährt werden konnte. Diese riesigen, halbstaatlichen Unternehmen nahmen nie einen langfristigen Bankkredit auf, weil keine Bank groß genug dafür war. Die Konzessionsurkunde der Bank of England sah vor, daß keine andere Bank aus mehr als sechs Gesellschaftern bestehen dürfe. Erst im Jahre 1826 wurden Aktienbanken zugelassen, und auch dann nur unter der Bedingung, daß sie mindestens hundert Kilometer von London entfernt lagen; und erst 1833 durften sie sich, sofern sie keine Banknoten ausgaben, innerhalb dieses Radius niederlassen. Doch die neuen Banken unterschieden sich in Größe und Geschäftspolitik kaum von Privatbanken, und nicht einmal die Eisenbahnbauer brauchten ihre Hilfe.

Soweit Großbritannien. Als die ersten europäischen Nachfolgerländer in die Startlöcher gingen (nach 1815), hatte England bereits zwei Menschenalter des Wachstums und der industriellen Entwicklung hinter sich. Dieser Rückstand war zum Teil ein zufälliges Ergebnis der politischen Geschichte, die so eine häßliche Art hat, den ausgeklügeltsten Plänen in die Quere zu kommen. Fünfundzwanzig Jahre Revolution und Krieg von 1789 bis 1815 lenkten die Ressourcen des Kontinents in die Zerstörung statt in den Aufbau und spielten Industrie und Handel übel mit; sie brachten zwar manche Erfindung hervor, verzögerten aber häufig deren Anwendung; sie gaben zwar den Anstoß zu vielen Projekten, behinderten sie dann aber – und letztlich führten sie dazu, daß die europäische Industrie erst nach insgesamt drei Generationen mit der britischen gleichzog.

Nicht daß die Bilanz ausschließlich negativ gewesen wäre. Die Unruhen förderten auch soziale und institutionelle Veränderungen, die der industriellen Entwicklung zugute kamen. Vor allem die Abschaffung der »Feudal«-Abgaben und -Abhängigkeiten in Frankreich bewog (nötigte) andere Länder, nachzuziehen und den Menschen die Möglichkeit zu geben, sich im Raum und über die veralteten Standesgrenzen hinweg frei zu bewegen. Der ökonomische Ertrag dieser Veränderungen kam erst nach dem Frieden. Zu diesem Zeitpunkt war das Aufholen schon schwieriger, aber der potentielle Gewinn entsprechend größer.

Daher haben manche Historiker die These vertreten, Verspätung lohne sich: Man kann Fehlentwicklungen überspringen und mit den allerneuesten Techniken und Materialien anfangen.[2] Aber die Zeit des Hinterherhinkens kostet auch. Und deshalb lohnt es, so schnell wie möglich in die Gänge zu kommen.

Die Nachfolgerländer auf dem europäischen Kontinent ahnten, daß sie weder die Mittel noch die Zeit für ein Wachstum hatten, wie es sich England noch hatte leisten können. Sie nahmen am Wettkampf in derselben Arena teil. Warum sollten sie fünfzig Jahre warten, um den Stand von 1815 zu erreichen? Sie brauchten also mehr Kapital, als England benötigt hatte, und sie wollten es sofort haben. Sie wollten moderne Fabriken, Arbeits- und Antriebsmaschinen. Von etwa 1830 an wollten sie Eisenbahnen, Kanäle, Straßen und Brücken. Wo aber sollten sie das Geld hernehmen?

Vier Möglichkeiten boten sich an: erstens persönliche Investition; zweitens finanzielle Hilfsinstanzen und private Darlehen; drittens staatliche Unterstützung; viertens internationale Kapitalflüsse.

Der Kontinent hatte durchaus seine Reichen. Leider waren die meisten jedoch Großgrundbesitzer, die die unaristokratischen Tätigkeiten in Handel und Industrie verachteten. Ja, viele von ihnen verabscheuten sogar die Landwirtschaft (sie fühlten die Erde lieber durch Pferdehufe hindurch) und stellten auf ihren Gütern Verwalter ein. Die Grundeigentümer lebten von der Grundrente und den Erträgen, manchmal von Kapital. Die Verwalter wurden reich.

Freilich: Ein Teil des niederen und höheren Adels fühlte sich durchaus zur Industrie hingezogen, zum einen weil das Geldverdienen lockte, zum andern weil die Industrie sich als logisches Nebenprodukt aus dem Betrieb der Landgüter und den Hoheitsrechten ergab. Auf den Ländereien befanden sich wertvolle Erzvorkommen oder auch Wälder, die Bauholz für Schiffe, Gebäude oder die im Bergbau verwendeten Stempel lieferten. In Mittel- und Osteuropa hatten sie aufgrund ihrer Verfügungsgewalt über schollengebundene Leibeigene zudem eine jederzeit einsatzbereite Fabrik- (oder Protofabrik-)Arbeiterschaft in der Hand. Manche dieser Adligen wurden denn auch selber zu Industriellen und Kaufleuten. Man denke an Familiennamen wie Desandrouin und Arenberg im Hennegau (dem späteren Belgien), Fürstenberg und Schwarzenberg in Österreich, Wendel in Lothringen (das 1766 zu Frankreich gekommen war), Stroganow und Demidow in Rußland; oder an Herrscher wie etwa den Fürsten Wilhelm Heinrich von Nassau-Saarbrücken (der von 1740 bis 1768 regierte).[3]

Normalerweise arbeiteten die adligen Unternehmer mit bürgerlichen Partnern, die sich durch Stand und Wertesystem besser für die Drecksarbeit – also das Geldverdienen – eigneten. (Adlige können besser Geld ausgeben.) Bisweilen gelang es den Bürgerlichen, dank dieser Geschäftsbeziehungen ihr Familienwappen zu vergolden. Man nehme etwa die Regeln der aristokratischen Eheschließung. Theoretisch heiratete man nur unter Adligen. Was aber, wenn ein Bürger sehr reich war? Dann heiratete man eben in die bürgerliche Familie hinein; und je höher der Rang des Adligen, desto leichter die Mesalliance. (Familien aus dem niederen Adel mußten sich dabei sehr vorsehen.) Manchmal half das Glück nach: etwa wenn ein 33jähriger Fürst Schwarzenberg (guter Name) die 28jährige Alleinerbin eines Kaufmannsvermögens ehelichte. Die Dame starb pflichtschuldigst wenig später, aber dann auch der junge Fürst – natürlich »ohne Nachkommen«. So fiel das Vermögen an den Hauptzweig des Schwarzenberg-Klans, der seinen Unternehmergeist auch weiterhin unter Beweis stellte, nicht nur bei der Wahl der Ehepartner, sondern auch durch Gründung von Industrieunternehmen, Ansprüche auf Grund und Boden sowie die Gründung einer Investmentbank.[4]

Solche Beispiele waren zwar auffällig, hatten aber nichts mit einer industriellen Revolution zu tun. Dazu bedurfte es einer größeren Anzahl von Geldquellen, darunter Banken und anderer finanzieller Hilfsinstanzen.

Als Hauptplus erwies sich geschäftliche Erfahrung. Nach jahrhundertelangem, mal mehr, mal weniger gewinnbringendem Wirken stand ein Netzwerk von Privatbanken bereit (Personen- oder Kapitalgesellschaften), die zusammengenommen reich und in der Lage waren, mittel- und langfristige Investitionen in die Industrie zu finanzieren und ihre Kunden weniger nach Preis und Fristen, als vielmehr nach Gediegenheit, Leistungsfähigkeit und vor allem Beziehungen auszusuchen. Diese Gruppen hielten zumeist an religiösen und kulturellen Zusammenhängen fest: Die hugenottisch-kalvinistischen, sephardisch-jüdischen, deutsch-jüdischen, griechisch-orthodoxen Geschäfts»familien« kannten ihresgleichen – wußten, wem sie trauen konnten und wen sie fürchten mußten, wen sie fragen und mit wem sie arbeiten konnten.[5]

Diese kleinen Firmen hatten einen größeren Geschäftsumfang und Wirkungskreis, als man auf den ersten Blick hätte meinen können. Nicht anders als in England tätigte man die Bankenfinanzierung auf dem Kontinent meist in Form von Kreditlinien, von Darlehen, die zur Unterstützung realer wirtschaftlicher Transaktionen immer wieder verlängert und durch diskontierbare Handelspapiere gedeckt wurden. Doch gab es auch Beispiele für direkte langfristige Finanzierung und für die Beteiligung an Gesellschaften: Das Pariser Bankhaus Rothschild beispielsweise finanzierte die französischen Eisenbahnen sowie französische und belgische Kohlenzechen und Hüttenwerke; die Wiener Zweigniederlassung der Bank trieb den Eisenbahnbau im habsburgischen Hoheitsgebiet voran und investierte in Hüttenwerke und Kohlengruben; und die Pariser Banque Seillière stieg in das Handelshaus von Boigues ein, um 1836 die Eisenhütten von Le Creusot wieder in Gang zu bringen.[6]

Man darf die von diesen alten Handelshäusern geleistete Hilfe nicht unterschätzen. Sie besaßen ein recht gutes Gespür für Gewinnaussichten, und ihr Vermögen beruhte auf Anpassungs- und Variationsfähigkeit. Hinzu kam ihre feine Nase für profitable Heiratsverbindungen, mit denen man sich sowohl Geldmittel als auch Geschäftsbeziehungen verschaffen konnte.[7] Jeder Versuch zu begreifen, wie die Industrielle Revolution in Europa vor der Epoche der Aktiengesellschaften und der Börse aussah, muß diese Familien- und Personenbeziehungen berücksichtigen.

In guten Zeiten konnten aus kurzfristigen oder täglich kündbaren Darlehen langfristige Kredite werden; in schlechten Zeiten konnte ein gefährdetes Unternehmen, dem die Verlängerung solcher Hilfe mißlang, in den Konkurs getrieben werden. Vieles hing von Standfestigkeit und Loyalität des Gläubigers ab, aber der vertrauensvollste und entschlossenste Geldgeber konnte sich zum Handeln gezwungen sehen, wenn andere Banken ihre Kredite zurückzufordern begannen. Genau das ist das Problem des Netzwerks: In Zeiten der Stärke ist es stärker als die Summe seiner Teile; sobald es schwächer wird, verbreitet sich die Schwäche ungehemmt von einem Glied zum nächsten.

Diese kollektive Gefährdung – und der Bedarf an langfristigen Investitionen – führte zur Schaffung einer neuen finanziellen Hilfsinstanz: der Aktien-Investmentbank oder, wie die Franzosen sagen, des *crédit mobilier*. Der erste Anstoß zu solchen Institutionen kam sowohl aus der Staatsverwaltung als auch aus der Geschäftswelt: Schon vor 1820 forderten bayerische Beamte und Kaufleute eine spezielle Bank zur Unterstützung der Industrie. Die ersten funktionsfähigen Institute waren Quasi-Kapitalgesellschaften – die Société Générale in Brüssel und die Preußische Seehandlung in Berlin. Erheblich an Bedeutung gewann die neue Bankform mit dem Beginn des Eisenbahnbaus, der Kapital verschlang wie kein anderes Unternehmen, und zwar ebensosehr für den eigenen Bedarf wie in Gestalt der gigantischen Industrieunternehmen, die er entstehen ließ. Auf diese Weise wurde die Société Générale, zunächst nur eine gemächlich arbeitende Geschäftsbank, in den dreißiger Jahren des neunzehnten Jahrhunderts zur Entwicklungsbank; und in Frankreich entstand eine Vielfalt von *caisses* – Kommanditgesellschaften auf Aktienbasis *(commandites par actions)*, die zur mittel- und langfristigen Unterstützung der Industrie gedacht waren.[8] Warum *caisses*? Die Banque de France legte Einspruch gegen die Verwendung des Wortes *banque* für solche per se riskanten Unternehmungen ein. Daher nannten die Brüder Pereire ihre Bank später Société Générale du Crédit Mobilier und schufen damit einen Gattungsnamen. Wenn man eine Bank nicht Bank nennen darf, muß man sich etwas anderes einfallen lassen, das genauso nach Reichtum klingt.

Früher meinte man, diese neuen Finanzinstitute seien in Opposition zu den älteren Privatbanken entstanden, die ihre eigenen industriellen Interessen hatten. In Wirklichkeit haben die Privatbanken die Entstehung der *crédits mobiliers* aktiv betrieben, und zwar aus guten Gründen. Langfristige Investitionen bedeuteten ein großes Risiko, und die in den Wirtschaftskrisen von 1837–1839 und 1848 erlittenen Verluste und Konkurse bestärkten sie in der Überzeugung, daß es besser für sie sei, ihren Mut durch Umsicht zu beweisen. Man brauchte ja nur das Risiko auf Anteilseigner an gesonderten Firmen zu verlagern und sich, wenn möglich, die Erlaubnis holen, eine Kapitalgesellschaft mit beschränkter Haftung zu gründen.

Nach der allgemeinen Panik der Jahre 1848/49 schien es, als markiere der Crédit Mobilier von Emile und Isaac Pereire einen Neuanfang, und so fand er rasch Nachahmer.[9] Die Anerkennung dieser Bank durch den Staat bedeutete eine ausdrückliche Aufforderung zu industrieller Entwicklung – und ließ neue Männer auf den Plan treten. Der Präsident Louis Napoléon, ein Neffe des großen Napoleon, der schon bald zu Napoleon III. alias »Le Petit« gekürt wurde, wollte sich nicht bloß ein geschichtliches Denkmal setzen, sondern auch ein Gegengewicht zu dem Netzwerk der älteren, vornehmen Privatbanken – der sogenannten *haute banque* – schaffen, die mit dem gerade erst gestürzten Orléans-Regime eng liiert gewesen waren. In derselben Absicht lockerte die neue Regierung alle Bestimmungen, die dem traditionellen Reichtum Vorteile sicherten. Im Jahre 1867 gingen die Franzosen – mit einiger Verspätung dem Beispiel der Briten folgend, die 1856 die uneingeschränkte Gründung von Kapitalgesellschaften zugelassen hatten – zur routinemäßigen Registrierung dieser Gesellschaften über.[10]

Solche Entwicklungsbanken konnten die französischen Investoren nur deshalb gründen und bezahlen, weil das Land bereits über eine Menge privaten Kapitals verfügte. Zum damaligen Zeitpunkt wurden der Crédit Mobilier und seine französischen Nachahmer im Grunde – und im Gegensatz zum historischen Mythos – nicht so dringend gebraucht. Die besten Eisenbahnkonzessionen waren bereits an Konsortien der alten Finanzaristokratie gegangen; der Crédit Mobilier erhielt nur, was noch übrigblieb. Überdies wandten sich die französischen Industriebetriebe kaum an die neuen Investmentbanken, sondern vertrauten sich lieber der Umsicht der Handelshäuser alten Stils an. Ein Unternehmen, das eine langfristige Bankfinanzierung – mitsamt den damit verbundenen Kontrollen und Eingriffen – in Anspruch nahm, war zumeist in erheblichen Schwierigkeiten.[11] Nichts davon half den neuartigen Instituten; 1867 meldete der große Crédit Mobilier Konkurs an.

In Deutschland und weiter im Osten kam die Entwicklungsbank dagegen ganz zu ihrem Recht: Sie gründete und finanzierte Industriebetriebe, überwachte die Produktionsleistung, förderte Innovationen. Diese neuen Institute waren eine Kombination aus Investment-, Geschäfts- und Depositenbank (daher die Bezeichnung »Universalbanken«). Die besten holten sich auch technische Intelligenz heran und fungierten als Beratungsfirmen. Eine solche Aufgabenmischung empfanden britische Bankiers als Verstoß gegen sakrosankte Gesetze. Wie soll man denn kurzfristige oder gar täglich kündbare Kredite gefahrlos mit langfristiger Festlegung von Geldern verbinden? Da ist die Katastrophe doch programmiert!

Daß es möglich war, lag erstens am raschen Wachstum der deutschen Wirtschaft seit den dreißiger Jahren des neunzehnten Jahrhunderts – dabei kommen ja immer alle gut weg – und zweitens an der Vorliebe dieser Banken für »betuchte« Kunden. (Die zwei Grundzüge einer erfolgreichen Bankpolitik sind: erstens das Geld anderer Leute und zweitens Kredite an die Reichen.)[12] Diese Universalbanken entwickelten eine geradezu legendär gewordene Fähigkeit, betuchte Kunden zu finden und die Risiken zu verteilen. Die besten und größten waren die berühmten D-Banken (die so heißen, weil ihre Namen alle mit D beginnen): Darmstädter Bank, Discontogesellschaft, Deutsche Bank, Dresdner Bank. Zwei von ihnen (Darmstädter und Dresdner) begannen in der Provinz und gingen dann nach Berlin; solche Verlegungen des Geschäftssitzes gab es auch in England und Frankreich. Sie verweisen auf die große Bedeutung der örtlichen Industrie und des lokalen Kapitals. Zwischen 1870 und 1913 stieg der Buchwert des Vermögens dieser gemischten Banken von 600 Millionen auf über 17,5 Billionen Reichsmark – von 6 auf mehr als 20 Prozent des industriellen Aktienkapitals.[13] Die meisten Anteile lagen bei der Schwerindustrie. Kleinere Betriebe fanden anderswo Hilfe; die Großbanken machten ihr Geschäft mit Großunternehmen.

Aber was, wenn das Land zu arm war, um die Banken zu finanzieren, die die Industrie finanzieren sollten? Dann konnte sich der Staat einschalten, indem er entweder finanzielle Hilfsinstanzen förderte oder auch selbst investierte und Anteile übernahm. Je weiter man nach Osten kam, desto mehr nahmen staatliche Eingriffe zu. Am unteren Ende dieser aufsteigenden Linie, in Großbritannien, erhielten Unternehmen überhaupt nichts vom Staat; selbst Kanäle und Eisenbahnen wurden durch private Investoren finanziert. Jenseits des Ärmelkanals, in Frankreich, konnten nach 1830 verarbeitende Betriebe nicht mehr mit direkter Hilfe rechnen; beim Eisenbahnbau etwa leistete die sparwütige Bürgerregierung – symbolisiert durch den korpulenten Louis-Philippe mit seinem vorsorglich-schwarzen Regenschirm – hartnäckig Widerstand gegen die Hilferufe der Investoren und Banken. Die Zeiten der Lenkung und Förderung waren vorbei. Der französische Staat suchte private Unternehmer und weigerte sich, Anteile zu kaufen. Andererseits bezahlte er Grund und Boden sowie die Bahnkörper (einschließlich Tunnel und Brücken) und begründete diese erhebliche Hilfe – schon 1848 etwa 18 Prozent der Gesamtkosten – damit, daß nach Ablauf der Konzessionszeit das Streckennetz ja an den Staat zurückfallen werde. Alles in allem – und wenn man noch ein paar staatliche Kredite hinzunimmt – bezahlte die französische Regierung bis 1848 etwas über 25 Prozent der Kosten für den Eisenbahnbau.

In den deutschen Staaten führte die politische Zersplitterung zu einer Vielzahl verschiedener Vorgehensweisen. Die einen fuhren fort, die Industrie zu subventionieren, teils wegen ihres technologischen oder strategischen Stellenwerts, teils zur Aufrechterhaltung der sozialen Ordnung; die Finanzierung der Eisenbahn hingegen reichte von reinen Privatgeldern über Anteilskäufe durch den Staat bis hin zum Bau, Besitz und Betrieb der Bahn durch die öffentliche Hand. Auch in den USA führte die Selbstverwaltung der Einzelstaaten zu einem breiten Spektrum verschiedener Strategien. Da fast jeder Bundesstaat öffentliche Bauarbeiten zu fördern suchte, war Subventionierung die Regel, oftmals in Form von Landvergabe neben dem Bahngelände. In Rußland half der Staat sowohl im Bankwesen als auch in der Industrie, und er baute, besaß und betrieb die Eisenbahnen. Geschäftsinteressen waren genauso verpönt wie topographische Imperative. Typisches Beispiel: der Bau der ersten großen Eisenbahnverbindung von Moskau nach St. Petersburg. Man bat den Zaren, den Verlauf der Linie auszusuchen. Er nahm ein Lineal und zog einen Strich zwischen beiden Städten. Aber dabei stand eine Fingerspitze etwas vor – und so wurde die Linie mit einem einzigen gekrümmten Abschnitt gebaut.

Direkte Subventionen und Hilfen sind aber nur ein Teil der Wahrheit. Die Hand des Staates war überall, auch wenn sich das nicht offen zeigte. Selbst in England stützte und protegierte der Staat den Überseehandel: Das gesamte Land zahlte letztlich die mit kühnen und tollkühnen Privatunternehmungen in fernen Meeren verbundenen Sicherheitskosten. Diese indirekte Subventionierung, die man leicht übersehen kann, spielte eine zentrale Rolle.

In England selbst trat die Förderung der Industrie wie überall auch als Abwehr äußerer Konkurrenz auf. Der spätere Rekord, den die Briten (von etwa der Mitte des neunzehnten Jahrhunderts bis 1930) in Sachen Freihandel gehalten haben, lenkt leicht davon ab, daß sie früher und über sehr viel längere

Europa während der Industrialisierung, um 1850

Die Dichte des Eisenbahnnetzes ist das augenfälligste Kennzeichen für die Zentren und Muster der industriellen Entwicklung in Europa. Am frühesten

industrialisierten sich die Nationen und Regionen, die bereits im Manufakturwesen Erfahrungen gesammelt hatten: Benelux, der Norden und Osten Frankreichs, das Rheinland und das Ruhrgebiet sowie die protestantische Schweiz.

 Zeit durchaus Wirtschaftsnationalismus praktiziert haben – sei es über Schutzzölle, sei es über diskriminierende Schiffahrtgesetze wie die Navigation Acts. Wirtschaftstheoretiker haben überzeugend, ja mit leidenschaftlichem Nachdruck geltend gemacht, daß solche Eingriffe in das Marktgeschehen allen gleichermaßen schaden. Tatsache bleibt aber, daß die striktesten Vorkämpfer des Freihandels in der Geschichte – das Viktorianische England, die Vereinigten Staaten nach dem Zweiten Weltkrieg – in ihrer eigenen Wachstumsphase ebenso strikt protektionistisch waren. Der Ratschlag »Macht es nicht so wie ich damals; macht es so, wie ich es mir jetzt leisten kann« ist nicht immer ganz angebracht.

In Frankreich hat die alte Monarchie neue Industrien und Technologien unterstützt – durch Subventionen und Gehälter, Steuervergünstigungen und Privilegien oder sogenannte Kredite, die nie zurückgezahlt wurden. Wegen dieser Hilfen hatten ehrgeizige Geschäftsleute allen Grund, einflußreiche Männer zu hofieren, und der Hof selbst lud wie ein überreifer Käse zu moralischer Fäulnis und Käuflichkeit ein. Was dem Ganzen realiter Grenzen setzte, war die zunehmende Leere in den Staatskassen; in den achtziger Jahren des achtzehnten Jahrhunderts war das Geld dann völlig ausgegangen. Gleichzeitig fand das Unternehmertum wie in England einen heimlichen Verbündeten im Schutzzollsystem, durch das es vor der Welt jenseits der Landesgrenzen und vor anderen Teilen des Königreiches geschützt wurde. (In den Handelsschranken spiegelte sich, wie Frankreich Stück für Stück sein Territorium vergrößerte.) Diese altbewährte Politik blieb bis 1786 unangefochten; dann handelten Staatsbeamte einen Vertrag aus, der französischen Weinen und Seidenwaren den Zugang zum britischen Markt und britischen Baumwoll-, Woll- und Eisenprodukten den Zugang zum französischen Markt erleichterte.[14] Eine solche Öffnung hätte für die französische Industrie, die auf die neuen Maschinentechnologien noch nicht vorbereitet war, drastische Konsequenzen gehabt. Doch mit der Revolution von 1789 und dem Krieg gegen England 1792 wurde dem Experiment ein Ende gesetzt.

Die Französische Revolution stärkte die Stellung des Staates. Die staatliche Gewalt wurde härter, entschiedener, die Kontrolle zentralisierter. Die Erfordernisse des Krieges gaben der Produktion besonderen Vorrang, Dringlichkeit. Doch der Regierung fehlten die Mittel (Kriege verschlingen das Geld), und die Auflagen des Militärs trugen nur zur Verfestigung alter Technologien bei. Die Unterstützung der Industrie bestand vornehmlich im Transfer von Reichtum – so wurden etwa Vermögenswerte der Kirche von dem militant antiklerikalen Regime konfisziert und an Industriebetriebe verteilt oder zu günstigen Bedingungen veräußert.

Nach der Revolution (von 1798 an) startete der bonapartistische (später napoleonische) Staat ein bescheidenes Programm zur wirtschaftlichen Entwicklung. Erneut wechselte der Reichtum (einschließlich der Kunst) den Besitzer zum einen innerhalb der eroberten Gebiete, zum anderen durch Transfer in das französische Mutterland. Der größte Beitrag zur industriellen Entwicklung – im guten wie im schlechten Sinn – blieb freilich eher versteckt:

die Abschottung des imperialen Marktes gegen britische Importe. Nach 1815 ging das besiegte Frankreich für kurze Zeit zu Laissez-faire und Freihandel über – auch wenn das nur eine Konzession gegenüber den britischen Siegern und eine Reaktion gegen das autoritäre Kaiserreich war. Die Mauer des Protektionismus fiel. Aber sehr bald schon sorgte der Zustrom ausländischer Produkte (vor allem Textilien) wie eine kalte Dusche dafür, daß der nationale Instinkt zu neuem Leben erwachte. Lautstark beschworen die französischen Fabrikherren Chaos und Verwüstung, und prompt beschloß das Parlament (die Chambre des Députés) eine Reihe von Schutzzöllen, einer höher als der andere. Der Import einiger Schlüsselwaren wie Baumwollgarn und Tuch wurde gänzlich verboten. Ob dieser Schutzwall gut für die französische Industrie war, ist umstritten. Er ließ die französischen Verbraucherpreise steigen, drosselte die Nachfrage und schützte überholte Technologien. Aber zugleich ließ er bei den leistungsstärkeren Unternehmen, die innerhalb der schützenden Preishülle florieren konnten, die Profit*rate* in die Höhe klettern.[15] Es gibt eben mehrere Möglichkeiten, Unternehmen dick und rund zu füttern.

Unterdessen diskutierten die französischen Ökonomen, angeregt durch ihre englischen Kollegen, die Vorzüge der Liberalisierung. Mit der Revolution von 1848 schwang das politische Pendel zurück, und nun kehrte man den hohen Schutzzöllen und deren orleanistischen Nutznießern den Rücken. Kaum saß Louis Napoléon im Sattel, nahm der Druck jener Kräfte zu, die ein Ende der Verbote und eine Senkung der Zölle verlangten. Zumindest die Ökonomen hatten keine Angst vor dem Großen Bösen England. Trotz des hartnäckigen Widerstands der Fabrikanten, die Krokodilstränen um ihre Beschäftigten weinten, entschloß sich das kaiserliche Regime zu einer spürbaren Senkung der Zollschranken, zunächst mit geschickt plazierten, im günstigen Moment herausgegebenen Erlassen, dann mit einem englisch-französischen Handelsabkommen (Cobden-Chevalier-Vertrag von 1860), das erst öffentlich zur Diskussion gestellt wurde, als es bereits geschlossen war. (Das ist natürlich der beste Zeitpunkt.) Das Protokoll wurde in sieben großen Quartbänden veröffentlicht und gewährt einen außerordentlichen Einblick in das tief gespaltene französische »Establishment«. So ging das Schutzzollsystem für entscheidende Industrieprodukte (Baumwolltextilien, Schiffe) zu Ende. Und wenn Frankreich sich die britische Konkurrenz leisten konnte, dann war es wohl in der Lage, auch mit weniger entwickelten Ländern zu konkurrieren. In den Folgejahren wurde daher das neue System der Niedrigzölle – nach dem Meistbegünstigungsprinzip – auf weitere Länder übertragen (so 1865 auf den Deutschen Zollverein).[16]

Rußland, das arme Rußland, war der Inbegriff der staatlich forcierten Entwicklung. Antrieb war seit dem sechzehnten Jahrhundert der Drang, den Vorsprung des Westens durch Nachahmung der westlichen Verfahren aufzuholen. Dieser Drang kam eher anfallsweise, teils weil er von oben motiviert war und nicht jeder Zar diese Neigung teilte, teils weil jeder Versuch so viele Kräfte aufzehrte. Und wer zahlte die Rechnung? Der Leibeigene – wer sonst.

 Die von oben initiierte Modernisierung beruhte auf Zwangsarbeit. Langfristig aber zahlte das ganze Land. Die Unfreiheit förderte falsche Einstellungen: dumme Überheblichkeit oben; Habgier und Neid, Wut und Haß unten. Selbst nach der Bauernbefreiung waren diese Einstellungen das Haupthindernis für Rußlands Entwicklung.

Nicht anders als die großen deutschen Banken, die ihr Geld am liebsten in die kapitalintensiven Branchen der Schwerindustrie steckten, unterstützte der russische Staat vornehmlich Bergbau und Metallindustrie und förderte damit die Bildung riesiger Unternehmen – das megalomane Streben nach gigantischer Größe. Die russischen Hochöfen, so lesen wir, waren größer als die deutschen (einige waren es tatsächlich); in ihnen nahm konkret Gestalt an, was nicht wenige für ein Gesetz der Rückständigkeit hielten: je später, desto größer und schneller. (Heute nennen die Ökonomen das Überspringen von Stufen »leapfrogging«, Bockspringen – jede Generation braucht eben ihre Schlüsselwörter, ihren eigenen Jargon.) Und als die staatlich geförderte Industrialisierung erst einmal weit genug gediehen war, konnten mit Hilfe des akkumulierten Kapitals Investmentbanken finanziert werden, die in Funktion und Praxis ihren deutschen Vorgängern sehr ähnlich waren.

Das Resultat war ansehnlich, aber wenig gesichert. Zwischen 1885 und 1900 – und noch einmal zwischen 1909 und 1912 – stieg das russische Industrieprodukt jährlich um fünf bis sechs Prozent. Zwischen 1890 und 1904 verdoppelte sich das Eisenbahnnetz, während die Produktionsleistung der Eisen- und Stahlindustrie sich zwischen 1880 und 1900 verzehnfachte. Zwischen 1860 und 1914 rückte Rußland auf der Liste der weltweit größten Industriemächte vom siebten auf den fünften Platz vor. Keine geringe Leistung, aber sie war lange Zeit in Vergessenheit geraten, weil später, nach den Revolutionen von 1917, die Sprecher der Kommunisten und ihre ausländischen Anhänger die Geschichte umschrieben, um das zaristische Regime zu diskreditieren und alle günstigen Beweisstücke aus der Erinnerung zu tilgen.

Sie hätten sich mit der Verleumdung gar nicht so viel Mühe zu geben brauchen. Das zaristische Rußland hatte unzählige Mängel. Mit seinen Gegensätzen und Widersprüchen war das Land förmlich schizophren: Die breite Bevölkerung genoß eine kümmerliche Schulbildung und war weitgehend analphabetisch, nur hier und da ragten intellektuell und wissenschaftlich brillante Köpfe heraus; der privilegierte und verschwendungssüchtige Adel leistete Widerstand gegen die Modernisierung, auf die er hochnäsig herabsah; die revolutionäre Bewegung huldigte einem fanatischen Radikalismus – ein Nebeneinander von Zobelpelzen und Lumpen, von erlesenem Schnaps und billigem Wodka, von zerbrochenem Kristall in der Offiziersmesse und zerbrochenem Steingut in den Bauernhäusern, den *isbas*. Der Drang nach wirtschaftlicher Entwicklung weckte einen schlafenden Riesen, konfrontierte ihn mit avancierteren Staaten, holte seltsame und verwirrende Technologien ins Land, vergiftete es mit exotischen Traumbildern.

Die Traumbilder fanden schneller Anklang als die Technologien und brachten das Land mit Gewalt aus dem Gleichschritt. Drei Kriege machten dem Regime ein Ende, weil sie die Kluft zwischen Ost und West, Rückständigem und Fortgeschrittenem, Phantasie und Realität unübersehbar werden ließen. Der erste war der Krimkrieg (1854–1856), der vor Augen führte, wie sehr sich eine Armee freier Bürger von einem Heer aus Unfreien unterscheidet; wenig später erfolgte die Bauernbefreiung. Der zweite war die entwürdigende Niederlage gegen Japan (1904/05), bei der Rußland zum ersten Mal einen Rückschlag in seinem Expansionsdrang nach Osten hinnehmen mußte. Diesmal folgten die Einberufung eines Parlaments (der Duma) sowie allgemeine Wahlen – im Prinzip eine gute Idee, aber schlecht für die Autokratie. Der dritte war der Erste Weltkrieg, der Große Krieg, für den Millionen russischer Bauern in den Kugel- und Geschoßhagel gehen mußten. Ganz zu Recht büßte die unfähige Regierung samt der militärischen Führung jede Legitimität ein und wurde gestürzt. Das Geschehen wiederholte auf seine Weise den langwierigen Niedergang Spaniens: Eine *vor*industrielle Großmacht konnte mit den Forderungen und Ansprüchen besser ausgestatteter Nationen nicht fertigwerden. Und genau wie Spanien wußte auch Rußland, was da vor sich ging, aber es reagierte zu zaghaft und zu spät.

Die letzte der vier genannten Geldquellen waren die internationalen Kapitalflüsse. Hier zeigen sich noch einmal die Auswirkungen des Ost-West-Gefälles. England investierte in französische Eisenbahnen, Frankreich und Belgien finanzierten preußische Hüttenwerke und österreichische Banken, Deutschland tat dasselbe mit italienischen Banken und Eisenbahnen auf dem Balkan, und alle legten Geld in russischen Bergwerken und Industriebetrieben an. Allgemein läßt sich sagen: Bei reichlich vorhandenen Chancen floß auch reichlich Geld, und an Initiatoren und Rattenfängern war kein Mangel.

Manche Forscher, die sich mit Wirtschaftsentwicklung und speziell mit der Rückständigkeit der Dritten Welt befassen, versuchen den Rückstand damit zu erklären, daß die reichen Länder nicht willens sind, in die armen Länder zu investieren. Der Vorwurf läßt sich weder historisch noch logisch halten. Unternehmer sind immer »wegen des Geldes dabei«, und Geld verdienen und nehmen sie, wo sie nur können. Natürlich haben sie ihre Präferenzen. Seit eh und je versuchen sie, Risiko zu minimieren und Zufriedenheit zu maximieren; zudem mögen sie mildes Klima lieber als rauhes, nahe gelegene Orte lieber als abgelegene, vertraute Kulturen lieber als fremdartige.

Bisweilen machen sie grobe Fehler. Auch bei größter Sorgfalt und Voraussicht wirft nicht jede Investition etwas ab. Aber das hat weder Unternehmer noch Investoren je daran gehindert, es immer wieder zu versuchen. Nicht Mangel an Geld hält die Entwicklung auf. Das größte Hindernis ist soziale, kulturelle und technologische Unfertigkeit – Mangel an Wissen und Know-how. Mit anderen Worten: die Unfähigkeit, mit dem Geld zu arbeiten.

In den Jahrzehnten, die auf den Friedensschluß von 1815 folgten, verschaffte sich die französische Eisenindustrie Zutritt zur Welt der modernen Technologie. Drei Faktoren kamen zusammen: erstens der Impetus zum Nachholen und Lernen auf technischem Gebiet, vor allem der Übergang zur Koksverhüttung und zum Puddelwalzverfahren auf Kohlenbasis, wo Frankreich mehr als ein halbes Jahrhundert zurücklag; zweitens Verbesserungen im Transportwesen, dank derer es lohnend wurde, die Kohle dorthin zu bringen, wo Eisenerz war, oder umgekehrt; drittens eine gewaltige Nachfrage nach Schmiedeeisen im Zusammenhang mit dem Eisenbahnbau.

Alle drei Faktoren verschafften dem Unternehmen von Le Creusot, dessen Gründung sich größtenteils zufälligen Naturvorteilen (Kohle und Eisenerz in unmittelbarer Nachbarschaft) und königlicher Unterstützung verdankte und das in den achtziger Jahren des achtzehnten Jahrhunderts in Frankreich die Koksverhüttung eingeführt hatte, eine neue Chance. Aber Le Creusot hatte mit mehreren Hindernissen zu kämpfen, in erster Linie damit, daß der Zugang zu den Märkten der eisenverarbeitenden Industrie nahezu versperrt war.[17] Diese Nachteile, gepaart mit unzureichendem Management und den Störungen durch Revolution und Krieg, hatten das Unternehmen erheblich in die Bredouille gebracht. Im Jahr 1835 stellte es, weil es pleite war, die Produktion ein, und ein Großteil der Anlagen rostete vor sich hin.

An diesem Punkt trat eine Gruppe erfahrener Techniker und Kaufleute auf den Plan: Sie legten Wissen, Geld und Geschäftsbeziehungen zusammen, kauften die Überbleibsel der ehemaligen Betriebe auf und machten einen Neuanfang. Die Zusammensetzung dieses Teams verrät eine Menge darüber, was unternehmerische Tätigkeit alles erfordert und wie die Bourgeoisie in Frankreich beschaffen ist.

Spiritus rector dieses Projekts war ein Brüderpaar: Adolphe und Eugène Schneider, Kaufleute, Bankiers, Techniker und Hüttenmeister. Der Vater, Antoine Schneider, war Notar und gehörte zu den führenden Persönlichkeiten in Lothringen. Einer seiner Neffen war unter den ersten Absolventen der École Polytechnique, stieg in der Armee zum General auf und wurde schließlich für kurze Zeit sogar Kriegsminister – eine nützliche Karriere für seine Cousins, die Eisen und Stahl herstellen und verkaufen wollten.

Einer der Brüder, Adolphe, heiratete Valérie Aignan, die Stieftochter des reichen Pariser Kaufmanns Louis Boigues, der sich auf Eisen- und Stahlwaren spezialisierte – auch dies also eine äußerst nützliche industrielle Verbindung. Boigues hatte bereits in Gießereien und Schmiedewerke investiert, vor allem in ein riesiges Werk in Fourchambault, das als eines der ersten zur Koksverhüttung überging, als die Methode in den zwanziger Jahren des neunzehnten Jahrhunderts in Frankreich wiedereingeführt wurde.[18] Die offenbar aus Katalanien stammende Familie Boigues hatte sich im siebzehnten Jahrhundert in der Mitte Frankreichs niedergelassen und sich durch Landbesitz und strategische Eheschließungen eine feste Vermögensgrundlage geschaffen. Die Söhne und Töchter hatten in den – zwar neu entstandenen, aber dafür um so einflußreicheren – Geldadel eingeheiratet, der sich mit Titeln wie Baron und Graf oder doch wenigstens mit Namen schmücken konnte, in denen das vielsagende *de* nicht fehlte. Marie zum Beispiel, die Schwester von Louis Boigues, heiratete den Grafen Hippolyte Jaubert, Neffe, Adoptivsohn und Erbe des reichen und mächtigen Grafen François Jaubert, der im Verwaltungsrat der Banque de France saß.

Dieses Hüttenwerk in Fourchambault war selber das Produkt einer Verbindung, die zwei Dinge zusammenbrachte: Geld und Geschäftsbeziehungen von Louis Boigues (der kein passiver Investor war) auf der einen und das technische Wissen von Georges Dufaud, Sohn eines Schmiedemeisters aus dem Ancien régime, auf der anderen Seite. Dufaud gehörte zu den ersten Absolventen der École Polytechnique und zu den Pionieren der neuen Eisenherstellung auf Kohlenbasis. Er war durch das Fegefeuer des Bankrotts gegangen und ins Wirtschaftsleben zurückgekehrt – was in Frankreich, wo einem der Bankrott fast ausnahmslos als Schande fürs Leben anhing, keine geringe Leistung darstellte. Nun sollte er ein Multimillionen-Projekt leiten. Der Erfolg, den er in dieser Arbeit (und nicht zuletzt in den persönlichen Beziehungen) verbuchen konnte, brachte ihm zahlreiche Angebote zur Übernahme hoher Ämter und anderer Unternehmen ein, die er allesamt ausschlug. Sein Herz und sein Kopf gehörten den Schmiedewerken, Gießereien und Werkhallen im Nivernais.

Dufauds Sohn Achille trat in seine Fußstapfen, die Töchter wurden verheiratet: die erste mit George Crawshay, Abkömmling einer der ältesten und wichtigsten Hüttenbesitzerdynastien in England, die zweite mit Emile Martin, einem selbständigen Eisenindustriellen, der später durch seine Mitwirkung am Siemens-Martin-Verfahren zur Herstellung von Flußstahl unsterblich wurde. All das erbrachte einen wertvollen Austausch von Wissen und Know-how. Als Georges Dufaud 1826 eine seiner Erkundungsreisen nach Großbritannien machte (von Fourchambault nach London brauchte er fast zwei Wochen, aber vielleicht machte er noch Station in Paris), bestellte er nebenbei eine Dampfmaschine und einen mechanischen Blasebalg für Martin, engagierte (gleichfalls für Martin) einen erstklassigen britischen Ingenieur und besuchte zahlreiche britische Betriebe und öffentliche Projekte (vermutlich dank Crawshays Vermittlung), aus denen er alle möglichen Musterstücke mitbrachte, die die Briten, anders als die Franzosen, aus Metall herstellten. Er kaufte so fleißig ein, daß er ein Schiff mieten mußte, um seine Beute über den Kanal zu schaffen.[19]

Aber zurück zu Le Creusot. Im Jahre 1821 trat Adolphe Schneider mit nur neunzehn Jahren in das Bankhaus Seillière ein. Begonnen hatte die Familie Seillière im Verlagssystem der Wollwarenherstellung, und wie nicht wenige dieser Verleger hatte sie sich auch in benachbarten Geschäftsbereichen engagiert. Von dort ging es dann ins Bankengeschäft, und die Familie war von ihrem Stammsitz in Lothringen nach Paris umgezogen.[20] Sie gehörte zu den wenigen führenden katholischen Familien auf einem Gebiet, das in

 Frankreich von protestantischen Unternehmern mit engen Geschäftsbeziehungen zu den Glaubensbrüdern in der Schweiz beherrscht war. Zu ihren Hauptgeschäftsinteressen zählten die Hütten- sowie die Eisen- und Stahlindustrie. Tatkräftige Unterstützung gewährte die Familie Seillière ihrem lothringischen Landsmann Ignace-François de Wendel, einem Artillerieoffizier, der in der Tradition der Wendelschen Familie zum Hüttenbesitzer und im Frankreich des Ancien régime zum wohl einzigen wirklich wagemutigen und einflußreichen Pionier der Eisen-Kohlen-Technologie geworden war. Als die Wendels im Zuge der Revolution Schmiedewerk und Gießerei von Hayange verloren, verhalf Florentin Seillière ihnen im Jahre 1804 zum Rückkauf dieser Fabrik und 1811 zum Kauf der nahe gelegenen Hütte von Moyeuvre.[21]

Im Jahre 1830 konnte sich das Bankhaus Seillière den Auftrag sichern, die Ausrüstung für das französische Expeditionskorps nach Algier (das den Beginn des französischen Imperialismus in Nordafrika markiert) zu besorgen. Als Bevollmächtigten schickte sie Adolphe Schneider, der eine stattliche Kommission von 2 Prozent vom Gesamtgeschäftsvolumen erhielt. Zu erheblichem Reichtum gekommen, machte er sich als Tuchhändler in Paris selbständig. In dieser Eigenschaft, so erfahren wir, baute er Geschäftsbeziehungen zu den damaligen Besitzern von Le Creusot auf, zwei englischen Emigranten, deren Geldgeber er wurde. Von dieser Position aus konnte er problemlos Anspruch auf das Unternehmen erheben, als es wenig später in Konkurs ging.

Währenddessen war sein jüngerer Bruder Eugène mit großem Eifer seinen eigenen Weg gegangen. Er begann als Sekretär in Reims, einem Zentrum der Wollmanufaktur, und stieß von dort aus zu seinem Bruder im Bankhaus Seillière. Doch 1827, als er gerade mal 22 Jahre alt war, holte ihn der Baron von Neuflize, ein Nachkomme der Familie Poupart, einer alten protestantischen Wolldynastie in Sedan, als Unternehmensleiter in ein nahe gelegenes Hüttenwerk. (Wenn der Eindruck nicht täuscht, sind damals alle möglichen Leute, vor allem die jungen, in die Eisenindustrie gegangen.)

Fast ein Jahrzehnt lang leitete Eugène diese Hütte. Zugleich verfolgte Adolphe die Sache mit Le Creusot, das allmählich bankrott ging. 1835 wurde der Betrieb für 1,85 Millionen Francs an einen Hüttenbesitzer in Chalon-sur-Saône namens Coste versteigert; aber Adolphe wollte ihn unbedingt haben, und mit Hilfe seiner Beziehungen (Louis Boigues und François Seillière) kaufte er ihm das Werk für eine Million mehr wieder ab. Nicht schlecht für Monsieur Coste. Und nicht schlecht für Adolphe Schneider.

Adolphe konnte seinen Bruder zur Mitarbeit bewegen: Er selbst wollte sich um Handel und Finanzen kümmern, Eugène sollte Förderung und Produktion leiten. Wenig später heiratete Eugène Constance Le Moine des Mares, Enkelin des Baron von Neuflize und Tochter eines *receveur des finances.* (Das waren Steuereinnehmer, die die Einnahmen immer eine Zeitlang behielten und investierten, bevor sie sie dem Fiskus übergeben mußten. Damit wurden sie praktisch zu privaten Bankiers.) Zur Verbesserung seiner technischen Kenntnisse belegte Eugène Kurse am Conservatoire des Arts et Métiers in Paris und fuhr nach altbewährter französischer Sitte nach England, um zu erfahren, was seine dortigen Konkurrenten schon leisteten. So verflochten sich katholischer Unternehmergeist und Geldbeutel mit protestantischem Unternehmergeist und Geldbeutel, und gemeinsam knüpften sie enge Bande zur politischen Macht und machten Le Creusot zum Hauptlieferanten von Eisenbahnschienen und Schmiedeteilen, zum Hersteller von Dampfmaschinen, Lokomotiven, Dampfschiffen, Kesseln und Pressen und zu guter Letzt zu Frankreichs größtem Rüstungsproduzenten.

Und immer die selbstlose Hilfe. Im Jahre 1848, während der alles verschlingenden Krise, geriet Fourchambault in große Finanzschwierigkeiten. Wendel (Hayange) und Schneider (Le Creusot) retteten das Unternehmen, indem sie gemeinsam für einen hohen Bankkredit bürgten: Wir Hüttenbesitzer müssen zusammenhalten. Und als ein Jahrhundert später Maurice de Wendel vier Töchter (und keine Söhne) zu verheiraten hatte, wurde eine von ihnen die Frau eines Seillière.

Hier blieb nichts dem Zufall überlassen, nicht einmal die Liebe.

*

Aus der Verspätung eine Tugend machen

Vor fast einem halben Jahrhundert, 1951, schrieb Alexander Gerschenkron seinen bahnbrechenden Aufsatz über »Economic Backwardness in Historical Perspective«. Darin stellte er die Frage, was ein Nachfolgerland braucht, um seine Industrialisierung voranzutreiben und seine Vorgänger einzuholen. Oder anders gesagt, ob es eigentlich einen Unterschied macht, wenn man erst später vorankommt.

Was braucht man dafür? Gerschenkron antwortet mit einem Bild: die Fähigkeit, über die Kluft in Wissen und Praxis hinwegzuspringen, die eine rückständige Volkswirtschaft von der fortgeschrittenen trennt. Die Frage, warum jemand den Wunsch haben sollte, die Kluft zu überspringen, stellt der Autor gar nicht erst. Zu augenfällig sind für ihn die Vorteile. In der Kluft sieht er den eigentlichen Anreiz, eine Aufforderung, sich anzustrengen – wie beim Potentialgefälle, das, wenn es nur groß genug ist, durch elektrische Energie in Form eines Funkens überwunden wird. (Diese Metapher stammt von mir, aber sie ist nicht abwegig. Gerschenkron spricht selbst von der »Spannung« zwischen Potentiellem [potential] und Aktuellem [actual].)

In Gerschenkrons Modell zahlt sich Verspätung also aus. Nicht vor dem Sprung, aber danach. (Er macht keinen Versuch, die Kosten der relativen Armut vor der Industrialisierung zu schätzen, aber das braucht er auch nicht. Sie sind hoch.) Je größer die Kluft, desto größer der Gewinn für die, die sie überspringen. Warum? Weil man viel mehr lernen kann – einschließlich der vermeidbaren Fehler. Infolgedessen ist das Wachstum von Nachfolgerländern größer als das ihrer Vorgänger. Gekennzeichnet ist es durch, wie Gerschenkron sagt, einen steilen Anstieg (oder steile Anstiege), durch eine Phase (oder Phasen) außergewöhnlicher Wachstumsraten.

Spätes Wachstum, so der Autor, beruht ferner in aller Regel auf »den modernsten und effizientesten Techniken«, weil sie am meisten einbringen und weil nur sie mit den fortgeschritteneren Nationen konkurrieren können. Diese Techniken sind zumeist kapitalintensiv, was eigentlich irrational ist bei Ländern, die billige Arbeitskräfte im Überfluß haben.[22] Das Paradox sieht Gerschenkron sehr wohl, erklärt es aber mit der Qualität der Arbeitskräfte. Gute, disziplinierte Arbeiter seien nämlich Mangelware, viel mehr als in reicheren, fortgeschritteneren Ländern. Deshalb lohne es, Arbeitskraft durch Kapital zu ersetzen.

Für Gerschenkron ist das aber nur die halbe Wahrheit. Die andere Hälfte ist das Wie: Wie haben es rückständige Länder mit ihrem geringen Kapital und wenig qualifizierter Arbeitskraft fertiggebracht, eine moderne, kapitalintensive Industrie aufzubauen? Und (obgleich der Autor mit diesem Aspekt wenig anzufangen weiß) wie haben sie es fertiggebracht, sich Wissen und Know-how zu verschaffen? Außerdem: Wie haben sie die sozialen, kulturellen und institutionellen Schranken überwunden, die sich der industriellen Initiative in den Weg stellen? Wie kamen sie zu geeigneten Regelungen und Institutionen? Wie wurden sie mit den Belastungen fertig, die der Wandel mit sich bringt?

Bei seinem Studium der Voraussetzungen und Zwänge der Rückständigkeit legt Gerschenkron besonderes Gewicht auf die Mobilisierung von Kapital. Er unterscheidet drei Ebenen: erstens ein Land mit viel privatem Reichtum und gut ausgestatteten Handelsbanken, das in der Lage ist, unternehmerische Tätigkeit über Familienvermögen, kleinere Kredite und Reinvestition der Gewinne zu finanzieren; zweitens ein ärmeres Land mit weniger und kleineren Privatvermögen, die aber zur Finanzierung der Industrie ausreichen, wenn (Investment-)Banken gegründet werden könnten, die diese verstreuten Gelder mobilisieren; und drittens ein noch ärmeres Land, wo privater Reichtum nicht in ausreichendem Maße vorhanden ist und nur der Staat tätig werden kann, entweder indem er Investmentbanken finanziert oder direkte Subventionen gewährt. Großbritannien gehörte unzweifelhaft in die erste Kategorie; Deutschland, Österreich und Italien in die zweite. Die Vereinigten Staaten, Belgien, die Schweiz und Frankreich lagen dazwischen. Rußland gehörte in die dritte Gruppe.

Kritisiert worden ist Gerschenkrons Arbeit, weil er sich großenteils auf die Forschungen einer früheren Generation stützt und nichts davon hält, komplexe historische Anordnungen vorzunehmen, bloß damit alles in ein glattes Schema paßt. Jede neue Reihe numerischer Schätzwerte erfordert Verschiebungen im Verhältnis der Faktoren zueinander. Dennoch übt Gerschenkron weiterhin Einfluß auf Entwicklungstheoretiker aus, vor allem wegen seiner zentralen Thesen: daß Nachzügler besondere Vorkehrungen treffen müssen, wenn sie den eigenen Rückstand und die Veränderungen anderswo wettmachen wollen; und daß sie mit Intelligenz und Willensanstrengung auch Mittel und Wege finden, das zu tun.[23]

18

Der Reichtum des Wissens

Als erstes Institutionen und Kultur, dann das Geld; aber der springende Punkt war von Anfang an und in zunehmendem Maße das Wissen.

Der erste Schritt zur Aneignung der »Geheimnisse« der neuen britischen Technologien bestand darin, daß man Kundschafter aussandte – geschulte Leute, die beobachten, berichten und Handwerker abwerben sollten. In den Jahren 1718–1720 machte Frankreich auf Anregung eines schottischen Emigranten, John Law, systematisch Jagd auf britische Techniker: auf Uhrmacher, Woll- und Metallfacharbeiter, Glasbläser, Schiffszimmerleute – zwei- bis dreihundert Männer. Dieser Feldzug machte den Briten so sehr angst, daß sie ein Gesetz verabschiedeten, das bestimmten Handwerkern die Auswanderung verbot; damit begann eine ganze Maßnahmenserie, die sich über mehr als ein Jahrhundert hinzog und immer mehr Gewerbe erfaßte.[1]

Die Gesetze führten jedoch nicht zu einer hermetischen Abriegelung. In einer Welt des starken Protektionismus war die Angst vor dem Potential, das in der internationalen Konkurrenz steckt, gar nicht jedermanns Sache. Man nehme die Metallverarbeitung, ein besonders kostbares Gut, weil sie aufs engste mit Rüstung und Maschinerie zusammenhängt. (Menschen können töten, um noch besser töten zu können.) In den Jahren 1764/65 schickte die französische Monarchie Gabriel-Jean Jars nach England, um dort Bergbau und Eisenindustrie zu inspizieren. Die Briten ahnten den Wert dieser Informationen so wenig, daß sie ihn in den Gießereien und Hüttenwerken Sheffields und des Nordostens freundlich willkommen hießen. Seine später veröffentlichten Memoranden liefern noch heute wertvolle Einblicke in die damaligen Techniken.[2] Dasselbe galt für die Fortschritte der britischen Uhrmacherkunst, die den Schlüssel zu Englands Vorrangstellung in der Seefahrt bildete: Im Jahre 1769 erteilte das Board of Longitude französischen Besuchern die Erlaubnis, die revolutionären Schiffschronometer von John Harrison zu öffnen und in Augenschein zu nehmen, weil man meinte, sie sollten der gesamten Menschheit nützen. (Als Harrison davon erfuhr, bekam er einen Wutanfall.)[3]

Manche Städte und Gewerbe waren weniger gastfreundlich. In Birmingham, einem Zentrum der Metallindustrie, hatte jeder Hersteller seine eigenen Kniffe und Tricks. Die dortigen Handwerker waren in einer Art vernünftiger Paranoia der Überzeugung, jeder Fremde sei ein Feind. Nicht nur Ausländer; auch Engländer. Der Reisende und Sonderkundschafter Arthur Young berichtet von der feindseligen Aufnahme, die er in dieser geschäftigen Stadt fand:

»Nirgendwo war ich so enttäuscht wie in Birmingham; wegen des extremen Mißtrauens, das mir die Fabrikanten entgegenbrachten, konnte ich dort nicht den geringsten, banalsten Einblick bekommen. Allem Anschein nach haben die *Franzosen* mehrere ihrer Fabrikate von dort weggeschleppt und der Stadt damit nicht wenig Schaden zugefügt: Das macht sie so argwöhnisch, daß sie Fremden kaum etwas zeigen ...«[4]

All dies freilich hinderte die Fabrikanten von Birmingham nicht, selbst zu spionieren. England war nicht das einzige Land mit Techniken, die es zu lernen oder zu stehlen lohnte (allerdings war dort damals der Löwenanteil der potentiellen Beute zu finden), und die britischen Hersteller hatten nicht mehr Skrupel als ihre Rivalen vom Kontinent. Im übrigen gehören dazu immer zwei, und die gelernten Handwerker betrachteten ganz Europa als ihre Heimat – genauso wie die Gelehrten und Künstler.[5] Hier ein Beispiel: Zu den kostbarsten Geheimnissen der französischen Metallverarbeitung gehörte die Technik des Vergoldens (in der Regel auf Messing oder Bronze), das sogenannte *or moulu* – schimmernd, glänzend, künstlich und daher unglaublich gewinnträchtig. Matthew Boulton, berühmt geworden, weil er zusammen mit James Watt Dampfmaschinen baute, war ursprünglich Meister in der Herstellung von Knöpfen, Spangen, Uhrketten, Kerzenhaltern und allen möglichen Metallgegenständen. Boulton sparte nicht an Geld und Leuten, um die französische Technik herauszubekommen und französische Handwerker zu sich zu locken, wenn möglich mit ihren Werkzeugen. Als er schließlich Erfolg hatte, fühlte er sich als Patriot und schlauer Geschäftsmann.[6] Unterdessen wurde er selbst von vielen Seiten umworben. Besonderen Nachdruck legten die Schweden an den Tag, und vielleicht hat er sie sogar selbst zu einem Angebot angestiftet[7].

Die Grenzen zwischen Neugierde, Auskundschaften und direkter Spionage sind nicht immer deutlich zu erkennen. Einer der führenden Forscher auf diesem Gebiet schreibt, daß »viele Ausländer ... nützliche Einblicke erhielten ... ohne jemals etwas heimlich getan zu haben«[8]. Aber er fügt hinzu, daß viele »Besucher« selber Hüttenmeister, Fabrikanten, Chemiker, Fabrikinspektoren oder sachkundige Beobachter gewesen seien. Nach England waren sie nicht wegen der Baudenkmäler und der Landschaft gekommen. Da war zum Beispiel Ignace de Wendel, dem Namen nach Artillerieoffizier, de facto indessen Sproß einer Hüttenbesitzerdynastie und eigens von der französischen Regierung für die Aufgabe ausgesucht. Er fand sich gut ausgerüstet mit Nase, Augen, Zunge und List, die allesamt auch gebraucht würden:

»... wir stellten fest, daß es überhaupt nicht schwierig war, uns einen guten Eindruck von den englischen Manufakturen zu verschaffen; man muß die Sprache fließend sprechen, keine Neugier zeigen und warten, bis der Punsch serviert wird, um sich kundig zu machen und das Vertrauen der Fabrikanten und ihrer Werkmeister zu gewinnen; Empfehlungen durch

Minister und Lords muß man vermeiden, sie sind wenig hilfreich. ...junge Männer sind für eine solche Mission kaum geeignet ... um alles mit Gewinn in Augenschein nehmen zu können, sollte man wenigstens eine Ahnung von Maschinen haben, denn man kommt nicht voran, wenn man nicht sieht, wie ihre Arbeit in aller Regel den Herstellungsprozeß abkürzt.«[9]

Noch wichtiger war der Zustrom technologischer Talente aus Großbritannien zum Kontinent: Warum soll man nur einen kurzen Blick auf die Technik werfen, wenn man jemanden mit jahrelanger praktischer Berufserfahrung anwerben kann? Nur Leute mit Praxiswissen können sie weitergeben. Selbst sehr viel später, als wissenschaftliche Erkenntnisse frei verbreitet wurden und Transparenz herrschte, selbst mit Musterprodukten und -anlagen, selbst mit Bauplänen und deutlichen Instruktionen gilt immer noch, daß manches Know-how sich nur durch Erfahrung lernen läßt.[10] (1916, auf dem Höhepunkt des Ersten Weltkriegs, hatten die Franzosen einige ihrer Hauptrüstungsbetriebe verloren und brauchten dringend Nachschub an 75-mm-Feldgeschützen. Sie waren das Kernstück ihrer Artillerie, der Stolz ihrer Arsenale, eine Waffe, die so gekonnt erdacht war, daß man ein Glas Wasser auf die Lafette stellen konnte, ohne daß es beim Feuern überschwappte. Ohne Rücksicht auf alle Geheimhaltungsregeln schickten sie die Baupläne in die Vereinigten Staaten – aber vergeblich. Erst als eine Gruppe von Facharbeitern hinfuhr und den Amerikanern zeigte, wie man es macht, konnten sie Geschütze mit vergleichbarer Feuerkraft und Stabilität bekommen.)

Doch wer im achtzehnten Jahrhundert auf diesem Wege an Informationen kommen wollte, scheiterte an einem spezifischen Merkmal der britischen Industrie: an der Arbeitsteilung. Kein Arbeiter kannte mehr als nur einen kleinen Teil des Produktionsprozesses. Einer der französischen Kundschafter, ein Mann namens Le Turc, der sich in England aber Johnson nannte, klagte denn auch:

»Kein Arbeiter kann einem die ganze Kette von Operationen erklären; jeder ist immer nur mit einem kleinen Teil beschäftigt; wer auf ihn hört, wenn von anderem die Rede ist, lädt sich nur massenweise Irrtümer auf. Doch gerade diese so wenig durchschaute Arbeitsteilung macht die Arbeitskräfte so billig, die Arbeit so perfekt und das Eigentum des Fabrikanten sicherer.«[11]

Obgleich die Sache also durch Spezialisierung erschwert und verteuert wurde, lohnte sie die Anstrengung. Ein Teil dieser Emigranten kam auf Bitten der ausländischen Regierungen: Diese zahlten den Leuten etwas für ihr Kommen und halfen ihnen beim Aufbau eines Unternehmens. Doch manche der Auswanderer gingen aus sentimentalen Gründen – wie etwa John Holker, ein enttäuschter Jakobiter, der vom Directeur de Commerce Daniel Trudaine nach Frankreich geholt wurde, wo er Wollartikel und Maschinen für die Textilindustrie herstellte und zum Inspecteur Général des Manufactures Étrangères aufstieg. Andere hatten rein persönliche Motive – wie Michael Alcock, der sich 1755/56 mit seiner Mätresse und ein wenig veruntreutem Geld davonmachte und Frau und Geschäftspartner mit dem Bankrott zurückließ. Seine Frau kam schließlich nach, vielleicht war sie auch ursprünglich schon Teil des ganzen Plans gewesen. Jedenfalls schaffte es Alcock allem Anschein nach, in La Charité an der oberen Loire zusammen mit seinen zwei Frauen in einer *ménage à trois* zu leben, Schmiedestücke und Eisenwaren herzustellen und den Franzosen etwas über die Produktion von gutem Stahl beizubringen.[12]

Die meisten Auswanderer indessen hatten keine dringenden Gründe, sich im Ausland niederzulassen. Ihr Motiv war das Geld. Die besten wurden zu international operierenden Unternehmern. Zum Beispiel die Cockerills. Der Vater William, ein Mechaniker, wurde um das Jahr 1800 nach Verviers (damals Frankreich, heute Belgien) gebracht, einem Zentrum der Wollmanufaktur, wo ein Verlegerbetrieb zum Fabriksystem wechseln wollte. Cockerill sollte ihnen den Maschinensatz (*assortiments*) beschaffen, mit dem die Faser zu Garn verarbeitet werden kann (mit Maschinen ist das nur möglich, wenn man die Arbeit in eine Reihe von Einzelprozessen zerlegt). William, der seine eigenen Ambitionen hatte, hätte liebend gern die ganze Industrie versorgt (wir sind hier im französischen Kaiserreich), aber er war vertraglich an seine neuen Arbeitgeber gebunden. Kein Problem. Sein Schwiegersohn etablierte sich als selbständiger Maschinenbauer, und als 1807 der Vertrag auslief, machte William in Lüttich, einem uralten Zentrum der Eisen- und Stahlindustrie, seine eigene Fabrik auf.

Im Jahr 1813 übergab Cockerill die Geschäftsführung seinem jüngsten Sohn John, der die Produktion erweiterte und schwere Maschinen wie hydraulische Pressen, Dampfmaschinen und Pumpen in die Produktpalette aufnahm. Damals war Belgien von Holland annektiert worden, und der holländische König betrachtete das Cockerillsche Unternehmen als Juwel in seiner Krone: »Betreiben Sie Ihre großen Fabriken ohne Furcht weiter und denken Sie daran, daß der König der Niederlande immer Geld für die Industrie übrig hat.« Angespornt durch diese und andere, materiell reizvollere Ermunterungen, dehnte John Cockerill seinen Wirkungskreis aus: Eisenverhüttung, Bau von Dampfschiffen und Lokomotiven, ein Zinkbergwerk in der Nähe von Aachen, Wollwarenherstellung in Preußen, eine Baumwollfabrik in Barcelona, eine Zuckerraffinerie in Surinam, Hochöfen in Südfrankreich, Werkstätten, Fabriken und Eisenbahnprojekte im fernen Rußland. Schwierig war bei diesem transnationalen Unternehmer – ein Franzose schrieb, er sei »ein Lütticher englischer Abstammung oder besser ein kolossaler Kopf ohne Herkunftsland« – nur dies: daß seine Augen größer waren als seine Mittel. Trotz beträchtlicher Hilfe von seiten der Banken ging er in der Krise von 1839/40 pleite und starb wenig später. Das Unternehmen wurde neu organisiert – ein wahres Denkmal, dauerhafter als Bronze und das Leben seiner Schöpfer.[13]

Wie die Cockerills waren die meisten – nie aus der Anonymität herausgetretenen – britischen Emigranten Facharbeiter, die von den zwei- bis dreimal höheren Löhnen aus dem Land gelockt wurden. (In der Regel waren die britischen Löhne erheblich höher als jenseits des Kanals, aber in den Nachfolgerländern waren diese erfahrenen Handwerker und Mechaniker eben Mangelware.) Manche von ihnen wurden von den Fabrikanten und Exporteuren als Begleitpersonal der Maschinen mitgeschickt, um diese zu überwachen und zu warten; und dann entdeckten sie, daß sie im Ausland mehr galten als in der Heimat. Viele andere wurden von alten Kollegen geködert, die zur Anwerbung von Fachleuten nach England zurückgekommen waren.

Wohlgemerkt, das alles verstieß größtenteils gegen britische Gesetze. Um die ausländische Konkurrenz zu lähmen, hatte Großbritannien die Ausfuhr der meisten Maschinen (allerdings nicht der Dampfmaschinen) und die Emigration gelernter Handwerker untersagt. Darin folgte England nur einer uralten Tradition. Im mittelalterlichen Italien mußten die Glasbläser von Murano und die Schiffbaumeister im Arsenal von Venedig bei Emigration mit der Todesstrafe rechnen. Derlei Zwänge verzögerten zwar die Verbreitung von Wissen, konnten sie aber in einer Welt bruchstückhafter Kontrolle nicht gänzlich verhindern. Genauso im Falle Englands: Hunderte, ja Tausende von Handwerkern wanderten in den ersten Jahrzehnten des neunzehnten Jahrhunderts aus, die meisten freiwillig. Einige wenige waren Kriegsgefangene.

Die britischen Auswanderer waren nicht allein. Frankreich importierte deutsche Metallfacharbeiter; Rußland holte Holländer, Deutsche und Schweden. Die Franzosen nörgelten über die Deutschen – ihr schlechtes Benehmen, ihre Undankbarkeit. (Teilweise waren es ja solche Leute, die von zu Hause weggingen und neue Arbeit suchten.) So beklagt sich ein Sensen- und Sichelfabrikant, gerade die Deutschen, die doch viele Vorteile genössen, die hier besser behandelt würden und nicht mehr der militärischen Disziplin unterworfen seien, die sie aus ihrer Heimat kannten, arbeiteten einfach, wie und wann es ihnen gefiele, und »suchen nur nach Vorwänden, um gekündigt zu werden«. Nicht alle fällten ein so negatives Urteil. Ein Ingenieur weist darauf hin, daß die Anwesenheit ausländischer Arbeitskräfte sich wohltuend auf die französischen Handwerker auswirke, denn diese würden restlos geheilt von »den falschen Unabhängigkeitsideen, die sie allzu lange dazu verleitet hätten, sich als die Herren derer zu fühlen, die ihnen ihren Lebensunterhalt verschaffen«[14]. (Dieser Gedanke kehrt immer wieder. Unternehmer hassen es, von ihren Arbeitern abhängig zu sein, und die Ersetzung der Lohnarbeit durch Kapital – etwa die anfängliche Mechanisierung der Baumwollspinnerei und die Durchsetzung der Fabrik – ging oftmals auf das Motiv zurück, nicht nur Geld zu sparen, sondern auch die eigene Machtposition zu stärken.)[15]

Aber um Geld ging es auch. Die *Arbeits*teilung erschwerte es zwar den ausgewanderten Arbeitskräften, alles auszuplaudern, aber dafür konnte die *Kapital*teilung manche Unternehmer motivieren, ihr Produkt ins Ausland zu verkaufen und die dortigen Arbeitskräfte so auszubilden, daß sie es zu benutzen verstanden. Besonders die neue, spezialisierte Maschinenindustrie suchte Märkte, wo immer sie welche finden konnte. Britische Benutzer dieser Maschinen zogen es begreiflicherweise vor, sie geheimzuhalten; daher das generelle Exportverbot. (Für Dampfmaschinen galt das freilich nicht, da sie sich anfänglich nicht für die Fertigung eigneten. Und als sie dann in den achtziger Jahren des achtzehnten Jahrhunderts in Fabriken eingesetzt wurden, ließ sich ein Ausfuhrverbot nicht an Boulton & Watts vorbei durchsetzen.) Sobald aber wohlhabende einheimische Produzenten nicht kaufen wollten, während ihre ausländischen Konkurrenten interessiert waren, gab der Wunsch zu verkaufen den Ausschlag. In diesem Moment wurden die Maschinenhersteller zu heimlichen »Aufrührern«, förderten die ausländische Konkurrenz und entzogen ihren Landsleuten auf Drittmärkten den Boden unter den Füßen: »technologisches Selbstbewußtsein [der Maschinenbenutzer] plus Geheimhaltung – das konnte ein ungewollter Selbstmordpakt sein ...«[16]

Soviel zur Verbreitung von Wissen. Langfristig wichtiger für die Nachfolgerländer wurden wissenschaftliche und technische Ausbildungsstätten. Dies waren höhere Schulen oder Hochschulen, die eine Oberschicht von Technikern und Aufsichtspersonal heranbilden sollten und das Fundament für die intellektuelle Autonomie legten. In Führung gingen hier im Jahr 1794 die Franzosen mit ihrer École Polytechnique (ursprünglich unter dem Namen École Centrale des Travaux Publics). Gedacht war sie eigentlich als Militärschule für Offiziere des Pionier- und Artilleriekorps, in dem technische Kenntnisse gebraucht wurden. (Einen Kavalleriesäbel konnte jeder dahergelaufene Dummkopf schwingen.) Aber von Beginn an stellte die Revolutionsregierung einen Lehrkörper aus herausragenden Naturwissenschaftlern und Mathematikern ein, und diese verwandelten die Schule nach und nach aus einer Anstalt für militärisches Wissen und Disziplin in eine Einrichtung, an der Mathematik, Grundlagenwissenschaften und technische Kenntnisse gelehrt wurden. Da sie nach dem Wettbewerbsprinzip arbeitete – Aufnahmeprüfung, öffentlich bekanntgemachte Einstufung zu Beginn, Einstufung nach einem Teilabschnitt, Einstufung nach Abschluß der Studien –, stellte sie eine Auslese der Besten und Klügsten sicher; Armeeoffiziere wurden dort zwar nach wie vor auch ausgebildet, aber sie zählten nicht unbedingt zu den Spitzenschülern. Die besten »X« – wie die Franzosen die *polytechniciens* nach der algebraischen Unbekannten nennen – traten ins private oder öffentliche Geschäftsleben ein und bildeten die Crème der französischen Ingenieure und Technokraten. Sie waren Führungskräfte beim Bau und Betrieb der französischen Eisenbahn, lernten und übernahmen die neuesten britischen Techniken in der Metallverarbeitung, leiteten öffentliche Projekte im Ausland, und im zwanzigsten Jahrhundert standen sie an der Spitze einiger der größten französischen High-tech-Konzerne.

Der einzige Haken: Die École Polytechnique bot eine allzu intellektuelle und theoretische Ausbildung an. Die Absolventen, die in der Industrie arbeiten wollten, gingen in der Regel zu einem Zusatzstudium an die École des Mines oder die École des Ponts-et-Chaussées, beide noch unter dem Ancien régime gegründet. Dort lernte man angewandte Wissenschaft und Technik und erhielt eine praktische Ausbildung. Doch die französischen Unternehmer fanden, man benötigte noch eine weitere Schule, eine Institution wie die École Polytechnique, aber praktischer ausgerichtet. Hieraus entstand die École Centrale des Arts et Manufactures, eine 1829 privat gegründete und 1856 ins staatliche Bildungswesen integrierte Schule, die eine Basisausbildung für Ingenieure und Unternehmensmanager anbot. Die Schüler der École Centrale genossen weniger Ansehen als die »X« von der Polytechnique: Die Institution war jünger und die Eingangsauslese weniger streng; aber ihre größere Aufgeschlossenheit führte dazu, daß die Absolventen in neueren Branchen wie Automobil- und Luftfahrtindustrie mehr leisteten als die »X«.

Neben diesen zwei großen allgemeinen Ausbildungsstätten entstand eine Vielzahl öffentlicher Schulen, die berufsbezogenen Écoles d'arts et métiers; außerdem Spezialschulen (oftmals von Unternehmern gegründet), die für bestimmte Branchen ausbildeten: Chemie in Lyon, Uhrmacherhandwerk in Besançon, Textilfertigung in Mulhouse. Zum Teil dienten sie als Ersatz für die mittlerweile verschwundene Lehrzeit. Und schließlich begannen auch ältere Einrichtungen wie etwa das Conservatoire des Arts et Métiers – eigentlich ein Museum – Lehrgänge zu veranstalten, oftmals für Erwachsene, die die normale Ausbildung durchlaufen hatten, ihre Kenntnisse aber auf den neusten Stand bringen wollten.

Die französische Initiative wirkte als Signal für die weiter östlich gelegenen Länder. Insbesondere die École Polytechnique fand Nachahmer in Prag, Wien, Zürich oder gar in fernen Städten wie Moskau. Zusätzlich besaß jedes Land sein eigenes System von Anschlußschulen. Die Deutschen zum Beispiel bauten ein ganzes Netz von Gewerbeschulen auf, die Techniker auf mittlerer Ebene bereitstellten; außerdem gründeten sie eine zunehmende Zahl Technischer Hochschulen (die erste 1825 in Karlsruhe), die als Quasi-Universitäten Generationen von Chemikern und Ingenieuren ausbildeten. Und schließlich wurden naturwissenschaftliche Lehre und Forschung auch in die Universitäten integriert. Dies wiederum stärkte das praktische Experimentieren und Forschen, und mit der Einrichtung des Lehrlabors (durch Justus Liebig in den dreißiger Jahren des neunzehnten Jahrhunderts) wurde ein Bildungssystem gekrönt, das gegen Ende des Jahrhunderts zum weltweit neidvoll bestaunten Vorbild wurde.

Diese Verbreitung von technischen und wissenschaftlichen Kenntnissen durch eine formale Ausbildung hatte gewaltige Konsequenzen. Erstens war damit zumeist auch ein Unterricht in abstrakten und theoretischen Fächern verbunden, die eine Vielzahl von – alten und neuen – Anwendungsmöglichkeiten eröffneten. Besonders wichtig scheinen mir die neuen. Zweitens erschloß sie neue Wissenszweige mit großen wirtschaftlichen Potentialen.

Man vergleiche dieses Schulsystem mit der britischen Strategie des praktischen Lernens, die die Triebkraft der Industriellen Revolution gewesen war. Sie hatte gute Dienste geleistet, solange Technologie aus der Addition von Verbesserungen, Erfinden aus der Neukombination bekannter Techniken bestand. (Trotz allem kann man nur staunen, wenn man sieht, wie England immer wieder in der Lage war, das genau richtige Ingenium und die richtige Begabung – und zwar häufig auf autodidaktischem Wege – hervorzubringen.) Aber vom achtzehnten Jahrhundert an, als die Grenzen technischer Möglichkeiten und Forschung immer weiter zurückwichen, ging die Entdeckung von Neuem über das hinaus, was die sinnliche Erfahrung lehren kann.

Den größten Ertrag brachte die Umorientierung auf zwei Gebieten, der Chemie- und der Elektroindustrie – in beiden Bereichen dank der Fortschritte, die die wissenschaftliche Erkenntnis machte. Die ältere, die Chemie, blieb eine Art industrieller Kochkunst: mischen, erhitzen, umrühren, das Gute behalten, den Rest entsorgen. Niemals stand sie still. Besonders profitierte sie von der Mechanisierung – größere und schnellere Trockenöfen, Mischanlagen, Schleifmaschinen und dergleichen mehr –, mit der die Produzenten Größenvorteile zu erlangen suchten. Eine weitere Quelle des Fortschritts war die – hier und da durch Umweltgesetze erzwungene – Entdeckung, daß auch die Abfallprodukte sich verwenden ließen (etwa Kohlengas zur Beleuchtung). (Besser den Abfall nutzen, als sich Gerichtsverfahren oder Bußgelder einhandeln.) Die wirklichen Umwälzungen jedoch betrafen das neue Feld der organischen Chemie und leiteten sich unmittelbar aus dem Studium der Kohlenstoffverbindungen ab. Dieses Studium erschloß eine Vielzahl von Anwendungsmöglichkeiten, zunächst auf dem Gebiet der (besonders für die Textilindustrie wichtigen) Farbstoffe, dann auf dem der Arzneimittel und der Photographie und schließlich, gegen Ende des Jahrhunderts, im Bereich der Kunststoffe – all dessen, was wir etwas ungenau als Plastik bezeichnen.

Elektrizität kannte man zwar schon in der Antike, aber ohne sie zu begreifen; und vom achtzehnten Jahrhundert an experimentierten neugierige Forscher eher spielerisch damit. Diese Versuche konnten durchaus praktische Folgen zeitigen; genauso erfand Benjamin Franklin den Blitzableiter. Doch zur systematischen Verwendung des elektrischen Stroms als Energieform und zu seinem Einsatz in der Industrie kam es erst im neunzehnten Jahrhundert, nachdem Männer wie Volta, Ampère und Faraday, deren Namen die wissenschaftliche Terminologie unsterblich gemacht hat, ihre Forschungsergebnisse vorgelegt hatten. Die ersten industriellen Anwendungsversuche waren bescheiden, aber eindrucksvoll: Batterien (sogenannte Voltasche Säulen) für den Antrieb von Telegraphen und Uhren sowie Elektrolyseverfahren, zumal zum Dublieren von Metallgegenständen und Messerwaren. Beides stammt noch aus der ersten Jahrhunderthälfte. Die Blütezeit der Elektrizität begann mit der Erfindung von Generatoren und Dynamos zur Produktion großer Mengen Strom und mit dem Aufbau eines

Versorgungsnetzes. Die wichtigsten Anstöße waren Thomas Edisons Glühbirne (1879) und die Elektromotoren; gemessen am Gesamtkapital, konnten sie die Ausgaben vollauf rechtfertigen.

Sowohl in der Chemie als auch im Bereich der Elektrizität waren Lernen und Fachkompetenz an eine formale Ausbildung gebunden. Beide lassen sich nicht durch sinnliche Wahrnehmung begreifen; zu ihrer Erklärung braucht man Diagramme und Schaubilder, und die Grundprinzipien lassen sich am besten in Hörsaal und Labor erlernen. Hier zahlte sich die auf dem Kontinent übliche Schulbildung aus, weil sie neue Technologien schuf und weitergab. Aus dem Aufholen wurde damit ein Sprung nach vorn, während England im Netz der Gewohnheit festsaß und gegenüber den anderen zurückfiel.

Die Schwierigkeiten in der britischen Elektroindustrie wurden überdies durch lokale Alleingänge verschärft. Mancherorts leisteten die städtischen Gaswerke erfolgreich Widerstand gegen die Elektrifizierung; anderswo entstanden mehrere Stromnetze nebeneinander, jedes mit eigenen Spannungswerten und technischen Anlagen. Spätere Korrekturen vergrößerten das Chaos nur. Bis auf den heutigen Tag müssen sich in England Käufer von elektrischen Haushaltsgeräten mit einer Vielzahl verschiedener Stecker und Steckdosen herumschlagen, und die Ladenbesitzer werden von den Kunden eigens dafür bezahlt, daß sie ihnen die Geräte gebrauchsfertig machen. In den neuen Branchen wuchs die britische Wirtschaft nicht anders weiter als in den alten.

Die Verflechtung von Wissenschaft und Technik eröffnete eine Epoche, die Simon Kuznets als »modernes Wirtschaftswachstum« bezeichnet hat.[17] Was diese Zweite Industrielle Revolution so bedeutsam machte, war nicht nur die außergewöhnliche Häufung von Innovationen: der Einsatz von flüssigen und gasförmigen Treibstoffen in Verbrennungsmotoren, die Versorgung mit Energie und Kraft via elektrischem Strom, die systematische Umgestaltung der Stoffe, die verbesserten Kommunikationswege (Telefon und Rundfunk), die Erfindung von Maschinen, die mit neuen Energiequellen betrieben werden (Automobile und Haushaltsgeräte). Es war auch und vor allem die Rolle, die das systematisch vermittelte Wissen spielte.

Der Verflechtung von Wissenschaft und Technik waren mehrere andere Verbindungen vorausgegangen. Seit dem Mittelalter haben beide einander umworben: bei der Veränderung der Seefahrt mit Hilfe des astronomischen Wissens (Berechnung der Breitengrade), beim Einsatz der Mathematik in der Ballistik, bei der Verwendung des Pendels für den Bau eines erheblich genaueren Zeitmessers. Und bei der Dampfmaschine, die für den klassischen Sieg des wissenschaftlichen Empirismus steht. Aber erst im neunzehnten Jahrhundert setzte sich die Wissenschaft an die Spitze und ging der Technik voraus. Für jeden, der Erfindungen machen und Probleme lösen wollte, wurde es nun lohnend, zuerst die Literatur zu sichten, ehe er an sein Projekt ging – oder überhaupt erst sein Ziel ins Auge faßte und sich überlegte, was er und wie er es machen wollte.

 So kam es, daß der Spitzenreiter und Neuerer eingeholt und überholt wurde. Und so kam es auch, daß alle alten Vorteile – Ressourcen, Reichtum, Macht – entwertet wurden und der Geist einen höheren Rang zugewiesen erhielt als die Materie. Von nun an stand die Zukunft allen offen, die über Anlage, Geschick und Intelligenz verfügten.

*

Die Geheimnisse der industriellen Küche

Stahl war, so sahen wir, immer das bevorzugte Metall, wenn es um die Herstellung von Stichwaffen (Schwertern und Dolchen), Messern und Rasiermessern, Schneidewerkzeugen sowie der (für die Präzisionsfertigung entscheidenden) Feilen ging. Zu Beginn war Stahl ein zufälliges Nebenprodukt der Schmelze in Öfen, die nicht heiß genug waren, um eine homogene Masse zu produzieren, und in denen man neben weichem und hartem Eisen auch etwas Stahl gewinnen konnte. Später, mit der Erfindung des eigentlichen (vertikal aufgebauten) Hochofens, der mit höheren Temperaturen arbeitete, mußte man mehrere Prozesse durchlaufen, um vom Roheisen zum Stahl zu kommen. Eine der Möglichkeiten war, das Metall noch einmal zu erhitzen und soviel Kohlenstoff wegzubrennen, daß nur ein Anteil von 1,2–1,5 Prozent übrigblieb. Das Ergebnis fiel nicht immer gleich aus (es war schwer, den richtigen Moment zur Beendigung des Verfahrens zu erwischen), und daher erhielt man verschiedene Stahlsorten, die für verschiedene Zwecke eingesetzt wurden. Der beste Stahl wurde für Schußwaffen und feine Messerwaren verwendet; der schlechtere für Pflugscharen und Sensen.

Eine weitere Möglichkeit bestand darin, durch Entfernen des Kohlenstoffs Schmiedeeisen zu machen und dann durch Zusetzen von Kohlenstoff zu Stahl zu kommen, zumeist, indem man schmiedeeiserne Stangen in Kohlenstoff hüllte, sie erhitzte und einweichte und dann hämmerte. Damit sollte das aus zwei Bestandteilen zusammengesetzte Metall so bearbeitet werden, daß der Kohlenstoff gleichmäßig verteilt und das Ganze zu einer homogenen Masse wurde – etwa wie beim Teigkneten. Und genau wie beim Knetteig, der um so homogener wird, je mehr man ihn faltet und preßt und noch einmal faltet und preßt, wurde auch dieser Zementstahl am besten, wenn er immer wieder gefaltet und gehämmert wurde. Das Ergebnis war ein geschichteter Barren Stahl; je mehr Schichten er hatte (das heißt je mehr er gefaltet und geknetet worden war), desto stärker und fester war das Metall. Die prachtvollsten Beispiele sind die berühmten japanischen Samurai-Schwerter, die nach fünf Jahrhunderten noch so schneiden und blitzen wie am ersten Tag. Diesen Schichtstahl, der im frühen siebzehnten Jahrhundert in Nürnberg (einem alten Zentrum der Werkzeug- und Instrumentenherstellung) erfunden wurde, haben die Engländer sofort übernommen. Die Franzosen lernten die Technik erst um das Jahr 1770.

Doch selbst die Samurai-Schwerter sind nicht so homogen wie Tiegel-

oder Gußstahl, der erhitzt wird, bis er flüssig ist und der Kohlenstoffzusatz sich völlig damit vermischt hat. Erfunden wurde der Tiegelgußstahl 1740 von einem englischen Uhrmacher, Benjamin Huntsman, der – sichtlich aus Gründen seines Berufes – an besserem Metall für Federn und Feilen interessiert war. Etwa ein Dreivierteljahrhundert lang blieb die Technik ein britisches Monopol – und denen verschlossen, die sie gern nachgeahmt hätten.

Vor allem die Franzosen mühten sich redlich, das Geheimnis zu lüften. Frankreich produzierte vergleichsweise wenig Stahl und betrachtete das verständlicherweise als ernsthaftes politisches Handikap. Zu Beginn des achtzehnten Jahrhunderts behauptete René Antoine de Réaumur (1683–1757), dieser wissenschaftliche Hansdampf in allen Gassen, den man am besten durch sein Thermometer kennt, er habe das Geheimnis (das er mit dem »Stein der Weisen« verglich) herausgefunden, gründete eine »Königliche Manufaktur« zur Verwandlung von Eisen in Stahl und erhielt für seine Bemühungen eine großzügig bemessene staatliche Pension. Er scheiterte, weil er glaubte, die Lösung liege im Zusatz von Schwefel und den richtigen Mineralsalzen. Auf die Rolle, die der Kohlenstoff dabei spielt, kam er nie. Zudem meinte er, das französische Eisen sei für den Zweck gut genug, während die Briten für die Stahlerzeugung das bessere schwedische Eisen einführten.[18] Er hätte sich umsehen müssen.

»Diese falsche Analyse samt der ›patriotischen Entscheidung‹ wurde in Frankreich lange Zeit hingenommen und verschlimmerte die Rückständigkeit der nationalen Industrie.«[19] In der Folge meldeten sich auch andere zu Wort und prahlten mit der Behauptung, sie hätten Stahl hergestellt, der sich mit den englischen und deutschen Erzeugnissen messen könne. Alles zwecklos. Den stärksten Schub gab es nach der Englandreise von Gabriel Jars im Jahr 1765. Auch er versuchte, Zementstahl herzustellen, gelangte aber zu nur mäßigen Resultaten, vor allem weil er mit französischem Eisen *à la Réaumur* arbeitete; 1769 setzte der Tod seinen Bemühungen ein abruptes Ende. Ein anderer Techniker namens Duhamel, Jars' Reisegefährte und Schützling des Ministers Turgot, wurde vom Comte de Broglie, der ein Hüttenwerk besaß und von der Regierung Subventionen in Höhe von etwa 15 000 Livres erhielt, mit der Durchführung ähnlicher Experimente beauftragt. Fünfzehn Jahre später mußte die Regierung erkennen, daß Duhamel auf keinen grünen Zweig kam. Unbekanntere Metallfachleute versuchten es auf eigene Faust. Keine Frage: Frankreich brauchte Stahl und wollte wissen, wie man ihn herstellt.

An diesem Punkt trat der Engländer Michael Alcock aus Birmingham, den wir bereits kennengelernt haben, auf den Plan. Er zeigte den Franzosen, daß gar nichts dabei war: Stahl herstellen ist leicht, schwer ist nur, guten Stahl herzustellen. Mit Unterstützung des Directeur de Commerce Trudaine de Montigny (Sohn jenes Mannes, der Jars und Duhamel nach England geschickt hatte) errichtete er eine eigene Fabrik und produzierte Musterstücke von Zement- und Tiegelgußstahl. Über die Musterstücke kam er nie hinaus.

Unterdessen machten sich zwei von Alcocks Geschäftspartnern selbständig und kauften eine kleine Feilen produzierende Eisenhütte in Amboise an der Loire (bekannter geworden durch sein Renaissanceschloß). Diese Hütte zog das Interesse des Duc de Choiseul auf sich und wurde mit Hilfe des französischen Staates (und erneuter Unterstützung von Trudaine de Montigny) zu einer jährlich mit etwa 20 000 Livres subventionierten »Königlichen Manufaktur« für feine Stahlwaren. Die Subventionen freilich erwiesen sich eher als Fluch: Sie waren verknüpft mit der Auflage, nur französisches Eisen zu verwenden. Das Unternehmen investierte hohe Summen in die Anlagen – sechs große Hochöfen, vierzig Maschinenhämmer, achtzig Stahlschmiedewerke – und unternahm ein Experiment nach dem andern. Ohne jeden Erfolg. Nicht ein einziges Mal produzierte es Gußstahl, und sein Zementstahl war wenig vertrauenerweckend.

An diesem Wettlauf beteiligten sich – mit mehr oder weniger guten Beziehungen, aber gleicher Entschlossenheit – auch andere Unternehmen, vor allem mit Blick auf die Herstellung von Qualitätsfeilen, die mit voranschreitender Mechanisierung und zunehmender Ersetzung von Holz durch Metall immer wichtiger wurden. Eines von ihnen, im Dauphiné gelegen, erhielt die Unterstützung des *intendant* und der Finanzgruppe des Duc d'Orléans. Zunächst steckte es sich eher bescheidene Ziele: die Fertigung von Sensen und diversen Stahlwaren. Aber dann geriet es wegen Veruntreuung von Geldern in Schwierigkeiten. Sich *be*dienen war leichter als zu *ver*dienen.

Denis Woronoff resümiert in seiner Geschichte der französischen Eisenindustrie: Sechzig Jahre nach Réaumur trat die französische Stahlindustrie noch immer »auf der Stelle«. Die Erfolgsmeldungen hatten sich eine nach der anderen als falsch erwiesen. Nicht daß die staatlichen Inspektoren leichtgläubig oder willfährig gewesen wären; aber sie legten mehr Wert auf die theoretische Reinheit des Metalls als auf seine Güte (Härte, Schärfe etc.). Außerdem waren sie fasziniert von dem Gedanken, die Unternehmen müßten riesige Ausmaße haben (*gigantisme*), wo doch Größenvorteile ganz ausgeschlossen waren. Das Ergebnis: Verschwendung, Sackgassen und wirtschaftliches Scheitern.[20]

Dann kam die Revolution und in ihrem Gefolge Napoleon. Erneutes Auf-der-Stelle-Treten. Erst in den zwanziger Jahren des neunzehnten Jahrhunderts lernten die Franzosen, wie man Tiegelstahl macht, und zwar durch einen britischen Auswanderer namens James Jackson. Die Deutschen waren zehn Jahre früher soweit, im wesentlichen mit Hilfe von außerhalb. Der Schweizer Johann Conrad Fischer, ein scharf beobachtender und rastlos umherreisender Besucher anderer Länder – überall hatte er seine Nase und seine Augen –, konnte Gußstahl schon seit 1805 herstellen.[21]

Wer die industrielle Küche lernen will, braucht mehr als Rezepte, Baupläne oder auch Zeugenaussagen.

Um die Mitte des neunzehnten Jahrhunderts gewann das Alkaloid Chinin große Bedeutung für die britische Herrschaft in Indien, weil ziviles und militärisches Personal dort durch die Malaria entkräftet wurde oder sogar starb. Mit Chinin wurde die Krankheit nicht geheilt, aber die Symptome konnten gemildert werden. Es wurde damals aus Chinarinde gewonnen, und der Chinarindenbaum stammte aus Peru. In Zusammenarbeit mit dem weltberühmten Botanischen Garten im Londoner Stadtteil Kew bemühte sich die britische Regierung, aus Peru Samen des Chinarindenbaums zu bekommen, Sämlinge daraus zu züchten und diese in Indien einzupflanzen; aber die Ergebnisse waren enttäuschend. Indien blieb abhängig von teuren Importen aus Java, wo es den Holländern besser gelungen war, den Baum anzupflanzen. Die Briten hätten sich aber lieber selbst damit versorgt.

William Henry Perkin, 1838 in London geboren, war der Sohn eines Baumeisters und hatte mit Indien überhaupt nichts zu tun. Nach dem Wunsch des Vaters hätte er Architekt werden sollen (sozialer Aufstieg), aber schon früh entschied er sich für die Chemie. Als gerade mal Fünfzehnjähriger ging er 1853 an das neu gegründete Royal College of Chemistry; geleitet wurde es damals von einem deutschen Wissenschaftler, August Wilhelm Hofmann, der den Jungen gern hatte und ihn zu seinem Assistenten machte. Von Hofmann erfuhr Perkin, wie wichtig die synthetische Herstellung von Chinin wäre, und er nahm das Problem mit in das kleine Labor, das er sich im elterlichen Haus eingerichtet hatte. Wie man Chinin macht, fand er nicht heraus, aber im Laufe seiner Versuche erhielt er einen Niederschlag aus Petroleum (einem Bestandteil des Steinkohlenteers), das Anilinschwarz, aus dem er die Anilinfarbe Blau oder Malve entwickelte. (Die Chemie war immer eine Wissenschaft der Zufallsentdeckungen.)

Perkin war aufgeweckt genug, um den Wert seines Fundes zu erkennen. Seine blaue Farbe war ein hervorragender Farbstoff, und nachdem Perkin ihn hatte patentieren lassen, gründete er mit nur neunzehn Jahren und mit Geldern, die Vater und Bruder beisteuerten, eine Fabrik zu dessen Herstellung. Er beendete seine Ausbildung am Royal College. Seinem ersten Glückstreffer folgten planmäßig erzielte weitere Erfolge, und bald war er Millionär. Und dann vollzog er eine neue Wende: Er kehrte zurück zu seiner ersten Liebe, der experimentellen und theoretischen Chemie. Im übrigen begann die chemische Industrie in Deutschland die britische weit hinter sich zu lassen.

Dieser erste synthetische Farbstoff war der Stoff, aus dem die Träume sind – mit ihm begann die Karriere der folgenreichen Industrieproduktion von Teerfarben. Nachdem Perkin den entscheidenden Hinweis gegeben hatte, machten sich Chemiker in England, Frankreich, Deutschland und der Schweiz an die Arbeit, und es entstand ein ganzer Regenbogen aus künstlichen Farben – Fuchsin, Magentarot (so genannt nach dem in der Schlacht von Magenta vergossenen Blut), verschiedene Purpurtöne, die ganze Alizarinpalette von Rot-, Rosa-, Orange- und Gelbfarben sowie ein Grün, das zur Sensation wurde, weil es im Gaslicht nicht bläulich aussah.[22] Diese Farben wiederum regten die Nachfrage nach modischen Stoffen an und gewöhnten den Frauen der reichen europäischen Länder das traditionelle, sparsame und düstere Schwarz ganz ab. (Heute, wo sie noch reicher sind als damals, sind viele zum Schwarz zurückgekehrt, selbst bei Hochzeiten.) Auf lange Sicht bedeutsamer waren jedoch die allgemeineren chemischen Fortschritte, die sich aus den neuen Techniken ergaben: neue Lichtquellen, Arzneimittel (Aspirin, Salvarsan, diverse Barbiturate, Novocain und Dutzende andere), Photomaterialien, Kunstdünger und schließlich Kunststoffe – immer mit der üblichen Mithilfe unerwarteter und zufälliger Entdeckungen.

Dank Perkin setzte sich Großbritannien an die Spitze dieser Industrie. Das Land hatte alle nötigen Voraussetzungen. Erstens eine riesige, traditionsreiche Schwerchemikalien-Industrie, die Laugen, Säuren und Salze herstellte. Zweitens alles, was zur Fertigung auf Kohlenstoffbasis gehört: Kein anderes Land produzierte soviel Steinkohlenteer, nirgendwo war dieser Rohstoff billiger. Schließlich den weltweit größten Markt für Textilfarbstoffe. Doch im Laufe einer Generation wanderte die Industrie aus dem Inselstaat ab und ließ sich in Deutschland und (in geringerem Maße) in Frankreich und der Schweiz nieder. Im Jahre 1881 produzierte Deutschland annähernd die Hälfte aller weltweit verkauften synthetischen Farbstoffe, im Jahre 1900 zwischen 80 und 90 Prozent. Die großen deutschen Firmen konnten jahrein, jahraus, in guten wie in schlechten Zeiten Dividenden von mehr als 20 Prozent auszahlen und zugleich in die Anlagen sowie in Forschung und Maschinen investieren. Dies war eine der größten und schnellsten Verschiebungen in der Geschichte der Industrie.[23]

Warum? Warum dieser scheinbare Verstoß gegen die »Gesetze« des komparativen Vorteils? Weil Großbritannien, abgesehen von Perkin und einigen anderen Könnern, nicht über gut ausgebildete und talentierte Chemiker verfügte, die für weitere Erfindungen gebraucht wurden. Jedenfalls nicht über so viele und so gut ausgebildete wie der Kontinent. Als dann A.W. Hofmann, Heinrich Caro und ihre deutschen Kollegen in Großbritannien mit attraktiven Angeboten wieder in die Heimat gelockt wurden, ging die auf der organischen Chemie aufbauende Industrie in England nach und nach ein. In Deutschland hingegen entstanden riesige florierende Konzerne: Hoechst, BASF (Badische Anilin- und Soda-Fabrik), Bayer, Agfa – mit erstklassigen Chemikern und Chemieingenieuren, die über gut ausgestattete hauseigene Labors und enge Beziehungen zu den Universitäten verfügten.

Wie entscheidend diese Kombination aus Begabungspool, unternehmerischer Initiative und forschungsorientierter Wissenschaftskultur war, veranschaulicht die Geschichte des künstlichen Indigo. Schon aus Gründen der Logik bot es sich zur Synthetisierung an: Es war einer der wichtigen Farbstoffe, eine Kohlenstoffverbindung, die auf kostspieligem Wege aus exotischen Pflanzen (Waid und anderen) gewonnen wurde. Im Jahre 1880 gelang Professor A. Baeyer die Synthetisierung; er verkaufte das Verfahren an die

Firmen BASF und Hoechst, die beschlossen, daß es durchaus für beide reichte, und ihre Mittel zusammenlegten. Sie brauchten einander. Nach siebzehn Jahren, 152 Patenten und dem Einsatz vieler Millionen Mark hatten sie noch immer keine kommerziell nutzbare Technik gefunden. Eine der Sackgassen ergab sich aus der Anwendung einer anderen Synthese, die gleichfalls von Baeyer stammte; aber dafür brauchte man so viel von dem Lösungsmittel Toluol, daß die Steinkohlenteer-Industrie, die es liefern mußte, zugleich den Markt mit Nebenprodukten wie Benzol und Naphtalin überschwemmt hätte. Die Abfallprodukte sind der Fluch der chemischen Industrie und der Menschen, die in ihrer Nähe leben. Aber sie sind auch ein machtvoller Anstoß zu weiterer Forschung.[24]

In dieser Situation wandten sich BASF und Hoechst einer Methode zu, die an der ETH (Eidgenössische Technische Hochschule, auch bekannt unter dem Namen Polytechnikum) in Zürich entwickelt worden war und Naphtalin, ein damals fast wertloses Nebenprodukt der Destillation von Steinkohlenteer, zum Ausgangspunkt nahm. Aber auch sie warf praktische und wirtschaftliche Probleme auf, die erst nach Jahren gelöst wurden. Die BASF ging in die eine Richtung, die Firma Hoechst, die das Verfahren mitbenutzen durfte, in eine andere, aber gleichfalls unter Rückgriff auf die Forschungsarbeit des Züricher Polytechnikums. Die BASF konnte zwar früher mit der Produktion beginnen (1897, gegenüber 1904), aber das Verfahren von Hoechst erwies sich als besser. Nicht anders als im Geschäftsleben gibt es auch in der Chemie mehrere Wege, einer Katze das Fell über die Ohren zu ziehen.

Wie in vielen anderen Fällen bedeutete die neu entdeckte Technik den Ruin der älteren Verfahren und der Menschen, die von ihnen lebten. In drei Jahren produzierte BASF soviel Indigo, wie man aus 250 000 Morgen Land herausholen kann. Die großen Verlierer waren die Inder, die die Pflanzen zogen und den Naturstoff verkauften: 187 000 Tonnen in den Jahren 1895/96, 11 000 in den Jahren 1913/14. Der Preis des Farbstoffs war auf die Hälfte gesunken.[25]

Am Beginn des Ersten Weltkriegs hatte Deutschland auf dem Gebiet der modernen Chemie die übrige Welt weit hinter sich gelassen – so weit, daß selbst die Beschlagnahme der deutschen Industriepatente den Konkurrenten in Übersee nicht sofort etwas einbrachte. Die größten amerikanischen Firmen mit den besten Chemieingenieuren wußten nicht, was sie damit anfangen oder wie sie sie anwenden sollten. In den zwanziger Jahren warben sie daher deutsche Chemiker ab. Industriespionage war wieder »in«.

19
Neuland

Im Jahre 1700 lag in Mexiko das Pro-Kopf-Produkt bei etwa 450 US-Dollar (von 1985); in den Kolonien, aus denen später die Vereinigten Staaten wurden, lag es etwas höher, bei schätzungsweise 490 Dollar; und in der boomenden Zuckerkolonie Barbados noch erheblich höher, nämlich bei 736 Dollar. Ein Jahrhundert später waren es in Mexiko immer noch 450, in den Vereinigten Staaten jedoch 897 Dollar. Im Jahre 1989 lagen die USA weit vorn: Das Bruttoinlandsprodukt pro Kopf der Bevölkerung betrug in Mexiko 3500, in Barbados 5350 und in den Vereinigten Staaten 18 300 Dollar.[1]

Die Industrielle Revolution fand eine noch relativ leere Welt vor – leer wenigstens im Vergleich zur Bevölkerungsdichte, die wir heute kennen. In dieser Welt war die Besiedlung natürlich sehr unterschiedlich: Dichter war sie in China, Indien und Teilen von Nordwesteuropa, dünn in den riesigen Weiten Zentralasiens, Australiens sowie Nord- und Südamerikas. Diese Unterschiede hatten vor allem geographische und technische Gründe: Die Populationen strömten in günstige Klimazonen und konnten sich dort, auf fruchtbaren Böden und mit Ackerbautechniken, die das natürliche Potential nutzten, am besten vermehren. Auch politische Erwägungen spielten eine Rolle. In Europa zum Beispiel lag die potentiell reiche Donauebene im frühen achtzehnten Jahrhundert völlig frei. Nach der zweiten fehlgeschlagenen Belagerung von Wien (1685) hatten die Türken sich urplötzlich zurückgezogen und ihre jahrhundertelange Mißherrschaft aufgegeben. Ein halbes Jahrhundert später erschlossen die Russen die Ukraine – die Kornkammer Europas – und vertrieben die Nomadenvölker, die seit den Zeiten der Goldenen Horde (Mitte des dreizehnten Jahrhunderts) diese Ebenen durchzogen und in Ansätzen auch regiert hatten.

Das größte Neuland jedoch wartete jenseits des Ozeans: Nord- und Südamerika vor allem, aber auch kleinere Gebiete in Australien und Südafrika. Keiner dieser Landstriche war leer, als die Europäer kamen. Überall betrieben die Ureinwohner Ackerbau, züchteten ihr Vieh oder lebten als Jäger und Sammler. Aber auch hier war die Besiedlungsdichte unterschiedlich, und diese Unterschiede bestimmten die Chancen und Umstände der Invasion. In Nord- und Südamerika waren einige Gegenden dicht besiedelt: das Tal von Mexiko, das Bergland von Peru, ein paar karibische Inseln. Für gewöhnlich hätte eine solche Besiedlungsdichte die Eroberung ausgeschlossen, aber technische und politische Rückstände machten die dortigen Ureinwohner angreifbar. Importierte Krankheitskeime taten das übrige. In anderen Gebieten Amerikas, etwa in den nördlichen Breiten, aus denen die Vereinigten

Staaten und Kanada wurden, konnte sich bei geringer Bevölkerungsdichte die überlegene Bewaffnung und Organisation leicht durchsetzen. In den Augen der Indianer stahl der Weiße Mann ihnen das Land; in den Augen des Weißen Mannes lag das Land einfach da, endloses, gewinnträchtiges Neuland – man brauchte nur zuzugreifen.

Für Wirtschaftswissenschaftler sind die Produktionsfaktoren Grund und Boden, Arbeit und Kapital. Mit ersterem sind nicht nur die Oberfläche, sondern auch die darunter liegenden Bodenschätze gemeint; und unter dem Gesichtspunkt der wirtschaftlichen Entwicklung zeichnet sich ein neues Siedlungsgebiet vor allem durch viel Raum, Land und den Reichtum an Rohstoffen aus. Diese wiederum bedeuten gleichermaßen Chancen und Zwänge: Neue Gebiete können pro Kopf der Bevölkerung Rohprodukte im Überfluß abwerfen, aber nur, wenn die nötigen Arbeitskräfte vorhanden sind. Der Bedarf an Menschen ist enorm – die oftmals angelockt werden, indem man Migrationsanreize schafft: vornehmlich kostenloses oder billiges Land, aber auch höhere Löhne, höheren sozialen Status und politische Rechte. (Dies war im mittelalterlichen Europa ein Hauptaspekt bei der Verbesserung der Lebens- und Besitzverhältnisse.) Und wenn keine freiwilligen Arbeitskräfte kommen, holt man Menschen mit Gewalt herbei und bezahlt Sklavenhändler oder Werber, damit sie die Drecksarbeit erledigen.

Sind die Produktionsfaktoren erst einmal versammelt, erzeugen Neulandgebiete in aller Regel weit mehr Anbaufrüchte und andere Rohprodukte, als die Bevölkerung braucht. Mit diesen Überschüssen kann Handel getrieben werden. Eine solche Volkswirtschaft verdient mit der Produktion von überschüssigen und exportfähigen Ernteerträgen so viel mehr als mit der bäuerlichen Subsistenzwirtschaft, daß es sich für sie lohnt, gesicherte Ernährung gegen Einkommen einzutauschen. (So etwa auf den Zuckerinseln der Karibik, die jeden Quadratmeter Boden für den Rohrzucker verwendeten und Nahrungsmittel sogar aus dem weit entfernten Europa importierten.)

Diese von einer Reihe neu entstehender Volkswirtschaften verfolgte Strategie hat zu der Theorie der Außenhandelsspezialisierung oder dem Überschußmodell (»Vent-for-Surplus«) geführt.[2] Der Gedanke: Man beginnt mit den Erlösen, die aus dem Export von Rohprodukten gewonnen werden und die heimischen Einkommen steigen lassen. Die höheren Einkommen wiederum fördern die Herausbildung eines Industriegütermarktes und liefern zugleich die Finanzbasis für einen industriellen Sektor und eine ausgewogenere Ökonomie. (Viel hängt dabei von der Verteilung der Einkommen im Herstellerland ab. Je ungleicher, desto kleiner der Markt für Industriegüter. Eine Plantagenwirtschaft bringt nicht viel Nachfrage nach solchen Gütern hervor: Die Großgrundbesitzer kaufen Luxusgüter für sich selbst und geben nur wenig für Kleidung und Unterkunft ihrer Sklaven aus.)

Der erste, der mit dem Modell der Außenhandelsspezialisierung gearbeitet hat, war Harold Innes, der die wirtschaftliche Leistungsfähigkeit Kanadas darauf zurückführte, daß das Land immer auf ein Hauptexportgut gesetzt hat: zuerst auf Pelze (siebzehntes und achtzehntes Jahrhundert), dann auf

 Holz (spätes achtzehntes und neunzehntes Jahrhundert) und schließlich auf Getreide (Mitte und Ende des neunzehnten Jahrhunderts). Ähnliche Modelle sind seither für Schweden (Holz, Kupfer, Eisen), die Vereinigten Staaten (Tabak und Baumwolle, dann Weizen), Australien (Wolle, Fleisch, Weizen), Argentinien (Häute, Talg, Fleisch, Korn), das Japan der Meiji-Zeit (Seide) und sogar das mittelalterliche England (Wolle) erarbeitet worden.[3] Und parallele Entwicklungen könnte man sich heutzutage in den ölproduzierenden Ländern vorstellen.

Aber wie die meisten guten Wirtschaftstheorien haben die Vent-for-Surplus- oder Überschußmodelle etwas Tautologisches: Sie erklären aufs beste, was am besten paßt. Hat eine Volkswirtschaft Einnahmen aus dem Export von Rohprodukten, so impliziert das noch lange nicht, daß sie mit diesen Erträgen auch ihre Entwicklung fördert. Hier liegt der Hase im Pfeffer: Soll man investieren oder ausgeben? Und selbst wenn man sich für die Investition entscheidet, wer garantiert, daß das Geld in die richtigen Tätigkeitsbereiche fließt? Außerdem: Was heißt richtig? Bei der Mehrproduktion eines Hauptexportgutes bleiben und den komparativen Vorteil maximieren? Oder auf eine ausgewogene Entwicklung hinarbeiten, das heißt, im Augenblick weniger hereinholen, dafür später um so mehr?

Die Geschichte der Siedlerökonomien in Nord- und Südamerika und ihrer (mal mit, mal ohne Erfolg betriebenen) Industrialisierung ist eine Fallstudie zum Thema Macht und Ohnmacht der Theorie von der Außenhandelsspezialisierung – auf der einen Seite die Vereinigten Staaten und Kanada: hochentwickelte Volkswirtschaften mit hohem Einkommensniveau; auf der anderen Seite die Bruchstücke des einstigen spanischen Weltreichs und die ehemalige portugiesische Kolonie Brasilien. Zu Beginn waren diese südlichen Länder reicher und stärker besiedelt; heute hinken sie weit hinterher, und obgleich sie endlich mit der Modernisierung beginnen, würde kaum jemand von einer raschen Annäherung an die nordamerikanischen Republiken ausgehen – nicht einmal unter Mithilfe gemeinsamer Märkte wie etwa des NAFTA.

Warum die Geschichte Nordamerikas (ehemals britisch) und die Lateinamerikas (ehemals spanisch und portugiesisch) so stark voneinander abweichen, läßt sich nur von mehreren Seiten her erklären. Wirtschaftswissenschaftler würden das nicht immer so sehen. Für sie ist ein einziger guter Grund schon ausreichend, und im Fall der beiden Amerikas bieten sich als beste Erklärung die Rohstoffe an. Die amerikanischen Siedlungsgebiete besaßen unendlich viel natürlichen Reichtum, aber dieser Reichtum hatte, von den neuen industriellen Technologien her gesehen, nicht immer den gleichen Nutzen. In diesem Punkt waren die Vereinigten Staaten am besten dran: riesige Flächen fruchtbaren, unbebauten Landes; ein großartiges Klima zur Gewinnung eines für den Einstieg in die Industrialisierung entscheidenden Rohstoffes, der Baumwolle; große Vorkommen an Bodenschätzen, wie sie die Eisenindustrie benötigt; Brennstoffe – Holz und Kohle – im Überfluß plus reichlich Wasserkraft an der gesamten Ostküste; massenweise Petroleum, das sich seit der Mitte des neunzehnten Jahrhunderts als Lichtquelle, Schmiermittel und vor allem als Treibstoff für Verbrennungsmotoren bewährt; und große Mengen Kupfererze, die Ende des Jahrhunderts für die neu entstehende Nachfrage nach Dynamomaschinen, Elektromotoren und Kabelanlagen zur Verfügung standen. Hinzu kamen relativ bequeme Zugangs- und Kommunikationswege: eine Küste mit vielen schönen Buchten und prachtvollen Häfen, große Flüsse (zumal der Mississippi und seine Nebenflüsse) sowie weite Ebenen. Die einzige ernstzunehmende Gebirgsschranke zwischen Atlantik und den Rocky Mountains waren die Appalachen, aber selbst hier gab es eine Reihe von Lücken für Handels- und Reiserouten, besonders dort, wo der Hudson durchfließt und wo sich zu den Großen Seen hin flaches Land erstreckt. Hier konnten die Menschen mit dem Erie-Kanal und der Eisenbahn die Verbindung zwischen Mittlerem Westen und den Häfen an der mittleren Atlantikküste herstellen und damit über die natürlichen Grenzen hinausgehen.

In all diesen Hinsichten waren die Vereinigten Staaten günstiger dran als andere Teile der Neuen Welt. Kein anderes Land hatte beispielsweise Eisen und Kohle so nah beieinander; kein anderes hatte vergleichbar gute natürliche Transport- und Kommunikationswege. Im Vergleich zu den USA ist Mexiko ein Puzzle aus Gebirgen, Hochebenen und Wüsten – nicht ohne günstige Regionen, aber, wie die Erbauer des Eisenbahnnetzes merkten, mit schlechten Verbindungsmöglichkeiten. In Brasilien liegt ein Großteil des Landes in der tropischen und subtropischen Zone, so daß man selbst heute nur mit großen Schwierigkeiten in das gewaltige Amazonasbecken vordringen kann. Argentinien ist, was natürliche Bedingungen und Zugangswege betrifft, den Vereinigten Staaten noch am ähnlichsten; aber lange Zeit wurde die Einwanderung behindert, und es fehlt an den für die Industrialisierung entscheidenden Rohstoffen.

Man könnte also, wie zahlreiche Ökonomen es auch gemacht haben, die These vertreten, daß der US-amerikanische Entwicklungsvorsprung von Natur aus vorbestimmt war – das Land hatte einfach das richtige Los gezogen. In jüngerer Zeit jedoch versuchen Wissenschaftler eine komplexere geographische Erklärung zu geben, die den Zusammenhang zwischen natürlichen Voraussetzungen einerseits, Kultur und Institutionen andererseits berücksichtigt.[4] Nach ihrer Überzeugung gibt die Geographie vor, was und wie man anbaut, wie also der Landbesitz aussieht und der Reichtum verteilt ist; und das wiederum hat entscheidenden Einfluß auf Tempo und Art der Entwicklung. Wenn die Gesellschaft gespalten ist in eine kleine privilegierte Grundbesitzerschicht und eine große Masse armer, abhängiger, vielleicht gar unfreier Arbeiter – das heißt in eine Schule der Faulheit (oder der Verschwendung) und einen Abgrund der Verzweiflung –, woher soll dann der Anreiz zu Veränderung und Verbesserung kommen? Oben überlegene Gleichgültigkeit, unten hoffnungslose Resignation. Von Zeit zu Zeit gibt es Widerstand, so daß die Eliten und ihre Soldaten Gelegenheit erhalten, der Kriegskunst zu frönen, während die Religion die Menschen auf ein besseres Leben nach dem Tode vertröstet.

 So war es weder im Norden der Vereinigten Staaten noch in Kanada. Beide hatten den paradoxen Vorteil, daß das Klima den Getreideanbau einschränkte und zunächst wenig exportierbarer Überschuß übrigblieb. Die Größenvorteile waren unbedeutend, wenigstens vor der Mechanisierung, so daß der Landbesitz klein blieb, häufig nur für die Subsistenz reichte und mehr oder weniger gleichmäßig verteilt war.[5] Diese Gleichheit hat aristokratisch Gesinnten nicht immer gefallen. Im Jahre 1765 kam Lord Adam Gordon aus Großbritannien nach Neuengland und runzelte mißbilligend die Stirn: »Die Gleichmacherei hat hier überall einen starken Einfluß und steht obenan. Alle haben Eigentum, und alle wissen es.«[6]

Hinzu kam, daß der nahezu kostenlose Grund und Boden sowie der Arbeitskräftemangel auf dem Land und in der Stadt zu hohen Löhnen und Anwerbungsengpässen führten; so stellt Adam Smith fest:

> »Das Mißverhältnis zwischen dem Überfluß an Grund und Boden und den wenigen Bewohnern, das in neuen Kolonien gewöhnlich vorherrscht, macht es für ihn [den Eigentümer] schwierig, genügend Arbeitskräfte zu bekommen. Er streitet daher niemals über die Entlohnung, sondern beschäftigt bereitwillig Arbeitskräfte zu jedem Preis. Der hohe Arbeitslohn fördert wiederum den Bevölkerungszuwachs. Da guter Boden billig und reichlich zu haben ist, wird die Verbesserung im Ackerbau angeregt, so daß der Grundbesitzer imstande ist, solche hohen Löhne zu zahlen.«[7]

Die Löhne auf dem Land und die Bodenpreise setzten natürlich eine Untergrenze für die Löhne in der Stadt – wie soll man sonst die Arbeitskräfte halten? –, während allein das Wachstum dieser Siedlerökonomie die Löhne in die Höhe trieb.[8] Hier noch einmal Smith:

> »Und es sind folglich nicht die wohlhabenden Länder, in denen der Arbeitslohn am höchsten ist, sondern jene, die sich am schnellsten entwickeln oder am raschesten reich werden. England ist sicherlich im Augenblick viel reicher als irgendein Teil Nordamerikas, doch sind die Löhne dort wesentlich höher als irgendwo in England.«[9]

Diese amerikanische Gesellschaft aus kleinen Grundbesitzern und relativ gut bezahlten Arbeitern war der Nährboden für Demokratie und Unternehmertum. Aus der Gleichheit erwuchsen Selbstwertgefühl, Ehrgeiz, die Bereitschaft, in den Markt einzusteigen und mitzukonkurrieren, die Lust am Individualismus und am Wettstreit. Gleichzeitig lud der kleine Landbesitz zu technischer Eigenregie und zu Selbsthilfe-Denken im Umgang mit den Geräten ein – jeder ist sein eigener Handwerker. Jeder Bauernhof hatte seine Werkstatt und seinen Amboß, seine kleinen Vorrichtungen und geschickten Verbesserungen.[10] Erfindungsreichtum verschaffte nicht bloß Bequemlichkeit und Einkommen, sondern auch Sozialstatus und Ansehen. Wer gut arbeitete, wurde von den Nachbarn beneidet und galt in der Gemeinde als

Held. Zugleich aber stieg durch die hohen Löhne der Anreiz zur Ersetzung
von Arbeit durch Kapital, von Menschen durch Maschinen.

Aus all diesen Gründen fanden die in der Industriellen Revolution entwickelten Technologien in den amerikanischen Kolonien und später den Vereinigten Staaten einen fruchtbaren Boden vor. Schon längst hatte das Selbsthilfebedürfnis angesichts zeitraubender und unregelmäßiger Verkehrsverbindungen zur Entstehung lokaler Fertigungsbetriebe geführt. Hier ein Bericht aus dem Jahr 1681, der zeigt, wie schnell sich die neuangesiedelten Quäker auf die Industrie warfen: »Außerdem haben sie Küfer, Schmiede, Maurer, Stellmacher, Pflug- und Mühlenbauer, Schiffszimmerleute und andere Gewerbe, die verarbeiten, was das Land für die Manufakturen produziert. ... In Ost-Jersey gibt es schon Eisenhütten und einen Hochofen samt Schmiedewerk, wo Eisen hergestellt wird.« Ein anderer Bericht von 1698 spricht von Tuchfabrikation: In den Quäker-Gemeinden Burlington und Salem »machen Textilarbeiter sehr gute Serge-, Drogett-, Wollkrepp-, Camblet-, Plüsch- und andere Wollstoffe. Ganze Familien widmen sich dieser Tuchfabrikation, für die sie Wolle und Leinen aus eigenem Anbau benutzen.«[11]

Neuengland und die mittleren Kolonien Pennsylvania und New Jersey wurden zu den »industriellen Kernländern« der neuen Nation. Die Eisengewinnung setzte schon in den vierziger Jahren des siebzehnten Jahrhunderts ein (Sumpfeisenerz am Saugus [in Lynn] in Massachusetts), nur zwei Jahrzehnte nach der Landung der Pilgrim Fathers in Plymouth.[12] Zur Zeit der Revolution (siebziger Jahre des achtzehnten Jahrhunderts) arbeiteten in den amerikanischen Kolonien Großbritanniens etwa 200 Eisenhütten, deren Jahresproduktion sich auf annähernd 30 000 Tonnen belief. Nur England, Frankreich, Schweden und Rußland produzierten mehr. Mit dem Schmelzen kamen das Windfrischen, Hämmern, Fräsen, Schneiden, Walzen und diverse andere Arbeiten, die aus Eisen Werkzeuge und Gebrauchsgegenstände entstehen lassen. Zwangsläufig ging die Nachfrage nach britischen Metallwaren erheblich zurück, so daß britische Fabrikanten in einer an das Parlament gerichteten Petition nach einem gesetzlichen Herstellungsverbot in den Kolonien verlangten. Alles völlig vergeblich. Solche Gesetze ließen die Siedler nur um so empfindlicher spüren, wie ungerecht ihre untergeordnete Stellung und das Fehlen jeder parlamentarischen Mitbestimmung waren und wie sehr es auf ökonomische Selbständigkeit ankam. Benjamin Rush, Arzt und führender Bürgerrechtler in Pennsylvania, schreibt 1775: »Ein Volk, das in Nahrung und Kleidung von Fremden abhängig ist, muß ihnen immer untertan sein.«[13]

Eines der Hauptprodukte der kolonialen Industrie sollte die Briten teuer zu stehen kommen. Die Bewohner der Kolonien stellten Gewehre her: zunächst Musketen mit Luntenschloß, dann in zunehmendem Maße Büchsen mit Steinschloß, und die letzteren, im Verein mit der von Kindheit an betriebenen Jagd, machten aus ihnen Meisterschützen – ein Vorteil, den sie sich bis ins zwanzigste Jahrhundert hinein bewahren konnten. In einer Siedlergesellschaft hatten Gewehre ihren besonderen Wert, so daß einige der Kolonien das Waffentragen, selbst beim Kirchgang, förmlich vorschrieben. (Auch dies ein markantes und zählebiges soziokulturelles Merkmal der USA – wie man noch heute am Widerstand gegen Beschränkungen des Waffenbesitzes sehen kann.)

Die Nachfrage allein sicherte den Nachschub jedoch nicht. Man braucht das Bildungsniveau. Die Menschen im Süden und aus den entlegenen Waldgebieten der Appalachen waren zwar schwerer bewaffnet, hergestellt aber wurden die Gewehre in den nördlichen Kolonien, und zwar aus einem einfachen Grund: Dort befanden sich Fertigkeiten und Werkzeuge. Als der Süden 1861 der Union den Krieg erklärte, lag die Produktion von Feuerwaffen im Norden 32 mal so hoch wie in der Konföderation.[14]

Die Siedler importierten und kopierten Musterstücke europäischer Geräte oder Maschinen, und gelernte Mechaniker und Handwerker wurden eingeladen – oder versuchten auf eigene Rechnung und Gefahr –, in das Land mit den hohen Löhnen zu kommen. Dabei profitierten die nordamerikanischen Kolonien von ihrer anglophonen Kultur: Großbritannien konnte sich rühmen, die europäische Gesellschaft mit den meisten Erfindungen zu sein, und die britischen Einwanderer fühlten sich in einer Gesellschaft, wo die eigene Sprache gesprochen wurde, ganz wie zu Hause. Auch die Deutschen leisteten ihren Beitrag. Den Quäkern in Pennsylvania war daran gelegen, Glaubensbrüder vom europäischen Kontinent in die Neue Welt zu locken, und auch diese (die sogenannten Pennsylvania Dutch, Pennsylvanisch-Deutsche) brachten ihr jeweiliges Handwerk und ihr Können mit. Das aristokratisch sich gebärdende Virginia hingegen, dieses den alten Zeiten nachtrauernde »Old Dominion« mit seinen großen Plantagen und zwangsverpflichteten Arbeitskräften, konnte solche Menschen kaum anziehen; und die Verbreitung der Sklaverei machte alles nur noch schlimmer.

(Die technologische Abhängigkeit des Südens dauerte noch lange nach dem Bürgerkrieg fort, auch als Fertigungsbetriebe aus den älteren Zentren des Nordostens dorthin verpflanzt wurden, deren Besitzer und Geldgeber in der Regel aus anderen Regionen kamen. Die meisten dieser Betriebe, die sich fast immer durch niedrige Produktionsleistung und Wertschöpfung pro Arbeiter auszeichneten, fanden sich in Low-tech-Branchen wie Baumwolle und Holz. Bei den Versuchen, die späte Umorientierung zu erklären, wurde zumeist auf die natürlichen Rohstoffe, die niedrigen Lohnkosten und das Fehlen von Gewerkschaften verwiesen. Manche Wissenschaftler hielten das Ganze für einen Fall von Wirtschaftskolonialismus oder Abhängigkeit, und viele erklärten das Hinterherhinken mit dem aus den Zeiten der Sklaverei übernommenen industriefeindlichen Werte- und Kultursystem. Hinzu kommt nach meiner Ansicht der Mangel an Erfinder- und Unternehmergeist.)[15]

Die amerikanische Republik war kaum geboren, da stellte Samuel Slater im Jahre 1790 in Providence auf Rhode Island die ersten funktionstüchtigen Spinnmaschinen auf. Andere folgten, und Neuengland mit seinen mächtigen Strömen wurde zum bedeutenden Zentrum der Baumwoll- und Wollmanufaktur. Ganz wie auf dem europäischen Kontinent waren es auch hier vor allem die englischen Auswanderer, die für die Ausbreitung der Techniken sorgten.[16] Eine noch wichtigere Rolle aber spielte der Zustand der Empfängergesellschaft. Die Überbringer der Kenntnisse fanden aufgeweckte Schüler, die kopierten, imitierten und vor allem verbesserten. Als der Bostoner Francis Lowell 1814 den mechanischen Webstuhl einführte, fand er einsatzbereite Arbeitskräfte vor: die Nachkommen »vieler Generationen von landwirtschaftlichen Mechanikern in den Werkstätten Neuenglands«[17].

Einige Maschinen kamen also aus England, aber nur einige, und die Amerikaner paßten sie bald den Bedürfnissen und Vorlieben des einheimischen Marktes an. (Sie erfanden auch selber neue Geräte und exportierten sie nach Großbritannien – das beste Zeichen für technologische Unabhängigkeit.)[18] So arbeiteten die britischen Baumwollspinnereien mit der Mulemaschine, die hochqualifizierte, ausnahmslos männliche Arbeitskräfte erforderte, und konzentrierten sich auf Garn von höherem Feinheitsgrad; die Amerikaner hingegen entwickelten die (von Arkwrights Waterframe abgeleitete) Drosselspinnmaschine, an der angelernte weibliche Arbeitskräfte ein kräftigeres, groberes Garn herstellten; und deren Produktivität steigerte sich erheblich mit der Erfindung des Glockenspinnens und dann des Ringspinnens. Auch in der Weberei führten die amerikanischen Erfindungen schon bald (in den zwanziger Jahren des neunzehnten Jahrhunderts) dazu, daß die dem Londoner Waltham-Modell nachkonstruierte Baumwollfabrik »in der Durchgangsleistung mindestens 10 Prozent effizienter« war als ihre britische Konkurrentin.[19]

Die Zahlen sagen alles. Im Jahre 1788 sah man bei der Parade zum 4. Juli in Philadelphia eine handbetriebene Baumwollkämmaschine und eine Jennymaschine mit 80 Spindeln – Symbole vorindustrieller (und vormechanischer) ökonomischer Unabhängigkeit. Zwanzig Jahre später drehten sich in den jungen Vereinigten Staaten beinahe 100 000 mechanisch angetriebene Baumwollspindeln; zwischen 1810 und 1820 verdreifachte sich die Zahl, und im nächsten Jahrzehnt stieg sie noch einmal um mehr als das Dreifache. Im Jahre 1831 verfügte die Industrie über 1,2 Millionen Spindeln und 33 500 Webstühle, die meisten davon, von New Hampshire im Norden bis Maryland im Süden, mechanisch angetrieben von den Flüssen am Fuß des Gebirges.

Ein vor kurzem angestellter Produktivitätsvergleich in der industriellen Fertigung zeigt, daß Amerika in den zwanziger Jahren des neunzehnten Jahrhunderts schon weit vor Großbritannien lag.[21] Das war eine unerhörte Leistung, die sich sowohl einem aufgeklärten und oftmals offen patriotischen Unternehmertum mit Wissen und Know-how als auch einer intelligenten Arbeiterschaft verdankte. Manche Arbeiter waren Ludditen, die im Mutterland gegen die Maschinen gekämpft hatten, sie in der Neuen Welt aber bereitwillig akzeptierten; andere waren Handweber, die sich einst geweigert hatten, eine Fabrik zu betreten. Warum dieser Wandel? Genau wie das alte England ärgerte sich auch das neue über die strikten Arbeitszeiten und die persönliche Aufsicht in der Fabrik. Aber während das alte England anfangs unfreiwillige Arbeitskräfte – Lehrjungen aus dem Armenhaus, Töchter und Ehefrauen, Menschen, die nicht nein sagen durften – zur Verfügung hatte, mußte Neuengland Mittel und Wege finden, um die neuen Arbeitsplätze annehmbar, wenn nicht gar attraktiv zu machen. Die amerikanischen Fabriken zahlten höhere Löhne und verschafften Frauen und Mädchen Unterkünfte und behütete Lebensräume, die die Befürchtungen der Eltern zerstreuen konnten.[22] Geradezu legendär wurde der Paternalismus in den Baumwollfabriken von Lowell – die sauberen Wohnheime mit ihren Büchern und Pianos, die eigens für die Frauen gemachte Zeitschrift (*The Lowell Offering*), die sittsame (frömmelnde) Hausordnung.[23]

Einige Historiker haben darauf aufmerksam gemacht, daß es unter der Oberfläche weniger harmonisch aussah. Nach ihrer Überzeugung war das gar nicht anders denkbar, denn wie kann der Kapitalismus Geld ausgeben, das den Beschäftigten zugute kommt? Kein Zweifel. Das System hatte seine eigene Logik; mit dem Geschäft ging es auf und ab, und harte Zeiten machen harte Herren. Zwangsläufig ließen manche Unternehmer – was immer die Ökonomen vom Homogenisierungseffekt des Wettbewerbs sagen – viel zu wünschen übrig.[24] Gleichwohl waren die Arbeitsbedingungen sichtlich besser als im alten England. Um es mit Charles Dickens zu sagen: Es war ein Gegensatz wie »zwischen Gut und Böse, lebendigem Licht und tiefster Finsternis«[25].

Noch ein Beispiel für die technologische Selbständigkeit. Gleich nach der Unabhängigkeit importierten die Amerikaner auch Dampfmaschinen, und zwar zunächst die atmosphärischen Maschinen. Aber dann entschieden sie sich für den Hochdruck, und auch hier spielte der heimische Erfindergeist eine entscheidende Rolle. Schlüsselfigur war Oliver Evans (1755–1819), ein brillanter Hansdampf in allen Gassen, der wichtige Erfindungen nicht nur zum Wollkämmen und Getreidemahlen, sondern auch zur Dampfkraft beigesteuert hat. Evans baute seine Maschine schon in den achtziger Jahren des achtzehnten Jahrhunderts, aber in größerem Maßstab eingesetzt wurde sie erst seit der Jahrhundertwende.[26] Diese Kolben-Hochdruckmaschinen waren zumeist kleiner und billiger als die älteren atmosphärischen Maschinen, erzeugten jedoch, gemessen an ihrer Größe, mehr mechanische Kraft als diese; daher eigneten sie sich nicht nur gut für die Industrie, sondern auch für den Transport, bei dem immer das Volumen zählte. Die kleineren Maschinen ermöglichten außerdem den Bau der Dampfschiffe und Lokomotiven. Andererseits konnten Hochdruckmaschinen explodieren – nicht zuletzt aus diesem Grund hielten James Watt und viele andere britische Maschinenbauer und -benutzer am atmosphärischen Modell fest. In diesem Punkt schienen die Amerikaner bereit, für billigere Dampfkraft und preiswerteren Transport auch Tote und Verletzte in Kauf zu nehmen.

Die entscheidende und recht eigentlich amerikanische Innovation war aber gar kein besonderes Gerät (so wichtig das auch sein mochte), sondern eine Produktionsweise – das später so genannte amerikanische Fabrikwarensystem. Es war eine kreative Reaktion erstens auf einen Markt, auf dem die in Europa vorherrschenden lokalen und regionalen Präferenzen ebenso fehlten wie Klassen- und Standesunterschiede, der also standardisierte Artikel aufnehmen konnte; und zweitens auf den im Verhältnis zu den Arbeitsmaterialien erheblichen Mangel an Arbeitskräften. Beides hing zusammen. In einer Volkswirtschaft mit wenig Arbeitskräften bot die Standardisierung eine Möglichkeit, die Arbeit zu teilen und damit zu vereinfachen und zu repetitiven Handgriffen zu machen, um auf diese Weise die Produktivität zu steigern. Aber schnelles Arbeiten meinte tendenziell die Verschwendung von Material – für Gewohnheiten der Alten Welt wie Ordnung und Sparsamkeit blieb keine Zeit. In Europa drehten selbst reiche Handelsbankiers ihre Briefbögen, wenn sie voll waren, um 90 Grad und schrieben am Rand weiter, um Papier zu sparen.

So war schon in Kolonialzeiten der Bau vieler amerikanischer Wohnhäuser nicht mehr Sache des Zimmerhandwerks, sondern der Fabrik. Türen und Fenster wurden auf eine Standardgröße zugeschnitten und zusammengesetzt; Glas war entsprechend vorgeschnitten. (Als um das Jahr 1815 ein französisches Schiff mit einer Ladung Fensterglas in verschiedenen Größen in der neuen Republik eintraf, entdeckte man staunend, daß man das meiste verschenken mußte.) Das Sägemehl konnte aufgehoben und anderweitig verwendet werden.[27] Dann, in den dreißiger Jahren des neunzehnten Jahrhunderts, führte die Erfindung des Nagel- oder Schwartenrahmenhauses zur Normierung und Dequalifizierung des Hausbaus selber. Vorbei waren die Zeiten, in denen man schwere Bauteile für die traditionellen Scheunen und Wohnhäuser brauchte. Vorbei waren die Zeiten des Verzapfens, der Maurer- und Verputzarbeiten (sowohl außen als auch innen), die die Bauten in der Alten Welt erforderten.[28] Statt dessen verwendete man vorgefertigte 2x4-Inch-Balken und nagelte sie zusammen, dann verschalte man das Balkenwerk und setzte die Schindelfassade an, die sich als praktisch und gefällig anbot. Die neuen Gebäude waren weder besonders schön, noch wiesen sie irgendwelche ortsgebundenen Stileigenheiten auf; aber sie waren billig, wurden mit Material errichtet, das im Überfluß vorhanden war, und waren von nüchterner Zweckgebundenheit. Die Nagelrahmentechnik fand weite Verbreitung, außer in den Gegenden, wo es wenig Holz gab.[29]

Diese Verwendung von Holz ließ eine ganze zusammenhängende Maschinengruppe entstehen: mechanische Sägen, Drehbänke, Fräs- und Hobelmaschinen, »Maschinen zum Bohren, Nuten, Verschwalben, Kantenschneiden, Auskehlen etc.«. Sie arbeiteten schnell – schneller als die vergleichbaren Maschinen für die Metallbearbeitung –, und eben aus diesem Grunde verschwendeten sie Unmengen von Material. Aber das war in Ordnung. Holz hatte Amerika genug, Zeit und Arbeitskraft nicht.[30]

Häuser und Gebäude bildeten nur den Anfang. Der Gedanke war, sämtliche montierten Gegenstände mit ähnlichen, wenn nicht sogar austauschbaren Bauteilen zu versehen.[31] Der Grad der Ähnlichkeit hing von den Materialien und zulässigen Abweichungen ab: Für manche Zwecke konnte die

 Übereinstimmung nur approximativ sein, für andere nicht; und Holz konnte sehr viel toleranter sein als Metall. Ein Zimmermann etwa war in der Lage, vorgefertigte Türen und Fenster passend zu machen, und ein Glaser, Fensterscheiben durch geschickte Verwendung von Kitt fest einzusetzen; aber das Schloß einer Muskete mußte präziser montiert werden als der Schaft, und eine Taschenuhr ließ weniger Abweichungen zu als eine Wanduhr. Zugleich hing all diese Arbeit vom geschickten Gebrauch einer Feile ab, die für allerletztes An- und Einpassen sorgte; es sei denn, man wollte, daß die Teile auf Anhieb, ohne nachträgliches Justieren, paßten und funktionierten, und das erforderte noch mehr Präzision.

Für solche Arbeiten brauchte man exakt reproduzierende Präzisionswerkzeuge sowie eine Arbeitsorganisation und -planung, dank derer Materialien und Werkteile in effizienter Weise herbeigeschafft, in Bewegung gesetzt, (maschinell) bearbeitet und montiert werden können – was wir heute technische Anlagen und Betriebsprogramm (Hardware und Software) nennen. Erstere stehen oftmals im Mittelpunkt des Interesses, weil die zu diesem Zweck entwickelten Werkzeugmaschinen aufsehenerregende Leistungen der Maschinenbaukunst waren. Doch bei Arbeiten wie etwa dem Schlachten, das eher im Auseinandernehmen als im Zusammensetzen besteht, waren Programmierung und Gleichlauf viel wichtiger; oder auch dort, wo, wie beim Getreidemahlen oder Ölraffinieren, höhere Durchgangsleistung zu mehr Größenvorteilen führt.

Auf all diesen Gebieten der industriellen Fertigung waren die Vereinigten Staaten, wenn nicht die Pioniere, so doch mindestens die großen Praktiker.[32] So entstanden gleich mit dem Übergang zur Maschinerie in der Textilmanufaktur Mechanikerwerkstätten, in denen die Anlagen gewartet und gebaut wurden; und diese Werkstätten, jede eine kleine Welt aus zusammengesetzten und austauschbaren technischen Fertigkeiten, machten sich häufig auch an die Produktion anderer Maschinen: Dampfmaschinen, Hochöfen und Kessel, Lokomotiven und vor allem Werkzeugmaschinen. Letztere wiederum, ursprünglich für diesen oder jenen speziellen Zweck gedacht, fanden später in verschiedensten Industriezweigen Verwendung. Nicht nur der Handwerker selbst hatte Kinder und Enkelkinder, die die Fackel weitertrugen; auch seine Maschinen vermehrten sich und zeugten Nachkommen.[33]

Anders als Europa setzte Amerika diesem Vordringen einer dequalifizierenden und vereinfachenden Technik wenig Widerstand entgegen. In einem Land der permanenten Revolution hatte das Alte wenig Macht. Hören wir einen offiziellen Besucher, der 1841 die Rüstungsfabrik in Springfield besichtigte:

> »Das Können des Waffenschmieds wird hier kaum benötigt: Sein ›Beruf ist dahin‹. Ein Knabe leistet ebensoviel wie ein Mann. Ja, weil er einen beweglicheren Körper hat, macht er es sogar besser.
> Das Problem, gute Waffenschmiede zu finden, gibt es nicht mehr; in jeder Maschinenwerkstatt und Fabrik des Landes sind sie reichlich zu finden.

Die gelernten Fertigkeiten von Auge und Hand, die allein durch die Praxis erworben werden, sind nicht länger unverzichtbar; und selbst wenn alle Maschinenarbeiter gleichzeitig aus der Rüstungsfabrik von Springfield entlassen würden, könnten sie innerhalb einer Woche durch fähige Arbeiter ersetzt werden.«[34]

Kein Wunder, daß die Briten, als sie – mit einer ihren sonstigen industriellen Errungenschaften Hohn sprechenden Verspätung (Mitte des neunzehnten Jahrhunderts) – gute und billige Musketen für die Armee herzustellen suchten, ihre Leute in die Vereinigten Staaten schickten, damit sie die Methoden der amerikanischen Rüstungsfabriken studierten.[35]

Das heißt nicht, daß die Briten das Alte einfach fahren ließen. Wissen und Tun sind nicht dasselbe, und die Europäer taten sich in der Regel schwerer als die Amerikaner mit der Übernahme der unbarmherzigen Produktivitätslogik. Man nehme etwa das Dogma der amortisierten Kosten, das besagt: Ausgegeben ist ausgegeben, veraltet ist veraltet; nur weil Maschinen noch arbeiten können, ist das kein Grund, sie arbeiten zu lassen. Diese Logik ist eigentlich widersinnig, aber dem Pionierdenken (der Raubrittermentalität) kam sie entgegen. Standardbeispiele sind Andrew Carnegie und Henry Clay Frick (der große Miesepeter): Als sie beschlossen, in der Stahlproduktion vom Bessemer- zum Siemens-Martin-Verfahren zu wechseln, rangierten sie die alten Anlagen einfach aus. Aber hören wir auch den folgenden Bericht des Leiters einer Baumwollfabrik von der Jahrhundertwende:

»Mit den Mulespinnern ist nicht gut Kirschen essen. Vor einigen Jahren machten sie in dieser Fabrik Schwierigkeiten; da sind wir eines Samstagnachmittags, als sie nach Hause gegangen waren, hinein und haben die Mulemaschinen in einem ganzen Raum mit Schmiedehämmern kaputtgeschlagen. Als die Männer am Montag zurückkamen, entdeckten sie zu ihrer großen Verwunderung, daß es keine Arbeit für sie gab. Heute steht der Raum voller Ringspinnmaschinen, die von jungen Mädchen bedient werden.«[36]

Das »amerikanische System« setzte Produktivitätsstandards für die gesamte industrielle Welt. Jede Technologie war ein Sprungbrett zur nächsten. Wanduhren und Gewehre ebneten den Weg zu Taschenuhren und Nähmaschinen. Mäh- und Erntemaschinen führten zu Sämaschinen (Pflanz- und Drillmaschinen), Getreidemähern, Garbenbindern, Dreschmaschinen und schließlich den kombinierten Mähdreschern; Fahrräder zu Automobilen; Registrierkassen zu Schreibmaschinen und Rechnern. Und Maschinen, die für einen bestimmten Zweck gedacht waren, konnten problemlos anderen Zwecken dienen: Eine Nähmaschine ließ sich für Leder und Segeltuch ebenso verwenden wie für Stoffe, sie nähte Stiefel und Schuhe und Segel und Zelte ebenso wie Kleidungsstücke.

Das war ein Wunderland der Technik, in der Landwirtschaft nicht minder als in der Industrie. Ein Leserbriefschreiber des *Scientific American* frohlockt im Juli 1900: »Es gibt tatsächlich heute kaum etwas auf der Farm zu tun, bei dem patentierte Maschinen nicht den größeren Teil der Arbeit leisten.«[37] So wurde auch die Landwirtschaft zu einem richtigen Industriezweig mit Größenvorteilen, Arbeitsteilung und Interesse an der Arbeitsproduktivität. Auch an der Produktivität des Bodens, wenn auch in geringerem Maße: Die günstige geographische Lage, die Beschaffenheit des westlich gelegenen Neulandes – unbebaute Prärie, eine dicke Mutterbodenschicht, Wasser zum Anbau, offenes Weideland für Tiere –, das alles sicherte reiche Erträge und bedeutete, daß jede Verschiebung der Siedlungsgrenze dem Nationaleinkommen einen erheblichen Zuwachs bescherte. Die Landgüter reichten für eine Familie, und das System der Vergabe und des besonders günstigen Verkaufs von Land sollte die Familienbewirtschaftung der Höfe fördern. Aber solche Familienbetriebe konnten groß sein, und mit zunehmendem Maschineneinsatz wuchsen sie; auch mit dem Auftreten spezialisierter Maschinenarbeiter, die in Gruppen umherzogen.

All das bedeutete, daß die indianische Urbevölkerung immer wieder vertrieben wurde, um den landhungrigen Neuankömmlingen Platz zu machen. Die Indianer wehrten sich, um so mehr, als bei dem Vordringen der Siedler wiederholt gegen angeblich heilige und ewige, für alle Zeiten – solange die Sonne scheint und die Wasser fließen – gültige Abkommen verstoßen wurde. Der Weiße Mann mißbrauchte das Vertrauen der Einheimischen und verhöhnte sie zugleich als »indianische Verkäufer«. Auch hier gab die Technologie den Ausschlag. Die serien- oder massenweise hergestellten Repetiergewehre mit ihren mehr oder weniger austauschbaren Teilen vervielfachten die Feuerkraft selbst einer kleinen Gruppe und machten den Widerstand der Indianer aussichtslos.

All das tut natürlich vielen Amerikanern mittlerweile leid, und die Europäer laden Indianerhäuptlinge nach Paris und Zürich ein und lassen sich die Litanei der Missetaten der Weißen immer wieder von vorn erzählen. Hollywood-Filme, früher nach dem Cowboy-Indianer-Klischee gedreht, sind heute anders: Sie erinnern uns und andere an die Schandtaten der Eindringlinge. Unterdessen hat die amerikanische Regierung in unregelmäßigen Abständen versucht, die Nachkommen der Enteigneten zu entschädigen, und Wirtschaftshistoriker versuchen in ihrem Auftrag zu berechnen, welchen Wert das Land zum Zeitpunkt des Raubes besaß; andere wohlmeinende Menschen wollen helfen, indem sie die Kultur der »Native Americans« bewahren und neu konzipieren. Einige der Entschädigungen haben sich als außerordentlich lukrativ erwiesen: etwa die neuentdeckten Rechte der Indianer, sich am Glücksspiel zu beteiligen, oftmals als Partner weißer Geschäftsleute. Rache am Spieltisch.

Die Tragödie der Indianer ist ein anschauliches Beispiel für das allgemeinere Drama der Modernisierung: verändern oder verlieren; verändern *und* verlieren. Was hülfe es dem Menschen, so er die ganze Welt gewönne und nähme doch Schaden an seiner Seele? Die neuen Lebensformen der Gegenwart zerstören die Urbevölkerungen und uralten Kulturen in aller Welt. Dennoch sind die Menschen in den Vereinigten Staaten keineswegs bereit, das Land zurückzugeben und ins Land ihrer Vorfahren zurückzukehren. Die Geschichte hat einen Richtungspfeil wie die Zeit; aber anders als die Zeit bewegt sie sich nicht gleichförmig vorwärts: Sie kommt nur stotternd voran.

In den Pionierzeiten des achtzehnten und neunzehnten Jahrhunderts waren die technischen Möglichkeiten fast unbegrenzt, und die amerikanische Industrie feierte einen Erfolg nach dem andern. Andere Länder konnten es nachmachen; ja manche brachen zu ähnlichen Beutezügen auf. Aber diesen älteren Gesellschaften fehlten die Tabula rasa und die optimistische, aufgeschlossene Kultur, die dem amerikanischen Farmer und Fabrikanten die Arbeit erleichterten. Sie mußten sich mit starren Grundeigentumsverhältnissen herumschlagen, mit abhängigen Bauern (es gab nie welche in den USA), die an den Geräten sparten, um ihr Pachtgut vergrößern zu können, mit großen Landbesitzern, die im Grund und Boden eher die Basis ihres Standes und Lebensstils sahen als ein Kapital,[38] und mit Handwerkern, die die Mechanisierung als persönliche Herabsetzung, als Schlag gegen ihren Stand und als Bedrohung für ihre Arbeit betrachteten. Die älteren Länder hatten ihre Maschinenstürmer, Amerika nicht.

Überdies hatten die europäischen Staaten ein Konsumproblem. Klassenstrukturen und segmentierter Geschmack erschwerten den Übergang zu standardisierten Produkten. Dennoch scheint mir die Angebotsseite wichtiger als die Nachfrageseite, die Einstellungen der Produzenten entscheidender als die der Konsumenten. Als die Europäer mit großer Verspätung die Massenproduktion übernahmen, hatten sie keine Schwierigkeiten beim Verkauf der billigeren Artikel.

Worum es ging, begreift man, wenn man sich das große Wachstum der europäischen Industrie nach dem Zweiten Weltkrieg anschaut. Es war ein Spiegelbild der früheren Fortschritte in Amerika und dokumentierte ganz von selbst, was bis dahin aufgrund der Klassenstrukturen versäumt worden war. Europa hatte einen Nachholbedarf an langlebigen Konsumgütern, der durch Filme und amerikanische Präsenz noch angestachelt wurde. Nur wenige Europäer fanden damals schon, daß fast jeder ein Auto oder ein Telefon haben, ja brauchen könnte.[39] Noch in den siebziger Jahren gingen viele Franzosen ins Café oder zur Post (aber nur während der Schalterzeiten), wenn sie telefonieren wollten, entweder weil sie sich kein eigenes Telefon leisten konnten oder zwei bis drei Jahre auf einen Anschluß warten mußten. Bis man das Freizeichen hörte, konnte ein halbe Stunde und mehr vergehen. Anrufe ins Ausland wurden immer noch vorher angemeldet. Der Geschäftsverkehr litt darunter, und die Beschwerden stapelten sich bergeweise: Sich damit an eine menschliche Person zu wenden war nutzlos, denn die Ämter verharrten in ihrer unerschütterlichen Gleichgültigkeit. Das Telefon war Teil des Post- und Fernmeldewesens, und auf dem Postamt hielt man es für einen Luxus, ein Spielzeug für Reiche. Warum denn nicht Briefe schreiben und Briefmarken kaufen?[40]

Im Jahre 1870 waren die Vereinigten Staaten weltweit zur größten Volkswirtschaft geworden, und die besten Jahre lagen noch vor ihnen. 1913 betrug die amerikanische Produktionsleistung das Zweieinhalbfache der Produktion in Großbritannien oder Deutschland und das Vierfache der französischen Leistung. Pro Kopf der Bevölkerung lag das amerikanische Bruttoinlandsprodukt 20 Prozent über dem britischen, 77 Prozent über dem französischen und 86 Prozent über dem deutschen.[41] Jedenfalls hatte das amerikanische Fabrikationssystem eine neue Welt unersättlichen Konsumhungers geschaffen, die heftig kritisiert wurde, weil man Auswirkungen auf Seelenleben und Verhalten der Durchschnittsmenschen befürchtete. Seit langem lebte die Welt mit der Verschwendungssucht und dem Luxus der Reichen und Adligen; aber nun konnten zum ersten Mal in der Geschichte auch die einfachen Leute den Besitz wertvoller Güter anstreben – jener Uhren, Fahrräder, Telefone, Radios, Haushaltsgeräte und vor allem Autos, die in traditionell denkenden Gesellschaften noch als das rechtmäßige Privileg einiger weniger galten. Erleichtert wurde das alles wiederum durch Innovationen in der Vermarktung: Ratenzahlungen, Verbaucherkredite, Versandfirmen für große und kleine Artikel, Rückgabe- und Umtauschrecht. Nichts davon war in Europa unbekannt; hatte es doch bei diesem oder jenem sogar den Vorreiter gespielt. Was Amerika indes so produktiv machte, war das Zusammenwirken. Durch den Massenkonsum wurde die Massenproduktion machbar und profitabel; und umgekehrt.

*

Über die Schwachstellen ökonomischer Logik

Bei Adam Smith wird erwähnt, daß Großbritannien den nordamerikanischen Kolonien strikt verboten hatte, Hochöfen oder Schneidwerke herzustellen; ebenso Eisen- und Stahlwaren, selbst wenn sie für den eigenen Gebrauch bestimmt waren. Überdies hätte es den Handel mit Pelzmützen oder Wollwaren zwischen den Kolonien untersagt:

> »Eine solche Regelung verhindert in der Tat, daß Gewerbe mit weitreichenden Märkten entstehen. Sie beschränkt gleichermaßen den Erwerbsfleiß der Kolonisten auf die Herstellung grober und einfacher Waren, wie sie eine Familie für den Eigengebrauch oder für den Bedarf einiger Nachbarn in der gleichen Provinz erzeugt.«[42]

Im Bewußtsein des hier vorliegenden Unrechts kritisiert Smith, damit würden »die heiligsten Rechte der Menschheit verletzt«. Aber in Anbetracht der wirtschaftlichen Verhältnisse in den Kolonien hätten diese Maßnahmen »nicht viel geschadet. Denn Land ist dort noch so billig und Arbeit folglich noch so teuer, daß es für sie billiger kommt, alle feineren und veredelten Waren aus dem Mutterland einzuführen, statt sie selbst herzustellen.« Die Verbote hätten daher keine großen Auswirkungen. Selbst vor Verhängung solcher Verbote, so Smith,

»hätten sie beim gegenwärtigen Stand ihrer Entwicklung im eigenen Interesse wahrscheinlich darauf [auf die eigene Herstellung] verzichtet. Auf dieser Entwicklungsstufe können die Verbote ihrem Gewerbe nicht schaden. Sie halten sie auch von keiner Tätigkeit ab, die sie sonst nach eigenem Ermessen gewählt hätten. So sind es lediglich unnütze Brandmale einer Sklaverei, die ihnen die grundlose Eifersucht der Kaufleute und Unternehmer des Mutterlandes aufgedrückt hat. Doch im Laufe der weiteren Entwicklung könnten die Verbote wirklich drückend und unerträglich werden.«

»Wahrscheinlich«, »lediglich«, »Brandmale einer Sklaverei«. In der Tat. Smith hätte es besser wissen müssen. Hätten die Briten all diese Dinge billiger hergestellt und in Neuengland verkauft, hätten sie die Verbote nicht gebraucht, und die Bewohner der Kolonien hätten Besseres zu tun gewußt. Genau dies haben sie ja auch, meint Smith, der, ohne vom komparativen Vorteil zu reden, durchaus begreift und dafür plädiert, daß die Ressourcen dort verwendet werden sollten, wo am meisten Profit zu erwarten ist:

»Die Hauptursache für die rasche Entwicklung unserer amerikanischen Kolonien zu Wohlstand und Größe liegt ganz einfach darin, daß sie nahezu alles Kapital bislang in der Landwirtschaft eingesetzt haben. Sie besitzen keine Manufakturen, mit Ausnahme solcher für Haushaltswaren und grobe Gebrauchsgegenstände, wie sie notwendigerweise mit jedem Fortschritt in der Landwirtschaft entstehen, meist das Werk von Frauen und Kindern, die solche Ware zu Hause selbst herstellen.«[43]

Zum Glück für die späteren Vereinigten Staaten von Amerika hatten die Kolonien sehr wohl ihre Manufakturen, und Alexander Hamilton und andere ahnten, daß der komparative Vorteil von heute nicht unbedingt der von morgen sein muß.

Was das Entlastungsargument für diese britischen Zwänge und Auflagen betrifft, so hätte Smith wohl besser darauf verwiesen, daß die Zwangsmaßnahmen der Briten letztlich ineffizient waren. Das ganze System war ein schlechter Scherz. London versuchte, den Handel der Kolonien mit Hilfe einer Handvoll Beauftragter einzudämmen. Die meisten von ihnen hingen in England herum und ließen jenseits des Ozeans unterbezahlte Hilfskräfte für sich arbeiten. Außerdem fanden sie es viel einträglicher, von den Kaufleuten aus den Kolonien Bestechungsgelder zu kassieren, als ihre Pflicht zu tun. Oder Steuern einzuziehen: Für diese Faulenzer, die pro Jahr ungefähr 2000 Pfund eintrieben, bezahlte England etwa 8000 Pfund.[44]

So wirkten sich die Verbote denn wenig aufs Geld aus.[45] Aber das heißt nicht, daß sie sich wenig auswirkten. Als in den sechziger Jahren des achtzehnten Jahrhunderts neue und tatendurstige britische Minister gelobten, sie würden endlich einmal Ordnung schaffen und die Kolonisten zwingen, für die Kosten ihrer Sicherheit und Verwaltung selbst aufzukommen, wie es sich für richtige Kolonien gehört, war der Schock so groß, daß Maßnahmen, die sonst einsichtig gewesen wären, zur Provokation wurden. (Es ist erstaunlich, wie schnell Unterlassung und Nachlässigkeit zu verbrieften Rechten werden. Und wie schnell die Rückschau von der Vorschau verdrängt wird: Was tust du mir als nächstes an?) Die *Boston Gazette* war zutiefst entrüstet: »Militärs, Kriegsschiffe, Marinesoldaten mit aufgepflanztem Bajonett, Marinerichter, Steuereinnehmer, Finanzkontrolleure, Zollprüfer, Hafenzollbeamte, Zollinspektoren und ein ganzes Kontingent Zuhälter werden hierher geschickt, und zwar nicht um Handel und Gewerbe zu schützen, sondern um sie zugrunde zu richten.«[46]

Adam Smith' große Abhandlung erschien 1776, in dem Jahr, als die Kolonien ihre Unabhängigkeit erklärten. Selbst wenn seine ökonomische Überlegung richtig gewesen wäre – Unrecht, das man wahrnimmt, ist Unrecht, das man verspürt. Die Menschen werden nicht nur vom Brot motiviert.

20

Der südamerikanische Weg

»Wenn wir die Bevölkerung des spanischen mit der des britischen Amerikas vergleichen, stellen wir bei jedem Schritt mit Erstaunen fest, wie sehr sie sich nach Herkunft, Fortschritt und ihrer gegenwärtigen Situation unterscheiden. Die Eroberer aus Spanien hatten, ganz im Gegensatz zu den englischen Siedlern, die als bescheiden, arbeitsam und sittsam beschrieben werden, teil an der Grausamkeit und am Aberglauben einer früheren und weniger aufgeklärten Epoche. Die Krieger, die in Granada den Islam ausgerottet hatten, waren leicht dazu zu bringen, ihre eigene Religion mit dem Schwert zu verbreiten…«

Quarterly Review (London), 17, 34 (Juli 1817), S. 537

»Wir (die Dominikanische Republik) wurden zu einer Volkswirtschaft westlichen Zuschnitts, aber nicht im Sinne der hochentwickelten Modelle in Europa, sondern nach den Vorgaben des spanischen Modells. Von Spanien erhielten wir alles, was es hatte: Sprache, Architektur, Religion, Kleidung und Speisen, Militärtradition sowie Rechts- und Verwaltungsinstitutionen; Weizen, Vieh, Zuckerrohr, selbst Hunde und Hühner. Was wir von Spanien jedoch nicht bekommen konnten, waren westliche Produktions- und Vertriebsmethoden, Technik, Kapital und die Vorstellungen der europäischen Gesellschaft, denn Spanien hatte sie nicht. Wir kannten das Evangelium, aber nicht die Werke des Erasmus.«

Juan Bosch, *Composicion Social Dominicana*

»Die Provinzen am Rio de la Plata … besitzen riesige Flächen fruchtbaren Bodens, sie sind gesegnet mit einem günstigen Klima und eignen sich für alle möglichen Sorten von Anbau. Unter einer liberalen Regierung muß es dort schon bald von Einwohnern und Reichtümern wimmeln. Tagtäglich müssen diese Provinzen immer mehr und immer unterschiedlichere Rohprodukte abwerfen, und im Austausch gegen diese müssen sie gefertigte Waren verlangen…«

Rodney und Graham, *Reports of the Present State* (1818)

Lateinamerika folgte einem ganz anderen Muster. Zunächst einmal, sagen wir im siebzehnten Jahrhundert, war es nicht ärmer, ganz im Gegenteil. Die spanischen und portugiesischen Invasoren hielten ihre englischen Rivalen für die Waisenkinder des Schicksals: Waren die Wälder und Felder Nordamerikas oder die verbrauchten oder nutzlosen Inseln der Kleinen Antillen doch gar nicht zu vergleichen mit dem Silber und Gold Neuspaniens und Perus oder den Farbhölzern und Diamanten und Goldminen Brasiliens! Das beste, was die Engländer tun konnten, war, wie Schakale an den Flanken der spanischen Gold- und Silberflotten auf der Lauer zu liegen, während ihre Siedler in einer feindlichen Umgebung ums Überleben kämpften. Selbst das landwirtschaftliche Potential Lateinamerikas konnte sich durchaus sehen lassen, zumal in den gemäßigten Zonen.

 Aber nichts bleibt, wie es ist, und die Vergleiche von gestern sind heute schon Geschichte. Gold- und Silberminen sind kurzlebige Vermögenswerte, und etwa zweihundert Jahre später, als die nordamerikanischen Siedler ihre Freiheit errungen hatten, hatte Nordamerika die Länder des Südens weit überrundet – reicher war es deshalb, weil das Pro-Kopf-Einkommen höher und der Reichtum gleichmäßiger verteilt war. Die einzige Ausnahme bildeten kleine Gebiete mit lukrativen Spezialprodukten, insbesondere die Zuckerinseln der Karibik, aber auch nur dann, wenn man die Sklaven nicht mitrechnet.

Die Veränderungen im relativen Reichtum hatten tiefverwurzelte Ursachen. Während die Engländer dünn besiedeltes Land vorfanden und die Ureinwohner verjagten, um Raum für die Siedlerfamilien zu schaffen, und damit nach und nach ein regelrechtes Apartheid-System schufen, entdeckten die Spanier gerade die am dichtesten besiedelten Gebiete der Neuen Welt und beschlossen, sich mit den Einwohnern zu vermischen. Manche sehen darin den Beweis für einen scharfen Gegensatz zwischen englischem (protestantischem) Rassismus und spanischer (oder katholischer) Toleranz. Mag sein; allerdings besaß die Bevölkerungsverteilung auch ihre eigene Logik.[1] Während die Engländer in die nord- und mittelamerikanischen Kolonien als ganze Familien auswanderten, so daß, abgesehen vom Fehlen der über Sechzigjährigen, die Alterspyramide nicht anders aussah als im Mutterland, förderten die Spanier die Auswanderung von Familien oder auch nur Frauen in die Neue Welt überhaupt nicht.

Als immer mehr Einheimische der Gewalt, Ausbeutung und Verzweiflung und vor allem den Krankheiten zum Opfer fielen, importierten die Spanier schwarze Sklaven aus Afrika. Sie wurden beim Zuckerbau, Goldschürfen und dergleichen eingesetzt und verbraucht, spielten aber auf dem spanisch-amerikanischen Festland nie eine so große Rolle wie auf den Karibikinseln und im Süden der Vereinigten Staaten. Doch es fehlten Einwanderer aus anderen europäischen Ländern. In Spanien selbst beklagten die Einheimischen sich bitter über die Konkurrenz und die Ansprüche nichtspanischer und nicht-katholischer Unternehmer, Kaufleute und Handwerker. Anders in Lateinamerika: Die Krone tat alles, um diese Außenseiter von ihren Besitzungen in der Neuen Welt fernzuhalten. Damit aber entgingen dem spanischen Weltreich dringend benötigte Fertigkeiten und Kenntnisse, ganz zu schweigen von den soziokulturellen Vorteilen einer größeren Vielfalt sowie jenen aggressiven protestantischen Verstößen gegen den rechten Glauben, die stets intellektuelle Autonomie und Bildungsstreben mit sich brachten.[2] Ketzerei wurde vielmehr in den spanischen Kolonien allenthalben von der Inquisition verfolgt, und die heimlichen Juden, die gehofft hatten, der Ozean werde sie vor den Schnüffeleien des religiösen Fanatismus bewahren, wurden auch dort gejagt. Ziel war eine Säuberung bis zum letzten; mit dem Ergebnis, daß die geschlossene Welt des Heimatlandes einfach nachgebildet wurde. Dem Reinheitswahn diente das alles bestens, nicht aber dem Geschäft, dem Wissen und dem Know-how. (Spanien freilich störte das überhaupt nicht. Noch zu Beginn des neunzehnten Jahrhunderts hielten die Spanier ihr Land für das Zentrum der europäischen Zivilisation und ein Musterbeispiel der Gläubigkeit und Tugendhaftigkeit, und die Unkenntnis der spanischen Sprache setzten sie mit Unkenntnis schlechthin gleich.)

In Neuspanien (Mexiko) lag das Verhältnis von männlichen zu weiblichen Einwanderern bei zehn zu eins.[3] Die Eheschließung zwischen Angehörigen der beiden Rassen war unvermeidlich, und solange die christlichen Monogamiezwänge sich noch nicht durchgesetzt hatten, umgaben sich manche Konquistadoren denn auch mit einem wahren Harem aus Indiofrauen. Dabei wurden die *mestizos* Lateinamerikas zu einer ethnischen Zwischengruppe: je weißer, desto besser; gering an Zahl, aber zahlreicher als die Kreolen; nach Rang und Funktion unter ihnen, aber weit höher stehend als die reinen Eingeborenen. Die Mischlinge wurden zu Aufsehern, Vorarbeitern, Ladenbesitzern, kleinen Beamten. Die Indios hingegen wurden zur Arbeit auf Feldern und in Bergwerken, in Haushalten und beim Straßenbau abkommandiert und eingezogen.[4]

Was in diesem Abbild der spanischen Gesellschaft fehlte, waren die Fertigkeiten, die Neugierde, die Initiative und das staatsbürgerliche Interesse Nordamerikas. Spanien selber lag – wegen seiner geistigen Homogenität und Fügsamkeit, seines Reichtums und seiner Verschwendungssucht – in diesen Aspekten weit zurück; und seine Schwächen exportierte es in die überseeischen Gebiete. Wie hätte es auch anders sein können? Die Spanier, die in die Neue Welt kamen, gingen nicht dorthin, um die alten Strukturen aufzusprengen. Sie kamen, um hier reich zu werden, und verschafften sich ihre Posten und Ämter sogar per Bestechung; in ein paar Jahren würden sie die Sache schon schaukeln. Den Weg zu Reichtum gingen sie nicht über Arbeit, sondern über Korruption und (Miß)Herrschaft.

Zu diesen Gegensätzen im ökonomischen Potential gesellten sich gleichermaßen gravierende Unterschiede in der politischen Begabung. Die nordamerikanischen Siedler kamen aus einer Gesellschaft, die mit dem Streit der Meinungen lebte und gegenüber Fremden und neuen Ideen einigermaßen aufgeschlossen war. Damit meine ich nicht, daß England und seine politische Kultur eine liberale Idylle gewesen wären. Unter den ersten Siedlern gab es ja manche, die trotz ihrer Flucht vor religiöser Intoleranz nun in ihrer neuen Heimat für Belästigung und Unfrieden sorgten. England hatte durchaus seine pedantisch-schikanösen John Bulls, seinen Klassendünkel und seine Privilegien; auch ältere Zwänge, die auf mittelalterliche Ausgrenzungspraktiken und puritanerfeindliche Snobismen zurückgingen und sich hartnäckig weiter vererbten.[5]

Aber alles ist relativ, und wenn man die übersprudelnde Lebendigkeit und Vielfalt in England mit der gegenreformatorischen Orthodoxie und dem abergläubischen Fanatismus in Spanien und Portugal vergleicht, wenn man die Durchschlagskraft der Ideen und Initiativen in Nordamerika neben die Unzufriedenheit im spanischen und portugiesischen Herrschaftsbereich stellt, dann begreift man die weitere politische Entwicklung. Die britischen Siedler haben ihre Revolution selbst *gemacht*. Sie nahmen die Probleme auf und definierten sie, stellten die Herrschenden in Frage, suchten den Konflikt; und als sie – zum Teil mit Unterstützung einiger europäischer Rivalen des Mutterlandes – schließlich gewonnen hatten, besaßen sie bereits Identitätsgefühl, wirtschaftlichen Ehrgeiz und nationales Interesse.[6]

In Lateinamerika verdankte sich die Unabhängigkeit weder der Siedlerideologie noch politischer Initiative, sondern den Schwächen und dem Mißgeschick der Mutterländer in den europäischen Konkurrenzkämpfen und Kriegen. Als sich zeigte, daß Spanien von der anderen Seite des Ozeans aus nicht mehr herrschen konnte, machten sich die starken Männer der Neuen Welt das politische Vakuum zunutze und ergriffen die Macht, wobei sie nur gelegentlich auf Widerstand stießen. Die Unabhängigkeit kam ganz nebenbei – als Überraschungscoup für formlose, unfertige politische Gebilde, die nichts anderes wollten als neue Herren.[7] Dieser anarchische Negativismus war eine Einladung für kriegslüsterne Machos (*caudillismo*). Kein Wunder, daß die Geschichte Lateinamerikas im neunzehnten Jahrhundert einem Schundroman gleicht: Verschwörungen, Intrigen, Putsche und Gegenputsche – mit allem, was dies an Unsicherheit, Mißherrschaft, Korruption und ökonomischer Rückständigkeit mit sich bringt.

Kann eine Gesellschaft lange in so einem Klima leben? Oder irgend etwas Ernsthaftes, Kontinuierliches zustande bringen? Die Antwort lautet, daß diese Gesellschaften keine politischen Einheiten im »modernen« Sinn waren. Sie hatten weder Zielrichtung noch Identität, noch nationale Symbole; folglich auch keinen Leistungsmaßstab, keinen Erwartungsdruck. Eine bürgerliche Gesellschaft gab es nicht. An der Spitze saß eine kleine Gruppe von Schurken, die bei ihren ehemaligen Kolonialherren in die Lehre gegangen waren und sich ungehindert aneigneten, was sie nur wollten. Unten waren die Massen, die sich duckten und katzbuckelten. Die neuen lateinamerikanischen »Staaten« unterschieden sich also wenig vom asiatischen Despotismus, auch wenn sie hin und wieder mit republikanischen Verzierungen ausstaffiert wurden.

Bei soviel Instabilität und Unsicherheit konnten staatliche Anordnungen nicht viel ausrichten. In den weiten, kaum bevölkerten Landstrichen thronten die Angehörigen der Oberschicht auf ihren Viehfarmen und Landgütern, waren zugleich Herrscher und Arbeitgeber, übten Privatjustiz und besaßen polizeiliche Vollmachten. Am meisten ähnelte das alles den Landgütern der ostelbischen Junker in Preußen, wo die Staatsmacht nur bis zum Gutstor reichte. In den Städten – fast ausnahmslos Häfen, wo die einheimischen Produkte sich mit den Importwaren kreuzten und Zollabgaben hartes Bargeld einbrachten – teilte die Oberschicht sich die Beute mit ihren Helfershelfern.

Die einzige einheitliche Institution, die etwas hätte bewirken können, nämlich die katholische Kirche, hatte ein fest etabliertes Interesse am Status quo. Sie besaß einen Großteil des Grund und Bodens, und ihr Reichtum hing anderen gleichsam wie die Wurst vor der Nase, ein Anlaß für Neid und Zank. Immer wenn der Staat sich anschickte, dieses Vermögen zu konfiszieren, fand die Kirche neue Freunde. Die Geistlichen, die einzigen Gebildeten in einem Meer des Analphabetismus, klammerten sich hartnäckig an ihre rechtlichen und gesellschaftlichen Privilegien, die bis in den Feudalismus zurückreichten. Sie wußten die dunkelsten Beichtgeheimnisse und hielten den Schlüssel zur Erlösung in der Hand. Kein Rezept für Volksnähe. Aber neben Alkohol, Sex und Gewalt bot die Kirche das einzige ernsthafte Heilmittel gegen die Verzweiflung. Das Problem war nur, daß sie jedes geistige und politische Novum schon für Subversion hielt. Ein paar Liberale glaubten an wohlklingende Schlachtrufe und versuchten, die Menschen in die Gegenwart zu holen. Einen Großteil ihrer Energie vergeudeten sie in einem unablässigen Kleinkrieg gegen die Geistlichkeit.

All dies führte dazu, daß Lateinamerika nach seiner Unabhängigkeit wenig ökonomische Veränderung erlebte. Die Schlüsselindustrien waren unverändert Bergbau (Gold, Silber und Kupfer), Landwirtschaft, Viehzucht und Forstwirtschaft. Das Ziel: die Produktion eines Überschusses, der gegen ausländische Fertigprodukte eingetauscht werden konnte. Wenig wurde für die Industrie getan, und die gab es ohnehin kaum. Ganz wie klassische britische Ökonomen ihnen geraten hätten, blieben diese zusammengestümperten politischen Einheiten beim komparativen Vorteil stehen. Im übrigen galten Fabriken als gesellschaftsfeindlich. Sie würden doch nur um die knappen Arbeitskräfte konkurrieren und ein unzufriedenes Proletariat hervorbringen. Die lateinamerikanischen Länder hatten also keinerlei Programm, keine Vorstellung von wirtschaftlicher Entwicklung. Während Alexander Hamilton das junge Amerika aufforderte, seine Industrie zu entwickeln und in einen Wettkampf mit Europa einzutreten, glaubte der brasilianische Vicomte von Cairu »geradezu fanatisch an die ›unsichtbare Hand‹ und wiederholte pausenlos: *›laissez faire, laissez passer, laissez vendre‹*«.[8]

So blieben die Staaten Südamerikas auch nach der Unabhängigkeit wirtschaftliche Anhängsel der hochentwickelten Industrienationen: vor allem von Großbritannien; gegen Ende des neunzehnten Jahrhunderts auch von Deutschland mit seinen neuen wissenschaftlichen und technologischen Fortschritten; und seit Beginn des zwanzigsten Jahrhunderts von den Vereinigten Staaten. Ausländer bauten die Eisenbahnen und Hafenanlagen, vor allem um (wie in Indien) die Überschüsse des Binnenlands einzusacken.[9] Ausländer gaben armen Regierungen und ihren Gegnern Kredite zu hohen Zinssätzen (schlechte Kreditnehmer zahlen mehr – und müssen es auch). Ausländer errichteten Rüstungsfabriken und andere Betriebe und leiteten sie. Ausländer wurden denn auch für alle Mängel dieser Volkswirtschaften verantwortlich gemacht. Die Förderung von Ressentiments, von teilweise begründetem, aber dogmatisch übersteigertem Unmut machte alles nur noch schlimmer. Sie ideologisierte die Wirtschaftspolitik und verwandelte praktische Probleme in Grundsatzfragen.

(Die – freilich selbstgemachte – Ironie des Ganzen bestand darin, daß die

 Spanier und ihre Geistlichen zu Zeiten des Kolonialismus alles getan hatten, um Fremde fernzuhalten. Hier der Kommentar eines Schiffsoffiziers, der 1788 nach Manila kam: »Da die Spanier Fremden prinzipiell die Einreise verweigern, sind Gasthäuser, möblierte Unterkünfte, all jene Annehmlichkeiten, die unbedingt zur Gastfreundschaft hinzugehören, vollkommen unbekannt, und jemand, der nur Geld und keine persönlichen Verbindungen vor Ort hat, muß sich damit abfinden, auf der Straße zu schlafen.«)[10]

Ein einziger mit Maschinen arbeitender Industriezweig, das Textilgewerbe, konnte tatsächlich Fuß fassen, allerdings erst gegen Ende des neunzehnten Jahrhunderts. Führend darin waren Brasilien und Mexiko. In der Baumwollbranche mußte die Faser oftmals importiert werden, und produziert wurden einfache Dinge für den Massengebrauch. Mexiko hatte auch eine Wollwarenindustrie vorzuweisen. Sie stammte noch aus vorkolonialen Zeiten, hatte meistens die Form von Werkstätten (*obrajes*) und wurde durch importierte Stoffe zugrunde gerichtet; dann erwachte sie hinter Zollschranken in kleinen Fabriken zu neuem Leben, wobei sie sich damit begnügte, die Wolle einer weniger wertvollen Merinoschafart zu Vliesstoffen zu verarbeiten und damit erneut die kleinen Leute zu versorgen. Die Reichen kauften ihre Stoffe im Ausland. Ihre Haut war empfindlicher.

Die Anfänge der südamerikanischen Industrie führten nicht zu einer industriellen Revolution. Selbst der Eisenbahnbau konnte in diesem Punkt nichts ausrichten. Einiges mußte zwar im Inland getan werden: zum Beispiel Wartung und Reparatur der Maschinen. Aber diese Werkstätten blieben bei diesen Arbeiten stehen; kaum eine ging zu eigener Fertigung über. Auch hier erwiesen sich die natürlichen und sozialen Bedingungen als hinderlich. Brenn- und Rohstoffe waren teurer als in Europa und den Vereinigten Staaten, und es fehlte an technischen Fertigkeiten. Alles verlief ganz rational: Unter dem Gesichtspunkt des komparativen Vorteils war es einfacher und billiger, im Ausland zu kaufen.

Das Problem bei dieser Art von Rationalität besteht darin, daß die Vernunft von heute der Irrtum von morgen sein kann. Die Entwicklung ist lang, die Logik kurz. Die Wirtschaftstheorie bleibt statisch, sie beruht auf den aktuellen Voraussetzungen. Der Prozeß selbst aber ist dynamisch, er verläuft von heutiger Enthaltsamkeit zum morgigen Überfluß.[11] Manches geschieht nie, wenn man nicht nachhilft. Hätten die Deutschen auf John Bowring gehört ... Dieser reisende britische Ökonom regte sich maßlos darüber auf, daß die törichten Deutschen Eisen und Stahl herstellen wollten, statt bei Weizen und Roggen zu bleiben und die Industriegüter in Großbritannien zu kaufen. Wären sie seinem Ratschlag gefolgt, so hätten sie den Ökonomen einen Gefallen getan und wären als Musterbeispiel einer rationalen Volkswirtschaft in die Fußstapfen Portugals (mit seinem Wein, Kork und Olivenöl) getreten. Und sie wären erheblich ärmer geblieben.

Die besten Chancen unter den lateinamerikanischen Ländern hatte Argentinien, obgleich das zur Zeit des großen spanischen Kolonialreiches niemand geahnt hätte. Um 1600 war Buenos Aires das Ende der Welt. Mit seiner Lage im weiten, wenig besiedelten Grasland war es eine Zwischenstation zwischen den hoch in den Anden gelegenen Silberminen von Potosí (heute Bolivien) und den Nahrungsmittelexporten des südöstlichen Brasiliens. Den Handel übernahmen portugiesische Kaufleute. Am Stadtrand hockte in Hütten und Schuppen ein städtisches Proletariat aus geflüchteten brasilianischen Sklaven, desertierten Mestizen und anderen bettelarmen Marginalisierten (*gente perdida*), die von dem lebten, was die Reicheren übrigließen, und sich bei Bedarf Vieh und Pferde von den wilden Herden der Umgebung holten (warum nicht – sie gehörten ja niemandem). Was fehlte, waren Handwerker und Werkzeuge ebenso wie Betriebe und Betriebsamkeit – eben jene Eigenschaften, mit denen man, nachdem der Bergbau sich erschöpft hatte, aus der Flaute hätte herauskommen können. Im Buenos Aires der Kolonialzeit kostete ein Hufeisen das Vielfache eines Pferdes; kein Wunder, Pferde gab es erheblich mehr als Hufeisen. Während der gesamten spanischen Herrschaft waren Nägel Mangelware, und Wagen wurden mit Lederriemen zusammengehalten. Leute, die reich genug waren, um sich europäische Kleidung zu leisten, zogen sie nur zu besonderen Gelegenheiten an; in der Zwischenzeit, so scheint es, versteckten sie sie.[12] (Mehr als dreihundert Jahre später, im Zweiten Weltkrieg, hatte sich nichts geändert. Fabrikwaren mußten immer noch eingeführt werden, ebenso die Fabrikanten; und die heimische Industrie erlebte ihren größten Aufschwung nicht deshalb, weil die Inlandsnachfrage stieg, sondern weil der Krieg die Warenlieferungen behinderte.)

In Kolonialzeiten hatte die spanische Politik es darauf angelegt, den argentinischen Handel ständig zu beschneiden. Aus Gründen der Kontrolle und der Besteuerung verbot Spanien den Silberexport aus Buenos Aires und versuchte, die Verschiffung des Metalls von Potosí aus über die Anden und den Pazifik zu organisieren (also erst zur Pazifikküste, hoch bis zur Landenge von Panama und dann durch die Karibik hinüber nach Europa). Nicht immer mit Erfolg. Die nördlichen Provinzen Argentiniens lieferten Nahrungsmittel, Vieh, Rohbaumwolle und Textilien aus der Heimindustrie in die damals größte Stadt des gesamten amerikanischen Kontinents (mit 160 000 Einwohnern zu Beginn des siebzehnten Jahrhunderts), die in der atemberaubenden Höhe von über 5000 Metern lag; das bei diesem Handel erhaltene Silber wurde in den Atlantikhäfen für Eisen, Waffen, Kleidung und andere europäische Manufakturwaren ausgegeben. Es versteht sich von selbst, daß der künstlich in die Höhe getriebene Wert dieser Schmuggelware zu jeder nur denkbaren Korruption einlud; außerdem ermunterte er die spanischen Beamten und Eigentümer, den Indios noch den letzten Schweißtropfen auszupressen. Soviel zu den guten Absichten, die einheimische Bevölkerung zu schützen.

Der Bruch mit Spanien (1816) und die Zersplitterung des alten spanischen Kolonialreiches setzten diesem Handel ein Ende. Aber die natürlichen Vorteile Argentiniens blieben erhalten: ein großes Spektrum von Klimazonen, darunter eine gemäßigte Kernzone; baumloses offenes Grasland (die *pampas*), das sich hervorragend zur Rinder- und Schafzucht eignete; gute Böden für den Getreideanbau; einige Gegenden, in denen halbtropische Anbaufrüchte wie Baumwolle oder Zucker gedeihen konnten. Was das Land kaum hatte, waren industrielle Ressourcen – keine nennenswerten Vorkommen an Eisen, Kohle, Holz, Erdöl oder Mineralien. Die vorhandene Wasserkraft an der Ostseite der Kordilleren lag weit ab von Handelswegen und Händlern. Die geringe industrielle Fertigung bestand größtenteils aus den Überbleibseln der Heimindustrie, und diese Arbeit wurde fast ausnahmslos von Frauen verrichtet – Spinnen und Weben, Töpfern, Seifensieden, Ölkochen, Kerzendrehen.[13] In einer Macho-Gesellschaft mit den von Spanien übernommenen Wertvorstellungen brachte den Männern das Erwachsenwerden »völlige Unabhängigkeit und totalen Müßiggang«[14].

Für das hochproblematische Schicksal dieses langgestreckten Landes ist zusammen mit dem überraschenden Zusammenbruch der spanischen Herrschaft auch der improvisierte Zuschnitt der Kolonialverwaltung verantwortlich. Nach der Unabhängigkeit kennzeichnete die argentinische Politik zum Großteil ein fortwährender Kampf zwischen dem zentralistischen Buenos Aires und dem zusammenhanglosen *federalismo* der »Provinzen«. Erst 1862 wurde die argentinische Republik ausgerufen; und selbst das war zu früh. Noch eine Generation lang gingen das Putschen und Töten weiter, ehe Aufruhr und Sezession ein Ende fanden. Manche Wissenschaftler tun diese politische Instabilität mit einem Achselzucken ab und verweisen auf die Schizophrenie der jungen nordamerikanischen Republik: Erst nach der Niederlage der Konföderation im Jahre 1865 war dort die Einheit der Nation gesichert. Ich bin mit dem Vergleich nicht einverstanden. Die Vereinigten Staaten (»E pluribus unum«) waren, bevor der Streit über die Sklaverei in Gewalt umschlug, eine leistungsstarke, funktionierende Einheit. Argentinien war nach der Unabhängigkeit ein halbes Jahrhundert lang keine funktionierende Einheit.

Argentinien, immer ein Land der Rinder und Schafe, kannte sich weniger mit Anbau und Menschen aus. Der Sieg der Viehzucht und die relative Vernachlässigung des Ackerbaus standen in engem Zusammenhang mit der Politik, die Bodenbesitz und Einwanderung regelte. Ausländische Beobachter meinten, das Land müsse Siedler magnetisch anziehen. Dasselbe fanden auch manche weitsichtigen Einheimischen, und sie forderten, man solle mehr Einwanderer anwerben, besonders Siedler aus dem protestantischen Europa, die ihrer Ansicht nach besser ausgebildet, arbeitsamer und politisch reifer waren. Natürlich hätte das Veränderungen, sei es in der Politik, sei es in der Machtstellung, der katholischen Kirche erfordert; aber auch in den eingewurzelten Verhaltensweisen der Bevölkerung:

> »Habt Achtung vor jedem Glauben. Das spanische Amerika, in dem es keine andere Religion gibt als den Katholizismus, ähnelt einem einsamen

und stillen Nonnenkloster. ... Der Ausschluß mehrerer Religionen in Südamerika bedeutet den Ausschluß der Engländer, Deutschen, Schweizer und Nordamerikaner, also gerade der Leute, die dieser Kontinent am meisten braucht. Sie ohne ihre Religion herholen zu wollen, hieße, sie ohne die Triebkraft zu holen, die sie zu dem macht, was sie sind.«[15]

Guter Rat, aber schwer zu befolgen. Eine eingesessene Bevölkerung, die mit gegenreformatorischen Vorurteilen großgeworden und von Fremdenangst erfüllt war, würde Häretiker nicht gerade willkommen heißen; auch die Kirche würde nicht einfach in aller Stille den Rückzug antreten.[16]

Unterdessen konnten die Siedler sich anderswo niederlassen. Die argentinische Bodenpolitik schien dazu bestimmt, sie fernzuhalten. Der meiste Grund und Boden ging in Form gigantischer Ländereien an Posteninhaber und starke Männer – oftmals (per Emphyteuse, eine Art Erbpacht) als regelrechtes Geschenk, sonst zu Schleuderpreisen. Mitunter waren mit Landvergabe oder -verkauf auch Siedlungs- und Anbaubedingungen verknüpft, aber deren Befolgung konnte nicht erzwungen werden. Da die Besitzer weder über Kapital noch über Arbeitskräfte verfügten, fanden sie es einfacher, das Land brachliegen zu lassen oder für Rinder- und Schafzucht zu nutzen. Zugleich expandierte Argentinien durch Vertreibung der Indios, und diese gewaltsamen Vertreibungen bezahlte der Staat, indem er das neue Land im vorhinein verkaufte. Das brachte Geld, hieß aber, daß Grund und Boden massenweise an Spekulanten gingen, die schnellen Profit in der Haltung von Freilandvieh fanden.

Was war zuerst da, die Henne oder das Ei? Ursache und Wirkung gingen in beide Richtungen. Von Zeit zu Zeit versuchte die Regierung, Siedler im Ausland anzuwerben. Nach Freiwilligen fahndete sie zumal in Italien, einem Nährboden der Emigration, dessen Auswanderer nicht so sehr Land als vielmehr Geld suchten – um sich dann in der Heimat eine Parzelle kaufen zu können. Aus einem der in den achtziger Jahren des neunzehnten Jahrhunderts geschlossenen Verträge mit einer italienischen Firma geht hervor, welche Personen die Argentinier haben wollten: »wenn möglich Feldarbeiter und Handwerker, unverheiratet und ausgewählt unter den besonders jungen, gesunden und arbeitsamen Männern vom Land«[17]. Diese Versuche scheiterten an der sozialen und politischen Realität: der Verteilung des Bodens und dem Übergewicht von Tätigkeiten (wie Viehhüten), die wenig Arbeitskräfte erfordern; der innenpolitischen Instabilität; den religiösen Schranken; den im Land herrschenden Vorurteilen. Die wenigen Gebiete mit arbeitsintensivem Anbau – etwa Zuckerrohranbau – behalfen sich mit Zwangsverpflichteten und Zwangsarbeitern im strikten Sinn, und das wiederum machte sie vollends unattraktiv für freie Einwanderer.

Man vergleiche damit die Bodenpolitik in den nordamerikanischen Kolonien und den Vereinigten Staaten. In den südlichen Kolonien machten die großen Landgüter Sklavenarbeit erforderlich. Die indianischen Ureinwohner waren nicht sehr zahlreich und zudem nicht bereit zu dieser Arbeit; die freien Weißen wollten keine Lohnarbeit verrichten, da es Land in Hülle und Fülle gab und jeder sein eigener Herr sein konnte. So wurden Schwarze aus Afrika herangeschafft, bis dieser Import im Jahre 1807 verboten wurde. Danach konnte man sich die Arbeit der Sklaven nur durch natürliche Fortpflanzung erhalten, so daß sie von nun an besser ernährt und behandelt wurden als in der Karibik oder in Südamerika. Zugleich aber hielten immer mehr Amerikaner die Sklaverei für verabscheuungswürdig, und die Expansion der Republik in die westlichen Gebiete brachte Auseinandersetzungen über die Frage in Gang, ob auch die Sklaverei expandieren dürfe und welche Übereinkunft der Union eigentlich zugrunde liege. Diese Frage wurde schließlich, wie bekannt, durch den Bürgerkrieg entschieden. Die Sklaven wurden freigelassen und die riesigen Landgüter in kleine Familienbetriebe aufgeteilt.

In den ehemals freien Staaten und neuen Siedlungsgebieten folgte die Ausbreitung des Anbaus dem Drang nach Westen: Die Farmer gaben ausgelaugten Boden im Osten auf und suchten unbebautes Land, und die europäischen Einwanderer wollten besseren Lebensunterhalt und eigenen Grund und Boden. Aber die Industrie mußte ebenfalls Arbeiter finden.[18] Manche Industriezweige und Unternehmen schickten Werber nach Europa, um dort die finsterste Provinz zu durchkämmen und gelernte Arbeitskräfte zu kaufen. Keine schwere Aufgabe: Hungersnöte, Wirtschaftskrisen, Grenzverschiebungen und Verfolgungen schufen reichlich Gründe zur Emigration.

Es hätte auch anders kommen können. Von den materiellen Gegebenheiten her bestand für die nordamerikanischen Siedler keinerlei Zwang, lieber Ackerbau als Viehzucht zu betreiben. Den Ausschlag gaben Kultur und soziales Interesse. Von Beginn an waren die Neuengland-Kolonien aufgeteilt in Familiengüter, weil diese Menschen als ganze Familien gekommen waren. In den besitzbürgerlichen Kolonien am mittleren Atlantik (New York, Pennsylvania) wurden weit größere Flächen verkauft, aber auch hier bestand die Tendenz, das Land aufzuteilen und es in Grundparzellen (den sogenannten Heimstättengrundstücken) an Siedler zu verkaufen. Obgleich sich bestimmte Vorbehalte aus der Kolonialzeit halten konnten, kam es zu einigen Großkäufen – wie immer verbunden mit Insiderhandel und Korruption. In den neunziger Jahren des achtzehnten Jahrhunderts zum Beispiel verkaufte Massachusetts drei Millionen Morgen Land in Maine an den Kriegsminister Henry Knox und den stellvertretenden Finanzminister William Duer – für 21 Cent pro Morgen. Das war teuer. Massachusetts verkaufte ferner die sechs Millionen Morgen, die es sich im Westen von New York reserviert hatte, an Oliver Phelps und Nathaniel Gorham – für 100 000 Dollar, also weniger als 2 Cent pro Morgen; aber diese Ländereien lagen weitab. Und so fort.[19] Selbst hier aber sahen die Eigentümer ihren Gewinn und ihr Heil im Weiterverkauf an Farmer; oder auch an kleinere Spekulanten, die ihrerseits an Bauern verkauften. Ihre Reklame war marktschreierisch: William Duer ließ seine Agenten in Europa von den phantastischen Möglichkeiten dieser neuen Siedlungsgebiete schwärmen, von 60 bis 80 Scheffel Weizen pro Morgen und 80

Südamerika nach der Unabhängigkeit

Vom Meer abgeschnitten, war Paraguay vor allem darauf angewiesen, mit seinen Nachbarn Frieden zu halten. Ansonsten...

 Pfund schweren Fischen zum Zugreifen. Ausländischen Investoren wurde versichert, alle 25 Jahre verdoppele sich die Bevölkerung (zuerst tat sie das wirklich fast); und 50 000 junge Leute seien jedes Jahr auf dem Weg nach Westen.

Als es mit diesen Großverkäufen vorbei war, befand sich neues Siedlungsland nur noch im Besitz der Bundesregierung; sie verfolgte eine Politik der Familiengüter. Nichts macht das so deutlich wie das Dilemma mit den Landbesetzern, den Siedlern ohne Rechtstitel. Weil bei den Versteigerungen unsicher war, ob man wirklich Land erhielt, beschlossen die Leute, es gleich zu besetzen und später zu kaufen. Die Behörden versuchten dieses Vorgehen zu verhindern. Es verstieß gegen die Normen von Eigentum und Rechtsstaatlichkeit; außerdem drückte es die Preise und machte reichen, kaufkräftigen Anwärtern einen Strich durch die Rechnung. Vergeblich: Wenn diese wilden Siedler mit ihren Büchsen zu einer Versteigerung kamen, wäre es tollkühn gewesen, sich als Verkaufsagent über ihre Interessen hinwegzusetzen. Im Jahr 1830 verabschiedete der Kongreß daher ein Gesetz, das den Landbesetzern im Grunde Straffreiheit zusicherte, womit dieses Vorgehen geradezu gefördert wurde; dann folgte 1841 ein allgemeines »Vorkaufs«-Gesetz, das die wilde Siedlungspraxis legalisierte und dem Besetzer das Recht einräumte, sein Land zum Minimalpreis zu kaufen.[20]

Zur Förderung des Eisenbahnbaus wurde freilich eine große Ausnahme gemacht. Den Eigentümern neuer Bahnlinien wurde neben dem Bahngelände Grund und Boden übertragen, und die Gesellschaften wiederum versuchten es an unabhängige Ackerbauern zu verkaufen. Und zwar vornehmlich an diese – nicht weil sie liebenswerter gewesen wären, sondern weil sie mehr Fracht produzierten als die Viehfarmbesitzer. Das letzte Wort aber hatte die Natur: Je weiter man nach Westen kam und je geringer die Niederschläge wurden, desto mehr Land ging in riesige Weideflächen für die Viehzucht. Unterdessen wurden Kleinstädte zu Großstädten, und die florierten nicht nur als Marktzentren und Häfen, sondern auch als Industriezentren. Ein gutes Beispiel: Cincinatti, vor dem Bürgerkrieg die größte Stadt im Westen, ein Zentrum der Fleischverarbeitung und -vermarktung (»Porkopolis«), Anziehungspol für deutsche Immigranten, wo in kleinen Fabriken unter anderem Schmuck, Kochherde und Musikinstrumente hergestellt wurden.[21]

Diese Unterschiede in Politik und Kultur schlagen sich in den Einwandererzahlen nieder. In Argentinien kam die Immigration erst im letzten Viertel des neunzehnten Jahrhunderts in Gang, und zwar mit dem Aufschwung des Weizenanbaus; noch Anfang der siebziger Jahre wurden eine halbe Million Hektar bebaut, in den frühen neunziger Jahren 1,3 Millionen, und dann stiegen, am Vorabend des Ersten Weltkrieges, die Anbauflächen explosionsartig auf etwa 24 Millionen Hektar.[22] Einer der führenden Kenner der argentinischen Geschichte schreibt, die Einwanderer seien »in gewaltigen Massen« gekommen: etwa 5,9 Millionen zwischen 1871 und 1914, von denen 3,1 Millionen dort blieben – und das in einem Land mit 1,7 Millionen Einwohnern im Jahr 1869 (ohne die Indios) und 7,8 Millionen im Jahr 1914.[23] Der Zustrom war nicht gleichmäßig, er wechselte je nach politischen Ereignissen, wirtschaftlichen Verhältnissen und Bevölkerungsdruck im Herkunftsland. In den siebziger Jahren betrug die Nettoeinwanderung durchschnittlich 28600 pro Jahr; in den achtziger Jahren verdreifachte sie sich auf 86500. Danach ließ die Zuwanderung nach und ging in den neunziger Jahren auf durchschnittlich 40600 pro Jahr zurück; im neuen Jahrhundert, vor allem zwischen 1904 und 1913, verdreifachte sich die Zahl erneut auf 125900.

Natürlich lassen die *Netto*zahlen den Beitrag der Immigranten zum Arbeitskräfteangebot niedriger erscheinen, als er tatsächlich war. Viele von ihnen waren Saisonarbeiter in der Landwirtschaft, sogenannte *golondrinas* (Schwalben), die in der Mehrzahl in Süditalien angeworben wurden und die Kosten für die Fahrt von Buenos Aires zum Arbeitsplatz und zurück erstattet bekamen. Im Jahrzehnt zwischen 1904 und 1913 kehrte fast die Hälfte der 290000 jährlichen Einwanderer – durchschnittlich 135700 – in ihre Heimat zurück. Das war eine Regelung im wirtschaftlichen Interesse Argentiniens: Erntearbeiter herbeischaffen und dann wieder nach Hause schicken. Sie kam auch den Migranten entgegen, die von beiden Erntezeiten nördlich und südlich des Äquators profitieren konnten. Aber sie hatte einen großen Nachteil: Bevorzugt wurden dabei unterbeschäftigte Ackerbauern mit geringem beruflichem Können und Bildungsgrad, deren volkswirtschaftlicher Beitrag begrenzt war, selbst wenn sie blieben.

Die bloßen Zahlen sagen nicht alles. Nur wenige von den Europäern, die dort blieben, wurden eingebürgert – zwischen 1850 und 1930 nahmen weniger als fünf Prozent der Immigranten die argentinische Staatsbürgerschaft an, nicht zuletzt weil sie dann zum Militärdienst hätten eingezogen werden können.[24] Das Land brauchte Menschen, aber im Vergleich zu den Vereinigten Staaten tat es sich schwer damit, sie zu gewinnen und zu halten. Zum Teil lag das zweifellos an den geringen ökonomischen Chancen. Aber ein Treueverhältnis muß auch gepflegt werden, und Gleichgültigkeit ist ein Schwachpunkt zufälliger Staatsgewalt. Wofür steht sie, und wer steht für sie?[25]

In den Vereinigten Staaten dagegen kam die Einwanderung schon früh in Gang; sie stieg von durchschnittlich 14300 pro Jahr in den zwanziger Jahren auf 259800 in den fünfziger Jahren des neunzehnten Jahrhunderts. Mit dem Sieg der Dampfschiffahrt und der Erschließung des Westens stieg die Immigration von 281000 pro Jahr in den siebziger Jahren auf 524700 in den achtzigern, ging dann zurück auf 368800 in den neunziger Jahren des neunzehnten Jahrhundert und erreichte im ersten Jahrzehnt des neuen Jahrhunderts mit 879500 einen Höhepunkt, als in manchen Jahren sogar mehr als eine Million Neuankömmlinge ins Land strömten.[26] Alles in allem reisten zwischen 1821 und 1914 etwa 32 Millionen Menschen in die Vereinigten Staaten ein, und die amerikanische Bevölkerung wuchs von 10 auf 94 Millionen – prozentual nicht soviel wie in Argentinien, aber ihrem Gesamtumfang nach viel bedeutsamer als dort.[27]

Die Einwanderung war auch ganz anders beschaffen. Die meisten

 Neuankömmlinge stammten von den britischen Inseln und aus Nordwesteuropa; Süd- und Osteuropa zogen erst gegen Ende des neunzehnten Jahrhunderts nach. Der größere Teil von ihnen hatte Schulbildung genossen; viele waren gelernte Handwerker (die als »Fachkräfte« galten); und bis in die vierziger Jahre des neunzehnten Jahrhunderts kamen mehr Bauern als Arbeiter.[28] Angezogen wurden die Immigranten von der Aussicht auf billiges Land und hohe Löhne, und wenige gingen in den Sklaven haltenden Süden. Im Vergleich zu Lateinamerika brachten diese Neuankömmlinge mehr Wissen und berufliches Können mit. Die Einwanderer in Argentinien hätten später nachholen müssen.[29] (Was sie nie taten.)

Historiker, die sich mit der Immigration nach Amerika befaßt haben, streiten darüber, wie sich Schub- und Zugkraft zueinander verhalten haben, denn natürlich waren beide wichtig, jede zu ihrer Zeit. Manche sehen in der großen Wanderung eine Art gigantisches Kidnapping. (Besonders die Europäer haben Schwierigkeiten mit diesem Massenexodus, weil er eigentlich wenig Gutes über sie aussagt.) Unsinn. Für die meisten dieser Neuankömmlinge waren die Vereinigten Staaten ein Land der Hoffnung und der unbegrenzten Möglichkeiten. Persönliche Erwägungen spielten auch eine Rolle. Die Einwanderer kamen, weil ihre Vorgänger zufriedene, wenngleich nicht immer wahrheitsgemäße Briefe über das Leben in der Neuen Welt schrieben. Sie kamen, weil Verwandte, Freunde oder Nachbarn vor ihnen gekommen waren; und nach ihrer Ankunft lebten sie entweder bei ihnen oder in ihrer Nähe. Sie kamen in ein Land, das im neunzehnten Jahrhundert der Aufnahme nahezu kein Hindernis entgegensetzte. Viele gingen zurück, vielleicht ein Drittel. Aber die große Mehrheit blieb (oder kam wieder), fand Arbeit in der Nähe ihrer Familie und bewegte sich mit einer Freizügigkeit, die in der Alten Welt unbekannt war.

Zurück zu Argentinien. Sein wirtschaftlicher Aufstieg fand erst in der zweiten Hälfte, ja im letzten Drittel des neunzehnten Jahrhunderts statt. Als er da war, kam er dem Ricardoschen Außenhandelsmodell sehr nahe. Der Hauptwachstumssektor war die Viehzucht, also der Verkauf von Häuten für Leder sowie Wolle (oftmals auch ganzer Schaffelle, die an Zentren wie etwa das französische Mazamet gingen, wo die Wolle von der Haut abgetrennt wurde), außerdem von Talg und Pökelfleisch. Als in den achtziger Jahren des neunzehnten Jahrhunderts Kühlverfahren für Nahrungsmittel entwickelt wurden, war das ein enormer Schub für den Fleischhandel (zumal nach England). Zu Beginn eignete sich die neue Technik am besten für Lamm- und Hammelfleisch, aber sobald die Techniken besser und die Temperaturen verläßlicher und präziser wurden, begann Argentinien, gefrorenes Rindfleisch und dann das viel wohlschmeckendere Kühlfleisch zu verschicken.

Die Entwicklung der Landwirtschaft hinkte hinterher, in erster Linie wegen des Mangels an Arbeitskräften; behindert wurde sie aber auch durch den Widerstand der Viehzüchter und durch die Raubzüge der unbeugsamen Araukaner, eines Indiostammes, der nach dreihundert Jahren immer noch gegen die Europäer kämpfte. (Wie im amerikanischen Westen oder in Afrika konnte man den Widerstand der Eingeborenen erst mit dem Repetiergewehr brechen.) Die Feindseligkeit der Indios ist verständlich: Sie kämpften um ihr Land. Aber die Viehzüchter auch, denn für sie bedeutet Ackerbau nichts als Zäune und das Ende der offenen Weideflächen. (Man kann ja nicht zulassen, daß Rinder den Acker zertrampeln und die Ernte wegfressen.) Doch nicht anders als im amerikanischen Westen war der Stacheldraht, der billigste rinderfeindliche Zaun, den man sich je ausgedacht hat, in Argentinien bereits auf dem Vormarsch.[30]

Fast das ganze neunzehnte Jahrhundert hindurch blieben Arbeitskräfte Mangelware. Nicht daß die halbnomadischen Zeltlager der Rinderhirten in den Pampas der Arbeitskraft vieler Männer, oder auch Frauen, bedurft hätten. (Die Behörden in Buenos Aires nahmen hin und wieder Prostituierte fest und verbrachten sie in die weitgehend von Männern bewohnten Provinzen, um so mehrere Fliegen mit einer Klappe zu schlagen.) Aber für die schweren Arbeiten im Transportwesen fanden sich wenig Freiwillige. Genau wie in den Vereinigten Staaten wollten die Indios keine Lohnarbeit verrichten, und Fronarbeit war, wenigstens im Prinzip, seit 1813 verboten. Auch der Sklavenhandel war untersagt, und obgleich die bereits in Argentinien lebenden Sklaven noch unfrei blieben, waren ihre Kinder von Geburt an frei; auch alle aus dem Ausland importierten Sklaven wurden im Augenblick der Einreise zu freien Menschen.[31]

Die Lösung lag zwangsläufig in der Immigration, aber auch hier lastete das Gestern noch auf dem Heute. Die spanischen Ausgrenzungsgesetze hatten viele abgeschreckt; und selbst nach der Unabhängigkeit wurde die Einwanderung durch politische Instabilität, selektives Anwerben und das Fehlen von Freiland erheblich gedämpft. Dies war eine der schlimmsten Hinterlassenschaften des Kolonialregimes: Riesige Flächen waren an die Kirche sowie an ranghohe und mächtige Männer verschenkt, und das Übriggebliebene war während der Unruhen im Gefolge der Revolution einfach angeeignet worden. Der Feldzug gegen die Indios im Jahre 1879 (den die Argentinier großspurig als *la conquista del desierto*, die Eroberung der Wüste, bezeichneten) wurde durch vorab getätigte Landverkäufe finanziert, bei denen etwa 8,5 Millionen Hektar an 381 Personen gingen. Die Käufer brauchten möglichst viel Land, weil das Klima, je weiter man nach Süden kam, immer trockener und der Boden unfruchtbar wurde. In Patagonien konnte auf gleicher Fläche nur ein Zehntel der Schafe weiden wie in der Provinz Buenos Aires.

Erst im letzten Drittel des Jahrhunderts kam der Einwandererstrom richtig in Gang – etwa ein Viertel stammte aus dem traditionellen Herkunftsland Spanien, aber die Hälfte aus Italien, wo die Beschäftigungsmöglichkeiten, besonders auf dem Land, mit dem Bevölkerungszuwachs nicht mehr Schritt halten konnten, und zwar im Norden ebenso wie im Süden. Nur wenige Neuankömmlinge stammten aus Nord- oder Osteuropa, und von ihnen gingen viele in der Folge in die Vereinigten Staaten. Argentinien war das Stammziel der Mittelmeerländer.

Jahrzehntelang konnten sich die Migranten in diese auf ihre Rückständigkeit stolze und unglaublich abweisende Gesellschaft, die voller Illusionen und Vorurteile steckte, nur schlecht hineinfinden. Die meisten blieben in Buenos Aires mit seinem Semikosmopolitismus. Zeitgenossen, die ein feines Gespür dafür hatten, wollten schier verzweifeln: »Der Wandel, den dieses Land am dringendsten benötigt, ist nicht die Umsetzung von Gold in Papier oder Papier in Gold, sondern die Verwandlung der in Europa geborenen Einwohner in menschliche Wesen mit allen Rechten, die den Mitgliedern einer zivilisierten Gesellschaft automatisch zustehen: der ausländischen Untertanen in freie Staatsbürger.«[32]

Als Argentinien erst einmal in Fahrt gekommen war – teils dank neuer, importierter Technologien (Dampfschiffahrt, Eisenbahn, landwirtschaftliche Maschinen, Fleischkühlhaltung), teils dank größerer Nachfrage in Europa (Bevölkerungswachstum, mehr Kaufkraft) –, nahmen Inlandsprodukt und Einkommen erheblich zu und erreichten ein Niveau, wie es die europäischen Länder in der Phase der Industrialisierung aufwiesen. Aber wohlgemerkt, es lag niedriger als das anderer Siedlergesellschaften (siehe Tabelle 20.1). Selbst unter den günstigen argentinischen Bedingungen konnte die Landwirtschaft allein nicht zu den Produktivitäts-, Einkommens- und Lohnsteigerungen führen, die in einer ausgewogenen Volkswirtschaft zu erreichen sind.[33] Landarbeiter, zumal die angeworbenen Arbeitsmigranten, verdienen in aller Regel nur einen Bruchteil der Industrielöhne.

Tabelle 20.1. Produkt pro Kopf der Bevölkerung in ausgewählten Siedlerländern, 1820-1989 (PPE-Dollar* von 1960)

	USA	Argentinien	Australien	Kanada
1820	1,219		1,250	
1870	2,244	1,039	3,143	1,330
1890	3,101	1,515	3,949	1,846
1913	4,846	2,370	4,553	3,515
1950	8,605	3,112	5,970	6,112
1973	14,093	4,972	10,369	11,835
1989	18,282	4,080	13,538	17,236

*PPE = purchasing power equivalents – Kaufkraftäquivalent-Dollar.

Quelle: Maddison, »Explaining the Economic Performance of Nations 1820-1989«, Tabelle 2.1.

Doch andere – die großen Guts- und Viehfarmbesitzer, die Angehörigen der freien Berufe und die Beamten sowie die Händler, die die ersteren mit Modewaren versorgten – konnten zu Geld kommen. Auch in Argentinien wurden Uhren zum Symbol und Instrument einer modernen Gesellschaft mit Zeitbewußtsein. Schweizer und amerikanische Hersteller konkurrierten um diesen neuen Markt und fertigten imposante Zeitmesser für den lateinamerikanischen Geschmack an.[34] Ende des neunzehnten Jahrhunderts war Argentinien ein vielversprechendes Beispiel für erfolgreiche Außenhandelsspezialisierung, und Optimisten sagten dem Land eine Zukunft voraus, die der der Vereinigten Staaten vergleichbar (oder fast vergleichbar) sein könnte. Noch heute geraten neoklassische Ökonomen ins Schwärmen, wenn sie diese Fallstudie über die Segnungen des komparativen Vorteils betrachten.

Aber was ist das Optimum? Dieses Land besaß zwar ein paar Superreiche, aber »aus nie ganz geklärten Gründen ... blieb es immer kapitalabhängig und daher den kreditgebenden Staaten in einer Weise verpflichtet, die seine Fähigkeit, die eigenen Angelegenheiten selbst in die Hand zu nehmen, ernsthaft beeinträchtigt«[35]. Zwar bauten die Briten die argentinischen Eisenbahnen – weniger als 1000 Kilometer im Jahr 1871, mehr als 12 000 Kilometer zwei Jahrzehnte später –, aber sie taten es im britischen Interesse: um Fleisch und Weizen zu den Häfen zu transportieren. Nicht um den argentinischen Binnenmarkt zu entwickeln, sagen die Einheimischen. Doch wie kann man ein solches Verkehrsnetz bauen, ohne den Binnenmarkt zu fördern? Und wenn es nicht geschehen ist, bei wem liegt die Schuld? Was sagt das über den argentinischen Unternehmergeist aus? Solche Fragen haben die Argentinier nie gestellt. Es ist immer leichter, den bösen anderen verantwortlich zu machen. Heraus kommt dabei ein fremdenfeindlicher Antiimperialismus und ein Unrechtsgefühl, das dem Selbstschutz dient.

Ausgeglichen wurde der Unterschied letztlich durch die Gunst der Natur. Das Wirtschaftswachstum setzte sich ins zwanzigste Jahrhundert hinein fort, nicht nur auf dem Agrar-, sondern auch auf dem jungen Industriesektor. Vor allem in der nahrungsmittelverarbeitenden Industrie kam es zu Direktinvestitionen durch multinationale Konzerne;[36] auch zu einer Import-Ersatzproduktion, die größtenteils von Kleinbetrieben (meist im Besitz von Ausländern, insbesondere der in den dreißiger Jahren eingetroffenen jüdischen Flüchtlinge) getragen und durch gelegentliche Lieferschwierigkeiten (etwa im Ersten Weltkrieg), eine kleine Anzahl von Schutzzöllen, bilaterale Abkommen und Handelskontrollen ermöglicht wurde.[37]

Man darf diesen spät entstandenen und in der Entwicklung gehemmten Industriesektor nicht überschätzen. Die Daten der Volkszählung von 1914 – also nach 25 Jahren gemischter Landwirtschaft und starker Immigration – zeigen, daß mehr als die Hälfte des »Industrie«-Kapitals im Bergbau angelegt war, ein Viertel im öffentlichen Dienst, und nur 13,6 Prozent konnten in der »eigentlichen industriellen Fertigung« aufgespürt werden.[38] Diese zwangsläufig sekundäre Produktion hatte kaum Erfindungen oder Anpassungsleistungen vorzuweisen. Auch keine Gewinnsteigerungen. Sie entwickelte sich (überlebte) unter primitiven Arbeitsbedingungen, die an die alptraumhaften Fabriken der Industriellen Revolution in England erinnern, nur daß sie noch schlimmer waren, weil der Staat sich um nichts kümmerte. Auch die Unternehmer nicht, die davon ausgingen, daß Unfallopfer jederzeit durch Immigranten ersetzt werden konnten. Von der Technologie ihres Unternehmens hatten sie kaum Ahnung, und ein Plan zur Verbesserung des Humankapitals war von ihnen nicht zu erwarten. Einige wenige aufgeklärt Denkende versuchten diese Einfaltspinsel davon zu überzeugen, daß bessere Arbeiter und Arbeitsbedingungen in ihrem eigenen Interesse lagen. Sie wurden als praxisferne Utopisten, die nichts von Fabriken und Industrie verstünden, entlassen. Das Ergebnis war eine in der Zeitschleife der Rückständigkeit festsitzende Industrie:[39]

> »Jede Branche hatte ihre spezifischen Gesundheitsrisiken. In den Textil-, Metall-, Uhren- und Glasfabriken war die Luft ständig geschwängert mit feinem Staub, der die Lungen reizte. In Lederfabriken wurden zum Beizen Schwefel-, Salpeter- und Salzsäure sowie Arsen und Ammoniak verwendet, wobei gesundheitsschädliche Dämpfe entstanden und das ganze Gebäude durchzogen. In den Konservenfabriken mußten die Arbeiter sich auf glitschigen Böden bewegen, die mit geronnenem Blut, Innereien und tierischen Exkrementen bedeckt waren. Es herrschte ein unglaublicher Gestank. Die Männer, die das Fleisch in die Kühlkammern brachten, mußten sich um Hände und Gesichter Lumpen oder alte Zeitungen wickeln und sorgfältig darauf achten, daß sich an ihrer Kleidung kein frisches Blut befand, das ihnen am Körper festfrieren könnte. Rheumatismus war hier ein weit verbreitetes Leiden, und nur wenige Arbeiter hielten es länger als fünf Jahre in einer Konservenfabrik aus.«

Beim Wirtschaftswachstum saß die argentinische Industrie also nicht auf dem Fahrer-, sondern auf dem Beifahrersitz. Als nach dem Zweiten Weltkrieg erneut schwierige Zeiten anbrachen, stieg sie einfach aus. Die unzufriedenen Industrie- oder Landarbeiter suchten ihr Heil bei jenen ideologischen Wundermitteln – Anarchismus vor dem Ersten, Peronismus nach dem Zweiten Weltkrieg –, mit denen die Machtlosen sich zu rächen suchen. Der Volkswirtschaftler Paul Samuelson erklärt sich diesen Irrationalismus mit der Diskrepanz zwischen ökonomischer Rückständigkeit und sozialer Indifferenz einerseits und politischer Frühreife andererseits.[40] Das Volk wollte etwas, das weder die Wirtschaft noch der Staat ihm geben konnte.

Heute versucht Argentinien mit viel Mühe, von politischer Unterdrückung und Gewalt, militärischem Abenteurertum und wirtschaftlicher Depression wieder loszukommen. Vor allem das »Verschwindenlassen« angeblicher Radikaler oder gar persönlicher Feinde, die oftmals übers Meer geflogen und dort aus dem Flugzeug gestoßen wurden, während Gefängnisaufseher und Mörder die Kinder der Opfer entführten und »adoptierten« (eine besonders grausige Praxis, die bis in die Zeiten der Inquisition zurückreicht), hat unendlich viel Leid und Schrecken hinterlassen. Aber zugleich haben, paradoxerweise, die populistischen Bewegungen mit ihren Schlagworten zur Entstehung einer nationalen Identität beigetragen – der phänomenale Erfolg des Musicals *Evita* zeugt davon.

Die Ursache für das Scheitern der lateinamerikanischen Entwicklung, das sich im Vergleich mit Nordamerika besonders schlimm ausnimmt, sehen manche einheimischen Wissenschaftler und ausländischen Sympathisanten in den Verbrechen der mächtigeren, reicheren Nationen. Diesen Opferstatus hat man »Abhängigkeit« genannt und meinte damit eine Unterlegenheit, die das Land hindert, seine Geschicke selbst zu lenken; statt dessen tut es, was andere diktieren. Es versteht sich von selbst, daß diese anderen ihre Überlegenheit nach Kräften ausnutzen und – kaum anders als die früheren Kolonialherren – das Produkt der abhängigen Volkswirtschaften in die eigenen Länder transferieren. Aus dem Abzapfen durch das Kolonialreich wird das Abzapfen durch den kapitalistischen Imperialismus.

Doch jede Kooptierung unabhängiger, souveräner Staaten setzt Kreditvergabe und Investitionen voraus; bloßes Plündern ist ausgeschlossen. Genauso verhielt es sich im Fall Argentiniens, das kaum Rücklagen bildete und immer stärker auf ausländisches Kapital angewiesen war.[41] Einige Ökonomen behaupten, ausländisches Kapital schade dem Wachstum nur; andere, es könne zwar helfen, aber weniger als Inlandsinvestitionen. Die Politiker wollen es unbedingt haben und sehen gelassen zu, wie die Abhängigkeitstheoretiker die Hände ringen.

Einer der Wirtschaftswissenschaftler sieht die Ursache für die geringen argentinischen Sparquoten im rapiden Bevölkerungswachstum und in hohen Einwanderungsquoten – ich persönlich würde noch die schlechte Angewohnheit ostentativer Verschwendung hinzufügen. Jedenfalls hing der Zufluß von ausländischem Kapital nicht nur von den Lieferbedingungen des Auslands, sondern auch von den Gewinnchancen in Argentinien selbst ab. Im Ersten Weltkrieg brauchten die Briten Geld und mußten ausländische Vermögen liquidieren. Sie blieben zwar Argentiniens größter Gläubiger, betätigten sich aber, anders als in den vorangegangenen Jahrzehnten, nicht mehr als Wachstumsförderer. Einen Teil der Flaute fingen die Vereinigten Staaten und andere Länder ab, aber auch bei ihnen gaben Politik und Konjunktur im eigenen Land den Ausschlag, so daß Argentinien sich, was Höhe und Bedingungen ausländischer Investitionen und Kredite betraf, zwar nicht permanent, aber wiederholt in Schwierigkeiten befand. All das brachte das Land in Konflikte mit den Gläubigern, die ihrerseits zu isolationistischen Reaktionen führten – zu restriktiven Maßnahmen, wodurch Knappheit und Abhängigkeit nur vergrößert wurden. Wenn argentinische Ökonomen und Politiker diese Verhältnisse und die – wirklichen oder eingebildeten – Verbrechen ausländischer Interessen anprangern, machen sie alles nur schlimmer. Gewiß hat die wirtschaftliche Abschottung dazu beigetragen, Argentinien und andere lateinamerikanische Volkswirtschaften vor den schlimmsten Auswirkungen der Weltwirtschaftskrise zu bewahren. Das liegt in der Natur der Abschottung. Doch zugleich waren sie abgeschnitten von Wettbewerb, Anreizen und Wachstumschancen.

Die *dependentista*-Theorie hat in Lateinamerika viele Anhänger gefunden. Die fand sie auch in anderen Erdteilen, denn nach dem Zweiten Weltkrieg war sie geeignet, sowohl die ökonomische Misere als auch das politische Bewußtsein der neu in die Unabhängigkeit entlassenen Kolonien zum Ausdruck zu bringen. Zyniker könnten sogar sagen, Abhängigkeitstheorien seien das erfolgreichste Exportgut Lateinamerikas gewesen. Zugleich aber sind sie schädlich für Leistung und Moral. Sie fördern den krankhaften Hang, die Schuld immer bei anderen zu suchen, und leisten damit der ökonomischen Impotenz Vorschub. *Selbst wenn sie wahr wären, täte man besser daran, sie ad acta zu legen.*

*

Der portugiesisch-brasilianische Weg

In seiner mittlerweile zum Klassiker gewordenen Studie über die brasilianische Gesellschaft, *Herrenhaus und Sklavenhütte*, unterscheidet Gilberto Freyre zwischen spanischer und portugiesischer Kolonialisierungspolitik. Während die Spanier den Einwanderern neben religiösen auch nationale Bedingungen stellten, sorgten sich die Portugiesen nur um die Religion. Der Immigrant konnte aus jedem beliebigen Land kommen, wenn er nur der römisch-katholischen Kirche angehörte. Es gab Zeiten, da schickte man einen Mönch an Bord der in brasilianische Häfen einlaufenden Schiffe, wo er Gewissen und Glauben der Neuankömmlinge prüfen und beglaubigen sollte.

Alles übrige war unwichtig, allein dies galt als Siegel der kollektiven Identität. »Während der Angelsachse nur denjenigen als seiner eigenen Rasse zugehörig betrachtet, der demselben Typus angehört wie er, zieht der Portugiese die Rasse gar nicht in Betracht und sieht den als seinesgleichen an, der sich zu seiner Religion bekennt.« (Das sind die Mythen des Nationalstolzes, wie schon der Titel von Freyres Buch zeigt.) Die »Höflichkeit« dieser Kontrollen hebt sich nach Ansicht des Autors positiv vom schroffen Ton heutiger Gesundheits- und Polizeibeamter (als sei das gehupft wie gesprungen) ab; sein Fazit lautet:

> »Den nichtkatholischen Einwanderer fürchtete man wie einen politischen Gegner, der imstande war, die Einheit zu zerstören oder zu schwächen, die sich zwischen Portugal und der katholischen Religion herausgebildet hatte. Diese Solidarität erhielt sich bei uns während der Kolonialzeit in unübertrefflicher Weise und schweißte uns gegen die französischen Kalvinisten, die holländischen Reformierten und die englischen Protestanten zusammen. Es ist daher auch wirklich schwer, den Brasilianer vom Katholiken zu trennen: Der Katholizismus war tatsächlich der Kitt unserer Einheit.«[42]

In den Annalen der Entwicklung von oben, der verordneten Industrialisierung, gibt es keinen Fall, der es an grotesker Donquichotterie mit Paraguay, jener kleinen, Hunderte Meilen vom Meer entfernt in den Wäldern und Urwäldern Südamerikas eingemauerten Republik, aufnehmen könnte. Einige von diesem Experiment geblendete Wissenschaftler – einer spricht gar von wirtschaftlicher »Aufstiegsphase«[44] – sehen hier ein weiteres Beispiel dafür, wie Unternehmergeist und Tatendrang der Einheimischen von den europäischen Imperialisten und ihren Helfershelfern vor Ort im Keim erstickt wurden.[45] Das aber ist die politisch interessierte Fehlinterpretation einer nicht ungewöhnlichen verfrühten Entwicklung.

Paraguay war ein Ausnahmeland, es hatte mehr Indiobevölkerung (vom Stamm der Guarani) als jeder andere Staat des Kontinents, denn die anderswo praktizierte Ausbeutung der Einheimischen war hier durch Vermittlung der Jesuiten verhindert worden. Sie hatten die Erlaubnis erhalten, autonome Gebiete einzurichten, und diese waren so weit von Goldsuchern und Händlern entfernt, daß sie weitgehend für sich geblieben waren. Im übrigen waren die Spanier auf die Guarani angewiesen: Ohne sie hätten sie das Territorium nicht gegen die Überfälle des portugiesischen Brasiliens verteidigen können.

Nach der Unabhängigkeit war Paraguay, ganz wie andere Staaten, die aus den Trümmern des spanischen Weltreiches hervorgingen, fast sofort in die Hände von Diktatoren gefallen. Nach dem Buchstaben des Gesetzes war das Land eine Republik, aber in Wirklichkeit herrschte ein einziger Mann – in einer Mischung aus harmlosem Despotismus und populistischer Tyrannei.[46] Der erste dieser Diktatoren (wie er sich selbst nannte), Dr. Gaspar Rodriguez de Francia, war ein besonderer Fall. Als Anhänger des Jakobinismus und (wie viele der französisch-stämmigen Einwohner) von Beruf Rechtsanwalt, verfocht Francia eine Republik der Gleichen, in der er selbst gleicher als alle übrigen war. Er war der »organische Führer«, der Elitemann, der den Volkswillen verkörpert.[47] Dieses Bild kultivierte er. Kam jemand aus einem Indio-Dorf zu ihm, empfing er den Bittsteller mit ausgesuchter Höflichkeit, setzte sich neben ihn, klopfte ihm auf die Schulter, strahlte Interesse und Herzlichkeit aus. Bat jedoch ein Grundbesitzer oder ein Bürger um eine Audienz, so konnte sich dieser die Beine in den Bauch stehen; Dr. Francia ließ ihn warten, bis er schwarz wurde, und empfing ihn dann schließlich mit Geringschätzung und Ungeduld.

Das war Klassendiskriminierung (eine spezielle Form von »affirmative action«), aber zugleich Rassendiskriminierung: Klassen- und Rassengrenzen deckten sich in der Gesellschaft Paraguays. Der *Dictador Supremo* wollte eine unverkennbare Guarani-Gesellschaft aufbauen und der alten spanischen und kreolischen Elite den Garaus machen. Zu diesem Zweck verbot er den Weißen, untereinander zu heiraten, und forderte sie auf, sich Ehegatten unter Indios, Mulatten und Schwarzen zu suchen.[48] Wie strikt diese Vorschrift durchgesetzt wurde, ist schwer zu sagen; jedenfalls offenbarte sie ein direktes Interesse an Rassenproblemen und stand für den bewußten Versuch, die Spaltung der lateinamerikanischen Gesellschaft nach Hautfarben in diesem Land zu vermeiden.

Dr. Francia und seine Nachfolger, Vater und Sohn Lopez, machten das Land zu einem aufgeklärten Sparta – egalitär, gebildet, diszipliniert und tapfer. Der Grundschulbesuch ab dem siebenten Lebensjahr sollte kostenlos und obligatorisch sein, ein heroisches Unterfangen. Obgleich es leichter gesagt als getan war, begann das Schulwesen mit 5000 Schülern, und deren Zahl stieg unter Carlos Antonio Lopez auf 17 000 im Jahre 1857 und dann auf 25 000 im Jahre 1862, was etwa der Hälfte eines schulpflichtigen Jahrgangs entsprach. »Wahrscheinlich ein Rekord in der späteren Dritten Welt des neunzehnten Jahrhunderts!« schwärmt einer der Bewunderer.[49] Lernen sollten die Schüler neben Lesen, Schreiben und Rechnen auch einen Staatsbürgerkatechismus. Sie sollten wissen, wer sie sind und warum sie so sind. Die Lehrer trugen, wie ordentliche Soldaten im Dienst, die »Regierungsuniform«: Hemd, Hose, Poncho, Hut, Halstuch. An Lehrmaterialien war schwer heranzukommen, weil die feindlich gesinnten Argentinier den Zugang zum Fluß blockierten, aber in der Anfangszeit konnte der Staat fünftausend Flöten (Rohrpfeifen?) ergattern – eine für jedes Kind. Man fühlt sich an Plato erinnert, der der Musik in seinem Idealbild der Erziehung einen so hohen Stellenwert einräumt; oder an Muhammad Ali, der zur selben Zeit in den ägyptischen Schulen der Musik eine zentrale Rolle zuweist (siehe unten, Kapitel 24). Aber Muhammad Ali hatte nie die allgemeine Schulpflicht im Sinn.

Das Problem der Ideal- oder Reformstaaten besteht darin, daß sie durch Verbesserungen stark werden und dann der Versuchung erliegen. Sie bedrohen und unterwandern die Nachbarländer, zerstören das Machtgleichgewicht und den Status quo. Solches Agieren fordert zum Reagieren auf. So kam es, daß die Diktatoren des kleinen Paraguay neben allerlei Ambitionen auch die Furcht vor der Bedrohung durch die größeren Nachbarländer nährten; kurz, eine rationale, aber latent irrationale Paranoia züchteten. (Wer sagt, daß Paranoiker keine Feinde haben?) Die größte Gefahr ging von Argentinien aus, denn es betrachtete Paraguay als abtrünnige Provinz, die es zu annektieren suchte.[50] Aber auch die übrigen Nachbarländer blickten feindselig auf die Experimente nebenan.

Paraguays Führer waren daher entschlossen, dem Land zu jener Wirtschaftskraft und Rüstungsstärke zu verhelfen, die es ihm erlauben würde, sich nach allen Seiten zu verteidigen und auch anzugreifen. Dafür brauchten sie nicht bloß Waffen, sondern zugleich industrielle Werkzeuge und Maschinen. Diese wiederum waren allein aus Europa zu bekommen, und obwohl Paraguay mit seiner Indiotradition alles Europäische verabscheute, mußte es einsehen, daß von den Europäern jenseits des Atlantiks eher Hilfe zu erwarten war als von den begehrlichen Nachbarn.

Carlos Lopez schloß also als erster Verträge mit europäischen Lieferanten ab, die Dampfschiffe, Dampfmaschinen sowie Industrieanlagen (vor allem eine Eisengießerei und eine Waffenfabrik) lieferten. Bezahlt wurde mit diversen Naturprodukten (insbesondere Mate aus dem Yerbakraut – ein teeähnliches, leicht suchterzeugendes Kräutergetränk) und mit den bescheidenen Krediten eines Londoner Schiffbauers und Lebensmittellieferanten. Man begann auch mit dem Bau eines Eisenbahn- und eines Telegraphennetzes, aber der Streckenbau erwies sich als schrecklich langwierig: Bevor der Krieg das Unternehmen beschleunigte, wurden nur wenige Kilometer pro Jahr gebaut. Man stellte etwa zweihundert europäische Techniker ein, aber sie gehörten wohl kaum zu den besten. Es versteht sich von selbst, daß diese rudimentären Produktionsanlagen keine Güter herstellten, die in den Export gehen konnten; aber sie konnten ihre Produkte an die Armee und die Indiobevölkerung verkaufen, die von Importen aus dem Ausland abgeschnitten waren.[51]

Zugleich kaufte Paraguay europäische, meist alte, kleine und ausrangierte Waffen und baute Festungen in Erwartung des Krieges. Eine von ihnen, in Humaitá an einer Schleife des Paraná gelegen, konnte ausländischen Schiffen, auch denen des an dem Fluß gelegenen Argentinien, nach Belieben die Durchfahrt versperren. (Wie du mir, so ich dir: ganz nach den Regeln.) Gewarnt durch Worte und Zwischenfälle, begannen diese Nachbarn nun ihrerseits aufzurüsten. Vor allem die Brasilianer kauften Panzerschiffe, um, wenn nötig, die Durchfahrt durch den Paraná mit Waffengewalt zu erzwingen.

Wer womit begonnen hat, ist schwer zu sagen. So ist das beim Krieg.[52] Fest steht allerdings, daß Paraguay sich nicht lange bitten ließ. Es hatte seinen Anteil am Casus belli, und die Landesgrenzen in der Region waren umstritten. Kleine Formalitäten, wie etwa das Einholen der Erlaubnis, durch neutrales Gebiet zu ziehen (nämlich durch Argentinien, um nach Brasilien und Uruguay zu gelangen), wurden einfach beiseite gefegt. Das war der Tropfen, der das Faß zum Überlaufen brachte: Im Mai 1864 taten Brasilien, Argentinien und Uruguay sich zusammen, um mit gemeinsamer Streitmacht diesen Plagegeist zu vernichten. Paraguay hatte, dank allgemeiner Wehrpflicht und Reserveeinheiten, eigentlich viel mehr Männer unter Waffen als die drei Länder zusammen; aber die Verbündeten hatten ein weit größeres Reservoir an Männern, die noch eingezogen werden konnten – ganz zu schweigen vom besseren Kriegsmaterial. Die Zeit arbeitete für sie.

Drei Jahre lang indes mußten sie sich an der mit Tausenden von Soldaten belegten, mit Kanonen gespickten und mit eigener Gießerei und Waffenschmiede ausgestatteten Festung von Humaitá die Zähne ausbeißen – an »›jenem militärischen Wunderwerk, jener uneinnehmbaren Bastion‹, jenem Sebastopol des Südens«[53]. Schließlich setzten die Brasilianer ihre Panzerschiffe ein, deren stählerner Rumpf kein feindliches Geschoß durchließ. Ihre Geschütze durchbrachen die riesige Sperre, die den Fluß blockiert hatte. Paraguay schlug zurück und schickte Boote voller Männer, die die feindlichen Schiffe entern sollten; mutig kletterten sie unter permanentem Feuer ihrer eigenen Ufergeschütze an Bord. Dort aber fanden sie alles verschlossen, die Falltüren verriegelt, die Mannschaften unter Deck. Und dann bestrichen die

 Brasilianer die Decks mit Flankenfeuer und schlachteten die Eindringlinge einfach ab.

Nun begann die Belagerung. Der brasilianische Oberbefehlshaber schrieb an sein paraguayisches Gegenüber, General Alen, er biete ihm eine hohe Summe (2,5 Millionen Goldpesos) und die Zusicherung, in der Armee der Verbündeten einen hohen Rang bekleiden zu können, wenn er ihm die Festung ausliefere. Alens Antwort ist es wert, wiederholt zu werden: »General«, erwiderte er, »Geld kann ich Ihnen nicht bieten, aber wenn Sie sich mit Ihrer Einheit ergeben, verschaffe ich Ihnen die Kaiserkrone von Brasilien.« Also bombten und schossen die Alliierten weiter, und die Festung wurde in Trümmer gelegt. Alen meldete seine Verluste und die bevorstehende Niederlage an den Marschall und Präsidenten, aber Lopez befahl ihm, weiter Widerstand zu leisten. Alen versuchte es, scheiterte aber, verlor alle Hoffnung und schoß sich eine Kugel in den Kopf. Das war der leichteste Weg, die Festung zu verlassen. Zu guter Letzt erlaubte Lopez der Garnison, das Lager zu räumen: 2500 bis aufs Skelett abgemagerte Überlebende, die sich wenige Tage später ergeben mußten, als sie von einer viermal so großen Truppe umzingelt wurden. Wutentbrannt ließ Lopez Alens Frau durch dessen Nachfolger verhaften und in Ketten legen. Wer weiß? Vielleicht hatte sie ja ihren Mann gedrängt aufzugeben. Lopez folterte und peitschte sie eine Woche lang, und als er überzeugt war, daß sie nichts mehr spüren konnte, ließ er sie erschießen.

Am Ende konnten selbst Grausamkeit und Mut – die Frauen in Paraguay kämpften genauso hart wie die Männer – sich nicht gegen die größere Zahl und das bessere Kriegsgerät behaupten; blanker Stahl und Musketen standen gegen gezogene Schußwaffen und Schnellfeuergewehre (Gatling guns). Lopez führte eine kleine, kümmerlich bewaffnete Streitmacht aus Überlebenden in eine Sumpfgegend des Landes. Die Munition war so knapp, daß die noch immer hemmungslos und prompt durchgeführten Exekutionen mit dem Schwert vorgenommen werden mußten. Als die Paraguayer keine Patronen mehr hatten, feuerten sie mit Steinen und Glasscherben. Lopez kämpfte bis zum Tod – seinem eigenen, dem seines ältesten Sohnes und dem der großen Mehrheit der paraguayischen Männer. Insgesamt betrugen die Verluste (beider Geschlechter) 70 Prozent.[54] »Muero con mi Patria!« Fast jeder Einwohner Paraguays, wo wird gesagt, kennt diesen Ruf auswendig. Das Schlüsselwort darin ist die Präposition *con*: Ich sterbe *mit* meinem Land.

Zur Feier ihres Sieges veranstalteten die Brasilianer in Rio eines der extravagantesten Konzerte der Geschichte: mit achtzehn Pianos, einem Orchester aus 650 Musikern, einem bewaffneten Infanteriebataillon und zwei Feldgeschützen.[55]

Paraguay war ein kleines Land, und der Wahnsinn seiner Herrscher wurde mit Hunderttausenden von Toten und vielen Jahrzehnten der Verarmung bezahlt. Das folgende Jahrhundert brachte es zu noch schlimmeren Schwachköpfen und Schurken – und bei weitem mehr Opfern.

21

Das Reich der Mitte: Stagnation und Rückzug

»Heute huldigt England uns.
Verdienst und Tugend meiner Vorväter müssen bis an seine fernen Küsten gedrungen sein.
Obgleich ihr Tribut alltäglich ist, begrüße ich ihn von Herzen.
Das Kuriose und überheblich Geniale ihrer Maschinen kann ich nicht loben.
Obgleich sie wenig bringen, mache ich ihnen
In meiner Huld gegen Menschen aus fernen Ländern großzügige Gegengeschenke,
Denn bewahren will ich mir Gesundheit und Macht.«

Gedicht des Kaisers Ch'ien lung
aus Anlaß der Macartney-Mission (1793)

Die Europäer, die im sechzehnten Jahrhundert zum Indischen Ozean segelten und bis nach China kamen, erlebten dort etwas höchst Schockierendes: Die Einheimischen begegneten ihnen mit leutseliger Herablassung. Das Reich der Mitte, das sich auch »Reich des Himmels« nannte – der Name sagt alles –, sah sich als das vornehmste Staatengebilde der Welt, das allen anderen an Größe und Bevölkerungsdichte, an Alter und Erfahrung voraus und dank seiner kulturellen Leistungen, seines moralischen, geistigen und intellektuellen Überlegenheitsgefühls unangreifbar geworden war.

Die Chinesen bewohnten, so ihre Vorstellung, das Zentrum des Universums. Umgeben waren sie von niederen Rassen, die von ihrem Glanz zehrten, sich bei ihnen ein wenig Licht holten und zu Größe und Ehre kamen, indem sie ihnen huldigten und Tributzahlungen leisteten. Der chinesische Kaiser war der »Himmelssohn«, der unvergleichliche, gottähnliche Repräsentant himmlischer Macht. Die wenigen, die in seine unmittelbare Nähe kommen durften, demonstrierten ihre heilige Scheu durch den Kotau – jene Ehrenbezeigung, bei der man niederkniet und neunmal mit der Stirn den Boden berührt. Andere machten den Kotau vor allem und jedem, was vom Kaiser stammte – auch vor einem einzelnen handgemalten Ideogramm. Das Papier, auf dem er schrieb, die Kleider, die er trug, alles, was er berührte, hatte teil an seinem göttlichen Wesen.[1]

Die öffentlichen Vertreter und Verwalter des Kaisers wurden in einer Prüfung über die Schriften und die Sittenlehre des Konfuzius ausgewählt. Diese Mandarine oder kaiserlichen Beamten verkörperten die chinesische Hochkultur – ihren Nimbus, ihre ganzheitliche und erhabene Größe. Gegenüber Untergebenen konnten sie Selbstgefälligkeit und Arroganz ungehindert ausleben, und beides wurde nur noch übertroffen von ihrer »dumpfen Unterwürfigkeit« und Selbsterniedrigung gegenüber allen, die im Rang höher standen als sie.[2] Nichts vermittelt einen so plastischen Eindruck von ihrem Demutswettbewerb wie die kaiserliche Morgenaudienz, bei der sich Hunderte von Höflingen schon ab Mitternacht im Freien versammelten und dort bei Regen und Kälte oder heiterem Wetter darauf warteten, bis der Kaiser kam und sie ihm ihre Huldigung darbringen konnten. Als Zeitverschwendung galt das nicht; ihre Zeit war die Zeit des Kaisers. Kein Mandarin konnte es sich leisten, zu spät zu kommen, und auch Pünktlichkeit reichte nicht: Nur wer zu früh da war, erbrachte den Beweis für seinen Diensteifer.[3]

Diese Kombination aus kultureller Siegesgebärde und übelster Tyrannei von oben machte aus China ein Land, das sich gegen Fortschritte sträubte und wenig Lernbereitschaft zeigte. Fortschritte hätten die bequemen alten Lehren über den Haufen geworfen und zu Auflehnung geführt; desgleichen die von außen importierten Kenntnisse und Ideen.[4] Was gab es denn auch schon zu lernen? Um so dringender war diese Ablehnung alles Fremden auf die Arroganz angewiesen, die sie rechtfertigte. Das ist das Paradox des Überlegenheitskomplexes; er ist seinem ganzen Wesen nach unsicher und brüchig. Wer immer ihn kultiviert, braucht ihn und fürchtet nichts so sehr wie Widerspruch. (Die Franzosen zum Beispiel sind so stolz auf die Überlegenheit ihrer Sprache, daß schon die Aussicht auf ein Lehnwort sie vor Angst zittern läßt, besonders wenn es aus dem Englischen stammt.)[5] Das China der Ming-Dynastie war zwar zutiefst überzeugt von seiner Vorrangstellung, erbebte aber angesichts der Herausforderung durch die westliche Technologie, die zum Lernen aufforderte.

Es ist eine Ironie der Geschichte, daß sich die ersten portugiesischen Besucher und christlichen Missionare den Weg ins Innere Chinas ausgerechnet mit Hilfe der Wunderwerke westlicher Technik erzaubert haben. Der Schlüssel, der ihnen die Tore öffnete, war die mechanische Uhr. Wie wir sahen, war sie eine europäische Mega-Erfindung des ausgehenden dreizehnten Jahrhunderts, die so entscheidend wurde, weil sie nicht bloß zu Arbeitsdisziplin und Produktivität beitrug, sondern auch unglaublich verbesserungsfähig war und eine Vorreiterrolle für die Ausrüstung mit Instrumenten und Maschinentechnik spielte. Neben ihr nimmt sich die Wasseruhr wie ein Dummkopf aus.

Für die chinesischen Beamten des sechzehnten Jahrhunderts war die Uhr eine Wundermaschine, die nicht nur die Zeit messen konnte, sondern auch amüsant und unterhaltsam war. Manche Uhren machten Musik; andere waren Automaten mit Figurinen, die sich in regelmäßigen Abständen rhythmisch bewegten. Uhren stellten also Dinge dar, die der Kaiser mit Freude sehen und benutzen würde; also mußte man sie ihm unbedingt zeigen, schon um seine Gunst zu gewinnen, und ein besonders eifriger Höfling mußte sie ihm zeigen, ehe andere es taten. Keine leichte Aufgabe. Dieses Zauberding brauchte Begleitung. Instinkt und Praxis der Chinesen schrieben zwar vor, daß Fremde ferngehalten, auf Randzonen wie Macau verwiesen werden müßten und nur selten die Erlaubnis erhalten dürften, ins Zentrum vorzudringen. Doch die Uhr des sechzehnten Jahrhunderts erforderte die Anwesenheit des Uhrmachers.

Keine Frage, die Chinesen liebten die Uhren. Weniger glücklich waren sie über ihre europäischen Begleiter. Das Problem lag in der chinesischen Vorstellung, daß Kultur ein Ganzes ist, ein geschlossener Zusammenhang zwischen Dingen, Menschen und Göttlichem. Die katholischen Priester, die ihnen diese Geräte brachten, waren Verkäufer ganz eigener Art. Sie wollten die Chinesen zum Glauben an den wahren dreieinigen Gott der katholischen Kirche bekehren, und die Uhren dienten einem doppelten Zweck: Sie fungierten zugleich als Eintrittsbillett und als Argument für die christliche Überlegenheit. Wer solche Dinge machen kann, wer überdies noch spezielle astronomische und geographische Kenntnisse besitzt, ist der nicht im weitesten moralischen Sinn überlegen? Ist dessen Glaube nicht wahrer, wissensträchtiger?

Die Jesuiten waren willens, nicht nur so zu argumentieren, sondern auch die Vorschriften und Rituale der Kirche so zu dehnen, daß sie zum aktuellen Zustand paßten. (So wurden etwa die für den Ahnenkult verwendeten chinesischen Ideogramme zu Signifikanten für christliche Inhalte.) Die europäischen Nichtgeistlichen folgten auf dem Fuße. Hören wir Gottfried Wilhelm von Leibniz, Philosoph und Miterfinder der Differential- und Integralrechnung:

> »Was werden solche Völker [die Perser, die Chinesen] sagen, wenn sie diese wunderbare Maschine sehen, die Sie gebaut haben und die jederzeit den wahren Himmelsstand wiedergibt? Ich glaube, sie werden erkennen, daß der menschliche Geist etwas vom Göttlichen an sich hat und daß dieses Göttliche sich besonders den Christen mitteilt. Das Geheimnis des Himmels, die erhabene Größe der Erde und die Zeitmessung sind die Dinge, die ich meine.«[6]

Gelegentlich konnte diese Argumentation Anklang finden. Katholische Missionare hatten ein wenig Erfolg damit, obgleich sie ihre aufgeschlossenen »Konvertiten« nur mit Mühe davon überzeugen konnten, daß sie Ausschließlichkeit im traditionell europäischen Sinn (kein anderer Glaube als der »wahre« Glaube) zu wahren hätten. Die meisten Chinesen aber sahen in diesen Behauptungen nur das, was sie waren: einen Angriff gegen den chinesischen Anspruch, moralisch überlegen zu sein, eine Attacke auf Chinas Selbstwertgefühl.

Die Reaktion bestand daher zwangsläufig in einer Ablehnung oder Geringschätzung westlicher Wissenschaft und Technologie.[7] Hören wir Kaiser K'ang hsi, einen denkbar aufgeschlossenen und wißbegierigen Nachahmer westlicher Verfahren, der sie auch mit besonderem Eifer lehrte: »Denn wenn sich auch manche westlichen Methoden von den unseren unterscheiden und vielleicht sogar eine Verbesserung bedeuten, so bieten sie doch wenig Neues. Die Grundregeln der Mathematik leiten sich allesamt vom *Buch der Wandlungen* her, und die westlichen Methoden sind chinesischen Ursprungs...«[8]

So der herzerfrischende Mythos. Die Chinesen haben, weil sie auf die Uhren nicht verzichten, weil sie partout Uhren haben wollten, diese zu dem

 Spielzeug verharmlost, das sie für viele von ihnen waren; oder zu nicht funktionalen Statussymbolen, die für den *hoi polloi* unerreichbar blieben. Im vormodernen kaiserlichen China galt die Kenntnis der Zeit nicht als Recht. Die Zeit gehörte der Obrigkeit, die verkünden (ausrufen) ließ, was die Stunde geschlagen hatte, und der persönliche Besitz eines Zeitmessers war ein seltenes Privileg. Obgleich der Kaiserhof Werkstätten einrichtete, in denen Uhren hergestellt werden sollten, und erreichte, daß jesuitische Uhrmacher den einen oder anderen Einheimischen ausbildeten, konnten sich diese chinesischen Handwerker nie mit ihren westlichen Kollegen messen – denn die besten Lehrer fehlten, und es gab weder Marktkonkurrenz noch Qualitätswettbewerb. Das kaiserliche China brachte es nie zu einem Uhrmachergewerbe, wie Europa eines hatte.

Dieselbe Sünde des Stolzes (oder der Gleichgültigkeit) prägte Chinas Reaktion auf die europäische Waffenherstellung. Waffen sind alles andere als ein Spielzeug. Kanonen und Musketen waren Tötungswerkzeuge, also Machtinstrumente. Die Chinesen hatten allen Grund, diese Kunstwerke besitzen zu wollen, denn im siebzehnten Jahrhundert kämpfte die Ming-Dynastie um ihr Überleben und unterlag den aus dem Norden kommenden Tataren. In diesen Kriegsjahrzehnten hätten europäische Erfindungen für das Kräfteverhältnis ausschlaggebend sein können.

Und dennoch lernten die Chinesen nie, moderne Schußwaffen herzustellen. Schlimmer noch: Zwar hatten sie schon im dreizehnten Jahrhundert Geschütze gekannt und eingesetzt, aber sie hatten sich ihr Wissen und Können einfach entgleiten lassen. Ihre Stadtmauern und -tore besaßen Standorte für Kanonen – nur nicht die Kanonen selber. Wozu auch? Keiner von Chinas Feinden hatte welche.[9] Feinde aber hatte China durchaus, im Land selbst wie außerhalb. Keine europäische Nation hätte sich durch die Schwäche des Feindes von der Bewaffnung abhalten lassen; war es mit der Schwäche vorbei, wurde aufgerüstet, bis es nicht mehr ging. Hinzu kam die Wachstumsorientierung der europäischen Technologie: Jeder Fortschritt führte zu neuem Fortschritt. Das chinesische Verfahren – ein Schritt vorwärts, ein Schritt zurück – stand für einen gänzlich anderen Prozeß.[10]

So kam es, daß im Jahre 1621, als die Portugiesen in Macau sich die Gunst des Kaisers sichern wollten, indem sie ihm vier Kanonen schenkten, sie auch vier Kanoniere mitschicken mußten. Im Jahre 1630 warben die Chinesen eine Abteilung Musketiere und Artilleristen an, gaben aber den Gedanken wieder auf, noch bevor sie ihn in die Tat umsetzen konnten. Wahrscheinlich sogar eine kluge Entscheidung, denn Söldner haben schon mehr als ein Regime ruiniert oder selbst übernommen.[11] Als Lehrer freilich übernahmen die Ming-Kaiser dann doch eine Handvoll Portugiesen, und später ließen sie sich von ihren jesuitischen Mechaniker-Theologen eine Gießerei und gußeiserne Kanonen bauen.

Diese jesuitischen Geschütze gehören allem Anschein nach zu den besten, die China je gehabt hat. Einige von ihnen wurden noch 250 Jahre später, im neunzehnten Jahrhundert, eingesetzt. Die meisten chinesischen Kanonen hingegen waren nur kurz in Gebrauch, da sie unzuverlässig waren und die Männer, die sie bedienten, eher in Gefahr brachten als den Feind. (Berichtet wird sogar, die Chinesen hätten Kanonenkugeln aus getrocknetem Schlamm gemacht, aber immerhin hätte bei diesen die Explosivkraft den richtigen Ausgang, die Mündung des Rohrs, gefunden.) Für gewöhnlich sahen die chinesischen Behörden den Einsatz von Feuerwaffen mit Mißfallen, vielleicht weil sie an der Treue ihrer Untertanen zweifelten. Angesichts der Unwirksamkeit dieser Waffen fragt man sich freilich, was sie denn zu befürchten hatten. Wahrscheinlich die Fortschritte, die der Gebrauch mit sich bringt.[12]

All dies mag jemandem, der in Zweck-Mittel-Relationen denkt, höchst irrational erscheinen, aber das war es nicht; es ging um andere Zwecke. Ziel des Krieges war für die Europäer, den Feind zu töten und zu besiegen; die Chinesen, die über viel Platz und viele Menschen verfügten, dachten anders. Hier Mu Fu-scheng (ein Pseudonym) über den kaiserlichen Standpunkt:

> »Die militärische Niederlage lieferte den technischen Grund dafür, daß man sich westliches Wissen aneignen mußte, aber auch den psychologischen Grund dafür, daß man es nicht tun durfte. Instinktiv nahmen die Chinesen lieber eine militärische Niederlage in Kauf, die man wieder wettmachen konnte, als eine psychologische Krise zu riskieren; mit einer Demütigung konnten die Menschen fertigwerden, nicht aber mit Selbsterniedrigung. ... Für die Mandarine hatte die Bedrohung der chinesischen Gesellschaft nichts mit ökonomischen und politischen Problemen zu tun, und deshalb suchten sie der Bedrohung ohne Rücksicht auf ökonomische und politische Gefahren entgegenzutreten. Nie waren die Chinesen in der Vergangenheit gezwungen gewesen, ihren Kulturstolz aufzugeben: Stets hatten ausländische Herrscher die chinesische Lebensform übernommen. In ihrer Geschichte gab es nichts, das ihnen in der modernen Krise einen Weg hätte weisen können.«[13]

Zur Gleichgültigkeit gegenüber der Technik kam noch der Widerstand gegen die europäische Wissenschaft. Die christlichen Priester brachten nicht nur Uhren mit, sondern auch Wissen (manchmal veraltetes Wissen) und Ideen. Einiges davon interessierte den Kaiserhof: Besonders auf Astronomie und Himmelsbeobachtung mußte ein Herrscher Wert legen, der das Monopol über den Kalender beanspruchte und seine Verfügung über die Zeit dazu benutzte, die Gesellschaft als ganze zu kontrollieren. Bei den Jesuiten lernten zudem begabte Schüler, die dann auf eigene Faust weiterarbeiteten: Mathematiker, die mit Logarithmen und Trigonometrie rechneten; Astronomen, die neue Sternkarten anlegten.

Doch kaum etwas davon kam über die Stadtgrenzen von Peking (Beijing) hinaus, und bald schon stieß die neue Lernbegierde auf eine nationalistische Reaktion, die von längst vergessenen Werken der Vergangenheit zehrte. Einer der führenden Köpfe dieser Rückkehr zu den Ursprüngen (Wen ting,

 1635–1721) studierte mathematische Texte aus der Zeit der Sung-Dynastie (zehntes bis dreizehntes Jahrhundert) und verkündete, die Jesuiten hätten wenig Neues gebracht. Später wurden diese Manuskripte von seinem Enkel unter dem Titel *Perlen aus dem Roten Fluß* veröffentlicht.[14] Der Titel war verräterisch: Damals bestand Chinas wissenschaftliche »Forschung« tatsächlich darin, in angeschwemmten Sedimenten herumzukratzen.

Unterdessen hatte sich die europäische Wissenschaft an die Spitze der Entwicklung gesetzt, und die Kirchenmänner brachten immer besseres (allerdings hinter den Pionieren herhinkendes) Wissen nach China. Das aber hatte Konsequenzen, die ihrer Mission entgegenstanden. Sie hatten den Zusammenhang zwischen wissenschaftlichem Wissen und religiöser Wahrheit so sehr ins Zentrum gerückt, daß jede Revision des ersteren einen Zweifel an der letzteren zur Folge hatte. Was also tun mit der beständig sich verändernden europäischen Wissenschaft? Im Jahr 1710 versuchte ein jesuitischer Astronom, mit neuen Sternkarten zu arbeiten, die auf dem Kopernikanischen Weltbild beruhten. Sein Vorgesetzter verbot es, aus Angst, »das könnte den Eindruck erwecken, als würde nun mißbilligt, was unsere Vorgänger mit so viel Mühe aufgebaut haben, und neue Vorwürfe gegen die [christliche] Religion provozieren«[15].

Diese intellektuelle Abwehr alles Fremden war nicht bei allen Chinesen anzutreffen. Einige weitblickende Beamte und immerhin ein Kaiser begriffen, daß das Reich mit dem Erlernen der neuen Methoden viel gewinnen würde. Dennoch blieb alles Ausländische weiter verpönt. In einem Brief vom November 1640 schreibt der Jesuitenpater von Bell: »Das Wort *hsi* [westlich] ist sehr unbeliebt, und der Kaiser verwendet in seinen Edikten immer nur das Wort *hsin* [neu]; das erstere wird faktisch nur von denen benutzt, die uns herabsetzen wollen.«[16]

Behindert wurden diejenigen, die modernisieren wollten, nicht nur durch spröde Unsicherheit, sondern auch durch die Intrigen eines Palastmilieus, in dem Neues nur nach seinen Auswirkungen auf die Hackordnung beurteilt wurde. Kein Vorschlag, der nicht auf Widerstand stieß; kein Novum, das nicht irgendeiner der alten Interessengruppen Angst einflößte. Außerdem war die Furcht vor möglichem Tadel (oder Schlimmerem) auf allen Stufen der Hierarchie größer als die Hoffnung auf Belohnung. Eine gute Idee brachte nur dem Vorgesetzten Ehre; ein Fehler fiel stets auf die Untergebenen zurück. Es war einfacher, denen da oben zu sagen, was sie hören wollten.[17]

Generationen von Besuchern ist diese ängstliche Abneigung gegen jeden Wandel aufgefallen. Hören wir den Jesuiten-Missionar Louis Le Comte (1655–1728): »Sie [die Chinesen] nehmen lieber das fehlerhafteste alte Stück als das perfekteste neue, und darin sind sie ganz anders als wir [Europäer], denn wir lieben nur das Neue.«[18] Lord Macartneys Sekretär George Staunton resignierte angesichts der Gleichgültigkeit, mit der die Chinesen Vorschläge zur Verbesserung ihres Kanalsystems aufgenommen hatten, und jammerte: »In diesem Land meinen sie, alles sei hervorragend, und Verbesserungsvorschläge wären überflüssig, ja ungehörig.« Und ein halbes Jahrhundert später stellte der christliche Mönch Evariste Huc mit Blick auf die Sisyphusarbeit des Missionierens verzweifelt fest: »Jeder geniale Mensch wird hier sofort gelähmt von dem Gedanken, daß seine Anstrengungen ihm eher Strafe als Lohn bringen könnten.«[19]

(Damit steht das kaiserliche China nicht allein. Die Unterdrückung jeder Initiative und die Förderung der Lüge sind typische Schwachpunkte großer Bürokratien, gleichgültig ob im öffentlichen oder privaten Bereich [Kapitalgesellschaften]. Menschen, die sich Kollegen nennen und vermeintlich am selben Strang ziehen, sind in Wirklichkeit Gegenspieler. Sie sind Konkurrenten im Innern der Organisation, und zwar nicht auf einem freien Markt der Ideen, sondern in einer geschlossenen Welt der Heimtücke und des Lavierens. Im Vorteil sind dabei die auf den höheren Rängen.)

Die Ablehnung ausländischer Technologie war um so gravierender, als China längst in technische und wissenschaftliche Erstarrung verfallen war, sich nur noch im Leerlauf – von früheren Fortschritten zehrend – vorwärtsbewegte und um so langsamer wurde, je mehr der soziale Rang die Begabung verdrängte. China war eine eigene Welt. Warum brachte es dann keine eigene wissenschaftliche und industrielle Revolution hervor? Tausend Jahre zuvor war China allen voraus gewesen – und Europa allemal. Manche würden darauf hinweisen, daß diese Überlegenheit noch jahrhundertelang gehalten hatte. Warum dann das »Scheitern«?

Dieser oder jener Chinaforscher möchte den ganzen Jammer gern mit Euphemismen zudecken: »Die chinesische Gesellschaft war zwar stabil, aber ganz und gar nicht statisch und unwandelbar ... Das Tempo war geringer ... der Grad der Veränderung kleiner.«[20] (Richtig, aber das Problem bleibt.) Andere tun die Frage als nicht beantwortbar oder illegitim ab. Das erstere, weil man einen Negativbefund nicht erklären könne. (Das scheint mir logisch falsch; großes Mißlingen und großer Erfolg erfordern komplizierte Erklärungen, aber darum geht es in der Geschichtswissenschaft nun mal.) Das letztere, weil doch gar kein Scheitern zu sehen sei. Schon der Gebrauch dieses Wortes zwinge China nicht-chinesische Standards und Erwartungen auf. (Aber warum nicht? Warum sollte man nicht davon ausgehen, daß auch China die Natur erkennen und begreifen will? Daß es Wissen anhäufen und von einer Entdeckung zur nächsten fortschreiten möchte? Daß es nach Wirtschaftswachstum und -entwicklung strebt? Daß es mehr Arbeit mit weniger Arbeitskräften verrichten will? Die einstigen Erfolge des Landes auf diesen Gebieten machen solche Fragen nur um so stichhaltiger).[21]

Und was war mit dem Verhältnis zwischen Wissenschaft und Technik? Hat die eine für die andere eine Rolle gespielt? Die Wissenschaft hatte anfangs keinen entscheidenden Beitrag zur Industriellen Revolution in Europa geleistet; vielmehr beruhte diese zum Großteil auf den empirischen Fortschritten der Praktiker. Wo aber liegt dann der Unterschied zur chinesischen Technik, wenn sich doch die Wissenschaft im siebzehnten Jahrhundert nur noch im Schneckentempo fortbewegt hat?

 Die Antwort lautet nach meiner Ansicht, daß sowohl in China als auch in Europa Wissenschaft und Technik nur zwei Seiten derselben Medaille waren (und sind). Auf beide wird einheitlich reagiert, und die Gesellschaft, die die Augen vor dem wissenschaftlich Neuen verschließt, verschließt sie immer auch vor dem technisch Neuen – und umgekehrt.

Hinzu kam, daß China keine Institutionen besaß, wo man Entdeckungen machen und lernen konnte – Schulen, Akademien, gelehrte Gesellschaften mit ihren Herausforderungen und Wettbewerben. Kaum oder gar nicht vorhanden war das Bewußtsein eines Gebens und Nehmens, das Gefühl, auf den Schultern von Riesen zu stehen, Fortschritte zu machen. Also ein weiteres Paradox. Einerseits trieben die Chinesen einen förmlichen Kult mit ihren geistigen Vorfahren; im Jahre 1734 legte ein kaiserliches Dekret fest, daß die Hofärzte ihren verstorbenen Vorgängern rituelle Opfer darbringen sollten.[22] Andererseits ließen sie die Erkenntnisse jeder neuen Generation in Vergessenheit geraten, nur um sie später – vielleicht – von Altertumsforschern und Archäologen wiederentdecken zu lassen.[23]

Die Geschichte der chinesischen Fortschritte sieht daher so aus: einzelne, zeitlich und räumlich voneinander getrennte Lichtpunkte, ohne jede Verbindung durch Reproduktion und Experiment, beeinträchtigt durch Bildersprache und Pseudotiefe und behindert durch dürftige Verbreitungsmöglichkeiten (nichts, was der europäischen Buchdruckerkunst vergleichbar wäre) – ebenso kurzlebige wie weit verstreute Erscheinungen. Die Terminologie wurde zumeist für den jeweiligen Fall erfunden und kam rasch wieder außer Gebrauch, so daß heutige Wissenschaftler einen Großteil ihrer Kraft darauf verwenden, diese ansonsten vertrauten Ideogramme zu entziffern. Viele Gedanken blieben in metaphysischem Skeptizismus und metaphysischer Spekulation stecken. Zu diesen Verhältnissen hat der Konfuzianismus, mit seiner bequemen Verachtung für die wissenschaftliche Forschung, der er »Eingreifen« und Äußerlichkeit vorwarf, den entmutigenden Satz beigesteuert: »Mit dem Mikroskop sieht man die Oberfläche der Dinge. ... Aber man soll nicht meinen, man sehe die Dinge selbst.«[24]

Dieser Mangel an Austausch und Herausforderung, dieser Subjektivismus erklärt, warum keiner der Fortschritte gesichert war und der Impetus so leicht verlorenging. *Die chinesischen Gelehrten konnten nie wissen, wann sie recht hatten.* Erst die spätere Forschung, zumeist westlichen Ursprungs, hat die genialeren unter ihnen entdeckt und das von ihnen Geleistete gewürdigt. Kein Wunder, daß China mit so viel Abwehr auf europäische Importe reagierte. Das Wissen der Europäer war nicht nur befremdlich und insgeheim kränkend. Mit seinem Überschwang und Enthusiasmus, mit seinem Drängen und seinem Wettkampffieber, mit seiner schonungslosen Hingabe an Wahrheit und Effizienz (ausgenommen die Jesuiten) lief es dem chinesischen Denken diametral zuwider.

So vergingen die Jahre, die Jahrzehnte, die Jahrhunderte. Europa ließ China weit zurück. China reagierte zuerst mit Ungläubigkeit und Geringschätzung,

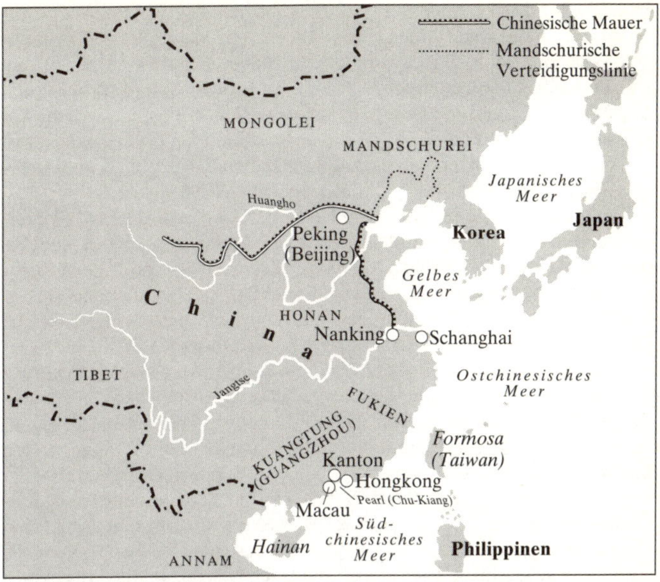

China während der späten Ming- und der frühen Q'ing-Dynastie im sechzehnten und siebzehnten Jahrhundert

Die »Mandschurische Verteidigungslinie« aus mit Weiden bestandenen Gräben umschloß das von Chinesen besiedelte Gebiet in Liao-tung und trennte es von der übrigen Mandschurei ab.

 dann mit Angst und Enttäuschung. Die Europäer ihrerseits hörten auf, zu bitten und zu betteln, und wurden hartnäckig und ungeduldig. Zwei diplomatische Missionen der Engländer wurden verächtlich abgewiesen. Beim dritten Mal, im Jahre 1839, kamen die Briten mit Kriegsschiffen und schossen sich den Weg frei. Andere westliche Staaten folgten auf dem Fuße, und dann kamen auch die Japaner, die nach der Meiji-Restauration (1868) eigene Herrschaftsansprüche geltend machten, um sich einen Platz neben Großbritannien, Frankreich, Deutschland und Rußland zu sichern.

Dennoch konnten die Ausländer kaum die Oberfläche des Porzellanreiches ankratzen: ein paar Handelsstädte an der Küste; ungesicherte Einflußsphären im Innern; das Recht, Opium, Petroleum und Industriewaren einzuführen. Dies war zwar nur ein Bruchteil des Marktes, aber allein dessen potentielle Größe – so viele Menschen! – machte aus China das legendäre El Dorado des neunzehnten und zwanzigsten Jahrhunderts.

Unter der spröden Außenhaut war das Kaiserreich unruhig, das Volk unglücklich, das Mandarinat gespalten, die herrschende Oberschicht verunsichert. Man erinnere sich, daß die Ch'ing-Dynastie (1644–1912) eine Mandschu-Dynastie war. Ein kleines Nomadenvolk mit vielleicht einer Million Menschen hatte sich eine Nation mit hundert Millionen Menschen angeeignet und hielt sie 250 Jahre lang gefangen. Zwar hatte es die chinesische Kultur übernommen und war in sie integriert worden, aber die Unterschiede in Lebensart, Herkunft und Privilegien blieben bestehen. Besondere Kennzeichen (die männlichen Chinesen mußten einen Hängezopf tragen) markierten die Grenze zwischen Herrschern und Beherrschten – ein Pfahl im Fleisch des chinesischen Volkes. Und die chinesischen Beamten, die zwangsläufig den Großteil der staatlichen Verwaltung ausmachten und es an Gewissenhaftigkeit und Loyalität nicht fehlen ließen, waren einerseits herabgesetzt durch ihre ererbte Unterlegenheit, andererseits befleckt durch ihre Kollaboration.

In den ersten Jahren der Dynastie kam es zu Fortschritten. Es herrschten Frieden und staatliche Ordnung; das Angebot an Nahrungsmitteln entsprach der Nachfrage. Europas größtes Geschenk an ein Volk, das meinte, es habe alles, waren neue Anbaufrüchte (Kartoffeln, Süßkartoffeln, Erdnüsse), die auf ansonsten unfruchtbaren Hochlandböden gezogen werden konnten. Nun aber nahm die chinesische Bevölkerung drastisch zu – die traditionelle malthusianische Reaktion –, und als das Nahrungsmittelangebot nicht mehr stieg, kehrten Verknappung, Hunger und politische Unruhe zurück. Der Kaiser K'ang hsi (1662–1722) lag kaum im Grab, da begannen die Unruhen, die zwar zunächst noch leicht zu unterdrücken waren, sich aber nach und nach zum Sturm zusammenbrauten.

Die Chinesen hatten einen Hang zur Fremdenfeindlichkeit. Der Ausländer wurde rasch zur Zielscheibe von Angst und Haß, zur angeblichen Ursache von Unglück, Unterdrückung und Demütigung. An dieser Anschuldigung war viel Wahres: Überlegene Macht bringt in den Menschen nicht gerade die besten Eigenschaften zum Zuge. Aber dieser Vorwurf schob anderen auch die Verantwortung für selbstgemachte Übel zu, und damit diente er nur dem Eskapismus, dem Selbstschutz. Die heftigste und kostspieligste der innenpolitischen Explosionen war der sogenannte T'aip'ing-Aufstand (1850–1864), eine religiös inspirierte Erhebung, die trotz ausländerfeindlicher Ziele von der christlichen Heilserwartung zehrte und deren Niederschlagung mehr als ein Jahrzehnt dauerte und 20 Millionen Menschenleben forderte.

All dieser Haß blockierte die ökonomische Modernisierung. Die Einführung der Eisenbahn zum Beispiel wurde unendlich erschwert durch die Tatsache, daß Besitz und Verwaltung in den Händen von Ausländern lagen. Dampfschiffe wurden gleichgesetzt mit Kriegsschiffen – Mitteln der Invasion und Unterdrückung. Um nichts besser war die Mechanisierung, die zudem durch ein Überangebot an billiger Arbeitskraft und die Weigerung der Frauen, außer Haus zu arbeiten, behindert wurde.[25] Infolgedessen hatte die Fabrikarbeit Ende des neunzehnten Jahrhunderts noch kaum Fuß fassen können, und die Industrie verkroch sich in die ausländischen Siedlungen der Vertragshäfen, die wie exterritoriale Karbunkel auf der Haut des chinesischen Kaiserreiches saßen. Da das Land sich nicht mit Schutzzöllen gegen Importe verteidigen konnte – die ungleichen, von außen diktierten Verträge hatten das verboten –, hatten diese »Siedlungs«-Unternehmen wenig Vorbildwirkung für die Binnenwirtschaft. China blieb zum allergrößten Teil Agrarland mit lose darüber verteilten Handwerksbetrieben.

Und es blieb arm. Einen Eindruck von dem Elend gibt Evariste Huc, der von 1839 bis 1851 als Missionar durch China reiste:

> »Unzweifelhaft findet man in keinem anderen Land ein solches Ausmaß an verheerender Armut wie im Reich der Mitte. Nicht ein Jahr geht vorbei, ohne daß irgendwo in China unglaublich viele Menschen verhungern; und wie viele lediglich von einem Tag zum andern dahinleben, läßt sich gar nicht abschätzen. Kaum kommt eine Dürre, eine Überschwemmung oder irgend etwas anderes, was die Ernte in einer Provinz vernichtet, sind im Nu zwei Drittel der Bevölkerung vom Hunger bedroht. Man sieht, wie sie sich zu riesigen Haufen zusammentun – zu regelrechten Bettlerheeren – und gemeinsam, Männer, Frauen und Kinder, in Städten und Dörfern ein wenig Nahrung zu finden suchen. ... Viele werden auf dem Weg vor Schwäche ohnmächtig und sterben, bevor sie den Ort erreichen, wo sie Hilfe zu finden hofften. Man sieht ihre Leichen auf den Feldern und am Straßenrand, und man geht vorbei, ohne davon Notiz zu nehmen – so sehr hat man sich an den grausigen Anblick gewöhnt.[26]

Nichts macht dem Historikergemüt mehr zu schaffen als die Wunden der Vergangenheit. Das gilt wohl vor allem beim Studium jener Länder und Völker, denen die Zeit übel mitgespielt hat. Einst reich, sind sie arm geworden. Einst mächtig, sind sie erobert worden. Solche Verlierer und Opfer tragen die Erinnerung an bessere Zeiten und die von bitterer Erfahrung zehrenden Ressentiments mit sich herum. Und der Historiker, der sie zu verstehen und anderen verständlich zu machen sucht, der sie kennenlernen und ihnen zugetan sein möchte, kann sich nur schwer dem Bemühen entziehen, ihre Vergangenheit zu rechtfertigen, ihre Würde zu retten, ihre Wunden zu heilen.

Eine verdienstvolle Mission. Aber bisweilen steht sie quer zur Wissenschaft. Das springt nirgendwo so ins Auge wie in der Geschichtsschreibung über China, diesen Nabel der Welt, dieses Land, das vor tausend Jahren das Reich mit dem meisten Wohlstand und der größten Bevölkerung, noch vor etwa dreihundert Jahren ein Gegenstand der Bewunderung und schließlich nur noch ein Objekt des Spotts und des Mitleids war. Aus dem Bestreben von Sinologen, China gegen die schändlichen Ausländer zu verteidigen, ist eine kleine, fleißige Wissenschaftsschule hervorgegangen, deren zumeist hochgelehrte und daher einschüchternde Anhänger es sich zur Aufgabe gemacht haben, das von den Chinesen Geleistete zur Geltung zu bringen und die westliche Kritik in die Schranken zu weisen.

Nirgendwo tritt ihr Festhalten an dieser Aufgabe deutlicher hervor als dort, wo sie sich mit dem angeblichen Scheitern der chinesischen Wissenschaft und Technik befassen, zumal mit Blick auf die chinesisch-europäischen Kontakte. An dieses Scheitern werden viele Chinaexperten gar nicht gern erinnert, vor allem aus zwei Gründen. Erstens, weil die Europäer darin so häufig ein Zeichen von Schwäche und einen Beweis ihrer Überlegenheit gesehen haben. Im siebzehnten und achtzehnten Jahrhundert haben selbst jene Besucher, die nicht nur China als Ganzes, sondern auch seine Regierung, seine Philosophie, seine ummauerten Städte, seine rechtwinkligen Straßenanlagen, seine Werkstätten und vieles andere bewunderten, die chinesische Wissenschaft zumeist verurteilt und verhöhnt. Sehr peinlich.

Zweitens, weil nichts für das neue China, sein Volk und seine Regierung, so kränkend war wie diese Geringschätzung. In der Vergangenheit hatten die Chinesen ihr Land für »den einzigen wahren Mittelpunkt der Zivilisation« gehalten.[27] Wofür sollten sie es nun halten – für einen Bremserwagen am Ende eines europäischen Zuges? Wie sollten sie das Bemühen, es der westlichen Wissenschaft gleichzutun, mit der ererbten Selbstüberhebung in Einklang bringen? Die Lösung entdeckten sie darin, daß sie wissenschaftliche Forschung und technischen Fortschritt zu etwas Weltumspannendem – zu einem einzigen gemeinsamen Strom – erklärten und dann in den Blick rückten, was China zu diesem Unternehmen beigetragen hat. »Die Leistungen der alten chinesischen Wissenschaft und Technik beweisen, daß das chinesische Volk in der Lage ist, den ihm zustehenden Platz zwischen den Völkern der Welt einzunehmen.«[28]

So sind die westlichen Sinologen auf die Barrikaden gegangen. Eine ihrer Taktiken bestand darin, den Gegensatz herunterzuspielen. Wozu die ganze Aufregung? Warum dieses faszinierte Starren auf Ost-West-Kontakte und -Konflikte? China, so die Behauptung dieser Wissenschaftler, mußte seine eigene Geschichte durchleben, und wer es nur zum Gegenpol, zu einer auf europäische Anstöße reagierenden Marionette macht, nimmt ihm seine Würde und seinen Wesenskern. Man muß eher hinein- als heraussehen.

Die alten Kaiser hätten beifällig genickt. Aber neue Erkenntnisse bringt uns diese Argumentation kaum, denn für die Frage nach Chinas Rückentwicklung ist sie schlichtweg unerheblich. Ein großes historisches Problem löst man nicht, indem man behauptet, es existiere nicht, und den Leuten empfiehlt, anderswohin zu schauen.

Ganz ähnlich ist es, wenn man achselzuckend erklärt, wir wüßten einfach nicht genug über die chinesische Wissenschaft, um die Frage stellen zu können. Es wäre »völlige Zeitverschwendung und würde nur ablenken ... solange die chinesische Tradition nicht in angemessener Weise, von innen her, begriffen ist«[29]. (Also wie lange? Es ist immer richtig, mehr über seinen Gegenstand in Erfahrung zu bringen, aber nicht um den Preis, daß wichtige und stichhaltige Fragen auf Eis gelegt werden. Nathan Sivin, von dem die zitierte Mahnung stammt und der zusammen mit Joseph Needham Forschungen zur Geschichte der chinesischen Wissenschaft betreibt, hat sich denn auch selber über seinen Ratschlag hinweggesetzt und in anderem Zusammenhang über das Problem nachgedacht.)

Der Sache näher kommt ein Versuch, das Positive im Kontext einer Zivilisationsgeschichte herauszuarbeiten und die einschlägigen Leistungen Chinas zur Geltung zu bringen. Man könnte das den multikulturellen Ansatz nennen: Wissen ist ein Haus mit mehreren Wohnungen, und jeder Kulturkreis hat seinen eigenen Weg zur Wahrheit eingeschlagen. Und dann sind, in der Wissenschaft wenigstens, die verschiedenen Wahrheiten in einem gemeinsamen Resultat zusammengeflossen. Hier noch einmal Sivin:

> »Die historischen Entdeckungen der letzten Generation haben dem uralten Mythos, daß die Vorgeschichte der modernen Wissenschaft ausschließlich europäisch sei und daß vor der Moderne keine andere Gesellschaft unabhängig vom europäischen Einfluß habe Wissenschaft betreiben können, den Boden entzogen. Nach und nach haben wir erkannt, daß es sowohl in islamischen Ländern als auch in Indien und China sowie in kleineren Gesellschaften wissenschaftliche Traditionen gegeben hat, die sich von der europäischen in grundsätzlichen Punkten unterschieden: in Techniken und Institutionen ebenso wie in der Anschauung von der Natur und den Beziehungen, die der Mensch dazu unterhält. Wie sich gezeigt hat, sind diese Traditionen und die des Abendlandes niemals streng separierte Entwicklungen gewesen; vielmehr standen sie von Beginn an mehr oder weniger kontinuierlich in Wechselwirkung zueinander, bis schließlich verschiedene Varianten einer modernen Wissenschaft entstanden, zu deren Herausbildung sie allesamt beigetragen haben.«[30]

 Das ist der neue Mythos, der als Gegebenes verkauft wird. Wie andere Mythen auch soll er der Wahrheit im Interesse höherer Ziele eine bestimmte Gestalt, der Meinung im Interesse einer anderen Sache eine bestimmte Form geben. Recht hat dieser Mythos nur darin, daß die moderne Wissenschaft im Laufe ihrer Entwicklung Erkenntnisse aufnahm, die andere Kulturkreise gewonnen hatten; und daß sie dieses Wissen und Know-how integrierte und mit den europäischen Entdeckungen verknüpfte. Unrecht aber hat der Mythos mit der Annahme, zwischen den verschiedenen Kulturkreisen bestehe eine symmetrische Wechselwirkung.

Zu Beginn, als China noch an der Spitze lag, verlief fast die gesamte Wissensübermittlung in eine Richtung, von außerhalb nach Europa. Darin bestand Europas großes Verdienst: Anders als China war es lernfähig, und tatsächlich verdankt es China mit seinen frühen Erfindungen und Entdeckungen sehr viel. Später ging die Geschichte dann ganz anders weiter: Als Europa erst einmal die moderne Wissenschaft geschaffen hatte, kehrte sich die Richtung um, freilich nicht ohne Widerstand. Auch hier führt der Mythos in die Irre, wenn er eine gleichwertige, unterschiedslose Mitwirkung am gemeinsamen Erbe unterstellt. Der größte Teil der modernen Wissenschaft ist das Werk Europas, insbesondere jener Durchbruch des siebzehnten und achtzehnten Jahrhunderts, der unter dem Namen »wissenschaftliche Revolution« bekannt ist. Nicht bloß trug die nicht-westliche Wissenschaft (obgleich es mehr gab, als die Europäer ahnten) so gut wie nichts dazu bei; sie war damals zur Mitwirkung auch gar nicht in der Lage, so weit war sie zurückgefallen oder in die falsche Richtung gegangen. Also kein einziger gemeinsamer Strom.

Abgeschreckt hat das die Verkünder des neuen Evangeliums allerdings nicht; in derartigen Dingen sind Wissenschaftler oftmals nur die Sklaven ihrer Ideale oder Bedürfnisse. Wie die von außen herangetragene ideologische und politische Motivation aussieht, läßt sich aus dem folgendem Text ablesen:

> »In aller Welt nehmen aufgeklärte Menschen heute mit Interesse zur Kenntnis, was die Forschung an Neuem über die chinesischen Wissenschaftstraditionen zutage fördert. ... Das vermehrte Interesse heißt für China, daß es, wenn nicht stark, so doch spürbar in der Weltachtung steigen konnte. Oder genauer: Es heißt, daß sich immer mehr Wissenschaftler in aller Welt an jenem Geben und Nehmen beteiligen, das den chinesischen Wissenschaftlern zu ihrer vollen Integration in die internationale Wissenschaftlergemeinschaft verhilft.«[31]

Als ob sie selbst heute noch ermutigt werden müßten.[32]

22

Japan: Denn die Letzten werden die Ersten sein

»Nach unserer Auffassung wird Japan nie zu einem wohlhabenden Land werden: Die von Natur aus vorhandenen Vorzüge, mit Ausnahme des Klimas, sowie die japanische Vorliebe für Trägheit und Vergnügungen sprechen dagegen. Die Japaner sind ein glückliches Volk, und da sie sich mit wenigem zufriedengeben, werden sie aller Wahrscheinlichkeit nach auch nicht viel erreichen.«

Japan Herald, 9. April 1881[1]

Einmal in China, war für die Europäer der Weg ins sagenumwobene Cipangu (Japan) gleichsam vorgezeichnet. (In Wirklichkeit wurden die ersten Europäer, die ihren Fuß im Jahre 1543 auf japanischen Boden setzten, von einem Sturm an Land geworfen.) Wundersame Dinge hatten sie über diese Inseln gehört: »unerschöpfliche« Goldvorkommen in Hülle und Fülle, mit Gold gedeckte und getäfelte Paläste, Tische aus reinstem Gold »von beträchtlicher Dicke« ... Gold, Gold und nochmals Gold.[2] Ganz zu schweigen von den unzähligen Seelen, die zu retten waren.

Das Japan, auf das sie trafen, war dann ganz anders. Gold gab es, allerdings nicht genug, um Begehrlichkeiten zu wecken. Wie in China wurde das Volk auch in Japan von einem Kaiser regiert, hier aber eher *pro forma* als *realiter*, denn das Land war in kleinere Königreiche oder Bezirke (die die Japaner *han* nannten) aufgeteilt, deren jeweiliger Herrscher absolute Macht über seine Untertanen zu haben schien. Diese Königreiche lagen unausgesetzt im Krieg miteinander. In der Tat schien ganz Japan in jener zweiten Hälfte des sechzehnten Jahrhunderts in Blut zu ertrinken.

Auf die europäischen Besucher, die ja, mit Blick auf ihr eigenes Tun und Lassen, allen Grund hatten, tiefen Respekt für Macht und Gewalt zu empfinden, machte das durchaus einen günstigen Eindruck. Oder wie ein portugiesischer Jesuit sich ausdrückte: Kenner Japans stellten das Land »allen anderen Ländern des Ostens voran und vergleichen es nach Größe, Anzahl der Städte und in Ansehung seiner kriegerischen und kultivierten Bewohner durchaus mit den Ländern des Westens«[3]. Diese Vorstellung wirkte auch dann noch weiter, als die Japaner längst aufgehört hatten, einander zu bekämpfen:

»Der Nationalcharakter ist bemerkenswert ausgeprägt und steht in auffälligem Gegensatz zu dem, den man in den übrigen Ländern Asiens antrifft. Die Japaner unterscheiden sich deutlich von den Chinesen, ihren nächsten Nachbarn. ... Statt jener gefügigen, ruhigen, friedlichen Einstellung, die [die Chinesen] zu prädestinierten und willigen Untertanen des Despotismus macht, zeichnet sich der Charakter der Japaner durch Energie, Eigensinn und einen hochgesteckten Sinn für Ehre aus.«[4]

 Die Europäer waren an fremdartige Völker gewöhnt, die Japaner keineswegs:

> »Die Japaner waren vom Anblick rotbärtiger, blauäugiger Männer zunächst überrascht und dann erstaunt über die urwüchsige Kraft ihrer Gewehre und ihres Schießpulvers. Ihnen wurde vor Augen geführt, wie groß die Welt war…, als sie der merkwürdigen Vögel, eigenartigen Tiere, kostbaren Seidenstoffe und des herrlichen Damasts ansichtig wurden, die jene von den tropischen Inseln und aus China mitgebracht hatten. Sie staunten über ihre Ansichten und ihre Gelehrsamkeit… In Anbetracht all dessen glaubte das japanische Volk, daß es weit jenseits des Meeres einen anderen Himmel und eine andere Erde gebe, und die Menschen waren begierig, diese Zivilisation kennenzulernen, glich sie doch nicht dem beschaulichen Studium des Konfuzianismus, sondern breitete sich vor ihren Augen als praktisches Erfolgsrezept aus. Jene, die aus diesem neuen Himmel und von dieser neuen Erde zu ihnen kamen, ließen, zum großen Erstaunen der Japaner, auch den Preis von Waren steigen, die fast nicht verkäuflich waren, und verlangten ununterbrochenen Nachschub, so daß sogar ein Grashalm oder ein Baum auf dem Markt einen Wert bekam… Die Japaner konnten nicht verstehen, warum dieser Handel mit dem Ausland für sie von Nutzen war. Daß sie näheren Umgang mit den Portugiesen haben sollten, die doch so reich und stark waren, und deren Kultur kennenlernen müßten, das war allerdings damals die allgemeine Vorstellung…«[5]

Unter diesen Umständen wurde den europäischen Besuchern ein herzlicherer Empfang zuteil, als er ihnen in China gewährt worden war. Die Chinesen wollten die Fremden unter Quarantäne stellen, wie eine Seuche. Die Japaner indes, nachdem sie erst einmal die gewaltigen Kräfte der Europäer zur Kenntnis genommen hatten – zum Beispiel deren Fähigkeit, Vögel im Flug abzuschießen –, nahmen sie mit offenen Armen auf und wetteiferten darin, ihre Geheimnisse in Erfahrung zu bringen. Sie suchten auch mit ihnen Handel zu treiben, weil dabei ansehnliche Gewinne abfielen. Und die Europäer sahen ihrerseits eine Gelegenheit, in dieser aufgeschlossenen Gesellschaft Fuß zu fassen und zu Reichtum zu gelangen, und so setzten sie alles daran, sich nützlich zu machen. Diese wundervoll exotischen Japaner hatten ordentliche Handelsware und maßen allem, was aus Europa kam, einen außergewöhnlich hohen und allem Heimischen einen lächerlich geringen Wert zu. Zwei Welten traten hier aufeinander zu, und jede sah sich selbst vom Schicksal begünstigt und die andere als freigebige Wohltäterin.

Die Japaner waren gelehrige Schüler, weil sie grenzenlose Ambitionen hatten. Ihre Mythologie erzählte ihnen von einem Herrscher, der von der Sonnengöttin abstammte, und von einem Land in der Mitte der Schöpfung. Sie sahen sich als das auserwählte Volk, als Krieger und Beherrscher, denen ganz Ostasien als rechtmäßiges Herrschaftsgebiet zustehe.[6] Lange waren sie kulturell von China abhängig gewesen, hatten eher nehmen müssen als daß sie gegeben hätten, waren Schüler, nicht Lehrer gewesen. Ihre Bilderschrift und ihre Schreibgeräte stammten aus China, und zu großen Teilen galt das auch für ihre Sprache.[7] Ihr Wissen über Seiden- und Keramikherstellung, Druckkunst, ihr Mobiliar und ihre Maltechniken, ihr buddhistischer Glaube, ihre Kenntnis des Konfuzianismus – alles aus China. Und doch fühlten sie sich als Lernende niemals zurückgesetzt; im Gegenteil, sie glaubten sich den Chinesen von Natur aus überlegen.[8]

Als dann Japaner und Europäer aufeinandertrafen, machten sich die Japaner auf ihre Weise ans Lernen. Sie bauten die Waffen und die Zeitmesser der Europäer nach; sie konvertierten in großer Zahl zum Christentum. Und fühlten sich nach wie vor überlegen.

Die Beliebtheit, deren sich das Christentum erfreute, schien dazu bestimmt, alles andere hinwegzufegen. Der neue Glaube hatte großen Erfolg bei den örtlichen Herrschern, noch stärker schlug er allerdings bei den randständigen Mitgliedern einer hart am Subsistenzminimum lebenden Bevölkerung ein. Die klassischen Strategien der Bekehrung: entweder die Führer zum Überlaufen bringen – die dann ihre Untertanen auf den rechten Kurs zwingen – oder aber denen, die moralischer und materieller Unterstützung bedürfen, Liebe und Nahrung geben. Einige *daimyō* (Herrscher eines *han*) und *samurai* (Mitglieder der adeligen Kriegerkaste) wurden Christen aus Überzeugung. Das Christentum bot einen Trost und eine geistige Tiefe, die den überlieferten Riten und Gesten fehlten. Andere konvertierten aus praktischen Gründen: Das Christentum eröffnete einen Zugang zum Handel mit Europa und zu technischer Unterstützung in einem schwierigen politischen Umfeld. Für eine gewisse Zeit zählten sogar die ranghöchsten politischen Führer, Oda Nobunaga (er herrschte von 1568 bis 1582) und darauf Toyotomi Hideyoshi (1586–1598), zu den Bekehrten.

Ein Dauerzustand konnte daraus allerdings nicht werden. Ältere religiöse Interessen untergruben die Toleranz und legten den Keim für Verdächtigungen hinsichtlich der Beweggründe, die die ausländischen Eindringlinge wohl antreiben mochten. Genährt wurden diese Beschuldigungen von seiten der nicht-katholischen Rivalen Spaniens und Portugals – der Niederländer natürlich –, die die Missionstätigkeit Roms in glühenden Farben als Vorbereitung politischer und kommerzieller Ambitionen der iberischen Mächte schilderten. Um die Wahrheit zu sagen, das prahlerische und einschüchternde Verhalten der portugiesischen und mehr noch der spanischen Schiffskapitäne und Händler war durchaus dazu angetan, solchen Ängsten Glaubwürdigkeit zu verleihen. Sie hatten sich schlechte Manieren zugelegt und pflegten eine rüde Sprache, um in Amerika, auf den Philippinen und im indonesischen Inselreich zu bestehen.

Nur ein Beispiel: Im Jahre 1597 strandete eine spanische Galeone vor der japanischen Küste. Die Japaner wollten die Ladung für sich behalten. Der Kapitän des Schiffes wandte sich an den *taiko* Hideyoshi, den höchsten Kriegsherrn, und versuchte ihn unter Hinweis auf die Macht seines Herrn, König Philipps II., einzuschüchtern. Er holte seinen Globus hervor und zeigte auf das weltumspannende Herrschaftsgebiet Spaniens, von Amerika bis zu den Philippinen. Wie kann ein so kleines Land einen so weitreichenden Einfluß haben, erkundigte sich der *taiko*. Nun, sagte der unvorsichtige Seemann, Seine Allerhöchste Katholische Majestät pflegt zunächst Priester auszusenden, die die Bevölkerung zum Christentum bekehren sollen, und diese Bekehrten helfen dann den spanischen Soldaten bei der Eroberung. Solcherart ermutigt, verweigerte Hideoyshi die Herausgabe der Ladung und befahl die Kreuzigung von sechsundzwanzig Christen, darunter siebzehn Japaner und der Rest europäische Jesuiten und Franziskaner.[9]

Nebenbei gesagt, gab es in diesem Schlangennest aus Zwist und Intrige eine Prüfung, der sich Christen nicht unterziehen konnten, und das war der weltliche Treueeid. Für die japanischen Herrscher gab es keine höhere Pflicht als den Gehorsam, den ein Mann seinem Herrn schuldete; kein Befehl galt mehr als der, den der Herr einem Mann erteilt – bis hin zu dem Befehl, sich das Leben zu nehmen. Sogar die bloße Andeutung, daß der Freitod angezeigt sei, kam einem Todesurteil gleich. Wie anders sollte man seine Treue unter Beweis stellen, wenn nicht dadurch, daß man den Wink beherzigt? (Die Fähigkeit der japanischen Dienstherren, ihre Untergebenen zum *harakiri* zu zwingen, und ihre Bereitschaft, diese Macht auch auszuüben, sind erstaunlich. Als zum Beispiel die Kriegsherren Tokugawa Ieyasu und Oda Nobunaga Verbündete waren, hegte letzterer die Vermutung, Ieyasus Frau und deren Sohn, der mit Nobunagas Tochter verheiratet [also sein Schwiegersohn] war, schmiedeten ein Komplott gegen ihn. Er verlangte von Ieyasu, beide zu töten. Dieser ließ folglich seine Frau hinrichten und befahl seinem Sohn, sich umzubringen, was der auch tat. Man mag kaum entscheiden, welche Tat grausamer war, Nobunagas Ansinnen oder Ieyasus Gehorsam. Aber hier Fragen zu stellen, bedeutet schon, nicht wie ein *samurai* zu denken.)

Für die japanischen Christen allerdings kamen allerhöchste Treue und Ergebenheit einzig Gott zu. Ihr Denken war nicht länger das von normalen Japanern. Von ihren mißtrauisch gewordenen Klanhäuptlingen auf die Probe gestellt, konnten sich die Christen nicht bewähren. Die Buddhisten, Konfuzianer und Fremdenhasser hatten also recht. In ihren christlichen Landsleuten lauerte eine Bedrohung für die Wertvorstellungen und die politische Stabilität Japans. Nach einigem Hin und Her belegte daher Tokugawa Ieyasu im Jahre 1612 die christliche Religion mit einem Bann. Schwer zu sagen, wie viele Japaner sich zu diesem Zeitpunkt zum Christentum bekannten. Vielleicht 300 000. Manche Schätzungen sprechen aber auch von 700 000 bei einer Gesamtbevölkerung von 18 Millionen.

Die Japaner nahmen sich der *Ausmerzung* des Christentums mit besonderer Grausamkeit an. Nero wäre ob seiner Milde beschämt gewesen. Die Christen wurden öffentlich zum Widerruf gezwungen. Wer sich weigerte oder gar erneut abtrünnig wurde, wurde gefoltert und verbrannt oder geköpft. Ebenso, wer den Missionaren half. Der dritte Tokugawa Shogun (Armeeoberbefehlshaber) Iemitsu setzte diese Politik seines Großvaters und Vaters fort und wohnte den Folterungen sogar persönlich bei. Wer Widerstand leistete, wurde, notfalls mitsamt Säugling, getötet. 100 000 Soldaten belagerten 1637/38 bei Shimabara knapp 37 000 Christen – Männer, Frauen und Kinder. 13 000 *samurai* starben in den erbitterten Kämpfen, Pardon wurde weder gegeben noch erbeten. Noch Jahrzehnte später, im Jahre 1671, stellte das *Bakufu* (die Tokugawa-Regierung) durch ein Geburtsregister, das alle Geburten von Kyūshū im Süden bis Hokkaido im äußersten Norden mit dem Nachweis der Religionszugehörigkeit zum Shintoismus oder Buddhismus erfassen sollte, sicher, daß nicht weitere Katholiken geboren würden.[10] Dieses Procedere wurde mehr als hundert Jahre beibehalten; im Grunde eine Neuauflage der spanischen Inquisition, nur diesmal gegen die Christen gerichtet.

Zunächst blieben die Handelsbeziehungen von der radikal verfahrenden Religionsverfolgung unberührt, was sich als äußerst lukrativ erwies; auf lange Sicht aber ließ sich beides nicht voneinander trennen, und Japan trieb unweigerlich in die kommerzielle und kulturelle Isolation. Anders konnten die christlichen Missionare mit ihrer Propaganda nicht ferngehalten werden. 1616 wurde allen ausländischen Handelsschiffen – mit Ausnahme chinesischer Kauffahrer – verwehrt, in Japan außer in den Häfen von Nagasaki und Hirado vor Anker zu gehen. Ausländer durften ihren Wohnsitz nur in Edo (dem späteren Tokyo), in Kyoto und Sakai nehmen. 1624 wurden die Spanier des Landes verwiesen, 1639 die Portugiesen. Die Engländer waren gar nicht erst mehr gekommen. Wer übrigblieb, das waren die Holländer.

Ab 1633 benötigten japanische Schiffe eine amtliche Ausreisegenehmigung. Drei Jahre später durften sie heimatliche Gewässer nicht mehr verlassen. Ab 1637 durfte kein Japaner mehr außer Landes gehen, auf welchem Wege auch immer; niemand kam mehr heraus. Mehr noch: Es durfte auch niemand zurück. Wer es versuchte, dem drohte die Todesstrafe. Japaner, die zu Handelszwecken ins Ausland gefahren waren – einige zehntausend an der Zahl, auf die Philippinen und nach Südostasien –, saßen nun gleichsam als Schiffbrüchige im Exil fest. 1639 schließlich wurde, im Anschluß an die Unterdrückung der Christen in Shimabara (was die Japaner als Aufruhr von Shimabara bezeichnen), allen Ausländern Einreise und Handelstätigkeit untersagt; Ausnahmen wurden nur für Koreaner auf einer kleinen Insel vor der Küste der Hauptinsel Honshū sowie für Holländer und Chinesen auf der künstlichen Insel Deshima in der Bucht von Nagasaki gemacht. Außer wenn sie vorgeladen wurden, standen die Holländer unter Hausarrest. Für Spaziergänge wurden ihnen zwei mit Lagerhäusern und Büros gesäumte Straßen zugewiesen. Ihre Lebensmittel und Getränke, ihre Dienstboten und Freudenmädchen kamen vom Festland. Sie tranken, rauchten, spielten Karten und vergingen vor Stumpfsinn und Langeweile. Keine beneidenswerte Arbeit. Die Japaner wollten es so.

Das alles war Teil einer umfassenderen selbstgemachten Versteinerung. Japan hatte genug von Entdeckungen und Neuerungen, genug von Feuer und Blut. Jetzt hieß das Ziel: Einfrieren der gesellschaftlichen Verhältnisse, Festigen der hierarchisch geordneten sozialen und politischen Bindungen, Unterbinden von Widerspruch und Konflikt. Zwischen den gesellschaftlichen Gruppen wurden unüberwindbare Grenzen gezogen, und der soziale Rang wurde mit der Geburt festgelegt. Wie in den Gesellschaftssystemen des europäischen Mittelalters hatte jede Gruppe ihre soziale Funktion. Die *samurai* besaßen kein Land mehr und herrschten auch nicht mehr über die jeweiligen Bewohner. Waren sie zuvor Grundherren gewesen, so standen sie fortan im Sold, eine dienstverpflichtete Aristokratie, die an ihren Herrn gebunden war, allerdings nicht mehr, um zu kämpfen, denn es würde keine Kämpfe mehr geben. Das beraubte sie ihrer Raison d'être und brachte sie in Harnisch. Prahlerisch stolzierten sie herum mit ihren zwei Schwertern, einem langen und einem kurzen (niemand sonst durfte ein Schwert tragen), und setzten dem gemeinen Mann mit ihrer Überheblichkeit zu. Etliche beschränkten sich darauf, von ihrem Sold zu leben und dem Pomp und einem militärischen Kodex (*bushido*) zu frönen, der anstrengende Selbstdisziplin auferlegte und für bessere Zwecke eingesetzt werden konnte. Einige wenige befaßten sich mit der Verwaltung der herrschaftlichen Ländereien (*han*) und entwickelten eine Ethik der Pflicht, die später einmal die Treue zu einer Person in eine Verpflichtung gegenüber dem Staat umwandeln sollte. Die ärmeren griffen zur Hacke. Auch ein *samurai* mußte essen, und wie sein europäisches Pendant, der französische *hobereau*, fühlte er sich nicht entehrt, wenn er den Boden bebaute.

Bauern dagegen durften sich nicht vom Fleck rühren, sie hatten für Nahrung zu sorgen; die Kaufleute handelten und verdienten Geld; die Handwerker schufen nützliche und wertvolle Gegenstände. Verbindungen über die Gruppengrenzen hinweg waren untersagt, und selbst unter den *samurai* durften Höhergestellte niemanden niederen Ranges heiraten. Ordnung und Schicklichkeit standen an erster Stelle, und das hieß: keine Veränderung. »Allgemein gesagt, müssen in allen Dingen die alten Gesetze befolgt werden. Neue Gebräuche müssen unterbunden werden.« Diese Unbeweglichkeit wurde bezeichnenderweise mit konfuzianischen Begriffen gerechtfertigt: »In Staatsangelegenheiten scheint es, daß, wenn die Gesetze und Maßnahmen der Staatsgründer genauestens befolgt und nicht verändert werden, der Staat auf ewig bestehenbleibt. Wenden sich indessen die Nachfolger gegen die Gesetze ihrer Vorfahren und ersinnen sie neue, dann verfällt der Staat dem Chaos und wird gewiß untergehen.«[11]

Nun, das Verkünden von Grundsätzen war eine Sache, deren Durchführung aber eine ganz andere. Nach Jahrzehnten des Bürgerkriegs war Japans neue Herrscherdynastie entschlossen, jeglichen Aufruhr schon im Keim zu ersticken. Als Nobunaga Ieyasu befahl, Frau und Sohn zu töten, gehorchte dieser. Nachdem Ieyasu aus der Schlacht von Sekigahara (1600) als Sieger hervorgegangen und zum Shogun ernannt worden war (1603), verfolgte er seine Feinde mit der gleichen Unbarmherzigkeit. Der Toyotomi-Klan wurde bis auf zwei kleine Kinder ausgelöscht. Tausende von Verbündeten wurden zur Strecke gebracht und hingerichtet, ihre Köpfe auf Spieße gesteckt, jedermann zur Lehre.

Es war eine Zeit der Abrechnung. Feindliche Klans verloren Besitztum und Einkünfte. Die Glücklicheren wurden in ferne Gegenden verschleppt und mit unbedeutenden Lehen bedacht, deren Einkünfte zu schmal waren, um die Gefolgsleute zu ernähren. Infolgedessen zogen Horden herrenloser *samurai* (*ronin*) durchs Land, finstere, blutrünstige Männer, die nur den Kampf kannten und auf Streit aus waren. Viele kamen dabei dem Tokugawa in die Quere, zeigten aber dadurch ihr wahres Gesicht und kamen bei Säuberungen um.[12] Andere wieder tauchten auf, wenn ein *daimyō* ohne Erben starb. Eine Zeitlang hatte das Shogunat, stets bestrebt, die eigene Macht zu festigen, von derartigen Glücksfällen profitieren können, indem es die in Verfall kommenden Ländereien einzog und an Verbündete und Günstlinge verteilte. Aber das Problem der *ronin* spitzte sich derart zu, daß das *Bakufu* im Jahre 1651 den Beschluß faßte, die Rechtmäßigkeit von Adoptionen auf dem Sterbebett anzuerkennen und den Grund und Boden in der Familie zu belassen.[13]

Um die Ordnung im Reich auf Dauer zu gewährleisten, ersann Tokugawa ein außergewöhnliches Geiselsystem: das System der alternierenden Anwesenheit (*sankin kotai*). Mit seiner Einführung 1634/35 erging an alle *daimyō* die Aufforderung, sowohl einen Wohnsitz in Edo wie in ihrem Herrschaftsgebiet (*han*) zu nehmen und Frau und Kinder unter Aufsicht und Zugriff des Shogunats dort zurückzulassen. Und obwohl der Grundherr einleuchtenderweise seinen Lebensunterhalt bestreiten und Geschäften auf seinen Besitzungen nachgehen mußte, hatte auch er seinen Wohnsitz zwischen diesen und der Hauptstadt Edo aufzuteilen – im jährlichen Turnus. Der Grundherr wiederum brachte viele Vasallen mit: Besser, man hatte sie in Sichtweite, statt sie weit weg als Unruhestifter fürchten zu müssen. In dringenden Fällen konnte der Grundherr die Genehmigung erbitten, für einen bestimmten Zeitraum in seinen *han* zurückzukehren. Das *Bakufu* stationierte Truppen an allen wichtigen Verbindungswegen, um die Durchreisenden zu überprüfen und sicherzustellen, daß die Reise genehmigt war. Der doppelte Wohnsitz und die Reisen kosteten ein kleines Vermögen. Das *Sankin kotai* zielte nicht nur darauf, ein Auge auf jene potentiellen Unruhestifter zu haben, sondern auch darauf, ihre Einkünfte zu schmälern.[14]

Neben diesen Personenkontrollen gab es den gezielten Boykott von Gegenständen und Kenntnissen aus dem Ausland. Europäische Bücher waren natürlich geächtet, und Bücher aus China, sonst eine althergebrachte Quelle in Fragen der Ethik und Wissenschaft, wurden fortan genauestens unter die Lupe genommen. Zwischen den Buchdeckeln hätten ja christliche Lehren versteckt sein können.

Sogar potentiell nützliche Dinge wurden in Acht und Bann geschlagen. Von allen aus Europa stammenden Artefakten, die die Japaner so außerordentlich verblüfft und beeindruckt hatten, war das Gewehr das bedeutendste und verlockendste. Aber auch das wurde verboten. Das Gewehr hatte den Ausgang der Bürgerkriegsschlachten mitentschieden. Die Japaner hatten daran so sehr Gefallen gefunden, daß sie gelernt hatten, eigene Gewehre herzustellen und europäische Modelle zu verbessern. Tatsächlich hat Japan zu einem bestimmten Zeitpunkt des späten sechzehnten Jahrhunderts vermutlich mehr Musketen hergestellt als irgendein einzelnes europäisches Land.[15] Nach der Beilegung der Bürgerkriege und der Vereinigung des Landes unter einer einzigen Regierung hatten die Gewehre jedoch ihren Nutzen verloren. Im Gegenteil, mit ihnen konnte nur Unruhe gestiftet werden. Schlimmer noch, das Gewehr war ein Gleichmacher. Mit einem Gewehr war der gemeinste Mann in der Lage, den edelsten *samurai*-Fechtmeister zu töten. Das durfte man nicht zulassen; also keine Gewehre mehr.[16] (Allerdings waren die Fertigkeiten, die für die Waffenherstellung gebraucht wurden, auch für Maschinenbau und Metallbearbeitung relevant: für Schraubenschlüssel, mechanische Uhren, letzten Endes auch für Rikschas und Fahrräder. Ein japanischer Historiker hat geltend gemacht, jene Gewehre seien »der Ausgangspunkt der Meiji-Technologie« gewesen.)[17]

Die anderen beiden bedeutenden Importe aus Europa waren die Brille und die Uhr. Über die erste wissen wir wenig, außer daß die Japaner lernten, wie man sie herstellt. Über Uhren wissen wir mehr, da viele von ihnen bis heute erhalten geblieben sind. Auch hier haben die Japaner ihre Fähigkeit unter Beweis gestellt, sich einen fremden Gegenstand zu eigen zu machen. Anders als die Chinesen fertigten sie Uhren in großem Stil, also nicht nur für Mitglieder der Fürstenhäuser, sondern für einen weiteren Kundenkreis und in spezifisch japanischen Formen, die man nirgendwo sonst findet. In keinem anderen außereuropäischen Land wurde eine europäische Innovation so erfolgreich eingebürgert.[18] Außerdem verlegten sich die Japaner auf die individuelle Zeitmessung, die Chinesen nicht. Nach einer Weile kauften sie keine europäischen Uhren mehr; sie kauften die Uhren auch nicht im Doppelpack, wie es die Chinesen taten, in der Hoffnung, daß eine davon gehen würde, oder trugen gleich zwei davon am Körper, in der Hoffnung, daß eine von beiden richtig gehen würde (aber welche?). Vielmehr bauten sie sie so klein, daß man sie wirklich mitnehmen und tragen konnte (was ja die eigentliche Bestimmung einer Uhr ist). Und diese funktionierten einigermaßen.

Ich sage »einigermaßen«, weil jene japanischen Uhren nie wirklich genau gehen konnten. Denn die japanische Zeitmessung lief der mechanischen Uhr zuwider, und die Japaner waren nicht erpicht darauf, ihr System zu ändern. Sie blieben bei ungleich langen Stunden, ungleich lang zwischen Tag und Nacht, ungleich lang im Verlauf der Jahreszeiten. Sie unterteilten den Tag und die Nacht in jeweils gleiche Teile, so daß nur zur Zeit der Tagundnachtgleichen die Tages- und die Nachtstunden übereinstimmten; und natürlich waren die Tagesstunden im Sommer länger und im Winter kürzer, während es sich mit den Nachtstunden umgekehrt verhielt.

Die mechanische Uhr dagegen folgte einem gleichmäßigen Rhythmus: gleich lange Stunden zu jeder Zeit, zumindest war dies der erklärte Zweck der Uhr. Die Japaner suchten das Dilemma zu lösen, indem sie sich Uhren ausdachten, die in der Nacht und am Tag in einem unterschiedlichen Rhythmus tickten, oder die Anzeige veränderten, damit verschiedene Stunden angezeigt würden. Aber das war bestenfalls ein Notbehelf. Jede Einstellung war von Anfang an falsch. Theoretisch mußten die Uhren jeden Tag gestellt werden, doch das war mühselig. Daher nahm man alle vierzehn Tage eine Korrektur vor, sofern man es nicht vergaß. Wie dem auch sei, die angezeigte Zeit war jedenfalls unweigerlich nur annähernd richtig.

Gewiß reichten diese Näherungswerte im gesellschaftlichen Zusammenleben aus. Auch heutzutage leben wir, ungeachtet unserer auf die Sekunde genauen Quarzuhren, im Alltag mit einem gewissen zeitlichen Spielraum, ob nun aus Höflichkeit gegenüber anderen oder zur eigenen Bequemlichkeit. Unterdessen hielt das Bedürfnis nach präziser Zeitmessung die Japaner davon ab, die Uhr wegen ihrer Möglichkeiten in Wissenschaft und Technik zu nutzen. Als sich die Japaner im späten neunzehnten Jahrhundert für die Modernisierung entschieden, gaben sie schon bald ihre eigene Zeiteinteilung auf und gingen zu gleich langen Stunden über. (Die Europäer hatten dies von Anfang an getan, als sie die kirchliche Zeiteinteilung durch die kalendarische ersetzten.)

Japans Entschluß, sich gegen die äußere Welt zu verschließen, zur Tradition zurückzukehren und gleichsam unter einer Käseglocke zu leben, scheint sich von Chinas ablehnender Haltung dem Westen gegenüber nicht zu unterscheiden. Allenfalls waren die Japaner unnachgiebiger in ihrer prinzipienfesten Rigorosität. Das Ergebnis aber war ein ganz anderes! Die Chinesen nämlich blieben, obwohl sie im einzelnen Veränderungen durchmachten und immer wieder vor neuen politischen Herausforderungen standen, in ihrem Wesen unverändert, während die Japaner, die doch entschlossen an ihren alten Methoden festhielten, einen derartigen Wandel durchliefen, daß sie am Vorabend der Meiji-Restauration auch ohne Druck von seiten des Westens alle Aussichten auf eine Industrialisierung hatten.

An diesem Paradox lassen sich zwei Aspekte unterscheiden: erstens die Kräfte, die sich innerhalb Japans für Veränderungen stark machten, und zweitens die Auswirkungen des Kontakts mit der Außenwelt.

Um den ersten Aspekt zu verstehen, muß man sich das Japan der Tokugawa-Zeit als ein vereinfachtes, verkleinertes Abbild des mittelalterlichen Europas vorstellen. Es gab eine allgemeine Regierung, das *Bakufu* oder Shogunat – das in etwa dem Kaisertum oder der katholischen Kirche entsprach, nur mächtiger –, und eine Unmenge von Provinzen, die *han*. Letztere glichen eher selbständigen Ländern; sie waren zwar nicht souverän, verfügten aber über jede nur denkbare Eigenverantwortung und konnten im Hinblick auf die Gesetzgebung sowie die Steuerung von Gesellschaft und Ökonomie Initiativen ergreifen. Die Gesellschaft ihrerseits war hierarchisch organisiert: an der Spitze ein landloser Adel von Krieger-Vasallen, deren Gehalt in Reiszuteilungen bemessen und ausgezahlt wurde; nach unten hin eine neue »aufsteigende« Klasse von Händlern. Dazwischen die Bauern, die angesehen waren, weil sie die Nahrungsmittel anbauten, und die Handwerker, die der Qualität ihrer Arbeit wegen geschätzt wurden. Ganz unten befanden sich die Randständigen, die von alters her »Unberührbaren«, die durch ihre Arbeit an toten Tieren und Menschen verunreinigt waren. (Ironischerweise standen die *samurai*, die doch wahrlich ihren Teil zum Abschlachten beitrugen, gerade deswegen in Ehren.)

Im europäischen Mittelalter besaßen die Feudalherren das Land und bezogen ihre Einkünfte größtenteils als Naturalien oder als Fronarbeit (die ein Einkommen in Form von Ernteerträgen erbrachte). Im Laufe der Zeit jedoch, mit dem Heranreifen einer neuen Welt großer und kleiner Städte und der Berührung mit fremden Dingen und Menschen, entwickelten die *seigneurs* und ihre Damen neue Bedürfnisse und Wünsche. Zu deren Befriedigung stellten die Lehnsherren einen immer größeren Anteil ihres Einkommens auf Geld um, das nach Belieben ausgegeben werden konnte. Daraus erklärt sich die in Westeuropa zu beobachtende langfristige Tendenz, grundherrliche Abgaben in eine Grundrente umzuwandeln, was der entscheidende Ansatz für die Bauernbefreiung war.

Die gleiche Entwicklung vollzog sich in Japan. Das Steuersystem fußte auf Abgaben in Reis, mit anderen Worten, auf dem Hauptprodukt der Ernährung, und diese Regelung (*kokudaka-sei*) war dazu gedacht, die herrschende Elite zu versorgen. Der Grundherr (*daimyō*) beanspruchte ungefähr 30 Prozent der Ernte, wovon er einen großen Teil für sich und seine herrschaftliche Haushaltung behielt. Was übrigblieb, verteilte er an die in seinem Sold stehenden *samurai*-Gefolgsleute. Anders als die europäischen Vasallen verfügten diese *samurai* nicht über Eigentum an Grund und Boden.

Das System ernährte die Menschen entsprechend ihrem gesellschaftlichen Rang. Mehr ist im Prinzip ja auch nicht nötig. Da es aber im Leben mehr gibt, als nur seinen Hunger zu stillen, und der Appetit auf Nichteßbares mit der gesellschaftlichen Position wächst, mußten der Grundherr und seine Gefolgsleute einen immer größeren Anteil ihrer Reiseinkünfte in Geld umwandeln, um die schöneren Dinge des Lebens problemlos genießen zu können. Zu diesem Zweck wandten sie sich an die verachteten Händler, die eine zunehmend aktive Rolle in einem vermeintlich geruhsamen ökonomischen System spielten, in dem es aber tatsächlich vor Wünschen nur so brodelte. Die menschliche Natur ging hier eine Verbindung mit den politischen Institutionen ein, denn das System des doppelten Wohnsitzes oder turnusmäßigen Besuchs und das gesellschaftliche Umfeld der Hauptstadt Edo forderten nachgerade zur Verschwendung heraus.[19]

Das wiederum trieb die Schwertträger dazu, den Bauern immer mehr abzupressen. Ein damaliger Finanzinspektor fand dafür folgendes Bild: »Bauern sind wie Sesamsaat: Je mehr man sie ausdrückt, desto mehr bekommt man.« Witzig gesagt, aber wenn man zu fest drückt, bekommt man zwangsläufig Bauernaufstände und Massenfluchten, in die Städte oder in einen anderen *han*. (Wie in Europa war Weglaufen der beste Schutz gegen Unterdrückung.) Zwischen 1590 und 1867 haben Historiker annähernd dreitausend Bauernunruhen gezählt, die meisten und gewaltsamsten davon in der zweiten Hälfte des genannten Zeitraums und in den reicheren Landesteilen. Bevorzugte Ziele waren die Häuser und Speicher wohlhabender Bauern,

Japan und Korea um 1850 –
Das Ende der Tokigawa- und der Beginn der Meiji-Herrschaft

Die japanischen Inseln bildeten eine kleine Welt aus handeltreibenden und miteinander konkurrierenden städtischen Zentren, halbautonomen provinziellen Einheiten (han) *und küstennahen Inseln, die gleichwohl vom Ring der Isolation umschlossen waren.*

 Kaufleute und Geldverleiher. Unübersehbar erschütterte der ökonomische Wandel die gesellschaftliche Ordnung und zerstörte den Gesellschaftsvertrag.

Borgen war leichter als schuften. *Daimyō* und *samurai* kannten ihre Kaufleute, von denen sich viele bereits im Kornhandel betätigten und in die Politik eingebunden waren. Die Kaufleute wiederum kannten ihre Kunden persönlich und sahen sich nicht in der Lage, deren Kreditforderungen abzulehnen.[20] Ohne Zweifel gab es für den Kreditgeber kaum ein größeres Risiko: Seine Schuldner waren stärker als er und konnten die Rückzahlung verweigern. Allzuoft genossen diese Schmarotzer überdies die Unterstützung übergeordneter Autoritäten, die selbst gute Gründe hatten, sich über die Macht des Geldes zu ärgern, und die eine generelle Kürzung und Streichung der Schulden verfügten.[21]

Allerdings war das eine zweischneidige Angelegenheit: Gewohnheitsmäßige Schuldenmacher und Leute mit schlechter Zahlungsmoral brauchen von Mal zu Mal mehr Geld. (Das ist auch der Grund, warum die Schuldnerländer heutzutage Umschuldungsverhandlungen anstreben; sie brauchen auch weiterhin Geld.) Die bloße Tatsache, daß sie die Anerkennung von Schulden verweigern können, bedeutet nicht, daß sie sich ein solches Verhalten auch leisten können. Die Nachricht, daß man mit seinen Zahlungen im Verzug ist, spricht sich rasch herum, und schon bald will niemand mehr einen Kredit geben. Und so verspotteten und verhöhnten die *daimyō* und *samurai* die Händler, wenn diese nicht zugegen waren, hofierten sie aber, sobald sie ihnen direkt gegenüberstanden. In einem Land wie Japan, in dem Umgangsformen und Sprache bis ins Detail über Vorrechte und Rangstellung jedes einzelnen Auskunft geben, mußten die aufs Geldausgeben versessenen Krieger lernen, ihren Kopf ehrerbietig zu neigen, einen sanften Ton anzuschlagen, der Jahreszeit entsprechende Geschenke zu verteilen, den Kaufleuten das Recht zu garantieren, ein Schwert zu tragen (allerdings nur eines), und Handelsprivilegien einzuräumen (was allemal besser war als Verbeugungen zu machen, ein Lächeln aufzusetzen oder gar Geschenke herauszurücken).

Die Händler gaben also die Darlehen, und viele wurden darüber reich. Andere wiederum, Hunderte an der Zahl, zerschellten an dem Felsen der Arglist. Die *samurai* waren bereit, für ihren Herrn und Meister in den Tod zu gehen, aber ihr Wort galt im allgemeinen nichts, nicht bloß gegenüber den Händlern. Häufig geriet der Kaufmann in eine Zwickmühle: Wenn er dem *samurai* Glauben schenkte, war er geliefert, wenn er es nicht tat, auch. Geradezu legendär wurde in dieser Hinsicht der Fall des Yodoya Tatsugoro. Dessen Familie war zu einem riesigen Vermögen gekommen, weil sie es verstanden hatte, sich nützlich zu machen, unter anderem durch die Ausführung öffentlicher Bauten in Osaka. Kein Handelshaus leistete mehr als das der Tatsugoro, wenn es darum ging, aus dieser Stadt das Handelszentrum Japans zu machen. Aber der Reichtum Tatsugoros, der dem Handelshaus in der fünften Generation vorstand, war, in Ansehung des öffentlichen Wohls, zu groß. So viele *daimyō* schuldeten ihm Geld, daß Staatsinteresse und Moral des Konfuzianismus es geradezu erforderten, ihn zurechtzustutzen. Im Jahre 1705 zog das *Bakufu* Tatsugoros Vermögen ein und hob seine Forderungen unter dem Vorwand auf, er lebe über die Verhältnisse seines gesellschaftlichen Rangs.[22] Soviel zur Dankbarkeit.

(Was ihm geschah, war freilich nicht so schlimm wie das, was Nicolas Fouquet widerfuhr, der ab 1653 oberster Finanzverwalter Ludwigs XIV. war. Fouquet war zu schnell groß und reich geworden und bereits dem Untergang geweiht, als er den König auf sein neues Schloß einlud und ihm einen so aufwendigen, wahrhaft königlichen Empfang bereitete, daß Ludwig von bitterem Neid erfüllt wurde. Kein Staatsbeamter konnte einen derartigen Prunk entfalten, es sei denn durch Betrug an seinem Herrn. Also wurde Fouquet im Jahre 1661 in einem Scheinprozeß, zu dem natürlich die üblichen hochnotpeinlichen Fragen gehörten, zu lebenslanger Haft verurteilt.)

Auf lange Sicht jedoch prosperierte die japanische Kaufmannsschicht ungeachtet aller Zwangsmaßnahmen und Wortbrüche, sie wurde von den Mächtigen umworben und allmählich von allen Einschränkungen befreit. Diese Geschäftsleute entwickelten ihre eigene Ideologie und eine eigene Einschätzung ihrer Rolle und Bedeutung; außerdem gaben sie sich einen Kodex, um durch gewisse Vorsichtsmaßnahmen und taktisches Verhalten vor den Männern mit den zwei Schwertern geschützt zu sein. Entscheidend waren Zielstrebigkeit, ein gewohnheitsmäßiger Argwohn gegen Außenstehende, ein unbedingter Sparwille und Wagemut. Vor allem aber Sparsamkeit und deren Lohn, die Akkumulation von Kapital. »Der Samurai strebt nach Ruhm und verzichtet auf Gewinn, der Städter dagegen verschmäht den Ruhm und macht Gewinn. Gold und Silber häuft er aufeinander. Eben dies heißt er seinen Weg.«[23]

Und nichts durfte ihn davon ablenken, wie Mitsui Takafusa (1684–1748) deutlich machte, in dritter Generation an der Spitze des gleichnamigen großen Hauses, das noch heute, dreihundert Jahre später, eine bedeutende Handelsmacht ist:

> »Verschwende deine Aufmerksamkeit nicht auf Dinge, die nichts mit deiner Arbeit zu tun haben. Kaufleute, die die Samurai nachäffen oder glauben, daß der Shintoismus, der Konfuzianismus oder der Buddhismus ihr inneres Herz schütze, werden erleben, daß sie nur ihr Haus in den Ruin stürzen, wenn sie sich zu sehr darein vertiefen. Und wieviel mehr gilt dies von anderen Künsten und sonstiger Kurzweil! Bedenke, daß es das Familiengeschäft ist, das keinen Augenblick vernachlässigt werden darf.«[24]

Auch hier fällt die Parallele zu Europa ins Auge. Japan hatte zwar keinen Kalvinismus, aber die japanischen Unternehmer befolgten eine ähnliche Arbeitsmoral. Entscheidend war die Verpflichtung zur Arbeit, nicht das Streben nach Reichtum. So betrachtete der Zen-Mönch Suzuki Shosan (1579–1655) die Habgier als Gift für die Seele; Arbeit indes war etwas anderes: »Alles Tun ist eine Übung in Buddhismus; durch Arbeit können wir den Zustand des Buddha [Erlösung] erreichen.«[25] Man muß also kein Protestant im Sinne Webers sein, um sich wie ein solcher zu verhalten.

(Japanische Gelehrte haben darauf hingewiesen, daß dieser Arbeitsethik zwar keine zeitlose und universelle Geltung zukam, daß aber die zweite Hälfte der Edo-Epoche durch eine Intensivierung der Arbeit und die Propagierung von Arbeitseinstellungen gekennzeichnet war, die der Wirtschaft in dem Augenblick zustatten kamen, als sie sich auf die moderne Industrie zubewegte. Der industriellen Revolution sei, in ihren Worten, eine »Revolution des Gewerbefleißes« vorangegangen.)[26]

Unterdessen hatten die Herrscher in Japan ebenso wie in Westeuropa begriffen, daß kommerzieller Wohlstand Erträge bedeutete und daß Erträge sich in Vergnügen und Macht auszahlten. An dieser Stelle kommt das Mehrstaatenmodell ins Spiel, war doch Japan letztlich ein ökonomischer Kosmos von mehr als zweihundertfünfzig miteinander konkurrierenden Regionalstaaten, von denen alle nach mehr verlangten und viele bitterarm waren.

Nichts wirkt motivierender auf den Geist als Mangel an Geld. In dem Bestreben, mit Hilfe des Reissolds und darüber hinaus Einkünfte zu erzielen, leiteten die *daimyō* Reformmaßnahmen ein (Straßen, Kanäle, Landgewinnung, Bewässerung, neue Getreidesorten und verbessertes Saatgut) oder förderten die Spezialisierung der Handelsgüter. Das galt auch für die Erzeugnisse der landwirtschaftlichen Industrie.[27] Die Hilfe von oben verband sich mit privater Initiative, um sowohl die Anbauflächen als auch die Erntemengen zu erhöhen. Von 1598 bis 1716/36 verdoppelte sich die Anbaufläche, während die Ernteerträge zwischen 1598 und 1834 um etwa 65 Prozent stiegen.[28] Einer anderen Schätzung zufolge ließ sich von 1600 bis 1867 ein Zuwachs der bebaubaren Fläche sowie der Arbeitsproduktivität in der Landwirtschaft von 30 bis 50 Prozent verzeichnen.[29] Diese Berechnungen betreffen vor allem den Reisanbau; eine weitere bedeutende Einnahmequelle erschloß die Entwicklung von Zusatzernten und neuen Produkten: Seidenraupenzucht, anderen Getreidearten, neuen Sorten wie Zuckerrohr und Süßkartoffeln. Mit der Verstädterung wuchs die Nachfrage nach speziellen Erzeugnissen. Stadtnahe Dörfer verlegten sich auf den Gemüseanbau, wie es im sechzehnten und siebzehnten Jahrhundert auch rund um London der Fall war.[30] In manchen *han* wurden außerdem Erze abgebaut, auf die das *bakufu* keinen Anspruch erhob, Kupfer etwa und später Kohle.[31]

Die Achillesferse dieser Entwicklung: Die Machthaber waren versucht, Monopole zu schaffen und die Preise zu ihren Gunsten zu verzerren. Normalerweise wurde die Marktordnung durch die Konkurrenz aus anderen *han* wiederhergestellt. Anders als in Europa, wo der Markt durch Politik, Zollgrenzen und hohe Transportkosten fragmentiert war, vereitelten die territoriale Kompaktheit und das einheitliche Handelsgebiet Japans jeglichen Protektionismus. Gelegentlich allerdings, so zum Beispiel beim Satsuma-Zucker, schützten klimatische Vorteile den *han* vor auswärtiger Konkurrenz.[32] Gegen Ende der Edo(Tokugawa)-Periode bestanden noch etwa dreiundfünfzig »regionalherrschaftliche Monopole«. Zweifellos waren diese Monopole für alle, die daran beteiligt waren, von Vorteil: für den *han*, die Kaufleute und die Produzenten (Bauern oder Handwerker). Die Zeche zahlte der Konsument.

Eine bedeutsame Innovation war der Aufstieg der ländlichen Baumwollherstellung. Ebenso wie nach Europa kam die Baumwolle auch nach Japan relativ spät; erst gegen Ende des sechzehnten und im frühen siebzehnten Jahrhundert breitete sie sich wirklich im Lande aus, verdrängte dann aber rasch den Hanf, weil sie preiswert, praktisch und bequem war. In Japan wurde sie unter unterschiedlichen Bedingungen hergestellt: in der Stadt durch die Handwerkszünfte; auf dem Land in Betrieben, die von einem selbständigen Eigentümer geleitet wurden (Bauern, die gewerbliche Unternehmer geworden waren) und in denen interne und externe Spinner und Weber beschäftigt waren; im ländlichen Verlagswesen, wo die Kaufleute das Rohmaterial und sogar die Werkzeuge bereitstellten und dann das fertige oder halbfertige Erzeugnis zurückkauften. Langfristig betrachtet geriet, wie schon in England, die städtische Produktion gegenüber der ländlichen ins Hintertreffen. Auf dem Land waren die Löhne niedriger, zudem wirkten die städtischen Zunftregeln lähmend. Zahlreiche Dörfer verwandelten sich in kollektive Baumwollfabriken. Die Arbeit auf den Feldern wurde in der Freizeit erledigt oder einfach aufgegeben, manchmal zum Mißvergnügen der örtlichen Herrscher und Notabeln.[33]

Diese frühe Entwicklung einer vorindustriellen Fertigung (was manche Wirtschaftshistoriker als Protoindustrie zu bezeichnen pflegen) machte sich Mitte des neunzehnten Jahrhunderts bezahlt, als die Öffnung des Landes für ausländische Waren die japanische Fertigung der Konkurrenz maschinell hergestellter Produkte aus dem Westen aussetzte. Das Spinnereigewerbe brach zusammen, die Webereien indes, die Importgarn verwendeten, konnten sich gegen Tuche aus dem Ausland behaupten. Dann aber entwickelten sich die Baumwollspinnereien, ganz wie in Großbritannien, zum führenden Sektor der industriellen Revolution in Japan und konnten dabei auf einem bestehenden Netz maschinell gerüsteter Betriebe und kundiger Arbeitskräfte aufbauen.[34]

Wiederum wie in England setzte die regionale Spezialisierung einen einheitlichen Binnenmarkt voraus, und zwar einheitlich sowohl in räumlicher Hinsicht als auch im Verhältnis der Städte zum Land. Handelsagenten durchkämmten die Dörfer nach Arbeitskräften und Produkten; erfolgreiche Unternehmer vom Land faßten Fuß in städtischen Zentren; Geschäftsleute nahmen ihren Wohnsitz in Dörfern. Wir sehen hier die unbeabsichtigten Auswirkungen des *sankin kotai* (des doppelten Wohnsitzes und turnusmäßigen Besuchs). Der Umzug mehrerer hundert *daimyō* samt ihren Vasallen und Familien aus dem *han* ihrer Heimatprovinz nach Edo und zurück führte zu ständiger Bewegung, zum Kontakt mit unbekannten Orten und neuen Produkten, zu einer raschen Ausbreitung von Reiseunterkünften, zu einer intensiven Nachfrage nach flüssigem Kapital und Formen für den Geldtransfer, zu einer Zunahme von Handwerkern, Ladengeschäften und Dienstleistungen.

Noch Ende des sechzehnten Jahrhunderts war Edo ein Fischerdorf gewesen; im achtzehnten Jahrhundert war es bereits die größte Stadt der Welt mit über einer Million Menschen bei einer Gesamtbevölkerung Japans von vielleicht 26 Millionen. Was London für England, das war Edo für Japan: Herz und Lunge des Landes, Pump- und Regenerierstation für den ökonomischen Lebenssaft; es versetzte die Menschen hierhin und dorthin, trieb die Arbeitsteilung voran und sorgte für die Ausbreitung von Bedürfnissen, von Wissen und praktischen Kenntnissen.[35] Edo war der große Markt, auf dem die *samurai* miteinander in ostentativem Konsum wetteiferten und dadurch ganzen Scharen von Handwerkern und Händlern zu Reichtum verhalfen. Es war das Himmelreich für Ladenbesitzer und konnte mit den ersten Warenhäusern der Welt prunken. Übersehen darf man dabei allerdings nicht das ältere Geschäftszentrum: Neben Edo und anfangs viel größer als dieses gab es die Doppelstadt Osaka-Kyoto, Sitz des Kaisers und seines Hofes und Mittelpunkt von Industrie, Bankwesen und Handel.[36]

Diese beiden frühen Zentren und ihre wirtschaftliche Verflechtung mit den Provinzen ließen neue Formen des Kaufens (bis hin zu Termingeschäften), des Vertriebs (zumeist durch die Küstenschiffahrt in speziellen Booten) und des Geldverkehrs (Wechsel, übertragbare Lagerscheine, Clearingverkehr) entstehen, nicht unähnlich dem, was im Mittelalter und in der frühen Neuzeit die europäische Handelsrevolution kennzeichnete, nur in größerem Umfang.[37] Und schneller. Diese Inselökonomie durchlief einen raschen Wandel entsprechend den Grundsätzen der Spezialisierung, Arbeitsteilung und Nachfragesteigerung, die Adam Smith aufgestellt hat. Außerdem hatte sie gegenüber Europa ein paar handfeste Vorteile aufzuweisen: Erstens hatte es in Japan 250 Jahre lang keinen Krieg und keine Revolution gegeben; zweitens waren die Wassertransportwege billiger und leichter zugänglich; drittens besaß das Land eine einheitliche Sprache und Kultur; viertens waren alte Handelsbarrieren abgeschafft und neue verboten worden, und fünftens hatte das Land eine gemeinsame Handelsmoral entwickelt.[38]

Arbeitsteilung und Spezialisierung begünstigten den Aufbau engerer Verbindungen zwischen dem Land und der Stadt, eine Vorform der ländlichen »Urbanisierung«, die man so nur in England und, abgeschwächt, in Holland finden konnte. Selbst die abgelegensten ländlichen Gebiete wurden regelmäßig von Hausierern besucht, die gegen bar oder auf Kredit verkauften. Die sogenannten Toyama-Arzneimittelhändler zum Beispiel überließen üblicherweise den Bauern eine bestimmte Menge ihrer Artikel und kassierten bei einem späteren Besuch für das, was tatsächlich verwendet worden war. Das besagt nicht nur etwas über die Nettigkeit der Japaner (zweifellos keine geringe Tugend), sondern auch über ihre Ehrlichkeit (was noch mehr zählt).[39] Dichter besiedelte Gegenden gestatteten die Einrichtung fester Verkaufsstellen. Bekannt ist etwa die Bestandsliste eines dörflichen »Gemischtwarenladens« aus dem Jahre 1813. Das Sortiment der angebotenen Artikel ist erstaunlich, einige dieser Waren sind geradezu Erkennungszeichen, an denen sich ablesen läßt, daß sich die Ökonomie in einer fortgeschrittenen, vorindustriellen Phase befand; so zum Beispiel zahlreiche Fertigwaren wie Eisenwaren und Bekleidungstextilien, die zuvor in bäuerlichen Haushalten für den Eigenbedarf hergestellt worden waren. Dazu Schreibutensilien und Papier in einem Land, in dem Lesen und Schreiben nicht leicht zu erlernen waren.[40] Ein solcher Laden wäre in ländlichen Gegenden Kontinentaleuropas zu diesem Zeitpunkt – außer vielleicht in jenen Schweizer Kantonen, in denen Uhrmacher ansässig waren – nirgendwo zu finden gewesen.

Eine so geschäftige, rührige und wandlungsfähige Gesellschaft ließ sich nicht in einen geistigen Käfig sperren. Trotz strikter Beschränkungen und Kontrollen konnte europäisches Wissen nach und nach einsickern, zumeist über persönliche Beziehungen zu den Holländern auf Deshima. Um die Mitte des achtzehnten Jahrhunderts nannten die Japaner dieses ausländische Wissen *rangaku*; das *ran* entspricht dem *lan* von Holland (japanisch *Oranda*, das Japanische kennt den Buchstaben »l« nicht). Schon das verriet eine neue Einstellung: Bis dahin hatte man *bangaku* dazu gesagt, »fremdländische Gelehrsamkeit«[41].

Eine Folge dieses Erwachens war, daß man anfing, zwischen nützlich und schädlich zu unterscheiden, zwischen annehmbar und unannehmbar. Das Christentum und seine schriftlichen Zeugnisse wurden nach wie vor als unerwünscht und tabu betrachtet. Manche Japaner begriffen jedoch, daß Japan vom profanen Wissen des Westens eine Menge würde lernen können.

Und so wurde im Jahre 1720 eine erste Bresche geschlagen: Das *Bakufu* erlaubte die Einfuhr nicht-christlicher Bücher. Zwar war diese Entspannung auch von Zeiten der Unduldsamkeit und Gegenbewegung begleitet, aber für einige wenige Japaner war nunmehr der Weg frei, neue Lehren aufzunehmen und darüber Bücher zu veröffentlichen. Die Entwicklung führte zu Reibungen zwischen der neuen Gelehrsamkeit und der herrschenden Lehre des Konfuzianismus; aber so geht es immer, wenn die Orthodoxie in Frage gestellt wird. Zunächst bemühten sich die *rangakusha* (Fachleute in holländischer Gelehrsamkeit), jeden Anlaß zur Verärgerung zu vermeiden, und verteidigten ihre Arbeiten nur äußerst zurückhaltend. So schrieb zum Beispiel Ōtsuki Gentaku, der Verfasser einer *Stufenleiter zum Studium des Holländischen Wissens* (1783): »Die holländische Gelehrsamkeit ist nicht vollkommen, wenn wir uns aber die guten Ansichten heraussuchen und sie verfolgen, welcher Schaden könnte daraus wohl erwachsen? Was könnte alberner sein, als sich zu sträuben, ihre Vorzüge zu erörtern und an dem festzuhalten, was man genauestens kennt, ohne die Hoffnung auf eine Veränderung zu haben?«[42]

Doch sanfte Worte konnten den Zorn der Jünger des Konfuzianismus nicht abwenden. Die neuen Lehren forderten die Voraussetzungen der japanischen Kultur heraus, die doch stets in China ihre Lehrmeisterin gehabt hatte. (Die Chinesen waren die einzigen Ausländer, die nicht Barbaren genannt wurden.)[43] Vieles war den Zufällen der Politik geschuldet. Gegen Ende des achtzehnten Jahrhunderts zum Beispiel verfügte die Regierung, daß lediglich die konfuzianische Philosophie unterrichtet werden solle, und zwar eine besondere Spielart derselben. In den anschließenden Jahrzehnten wurden die der westlichen Wissenschaft auferlegten Beschränkungen immer strenger gehandhabt, bis sie in regelrechte Verfolgung ausarteten. Die Ernennung eines chinesischen Gelehrten zum Gouverneur von Edo in den dreißiger Jahren des letzten Jahrhunderts gab dann das Signal zu einer gezielten Jagd auf führende holländische Gelehrte, wobei auch vor ihrer Inhaftierung und ihrem erzwungenen Selbstmord nicht halt gemacht wurde. Eine Zeitlang beraubte sich Japan seiner glänzendsten Talente.[44]

Überdies wirkte *rangaku* durch die Widerlegung traditionellen Wissens auf die Anhänger des Alten beschämend, und Scham ist in der japanischen Kultur etwas Unerträgliches. So machte etwa die europäische Medizin durch ihr Verfahren der Sektion – Sehen ist Wissen – die iatrischen Lehren der Chinesen zum Gespött.[45] Aus dem gleichen Grund waren auch geographische Realitäten für die ostasiatische Welt in ihrer Isolation und Selbstzufriedenheit im Kern subversiv. Um noch einmal Ōtsuki zu zitieren: »Engstirnige Konfuzianer und mittelmäßige Ärzte haben keine Vorstellung von der unermeßlichen Größe der Welt. Sie lasssen sich von Theorien aus China benebeln, und in Nachäffung chinesischer Konventionen rühmen sie das Reich der Mitte oder sprechen vom Blumenland der Mitte. Dies ist eine falsche Sicht. Die Welt ist eine große Kugel…«[46] Leider beharrten die Chinesen auf diesem Unsinn. Die Japaner dagegen stellten sich der neuen Wahrheit: »Sonne und Mond scheinen an jedem Ort gleich.«

Allerdings ist ein Vorbehalt angebracht: Auch wenn die Japaner dabei waren, sich europäische Wissenschaft und Technik anzueignen, bedeutet das nicht, daß sie nahe dran waren, die Europäer einzuholen. Zwar kamen sie an vielen Punkten mit europäischem Wissen in Berührung, aber diese Punkte waren weit gestreut, und oft lagen sie sehr weit im Hinterland dessen, womit sich die europäische Wissenschaft damals beschäftigte. Unter diesen Umständen waren die Japaner ungeachtet der Tatsache, daß sie durch die außerordentliche kommerzielle und industrielle Entwicklung während der Tokugawa-Zeit wie kein anderes nichtwestliches Volk für die Übernahme der Lehren und Techniken aus den wissenschaftlichen und industriellen Revolutionen Europas gerüstet waren, theoretisch und praktisch noch weit entfernt von derartigen Fortschritten.

Wie groß dieser Rückstand eigentlich war, läßt sich schwer sagen, da ja die Europäer ins Land kamen und den Panzer der Isolation durchbrachen. Die weiteren Chancen und historischen Möglichkeiten haben sie daher in ihrem Sinne entschieden. Die neuere Geschichtsschreibung verwirft den eurozentrischen Blick auf die Weltgeschichte, betont demgegenüber die selbständige Stellung und Initiative nichtwestlicher Völker und verurteilt die frühere Perspektive, die die Reaktion auf die Herausforderung des Imperialismus in den Mittelpunkt stellte. Was Japan angeht, teile ich diesen Standpunkt, da ich der Überzeugung bin – ohne es allerdings beweisen zu können –, daß die Japaner auch ohne die industrielle Revolution Europas früher oder später selbst zu einer solchen Entwicklung gekommen wären.

*

Han, Inc.

Das Bild Japans als Ansammlung halbselbständiger, territorialer Einheiten wird erhärtet durch jenen tatkräftig agierenden *han*, der Satsuma heißt, Japans südwestlichste Provinz, in gehöriger Entfernung von Edo und auch fern der Kontrolle des *Bakufu*. Im Jahre 1825 war die Regierung Satsumas finanziell ruiniert. Die Gehälter der Gefolgsleute waren seit mehr als einem Jahr nicht mehr ausgezahlt worden. Auf den Besitzungen des *han* in Edo wucherten Gras und Unkraut. Die großen Bankhäuser in Osaka verweigerten jeden weiteren Kredit. 1831 erkannten die Führer des *han* ihre Schuldverpflichtungen heimischen Gläubigern gegenüber pauschal nicht mehr an und erklärten ihre Verbindlichkeiten gegenüber Kaufleuten in Osaka und Edo faktisch für nichtig, indem sie die Zahlungen über einen Zeitraum von 250 Jahren umschuldeten.[47] Überraschenderweise jedoch war die Staatskasse des *han* zwanzig Jahre später übervoll, und die Kaufleute standen Schlange, um Kredite anzubieten.

Was war in der Zwischenzeit passiert? Zucker. Die Provinz Satsuma, durch ein warmes Meeresklima begünstigt, war für Rohrzucker wie geschaffen. Nachdem der *han* den Wert des Zuckers erkannt hatte, befahl er einen vermehrten Anbau von Zuckerrohr und untersagte auf den vor der Küste liegenden Inseln jede andere Nutzung. Die Pflanzungen wurden rigoros kontrolliert, Bauern, die den Gütetest nicht bestanden, streng bestraft. Der *han* legte den Preis fest und verkaufte den Zucker in Osaka zum Zwei- bis Fünffachen. Wer auf eigene Rechnung Zucker vermarktete, dem drohte die Todesstrafe. Kredite wurden nicht mehr aufgenommen. Nach kurzer Zeit entfiel die Hälfte der japanischen Zuckerproduktion auf Satsuma.[48]

Mittlerweile hatte die Provinz eine Vorzugsstellung im internationalen Handel erworben. Theoretisch durften nur chinesische und holländische Schiffe einen japanischen Hafen anlaufen, und zwar ausschließlich Nagasaki. Aber Satsuma beherrschte faktisch die nominell zu China gehörenden Ryukyu-Inseln, und das ermöglichte eine einträgliche Schmuggeltätigkeit, unbehelligt von der Kontrolle durch das Shogunat. Auch hier bedurfte es keiner Kreditaufnahme: Die Händler waren froh, bar für billigere Importe bezahlen zu können.

Unglücklicherweise beeinträchtigte eben diese Importtätigkeit die heimische Industrie, unter anderem auch die Herstellung von Baumwollwaren in Satsuma selbst. »Was fürchtet ihr am meisten von all diesen Dingen aus dem Westen?« fragte der *daimyō* von Satsuma Shimazu Nariakira seine Berater.

 Europäische Gewehre und Schiffe, lautete die Antwort. »Nein«, erwiderte der *daimyō*. »Es ist die Baumwollkleidung. Wenn wir uns nicht sofort darauf einstellen, werden wir bald bei unserer Kleidung von Westlern abhängig sein.«[49] Um sich zu wappnen, begann der *han* mit der Verteilung besseren Baumwollsaatguts, kaufte bessere Spindeln und Webstühle (wenn auch noch keine mechanischen), baute eine Fabrik in der Nähe von Kagoshima und brachte dort unbeschäftigte *samurai* in Arbeit. Die Preise für Baumwollartikel halbierten sich.

Gleichzeitig machte sich die Provinz daran, in Rüstung und Modernisierung zu investieren. Dieser *han* wies nämlich eine unverhältnismäßig große Zahl von *samurai* auf: ein Drittel der Gesamtbevölkerung gegenüber einem Siebzehntel im Landesdurchschnitt. Beschäftigungslose Krieger waren die Stütze der Macht, die Grundlage der Verwaltung, aber auch der Ausgangspunkt von Unruhen. Nariakira beschloß, die ersten beiden Aspekte in den Vordergrund zu stellen. Er baute eine Armee auf, kaufte Waffen und Schiffe aus dem Ausland und setzte ein Programm zur Wirtschaftsentwicklung seiner Provinz ins Werk: ein Forschungszentrum (das *Shuseikan*), eine Eisengießerei, die mit einem Flammofen arbeitete (dem ersten in Japan), eine Waffenschmiede und eine Werft. 1855 konnte in Satsuma das erste Dampfschiff vom Stapel laufen. 1867 wurde die erste mechanische Baumwollspinnerei eröffnet. Die Dinge nahmen ihren Lauf!

Allerdings barg dies eine schreckliche Ironie in sich. Der Tatendrang, der in der Provinz an den Tag gelegt wurde, förderte nicht nur die eigene Wirtschaftsentwicklung, sondern ebenso die Japans insgesamt. Dann aber wandte sich Satsuma gegen das neue Japan. Es waren Techniker aus Satsuma, häufig aus den unteren Rängen der *samurai* (das heißt, Talent ging vor Geburt), die während der Meiji-Restauration in Schlüsselpositionen der Landesregierung gelangten. Aber Satsuma wurde nach 1870 auch zu einem Bollwerk der Reaktion, das sich an die Spitze einer Revolte stellte, die die alte Ordnung wiedereinführen wollte. Die aufständischen *samurai* konnten es nicht ertragen, von Nichtadeligen abserviert zu werden, mochten nicht zusehen, wie die alte Kleidung und das Brauchtum abgelegt wurden, wie ihr früher alleiniges Vorrecht der Kriegführung durch die allgemeine Wehrpflicht (1872) zur Strecke gebracht wurde. Und so kam es, daß die Krieger aus Satsuma im Jahre 1878 in ihren prachtvollen Gewändern und furchteinflößenden Rüstungen einherstolzierten und mit stählernen Schwertern, die einen Körper mit einem Hieb spalten oder einen hauchdünnen Seidenfaden in der Luft zerschneiden konnten, vor den regungslos verharrenden und unerschütterlichen Reihen einer Bauernarmee herumfuchtelten, die diszipliniert, uniformiert und mit Musketen ausgerüstet war. Als sich der Pulverrauch verzogen hatte, lag die Blüte der japanischen Ritterschaft tot am Boden.

23

Die Meiji-Restauration

1867/68 gab es in Japan eine Revolution. Das Shogunat wurde gestürzt – in Wirklichkeit brach es zusammen –, und die Kontrolle über den Staat fiel wieder an den Kaiser in Kyoto. Damit endete ein Vierteljahrtausend Tokugawa-Herrschaft. Aber die Japaner nannten diesen Umschwung nicht Revolution; eher eine Restauration, denn sie ziehen es vor, darin eine Rückkehr zur Normalität zu sehen. Außerdem gehören Revolutionen nach China. Die Chinesen haben Dynastien. Japan hat ein Königshaus, das von Anfang an da war.

Das erste Mal, daß nicht der Kaiser, sondern ein Kriegsherr, den man Shogun nannte (wörtlich: der Heeresführer), über Japan herrschte, fiel in die achtziger Jahre des zwölften Jahrhunderts. Mit einigen Unterbrechungen und Übergangszeiten wurde dies – die Herrschaft des militärisch Stärksten – zum Normalfall der Machtausübung. Denn das ist die Schwäche des Erbkönigtums: Selbst mit dem Beistand der göttlichen Vorfahren tut eine Dynastie sich immer schwer damit, ihre Herrschaftsfähigkeit unbegrenzt aufrechtzuerhalten. Kränkelndes Erbgut, mißglückte Heirat oder was auch immer: Schon greift ein starker Mann, ein Majordomus, nach der Macht und vertreibt früher oder später den rechtmäßigen Monarchen.

So war es während des Mittelalters in Frankreich, als die Karolinger die Merowinger verdrängten und ihrerseits von den thronräuberischen Kapetingern fortgejagt wurden. In Japan dagegen fand man eine andere Lösung: Die Dynastie wurde nicht entthront und ausgelöscht, sondern gewissermaßen in einen Kerker gesperrt. Der Kaiser, seine Familie und sein Hofstaat mußten sich auf ihre Paläste und Tempel beschränken – unter dem Tokugawa-Shogunat auf Kyoto. Dort schrieb der Mikado Gedichte, vollzog symbolische religiöse Handlungen (wie das Setzen der ersten Reispflanze), ließ sich unterhalten und versorgen, ganz wie es der japanischen Auffassung von eigentlicher Göttlichkeit entsprach: zeremonielle Abgeschiedenheit und heilige Trübnis.

Das Weiterbestehen des Kaisertums, mithin eines rechtmäßigen Herrschers über dem tatsächlichen Herrscher, eröffnete Feinden des Tokugawa-Shogunats eine ehrenhafte Alternative. In einer Gesellschaft, in der nichts höher galt als die Treue zur Person, konnten unzufriedene Eliten eine höhere Autorität – den Kaiser (*Tenno*) und die Nation – über ihren Herrn setzen und den Shogun über diesen, ohne illoyal zu sein. Sie konnten eine Revolution machen, ohne revolutionär zu sein.

Unterdessen waren die Symbole der nationalen Einheit bereits vorhanden, waren die Ideale und Leidenschaften des Nationalstolzes bereits genau bezeichnet. Dadurch kam eine Menge Unruhe gar nicht erst auf. Revolutionen und ebenso Bürgerkriege können zerstörerisch für Ordnung und Leistungsbereitschaft eines Landes sein. Auch die Meiji-Restauration kannte Zwietracht und Dissidenten, die häufig mit Gewalt vorgingen. Die letzten Jahre des alten und die ersten Jahre des neuen Regimes waren befleckt vom Blut der Morde, der Bauernaufstände, der reaktionären Rebellionen. Und trotzdem ging in Japan der Übergang weitaus glatter vonstatten als bei der französischen oder russischen Spielart des politischen Umsturzes. Und zwar aus zwei Gründen: Zum einen hielt das neue Regime an der moralischen Grundeinstellung fest, zum anderen scheuten sogar die Unzufriedenen und Beleidigten davor zurück, dem äußeren Feind Chancen zuzuspielen. Die ausländischen Imperialisten warteten nur darauf, zuschlagen zu können, und interner Zwist wäre eine Aufforderung zum Eingreifen gewesen. Es genügt, die Geschichte des Imperialismus anderswo zu betrachten: Streit und politische Ränke hatten die europäischen Mächte nach Indien geradezu eingeladen.

Das Tokugawa-Shogunat brach schon vor der Mitte des neunzehnten Jahrhunderts auseinander. Die alten Vorschriften zu Ort und Rangstellung wurden offen verspottet. Mittellose *samurai* heirateten reiche Erbinnen von Kaufleuten. Wohlhabende Bauern wurden zu Dorfhonoratioren, vergleichbar dem Landadel. Gehorsam war nicht länger selbstverständlich. Jene *han*, die über größeren Reichtum verfügten (wie etwa im Westteil von Honshū oder im Süden der Insel Kyūshū), betrieben in der Überzeugung, sie könnten besser mit diesen gräßlichen, anmaßenden Barbaren umgehen als das Shogunat, eine eigene Außenpolitik. Sie beschäftigten ausländische Techniker und Berater, kauften ihre Waffen im Ausland, bauten Waffenfabriken und Schiffswerften. Einige *han* beriefen sogar Bauern zum Militärdienst ein, und auch das *Bakufu* ging zu dieser Praxis über. Für ein Land, wo es den Bauern traditionell verboten war, Waffen zu tragen, und wo die *samurai* mit dem Schwert über die gemeinen Leute geboten, lag darin ein eklatanter Verstoß gegen die öffentliche Ordnung und die guten Sitten, der unabsehbare Konsequenzen haben konnte. Aber wie anders sollte sich das Land zum Krieg rüsten? Die *samurai* verabscheuten den Kampf mit der Feuerwaffe, den sie als erniedrigend und ehrenrührig empfanden.

Zu diesem Zeitpunkt folgte ein Shogun auf den anderen, und alle waren nur kurze Zeit an der Macht; sie schürten Kabalen zur Sicherung ihrer Nachfolge, brüteten Komplotte aus, sandten umstürzlerische Aufrufe nach Kyoto. Und immer wieder geriet das Regime auch durch äußeren Druck ins Schlingern. In einer Gesellschaft, die den Fremden nie anerkannt hatte, mußte die bloße Präsenz von Westlern zu Unruhen Anlaß geben. Mehr als einmal provozierten japanische Schlägertrupps diese schamlosen Ausländer und fielen über sie her, um ihnen zu zeigen, wer der Herr im Haus war. Aber wer war denn Herr im Haus? Gewiß nicht das Shogunat. Angesichts der westlichen Forderungen nach Bestrafung und Entschädigung konnten die japanischen Behörden nur auf Zeit spielen und sich in den Augen der Ausländer wie der Patrioten durch ihr Drumherumgerede bloß in Mißkredit bringen.

Was aber sollte man tun? Die auswärtigen Mächte *wußten*, daß sie stärker waren und der Gewalt nicht weichen würden. Als im September 1862 eine Gruppe von Satsuma-Kriegern ein paar englische Kaufleute und eine europäische Frau angriffen und das *Bakufu* sich als unwillens und unfähig erwies, Satsuma zu Schadensersatzleistungen zu zwingen, entsandten die Briten im August 1863 eine Flotte, die die Festung Kagoshima beschießen sollte. Der Denkzettel wirkte. Dergestalt auf den Boden der Tatsachen zurückgebracht, bot Satsuma an, den Direkthandel und diplomatische Beziehungen zu Großbritannien aufzunehmen – und erteilte damit dem Shogunat, das traditionell das Monopol für die auswärtigen Angelegenheiten innehatte, eine Ohrfeige. In Chōshū das gleiche. Am 25. Juni 1863 – auf diesen Tag hatte der kaiserliche Hof in Kyoto die Ausweisung der Barbaren festgesetzt – feuerten übereifrige Patrioten aus Chōshū auf ein amerikanisches Schiff, das gerade die Meerenge von Shimonoseki passierte. Die Gespräche zogen sich über ein Jahr hin und führten doch zu keinem Ergebnis. Im September 1864 traf schließlich eine Flotte aus siebzehn britischen, amerikanischen, französischen und holländischen Kriegsschiffen mit insgesamt 305 Kanonen im Hafen von Shimonoseki ein und zerstörte alle Festungsanlagen. Chōshū kapitulierte und bat, wie Satsuma, um direkte und friedliche Beziehungen mit den Westlern. Sodann vereinigten die beiden traditionell verfeindeten *han* Chōshū und Satsuma ihre Truppen, um sich des *Bakufu* zu entledigen.[1]

Das *Bakufu* sah sich infolge seiner Schwäche und Unfähigkeit fatal in Mißkredit gebracht. Seit es mit Townsend Harris (1854 für die Vereinigten Staaten) und etwas später (1858) mit den europäischen Großmächten Verträge abgeschlossen hatte, hatte es seine Ehre und seine Legitimität verloren. Ehre bedeutet jedoch in Japan etwas anderes als im Westen. Die Bezugssysteme sind verschieden. Was dem einen als Wort galt, war für den anderen eine Ausflucht. Und sich hin- und herzuwenden, dazu war das *Bakufu* durchaus in der Lage. Es konnte etwa unmaßgebliche Personen zu den Verhandlungen schicken, die dann geltend machten, nichts ohne Bestätigung von oben unternehmen zu dürfen. Es konnte einen Vertrag abschließen, aber einwenden, daß das Plazet des Kaisers nicht vorliege. Kurzum, das *Bakufu* gab sein Wort und nahm es wieder zurück; es sagte ja und meinte nein. Nichts war mehr dazu angetan, den Konflikt zu verschärfen. Das Shogunat hätte sich besser der höheren Gewalt beugen und etwa sagen sollen: Ihr Westler habt Gewehre. Nun gut, eines Tages werden auch wir Gewehre haben.

(Zum Vergleich denke man an die Mißverständnisse bezüglich Japans Angriff auf Pearl Harbor: für die Amerikaner ein Tag »ewiger Niedertracht«; für die Japaner ein bedauerlicher Fehler im Zeitplan. Offenbar wurde angenommen, daß die Amerikaner eine halbe Stunde vor dem Angriff die Nachricht bekommen hätten, daß die Japaner »die Verhandlungen abbrechen«; sie erhielten sie erst danach. Bis heute glauben die Japaner, dies sei der Kern der Angelegenheit: Eine vorhergehende Warnung, mochte sie auch noch so kurz und indirekt ausgesprochen sein [von Diplomaten wird ja angenommen, daß sie zwischen den Zeilen lesen können], sollte als Rechtfertigung eines seit langem vorbereiteten Überraschungsangriffs ausreichen. Für die Amerikaner hätte auch der rechtzeitige Eingang der Nachricht die Niedertracht keineswegs gemindert.)

Kern der Auseinandersetzung waren die Ansprüche der Außenseiter. *Sonnō jōi* hieß die jämmerliche Parole: Verehrt den Kaiser! Vertreibt die Barbaren! Die Führer dieser Aufbruchsbewegung waren die großen Lehnsherren aus dem äußersten Süden und Westen des Landes, aus Satsuma und Chōshū, die, zuvor verfeindet, jetzt gemeinsam gegen das Shogunat standen. Sie blieben Sieger; und wurden gleichzeitig zu Verlierern. Dies war ein weiteres Paradox jener Revolution-Restauration. Die Führer glaubten, sie würden zu den guten alten Zeiten zurückkehren. Statt dessen sahen sie sich plötzlich in die Zukunft verwickelt und in einen Modernisierungsschub hineingezogen, weil sich nur so die Möglichkeit bot, die Barbaren zu schlagen.

An diesem Punkt übernahmen die wahren Revolutionäre die Macht, die *rangakusha*, die Techniker, die vorausschauenden Verwaltungsbeamten. Das Jahr 1868 begann mit der Öffnung weiterer wichtiger Häfen für den Handel mit dem Ausland. Am 6. April unterzeichnete der neue Kaiser die sogenannte Eides-Charta, mit der er echte Vertretungskörperschaften und die Schaffung einer neuen demokratischen Zivilgesellschaft versprach. (Versprechen war, wie sich zeigen sollte, leichter als tun, und die Geste als solche war vielleicht auch eher für außenstehende Beobachter gedacht als für das japanische Volk.) Entscheidender aber war die Umwandlung der Zentralregierung: die Abschaffung der lehnsrechtlichen Institutionen, die Umwandlung der Lehen (*han*) in von Delegierten der Zentralregierung verwaltete Präfekturen (*ken*), die Zuweisung von Einnahmen an das Zentrum, die zuvor an die alte Kriegerelite geflossen waren. Wieder gingen Satsuma und Chōshū mit gutem Beispiel voran: Im März 1869 übergab deren *daimyō* seine Ländereien dem Kaiser, das heißt der Nation. Die übrigen *daimyō* schlossen sich an, denn dadurch demonstrierte man Rechtmäßigeit des Handelns und Ergebenheit gegenüber dem Kaiser. (Dieses Verhalten erinnert an den freiwilligen Verzicht auf Lehnsabgaben durch den französischen Adel in der schicksalhaften Nacht des 4. August 1789.) Die japanischen Bauern zahlten nun keine Abgaben mehr an ihren *daimyō*; vielmehr entrichteten sie Steuern an die kaiserliche Regierung.

Die Japaner gingen die Modernisierung des Landes mit dem Elan und der Zielstrebigkeit an, die man von ihnen kannte. Und sie waren vorbereitet – durch die Tradition tatkräftigen Regierens (innere Sammlung), den hohen Stand an Schreib- und Lesekundigen, ihre feste Familienstruktur, ihre Arbeitsmoral und Selbstdisziplin, ihr ausgeprägtes Nationalbewußtsein und die Vorstellung natürlicher Überlegenheit.

Das war der entscheidende Punkt: Die Japaner wußten um ihre Überlegenheit, und deshalb konnten sie anerkennen, wo andere überlegen waren. Anknüpfend an frühere Maßnahmen unter Tokugawa, holten sie Experten und Techniker aus dem Ausland und schickten Landsleute nach Europa und Amerika, damit sie die dort praktizierten Verfahren auskundschafteten. Die Fülle dieses Wissens machten sie zur Grundlage für Entscheidungen, in denen eine sorgfältige und geschickte Abwägung der jeweiligen Vorzüge zum Ausdruck kam. So war etwa für die Japaner das erste militärische Vorbild die französische Armee; nach der Niederlage Frankeichs gegen Preußen 1870/71 kamen sie jedoch zu dem Schluß, daß Deutschland entschieden mehr zu bieten habe. Eine ähnliche Umorientierung von Frankreich auf Deutschland gab es bei Gesetzbüchern sowie der juristischen Praxis.

Keine Gelegenheit zum Lernen wurde ausgelassen. So reiste zum Beispiel im Oktober 1871 unter der Leitung von Fürst Iwakura Tomomi eine Delegation, zu der Neuerer wie Ōkubo Toshimichi und Fürst Itō Hirobumi gehörten, in die Vereinigten Staaten und nach Europa und verlangte die Aufhebung der einseitigen Verträge, die Japan in den fünfziger Jahren des neunzehnten Jahrhunderts auferlegt worden waren. Vor allem wollten die Japaner die Kontrolle über ihre Zolltarife (zurück)erlangen, um ihre noch in den Kinderschuhen steckende Industrie besser schützen zu können. Vergeblich: Die westlichen Länder waren keineswegs gewillt, sich ihr hart erkämpftes Recht auf Zugang zum japanischen Markt wieder nehmen zu lassen. Dann eben nicht. Die Mitglieder der Delegation stellten ihren Stolz zurück und erledigten ihre Termine, besuchten Fabriken und Eisenwerke, Werften und Waffenschmieden, Eisenbahnanlagen und Kanalbauten und kehrten erst im September 1873, also fast zwei Jahre später, nach Japan zurück, beladen mit einer reichen Ausbeute an Kenntnissen und erfüllt von »feuriger Begeisterung« für Reformen.

Diese unmittelbaren Erfahrungen waren für die japanischen Führer ein entscheidender Wendepunkt. So bekannte etwa Ōkubo zerknirscht, als er bei einer Eisenbahnfahrt in England über die Industrielandschaft nachgrübelte, die sie durchquerten, er habe bei ihrer Abreise aus Japan geglaubt, seine Arbeit sei getan: Die Autorität des Kaisers war wiederhergestellt, der Feudalismus von einer Zentralregierung abgelöst. Jetzt aber erkenne er, daß die großen Aufgaben erst noch bevorstünden. Japan könne sich mit den »fortschrittlicheren Mächten der Welt« nicht vergleichen. Vor allem England sei ein Lehrbeispiel in Sachen Entwicklung aus eigener Kraft. Einstmals ein kleines Inselvolk – wie Japan –, habe England konsequent eine Politik der Selbsterhöhung betrieben. Die Navigationsakte sei der entscheidende Schritt gewesen, um der englischen Handelsmarine eine international dominierende Stellung zu verschaffen. Erst nachdem Großbritannien industriell die führende Rolle innegehabt habe, sei an die Stelle des Schutzzollsystems eine Politik des *laissez-faire* getreten. (Keine schlechte Analyse, Adam Smith hätte jedenfalls nicht widersprochen.)

Sicher, Japan würde nicht die Möglichkeiten der Zoll- und Handelsautonomie haben wie England im siebzehnten Jahrhundert. Um so schikanöser war die Weigerung der europäischen Länder, die einseitigen Verträge neu zu verhandeln. In diesem Zusammenhang war jedoch das Beispiel des Deutschen Reiches äußerst lehrreich. Deutschland hatte, wie Japan, erst kurz zuvor einen schwierigen Prozeß der nationalen Einigung hinter sich gebracht. Zudem war auch Deutschland von einer Position wirtschaftlicher Rückständigkeit aus gestartet, und wie weit war es inzwischen gekommen! Ōkubo war sehr angetan von den Deutschen, mit denen er zusammentraf. Er fand sie sparsam, fleißig und »bescheiden« – sie mögen ihn an seine einfachen japanischen Landsleute erinnert haben. Und ihre politischen Führer hielt er für Realisten und Pragmatiker: Seien Sie vor allem darauf bedacht, so sagten sie, Ihr Land mächtig zu machen. Die Deutschen waren die Merkantilisten des neunzehnten Jahrhunderts. Zurück in Japan, gab Ōkubo der japanischen Staatsbürokratie eine deutsche Ausrichtung.[2]

Da waren zunächst die ganz gewöhnlichen Aufgaben einer Regierung: ein Postdienst, eine neue Normalzeit,[3] ein öffentliches Bildungssystem (für Jungen und dann auch für Mädchen)[4], die allgemeine Wehrpflicht.[5] Zumal die beiden letzten Programmpunkte kennzeichneten die neue Gesellschaft. Ein allgemeiner Schulunterricht förderte die Verbreitung von Wissen; dafür sind Schulen ja auch da. Aber zugleich wurden auf diesem Wege Disziplin, Gehorsam, Pünktlichkeit und eine ehrerbietige Achtung (Anbetung) für den Kaiser vermittelt.[6] Hier lag der Schlüssel für die Entwicklung einer nationalen Identität nach dem Wir/Sie-Schema, die über örtlich begrenzte Treueverhältnisse und Statusgrenzen hinausreichte. Der Lebensrhythmus der Nation wurde vereinheitlicht und bekam seinen Mittelpunkt im *Tenno*-Kult. Jede Schule hatte ein Bild vom Kaiser, und an jedem Nationalfeiertag wurde vor dieser Ikone im ganzen Land *zur gleichen Zeit* das gleiche Ritual befolgt.

Armee (und Marine) taten dann das Ihrige. Dank der überall gleichen Uniform und der landesweit gleichlautenden Ausbildungsvorschriften beseitigte die allgemeine Wehrpflicht Klassen- und Standortunterschiede. Sie weckte den Nationalstolz und demokratisierte das gewalttätige Ideal der Männlichkeit. Das bedeutete für Japan, daß fortan jedermann das Recht hatte zu kämpfen; damit endete das Waffenmonopol der *samurai.* (Nicht jeder gemeine Bürger mochte indes dieser Veränderung zustimmen. Krieg und Gewalttätigkeit waren immer Sache der Oberschicht gewesen, die dafür gehörige Zuwendungen erhalten hatte. Viele, die nunmehr zu alt waren, um die neuen öffentlichen Schulen zu durchlaufen, fragten sich, warum sie denn jetzt einen solchen Unsinn mitmachen sollten. Kämpfen würden sie jedenfalls nicht.)

Die politische Führung betrachtete ein Bürgerheer als Voraussetzung staatlicher Macht, und Machterwerb war das vordringliche Ziel; nur wenn man mächtig war, war man frei, konnte den Europäern die gebührende Antwort erteilen und andere genauso herumschubsen, wie es die Europäer taten. Im September 1871 handelte das neue Japan einen Vertrag mit China aus. Mit diesem Vertrag wurden Japan zwar keine exterritorialen und kommerziellen Privilegien eingeräumt, wie sie die westlichen Staaten erhalten hatten, aber es war doch ein Vertrag zwischen Gleichen. Ein bedeutsamer Anfang;

die Ungleichheit würde schon noch drankommen. Drei Jahre später, 1874,
folgte eine Expedition nach Formosa (Taiwan), durch die am Ende das Hoheitsrecht Japans über die Ryukyu-Inseln bekräftigt und der Grund für den späteren Anspruch auf Formosa selbst gelegt wurde. 1876 preßte eine See-Expedition nach Korea den Chinesen die Anerkennung der koreanischen Unabhängigkeit ab. Mit diesem vergifteten Geschenk verlor Korea seinen Schutz gegen eine eventuelle Aggression Japans, während Japan auf diese Weise in den Genuß exterritorialer und kommerzieller Privilegien kam, die seinen Appetit anregen und zu weiteren Forderungen führen sollten. Das vor Energie und Kraft strotzende neue Japan erkannte ein Opfer, wenn es eines sah. Das große China lag getroffen am Boden, und gerade seine ehemals weitreichenden Ambitionen beschworen jetzt einen Angriff herauf.

Schon im November 1873 war das kaiserliche Kabinett in zwei Gruppen gespalten, die Friedenspartei, der hauptsächlich die Modernisierung und der Umbau des Landes am Herzen lagen, und die Partei der Falken, die zum Krieg gegen Korea aufrief. Fünf der neuen Oligarchen legten ihr Amt nieder, darunter mit Saigō Takamori aus Satsuma einer der Anführer im Kampf gegen das alte Shogunat. Aber damit war die Geschichte noch nicht zu Ende. Die ehemaligen Krieger, die ihre persönliche Unzufriedenheit auf die Bühne der Landespolitik projizierten, protestierten lautstark gegen den Vertrag zwischen Japan, China und Korea von 1876, mochte er auch noch so viele Vorteile bringen. Sie wären lieber noch in Korea geblieben, um so den alten Traum von Eroberungen auf dem Festland wahr zu machen.

Zwei politische Attacken auf die *samurai*-Kaste verschärften ihre Enttäuschung noch. Zuerst waren die mittlerweile zu Ruhegeldern gewordenen tradionellen Gehälter in eine Einmalzahlung des kapitalisierten Gegenwerts umgewandelt worden. Die *samurai* erhielten Staatsanleihen anstelle von Jahreseinkünften, und der Wert des Papiers war auf Gedeih und Verderb an die Geldpolitik und den Wert des Yens gebunden. Es dauerte nicht lange, und die Inflation zwang die *samurai* zur Arbeit. Manche taten das und durchaus erfolgreich. Andere versanken in Armut und hätschelten ihren Unmut. Wieder andere versuchten, ihr stolzes Selbstgefühl und manchmal ihren gesellschaftlichen Rang in einen anständigen Beruf oder eine gute Partie umzusetzen. Eben dies probiert verarmter Adel ja überall: blaues Blut, aristokratisches Aussehen und gute Manieren in klingende Münze zu verwandeln.

Die zweite Maßnahme war in ihrer Symbolik noch schmerzlicher: Den ehemaligen *samurai* wurde untersagt, mit ihren beiden Schwertern herumzuspazieren. Diese Waffen hatten den gemeinen Mann stets um sein Leben fürchten lassen. Mancher zitterte noch aus Gewohnheit, aber neuerdings durften sogar Bauern ein Gewehr besitzen. Unterdessen überboten sich Staatsmänner und Politiker in Hochrufen auf die Verwestlichung. Sie liefen in europäischer Gesellschaftskleidung herum, die eher für Hochzeitsfeierlichkeiten in Paris als für den Berufsalltag in Tokyo angemessen war; sie trugen irrwitzige Zylinderhüte auf kurzgeschorenen Schädeln; fuchtelten bei Regen und Sonnenschein mit Schirmen herum; fuhren in Kutschen durch die Gegend; saßen auf Stühlen um Tische; trafen sich in neugebauten Steinhäusern, die ein einziger Affront gegen die Papier-und-Holz-Bauten der japanischen Bautradition waren.[7]

Der Groll der *samurai* entlud sich in politischen Morden. Das größte Aufsehen erregte die Ermordung des Innenministers und Hauptarchitekten des neuen Japan, Ōkubo Toshimichi, im Mai 1878, als er gerade in einem ausländischen Gespann und in westlicher Aufmachung auf dem Weg zu einer Unterredung mit dem Staatsrat im Akasaka-Palast in Tokyo war.[8] Die sechs Mörder, darunter fünf ehemalige *samurai*, verteidigten ihre Tat mit der Beschuldigung, Ōkubo habe beträchtliche Mittel für wirtschaftliche Nichtigkeiten verschwendet, während die Krieger bitteren Mangel litten. Allerdings spielte auch Symbolik eine Rolle. Viele Jahre später schrieb die Frau des belgischen Ministers, der damals in Ōkubos früherem Haus residierte, in ihr Tagebuch: »Mir wurde gesagt, daß einer der Gründe [für Ōkubos] Unpopularität und übrigens auch die Ursache für den politischen Mord an ihm ... der Bau dieses sehr europäischen Hauses gewesen sei.«[9]

Die Morde bewirkten nicht viel. Die Aufstände auch nicht. Altes stieß mit Neuem zusammen, und das Alte verlor.

Staat und Gesellschaft kümmerten sich derweil um den eigentlichen Kern der Wirtschaftstätigkeit: Wie lassen sich Gegenstände maschinell herstellen; wie läßt sich mehr ohne Maschinen herstellen; wie kann man Güter transportieren; wie kann man mit den ausländischen Herstellern konkurrieren? Nicht leicht zu beantworten. Europas Industrieländer hatten immerhin ein Jahrhundert gebraucht. Japan mußte sich sputen.

Anfangs verließ man sich auf jene Industriezweige, die schon aus der Vor-Meiji-Zeit vertraut und als wandlungsfähig bekannt waren: insbesondere die Seiden- und Baumwollfertigung, aber auch die Verarbeitung von Hauptnahrungsmitteln, die gegen ausländische Imitation gefeit waren, wie etwa Sake, Miso, Sojasauce. In der ersten Phase der Industrialisierung von 1877 bis 1900 betrug der Zuwachs bei Nahrungsmitteln 40 und bei Textilien 35 Prozent.[10] Mit anderen Worten, die Japaner behielten den komparativen Vorteil im Auge, statt der Illusion vom Aufbau einer Schwerindustrie nachzujagen. Zumeist ging es dabei um Klein- und Mittelbetriebe: Baumwollspinnereien mit 2000 Spindeln (gegenüber 10 000 Spindeln und mehr in westeuropäischen Fabriken); hölzerne Wasserräder, die technisch um Generationen hinter denen Europas zurücklagen;[11] Kohlengruben, deren gewundene Flöze und von Hand gezogene Förderkörbe die verrufenen englischen Bergwerke früherer Zeit wie einen Spaziergang aussehen ließen.[12]

Die übliche Erklärung, die ein Wirtschaftswissenschaftler für diese Umkehrung des Modells vom späten Anschluß an die Wirtschaftsentwicklung gibt (wobei spät soviel wie geschickt und auf der Höhe der Zeit meint), hebt ab auf Kapitalmangel: geringes Arbeitskräftepotential, keine Investitionsbanken. Tatsächlich hatten einige japanische Kaufleute große Vermögen zusammengebracht, und der Staat war bereit, Industrieanlagen zu bauen und zu subventionieren. Was er auch tat. Aber für die lange Strecke, die bis zum wirtschaftlichen Gleichstand noch zurückzulegen war, brauchte man weniger Geld als vielmehr Menschen, Menschen mit Phantasie und Initiative, Menschen, die etwas von großindustrieller Fertigung verstanden, die nicht nur Produktionsmethoden und Maschinenanlagen kannten, sondern auch über Organisationsfragen Bescheid wußten und darüber, was wir heute Software nennen. Das Kapital würde schon nachkommen und auch mehr werden.

Diese ersten Jahrzehnte vorsichtiger Experimente brachten manchen Firmenzusammenbruch mit sich. Zu Beginn der achtziger Jahre schlug die Regierung ihre Eigenbetriebe an Privatunternehmen los. Die Entscheidung gereicht ihr sehr zur Ehre: Bürokraten räumen nur selten Fehler ein oder geben Macht auf. Die Staatsbetriebe wurden zu günstigen Bedingungen abgestoßen, in der Regel an Freunde und Bekannte; zwar nicht die beste Lösung, aber eine, die auf die Subventionierung von Unternehmern hinauslief und einen Neubeginn ermöglichte. Ungefähr um die gleiche Zeit gingen die Baumwollhändler vom handgesponnenen Garn zum mechanischen Spinnen über.[13] Zwischen 1886 und 1894 wurden 33 neue Spinnereien gegründet, mehr als die Hälfte davon im Raum Osaka; und zwischen 1886 und 1897 stieg der Gesamtwert der Garnproduktion um das Vierzehnfache, von 12 Millionen auf 176 Millionen Yen. Um 1899 stellten Japans Spinnereien circa 355 Millionen Pfund Garn her, 1913 sogar 672 Millionen Pfund. Mit dem Ergebnis, daß Importe ferngehalten wurden und mit dem eigenen Export begonnen werden konnte. 1886 kamen noch etwa 62 Prozent des in Japan verwendeten Garns aus dem Ausland; 1902 so gut wie nichts mehr. 1913 betrug Japans Anteil am weltweiten Baumwollgarnexport rund ein Viertel, und Japan war – zusammen mit Indien, allerdings in stärkerem Umfang – auf Drittmärkten für Großbritannien zur Hauptbedrohung geworden.[14]

Baumwolle zu spinnen und zu weben war das eine; etwas ganz anderes aber war die Herstellung der Maschinen, die die Arbeit taten. Die Baumwollspinnerei eröffnete einen relativ problemlosen Zugang zur modernen Industrie, wie die beeindruckenden Ergebnisse in Katalonien, Ägypten und Brasilien zeigen. Man brauchte nur die Maschinen zu kaufen, in der Regel bei irgendeinem englischen Maschinenhersteller, der gleich die Techniker mitschickte, die die Maschinen in Betrieb nehmen und nötigenfalls ihren Betrieb auch sicherstellen konnten. Diese Spinnereien konnten dann die Heimweber an ihren Handwebstühlen mit Garn versorgen, und ruckzuck, schon war es vollbracht: Man hatte das Trugbild einer industriellen Revolution vor sich.

Schon früh entschlossen sich die Japaner, über Konsumgüter hinauszugehen. Wenn sie schon eine moderne Ökonomie haben sollten, dann mußten sie auch die komplizierten Arbeiten beherrschen und sich dem Bau von Maschinen und Motoren, Schiffen und Lokomotiven, Eisenbahnen, Häfen und Werften gewachsen zeigen. In diesem Zusammenhang spielte die Regierung eine entscheidende Rolle, da sie Informationsreisen ins Ausland, den Aufenthalt ausländischer Experten und den Bau von Anlagen finanzierte sowie kommerziell riskante Unternehmen subventionierte. Von größerem Gewicht waren allerdings das Talent und die Entschlossenheit der nationalbewußten Japaner, die, wenn es um das Vaterland ging, bereit waren, einen neuen Beruf zu erlernen; von Gewicht war auch das Geschick der japanischen Arbeiter, speziell der Handwerker mit ihren in Teamarbeit ausgefeilten Fertigkeiten und ihrer durch die Qualitätskontrolle in den Werkstätten geprägten Einstellung.

Dieses Erbe machte sich bezahlt: Die Japaner lernten rasch. Die industrielle Nutzung der Wasserkraft kam erst in den letzten Jahren der Tokugawa-Herrschaft auf, als die Japaner sie insbesondere bei der Textilfertigung einsetzten. Allerdings wurde die Wasserkraft nie so wichtig wie für die europäische oder amerikanische Industrie, denn die Japaner waren bereits auf dem Weg zu neuen Ufern. Ihnen stand die Dampftechnik zur Verfügung, und ihr auf dem Fuße folgte die Elektrizität. Elektrische Energie eignete sich vor allem für die Leichtindustrie sowie für kleine, räumlich verstreute Werkstätten; keine andere Energieform konnte in so kleinen Mengen bereitgestellt werden. Indes war es geradezu die Bestimmung der Elektrizität, in großem Stil erzeugt und verteilt zu werden. In Städten und deren Umgebung war das keine Schwierigkeit. In entfernten ländlichen Gebieten, dort, wo es keinen Netzanschluß gab, sorgte ein Verbrennungsmotor für die nötige Energie.

Infolgedessen brachte Japan den Weg in die zweite industrielle Revolution mit einer Rasanz hinter sich, die jeden Mangel an Erfahrung Lügen strafte: Das Land erzeugte und nutzte bereits Strom, noch ehe es so recht mit dem Dampf vertraut war.[15] 1878 leuchteten die ersten Bogenlampen in Japan auf. An diesem Experiment war auch Ichisuke Fujioka beteiligt, der an der Kobu Universität, einer 1877 gegründeten Ingenieursschule, die später mit der Universität von Tokyo zusammengelegt wurde, lehrte. Als Mann der Wissenschaft und der Praxis erkannte er rasch die Notwendigkeit eines zentralen Kraftwerks und suchte Unterstützung bei Privatleuten. Nachdem der erste Unternehmer, den er darauf ansprach, seine Hilfe verweigerte, wandte sich Fujioka an einen hohen Regierungsbeamten seiner Heimatprovinz. Dieser brachte ihn mit jemandem zusammen, der über Risikokapital verfügte; zusammen stellten sie eine Finanzgruppe von vierundsechzig Investoren auf die Beine, darunter ehemalige Adelige, Geschäftsleute mit Kontakten zu den Behörden sowie reiche Provinzkaufleute. So entstand die Tokyo Electric Light Company (TELC). Zunächst baute die TELC kleine Kraft- und Beleuchtungsanlagen für Fabriken, Handelsfirmen und Schiffswerften. Und ab 1887 gab es dann die ersten Stromlieferungen an Privatverbraucher. Im gleichen Jahr nahmen ähnlich strukturierte Gesellschaften in Kobe, Kyoto und Osaka ihre Arbeit auf; zwei Jahre später in Nagoya und Yokohama; 1896 waren es insgesamt 33 Unternehmen. Um 1920 wurden 52,3 Prozent der Stromkapazität in japanischen Fabriken von frühen Elektromotoren erzeugt. Die Vergleichsziffer für die Vereinigten Staaten beträgt 31,6 Prozent im Jahre 1919, wobei der Höchstwert von 53 Prozent erst 1929 erreicht werden sollte. Großbritannien war mit 28,3 Prozent im Jahre 1924 diesbezüglich noch langsamer.[16] Was Energie und Motorkraft angeht, bestätigt Japan das Nachzügler-Modell: Es lohnt sich, wenn man zu spät kommt.

Die geläufigen Darstellungen über Japans erfolgreiche und rasche Industrialisierung sind voll des Lobes; abgeschwächt lediglich durch die Abneigung gegen den ebenso düsteren wie heftigen Nationalismus, der den Prozeß begleitete – jener erbarmungslose Antrieb, der dem Entwicklungsprozeß Bedeutung und Dringlichkeit verlieh. Japan war das erste nichtwestliche Land, das sich industrialisierte, und bis auf den heutigen Tag ist es ein Beispiel für jeden Spätentwickler. Andere Länder schickten ihre jungen Leute ins Ausland, damit sie neue Methoden lernten, und mußten erleben, daß sie dort blieben; im Ausland lebende Japaner kehren in die Heimat zurück. Andere Länder riefen ausländische Techniker als Lehrmeister ins Land; die Japaner brachten sich das meiste selbst bei. Andere Länder führten Maschinen und Geräte aus dem Ausland ein und nutzten sie, so gut sie konnten. Die Japaner bauten die Maschinen für ihre Zwecke um, verbesserten sie und bauten sie am Ende selbst. Andere Länder mögen die Japaner aus historischen Gründen vielleicht nicht (wie viele Lateinamerikaner mögen *gringos*?), aber sie beneiden und bewundern sie.

Es ist eine gute, sogar eine erbauliche Geschichte. Allerdings haben die Historiker, die sich rühmend über Japan äußern, an der großartigen Leistung des Landes eines übersehen: die Mühen und Anstrengungen, derer es dazu bedurfte. Die Geschichte der frühen Industrialisierung erzählt regelmäßig von harter Arbeit für wenig Lohn, ganz zu schweigen von Ausbeutung. Ich benutze das Wort nicht im marxistischen Sinne, wo es ja bedeutet, daß die Arbeit geringer bezahlt wird als ihr Produkt (wie sonst sollte das Kapital sein Entgelt bekommen?); ich meine damit vielmehr die bedeutsame Tatsache, daß Menschen zur Arbeit gezwungen werden, die nicht nein sagen können, also Frauen und Kinder, Sklaven und Quasi-Sklaven (zwangsverpflichtete Arbeitskräfte).[17] Die Literatur über die Industrielle Revolution in England zum Beispiel ist voll von Geschichten über den Mißbrauch speziell der sogenannten Gemeindelehrlinge, die zwangsweise Textilfabriken zugewiesen wurden, um die Steuerzahler von der Armenhilfe zu entlasten. Aber nicht allein die Textilfabriken, auch die Kohlengruben waren ein Ort berüchtigter Plackerei; ebenso die Hüttenwerkstätten und sogar Heimarbeitsplätze. »Als ich fünf war, gab mich meine Mutter in eine Klöppelschule [alles kann schließlich Schule genannt werden] und drückte der Vorsteherin einen Schilling in die Hand. Eine halbe Stunde lang brachte sie mir was bei, gab mir sechsmal eine Kopfnuß und drückte meine Nase in die Nadeln.« Lehrherren und Eltern zogen bei dieser frühen Versklavung an einem Strick: »Sechs ist das beste Alter, man kann es dann noch besser in sie hineinprügeln. Kommen sie erst, wenn sie schon auf der Straße herumgelungert haben, dann haben sie den ganzen Tag nur noch die Straße im Kopf.« Und je mehr Angst sie haben, desto besser, wie man einem Spitzenmacherliedchen entnehmen kann:

Drei Nadeln hab' ich heut' geschafft, nicht mehr,
Was ich wohl von der Mutter hör'?
Erfährt sie erst, daß ich nicht mehr vollführ,
Flugs setzt sie mich dann vor die Tür,
Nie darf ich wieder hin zu ihr.[18]

Die verbreitetste Krankheit unter diesen entsetzlich unglücklichen Kindern war ein nervöser Magen. Und man muß sich auch kaum wundern, daß viele Sittenstrolchen zum Opfer fielen und bei der Prostitution landeten. Es schien wie ein sozialer Aufstieg.

Die hohen gesellschaftlichen Kosten der Industrialisierung in Großbritannien sind ein Zeichen dafür, daß die Entwicklung die Menschen gänzlich unvorbereitet traf und sie der merkwürdigen Vorstellung anhingen, Löhne und Arbeitsbedingungen würden in freier Vereinbarung von unabhängigen Akteuren bestimmt. Erst als die Engländer diese Illusionen hinter sich gelassen hatten, zunächst mit Blick auf die Kinder und dann auf die Frauen, befaßten sie sich mit der Lage am Arbeitsplatz und führten arbeitsrechtliche Schutzbestimmungen ein. Alles, was sie taten, legten sie schriftlich nieder, und so verfügen die Sozialhistoriker über eine ganze Bibliothek von Berichten und Zeugnissen. War England wirklich so schlecht, wie da behauptet wird? Oder liegen uns einfach nur ausführlichere Berichte vor?

Die europäischen Länder, die England auf dem Weg in eine moderne Industrie nachfolgten, hatten ihre eigenen Probleme und Skandale, was die Arbeitsbedingungen anging; allerdings weniger gravierend, weil diese Länder die Warnzeichen ernst genommen hatten und in der Lage waren, präventiv Arbeitsschutzbestimmungen durchzusetzen. Im Vergleich damit stürzte sich Japan in einen brutalen, ungehemmten Kapitalismus. Wie in England, ja noch ausgeprägter, war bereits die Heimindustrie Schauplatz schändlichster Ausbeutung. Warum noch ausgeprägter? Weil der japanische Heimarbeiter fähig und auch willens war, sich mit stundenlangem Schleifen abzufinden, eine eintönige Arbeit, die in England noch den gefügigsten Spinner oder Nagelmacher in Anfälle von Rebellion getrieben hätte. Die Japaner hatten beispielsweise keinen Ruhetag, keinen Sonntag. Wozu? Tiere bekommen auch keinen Ruhetag. Eine rückläufige Arbeitskräftezufuhr – wenn nämlich der Freiheit Vorrang gegenüber dem Einkommen eingeräumt wird – war in Japan ebenfalls kein ernsthaftes Problem.

Warum nicht? Die Antwort liegt zum Teil in einem intensiveren Gefühl für kollektive Verantwortung: Der träge, undisziplinierte Arbeiter würde nicht nur sich selbst, sondern auch die übrige Familie schädigen. Und nicht zu vergessen: die Nation. Zunächst aber empfanden das die meisten japanischen Bauern und Arbeiter nicht so; zur Zeit der Tokugawa-Herrschaft hatten sie kaum eine Vorstellung von der Nation. Hier lag also die vordringlichste Aufgabe des neuen kaiserlichen Staates: seinen Untertanen das Gefühl für eine höhere Pflicht gegenüber Kaiser und Land zu vermitteln und diesen Patriotismus mit der Arbeit zu verknüpfen. Ein Großteil des Schulunterrichts wurde daraufhin auf ethische Fragen verwendet; in einem Land, das keine regelmäßige religiöse Unterweisung und auch kein allgemein praktiziertes religiöses Zermoniell kannte, war die Schule der Tempel der Tugend und Moral. Entsprechend heißt es in einem Lehrbuch von 1930: »Der leichteste Weg, sich in Patriotismus zu üben, [besteht darin,] daß man sich im alltäglichen Leben diszipliniert, in der eigenen Familie Ordnung hält und seiner Verantwortung bei der Arbeit voll und ganz nachkommt.«[19] Auch solle man sparen und nichts vergeuden.

Das war Webers protestantische Ethik auf japanisch, nur wirkungsvoller, da sie ganz und gar im Einklang mit uralten bäuerlichen Wertvorstellungen stand. Der klassische japanische Bauer ist ein Geizkragen, der an allem und jedem spart und entsprechend plant und arbeitet. Er lebt für die Arbeit, und durch Arbeit mehrt er seinen Besitz; das ist sein Lebenszweck. (Die frühe Trennung der englischen Heimwerker von Boden und Landwirtschaft war ein Vorteil für die Industrie, aber in mancherlei Hinsicht ergaben sich daraus negative Auswirkungen für das Verhalten. Der landlose Industriearbeiter arbeitet, um zu leben. Wenn er genug hat, hört er auf, um zu genießen.)

Die Japaner trieben diese bäuerliche Mentalität auf die Spitze. In früheren Zeiten war Japan eine sehr arme Gesellschaft, die ein kärgliches Dasein fristete. Man lebte von Reis oder, in Gegenden mit kälterem Klima, von Hirse und Buchweizen. Das Keian-Edikt von 1649 verbot den Bauern, den Reis zu essen, den sie anbauten, und schrieb ihnen vor, sich mit »Hirse, Gemüse und anderen einfachen Nahrungsmitteln« zu behelfen. Wenig tierisches Eiweiß, vielleicht etwas Hühnchen oder Meeresfrüchte. Aber weniger Fisch (einschließlich Kopf, Haut, Gräten und Schwanz) als vielmehr die Überreste aus dem Ozean: Meerespflanzen, Plankton, kleine, von der Flut angespülte Meerestiere. Noch heute zeigen die Japaner eine umfassende Geschmackspalette, die von der Entbehrung und Improvisationskunst früherer Zeiten zeugt.

Alles war nützlich. Wer seine Notdurft verrichten mußte, war gehalten, nach Hause zu eilen, um sich auf seinem eigenen Stück Land zu entleeren. Arbeitsteilung? Nichts da! Mutters Zeit und Arbeit waren zu kostbar, um sie mit Säuglingen zu vertun oder sich einfach gehenzulassen, also nach der Entbindung sofort wieder auf die Beine! Ältere Kinder konnten sich um die jüngeren kümmern; kleine Kinder mußten lernen, leichtere gewerbliche Arbeiten zu erledigen. Die kleinsten Fädchen, sogar Fusseln, konnten aufgespart und für ein paar Sen (100 Sen = 1 Yen) an einen Lumpensammler verkauft werden. Alte Leute, zu alt für die Arbeit, waren Mäuler, die gestopft sein wollten; besser, man machte sie zu Vorfahren. Solche Familienhaushalte waren kleine Textilfabriken, eine Goldmine für den tatkräftigen Verleger.

Uns ist die private Geschichte eines solchen Arbeitshauses überliefert, die Geschichte einer Waise, die mit einem pfiffigen Bauern verheiratet war, der dem Militärdienst entgehen wollte und dafür eine Frau brauchte.[20] Sie brachte nichts mit in die Ehe außer der Befreiung vom Militärdienst, der Körperkraft, die nötig war, um aus einem knapp dreißig Meter tiefen Brunnen Wasser zu schöpfen, einer außergewöhnlichen Fingerfertigkeit und der Demut und Geduld einer Heiligen im Zusammenleben mit einer Schwiegermutter, die der Hölle entsprungen schien. Ihr Schwiegervater lebte nur für seine Arbeit: »Ich will überhaupt nichts anderes sehen. Ich habe kein Steckenpferd. Dafür zu sorgen, daß der Boden bessere Ernten trägt, ist die einzige Freude in meinem Leben.«[21]

Die Schwiegermutter sagte ihr geradeheraus, daß sie ihren Unterhalt verdienen müsse. »Ich will nicht, daß ich hart arbeiten muß, damit du, eine junge Frau, dir eine schöne Zeit machen kannst. Da du jetzt zu unserer Familie gehörst, wünsche ich, daß du hart arbeitest, immer aufs Geld siehst und mit mir jeden Groschen auf die Seite legst.« Sie setzten sie an den Webstuhl, an dem Tuch für den Kaufmann gewebt wurde, und sie und ihre drei Schwägerinnen ließen das Schiffchen von frühmorgens, noch vor Sonnenaufgang, bis Mitternacht hin- und hersausen, tagaus, tagein, in klirrender Kälte und brütender Hitze. Kein Feiertag, kein Ruhetag. Nicht einmal Zeit für den Hausputz. »Dies ist nicht das Haus eines Arztes oder ein Tempel«, pflegte dann die alte Vettel zu keifen. »Wenn du Zeit für den Hausputz übrig hast, dann geh hinaus und arbeite.« Und sie arbeiteten. Drei Ballen einfach gestreiftes Tuch pro Tag. Kein englischer Weber hätte so viel schaffen können. Manchmal, wenn sie für eine andere Bauernfamilie Webarbeiten erledigten, konnten sie den Stoff dehnen und eine Elle für sich herausschlagen; das taten die anderen auch. Die Schwiegermutter sorgte dafür, daß solche »Nebengeschäfte« mit dem Kaufmann aufhörten: keine Gefälligkeiten für die jungen Frauen. Die Nachbarn nannten die jungen Weberinnen den Geldsack der Familie. Die Schwiegermutter beanspruchte indessen den ganzen Verdienst für sich.

Die Schwiegertochter war die beste Weberin des ganzen Haushalts, des ganzen Dorfs. Sogar ihre Schwiegermutter mußte dies einräumen, obwohl sie immer einen Grund zur Klage fand. Als die Schwiegertochter niederkam, nahm sich niemand ihrer an. Keine drei Tage durfte sie im Bett bleiben. Ein Stück saure Gurke, um sie auf Trab zu halten. Und niemand sagte ihr, daß sie das mit der Geburt gut gemacht habe; dafür sind Mütter schließlich da. Also bekam die junge Mutter eine Mahlzeit am Tag, und wenn sie ihr Kind stillte, pflegte die Schwiegermutter ob der verlorenen Zeit zu maulen: »Wie ich es hasse, zusehen zu müssen, wie eine junge Frau ihre Zeit mit dem Ernähren ihres Kindes vergeudet. Sie könnte statt dessen am Webstuhl arbeiten und Geld verdienen.«

Je härter und besser sie arbeitete, desto stärker wurde sie ausgepreßt, desto weniger gönnte man ihr Zeit für sich. Verständlich, wuchs doch ihre Produktivität. »Unsere junge Mutter läßt sich viel Zeit auf der Toilette«; oder: »Sie nimmt sich ganz schön viel Zeit für das Stillen ihres Kindes«; oder: »Sie ist so dumm, sie macht die Wäsche nochmal.« Sie nutzte ihre Zeit besser, und was machte es schon aus, wenn sie sich selbst oder ihre Kleider nicht waschen konnte. Die Japaner sind berühmt für ihre leidenschaftliche Sauberkeit, aber die Habgier läßt das Geld fast zur Gottheit werden.[22] Und was machte es schon, wenn ihre Unterwäsche schmutzig war? Ihr Mann war doch jetzt fort, er diente bei den Grenzwachen in Nordkorea, um sich eine der kümmerlichen Pensionen zu verdienen, die der Traum armer Bauernfamilien waren. Da durfte man nicht wählerisch sein. (Als er wegging, hatte er ihr nicht gesagt, für wie lange. Am Ende war er zweiundzwanzig Jahre fort.)

Also sparte die Familie ihre Sen, der Verleger verdiente seine Yen, und die japanische Textilindustrie wuchs und gedieh. Und endlich kam der Tag, an dem die Familie genug Geld beiseite gelegt hatte, um das Haus umzubauen, diesmal mit einem Ziegeldach. Schließlich gibt es nichts Wichtigeres als ein Haus. »Was in dieser Welt zählt, ist das Haus. Das Haus bestimmt das Ansehen der Familie in der Gesellschaft. Es bestimmt den Wert eines Menschen.« Ruft man nach dem Arzt, dann sieht er sich im Haus um, während er den Puls mißt. Ruft man wegen eines Trauerfalls nach dem Priester, so wirft er einen Blick auf das Haus und bestimmt entsprechend den Platz des Verstorbenen in der Unterwelt. Die Schwiegereltern kannten überhaupt kein anderes Thema mehr. Auf sie hatte man immer herabgesehen; die Leute waren nicht einmal höflich gewesen. Nun, jetzt würden sie es ihnen zeigen. Und so wob die Schwiegertochter in einem fort, jetzt aber allein, da ihre Schwägerinnen verheiratet worden waren. Und sie wurde schmaler und schmaler, denn sie mußte jetzt für vier arbeiten, und essen kostete Zeit. Und ihr Sohn wuchs heran und war ihr ein Trost, denn ihr Mann im fernen Korea in seiner dunklen Uniform mit goldenen Tressen hatte sie vergessen.

Dann aber kam der Junge in die Schule, und die Mutter hatte nie Zeit, ihm bei Sportfesten oder Schulveranstaltungen zuzusehen, weil sie das ja vom Webstuhl abgehalten hätte. Und wenn die Lehrer Hausbesuche machten, pflegte die Schwiegermutter sie in ein Hinterzimmer zu schicken, weil sie ja doch nichts anderes könne als weben und den Jungen nur blamieren würde, wenn sie mit dem Lehrer rede. Und dann machte der Junge den Schulabschluß, und er sang zusammen mit anderen Kindern: »Das Glück, das wir empfinden, hat nicht seinesgleichen!« Das war das erste und einzige Mal, daß die Mutter in der Schule war, im Frühling, als im Hof die Pfirsichbäume blühten. Und immer, wenn die Mutter später blühende Pfirsichbäume sah, mußte sie weinen und an das Abschlußlied der Kinder denken.

Und so saß die Mutter am Webstuhl, und der Kaufmann kaufte das Tuch, und die Schwiegermutter sparte Heller um Heller, und die Textilindustrie florierte. Und der Sohn kam an die Mittelschule, denn das war der Wunsch seines Vaters, des Polizeihauptmanns im fernen Korea. Und die Mutter verabschiedete ihn, kletterte durch das Tor und legte ihren Kopf auf die Schiene, um das Sirren des sich entfernenden Zuges zu hören, nachdem er ihren Augen entschwunden war.

Und immer noch war der Mann nicht zurück. Er würde nicht das Vorrecht genießen, am neuen Hause mitzubauen. Also machten sie weiter und ließen es gleichwohl bauen; die Verwandten brachten Geschenke, und die Schwiegermutter lächelte und umschmeichelte jene, die viele Geschenke brachten, und die anderen, auch ihre eigenen Kinder, erhielten kein Wort des Dankes. Ihr Schwager, ein reicher Viehhändler, brachte ihr viele Dinge mit, und dabei ergriff er die Gelegenheit, mit der alten Großmutter zu schimpfen: »Alte Frau, bist du noch nicht tot?« Du hast nie viel getan, sagte er ihr; deine Schwiegertochter hat das viele Geld verdient, sie hat die Reisfelder gekauft, sie hat für das Haus bezahlt. Die alte Frau lachte und nickte, und der Viehhändler rief: »Herrgott, sie ist taub!« Und dann erzählte die alte Frau alles der Schwiegertochter, der Weberin (mit wem hätte sie sonst reden sollen?): »Hast du gehört, was er gesagt hat? Mir wird ganz übel dabei.« Aber die Angeredete tröstete sie: »Großmutter, ärgere dich nicht darüber. Niemand hat so hart gearbeitet wie du. Ich konnte immer weiterweben, ohne den Webstuhl verlassen zu müssen, weil du für mich das Garn auf die Spindeln gewickelt hast. Das Geld aus dem Weben ist in den Hausbau gegangen. Das weißt du doch. Du mußt dir kein schlechtes Gewissen machen.« Und dann bedeckte sie die Hände der alten Frau mit ihren eigenen und weinte. Und die Schwiegermutter sagte darauf: »Was du sagst, erleichtert mich sehr.«

Und dann kam Uichi, der Ehemann, wieder nach Hause, in goldbetreßter Uniform, eine Brille mit Goldfassung auf der Nase und mit gezwirbeltem Schnurrbart. Er baute einen Anbau an das Haus. Dann blieb er mit einem Mal weg und lebte – mit einer Frau, wie es hieß – in der Stadt; immer seltener kam er nach Hause. Und was die Leute sagten, war wahr. Uichis Frau wagte nicht zu fragen – er wurde immer so schnell heftig –, aber in einer Dorfgemeinschaft kann so etwas nicht verborgen bleiben.

Auch versuchte Uichi gar nicht erst, die Angelegenheit zu verheimlichen. Er hatte die Frau in Korea kennengelernt. Sie war eine Japanerin, die als »Hostess« dorthin geschickt worden war. Ein hochrangiger Regierungsbeamter hatte sie zu seiner Geliebten gemacht, und sie war reich geworden und hatte durch seine Einkünfte auch ihre Familie reich gemacht. Und nun war sie Uichis Freundin, ganz anders als sonst jemand im Dorf, mit ihren Seidenkimonos, für jeden Tag einen, und ihren seidenen Bettlaken. Uichi vertrug sich nicht länger mit seiner Frau und schlug sie, und seine Eltern machten keine Anstalten, für sie einzutreten, sein Vater hatte sogar Spaß an der Brutalität seines Sohnes: »Solange einer nicht diese Willenskraft hat, kann er nicht in die Welt hinaus und vorankommen.« Und die Mutter stimmte zu: »Genauso ist er mit den Koreanern umgesprungen. Kein Wunder, daß sie Angst vor ihm hatten. Er kann schon recht grob werden.«

Eines Tages brachte Uichi dann seine Geliebte mit ins Haus, mit ihren reichverzierten Truhen und Toilettentischchen voller Seidenstoffe. Seine Mutter wußte von dem Vorhaben und befahl ihrer Schwiegertochter, den neuen Anbau sauber zu machen. Aber als sie gerade die neuen Tatami-Matten reinigte, stürzte sich Uichi auf sie und stieß sie zurück: »Du Tier! Wie kannst du es wagen, mit deinen erfrorenen Füßen auf den Tatami herumzutrampeln!« Und als die Frau benommen hinaustorkelte, nach ihrem Sohn rief, der schon lange das Haus verlassen hatte und jetzt mit der Armee in China war: »Mii! Mii! Auf welchem Schlachtfeld…?«, da wurde sie von ihrer Schwiegermutter vertrieben: »Verschwinde, verrücktes Weib! Wir haben keine Verwendung für dich.« Keine Verwendung: Sie brauchten das Einkommen aus der Arbeit am Webstuhl nicht mehr.

Die Frauen aus der Nachbarschaft erkannten: »Seine goldenen Tressen hat er bekommen, weil er den Koreanern übel mitgespielt hat. Und um reich zu werden, hat er allerlei zwielichtige Dinge getrieben.« Daraus würde nichts Gutes erwachsen, meinten sie. Als sie aber Uichis Frau sahen, wie sie vor Kummer stöhnte und wimmerte, war da keiner, der sie aufnahm oder Mitgefühl zeigte. Gegen Abend kam Uichis Geliebte mit ihrem Dienstmädchen in einer Rikscha aus der Stadt. Sie trug echte weiße Seidensöckchen, ein weiterer Artikel, der auf japanischen Webstühlen entstand. Alles, woran sich Uichis Frau später noch erinnern konnte, das war die verschlossene Tür des Anbaus und das Lachen, das von drinnen zu hören war.

Also steckte sie das Haus in Brand – und japanische Häuser brennen schnell und lichterloh. Keine Truhe und kein Frisiertischchen und kein Kimono konnte gerettet werden. Und wieviel Papiergeld wohl mitverbrannt war? Dann stürzte sich Uichis Frau in den tiefen Brunnen, um der Welt Lebewohl zu sagen, aber man fand sie und holte sie ins Leben zurück. Sie kam wegen Brandstiftung vor Gericht, ein Tatbestand, der noch dadurch verschlimmert wurde, daß das Feuer den Verdunkelungsvorschriften zuwiderlief; man wollte gegen nicht vorhandene chinesische Bomber gewappnet sein. Sie wurde zu einer Freiheitsstrafe von zehn Jahren verurteilt, die wegen mildernder Umstände auf acht Jahre herabgesetzt wurde.

Niemand besuchte sie im Gefängnis. So saß sie da, zusammengekauert, um sich gegen Kälte und Wind zu schützen, und fand Trost in einem Liedchen über Rhabarberschößlinge, die durch den Schnee hervorsprießen – die gleichen Schößlinge, die sie einst für ihre eigene Mutter gepflückt hatte, als sie noch ein Kind war und ihre kranke Mutter sich daran erfreut hatte. Nur ein einziges Mal hatte ihr Sohn Mii ihr geschrieben: Eine Familie, die ihre Frauen quält, bringt auch keine sonderlich tugendhaften und dankbaren Männer hervor. Yamashiro Tomoe, eine Mitgefangene, war es, die sich ihre Geschichte bis zu Ende anhörte und sie aufschrieb. Die einstige Waise, Mutter und Ehefrau war damals fünfzig Jahre alt.

Natürlich war Heimarbeit das Alte; Spinnerei und Fabrik repräsentierten das Neue. Führender Sektor in Japans industrieller Revolution waren die Textilien, vor allem Seide und Baumwolle, und hier galt es, eine neue Form der Zwangsarbeit zu schaffen. Wie in England, so wurden zunächst auch in Japan häufig Frauen in den Spinnereien beschäftigt. Einen Unterschied gab es allerdings: Während in England die frühe Fabrikarbeit vielfach auch Kinderarbeit einschloß, angefangen mit den berüchtigten Gemeindelehrlingen, war diese Praxis in Japan weniger verbreitet, wo gleich nach der Restaurationsphase die Zwangserziehung eingeführt wurde. Kinder standen im Prinzip für Fabrikarbeit nicht zur Verfügung. Ich sage »im Prinzip«, weil die Realität oft anders aussah. Wie im Falle Englands gibt es auch für Japan genügend Belege, daß beim Alter absichtlich geflunkert wurde; auch mit dem Schulbesuch stand längst nicht alles zum besten.[23] Die Eltern brauchten das Geld, und der Unterricht war nicht gratis.

Fairerweise sollte man anmerken, daß das Leben auf dem Bauernhof so armselig und die Arbeit so hart war, daß im Vergleich dazu das Leben in der Spinnerei verlockend sein konnte. Auf dem Hof war das Wasser kalt und wurde aus einem tiefen Brunnen geschöpft; im Schlafsaal der Spinnerei gab es kaltes und warmes Wasser, und beides kam aus dem Hahn. Auf dem Hof war das Essen einfach, roh und karg, eher für Schweine als für Menschen geeignet. In der Spinnerei gab es dreimal täglich Reis – ausländischen Reis zwar und nicht den herkömmlichen klebrigen Reis, den die Japaner angeblich lieber mögen. Aber so wie andere Länder gerade jene anderen Reissorten zu mögen scheinen, so fanden auch die armen Fabrikarbeiterinnen, daß der ausländische Reis wohlschmeckend und nahrhaft war und zur Gewohnheit werden konnte – was zweifellos heutzutage auch die Meinung der Japaner sein dürfte, wenn sie ihren Binnenmarkt für Reis aus dem Ausland öffnen würden.

Die Löhne, die in diesen Spinnereien gezahlt wurden, waren Hungerlöhne: Eine Arbeiterin mußte jahrelang arbeiten, um, nach Abzug von Kost und Logis, so viel Ersparnisse zusammenzuhaben, daß sie die Schulden zurückzahlen konnte, die ihr Vater gemacht hatte, als er den Vorschuß annahm. (Die Unterkunft war nicht viel mehr als ein Strohsack zwischen den Maschinen oder ein Feldbett in einem überfüllten Schlafraum, in dem jedem Schläfer der Platz für ein Tatami zur Verfügung stand, das heißt 60 x180 cm, soviel Platz wie in einem Sarg.) Aus einem Bericht über 62 Baumwollfabriken aus dem Jahre 1898 ergibt sich ein durchschnittlicher Monatslohn für Frauen von 4,05 Yen gegenüber 6,83 Yen für Männer – für Frauen und Männer zusammengenommen ergeben sich 4,67 Yen. Sogar indische Arbeiter verdienten mehr, ja fast das Doppelte: Ihre Löhne entsprachen dem Gegenwert von 8,07 bis 9,18 Yen monatlich, ermittelt aus einer Stichprobe von sieben größeren Textilfabriken.[24]

Das Entscheidende an der Geschichte ist allerdings weniger das niedrige Lohnniveau als vielmehr die Produktivität: Die Arbeitsleistung der japanischen Arbeitskräfte war gut. Man hat geltend gemacht, daß niedrige Löhne in vorindustriellen Ländern und Ländern mit gerade beginnender Industrialisierung Ausdruck einer niedrigen Produktivität seien, aber dies scheint für das damalige Japan nicht zu stimmen. Solange der bäuerliche Sektor Arbeitskräfte für die Industrie freisetzte, konnte ein Fabrikunternehmen aus beidem Nutzen ziehen: aus billigen und gleichwohl fleißigen Arbeitskräften, die ganz für ihre Aufgabe, ihr Kollektiv, ihre Familie da waren. So heißt es zum Beispiel in den Erinnerungen einer Frau:

> »Von morgens an, wenn es noch dunkel war, arbeiteten wir in der Fabrik bei künstlichem Licht bis 10 Uhr abends. Nach getaner Arbeit hatten wir kaum noch die Kraft, auf unseren Füßen zu stehen. Wenn wir bis spät in die Nacht arbeiteten, gaben sie uns gelegentlich eine Süßkartoffel [zu essen]. Dann mußten wir uns waschen, unser Haar richten und so weiter. Aber dann war es auch schon 11 Uhr. Es gab da keinen Ofen, nicht mal im

Winter; wir mußten uns daher beim Schlafen aneinanderkuscheln. Mehrere Arbeiterinnen liefen zurück nach Hida. Man hat mir gesagt, daß Arbeiterinnen, die vor meiner Zeit dort arbeiteten, es noch schwerer hatten. Im ersten Jahr wurden wir nicht bezahlt. Im zweiten Jahr bekam ich 35 Yen und im Jahr darauf 50 Yen ... Das Leben einer Frau ist wirklich schrecklich.«[25]

Das Zitat macht vieles deutlich: geringe Bezahlung, karge Lebensumstände, die Verpflichtung zur persönlichen Hygiene, die allmähliche Besserung. Hinzu kommen die gesundheitsgefährdenden Arbeitsbedingungen: Feuchtigkeit (zur Vermeidung von statischer Aufladung), Atemluft voller Fusseln (daher eine hohe Rate an Tuberkuloseerkrankungen), ohrenbetäubender Krach. Balzac bringt das in seiner Beschreibung der Geschäftsmoral und der Wesensmerkmale eines Unternehmens sehr treffend zum Ausdruck: Kein Kind betritt ohne schmutzige Windeln die Welt. Das gilt auch für eine Industrienation. Etliche junge Frauen nahmen Reißaus, wurden aber von Jägern und Häschern eingefangen und der Bestrafung und Demütigung zugeführt, bevor sie die Arbeit wiederaufnehmen mußten. Anderen gelang die Flucht, aber sie kamen trotzdem wieder zurück, weil ihre Familien sie zurückschickten oder aber weil sie die dürftigen Annehmlichkeiten ihres Fabriklebens vermißten.

Der entscheidende Punkt war, daß das Leben und Arbeiten auf dem Lande härter war, zumindest körperlich. Außerdem hatten die Verpflichtungen gegenüber der Familie Vorrang: Die bedauernswerten jungen Frauen, die in den Seiden- und Baumwollspinnereien rund um den Suwa-See (wo sich heute ein Zentrum der elektronischen Industrie befindet) arbeiteten, sparten sich jeden Pfennig vom Munde ab, um ihn ihren Eltern zu geben; auf dem Weg nach Hause mußten sie durch tiefen Schnee stapfen, über trügerische Bergpfade, mit Seilen aneinandergebunden, um nicht in die Tiefe zu stürzen. Als sie Jahre später nach dieser schrecklichen Zeit befragt wurden, erinnerten sich viele nur an die guten Seiten. Eine natürliche Überlebensreaktion – wir möchten alles Schmerzliche vergessen und nur »das Positive hervorheben«. »Haec olim memenisse iuvabit«, sagte Äneas zu seinen verzweifelten und entmutigten Kameraden: Eines Tages werdet ihr glücklich sein, euch an diese Dinge zu erinnern.

Die Männer machten es besser. Ihr Lohn war höher, ihre Verhandlungsmacht größer. In dieser Hinsicht unterschied sich Japan nicht von europäischen Ländern, die im Begriff waren, sich zu industrialisieren – vielleicht war es ein bißchen schlimmer, zumindest am Anfang. Fabrikarbeiter – und Industriearbeiter überhaupt – wurden als ein minderwertiger Menschenschlag betrachtet, ähnlich den *burakumin*-Parias; viele von ihnen waren vermutlich tatsächlich *burakumin*.[26] Sie gehörten nicht dazu: »Unterklasse«, »minderwertig«, »gemein«, »die Besiegten«, »die Zurückgebliebenen«. Mütter erschreckten ihre Kinder mit dem Fabrikarbeiter als dem schwarzen Mann und ermahnten sie, sich in der Schule anzustrengen, damit sie nicht ebenfalls in diesen Abgrund an Unwürdigkeit abrutschten.

Die Arbeiter kämpften um ihre gesellschaftliche Stellung und ihre Würde – vor allem um ihre Würde. Um Rechte ging es weniger. »Verachte den Kumpel nicht«, so lautete ihre Parole, »denn Kohle wächst nicht auf dem Feld.«[27] (Und wenn man keine Japaner für die Arbeit in den Kohlegruben bekam, zumal in Kriegszeiten, dann konnte man immer noch Koreaner oder Chinesen dienstverpflichten. Es ist kein Zufall, daß Grubenarbeiter im Verlauf der Geschichte häufig Sklaven sind. Nach Japans Niederlage im Jahre 1945 verließen diese Sklaven einfach ihren Arbeitsplatz, und die Kohleproduktion, für Japan die wichtigste Energiequelle, fiel augenblicklich von monatlich 3–4 Millionen Tonnen auf 1 Million. Natürlich fand sich auch kein Japaner mehr für diese Arbeit. Sie brauchte man für Wichtigeres, außerdem waren sie freie Menschen. Japan löste, ähnlich wie andere fortgeschrittene Industrieländer, am Ende dieses Problem dadurch, daß es sich dem Öl zuwandte.)[28]

Im Verein mit Initiativen von seiten der Regierung und einem kollektiven Einsatz für die Modernisierung brachten Arbeitsmoral und individuelle Wertvorstellungen das sogenannte japanische Wirtschaftswunder zustande. Es war, als hätte eine ganze Bevölkerung sich die entschwundenen Werte der *samurai* zu eigen gemacht – eine Verallgemeinerung des *bushido*. Gewiß wäre es falsch, würde man diesem Wertesystem allgemeine Geltung zusprechen, aber jedes ernsthafte Verständnis dessen, was die Japaner geleistet haben, muß bei diesem Phänomen eines kulturell vorgeformten Fundus an Humankapital ansetzen. Es war der *Nationalcharakter*, der den Japanern eine reiche Ernte an erfinderischer Anverwandlung der westlichen Technologie einbrachte, wobei sie aus wenig viel zu machen verstanden und dabei eine Leistung aus sich herausholten, die in anderen Gesellschaften zu massiver Sabotage und zu Fluchtreflexen geführt hätte. Alle, die sich über den Widerstand der japanischen Streitkräfte in den letzten Monaten des Zweiten Weltkriegs wundern und ihn aus Fanatismus oder einer selbstmörderischen Triebkraft erklären wollen, übersehen einen entscheidenden Punkt. Die japanische Gesellschaft ist in allen Bereichen durch ein Pflichtbewußtsein und ein Verständnis kollektiver Verbindlichkeit gekennzeichnet, die mit dem im Westen kultivierten Individualismus nichts zu tun haben. Der Individualismus war ein gewaltiger Vorteil bei der Verfolgung wirtschaftlichen Reichtums in den Jahrhunderten vor der Industriellen Revolution, und zwar nicht nur in Europa, sondern auch, wie wir gesehen haben, im Japan der Tokugawa-Zeit. Doch als die Japaner einmal den Weg gefunden hatten, den sie einschlagen wollten, erwiesen sich ihre kollektiven Wertvorstellungen als ein unschlagbarer Trumpf. (Und eine große Versuchung.)

Ein gängiger Fehler der angeblich wissenschaftlichen Historiographie besteht in der Annahme, daß die Werte von heute auch die von morgen sein müssen und daß ein bestimmter Faktor, weil er einmal gewirkt habe, sich immer wieder bezahlt mache. Der Gang der Geschichte ist ein anderer. Ökonomien im Aufbruch oder in der Phase des Durchbruchs haben andere Erfordernisse als Wirtschaftssysteme, die Spitzenreiter sind oder sich im normalen Marschtempo bewegen. Der Erfolg Japans ist in dem letztlich gelungenen Kampf gegen Verknöcherung und Rückwärtsgewandtheit unter den Tokugawa und im unbeirrten Festhalten an den nationalen Bestrebungen zur Zeit der Meiji und ihrer Nachfolger zu suchen. Unterschiedliche Strategien unter unterschiedlichen Bedingungen.

24
Ist die Geschichte falsch gelaufen?

»Arabische Männer sind stolz, aber auch sehr empfindlich.«
Jan Goodwin,
Der Himmel der Frau ist unter den Füßen ihres Mannes

Will man die wirtschaftlichen Leistungen der muslimischen Länder verstehen, muß man sich der Erfahrung des Islam uns als Religion und Kultur zuwenden. Der Islam, was soviel wie Unterwerfung (unter Gott) heißt, ist eine der großen Weltreligionen. Wie seine beiden monotheistischen Vorläufer, der Judaismus und das Christentum, in einer Wüstenlandschaft entstanden, konnte er die Menschen auf ungewöhnliche Weise begeistern und riß bei seinem ebenso weitgesteckten wie raschen Siegeszug eine kleine Schar von nomadischen Kriegern mit. Beginnend mit der Flucht des Propheten Mohammed (Hedschra) von Mekka nach Medina im Jahre 622 (Jahr 1 der muslimischen Zeitrechnung), überrannten die zumeist arabischen Glaubenskrieger in nur einem Jahrhundert die Völker und Reiche des Vorderen Orients, strömten gen Westen über Gibraltar an den Atlantik und durch Spanien hindurch bis in das Herz Frankreichs. Nach einer Verschnaufpause stießen frische Armeen ostwärts bis nach Indien und weiter vor. Als die Europäer den Indischen Ozean erreichten (1498), hatte sich der Islam bereits in Teilen Chinas und auf den Philippinen festgesetzt sowie längs der Ostküste Afrikas, in Südosteuropa bis in das Donaubecken hinein und ebenso entlang der zentralasiatischen Handelsstraßen. Nur in Spanien und Portugal hatte die *Reconquista* muslimisches Land zurückgewonnen und einen scheinbar vorherbestimmten Verlauf der Eroberung umgekehrt.

Dieser plötzliche Ausbruch von Leidenschaft und Engagement war das bedeutsamste Kennzeichen der eurasischen Geschichte in jener Zeit, die wir als mittlere Jahrhunderte bezeichnen können – jene tausend Jahre zwischen dem (herkömmlicherweise auf das Jahr 476 datierten) Fall des weströmischen Reiches und der Ausdehnung des christlichen Europa nach Übersee. In diesem Sinne ist der Aufbruch des Islams ein Vorgriff auf den späteren Siegeszug der europäischen Herrschaft, die allerdings weitreichender und tiefgreifender sein sollte; sie oktroyierte zum Beispiel der Welt ihren Kalender auf und machte das Anno Domini zur »allgemeinen Zeitrechnung«.

Der entscheidende Unterschied zwischen den beiden Expansionsschüben war der Stellenwert der Technik. Die muslimische Expansion verlief in den alten Bahnen, stützte sich aber auf neue Menschen, auf den Kampfeseifer äußerst beweglicher, berittener Krieger, die davon überzeugt waren, daß Gott und die Geschichte auf ihrer Seite waren. Sie überwältigten einfach die besoldeten Günstlinge und desinteressierten Untertanen despotischer Herrscher und machten nur halt, um ihre Eroberungen und ihre Kriegsbeute zu verdauen. Der europäische Aufbruch dagegen gründete auf überlegener Feuerkraft und wurde vom Profit vorangetrieben: Beute, natürlich, aber vor allem dauerhafter und anhaltender Profit. (Während meines Studiums erzählte man uns von den drei großen G: Gott, Gold und Gloria. Alle drei waren wichtig, aber das Wichtigste war das Gold, denn damit wurden die Rechnungen bezahlt, die Flotten ausgerüstet und die Menschen geködert und getröstet.)

Wegen seiner materiellen Basis war der Vorstoß der Europäer in der Tendenz kraftvoller. Auf der Höhe ihrer Macht waren die Europäer in der Lage, alle und jeden zu schlagen. Ihre einzigen ernstzunehmenden Gegner waren andere Europäer. Der Vorstoß der Muslime war demgegenüber kompromißloser und unersättlicher. Die Kombination aus Kühnheit und Glaubensstärke enthielt ein apokalyptisches Potential, und zwar in zwei Richtungen: nach der Seite des Triumphs und nach der Seite der Enttäuschung.

Die europäische Expansion (der Imperialismus) war nicht apokalyptisch. Im Grunde war sie ein Ausdruck der Machtentfaltung. Als Ergebnis eines Kalküls zwischen ungleicher Entwicklung und sich bietenden Gelegenheiten war das europäische Eroberungsstreben kostenbewußt und daher opportunistisch in doppeltem Sinne. Gewiß, auch den Europäern ging es um Seelenfang, einigen Ländern mehr als anderen, den Katholiken zum Beispiel mehr als den Protestanten. (Wir sahen das bei den Holländern in Asien.) Aber nur in seltenen Fällen zählten die Seelen genug, um den Blick auf Gewinn und Verlust zu trüben. Es ging auch um Prestige, aber das hatte, wie alles übrige, seinen Preis. Deshalb lösten sich die europäischen Kolonialreiche auf, und auch das Wie und Wann wurde dadurch bestimmt. Als die europäischen Mächte auf Widerstand von seiten der Kolonisierten trafen, packten sie ihre Sachen und gingen wieder (Indien ist dafür ein erstklassiges Beispiel), häufig unter Hinterlassung enormer Kosten für die gerade erst freie einheimische Bevölkerung.[1]

Nicht so beim Islam. Der muslimische Krieger vollbrachte ein Werk Gottes, und seine Niederlagen waren ein Rückschlag für die Menschheit. Als daher im elften Jahrhundert zunächst in Spanien und der Levante die christlichen Ritter die Rechtgläubigen zurückzudrängen begannen und Land in Besitz nahmen, das vordem zum Haus des Islams gehört hatte, bedeutete das für die Muslime den Triumph des Bösen. Und als die muslimischen Heerscharen im östlichen Mittelmeer die Kreuzfahrer ins Meer trieben, erfochten sie nicht nur einen Sieg, sondern Gottes Sieg, die Wiederherstellung der Ordnung und eine historische Wiedergutmachung. Die Vernichtung der christlichen Kreuzfahrerreiche in der Levante wurde zu einer Art Paradigma, zu einer Metapher für alle Zeiten. Als Saddam Hussein fast ein Jahrtausend später Kuwait einnahm und gegen die Koalition der Westmächte und ihrer muslimischen »Speichellecker« antrat, tat er das unter Berufung auf und in Erinnerung an Saladin, jenen kurdischen Anführer, der den Ungläubigen Jerusalem wieder abgejagt hatte.[2]

Das war der Gipfelpunkt (1187), und von da an ging es mit dem Islam meist bergab. Nicht daß die Religion an Kraft verlor. Nach wie vor gewann sie neue Gläubige hinzu, zumal bei Völkern, die dem Animismus anhingen. Die Botschaft des Islams ist einfach; der Übertritt ebenfalls. Von den großen monotheistischen Religionen stellt der Islam an den Proselyten die geringsten Anforderungen, zumindest am Anfang.[3] Insoweit allerdings der Islam den Glauben mit Macht und Herrschaft verknüpft – wie er es tut –, muß jeder Machtverlust gegenüber den ungläubigen Gesellschaften zu einer Quelle tiefen Ungemachs oder dauernder Qual werden. Lange Zeit blieb das Problem hinter der fortbestehenden Autonomie der muslimischen Staaten, der Konzentration der europäischen Mächte auf andere Teile der Welt, den Beispielen glanzvoller, örtlicher Triumphe (insbesondere den Gebietsgewinnen der osmanischen Türken) und der scheinbaren Unzugänglichkeit des Islams verborgen. Ab dem siebzehnten Jahrhundert indes konnte niemand, der die Weltgeschichte betrachtete, verkennen, daß die politische Macht sich verschob. Ökonomisch und geistig war der Islam in einen Stillstand geraten. Die Geschichte war schiefgegangen.

An zwei Orten war dieser Zusammenprall der Religionen und Herrschaftsansprüche von entscheidender Bedeutung für den langfristigen Verlauf der Geschichte: Im Indien der Moguln, wo die Briten drauf und dran waren, Territorien, Einkommensquellen und Souveränitätsrechte für sich zu vereinnahmen; und im Osmanischen Reich, wo die Verfügungen des Sultans verhöhnt und seine Länder durch Ansprüche seiner christlichen Nachbarn und den daraus resultierenden Nationalismus christlicher Untertanen unter Druck gesetzt wurden. Beide Staaten waren klassische aristokratische (despotische) Herrschaftsgebilde: Die Gesellschaft war jeweils in eine kleine Elite und eine breite Masse zu schröpfender Untertanen gespalten. Vor dem Hintergrund dieser Trennung in die wenigen und die vielen hielten Adelige und Beamte unbegrenzte Macht in Händen. Ihrem Gewaltmonopol wurden nur gelegentlich und rein zufällig, ja nach Lust und Laune durch den Herrscher Schranken gesetzt. Diesen Gesellschaften fehlte es nicht an einem gewissen Gerechtigkeitsbewußtsein: Ein Historiker spricht sogar von »der Vitalität eines unveränderlichen Moralkodex, der durch eine mitfühlende Gesellschaft bewußtgemacht wird«[4]. (Liest man die Klagen von Zeitgenossen, auch der Besucher aus Europa, dann finde ich diese Ansicht merkwürdig optimistisch.)

Unterhalb dieser Trennlinie vegetierte ein rechtloses Volk ohne jegliche Sicherheit, dem nichts als Pflichten und Unterwerfung blieben. Widerstand war nahezu unmöglich. Den Schikanen war nur durch Flucht zu entkommen oder dadurch, daß man sich unsichtbar machte, so unsichtbar wie ein Niemand. Einer der Kalifen Bagdads soll das so ausgedrückt haben: »Das glücklichste Leben hat der, der ein weitläufiges Haus, eine schöne Frau und ausreichend Vermögen besitzt, der uns nicht kennt und den wir nicht kennen.«[5] Der Kalif wußte Bescheid. Viel zu wissen und dem Herrscher bekannt zu sein, hieß in einer solchen Gesellschaft, daß man sich geradezu ins Unglück stürzte. Ein heiliger Sufi, der aufgefordert worden war, den Herrscher zu empfangen, fand dafür die treffende Wendung: »Mein Haus hat zwei Türen; wenn der Sultan zur einen hereinkommt, verlasse ich es durch die andere.« Natürlich konnte sich nur ein Heiliger leisten, so zu reden, und nur ein Heiliger wäre auch gefragt worden. Wie sollten sich unter diesen Umständen die Massen mit dem König oder dem Königreich identifizieren? Die Einberufung zu den Streitkräften konnte nur eine Form der Sklaverei sein. Die Kämpfer waren in der Regel entweder Sklaven oder Söldner, von Begeisterung oder Loyalität keine Spur.

In Indien zerbröckelte das Mogul-Reich bereits, als die Europäer ins Land kamen. Nichts hätte diesen Prozeß mehr umkehren können. Dieser Subkontinent, der nach äußerer Gestalt und Religion zur Einheit ausersehen schien, war tatsächlich zu keiner Zeit zum Zusammenhalt in der Lage. Ein Eroberer nach dem anderen war über die Pässe im Nordwesten des Landes eingefallen und hatte in den Ebenen von Indus und Ganges seine Herrschaft durchgesetzt. Der Süden allerdings hatte stets standgehalten, in zäher Beharrung auf seiner sprachlichen und kulturellen Bodenständigkeit, wie eine zusammengepreßte Sprungfeder. Ergo, keine Einheit: »Das Land schien beim geringsten Anlaß auseinanderzufallen.«[6]

Warum kam es dann zu keinem System unabhängiger Staatsvölker wie in Europa? »Wenn es aber ein ähnliches Gefüge miteinander konkurrierender Gemeinwesen gab, warum entstand dann kein Staatensystem?«[7] Weil, meiner Ansicht nach, diese aristokratischen Despotien, ob groß oder klein, nicht fähig waren, jene volkstümlichen Identitäten hervorzubringen, die nötig sind, um ein Volk zu einen und ihm ein Gefühl des Andersseins, ja der Überlegenheit über seine Nachbarn zu vermitteln. Die Religion hätte das zuwege bringen können – Muslime versus Hindus –, aber sie sollte sich erst im zwanzigsten Jahrhundert zur Definition einer Nation (Unterscheidungsmerkmal) eignen. Wären nicht im siebzehnten Jahrhundert die Europäer gekommen, Indien wäre schlicht und einfach in jenen mörderischen Spaltungszustand zurückgefallen, der für Jahrtausende sein Schicksal gewesen war.

Mit den Briten wurde alles anders. Sie brauchten die Verwaltungserfahrung und überlegene Technologie, die einer winzigen Militärmacht die Herrschaft über ein gefügiges, aber tausendfach zahlreicheres Volk erlaubte. Mit Ausnahme der unbarmherzig niedergeschlagenen Sepoy-Rebellion (1857/58) und gelegentlicher Religionsaufstände leisteten weder Muslime noch Hindus nennenswerten Widerstand. Außerdem kamen die Briten mit entscheidenden Handelsvorteilen. Wie die Portugiesen und Holländer vor ihnen waren sie die aktiven Partner in diesem Bündnis von West und Ost. Es waren englische Schiffe, die hin- und zurückfuhren, englische Kaufleute, die bis in asiatische Gewässer segelten. (Als Gegenbeispiel sei die ausgewogene Struktur von Handel und Wettbewerb im Nordatlantik erwähnt.) Die Handelsstrukturen des alten Asiens überließen ungeachtet all ihren Reichtums und ihrer Erfahrung die interessantesten Geschäfte ausländischen Handelsagenturen, und so wurde Indiens wirtschaftliche Entwicklung ab dem späten achtzehnten Jahrhundert schließlich mehr durch die Politik des Britischen Weltreichs bestimmt als durch Initiativen der Einheimischen.

 Die Herrschaft der Briten erwies sich als Lehrwerkstatt für Hohn und Spott. Die weißen Sahibs und Memsahibs fühlten sich unendlich kultivierter – sauberer, tüchtiger, stattlicher und gebildeter. Die Inder zahlten diese Verachtung mit Zins und Zinseszins zurück. Die Engländer, so wollte es ein bengalischer Volksglaube, entstammten der Verbindung zwischen einem Dämonen und einer Äffin. Die aufgeklärteren Inder verzichteten auf so phantasievolle Genealogien, verwiesen aber darauf, daß ihre Vorfahren bereits Gedichte verfaßt und über die Null Bescheid gewußt hätten, als die Briten noch in den Wäldern herumgestreunt seien. Sir Henry Maine, ein englischer Sozialanthropologe des ausgehenden neunzehnten Jahrhunderts, beklagte diese selbstgefällige Hinwendung zur Vergangenheit auf beiden Seiten: »Indiens Eingeborene haben von uns Europäern die heutzutage modische Angewohnheit übernommen, mit Hilfe von Erzählungen eine eingebildete Vergangenheit aus der Gegenwart zurechtzubasteln…« Und weiter: »Auf dem aufgeklärten Eingeborenen Indiens lastet die Vergangenheit mit einer zu furchtbaren und schrecklichen Macht, als daß er sicher sein könnte, mit ihr spielen oder leichtfertig umgehen zu dürfen.«[8]

Heute tun wir das natürlich alle. Wir finden das gut und nennen es Multikulturalismus.

Das Osmanische Reich stellte sich als dauerhafter heraus. Das ist an sich schon ein Rätsel, denn nach ungefähr 250 Jahren der Expansion (1300-1550) hätte der dann einsetzende Niedergang binnen weniger Jahrzehnte eigentlich den Zerfall und die Auflösung herbeiführen müssen. Im neunzehnten Jahrhundert wurde die Türkei allgemein als der »kranke Mann Europas« angesehen, aber das Sterben hatte faktisch schon dreihundert Jahre zuvor begonnen. Wie konnte ein lebender Leichnam, der an allen Ecken und Enden verweste, so lange brauchen, um sich endgültig zu verabschieden?

Das Osmanische Reich entstand im späten dreizehnten Jahrhundert, als die Osmanlis, ein türkischer Klan oder Stamm, in Nordwestanatolien einfielen – weit entfernt von den Ebenen und Weidegründen der Heimat ihrer Vorfahren, aber sehr nahe am Zentrum der byzantinischen (griechischen) Macht. Dieses Volk von Kriegern war schnell im Handeln und scharf auf Beute; sehr gefährlich. Die Griechen hätten es wissen und sie als potentielle, womöglich unvermeidliche Feinde erkennen müssen. Statt dessen dachten diese Pseudo-Hellenen, überschlau wie sie waren, sie könnten die Osmanen zu ihren Werkzeugen und Verbündeten machen.

Als dann das oströmische Reich um die Mitte des vierzehnten Jahrhunderts durch den Bürgerkrieg gespalten wurde, riefen beide Parteien zur Unterstützung Türken und Serben (ebenfalls Invasoren) ins Land. Dieses Politikmuster reichte Jahrhunderte zurück: Die Barbaren werden kooptiert und dazu gebracht, für den Herrscher vor Ort statt gegen ihn zu kämpfen. Allerdings ist diese Strategie, den Feind ins Haus zu lassen, höchst riskant. Er könnte es am Ende zu sehr mögen. Als die Serben der Ehrgeiz packte und sie beschlossen, die griechische Dynastie durch eine eigene zu ersetzen, riefen die Griechen einmal mehr die Türken zu Hilfe. Die gaben, worum sie gebeten. Aber warum sollten sie dann aufhören? Nachdem sie die Serben geschlagen hatten, ließen sie sich 1354 in Gallipoli nieder, überrannten dann Thrakien und nahmen 1365 Adrianopolis (die Stadt des römischen Kaisers Hadrian) als ihre neue Hauptstadt, weniger als ein Tagesmarsch von Konstantinopel entfernt. Nunmehr waren die Osmanen mit einem Fuß fest in Europa etabliert, mit dem anderen in Kleinasien. Vom oströmischen »Reich« waren nur noch ein paar dürftige Nester übrig, christliche Inseln in einem Meer von Muslimen; und die Osmanen begannen, wie andere Eindringlinge vor ihnen, den Pomp und die Zeremonie des griechischen Hofes, wenn auch auf ihre eigene Weise, zu imitieren.

Als die Osmanen 1453 Konstantinopel einnahmen und damit dem Römischen Reich ein Ende machten, läuteten an Höfen und in Kirchen tausend Meilen entfernt die Glocken, und die Gläubigen stimmten Trauergesänge an. Zu diesem Zeitpunkt hielten die Türken in Europa ein ebenso großes Gebiet besetzt wie in Asien, und man fürchtete sie als die Schwertträger des Islams gegen die Christenheit. Der Türke wurde zum neuen Schreckgespenst, sein Name ein Synonym für »Rohling« oder »grausamer Wilder«. Schießbudenfiguren, »têtes de Turc«, trugen einen Turban und einen großen Schnurrbart.[9] Schulkinder lösten mathematische Probleme, bei denen nach der wirksamsten Methode gesucht wurde, wie man mit türkischen Passagieren auf einem sinkenden Schiff verfährt.

Derlei feindselige (angsterfüllte) Vorstellungen und wiederholte Aggressionsneigungen markierten eine unruhige, bewegliche Konfliktlinie. Der Fall der großen Stadt, der Stadt überhaupt (die für uns heute den Namen Istanbul trägt), war eines der schicksalhaftesten Ereignisse aller Zeiten, eines, das die Geschichte in einer auch fünfhundert Jahre später noch nachwirkenden Weise veränderte. Man denke nur an die Kämpfe und Greuel der sogenannten ethnischen Säuberung im heutigen Bosnien.

Das Osmanische Reich war eine typische Despotie, nur kriegerischer. Die Herrscher eigneten sich den Überschuß an, obschon sie anfangs die Massen anscheinend weniger – oder weniger effektiv – auspreßten als die Moguln in Indien.[10] Vielleicht deshalb, weil die Osmanen zu sehr mit dem Kämpfen beschäftigt waren – jedes Jahr ein neuer Waffengang, ein weiterer Beutezug in den Nachbarregionen. Solange sich diese Überfälle bezahlt machten, konnte man die *rayas*, das menschliche Vieh, an der langen Leine halten. Überdies waren die Türken sehr darauf bedacht, Handels- und Industrieunternehmen von Minderheitsgruppen – Christen (Griechen und Armenier, aber auch eine wachsende Zahl von Levantinern) und Juden – zu fördern. Sie bauten ihre Gesellschaft auf einer ethnischen Arbeitsteilung auf, ein Hinweis auf ihre Abneigung und Überheblichkeit gegenüber Handel und Handwerk. Eine solche Segmentierung ließ einigen wenigen den Zugang zu unternehmerischem Handeln, beeinträchtigte allerdings auch dessen Ausdehnung. In Despotien ist es gefährlich, wenn man reich ist, aber keine Macht hat. So auch in der Türkei: Die Kapitalakkumulation erwies sich als verlockendes Ärgernis. Sie weckte Begehrlichkeiten und lud förmlich zur Konfiskation ein.

Mit der Zeit dehnte sich das Osmanische Reich immer weiter aus, bis es schließlich den gesamten muslimischen Vorderen Orient (einschließlich Syriens und des Iraks), ganz Nordafrika (mit Ägypten, Tunis und Algier) und ein großes Stück von Südosteuropa sowie Länder rund um das Schwarze Meer umfaßte. Dieses Sammelsurium zusammengeklaubter Landnahmen konnte nicht nach dem gleichen Schema verwaltet werden. Einige direkt dem Reich unterstellte Teile entrichteten Steuern; andere waren durch Lehnsverpflichtungen gebunden und zahlten Abgaben. Wieder andere unterstanden je nach den Wechselfällen des Krieges und der Diplomatie nur gelegentlich osmanischer Kontrolle. Souveränität war häufig bloße Lehnsherrschaft, und die Macht war ebenso häufig virtuell, wie sie real war; will sagen, der osmanische Hof herrschte ebensosehr durch das, was er im Falle einer Herausforderung hätte tun können, wie durch das, was er tatsächlich tat.

Anfangs konnten derartige lehnsherrliche Bande recht stark sein; das Osmanische Reich verfügte über eine Anzahl fähiger Führer. Auf lange Sicht jedoch kranken Autokratien, wie alle Erbmonarchien, nur ausgeprägter als diese, an zwei inneren Schwächen: den Zufällen der Erbfolge und dem Problem der Nachfolge; zwischen beidem besteht ein Zusammenhang. Der erstgenannte Mangel ist unvermeidlich: Sogar eine außergewöhnlich intelligente Familie regrediert zwangsläufig in Richtung Mittelmaß, und Normalfamilien bewegen sich um dieses Mittelmaß herum. Die Nachfolge wiederum ist durch gesellschaftliche und politische Konvention festgelegt. In islamischen Ländern ging die Nachfolge häufig auf das älteste männliche Klanmitglied über, erwartungsgemäß auf einen Onkel, einen Vetter oder den ältesten Sohn. Die türkische Abart war die Nachfolge durch den fähigsten, später durch den ältesten Sohn.

In beiden Systemen stellte sich mit der wachsenden Zahl von Ehefrauen und Konkubinen und damit von Nachkommen (was konnte ein unterbeschäftigter Herrscher anderes tun, und gab es einen besseren Beweis seiner Vitalität?) das Problem der Legitimität der Nachfolge. Die Osmanen stellten sich diesem Problem, indem sie alle potentiellen Anwärter, natürlich unauffällig, mit einer Seidenschnur erwürgten. Eine derart endgültige Lösung verleitete zur vorsorglichen Ermordung nicht nur der Rivalen, sondern auch deren Mütter (die in einen Sack gesteckt und im Bosporus ertränkt wurden); allerdings führte sie auch zur vorbeugenden Einsperrung des Thronfolgers im Harem, wo er vor allen Nachstellungen und Angriffen sicher war. Unausbleibliche Folge einer solchen blamierenden Isolation war die geistige und politische Impotenz. Ab dem siebzehnten Jahrhundert war denn auch der spätere Sultan eine ungebildete Null, ein Instrument, auf dem andere nach Belieben spielten.

Um dieses Vakuum im Zentrum herum finassierten die Höflinge um Einfluß und spannen ihre Intrigen. Je mehr die osmanische Bürokratie wuchs und wuchs, das Papier sich zu Bergen häufte und Vorschrift um Vorschrift herausgegeben wurde, desto mehr stützte sich der Staat, sogar auf höchster Ebene, auf nichttürkisches Personal. Viele wurden dabei durch eine Kopfsteuer im buchstäblichen Sinne (die *devshirme*) ausgehoben: Christliche Untertanen wurden aufgefordert, dem Staat Söhne zur Verfügung zu stellen, die zu Muslimen umerzogen und in Friedens- wie Kriegszeiten quer durch die Verwaltungshierarchie eingesetzt wurden.[11] Dieses Rekrutierungssystem schürte Neidgefühle bei den alten Eliten – »wie kommt es, daß jene, die in Amt und Würden sind, allesamt Albaner und Bosnier sind?« –, aber es zeigte zugleich, daß die Osmanen Talent zu würdigen wußten, auch das von Renegaten.[12] Das Osmanische Reich war nicht mehr ein Reich der Türken – schon das Wort »Türke« wurde schließlich mit negativen Konnotationen von Dummheit und Ungehobeltsein verbunden –, sondern ein pluralistisches Sammelbecken. Allerdings kein Schmelztiegel: Die Türken haben nie so etwas wie eine osmanische Identität schaffen können, an die sich die Loyalität ihrer verschiedenen Untertanen hätte binden lassen.[13]

Unterdessen war den türkischen Kriegern ihr Kampfgeist abhanden gekommen, und vaterlandsbegeisterte Freiwillige waren nicht aufzutreiben. Immer stärker geriet der Staat in Abhängigkeit von Sklavensoldaten, zumal der Janitscharen.[14] Die Janitscharen waren zunächst Diener des Sultans, sein rechter Arm, seine Elitetruppe; die Macht zu töten aber ist ein Schlüssel zur Macht überhaupt. In Konstantinopel (Istanbul für die Muslime)[15] entwickelten sich die Janitscharen zu einem Staat im Staate, zu einer Prätorianergarde, die Herrscher einsetzte und wieder absetzte, bis schließlich der Sultan im Jahre 1826 die Zustimmung der religiösen Führer erhielt, die Stadt von den Unruhestiftern zu säubern. Zunächst stellte der Sultan eine neue Armee auf und teilte den Janitscharen mit, daß sie darin willkommen seien – Ausschaltung durch Umarmung. Sie lehnten ab und verschanzten sich. Die loyalen Truppen des Sultans brachten daraufhin ihre Artillerie in Stellung, nahmen die Unterkünfte der Janitscharen unter Dauerbeschuß, und der Mob besorgte den Rest. Bilanz: sechs- bis zehntausend Tote, und die Janitscharen waren Geschichte.

In Ägypten hatte eine ganz ähnliche Truppe, Mameluken genannt, faktisch das Königreich an sich gerissen und für etwa 260 Jahre (1254–1517) eine aristokratische Herrschaft errichtet, deren bloßer Name (arabisch *memalik*, Sklave) die Bedeutung des Königreichs verändert hatte. Sie beherrschten Ägypten noch nach der osmanischen Eroberung, bis zum Einfall der Franzosen unter Bonaparte (1798) und zur Gegeninvasion der Briten. Im Schlepptau dieser Europäer kam ein albanischer Abenteurer ins Land, der sich selbst zum Vizekönig des Sultans und zum neuen Pascha von Ägypten ernannte. Dieser Glücksritter namens Mehmed Ali beschloß, daß es nun genug sei mit den Schmarotzern von Mameluken und er seine Autorität ein für allemal klarstellen müsse. Also lud er im Jahre 1811 die Führer der Mameluken zu einem Bankett. Die kreuzten auch alle fröhlich und munter und im Sonntagsstaat in seinem Palast auf und ließen sich zum Festmahl nieder. Die meisten standen nicht wieder auf. Die Tore wurden geschlossen, und Gewehrschützen knallten die Gäste ab wie Enten auf einem Teich. 550 Jahre Herrschaft waren zu Ende.[16]

Aber hier greifen wir unserer Geschichte vor. Nach dem Scheitern der ersten Belagerung Wiens durch die Osmanen (1529) erlitt das Reich in dem Maße in Europa mehrfach Rückschläge, in dem sich die christlichen Staatswesen organisierten. Neben anderen, entscheidenden Veränderungen stand die stete Verbesserung der europäischen Militärtechnologie. Die Osmanen versuchten zwar, Schritt zu halten, aber sie waren eher Nachahmer als Erfinder. Ohne Zweifel begriffen sie den Wert von Kanonen und speziell von Belagerungsartillerie, aber ohne europäische Techniker, die den Guß besorgten, konnten sie nichts ausrichten. Während die technische Kluft zwischen den Gewehren der Christen und denen der Muslime immer größer wurde, waren die Türken nicht einmal imstande, die in der Schlacht erbeuteten Geschütze einzusetzen.[17]

Ebenso zur See: Die Osmanen ersetzten ihre Schlachtschiffe durch eine größere Anzahl gleicher Bauart, während die Christen die Bestückung ihrer Flotte verbesserten. Hören wir, was der osmanische Historiker Selaniki Mustafa Efendi über die Ankunft des Schiffes zu berichten weiß, mit dem im Jahre 1593 der zweite englische Gesandte bei der Hohen Pforte ins Land kam: »Ein so seltsames Schiff wie dieses ist noch nie in den Hafen von Istanbul eingelaufen. Es legte 3700 Meilen über das Meer zurück und trug 83 Kanonen, neben anderen Waffen. Das Äußere der Feuerwaffen entsprach der Gestalt eines Schweines.«[18] Unabsichtlich zeugt dieses Bild von der Ignoranz: Besagte Schweine (ein bezeichnendes Symbol: für die Christen ein Nahrungsmittel, für die Muslime Tabu) waren eiserne Schiffskanonen, die in England in so großen Mengen wie nirgendwo sonst hergestellt wurden. Jenes Schiff und ein paar weitere gleicher Bauart hätten die osmanische Flotte (und die venezianische obendrein) leicht hinwegfegen können, bevor sie noch zum Rammen oder Entern nahe genug heran gewesen wären. Derweil versuchten die Osmanen mitzuhalten, indem sie große Mengen von Kriegsmaterial einführten: Musketen, Schießpulver, Salpeter, Eisen, Klingen. Ungeachtet päpstlicher Verbote hinsichtlich des Verkaufs von Waffen an Muslime und unter Mißachtung des Kirchenbanns und der Exkommunikationsdrohung kamen viele dieser Waffen aus England, das auch an Spanien verkaufte. Aber was konnte man von gewissenlosen Ketzern auch anderes erwarten?

Und nicht nur Waffen. Mit der Zeit hatten sich die Handelsbeziehungen zwischen Europa und der Levante umgekehrt. Hatten einst Handwerker aus dem Orient die Europäer mit feinen Tuchen, Teppichen, Wandbehängen, Fayencen und ähnlichem im Austausch gegen Metall (Kupfer und Zinn), Sklaven und Geld versorgt, so stellte Europa ab dem sechzehnten Jahrhundert Manufakturwaren her und verkaufte sie im Austausch gegen Trockenfrüchte, Gewürze, Baumwolle und Getreide. Das gleiche galt für Seide: Im Mittelalter hatte Europa Seidenstoffe aus Byzanz gekauft; jetzt aber importierte es Rohseide, und die heimischen Produzenten in der Türkei standen mit europäischen Käufern fortan in hartem Wettbewerb um das Rohmaterial. Ebenso bei Papier: Dieses Schreibmaterial war im Vorderen Orient eilends von den Chinesen übernommen worden (im achten Jahrhundert); Futter war knapp, Häute waren selten und ebenso Pergament. Die neue Technik setzte sich in Europa, wo Pergament vergleichsweise reichlich vorhanden war, nur langsam durch; als aber die Europäer gelernt hatten, wie man Papier herstellt, übertrafen sie bei weitem ihre levantinischen Vorgänger und setzten alsbald im Orient große Papiermengen ab.[19] Selbst Genußmittel wie Kaffee und Zucker, die ursprünglich aus dem Orient nach Europa gelangt waren, nahmen nun den entgegengesetzten Weg, im Falle des Zuckers im Anschluß an die Raffinierung und Verarbeitung.[20]

Der größte Fehler des Islams war jedoch die Ablehnung der Druckerpresse, die als mögliches Werkzeug für Gotteslästerung und Ketzerei betrachtet wurde. Nichts hat mehr dazu beigetragen, die Muslime vom Hauptstrom des Wissens abzuschneiden.

Geistige Isolierung, technischer Rückstand und industrielle Abhängigkeit verschoben die ökonomischen Gewichte in einem fort zuungunsten der Osmanen, während zugleich eine Serie militärischer Niederlagen ihre angenommene Überlegenheit untergrub und ihre Fähigkeit lähmte, adäquat zu antworten. Einige wenige weitsichtige Beobachter bemühten sich, die herrschende Elite zu warnen, und drängten auf Reformen, aber mit wenig Erfolg. Das Übel lag in der Natur der Sache, es war im religiösen Dogma begründet und wurde durch die Lebensweise beglaubigt. Und eine byzantinische Bürokratie mit spitzfindigen Vorschriften, abgefaßt in einer unverständlichen Amtssprache, komplizierte die Dinge noch. Bestechung – das einzige Mittel, um überhaupt etwas zu erreichen – mästete nur sich selbst.

Diese selbstverordnete Rückständigkeit erschöpfte die Macht des Reiches. »Der osmanische Staat war eine Plünderungsmaschine, die Beute oder Boden brauchte: als Brennstoff, als Zahlungsmittel, als Belohnung für die Offiziersschicht.«[21] Ursprünglich hatten die Osmanen ein Machtvakuum gefüllt – ein einstmals mächtiges, jetzt aber geschwächtes Gebiet übernommen – und dabei Beute gemacht. Nun aber konnten sie außerhalb ihrer Grenzen nichts mehr rauben. Reichtum mußten sie jetzt im Innern ihres Reiches schaffen, das hieß produktive Investitionen fördern. Statt dessen verfuhren sie so, wie sie es immer getan hatten, und versuchten, ihre eigenen Provinzen zu plündern und die eigenen Untertanen auszupressen. Nichts, nicht einmal das Vermögen hoher Beamter, war fortan sicher. Etwas Vernichtenderes war nicht vorstellbar. Was schließlich das Osmanische Reich vor der Auflösung bewahrte, war seine Ineffektivität, war die Käuflichkeit seiner Beamten und waren die schützenden Interessen mächtigerer Staaten.

Unter diesen Bedingungen bedeutete die kontinuierliche Fortentwicklung der europäischen Technologie, insbesondere die Industrielle Revolution, das endgültige Aus für die osmanische Industrie. Abgesehen von ein paar lokalen Spezialitäten konnte es kein Erzeugnis mit den billigen, fabrikmäßig hergestellten Baumwoll- und Seidenwaren aufnehmen. Im neunzehnten Jahrhundert schützte Großbritannien das Osmanische Reich vor den Gebietsansprüchen seiner Gegner, während es zugleich munter dessen Manufakturen vernichtete. Vom Standpunkt der Engländer aus war das allerdings unausweichlich: Die englischen Produkte waren billiger, und die Osmanen konnten unmöglich mithalten. Sie hatten zu wenig Kenntnisse; sie hatten kein Kapital; und auf politische Stabilität konnten sie nicht zählen.

Auf der anderen Seite des Mittelmeers hegte man jedoch in einem Teil des Osmanischen Reiches andere Vorstellungen: in Ägypten, das lange Zeit unter der üblen Herrschaft der Mameluken vor sich hin dämmerte, so daß man beinahe das Rad vergessen hätte – und das im Land der Pharaonen, wo Bogenschützen in ihren Streitwagen die dunkelhäutigen Nubier zurückgeschlagen und fliehende Hebräer vor sich hergetrieben hatten.[22] Das Land hatte sich unter der Regierung der Türken kaum verändert; die Invasion durch ein französisches Expeditionsheer unter General Bonaparte im Jahre 1798 sollte Ägypten indessen im Kern erschüttern. Eine Mameluken-Armee wurde einfach beiseite gefegt, zugleich verkündete Bonaparte einer Bevölkerung, die keine Ahnung hatte, wovon er sprach, die Parolen der Französischen Revolution. Den Franzosen folgten die Briten – eine noch größere technologische Demütigung –, und mit diesen kam ein neuerlicher Einfall der Türken, der die Ägypter an ihre Satrapentreue gegenüber Istanbul erinnern sollte. Eine der in Marsch gesetzten Abteilungen stand unter dem Kommando von Mehmed Ali – wir haben schon mit ihm Bekanntschaft gemacht –, der die Mameluken benutzte, um den osmanischen Gouverneur aus dem Amt zu jagen und sich selbst zum Herrn über Kairo zu machen. Der Sultan in Istanbul schickte sich in das Unausweichliche und ernannte Ali zu seinem Vizekönig in Ägypten. Im Gegenzug führte Mehmed Ali – in bester türkischer Tradition – Krieg gegen die Türkei.

Mehmed Ali (nunmehr arabisch Muhammad Ali, entgegen der türkischen Schreibweise) war offenkundig ein Mann mit Energie und Ehrgeiz. Aber er unterschied sich von herkömmlichen Feldherren durch einen größeren Weitblick und eine entsprechende Phantasie. Mit ihm gab es keine Abkapselung im Palast. Er wußte aus persönlicher Erfahrung, wie weit das Osmanische Reich hinter der Entwicklung zurück war, wieviel es zu lernen galt. Also wurde jeder interessante Ägyptenbesucher zu einer Unterredung gebeten. Zudem betrachtete Ali Ägypten nicht als befristetes Amt, sondern als persönlichen Besitz und als Erschließungsgebiet. Die Osmanen hatten gewöhnlich ihre Beamten von Posten zu Posten versetzt, damit sie keine Wurzeln schlagen konnten. Ali wandelte Ägypten in ein erbliches Lehen um.

Mehr noch, Muhammad Ali stellte sich diese Entwicklung als einen umfassenden Prozeß vor, der Fortschritte in Landwirtschaft und Industrie, neue Technologien und pädagogische Innovationen (die der Ökonom Verbesserungen des Humankapitals nennen würde) einschließen sollte; außerdem (unglücklicherweise) ein Rüstungsprogramm und das Einpauken von militärischen Tugenden. Um all dies auch tatsächlich zu erreichen, holte er ausländische Techniker ins Land, von denen einige das Christentum zugunsten des Islams aufgaben. Mochten die Briten auch eindeutig die Führungsposition bei der Fertigung von Industriegütern haben, die Techniker, die ins Land kamen, waren zumeist Franzosen, vielleicht weil der Zusammenbruch des napoleonischen Kaiserreichs Talente freigesetzt hatte, vielleicht weil Frankreich infolge seiner Niederlage ungefährlicher war, vielleicht weil Muhammad Ali die Briten zu Recht als Widersacher der ägyptischen Industrie betrachtete.

Unter diesen Sachverständigen war Louis-Alexis Jumel vielleicht der bedeutendste, ein französischer Baumwollmaschinenhersteller, der Agronom geworden war. Im Jahre 1822 verpflanzte er einen Busch, den er auf Île Bourbon (später in Réunion umbenannt) gefunden hatte, nach Ägypten und zog hier die Baumwolle, die wir unter seinem Namen kennen.[23] Diese Sorte hat eine sehr lange, dünne und doch feste Faser, die in gekämmter Form versponnen werden kann und allerfeinstes Garn und Tuch ergibt.[24] In der neuen Welt mechanischer Baumwollfertigung war Jumel-Baumwolle vom Start weg ein sicherer Sieger. Muhammad Ali ließ sie auf seinen eigenen Besitzungen – er hatte sich einen wachsenden Anteil von Ägyptens besten Böden angeeignet – anpflanzen, und seine Beamten taten es ihm rasch nach. Um 1824 wurden mehr als 11 Millionen Kilogramm exportiert; 1845 lag die Zahl bei 15,5 Millionen Kilogramm.[25] Mit den Einnahmen aus der Jumel-Baumwolle, die zu künstlich niedrigen Preisen gekauft (enteignet) und über Staatsmonopole vermarktet wurde (grob gerechnet die Hälfte der gesamten ägyptischen Exporte im Jahre 1835), bezahlte Ali seine wirtschaftlichen und militärischen Ambitionen und einen Großteil des Suez-Kanal-Projekts. Der Rest stammte aus dem Verkauf anderer landwirtschaftlicher Produkte – eine stille Art und Weise, zu Einkünften zu kommen, ohne Steuern erheben zu müssen, die man ohnehin nicht hätte eintreiben können. Europäische Händler brachte das System auf die Palme.

Bereits in den zwanziger Jahren des neunzehnten Jahrhunderts floß ein Großteil dieser Einnahmen in breit angelegte Bildungs- und Industrialisierungsvorhaben: in Techniker- und Militärschulen, in eine Vielzahl unterschiedlicher Spinnereien und Werkstätten für die Textilherstellung, für die Metallerzeugung und -verarbeitung, in die Fertigung von Chemieprodukten, Seilen, Waffen, Schiffen und ähnlichem, all jener Dinge also, die die Importe ablösen und eine immer größer werdende Kriegsmaschinerie in Gang halten sollten. Der Vizekönig bemühte sich sogar um eine stärkere Unabhängigkeit, indem er Maschinen aus Europa kaufte und sie in Ägypten nachbauen ließ. Vor dem Hintergrund der britischen Exportverbote erhielten die Ägypter 1826 die Erlaubnis, bei Galloway in Manchester 500 mechanische Webstühle zu kaufen. Daraus würde schon nichts Böses erwachsen, versicherte ein spöttischer William Huskisson, Präsident der Handelskammer, weil sie innerhalb von sechs Monaten »in Stücke gehauen sein würden«[26].

Manche behaupten, Muhammad Ali habe vor allem versucht, eine Kriegsmaschinerie aufzubauen; andere meinen, ihm habe eine industrielle Revolution in einem Land vorgeschwebt, das weit hinter den europäischen Nachahmerstaaten zurückgelegen habe.[27] Es war eine kühne Vision, eines

 Don Quichotte würdig, und sie mußte die industriellen und kommerziellen Interessen der Europäer irritieren: der erste Versuch einer rückständigen, nichtwestlichen Gesellschaft, eine moderne industrielle Wirtschaftsform aufzubauen – auf Befehl von oben.[28]

Über das Ausmaß der Erfolge und die Gründe für das schließliche Scheitern ist eine kontroverse Debatte entbrannt. Einerseits machte Ägyptens Baumwollindustrie offenkundig ein rasantes Wachstum durch. 1834 waren nach einer Schätzung 400 000 mechanische Spindeln in Betrieb, was das Land zu diesem Zeitpunkt weltweit an neunter Stelle plaziert hätte, noch vor Belgien, und an fünfter oder sechster Stelle, was die Zahl der Spindeln pro Kopf der Bevölkerung betrifft.[29] Gegen Ende der dreißiger Jahre produzierte Ägypten 1,2 Millionen Stück Kaliko jährlich. Auf der anderen Seite waren die Besucher entsetzt über die primitiven Maschinenanlagen, den Mangel an Wartung und die dürftige Qualität des Fertigprodukts. Die Jumel-Baumwolle war für hohe Feinheitsnummern gemacht, das ägyptische Garn war aber bekanntermaßen grob und trotzdem brüchig. Dennoch äußerten sich einige ausländische Beobachter positiv zur Qualität der Ware, und es gibt Berichte, ägyptische Baumwolle sei sogar nach Indien, der angestammten Heimat der Baumwollherstellung, verschifft worden.[30]

Wem soll man glauben? Die optimistischen Beurteilungen neigen einer Verschwörungstheorie zu, was das Scheitern Ägyptens angeht. Danach habe Muhammad Alis Vorhaben die industrielle Vorherrschaft Europas bedroht. Ägypten sollte beim Baumwollpflücken bleiben und die Garn- und Tuchherstellung den Großen überlassen (auch hier wieder der komparative Vorteil). Also hätten die Europäer, die Briten vorneweg, die erstbeste Gelegenheit (1838) ergriffen, um Ägypten jene Zollschranken und Marktbeschränkungen zu nehmen, die zum Schutz seiner noch in den Anfängen steckenden Industrien erforderlich waren. Der Kapitalismus habe, so wird argumentiert, kaltblütig und schlau einen potentiell gefährlichen Konkurrenten ausgeschaltet.

Die Pessimisten halten dagegen, daß Ägypten niemals ein ernsthafter Konkurrent gewesen sei. Das ganze Projekt sei von Anfang an marode gewesen und habe sich nur so lange gehalten, wie der Staat Geld hineinsteckte. Nichts habe ohne ausländische Techniker und Maschinenbauer unternommen werden können, und selbst dann habe es nicht immer geklappt. Zudem seien die Preise für Rohstoffe und Fertigwaren nicht vom Markt, sondern von Amts wegen bestimmt worden. Die dürftigen Belege für einen Absatz im Ausland bewiesen nichts.

Das vorrangige Problem liegt nach Meinung der Skeptiker (Realisten) in der sozialen und kulturellen Schwäche Ägyptens. Heimische Unternehmer waren selten. Die meisten von ihnen entstammten der koptischen, jüdischen oder griechischen Minderheit, Außenseiter, die allen Grund hatten, nicht aufzufallen. Heimische Fertigung erfolgte in Werkstätten oder in Heimarbeit, und die Auftraggeber hatten weder die Kenntnisse noch das Geld, noch den Wunsch, auf Maschinentechnik umzusatteln. Ausländische Investoren verfügten über bessere Maschinen, und der schnellere Weg, Geld zu verdienen, war allemal, es zu verleihen. Allein der Vizekönig konnte sich Fabriken in Ägypten vorstellen, und er ließ sie per Ukas errichten. Doch woher die Energie nehmen? Ägypten besaß weder Holz- noch Kohlebrennstoffe, und Wasser mußte erst gefördert werden, bevor man es zum Antrieb von Rädern nutzen konnte. Daher setzte Ali anfangs tierische Kraft ein – tausend Ochsen zum Betrieb von 250 000 Baumwollspindeln. Auch die Engländer waren zu Beginn ihrer Industriellen Revolution so verfahren; allerdings ist es eine kostspielige und ineffektive Technik, zumal in heißen Ländern. Es ist eine Sache, Tiere abwechselnd in der Landwirtschaft und beim Transport einzusetzen; eine ganz andere aber ist es, sie dazu zu bringen, unersättliche Maschinen anzutreiben.

Und wo sollte Muhammad Ali das Verwaltungspersonal auftreiben? Er heuerte gegen gutes Geld unzählige Europäer an, aber er wollte von ihnen das technische Wissen; Leitungstätigkeit war nicht gefragt. Dafür setzte er türkische und ägyptische Muslime ein, vielleicht weil er auf die Empfindlichkeit der Arbeiter Rücksicht nahm und sich in der neuen Industrie bereits feste Interessengruppen herausgebildet hatten. Diese *nazir* wurden mit Ehren, Orden und großzügigen Gehältern bedacht, Korruption war dennoch gang und gäbe. »Da sie mit der Handhabung der Ausgaben und der Auszahlung der Löhne an die Arbeiter betraut sind, nehmen sie Schmiergelder an, um einen mittelmäßigen Handwerker zu Lasten der Regierung zu begünstigen, und begehen unzählige andere Betrügereien, die schwer aufzudecken sind.«[31] Also wurden Inspektoren zur Überprüfung der Abrechnungen eingesetzt sowie eine umständliche Auszahlungspraxis eingeführt, um Verschwendung und Diebstahl zu unterbinden. Auf diese Weise wurden Zeit, Qualität und Wartung zugunsten von Formalitäten und eines geordneten Betriebs vernachlässigt.

Und wo schließlich sollte Muhammad Ali die Arbeiter hernehmen? Nach bester ägyptischer Tradition setzte er zunächst Sklaven ein (es sei daran erinnert, daß in England anfangs Frauen und Kinder herangezogen wurden, Menschen also, die nicht nein sagen konnten). Aber diese Sklaven starben wie die Fliegen, was einiges über die Arbeitsbedingungen aussagt.[32] Er griff daraufhin auf Zwangsarbeiter zurück, die den Familien und Höfen weggenommen, unzureichend ernährt und untergebracht und von tyrannischen Vorgesetzten vielfach malträtiert wurden. (Die einstige Großzügigkeit war mit dem *kurbash* wie weggeblasen.) Einige Rekruten verstümmelten sich selbst, um der Zwangsverpflichtung zu entgehen. Die meisten allerdings fanden das ebenso abstoßend wie schmerzhaft und lebensgefährlich; statt dessen ramponierten sie die Maschinen.[33] Brandstiftung war eine ständige Drohung,[34] und die Wartung wurde regelmäßig vernachlässigt, um so mehr, als bürokratische Hemmnisse in den Spinnereien (Kontrollmaßnahmen wegen der Diebstähle) selbst das Schmieren der Maschinen zu einer kaum zu bewältigenden Aufgabe werden ließen. In einer sandigen, staubigen Umgebung bedeutete mangelhafte Wartung zwangsläufig eine Katastrophe.[35] Immer mehr Maschinen fielen aus. Standardreparaturen führten schließlich zum Ausschlachten. »Gemessen an der kleinen Zahl von Maschinen, die [in den Spinnereien] stehen, sind diese weitaus geräumiger als nötig.«[36] Entsprechend ging, wie nicht anders zu erwarten, die Produktion zurück.

Mit anderen Worten, die Briten hatten überhaupt keinen Grund, die Konkurrenz der ägyptischen Ware zu fürchten. Trotz (oder wegen) der unsinnig niedrigen Löhne waren die Kosten in Ägypten höher; und bei aller Feinheit des Rohmaterials war die Qualität des Endprodukts geringer. Allerdings waren die Briten höchst irritiert über Alis Monopol an den Baumwollausfuhren sowie über die Importschranken für ausländische Baumwollartikel. Begünstigt von den Fehlkalkulationen des Vizekönigs und seinen extravaganten politischen Ambitionen, zwangen sie ihm daher den Freihandel auf.

Forscher mit »progressiven« Neigungen sehen darin ein Abwürgen von Ägyptens industrieller Revolution, zumindest aber eine Maßnahme, mit der Ägyptens Industrialisierung um ein Jahrhundert verzögert wurde. Dabei geht man von der Annahme aus, daß eine Industrialisierung »ohne Schutzzölle, Steuerbefreiung, Nachlässe bei den Transportkosten, billige Energie, besondere Krediterleichterungen für bestimmte Branchen, Bildungsmaßnahmen et cetera, die nur eine Regierung, die über ein großes Maß an politischer und finanzieller Unabhängigkeit verfügt, gewähren kann«[37], zum Scheitern verurteilt ist.

Ich halte das alles für Wunschdenken. Muhammad Alis Ägypten soll kurz vor der Industrialisierung gestanden haben? Nein! Sein großes Projekt lag schon in den letzten Zügen, als der neue Handelsvertrag wirksam wurde. Gewiß investierte der alte Pascha noch bis zu seinem Tod im Jahre 1848 in Industrieanlagen; aber der kämpferische Ehrgeiz war weg, und das Geld war schlicht zum Fenster hinausgeworfen. Auch die Zölle waren nicht der entscheidende Punkt. So hatten etwa die Japaner zwischen 1850 und dem Beginn des neuen Jahrhunderts keinerlei Schutzzölle. Sie waren darüber nicht glücklich. Aber sie hatten Erfolg. (Es sei angemerkt, daß die antiimperialistischen Historiker immer in zwei Richtungen argumentieren: Einmal beklagen sie, daß Ägypten seine vorerst unentwickelten Industrien nicht schützen konnte; dann wieder protzen sie damit, daß eben diese Industrien so gut funktionierten, daß sie ihre Produkte im Ausland absetzen konnten und die europäischen Konkurrenten vor ihnen zitterten.)

All dies ist reine Phantasiegeschichte. Manches davon nimmt frühere Jubelstimmungen wieder auf: Tatsächlich sahen viele Zeitgenossen in Muhammad Ali einen aufgeklärten Herrscher (Despoten), einen Weisen, einen Erlöser, ausgesandt, um Ägypten aus seinem langen Schlaf zu wecken. Manches davon bringt eine antikapitalistische, antiimperialistische und antieuropäische Ideologie zum Ausdruck. Doch bei allen Schandtaten des Kapitalismus und Imperialismus, bei aller Heuchelei europäischer Ausbeuter reichten Ägyptens Probleme weitaus tiefer. Zu tief, als daß sogar ein erleuchteter albanischer Außenseiter wie Ali sie hätte lösen können.

Auch heute kommen Ägyptens Industrialisierungsbemühungen nur schleppend voran, und zwar aus ähnlichen Gründen wie zu Alis Zeiten. Die Technologien haben sich verändert, und nach den Modellen wirtschaftlicher Spätentwicklung wissen wir, daß Neuankömmlinge darum Anlaß und Anreiz zum Lernen und Aufholen haben sollten. Aber Gesellschaft und Kultur Ägyptens haben sich kaum verändert, was die grundlegenden Dinge betrifft, die über Eignung und Leistungsfähigkeit entscheiden. Damals war Ägypten nicht bereit. Ist es das heute?

Auch andere Gesellschaften des Vorderen Orients haben nicht viel mehr erreicht. Die höchsten Einkommen der muslimisch-arabischen Welt sind natürlich bei den Ölproduzenten und -exporteuren zu finden. Die anderen kommen auf keinen grünen Zweig. Selbst unter den OPEC-Mitgliedern hat der Geldsegen keinen wirtschaftlichen Wandel bewirkt. Eine Studie der Weltbank zu diesen Volkswirtschaften, die den hoffnungsfrohen Titel trägt: »Die Zukunft fordern«, verweist darauf, daß noch 1960 die sieben führenden arabischen Volkswirtschaften ein Durchschnittseinkommen von 1521 US-Dollar aufweisen konnten. Sie lagen damit über den 1456 US-Dollar in den sieben ostasiatischen Staaten Taiwan, Südkorea, Hongkong, Singapur, Thailand, Malaysia und Indonesien, die damals im Kommen waren. Um 1991 waren die arabischen Länder weit zurückgefallen: 3342 US-Dollar gegenüber 8000 US-Dollar. Heute zieht der arabischsprachige Vordere Orient 3 Prozent der gesamten direkten Auslandsinvestitionen auf sich; Ostasien dagegen 58 Prozent.[38]

Aber brauchen die Staaten des Vorderen Orients überhaupt ausländische Investitionen? Der beste Vergleichsmaßstab ist das Spanien des sechzehnten und siebzehnten Jahrhunderts, das, geschlagen mit Reichtümern in Hülle und Fülle, den abschüssigen Weg der Selbstgefälligkeit und des Müßiggangs einschlug. Das gleiche geschieht in den reichen Erdölländern. Sie haben das schwarze Gold gegen Geld eingetauscht und das Geld in die Länder zurückgeschickt, die damit gezahlt hatten. Sie haben auf Teufel komm raus Unternehmensanteile in den fortgeschrittenen Industrieländern gekauft. Sie haben stattliche Häuser, Hotels und Paläste gebaut, riesige, spritschluckende Autos gekauft (aber Kraftstoff ist ja billig, wie Kohle in der Nähe des Bergwerks), im Ausland Grund und Boden erworben, wo sie ihre Reichtümer in Sicherheit wissen und sich kleiden und benehmen können, wie es ihnen zu Hause nie erlaubt wäre. Obschon mit Wüsten reich gesegnet, hat Saudi-Arabien erkleckliche Summen für Sand von australischen Stränden gezahlt. Höchst unrentabel und kontraproduktiv waren die immensen Investitionen in Rüstungsgüter, wozu auch Waffen gehören, die nach internationalem Recht geächtet sind. Vermutlich wird damit großenteils die Freundschaft der Hersteller jener scheußlichen Spielzeuge gekauft.

Diese Länder haben schlicht und einfach keine fortgeschrittene Volkswirtschaft aufgebaut. Wie Spanien seinerzeit haben sie lieber die Fähigkeiten und Dienste anderer gekauft, als sich das Wissen anzueignen, wie man Dinge selbst herstellt. »Was heißt Reichtum?« fragt ein Bankkaufmann vom Persischen Golf:

»*Reichtum*, das ist Bildung ... Sachverstand ... Technologie. *Reichtum* ist Wissen. Wir haben Geld. Aber wir sind nicht *reich*. Wir sind wie das Kind, das Geld von einem Vater erbt, den es nie gekannt hat. Es wurde nicht dazu erzogen, es auszugeben. Es hat das Geld in seinen Händen, aber es weiß nichts damit anzufangen. Wenn man nicht weiß, wie man das Geld ausgeben soll, ist man nicht *reich*. Wir sind nicht reich.
Ohne dieses Wissen, dieses Verständnis sind wir nichts. *Alles* importieren wir. Die Ziegelsteine, um unsere Häuser damit zu bauen. Die Männer, die die Häuser bauen. Gehen Sie auf den Markt! Ist da irgend etwas, das von Arabern gemacht wäre? Nichts. Alles kommt aus China, Frankreich, Amerika ... nichts ist arabisch. Ist ein Land reich, das keinen Ziegelstein herstellen kann oder ein Auto oder ein Buch? Meiner Ansicht nach, nein.«[39]

Das ist wahr; aber warum? Statistische Angaben zum Pro-Kopf-Einkommen oder -Produkt zeigen für einige arabische Länder einen hohen Lebensstandard, in manchen Jahren sogar höher als in den fortgeschrittenen Industrieländern. Aber diese Einkünfte aus dem Öl sind unsicher und am Ende vergänglich. Zum einen ist das Erdöl ein Aktivposten, der sich verflüchtigt (es wird nicht auf ewig sprudeln); zum anderen zieht Reichtum in Verbindung mit politischer Anfälligkeit Opportunisten und Räuber an, private wie öffentliche. Dementsprechend erleben wir dann Verstöße gegen Kartellabsprachen, und schon gehen die Preise in den Keller;[40] oder es versammeln sich Aasgeier, vor allem Verwandte der herrschenden Familie, um sich über das gefundene Fressen herzumachen und es durch einen aufwendigen Lebensstil zu vergeuden;[41] oder wir haben es mit unverblümtem Landraub zu tun, wie im Falle Kuwaits durch den Irak.[42] (Kuwait war natürlich nur das Sprungbrett zu den Golfscheichtümern und weiter zu den riesigen Ölreserven der Saudis.)

Im übrigen besitzt nicht jeder Erdöl. Die muslimischen Länder im Vorderen Orient sind entweder reich oder arm, je nachdem, ob sie Öl besitzen und ihre Bevölkerung groß oder klein ist. Die reichsten Länder haben viel Öl und eine kleine Bevölkerung (Saudi-Arabien, Kuwait); die ärmsten haben wenig Öl und Unmengen von Einwohnern (Ägypten); dazwischen liegen die, die zwar Öl besitzen, aber auch eine zu große Bevölkerung (Irak, Iran). Die Armen rufen nach Solidarität, aber die Reichen haben unmittelbarere Sorgen. Sie fühlen sich nicht sicher, denn der Reichtum schläft schlecht in einem Bett der Armut. Also versuchen sie, sich Sicherheit zu kaufen, indem sie mögliche Rebellen oder Feinde finanzieren; oder sie ordern teure Waffen bei fortgeschrittenen Industrieländern, in der Hoffnung, deren Protektion zu erhalten.[43] (Man möchte sich der Kunden annehmen.) Zugleich produzieren die Armen (wie Pakistan) Nachwuchs, den sie nach Möglichkeit exportieren oder als Diener, für niedere Arbeiten oder als Objekte der Lust an reichere Glaubensbrüder verkaufen.

Keine Lösung in Sicht; bloß erste Hilfe und Krisenmanagement. Ob sie nun reich oder arm sind, die genannten Länder sind ausnahmslos Despotien, deren Führer niemandem verantwortlich und wo Handlungen unvorhersehbar sind, wo Loyalität eine List ist oder ein propagandistisches Gaukelbild und wo alles, die Ökonomie eingeschlossen, der Politik untergeordnet wird und ein einziger Vorfall genügt, alles wieder anders zu machen. Statt sich um Legitimität zu bemühen, etwa indem man auf materielle Verbesserungen verwies – geht's euch denn jetzt nicht besser als vorher? –, brüsteten sich die Führer der arabischen Länder mit Siegen über den Kolonialismus oder den Zionsimus und schwenkten das blutige Tuch des Dschihad, mit der Verheißung, den Gang der Geschichte wieder zu richten.[44] Ich erinnere mich an ein Gespräch, an dem ich 1968 in Amman teilnahm. Ein führender amerikanischer (jüdischer) Wissenschaftler versuchte, eine Gruppe einheimischer Honoratioren von den Vorteilen des Friedens zu überzeugen: Wissen und Zusammenarbeit könnten, so machte er geltend, die Wüste zum Blühen bringen. (Lange Zeit entsprach dies den Vorstellungen der liberalen Zionisten.) Vergeblich; seine arabischen Gesprächspartner bedeuteten ihm, daß sie Dringenderes zu tun hätten, vor allen Dingen müsse erst einmal Israel besiegt werden. Der Wohlstand komme später.

Gekommen ist er noch immer nicht. Er wird auch nicht kommen, allenfalls örtlich begrenzt, auch wenn der »Friedensprozeß« erfolgreich abgeschlossen werden sollte. Denn das Übel ist weitaus allgemeinerer Natur als der israelisch-arabische Konflikt.

Ich würde behaupten, daß es an der Kultur liegt, die erstens keine kompetente und tüchtige Belegschaft hervorbringt; zweitens nach wie vor neuen Techniken und Ideen, die vom feindlichen Westen (von den Christen) kommen, mißtrauisch und ablehnend gegenübersteht;[45] und drittens Wissen verwirft, das ein Angehöriger dieser Kultur sich entweder durch ein Auslandsstudium oder einen Glücksfall anzueignen verstand. Selbst auf der Ebene der Grundkenntnisse ist der Prozentsatz der Analphabeten himmelschreiend hoch, bei den Frauen noch höher als bei den Männern. Schon das sagt alles über eine Gesellschaft, die den Frauen eine mindere Stellung zuweist, und dies steht eindeutig im Zusammenhang mit Einstellungen, die im Islam, speziell im Islam der arabischen Länder, gepflegt werden.

Hier sei ein Wort der Vorsicht angemerkt. Eine Reihe von Fachleuten für den Vorderen Orient, die immer dabei sind, wenn es den Islam gegen (westliche) Herabwürdigung und Anmaßung zu verteidigen gilt, behauptet, daß sich bei den Muslimen die Beziehungen zwischen den Geschlechtern, auch wenn sie von den religiösen Lehren geprägt seien, großenteils unabhängig davon entwickelten. Als Begründung führen sie unter anderem an, daß diese Regeln und Praktiken auf vorislamische Zeiten zurückgingen oder daß man sie von nichtarabischen Völkern übernommen habe, oder daß sie an Einkommen und gesellschaftliche Stellung gebunden seien (die Frauen reicher Männer mußten weder arbeiten noch einkaufen), oder eine Antwort auf die Gefährdungen durch das städtische Leben darstellten und die Frauen vor Beleidigungen ihrer persönlichen Ehre und der der Familie schützten. In einem Punkt haben sie recht: *Sollte der Islam morgen verschwinden, so würden die arabischen Frauen von ihren Männern immer noch so gesehen wie zuvor.* Wieder andere Wissenschaftler – manchmal sind es dieselben – verweisen auf die angeblich feindseligen Motive der westlichen Wissenschaftler: Verachtung und Böswilligkeit bei den »Orientalisten«, Ignoranz und Unbedarftheit bei den »Essentialisten«. Der Zweck von derlei pejorativen Kodewörtern ist Ablehnung und nicht so sehr Widerlegung. Ein sehr bequemes Verfahren.

So reichen denn also diese Gepflogenheiten weit zurück; haben sie aber erst einmal durch eine heilige Schrift ihre Weihen erhalten, dann gewinnen sie an Autorität und Unbeugsamkeit. Doch selbst heilige Texte sind nicht unwandelbar: »Im Verlauf der Geschichte des Islams sind die Ermahnungen des Korans oftmals gebrochen und umgebogen worden.«[46] Auch der Status der Frauen in den arabischen Ländern machte quer durch die Geschichte immer wieder Veränderungen durch, bald im liberaleren Sinne, bald im reaktionären. Man liest von Ausnahmegestalten: Königinnen und Prinzessinnen, die geherrscht, ja sogar regiert haben (und ebenso Politikerinnen wie Benazir Bhutto in Pakistan, Khaleda Zia in Bangladesch und Tansu Çiller in der Türkei); oder von »feministischen« Frauen, die im Westen gelebt und nun andere Verhaltensweisen mit nach Hause gebracht haben, häufig zur Empörung ihrer eher traditionellen Landsleute. Man hört sogar von Herren und Meistern, die in der Privatsphäre des Harems verspottet wurden (wozu ist die Privatsphäre gut?); und man bekommt im Buchhandel eine neue Art intimer Autobiographie – ein wahrer Renner –, in der die Schandtaten männlicher Herrschaft aufgeführt sind (ein Hilferuf und eine Spielwiese für Klatsch).[47]

Der Historiker Bernard Lewis – er ist nicht der einzige – teilt uns mit, daß »der unbeirrbare Marsch der [muslimischen] Frauen in die öffentliche Arena, und zwar als wichtige Mitspielerinnen in der Wirtschaft und zunehmend wichtige Mitspielerinnen in der Politik, ...unumkehrbar und von enormer Bedeutung ist«[48]. Frauen haben nunmehr das Wahlrecht in der Türkei, in Ägypten und im Iran, und selbst der Ayatollah Khomeini, obschon Fundamentalist, hat zu keiner Zeit davon gesprochen, den Frauen dieses Recht wieder zu nehmen.[49]

Ich bin skeptisch. Ich weiß nicht, was eine »wichtige Mitspielerin« ausmacht. Ich würde auch keine baldige Veränderung der Strukturen prognostizieren, die auf der Unterscheidung Mann–Frau gründen. Der arabische Soziologe und Schriftsteller Halim Barakat gesteht zwar die untergeordnete Stellung der Frau zu, meint aber, daß »der Wandel in Richtung auf eine Emanzipation der Frauen mit einer Veränderung der herrschenden sozioökonomischen Strukturen im Sinne einer Beseitigung jeder Form von Ausbeutung und Herrschaft beginnen muß [wird]«[50]. (Wenn das tatsächlich erst geschafft sein muß, dann können wir getrost mit tausend Jahren rechnen.) Ich würde auch nicht zuviel Hoffnung in das Stimmrecht setzen, denn für die arabischen Politiker, speziell für die eher konservativen, ist das Stimmrecht der Frauen etwas, was bei Wahlen für sie zu Buche schlägt. Stimmrecht, ja; politische Macht, nein.

Die muslimischen Araber, so scheint mir, sind von diesen winzigen Innovationen und Widerstandsnestern weitgehend unbeeindruckt geblieben. Zum einen ist deren Botschaft durch die Bereitschaft vieler (der meisten?) Frauen getrübt worden, sich mit den alten Denkweisen abzufinden, ja sie zu verteidigen.[51] Zum anderen werden an das Geschlecht geknüpfte Vorrechte nicht übernommen, sondern abgetreten. Es geht um die Einstellung und das Verhalten der Männer (die Männer geben den Ton an), und deren so gut wie einhellige Auffassung von männlicher Überlegenheit wird von gelegentlichen feministischen Infragestellungen kaum beeinträchtigt. Die Männer werden durch Miniröcke in Beirut nicht bekehrt oder eingeschüchtert, sondern höchstens schockiert und in ihrer Auffassung bestätigt, daß die Frauen auf gräßliche und dämonische Weise der Körperlichkeit verhaftet sind.[52]

Die wirtschaftlichen Konsequenzen der Diskriminierung aus Gründen der Geschlechtszugehörigkeit sind höchst gravierend. Den Frauen die Anerkennung zu versagen heißt, einem Land Arbeitskräfte und Talente zu entziehen,[53] und es bedeutet – schlimmer noch –, daß *der Leistungswille von Jungen und Männern untergraben* wird.[54] Man kann junge Leute nicht dazu erziehen, daß sich die eine Hälfte für biologisch höherwertig hält, ohne ihren Ehrgeiz zu schwächen und ihre Leistung zu entwerten. Man kann die kleinen Jungen nicht »Pascha« titulieren oder, wie im Iran, ihnen erklären, sie hätten einen goldenen Penis, ohne daß Lerneifer und Tatendrang einen Dämpfer bekommen.[55] Zweifellos hat jede Gesellschaft ihre Erfolgstypen, gleichgültig auf welchem Gebiet und womöglich auch nur, weil sie ihre eigene Aufteilung von Aufgaben und Gewinnen hat. Aber sie kann mit anderen Gesellschaften, die dem vollen Kontingent ihrer Talente Leistung abverlangen, nicht konkurrieren.

In der Regel sind die gesellschaftliche Stellung und die Rolle der Frauen der beste Schlüssel für Wachstum und Entwicklungspotential eines Landes. Hier aber liegt das größte Handikap für die islamischen Gesellschaften des Vorderen Orients, der deutlichste Mangel, durch den sie vom Weg in die Modernität abgeschnitten sind. Gewiß, auch in anderen Gesellschaften werden die Frauen diskriminiert und die Männer in den Himmel gehoben. Niemand ist ein Engel. Man denke nur an Lateinamerika und den *machismo* oder an Japan mit seinen Männerbünden und den Familien ohne Vater.[56] Selbst die sogenannten fortschrittlichen Gesellschaften des Westens könnten diesbezüglich einiges mehr tun. Wenn wir allerdings die Geschlechterbeziehungen als eine aufsteigende Linie von keiner bis zur vollen Gleichheit betrachten, dann würden die islamischen Länder und speziell die arabischen die Skala nach unten verlängern. Von Geburt an werden dort die Frauen gedemütigt. Die These lautet: Ihre bloße Existenz ist ein Unheil, ihr Körper Sünde.[57] Die Jungen lernen, daß sie ihre älteren wie jüngeren Schwestern straflos schlagen dürfen, wie ich selbst einen Jungen gesehen habe, der das in aller Öffentlichkeit vor den Augen seiner nicht eingreifenden Mutter tat. Die Schwester verteidigte sich nicht einmal. Das ist schlimm für die Mädchen, aber genauso schlimm für die Jungen.

Ist solch ein Versagen irgendwie typisch für den Islam? Nein. Der Islam ist vielgestaltig. Er ist weltumspannend und in einer Vielzahl von Gesellschaften (und Teilgesellschaften) und Kulturen präsent. In den heiligen Texten des Islams sind überdies viele, auch widersprüchliche Lehren enthalten, die für nahezu jeden Zweck taugen. Der Politikwissenschaftler Fouad Ajami erinnert etwa daran, daß die ägyptische Regierung, nachdem die Muslimbrüderschaft Ägyptens Friedensvertrag mit Israel verurteilt hatte, flugs die Al-Azhar-Universität in Kairo zu der Erklärung veranlassen konnte, daß der Vertrag mit islamischem Recht übereinstimme.[58] Demnach ändert sich die Auslegung je nach Zeit, Ort und Anhängerschaft.

Man solle sich gleichwohl nicht in Einzelheiten verlieren und Verallgemeinerungen vermeiden. So lautet das Lieblingsargument von Apologeten zur Verteidigung des Islams, wenn sie durch Gesetze und Institutionen, die nicht als »fortschrittlich« angesehen werden, in Verlegenheit geraten und umgehend Ausnahmen und Varianten aufzählen. Aber die islamischen Gesellschaften haben durchaus Charakteristika, die ihnen gemeinsam sind und die auf einer von allen geteilten Glaubensauffassung beruhen. Die Tatsache etwa, daß sich im Vorderen Orient sowohl der Staat als auch die politische Opposition auf den Islam berufen, wenn sie ihr Anliegen sanktionieren und absichern wollen, spricht Bände über die gesellschaftliche Geltung der Religion. Der Islam ist das ausschlaggebende Argument, und er begründet die Rückwärtsgewandtheit ebenso wie die Fortschritte.

In anderen Rechtfertigungen wird der Rückschritte bewirkende Einfluß des Islams damit abgetan, daß man auf die wirtschaftliche, religiöse und geistige Aufgeschlossenheit der islamischen Welt in einem ehemaligen Goldenen Zeitalter verweist. Was damals möglich war, so die Überlegung, ist auch jetzt wieder möglich.[59] Dazu möchte man gern ja sagen, gäbe es nicht zwei Einwände. Erstens ist der Bereich, in dem Konkurrenz stattfindet, weitaus umfangreicher als damals, auch das geforderte Leistungsniveau ist erheblich höher. Die Bedeutung dessen, was »modern« ist, hat sich drastisch geändert, weitaus tiefgreifender, als der Islam sich geändert hat. (Sonst könnte man auch argumentieren, weil die Engländer früher Tennischampions hervorgebracht haben, sollten sie auch jetzt wieder dazu in der Lage sein.)[60]

Zweitens ruft das Versäumnis, mit einer Entwicklung Schritt zu halten, eigene Abwehrreaktionen hervor. In dieser Hinsicht war der unermeßliche Ölsegen eine enorme Katastrophe.[61] Das Öl ist Herrschern, Gefolgsleuten und Lieferanten zu Kopf gestiegen; sie haben sich auf Unmengen von Geld zur Ruhe gebettet, es für weitgehend wertlose Projekte vergeudet und dabei alles getan, um ihre bildlich (aber nicht wortwörtlich) grenzenlosen Ressourcen zu erschöpfen. Nicht einmal Saudi-Arabien ist in der Lage, seine Buchhaltung auf Vordermann zu bringen. Zwangsläufig haben diese Plünderer die arme Muslimbevölkerung in Rage gebracht, die nun ihrerseits für ihre Wut und Empörung ein Ventil im Fundamentalismus sucht.

Dies ist das Traurigste an der ganzen Geschichte. Wie alle Religionen hat auch der Islam seine durch und durch überzeugten und hartgesottenen Bekenner; in einer Gesellschaft mit ausgeprägtem *machismo* ergibt dies eine Mischung, die äußerst explosiv sein kann. Daher der rasche Rückgriff auf Gewalt, denn *Gewalt ist der prägnanteste, einem Testosteronschub geschuldete Ausdruck männlichen Machtanspruchs.* Daher auch Massaker an religiösen Gegnern in Syrien, Revolution und Unterdrückung im Iran, die autokratische Despotie im Irak und im Sudan, Giftgasangriffe gegen die Kurden im Irak, Völkermord im schwarzen Süden des Sudan, ebenso wahllose wie gezielte Mordaktionen in Pakistan, Ägypten und Algerien.[62]

Die Gewaltausbrüche in Algerien sind ein typisches Beispiel: Wir haben es nicht mit einem Bürgerkrieg, sondern mit einem Krieg gegen die Bürger zu tun. Besonders eine Tötungsart erfreut sich großer Beliebtheit: das Durchschneiden der Kehle. Das spart Munition und bringt den Mörder Gott näher.[63] Etliche junge Frauen wurden von Killern umgebracht, weil sie sich geweigert hatten, sich mit Revolutionshelden verheiraten zu lassen. Diese Gangster sahen darin einen berechtigten Anspruch, den sie *zuerst als Männer* und dann als Soldaten zu haben glaubten.

Das Frappierendste an den Aktionen der Fundamentalisten in Algerien ist ihre rasche Ausbreitung, ist die Kürze der Zeit, in der es ihnen gelang, die Uhr um Jahrhunderte zurückzudrehen.

»Ich heiße Ozymandias, König der Könige.
Seht auf mein Werk, ihr Mächtigen, und gebt eure Hoffnung auf!«
Nichts bleibt außerhalb ... grenzenlos und kahl
Erstrecken sich die einsamen, gleichförmigen Sandebenen bis ins Unendliche.

*

Orientalisten und Essentialisten

Unter den Historikern schlagen, was den Vorderen Orient angeht, die Emotionen hohe Wellen. Leser und Publikum wissen die Antworten im voraus. Die häufig mit Erbitterung und Verbohrtheit geführten Debatten sind alles andere, nur keine Debatten. Niemand ist bereit, seine Waffe an der Tür abzugeben; man könnte sie ja noch brauchen. Als *casus belli* gelten unter anderem: der arabisch-israelische Konflikt, der direkte und indirekte Wirtschaftsimperialismus Europas und die westliche Kritik (sprich: Verleumdung) der arabischen oder islamischen Kultur, insbesondere der Diskriminierung der Frauen.

Angesichts solcher Voraussetzungen arten die Debatten oftmals in Beschimpfungen aus. Sinn und Zweck (beziehungsweise Wirkung) solcher Schmähungen ist der, den Gegner in eine Minderheitsposition zu drängen oder gar auszuschließen. Er ist ein ... (hier trage man das entsprechende Schlagwort ein.) Jedes weitere Wort erübrigt sich dann.

Als wirkungsvollste dieser Bestrebungen, den innerwissenschaftlichen

 Gegner kaltzustellen, erwies sich die Erfindung des »Orientalismus«. Gemeint ist damit die Sünde, von außen über Asien, speziell über den Vorderen Orient, zu schreiben, das heißt von oben herab, vom Standpunkt des gönnerhaften, feindseligen, ausbeuterischen Westens. Attacken auf die einstmals ehrenhafte Faszination für alles, was mit dem Orient zusammenhängt, reichen bis mindestens in die sechziger Jahre zurück, aber erst mit der Veröffentlichung von Edward Saids gleichnamigem Buch (*Orientalismus*) im Jahre 1978 wurden solche Angriffe gängige Münze und stellten einen Großteil der westlichen Literatur über den Vorderen Orient in Frage.[64] Die Anklageschrift lautet wie folgt:

1. In den Arbeiten von Außenstehenden wird der Untersuchungsgegenstand verzerrt, indem Personen zu Objekten gemacht werden. Diese Objekte sind *per definitionem* jeder Manipulation und Fremdbestimmung ausgeliefert. Für Said sind gedankliche Systeme wie der Orientalismus eine »Rhetorik der Macht, ideologische Fiktionen, vom Geist geschmiedete Handschellen«.
2. Solche Scheinwissenschaft neigt jederzeit und überall zur Klischeebildung. »Orientalen« – schon die Bezeichnung ist ein eurozentrischer Zwangsbegriff – sind zu allen Zeiten unterschiedslos gleich, und diese wesensmäßige Gleichheit rührt von einem zeitlosen Islam her, der »sich nie ändert«. Daraus erklärt sich das intellektuelle Begleitübel des »Essentialismus«. Die Orientalisten haben nichts übrig für Details, Nuancen oder Strukturen.
3. Klischeebildung führt schnurstracks zum Rassismus und ins Vorurteil. Sie spaltet eine gesellschaftliche Gruppe von der anderen ab, schürt Arroganz auf der einen und Ressentiment auf der anderen Seite. »Ohne ›den Orient‹ würden die eher rassischen, ethnischen und nationalen Unterscheidungen weniger wichtig sein als das gemeinsame Unternehmen, die menschliche Gemeinschaft zu fördern.«[65]

Mit erhabenen Gefühlen läßt sich schlecht streiten, aber Gefühle reichen nicht aus. Das Bemühen, das Fach von diesen künstlichen Gebrechen zu säubern, ist inzwischen zu einem Sturmangriff auf das Wissen geworden. Zunächst werden mit der »antiorientalistischen« Methode regelmäßig die Forschungsinstrumente aussortiert. Wie jeder gute komparatistisch vorgehende Wissenschaftler weiß, sind Unterscheidungen der Anknüpfungspunkt für das Verstehen. Der »Antiorientalist« kann nicht beides auf einmal haben: einerseits das Bemühen um Unterscheidungsmerkmale als »essentialistisch« anprangern und andererseits das Verständnis interkultureller Differenzen einfordern. Es ist gerade dieses Verständnis, das der Verschiedenheit eine Bedeutung für die gemeinsame menschliche Natur verleiht.

Ironischerweise waren gerade jene »Orientalisten«, die hier so rundweg abgeurteilt werden – jene Philologen, Archäologen und Reisenden, vom Sand enthusiasmierten Westler in orientalischer Kluft –, hoffnungslos vernarrt in die Welt des arabischen Islams. Manche suchten dort sogar das verlorene Paradies. Um das Motto eines jüngst erschienenen Buches zu zitieren:

»Der Reiz, der Zauber Arabiens, wie man es auch häufig nennt, ist ein Leiden der Einbildungskraft.«[66] Heute werden diese Orientalisten als überhebliche, rassistische Imperialisten gescholten. Soviel zu ihrer romantischen Neigung: Kein Entgegenkommen bleibt ungeahndet. Sie sollen es ehrlich gemeint haben? Na wenn schon. Ehrlichkeit ist die billigste aller Tugenden.

Daß es auf die Nuance ankommt, schließt außerdem nicht aus, daß auch Verallgemeinerungen erhellend sind. Gewiß ist alles viel komplizierter, als es den Anschein hat. Jeder Mensch, jedes Ereignis ist einzig. Gleichwohl muß man versuchen, die Dinge zu vereinfachen und Strukturen ausfindig zu machen. Sonst haben wir am Ende nichts als ein Sammelsurium von zusammenhanglosen Einzelinformationen.

Und schließlich: Schlechte Nachrichten sind nicht zwangsläufig falsch. Eigenständige Beobachtungen werfen vielleicht ein ungünstiges Licht auf dieses oder jenes Phänomen, aber als Zeugnis sollten sie nach ihrem Gehalt beurteilt und nicht von vornherein als falsch abgetan werden. Daraus kann nichts anderes als Selbstzensur und Pflichtvergessenheit erwachsen. Im großen und ganzen läuft die »antiorientalistische« Kritik auf Instruktionen eines Anwalts an seinen Mandanten hinaus. Anwälte werden dafür bezahlt; Wissenschaftler haben höhere Verpflichtungen.

In diesem Zusammenhang ist auch jene implizite Behauptung zurückzuweisen, daß einem Außenstehenden kein Urteil zustehe, daß nur Muslime den Islam verstehen, nur Schwarze die Geschichte der Schwarzen begreifen und nur Frauen die Frauenforschung würdigen könnten und so fort. Das führt geradewegs in die Isolierung und bedeutet, im Aneinandervorbeireden, das Ende der wissenschaftlichen Auseinandersetzung. Zudem verschließt man sich weiterführenden Einsichten von Außenstehenden und gerät in Gefahr, bei rassistischen Positionen zu landen. Ich kannte einmal einen gebildeten Bostoner, der nicht verstehen konnte, warum ein Student italo-amerikanischer Herkunft unbedingt über Christoph Kolumbus arbeiten wollte (»Ich dachte, Kolumbus wäre Italiener«, war die Antwort des Studenten); und ein anderer, nicht minder gebildeter Neu-Engländer war höchst erstaunt zu hören, daß ein Afro-Amerikaner sich mit römischer Geschichte befaßte, ganz so, als wäre er selbst irgendwie römischer als der Student.[67]

Die unterschiedliche Behandlung mit Ausschließungscharakter lädt überdies zur Loyalitätsprüfung ein: Steht dieser oder jener Wissenschaftler auch auf der richtigen Seite? Das gilt sowohl für Außenstehende, die sich durch das richtige Denken Akzeptanz »verdienen« können, als auch für die, die bereits dazugehören; hier spielt dann sogar die Hautfarbe keine Rolle mehr. Ein afro-amerikanischer Historiker oder Politologe, der den Kriterien der *political correctness* nicht gerecht wird, ist dann plötzlich ein »oreo« – der Name einer weithin bekannten Kekssorte, ein Plätzchen mit einer Schokolade- und Cremefüllung.

Im Lager der »Antiorientalisten« des Vorderen Orients dient der Antizionismus als Schibboleth. Jedwede Nachsicht mit Israel ist schon Beweis für

 Irrtum und Irrelevanz, wenn nicht für Schlimmeres. Auf dieser Linie haben Edward Said und seine Anhänger alles darangesetzt, Bernard Lewis auszuschalten und anzuschwärzen – als »Orientalisten« und »Essentialisten«, eine führende Autorität in seinem Fach, aber »der Sache Israels zu eng verbunden, als daß man ihn eines unparteiischen Urteils für fähig halten kann«. Gewiß hat Lewis »ebenso ausgeteilt, wie er hat einstecken müssen. Gleichwohl hat Saids Kritik in der westlichen Wissenschaft massive Unterstützung erfahren, und von den Vertretern des Islams und anderen im Vorderen Orient wurde sie mit Genuß nachgebetet.«[68]

Andererseits haben einige außenstehende Wissenschaftler sich dadurch qualifiziert, daß sie mit den Hütern der wahren Lehre politisch übereinstimmen. Entsprechend läßt Said in seinem *Orientalismus*-Buch bei einer Handvoll westlicher Wissenschaftler mit propalästinensischer, proarabischer oder proislamischer Einstellung eine Ausnahme gelten; diese mögen mit ihrem Urteil recht haben oder auch nicht, auf jeden Fall aber stehen sie auf der – in seinen Augen – richtigen Seite. Gesinnung triumphiert über Wahrheit und Tatsachen.[69]

Auf diese Art funktioniert Zensur durch Ausschluß und Übergehen. Wissenschaft und Forschung sind die Verlierer.

*

Japanische Frauen sprechen Klartext[70]

Der Fall Japan könnte als die Ausnahme erscheinen, die die Regel bestätigt (jeder weiß, welche Machos die japanischen Männer sind), und so unterlassen es die Apologeten der in den muslimischen Ländern praktizierten Behandlung der Frauen oder genauer: der Kultur in den arabisch-islamischen Ländern auch nicht, zum Zwecke der Beschönigung auf dieses Beispiel zu verweisen. Wenn die Japaner soviel erreicht haben, obwohl sie ihre Frauen herabwürdigen, warum muß es dann in islamischen Gesellschaften als ein Nachteil gelten? Tatsächlich haben die Japanerinnen traditionellerweise ihre untergeordnete gesellschaftliche Stellung akzeptiert, mit unmittelbaren wirtschaftlichen Auswirkungen. Sie geben nach der Heirat ihre Jobs auf und kommen nur selten in Positionen, in denen sie Männer als Untergebene haben. Ihre traditionelle Kleidung war so geschnitten, daß ihnen, unter dem Vorwand, ihre Sittsamkeit zu wahren und ihre Weiblichkeit hervorzuheben, nur Trippelschritte möglich waren. Ihre Sprechweise wurde gegen die der Männer abgegrenzt und mit mehrsilbigen Bekundungen der Ehrerbietung befrachtet. Ihre Stimmen wurden auf ein keuchendes Soprangepiepse getrimmt. Ihre Gestik wurde gedrillt, bis sie eine Karikatur gezierter und angstzitternder Demut war. (Es überrascht denn auch kaum, daß die japanischen Männer Trost in Badehäusern und anderen Etablissements fanden, in denen ihre Partnerinnen mehr »Natürlichkeit« an den Tag legten.)

Doch diese höchst kunstvolle Unterwürfigkeit, wie sie uns aus japani-

schen Drucken, Theaterstücken und Samurai-Filmen in Erinnerung ist, war
weniger landesüblich als vielmehr klassenspezifisch. Adelige und Grundbesitzer mochten so verfahren, diejenigen also, die sich den Müßiggang leisten und Diener bezahlen konnten, die ihnen zur Hand gingen. Fast überall sonst, auch in den wohlhabenden Handelsfamilien, hatten die Frauen die Pflicht, mit für den Erhalt des Familienhaushalts (des *ie*) zu sorgen. Das bedeutete nicht nur, daß das Haus in Ordnung gehalten und die Kinder aufgezogen werden mußten, sondern auch, daß zur Sparsamkeit angehalten, Ackerbau und Gewerbe betrieben und Wohlstand geschaffen werden mußte. Diese primäre Aufgabe bezog jedes Familienmitglied mit ein, vom Ehemann (und womöglich der Mutter des Ehemanns) bis zu den Kleinkindern. Natürlich änderte sich mit der gesellschaftlichen Stellung und dem Einkommen einer Familie auch der Inhalt dieser Aufgabenstellung, aber die Beteiligung an dieser gemeinsamen Sache, die an das Ziel nationalen Wohlergehens und nationaler Größe anknüpfte, gab den Frauen mehr Einfluß, als eine vereinfachte Sicht auf die Benimmregeln für Frauen vorderhand vermuten läßt.

Gegenüber den konventionell erzwungenen Beschränkungen weiblichen Verhaltens und den Regeln zur Wahrung der männlichen Vorrangstellung hatten umfassendere Interessen dann doch Priorität. Ungeachtet der weiter bestehenden traditionellen Diskriminierung der Frauen setzten die Bildungsbehörden der Meiji-Epoche (ab den siebziger Jahren des neunzehnten Jahrhunderts) die allgemeine Grundschulpflicht durch: ein zunächst vier- und später dann sechsjähriger Schulbesuch für Mädchen, der ausreichte, um lesen und schreiben und ein bißchen mehr zu lernen. Warum für Mädchen? Weil das Ziel die Modernisierung des Landes und das Gleichziehen mit dem Westen war. Die Fähigkeit zum Lesen, Schreiben und Rechnen mußte daher allgemein verbreitet sein, und die Kinder mußten beim Lernen ihrer Lektionen unterstützt werden. Die industrielle Entwicklung würde darauf hinauslaufen, daß die Väter außerhalb von Haus und Hof arbeiten gingen; weitere Männer würden ihren Familien infolge von Verwaltungsaufgaben und der Heranziehung zum Militärdienst fehlen. Also mußten die Mütter einspringen. Zuerst lehnten sich viele arme Familien wegen der finanziellen Einbußen, die sie durch den Verlust des Einkommens ihrer Kinder hinzunehmen hatten, gegen die Schulpflicht auf; außerdem waren Unterricht und Lehrmaterial nicht kostenlos. Manche gingen in ihrer Empörung so weit, daß sie Schulgebäude niederbrannten. Aber die Tatsache, daß das eigene Heim zum Unternehmen verklärt wurde, zu einem Grundbaustein für das Wohlergehen und Gedeihen der Nation, bekehrte auch die Nachzügler. So besuchten 1890 erst 30 Prozent der in Frage kommenden Mädchen die Schule, zwanzig Jahre später waren es 97,4 Prozent.[71]

Zugleich veränderten sich die Tätigkeiten der Frauen entsprechend den Erfordernissen der neuen Ökonomie. Immer mehr Frauen fanden außerhalb der Familie eine Arbeit, vor allem in der Leichtindustrie (Textilien usw.), wo der Anteil der Frauen zwischen 60 und 90 Prozent betrug. Auf diese Industriezweige entfielen gegen Ende des neunzehnten Jahrhunderts

40 Prozent des Bruttosozialprodukts und 60 Prozent des Außenhandelsvolumens.[72] Wie sollten mitverdienende Frauen Kinder aufziehen und unterrichten? Die Antwort lautete: Indem sie mit ihrer Heirat aufhören zu arbeiten und sich auf Haushalt und Familie konzentrieren, es sei denn, sie brauchen dieses Geld (ein sehr zentrales »es sei denn«). Entscheidend waren die Prioritäten: Land und Familie gehen vor; erst dann zählt das Geschlecht. Das hatte zur Folge, daß die Rolle der Frau niemals bloß auf Reproduktion festgelegt war. Sie war mehr als ein Gefäß. Sie war Arbeitstier, Konsumentin, Sparerin und Hausverwalterin. Und sie hatte jederzeit, von Rechts wegen und aus Notwendigkeit, Zugang zur Sphäre der Öffentlichkeit. (Gerade hier ist der Gegensatz zu den arabisch-islamischen Gesellschaften ebenso augenfällig wie entscheidend.)

Was die Japanerinnen allerdings nicht besaßen, das waren politische Rechte. Sie durften weder wählen noch regieren, und die japanischen Männer bestanden auf der Berechtigung einer solchen Ausgrenzung. Politik und erst recht militärische Dinge seien nach Recht und Ordnung eine Sache der Männer. (Allerdings haben die japanischen Militärs bereitwillig Krankenschwestern in ihre Ränge aufgenommen, weil dadurch Männer für zerstörerische Aufgaben freigesetzt wurden.) Erst nach dem Zweiten Weltkrieg erhielten die japanischen Frauen das Wahlrecht; diesbezüglich waren sie nicht schlechter dran als die Französinnen und wurden sogar schneller bedacht als die Schweizerinnen. Dennoch haben sie auf der Ebene der öffentlichen Verwaltung wenig zu bestellen. Aber auch hier unterscheidet sich Japan nicht sehr von anderen Ländern.

Wie hat sich diese pragmatische und keineswegs in allen Bereichen praktizierte Diskriminierung der Frauen auf die Männer ausgewirkt? Die Antwort fällt unterschiedlich aus: Die japanischen Männer nehmen ein sexuelles Privileg und Vorrecht für sich in Anspruch, das, im Schutze der Anonymität, gelegentlich in vollgestopften U-Bahnen zum Vorschein kommt.[73] Andererseits machen sich japanische Männer auch schon mal auf Gebieten nützlich, die herkömmlicherweise mit den Frauen in Verbindung stehen. Hier sei, schon aus den Anfängen der Tokugawa-Zeit, ein Händler zitiert, der seinen Sohn über seine Pflichten belehrt:

> »Mit deinen eigenen Händen entfache das Feuer unter dem Herd für Frühstück und Abendessen und lösche danach die Glut. ... Gehe hinter das Haus und sammle Bröckchen und Stücke von allem, was herumliegt: kleine Stücke vom Seil können kleingeschnitten und in den Mörtel gemischt werden ... Holzspäne oder solche von gesplittertem Bambus, auch wenn sie nicht größer sind als ein halber Zoll, mußt du lagern, reinigen und als Brennmaterial für ein Nachtfeuer benutzen ... Wenn bestimmte Dinge zum ersten Mal gekauft werden sollen, dann geh selber hin und kaufe sie. Kaufe so billig wie möglich und merke dir die Preise. Später wirst du dann wissen, ob die Waren, [die der Diener] bringt, zu teuer gekauft wurden oder nicht. Man kann schon sagen, daß es beim Haushalten

um Feuerholz, Holzkohle und Öl geht ... Wenn ein Mann, welchen Beruf auch immer er ausübt, diese Mühen nicht auf sich nimmt, dann wird er nie einen Haushalt mit Erfolg führen können.«[74]

»Welchen Beruf auch immer er ausübt...« Hier redete ein Händler, und er brachte dabei uralte, ursprüngliche Tugenden zum Ausdruck. Mit anderen Worten, die kleinen Japaner wurden verzogen und auch wieder nicht.

Mögen sich infolge der ökonomischen Entwicklung und des politischen Wandels im Detail Änderungen vollzogen haben, die Werte blieben dieselben. Das schulische Leben steht heute unter enormem Konkurrenzdruck, bei den Prüfungen kommt es zu kampfähnlichen Szenen. Je mehr die Städte sich ausdehnten, desto zeitraubender und quälender wurde die Anfahrt der Pendler zu ihrer Arbeitsstätte. Väter haben immer weniger von ihrer Familie, von ihren Kindern, was allerdings den Frauen nur eine um so größere Rolle und Verantwortung brachte. Viele wurden indes auch die angeblichen Freuden der Ehe bald leid. Heutzutage besuchen Frauen mit dem gleichen Recht die Universität wie die Männer, sie machen ihren Abschluß und streben Führungspositionen an. Sie stoßen immer noch an eine gläserne Wand und sind in Gegenwart von Männern nach wie vor schüchtern, ja geradezu verschlossen. Viele aber sind bereit, um ihrer Karriere willen auf eine Familie zu verzichten. In einer Gesellschaft, in der die Pendler nur noch wenig Zeit für Frau und Kinder haben, fehlt es allein auftretenden Frauen nicht an männlicher Aufmerksamkeit. Muslime würden sagen, genau das sei der Punkt.

Als ich 1991 in Japan war und zu einem Abendessen eingeladen wurde, lehnte es die Gastgeberin, wenn auch äußerst gütig, ab, mit den Männern zu essen, aber sie trug auf. Wäre sie jünger gewesen, hätten sie und die Kinder mit uns gegessen. Einige Jahre zuvor war ich in einem arabischen Haus; dort bereiteten die Frauen das Essen, aber sie trugen es nicht auf, ja, man sah sie nicht einmal; der Gastgeber empfing und bediente seine Gäste. Zwei Welten.

Eine Gemeinsamkeit besteht: Auch die japanische Gesellschaft kennt die von Testosteronschüben stimulierte Draufgängerei und die Bereitschaft zur Gewalt. Japan hat eine lange Tradition der Aggressions- und Unterdrückungskriege, die alle mit einer nationalen Notlage gerechtfertigt wurden. Nichts hat mehr dazu beigetragen, Japan voranzubringen. Und nichts so sehr, es zurückzuwerfen.

25
Empire: Und was kommt danach?

Das überseeische Weltreich Europas nahm mit der Ausdehnung auf die atlantischen Inseln (Kanaren, Madeira) und Teile Nordafrikas im fünfzehnten Jahrhundert seinen Anfang und endete mehr oder weniger in der zweiten Hälfte des zwanzigsten Jahrhunderts. Fünfhundert Jahre Herrschaft, eine lange Zeit. Und doch war der Kolonialismus, bei all seinen enormen Auswirkungen, nur eine vorübergehende Erscheinung im größeren Gang der Weltgeschichte. Prunk und Selbstbewußtsein bei den einen, Demütigung bei den anderen – all das ist vorbei. Nicht vergessen zwar, denn die Erinnerungen bleiben. Die Verluste sind jedoch wettzumachen, die Gewinne können gerettet werden. Aufgaben und Chancen gibt es genug.

Imperium, Imperialismus; Kolonie, Kolonialismus; all diese Begriffe müssen definiert werden.[1] *Imperialismus* ist das System (»Prinzip oder Idee«) des Weltreichs beziehungsweise das Streben nach einem solchen – die Herrschaft eines Landes über andere. Imperien entstehen in der gleichen Weise wie Staaten; die einen sind stärker, die anderen schwächer. Mit Blick auf diesen langen Stammbaum und auf den engen Zusammenhang, der zwischen dem Imperium einerseits und militärischer Eroberung und diplomatischer Transaktion, Status, Macht und Reichtum andererseits besteht, waren »Imperium« und »Imperialismus« einst voller Stolz gebrauchte Worte. So hat König Georg V. im Januar 1936 noch bei seinem letzten Atemzug gefragt: »Wie steht's um das Empire?«

Der Verweis darauf, daß Imperien bis in den Anfang unserer Geschichte zurückreichen, mag wie eine Binsenweisheit erscheinen; tatsächlich ist er jedoch alles andere als nichtssagend. So behaupten manche, daß der Imperialismus, der seinen Scheitelpunkt gegen Ende des neunzehnten Jahrhunderts erreichte, irgendwie eine Erfindung oder ein Nebenprodukt des modernen Kapitalismus sei – in Lenins Worten »die höchste Stufe des Kapitalismus«. Darauf aufbauend, vertreten sie die These, die Schaffung eines Imperiums sei für das Wohlergehen und Überleben des modernen Kapitalismus notwendig (unabdingbar) gewesen. Die Hartnäckigkeit, mit der die Überzeugung fortlebt, läßt sich an dem beeindruckenden Umfang der Literatur ermessen, in der behauptet wird, der Imperialismus habe vor allem auf materiellen Profit gezielt, auch dort, wo er offenkundig ein Verlustgeschäft war.[2]

Die Geschichte straft solche engen Zusammenhänge mit dem Kapitalismus Lügen. Man denke nur an die antiken Reiche von Ägypten, China, Assyrien, Persien, Rom et cetera; oder in neuerer Zeit an das unbeweint untergegangene kommunistisch-sozialistische Reich der Sowjetunion. Daß zu diesem Thema soviel Tinte verschwendet wurde, verdeutlicht, wie groß das

Bedürfnis war, Imperialisten und Kapitalisten durch den Aufruf zu Widerstand und Revolution in Verruf zu bringen. Sie machen es nur wegen des Geldes! Was könnte es Ärgeres geben? Inzwischen führen falsche Definitionen und Erklärungen zu falschen Schlußfolgerungen.

Kolonialismus ist *Imperialismus* in finstersten Farben: »Für viele sind damit ungerechte soziale Asymmetrien verbunden, Mißhandlung von Menschen und ethische Vorschriften, gegen die Widerstandsaktionen, der Ruf nach Gerechtigkeit und Befreiungskämpfe geboten sind.«[3] Dabei hatte das Wort »Kolonie« anfangs eine durchaus unschuldige Bedeutung: In der Welt der Antike bezeichnete es eine ferne Siedlung, etwa die phönizische Kolonie in Karthago oder die griechischen Kolonien in Italien. Heute indessen, so haben wir lernen müssen, bedeutet Siedlung immer eine Form der Verdrängung (nichts ist so rar wie unbewohntes Land) und kann darum gar nicht gut oder tugendhaft sein, zumindest nicht für die Opfer. Folglich ist Besiedlung als planvolles Unterfangen (Kolonialismus) durch und durch schlecht. In der neueren Debatte ist der Begriff *Kolonialismus* daher erweitert worden und bezeichnet jetzt »jeden ökonomisch oder politisch abhängigen Zustand«, ob damit die Umsiedelung der einheimischen Bevölkerung verbunden ist oder nicht.[4] Diese pejorative Bedeutung hat zeitgenössische Kritiker ausländischer (westlicher) Herrschaft dazu veranlaßt, dem Wort *Kolonialismus* gegenüber dem älteren Begriff des *Imperialismus* den Vorzug zu geben. *Kolonialismus* klingt übler.

Europäischer Imperialismus (Kolonialismus) – ich werde beide Begriffe gleichbedeutend verwenden – reicht bis ins Mittelalter zurück; Imperialismus war schon jener Drang nach Osten, in dessen Folge die Teutonen slawisches Land eroberten, oder die Invasionen der Normannen in England und der Normandie oder der Engländer in Irland oder die *Reconquista* in Spanien.[5] Nicht selten endete diese Expansion mit einer Absorption: Die Eroberer vermischten sich mit der einheimischen Bevölkerung, bis ihre eigene Identität sich schließlich auflöste, oder sie verleibten sich die Eroberten ein (abzulesen an Mischehen, Sprache und Personennamen).[6] So besiegten etwa die Normannen die Angelsachsen (1066 und danach), die selber früher schon die Römer vertrieben und die einheimischen Britannier unterworfen (ein keltisches Volk, das seinerseits die Ureinwohner besiegt hatte) sowie die keltisch sprechende Bevölkerung nach Wales und über den Kanal in die Gegend vertrieben hatten, die heute unter dem Namen Bretagne bekannt ist. Noch heute kann jemand, der bretonisch spricht, walisische Radiosendungen hören und das meiste von dem Gesagten auch verstehen.[7]

Das gesamte Inselreich Großbritannien ist mit anderen Worten ein Palimpsest aufeinanderfolgender Invasionen und Landnahmen, die zumeist in eine einheitliche Gesellschaft mündeten, auch wenn es noch heute unter der eroberten walisischen und schottischen Bevölkerung manche gibt, die von der früheren Unabhängigkeit und einer eigenen Identität träumen. Ähnliche Brennpunkte der Unzufriedenheit kann man im spanischen Baskenland finden (allerdings weniger auf der französischen Seite), in Katalonien und auf Korsika, in den Trümmern der früheren Habsburger- und Romanow-Reiche; und die derzeitige Tragödie auf dem Balkan gemahnt uns daran, daß die Erinnerungen an Niederlage und Eroberung lange fortbestehen oder wiedererweckt beziehungsweise manipuliert werden können, und daran, daß das Leben kurz, die Rache aber von Dauer ist. 1389 haben die Türken die Serben auf dem Amselfeld besiegt; die Türken haben das längst vergessen, aber die Serben haben diese Niederlage umfunktioniert und ihre nationalen Bestrebungen daran wie an einem Magneten aufgeladen.

Ähnliche Entwicklungen gab es überall auf der Welt. Die Chinesen etwa orientierten sich jahrhundertelang nach Süden, wobei sie Völker, die keine Han waren, unterwarfen und in sich aufnahmen. Die Japaner haben ihre »Heimatinseln« von den Ainu erobert und diese bis auf einen kleinen Rest im äußersten Norden des Inselreichs dezimiert. Die Burmesen wanderten aus ihrem ursprünglichen Heimatgebiet in der Mongolei aus und gaben ihren Namen einem Land weit im Süden; dabei verleibten sie sich die meisten einheimischen Völker ein, machten sich allerdings bis zum heutigen Tag auch viele Gegner. Die Araber brachen eines Tages aus der Wüste auf und strömten in die Länder des fruchtbaren Halbmonds, dann weiter nach Nordafrika und bekehrten die meisten ihrer Untertanen zum Islam. Sie errichteten muslimische Staaten, und ihre Sprache wurde zum Allgemeingut und gemeinsamen Nenner unterschiedlicher Völkerschaften. (Seit 1998 ist das Arabische einzige Amtssprache in dem ehemals französischen Algerien.) Die Folge ist, daß unser eurozentrischer Terminus *Vorderer Orient* mittlerweile Gebiete bis zur afrikanischen Atlantikküste meint.

Die gängige Vorstellung, daß der Imperialismus eine westliche Erfindung sei, die nur nichteuropäische Völker heimgesucht habe, ist also offensichtlich falsch.[8] Und doch halten die meisten Leute genau das für Imperialismus. Gewiß, als die Europäer um die Welt segelten oder fuhren und fremde Stämme und Nationen mit Hilfe ihrer überlegenen Waffen und Kenntnisse unterwarfen, war das ein ganz neuartiger Vorgang. Jene fernen Stätten und Völker waren kulturell, geographisch und physisch sehr weit weg. Während frühere Eroberungen praktisch vor der Tür stattgefunden hatten und mit Einverleibung oder Assimilation der Eroberten endeten, wurden diese fremdartigen Länder als Beute betrachtet, als Spielwiese ungeahnter Möglichkeiten – nicht als Bestandteile, sondern als Anhängsel. Die Eingeborenen? Ein minderer Menschenschlag, brauchbar, verbesserungsfähig, aber keine potentiellen Europäer. Das Mutterland hatte nicht vor, das Alte mit dem Neuen zu verschmelzen, obwohl das durchaus eintreten konnte und in Spanisch-Amerika und den portugiesischen Kolonien der Alten und der Neuen Welt auch tatsächlich eingetreten ist.[9] Eine Geschichte aus dem Sport ist in dieser Hinsicht aufschlußreich. 1898 ließ der britische Gouverneur von Westafrika zwei Kricketfelder bauen, eines für Europäer und eines für die Einheimischen. Als dann beide Mannschaften gegeneinander antraten, wurden diese Spiele zu einem Wettstreit zwischen den Rassen. Als schließlich die Afrikaner allmählich die Oberhand gewannen, mußten die Wettkämpfe eingestellt werden.[10] Seither haben wir einen langen Weg zurückgelegt: weniger Kolonialstolz und mehr koloniale Verluste.

Annexion und Ausbeutung dieser fernen Länder erfolgten auf unterschiedliche Weise. Den Spaniern kam es vor allem auf die Schätze an. Ihr Herrschaftsgebiet setzte sich aus Erzadern zusammen, die mit lokalen und regionalen Nachschublinien für Arbeitskräfte, Nahrungsmittel und gewerbliche Erzeugnisse sowie mit den Schiffahrtslinien verbunden wurden, die zurück nach Europa führten. Die Portugiesen ihrerseits hatten es in Asien mit Ländern zu tun, in denen weitaus größere Völkerschaften lebten, die sie nicht besiegen konnten. Sie mußten sich daher auf kleine, leicht zu verteidigende Besitzungen wie Goa – Stützpunkte, die eine militärische Präsenz bezeugen – verlassen und von dort ausschwärmen, um zu kaufen und zu verkaufen und von örtlichen Händlern Schutzgelder einzutreiben.[11]

Holländer und Engländer wollten Handel treiben, obwohl das häufig Eingriffe in lokale Streitigkeiten und Landnahmen zur Folge hatte. Verwaltung und Sicherheit kosteten Geld, für die kämpfende wie für die stehende Truppe. Aber Territorien ließen sich in Sonderrechtsgebiete und Monopole umwandeln, und die Verwaltungskosten konnten sowohl dem Mutterland als auch der unterworfenen Bevölkerung aufgebürdet werden. Außerdem hatten die Statthalter vor Ort ihre eigenen Pläne; die Spanier waren beileibe nicht die einzigen Konquistadoren.

Einmal etabliert, hatten Holländer und Briten einen gelenkten Ackerbau zum Ziel, der weit über das hinausging , was die Natur von sich aus bereitstellte. Die Geschichte des Empire ist eine Geschichte zielstrebiger botanischer Unternehmungen, bei denen Pflanzen auf Böden und in Gebiete umgesiedelt wurden, die Erträge versprachen: Zuckerrohr, das vom Indischen Ozean aus seinen Weg um die ganze Welt bis in die Karibik nahm; Teesträucher, die von China nach Indien und Ceylon umgepflanzt wurden (indischer gegen chinesischen Tee); Gummibäume, deren Samen aus Brasilien herausgeschmuggelt und in Malaysia ausgesät wurden; der Chinarindenbaum (der das Chinin liefert), der von Südamerika über St. Helena nach Java verpflanzt wurde; ölhaltige Pflanzen aus der Neuen Welt, die in Westafrika eine neue Heimat fanden; Kaffee hierhin, Kakao dorthin. In diesem Zusammenhang spielte der Königliche Botanische Garten in Kew am Ufer der Themse, anfangs die Liebhaberei einer Prinzessin, eine führende Rolle – als Modell für das Zusammenwirken von Wissenschaft und Handel. Das alles war profitabler und auch dauerhafter als plündern und ausreißen, auch wenn offenkundig niemand Einwände gegen Schatzfunde hatte, auf die man im Laufe der Jahrhunderte stieß: Diamanten in Indien und Südafrika, Gold in Australien und Afrika, Öl in Burma und in Südostasien.

Privat- und Sonderinteressen kamen rationalen und besonnenen Absichten in die Quere. Die Kaufleute selber wollten nur Handel treiben, auf territorialen Gewinn waren sie nicht aus. Sie hätten mit dem Teufel Geschäfte gemacht, solange der Profit stimmte. Aber sie wollten dabei nicht von einheimischen Händlern oder Kolonialbeamten, die in allen Kaufleuten eine potentielle Beute sahen, ausgeraubt oder schikaniert werden. Wenn daher Europäer in Schwierigkeiten kamen, baten sie ihre jeweiligen Regierungen um Hilfe.

Die Regierungen legten sich in der Regel tüchtig ins Zeug, wenn auch nicht ihre stocksteifen und weitgehend inkompetenten Repräsentanten vor Ort, die eher aufgrund familiärer und politischer Beziehungen als wegen persönlicher Verdienste auf ihre Posten gekommen waren.[12] (Die Biographien dieser eingebildeten Wichtigtuer lassen einen zweifeln, wie es England je gelingen konnte, sein Empire zu errichten und zu behalten. Allerdings können ein paar Ausnahmefiguren durchaus eine ganze Horde von Pöstchenjägern aufwiegen, zumal wenn man bedenkt, daß die vornehmtuenden Günstlinge selig waren, wenn sie die Arbeit Untergebenen überlassen konnten.) Ganz versessen auf Form und Protokoll, lehnten diese Kolonialbeamten aus guter Familie die Händler als unfein und rüde, geldgierig und aufdringlich ab. Pech für sie, denn die Geschäftsleute hielten sich nicht lange auf und suchten über »informelle Kanäle« den direkten Zugang nach London oder Paris, wo der Hinweis aufs Geld prompt verstanden wurde.

Außerdem hatten die Kolonialbeamten ihre eigenen Sorgen: Beförderung und Bereicherung. Das Empire zog solche Leute förmlich an, Männer, die keine Lust hatten, als Richter in irgendeiner ländlichen Grafschaft ihrer Heimat zu versauern, Männer mit Stolz und Tatkraft und, wenn wir den Berichten Glauben schenken können, Männer, die zuweilen von den sexuellen Zweideutigkeiten und Freizügigkeiten einer rassisch gemischten Welt ohne Gesetze angelockt wurden. Das Leben war nicht gesund in jenen Weltengegenden, und mancher Kolonialbeamte starb eines frühen Todes. Sie tranken wie die Löcher, und Alkohol ist bekanntlich ein Gift. Aber Männer, die vor Elan und Tatendrang brennen, halten sich stets für unsterblich. Nach außen hin sprachen sie freilich von »Pflicht« und »edlen Zielen«, von »Berufung« zu Höherem.[13]

Zum Höheren gehörten auch Eroberungen, »die Herrschaft über Palme und Kiefer«. Die Weisen im Kolonialministerium mochten vielleicht versuchen, ihre Vertreter in Übersee im Zaum zu halten, aber es dauerte Monate, ehe die Anweisungen eintrafen; genug Zeit, um vollendete Tatsachen zu schaffen. »*Peccavi* [Ich habe gesündigt]«, schrieb Sir Charles Napier an seine Vorgesetzten in London – ein Wortspiel, um seinen Ungehorsam zu mildern, weil er im Jahre 1842 entgegen ausdrücklich anderslautenden Befehlen die Provinz Sindh eingenommen hatte. Und so kam es, daß die Engländer im Laufe der Jahrhunderte zunächst häppchen- und dann happenweise große und kleine Gebietsteile zusammenbrachten: ganz Indien, ein großes Stück von Burma, Kanada bis hin zum Pazifischen Ozean, Australien und Neuseeland, dazu Wasserstellen und Tankstationen, strategische Machtstellungen, Rückzugspunkte an den wichtigsten Handelsrouten sowie am Rande großer Märkte (so etwa Gibraltar, Malta, St. Helena, Kapstadt, Bombay, Singapur, Hongkong, Aden). Solche Orte machten sich bezahlt und ergaben eine Perlenkette rund um den Globus. Manche waren Beutestücke imperialen Ehrgeizes, andere von Interesse für den Handelsverkehr, aber alle waren der Lohn überlegener Macht.[14]

Früher hörten Studenten, die sich mit Weltgeschichte (oder europäischer Geschichte) befaßten, von »alten« und »neuen« Reichen. Die alten, das waren jene Territorien, die etwa zwischen 1500 und 1800 in Besitz genommen worden waren: die Herrschaftsgebiete der Spanier in Amerika, die englischen und französischen Besitzungen in Nordamerika, die Schnäppchen der Portugiesen, Holländer und Briten rund um den Indischen Ozean. Um die Wende zum neunzehnten Jahrhundert sagten sich dann fast alle in Amerika gelegenen Gebiete jener »alten Imperien« von ihren Mutterländern los. Für viele Europäer dokumentierte sich darin die Sinnlosigkeit des ganzen Unternehmens: Waren jemals zuvor solche Unsummen von so vielen für so wenig verschwendet worden? Das Verlangen nach Kolonien, so haben wir gelernt, ließ rapide nach. Der Imperialismus trat nach 1763 (dem Jahr des Vertrages von Paris zwischen England und Frankreich) angeblich für ein Jahrhundert auf der Stelle.

Die britische Innenpolitik verlieh einer solchen Periodisierung einige Plausibilität. Die Whigs etwa, die ja immer sehr praktisch orientiert waren, bezeichneten das ganze Geschäft als Fehler, als zum Fenster hinausgeworfenes Geld, ausgegeben für unzivilisierte, undankbare und abtrünnige Subjekte (George Washington und Konsorten) – »durchtriebene, verschlagene und gerissene Leute«[15]. Einige traten sogar dafür ein, Kolonien freizugeben, die ihre Unabhängigkeit noch gar nicht gefordert hatten.

Aber das passierte natürlich nicht. Eine Politik, die so eindeutig Beweis politischer Macht war, konnte nicht gerade in dem Augenblick aufgegeben werden, als die Industrielle Revolution die Europäer stark machte und ihre Fähigkeit zum Überleben in einer bis dato schicksalhaft-tödlichen Umwelt erhöhte. Im Gegenteil: Der Imperialismus war gerade in diesen Jahrzehnten äußerst aktiv, wie sich – unter anderem – am Algerienabenteuer der Franzosen (1830), an der britischen Einnahme von Indien und den Vorstößen nach Burma, an den russischen Eroberungen in Sibirien und im Kaukasus und an der Ausdehnung der Amerikaner nach Westen ablesen läßt. Den blinden Fleck hatten also die Historiker; einen blinden Fleck und zugleich die doktrinäre Vorstellung, daß das Empire den Lockruf eines hochentwickelten (schwächer werdenden?) Kapitalismus abzuwarten habe.

Dieser Lockruf, so belehrte man uns, sei die Erklärung für den »Neuen Imperialismus«. Mit Beginn der späten sechziger Jahre des neunzehnten Jahrhunderts sei, wegen der wachsenden Aufsässigkeit des heimischen Proletariats, der begehrliche Blick auf die ausbeutungsfähigen Arbeiter in Übersee gefallen. Vor allem Afrika, aber auch Teile von Asien und der pazifischen Inseln, seien so bei der Suche nach günstigen Gelegenheiten zur Zielscheibe aller großen europäischen Staaten geworden. Darunter auch Deutschland, das erst sehr spät zu der Einsicht gelangt war, daß es ohne überseeische Besitzungen schwerlich Weltmacht sein konnte. Als der Staub sich gelegt hatte, war ganz Afrika irgendeinem europäischen Regiment unterworfen. Einzige Ausnahmen blieben Liberia, ein amerikanisches Modellvorhaben zur Rückführung Schwarzer in ihre Heimat, und Äthiopien, das sich die Italiener vergeblich zu schnappen versucht hatten.

Dieser »Neue Imperialismus« unterschied sich vom alten. Auch er stützte sich vermutlich auf rationale, materielle Beweggründe, aber in Wahrheit verhießen jene späten Gebietserwerbungen wenig Gewinn. Natürlich bargen einige dieser Länder durchaus potentiell wertvolle Ressourcen, aber zum Zeitpunkt ihrer Annexion wußte man in der Regel nichts von diesen Schätzen. Die Landnahmen waren weitgehend strategischer Natur (»Vom Kap nach Kairo«), oder sie erfolgten, um vorsichtshalber einen Platz zu belegen (besser ich hab's als du). Die auf die Landnahme folgenden Entdeckungen erwiesen sich als glückliche Überraschungen und veränderten zuweilen so nachhaltig die Motivlage, daß prompt neue Kämpfe um die Vorherrschaft ausbrachen. Die südafrikanischen Goldminen zum Beispiel lockten ganze Scharen rauhbeiniger Goldsucher in den Transvaal, lösten Streitigkeiten mit den Behörden der Afrikander aus, brachten England ins Spiel und führten zum Burenkrieg.

Radikale und skeptische Beobachter brandmarkten diese späten Landnahmen als Ergebnis zunächst der kapitalistischen Habgier und dann des Bedarfs – eine Vorbedingung des europäischen Wohlstands. Ersteres war teilweise richtig. Die Habgier hatte freie Bahn, nicht zwangsläufig die kapitalistische Habgier, sondern einfach menschliche Habgier. Dank der Repetier- und Maschinengewehre wurden Raffen und Töten zum Kinderspiel, so leicht, daß europäische Rohlinge ihren Spaß daran hatten, Eingeborene, die sie als »Vieh« titulierten, wie Jagdwild abzuknallen. (Für die sogenannten Gentlemen bot das Jagen die Gelegenheit zu brutalem und hinterhältigem Auftreten. Das ist noch heute so.) Hier zum Beispiel das Zeugnis des jungen Winston Churchill in Erwartung der bevorstehenden Schlacht von Omdurman als Rachefeldzug für Gordons Niederlage bei Khartum: »...wir werden einen großartigen Augenblick miterleben«, schrieb er. »Natürlich werden wir gewinnen. Natürlich werden wir sie alle niedermähen.« Und: »Nie wieder wird man so etwas wie die Schlacht von Omdurman sehen. Sie war das letzte Glied in einer langen Kette spektakulärer Konflikte, deren leuchtender und herrlicher Glanz so sehr dazu beigetragen hat, dem Krieg Zauber zu verleihen.« Die Eingeborenenvölker lernten rasch, den Eroberern den Wind aus den Segeln zu nehmen, indem sie sich umgehend ergaben. Kein Töten, keine Orden und auch keine Beförderungen mehr.[16]

Die zweite These allerdings, die da lautet, Europa habe die Landerwerbungen um des Kapitalismus willen benötigt, ist schlichter Unsinn. Zwar verdienten einige Geschäftsleute an diesen fernen und fremdartigen Plätzen viel Geld, aber die Zahl derer, die leer ausgingen, war größer. Und die europäischen Volkswirtschaften als solche allerdings zogen, wenn überhaupt, nur äußerst geringen Gewinn aus diesen exotischen Geschäften. Gute Geschäftsleute kannten sich da aus. Als der belgische König Leopold, ein Opportunist auf dem Thron, den deutschen Bankier Gerson Bleichröder aufforderte, ihm bei seinen riesigen Besitzungen im Kongo auszuhelfen, lehnte Bleichröder höflich ab. Wie jeder ordentliche Bankier war er an guten Gelegenheiten interessiert, aber einen Reinfall konnte er schon von weitem erkennen. Nur wenige Jahre später (in den frühen achtziger Jahren) plante Bismarck, im fernen Afrika und unter den pazifischen Inseln ein paar fette Brocken zusammenzuklauben. Würde Bleichröder diesmal einspringen? In diesem Fall mußte der Bankier schon ein bißchen mehr Entgegenkommen zeigen, denn Bismarck war auch sein privater Kunde und Gönner; trotzdem verlangte er eine garantierte Mindestrendite.

Mit der Öffentlichkeit verhielt es sich freilich anders. Geschäftsleute kann man eine Zeitlang an der Nase herumführen, bei Politikern gelingt das schon eine längere Zeit, bei Wählern dagegen fast immer. Man höre nur, wie Paul Leroy-Beaulieu dem französischen Wahlvolk erklärt, warum Imperialismus eine gute Sache ist: »Die Kolonien erfüllen die überaus nützliche Funktion, ... für den Handel des Mutterlandes einen fertigen Markt bereitzustellen, um dessen Industrie in Schwung zu bringen und in Gang zu halten und die Bevölkerung des Mutterlands – ob Industrielle, Arbeiter oder Verbraucher – mit höheren Gewinnen und Löhnen oder mit mehr Waren zu versorgen.« Koloniale Expansion wurde zu einem Leitmotiv in Wahlreden. Von verschämter *political correctness* noch keine Spur, allerdings auch kaum von historischer Exaktheit. Die heutigen Historiker und Volkswirtschaftler sollten es eigentlich besser wissen, statt derlei Wahlversprechen für bare Münze zu nehmen.

Muß man ein Land einnehmen, um einen Markt zu schaffen? Auch hier ist die Forschung zu einer neuen Einschätzung gelangt. Während die Historiker früher über das (formale) Empire schrieben, befassen sie sich heutzutage genauer mit der informellen Herrschaft.[17] Zum Beispiel mit Präsenz und Einfluß der Europäer im Vorderen Orient: Das Gebiet umfaßte das Osmanische Reich, das dem Namen nach zwar unabhängig, aber zunehmend europäischen Ansprüchen unterworfen war, und Ägypten, das osmanischer Oberherrschaft unterstand, tatsächlich aber zur Interessensphäre der Europäer zählte. Eine Geschichte der wirtschaftlichen und politischen Entwicklung Ägyptens im neunzehnten Jahrhundert, die die Wirkungsweise der informellen, der eigentlichen Herrschaft außer acht ließe, ergäbe keinen Sinn.[18] Gleiches gilt für Persien, das nie Kolonie war, aber wie das Osmanische Reich eher in der Erinnerung als in Wirklichkeit den Status eines unabhängigen Landes besaß.

Dasselbe ließe sich über die europäische Herrschaft in Lateinamerika sagen. Einst weitgehend zwischen Spanien und Portugal aufgeteilt, wurde in den zwanziger Jahren des neunzehnten Jahrhunderts mit Lateinamerika ein ganzer Kontinent formal unabhängig – abgesehen von einigen kleineren Einsprengseln und ein paar Inseln in der Karibik. Außerdem wurde jede Möglichkeit neuerlicher Landnahme in der westlichen Hemisphäre durch die Monroe-Doktrin weitgehend ausgeschaltet.[19] Nicht, daß die europäischen Mächte durch diese einseitige Erklärung der amerikanischen Republik unbedingt eingeschüchtert worden wären. Man hätte sie vielleicht mit Hilfe von Strohmännern umgehen können, wie es etwa die Franzosen mit Maximilian in Mexiko versuchten.[20] Aber fortan mußte die Gefahr einer amerikanischen Intervention in das politische Kalkül einbezogen werden; damit waren imperialistische Ambitionen abgeblockt. Na wenn schon. Durch den Handel konnte mehr Geld verdient werden: Konzessionen für öffentliche Bauarbeiten, Kreditverträge, günstige Marktabsprachen. Es ist kein Zufall, daß vor allem lateinamerikanische Ökonomen und Politikwissenschaftler sich mit dem Problem wirtschaftlicher Abhängigkeit befassen. Denn sie gehen, mit einigem Recht, davon aus, daß ihr Weltteil, obwohl nominell unabhängig, von stärkeren Partnern gefügig gemacht und ausgeplündert wurde.

Formale Imperien sind heutzutage eine große Seltenheit. Oft hat das natürlich mit der Definition zu tun (ist Puerto Rico eine Kolonie der Vereinigten Staaten?), aber einige merkwürdige Landstriche kann man immer noch finden (Guam, Samoa, Bermuda, die französischen DOM-TOM [*départements et territoires d'outre-mer*]), die der Herrschaft anderer unterstehen. Manchmal, etwa im Falle Bermudas oder Neu-Kaledoniens oder Puerto Ricos, sind die Abhängigen für die Beibehaltung des gegenwärtigen Zustands, weil sich die Abhängigkeit bezahlt macht.[21] Auch Panama ist nach Jahren des »Schuftens für den Yankee Dollaaaah«, wie es in einem älteren Schlager heißt, dabei, über den Abzug der Amerikaner aus der Kanalzone noch einmal nachzudenken. Aber die meisten ehemaligen Kolonien, Schutzgebiete, Protektorate, Dominions oder überseeischen Departements sind nun unabhängig. In Anbetracht der Empfindlichkeit einst abhängiger Bevölkerungen und angesichts des durch Unterwerfung und Demütigung angestauten Unmuts haben sich materielle Vorteile nur selten gegen den Separatismus behaupten können.

Nach dem Zweiten Weltkrieg ist die Zahl der Staaten, die in die Unabhängigkeit entlassen wurden, um das Dreifache gestiegen. Jeder Neuling auf der weltpolitischen Bühne, mochte er als staatliches Gebilde auch noch so klein oder artifiziell sein, war fortan souverän und besaß Stimmrecht in den Vereinten Nationen. Freiheit verhieß den einstmals ausgebeuteten Ländern Wachstum und Wohlstand und bedeutete zugleich – und dies war die entscheidende Kehrseite der Medaille – einen Rückzug der kapitalistischen Länder, die durch die Unterdrückung anderer reich geworden waren und nun mit ihren eigenen Kräften würden auskommen müssen. Der gerechte Zustand.

Die Dinge haben sich nicht so entwickelt. Die ehemals imperialistischen Volkswirtschaften gediehen wie nie zuvor. Und die meisten der früheren Kolonien taten sich schwer, den richtigen Weg zu finden. Ihre Kolonialherren hatten ihnen, aus Furcht vor aufkeimendem Nationalismus und in Geringschätzung ihrer Fähigkeiten, nicht gerade viel beigebracht, kaum genug, um den subalternen Aufgaben der Verwaltung gewachsen zu sein. Die weißen Herrscher hatten große Angst vor gebildeten Eingeborenen: Ihrer Stammeskultur entfremdet, erfüllt von »unangemessenen« Hoffnungen, seien sie, in den Worten eines britischen Beamten aus dem Jahre 1886, »der Fluch der [afrikanischen] Westküste«[22]. Obwohl sich die Engländer in aller Regel auf die örtlichen Eliten stützten, schlossen sie jene *déracinés* (Entwurzelten) von allen verantwortungsvollen Posten in Verwaltung und Handel aus.

Die Kolonialverwaltungen hatten zwar eine Infrastruktur aus Straßen, Häfen, Eisenbahnlinien und Amtsgebäuden zurückgelassen, aber deren Unterhalt warf Probleme auf. Die Ex-Kolonien zeigten, wie Besucher immer wieder bestätigten, ein erstaunliches Geschick darin, das ihnen überkommene Material zu vernachlässigen und verkommen zu lassen. (Das gleiche passierte in den mittel- und osteuropäischen Ländern, die der unfähigen Bürokratenwelt des Sozialismus ausgeliefert waren.)[23] Die abhängigen Bevölkerungen hatten auf den Schulen und Universitäten des Kolonialherrn vor allem politische und soziale Rhetorik statt angewandter Wissenschaft und technischem Know-how gelernt – Revolutions- statt Produktionstechniken. Und vielleicht hatte dies ja auch wirklich Priorität: erst Freiheit, dann Ökonomie. Denn die Freiheit ist die notwendige, wo nicht zureichende Bedingung für die wirtschaftliche Entwicklung.

Die ersten, nach erlangter Freiheit dargelegten Zahlen für Pro-Kopf-Produktion und -Einkommen waren vielversprechend, aber womöglich irreführend, eher Ausdruck des Scheins als der Wirklichkeit. Als mehr Geschäfte über den Markt abgewickelt wurden, zum Beispiel mehr Produkte auf den Markt kamen, als in den privaten Verbrauch gingen, zeigten sich die Ergebnisse in einer Statistik, in der sie zuvor nicht vertreten waren. Wirtschaftsauguren sagten Ex-Kolonien wie Nigeria (Öl), Elfenbeinküste (Kakao) oder Algerien (Öl und Erdgas) eine glänzende Zukunft voraus.

Dann aber machte sich Enttäuschung breit. Nur in wenigen Ex-Kolonien kam es zu einem anhaltenden Pro-Kopf-Wachstum,[24] und ihre Abhängigkeit von den stark schwankenden Terms of Trade (landwirtschaftliche Erzeugnisse versus Industriewaren) schlug sich in spürbaren Einkommensverschlechterungen nieder. So klagte etwa Tansanias Präsident Julius Nyerere im Jahre 1976, warum sein Land im laufenden Jahr für einen Traktor doppelt so viele Ballen Sisal wie im Jahr davor bezahlen müsse. Natürlich hatte er sich in den Jahren zuvor (zwischen 1970 und 1974), als die Sisal-Preise innerhalb von vier Jahren um mehr als das Vierfache gestiegen waren, nicht beklagt.[25] (Das Auf und Ab der Rohstoffpreise ist im übrigen eine alte Geschichte. Zwischen 1925 und 1928 fiel der Welthandelspreis für Kautschuk von 73 Cents auf 22 Cents das Pfund und mit der Weltwirtschaftskrise auf unter 3 Cents im Jahre 1932.[26] Die südostasiatischen Kautschukpflanzungen [Malaysia, Indonesien, Indochina] erlitten enorme Einbußen. Aber ab da konnten die Preise nur wieder klettern, was sie dann bis in den Krieg hinein auch taten. Krieg ist die Hölle auf Reifen und gut fürs Kautschukgeschäft.)

Angesichts der Enttäuschungen, die der Freiheit auf dem Fuße folgten, setzte sich das Gesetz der unerschütterlichen Überzeugung durch. Jene, die Materialfehler auf Unrechtshandlungen ausländischer Lieferanten zu schieben gewohnt waren, kamen jetzt zu dem Schluß, daß die Ausbeutung lediglich neue Formen angenommen habe. Die alten Kolonialgebiete seien nur nominell befreit, erklärten sie, tatsächlich seien sie nach wie vor durch die unsichtbaren Fesseln des ungleichen Handels und der Abhängigkeit an die Ausbeuter gekettet; auch durch Subventionen und Bestechungsgeschenke als Entgelt für ihre politische Zuverlässigkeit und Loyalität. Daher das Scheitern.

Einige Kritiker dieses neuen Kolonialismus (des sogenannten Neokolonialismus) verstiegen sich sogar zu der These, daß jedweder Handelsaustausch zwischen den fortgeschrittenen Industrienationen und der rückständigen »Dritten Welt« an sich ungerecht sei. Die armen Länder sollten, so die Logik, jeglichen Handel mit den reichen einstellen.[27] Um den Zustand der Armut fortdauern zu lassen, hätte kein besseres Rezept gefunden werden können, und glücklicherweise hatten die meisten Regierungen der Dritten Welt Besseres zu tun, als sich selbst vom Handel mit Gütern und Kenntnissen abzuschneiden; und ebenso von Krediten, Geschenken und Hilfsgeldern. Eine Ausnahme bildete Burma (Myanmar), wo ein selbst verhängtes Embargo dazu zwang, Fahrzeuge auszuschlachten, um den Verkehr aufrechtzuerhalten, und derart ungereinigtes Benzin zu verwenden, daß schwarze Gifttropfen auf die Straßen spritzten. Nur der geringe Verkehr bewahrt dort die Lungen der Passanten vor Schäden.

Seit ihrer Unabhängigkeit haben die Länder, die wir zusammengefaßt als den Süden oder als die Dritte Welt kennen (manchmal auch als Dritte und Vierte Welt, um die Armen von den ganz Armen abzugrenzen), sehr unterschiedliche Ergebnisse erzielt. Sie reichen von den spektakulären Erfolgen Ostasiens über die gemischten Resultate in Lateinamerika bis hin zu den eindeutigen Rückschritten in Ländern wie Burma oder großen Teilen Afrikas.

Diese Unterschiedlichkeit der Ergebnisse macht deutlich, daß die Kolonisierung als solche, selbst die Sklaverei, nicht zwangsläufig zum Scheitern führt.[28] In den langen Wellen der Geschichte ist das der entscheidende Punkt: Unten heißt nicht ein für allemal draußen. Manche Länder haben etwas aus ihren kolonialen Hinterlassenschaften, aus ihrer Erbschaft an gesellschaftlichem Gesamtkapital, an Bildung, an Ideen, ja sogar aus ihrer Wut, ihrem Widerstand und ihrem Stolz gemacht.[29] Andere haben das, was die Kolonialmächte ihnen zurückließen, regelrecht verkommen lassen, ohne zu lernen, wie man es ersetzt. Wieder andere gingen fast leer aus, in der Regel deswegen, weil die Kolonialmacht den Nutzen von Verbesserungsmaßnahmen nicht einsah. Und schließlich gab es Länder, die zu arm waren, um überhaupt die Begehrlichkeit eines Stärkeren zu wecken.

Daß einige wenige Ex-Kolonien es zu Reichtum gebracht haben, hat diejenigen, die keinen Erfolg hatten, kaum getröstet. Für sie war das Ganze eine demütigende, zornerregende Erfahrung; spätere Enttäuschungen haben ihren Groll nur verstärkt. Ihre Einstellung hat etwas für sich. Aber wenn sie sich lange genug an ihrem Ärger gütlich getan haben, täten sie gut daran, ihn hinter sich zu lassen. Denn nichts davon hat mit guten oder bösen Absichten zu tun. Es lag in der Logik der Situation, und jeder hätte aus innerster Überzeugung geltend gemacht, daß er für alle übrigen nur das Beste tue.

Zum Beispiel die Franzosen: Sie sahen sich selbst als Verkörperung universaler Vernunft und Tugend, selbstredend auch als Träger höchster literarischer Bildung. Und wenn sie auch wenig für die Erziehung der von ihnen abhängigen Völker taten, so war das Wenige inspiriert vom Gefühl einer geistigen Mission und der Überzeugung, jeder sei unendlich zu vervollkommnen – auch ihr könnt Franzosen werden. Der Unterricht wurde auf Französisch abgehalten, und heraus kam dabei eine Klasse literarisch Gebildeter, denen die Eltern und die eigene Kultur fremd geworden waren – einer der Lehrer nannte dieses Erziehungssystem einmal eine »Entfremdungsmaschine«. Der Unterrichtsstoff bestand aus den Schlagworten der französischen Geschichte – »*Nos ancêtres, les Gaulois* [unsere Vorfahren, die Gallier]« – und literarischen Klassikern wie Racines *Andromaque* und Corneilles *Le Cid*.[30] Die besten Schüler, jene, deren schulische Leistung ihnen ein Stipendium an französischen Universitäten beschert hatte, wurden dort mit dem Wert der republikanischen Tugend bekannt gemacht – was dazu führte, daß sie ihren gesellschaftlichen Status, wenn nicht gar sich selbst hassen lernten und zu den späteren Führern der Rebellion wurden. Man denke nur an den Werdegang von Ho Chi Minh in Vietnam oder von Pol Pot in Kambodscha.

Was ist nun die Bilanz? War der Imperialismus für die unterworfenen Völker ein Segen oder ein Übel? Ich möchte dazu eine Reihe von Hypothesen aufstellen:

Erstens: Ein Hauptziel des Imperialismus war die Aneignung von Reichtum und Arbeit über das Maß hinaus, das zu einem freien Marktpreis zur Verfügung stand. Das Ergebnis entsprach nicht immer den Erwartungen. Auf der anderen Seite haben in (fast) allen Fällen ein paar Leute beiderseits der Scheidelinie von Herrschern und Beherrschten, Stärkeren und Schwächeren es zu etwas gebracht – energische Kaufleute, Konzessionäre, Beamte, Mittelsmänner (*compradores*) und örtliche Eliten.

Zweitens: Der Imperialismus hat in fast all seinen Formen der unterworfenen Bevölkerung materielles und seelisches Leid gebracht. Aber auch materielle Gewinne, direkter und indirekter Art, ob sie nun gewollt waren oder nicht. Um John Stuart Mill zu zitieren, der Mitte des neunzehnten Jahrhunderts aus der Perspektive eines Engländers und Adam-Smith-Anhängers schreibt: »...die Tendenz jeder Ausweitung des Marktes [ist] die Verbesserung der Produktionsprozesse.«[31]

Die genannten Auswirkungen für den Handel hingen von der Art der Kolonialherrschaft ab. Die Kolonialherren waren unterschiedlich reich und ambitiös. Normalerweise bauten die Kolonialisten nützliche Dinge – Straßen, Eisenbahnlinien, Hafenanlagen, Gebäude, Wasserleitungen, Müllbeseitigungsanlagen und ähnliches. Die Einheimischen mußten für diese Verbesserungen in Form von Arbeit und Steuern bezahlen, aber die Kolonialherren hätten das Geld auch einfach einstreichen können. Die Gewinne, die dabei für die Einheimischen abfielen, waren indes eher beiläufiger Art, denn die Verbesserungen wurden in erster Linie zum Nutzen der Kolonialmacht und ihrer kommerziellen Interessen durchgeführt. Schließlich war es unumgänglich, diese entlegenen Orte lebenswert und profitträchtig zu gestalten; zudem mußten die Grenzen verteidigt, mußte die Ordnung aufrechterhalten werden. Nichtsdestoweniger waren es Gewinne. Gleiches gilt für die Gesundheitseinrichtungen, die zunächst nur den Herren zugute kamen (wobei Straßen und Rodungen dazu beitrugen, daß sich Krankheiten überhaupt erst ausbreiten konnten). Gleichwohl zählen die Absichten weniger als die Auswirkungen. Niemand ist in der Lage, den Nutzen dieser Maßnahmen eindeutig zu ermitteln. Überdies hatten Techniker und Ärzte immer auch eigene Vorstellungen von ihrer Pflicht gegenüber der gesamten Gesellschaft.

Wären aber mehr solcher Einrichtungen gebaut worden, wenn diese Länder frei gewesen wären? Für die vorkolonialen Systeme lautet die Antwort: unwahrscheinlich. Sogar heutzutage, wo doch Entwicklungspolitik geradezu ein universelles Glaubensbekenntnis geworden ist und Unternehmen jederzeit auf Abruf bereitstehen, machen die öffentlichen Bauten in den früheren Kolonien einen eher enttäuschenden Eindruck. Was noch schlimmer ist: Die Nachfolgeregime haben dem Verfall des Kolonialerbes zugesehen. Große Ausnahmen waren diesbezüglich die postkolonialen Gesellschaften Ost- und Südostasiens wie Südkorea, Taiwan und Singapur. Und natürlich haben die neuen Technologien unwiderrufliche Verbesserungen gebracht, zum Beispiel Flughäfen und Luftverkehr.

In den Ex-Kolonien gehören solche Projekte jedoch häufig zum aufwendigen Lebensstil von Herrschern, die lieber das Geld (anderer Leute) zur Anschaffung von Neuem als für den Unterhalt des Alten ausgeben. Schicht um Schicht legt sich auf die Müllgruben und Ruinen der jeweils vorangegangenen Generation. Das gängige archäologische Modell aufeinanderfolgender Zivilisationen lebt in den schlecht vorbereiteten Gesellschaften des zwanzigsten Jahrhunderts wieder auf, und zukünftige Ausgräber werden vermutlich ihre Freude daran haben. Und die Ruinen der Zukunft sind die Luxushotels, die bereits an die Stelle von Großgaststätten und jenen Wirtshäusern getreten sind, die den Schauplatz von Abenteuerromanen und -filmen abgeben. Die Geschäftsreisenden und Staatsdiener erwarten heutzutage rund um den Globus einen First-class Service; außerdem sind CNN und Sky-News immer auf Sendung.

Drittens: Die Karte der kolonialen Welt wurde von Europäern gezeichnet. Die Grenzziehung wurde weder der Realität der Örtlichkeiten noch der der Völker gerecht. Das gilt vor allem für Afrika (aber auch für Indien und

Burma), wo Stämme willkürlich getrennt, andere einfach zusammengelegt
wurden (einschließlich der frisch ins Land gekommenen Horden weißer Siedler und Einwanderer); die Voraussetzung für Gebietsansprüche und dauernden Zank war geschaffen. Als die Freiheit endlich kam, waren die Völker nur unzureichend auf ein Zusammenleben vorbereitet. Dennoch betrachteten die jungen Nationen jene willkürlich gezogenen Grenzen als sakrosankt, aus Angst vor dem, was an ihre Stelle treten könnte. Und das nicht zu Unrecht: Gebietsstreitigkeiten in früheren Kolonialgebieten sind oft viel Lärm um nichts, ziehen aber schwere Strafen für Gewinner und Verlierer nach sich.[32]

Viertens: Energie, Ressourcen und das potentielle Wohlwollen der Nachfolgestaaten sind im Prozeß ihrer Selbstfindung erschöpft worden. Nur einige wenige (bestes Beispiel ist Korea) hatten bereits so etwas wie eine nationale oder ethnische Identität, als die Kolonialmacht die Herrschaft übernahm, und konnten darauf ihren Widerstand gründen beziehungsweise darauf zurückgreifen, als die Eindringlinge wieder fort waren.[33] Andere hatten unter der Instabilität und Gewalttätigkeit zu leiden, die jede ungesicherte politische Identität und Legitimität begleiten, und schleppten sich von Staatsstreich zu Staatsstreich, von einem Gewaltausbruch zum nächsten.[34] Die fortgeschrittenen Industrieländer haben laut ihr Mitgefühl kundgetan, eilten den Opfern zu Hilfe, haben Gewaltregime gestützt, neue Opfer produziert, vor Verzweiflung die Hände gerungen, praktisch jede Intervention verpfuscht, Gutes und Schlechtes bewirkt und häufig beides gleichzeitig; über all das haben sie sich mit ihren redlichen Absichten, großherzigen Gründen und der Selbstzufriedenheit hinweggetröstet, die sich mit der moralischen Überlegenheit einstellt. (Das ist der Zweck der Übung.) Zeitungen und Fernsehen sind voll von Bildern mit hungernden und fliegenübersäten Kindern. Die Anlässe für karitative Aktionen übertreffen bei weitem die Mittel, ihnen abzuhelfen.

Fünftens: Wir wollen einmal das Gegenargument durchspielen: Die wirtschaftlich rückständigen Länder wären schneller gewachsen und vorangekommen (im Hinblick auf Technik und Produktivität), hätte es den Kolonialismus nie gegeben. Ausgangspunkt ist eine Hypothese, die Annahme nämlich, daß in diesem Fall die kolonisierten Völker frei von heimischer wie ausländischer Ausbeutung gewesen wären und sich als lern- und veränderungsfähig erwiesen hätten. Der Einwand gegen diese Annahme kann sich auf die Geschichte berufen: Der Imperialismus hat einige Länder weder daran gehindert, sich zu selbstbestimmten Zentren zu entwickeln, noch daran, die für eine industrielle Ökonomie erforderlichen Techniken zu erlernen oder zu erfinden.[35] Das trifft zum Beispiel auf die englischen Kolonien in Nordamerika zu, auf Finnland als Teil des Russischen Reiches, auf Norwegen unter schwedischer und auf Hongkong unter britischer Herrschaft. Als erstes Beispiel eines nichtwestlichen Landes, das sich entsprechend entwickelte, wäre Japan zu nennen, das zwar selbständig blieb (was beileibe nicht zu vernachlässigen ist), aber seine Unabhängigkeit durch die Zollschranken eines informellen Imperialismus geschmälert fand. Aber Japan ist bekanntlich ein Sonderfall.

Die Geschichte legt nahe, daß Vormundschaft eine gute Schule sein kann. Natürlich kommt es dabei sehr auf den Lehrer an. Manche Länder mit imperialem Anspruch zeichneten sich gegenüber anderen durch bessere Herrschaftsformen aus; entsprechend ging es auch ihren Kolonien nach der Unabhängigkeit besser. Unter diesem Gesichtspunkt stehen Spanien und Portugal schlecht da, die Holländer und Franzosen weniger schlecht und die Engländer am wenigsten schlecht – wegen ihrer Bereitschaft und ihres Geschicks, in Gemeinschaftsaufgaben zu investieren (in Indien zum Beispiel in den Eisenbahnbau), und wegen der Heranziehung örtlicher Eliten zur Wahrnehmung von Verwaltungsaufgaben im Namen der Briten. Um 1900 war das indische Eisenbahnnetz fünfunddreißig Mal so groß wie das des nominell unabhängigen Chinas – man kann England zu dieser Auffassung von imperialer Herrschaft und Pflichtwahrnehmung nur beglückwünschen.[36] (Ein Zyniker könnte geltend machen, daß dieses Eisenbahnnetz hauptsächlich dazu da war, Rohbaumwolle und andere Rohstoffe zu den Häfen und Soldaten zu den Unruheherden zu transportieren. Gleichwohl bedeutete die dadurch erreichte Verknüpfung der indischen Märkte, daß Nahrungsmittel rascher an den Mann gebracht werden konnten, keine unwichtige Sache in einem Land, das ständig von örtlichen Hungersnöten bedroht war. Und manchmal ist vielleicht eine Hungersnot nötig, damit eine Eisenbahnlinie gebaut wird.)[37]

Daran gemessen, muß Japan allerdings als der beste Kolonialherr aller Zeiten gelten, denn keine Ex-Kolonie hat soviel erreicht wie (Süd-)Korea und Taiwan, deren jährliches Pro-Kopf-Wachstum zwischen 1950 und 1973 höher lag als das der fortgeschrittenen Industrieländer (Japan selbst ausgenommen). Diese Leistung ist meiner Ansicht nach ein Ausdruck der Kultur dieser Gesellschaften: der Familienstruktur, der Arbeitsmoral und ihres Sinns für das Zweckmäßige. (Ich sage dies, obwohl viele Ökonomen der Kultur nicht allzu große Bedeutung beimessen; schließlich kann man sie nicht messen, und damit ist sie für diese Experten nicht mehr wert als ein guter Einfall.) Diese Werte bestanden bereits zur Zeit der japanischen Herrschaft, zum Teil auch als Gegenreaktion auf diese, und sie zeigten, wie sehr man es verstand, die Gelegenheit für sich zu nutzen, wann immer die Kolonialmacht den Einheimischen ein Betätigungsfeld gab.[38] Aber die Erfolge der nachkolonialen Zeit zeugen auch von dem, was der Kolonialherr hinterlassen hat: die ökonomische Rationalität der japanischen Verwaltung, die auch in den Kolonien »jene höchst erfolgreiche Modernisierunganstrengung unternahm, die Japan selbst geleistet hatte«[39].

Mit Sicherheit werden Koreaner oder Taiwanesen dieser Einschätzung nicht beipflichten. Ihre Erinnerungen an die Japaner heißen Tyrannei, Folter und Vergewaltigung, Erinnerungen, die durch die »unverfrorene« Verweigerung jeglichen Bedauerns oder Bereuens von seiten der Japaner nur noch ärger werden.[40] Bedauern wofür? Das System funktionierte doch.[41] Im übrigen trägt

»[Japan] für seine Politik gegenüber den Kolonialvölkern die gleiche Verantwortung ... wie Belgien im Kongo, Frankreich in Indochina, Holland in Südostasien oder Deutschland, Italien, Spanien und Portugal in Afrika. Und es wäre nur gerecht, so könnte man geltend machen, wenn man Japans Kolonialmaßnahmen an den genannten Kolonialverhältnissen messen würde und nicht an der Elle irgendeiner theoretischen Utopie.«[42]

Die Welt gehört denen, die mit sich im reinen sind und entschiedene Vorstellungen haben – und daran hat es Japan nach fast einhelliger Ansicht nicht gemangelt.

Korea und Taiwan würden einwerfen, daß ihre Erfolge Japan zum Trotz errungen wurden, denn Japan hatte beide Kolonien in Richtung Landwirtschaft bugsiert, weg von der Industrie. Die japanische Form der Unterjochung erinnerte sie immer wieder an ihre untergeordnete politische wie soziale Stellung: Die Koreaner etwa mußten ihre Namen ändern und eine zweitrangige, den Japanern nachempfundene Identität annehmen; sie bekamen Arbeiten zugewiesen, die den Japanern zu gefährlich oder zu beschwerlich schienen (zum Beispiel in den Bergwerken des japanischen Mutterlands). Als die Freiheit kam, vergaßen die Koreaner nichts; aber sie sorgten dafür, daß ihre Erinnerung ihrer materiellen Entwicklung nicht in die Quere kam.

Korea und Taiwan sind eine Ausnahme. Die meisten nach dem Krieg neu entstandenen Länder erinnerten sich zu gut und schlugen die falsche Richtung ein. Das Wirtschaftssystem ihrer früheren Herrscher war fortan verhaßt: Der Kapitalismus wurde als etwas Ineffizientes angesehen, versetzt mit Korruption und Ungerechtigkeit. In Anbetracht des Sieges der Sowjets im Zweiten Weltkrieg bedeuteten Sozialismus plus Diktatur die Gewißheit von Produktion und die Verheißung besserer Zeiten. Ihr Irrtum hätte größer nicht sein können.

Blickt man auf die Zeit des Imperialismus zurück, dann erkennt man einen fortwährenden Konflikt zwischen Theorie und Wirklichkeit. Über weite Strecken des vergangenen Jahrhunderts erschöpfte sich die herrschende Lehre nicht einfach im Antikolonialismus, vielmehr war dieser Bestandteil einer umfassenderen Auffassung (Erklärung) der Wirtschaftsgeschichte: Danach waren die Kolonien die tragenden Säulen eines sterbenden Kapitalismus. Die Kolonien hatten in diesem Modell die Zeche zu zahlen, sei es, daß sie das Wachstum der imperialistischen Ökonomien stärkten, sei es durch den Transfer von Reichtum aus den Taschen der Armen in die der Reichen – das Empire als Vampir. Ohne Kolonien würde die bürgerliche Herrschaft bald in sich zusammenfallen. Oder, um es etwas anders auszudrücken: Europa konnte es sich nicht leisten, seine Kolonien aufzugeben. Wären die unterworfenen Völker aber erst einmal frei, so würden sie umgekehrt flugs zu Wohlstand kommen.

Europa konnte es sich nicht leisten. Mitnichten. Im Verlauf des zwanzigsten Jahrhunderts wuchs der Widerstand gegen die Kolonialherren. Europas Ideale von Freiheit und Menschenrechten erwiesen sich als ansteckend, und die abhängigen Völker lernten von ihren Herren den Widerstand gegen eben diese Herren. Zugleich änderte sich die öffentliche Meinung: Wurde imperiale Herrschaft früher unbekümmert befürwortet, so wurde sie nunmehr unverhohlen mißbilligt. Aufsehenerregende Skandale wie zum Beispiel Enthüllungen über Folter und Verstümmelung an Eingeborenen im Kongo unter König Leopold sowie über Greueltaten (einschließlich der Errichtung von Konzentrationslagern) im Krieg gegen die Buren (1899–1902) gaben den liberalen und radikalen antiimperialistischen Autoren und Politikern weitere Argumente an die Hand. Imperiale Herrschaft, der Stolz der Mächtigen und der Trost der kleinen Leute, das, was kleine Länder groß und große Länder gewaltig gemacht hatte, verlor an Legitimität.[43]

Der Zweite Weltkrieg versetzte dann dem Imperialismus den Todesstoß. Nicht nur büßten die westlichen Länder ihr Renommee der Unbesiegbarkeit ein, ihre Kriegsziele liefen auf eine Verurteilung von kolonialer Herrschaft hinaus. Deren Bürde erwies sich fortan als unerträglich. Einige Länder, deren Stolz etwas größer war, hielten durch (zum Beispiel Frankreich in Indochina und mehr noch in Algerien). Andere (wie Großbritannien in Indien und Palästina, Holland in Indonesien) konnten es gar nicht abwarten, ihre Kolonien aufzugeben. Und sie taten recht daran. Zur großen Enttäuschung aller doktrinären Kolonialgegner bedeutete der Verlust dieser Territorien für die ehemaligen imperialen Mächte nicht die geringste Einbuße. Im Gegenteil.

Auch die zweite These erwies sich als falsch. 1961 veröffentlichte ein indischer Ökonom namens Surendra Patel einen Artikel, in dem er mit unwiderleglicher Arithmetik nachwies, daß Indien jetzt, da es frei von britischer Raj sei, in ungefähr dreißig Jahren das Pro-Kopf-Einkommen Frankreichs und noch einmal ein paar Jahre später das der USA hinter sich lassen werde.[44] Er stand mit seiner These nicht allein da; ähnlich romantische Vorhersagen fanden sich auch anderswo. In ihnen drückte sich berechtigte Hoffnung und verbohrte Doktrin aus; aber auch Nationalstolz und eine Art fiktiver Rache.

*

Erinnern ist leicht, vergessen schwer

Eine der schlimmsten Hinterlassenschaften des Kolonialismus ist der explosionsartige Ausbruch von Feindschaft gegenüber den früheren Herren und ihren Vertretern – weniger auf Regierungsebene, wo es ja um Geschäfte geht und Geld verdient werden muß, als vielmehr in den Beziehungen zwischen den Menschen. Eine ganze Reihe von Kolonien, darunter einige der wichtigsten, wurden zu einem Ventil für Siedler aus Übersee, zum Land der Verheißung für Westler, die einen neuen Anfang machen oder einfach weg wollten. Einige dieser Siedler entwickelten eine große Zuneigung zu ihrem neuen Heimatland, zu der Erde, den Flüssen, den Landschaften, den Städten, Märkten und Basaren. Und natürlich auch zu den Menschen, die sie wegen ihrer Anhänglichkeit mochten oder wegen ihrer Rätselhaftigkeit oder ihrer Fremdartigkeit oder ihrer Unverdorbenheit. Viele glaubten, ein neues Paradies gefunden zu haben und ein neues Menschengeschlecht zu gründen, nicht durch Vermischung, sondern durch Zusammenleben unter neuen Bedingungen. Man lese nur Albert Camus über seine Kindheit in Algerien.[45] Er war nicht der einzige Europäer, der so fühlte, er konnte es nur besser beschreiben.

Und dann kam es zu einem furchtbaren Schock, als man erleben mußte, daß viele Einheimische diese Zuneigung nicht erwiderten und den Fremden ihre Einmischung verübelten – die Tatsache, daß sie sich die besten Böden angeeignet hatten, politische und soziale Privilegien genossen und eine unvermeidliche, unüberwindliche Gönnerhaftigkeit an den Tag legten.

Nicht alle Einheimischen hegten solche Gefühle. Aber in dem Maße, wie Befreiungsbewegungen gärten und brodelten und das Selbstbewußtsein erwachte, wurde es schwer, neutral zu bleiben (»Auf welcher Seite stehst du?«). Als dann die Unabhängigkeit kam, zogen die weißen Siedler fort. Die meisten konnten sich nicht mit dem Verlust ihrer Privilegien und dem Entzug der Ehrerbietung abfinden, und sogar die, die geblieben wären, die bleiben wollten, wurden in aller Öffentlichkeit beleidigt und bedroht, sahen sich gewaltsamen Übergriffen ausgesetzt und mußten hinnehmen, daß ihnen ihr Besitz wieder weggenommen wurde, den sie sich zuvor angeeignet hatten.

In dieser Hinsicht war Algerien paradigmatisch: mehr als eine Million Europäer unter zehnmal soviel Einheimischen. Die *colons* wollten keine Unabhängigkeit. Sie wollten, daß Frankreich bleibt. Manche waren sogar bereit, für ein französisches Algerien zu kämpfen. (Im Mutterland kam es darüber fast zu einem Bürgerkrieg.) Die neue Regierung unter de Gaulle war zunächst zu Zugeständnissen bereit, um die algerische Unabhängigkeitsbewegung dazu zu überreden, an der Einheit mit Frankreich festzuhalten. Doch ohne Erfolg. Und nachdem der französischen Regierung klargeworden war, daß die Sache den Einsatz nicht lohnte, war alles entschieden. Den *colons* wurde gesagt, sie seien von nun an auf sich gestellt, und Frankreich werde die Unabhängigkeit Algeriens anerkennen. Ein paar von ihnen, die nicht aufgeben wollten, hätten wohl noch weitergekämpft, aber wer hätte ihnen geholfen, wo doch die ganze Welt sich auf das Ableben des Kolonialismus verständigt hatte? Innerhalb weniger Jahre hatten alle *pieds-noirs* das Land verlassen.[46] Nicht alle waren reich geworden; arm waren sie dorthin gegangen, und häufig blieben sie es auch. Die Erfolgreichen allerdings besaßen das beste Land, bauten die Exportschlager Wein und Weizen an, betrieben die Schiffahrt, leiteten die Banken und sorgten dafür, daß die Wirtschaft funktionierte.

Ihre Abreise ließ die Algerier nicht mittellos zurück. Sie hatten ihr Land wieder, und Christen (und Juden) waren weg. (Außerdem behielten sie das

446 Erdöl in der Sahara.) Und doch wirkte sich der Verlust an menschlichen Ressourcen vernichtend aus. Im Laufe der Jahre geriet die algerische Wirtschaft ins Stocken, und nicht einmal Erdöl oder Erdgas konnten dagegen etwas ausrichten. Algerien begann mit dem Export seiner Menschen nach Frankreich, wo das wirtschaftliche Wachstum die Nachfrage nach Arbeitskräften ankurbelte. Soviel zum vermeintlichen kapitalistischen Bedürfnis nach Imperien.

26

Verlust der Führungsrolle

Der Markt gilt als ein Kampfplatz, auf dem gleiche Bedingungen für alle herrschen und auf dem man sich oft (normalerweise) mit friedlichen Mitteln auseinandersetzt. Nicht, daß die Beteiligten darauf unbedingt Wert legen: Ginge es nach ihnen, genössen sie alle nur denkbaren Vorteile und betrieben gegenüber den Nachdrängenden Besitzstandswahrung. Das gleiche gilt für Gruppen und Industrien und ganze Volkswirtschaften: Alle möchten sie nur immer dazugewinnen und behalten. Glücklicherweise zwingt die Konkurrenz zum Wettstreit; langfristig betrachtet, hat alles seinen Preis und will erkämpft sein.

So auch bei den wirtschaftlichen Rivalitäten auf internationalem Niveau. Städte und Nationen drängen nach vorn, werden von Nachdrängenden ausgestochen, die wiederum anderen Konkurrenten Platz machen müssen. Für die Verlierer ist das kein Spaß, auch wenn der Schmerz oft dadurch gelindert wird, daß die Betreffenden die Augen davor verschließen, sowie durch die Tatsache, daß der Rangverlust normalerweise keinen völligen Niedergang bedeutet.[1] Die früheren Erfolge haben sich im Gegenteil in einem Fundus an Reichtum niedergeschlagen, mit dem sich seine Eigentümer trösten können, sowie in menschlichem und sächlichem Kapital, das auch weiterhin für Einkünfte und Wachstum sorgt. Dennoch ist Führerschaft prägend für die Lebensform und das Selbstwertgefühl. Niemand fällt gern ins zweite Glied zurück.

Eifersucht deutet auf Ehrgeiz. Wenn die englischen »politischen Arithmetiker« des ausgehenden siebzehnten Jahrhunderts Holland als Vorbild und Gegner herausstellten, wenn die französischen Autoren des achtzehnten Jahrhunderts die kommerziellen und finanziellen Leistungen der Engländer registrierten und beklagten, so verliehen sie in einer Zeit, in der sich Nationalstaaten herausbildeten und eine intensive nationalstaatliche Konkurrenz entbrannte, ihrem Neid, ihren Hoffnungen, ihrer Unzufriedenheit Ausdruck. So war Europa nun einmal beschaffen, ganz im Unterschied zum in sich geschlossenen Weltreich China oder zu den anarchischen Verhältnissen in Indien und den islamischen Gebieten. Europa bestand aus großen und kleinen Staaten, die jeweils vom Stolz und Interesse ihrer Herrscher, in zunehmendem Maße aber auch von nationalistischem Selbstbewußtsein gelenkt wurden. Alle lagen im Wettstreit miteinander. Alle wußten, welche Bedeutung mit Blick auf Stellung und Macht dem Geld zukam.

Die vorrangige Bedeutung, die das Geld im Dienste der Macht gewann, schlug sich im ökonomischen Denken nieder. Der Merkantilismus war weder eine Doktrin noch ein Regelsystem. Er stellte ein allgemeines Rezept für politisch-ökonomisches Management dar: Was immer den Staat stärkte, war rechtens. Sogar Adam Smith hatte seine merkantilistischen Momente: Die Navigationsakte seien den britischen Konsumenten zwar vielleicht teuer zu stehen gekommen, stellte er fest, aber um die holländische Seemacht in die Knie zu zwingen, seien sie ideal gewesen.

In den Zeiten von Smith war es mit der holländischen Überlegenheit zur See vorbei. Hundert Jahre lang hatte die Welt staunend zusehen können, wie diese kleine Nation die Meere beherrschte, wie sie in Tausenden von Seefahrzeugen voluminöse und seltene Güter verfrachtete, wie sie volkreicheren Nationen die Stirn bot und Niederlagen zufügte, wie sie allen ein Vorbild an Rationalität und Zielstrebigkeit gab. Nichts zeigt das besser als die Eroberung von England durch Wilhelm von Oranien, den Statthalter der Vereinigten Niederlande, im Jahre 1688. Das war bis heute der letzte erfolgreiche Einfall in England, und es war der erste, seit ein anderer Wilhelm, der aus der Normandie kam, im Jahre 1066 das Land erobert hatte. Gewiß, die Briten sehen die Sache nicht so, wenn sie sich daran erinnern. Die Interpretation der Whigs, die den Sturz Jakobs II. zur »Glorious Revolution« erklärt, verschleiert den wahren Charakter des Ereignisses. Aber um eine Invasion handelte es sich trotzdem, und ihr Zweck war die Okkupation der englischen Krone, damit diese sich nicht mit der französischen gegen die Niederlande verband. Die holländische Flotte, die sich damals im September versammelte, war viermal so groß wie die Spanische Armada und hatte die besten Truppen des holländischen Heeres an Bord, dazu noch ausländische Freiwillige, Tiere, Ausrüstung und einen riesigen Troß an Artillerie. »Nimmt man alle Aspekte militärischer, flottenspezifischer, finanzieller, logistischer, diplomatischer, innenpolitischer Natur zusammen, so kann man durchaus geltend machen, daß es sich um eine der eindrucksvollsten Organisationsleistungen handelte, die ein Staatsapparat der frühen Neuzeit je erbracht hat.«[2]

Noch im Jahre 1776 hielt Adam Smith Holland für reicher als England. Wie kam er dazu? Er verglich die Zinsraten in den beiden Ländern miteinander und stellte fest, daß der holländische Staat Anleihen zu zwei Prozent aufnehmen konnte, während bei privaten Kreditgeschäften der Zinssatz bei drei Prozent lag. Die englischen Sätze, schrieb er, lägen etwa einen Punkt höher, die schottischen vielleicht zwei. Das bedeutete ihm zufolge, daß in Holland Kapital reichlicher vorhanden war und die Gewinne niedriger lagen. Sicher, die holländischen Unternehmer klagten über flaue Geschäfte, aber in den Augen von Smith waren sinkende Gewinne »eine natürliche Folge der Prosperität«, und die holländischen Unternehmer krankten demnach an falschem Bewußtsein, wie die Marxisten das später zu nennen pflegten.[3]

Smith bemerkte außerdem, das Arbeitslohnniveau in Holland sei nach allgemeinem Dafürhalten höher als in England, und auch das zeige, daß Holland reicher sei. Jedenfalls war das eine mögliche Interpretation, obwohl es auch hätte bedeuten können, daß in Holland die Wirtschaft schneller wuchs als in England, was allerdings schlicht nicht der Fall war.[4] Erinnern wir uns, daß Smith eine solche Verbindung zwischen hohen Löhnen und Wachstum bereits beim Vergleich zwischen amerikanischen Kolonien und Mutterland hergestellt hatte. »Obwohl Nordamerika«, schrieb er, »noch nicht so reich wie England ist, kommt es wirtschaftlich doch besser voran und erwirbt viel schneller weiteren Reichtum als wir.«[5]

Smith hätte die Prinzipien seines Vergleichs zwischen Großbritannien und Nordamerika auch auf den Vergleich zwischen Großbritannien und Holland anwenden, das heißt, er hätte zwischen Reichtum und Wachstum, zwischen Wohlstand und Gedeihen, unterscheiden sollen. Dann hätte er die Zeichen der Verlangsamung bei den Holländern wahrzunehmen vermocht.[6] Statt dessen konzentrierte er sich auf ein Holland, das von Kapital überquoll und nach Investitionsmöglichkeiten im Ausland suchte. Nicht, daß dieses Holland keine Realität gewesen wäre! Bereits Anfang des achtzehnten Jahrhunderts steckten die Holländer große Summen in britische und französische Staatspapiere wie auch in Papiere der Bank von England, der Ostindischen Kompanie und der Südseekompanie. Sie taten das natürlich, weil die britischen und französischen Anlagen mehr abwarfen; entscheidend aber ist, daß die Briten und Franzosen mehr zahlten, weil deren heimische Nachfrage größer und das Angebot knapper war und dies zumindest in England seinen Grund in einem rascheren Wirtschaftswachstum hatte.[7]

Die holländische Industrie machte indes schwere Zeiten durch. (In diesem einen Fall hätte Smith ausnahmsweise einmal von einem Besuch des Landes profitieren können.) Die Produktion an Leidener feinem Tuch war von 25 000 Rollen im Jahre 1700 auf 8000 Rollen Ende der dreißiger Jahre des achtzehnten Jahrhunderts gesunken, Leidener Kamelott von 37 000 Ballen im Jahre 1700 auf 12 600 zur Mitte des Jahrhunderts und auf 3600 zwanzig Jahre später. Die Haarlemer Leinwandbleicherei schrumpfte in den dreißiger und vierziger Jahren des achtzehnten Jahrhunderts. Der berühmte, mit Windmühlenkraft angetriebene Komplex an der Zaan (Holz, Segeltuch, Seilerei, Schiffbau) erlitt in den fünfziger Jahren des achtzehnten Jahrhunderts einen steilen Absturz, und viele der Mühlen wurden stillgelegt. Der Baumwolldruck und die Tabakverarbeitung in Amsterdam erlebten bereits vor Mitte des Jahrhunderts einen Niedergang. Ein Index der Industrieproduktion, der von einem Wert von 100 im Jahre 1584 ausgeht, erreicht im Jahre 1664 einen Gipfelpunkt von 545 und ist bis zum Jahre 1795 auf 108 gesunken.[8] Zu den härtesten Konkurrenten zählten die rasch wachsenden Heimindustrien Flanderns, des Rheinlands, Sachsens und Schlesiens.[9] Und auch der Handel blieb nicht verschont: Der »üppige Handelsverkehr« in die Levante und ins spanischsprachige Amerika verschwand zusammen mit den Massentransporten von Hering, Salz und Wein in europäischen Gewässern. Ein paar Sektoren hielten sich, vor allem die Einfuhr, Verarbeitung und Wiederausfuhr von Kolonialwaren wie Zucker, Kaffee, Tabak, Tee und Kakao. Aber sogar dort verlor Holland, relativ gesehen, an Boden, insbesondere gegenüber Großbritannien und Frankreich.[10]

Der wirtschaftliche Rückgang strapazierte das Sozialgefüge. In dem

 Maße, wie gelernte Handwerker und kleine Unternehmer wegzogen, um in anderen Landstrichen ihren Lebensunterhalt zu finden, schrumpften die großen Städte. So bescheiden der Niedergang ausfiel, er stand in markantem Gegensatz zu der raschen und ausgeprägten Verstädterung, die andernorts im Gange war.[11] Daß die holländischen Städte nicht stärker schrumpften, verdankte sich der Tatsache, daß die Mieten und Lebensmittelpreise sanken und daß für ein gewisses Maß an Armenunterstützung gesorgt war – im Interesse der öffentlichen Ordnung, wenn schon nicht aus Gründen sozialer Mildtätigkeit. Außerdem lagen die holländischen Löhne immer noch über denen der Nachbarländer, was zum Teil der Kampfkraft der Handwerkszünfte geschuldet war. Das Lohngefälle zog billige Arbeitskräfte von außerhalb an, die mit den neuen Arbeitslosen konkurrierten. Zunehmende Feindseligkeit und wachsende Konflikte entluden sich in Streiks, bis es nichts mehr gab, was einen Streik gelohnt hätte.

Etliches davon mag die Leser an die Verhältnisse in den USA im letzten Viertel unseres Jahrhunderts erinnern. Im Zuge des Schrumpfungsprozesses, den gewisse Industriezweige unter dem Druck der ausländischen Konkurrenz durchgemacht haben, sind Unternehmen dazu übergegangen, überschüssige Arbeitskräfte zu entlassen oder in Niedriglohngebiete umzusiedeln. Neue Arbeiter kosten weniger als alte, wie etwa die Fluggesellschaften nur zu gut wissen. Immer neue Einwanderer aus armen Regionen strömen ins Land. Die Gewerkschaften haben gegen die Entwicklung aufbegehrt und damit manchmal nur die Schließung von Fabriken oder die Vergabe von Aufträgen an billigere Lieferanten beschleunigt. (*Mutatis mutandis* trifft man gegenwärtig in Westeuropa auf ähnliche Entwicklungen.)

So verhielt es sich auch vor zweihundert Jahren in Holland. Die Vereinigten Provinzen knapsten und knauserten, um der Konkurrenz die Stirn bieten zu können, aber mehr als ein Platz unter »ferner liefen« war ihnen nicht mehr vergönnt. Viele Geschäftsleute gaben den Kampf auf, zogen sich aufs Land zurück und begnügten sich mit passiven Kapitalbeteiligungen. Die Einkommen verteilten sich auf wenige Reiche und viele Arme; die mittleren Schichten schwanden dahin. Die Steueraufkommen zeigen, daß Ende des achtzehnten Jahrhunderts die meisten wohlhabenden Holländer Großgrundbesitzer, hohe Staatsbeamte oder Rentiers waren. Vorbei das »Goldene Zeitalter« des gedeihlichen Unternehmertums: Arbeitgeber waren nun auf die mittleren und unteren Schichten beschränkt.

So dankten die Vereinigten Provinzen als weltweit führende Handels- und Manufakturnation ab und wechselten in einen postindustriellen Zustand über. Italien war auf diesem Wege bereits vorangegangen. In Venedig zum Beispiel waren die wollverarbeitenden Handwerke der Steuerlast erlegen, während sich die Schlüsselindustrien in billigere Gegenden verzogen und Geschäftsleute ihr Vermögen in landwirtschaftliche Betriebe auf dem Festland investiert hatten.[12] In Genua waren aus aktiven Kaufleuten Bankiers für die spanischen Habsburger geworden. Sowohl Venedig als auch Florenz wuchsen in die neue Rolle von Touristenattraktionen hinein, die vom Wohlstand ihrer vormaligen Konkurrenten profitierten. Aufs Ganze gesehen, war Holland immer noch reich, wie der Eindruck, den Adam Smith von dem Land hatte, belegt; aber Schätzungen des Pro-Kopf-Einkommens oder des Pro-Kopf-Produkts im Zeitraum zwischen 1750 und 1870 zeigen, daß das Land seine Zielstrebigkeit verloren hatte. Andere, aktivere Nationen zogen an ihm vorbei.[13] *Kein absoluter Niedergang also, aber eine lange Pause und ein Wandlungsprozeß.*

Warum das so war, ist eine schwierige, aber wichtige historische Frage. Einige Forscher bemühen strategische Fehler: Die Holländer hätten an Indonesien und den Gewürzen festgehalten, während die Briten und dann die Franzosen auf Indien und Textilien gesetzt hätten; oder: die Holländer hätten ihre kommerziellen Beziehungen zu China nicht richtig genutzt und deshalb beim lukrativen Teehandel den kürzeren gezogen; oder sie hätten aus diesem oder jenem Grund im innerasiatischen Handel an Boden verloren. Überzeugender ist die Überlegung, die auf Aufhol- und Annäherungsprozesse abhebt: Andere Zentren hätten, begünstigt durch niedrigere Löhne, gelernt, Textilien und andere Fabrikate zu fertigen, die bis dahin tragende Bedeutung für die holländischen Exporte und Seehandelsbeziehungen gehabt hätten; sobald sie über die neuen Fertigungstechniken verfügten, hätten sie ihre Gebiete für holländische Einfuhren dichtgemacht. In einer Welt der merkantilistischen Konkurrenz machten Navigationsakte und Protektionismus dem alten Werkmeister und Hauptzwischenhändler den Garaus. Kein Wunder, daß die Holländer Kapital exportierten: Sie bekamen draußen mehr dafür als zu Hause.

Das Beispiel erfolgreicherer Industrienationen – vor allem Großbritanniens, aber auch der südlichen Niederlande (seit 1815 eigentlich Teil des Königreichs der Niederlande und dann, ab 1831, als unabhängiges Belgien) – konnte im neunzehnten Jahrhundert Holland zunächst nicht dazu bewegen, einen anderen Kurs einzuschlagen. Vielleicht schreckten die durchgängig höheren Arbeitskosten von einer Belebung der industriellen Tätigkeit ab, jedenfalls in den Küstenprovinzen;[14] oder die Holländer hatten Schwierigkeiten, eingefleischte Gewohnheiten abzulegen und sich neu auf die Situation einzustellen.[15]

In diesem Punkt verweisen Forscher auf den Antimodernismus und die geringe Risikobereitschaft bei den Holländern. Ein Historiker schreibt:

> »In fast allen Industriestädten unseres Landes konnte man beobachten, daß die Eigentümer von Fabriken und *trafieken* eher den ungleichen Kampf mit einem fortschrittlichen Nachbarn aufgaben, als die neue Maschinenkraft für das zunehmend veraltete überkommene Produktionsmittelrepertoire nutzbar zu machen. Ja vielen galt der Rauch aus dem Schlot der Dampfmaschine als ein abscheulicher Qualm aus der Tiefe der Hölle.«[16]

 Und ein anderer schreibt:

»Der holländische Kaufmann schien auf dem sanften Ruhekissen der einst erworbenen Reichtümer entschlafen, und die damaligen Führer industrieller Unternehmungen wirkten, als gehörten sie allesamt jener biederen Klasse gemächlicher, dickbäuchiger Handelsbosse an, die ihre geistige Schlaffheit daran hinderte, den Sprung heraus aus der gewohnten Geschäftsroutine zu wagen.[17]

Ein hartes Urteil, aber es ließen sich andere, ähnliche anführen. Wie sehr fielen solche Haltungen ins Gewicht? Die Ökonomen und »neuen Ökonomiehistoriker« sind skeptisch gegenüber dem Erklärungswert der Unternehmerrolle, da diese schwer dingfest zu machen ist und sich nicht messen oder prognostisch erfassen läßt. Manche Geschäftsleute mögen gleichgültig oder träge sein; aber andere stehen bereit, ihre Stelle einzunehmen. Wenn schon Bauern rasch auf Unterschiede in den Ernteerträgen reagieren, wieviel schneller sollten dann Kaufleute und Fabrikanten neuen Technologien Rechnung tragen! (Andererseits sind die Einsätze in der Industrie normalerweise höher, der Lohn stellt sich langsamer ein, die Strafen für Fehlentscheidungen wiegen schwerer.)

Das ist der Punkt bei Innovationen und Initiativen: Solange sie nicht stattfinden, finden sie nicht statt. Und unterdes muß man sich fragen, warum sie so lange auf sich warten ließen und warum mancherorts länger als andernorts. Dem »postindustriellen« Holland fehlte es nicht an Kapital oder billiger Arbeit, oder industrieller Erfahrung. Was ihm fehlte, konnte es importieren. Das Transportwesen hätte besser sein können, aber auch das ließ sich organisieren. Wir stoßen sogar auf ein paar gute Leute, unverhoffte Unternehmertypen, Leute, deren Aktivposten nicht geschäftliches Know-how, sondern technische Kenntnisse und Verbindung zu Regierungsstellen waren. So zum Beispiel der Ex-Marineoffizier Gerard Moritz Roentgen, der von einer fehlgeschlagenen Expedition aus Indonesien zurückgekehrt war und von der holländischen Marine den Auftrag erhielt, sich neue Techniken des Schiffbaus und der Metallverarbeitung anzuschauen. Das tat er und trug mit dazu bei, daß 1825 in Rotterdam die erste Dampfschiffwerft Hollands gegründet wurde.[18]

Aber solche Einzelgänger reichten nicht aus, eine sich selbst tragende, allgemeine Bewegung ins Leben zu rufen. Einige Abenteurer fanden in Indonesien ein Betätigungsfeld. Holland selbst trat währenddessen auf der Stelle und fand die lange Pause nach seinem Geschmack. Hier kam die kulturelle Tradition ins Spiel: Sie bestimmte die Rekrutierungsmuster und die Karrierechancen, entschied über die Quellen der Befriedigung.

Auch Kulturen wandeln sich natürlich. Im ausgehenden neunzehnten Jahrhundert kehrte Holland in den Kreis der Industrienationen zurück und gewann seine internationale Wettbewerbsfähigkeit wieder. Ein abgeschirmter Markt in Indonesien war dabei hilfreich. Die ersten Gewinne wurden in der Textilfabrikation gemacht, und das nicht zufällig im Bezirk Twente, einer im Landesinneren gelegenen und nicht zu den herkömmlichen industriellen Gebieten zählenden rückständigen Region. Der eigentliche Neuaufbruch aber ließ bis zur »zweiten industriellen Revolution« auf sich warten, das heißt, bis zur Zeit der Elektrizität, der Explosionsmotoren (Dieselmotoren), der chemischen Industrie und der Kunstfasern sowie des auf wissenschaftlicher Grundlage betriebenen Acker- und Gartenbaus. Bald schon näherten sich die holländischen Einkommen, die nie weit hinterhergehinkt waren, den Einkommensniveaus der führenden europäischen Nationen an.[19]

Großbritannien löste Holland ab. Im siebzehnten Jahrhundert bedrängte und bekämpfte England die Vereinigten Provinzen bei jeder sich bietenden Gelegenheit: Davon zeugen eine Steuer auf den Export halbfertigen Wollzeugs und das Alderman Cockayne Project (1614–1617), das (erfolglos) versuchte, den Holländern die wertvolle Färberei und Endbearbeitung zu entreißen;[20] davon zeugen auch zwei Navigationsakte, die den Holländern in ihrer Rolle als Haupttransporteure und Zwischenhändler Schaden zufügen sollten (und das auch taten), und zwei Seekriege, die den Holländern die Herrschaft auf dem Meer entrissen, sie aus Nordamerika herausdrängten und indirekt zu einer Einschränkung ihrer Aktivitäten in Indien veranlaßten. Dann brachten die Holländer Wilhelm von Oranien auf den englischen Thron (1688), und von da an arbeiteten die beiden Länder in Krieg und Frieden zusammen, wobei die Holländer die Rolle des kleineren Partners übernahmen. Die Holländer dienten den Briten vor allem als Damm gegen die territorialen Ambitionen der Franzosen auf dem europäischen Festland. In dieser Funktion waren sie so nützlich, daß die Briten, nachdem das Frankreich der Revolutionszeit und der Napoleonischen Ära besiegt war, dem neugeschaffenen Königreich der Niederlande im Jahre 1815 seine verlorengegangenen Kolonien einschließlich Indonesien zurückgab (die einzige große Ausnahme bildete die südafrikanische Kapkolonie). Eingeschlossen in den Handel war außerdem das heutige Belgien, damals ein buntgeschecktes Gebilde aus österreichischen Niederlanden und verschiedenen Bistümern und Fürstentümern.

Der Punkt war, daß die Briten die Konkurrenz der holländischen Wirtschaft nicht mehr fürchten mußten. Was auch immer die Holländer geschafft hatten, schafften die Briten mittlerweile in größerem Maßstab und in effektiverer Form. Josiah Child, Londoner Kaufmann, Parlamentsmitglied, späterer Gouverneur der Ostindischen Kompanie und politischer Arithmetiker, sah in seinem *New Discourse of Trade* (1668 und 1690) die Sache ganz klar:

> »Das ungeheure Wachstum der Niederländer in ihren inneren und äußeren Handelsbeziehungen, ihrem Reichtum und ihren vielfältigen Schiffstransporten wird von den Zeitgenossen mit Neid betrachtet und mag auch alle künftigen Generationen in Staunen versetzen. Und doch können die Mittel, durch die sie solche Fortschritte erzielt haben ... ebenso von den

meisten anderen Nationen eingesetzt werden, von niemandem aber so leicht, wie von uns im Königreich England.«[21]

Recht hatte er! Zu den Zeiten von Child exportierte Holland bereits Kapital nach Großbritannien, während letzteres unterwegs zu einem modernen Industriestaat war und in die Rolle des weltweit führenden Handels- und Finanzzentrums hineinwuchs.

Nach 1815 begannen die Briten, die sich ihrer Hegemonialstellung sicher waren, mit dem Abbau der Handelsbeschränkungen, die dem älteren merkantilistischen Denken entsprungen waren: Abgeschafft wurden Verbote, bei denen es um die Ausfuhr von Maschinen und die Auswanderung von Handwerkern ging, sowie eine Reihe von wichtigen Zollschranken und Navigationsakten. Gleichzeitig versuchten die Briten, unter Hinweis auf die unbestreitbaren Vorteile für Arbeitsteilung und Handelsgewinne, andere Länder zu entsprechenden Maßnahmen zu überreden. Sie erzielten zwar einen gewissen Erfolg, aber dem Theorem vom komparativen Vorteil und der klassischen Lehre zum Tort sahen die meisten anderen Nationen in diesem britischen Bemühen ein Komplott, das darauf zielte, sie in ihrer agrargesellschaftlichen Rückständigkeit zu arretieren. Die Lehre und Praxis des Freihandels wurde zu einem britischen Privileg; die meisten anderen Länder kokettierten damit, scheuten sich aber vor dem Sprung ins kalte Wasser. Der Freihandel galt als eine Falle der Briten: Wenn das perfide Albion dafür plädierte, mußte etwas faul daran sein.[22]

Unterdes florierte die britische Industrie in einer Welt, die nach preiswerter Fabrikware gierte. Wenn die europäischen Nationen diese Waren nicht wollten, ließen sich Abnehmer in anderen Kontinenten finden, und dies um so leichter, als verbilligte Transporte für eine stetige Senkung der Lieferkosten sorgten. Als im Jahre 1851 die Briten die erste weltweite Ausstellung technischer und industrieller Errungenschaften veranstalteten, diente das vor allem der Absicht, die eigenen Meisterleistungen zu feiern. Sicher, auch die weniger bedeutenden Nationen erhielten Ausstellungsraum und Auszeichnungen, aber das leitende Thema war Großbritannien in seiner Rolle als Werkstatt der Welt. Vor allem der zukünftigen Welt: Crystal Palace, die Ausstellungshalle selbst, war in ihrer Architektur eine Absage an die traditionellen Baustoffe Stein und Ziegel und ein Vorgriff auf ein neues Zeitalter aus Eisen und Glas, aus Licht und freiem Raum, aus Modulbauweise und mechanisierten Waschanlagen. Der Wechsel war vergleichbar dem mittelalterlichen Übergang von der schweren Romanik zur aufragenden Gotik. (Solche Kühnheit brachte ein paar unliebsame Überraschungen mit sich. Die Halle war groß genug, um sie mit Bäumen zu bepflanzen; in den Bäumen nisteten Vögel; die Vögel hinterließen auf der Besuchermenge unten Spuren. Was tun? Die Vögel abschießen? Wie ließ sich dabei aber vermeiden, daß man die Glasscheiben der Wände und des Daches zerschoß? »Setzen wir Sperber ein, Eure Majestät!« schlug der Herzog von Wellington Königin Victoria vor.)

Auch die ersten kleinen Wölkchen tauchten am Horizont auf. Einige mögliche Konkurrenten erwiesen sich durch die Qualität und den Geschmack ihrer Produkte als unschlagbar: Man denke etwa an französische Seidenstoffe, sächsisches Porzellan, edle Weine. Aber das war eine alte Geschichte, nichts Außergewöhnliches unter Verhältnissen, in denen auch tradierte Fertigkeiten, günstige Lagen und komparative Vorteile eine Rolle spielten. Ärgerlicher waren Anzeichen einer technischen Überlegenheit der Konkurrenz auf einem Gebiet, das die Briten gewohnt waren, als ihre Domäne zu betrachten – dem Gebiet der Maschinenproduktion und der maschinellen Fertigung von Produkten. Mit amerikanischen Uhren und Schußwaffen, die in Massenfertigung aus im Grunde austauschbaren Teilen hergestellt waren, fingen die Schwierigkeiten an.[23] Im Jahre 1854 schickte die britische Regierung eine Delegation in die USA, die sich dieses »amerikanische System« näher anschauen sollte. Jawohl, die Briten müßten wieder die Schulbank drücken, vermeldete die Delegation.[24]

Ernsthafte Beunruhigung stellte sich gegen Ende des Jahrhunderts ein. Sie stand in Zusammenhang mit politischen Veränderungen, die eine Verschiebung des Machtgleichgewichts anzeigten: Denken wir an Deutschlands plötzlichen Aufstieg zur führenden Macht in Kontinentaleuropa, an die Niederlage Frankreichs im Deutsch-Französischen Krieg von 1870/71 und die Gründung eines Deutschen Reiches, an die kolonialherrschaftlichen Ansprüche Deutschlands in Afrika und im Pazifik, an die deutschen Eisenbahnbau- und Handelsprojekte im Osmanischen Reich, in denen Großbritannien eine Bedrohung seiner Verbindungswege nach Indien sah, an den Abgang des umsichtigen, weisen Bismarck und seine Ersetzung durch einen chauvinistischen Kaiser, der mit seinen politischen Beratern Schlitten fuhr und voller Ressentiments gegen seine britischen Vettern war (soviel zu Familienbanden!), schließlich an den Entschluß Deutschlands, eine große Flotte aufzubauen und das gottgegebene Recht Großbritanniens auf die Vorherrschaft zur See in Frage zu stellen. Grundlage all dessen waren im übrigen gewichtige Vorteile, die Deutschland auf ökonomischem Feld errang: die Schwerindustrie (Eisen, Stahl, Chemie) wuchs rasch; auf dem Gebiet neuer Technologien (Elektrizität, organische Chemie, Explosionsmotoren, Gas- und Ölmotoren) erwies sich das Land als besonders stark; das Bankenwesen stand industriellen und kommerziellen Unternehmungen ausnehmend aufgeschlossen gegenüber; das Erziehungssystem bildete Techniker, Ingenieure und Vertreter der angewandten Wissenschaften in großer Zahl aus. Großbritannien hatte allen Grund, sich Sorgen zu machen.

Wer sich mit ökonomischem Verhalten beschäftigt, dem stellen sich hier interessante Fragen. Stand Großbritannien vor dem Scheitern? Ging es abwärts mit dem Land? Wenn ja, wer war schuld daran?

Was ließ sich dagegen tun? Die Debatte ist – nicht gelogen! – seit über einem Jahrhundert im Gange und dauert bis heute an. Im April 1993 widmete Professor Barry Supple von der Universität Cambridge seine Antrittsrede als Präsident der Britischen Wirtschaftshistorischen Gesellschaft der Frage nach dem angeblichen »Versagen« Großbritanniens; seiner Ansicht nach waren die Ängste größer, als durch die Realität gerechtfertigt.[25] Im September 1995 wurde im französischen Montpellier ein Kolloquium veranstaltet, das sich mit den gleichen Problemen beschäftigte und zu ähnlichen Ergebnissen kam. Und im Mai 1997 traf sich eine weitere Gruppe im Schatten von Windsor Castle, um das Thema der nationalen »Hegemonien« zu diskutieren – wobei allein schon der Begriff ebensoviele verschiedene Definitionen erfuhr, wie Länder vertreten waren. Die besondere Aufmerksamkeit galt der Rolle Großbritanniens im neunzehnten und der Rolle der USA im zwanzigsten Jahrhundert. Wie lange werden wir noch über diesem alten Knochen brüten?

Bis in alle Ewigkeit. Aus den verschiedensten Gründen:

1. Die Bestimmungen, nach denen der Streit ausgetragen wird, sind Ausdruck der Verwirrung und der Mißverständnisse – Stoff für endlose Auseinandersetzungen. Die Menschen sprechen oder schreiben von »Niedergang«[26]. Und doch hat Großbritannien keinen Niedergang in irgendeinem greifbaren Sinne erlebt. Das Land ist heute reicher als vor hundert Jahren. Sicher, ganze Wirtschaftszweige haben einen Rückgang erlebt. Auch ein *relativer* Niedergang hat stattgefunden: Andere Länder, die vormals ärmer als Großbritannien waren, haben das Land überholt und sind reicher geworden. Ein Begriff wie *relativer Niedergang* allerdings klingt zu fachspezifisch, verlangt nach Erläuterungen, hat keinen rechten Schmiß. Also reden die Leute von Niedergang und von Schlimmerem. Die den Begriff für angebracht halten, benutzen ihn, um die Regierung oder die Geschäftswelt oder beide anzugreifen, manchmal auch, um politischen Profit daraus zu ziehen. Die Kritiker des Begriffs reden von »Niedergangshysterie« – eindeutig etwas *Verwerfliches*. Sie veranstalten ein Ablenkungsmanöver und verfälschen die Debatte.[27]

2. Ökonomisches und Politisches verschmelzen miteinander. Ein Niedergang der relativen ökonomischen Stärke (Verlust von Marktanteilen und Industriezweigen) bedeutet einen Verlust an politischer Macht, und sei es auch nur, weil Streitkräfte Geld kosten. Das heutige Großbritannien hat mit dem »Rule Britannia« von 1914–1918 oder auch nur von 1935–1945 nicht mehr viel gemein. Soweit das Land noch über Macht verfügt, entspringt diese seinem Atomwaffenbesitz und seinen besonderen Beziehungen zu den USA – soweit sich davon noch reden läßt. So schwer ein relativer Verlust an Wohlstand wiegen mag, das quälende Gefühl der Entmachtung ist noch etwas anderes.[28] Nationalismus ist ein Ausdruck des Identitätsgefühls und insofern auch der Selbstachtung und des Selbstwertgefühls. Wird das eigene Land kleiner, verkleinert sich auch das eigene Selbst. Wer die Größe Großbritanniens gekannt und genossen hat, dem fällt es schwer, sich in bescheideneren Verhältnissen einzurichten.

Wahrnehmungen spielen hier eine große Rolle. Manche Forscher haben versucht, dieses Verlustgefühl als Illusion abzutun, vergleichbar der Wahrnehmung, die man hat, wenn man in einem stehenden Zug einen anderen

Zug vorbeifahren sieht und meint, man selbst bewege sich in die Gegenrichtung.[29] Und ist außerdem nicht diese Art von Verlust zwangsläufige Folge des Erstarkens anderer Mächte? Die Welt steht nicht still, und die Ausbreitung von Technik und Industrie mußte notwendigerweise neue und oft mächtigere Konkurrenten nach oben bringen.[30] Großbritannien konnte nur an Boden verlieren. Das läßt indes den Verlust nicht leichter ertragen. Wahrnehmung ist etwas Subjektives, und die leidenschaftslose Betrachtung des Gelehrten ist nichts für den General: Sie schmeckt ihm nicht.

Appelle an den Nationalstolz, warnt man uns, seien das Geschäft von Politikern. Sie dienten der Irreführung. Schließlich könne es nur einen Leitwolf geben, nur einen an der Spitze. »Wenn also nicht in führender Position zu sein gleichbedeutend ist mit Versagen, dann befindet sich Großbritannien in guter und umfänglicher Gesellschaft...« Aber ist es nicht noch etwas anderes, wenn man die führende Position *einbüßt*? Der Schmerz, hören wir, setzt denen am meisten zu, die bessere Tage gesehen haben oder gar auf lange Zeiten der Überlegenheit zurückblicken. Zu sehen, wie die USA reicher und stärker werden, ist eines. Aber das gleiche bei Frankreich oder Italien erleben zu müssen! Man braucht sich nur englische Fußballfans anzuhören, die von Merseyside oder aus den Midlands kommen und nach Mailand fahren, um sich dort ein Spiel anzusehen, und feststellen müssen, daß die Italiener besser und moderner leben als sie selbst. Aber auch diese Art von Schmerz heilt die Zeit. Bald wird sich keiner mehr daran erinnern, wie es früher war. Außerdem ist die Welt voller Menschen, die noch ärmer sind. Im Klub der fortgeschrittenen Industrienationen mag Großbritannien in die unteren Ränge abgestiegen sein; aber man braucht sich nur vor Augen zu halten, wieviel besser es dem Land immer noch geht als Mexiko oder Indien.[31]

3. Das Problem hat seine religiösen Aspekte, und an nichts entzündet sich soviel Streit wie an Glaubensfragen. In diesem Fall ist die Rede von einer ökonomischen Glaubenslehre, der Religion des Freihandels. Wo kam der Freihandel ins Spiel? Nun, sobald die Briten den rauhen Wind der Konkurrenz im Nacken spürten, begannen die heimischen Produzenten nach einer Rückkehr zum Protektionismus zu rufen. Der Freihandel, meinten sie, sei schön und gut gewesen, als Großbritannien noch die Werkstatt der Welt war, aber jetzt seien andere Nationen imstande, die Sache billiger herzustellen, wenn auch vielleicht nicht in derselben Qualität. Außerdem spielten diese Nationen mit gezinkten Karten. Sie arbeiteten mit Zöllen und anderen Schranken gegen ausländische Importe, während Großbritannien jedermann weit die Tür öffne. Sie subventionierten ihre Industrien, verkauften ihre Waren zu Dumpingpreisen, die unter den heimischen Marktpreisen lägen, griffen zu »unfairen« Geschäftspraktiken, um Marktanteile zu gewinnen. Demzufolge finde sich ein britischer Industriezweig nach dem anderen in die Ecke gedrängt und gezwungen, seine Investitionen zurückzuschrauben und Fabriken dichtzumachen.

Aber der Freihandel war zu einer Glaubenssache geworden – einer Sache des Glaubens nicht nur an die Gewinne aus dem Handel, sondern auch an die Frieden und Eintracht stiftende Macht des materiellen Fortschritts und des internationalen Austauschs. Die Logik war ökonomischer Natur, betraf die Rationalität komparativer Vorteile. Die Leidenschaft dahinter aber war moralisch gefärbt. Hören wir John Bowring, unseren Wanderprediger in Sachen britische Handelsinteressen, wie er sich an einen Besuch des Heiligen Landes (ließe sich ein passenderer Ort denken?) erinnert und über Handel, Frieden und Eintracht schwadroniert:

> »Wieviel Befriedigung bereitet es, wenn man aus dem Westen in den Osten kommt und einen alten Drusen in Gewändern antrifft, die ihm unsere fleißigen Landsleute geliefert haben. Welche Freude empfindet man, wenn man unterwegs zur Heiligen Stadt in der Karawanserei von Nazareth Station macht und unter den viertausend Menschen, die man sieht, kaum einen erblickt, den nicht das eigene Heimatland mit irgendeinem Gebrauchsartikel oder Schmuckstück versorgt hat! Frieden und Fleiß haben dies und noch viel mehr vollbracht; denn man darf versichert sein, daß dieses Land, indem es seine Segnungen austeilt, ein Interesse erregt und im Geiste der Beglückten eine Zuneigung zu dem Spender weckt und daß der Handel Gutes und Segen wirkt, dessen Genuß alles Dagewesene übersteigt.«[32]

Wird die Lehre durch ihren Anspruch auf Wissenschaftlichkeit weniger zur Glaubenssache? Hören wir W. S. Jevons, eine der tragenden Säulen der Politischen Ökonomie Großbritanniens, wie er während der Wirtschaftskrise Mitte der achtziger Jahre des letzten Jahrhunderts die Irrgläubigen am Boden zerschmettert:

> »Der Freihandel läßt sich als ein grundlegendes Axiom der Politischen Ökonomie ansehen. … Wir mögen wohlmeinende Untersuchungen über den Zustand des Handels und die Ursachen unserer gegenwärtigen Depression anstellen, aber es ist ebensowenig damit zu rechnen, daß unsere Ansichten über den Freihandel durch solche Untersuchungen eine Änderung erfahren, wie die Mathematische Gesellschaft von der Untersuchung irgendeines komplexen Problems die Widerlegung Euklidscher Axiome erwarten würde.«[33]

Befürchtungen, Großbritannien werde am Ende seine industrielle Führungsrolle einbüßen, wurden infolgedessen von vielen – darunter auch vielen Ökonomen – zurückgewiesen, weil sie unter Umständen geeignet waren und tatsächlich auch dazu herhielten, an heiligen Überzeugungen zu kratzen.

4. Eine Ökonomie, die auf dem Export aufbaute, verlor ihre Exportmärkte. In Reaktion auf gewerkschaftlichen und politischen Druck subventionierte und sozialisierte die britische Regierung die alten Bastionen – Eisen und Stahl, Baumwolltextilien, Kohle. Aber von Wachstum war dort keine Spur zu bemerken. Nichts als Unterbeschäftigung, verkrustete Praktiken und ein quälend langsamer Niedergang.

Was neue Technologien und Fabrikationen betraf, so entstanden neue Jobs in kleineren Sparten. Der Cambridger Ökonomiehistoriker J. H. Clapham erklärte solche Verschiebungen für normal: In dem Maße, wie Industriezweige dichtmachten, müßten die Menschen sie verlassen und »in irgendein expandierendes Gewerbe« überwechseln »wie etwa in die Schokoladenfabrikation oder in den Revuebetrieb«. Das äußerte er 1942; hätte er die Zukunft voraussehen können, er hätte hier von den Beatles gesprochen. Das Problem bei solchen besonderen Sparten ist, daß manche von ihnen kulturspezifisch sind und sich nicht gut exportieren lassen, jedenfalls nicht überallhin. Manche Menschen machen sich zum Beispiel nichts aus britischer Schokolade – die ihnen zu milchig, zu süß ist. Aber dem britischen Geschmack sagt sie zu, Kinder mögen sie, und sie verkauft sich gut in amerikanischen Supermärkten. Über Geschmack läßt sich eben nicht streiten!

Wichtiger noch ist, daß diesen neuen Sparten unter Umständen ein geringerer sozialer und ökonomischer Wert eigen ist als den alten Beschäftigungsverhältnissen. Das war der Hauptpunkt, an dem Chamberlain Anstoß nahm. Kann ich nicht sehen, sagt Barry Supple. »Ist die Produktion von Zigaretten oder Panzern von Haus aus weniger nützlich als das, was Krankenschwestern oder Geiger zu bieten haben?« fragt er und erwartet als Antwort auf seine rhetorische Erkundigung ein klares »Nein«. Bei anderen ähnlichen Vergleichen – etwa wenn man Autos oder Computer Filmen oder Saxophondarbietungen gegenüberstellt – wäre die Antwort vielleicht ein »Ja«, wenn auch nicht für jedermann.[34] Viele dieser neuen Produkte implizieren nicht dieselben Fertigkeiten, Kenntnisse und hochbezahlten Jobs wie Hochtechnologieartikel. Damit stellt sich dann die grundlegende Frage, ob manche Aktivitäten fruchtbarer sind als andere. Die Ökonomen sind in dieser Frage schroff gespalten, wobei allerdings der Neoklassiker darauf bestehen würde, daß ein Dollar aus Hamburgern denselben Wert hat wie ein Dollar aus Computerchips, oder, um es in Ricardoschen Begriffen zu sagen, daß Portwein im Werte von einem Pfund maschinengesponnener Baumwolle im Werte von einem Pfund äquivalent ist. Die Gegner dieser Ansicht verhalten sich merkwürdig eingeschüchtert, fühlen sich zwischen Logik und innerer Überzeugung hin- und hergerissen und protestieren mit verhaltener Stimme.

5. »Hat das viktorianische Großbritannien versagt?« – eine brisante Frage. Sie bildete den Titel eines Artikels, der Versagen als einen Prozeß definierte, in dem man schlechter abschneidet, als man bei rationalem Verhalten hätte abschneiden müssen.[35] Versäumten die britischen Unternehmer aus Mangel an Charakter, Kenntnissen oder vernünftiger Einstellung Bereicherungschancen? Die Antwort der Wirtschaftsgeschichte (des »neuen Ökonomiehistorikers«) lautete nein: Wenn Großbritannien etwa in der Kohle- oder Stahl-, oder Baumwollfabrikation schlechter abschnitt als andere Länder, dann deshalb, weil es nicht besser hätte abschneiden können. Die Kohlenflöze waren nicht dick genug; bessere Eisenerze konnten warten, während ältere, schlechtere Erze aufgebraucht wurden; schnellere Spinnmaschinen eigneten sich nicht für das feine britische Garn. Unter Bedingungen einer funk-

 tionierenden Konkurrenz mußte in der besten aller Welten alles zum besten stehen.

Sicher, die ausländischen Konkurrenten betrieben jetzt schnellere und bessere Maschinen und dazu auch noch in größerer Anzahl. Aber neu sei nicht immer besser, jedenfalls nicht für den, der früh angefangen hat. Man dürfe nie die Durchhaltekraft und das Ingenium älterer Produktionsanlagen unterschätzen, wo das Zupacken und das handwerkliche Können eine Rolle spielten, die in der Automation verlorengegangen sei. Selbst wo die britische Ausrüstung veraltet sei, lohne es sich nicht immer, sie zu ersetzen. Diese älteren Maschinen hätten sich bereits amortisiert, und ihr Reinertrag sei unter Umständen höher als der Ertrag neuer Anlagen. Neu bedeute vielleicht produktiver, aber amortisieren müsse sich das Neue trotzdem.

Und dann gebe es auch Faktoren, über die der Unternehmer keine Macht habe. Die externen (zusätzlichen) Kosten zum Beispiel seien in Großbritannien höher, in einem Land, das mit relativ schmalspurigen Fahrbahnen, kleinen Lastwagen, niedrigen Brücken und engen, gewundenen Straßen geschlagen sei. Diese Einrichtungen seien in einer Zeit mit Blick auf die ökonomischen Verhältnisse gebaut worden, als die Frachtmengen noch kleiner waren. Jetzt stünden sie der großen Industrie im Wege und behinderten die Massenproduktion. Ähnlich habe Großbritannien auch ein System von Provisionsmaklern und Grossisten mit einer breiten Palette von Vertretungen zwischen der Industrie und den Kunden aufgebaut.[36] Diese Einrichtungen hätten ursprünglich der Arbeitsteilung Vorschub geleistet. Jetzt seien sie dem Abschluß großer Geschäfte hinderlich. Einige britische Unternehmen schafften es zwar, diese Engpässe zu umgehen; aber das gelinge zu wenigen.

Ironischerweise wurden viele der Veränderungen in der Produktion, die man vor 1914 als unnötig und nicht profitabel ansah, nach dem Krieg durchgeführt – alles zu seiner Zeit. Aber da kamen sie bereits zu spät.[37] Und wenn man sieht, wie in den Jahrzehnten nach dem Zweiten Weltkrieg Korrekturmaßnahmen immer nur verspätet ergriffen wurden, mag man versucht sein, die britische Krankheit als einen Fall von unausrottbarer Saumseligkeit, von Unternehmer-Hartleibigkeit zu beschreiben.

Für die Verteidiger des britischen Verhaltens – nennen wir sie die Optimisten, weil sie die Dinge im freundlichsten Licht sehen – sind »abnehmende Marktanteile, [verkleinerte] Betätigungsfelder, [geringe] Kapitalintensität, [veraltete] Kapitalstrukturen und durchschnittliche Arbeitsproduktivität« kein Beweis für »unternehmerische Rückständigkeit«.[38] Und auch Anzeichen der Verspätung bewiesen nichts. Warum solle man, fragen sie, den alten Basisindustrien – Baumwolle, Eisen und Stahl, Chemie – solches Gewicht beimessen? Diese Industriezweige fertigten Zwischenprodukte. Was sei mit den Konsumgüterindustrien? Zählten die denn nicht? Aufgabe der Ökonomie sei es, die Menschen zufriedenzustellen, nicht »statistische Großtaten« zu vollbringen.[39]

Also sprechen die Optimisten den Zahlen über Baumwollverbrauch, Eisenproduktion, Produktion von Schwefelsäure alle Bedeutung ab. Die machen nur schlechte Laune. Statt dessen legen sie statistische Konstrukte über das Gesamtprodukt und die Produktivität vor und erklären dies für einen »wichtigen Fortschritt« gegenüber »zufälligen« Daten zu »ein paar ausgewählten Industrien«.[40] Diese Zahlenkonstrukte haben zuerst bei Ökonomiehistorikern und dann auch bei Allgemeinhistorikern, die sich gehalten fühlen, sie für bare Münze zu nehmen, großen Eindruck gemacht. Die Zahlen wirkten nach Ansicht mancher Wirtschaftsstatistiker und Computeranalysten so präzise (sogar die Stellen hinter dem Komma seien angegeben) und so zwingend.

Ging man der Sache aber auf den Grund, dann erwiesen sich die älteren Daten zu einzelnen Industriebranchen dank der Tatsache, daß sie direkten Erhebungen entstammten, im Vergleich mit den Gesamtkonstrukten als weit genauer und zuverlässiger, wie eben jene Statistiker und Computeranalysten einräumen mußten, wenn ihre konstruierten Zahlen gegen sie sprachen. Das geschah, sobald sie das Blickfeld erweiterten und die Frage nach dem Verlust der britischen Führungsrolle nicht mehr auf die zweite Hälfte des neunzehnten und die Anfangszeit des zwanzigsten Jahrhunderts beschränkten, sondern auch den Zeitraum nach dem Ersten Weltkrieg mit einbezogen. Für das zwanzigste Jahrhundert kündeten nämlich die vergleichenden Produktivitätsschätzungen wie auch die Daten aus der Industrie von weiteren Positionseinbußen. Und nun plötzlich warnten die Optimisten die Leser vor der Unzuverlässigkeit von Makroschätzungen – die Berechnungen seien »unsicher«, die Messungen steckten »voller Fehler und Ungenauigkeiten«, die »Fehlerwahrscheinlichkeit« sei »sehr hoch«; landesweite Gesamtzahlen, gaben sie zu bedenken, seien ein »prekäres Fundament« für Theorien über den Erfolg der britischen Wirtschaft.[41] Ein führender Jasager, der seiner Theorie mit größerer Treue anhing, wollte gar nicht mit sich reden lassen: Er verwarf kurzerhand Berechnungen, daß in anderen Ländern (sagen wir, in den USA) die Produktivität höher sei, als bedeutungslos oder unglaubwürdig: Es sei gar nicht einzusehen, warum solch große Abstände existieren und von Bestand sein sollten.[42]

Aber sie existieren natürlich. Sie sind auch nicht einfach nur von Bestand. Die Annalen der wirtschaftlichen Konkurrenz zeigen, wie landesweit ganze Branchen kranken und dahinwelken – nicht das eine oder andere Unternehmen, sondern die ganze Industrie.[43] Manchmal räumen die letzten Vertreter der Branche, durch Erfahrung klug geworden, das Feld und verziehen sich in Regionen, wo Arbeit weniger kostet; das ist schlau und einfach und eher Ausdruck von Vernunft als von unternehmerischer Initiative. Und manchmal, wie vormals in Großbritannien und Holland, setzen sich die Unternehmer zur Ruhe und weihen ihr Leben den finanziellen Beteiligungen, den Dividenden, den Renten und dem Müßiggang. Auch das zeugt eher von Vernunft als von unternehmerischem Geist. Die Option läßt sich verstehen; Unternehmertum ist anstrengend und riskant – wer legt schon Wert auf so etwas?

6. Spielt der unternehmerische Geist eine Rolle? Manche würden das bejahen, aber geltend machen, daß Wachstum die Voraussetzung dafür ist. Demnach nahm der Unternehmergeist in Großbritannien Schaden, weil es an Gelegenheiten und Entfaltungsmöglichkeiten fehlte. »Weil [Großbritannien] bereits über eine große industrielle Kapazität verfügte, die in vielen Branchen der Nachfrage genügte, die in den achtziger und neunziger Jahren befriedigt werden wollte, war der Anreiz für die Errichtung neuer Produktionsanlagen und für die Erprobung neuer Methoden begrenzt.«[44] Die Veränderung geht also im Zeitlupentempo vor sich: Wozu die Elektrobranche entwickeln, wenn man bereits mit Gasbeleuchtung hervorragend versorgt ist? (Antwort: Elektrizität ist besser und sicherer, wenn auch vielleicht weniger romantisch; außerdem ist sie vielseitiger einsetzbar.) Zumal wenn die Gemeinden in die Gaserzeugung und das Gasverteilungssystem bereits große Summen gesteckt haben.[45] (Auch hier wieder das Problem der Anschlußkosten und der etablierten Interessen.)

Aber Großbritannien stellte nicht den einzigen Markt für die britische Industrie dar. Das Land schickte viel von seiner Produktion ins Ausland, wie wir gesehen haben, und die ausländische Nachfrage nebst begleitendem Wachstum stand für die Schnelleren und Schlaueren, kurz, für alle, bereit. Um es mit den Worten eines Forschers zu sagen, der sich mit der britischen Rückwärtsentwicklung in Asien beschäftigt hat: »Es steckte zum Beispiel nichts Schicksalhaftes in der Tatsache, daß der Anteil Großbritanniens an den Importen nach Hongkong und Singapur zwischen 1960 und 1980 von 11,3 auf 4,9 Prozent und von 8,9 auf 3,0 Prozent zurückging, während der japanische Anteil an den Importen in die beiden Wirtschaftsregionen von 16,1 auf 23 Prozent und von 7,3 auf 18,8 Prozent stieg. Die japanische Wirtschaft lieferte, was diese beiden rasch wachsenden Volkswirtschaften brauchten; die britische tat das nicht.«[46]

Keine »schicksalhafte« Unausweichlichkeit also; und doch ließen sich Unternehmen wie Menschen vorstellen, die an Arterienverkalkung leiden. Zum Teil ist das deshalb so, weil die Unternehmen von Menschen geschaffen werden, und zwar von Menschen, die altern. Machtwechsel sind ein schwieriger und häßlicher Vorgang, bei dem Leute von drinnen gegen Leute von draußen, interne Fraktionen gegen andere interne Fraktionen, Verwandtschaft gegen Talent, Verwandte gegen Verwandte, Begabte gegen Begabte antreten. Es geht um Entscheidungen bezüglich der Produktpalette und der Produktionsmethoden. Hier taten sich die Briten schwer mit der Nutzung neuer Felder und Verfahren und legten statt dessen weiterhin das Schwergewicht auf ein praxisvermitteltes Lernen, im Verkauf ebenso wie an der Werkbank. Solche traditionellen Lehrverhältnisse haben ihre Vorzüge und Meriten, aber nichts ist geeigneter, Gehabtes zu konservieren und die Möglichkeiten zu versäumen, die in der Innovation stecken.

Die Historiker wie auch andere Zeitgenossen haben dergleichen technische und wissenschaftliche Versäumnisse als einen Hauptgrund für den Verlust der Führungsposition Großbritanniens hervorgehoben. Die »computeranalytischen« Optimisten reagierten darauf mit der Verteidigung der britischen Leistungen in älteren Industriezweigen wie Baumwolle und Stahl – jenen grundlegenden Produktionsbranchen, die Großbritannien zur Werkstatt der Welt werden ließen. Aber was war mit den neuen Industriebranchen, den Fabrikationssparten der zweiten industriellen Revolution? Damals, im Jahre 1965 drängte ein Cambridger Ökonomiehistoriker seine Kollegen, nicht bei »Gußeisen und Baumwollstrümpfen« stehenzubleiben, sondern Dingen wie Seife, patentierten Medikamenten, der Massenproduktion von Lebensmitteln und der Feinmechanik mehr Aufmerksamkeit zu widmen. Hier seien »vitale, geniale Unternehmer am Werk, die an Dynamik ihren Vorgängern in nichts nachstehen«[47].

Er mahnte vergeblich; die Verteidiger des britischen Unternehmertums haben mit diesen Erfolgsgeschichten kaum etwas anfangen können, weil es in der Tat nur wenige, begrenzte Fälle waren. Die zweite industrielle Revolution war in Großbritannien ein Mißerfolg. Den gewaltigsten Fehlschlag erlitt dabei die vielseitige Industrie der organischen Chemie (Färbemittel, Kunststoffe, Pharmazeutika). Hier spielte Großbritannien tatsächlich eine bahnbrechende und führende Rolle und hatte mit Blick auf den entscheidenden Rohstoff (Steinkohlenteer) und die Nachfrage (Textilindustrie) eine starke Stellung inne; aus Mangel an Wissen, Einfallsreichtum und Unternehmergeist indes fiel das Land hinter Deutschland, die Schweiz und sogar Frankreich zurück.[48] Für systematische Forschung konnte sich das Management nicht erwärmen. R. J. Friswell, ein Industriechemiker, der um die Jahrhundertwende tätig war, beklagte im Jahre 1905, daß die Verantwortlichen in der chemischen Industrie »all diese [wissenschaftlichen] Entdeckungen als Einzelphänomene betrachteten, die in keinem Zusammenhang stünden und deren Entdeckung sich Glückstreffern verdanke«. Kein Wunder, daß Einwanderer aus dem Ausland eine Schlüsselrolle spielten: Der Unternehmergeist, der von draußen kam, ergriff die Gelegenheit, die er vorfand, beim Schopf. So beklagte im Jahre 1886 Ivan Levinstein, jüdischer Immigrant und insofern Außenseiter, daß die neueren, nicht auf Massengüterproduktion ausgerichteten Industrien vernachlässigt würden, daß »die Bedeutung der chemischen Industrien nicht hinlänglich gewürdigt« werde, daß »zwischen unseren Wissenschaftlern und unseren Fabrikanten kein enger Zusammenhang oder Austausch« bestehe.[49]

Hier kann man das Ausmaß der britischen Abdankung erkennen. In diesen neuen Branchen hatte keine Industrienation einen Vorsprung vor den anderen, und die starke wissenschaftliche Prägung dieser Innovationen stellte sicher, daß sich Kenntnisse und Techniken rasch verbreiteten. Die Chancen Großbritanniens waren genausogut wie die jedes beliebigen anderen Landes oder sogar besser. Und Großbritannien hinkte in wissenschaftlicher Hinsicht auch nicht hinterher – jedenfalls war der Rückstand nicht größer als im achtzehnten Jahrhundert bei Frankreich. Aber wie damals Frankreich interessierte sich auch das Großbritannien des ausgehenden neunzehnten und des zwanzigsten Jahrhunderts mehr für die reine Wissenschaft als für ihre praktischen Anwendungen.[50] Zum Teil lag das Problem im britischen Schulwesen: Die kontinentaleuropäischen Länder hatten technische und wissenschaftliche Einrichtungen auf bildungspolitischer Grundlage geschaffen, während Großbritannien diese Art von Ausbildung wie Unkraut wachsen ließ und sie dann, als sie gewachsen war, wie einen armen Verwandten der »eigentlichen« Schulen und Universitäten behandelte.[51]

Manche haben die Mängel des Systems auf äußere Faktoren, insbesondere kultureller Art, zurückzuführen versucht. Sie haben sich bemüht, den Verzicht Großbritanniens auf seine Hegemonialstellung aus dem Triumph einer wirtschaftsfeindlichen, antimaterialistischen Haltung und deren negativen Auswirkungen auf die Rekrutierung von Nachwuchs zu erklären.[52] Lehrer, Dichter, Gebildete und Intellektuelle – kurz, die Menschen, die den Ton angaben und das Wertebewußtsein formten – nährten eine Art von Verachtung für Werkstatt und Büro. Ziel war es, sich über das Materielle zu höheren Dingen zu erheben. Solche Ansprüche stießen ganz besonders bei den älteren Führungsschichten auf Widerhall, die sich von ungehobelten Aufsteigern bedrängt fühlten, und natürlich auch bei ungehobelten Aufsteigern, die sich kultivieren wollten.[53] Snobismus ist die Rache der Hochnäsigen und die Torheit der Ehrgeizigen.

Andere haben sich durch den Hinweis auf ähnliche Einstellungen in anderen Ländern aus der Affäre zu ziehen versucht. Auch Deutschland habe schließlich antibürgerlichen Vorurteilen gefrönt. In ganz Europa sei das Mode gewesen. Im Zweifelsfall sei Großbritannien freier von diesen abgestandenen Vorurteilen gewesen als seine europäischen Nachbarn. Es ließe sich allerdings auch geltend machen, daß sich Großbritannien mit zunehmender industrieller Rückständigkeit als verwundbarer und weniger widerstandsfähig erwies; die Enttäuschungen, die das Land erlebte, untergruben seine Moral.

Um mit den anderen Schritt halten zu können, brauchte das Großbritannien des zwanzigsten Jahrhunderts nicht mehr und nicht weniger als eine neue industrielle Revolution: Innovation und unternehmerische Initiative auf den Gebieten der Elektronik, der Pharmazie, der Optik und Glasindustrie, des Maschinen- und Motorenbaus. Einige wenige Firmen bewegten sich in diese Richtung und erzielten auch gewisse Erfolge. Man denke an ICI, Pilkington, Glaxo, Courtauld, Dunlop; sie alle legen Zeugnis von der kommerziellen Macht der Innovation ab. Diese Fälle machten indes keine Schule. In den Jahrzehnten nach dem Zweiten Weltkrieg bildete Großbritannien (zusammen mit den USA) das Schlußlicht im Klub der fortgeschrittenen Industrienationen (siehe Tabelle 26.1).

Tabelle 26.1.
Prozentuale Wachstumsraten pro Land und Jahr, 1950–1987

	Bruttoinlandsprodukt	Arbeitsproduktivität in der Industrie
Japan	7,9	8,0
Deutschland	4,6	4,3
Vereinigtes Königreich	2,5	2,8
USA	3,2	2,6

Quelle: Porter, *Comparative Advantage*, S. 279f.

Was hatten solche Unterschiede langfristig für Folgen? Eine Wachstumsrate von 2,8 Prozent im Jahr ergibt im Laufe eines Jahrhunderts eine Zunahme um das Sechzehnfache gegenüber einer Zunahme um das Zweitausendzweihundertfache bei einer jährlichen Wachstumsrate von 8 Prozent. So wirken sich Zinseszinsen aus. Natürlich kann kein Land während eines ganzen Jahrhunderts ein Wachstum von jährlich 8 Prozent durchhalten; dafür sind zu viele miteinander verkettete Beschränkungen, zufällige Rückschläge, zyklische Einbrüche, Regierungswechsel, Konkurrenten und erfolgsbedingte Ermüdungserscheinungen im Spiel. Sogar Japan hat seine Rückschläge im Immobiliensektor und im Bankwesen erlebt, während der steigende Wechselkurs des Yens die Nachfrage nach japanischen Industriegütern dämpfte. Die britische Industrie dagegen hat unter dem belebenden Einfluß des Nordseeöls, der Aufgeschlossenheit des Landes für ausländisches Kapital und Margaret Thatchers entscheidendem Triumph über die rationalisierungsfeindlichen Gewerkschaftsbosse seit den achtziger Jahren besser abgeschnitten.[54]

Noch ein letztes Wort zu den USA. Am Ende des Zweiten Weltkriegs, als so ziemlich die gesamte industrielle Konkurrenz in Schutt und Asche lag, war Amerika für den größeren Teil des Industrieprodukts der gesamten Welt verantwortlich. Nach ein paar Jahren des Aufräumens und des Neuanfangs in Deutschland und Japan war die amerikanische Arbeitsproduktivität 1950 mehr als doppelt so hoch wie in den fortgeschrittensten Volkswirtschaften der Welt; 1960 belief sie sich immer noch auf das Doppelte.[55]

Die USA konnten nicht erwarten, daß sie einen solch außerordentlichen Vorsprung ewig würden halten können. Die Verfolgerländer gewannen durch die Übernahme neuester Techniken unverhältnismäßig rasch an Boden. (Die ganze Aufholjagd besteht in nichts anderem.) Seit 1950 näherte sich die durchschnittliche Arbeitsproduktivität bei diesen Wettbewerbern dem amerikanischen Niveau kontinuierlich an: von 1950 bis 1973 waren es 1,82 Prozent jährlich, von 1973 bis 1987 1,32 Prozent.[56]

Worauf laufen diese Zahlen hinaus? Internationale Vergleiche sind willkürlich und oft widersprüchlich: 1990 war man sich deshalb uneins darüber, ob die USA beim Pro-Kopf-Einkommen an erster oder dritter Stelle stünden, ob sie auch weiterhin geringere Produktivitätszuwächse erzielen würden, ob die anderen, rascher wachsenden Volkswirtschaften nebst einigen neu Hinzugekommenen mit den USA konvergieren oder an ihnen vorbeiziehen würden.[57] Die Krise zu Anfang der neunziger Jahre machte die Situation noch verwickelter: Die Japaner schlugen sich mit einer Verlangsamung ihres Wirtschaftswachstums herum, während die amerikanische Wirtschaft weiter wuchs. Vielleicht hatten die Japaner ihr »Wirtschaftswunder« hinter sich.[58]

Keine Angst. Die amerikanischen Daten erinnern an die einstigen Rückzugsbewegungen bei Niederländern und Briten: Verlust von Marktanteilen in der industriellen Fabrikation, Verlust ganzer Branchen, neue Arbeitsplätze im Dienstleistungsbereich, die gewöhnlich schlechter bezahlt sind, Polarisierung der Einkommen.[59]

Andererseits bleiben die Arbeitslosenzahlen in den USA niedrig (niedriger als in Europa, nicht allerdings niedriger als in Japan), und die anhaltende amerikanische Vorherrschaft in neuen Produktionssparten wie den computerbezogenen Hochtechnologiebereichen (Software und Hardware) gibt Anlaß zur Zuversicht (oder wenigstens Hoffnung?). Einem neuen Bericht zufolge sparen die Amerikaner zwar weniger (15 Prozent des Einkommens gegenüber 33 Prozent in Japan), legen ihre Ersparnisse aber besser an; man schätzt, daß die Kapitalproduktivität in Deutschland und Japan nur zwei Drittel des amerikanischen Niveaus erreicht. So kommt es, daß die Amerikaner »mehr von ihrem gegenwärtigen Einkommen für Investitionen aufwenden können, ohne den künftigen Lebensstandard in Gefahr zu bringen«[60]. In vergleichbarer Weise sind zwar die Industrieleistungen in Japan hervorragend; dennoch liegt die Gesamtproduktivität wesentlich niedriger (Japan erreicht nur 55 Prozent der amerikanischen), weil die Landwirtschaft gehätschelt wird und der Dienstleistungssektor zu viele Leute beschäftigt, zu sehr zersplittert ist und es an Wettbewerbsorientierung fehlen läßt. Das ganze System ist darauf angelegt, Gruppeninteressen zu schaffen und zu wahren; die Zeche bezahlt der Verbraucher. Der Yen ist unterdes überbewertet, und internationale Vergleiche auf Basis der Wechselkurse fallen in völliger Verzerrung zugunsten Japans aus. Die Wirklichkeit sieht ganz anders aus. Die japanischen Häuser sind so wenig stabil, und der Wohnraum ist so knapp, daß es oft leichter ist, ein Haus abzureißen und neu aufzubauen, als sich nach besseren Wohnmöglichkeiten umzusehen. Ansonsten muß man bereit sein, in die ausufernden Vorstädte zu ziehen und täglich endlose Fahrten zum Arbeitsplatz in Kauf zu nehmen.

Ein gemischtes Bild also! Die Ökonomen, ganz zu schweigen von selbsternannten Experten, Journalisten und Politikern, tönen wild durcheinander. Allein schon diese Uneinigkeit muß einem zu denken geben; denn sie erinnert an die seit einem Jahrhundert anhaltende Debatte um die Wirtschaftsleistung Großbritanniens. Fordert diese Art von Tiefstand zur Verleugnung heraus? Ist die Empirie so vielfältig, daß jeder darin findet, was er braucht? Oder ist die ganze Frage der Führungsposition überholt? Sind wir in eine neue Ära globalen Unternehmertums eingetreten, so daß der nationale Gesichtspunkt gar keine Rolle mehr spielt?

Schwer zu glauben!

*

Aufstieg und Fall der britischen Autoindustrie

Die Erfindung des Automobils hätte die britische Industrie auf Trab bringen müssen. Kein Land blickte in der Maschinenfabrikation und Maschinentechnik auf eine längere Tradition zurück, keines verfügte über einen so großen Fundus an gelernten Metallarbeitern. Um die potentielle Nachfrage stand es gut. Die britischen Einkommensniveaus lagen höher als im ganzen übrigen Europa, und die Kronländer und Kolonialgebiete des Britischen Empire boten jede Menge abgeschirmte Märkte. Dennoch kam Großbritannien nur langsam in Fahrt und mußte zusehen, wie sich zuerst Frankreich und dann die USA an die Spitze setzten. Im Jahre 1913 gab es unter den zehn führenden angelsächsischen Autoproduzenten nur eine einzige britische Marke – den Maxwell, der mit 17 000 Stück an sechster Stelle rangierte, gegenüber einer Produktionsziffer von 202 667 Stück bei Ford.[61]

Angesichts der gewundenen, engen Straßen des Landes hätten sich die britischen Autohersteller gut auf kleine Fahrzeuge konzentrieren können. Einige taten das auch; aber bereits früh warf sich die Industrie auf große, teure Modelle, die wohlhabendere Kunden (nicht selten mit eigenem Fahrer) ansprachen und größere Gewinne pro Stück erzielten. Das hatte zur Folge, daß die Autoindustrie jede Menge von Modellen baute (im Jahre 1913 waren es 198), kleine Stückzahlen produzierte und mit aufwendigen Techniken arbeitete, abgesehen davon, daß ständig Anpassungen und neues Zubehör nötig waren. Nach Ansicht mancher Beobachter unterschätzten die Autohersteller die Nachfrage. So erklärte *The Times* im Jahre 1912: »...keine Firma ... hat hinlänglich Unternehmungsgeist bewiesen und eine Fabrik gebaut, die groß genug ist, um kleine Autos in solcher Zahl zu bauen, daß eine wirklich preiswerte Produktion möglich wird«[62].

Der Erste Weltkrieg und die Einführung der Fließbandmontagetechnik durch Ford in den USA zwang die britische Industrie zu Veränderungen. Britische Firmen kauften Hochleistungsmaschinen und fingen an, Modelle zu standardisieren, wenn auch nur zögernd, als müßten sie ins kalte Wasser springen. Das war aber noch die leichtere Übung. Schwerer fiel es ihnen, dem amerikanischen Beispiel zu folgen und sich durch allgemeine Lohnerhöhungen die Kooperationsbereitschaft der Arbeiter zu sichern. Nichts versüßt die Mühsal eines erhöhten Arbeitstempos und arbeitsparender Verfahren so wie Geld. Als Herbert Austin (von Austin Motors) nach dem Ersten Weltkrieg die Fordwerke besuchte, war er zutiefst beeindruckt von der »energiegeladenen« Arbeit, der allgemeinen Betriebsamkeit, die er der »rassischen Vielfalt der Beschäftigten« (Konkurrenz zwischen den Rassen?) und dem Druck des Fließbandes zuschrieb. »Ich sah die berühmten Fordschen Werkhallen ... was mich interessierte und mein Staunen erregte, war die Art, wie offenbar jeder in der Einrichtung bemüht war, sein Bestes zu geben.«[63]

Das britische Management lehnte pauschale Lohnerhöhungen ab. Es gab einem Verfahren den Vorzug, bei dem die leistungsstärkeren Arbeiter ausgezeichnet und belohnt wurden. Deshalb folgten die Arbeitgeber einem bewährten Muster und zahlten Akkordlöhne. Der Stücklohn kam manchen zustatten, aber er hatte einen gravierenden Nachteil: Er überließ den Arbeitsrhythmus den Arbeitern. Die naheliegende und vernünftige Annahme war, daß Akkordlöhne die Arbeiter zu gesteigerter Produktivität anspornen würden, was bei manchen ohne Frage auch geschah. Anderen hingegen erlaubte der Stücklohn, ein Tempo anzuschlagen, das der Gruppe oder dem Team zuträglich oder genehm erschien. Die Gruppe war nur so schnell wie ihre langsamsten Mitglieder.

Was für eine Ironie! Im achtzehnten Jahrhundert hatten die Briten das Fabriksystem mit seinen überwachten Arbeitsgängen ersonnen, um der Unabhängigkeit der Heimarbeiter etwas entgegenzusetzen. Jetzt ließen sie zu, daß in ihren Fabriken ein vergleichbares System von unabhängiger Arbeit Fuß faßte.

So opferten also die Briten die Produktivität der Tradition und der Individualität und waren stolz darauf. Amerikanische Methoden, schnaubte ein Brite verächtlich, seien »Herdentiermethoden«. Sicher, wie die Produktionsmethoden variierten auch die Lohnvereinbarungen von einem Autohersteller zum anderen; aber im allgemeinen betrachtete das britische Management das Prämiensystem als ein Mittel, beim Management zu sparen. (Die Neigung zum Müßiggang sollte man bei Bossen nicht weniger als bei Arbeitern in Rechnung stellen.) Langfristig gesehen, war das die falsche Strategie. Als nach dem Zweiten Weltkrieg ausländische Autos den britischen Markt überschwemmten, warfen die Arbeitgeber den Arbeitern Mangel an Fleiß und Engagement vor, während die Arbeiter den Bossen Mangel an Kompetenz und Engagement vorwarfen. Beide hatten sie recht.[64]

Auf einer Skala der Arbeitseffektivität lag das britische System am unteren Ende, während das amerikanische und das deutsche beträchtlich besser abschnitten und die Japaner ganz an der Spitze rangierten. In einer Welt der rasanten Innovation und des scharfen Wettbewerbs forderten Akkordlöhne und Prämien Konflikte heraus. Jede Veränderung in Charakter und Tempo der Arbeit war ein Vorwand für Meinungsverschiedenheiten, jede Vereinbarung eine Quelle von Enttäuschungen, jeder Gewinn ein heiliges und verbrieftes Recht, jeder Verlust verlangte nach Wiedergutmachung, und jedermann führte über alles genauestens Buch. Die Streikstatistiken sind nicht besonders schrecklich, aber sie schweigen über die wiederkehrenden spontanen Arbeitsniederlegungen, die Wutausbrüche, die Animositäten zwischen den Aufsehern und den Obleuten der Belegschaft.

All dies trieb die britische Autoindustrie in den endgültigen Niedergang. Die Zahl der zugelassenen Fahrzeuge kletterte von 2,5 Millionen im Jahr

1951 auf 9,5 Millionen 1966 und schließlich auf über 15 Millionen 1980; aber die großen Gewinner waren die ausländischen Hersteller, sobald sie nach dem Krieg Tritt gefaßt hatten: 1965 betrug ihr Anteil am britischen Markt 5 Prozent, 1970 waren es 14, 1978 schon 49 und 1982 dann 58 Prozent.[65] Die multinationalen Konzerne mit Zweigwerken in Großbritannien – General Motors, Ford und Chrysler – taten wenig, um die Exportmöglichkeiten ihrer britischen Tochtergesellschaften zu entfalten; sie verfügten über bequemere Operationsmöglichkeiten.[66] Dank des Gemeinsamen Europäischen Marktes konnten sie im Gegenteil Bauteile nach Großbritannien importieren. Von 1973 bis 1983 – in einem Zeitraum von zehn Jahren also – sank bei Autos von General Motors, die in Großbritannien gebaut wurden, der Anteil der Bauteile, die aus dem Land kamen, von 98 auf 22 Prozent, bei Ford von 88 auf 22 Prozent. In Autostückzahlen ausgedrückt, bedeutete dies eine Einfuhr von 15 000 Fahrzeugen. Nahm man den Import vollständiger Autos hinzu, entsprach das im Jahre 1984 zwei Dritteln des britischen Marktes.

Die einheimischen britischen Firmen, die über keine ausländischen Tochtergesellschaften verfügten, verlagerten weniger Produktion hinaus. (Daß Morris [später Lord Nuffield] 1945 die Gelegenheit versäumte, Volkswagen, einen der wichtigsten Brückenköpfe in Kontinentaleuropa, zu erwerben, spricht Bände.)[67] Statt dessen zogen sich die Briten auf inländische Fusionen zurück. Dadurch suchten sie vergebens, eine rationale Arbeitsteilung zu befördern. Fabriken machten zu, und Arbeiter wurden entlassen, zumal als die britischen Banken aufhörten, Geld in eine verlorene Sache zu investieren. Wie sollte man ohne neues Kapital neue Modelle entwerfen, und wie sollte man ohne neue Modelle Autos verkaufen? Der Staat sprang mit Subventionen ein, die sich von 1975 bis 1984 auf 2,4 Milliarden Pfund beliefen – und das auf dem Höhepunkt des Neoliberalismus der Tories mit seiner Devise *laissez-faire, laissez-crever* (Sieh zu, wie du zurechtkommst, oder verrecke).[68] Aber auch die Subventionen halfen nichts.

1989 gingen schon nur noch 13,6 Prozent der inländischen Autoverkäufe auf das Konto von British Leyland (umbenannt in Rover-Gruppe), dem Restverbund, der Ergebnis eines Menschenalters von Fusionen (1936-1968) war und praktisch die gesamte heimische Autoindustrie verschlungen hatte. Nur einige ausländische Fabrikansiedlungen, darunter auch ein paar japanische Firmen, die Großbritannien als Sprungbrett für den Gemeinsamen Europäischen Markt benutzen, verhinderten, daß die Autoherstellung in Großbritannien auf das völlige Aus zusteuerte. Wie die Dinge lagen, hing sie nun ab »von den finanziellen Mitteln, Konstruktionsplänen und Produktionstechniken, den Führungsmethoden, Arbeitspraktiken und betriebsinternen Beziehungen« amerikanischer, französischer und vor allem japanischer Multis.[69]

Die Gründe für diese traurige Aufführung der britischen Autoindustrie sind, wie immer, vielschichtig. Hören wir Sidney Pollard: »[Zusätzlich zur staatlichen Politik] sind als Faktoren, die den Niedergang beförderten, schlechtes Management, Selbstgefälligkeit, ein schlechtes Verhältnis zwischen Unternehmensleitungen und Arbeiterschaft, eine übermäßige Zersplitterung des industriellen Bereichs, ein wenig hilfreiches Bankenwesen und ein relativ stagnierender Binnenmarkt zu nennen.«[70] Und an vorderster Stelle rangiert schlechtes Management – ein anderer Ausdruck für schlechtes Unternehmertum.

27

Gewinner und …

Das zwanzigste Jahrhundert zeigt zwei deutliche Einschnitte: 1914 und 1945. Das erste Datum bezeichnet den Beginn des Ersten Weltkriegs, der zu den absurdesten Konflikten der Geschichte gehört. Die vier Kriegsjahre hinterließen zehn Millionen Tote und noch mehr Verletzte und Schwerbeschädigte. Sie ließen ein blühendes, aufstrebendes Europa am Boden zerstört zurück. Die Tragödie bestand in der Dummheit von Monarchen, Politikern und Generälen, die den Konflikt suchten und militärisch vermasselten, und in der naiven Eitelkeit von Leuten, die den Krieg als Party mißverstanden, als buntes Sammelsurium von adretten Uniformen, männlicher Tapferkeit, weiblicher Bewunderung, Modenschauen und unbeschwerter ewiger Jugend.[1]

Die Kolonialkriege hätten eine Warnung sein können, doch der Einsatz von Repetiergewehren und automatischen Waffen gegen »Primitive« ließ das Selbstvertrauen des weißen Mannes unangetastet. Der Burenkrieg in Südafrika, wo die Engländer furchtbare Verluste erlitten, hätte Anlaß zu weiser Besorgnis sein können. Doch nichts dergleichen: Ein Jahrzehnt später schienen die Verwüstungen, die die Maschinengewehre auf den Schlachtfeldern Flanderns anrichteten, aus heiterem Himmel gekommen zu sein. Bornierte Befehlshaber kalkulierten in lupenreiner Logik, daß die Armee mit den letzten kampffähigen Truppen im Feld siegen würde. Die Generäle wurden befördert, ausgezeichnet und meist hoch zu Roß in Standbildern verewigt. Ihre Soldaten verreckten im Dreck.

Die Verluste des Krieges wurden durch die Stümpereien des Friedens noch auf die Spitze getrieben. Vielleicht ist diese Behauptung ungerecht, und Staatsmänner und Diplomaten bekamen eine Erblast von Haß und Rache aufgebürdet, die nur wenig Spielraum für Vernunft ließ. Konnte Frankreich denn gegenüber Deutschland großzügig sein? 1870 marschierten die Deutschen in Frankreich ein, und nach geringen Verlusten und keinen Einbußen an Territorium nutzten sie ihren Sieg dazu, den Franzosen exorbitante Entschädigungssummen aufzuerlegen. Nun fielen die Deutschen erneut in Frankreich ein, töteten über eine Million Franzosen, verwüsteten die reichsten Industrieregionen und zogen erst ab, als die alliierten Truppen mit dem Einmarsch nach Deutschland drohten. Konnten die Franzosen es dabei bewenden lassen? Wie kann man solche Verluste aufwiegen? Wieviel für heimtückische Absichten in Rechnung stellen? Was, wenn die Deutschen gesiegt hätten?

Und wie verhält es sich mit der Heimatfront? Die Deutschen haben 1918 nicht kapituliert, sondern in einen Waffenstillstand eingewilligt. Sie hatten den Krieg verloren, ohne jedoch ihre Niederlage einzugestehen. Deutsche (und österreichische) Nörgler und Chauvinisten schrien: Verrat! Man ist uns in den Rücken gefallen! Sündenböcke standen schon bereit – zuallererst die Juden, dann die Sozialisten, am besten alles in einem. Inzwischen war das zaristische Rußland zusammengebrochen. Auf den Sturz in den Bürgerkrieg folgte der Sturz in ein bolschewistisches Regime, das in jedem Land einen gärenden Konflikt zwischen Revolution und Status quo provozierte. Mag sein, daß sich die sowjetischen Machthaber für den Augenblick mit der »Beschränkung der Revolution auf ein einziges Land« zufriedengaben; dennoch stellten Agenten im Ausland, die mit den örtlichen sozialistischen Parteien zusammenarbeiteten, überall eine stillschweigende Bedrohung für Eigentum, Hierarchie und Ordnung dar.

Die extreme Antwort war der Faschismus – eine schillernde Bezeichnung für eine auf Gemeinschaft pochende, prestigebewußte Gesellschaft unter diktatorischer Herrschaft. Die politische Alltagsrhetorik betonte die Unterschiede zwischen Sozialismus/Kommunismus auf der linksextremen und Faschismus auf der rechtsextremen Seite. In Wirklichkeit begegneten sich die Extreme und glichen einander: in ihrer Demokratieverachtung, ihrer Tugendanmaßung, ihrem Abscheu vor bürgerlichen Wertvorstellungen, darin, daß sie auf dem Staat als Alternative zu einer marktorientierten Ökonomie insistierten. Beide Seiten hätten jeden Gedanken an Ähnlichkeit zurückgewiesen. Doch die große Zahl der Menschen, die mühelos vom einen zum anderen System überwechselten, beweist das Gegenteil.

Für Zeitgenossen markierte das Jahr 1945 ein Jahr des Triumphes und der Niederlage, der Enthüllung und des Ruins, des Aufatmens und der Verzweiflung, der Freude und der Trauer. Die Kriegsjahre hatten Greuel und Grausamkeiten unvorstellbaren Ausmaßes mit sich gebracht: 55 Millionen Tote, 35 Millionen Verwundete, 3 Millionen Vermißte, etwa 30 Millionen Tote in der Zivilbevölkerung, darunter 6 Millionen europäische Juden. Manche Überlebenden trösteten sich mit der Hoffnung, daß Krieg nun undenkbar geworden sei. Andere pflegten unheilbare Wunden und nährten nie zu besänftigende Verbitterungen. Wieder andere probten den Aufbruch in eine bessere Welt.

Diese Reaktionen, die oft in ein und derselben Person verschmolzen, erzeugten eine Vielfalt von Zielvorstellungen und Realisierungsmöglichkeiten. Die Fernziele waren immer dieselben: Wiederaufbau und Instandsetzung, materielle Verbesserung der Lebensverhältnisse, Frieden und Glück. Wie bei der Mutterschaft waren alle dafür. Doch bei allem idealistischen Konsens war die Welt nach 1945 in zwei rivalisierende Lager geteilt – in die bürgerlich-kapitalistischen Länder auf der einen und die sozialistischen und kommunistischen Gesellschaften auf der anderen Seite. Dieser Konflikt hatte während des Krieges geruht und so den gemeinsamen Vorstoß gegen ein Deutschland erlaubt, das in der Verfolgung seiner Ziele der »Rassereinheit« und der Weltherrschaft Amok lief.

Die Reaktion auf die deutsche Bedrohung war schleppend und zögerlich gewesen. Wie konnte sich das Land von Goethe und Beethoven plötzlich in eine solche Jauchegrube der Barbarei und der universalen Bedrohung verwandeln?[2] Außerdem – was konnte nach dem Irrsinn des Ersten Weltkriegs einen weiteren Zusammenstoß rechtfertigen? Erschöpfung und Furcht erzeugten eine vorbehaltlose Toleranz gegenüber dem Unheil, solange die Opfer Fremde und weit weg waren. Erst als klar wurde, daß der Appetit der Deutschen beim Essen noch zunahm und daß der Hitler-Stalin-Pakt den Deutschen für eine Aggression gegen den Westen den Rücken freihielt, sahen die demokratischen Gesellschaften der Realität ins Gesicht und erklärten den Krieg.

Sie hatten damit keinen Erfolg, und sobald Deutschland fast den gesamten westeuropäischen Kontinent erobert hatte, wandte es sich nach Osten in Richtung Sowjetunion, die mit dem Teufel geschlafen hatte und nun in seinen Fängen zappelte. So verbündeten sich die demokratischen (kapitalistischen) und sozialistischen Länder gegen den gemeinsamen Feind. Der Westen lieferte Nachschub, spielte russische Lieder, romantisierte »Onkel Joe« Stalin und die Rote Armee und kämpfte in einem Zwei-Fronten-Krieg am Atlantik und am Pazifik. Kolonialtruppen halfen ihren Herren aus der Klemme. Die Sowjets erlitten die größten Verluste: Von einer Bevölkerung, die fast 200 Millionen umfaßte, wurde mehr als ein Viertel getötet oder verwundet. (Auch die Deutschen verzeichneten schwere Verluste, doch das war der Preis für den Versuch einer Weltherrschaft.) Inzwischen hatten die westlichen Alliierten unwissentlich Spionen aus dem eigenen Land und von draußen Deckung geboten. Die militärische Zusammenarbeit hatte die unterschwelligen Differenzen nicht beseitigt, und das kommunistische Regime war entschlossen, die Allianz als Grundstein für einen erfolgreichen Nachkriegskurs zu nutzen. Noch bevor der Zweite Weltkrieg zu Ende war, hatte der Kalte Krieg zwischen den beiden Systemen begonnen oder, genauer, seine Fortsetzung gefunden.

In den folgenden Jahrzehnten ließ die westliche Marktwirtschaft die Weltwirtschaftskrise und die Kriegsverluste vergessen. Eine Periode beispiellosen Wachstums begann, das großenteils der geballten technischen Innovation zu verdanken war. Frankreich im Jahre 1948 zum Beispiel – das bedeutete nach jahrzehntelanger ökonomischer Flaute, auf die Krieg und Okkupation folgten, eine abgeschwächte Version von Frankreich im Jahre 1900. Leergefegt von Autos, brauchte Paris weder Verkehrsampeln noch Einbahnstraßen; alle Wagen mußten nachts in der Garage stehen; Tankstellen setzten die Pumpen von Hand in Betrieb. Viele kleine Etagenwohnungen und Häuser hatten eine Stromleistung von weniger als drei Ampère – gerade genug für eine Glühbirne, einen Radioapparat, vielleicht ein elektrisches Bügeleisen. Alle weiteren Geräte hätten die Sicherungen durchschmoren lassen (keine fertig gekauften Sicherungen zum Einschrauben; man kaufte Draht mit einem bestimmten Widerstand und wickelte ihn um die Kontakte). Einige Pariser Wohngebiete besaßen überhaupt keine Elektrizität, und in Mietshäusern war es üblich, die Toiletten zu teilen, Innentoiletten für die glücklichen Reichen, Außentoiletten im Hof für den Rest. (Versuchen Sie mal, bei jedem Toilettengang fünf oder sechs Stockwerke hinunter- und wieder heraufzusteigen. Das ist gut für die Beine, wie die Franzosen sagen.) Reiche besaßen eine Innentoilette für den eigenen Gebrauch und eine Außentoilette für das Personal oder fließend heißes Wasser für sich selbst, aber nicht in der Küche. Das gesamte Viertel Lozière – zugegebenermaßen eine ärmliche Gegend – hatte überhaupt nur drei Badewannen, angeblich eine in der Präfektur, eine zweite im »Hotel Moderne« und die dritte an irgendeinem unbekannten Ort. Wer eine Badewanne besaß, sammelte darin oft Brennholz oder Schutt. Kühlschränke kannte man fast gar nicht. Die Leute benutzten Eiskästen oder Speisekammern. Wozu ein Kühlschrank, wenn man nicht für mehrere Tage im voraus einkaufte? Und wozu ein solcher Einkauf, wenn man nicht sämtliche Lebensmittel an einem Ort finden konnte und wenn man zudem kein Auto besaß, um alle Eßwaren nach Hause zu transportieren, und keinen Fahrstuhl, um die Tüten und Flaschen hinauf in die Wohnung zu befördern? Die Kniescheibe hing mit dem Schienbein, das Schienbein mit dem Knöchel, der Knöchel mit dem Fuß zusammen, und Frankreich war noch nicht wirklich im zwanzigsten Jahrhundert angekommen.

In den nächsten drei Jahrzehnten – sie wurden als die trente glorieuse (die dreißig glorreichen Jahre von 1945 bis 1975) bekannt – ging Frankreich mit großem Eifer ans Werk. Neuer Aufbau, neue Industrieanlagen, ein neues Straßensystem – neu, neu, neu –, all dies eine Gelegenheit, zeitgemäße Einrichtungen zu schaffen, zu elektrifizieren, zu maschinisieren, zu motorisieren. Die Entwicklung des Automobils und des Telefons sagt alles. Während sie einst als Luxus für die Reichen galten, wurden sie jetzt zu einer Selbstverständlichkeit. Im Jahre 1953 besaßen nur 8 Prozent der französischen Arbeiter ein Auto; vierzehn Jahre später waren es 50 Prozent. Von 1954 bis 1970 stieg die Zahl der Familien mit Auto von 22,5 auf 56,8 Prozent. Auf den Straßen herrschte Tag und Nacht dichter Autoverkehr, man sah Motorfahrzeuge vor Bauernhöfen geparkt, die sogar noch nach dem Krieg mit Pferdewagen gearbeitet hatten. In den Stoßzeiten wurde der Verkehr zu einer unerträglichen Mühsal, Städte wie Paris fingen an, die Luftverschmutzung zu messen und die Bevölkerung vor unvermeidlichen Giftstoffen zu warnen. Niemanden kümmerte das; die Freiheit, die mit der Mobilität verknüpft war, setzte sich über alle anderen Rücksichten hinweg. Außerdem konnte man einer Gesellschaft, die Gauloise rauchte, mit Luftverschmutzung nicht imponieren.

Gleichzeitig fingen die gleichen Leute, die einst stundenlang im Café gesessen und darauf gewartet hatten, daß eine Fernsprechverbindung zustande kam (ein bißchen getrunken und Karten gespielt hatten sie vielleicht auch; schließlich mußte der Cafébesitzer leben), jetzt damit an, sich ein eigenes Telefon anzuschaffen. Sie mußten vielleicht ein oder zwei Jahre warten, ehe sie ihre Leitung bekamen. Die Telefonzentralen waren überlastet, besonders in

Paris, und das Postamt, das den Telefondienst betrieb, hatte für diese konkurrierende Kommunikationsform nicht viel übrig. Wenn Leute an ausländische Besucher eine Wohnung vermieteten, machten sie viel Aufhebens davon, daß es dort bereits Telefon gab. Und nicht nur bei Ausländern; Telefone machen süchtig, und die Franzosen sind ein redefreudiges Volk. Am Ende stieß P.T.T. (Post, Telegraf, Telefon) das Telefonsystem ab, und der Staat schuf France Telecom, damit die das Ding schaukelte – ein unabdingbarer erster Schritt zu Selbständigkeit, Initiative und Marktbewußtsein.

Bei alledem wurden Wachstum und Wandel in der französischen Wirtschaft viel stärker als in anderen europäischen Ländern vom Staat gelenkt und geplant (dirigisme, étatisme). Das entsprach der nationalen Tradition, die auf das Ancien régime und die Colbertsche Wirtschaftspolitik zurückging und massiv darauf aufbaute, daß die Besten und Klügsten mittels Bildungssystem rekrutiert wurden und in den grandes écoles (Polytechnique, des Mines, Normale) miteinander wetteiferten; mittlerweile gibt es noch eine neue: die École Nationale d'Administration, ENA, mit ihren von Prüfung zu Prüfung eilenden Klassen aus angehenden Bürokraten und Führungskräften – den énarques, wie sie bald schon getauft wurden.

Staatliche Ingenieure und Funktionäre modernisierten mit und ohne Unterstützung privater Unternehmen die Infrastruktur: Straßen, Eisenbahnen, Kommunikationssysteme, den öffentlichen Wohnungsbau, Anlagen. Die Ergebnisse übertrafen die Erwartungen; in manchen Bereichen wie etwa bei Hochgeschwindigkeitszügen setzte Frankreich Maßstäbe für den Rest der Welt. Ob solche Entwicklungen immer gewinnbringend waren, ist die Frage; staatliche Subventionen, offene und versteckte, trüben das durch die Realitäten des Marktes bestimmte Bild. Aber welch ein Vergnügen für den privilegierten Bahnkunden, zumal wenn er etwa als Staatsdiener in den Genuß verbilligter Tarife kommt, einige der reibungslosesten und schnellsten Strecken der Welt zu befahren! Frankreich wurde nie ein Gigant in der Fertigung normierter Industrieprodukte. Normalerweise kauften die Franzosen Haushaltsgeräte aus Deutschland und Italien; mit steigendem Einkommen neigten die Wohlhabenderen dazu, ihre Autos aus Deutschland zu beziehen. Aber Frankreich blieb ein Meister in Sachen Qualität und fertigte Artikel, die durch Geschmack (im doppelten Sinne) und durch Schönheit hervorstechen und bestechen. Und das Land blieb eines der weltweit schönsten Reiseziele, ein Wunderwerk aus natürlichen Schönheiten und menschlicher Kunstfertigkeit, ein Touristenparadies. Anfang der neunziger Jahre hatte Frankreich bereits einen der höchsten Lebenstandards der Welt mit einem durchschnittlichen Einkommen, das um ein Viertel höher lag als beim alten Rivalen Großbritannien. Die Produktion der früheren wichtigsten Industriegüter war abgesackt; zur Massenfertigung der Hochtechnologiegeräte des Computerzeitalters gewann Frankreich keinen Zugang. Aber Wein, Käse, Stoffe und Moden blieben dem Land.

Eine Besonderheit, die gleichermaßen Kraftquell und Schwachpunkt ist: Die Franzosen sind stolz. Sie haben ihre eigene Art, Dinge zu tun, und nehmen im Unterschied zu den Briten Machteinbußen nicht auf die leichte Schulter. Das hat zur Folge, daß sie sich schwertun, von anderen zu lernen. Sie tun die Dinge auf ihre Weise. Heute genießen die französischen Arbeiter ein hohes Maß an sozialer Sicherheit; sie erhalten eine ausgezeichnete medizinische Versorgung, ihre Kinder werden bestens betreut; hinzu kommen große, zur Selbstverständlichkeit gewordene Privilegien wie ein langer bezahlter Urlaub und ein frühes Rentenalter. Zusammen mit seinen kulturellen Vorzügen macht dies aus Frankreich ein Land, in dem man mit Vergnügen alt werden kann. Allerdings führt diese Situation auch dazu, daß Arbeitgeber nur zögernd neue Leute einstellen, weil mit jeder Einstellung zusätzliche Kosten und mögliche Verpflichtungen verbunden sind. Konsequenz: eine hohe Arbeitslosenrate, von der die Jungen besonders hart betroffen sind. Der Staat, der sich um den sozialen Frieden sorgt (wie verhandelt man friedlich und vernünftig mit Lastwagenfahrern, die Hauptverkehrsstraßen blockieren?), will die sozialpolitischen Arrangements lieber erhalten, fürchtet sich davor, sie aufzuweichen, möchte aber auch mehr Arbeitsplätze. Länder wie die USA, die vom Wert eines freien Marktes überzeugt sind und der Doktrin vom Überleben des Tüchtigsten anhängen, überschütten die Franzosen mit guten Ratschlägen. Die Antwort der Franzosen: Trollt euch; wir brauchen von euch keine Belehrungen. Besonders nicht von euch Amerikanern mit eurer Verbrechensrate, euren Rassenkonflikten, euren mangelhaften Assimilationsprozessen.

Noch verblüffender war das deutsche Comeback. Das Land hatte schwere Kriegsverwüstungen erlitten, und vieles, was verschont geblieben war, hatten die Russen beschlagnahmt. Sie besaßen gute Gründe, die Kriegsverlierer für das, was sie angerichtet hatten, zahlen zu lassen, doch nicht immer konnten sie etwas mit deutschen Maschinen und Gerätschaften anfangen. Diese rosteten bergeweise am Straßenrand vor sich hin. Besser Schrott als deutsches Eigentum. 1945 hatten die Deutschen aufgehört zu baden, weil es weder heißes Wasser noch Seife gab. Junge Frauen bändelten für eine Schachtel Zigaretten mit Besatzungssoldaten an. Bürger in Mantel und Krawatte lasen ungeniert Pferdeäpfel auf, um sie als Brennstoff zu nutzen.

Diese demütigenden Umstände weckten wenig Mitgefühl. Einige alliierte Experten forderten die Agrarisierung des Landes: keine Industrie mehr. Andere machten geltend, daß die Zahlung von Reparationen ein gewisses Quantum an industrieller Produktion, sagen wir die Hälfte des Ertrages von 1938, unvermeidlich voraussetze. All diese Vergeltungspläne wichen den Imperativen des Kalten Krieges: Die Westmächte brauchten und wünschten Deutschland. So boten die Siegermächte ihren besiegten Gegnern diesmal umfängliche Hilfe an. Kein Vergleich zu den harten, wenn auch oft nutzlosen Reparationsforderungen nach dem Ersten Weltkrieg. Die Erwartung der sowjetischen Aggression bestimmte alles.

Doch vor allem sollte man die Energie und die Arbeitsleistungen der besiegten Deutschen würdigen. 1945 war das in Umlauf befindliche Geld wertlos. Die einzige Währung, die zählte, waren Dollar oder Zigaretten, und amerikanische GI's, egal ob Raucher oder nicht, hatten Anspruch auf eine Stange Zigaretten pro Woche.[3] (Ich selbst kaufte ein Harley-Motorrad ohne Lichtmaschine für fünf Stangen – völlig gegen die Regeln.) Die folgenden Jahre waren geprägt durch harte Winter, Nahrungsmittel- und Stromknappheit, endlose Aufräumarbeiten und politischen Wiederaufbau, wo nicht gar Wiedergutmachung. 1948 schließlich gab das neue Deutschland ein neues Zahlungsmittel aus, eine deutsche Mark für zehn Reichsmark. Preiskontrollen hörten auf, und gehortete Waren kamen aus ihren Verstecken. Die Wirtschaft startete durch.[4] Im Laufe von zwanzig Jahren wurde die Deutsche Mark gemeinsam mit dem Schweizer Franken zur stärksten Währung in Europa. Neue Betriebe schossen aus dem Boden, und überall wurden deutsche Waren verkauft, die wegen ihrer Solidität und ihres Designs einen einzigartigen Ruf genossen.

So spektakulär das deutsche »Wirtschaftswunder« war – das japanische war noch spektakulärer. Die amerikanische Bombardierung hatte verheerende Zerstörungen und Verluste angerichtet. Das lag nicht zuletzt an den leicht brennbaren Baumaterialien und der zähen Weigerung eines stolzen, nie im Krieg besiegten Landes, seine eigene Lage richtig einzuschätzen. Zuletzt »gehörte« der Himmel den Amerikanern, die nach Belieben angreifen konnten. Dennoch bedurfte es noch der Atombombe, um den Kaiser und viele (aber nicht alle) seiner Ratgeber davon zu überzeugen, sich zu ergeben.[5]

Wie die Deutschen setzten die Japaner beim Wiederaufbau auf Arbeit, Pädagogik und Entschlossenheit. Ihnen wurde ebenfalls mit amerikanischer Finanzhilfe unter die Arme gegriffen. Wie in Europa ging es den Amerikanern auch hier um die Abwehr der spürbaren russischen Bedrohung. Die Geschwindigkeit der japanischen Entwicklung erstaunte um so mehr, als Japan nicht die Vorteile einer Weltmacht besaß. In der Vorkriegszeit waren die Japaner noch davon überzeugt, daß die direkte Verfügungsgewalt über Rohstoffe unabdingbar für Macht und Wohlstand sei, und der Kriegseintritt diente dem Zweck, diesen Zugang sicherzustellen. Nun hatten sie alles verloren und entdeckten zu ihrer Überraschung, was Ökonomen ihnen schon längst hätten sagen können, daß nämlich Rohstoffe zu Wettbewerbsbedingungen überall auf dem Weltmarkt zu beziehen waren. Solange Geld da war, sie zu kaufen. Wenn der Umgang mit den Westmächten vor dem Krieg so diffizil war, lag das an der japanischen Militärpolitik, die zu Vorsicht und Repressalien einlud. Jetzt lernten die Japaner, daß sie durch Kaufen mehr gewinnen konnten als durch Horten.

Die Schnelligkeit Japans irritierte die Konkurrenten. Ein Teil des japanischen Know-hows verdankte sich der Tatsache, daß Produzenten in anderen Ländern japanische Firmen anheuerten, um Gegenstände herzustellen (Uhren, Autoteile), die das avanciertere Land als eigene Marke verkaufen konnte. Vieles kopierten die Japaner durch Rekonstruktion, indem sie westliche Produkte zerlegten und sie zu verbessern lernten. Sie schickten auch Abordnungen zu Besuchen in westliche Länder und lernten unaufdringlich, indem sie beobachteten und Fragen stellten, photographierten und Bandaufnahmen machten. »Unaufdringlich« ist das richtige Wort: Die Japaner sind das stolzeste Volk, doch gerade ihr besonderes Verständnis von Stolz erhebt die Bescheidenheit in den Rang einer Kunst und einer Tugend. Diese sich verneigenden und wispernden Delegierten waren häufig erstaunt über die Offenheit ihrer Gastgeber, vor allem in den USA. Doch warum nicht? Die Amerikaner glaubten, von diesem besiegten kleinen Volk nichts zu befürchten zu haben.[6]

Sogar noch eindrucksvoller war die japanische Fähigkeit, über die Imitation hinauszugehen und selbst zu erfinden. Ein Besuch in einem japanischen Ausstellungsraum ist ein Blick in die Zukunft: Die Gegenstände sehen vertraut aus, aber sie stellen neue Dinge dar. Ihren größten Erfolg feierten die Japaner in der Automobilindustrie, einer Industrie, deren Bedarf an Materialien und Einzelteilen so unabsehbar und vielschichtig ist, daß sie als Zugpferd für den größten Teil des Produktionssektors dienen konnte. Darüber hinaus konzentrierten sie ihren Blick auf die fortgeschrittensten und anspruchsvollsten High-tech-Artikel: optische Geräte, Präzisionsmaschinen und -instrumente, Robotertechnik und Elektronik. Vor dem Krieg besaßen die Deutschen eine Art Monopol auf Hochqualitätskameras. Namen wie Leica und Zeiss waren Legende. Am Ende des Jahrhunderts existiert Leica noch immer, aber eine gute Leica-Kamera kostet das Dreifache eines entsprechenden japanischen Apparats. Für gutbetuchte Liebhaber spielt der Preis keine Rolle. Aber für die meisten Benutzer, professionelle Photographen eingeschlossen, ist diese Differenz indiskutabel. Japan beherrscht den Markt und läßt den anderen nur Nischen übrig.

All das wurde durch die effektivsten Qualitätskontrollen der Welt bestätigt. Vor dem Krieg galten japanische Produkte als Schund – unecht, talmihaft, unzuverlässig –, hergestellt für Billigläden. Das war zum Teil eine praktische Reaktion auf die schwere Wirtschaftskrise und die stark reduzierte Nachfrage. Doch in der Blütezeit des Nachkriegswachstums kehrten sich diese Verhältnisse um, und japanische Autos, Kameras, Fernseher und Minicomputer gaben die industrielle Norm vor. Wie ging das vor sich? Zum Teil waren die Japaner beflügelt durch das amerikanische Beispiel, besonders durch die Lehre von W. Edwards Deming, der fern von seinem Heimatland zu einem gefeierten Propheten wurde. Doch das Konzept allein hätte nicht ausgereicht. Es war – das darf man einfach nicht unterschätzen – die japanische Ethik der kollektiven Verantwortung, die effektiver Teamarbeit, dem Ideenaustausch zwischen Arbeitnehmer- und Arbeitgeberschaft, der Konzentration aufs Detail zwecks Fehlervermeidung entgegenkam.

Die Konkurrenten in älteren Industrienationen erwachten spät und hielten, ohne sich selbst ins Visier zu nehmen, nach einem Schuldigen Ausschau. Ihre erste Entschuldigung war, daß die Japaner kein faires Spiel trieben, weil sie den Zugang zu fremden Märkten nutzten, sich aber weigerten, ihren eigenen Markt zu öffnen. Die Klage war begründet, obwohl die Japaner nur einer älteren westlichen Devise folgten: Protegiere, bis du so stark bist, daß du dich nicht über Konkurrenz ärgern mußt. In der späten Tokugawa- und der Meiji-zeit (1850–1900), als Japan vertraglich an der Erhebung von Zöllen gehindert war, basierte der Widerstand gegenüber ausländischen Produkten hauptsächlich auf tiefwurzelnden, kulturell geprägten Verbrauchergewohnheiten. Aber auch auf bürokratischen Verordnungen, die Importeure verprellten. Die Periode der Offenheit wirkte wie eine Schule in Sachen zollunabhängiger Handelsschranken. Sobald Japan die Freiheit besaß, Zölle zu erheben, setzte es sie hoch genug an, um die heimische Industrie zu schützen.

Nach dem Zweiten Weltkrieg schlug die Welthandelspolitik eine neue Richtung ein. Die katastrophalen Erfahrungen der dreißiger Jahre, als die Industrienationen Türen und Fenster verriegelten und ihre Nachbarn zur Armut verurteilten, überzeugten die meisten Ökonomen und Politiker von den Vorteilen des Freihandels nicht nur in puncto wirtschaftlicher Prosperität, sondern auch in puncto internationaler Verständigung. Gewiß gingen die Meinungen in dieser Frage auseinander, aber mit den USA als Wegbereiter warben Diplomatie und Sachkenntnis um allgemeine Gefolgschaft. Amerika trat hier in die Fußstapfen seines britischen Vorgängers aus dem vergangenen Jahrhundert: Als reichste und mächtigste Wirtschaftsmacht der Welt verzichtete es auf alte protektionistische Gepflogenheiten. Selbst in einem Land mit vielen Wahlen und politischen Übereinkünften war es nicht immer leicht, protektionistische Quertreibereien herauszufinden und zu unterbinden. (Einige dieser Sonderinteressen grenzten ans Absurde. Während des Krieges hatten die Amerikaner gelernt, eine Art Wermut herzustellen, der die französischen und italienischen Marken ersetzen sollte. In Friedenszeiten fühlte sich diese junge Branche der Konkurrenz mit den Originalprodukten nicht gewachsen. So verlangte sie Protektion im Interesse der nationalen Sicherheit und wäre beinahe auch damit durchgekommen.)

Japan folgte diesem Trend zum freieren Handel, doch kein Land war so effektiv in der Durchsetzung einer zollunabhängigen Restriktionspolitik.[7] Die Findigkeit der eigenwilligen Japaner machte Geschichte. Baseballschläger wurden bei der Einfuhr angebohrt, um zu prüfen, ob sie aus massivem Holz waren. Neue medizinische Geräte wurden großzügig ins Land gelassen, doch die Diagnose- und Therapiemöglichkeiten, die sie versprachen, waren vom Versicherungsschutz ausgenommen (solange, bis die Japaner ihre eigenen Geräte gebaut hatten). Autos wurden demontiert und auf Herz und Nieren geprüft, bevor sie in den Handel kamen. Einmal waren die Japaner durch die wachsenden Importe französischer Skier so irritiert, daß sie sie unter dem Vorwand, japanischer Schnee sei von besonderer Beschaffenheit, vom Markt zu verbannen versuchten. Als die Franzosen mit der Drohung antworteten, japanische Motorräder aufgrund der andersartigen Beschaffenheit der französischen Straßen zu boykottieren, nahmen die Japaner davon Abstand.

Diese ganzen Schikanen bezeugen einen Trickreichtum der besonderen Art: Nebulöse Verzögerungen, Ausflüchte und Kehrtwendungen sind erlaubt, aber immer mit höflichem Pokergesicht. Auf lange Sicht seriöser sind Geschäftsverbindungen und gesellschaftliche Erwartungshaltungen, die sich auf Billigimportartikel gar nicht erst einlassen. Doch die Japaner betrachten den Markt nicht als offenen Raum. Er besteht aus Einfriedungen, und Geschäftsleute, die die Grenzen verletzen, sind gewarnt: Sollten derartige Importwaren nicht erhältlich sein, wird der einsame Schnäppchenjäger keine japanischen Firmen finden, die zur Not aushelfen.

Welche Importartikel gelangen ins Land? Vor allem hochwertige Markenware, die unverwechselbar mit nationalen Kennzeichen verknüpft ist: schottischer Whisky, französischer Cognac, belgische und schweizer Schokoladen, Vuitton-Reisetaschen und -koffer, Patek- und Rolex-Uhren, italienische Designerkleidung – Dinge, die als Geschenk oder als glänzendes Aushängeschild des Erfolgs einen bestimmten Prestigewert besitzen. Alle größeren japanischen Warenhäuser besitzen separate Boutiquen für diese Artikel: Ein Land, das bereit ist, Unsummen für eine Riesenmelone mit Borte auszugeben, kann es sich leisten, sich zu verwöhnen. Kein Platz dagegen für Kodak! Die Japaner haben ihre eigenen Fuji-Produkte – und das japanische Licht ist ja bekanntlich anders.

Diese Handelspolitik hat für Verstimmung unter Handelspartnern und für Verwirrung unter Ökonomen gesorgt. Verstehen die Japaner nicht, daß sie mit einer solchen Politik ihrer eigenen Bevölkerung mehr Geld als nötig aus der Tasche ziehen? Niemand würde die Japaner als Narren bezeichnen, selbst wenn sie gelegentlich Fehler machen. Begreifen sie nicht, was komparativer Vorteil bedeutet? Wissen sie nicht, daß Freihandel Wachstum und Wohlstand fördert?

Auf diese rhetorischen Fragen antworten die Japaner, daß der Zweck der Wirtschaftspolitik nicht in niedrigen Preisen und Discountvertrieb bestehe. Das Ziel sind Marktanteile, wachsende Leistungsfähigkeit, industrielle und militärische Stärke.[8] Produzenten sind wichtiger als Konsumenten. Kaufen kann jeder, herstellen nicht. Wenn Menschen jetzt weniger ausgeben, sparen sie mehr (ungefähr ein Drittel ihres Einkommens). Ihre Kinder werden mehr Geld besitzen, und Japan wird um so stärker sein.

Hinter den Japanern, die nach bestimmten Maßstäben jetzt wohl das reichste Volk der Welt sind, kommen die »kleinen Tiger« (oder »Drachen«, wenn man will), die ambitiösen asiatischen Aufsteiger, die weiteren Anwärtern gezeigt haben, wo es langgeht. Zwei von ihnen sind die ehemaligen japanischen Kolonien Taiwan und Korea; zwei, Singapur und Hongkong, sind globale Stadtstaaten, die ihr Vorbild in den kommerziell-industriellen Zentren des spätmittelalterlichen Italiens haben.[9] Keine Gruppe ist »schneller und beständiger« über die letzten fünfunddreißig Jahre hinweg gewachsen.[10] In allen vier Fällen waren die Hauptfaktoren eine Arbeitsethik, die eine hohe Produktionsrate bei niedrigen Löhnen garantiert, und, wie in Japan, eine außergewöhnliche manuelle Geschicklichkeit, die vom Essen mit Stäbchen herrührt und bei der Feinmontage besonders hilfreich ist. (Letztgenanntes Argument wird von meinen Kollegen belächelt, aber ich stehe dazu. Die moderne Montage besteht zu großen Teilen in feiner Pinzettenarbeit, und nichts bereitet darauf besser vor als das Essen mit Stäbchen von Kindesbeinen an.)[11]

Die Verfügbarkeit von feinmotorisch geschickten, billigen Arbeitskräften hat all diese Länder – nebst ihren regionalen Nachfolgern wie Malaysia, Thailand und Indonesien – für anspruchsvolle Unternehmer attraktiv gemacht, besonders aber für Unternehmen aus Ländern mit überbewerteten Währungen.[12] Nichts hat die Japaner so sehr von der Auslandsproduktion überzeugt wie der teure Yen. Nie ist Kapital so mobil gewesen. In den achtziger Jahren wuchs die direkte Auslandsinvestition (FDI) seitens der Industrienationen fünfmal schneller als der Welthandel und zehnmal schneller als die weltweite Produktion. Und selbst als dieser Aufwärtstrend sich in den neunziger Jahren verlangsamte – die Investitionen in die Entwicklungsländer blieben auf Wachstumskurs.[13] So sind Investition und Technologie in parallel ansteigenden Wellen über ein Land nach dem anderen hereingebrochen. Die Koreaner engagierten sich in der Automobilindustrie mit Aufträgen und technischer Unterstützung durch amerikanische Firmen, die auf diese Weise dem großen Druck der japanischen Konkurrenz zu begegnen versuchten. Schweizer und Japaner schlossen einen Vertrag über die Produktion von Uhren und Ersatzteilen, hergestellt in Hongkong und dann in Malaysia. Japanische (NEC, Sony), europäische (Philips, Rollei) und amerikanische (General Electric, Seagate Technologies) Multikonzerne haben Singapur zu einem Weltzentrum der Elektronik und Photoindustrie gemacht, während Hongkong, wo Flüchtlingsarbeit einst für Billiglohn und eine Palette zwischen den Maschinen als Schlafplatz zu haben war, eifrig Fabriken und Leiharbeit im Mutterland China einrichtet. Singapur hat sich auf Telefone in Malaysia und auf den Philippinen verlegt.

Keine Wirtschaft ist zu fortgeschritten, um infiltriert zu werden. Bis Ende 1996 besaßen mehr als dreißig koreanische Firmen Produktionsstandorte in Großbritannien. Wales beglückwünschte sich zur »Revitalisierung« durch ausländische, mehrheitlich asiatische, Investoren, und fünftausend Leute bewarben sich um dreihundert Stellen, die mit der ersten koreanischen Firma ins Land kamen. Andere europäische Länder sind weniger gastfreundlich. In Frankreich wollte der koreanische Konzern Daewoo Electronics den Bereich der Unterhaltungselektronik von der französischen Firma Thomson Multimedia übernehmen. Damit hätte Daewoo Sony als weltgrößten Hersteller von Fernsehgeräten überrundet, die Thomson unter dem RCA-Label verkaufte. Der Deal platzte. Die Koreaner kochten.[14]

Bei der Auswahl von Investitionsprojekten sind selbstverständlich die Lohnniveaus entscheidend, aber auch Marktbarrieren und persönliche Gefühle spielen eine Rolle. So fanden amerikanische Investoren koreanische Partner weitaus billiger und auch kooperationsbereiter als japanische. Doch als die Japaner Tochtergesellschaften in Korea aufbauen wollten, zogen die Löhne gerade an, so daß die Japaner nach günstigeren Regionen Ausschau hielten. Und vielleicht waren die Koreaner gar nicht traurig darüber.

(Warum Malaysia? Das Land hat nur 19 Millionen Einwohner. So ist Arbeit, zumindest ungelernte Arbeit, schwer zu bekommen. Aber Malaysia hat Unternehmer, und die wirken wie ein Magnet auf Arbeitskräfte. Illegale

 Einwanderer, hauptsächlich aus Indonesien [190 Millionen Einwohner] und Bangladesch [115 Millionen] strömen trotz energischer Abwehrbemühungen der Grenzbehörden ins Land. Wie überall blüht auch hier das Geschäft mit dem Menschenhandel. Die Ausländer sehen nicht so anders aus, aber sie sind es. Und so empört die Malaysier weniger die Konkurrenz um Arbeitsplätze als die Promiskuität. Der Premierminister von Malaysia zitiert Klagen der Dorfältesten: Mädchen laufen mit fremden Jungen davon, unverheiratete Mütter werden sitzengelassen, Frauen verlassen ihre Familien, um mit Fremden zu türmen, die sie vielleicht besser behandeln.[15] Das geht zu weit.)

Ethnische Verbindungen zählen ebenfalls, vor allem bei expatriierten Chinesen (in Übersee). Die Chinesen, eine Maklerminorität par excellence, sind das Treib- und Gleitmittel des südostasiatischen Handels, und ihre Wirkung strahlt von hier in die ganze Welt aus. Sie proklamieren eine Arbeitsethik, die einen Max Weberschen Kalvinisten neidisch machen würde, und übertragen diese Arbeitsethik von Generation zu Generation, egal ob arm oder reich.

(Ich erinnere mich an meinen ersten Besuch in Hongkong vor etwa zwanzig Jahren. Es war Abend, und ich kam an einem winzigen Photogeschäft vorbei, das sich in einen schmalen Treppenaufgang duckte. Ich warf einen Blick hinein, und das war genug. Der Händler fragte mich sofort, was ich suchte. Eigentlich hatte ich nichts Besonderes im Sinn, doch dann erinnerte ich mich, daß ich eine spezielle Linse brauchen könnte, und erkundigte mich danach. Sein Gesicht wurde lang; so etwas hatte er nicht am Lager. Dann hellten sich seine Züge auf: Wenn ich später wiederkäme, hätte er das Gewünschte für mich. Ich sagte ihm, ich sei zum Dinner aus und käme frühestens um Mitternacht zurück. »Machen Sie sich keine Gedanken«, sagte er. »Kommen Sie wieder. Ich werde mit Linse hier sein.« Kurz nach Mitternacht kehrte ich heim und wollte gerade in mein Zimmer hochgehen. Da erinnerte ich mich. Schläfrig sagte ich mir, es sei Zeitverschwendung. Dann aber bekam ich ein schlechtes Gewissen. Ich ging zu dem Geschäft zurück und fand natürlich den Laden offen; mein Mann war da, mit Linse. Man zeige mir einen Amerikaner oder einen Europäer, der so etwas tun würde.)

Die Chinesen spielten beim Erfolg der europäischen Kolonialherrschaft von Anfang an eine besondere Rolle – im holländischen Indonesien, auf den spanischen Philippinen und schließlich im ausgehenden neunzehnten Jahrhundert im französischen Indochina. In den Nachfolgestaaten setzten sie ihren Erfolgskurs fort.[16] Internationale Partnerschaften haben sich nach ethnischen Kriterien entwickelt. So bilden Hongkong, Taiwan und Singapur Produktionsbasen für Thailand, wo viele Chinesen um der besseren Assimilation willen thailändische Namen angenommen haben,[17] und für Malaysia, wo die Chinesen das Handelsgeschäft in der Hand haben, auch wenn behutsames Vorgehen und taktisches Geschick sie dazu zwingen, malaysische Partner heranzuziehen.[18] Thailand rühmt sich einer Politik des ethnischen Ausgleichs, was zum Teil dadurch erreicht wird, daß sich die Behörden der

Entwicklung eines eigenen chinesischen Schulwesens energisch widersetzen. Die Chinesen lächeln höflich, stimmen öffentlich zu und ergänzen die thailändischen Lehrpläne gern durch einen Schulbesuch im Ausland. Die Gemeinschaft hält die Balance »auf einer unsichtbaren Wippe zwischen zwei oder mehr Identitäten«[19]. In Wirtschaftsfragen bedeutet dies, daß die Chinesen wissen, wer sie sind, und daß sie miteinander arbeiten können.

In Malaysia sind die ethnischen Unterschiede schärfer, die Ressentiments größer. Malaysia hat Gewalt und Rassenunruhen kennengelernt – nirgendwo annähernd so schlimm wie in Indonesien, aber schlimm genug, um ein Problem darzustellen. So spielt jeder den ethnischen Faktor herunter. Mittlerweile besetzen die Chinesen auf der Insel Pinang (Nordwestküste), der Weltzentrale für Diskettenlaufwerke (über 40 Prozent der Produktion), die meisten leitenden und technischen Positionen. »Irgendwie ähneln sie den Amerikanern«, meint ein Manager, »auch sie leben, um zu arbeiten.«[20] So scheinen sie einer seltenen aristokratischen Zunft anzugehören: Die meisten Menschen arbeiten, um zu leben.

Solange die Welle des Wirtschaftswachstums anhält, wächst das weltweite Netz chinesischer Händler und Unternehmer täglich. Der Erfolg dieser Diaspora ließe es angemessen erscheinen, das sogenannte ost- und südostasiatische Wunder als einen ethnischen, das heißt kulturellen Triumph zu bezeichnen. In Indonesien, wo die Chinesen 4 Prozent der Bevölkerung ausmachen, kontrollierten sie im frühen zwanzigsten Jahrhundert siebzehn der fünfundzwanzig größten Handelsgruppen. In Thailand (10 Prozent Chinesen) stellen sie über 90 Prozent der reichsten Familien und besitzen einen ebenso hohen Anteil an kommerziellen und industriellen Vermögenswerten. Daß sie nicht überhaupt alles besitzen, hat weniger mit heimischer Konkurrenz als mit den Ansprüchen thailändischer Politiker zu tun, die ihre eigenen privilegierten Unternehmen gegründet haben oder darauf pochen, ein Stück von jedem Kuchen abzubekommen.

Schätzungen über das Gesamtprodukt aller Unternehmen in chinesischer Hand (einschließlich China selbst, aber ausgenommen Indonesien, Thailand, Malaysia und die Philippinen) sprechen von 2,5 Billionen Dollar für das Jahr 1990. Das ist die Hälfte des Gesamtprodukts der USA. Damit liegt China, dessen Wachstum das der USA und Japans übertrifft, noch vor Japan (2,1 Billionen).[21] Viele sind der Ansicht, daß die Führungsrolle Japans schon der Vergangenheit angehört.[22] Japans Stärke und Schwäche zugleich besteht in seinem Sinn für nationale Eigenart und Überlegenheit. Dies stimuliert die Japaner zu Höchstleistungen, erschwert ihnen aber auch die Zusammenarbeit mit anderen im Sinne gleichberechtigter Partner.[23] Mein Eindruck ist jedoch, daß die Japaner lernen werden – wie stets.

Zwei Einschränkungen gibt es hinsichtlich dieser ostasiatischen Erfolgsgeschichte: Die erste betrifft die Emanzipation von der Plantagenindustrie hin zum autonomen Unternehmertum. Die moderne Technologie zu nutzen ist viel einfacher, als sie zu erfinden, und für den Großteil aller industriellen Patente zeichnet nur eine Handvoll Länder verantwortlich. Die wilden Anfänger mit ihren rudimentären jungen Industrien müssen erst lernen, auf eigenen Füßen zu stehen. Die härteste Arbeit liegt noch vor ihnen. Die zweite Einschränkung: Je rascher das Wachstum, desto größer sind die materiellen und psychologischen Nebenwirkungen (»Eile mit Weile«). Da helfen nur gesellschaftliche und politische Institutionen, die imstande sind, die Probleme zu meistern und Lösungen in die Wege zu leiten. Diese Institutionen aber sind nicht vorhanden. Das Entwicklungstempo ist so groß, daß die Zeit für die Behebung der Schäden fehlt. Oft ist es einfach eine Frage der Prioritäten: Geld zählt; Leute sind entbehrlich; Folgekosten können warten.

Man nehme Thailand. Die Gegend rund um die Metropole Bangkok ist zugleich implodiert und explodiert. Industrie und Handel sind über die Stadt hereingestürzt, in ihrem Schlepptau Scharen von Arbeitsuchenden, und das *nominelle* Einkommen eines Haushalts hat sich in zwanzig Jahren verzehnfacht.[24] Frohgemute Bauherren haben alle offenen und ungenutzten Baulücken geschlossen. Sogar Kanäle, einst Lebensadern, wurden zuzementiert, um Bauland zu gewinnen. Das steigende Einkommen hat den kommerziellen und privaten Autoverkehr ausufern lassen, und die Verkehrsstaus sind immens. Als ich 1979 Bangkok besuchte, stellte mir die amerikanische Botschaft ein Auto mit Chauffeur zur Verfügung. Der Wagen besaß ein mobiles Telefon (so etwas hatte ich in meiner Unschuld noch nie gesehen), um die Botschaft zu benachrichtigen, wenn wir im Stau steckenblieben; und mir wurde gesagt, ich solle pro Tag nur zwei Termine ausmachen, einen vormittags, einen nachmittags. Heute zählt Bangkok 10 Millionen Einwohner (das Zwanzigfache der Bevölkerung von 1900), und viele lieben große Autos. Tag für Tag fluten Fahrzeuge aus den Vorstädten und dem Umland in die Stadt. Autofahrer brauchen nicht nur ein mobiles Telefon, sondern auch einen Nachttopf. Einflußreiche Leute ordern sogar für Frau und Kinder eine ganze Wagenkolonne, doch was das für die Hunderte von blockierten und zusammengepferchten Wagen bedeutet, kann man sich wohl vorstellen. 1979 lernte ich schnell, tagsüber nicht zu Fuß unterwegs zu sein, denn die Luft war nicht zum Atmen. Heute leidet die Hälfte aller Verkehrspolizisten an Erkrankungen der Atemwege, und eine Studie aus dem Jahr 1990 besagt, daß die schlechte Luft (dreimal so hoher Bleigehalt wie in Europa oder den USA) den Intelligenzquotienten siebenjähriger Kinder um sechs Punkte verringert.[25]

Kurz: Die Thais, die in der Stadt leben, sind reicher, aber auch ärmer, nicht am Einkommen, sondern an der Lebensqualität gemessen.[26] Nur zwei Prozent der Einwohner Bangkoks sind an eine ordentliche Abwasserentsorgung angeschlossen. Der Grundwasserspiegel fällt. Die Stadt sinkt in ein baumloses Flußdelta, das Überflutungen durch das Meer schutzlos ausgeliefert ist. Schlechte Lebensbedingungen behindern die weitere Entwicklung. Thailand hat sich weitestgehend auf Basis von Billigarbeit organisiert. Billiger geht es nicht mehr. Jetzt braucht Thailand eine ausbildungsintensive High-Tech-Industrie, die auswärtige Investoren und ausgebürgerte Fachleute ins Land zieht, doch die werden nicht kommen, um Gift einzuatmen. Inzwischen bezeugen die gesamtwirtschaftlichen Zahlen ein imposantes Wachstum, forciert durch verstärkte Bemühungen, die genannten Übel zu beseitigen. Abgasentgiftungsanlagen und Meßgeräte, Müllbeseitigung, medizinische Versorgung und ähnliche Investitionen schlagen auf den Ertrags- und Ergebniskonten positiv zu Buche.

*

»Sie können jede beliebige Farbe bekommen«: Die amerikanische und die japanische Automobilindustrie

In einer seiner sarkastischen Prahlereien bemerkte Henry Ford einmal, die Käufer seiner Autos könnten jeden Wagen in jeder beliebigen Farbe bekommen, solange es schwarz sei. Dies war in der Blütezeit des T-Modells, das tatsächlich zu verschiedenen Zeiten in verschiedenen Farben produziert wurde, wobei allerdings pro Serie immer nur eine Farbe vorgesehen war. Die Essenz von Fords Philosophie der Massenproduktion lautete: Mache alle Autos gleich, und mache viele davon. Verkaufe sie billig, und jeder wird sie kaufen. Leute, die Stil und Individualität wollen, können anderswo suchen. Oder ein T-Modell-Chassis kaufen und die Karosserie in Auftrag geben.[27]

Fords Prinzipien lieferten die Produktionsbasis für amerikanische Automobile ebenso wie für andere Branchen. Die amerikanische Autoindustrie avancierte zum Leithammel schlechthin: zum größten Hersteller und Exporteur, Geschmacksbildner und Stilführer, Massenproduzent von Vehikeln der Freiheit und der Liebe.[28]

Die Anzahl der registrierten Motorfahrzeuge betrug 1917 in Japan 3856. 1923 war die Zahl erst auf 13 000 gestiegen, alles Importfahrzeuge. Die Haupttransportmittel waren noch immer Rikschas, Pferdekarren und -wagen und schließlich Bahnen und Züge für Reisen über längere Strecken.[29] Doch wie überall schärfte der Krieg das Gefühl für Bedarf und Gelegenheit. Die Militärs hatten Lastwagen schätzen gelernt und gingen nun an die Entwicklung einer eigenen Produktion. Sie sprachen die führenden Großunternehmen (*zaibatsu*) an – Mitsui, Mitsubishi, Sumitomo – und stießen weitgehend auf Desinteresse. So zogen sie unbekanntere Mitstreiter heran, und die japanische Automobilindustrie gelangte weitgehend in die Hände »neuer Leute«.

Ford und General Motors betraten ein brachliegendes, aber fruchtbares Feld, als sie in Yokohama (1925) und Osaka (1927) Autofabriken bauten. Die Japaner betrachteten dies weniger als Vorteil für ihre Verbraucher, sondern eher als Abschreckung für die Entwicklung ihrer eigenen Industrie, die mit der Massenfertigung noch nicht recht vertraut war. Trotz niedriger Löhne kostete ein japanisches Auto fünfzig Prozent mehr als ein amerikanisch montierter oder aus den USA importierter Wagen. Zwischen 1926 und 1935 machten amerikanische Autos über 95 Prozent aller Neuzulassungen aus.[30]

Unterdessen hatte sich der Staat bewußt und offensiv auf die Herstellung von Militärfahrzeugen konzentriert, gestützt durch ein entsprechendes Gesetz von 1918, das großzügige Subventionen für Nutzfahrzeuge mit besonderen Standards vorsah.[31] Personenkraftwagen konnten warten. Wirklich? Ein Jahrzehnt später, als Privatunternehmen noch immer kein Interesse zeigten, begannen einige Beamte, unruhig zu werden. 1929 veröffentlichte das Ministerium für Handel und Industrie (der Vorläufer des Ministeriums für Internationalen Handel und Industrie [MITI]) »Richtlinien zum Aufbau der Motorfahrzeugindustrie«, gefolgt von neuerlichen Angeboten an die größten Unternehmensgruppen.

Motiviert durch Vorbilder und guten Zuspruch, konstruierte und produzierte die Regierung 1931 ein kleines 45-PS-Auto mit einer Fahrleistung von 40 km/h. Dieses Schneckentempo kam jedoch nicht an, und 1936 sorgten die beiden amerikanischen Giganten noch immer für Dreiviertel der nationalen Produktion. Nun schlug die japanische Armee vor, diese ausländischen Firmen schlicht und einfach des Landes zu verweisen. Denn schließlich: Krieg ist Krieg, und Handel ist auch Krieg.[32] Die zaghaften Politiker fanden dies ein wenig rüde, und so verabschiedete das Unterhaus ein von der Armee entworfenes Gesetz, das japanischen Herstellern große Subventionssummen versprach, vorausgesetzt, die Autofirmen befanden sich mehrheitlich im Besitz und unter der Leitung von Japanern. Zugleich belegte die Regierung den Import von kompletten Autos und preisgünstigen Montagesets mit hohen Zöllen. Diese Zölle erfüllten ihre Funktion: Bis 1938 war der Produktionsanteil von Nissan, Toyota und Isuzu auf 57 Prozent angewachsen. Die Amerikaner versuchten mitzuhalten, indem sie sich mit japanischen Firmen zusammentaten. Keine Chance: Sämtliche Pläne, zu fusionieren, unter japanischen Firmendächern zu verschwinden oder die staatlichen Benachteiligungen zu umgehen, bedurften der Zustimmung durch die Regierung. 1939 gaben die amerikanischen Firmen auf und zogen sich zurück. Für die Japaner war dies eine gute Übung im Merkantilismus und eine Vorbereitung auf die Handelskriege der Zukunft.

Wohin die Entwicklung geführt hätte, läßt sich vermuten. Doch der Krieg warf alles über den Haufen, selbst die bestausgetüftelten Pläne. 1945 lagen Betriebseinrichtungen und Maschinen in Schutt und Asche, und die amerikanischen Besatzungsmächte sahen nicht ein, warum Japan sich mit einer eigenen Autoindustrie belasten sollte. Das fanden Beamte bei der Bank von Japan und beim Transportministerium auch. Doch das MITI betrachtete Autos als Brennpunkt eines ganzen Bündels von verwandten Branchen und schnürte zum Anreiz ein Paket: billige Kredite, Steuervorteile, Schutzvorkehrungen gegen auswärtige Konkurrenz; zu Steuerzwecken ließen sich Exportumsätze vom Einkommen abziehen; die Einfuhr von Werkzeug und Maschinen war steuerfrei.[33] (Später, in den sechziger Jahren, verbot das Allgemeine Abkommen über Handel und Zölle diese Ungleichbehandlungen. Ohne Erfolg. Die Japaner überstanden alle Versuche, das Spielfeld einzuebnen. Jeder Ökonom weiß, daß es mehr als nur eine Möglichkeit gibt, der internationalen Bürokratie das Fell über die Ohren zu ziehen.)

Diesmal reagierte die heimische Industrie, allen voran Toyota und Nissan. 1950 wurden in Japan 32 000 Autos gebaut – ungefähr genauso viele wie in Amerika in anderthalb Tagen. Damals brachte der Koreakrieg einen Auftragsboom und gab der Automobilindustrie einen Anstoß, der sich nie wieder verlor – um so mehr, als die Zeit der amerikanischen Militärverwaltung 1952 endete und Japan nun seinen eigenen industriellen Weg gehen konnte. Dieser Weg war der einer bedeutenden Exportnation, nicht nur weil größere Verkäufe niedrigere Herstellungskosten und höhere Profite bedeuteten, sondern weil eine größere Produktionskapazität die Stärke der Nation zementierte. Die Niederlage – die erste für Japan überhaupt – hatte einen bitteren Nachgeschmack hinterlassen. Die Japaner wußten, daß sie den Krieg nicht verloren hatten, weil die Amerikaner bessere oder tapferere Kämpfer waren, sondern aufgrund der Industrieproduktion der USA.

Bis 1960 lag die Autoproduktion bei 482 000 Stück, davon waren 39 000 Exportfahrzeuge, das bedeutet etwa 8 Prozent. Ein Jahrzehnt später produzierte Japan schon erstaunliche 5,3 Millionen Autos, wovon 1,1 Millionen ins Ausland gingen. Bis 1974 hatte Japan Westdeutschland als größten Automobilexporteur der Welt abgelöst. Bis 1980 verschiffte es etwa 6 Millionen Fahrzeuge, 54 Prozent der Gesamtproduktion, und hatten die USA als größten Autohersteller der Welt überrundet.[34] Was noch wichtiger ist: Unter ansonsten gleichen Ausgangsbedingungen gewannen diese japanischen Autos ihre Marktanteile nicht durch niedrigere Preise. Japanische Autos kosten tatsächlich mehr, oftmals noch mehr als ausgepreist, während amerikanische Autos normalerweise unter Listenpreis verkauft wurden. Warum? Weil japanische Autos weniger Fehler hatten und nicht so schnell kaputt gingen, weshalb sie sich auf dem Gebrauchtwagenmarkt besser verkauften.

Angesichts der enorm finanzkräftigen und fest etablierten Konkurrenten werden diese Wachstumsraten von 30 und 40 Prozent pro Jahr künftig als Lektion in Energie, Erfindungsgabe und Unternehmungsgeist behandelt werden. Henry Ford muß sich im Grab umgedreht haben.

Auf der Suche nach Erklärungen (Entschuldigungen) verwiesen Amerikaner auf die staatliche Subventions- und Protektionspolitik. Eine Hilfe war diese Politik, aber sie schuf nicht die Industrie. Die war das Werk von Leuten, die die Autos bauten – das Werk der Belegschaft, der Ingenieure, der Unternehmer. Das Werk auch der Unfähigkeit von amerikanischen Autoherstellern, die von Triumph zu Triumph schritten, die ihre Betriebe mit ihrem Land identifizierten, die der Ansicht waren, daß der amerikanische Konsument ihnen sein Auskommen verdankte, und die sich selbst Löhne und Prämien zahlten, die kaum im Verhältnis zum Profit standen.[35] Für sie war dieser japanische Aufstieg Majestätsbeleidigung auf globalem Niveau.

Wie brachten die Japaner das zustande? Erstens machten sie aus einer Not eine Tugend. Da ihr heimischer Markt zu klein für lange Serien war, die die Massenproduktionsmethoden der amerikanischen Industrie rechtfertigten, diversifizierten die Japaner ihr Produkt, indem sie spezielle Bedürfnisse und Geschmacksrichtungen bedienten und flexibel auf die Nachfrage reagierten. Zu diesem Zweck lernten sie, Modelle schneller zu entwerfen und zu testen: Ein neues Modell zu fertigen dauerte in Japan 46 Monate gegenüber 60 in den USA (1,7 Millionen »durchschnittliche« Ingenieurstunden je neues Auto im Vergleich zu 3,1 Millionen). Die »Rückkehr zur normalen Qualität nach neuem Modell« dauerte in Japan 1,4 Monate gegenüber 11 in den USA.[36] Der letztgenannte Vergleich ist aufschlußreich. Eile mit Weile, Qualität ist entscheidend. Die amerikanischen Geschäftsbücher sind voll von Beispielen von kurzfristigen Einsparungen, die durch ausgiebige Reparaturarbeiten wieder wettgemacht werden.[37]

Diese schnell austauschbaren Techniken verschafften den Japanern nicht nur den Vorteil des Impulsgebers,[38] sondern auch den, die Erfolge anderer Hersteller rasch zu kopieren und Fehler möglichst schnell auszumerzen. Hier war die flexible Produktion, die manche als Technologie der Zukunft[39] bezeichneten. Es war keine Hinwendung zum Kleinformat (»klein ist schön«), wie manche dachten. Im Gegenteil. Große Firmen besaßen die Mittel, es besser zu machen und die Kosten der Flexibilisierung zu tragen. Es war ein einschneidender Wandel, weg von der Devise: »Jede beliebige Farbe, solange sie schwarz ist...« [40]

Vielseitigkeit erforderte eine entsprechend flexible Technologie. Nach dem Krieg brauchten die Japaner neue Maschinenparks, was ihnen Gelegenheit gab, raffinierte Geräte und Maschinen auszutüfteln und zu kombinieren, wobei das meiste ironischerweise in den USA bestellt werden mußte. Dies machte auch den Weg für die neuesten Errungenschaften frei – Automatisierung, Robotertechnik, Computerisierung. Eine zentrale Rolle spielte dabei die Umorientierung von Einzweck- auf Mehrzweckmaschinen, was eine Belegschaft voraussetzte, die für ein breites Tätigkeitsfeld ausgebildet war und schnell zwischen einzelnen Arbeitsvorgängen hin- und herwechseln konnte. Die Japaner bewerkstelligten dies, indem sie die Maschinen entsprechend anpaßten und sich an ihnen schulten, so daß sie in den siebziger Jahren nur fünf Minuten brauchten, um Stanzformen in Stempelpressen auszutauschen, während ein amerikanischer Betrieb zwischen acht und vierundzwanzig Stunden dafür benötigte.[41] Diese Strategie hatte weitreichende Konsequenzen für die Beziehungen zwischen Arbeitnehmern und Arbeitgebern. Das amerikanische Beharren auf Einzweckmaschinen und strikter Aufgabenfixierung hatte zur Folge, daß kaum Facharbeiter gebraucht wurden und daß die gewerkschaftliche Forderung nach Arbeitsteilung von den Unternehmensleitungen akzeptiert wurde.

Multiple Modelle multiplizierten natürlich die Lagerbestände. Das bedeutete unproduktives Kapital, vermehrte Lagerkosten, die Gefahr von Verzögerungen. Wo amerikanische Autohersteller mit ihren langen Produktionsserien und seltenen Umstellungen jede Unterbrechung (beispielsweise durch Streiks) fürchteten und zum Abfangen von Engpässen ein Depot von Fertigteilen bereithielten, bemühten sich japanische Hersteller, die Bestände so klein wie möglich zu halten, indem sie punktgenau auf Termin produzierten.[42] Die Anregung stammte, wie es hieß, von Besuchen in den USA – Besuchen nicht in Autofabriken, sondern in den Supermärkten mit ihrer außergewöhnlichen Produktvielfalt. Man brauchte nur die amerikanischen Hausfrauen zu studieren, die den Markt im Auge behielten und nach Bedarf kauften; auch der Markt behielt die Nachfrage im Auge und lieferte nach Bedarf. Anstelle einer aggressiven Absatzstrategie regelte die Nachfrage das Angebot. Warum konnten Autos nicht auch auf diese Weise produziert werden? (Dies geschah auch in amerikanischen Autofabriken, doch die Japaner entwickelten ein Verfahren, das Spielraum für Perfektionierungen ließ.) All diese Konzepte zeugen vom Wert der Neugier, der genauen Beobachtung und des unorthodoxen Denkens, kurz: von der zentralen Rolle des menschlichen Akteurs.[43]

Darüber hinaus arbeiteten die Japaner daran, den Irrtum auszuschließen, indem sie sich am Ideal der Null-Fehler-Quote orientierten. Statt einzelne Wagen aus der Serie zu nehmen, versuchten sie, den Fehler an seiner Quelle zu entdecken, und stoppten gegebenenfalls die gesamte Serie. Das kostete Geld, aber Prävention war wichtiger als Reparatur. »Wo sind die Aufseher?« fragte ein amerikanischer Besucher. »Wir haben keine Aufseher«, lautete die Antwort. »Die Arbeiter erledigen das.«

Diese Innovationen revolutionierten Japans Prestige als Industrienation. Während die Japaner vor dem Krieg mit billigen Spielzeug- und Blechbüchsenautos assoziiert wurden, waren ihre Produkte jetzt marktführend. Amerikanische Autohersteller taten sich schwer, die neue Realität zu akzeptieren, und klammerten sich an ihre liebgewonnenen Klischees bis zu einem Punkt, wo an Umkehr schon längst nicht mehr zu denken war. Sie verspotteten auch das Konzept der Kleinwagen. Schon den Namen »Toyota« fanden sie zum Lachen. Amerikaner, soviel war sicher, wollten riesige Wagen, die man lieben und in denen man lieben konnte. Wenn jemand bei Chrysler einen Wagen mit Niedrigaufhängung entwarf, spöttelte der Top-Manager: »Chrysler baut Wagen, um darin zu sitzen, und nicht, um darauf zu pissen.«[44]

Inzwischen gewannen japanische Kompaktwagen wachsende Anteile am amerikanischen Markt, und als Handelsschranken den Export drosselten, stellten sich die Japaner zunächst auf Mittel- und schließlich auf Luxusklassewagen um. So behielten japanische Produzenten auch diesmal die Oberhand; zugleich hatten sie eine Methode gefunden, die Verbrauchertreue zu honorieren und dem steigenden Einkommen und Sozialstatus der Konsumenten Rechnung zu tragen.[45] Als die Japaner ankündigten, den Konkurrenzkampf mit deutschen Luxusklassewagen aufzunehmen, dachten alle an einen Scherz. Ein Jahr und zwei Monate später war Mercedes und BMW das Lachen vergangen. Die Japaner hatten die teureren deutschen Erfolgssymbole so gut wie vom Tisch gefegt.

Falsch wäre es, diese Leistungen einfach als eine Frage der Technik zu behandeln, die man übernehmen oder kopieren kann. Menschen sind es, die den entscheidenden Unterschied machen. Für jeden, der einmal in Japan war, gehört der Verkehr zu den lästigen und alptraumhaften Charakteristika der überfüllten städtischen und industriellen Ballungsräume, so daß einem die Fähigkeit, exakt auf Termin zu produzieren, geradezu unglaublich erscheint. Wie kann einer Ersatzteile pünktlich auf Abruf liefern? Die Antwort: Indem er an seinem Arbeitsplatz schläft. Der Fahrer parkt seinen Wagen über Nacht in der Nähe des Fabriktors und macht es sich auf dem Fahrersitz gemütlich. Am nächsten Morgen ist er pünktlich zur Stelle.

Doch das führt zu einem neuen Problem: Was dem einen recht ist, ist dem anderen billig. Die Mutterfirma spart Zeit. Sehr geschickt. Aber die Zuliefererfirma vergeudet Zeit. Das gesamte japanische Auslagerungssystem basiert auf Unterdrückung und Einengung der Zulieferer, die ihrerseits ihre Belegschaft kurzhalten. Nicht alles ist ohne Tadel im japanischen Industriehimmel. Auf der anderen Seite ist die Mutterfirma nicht uneinsichtig: Sie preßt aus, aber sie hilft auch mit Maschinen, Technik und Finanzierung. Diese Leute sind hartnäckig, dynamisch und normalerweise sehr hierarchisch eingestellt, aber mit einem gesunden Empfinden für wechselseitige Verbindlichkeit auf allen Ebenen.

In der Automobilfabrikation hängen all diese Faktoren von einem Teamgeist ab, der Arbeitgeber und Arbeitnehmer gemeinsam nicht nur zu effizienter Leistung, sondern auch zu kontinuierlicher Perfektionierung verpflichtet. Arbeit wird nicht als Hindernis für Innovationen gesehen, auch nicht, wenn dadurch Arbeit eingespart wird,[46] und in großen Firmen fühlt sich jeder Arbeitnehmer verpflichtet und geradezu genötigt, Vorschläge zu machen, die in die Zehntausende gehen – sei es, um Arbeit, sei es, um Geld zu sparen, und wenn es auch nur wenige Yen sind. (Fragt sich nur, wie die Arbeitgeber diese Flut von Vorschlägen auswerten.) Jeder Mitarbeiter erfüllt eine Reihe von Aufgaben, und die Unterbrechung einer Arbeit wird nicht dazu benutzt, Pause zu machen, sondern etwas anderes zu tun. (Keine Spur von borniertem Fachidiotismus – »das ist nicht meine Aufgabe« –, der »mörderisch« sein kann, wenn unterschiedliche Arbeitsvorgänge ineinandergreifen.)[47] In Japan hat und spürt jeder Arbeitnehmer die Verpflichtung, jederzeit nützlich zu sein.[48]

Das alles klingt vielleicht gut, ist aber nicht so einfach, zumal es dem Ego nicht sehr entgegenkommt. Denn gefordert wird eine rigorose Unterordnung des einzelnen unter seine Vorgesetzten und unter das Team. Die Firma hat unzählige Möglichkeiten, um Zusammenarbeit zu belohnen und mangelnde Anpassung zu bestrafen. Gruppen, die Schwierigkeiten machen, müssen darauf gefaßt sein, daß ihre Aufgabenbereiche an andere Zulieferer-betriebe übergeben werden. Firmen wie Toyota vereinnahmen ihre Angestellten total. Sie haben ihren eigenen Kalender, unabhängig von nationalen Ferien oder Wochenenden (die meisten Japaner kennen keinen religiösen Ruhetag). Was Überstunden und Pendeln betrifft, so sind Arbeitnehmer häufig elf bis zwölf Stunden täglich von zu Hause fort. Doch das gilt auch für Kader und Chefs. Hier kommen die Ehefrauen ins Spiel: Sie sind für die Kinder zuständig und bringen sie zu Bett, bevor der Vater heimkommt. Freizeit kann zusätzliche Arbeit bedeuten: 40 Prozent der Betriebsangestellten arbeiten pro Monat mehr als einen freien Tag, 30 Prozent mehr als fünf zusätzliche Tage pro Monat. Die meisten beteiligen sich an betrieblich geförderten Freizeitaktivitäten an mindestens einem freien Tag im Monat; ein Drittel wendet dafür noch mehr Zeit auf. Die Firma erleichtert dies durch private Erholungseinrichtungen, organisierte Aktivitäten und emsige Sozialarbeiter. Fragen Sie einen japanischen Arbeitnehmer, was er tut, und er wird Ihnen den Namen seiner Firma nennen.[49]

Beobachter haben diese Teamarbeit, diese Hingabe des Individuums an die Gruppe und diese Überdeterminierung der Arbeit zu Recht der Selbstachtung gegenübergestellt, die die westliche Arbeitsauffassung charakterisiert. Tatsächlich ist die amerikanische Firma pluralistisch: Die Chefs haben ihre Ziele, die Arbeiter ebenso und die Aktionäre auch. Und während sie alle theoretisch durch ihre Loyalität gegenüber dem Unternehmen vereint sind, ist die Bedeutung dieser Loyalität praktisch von widerstreitenden Interessen abhängig. Daher eine konstante latente Spannung, die sich von Zeit zu Zeit in offenen Konflikten und Kraftproben entlädt.

In Japan laufen die Dinge anders. Japanische Arbeitnehmerverbände setzen fast immer ihre Lohnforderungen durch, weil sie schon im vorhinein mit der Firmenleitung ausgehandelt worden sind.[50] Streiks sind meist bloß symbolischer Natur, eintägige Aktionen, die nur zeigen sollen, daß die Arbeiter es ernst meinen.[51] Ganz anders in den USA: Dort haben Gespräche oft bloß *pro forma* Bedeutung, und Meinungsverschiedenheiten entscheiden sich durch Machtproben. Manchmal steht am Ende einer Kontroverse aus Gründen der Fehlkalkulation die Schließung einer Firma oder Fabrik – wer will den ganzen Ärger am Hals haben? Allzuoft hinterläßt der Machtkampf ein bitteres Gefühl, das die Beziehungen verschlechtert und eine neue Verhandlungsrunde erforderlich macht. Beide Seiten sprechen von Sieg – aber warten nur auf das nächste Mal.[52]

Ist diese japanische Methode der »schlanken Produktion«, der Qualitätskontrolle und Arbeitgeber-Arbeitnehmer-Partnerschaft exportierbar? Können die Amerikaner lernen, neue Wege zu beschreiten? Den Ansatz zu einer Antwort finden wir – in den USA, aber auch in Großbritannien – in der Gründung japanischer Tochtergesellschaften: Honda, Toyota, Mitsubishi und anderen. Diese Fabriken entstanden aufgrund von Handelsschranken: Sie wurden gebaut, um hinter die Schranken zu gelangen. Die Löhne waren etwa dieselben wie bei amerikanischen Firmen, doch schafften es diese Tochterunternehmen, die Gewerkschaften mit ihrer Aufgabenteilung und ihrer partikularen Autonomie außen vor zu lassen. Sie waren auch weitgehend auf importierte Einzelteile angewiesen, so daß sich die Frage stellte, ob es sich überhaupt noch um ein amerikanisches Produkt handelte. Doch das ist ein Wesenszug der globalen Industrie: Man kauft das Billigste. Inzwischen verzeichnen diese Tochterunternehmen offenbar eine höhere Arbeitsproduktivität und -qualität als rein amerikanische Firmen, obgleich dic in Japan beheimateten japanischen Fabriken sie noch überbieten.[53]

 Diese Resultate zeigen uns, was amerikanische Arbeitnehmer tun können, um ganz von vorne anzufangen. Diese gewerkschaftlich nicht gebundenen Tochterunternehmen sind gänzlich unverdächtig und frei von negativen Vorurteilen, wie Generationen von kämpfenden Gewerkschaftern der United Auto Workers (UAW) sie hinterlassen haben. Manche Gegensätze zwischen amerikanischen und japanischen Arbeitskräften gehen auch auf die Kindererziehung zurück. Gewerkschaft oder nicht, die Menschen sind verschieden. Auf die Frage, ob amerikanische Arbeiter japanische Wertvorstellungen und Wettbewerbseinstellungen übernehmen sollten, antwortete Douglas Fraser, Präsident der UAW und ein vernünftiger Mann, er sei nicht dieser Ansicht, und er begründete das mit dem Temperament: »...der amerikanische Arbeitnehmer besitzt eine Individualität und eine Bereitschaft zum Dissens, die sich nicht mit diktatorischen Anweisungen verträgt«[54]. »Diktatorisch«? Das Wort beweist die Kluft.

Eine Menge Vorwürfe machen die Runde. Der anfängliche Fehlschlag der amerikanischen Autoindustrie, die gegenüber dem gewaltigen Mitstreiter an ihren Eigenarten festhielt, war großenteils eigenes Verschulden – zum Teil ein Verschulden der Arbeiterschaft, die sich weigerte, Methoden zu ändern oder Zugeständnisse zu machen. Doch vor allem gingen die anfänglichen Mißerfolge auf das Konto der Unternehmensführung. Die Liste der Sünden ist lang: erstens Selbstzufriedenheit (wir sind die Besten, und wir sind es schon immer gewesen); zweitens Mangel an Einfühlungsvermögen (glaubten die Amerikaner wirklich, daß die Japaner mit ihren oft engen Straßen und ihrem Linksverkehr große Wagen mit einem Steuer auf der linken Seite kaufen würden?); drittens ambivalentes Restvertrauen auf Regierungsunterstützung (wir sind alle für freies Unternehmertum, doch wie soll man sonst der staatlich begünstigten japanischen Autoindustrie gewachsen sein?)[55] und viertens ein engstirniger und eigennütziger Zeithorizont, der amerikanische Unternehmer dazu verführte, Atempausen im Wettbewerb mit den Japanern zu Preis- und Dividendenerhöhungen statt zu Investitionen und technischen Verbesserungen zu nutzen.

Aber die Amerikaner haben gelernt und machen es jetzt besser. Hier und da haben Autohersteller zunehmend doch japanische Methoden übernommen – mit viel Getue und Selbstbeweihräucherung, als ob sie Amerika entdeckt hätten. Beispiel: Fords Entscheidung, das Fließband in seiner Lastwagenfabrik in Louisville so lange anzuhalten, daß die Arbeiter die Karosserie auf das Chassis montieren konnten. Einfach genug, und es bedeutete akkuratere Arbeit und weniger Schäden: »Du richtest einfach zwei Bolzen aus und läßt die Karosserie herunter.« Die Idee stammte von Fließbandarbeitern. In früheren Zeiten hätten die Unternehmer ihr gar keine Beachtung geschenkt. Mittlerweile hören sie zu.[56]

So balanciert die amerikanische Industrie heute zwischen alten und neuen Methoden. Die großen Autohersteller vertrauen mehr als früher auf unternehmensinterne oder -externe Einzelteillieferanten, die einen Großteil der Komponentenmontage übernehmen. So delegieren sie auf gut Japanisch die Belastungen und halten ihre Lohnkosten niedrig. Um Lagerbestände gering zu halten, arbeiten sie mit Lieferungen auf Abruf, manchmal in Intervallen von nur zwanzig Minuten. Einige angegliederte Einzelteilhersteller arbeiten jetzt ebenso für fremde Autofirmen wie für die Mutterfabrik und sorgen auf diese Weise für Auslastung. Sollten die Arbeiter im Falle eines Streiks gegen die Mutterfirma weiterhin für Konkurrenten arbeiten? Schwer zu entscheiden. Altmodische Leute sagen nein; andere verweisen auf die schmerzliche Realität. Wenn die Arbeiterschaft zu aufmüpfig wird, warnen sie, werden sich die Autohersteller kooperationsbereitere Partner, sagen wir, in Mexiko, suchen. (*Viva la NAFTA!*)[57] Die Konzerne können es sich nicht leisten, daß ein Zulieferer den gesamten Produktionsprozeß verzögert. Die Pragmatiker besitzen die stärkeren Argumente. (Letztlich hat die Möglichkeit einer solchen Streuung die Verhandlungsmacht der Arbeiterschaft geschwächt.) Die Ideologen der Arbeiterschaft sind nicht glücklich: »Da haben wir eine Kostprobe professioneller Gewerkschaftspolitik«, schimpfen sie. Die Arbeiter im Bett mit der Unternehmerschaft.[58] Kann das Liebe sein?

Langsam dämmert den japanischen Autoherstellern, daß ihnen asiatische Konkurrenten wie die Koreaner im Nacken sitzen. Keine Entspannung und kein Ende dieses Krieges in Sicht.

28
Verlierer

In großem Abstand zu den Führenden und ihrem Gefolge, das Schritt hält oder Anschluß zu gewinnen versucht, kommen die meisten Völker der Welt.

Verglichen mit Ostasien bewegt sich der Rest der Welt wie in Zeitlupe: Auf jeden Schritt vorwärts folgen zwei Schritte zurück. Der Mittlere Osten verfügt über ein großes Potential, insbesondere riesige Öleinnahmen (etwa 2 Billionen Dollar zwischen 1973 und 1993), doch seine politischen, gesellschaftlichen und kulturellen Institutionen bieten weder Sicherheit für Unternehmen, noch treiben sie eine eigenständige technologische Entwicklung voran. Auch kulturelle Gepflogenheiten und vor allem geschlechtsspezifische Vorurteile stehen industriellen Projekten im Wege. Eine Folge davon sind hohe Arbeitslosigkeit und Unterbeschäftigung, verschlimmert noch durch die Bildungsmisere: Leute mit Schulabschluß haben bessere Chancen.[1]

Ohne Zweifel haben wohlmeinende Regierungen in der Region versucht, private Initiativen zu ersetzen. Ägypten zum Beispiel. Die Industrieprojekte Muhammad Alis vor hundert Jahren im Hinterkopf, beschloß die ägyptische Regierung nach dem Zweiten Weltkrieg, in Baumwollspinnereien zu investieren. Der Plan schien narrensicher. Ägypten baute die feinste langfaserige Baumwolle der Welt an. Warum nicht in die Verarbeitung investieren und zusätzliche Gewinne abschöpfen? Das Problem war, daß das Garn, das von diesen rudimentären Spinnereien produziert wurde, nicht von internationaler Qualität war, während ausländische Farmer ihre Rohbaumwolle zu verbessern versuchten und Weber nach Möglichkeiten suchten, Qualitätsware aus minderwertigeren Sorten zu fertigen. Man unterschätze niemals den Ideenreichtum gewiefter Fachleute: Bevor die Ägypter es sich versahen, saßen sie mit mangelhafter Ware für den heimischen Markt da und hatten einen Teil ihres Exportmarkts für Rohbaumwolle verloren. Ägypten ist leider nicht das einzige Beispiel eines gescheiterten Industrialisierungsversuchs. Auf dem afrikanischen Kontinent wimmelt es nur so von Projekten und Fehlschlägen.

Mißerfolge verhärten das Herz und trüben den Blick. Bis heute suchen die Verlierer des Mittleren Ostens Kompensation in religiösem Fundamentalismus und militärischer Aggression. Für breite Schichten bringen Gebet und Glaube Trost in der Ohnmacht und versprechen Vergeltung. Daher der apokalyptische Ton vieler muslimischer Predigten und Reden: Das Ende wird Wiedergutmachung bringen. In der Zwischenzeit greifen die Starken zur Gewalt. Sie finden es leichter, zu erobern und zu erpressen, als etwas Produktives zu tun. Ein Beispiel ist der Irak, der glaubt, schneller reich zu werden, wenn er gierig nach Öl greift und in Kuwait Häuser ausplündert, statt verkäufliche Waren zu produzieren. Schließlich hat man Waffen gekauft, um sie auch zu benutzen...

Werden diese destruktiven Tendenzen von Dauer sein? Unmöglich zu sagen. Jedenfalls sind sie nicht zufällig, sondern strukturell bedingt. Die internationalen Experten behalten den Kopf oben (dafür werden sie auch bezahlt) und bieten bescheidene Rezepte zur Verbesserung an. So erinnert uns die Weltbank mit ihrem Konzept der »Anpassung« daran, daß gute Politik Geld kostet. Was ist gute Politik? Realistische, wettbewerbsfähige Wechselkurse, ein geringes oder gar kein Haushaltsdefizit, wenige oder keine Handelsschranken und Märkte, Märkte, Märkte.

Solche »Verbesserungen der makroökonomischen Rahmenbedingungen« helfen. Sie räumen die gröbsten Verzerrungen und Hindernisse aus dem Weg, aber sie lassen sich nicht leicht bewerkstelligen. Wie läßt sich ein Haushaltsdefizit beseitigen, wenn die Hälfte der Arbeiterschaft unproduktiv beim Staat beschäftigt ist und politische Stabilität an Ineffizienz gekoppelt ist? (Mit solchen Problemen schlagen sich sogar reiche Länder herum. Man schaue nur auf Europa und die Maastricht-Kriterien für die Teilnahme am Euro.)

Und das ist nur der Anfang. Die eigentliche Arbeit des strukturellen und institutionellen Aufbaus kommt erst noch. Davon abgesehen – was, wenn es mit dem Öl einmal zu Ende geht?[2]

Lateinamerika hat fast zweihundert Jahre politischer Unabhängigkeit gebraucht, um sich allmählich zu ökonomischer Unabhängigkeit durchzukämpfen. Es ist jedoch nach wie vor eine Problemzone, vom technologischen Niveau her sehr unterschiedlich entwickelt, arm an lokalen Initiativen und an Unternehmenskultur. In dieser Struktur einer gebremsten Entwicklung spiegelt sich die Zählebigkeit alter Existenzweisen und etablierter Interessen. Der geballte Rückzug aufs Land und in pastorale Lebensformen (lang lebe der komparative Vorteil!) ist eine Art Brutstätte für mächtige reaktionäre Eliten, die, gestützt durch gesellschaftliche und politische Privilegien, finster und feindselig auf die industrielle Welt blicken. Sobald diese Polarisierung mit sozialer Unzufriedenheit einhergeht – und die Armut ist groß –, liegen antidemokratische, populistische Lösungen (*caudillismo*) nahe, die schrecklich sind, wenn sie Bestand haben, und zerstörerisch, wenn sie auf tönernen Füßen stehen.

Mit der Industrialisierung war man also spät dran. Aber das mußte nicht unbedingt ein Handikap sein. Verspätung hat ihre Vorteile. Doch alles hängt vom Zustand unternehmerischer Initiative und vom technologischen Potential der Gesellschaft ab. In den meisten lateinamerikanischen Ländern entwickelte sich die Industrie als Importersatz, geschützt durch hohe Zölle, diskriminierende Gesetze und Verordnungen, zollunabhängige Einfuhrhemmnisse. Wie wir durch amerikanische Erfahrungen im neunzehnten und japanische Erfahrungen im zwanzigsten Jahrhundert wissen, können solche

 Maßnahmen greifen, wenn ein Land sich energisch um Anschluß an den Weltmarkt bemüht, wenn es Produktionsstandards erreicht, die Exportfähigkeit gewährleisten, und wenn der einheimische Wettbewerb funktioniert. In Lateinamerika war dies großenteils nicht der Fall. Aber es gab auch Ausnahmen. Manche Industrieunternehmen stehen an der Schwelle zur Konkurrenzfähigkeit auf dem Weltmarkt. Die meisten indes sind davon noch weit entfernt und schuften hinter den Schutzwällen, um auf einen grünen Zweig zu kommen.

Dieser Schutz wurde durch nationale Interessen oder antikolonialistische Ideologien legitimiert, die, wenn man sie in ihr logisches Extrem treibt, ein Ende aller Handelsbeziehungen mit den fortgeschritteneren Industrienationen nahelegten. (In Lateinamerika prallten Gegensätze aufeinander: Zentrum contra Peripherie, Neokolonialisten contra Ausgebeutete, korrupte Typen contra nette Kerle.) Glücklicherweise ist das nicht geschehen. Doch solche Exerzitien in reiner Vernunft (oder Unvernunft) gehören eher in Studierstuben als in Regierungssäle, wie der brasilianische Präsident Cardoso, einst Fahnenträger der sogenannten Abhängigkeits-Schule, unlängst feststellte.

Wir sollten die Bedeutung dieser Feststellung nicht unterschätzen: Daß etwas offensichtlich ist, bedeutet nicht, daß Menschen es auch wahrhaben wollen oder daß sie ihren Glauben zugunsten der Realität korrigieren. Bei dem Versuch, alles unter einen Hut zu bringen, das heißt, alte Interessen zu befriedigen und neue zu wecken, Ausländer auf Distanz zu halten und sie gleichzeitig ins Land zu bringen, suchen viele lateinamerikanische Länder ihre Rettung in Handels- und Finanzmanipulationen: in Einfuhrschranken und Einfuhrquoten, differenzierten Wechselkursen, einem Panzer von Restriktionen, den manche als »Modell der Selbstfixierung« bezeichnet haben – und natürlich in Kreditaufnahmen.[3]

Solche Maßnahmen schaffen kurzfristige Erleichterungen, doch der Preis dafür ist hoch: ständige Anpassungen, Devisenschwarzmärkte, galoppierende Inflation, hohe Geschäftskosten – eine Abschreckung für auswärtige Investoren. Trotzdem gelang es einigen lateinamerikanischen Ländern, unsinnig hohe Summen von offiziellen internationalen Kreditgebern (Weltbank, IWF) und Privatbanken zu leihen. Dabei besaßen sie die Unterstützung ihrer Regierungen und zweifellos auch die stillschweigende Zusage, daß sie im Notfall weich fallen würden. Ein beträchtlicher Teil dieses Geldes floß zurück auf geheime Privatkonten in den USA, der Schweiz und anderswo.

Die Kombination aus Mißwirtschaft, Verschwendungssucht, Korruption und zeitlich nicht limitierten Krediten läuft auf eine Entwicklung ohne Effizienzdruck hinaus und kann deshalb auf Dauer nicht funktionieren. Solche Strukturen sind von sich aus instabil, weil jeder seine Möglichkeiten bis zum äußersten ausreizt und alles miteinander verbunden ist. Früher oder später wird irgend jemand nervös; das Gleichgewicht kippt. Die Kreditgeber bekommen kalte Füße; es wird unmöglich, alte Schulden durch neue zu bezahlen. Panik!

Dies geschah in der mexikanischen Peso-Krise 1994/95. Sie hätte zu keinem ungünstigeren (andere sagen: besseren) Zeitpunkt kommen können, gerade nachdem es der amerikanischen Administration gelungen war, das nordamerikanische Freihandelsabkommen (NAFTA) durchzudrücken, indem sie alle politischen Kräfte mobilisiert und sich zu einem Berg von marktfeindlichen Vergünstigungen verpflichtet hatte. Nun mußte sie viele Milliarden auftreiben, um den Markt zu beschwichtigen und den Investoren und währungspolitischen Verbündeten Zeit zu geben, zu retten, was noch zu retten war. Doch diesmal konnte sie einen aufsässigen, engstirnigen Kongreß nicht zu schnellem Handeln bewegen. Keine Sorge: Unter Leitung des Ökonomen Lawrence Summers fanden Fachleute auf einem über fünfzig Jahre alten Konto rund 20 Milliarden Dollar, die aus Gewinnen stammten, die in den dreißiger Jahren durch nicht anerkannte Obligationen in Gold erzielt worden waren. Diese illegalen Gewinne waren damals beiseite geschafft worden, um den Dollar zu schützen… Ein Zusammenbruch des Pesos und die Liquidation amerikanischer Guthaben in Mexiko hätten dem NAFTA und dem amerikanischen Dollar furchtbaren Schaden zugefügt… Jene 20 Milliarden und weitere 30 Milliarden, zusammengestückelt durch internationale Kreditgeber, waren die Rettung. Danach machte die amerikanische Regierung ein großes Tamtam um die gute Zahlungsmoral Mexikos, und die Presse spielte die Tatsache herunter oder bemerkte erst gar nicht, daß die Mexikaner das Geld leihen mußten. Neubelastung für die Rückzahlung von Altlasten.

Das Hauptproblem besteht darin, daß Lateinamerika sich immer weiter verschulden muß, allein schon, um Zinsen auf ältere Anleihen zu begleichen. Ein Doktorand aus Lateinamerika beklagte mir gegenüber einmal diese alte Schuldenlast und das engstirnige Beharren des Auslands auf Rückzahlung. »Sie müssen nichts zurückzahlen«, erklärte ich. »Eine souveräne Nation braucht Schulden nicht anzuerkennen.« »Ja«, antwortete er, »aber woher bekommen wir dann neue Kredite?« Genau. Inzwischen sind die Banken allerdings mißtrauisch, und internationale Krediteinrichtungen binden ihre Unterstützung an eine Steuer- und Handelsreform, die am Prinzip der Offenheit orientiert ist. Das Schlüsselwort heißt »Anpassung« – fraglos eine gute Sache. Ein möglichst offener Markt ist ein Schwungrad für Rationalität und Effizienz, für die Neustrukturierung der Wirtschaftskraft, die den komparativen Vorteil zum Maßstab hat, für die Eindämmung von Korruption und Vetternwirtschaft. Und die Aussicht auf Unterstützung mag ein Ansporn zur Zusammenarbeit im Kampf gegen den Drogenhandel sein, einen Wirtschaftszweig, dessen Wachstum sich nur schätzen läßt.[4] Keine Garantien. Aber lieber ein Vorstoß in die richtige Richtung als eine Rückkehr zum *status quo ante.*

Zu den größten Verlierern in dieser Ära ständiger Wachstumsrekorde und eines bahnbrechenden technologischen Fortschritts gehörten die Länder des kommunistisch-sozialistischen Blocks: allen voran die Sowjetunion, gefolgt von Rumänien und Nordkorea und einer Reihe von Satellitenstaaten, die den Kopf aus der Schlinge zu ziehen versuchten. Am besten waren vermutlich die Tschechoslowakei und Ungarn dran; dahinter kamen die DDR und Polen. Was an diesen Kommandowirtschaften auffiel, war die Diskrepanz zwischen dem System und seinen Ambitionen auf der einen und seiner tatsächlichen Leistungskraft auf der anderen Seite. Die Theorie ließ nichts zu wünschen übrig: Die Experten würden planen, die Begeisterung alle mit sich fortreißen, die Technik die Natur bezwingen, die Arbeit frei machen – alle würden profitieren: Jeder würde geben, was er konnte, jeder bekommen, was er verdiente und brauchte.[5]

Der Traum gefiel den Kritikern und Opfern des Kapitalismus, eines zugegebenermaßen höchst unvollkommenen Systems, zu dem es jedoch, wie sich zeigte, keine Alternativen gab. Daher genossen die marxistischen Wirtschaftssysteme lange die Sympathien von halsstarrig vertrauensseligen Radikalen, Liberalen und Progressiven in den fortgeschrittenen Industrienationen. Aber sie fanden auch leidenschaftliche, fast religiöse Zustimmung bei den militanten »antiimperialistischen« Machthabern aus den armen Ländern der Welt. Viele Kolonialstaaten, die heute unabhängig sind, wandten sich sozialistischen Vorbildern mit einem Hunger und einer Inbrunst zu, die jeder Realität spotten.[6]

Diese Voreingenommenheiten verbargen lange die Schwachstellen solcher Kommandowirtschaften. Obwohl die Sowjetunion Mittel für bestimmte Zwecke locker machen konnte, war ihr technischer Standard faktisch überall rückständig und ihre Leistungskraft auf ganzer Linie miserabel. Die eindrucksvollen Produktionszahlen waren von vornherein bewußt übertrieben und schon im Hinblick auf ihre Propagandafunktion, auf die Minderwertigkeit der Produkte und die nicht verkauften (unverkäuflichen) Waren mit äußerster Vorsicht zu genießen. (Abgesehen von Kaviar, Wodka und folkloristischen Souvenirs konnten russische Artikel auf dem Weltmarkt nicht bestehen.) Appartmenthäuser hängten Netze rund um ihr Areal, um Fußgänger vor herabfallenden Ziegeln oder Steinen zu schützen. Sparsame Verbraucher zahlten ein kleines Vermögen für winzige primitive Autos, um dann jahrelang auf Lieferung zu warten. Wer einen Wagen besaß, bekam keine Ersatzteile, und Autofahrer nahmen regelmäßig ihre Scheibenwischer mit, wenn sie irgendwo parkten. Elektrische Geräte unterlagen den Schwankungen des Hausstroms. Angaben über das Nationaleinkommen sparten Dienstleistungen aus – nur das Realprodukt zählte. Aber tatsächlich tat man auch gut daran, über den Dienstleistungsbereich den Mantel des Schweigens zu decken: Unannehmlichkeiten und Vorteile hielten sich die Waage. Kein Freund konnte einen guten Klempner ersetzen. Oder jemanden in der Nomenklatura, der privilegierten Elite, die eigene Läden und Clubs besaß, Zugang zu ausländischen Importwaren hatte und scheinbar erhaben über Abschaum und Schlacke thronte.

Manche sehen in dieser chronischen Korruption das schmutzige Geheimnis des Systems: Die Machthaber verlängerten die Armut, indem sie

Günstlinge protegierten, Parvenüs anlockten und dem Rest der Bevölkerung den Überdruß des endlosen Schlangestehens überließen. Bei den Parvenüs weckten sie Begehrlichkeiten, während der Rest in den Schlangen vor den Läden vor sich hin dämmerte. Die kapitalistischen Wirtschaftssysteme motivierten die Arbeiterschaft durch Aussicht auf Belohnung: »Du zahlst dein Geld, und du kannst frei wählen.« Der Kommunismus dagegen versprach ein »herrliches Morgen«. Doch der Preis dafür hieß Warten, und das Morgen kam nie. Wann arbeiteten die Menschen, die Schlange standen? Der Scherz ging um, sie behaupteten nur, zu arbeiten, während der Staat nur behauptete, sie zu bezahlen.

Der übelste Aspekt des Systems war jedoch seine Gleichgültigkeit, mehr noch, seine Verachtung gegenüber ordentlicher Haushaltsführung und menschlichem Anstand. Daß man auf Wohlstand verzichten mußte, war schlimm genug. In einer Welt, die einst schöne Dinge geschaffen und bis jetzt bewahrt hatte, brachte das neue System mit seiner Massenproduktion nur Häßlichkeit hervor: unproportionierte Gebäude und Fenster, fleckige blätternde Fassaden, Wohnblöcke aus unverputztem Zement, funktionsuntüchtige Geräte, rostende Maschinen, herrenloses Altmetall – kurz: rasante Verwahrlosung.

Was das System den Dingen antat, tat es natürlich auch den Menschen an. Wie überlebte man in einem Ödland voller Schrotthaufen? In einer Welt systematischer Mißachtung der Menschlichkeit? »Weiße Kohle« nannten sie die Leute, die in überfüllten, stinkenden Güterwagen zu sinnloser Arbeit in die Eiswüsten Sibiriens expediert wurden. (Das war ein Vorgriff auf die Todeszüge und -märsche des nationalsozialistischen Deutschlands.) Nur wenige, die durch die Maschen des Systems fielen, bewahrten sich heroisch kleine Oasen der Wärme und Kultiviertheit in winzigen Wohnungen und Zimmern. Die Mehrzahl ertränkte ihre Enttäuschung und Verzweiflung im Wodka.

Noch existierten die Gaben der Natur. Das größte Vermögen der Revolutionsregierung waren diese unangetasteten Naturschätze – das Erbe einer hinterherhinkenden Ökonomie. Mit der Rücksichtslosigkeit selbsternannter Moralapostel richtete die Regierung diese Natur zugrunde.

Ein *Ort* und ein *Ereignis* seien hier stellvertretend für das gesamte Dilemma genannt: Der Ort ist der Aralsee, der viertgrößte Süßwassersee der Erde, heute ein sterbendes Loch. Seine Fläche hat sich halbiert, sein Volumen auf ein Drittel reduziert, es stinkt nach Chemie, die Fische sind ausgestorben, die Luft ist heiß und verseucht. Die Kinder dort sterben früh, ein Zehntel im ersten Lebensjahr. Selbstherrliche Pläne über Jahrzehnte hinweg, Überstürzung und Verschwendung, Tonnen voller Pestizide, Herbizide und Düngemittel, falsche Sparmaßnahmen wie etwa unbefestigte Bewässerungskanäle versetzten die Sowjets in die Lage, große Mengen Baumwolle (»weißes Gold«) anzubauen – um den Preis, daß die Lebenserwartung wieder sank und die gesamte Entwicklung rückläufig war.[7]

Der Aralsee war zwar das übelste Beispiel, aber kein Einzelfall. Wo immer die Sowjets Anlagen zur Wasserumleitung und Wasserrückleitung und den Bau von Fabriken in unberührten Landschaften planten – Rücksicht auf die Umwelt wurde nirgends genommen. Priorität hatten künftige Arbeitsplätze und wirtschaftliches Wachstum, und je größer und teurer das Projekt, desto ehrenvoller. Speziell Sibirien galt als eine Tabula rasa, als leere Tundra, die Raum und nochmals Raum bot, in dem sich beliebig schalten und walten ließ: Flüsse, die man zurückleiten, Schneemassen, mit denen man die Wüsten des Südens bewässern konnte. Korrigierte Schöpfung: Der Kommunismus betrachtete sich selbst als antireligiös und wissenschaftlich, doch er wollte aus Menschen Götter machen. Der größte dieser gigantischen Pläne, der das gesamte Klima auf den Kopf gestellt hätte, mußte fallengelassen werden. Zum Glück war Prometheus wieder gefesselt.

Der Aralsee war der *Ort*. Das *Ereignis* war die Kernschmelze im Atomreaktor von Tschernobyl 1986 in der Ukraine. Das Feuer war fünf Tage lang außer Kontrolle und verbreitete mehr als fünfzig Tonnen radioaktives Gift über Weißrußland, die baltischen Staaten und Teile Skandinaviens – weit mehr als die Bomben von Hiroschima und Nagasaki zusammen. Der Wind blies hauptsächlich in nordwestliche Richtung, doch niemand konnte die Türken, die später an Leukämie erkrankten, oder die vielen tausend Schwangeren zwischen Finnland und der Adria, die vorsorglich abtreiben ließen, davon überzeugen, daß nicht auch sie Leidtragende waren. Zu den unbestrittenen Opfern gehörten die tapferen Männer, die zur Feuerbekämpfung und zu Aufräumarbeiten auf das Gelände geschickt wurden. Ihnen wurde eine besondere Entschädigung versprochen, die sie jedoch nicht immer erhielten. Hilfsfonds versickerten im örtlichen Parteisumpf. Die Strahlung, denen die Rettungsmannschaften ausgesetzt waren, wurde systematisch heruntergespielt, so daß sie ihre Arbeit mit einem schleichenden Tod bezahlten. (Hätten sie nein sagen können?) Obendrein vermasselte man die Operation: Der Reaktorkern war nicht vollständig geschmolzen, »die Lage« war nicht unter Kontrolle.[8]

Das Gebiet rund um die Anlage ist ein Ort der Angst geworden. Ist diese Angst gerechtfertigt? Eine definitive Antwort werden wir wohl erst nach Jahrzehnten haben: Geringe Mengen Radioaktivität wirken langsam. Manche Wissenschaftler sprechen von fünfzig Jahren. Bis dahin werden alle Opfer tot sein. Die Einwohner des betroffenen Gebiets haben unterschiedlich reagiert – manche vorsichtig abwartend, andere panisch. Die meisten gingen fort und kamen nicht wieder. Einige blieben, und einige kehrten zurück, um die Vorteile der verlassenen Region zu nutzen. Unter diesen trotzigen Besserwissern war auch eine fünfundsechzigjährige Frau, die sich mit ihrem Gefühl, noch bei guter Gesundheit zu sein, selbst Mut zusprach. Sie beherzigt Faustregeln: Setzen Sie Apfelableger tief in die Erde; essen Sie nicht mehr als zehn Kilo Pilze; »wenn Sie das Gefühl einer zu hohen radioaktiven Strahlung haben, trinken Sie einen Wodka«. Ihre Nachbarin glaubt nur, was sie sieht: »Schauen Sie sich diese Gegend an. Wo sehen Sie radioaktive Strahlung? Die Gegend ist sogar angenehmer als früher, weil jetzt weniger Leute hier sind.«

Manche versuchen auch, über ihre Misere zu lachen. Sie erzählen den Witz von dem Bauern, der Äpfel unter einem großen Schild verkauft: »Äpfel aus Tschernobyl«.- »Sie müssen verrückt sein«, sagt ein Passant. »Niemand will Äpfel aus Tschernobyl kaufen.« – »Doch, doch«, sagt der Verkäufer, »manche kaufen sie für ihre Schwiegermutter, andere für ihre Ehefrau.«[9] (Wieder andere vielleicht für ihren Ehemann.)

Bleibt festzuhalten, daß kein Unfall dem Ruf und dem Ansehen eines Landes mehr geschadet hat, obwohl andere Unfälle und Naturkatastrophen möglicherweise mehr Menschenleben forderten – das Chemie-Unglück im indischen Bhopal 1984 zum Beispiel.[10] Widerwille und Verleugnung standen in direktem Verhältnis zu dem technologischen Hochmut und dem Größenwahn, die die sowjetischen Programme und Projekte bestimmten und absegneten.[11] Abgesehen von ihren übrigen Verfehlungen, zeichnete sich die sozialistische Kommandowirtschaft vor allem durch Inkompetenz, Leichtgläubigkeit, Einfalt und Gleichgültigkeit gegenüber dem Allgemeinwohl aus, und das konnten ihre tolpatschigen Verheimlichungs- und Beschwichtigungsversuche nur unterstreichen. »Inzwischen ist klar, daß die politischen Auswirkungen von Tschernobyl den Zusammenbruch der Sowjetunion beschleunigten.«[12]

Ein Dutzend Atomanlagen vom Modell des Reaktors in Tschernobyl sind noch in Betrieb.

Täuschungsmanöver und leere Versprechungen vertragen sich nicht mit Wahrheit und Erfahrung. Als der Traum zerplatzte und die Menschen allmählich den Unterschied zwischen den Systemen erkannten, verlor der Kommunismus seine Legitimität. Die Mauern fielen, und die Sowjetunion stürzte – nicht durch Revolution, sondern durch Selbstauflösung.

> »...die ökologische Erbschaft [Afrikas] war zwangsläufig immer schwierig. Afrika wurde über viele Jahrhunderte hinweg von seinen Volksstämmen ›kultiviert‹, trotz widriger Bedingungen, wie man sie auf anderen Kontinenten nicht durchgängig antrifft: mageren Boden, unberechenbare Niederschläge, eine Vielzahl von Seuchen und Fieberkrankheiten und etliches mehr, was das Überleben kompliziert macht.«[13]

Alle Mißstände, denen man in Lateinamerika und im Mittleren Osten begegnet, bündeln sich in den afrikanischen Ländern südlich der Sahara: korrupte Regierungen, plötzliche Unabhängigkeit, rückständige Technologie, Bildungsnotstand, Klimaprobleme, inkompetente oder schlechte Beratung, Armut, Hunger, Krankheit, Überbevölkerung – eine einzige große Plage. Von allen sogenannten Entwicklungsregionen ist Afrika am schlechtesten dran: Das Wachstum des Bruttoinlandsprodukts pro Kopf und Jahr liegt bei unter einem Prozent; die Statistiken sind übersät mit Minuszeichen; in vielen Ländern ist das Einkommen heute niedriger als vor der Unabhängigkeit. Der Mißerfolg wird um so deutlicher, wenn man einen Vergleich mit anderen Ländern zieht: 1965 hatte Nigeria (Ölexport) ein höheres Bruttoinlandsprodukt als Indonesien (ebenfalls ein ölexportierendes Land); fünfundzwanzig Jahre später hatte Indonesien Nigeria um das Dreifache überholt.[14]

Die harte Realität schmerzt wegen der anfänglichen Euphorie ganz besonders. Mit der Unabhängigkeit, so hoffte man, würde das Land von der Last der Ausbeutung befreit. Jetzt würden die Belohnungen folgen. Einige frühe Wachstumsstatistiken schienen dies zu bestätigen: »Manche Länder – wie Rhodesien, Belgisch-Kongo, Marokko, Gabun, Kenia – wiesen ein Wachstum zwischen sechs und elf Prozent im Jahr auf, Raten, die zu den höchsten weltweit zählten.«[15] Einige Experten dämpften diese Einschätzungen; größeres Gewicht hatte für sie der Aufwärtstrend von Ländern mit rascher Urbanisierung und einem wachsenden Anteil von Geldgeschäften. Und niemand widmete sich der Frage, warum die Kolonialmächte so schnell schlapp machten. Die Menschen waren Afrika wohlgesinnt. Hier die Stimme eines westlichen Beobachters aus dem Jahr 1962:

> »Grundsätzlich sind die Afrikaner die aufgeschlossensten Menschen der Erde ... Ohne nennenswerte Ausnahme möchten alle afrikanischen Machthaber leidenschaftlich gern sämtliche guten Dinge erwerben, die die westliche Zivilisation in ihrer zweitausendjährigen Geschichte hervorgebracht hat. Vor allem möchten sie an den technischen Segnungen der amerikanischen Zivilisation teilhaben, und zwar so rasch wie möglich. Daß dem Volk historisches Bewußtsein fehlt, hat für die afrikanischen Führer den großen Vorteil, dieses Ziel der Modernisierung auf direktem Wege ansteuern zu können.«[16]

Und dennoch... Basil Davidson, ein Afrikanist voller Sympathie und ehrlicher Anteilnahme, schreibt betrübt über den Augenblick der Desillusionierung, als die Afrikaner an verschiedenen Ecken ihres Kontinents realisierten, daß Freiheit nicht automatisch ein Tor zu Glück und Wohlstand bedeutete.[17]

Die Fachleute unterscheiden zwischen sicherer Nahrungsmittelversorgung und Selbstversorgung mit Nahrungsmitteln. Afrika kennt beides nicht. Immer mehr Menschen – besonders Frauen und Kinder – leiden durch Kaufkraftmangel oder Verteilungsprobleme an Hunger und Unterernährung. Stadt und Land liegen miteinander im Krieg, was an die anarchistischen Verhältnisse im spätrömischen Reich erinnert. Die neuen Bürokraten versuchen, das Land auszupressen, und zahlen unter Marktwert. Die Bauern horten ihre Produkte oder geben auf. Die umtriebigen Städter haben sich Vorlieben angewöhnt, die aus eigener Kraft nicht zu befriedigen sind. Selbst unter den günstigsten Umständen produziert das Land zu wenig oder die falschen Lebensmittel und ist zu Lasten der Löhne und der Zahlungsbilanz zunehmend auf Importe angewiesen. Kein anderer Erdteil zappelt so sehr im Netz seines Überlebenskampfes.[18]

Anders als in anderen armen Ländern leiden unter der Nahrungsmittelknappheit nicht die Käufer in den Städten, sondern die kleinen Bauern, die den Boden bestellen und etwas Vieh halten.[19] Hier spielt die Natur – in Form von materiellen Beeinträchtigungen und Klimaschwankungen – eine fatale Rolle, nicht nur wegen der starken Unterschiede zwischen fetten und mageren Jahren, sondern auch wegen akkumulierender Trends über längere Zeiträume hinweg. Zwischen 1960 und 1985 hielt die Nahrungsmittelproduktion nicht mit dem Bevölkerungswachstum Schritt, und die Versorgung war nur dank wachsender Importe halbwegs gewährleistet, das heißt, die Sache nahm keine katastrophale Wendung. Die Marktverhältnisse förderten diese Entwicklung: Brotgetreide aus den USA zum Beispiel konnte 1983 in Lagos zu einem Viertel des ortsüblichen Preises bezogen werden.[20] Die Importabhängigkeit (6 Prozent der Kalorienaufnahme in den Jahren 1969-1971 gegenüber 13 Prozent 1979–1981) lenkte das Interesse der Verbraucher von den alten, langweiligen Produkten auf neue Getreideerzeugnisse, während städtische Eßgewohnheiten zu einer wachsenden Nachfrage nach Fleisch führten, das die meisten sich gar nicht leisten konnten. So wurden immer größere Mengen der afrikanischen Getreideernte als Tierfutter verwendet. Unterdessen trieb das weltweit höchste Bevölkerungswachstum die Bauern auf randständige Böden, die bald nichts mehr hergaben, oder vom Land in die städtischen Slums.[21] In Ländern mit einer instabilen und ineffektiven politischen Infrastruktur heilen die Wunden der Mißwirtschaft nur schwer, und Vor- und Nachteile halten sich nicht die Waage.

Man sollte diese Folgen nicht der Ignoranz oder Unfähigkeit der Kleinbauern zuschreiben, denn auch in Afrika kann man an landwirtschaftlichen Methoden und am Fortpflanzungsverhalten ablesen, wie alte Wertvorstellungen und Rituale sich mit einer rationalen Antwort auf materielle Verhältnisse verquicken. Afrikanische Bauern sind keine Narren. Kinder kommen früh für ihren eigenen Lebensunterhalt auf in einem Land, wo Brennholz und Wasser rar sind und viel Zeit mit dem Sammeln und Herumtragen von Vorräten zugebracht wird. Die Folge ist eine vernünftige Präferenz für kinderreiche Familien. Große Familien sind zudem ein Beweis für Männlichkeit und eine Quelle des Stolzes.[22] Frauen sind im allgemeinen gefügig, vor allem in Kulturen, in denen Polygamie verbreitet ist; und wenn die Männer von ihrer oft weit entfernt gelegenen Arbeit heimkommen, setzen sie ihren Kopf durch, oft unter großem Gesundheitsrisiko. Aids? An Kondome ist nicht zu denken; Männer mögen sie nicht. Und Frauen? »Sie haben an so viele andere Probleme zu denken; warum sollten sie sich mit etwas beschäftigen, das in zehn Jahren tödlich sein kann?«[23]

In den letzten Tagen des Kolonialreichs versuchten einige Regierungen und auswärtige Berater diese Mißstände zu beheben, obwohl bei ihren Strategien oft äußere Motive und persönliche Interessen mitspielten. Die Landwirtschaft ist ein Beispiel. Noch vor der Unabhängigkeit versuchten einige Machthaber, die Fehler und Versäumnisse der Vergangenheit zu korrigieren und »moderne« Methoden einzuführen.

Die »Mutter« all dieser Projekte war das britische Erdnuß-Projekt in Tanganjika zwischen 1946 und 1954. Es sollte »demonstrieren, wozu der Staat imstande war, wenn er sich die moderne westliche Technologie und Fachkenntnis zunutze machte«[24]. Die Idee stammte ursprünglich von dem leitenden Direktor der United Africa Company, einem Tochterunternehmen von Unilever, das für sein hochwertiges Öl bekannt war. Der Plan wurde auf Regierungsebene geprüft und gebilligt. Das unmittelbare Ziel: die britischen Engpässe in Öl und Fett nach dem Zweiten Weltkrieg zu mildern, ohne Dollars auszugeben (kauft in den eigenen Kolonien!). Mit den Worten des Ernährungsministers John Strachey: »Mehr als von anderen Einzelfaktoren hängt es von unserem Erfolg ab, ob die geplagten britischen Hausfrauen in absehbarer Zukunft mehr Margarine, Kochfett und Seife erhalten.«[25]

Letztlich sei das Ziel, »den Lebensstandard des afrikanischen Bauern zu heben«, indem man ihm die Möglichkeiten der modernen Technik vorführte. Natürlich waren die Erdnüsse nicht zum Verzehr für hungerleidende Afrikaner bestimmt. Aber die Bauern sollten die Überlegenheit einer großangelegten, maschinell betriebenen Landwirtschaft sehen (bürokratisch gesprochen: augenfällig demonstriert bekommen) und kopieren. Schluß mit der Handarbeit. Alles sollten Maschinen erledigen – Bulldozer, Traktoren, Sämaschinen, Mähdrescher.

Als gälte es, die Tugenden des britisch geprägten Sozialismus (das Projekt sollte unter anderem zeigen, daß es eine überlegene Alternative zur Sowjetideologie gab) noch zu untermauern, entsandte die britische Labour-Regierung zur selben Zeit Gewerkschaftsfunktionäre nach Afrika, die den Beschäftigten dort beibringen sollten, Streiks für höhere Löhne zu organisieren. Der Erfolg dieses selbstlosen Unterfangens übertraf alle Erwartungen: Die Afrikaner griffen zu Speeren, setzten Traktoren außer Betrieb, blockierten Straßen, stoppten die Eisenbahn. Polizei mußte eingesetzt werden, die Gewerkschaftsführer wurden verhaftet. Der Streik mißlang, aber die Afrikaner lernten einige nützliche Dinge.[26]

Die Planer gingen ohne Plan zu Werk. Sie wählten ein Gebäude in zentraler Lage, weil es leer stand. Leer stand es, weil es kein Wasser hatte. Mitarbeiter des Projekts räumten »ein totales Erfahrungsmanko im Umgang mit maschinisierter Landwirtschaft« ein. Keiner hatte jemals etwas in dieser Richtung ausprobiert. Über Niederschlagsmengen und ihre Auswirkung auf die Erträge wußte man ebensowenig wie über Bodenbeschaffenheit; und Schätzungen über Kosten aus dem Abholzen der Buschwälder stammten aus Erfahrungen mit Start- und Landebahnen während des Krieges. Vorratslager erinnerten an verwaiste Armeemagazine auf den Philippinen, manche nützlich, andere wertlos und durch Vernachlässigung noch zusätzlich verwahrlost. Das Projekt hatte keinen Fachingenieur. Ein mitarbeitender Rechnungsprüfer formulierte es so: »Alles basierte auf Vermutungen, und unsere Vermutungen waren so gut oder schlecht wie die von jedermann.«

Sowohl die britischen Hausfrauen als auch die afrikanischen Bauern durften sich auf eine lange Wartezeit gefaßt machen. Die Bauern pflanzten in manchen Gegenden Erdnüsse an, aber sie (gewöhnlich die Frauen) hatten viel Mühe und Ärger damit, weil sie scharrend und buddelnd nur schrittweise vorankamen. Trotzdem schnitten sie noch besser ab als die Maschi-

nen, die mit ihrem Stahl, ihrem Gummi und ihren Verbrennungsmotoren
das afrikanische Klima nicht vertrugen. Pannen waren an der Tagesordnung, Werkstätten fehlten, und ohne Ersatzteile war ohnehin nichts zu machen. Das Auslichten von Unterholzgestrüpp und Wurzelwerk war ein Alptraum. Es kostete zehnmal soviel, wie ursprünglich geschätzt, und nach dem Abholzen wurde der trockene Boden hart wie Ziegelstein.[27] Die Projektmitarbeiter mußten ihre Ziele sehr bald zurückschrauben und die Erdnußsträucher an verschiedenen Stellen durch Sonnenblumen ersetzen. Aber das half nicht. Die Natur streikte, und die Ernten blieben weit hinter den Erwartungen zurück.

Die Folgen für die lokale Wirtschaft und Gesellschaft waren verheerend. Die britischen Staatsbediensteten besaßen genügend Geld, um die Einheimischen ihrer Nahrungssorgen zu entheben. Dafür bekamen sie Jobs bei dem Projekt und gaben ihre traditionellen Bewirtschaftungsmethoden auf. So ging die heimische Nahrungsmittelproduktion zurück, und große Mengen mußten importiert werden, um all diejenigen zu ernähren, die die Überschüsse für den Export produzieren sollten. Auch alkoholische Getränke kamen ins Land – und Prostituierte, die die »horrende« Summe von fünf Schilling und mehr[28] für ihre Dienste verlangten, und Diebe, kurz: alle Gebrechen und Verfallserscheinungen, die plötzlicher Wohlstand mit sich bringt. Unterdessen versuchten die Briten, den Einheimischen die Tugenden der Arbeiterklasse, Solidarität und Gleichheit, beizubringen. Die Afrikaner sahen darin eine Unterwanderung von Ordnung und Moral.

1950 war das Projekt unausweichlich gescheitert. Zeit zur Reue und Abwicklung. Die Erdnuß eignet sich nicht zum Massenanbau. Um ökonomisch ertragreich zu arbeiten, ist eine intensive Landbewirtschaftung notwendig. Der Plan, auf großen Flächen von je 30 000 Morgen anzubauen, erwies sich als letztlich nicht praktikabel. Vier Jahre waren nötig, um alle Anlagen und Einrichtungen wieder zu demontieren. Die Briten übergaben soviel wie möglich der Regierung des gerade unabhängig gewordenen Tanganjika, die diese ungeliebten Relikte eher als Ballast denn als Vermögenswert empfand. Für Beobachter stand außer Frage, daß das Geld sinnvoller hätte ausgegeben werden können.

Natürlich schadete das Fiasko dem Ansehen der Briten und unterband »weitere einfallsreiche Entwicklungsprogramme«. Hätten diese mehr gebracht? Wohl höchstens in den Augen der ewigen Stehaufmännchen unter den Planern und Experten, die diese Projekte benutzen wie Kinder ein Puppenhaus und die aus jedem Mißerfolg lernen. Ich will die Motive und Taten dieser Leute nicht abwerten. Sie bleiben unsere Hoffnung, was Verbesserungen in großem Maßstab und auf lange Sicht angeht. Gleichwohl ist nichts berauschender und verführerischer, als eine Welt zu entwerfen und sich toll dabei zu fühlen. Am Ende taten die Briten den Fehlschlag mit einem Achselzucken ab. Die Nation war es leid und hatte bessere Anlässe, sich aufzuregen, als über Erdnüsse in Afrika.

Das britische Erdnuß-Projekt war kein Einzelfall. Kolonialregierungen erlagen leicht derartigen Versuchungen, von denen die unwiderstehliche Suggestion ausging, daß man etwas Gutes tat und dabei selbst gut wegkam. Ab 1910 bis in die vierziger Jahre hinein bemühten sich die Franzosen um den Anbau von Baumwolle am Niger, stromaufwärts von Timbuktu (heute Mali). Wieder sollte Afrika europäische Bedürfnisse befriedigen – diesmal die potentiellen Wünsche französischer Spinnereien, die gezwungen waren, wertvolle Dollar für amerikanische Baumwolle auszugeben. Die beteiligten Kolonialbeamten der Kolonialregierung versuchten, sich schützend vor die Afrikaner zu stellen, während sie zugleich die Lieferung von international wettbewerbsfähiger Rohbaumwolle zusicherten. Außerdem wollten die Franzosen soweit wie möglich die Freiheit des Unternehmertums wahren. So fanden sie mit unübertrefflicher gallischer Logik einen Kompromiß: Die Bauern hatten die »strikte Auflage«, von früh bis spät Baumwolle anzubauen, und besaßen gleichzeitig die völlige Freiheit, sie zu verkaufen.[29] Zum Zweck der Baumwollpflanzung wurden Bauern umgesiedelt, und wenn sie Ärger machten oder schlechte Erträge lieferten, landeten sie im Gefängnis. Obgleich es wohl ein lockeres, freizügiges Gefängnis war – seinen Zweck erfüllte es immerhin.

Man könnte meinen, daß sich all das mit der Befreiung änderte, doch faktisch besaßen die neuen Regierungen ihre eigenen Programme zur Wirtschaftsentwicklung und sozialen Steuerung, inspiriert durch eine neue Welt von unermüdlichen Experten und Fachleuten, die eifrig darauf bedacht waren, Geld auszugeben, Gutes zu tun, Macht auszuüben. Diese Aktivisten hatten keine Probleme mit Programmentwürfen, je ausufernder, desto besser. Und wenn die Pläne fehlschlugen?

> »Das ist der Fehler des Westens. Der Westen hat uns die Anweisung gegeben, Kraftwerke, Brücken, Fabriken, Stahlwalzwerke, Phosphatminen zu bauen. Wir haben sie gebaut, weil ihr es wolltet, und so, wie ihr es wolltet. Aber nun, wo sie nicht funktionieren, sagt ihr, wir müßten sie von unserem eigenen Geld bezahlen. Das ist nicht fair. Ihr habt gewollt, daß wir sie bauen, ihr solltet auch dafür aufkommen. Wir wollten sie nicht.«[30]

An der Kluft zwischen Wunsch und Wirklichkeit war zum großen Teil die fehlende Vorbereitung schuld. Das postkoloniale Afrika besaß keine Erfahrung mit der Autonomie, und die Legitimität der neuen Machthaber fußte auf Verwandtschaftsbeziehungen und geschäftlichen Rücksichten. Schlagartig fanden sich diese neuen Nationen in das Korsett einer repräsentativen Regierungsform gezwängt, die ihren eigenen Traditionen fremd war und auf die auch die koloniale Bevormundung sie nicht vorbereitet hatte. Hier und da war dem Einstieg in die Selbständigkeit ein Befreiungskrieg vorausgegangen, der Leidenschaft und Identitätsgefühle geweckt hatte. Doch das Resultat war ein starker Mann an der Spitze, ein Autokrat, der sich anmaßte, den Volkswillen zu verkörpern, ein Feind der Demokratie also. Stabilität hing allein von seiner Tatkraft ab, und wenn er schwach wurde oder starb (mitunter durch äußere Beihilfe), folgte die Anarchie eines kurzlebigen Militärputsches.

Die Regierungen, in denen solche starken Männer den Ton angaben, waren auf ganzer Linie inkompetent, es sei denn, es ging um Ausplünderung. In Afrika stellen die reichsten Leute die Staatsoberhäupter und ihre Minister.[31] Weil Arbeitsplätze für ihre Gefolgsleute geschaffen werden mußten, blähte sich der Verwaltungsapparat auf; die Wirtschaft wurde auf abzuschöpfende Überschüsse getrimmt. Auswärtige Hilfe landete oft (meist?) auf Nummernkonten im Ausland.[32] Diese Kleptokraten haben durch ein Leben in der Schweiz nahe bei ihren Banken viel zu gewinnen. Aber Geld allein genügt vielleicht nicht.

Basil Davidson zeigt die Inkohärenz an zwei Beispielen auf. Das erste, Zaire (vormals Belgisch-Kongo), stellte nur das Skelett eines Staates dar. Der Tyrann Mobutu Sese Seko herrschte in der Hauptstadt Kinshasa und in einigen anderen Städten, wo auswärtige Unternehmen Bodenschätze förderten. Sie alle zahlten ihm Abgaben, und seine Konten in der Schweiz wurden auf Milliarden von Dollar geschätzt. Zwischen diesen wenigen Punkten einer effektiven Kontrolle existierten nur Verbindungen per Flugzeug, denn Straßen waren weder passierbar noch sicher. 1960, unter belgischer Herrschaft, besaß der Kongo mehr als 140 000 Kilometer befahrbarer Straßen. Bis 1985 war das Straßennetz auf knapp 20 000 Kilometer geschrumpft, von denen nur gut 2000 Kilometer gepflastert waren. Aber damals waren unbefestigte Straßen besser als löcherige und geplatzte Fahrbahnoberflächen. Pflaster taugt nur, solange es auch instand gehalten wird.

Der größte Teil des Landes und der Gesellschaft gehörte zwar geographisch, nicht aber faktisch zu dieser Pseudonation. Im Osten trieben fremde Invasoren auswärtige Flüchtlinge in den Tod, während sie den Aufstand gegen Kinshasa unterstützten. In der Hauptstadt verurteilte die parlamentarische Opposition die Umsturzpläne der Rebellen und warnte vor einem neuen Despotismus: »Wir sind nicht den einen starken Mann losgeworden, um ihn durch einen neuen zu ersetzen.« Die Rebellen antworteten: Wenn der Oppositionsführer ein Schiff steuern will, das untergeht, hätte er lieber schwimmen lernen sollen.[33] Unterdessen bemühten sich westliche Vermittler, Mobutu zum Rücktritt zu bewegen (oder im Amt zu halten) und sich zugleich Mitsprache bei seiner künftigen Nachfolge zu sichern. Das primäre westliche Interesse galt den Bodenschätzen. Die Franzosen wollten Zaire außerdem im frankophonen Machtbereich halten, als ob davon die Würde Frankreichs abhinge. (Die Belgier hatten schon lange jeden Zugriff aufgegeben.) Das Interesse der Amerikaner war nicht so klar, abgesehen davon vielleicht, daß sie die Sache Frankreich »aufhalsen« wollten.

Mitten in dieser Anarchie versuchten internationale Hilfskomitees, Flüchtlinge zu retten, doch mußten sie ihre Aktionen jedesmal abbrechen, sobald sie Plünderer anzogen. Einige Hilfslieferungen wurden ins Land gelassen, aber für wen? Die Eroberung der Diamantenhauptstadt des Landes durch die Rebellen im April 1997 deutete auf einen Regierungswechsel.

 Ohne öffentliche Einnahmen konnte Mobutu seine Truppen nicht finanzieren, die nun zu Plünderungen übergingen (die Überlebensmöglichkeit eines Soldaten). Außerdem hatte Mobutu die Großmächte nicht auf seiner Seite, obwohl er französisch sprach. Fußnote: Zaire war inzwischen aus den Tabellen der Weltbank verschwunden. Dies war weise Voraussicht, denn nach Mobutus Sturz durch die Rebellen erhielt das Land wieder seinen alten Namen: (Republik) Kongo.

Das zweite Beispiel ist Benin, früher Dahomey. Was dieses Land zwischen 1960 und 1989 an Erwähnenswertem hervorgebracht hat, erschöpft sich in marxistisch-leninistischer Propaganda und politischen Umstürzen. Produktion und Handel waren nahezu gleich Null, wenn man den offiziellen Statistiken glaubt. Trotzdem wurden in Benin Palmöl gewonnen und Erdnüsse angebaut. Nichts davon landete bei den Behörden oder auf dem regulären Markt. Statt dessen wurden alle Geschäfte auf inoffiziellen Wegen abgewickelt, die dem Bauern mehr einbrachten, zumal er so auch die aufgeblähte Bürokratie umging. Auf dem Papier ist Benin daher ein leeres Gehäuse mit negativer Handelsbilanz und negativem Wachstum. Doch eigentlich ist es eine Schmuggelmaschine.

Diese und ähnliche Beispiele zeigen, daß Afrika nicht so schlimm dran ist, wie es scheint, sondern noch schlimmer. Wer auf Photos oder im Fernsehen die dahinsiechenden, mit Fliegen übersäten Kinder sieht – nur Knochen, eingefallene Haut, hervortretende Augen und Bäuche –, ist vom Elend überwältigt. Und jeder, der diese Bilder anschaut, weiß, daß die Kinder in diesem Moment schon tot sind. Wer dagegen die Hochglanzphotos der Zeitschrift *National Geographic* betrachtet, bestaunt das Lächeln und die Vitalität der Tänzer und Händler in einer exotischen Kulisse. Der afrikanische Kontinent zeugt gleichermaßen von Hoffnung und Hoffnungslosigkeit, Mut und Verzweiflung. Die Verhältnisse sind erschreckend, aber irgendwie finden die Menschen Mittel und Wege, sich durchzuschlagen, zu überleben, zu sterben und sich auch noch fortzupflanzen.

Inzwischen singen die internationalen Pöstcheninhaber und Experten ihre kleinen Lieder der Unschuld und Unerfahrenheit. »Anpassung« lautet der gängige Refrain: ein Hauch von Freiheit hier, von Markt- und Wechselkursrealismus dort – und es wird schon laufen, vielleicht sogar gut laufen. Eines der Spiele, das die Volkswirtschaft liebt, könnte man »statistische Fehlschlüsse« nennen: Man nehme mehr oder weniger vergleichbare Zahlen aus verschiedenen Ländern und ziehe daraus Schlüsse über Vergangenheit und Zukunft. So geschieht es mit Afrika: Wie wir früher beim Vergleich zwischen Nigeria und Indonesien sahen, hatte Afrika eine schlechtere Ausgangsposition als Ostasien, das auf einer niedrigeren Stufe anfing. (Man kann einen ähnlich unfairen Vergleich auch zwischen der Türkei und Südkorea ziehen.) Aber warum nicht die Frage umdrehen? Warum klappte in Nigeria nicht, was in Indonesien gelang? Derselbe Weltbankbericht, der die afrikanische Leistungskraft zwischen 1965 und 1990 beklagt, zitiert für 1965 asiatische Statistiken (»ähnliche Bedingungen wie in Afrika 1990«), um etwas über das

afrikanische Wachstum im kommenden Vierteljahrhundert auszusagen.
Gleiche Ausgangspositionen zu verschiedenen Zeiten bedeuten für diese Experten »ähnliche Bedingungen«. Gewiß, der Anteil der Schulkinder war in Asien höher, doch das läßt sich leicht beheben. Ansonsten – kein Problem. Von kulturellen und institutionellen Differenzen kein Wort.

Zeitungsnotiz: In Zusammenarbeit mit der Weltbank und dem Internationalen Währungsfonds wollen die Vereinten Nationen im Laufe des nächsten Jahrzehnts zusätzliche 25 Milliarden Dollar aufbringen und in Afrika investieren.[34] Zur Zeit liegen zweiundzwanzig der insgesamt fünfundzwanzig ärmsten Länder der Welt in Afrika, und 54 Prozent leben unterhalb der von den Vereinten Nationen bestimmten Armutsgrenze. Hinzu kommt, daß Afrika die einzige Region ist, wo die Armut in den nächsten zehn Jahren vermutlich noch wächst. Was können da 25 Milliarden Dollar bewirken? Laut Angaben von 1994 belaufen sich die Schulden aller afrikanischen Länder zusammen auf 313 Milliarden Dollar (beinahe das Zweieinhalbfache der gesamten Exporteinkünfte), so daß die 25 Milliarden lediglich die Zinsen für ein Jahr decken würden. Inzwischen gingen von den 231 Milliarden Dollar, die 1995 vom Ausland in die Dritte Welt flossen, ungefähr zwei Milliarden, weniger als ein Prozent, nach Afrika. Geschäftsleute investieren wohlweislich lieber anderswo.

Egal – halten wir das Positive fest. Je mißlicher die Lage, desto größer die Chance, daß es besser wird. Eine kompetentere Politik (strukturelle Anpassung) kann/wird Afrika auf die Wachstumsschiene zurückbringen. Aber selbst dann ist noch eine Menge zu tun. Die Probleme des Kontinents erschöpfen sich nicht in korrupter Politik, und diese ist keine Sache des Zufalls. Eine fähige Regierung ist nicht auf Bestellung zu haben. Europa brauchte dazu mehrere Jahrhunderte, warum sollte Afrika das in wenigen Jahrzehnten schaffen, zumal nach den Wunden, die der Kolonialismus geschlagen hat? Und was, wenn überhaupt keine Regierung existiert? Somalia zum Beispiel ist momentan ein politisches Vakuum: Selbst wenn man Hilfsgüter schicken will – an welche Adresse? »Wir wissen noch nicht einmal, wie man ihnen eine Mitteilung schicken kann.«[35]

In einer fragilen Welt ist gute Politik ein Garant des Gedeihens. In weiten Teilen der Welt, besonders aber in Afrika, gehen die Uhren vorwärts und rückwärts zugleich.

*

Ein blockiertes Land: Algerien

Zu den heilsamsten Übungen in Wirtschaftsgeschichte gehört es, die Expertenprognosen der Vergangenheit Revue passieren zu lassen und sich ihre Nichtigkeit bewußtzumachen.

In der Euphorie der siebziger Jahre, als Algerien von den abrupt gestiegenen Öleinkünften profitierte und hinter Südafrika die größte Industriebasis auf dem Kontinent besaß, prophezeite ein zufriedener Industrieminister, daß Algerien »das Japan Nummer eins in Afrika und das Japan Nummer zwei in der Welt« sein würde.

Sein Wort in Gottes Ohr. Fabriken und Maschinenparks sagen noch nichts über Erträge und Erträge nicht unbedingt etwas über Nützlichkeit und Verkäuflichkeit. Wie zuvor schon andere Entwicklungsnationen, Europa im neunzehnten Jahrhundert eingeschlossen, machte sich Algerien daran, eine moderne industrielle Infrastruktur zu entwickeln. Wie etliche frühere Entwicklungsländer konzentrierte es sich besonders auf die Förderung der Schwerindustrie, zumal die sozialistische Lehre darin den einzig gangbaren Weg sah. Zum Teufel mit dem komparativen Vorteil (einem bürgerlich-kapitalistischen Ideologem).

Dieser ganze kostspielige staatseigene Apparat zeichnete sich durch Überbeschäftigung, Ineffizienz, marktunabhängige Preise und frisierte Rechnungsbücher aus. Fast keines der Industrieprodukte war exportierbar, und selbst für den begrenzten Binnenmarkt war vieles unbrauchbar oder von zu schlechter Qualität. Mit den Fabriken ging es rasch bergab. Viele standen leer oder waren nicht ausgelastet, weil kein Geld für Instandhaltung und Ersatzteile da war. Vandalismus, die unvermeidliche Begleiterscheinung mangelhafter Instandhaltung, gab den maroden Maschinen den Rest. Zwischen 1980 und 1992 sank die Industrieproduktion jährlich um 1,9 Prozent und zwischen 1970 und 1992 von 15 auf 10 Prozent des Bruttoinlandsprodukts.[36]

Zugleich verdreifachte sich in den dreißig Jahren nach der Unabhängigkeit die Bevölkerung trotz starker Auswanderung nach Europa (10 Millionen im Jahre 1960, 27 Millionen im Jahre 1993). Die ehrgeizige Revolutionsregierung propagierte kinderreiche Familien, um militärische Stärke und internationalen Einfluß zu mehren, und die Fortpflanzung erwies sich als der einzige effiziente Produktionszweig. Leider aber müssen Kinder erst erwachsen werden, um der Produktion zu dienen, und diese wachsende Kinderflut (fast die Hälfte der Bevölkerung ist heute jünger als fünfzehn Jahre) stellt eine gewaltige, wenn auch zeitlich begrenzte Belastung dar. So führte die Geburtenförderung zum Beispiel dazu, daß hohe Summen ins Bildungswesen flossen; trotzdem waren 1990 noch 43 Prozent der Bevölkerung und 55 Prozent der Frauen Analphabeten.[37] Außerdem stieg der Nahrungsmittelbedarf, doch Algerien hat seine Ackerflächen nicht vergrößert (2,9 Prozent wie 1910), hat mit der kollektiven Landwirtschaft herumgepfuscht und kann sich nicht länger selbst ernähren. Das Land importiert immer mehr Lebensmittel (Getreide, Milch, Zucker, Bananen, Speiseöl) und bezuschußt sie für die Verbraucher.

Daneben importiert die Regierung auch langlebige Konsumgüter und verkauft sie an begünstigte Insider zu konzessionierten Preisen. Die hochbegehrten Verträge über solche Güter haben unter ausländischen Lieferanten lebhafte Konkurrenz ausgelöst. Doch das hat nicht zu niedrigeren Preisen geführt, sondern die Bestechungsgelder in die Höhe getrieben. Trotzdem bil-

Regierung war so sehr an solch schwindelerregende Zahlen gewöhnt, und die Brasilianer griffen so offen zu persönlichen Gegenmaßnahmen (Taxis benutzten Zähler, die bald nach dem Preisindex, bald nach dem Portemonnaie des Kunden eingestellt werden konnten), daß seriöse Wirtschaftsexperten die Lage leicht unter dem Vorwand verharmlosten, die zuverlässige Tatsache der Inflation sei eine Form der Stabilität.

Das mag für jene Brasilianer gegolten haben, die Vorkehrungen treffen konnten. Doch die Inflation zerstörte die internationale Kreditwürdigkeit Brasiliens, und dieses Land war auf Kredite angewiesen. Auch brauchte es den Handel und die Zusammenarbeit mit den reichen, kapitalistischen Nationen, die als Feinde abgestempelt waren. So begann Cardoso, die Dinge anders zu sehen – bis zu dem Punkt, wo Beobachter ihn als einen Pragmatiker »ohne starkes ideologisches Herz« priesen.[43] Vergessen waren jetzt die antikolonialistischen Leidenschaften, vergessen die Feindseligkeiten gegenüber Auslandskontakten, die immer auch Abhängigkeit bedeuteten. Brasilien hat keine Wahl, sagt Cardoso. Wenn es nicht bereit ist, Teil der globalen Wirtschaft zu sein, hat es »keine Möglichkeit, am Wettbewerb teilzunehmen ... Das ist kein Diktat von außen. Es ist eine Notwendigkeit für uns.«[44]

Alles hat seine Zeit. Zwei Jahre später wurde Cardoso zum Präsidenten gewählt, hauptsächlich weil er Brasilien seit vielen Jahren zum ersten Mal eine starke Währung verschafft hatte. Der *Real* wurde geringfügig höher als ein Dollar bewertet. Den Real gibt es immer noch – und was für ein Auftrieb für den Nationalstolz: Er ist mehr als einen Dollar wert!

Epilog: Eine starke Währung ist kein Allheilmittel. Mitte 1996 wiesen dic öffentlichen Finanzen ein größeres Defizit auf. Das Exportwachstum verlangsamte sich, das Realprodukt sank, die Zinssätze, obschon gefallen, waren noch immer unerschwinglich hoch, und die Produktivitätszuwächse hatten sich deutlich verringert – bis hin zu Negativraten in Schlüsselsektoren wie der Metall-, Maschinenbau- und Textilindustrie im Jahre 1995.[45]

29

Wie sind wir bis hierher gekommen? Wo geht die Reise hin?

Die tausendjährige Bilanz scheint ziemlich simpel. Aus einer Welt der großen und kleinen Herrschaftsgebiete und Königreiche, die sich in Wohlstand und Macht etwa gleich waren, ist eine Welt der Nationalstaaten geworden, von denen einige weitaus reicher und mächtiger sind als andere. Aus mehreren hundert Millionen Menschen sind 6 Milliarden geworden. Von der Arbeit mit einfachen, aber einfallsreichen Werkzeugen und Techniken haben wir uns zu Herren über große Maschinen und unsichtbare Kräfte gemausert. Magie und Aberglauben einmal beiseite gelassen, sind wir von der Bastelei und intelligenten Beobachtung zu einem riesigen und wachsenden Apparat wissenschaftlicher Erkenntnis fortgeschritten, der eine unablässige Flut nützlicher Anwendungen erzeugt.[1]

Das meiste dient dem Wohl des Menschen, auch wenn intellektuelle und materielle Macht oft zu üblen und destruktiven Zwecken mißbraucht werden. Oder einfach nur gebraucht werden, mit unbeabsichtigten, aber mißliebigen Folgen.[2] Wir leiden unter dem Ungleichgewicht zwischen unserer Natur- und unserer Menschenkenntnis, zwischen dem Wissen über die Außenwelt und der Unwissenheit über uns selbst. Noch immer würden manche Menschen lieber zu früheren Zeiten zurückkehren. Wer sich von der reichen Welt des Materiellen lossagt, um spirituelle Erneuerung in der Natur zu finden, kann seine Uhr wohl entbehren. Bücher, Brille und (industriell gefertigte) Kleidung aber nimmt er mit, manchmal sogar einen CD-Player, und in der Regel weiß er, wie er im Fall der Fälle medizinische Hilfe bekommt.

Angemerkt sei, daß meine These vom letztlichen Gewinn und Nutzen wissenschaftlicher Erkenntnis und technologischer Kompetenz heute scharf angegriffen wird, selbst in akademischen Kreisen. Die Gründe dafür liegen in dem Vorzug, der dem *Fühlen* vor dem *Wissen* gegeben wird; sie reichen von der Enttäuschung über das verlorene Paradies bis hin zu Furcht und Verdruß, die eine unverständlich gewordene wissenschaftliche Erkenntnis bei Laien auslöst.[3] Einige der Skeptiker sind Endzeitapostel: Sie erwarten eine apokalyptische Revolution, die der Ungerechtigkeit ein Ende macht und allen das Glück bringt. Marxisten und Kommunisten fallen unter diese Kategorie, trotz ihrer Lippenbekenntnisse zur Wissenschaft. Andere sind Nostalgiker, die sich nach den märchenhaften Segnungen vorstaatlicher, kommunalistischer, primitiver Gemeinschaften zurücksehnen. Die erste Gruppe veranschaulicht hervorragend die Grenzen, die den guten Absichten der Menschen gesteckt sind. Die zweite jagt Hirngespinsten nach.[4] Diese Richtung schlägt die Welt nicht ein.

Die treibende Kraft des über tausendjährigen Prozesses, den die meisten

Menschen als Fortschrittsprozeß verstehen, war bis vor kurzem die westliche Zivilisation mit ihren Errungenschaften: dem Erkenntnisstand, den technischen Fertigkeiten, den politischen und gesellschaftlichen Ideologien, gleich welcher Couleur. Ihr Einfluß beruht zum Teil auf der westlichen Vormachtstellung (denn Wissen und Know-how bedeuten Macht), zum Teil auf der europäischen Kultur und zum Teil auf dem Ehrgeiz der Nacheifernden. Doch der Einfluß war nicht immer und überall gleich stark. Über weite Strecken wird das westliche Vorbild auch als aggressiv empfunden und abgelehnt.

Schon die bloße Darstellung der westlichen Fortschrittsgeschichte ist heute in den Augen vieler ein aggressiver Akt. In einer Welt der relativen Werte und der moralischen Gleichheit gilt allein die Vorstellung einer westlich orientierten (eurozentrischen) globalen Geschichte als arrogant und repressiv. Beabsichtigt sei, wie es heißt, »die Herrschaft des Westens über den Osten durch den Hinweis auf europäische Überlegenheit zu rechtfertigen«[5]. Was wir statt dessen brauchten, sei eine multikulturelle, globalistische, egalitäre Geschichte, die über alle etwas (am besten etwas Gutes) zu berichten weiß. Der europäische Beitrag – der immerhin in der Erfindung und Definition der Moderne besteht – sei als marginal oder, um ein Modewort zu gebrauchen, als kontingent zu bewerten.

Beispiele solcher Europhobie kennen wir aus jüngeren Diskussionen über die ersten Entdeckungsreisen. Die Chinesen, so hören wir da, könnten (sollten) den amerikanischen Kontinent entdeckt haben. Oder die Japaner oder die Afrikaner. Vielleicht. Europa hat nur Glück gehabt. Oder, so eine offensivere Variante, die Europäer hatten nicht Glück. Sie waren böse und brutal. Sie stahlen das Silber der Neuen Welt, finanzierten damit ihre Kolonialinteressen und den Handel in Asien, droschen auf kultiviertere Völker ein und sangen dann ein Loblied auf ihren Wohlstand, ihre technischen Errungenschaften, ihren Zivilisationsauftrag und ihre Geisteskraft.

Vor allem, sagen die Globalisten, dürfe man nicht die europäische Vorrangstellung dadurch begründen, daß man sie »essentialisiere«, das heißt, an europäischen Institutionen und Zivilisationserfolgen festmache und sie durch europäische »Faktizitäten« erkläre, denen vermeintlich nichteuropäische »Defizite« gegenüberstünden. So wird etwa das manifeste Ungleichgewicht zwischen der systematischen Neugier der Europäer mit Blick auf fremde Zivilisationen und Kulturen und der relativen Gleichgültigkeit der »anderen« von den Globalisten grundsätzlich bestritten. Dadurch schleicht sich der Gegensatz unbeabsichtigt über die Hintertreppe wieder ein.[6] Der Punkt sei, meinen einige Globalisten, daß *es nichts zu erklären gebe*. Natürlich könne man sowohl die europäische als auch die nichteuropäische Geschichte dadurch »problematisieren«, daß man einbeziehe, was nicht geschehen sei: »Gescheiterte Kämpfe sind ebenso Teil der Geschichte wie erfolgreiche Kämpfe.«[7] Aber keine Frage, daß sich diese Konzentration auf das Scheitern dem Vorwurf eines voreingenommenen Negativismus aussetze: Wo stehe denn geschrieben, daß außereuropäische Völker ähnliche Ziele verfolgen müßten wie westliche Gesellschaften?

 Diese Stoßrichtung des antieurozentrischen Denkens ist schlicht antiintellektuell und widerspricht außerdem den Tatsachen. Doch wie populär ist solches Denken gerade im angeblich so chauvinistischen Westen! Die neuen Globalisten, denen die Botschaft nicht schmeckt, wollen den Boten mundtot machen – als ob keine Geschichte stattgefunden hätte. Die technologische Überlegenheit des Westens ist Tatsache.[8] Die Gründe dafür sollten wir kennen, wir alle, denn sie helfen uns, die Gegenwart zu verstehen und etwas über die Zukunft herauszufinden.[9]

Historiker schauen gern zurück, nicht nach vorne. Sie versuchen, das Geleistete zu verstehen und zu erklären. Auch Ökonomen interessieren sich für die Vergangenheit, aber was sie über die Vergangenheit wissen, glauben sie nur, wenn es sich in Theorie und Logik fügt. Und weil sie mit axiomatischen Prinzipien arbeiten, können sie leichter Aussagen über eine rational geprägte Zukunft machen. Natürlich kalkulieren auch Ökonomen die Möglichkeit des Zufalls und der Unvernunft mit ein, doch auf lange Sicht verschiebt sich dadurch höchstens das logisch Unvermeidliche. Die Vernunft wird triumphieren, weil Vernunft sich auszahlt. Mehr ist besser, und bei der Wahl der Ziele sind materielle Errungenschaften das beste Argument.

Während Historiker also im Hinblick auf die Zukunft Agnostiker sind, potentielle Pessimisten also, gehören Ökonomen und Geschäftsleute gemeinhin zu den Optimisten.[10] Optimismus hat vor allem mit wachsendem Wohlstand zu tun. Adam Smith sprach vom »natürlichen Fortschritt des Reichtums«. Sogar arme Länder profitieren davon: »Die Lebensverhältnisse der Menschen in den Entwicklungsländern verbessern sich in fast jeder Dimension, die sich messen läßt.«[11] Außerdem verlängert sich die Lebenserwartung, und diese Angaben sprechen für sich. Aber auch den armen Leuten geht es im Schnitt besser. Es gibt nicht weniger von ihnen, aber sie stehen sich besser. Die Ökonomen sind heute der Meinung, daß die Welt künftig noch reicher wird, daß die armen Länder Anschluß finden, daß Wohlstandsinseln zu Kontinenten werden, daß Wissen Probleme lösen und dabei materielle und soziale Hürden meistern kann.[12] Wie in der Vergangenheit, so in der Zukunft.

Die Ökonomen haben die Dinge nicht immer so eingeschätzt.[13] Adam Smith' Nachfolger prognostizierten Stagnation: Malthus mit seiner These von einer unaufhaltsamen Verknappung der Nahrungsmenge bei zunehmendem Bevölkerungswachstum; Ricardo mit seiner These vom »stationären Zustand«, der sich in dem Maße herstelle, wie Boden und Grundrente das Mehrprodukt aufzehrten; Jevons mit seinem Schreckgespenst erschöpfter Brennstoffvorräte. Damals haftete der Volkswirtschaft das Etikett einer »düsteren Wissenschaft« an. Die anschließende Ära des Fortschritts hat diese Befürchtungen zerstreut, auch wenn manche das von Malthus diagnostizierte Verhängnis nur als aufgeschoben betrachten.[14]

Inzwischen hat sich ein neuer Kollege zu den apokalyptischen Reitern gesellt: die Umweltkatastrophe. Wir müssen uns nicht länger Sorgen machen, ob dieser oder jener Rohstoff irgendwann erschöpft ist – die Technologie wird für Substitute sorgen.[15] Wirklich bedrohlich ist dagegen der ernsthafte, wachsende und möglicherweise irreparable Schaden, den wir unserer Umwelt zufügen. Diese Bedrohung hängt unmittelbar mit der ökonomischen Entwicklung zusammen, denn Abfall, Verunreinigung und Unmweltschädigung nehmen mit Wohlstand und Produktivität zu. *Unter ansonsten gleichen Bedingungen sind es die reichen Länder, die die Erde vergiften.*

Natürlich sehen die reichen Nationen – zumindest manche – diese Gefahr, und ihr Wohlstand erlaubt ihnen, ihre Abfälle anderswo zu entsorgen und wegzukippen.[16] In Hülle und Fülle haben die reichen Länder auch gute ökologische Ratschläge für neue Industrienationen parat. Diese wiederum heben gern den Zeigefinger, um auf die Umweltsünden zu deuten, die die heute reichen Länder in ihren Wachstumsphasen begangen haben. Warum sollten sich die Nachzügler mehr Mühe geben? Zudem sind die meisten Entwicklungsländer bereit, den Umweltpreis zu zahlen: Lohn und Reichtum hier und jetzt gegen Krankheit und Tod weiter unten an der Straße. Niemand hat dort zwar eine Umfrage gemacht, aber daß die Menschen so denken, wirkt plausibel. Junge Leute – und die gibt es in den Entwicklungsländern massenhaft – glauben, ewig zu leben. Doch wer kann inzwischen die Umweltverschmutzung und ihre Folgen unter Kontrolle halten? Die Reichen bekommen es mit der Angst zu tun, die Armen nicht. Die Reichen haben mehr zu verlieren.

Wenn wir aus der Geschichte der wirtschaftlichen Entwicklung etwas lernen, dann dies: Kultur macht den entscheidenden Unterschied. (Hier hat Max Weber recht.) Man denke nur an den Unternehmungsgeist expatriierter Minderheiten – der Chinesen in Ost- und Südostasien, der Inder in Ostafrika, der Libanesen in Westafrika, der Juden und Kalvinisten überall in Europa und so weiter. Kultur im Sinne innerer Wertvorstellungen und Verhaltensnormen, von denen eine Bevölkerung sich leiten läßt, macht Wissenschaftlern angst. Ein Ruch von Rasse und Vererbung, eine Aura der Unabänderlichkeit haftet dem Konzept an. In nachdenklichen Momenten erkennen Ökonomen und Sozialwissenschaftler, daß dies Vorurteile sind, und loben Beispiele kulturellen Wandels zum Besseren, während sie negative Veränderungen beklagen. Doch Beifall und Bedauern ändern nichts an der passiven Haltung des kulturkritischen Beobachters, an seiner Unfähigkeit, sein Wissen einzusetzen, um Menschen und Dinge zu formen. Wirtschaftsfachleute würden das tun: Sie würden Zinsen und Wechselkurse verändern, den Handel freigeben, politische Institutionen umgestalten, Management betreiben. Hinzu kommt, daß die Kulturkritik die Schutzzone des Ichs tangiert, Identität und Selbstwertgefühl verletzt. So taktvoll und dezent kulturkritische Urteile sein mögen: Da sie von Außenstehenden gefällt werden, wirken sie oft herablassend. Wer ernsthafte Verbesserungen anstrebt, umschifft daher erfahrungsgemäß die Kulturkritik.

Doch wenn die Kultur so wichtig ist, warum funktioniert sie dann so unzuverlässig? Nicht allein Volkswirtschaftler fragen sich, warum manche Leute – zum Beispiel die Chinesen – in ihrer Heimat lange so unproduktiv waren, auswärts aber äußerst unternehmend. Wenn die Kultur eine so entscheidende Rolle spielt, warum führte sie dann in China nicht zu Veränderungen? (Inzwischen tut sie es.) Ein Freund von mir, Meister in politischökonomischen Therapien, löst dieses Paradox, indem er einfach jeden Zusammenhang leugnet. Kultur, sagt er, hilft ihm nicht, Voraussagen zu machen. Ich bin anderer Meinung. Die ökonomischen Erfolge Japans und Deutschlands nach dem Zweiten Weltkrieg konnte man durch eine Betrachtung der Kultur durchaus vorhersehen. Dasselbe gilt für Südkorea im Vergleich zur Türkei und für Indonesien im Vergleich zu Nigeria.

Auf der anderen Seite steht die Kultur auch nicht isoliert da. Ökonomische Analysen stützen die Illusion, daß man sich mit einem guten Grund begnügen kann. Jeder komplexe Prozeß aber wird durch viele voneinander abhängige Faktoren bestimmt. Monokausale Erklärungen greifen nicht. Dieselben Wertvorstellungen, die durch eine »schlechte Regierung« zu Hause vereitelt werden, können anderswo zum Tragen kommen. Daher der besondere Erfolg unternehmerischer Initiativen von Emigranten. Die alten Griechen hatten für dieses Phänomen ein Wort: Die *Metöken*, zugewanderte Stadtbewohner, waren die Hefe der Gesellschaften. Während sich die Einheimischen über Gewerbe und Geld lustig machten (daher die pejorative Bedeutung von »banausisch«), lieferten und verkauften die Fremden Waren und machten das Geld.

Da Kultur und Ökonomie miteinander verknüpft sind, beeinflussen sie sich wechselseitig. In Thailand absolvierten alle frommen jungen Männer normalerweise eine mehrjährige religiöse Lehrzeit in einem buddhistischen Kloster. Diese Zeit des Reifens war gesund für Geist und Seele und paßte zu dem gemessenen Tempo traditioneller Wirtschaftstätigkeit. Das war einmal. Heute bewegt sich Thailand schneller. Der Handel gedeiht, das Geschäft ruft. Das hat zur Folge, daß junge Männer ihre spirituelle Unterweisung heute in wenigen Wochen erhalten – Zeit genug, um einige Gebete und Riten zu lernen, um anschließend in die reale, materielle Welt zurückzukehren. Die Zeit, die, wie jeder weiß, Geld ist, hat sich in einen relativen Wert verwandelt. Dieser Wandel konnte nicht verordnet werden, nur eine Revolution hätte das fertiggebracht. Die Thais haben ihre Prioritäten aus freien Stücken den Verhältnissen angepaßt.

Diese Geschichte zeigt, wie die Kultur auf wirtschaftliches Wachstum und sich bietende Gelegenheiten reagiert. Auch die entgegengesetzte Reaktion ist möglich: Kultur kann sich unternehmerischen Initiativen entgegenstellen. Diesen Fall haben wir in Rußland, wo 75 Jahre markt- und profitfeindlicher Ideologie und Privilegienwirtschaft unternehmensfeindliche Haltungen zementiert und verankert haben. Selbst nach dem Sturz des Regimes fürchten die Menschen die Ungewißheiten des Marktes und sehnen sich nach der sicheren Eintönigkeit staatlicher Beschäftigung zurück. Nach Gleichheit – und sei es auch nur die Gleichheit der Armut. Wie ein russischer Witz erzählt, ist

Bauer Iwan auf Nachbar Boris neidisch, weil Boris eine Ziege besitzt. Eine Fee taucht auf und schenkt Iwan einen freien Wunsch. Was wünscht sich Iwan? Daß Boris' Ziege tot umfallen solle.

Zum Glück denken nicht alle Russen so. Der Wegfall marxistischer Verbote und Hemmnisse hat zu einem Aufschwung unternehmerischer Aktivitäten geführt, gekoppelt meist an interne Handelsbeziehungen, die auch illegale Geschäfte einschließen. Die meisten Geschäftsinitiativen gehen von den nichtrussischen Minoritäten (Armeniern, Georgiern und so weiter) aus. Die Hefe ist da, und manchmal genügt schon der Anstoß durch einige wenige, die mit unternehmerischem Elan vorangehen. Unterdessen bestehen alte Gewohnheiten fort, Korruption und Verbrechen gedeihen, der Kulturkampf tobt, Wahlen hängen von diesen Fragen ab, und das Ergebnis ist offen.[17]

Konvergenz heißt die aktuelle Parole, das Versprechen von Wohlstand, Gesundheit und Glück für alle. So verkündet es jedenfalls die volkswirtschaftliche Theorie und setzt dabei die Beweglichkeit der Produktionsfaktoren voraus.

Die Praxis steht auf einem anderen Blatt. Die Zahlen für den kleinen Kreis avancierter Industrieländer scheinen auf Konvergenz hinzudeuten, doch einzelne Länder tanzen auch aus der Reihe. Wird Japan weiter an den anderen vorbeiziehen? Wird Großbritannien weiter zurückfallen, oder sind die positiven Ergebnisse dieses Jahrzehnts ein Signal für die Zukunft? Wird das kommende Jahrhundert Ostasien gehören? Und was ist mit den USA? Die Amerikaner sollten sich an die Weigerung der Briten erinnern, ihren Schwierigkeiten ungeschönt, das heißt ohne vorherige Weichzeichnung durch optimistische Prognosen, ins Auge zu sehen. Das ist die Schwäche des Futurismus: Die Propheten sind nicht mehr da, wenn sie für ihre Irrtümer den Kopf hinhalten müßten. Selbst wenn – niemanden würde das Geschwätz von gestern mehr interessieren, und die Prognostiker persönlich erinnern sich nur an richtige Schätzungen. (Außerdem gilt das Grundsatzprinzip: Die Prognose stimmte zu der Zeit, als sie geäußert wurde.)

Unterdes scheint es so, als würden fortgeschrittene und rückständige, reiche und arme Länder nicht weiter zusammenrücken. Optimistische Supercomputer errechnen eine allgemeine Miniaturkonvergenz, doch schlagen sie Asien den armen Ländern zu, und nur der besondere Erfolg Ostasiens stützt diese optische Illusion. Afrika und der Mittlere Osten treten noch immer auf der Stelle. In Lateinamerika ist die Lage mal so, mal so, zeitlich, aber auch geographisch uneinheitlich. Der ehemalige sozialistische Block befindet sich im Übergang: Einige Länder ziehen gut mit, andere, speziell die frühere Sowjetunion, schwanken äußerst unberechenbar hin und her.

Und wie verhält es sich mit Unsicherheitsfaktoren? So viel kann passieren: Kriege, Revolutionen und Naturkatastrophen können ausbrechen, inkompetente Regierungen, Kriminalität und antikapitalistische Ideologien können das Klima verschärfen. Viele Erfolgsgeschichten scheinen auf Sand gebaut und vom politischen Status quo abhängig. Jeden Tag bringen die Zeitungen hoffnungsvolle Meldungen: Indien befindet sich im Wandel und zieht allmählich auswärtige Investoren an; Ruhe und Ordnung »schlagen Wurzeln« in Sierra Leone; nach Jahren innerer Zerrissenheit kehrt Argentinien zur Normalität zurück; Rußland sprudelt vor Unternehmergeist, während Pepsi-Cola neue Investitionen plant. Kann man solchen Trends vertrauen? Am nächsten Tag hebt dieselbe Zeitung den Zeigefinger und warnt vor Unruhen und Rückwärtsentwicklung.

Die britische Kolonie Hongkong liefert vielleicht das beste Beispiel für diese Art von Schwanken und Unentschiedenheit. Am 1. Juli 1997 fiel die Kolonie an China zurück. Bezahlt hat sich das noch nicht gemacht. China könnte sich Hongkong gegenüber aufgeschlossen zeigen oder aber beschließen, es in die Marschkolonne der eigenen Wirtschaft zurückzuzwingen. Eigentlich ist es ziemlich unwahrscheinlich, daß China die Gans schlachtet, die so viele goldene Eier legt. Doch wie wichtig sind Hongkongs Eier in Chinas langfristigen Überlegungen? Im übrigen kennt die Geschichte vergleichbare Fälle von Irrationalität, und China besitzt historische Übung darin, den Handel dem Herrschaftsprinzip zu opfern. Mittlerweile haben Hongkonger Geschäftsfamilien ihre Vorkehrungen getroffen, um je nach Lage zu bleiben oder zu gehen. Sie haben Staatsbürgerschaften in sicheren Ländern angenommen (etwa 600 000 Menschen besitzen ausländische Pässe).[18] Außerdem lernen sie Hochchinesisch neben der Muttersprache Kantonesisch und tauschen Führungspersonal aus dem Westen gegen chinesisches aus.[19] Eine vernünftige »Minimax«-Strategie: den größtmöglichen Schaden möglichst gering halten.

Signalisieren Globalisierung und Konvergenz das Ende des nationalen Wettbewerbs? Ergibt die Idee internationaler ökonomischer Wettbewerbsfähigkeit keinen Sinn mehr? Der Volkswirtschaftler Paul Krugman meint, die »Ansichten [derer, die eine nationale Volkswirtschaft fordern,] beruhen auf einem falschen Verständnis selbst der einfachsten ökonomischen Fakten und Begriffe«[20].

So entschieden und herablassend das auch klingt – die Befürworter einer staatlichen Interventionspolitik haben noch nicht klein beigegeben. Wir sprechen hier von zwei Zielvorstellungen – Macht und Wohlstand – und von zwei Idealvorstellungen – distributive Gerechtigkeit und unpersönliche Effizienz. All diese Faktoren hängen zusammen, jeder einzelne für sich genommen hat seine Attraktivität, seine besonderen Fürsprecher und seine Berechtigung.

Selbst innerhalb der Volkswirtschaft gehen die Meinungen auseinander. Die Neoklassiker sagen nein: Für sie gibt es nichts Zuverlässigeres als Marktsignale. Darin wandeln sie in den Fußspuren des großen Meisters: »Große Nationen werden niemals durch private, doch bisweilen durch öffentliche Verschwendung und Mißwirtschaft ruiniert. In den meisten Ländern werden nämlich alle oder nahezu alle öffentlichen Einnahmen dazu verwendet, um unproduktive Leute zu unterhalten.«[21] Adam Smith befürchtete, daß diese Leute die Produkte konsumierten, die eigentlich gebraucht würden, um die produktiven Mitglieder der Gesellschaft zu erhalten. (Solche Länder gibt es.)

Aber Adam Smith sah auch ein, daß der Staat einige Aufgabenbereiche – Verteidigung, Polizei – besser bewältigen kann als private Unternehmen. In der Türkei zur Zeit des Osmanischen Reiches lag die Feuerbekämpfung in den Händen von privaten Gesellschaften, die herbeistürzten, wenn Alarm ausgelöst wurde. Wechselseitig machten sie sich Konkurrenz und verhandelten vor Ort mit den Hausbesitzern über den Preis. Während die Verhandlungen liefen, schlugen die Flammen immer höher, so daß die gebotenen Summen sanken. Oder auch stiegen, weil die Nachbarn es mit der Angst bekamen. Inmitten von Geiz und Geldgier verwandelten sich viele Hausbrände in große Feuersbrünste.

Besonders dringlich stellt sich das Problem in Ländern, in denen unternehmerische Aktivitäten rar sind. In einer Welt des raschen Wandels und der internationalen Konkurrenz kann es sich eine Gesellschaft kaum leisten, auf Privatinitiative zu warten. Man betrachte die Rolle des Staates in so exemplarischen Ländern wie Korea, Taiwan und sogar Japan, wo der Staat Auslöser-, Schutz- und Lenkungsfunktionen für den nominell freien Markt übernimmt. Hierauf antworten die Verfechter der freien Marktwirtschaft mit dem Verweis auf Pearl Harbor.

Die Bestandsaufnahme fällt denn auch deutlich gemischt aus: Staatliche Intervention ist wie das kleine Mädchen, das eine kleine Locke genau in der Mitte der Stirn trug: Wenn das kleine Mädchen lieb war, dann war es sehr, sehr lieb. Und wenn es unartig war, dann war es abscheulich.

Darüber hinaus kann der Staat dem Unternehmertum sehr nützliche Dienste leisten. Beamte waren stets für Versuchungen (Bestechung) anfällig. Das liegt in der menschlichen Natur. Doch die steigenden privaten Gehälter und Prämien in expandierenden Wirtschaftssystemen haben die Korrumpierbarkeit von Regierung und Verwaltung verstärkt und beschleunigt. Leute mit Geld können Leute mit Macht kaufen. Präsidenten und Premierminister sind als Handelsreisende unterwegs und messen ihre Erfolge an abgeschlossenen Geschäften und unterzeichneten Verträgen. Die Briten spielen mit dem Gedanken, die königliche Jacht durch ein noch größeres Schiff zu ersetzen, eine Art Kreuzfahrtschiff für ein einziges Paar und seine Gäste. Ein solches Schiff würde einige Millionen Pfund mehr kosten, und erfahrungsgemäß würden die Unterhaltskosten die Fertigungskosten am Ende noch übersteigen, zumal schon die Existenz eines so teuren Spielzeugs seine Benutzung erzwingt. (Das Königshaus hat keine Ahnung von der Theorie der verlorenen Anfangskosten.) Egal. Die Befürworter des Schiffs versichern den britischen Steuerzahlern, daß es dem Handel Vorteile bringen wird. Ideale sind mittlerweile handfesten Interessen gewichen. China benimmt sich schlecht? Das Beste ist, den Mund zu halten und sich einfach um die Geschäfte zu kümmern. Das klingt vielleicht zynisch, ist aber vielleicht auch ein höchst probates Heilmittel gegen despotische Unvernunft.

 Der Selektionsprozeß nimmt seinen Lauf. Die heutige Suche nach billiger Arbeit hat dazu geführt, Arbeitsplätze tendenziell aus den reichen in arme Länder zu verlagern.[22] Glück für die einen, Pech für die anderen. Um diese Mischung aus guten und schlechten Nachrichten geht es eigentlich bei jeder wirtschaftlichen Veränderung. Wirtschaftswissenschaftler und Moraltheoretiker finden solche Arbeitsplatztransfers sinnvoll – vernünftig und wünschenswert, wenn man den komparativen Vorteil bedenkt: Warum soll Beschäftigung für Malaysier und Mexikaner weniger erstrebenswert sein als für Amerikaner und Deutsche? Noch einmal Krugman: »Man hätte erwarten können, daß diese Veränderung in der globalen Landschaft allgemein gutgeheißen und die rasche Verbesserung des Lebensstandards von Millionen Menschen, die vorher zum großen Teil extrem arm waren, allgemein als Fortschritt betrachtet wird – und als bislang einmalige Chance, Geschäfte zu machen.«[23]

Aber so funktioniert das nicht. Wer seinen Arbeitsplatz verliert, ist unglücklich und wütend, und in fortgeschrittenen Industrienationen haben Arbeitslose eine Stimme. Sie wählen nicht nur, sie demonstrieren und randalieren auch. Dieselben Leute, die über die Fehler »strategischer« Handelspolitik die Stirn runzeln, sollten sich lieber über die Risiken und Kosten von Arbeitskämpfen den Kopf zerbrechen. Nüchterne Volkswirtschaftler mögen einwenden, daß Nationen nicht wie Unternehmen miteinander konkurrieren. Oder daß es für ein reiches Land wie die USA auf den Verlust einzelner Exportmärkte und Arbeitsplätze nicht so sehr ankommt.[24] Oder daß Einfuhrbeschränkungen weder die Produktivität fördern noch den heimischen Lebensstandard heben. Oder daß der Verlust von Arbeitsplätzen in weniger marktgängigen Branchen durch die Schaffung neuer Arbeitsplätze in anderen Bereichen kompensiert wird. Solche Überlegungen und klugen Bemerkungen helfen Arbeitnehmern und Gewerkschaften nicht weiter, die von drohender Auslagerung von Arbeitsplätzen betroffen sind. Auch trösten sie keinen, der seinen Arbeitsplatz verliert und eine Stelle annehmen muß, die ihn weniger befriedigt und schlechter bezahlt wird. Und sie trösten auch keinen, der schon zu alt ist, um noch einmal neu anzufangen.[25]

Noch viel ärger sind die zynischen Versuche, Betroffene mit der Aussicht auf billigere Autos und Fernsehgeräte zu trösten, die sie sich gar nicht mehr leisten können, oder sie mit dem Hinweis auf Arbeitsplätze im Sojabohnenanbau oder hinter dem Bankschalter abzuspeisen. Dieser Rat – man erinnere sich – ist eine Neuauflage der Empfehlung, die John Bowring 1840 den Mitgliedsstaaten des Deutschen Zollvereins gab: Baut Weizen an und kauft mit dem Erlös englische Industrieerzeugnisse. Dies war ein vorbildlicher Fall von gesundem ökonomischem Menschenverstand. Doch Deutschland hätte dabei das Nachsehen gehabt. Der komparative Vorteil von heute muß, wie wir gesehen haben, nicht auch der komparative Vorteil von morgen sein. Ist Protektion nur bei jungen Industrien legitim? Sind reiche Länder moralisch verpflichtet, Strategien zu vermeiden, die Entwicklungsländer routinemäßig anwenden? Befürworter der Abhängigkeitstheorie haben lange die Ungerechtigkeiten des vermeintlich ungleichen Handels zwischen starken und schwachen, reichen und armen Ländern betont. Doch Ungleichgewicht stellt sich so oder so her.

Auf diese Fragen gibt es keine einfachen, klaren Antworten. Eine aktive Regierungspolitik zu befürworten ist eine Sache. Eine ganz andere ist es, die richtigen Maßnahmen zu ergreifen und umzusetzen. Festzustehen scheint mir jedoch: Die gegenwärtige Tendenz zur globalen Industrie wird für die reicheren Länder sinkende Löhne, wachsende Einkommensunterschiede und/oder eine hohe (Übergangs?)Arbeitslosigkeit mit sich bringen. Niemand hat das Gesetz von Angebot und Nachfrage abgeschafft. Viele, wenn nicht gar die meisten Wirtschaftstheoretiker werden anderer Meinung sein. Sie verlassen sich hier auf die sakrosankte Gewißheit, daß der Handel allen zugute kommt. Internationaler Wettbewerb, so sagen sie, ist ein Spiel, bei dem jeder gewinnt.

Langfristig gesehen. Hier ist nicht der Ort, um auf ein paar Seiten die verschiedenen Meinungen über diese Frage zu diskutieren, die noch immer eine Flut von Publikationen hervorbringt, genügend, um ganze Bibliotheken damit zu füllen.[26] Ausgehend von historischen Fakten, möchte ich hier lediglich festhalten,

- daß nicht alle in gleichem Maße vom Handel profitieren. Wie die Geschichte gezeigt hat, profitieren einige Länder viel stärker als andere. Der Hauptgrund liegt darin, daß der komparative Vorteil nicht für alle gleich ist und manche Tätigkeiten gewinnträchtiger und produktiver als andere sind. (Ein Dollar ist kein Dollar ist kein Dollar.) Sie erfordern und bringen größeren Nutzen, was Wissen und Know-how betrifft, binnen- und außenwirtschaftlich;
- daß der Export und Import von Arbeitsplätzen nicht mit dem Export und Import von Waren gleichzusetzen ist. Theoretisch mögen beide austauschbar sein, nicht aber in der menschlichen Praxis;
- daß der komparative Vorteil keine feste Größe ist. Er kann sich positiv oder negativ auswirken. Auf den Markt zu achten und zu reagieren ist immer gut. Doch daß Märkte Signale geben, heißt nicht, daß die Menschen darauf rechtzeitig oder richtig reagieren. Manchen gelingt das besser als anderen, wobei die Kultur eine entscheidende Rolle spielen kann;
- daß das Erwerben vielfach leichter fällt als das Produzieren. Diese Neigung teilen alle Gesellschaften. Dagegen helfen nur moralische Disziplin und Wachsamkeit.

Für irgendeine bestimmte nationale Strategie möchte ich mich dabei nicht aussprechen, zumal jede aktive Intervention die Situation ohne weiteres verschlimmern statt verbessern kann. Jeder einzelne Fall muß für sich beurteilt werden, und Regierungen machen unter Umständen nicht weniger – und sogar größere – Fehler als Geschäftsleute, die versuchen, den Markt zu beeinflussen und zu dirigieren. (Und umgekehrt. Viel hängt davon ab, was gesteigert werden soll – Wohlstand, Gleichheit, Sicherheit oder was auch immer.)[27] Ich will nur sagen, daß die momentane strukturelle Entwicklung, die auf eine allgemeine Hebung des technischen Standards in der Dritten Welt hinsteuert, die reichen Länder stark belastet, vor allem die individuellen Leidtragenden der ökonomischen Umgruppierung, während sie einigen Habenichtsen Annehmlichkeiten und Hoffnungen beschert, bei vielen anderen hingegen Verzweiflung, Enttäuschung und Wut hervorruft.

Natürlich können sich die reichen Industrienationen selbst helfen (und den Schmerz lindern, wenn schon nicht aus der Welt schaffen), indem sie alle Möglichkeiten der Forschung ausschöpfen, neue und wachstumsorientierte Branchen (die Arbeitsplätze schaffen) auftun, von anderen lernen, die richtigen Nischen finden, ihre Fähigkeiten und Kenntnisse kultivieren und umsetzen. Mit Steuerungsmechanismen und Auffangnetzen kommen sie noch eine ganze Weile hin, während sie den individuellen Verlierern dabei helfen, neue Fertigkeiten zu erlernen, neue Arbeitsplätze zu finden oder sich einfach zur Ruhe zu setzen. Viel wird dabei von ihrem Unternehmungsgeist, ihrem Identitätsgefühl, ihrem Einsatz für das Gemeinwohl, ihrer Selbstachtung, ihrer Fähigkeit, diese Errungenschaften über Generationen weiterzuvermitteln, abhängen.

Was geschieht unterdessen mit den armen, rückständigen und benachteiligten Ländern? Immerhin sind die reichen Nationen trotz des stärkeren Konkurrenzdrucks so viel besser dran, daß es schwerfällt, Interesse und Sympathie für sie aufzubringen. Bei all ihren Problemen sind sie – eher moralisch als pragmatisch – stets denen gegenüber verpflichtet, die weniger besitzen. Kann man deshalb von den wohlhabenden Nationen erwarten, daß sie aus purem Idealismus helfen? Oder nur, wenn es sinnvoll ist (sich auszahlt)? Oder nur, wie Bankiers es zu tun pflegen, zugunsten derer, die gar keine Hilfe benötigen? Sollen sie streng sein oder sanft? Oder beides? Ich stelle diese Fragen nicht, weil ich die Antworten kenne (nur wirklich Gläubige könnten das behaupten), sondern weil man sich des unüberschaubaren Wirrwarrs widerstreitender Motive und widersprüchlicher Folgen bewußt sein muß. Durch diese Stromschnellen zu navigieren erfordert ständige Anpassung und Korrektur, was um so schwieriger ist, als jeder Wirtschaftskurs durch die Innenpolitik beschränkt wird.

Und wie steht es nun um die armen Länder selbst? Die Geschichte lehrt uns, daß die besten Heilmittel gegen die Armut aus dem betroffenen Land selbst kommen. Auswärtige Unterstützung kann helfen, aber wie plötzlicher Geldsegen auch verletzen. Sie kann entmutigen und ein lähmendes Gefühl der Unfähigkeit erzeugen. Wie eine afrikanische Redewendung sagt: »Die Hand, die nimmt, ist immer unter der Hand, die gibt.«[28] Nein, was zählt, sind Arbeit, Sparsamkeit, Redlichkeit, Geduld, Beharrlichkeit. Für Menschen, die unter Armut und Hunger leiden, erregt eine solche Empfehlung vielleicht den Verdacht selbstsüchtiger Gleichgültigkeit. Am Ende aber ist keine Ermächtigung so effektiv wie die Selbstermächtigung.

Manches in diesem Buch mag als ein Sammelsurium von Klischees anmuten, als jene Art von Lektionen, wie man sie normalerweise zu Hause und in der Schule lernt, wenn Eltern und Lehrer eine pädagogische Mission erfüllen wollen. Heute rümpfen wir die Nase über solche Wahrheiten und tun sie als Platitüden ab. Doch warum sollte Weisheit obsolet sein? Natürlich leben wir in einem Dessert-Zeitalter: Alles soll süß sein. Zu viele von uns arbeiten, um zu leben, und leben, um glücklich zu sein. Daran ist nichts auszusetzen. Nur fördert es nicht unbedingt eine hohe Produktivität. Wenn man allerdings eine hohe Produktivität will, dann sollte man leben, um zu arbeiten, und das Glück als einen Nebeneffekt nehmen.

Das ist nicht leicht. Menschen, die leben, um zu arbeiten, sind eine kleine und glückliche Elite. Eine Elite indes, die Neulingen offensteht, die sich selbst rekrutiert, Menschen aufnimmt, die eines gemeinsam haben: die Betonung des Positiven. Diese Welt gehört den Optimisten, nicht weil sie immer recht haben, sondern weil sie positiv eingestellt sind. Selbst wenn sie irren, denken sie positiv. Deshalb erreichen sie etwas, korrigieren Fehler, kommen weiter und haben Erfolg. Kultivierter, wacher Optimismus zahlt sich aus. Pessimismus bringt nur den leeren Trost, recht zu haben.

Die eine Lehre, die wir daraus ziehen, ist die Notwendigkeit ständigen Erprobens. Keine Wunder. Kein Perfektionismus. Keine Endzeit. Wir müssen einen skeptischen Glauben entwickeln, das Dogma meiden, gut zuhören und beobachten, versuchen, Ziele klarzustellen und zu bestimmen. Nur so können wir die richtigen Mittel wählen.

> »Leben und Tod lege ich dir vor, Segen und Fluch. Wähle also das Leben …«
>
> Deuteronomium 30,1

Anhang

Anmerkungen

Einleitung

1 »Illogic of Neo-Marxian Doctrine«, S. 107.
2 Siehe Wilson, *Die Rothschild Dynastie*, S. 133.
3 Abgesehen von ein paar kleinen Modifikationen stütze ich mich hier auf beherzte Schätzungen von Paul Bairoch, »Ecarts internationaux des niveaux de vie avant la Révolution industrielle«, *Annales: économies, sociétés, civilisations*, 34,1 (Januar-Februar 1979), S. 145–171. Was die Kalkulation des preisbereinigten realen Sozialprodukts betrifft, so wird im *Human Development Report 1996* die Spannweite im Bruttoinlandsprodukt mit 80:1 angegeben. Ram, »Tropics and Human Development«, S. 1.

1
Die Ungleichheiten der Natur

1 Eines muß man der Französischen Schule lassen: Ihre Vertreter krankten nicht an Selbstzweifeln. So schrieb etwa Edmond Demolins um die Jahrhundertwende: »Würde die Geschichte der Menschheit noch einmal von vorne beginnen und die Erdoberfläche wäre die gleiche, alles würde sich im großen und ganzen wiederholen.« *Comment la route crée le type social* (Paris, o.J.), Bd. I, IX. Eine skeptische Betrachtung dieses europäischen Interesses an der Geographie – die als Einübung in den Kolonialismus verunglimpft wird – findet sich bei Blaut, *The Colonizer's Model*, S. 45, Anm. 3.
2 Siehe Andrew Kamarck, *The Tropics and Economic Development*.
3 Vgl. Arnold Guyot, *The Earth and Man* (1849; Neudruck 1897), S. 251. Außerdem Livingstone, »The Moral Discourse of Climate«, S. 414.
4 Zu diesem Vorgang siehe Smith, »Academic War«, S. 155, S. 162; desgleichen S. B. Cohen, »Reflections on the Elimination of Geography«, S. 148.
5 Von daher gesehen ist es leichter und ohne Zweifel auch praktischer (allerdings nicht für das, was ich hier zu tun versuche), sich bei Diskussionen über die Landwirtschaft in Afrika auf die Frage zu beschränken, was unter den gegebenen Umständen machbar ist und was nicht. Vgl. R. P. Moss, »Environmental Constraints«. Eine mehr oder minder egalitäre Sicht von der Geographie (ist besser dran als der andere, weil das nicht sein darf) findet man in Blaut, *The Colonizer's Model*.
6 David Smith, »Climate, Agriculture, History: An Introduction«, S. 1f. Smith hat auch recht, wenn er uns versichert, daß Forschungen in diesem Fach vom Wissenschaftler die Bereitschaft verlangen, »viel Hohn und Ablehnung von Kollegenseite zu ertragen«.
7 »Conditions for Economic Change in Underdeveloped Countries«, *Journal of Farm Economics*, 33 (November 1951), S. 693. Zitiert in Andrew Kamarcks wertvollem und zu Unrecht vernachlässigtem Buch *The Tropics and Economic Development*, S. 4.
8 »How Poor Are the Poor Countries?«, in: Seers und Joy (Hrsg.), *Development in a Divided World*, S. 78. Vgl. die Abnahme im Einkommen, in der Lebenserwartung

usw., deren Korrelation zur Entfernung vom Äquator Rati Ram für »höchst signifikant und quantitativ erheblich« erklärt. »Tropics and Economic Development«, S. 10.

9 L. Don Lambert, »The Role of Climate«, S. 339 und Anm. 1, vergleicht den Ökonomen, der sich dieser Borniertheit schuldig macht, mit einem Arzt, der sich nur für gesunde Menschen interessiert und die Kranken in der Weise behandelt, daß er ihnen das »bekömmliche Leben« der Gesunden anempfiehlt. Wichtig sei, schreibt er, »daß nicht nur danach gefragt wird, was Fortschritt bewirkt, sondern auch, was den Stillstand verursacht«.

10 Aufs Ganze gesehen. Es fällt leichter, sich warm zu halten, wenn man über die entsprechenden Vorrichtungen verfügt – passende Kleidung und Behausung. Faujas de Saint Fond, ein französischer Reisender des ausgehenden achtzehnten Jahrhunderts, merkt an, die französischen Bauern blieben im Winter oft im Bett und verschärften durch den erzwungenen Müßiggang noch ihre Armut, wohingegen es die englischen Landwirte dank des Brennstoffs Kohle warm und gemütlich hätten.

11 Vgl. Adam Smith, *Der Wohlstand der Nationen*, 4. Buch, Kap. 7, Teil 2, S. 495: »In allen europäischen Kolonien wird der Zuckerrohranbau mit Hilfe von Negersklaven betrieben, da man der Ansicht ist, die körperliche Konstitution der im gemäßigten Klima Europas geborenen Menschen könne die Schwerarbeit des Anbaus unter der brennenden Sonne Westindiens nicht ertragen…«

12 Nicht jeder dürfte dem zustimmen. Vgl. Blaut, *The Colonizer's Model*, S. 70; dort wird erklärt, es sei »durch viele Belege, einschließlich physiologischer Untersuchungen«, erwiesen, »daß die Körper von Menschen jeder Art in den Tropen so effektiv arbeiten können wie anderswo, vorausgesetzt, man läßt den betreffenden Körpern Zeit, sich an die tropischen Bedingungen zu gewöhnen«. Blaut lehnt aus ideologischen Gründen die Vorstellung ab, daß die Gaben der Natur ungleich verteilt sein könnten.

13 »The Deadly Hitch-Hikers«, *The Economist*, 31. Oktober 1992, S. 87.

14 Elvin, *The Pattern of Chinese Past*, S. 186, erwähnt einen chinesischen Text aus dem Jahre 1264, in dem Schistosomiasis und andere durch Würmer übertragene Krankheiten beschrieben werden. Zit. in: Jones, *Das Wunder Europa*, S. 7.

15 *The Economist*, 27. Juli 1991, S. 74f. Vgl. Giblin, »Trypanosomiasis Control«.

16 Etliche Wissenschaftler dürften mit dieser Abfolge nicht einverstanden sein. Sie sehen im Sklavenhandel kein einheimisches Produkt, sondern ein durch den europäischen Bedarf an Arbeitskräften importiertes Phänomen. Dieser Handel »ließ die Trypanosomiasis aus einer endemischen Krankheit, gegen die Menschen und Vieh eine gewisse Immunität entwickelt hatten und gegen deren Gefahren die relativ geschlossene Besiedlung der Gebiete Schutz bot, zu einer verheerenden Seuche werden, die seit Ende des letzten Jahrhunderts tatsächlich in einigen Regionen Afrikas die Entwicklung der Viehzucht verhindert hat.« Blaut, *The Colonizer's Model*, S. 79f., wobei die Berufung auf Giblin, »Trypanosomiasis Control«, irreführend ist. (Giblin ist nicht mit den Auswirkungen des atlantischen Sklavenhandels seit dem sechzehnten Jahrhundert, sondern mit den Folgen der kolonialen Verwaltung seit den neunziger Jahren des letzten Jahrhunderts [S. 73f.] befaßt, was eine völlig andere Geschichte ist.) Selbst mit Blick auf diesen späteren Zeitraum streiten sich die Gelehrten. Vgl. Waller, »Tsetse Fly«, S. 100. Man beachte im übrigen die zahlreichen Zeugnisse, die belegen, daß lange vor der Ankunft der Europäer Sklaverei in Afrika existierte und daß die Araber einen regen Menschenhandel betrieben und Sklaven für die muslimischen Regionen rekrutierten. Gordon, *Slavery*, S. 105–127. Andererseits steht fest, daß, unabhängig von den Ursprüngen und Auswirkungen dieser frühen Formen von Sklaverei, der atlantische Sklavenhandel die Situation verschärfte. Vgl. Law, »Dahomey and the Slave Trade«, sowie Lovejoy, »Impact«. Sogar in diesem Punkt aber widerspricht Eltis, *Economic Growth*, S. 77.

17 Krankheitsdaten aus dem Militärhospital in Bône. Curtin, *Death by Migration*, S. 65f.

18 Diese Zahlen stammen von der Weltbank, *Weltentwicklungsbericht 1994*, Tabelle 1, S. 200f.

19 Weltbank, *Weltentwicklungsbericht 1991*, Tabelle 28, S. 300f., und *1994*, Tabelle 27, S. 252f. Richard Easterlin bezeichnet diese Fortschritte als »Sterblichkeitsrevolution« – sie ist noch im vollen Gange.

20 Der Preis bleibt trotz moderner Laboratoriumstechniken und Sicherheitsvorkehrungen hoch. Über den Kampf gegen tödliche, neuentdeckte Viren, die zumeist tropischer Herkunft sind, siehe Altman, »Researcher's Infection«.

21 Sattaur, »WHO to Speed Up Work on Drugs for Tropical Diseases«, S. 17. Auch hier gibt es wieder abweichende Ansichten. Blaut, *The Colonizer's Model*, behauptet, bis in die jüngste Vergangenheit seien die Klimazonen »mittlerer Breite« (er zieht es vor, nicht von »gemäßigten« Zonen zu reden) genauso stark von Krankheiten heimgesucht gewesen wie die tropischen; außerdem entwickelten die Bewohner der Tropen eine entsprechende Immunität gegen Krankheitserreger und Parasiten. »Bleibt da«, bei ansonsten gleichen Bedingungen, »noch etwas übrig, was sich als ›naturgegebene [wesensbedingte?] Ungesundheit der Tropen‹ bezeichnen läßt? Wahrscheinlich lautet die Antwort nein.«

22 *New York Times*, 16. Februar 1997, S. 1.

23 Zum Konflikt zwischen westlicher, wissenschaftlicher Medizin und einheimischer Heilkunst siehe Verma, »Western Medicine«, der meint, die Europäer hätten ihre Kenntnisse für sich behalten. Die Menschen aus dem Westen seien mit ihren Methoden und gedruckten Büchern gekommen; die einheimischen Heilkundigen hätten keine Bücher, nur praktische Erfahrung und geheime Rezepte. Die Menschen aus dem Westen hätten Unterstützung gebraucht, besonders bei Massenprozeduren wie etwa Impfaktionen. Sie hätten allerdings die Einheimischen weniger gut unterrichtet als ihre eigenen Landsleute, denn gleiche Erziehung für alle hätte ihre Macht untergraben (S. 134).

24 Vgl. Gwyn Prins, von dem wir erfahren: »*Hygaea* galt vielen Afrikanern als Kolonialistenmetze.« »But What Was the Disease?«, S. 164. Dieser Artikel ist von einem zerrissenen, zornigen Menschen geschrieben, der einen wachen Sinn für die Versäumnisse und Missetaten der kolonialen Medizin beweist und mit traditionellen Heilbehandlungen sympathisiert, ohne leichtgläubig zu sein. Der Autor fühlt sich hin- und hergerissen zwischen der Wissenschaft und einer anderen Art von »Wissen«: »Warum sollten wir Erklärungen, nur weil sie in einer Vielzahl von Fällen anwendbar sind, universale Geltung zuerkennen?« (S. 178) Sind denn aber Afrikaner biologisch verschiedene Wesen?

25 Siehe Paul Harrison, »The Curse of the Tropics«, S. 602. Solche Schwankungen können entscheidend sein. Vgl. Sah, »Priorities«, S. 339f., wo es um das große britische Fiasko mit dem Erdnußanbau Ende der vierziger Jahre dieses Jahrhunderts geht, an dem unter anderem das Versäumnis schuld war, die Schwankungen bei den Niederschlägen in Rechnung zu stellen (der Fall wird unten, Kap. 28, erörtert).

26 Wade, »Sahelian Drought«, S. 234–237.

27 Kamarck, *The Tropics and Economic Development*, S. 16.

28 Diese Passage stützt sich auf Raaj Sah, »Priorities of Developing Countries«, S. 337.

29 Bandyopadhyaya, *Climate and World Order*, S. VI.

2
Antworten auf die Geographie: Europa und China

1 Tortella, »Patterns of Economic Retardation and Recovery in South-Western Europe«.

2 »Speech on Mr. Fox's East India Bill«, 1. Dezember 1783.

3 Um die entscheidende Bedeutung dieses Sieges herauszustreichen, bemerkte Gibbon, der große Historiker und Verfasser von *Verfall und Untergang des Römischen Reiches*, wir würden heute den Koran lesen, und alle männlichen Kinder würden bei uns beschnitten, hätten die Araber damals gewonnen.

4 Eric Jones, *Das Wunder Europa*, S. 7f.: »Durch die Einleitung von Fäkalien in Gewässer wurde China zum Weltreservoir von Lungen-, Leber- und Darmsaugwürmern, im speziellen der Art *Schistosoma japonica*, die alle schwere chronische Krankheiten versursachen. Menschliche Exkremente wurden als Dünger verwendet, und durch den Boden übertragene Wurmkrankheiten waren ein Berufsrisiko für den Bauern. Han Suyin zufolge waren zu Beginn des zwanzigsten Jahrhunderts in Peking neun von zehn Kindern von Würmern befallen, und überall, auf Fußwegen und entlang Gebäuden, konnte man Würmer sehen.... Abgesehen von antisozialen Gebräuchen war dies eine negative Folge davon, daß eine dichte Bevölkerung in einem warmen Klima mit unzulänglichen Düngerquellen Bewässerungslandbau trieb.« Indien, wo die unhygienische Angewohnheit herrschte, an öffentlichen Orten den Darm zu entleeren, häufig in Ströme und Flüsse, deren Wasser gleichzeitig zum Waschen und Trinken benutzt wurde, dürfte sich in einem noch übleren Zustand befunden haben.

5 Charlene L. Fu, »China Paper Details Risk of Hepatitis in Transfusions«, *Boston Globe*, 30. Juni 1993, S. 2.

6 Jones, *Das Wunder Europa*, S. 19, zitiert hier Narain, *Indian Economic Life*, S. 332f. Aber Narains Daten stammen aus dem späten neunzehnten und beginnenden zwanzigsten Jahrhundert, als Europa beträchtliche Fortschritte gegenüber früheren Sterblichkeitsniveaus gemacht hatte. Die Unterschiede zwischen Europa und Asien dürften fünfhundert oder tausend Jahre zuvor geringer gewesen sein. Zu den Auswirkungen von Krankheit und schlechter Ernährung auf die wirtschaftliche Leistung siehe Alan Berg, »Malnutrition and National Development«, S. 126–129.

7 Allein der Jangtse lagert mehr Schlick ab als der Nil, der Amazonas und der Mississippi zusammengenommen; beim Huangho betragen die Ablagerungen dreimal soviel wie beim Jangtse. Link, »A Harvest«, S. 6.

8 Wegen ihrer Abhängigkeit von künstlichen Vorrichtungen waren solche Gesellschaften hochgradig verwundbar. Man hat zum Beispiel die These vertreten, daß die Zisternen und Wasserversorgungssysteme in Persien, die Timurs tatarische Horden im vierzehnten Jahrhundert zerstörten, nie repariert wurden und daß sich aus diesem Grund ein einst dichtbevölkertes, fruchtbares Land in eine Ödnis verwandelte. Die Königreiche und Völker dieser Gegend haben sich nie von dem Schlag erholt.

9 Oshima, *Economic Growth*, S. 21.

10 Tatsächlich stärkte dieses Muster maximaler Fortpflanzung die politische Macht, weil es diese sowohl mit Kanonenfutter als auch mit dem »Menschenmaterial« für die territoriale Expansion versorgte. In letzter Instanz erklärt sich daraus der Triumph der Chinesen über weniger fortpflanzungsfreudige Gesellschaften.

11 Jones, *Das Wunder Europa*, S. 5. Jones zitiert einen Apologeten, der behauptet, viele dieser Projekte hätten am Ende doch nicht eine so große Zahl Arbeitskräfte erfordert; sie hätten sich unter Umständen lange hingezogen, und an ihrer Fertigstellung hätten Generationen gearbeitet, die Arbeiter hätten vielleicht freiwillig und aus religiösen Motiven mitgewirkt (S. 11). Wer das glaubt, dem kann man alles erzählen: Diese Projekte arbeiteten normalerweise mit bewaffneten Aufse-

hern und gingen mit auffällig hohen Todesraten einher. Zu den Todesopfern, die der Bau des Großen Kanals und der Großen Mauer in China forderte – die Zahl geht in die Millionen –, siehe ebenda, S. 10.

12 Das stimmt nicht ganz: Auch die Europäer hatten ihre Formen von Despotie. Heutige Besucher der großen Basilika von Vézelay interessiert es vielleicht zu erfahren, daß sich die Leibeigenen, die für ihre Erbauung zwangsverpflichtet wurden, dreimal gegen die Kirchenbehörden erhoben. Auch die Tiere mußten Opfer bringen: Man denke an die Kathedrale von Laon, die auf einem Hügel steht und in deren Turm die Standbilder von vier Ochsen, die nach Norden, Süden, Osten und Westen schauen, an die Tiere erinnern, die beim Hochtransportieren der Steine aus der Ebene starben. Aber besser Ochsen als Menschen. Und die Standbilder sind ja so etwas wie eine Entschuldigung.

13 Lattimore, *Inner Asian Frontiers*, S. 23.

14 Leeming, *Changing Geography*, S. 11f. China besteht zu rund 65 Prozent aus Bergen, Hügeln und Hochebenen.

15 Zit. in: Elvin, *The Pattern of the Chinese Past*, S. 37.

16 Aus der Geschichte des Staates *Chin*, zit. bei: Elvin, *The Pattern of the Chinese Past*, S. 39.

17 Aus der Geschichte des Staates *Wei* (im sechsten Jahrhundert von Wei Shou kompiliert), zit. bei: Elvin, *The Pattern of the Chinese Past*, S. 45.

18 Löß ist ein lockerer Lehmboden, der aus Ton, Kalk und Sand besteht, bei guter Bewässerung fruchtbar ist und sich bestens für den Anbau von Getreide eignet. Es war nicht der fruchtbarste Boden in Reichweite, aber er war fruchtbar genug, und ihn zeichnete aus, daß er sich leicht bestellen ließ, weil er nicht von Hochwald bewachsen und ohne eiserne Werkzeuge urbar zu machen war.
In den westlichen Teilen Nordchinas reichen die primären Lößablagerungen bis zu 250 Meter tief. Die Erde ist feinkrumig und entsprechend leicht zu pflügen – siehe Bray, »Swords into Plowshares«, S. 23. Wie entscheidend wichtig in den frühen Stadien des Ackerbaus die leichte Bestellbarkeit des Bodens ist und wie sehr dies Vorrang vor seiner eventuellen Fruchtbarkeit hat, zeigt die oben angeführte europäische Erfahrung. Zu China siehe Lattimore, *Inner Asian Frontiers*, S. 29f. Unter Punkt 8 zitiert er Wittfogel mit der These, daß die ägyptische Landwirtschaft nicht im Nildelta, sondern stromaufwärts in der Gegend des späteren Memphis begonnen habe. Ebenso argumentiert der Agrarethnologe und Archäologe Carl Sauer, der hervorhebt, wie wichtig ein Boden war, der »sich mit wenigen und schwachen Werkzeugen bewältigen ließ«, und der zu dem Schluß gelangt, daß die amerikanischen Ureinwohner zuerst kargere, aber leichter zu bearbeitende Böden bestellten.

19 Unregelmäßige Niederschläge stromaufwärts hatten große Schwankungen der Wassermenge zur Folge, und der Aufbau von großen alluvialen Ablagerungen an der östlichen Biegung sorgte dafür, daß der Huangho ständig den Lauf wechselte, während er sich in die Große Ebene ergoß. Daher sein Spitzname »Chinas Kummer«.

20 Jones, *Das Wunder Europa*.

21 Einfallsreichtum und Arbeitsfleiß können die Produktion der Bauernhöfe immer noch steigern, wenn schon nicht beim Reis und bei anderen Getreidesorten, so doch bei zusätzlichen landwirtschaftlichen Erzeugnissen. Siehe Emily M. Berstein, »Ecologists Improve Production in Chinese Farming Village«, *New York Times*, 10. August 1993, S. C4, wo es um die Steigerung der Erträge bei der Fischzucht und um den sparsamen Umgang mit Dünger geht.

22 Chang, »Agricultural Potential«, S. 338. Demgegenüber wird von Debeir u.a., *Prometheus auf der Titanic*, S. 89f., behauptet, ungeschälter Reis sei Weizen und Mais »aufgrund seiner hochwertigen Proteine und seines reichen Gehalts an essentiellen Aminosäuren« überlegen.

23 Wittfogel, *Die orientalische Despotie. Eine vergleichende Untersuchung totalitärer Macht*.

24 So etwa Chi Ch'ao-ting, *Key Economic Areas in Chinese History*, wo eine Geschichte vom Zusammenhang zwischen Nahrung und Politik erzählt wird: Wer die großen Getreidespeicher kontrollierte, hielt den Schlüssel zur Herrschaft in der Hand.

25 March, *The Idea of China*, S. 94f.

26 Vgl. Stevens, »The High Risks of Denying Rivers Their Flood Plains«.

27 Debeir u.a., *Prometheus auf der Titanic*, S. 92.

3
Die europäische Ausnahmestellung: Ein anderer Weg

1 Das gleiche Thema, wenn auch nicht die gleiche historische Situation behandelt der Film *Die glorreichen Sieben*. Ähnliche Umstände führen zu ähnlichen Vorgehensweisen.

2 Vgl. Kautsky, *Politics of Aristocratic Empires*; Richard Landes, »While God Tarried« (in Vorbereitung).

3 Burke, *Tract on the Poperty Laws*.

4 Michael Cook, »Islam: A Comment«, in: Baechler u.a. (Hrsg.), *Europe and the Rise of Capitalism*, S. 134.

5 »Für den Erwerb wertvoller und großer Vermögen ist es daher unbedingt erforderlich, daß eine solche Verwaltung [=Zivilbehörde] eingerichtet ist. Wo es jedoch kein Privateigentum gibt oder wenigstens keines, das den Erlös aus einer Arbeit von wenigen Tagen übersteigt, ist eine zivile Behörde nicht so nötig.« Adam Smith, *Der Wohlstand der Nationen*, 5. Buch, Kap. 1, Teil 2, S. 601. Smith dachte hier an den Schutz des Privateigentums, aber seine Überlegungen treffen auch auf die Ausübung von Macht zu.

6 Diese zweifelhafte Geschichte gehörte so lange zum schulischen Anekdotenschatz (in unterschiedlichen Versionen, aber das gehört sich für Überlieferungern solcher Art), daß die Lehrer sich gar nicht mehr trauten, ihre Schüler zu fragen, wer die Vase von Soissons zerbrach; denn es fand sich immer ein Witzbold, der nichts davon gehört haben wollte. Vgl. Bonheur, *Qui a cassé*, S. 77.

7 Vgl. Crone, *Die vorindustrielle Gesellschaft*, S. 180f., wo hervorgehoben wird, daß es eine Vielzahl von barbarischen Kampfgruppen war, die das Westreich zu Fall brachten, und wo Gewicht auf die sich daraus ergebende Vielfalt politischer und, wie ich hinzufügen möchte, kultureller und sprachlicher Gruppierungen gelegt wird. Die einzige einheitliche Instanz war die Kirche mit ihrer mehr oder weniger gemeinsamen Sprache; Crone weist darauf hin, daß der Papst kein Interesse daran hatte, einem weltlichen Konkurrenten Vorschub zu leisten.

8 Diese religiöse Spaltung zwischen dem westlichen und dem östlichen Europa ist nur ein Aspekt der nach wie vor existierenden tiefen Kluft. Und die meisten Menschen in Osteuropa wissen, welcher Seite sie zugehören möchten. Daraus erklärt sich, daß der Begriff »Zentraleuropa« am Ende alles einschließt, was außerhalb der russischen Grenzen liegt. Und es erklärt auch, warum die Europäische Union und die NATO Pläne verfolgen, all die betreffenden Staaten zu integrieren.

9 Zit. in: Lévi, *Der Große Kaiser und seine Automaten*, S. 206f. Es handelt sich um einen Roman, der sich aber in hohem Maße und manchmal wortwörtlich auf Quellen aus der damaligen Zeit stützt.

10 Balazs, *La bureaucratie céleste*, S. 22f. Vgl. John Fairbank, der von »orientalischen« Gesellschaften spricht, »organisiert unter zentralisierten monolithischen Herrschaften, bei denen die Bürokratie in fast allen Bereichen des sozialen Lebens – im Bereich des Militärs, der Religion und der Wirtschaft – vorherrschend war, so daß private Unternehmungen ohne staatliche Sanktion blieben«. *The United States and China*, S. 47. Man beachte das Wort »orientalisch«, über das damals noch niemand die Stirn runzelte.

11 Zur Bedeutung von Recht und Gesetz für die politische Herrschaft im Mittelalter siehe Crone, *Die vorindustrielle Gesellschaft*, S. 176ff., wo der Beitrag der Rechtssphäre zu den königlichen Einkünften akzentuiert wird. Umgekehrt folgt daraus aber auch, daß sich ans Gesetz halten muß, wem das Gesetz den Unterhalt sichert.

12 Zit. in: Edmonds, *Northern Frontiers*, S. 55.

13 Manche haben das bestritten, wie zum Beispiel Rowe, *Hankow Commerce and Society in a Chinese City*, und Perdue, *Exhausting the Earth*, S. 263, Anm. 6. Was hier aber nicht gesehen wird, sind die expliziten Momente von politischer Unabhängigkeit und privilegiertem Status, die sich bei europäischen Kommunen finden.

14 Robert Lopez, zit. bei: Pounds, *Economic History*, S. 104.

15 Zur Verbindung zwischen bäuerlichen Privilegien und Projekten zur Landgewinnung und Erweiterung der Anbauflächen, die sich bis zurück ins elfte Jahrhundert verfolgen läßt, siehe den wichtigen Beitrag von Bryce Lyon, »Medieval Real Estate Developments and Freedom«, *American Historical Review*, 63 (1957), S. 47–61.

16 Vgl. Bartlett, *Die Geburt Europas aus dem Geist der Gewalt. Eroberung, Kolonisierung und kultureller Wandel von 950 bis 1350.*

17 »In keiner Weise von kaiserlicher Herrschaft gelähmt, bezog Europa seine Antriebskraft aus dem ständigen Wettbewerb zwischen einzelnen Bestandteilen.« Betont wird das Paradox, daß der Verlust des imperialen Paradieses Europas Rettung war: »Hier verzagte Europa: Hätte es Erfolg gehabt, wäre es eine vorindustrielle Gesellschaft *geblieben*.« Crone, *Die vorindustrielle Gesellschaft*, S. 180f., S. 192.

18 Bereits in spätrömischen Zeiten kämpften germanische Stämme als Alliierte der kaiserlichen Truppen bei der Abwehr späterer Eindringlinge: So unterstützten zum Beispiel die salischen Franken, die Westgoten und andere bei der sogenannten Schlacht von Chalons im Jahre 451 den römischen Feldherrn Aethius gegen Attilas Hunnen. Attila und seine Hunnen sind in der europäischen Überlieferung zum Inbegriff der Barbarei und der Grausamkeit geworden. Die heutigen Türken sehen das allerdings anders: Attila ist bei ihnen ein beliebter Name.

19 Als sie zum zweitenmal vor Wien erschienen, im Jahre 1683, sahen sich die Türken nicht nur den Deutschen, sondern auch den Polen unter Johann III. Sobieski gegenüber. Die Europäer vermochten zu kooperieren, wenn sie sich mit einem gemeinsamen Feind konfrontiert glaubten. Daß dies ein letztes Aufbäumen der Türken war, beweist der anschließende überstürzte osmanische Rückzug. In nur sechzehn Jahren räumten sie Ungarn und zogen sich nach Bosnien und Serbien zurück, womit sie den Mittellauf der Donau für die christliche Besiedlung freigaben (Friede von Karlowitz).

20 Hippokrates, *Über Luft, Wasser und Ortsverhältnisse*, zit. in: March, *Idea of China*, S. 29. Für March ist allein schon der Begriff Asien ein Mythos – ein gegnerisches »die da«, das Europa erlaubt, sich negativ durch das zu bestimmen, was es nicht ist oder nicht sein will. Darin schlagen sich seiner Ansicht nach ideologische und klassenspezifische Interessen nieder: »Unser heutiges ›Asien‹ verdankt sich nicht seinem Erkenntniswert, sondern dem Interesse jener gesellschaftlichen Schichten, die das Idealbild der westlichen Zivilisation aufrechterhalten und die aus seinen geheiligten Mythen des Individualismus, des Privateigentums und der aggressiven Verteidigung der Freiheit Nutzen ziehen.« (S. 35) All das spricht nicht notwendig gegen den Wahrheitsgehalt der Entgegensetzung.

21 Zur »Gottesfrieden«-Bewegung des späten zehnten und beginnenden elften Jahrhunderts, die sich in massenhaften öffentlichen Zusammenkünften von Geistlichkeit, Adel und Volk Ausdruck verschaffte und zu einer Reihe von Sozialpakten führte, siehe Head und Landes (Hrsg.), *The Peace of God: Social Violence and Religious Response.* Diese Pakte wurden nicht immer gehalten, aber entscheidend ist hier das Prinzip; und einmal mehr gilt, daß solche Phänomene einer vom

 Volk ausgehenden Initiative und solche Ausdrucksformen eines Volkswillens unverwechselbar europäisch waren.

4
Die Erfindung des Erfindens

1 Der entscheidende Text ist der bahnbrechende Artikel von Lynn White, Jr., »Technology and Invention in the Middle Ages«, *Speculum*, 15 (1940), S. 141–159.

2 Jean Gimpel, *The Medieval Machine*, S. 14. Vgl. White, *Medieval Religion and Technology*, S. 226f. White weist auch darauf hin, daß Papier aus muslimischen Gebieten (handgeschöpftes Papier) niemals Wasserzeichen aufweist, wohingegen bei italienischem Papier solche Warenzeichen bereits aus den achtziger Jahren des dreizehnten Jahrhunderts bekannt sind – Beweis für kommerziellen Unternehmergeist.

3 Zu diesen gläsernen Sehhilfen, die den Augengläsern vorausgehen, siehe die Arbeit von Zecchin, *Vetro et vetrai di Murano* (Venedig 1989), zit. bei: Ilardi, »Renaissance Florence«, S. 510.

4 Diese Äußerungen sind einer Predigt entnommen, die der Dominikanermönch Fra Giordano von Pisa im Jahre 1306 in der Kirche Santa Maria Novella in Florenz hielt. Zit. in: White, »Cultural Climates«, S. 174; 1978 auch im Reprint erschienen, S. 221. White zitiert das italienische Original. Ich habe in der Übersetzung kleine stilistische Änderungen vorgenommen. Siehe auch Rosen, »Invention of Eyeglasses«, und Ilardi, *Occhiali* und »Renaissance Florence«.

5 Moses Abramovitz vertritt die These, eine längere Lebenserwartung sei ein Anreiz, in menschliches Kapital zu investieren, und erhöhe die Bereitschaft der Menschen, Ort und Beruf zu wechseln. Wieviel mehr ist das der Fall, wenn es sich bei den Extrajahren sogar um die besten der Lebenszeit handelt! »Manpower, Capital, and Technology«, S. 55.

6 »Die Uhr dient nicht bloß dazu, mit der Zeit Schritt zu halten, sondern auch, die Handlungen von Menschen aufeinander abzustimmen. Die Uhr, nicht die Dampfmaschine ist die Urmaschine des modernen Industriezeitalters. ... Gleich zu Beginn der neuzeitlichen Technik erschien vielsagenderweise der exakte Automat... Durch ihren Zusammenhang mit bestimmbaren Energiequanten, mit Normierung, mit automatischen Abläufen und schließlich durch ihr eigenes Produkt, die exakte Zeitmessung, hat sich die Uhr als die Protomaschine der modernen Technik erwiesen; in jeder Periode hat sie eine Führungsrolle behauptet; sie verkörpert eine Perfektion, der andere Maschinen nachstreben.« Mumford, *Technics and Civilization*, S. 14f.

7 Die englische und deutsche Version des Liedes (und vielleicht auch andere) verändern den Sinn, indem sie Bruder Jakob vorwerfen, das Läuten der Glocke nicht zu hören. Tatsache ist aber, daß die Glocke gar nicht läutet.

8 Zit. in: Lewis, *Die Welt der Ungläubigen*, S. 241.

9 Sivin, »Science and Medicine«, S. 165, behauptet, der Druck mit beweglichen Typen sei erst im zwanzigsten Jahrhundert an die Stelle des alten Verfahrens getreten.

10 Vgl. Hall, *Powers and Liberties*, S. 49.

11 Elvin, *Pattern of the Chinese Past*, S. 180.

12 Needham, »The Guns of Khaifeng-fu«, S. 40.

13 Die Chinesen hatten allem Anschein nach mehr Furcht vor Aufständischen im Innern als vor äußeren Eindringlingen. Modernere Ausrüstungen konnten bei Aufständen in die falschen Hände gelangen, wobei diese falschen Hände unter Umständen die von Generälen der eigenen Armee waren. Vgl. Hall, *Powers and Liberties*, S. 46f.

14 Levathes, *When China Ruled the Seas*, S. 102.

15 Dazu ist anzumerken, daß bereits im sechzehnten Jahrhundert siegreiche Armeen anfingen, Anspruch auf alle oder jedenfalls die besten Glocken in einem eroberten Ort und in seiner Umgebung zu erheben: Man sprach vom »Glockenrecht«. Cipolla, *Guns, Sails, and Empires*, S. 30, Anm. 1.

16 Aus Gründen, denen im Rahmen der Ideengeschichte und des aufkommenden folkloristischen Interesses nachzugehen sich lohnte, hat sich eine Reihe von Wissenschaftlern in neuerer Zeit für die Ansicht stark gemacht, die europäische Technik habe die asiatische erst im späten achtzehnten Jahrhundert eingeholt. Die aktivste Quelle hierfür ist derzeit die *H-World-Site* im Internet – ein magischer Anziehungspunkt für Irrtümer und Spinnereien.

17 Im Jahre 885 mußten alle Kopisten in Bagdad einen Schwur ablegen, daß sie keine philosophischen Bücher kopieren würden. Zum Konflikt zwischen muslimischer Wissenschaft und islamischer Lehre siehe Hoodbhoy, *Islam and Science*, besonders Kap. 9 und Kap. 10.

18 Ibn Chaldun, *The Muqqadima: An Introduction to History* (London 1978), S. 373, zit. in: Hoodbhoy, *Islam and Science*, S. 103f. Einen ähnlich kompletten Zynismus und Fanatismus kann man auch in christlichen Annalen finden: Als das französische »Kreuzfahrerheer«, das gegen die katharischen Häretiker ausgeschickt wurde, Béziers erstürmte und die Erlaubnis (den Befehl) erhielt, die Einwohnerschaft ermorden zu lassen, wurde der Anführer gefragt, wie man die guten Christen von den Ketzern unterscheiden könne, woraufhin dieser antwortete: »Gott wird die Seinen erkennen.«

19 White, *Medieval Religion and Technology*, S. 227.

20 Elvin, *Pattern of the Chinese Past*, S. 297f.

21 Ebenda, S. 85. Elvin gibt die Menge mit »zwischen 35 000 bis 40 000 und 125 000 Tonnen« an, erklärt aber, er neige zur höheren Schätzung. Er beruft sich hier auf Yoshida Mitsukuni, einen japanischen Fachmann, der 1967 dazu etwas veröffentlichte. Eine spätere Arbeit von Robert Hartwell, »Markets, Technology, and the Structure of Enterprise«, S. 34, entscheidet sich ebenfalls für die höhere Zahl. In Hall, *Powers and Liberties*, S. 46, werden daraus »mindestens 125 000 Tonnen«. So ist das mit historischen Zahlen – sie werden immer größer.

22 Elvin, *Pattern of the Chinese Past*, S. 297f.

23 Vgl. Goldstone, »Gender, Work, and Culture«.

24 Balazs, *La bureaucratie céleste*, S. 22f.

25 Zit. in: White, *Medieval Religion and Technology*, S. 245f.

5
Die große Erschließung der Welt

1 Schama, »They All Laughed«, S. 30, berichtet, daß sogar schon 1892 Gruppen gegen die Feierlichkeiten protestierten und sie um ein Jahr verzögerten.

2 Vgl. »The Invasion of the Nina, the Pinta, and the Santa Maria«, *New York Times*, 2. Juni 1991, sowie die empörte Gegendarstellung durch Teresa de Balmaseda Milam, ebenda, 4. Juli 1991.

3 James Barron, »He's the Explorer/Exploiter You Just Have to Love/Hate«, *New York Times*, 12. Oktober 1992, S. B7. Siehe auch Sam Dillon, »Schools Grow Harsher in Scrutiny of Columbus«, ebenda, S. A1. Obwohl heute »Ureinwohner Amerikas« der akzeptierte und auch akzeptable Name für die Menschen ist, die von den ursprünglichen (ersten) Bewohnern der westlichen Hemisphäre abstammen, haben manche eingewandt, »Amerika« sei eine europäische und also unangemessene Bezeichnung. Man müsse deshalb von »Einheimischen« sprechen. Aber was ist mit all den anderen Menschen, die in der Hemisphäre zur Welt

gekommen sind? Handelt es sich bei ihnen um keine Einheimischen? Offenbar sind einige einheimischer als die anderen.

4 Siehe Joel Sable, »Mexico Hails Aztecs with Multiple Issues«, *Boston Globe*, 3. April 1994, S. B34.

5 Vgl. Schama, »They All Laughed«; der hervorragend illustrierte Katalog: Levenson (Hrsg.), *Circa 1492: Art in the Age of Exploration.*

6 Jean Ziegler, *Der Sieg der Besiegten*, S. 72, zitiert aus einem russischen Roman der sechziger Jahre unseres Jahrhunderts, *Ajvanhu* von Juryi Rytchën (die polnische Übersetzung erschien 1966), in dem der sibirische Held sich beschwert: »Ich habe niemals verstanden, wie man ein Land, das von Menschen bewohnt wird, entdecken kann. ... Das ist so, als ob ich nach Jakutsk ginge und verkündete, ich hätte diese Stadt entdeckt. Damit würde ich den Jakuten aber Kummer bereiten.« (Nebenbei gesagt, ist das eine Übersetzung um drei Ecken – vom Russischen übers Polnische und Französische ins Deutsche. Dennoch glaube ich nicht, daß es das Original verfälscht.)

7 Vitorino Magalhaes Godinho nennt diese These von der Nichtentdeckung zu Recht absurd und bezeichnet sie als »infantile Falle«. »Rôle du Portugal«, S. 58.

8 Zu diesen Fragen siehe King, *Art of Mathematics*, S. 41–46.

9 Ausgenommen von dem Ernüchterungsprozeß blieb nur die fortbestehende Genugtuung darüber, daß einer Welt mit heidnischer Religion, Menschenopfern und Kannibalismus das Christentum gebracht wurde. Es liegt mir fern, die älteren Religionspraktiken verteidigen zu wollen. Dennoch darf der Historiker nicht darüber hinwegsehen, daß die Empfänger des christlichen »Heils« einen hohen Preis dafür zahlten und unter Umständen geneigt sind, den Austausch anders zu bewerten.

10 Manche werden behaupten, das alles sei offensichtlich unwahr. Die Weltbevölkerung setze sich aus einer Vielzahl von Nationen unterschiedlicher Größe und Stärke zusammen, ohne daß die Starken die Schwachen immer beherschten oder ausbeuteten. Das stimmt zwar, aber diese Zurückhaltung verdankt sich zum großen Teil dem Gleichgewicht der Kräfte. Nationen schließen sich notfalls zusammen, um zu verhindern, daß andere die Oberhand über sie erringen; daher kann es dann ein Gebot der Klugheit sein, sich zurückzuhalten. Aber das ist kein sehr striktes Gebot, das Fehleinschätzungen nicht ausschließt. So brauchte Europa viele Jahrhunderte, um zu solch einem Kräftegleichgewicht zu gelangen; zweimal in unserem Jahrhundert wurde es in Frage gestellt, und die Folgen waren schrecklich. Der Golfkrieg, der noch nicht lange zurückliegt, war das Resultat solch einer Fehleinschätzung (die falschen Berichten entsprang); der Grund für die massive Reaktion des Westens war erstens die Bedeutung des Rohstoffes, um den es dabei ging (Erdöl), und zweitens die Überzeugung, daß es wichtig sei, das Prinzip der kollektiven Sicherheit, wie man das früher nannte, in seiner Geltung zu bekräftigen.

11 Als die Kreuzfahrer 1099 Jerusalem eroberten, plünderten, vergewaltigten und massakrierten sie, was das Zeug hielt; als hingegen Saladin im Jahre 1187 die Stadt für die Muslime zurückeroberte, verschonte er sie.

12 Ibn Chaldun, *Muqqadimah*, zit. in: Fernandez-Armesto, *Before Columbus*, S. 50.

13 Fernandez-Armesto, *Before Columbus*, S. 49.

14 Siehe die Diskussion ebenda, S. 12.

15 Ebenda, S. 12.

16 Zum ersten Mal scheinen die Portugiesen im Jahre 1419 die Madeiragruppe angelaufen zu haben. Laut Huygue, *Coureurs d'épices*, S. 119, geschah das zufällig.

17 Auf den Kanarischen Inseln trafen die Spanier Eingeborene an, die noch in der Steinzeit lebten. Diese Guanches, wie sie genannt wurden, leisteten nach einigen anfänglichen, unglücklich verlaufenen Bemühungen um ein friedliches Zusammenleben trotz der drastischen Unterlegenheit ihrer Waffen (Keulen gegen Stahlwaffen und Gewehre) erbitterten Widerstand und hielten die Eindringlinge

über ein Jahrhundert lang in Schach. Die Kanarischen Inseln wurden erst nach Kolumbus vollständig unterworfen.
Die Guanches stellten ein theologisches und spirituelles Problem dar. Handelte es sich bei ihnen um Menschen? Hatten sie eine Seele? Lebten sie nach dem Gesetz? Konnte man sie christianisieren? Der Hauptgrund für diese moralischen Kapriolen war das Interesse, die Unterwerfung und Versklavung der Inselbewohner zu rechtfertigen. Die Spanier hatten ein Bedürfnis nach der Legitimation ihres Tuns; sie wollten den Segen der Kirche für ihre Unternehmungen und bekamen auch stets das Gewünschte.

18 Bennassar und Bennassar, *1492*, S. 252.

19 Die neueste argentinische Praxis, die Kinder von »verschwundenen« politischen Gegnern, sogar Neugeborene, die im Gefängnis zur Welt kamen, den Gefängniswärtern oder gar den Polizisten, die ihre Eltern ermordet haben, zu übergeben und von diesen aufziehen zu lassen, hat eine lange Vorgeschichte. Vgl. den Fall der Schiffsladung »bekehrter« jüdischer Kinder, die um der Rettung ihrer Seelen willen bei der Judenvertreibung des Jahres 1497 ihren des Landes verwiesenen Eltern entrissen und auf die Kapverdischen Inseln verfrachtet wurden, weil sich freiwillige Siedler nicht fanden – Fernandez-Armesto, *Before Columbus*, S. 201. Weiße gingen in diese tropischen Gebiete, aber nur wenige kamen zurück.

20 Axtell, *After Columbus*, S. 168.

21 Bartolomé de Las Casas, *Kurzgefaßter Bericht von der Verwüstung der Westindischen Länder*, S. 11f.

22 Diese Berichte entstammen einem Brief, den eine Gruppe von Dominikanern 1516 an den Minister Karls I. (des späteren Karls V.) in Spanien sandte; zit. in: Todorov, *Die Eroberung Amerikas*, S. 168ff. Der Brief berichtet von zahlreichen Grausamkeiten, unter anderem von einer Mutter, die gerade ihr Kind stillte und zu ihrem Unglück einer Gruppe von Spaniern begegnete, deren Hund hungrig war. Eine Übertreibung? Wir verfügen über andere Quellen, die ähnliches berichten.

23 Über das Ausmaß dieses Holocaust streitet man sich. Die höchsten Schätzungen der Bevölkerungszahl auf den Karibischen Inseln zur Zeit von Kolumbus' Ankunft gehen in die Millionen, wobei allein auf Hispaniola (Haiti) mehr als eine Million gelebt haben sollen. Grundlage für diese Annahmen ist eine Zählung, die Bartolomäus Kolumbus (der Bruder des Admirals) im Jahre 1496 durchgeführt haben soll; auf sie beriefen sich spätere Berichte – Sauer, *The Early Spanish Main*, S. 65ff. Was für eine Art von Zählung dies war, läßt sich nicht sagen. Andererseits stellt Sauer auf S. 204 fest, die frühesten Angaben über Seuchenfälle und Krankheiten stammten von 1518, als die Eingeborenenbevölkerung von Hispaniola bereits auf ungefähr elftausend gesunken war. Wie waren dann die Fehlenden zu Tode gekommen? Durch brutale Behandlung, Mord, Zwangsarbeit an den Orten, wo nach Gold geschürft wurde, durch einen jähen Abfall der Geburtenrate? Dennoch bleibt es schwer begreiflich, wie selbst eine fleißige Kolonie von Sadisten, Metzgern und Kerkermeistern imstande gewesen sein sollte, in so kurzer Zeit so viele Menschen (nämlich über eine Million) umzubringen.

24 Das Folgende entstammt zum größten Teil der plastischen Darstellung von Fernandez-Armesto, *Before Columbus*, S. 143–147.

25 Bruckner, *Das Schluchzen des weißen Mannes*, S. 13, vermutet, daß Kolumbus nach der Lektüre von Pierre d'Aillys *Imago mundi* (geschrieben 1410, veröffentlicht 1480) überzeugt davon war, daß sich der Garten Eden in einem warmen Land irgendwo jenseits des Äquators befand. Nun war dieses neue Land zwar warm, aber jenseits des Äquators befand es sich nicht. Wirklich ausschlaggebend für Kolumbus waren indes meiner Ansicht nach die Nacktheit und Unschuld dieser schönen Menschen. Woher sollte d'Ailly denn auch wissen, auf welcher Seite des Äquators sich der Garten Eden befand?

26 Die vorangegangenen Zitate stammen aus: Bruckner, *Das Schluchzen des weißen Mannes*, S. 13f., der sie seinerseits einer französischen Übersetzung von Kolumbus' Aufzeichnungen entnimmt: Christophe Colomb, *La découverte de l'Amérique*, 2 Bde. (Maspero, Paris 1979).

27 Siehe den Artikel von Henley, »Spanish Stew«, S. 5, in dem Boucher, *Cannibal Encounters*, besprochen wird: »Boucher begutachtet den derzeitigen Diskussionsstand in der Fachwelt und kommt zu dem Schluß, daß die empirischen Belege für Kannibalismus dürftig sind. Wenn er überhaupt praktiziert wurde, dann nur in hochritualisierten Formen, zu denen bei bestimmten, seltenen Gelegenheiten der Verzehr des Fetts erschlagener Feinde gehört haben mag. Mit Sicherheit wäre nie jemand einfach in einem Kochtopf gekocht worden.«
Siehe auch Wright, »The Two Cultures«, S. 3, wo empfohlen wird, europäische Berichte über solche Praktiken mit Vorsicht zu genießen. »Die Anschuldigungen gegen die Azteken sind alles andere als bewiesen, und die Spanier waren ihren eigenen Berichten zufolge gegen einen gelegentlichen Ausrutscher in dieser Hinsicht nicht gefeit.« Wright bemerkt, daß während der Belagerung Mexikos viele Leichen herumlagen, während die Verteidiger Hungers starben. Aber das kann auch einfach nur bedeuten, daß der Kannibalismus rituelle Seiten hatte, die nicht zuließen, daß man von Menschen aß, nur weil sie tot waren. Vgl. das alttestamentarische Verbot, von Tierkadavern zu essen, wenn die Tiere nicht rituell geschlachtet worden waren, mochten sie auch koscher sein.

28 Maybury-Lewis, »Societies on the Brink«, S. 56.

29 Todorov, *Die Eroberung Amerikas*, S. 175f.

30 Stimmt das? Die britischen Siedler in Nordamerika waren fähig zu kaltblütigem Mord; aber wie stand es mit Folter und blutigen Quälereien? Und wenn gefragt wird, wie sich solche Dinge messen lassen, dann gibt es hier in meinen Augen einen wesentlichen verfahrenstechnischen Unterschied, nämlich den, daß ich als Indianer lieber von britischen als von spanischen Händen umgebracht worden wäre. Tot ist tot, aber immerhin wäre ich dann vielleicht rasch und einigermaßen unzerstückelt zu Tode gekommen.

31 Zur »schwarzen Legende« lohnt es sich, Stern, *Peru's Indian Peoples*, S. XLI-XLII, zu lesen. Stern, den ein dringendes Bedürfnis nach Ausgewogenheit beherrscht, spricht von den Untaten der Spanier, macht sodann aber den Apologeten Zugeständnisse, indem er von »Vereinfachung« »und antispanischen Vorurteilen« redet. Er weist außerdem auf »eine ebenso brutale Geschichte rassistischer Gewalt und Ausbeutung bei anderen europäischen Kolonialländern« hin. Sodann ein Wort der Kritik: Er beklagt, daß die Antilegendenthese »die Eroberung auf eine Geschichte von europäischen Bösewichten und einheimischen Helden reduziert«. Wie es mit den Indianern und ihren Reaktionen stehe, fragt er. Unter Ethnologen sei es nicht länger akzeptabel, Eingeborenenvölker als hilflose Opfer darzustellen; mit Sterns Worten waren sie nicht »bloße Objekte, denen übel mitgespielt wurde«. Einleuchtend genug – und wie steht es nun mit den Indianern Mittel- und Südamerikas? Wie wir weiter unten sehen werden, begingen sie ihre eigenen Grausamkeiten und praktizierten ihren eigenen Imperialismus. Imperialismus ist kein Monopol der europäischen oder westlichen Gesellschaften. Die lateinamerikanische Geschichtsschreibung in ihrer orthodoxen Form zieht es vor, diesen Teil der Geschichte mit Stillschweigen zu übergehen. Das Ganze ist ein moralisches Minenfeld. Die lateinamerikanischen Historiker sehen sich noch vor dem weiteren Dilemma, daß sie häufig von Opfern und Tätern gleichzeitig abstammen. Wem sollen unter diesen Umständen ihre Sympathien gelten?

6
Auf nach Osten!

1 Zur psychologischen und physikalischen Bedeutung von Kap Bojador siehe Randles, »La signification«.

2 Zit. in: Huyghe, *Coureurs d'épices*, S. 121.

3 Zu den speziellen navigatorischen Problemen im Südatlantik siehe Landes, »Finding the Point at Sea«, in: Andrewes (Hrsg.), *The Quest for Longitude*, und Seed, *Ceremonies of Possession*, Kap. 4: »A New Sky and New Stars«. Letztgenannte Arbeit behandelt hervorragend die wissenschaftlichen Grundlagen der portugiesischen Navigationstechnik und Eroberungstätigkeit.

4 Zacut war der Autor des *Almanach Perpetuum* (1478), dem man den Sonnenstand für jeden Tag und auf jedem Breitengrad entnehmen konnte. Dieses Werk, das für Astronomen bestimmt war, wurde von Zacuts Glaubensbruder Johann Vizinho in eine Tabelle zum Gebrauch auf hoher See umgewandelt. Jones, *Sail the Indian Sea*, S. 37f.

5 Diese entscheidende Überlegenheit, die die europäischen Waffen im Jahre 1500 erreicht hatten, macht zusammen mit dem sonstigen, bereits erörterten technischen Vorsprung Europas jenen Forschern schwer zu schaffen, die in der weltweiten europäischen Vorherrschaft einen glücklichen Zufall sehen wollen. Einer dieser Bilderstürmer verkündete: »Mein Buch über die Zeit von 1400 bis 1800 ›zeigt‹, daß Asien bis 1800 Europa um Längen voraus war und daß Europa mittels amerikanischen Geldes Asien einholte/überflügelte. Die ›Expansion‹ Europas und sein Fortschritt gegenüber/Vorsprung vor Asien seit 1500 ist ein eurozentrisches Märchen.« Andre Gunder Frank, University of Toronto, im Internet, H-World@msu.edu, 7. Juni 1996.

6 Die ersten Portugiesen, die nach Indien kamen, wurden durch den Bilderkult der Einheimischen zu der fälschlichen Annahme verführt, der Hinduismus sei eine exotische Form von Christentum.

7 Obiges entstammt dem wertvollen Beitrag von Godhino, »Rǒle du Portugal«, S. 81ff.

8 Einleitung in sein *Tratado im defensam da carta de marear*, zit. in: Seed, *Ceremonies of Possession*, S. 126.

9 Vgl. die hervorragende Erörterung in: Needham, »China, Europe, and the Seas Between«; der Artikel war ursprünglich ein Beitrag zum Kongreß für Maritime Geschichte, Beirut 1966, und findet sich in: Needham, *Clerks and Craftsmen*, S. 40–70, abgedruckt. Aber die umfassendste Behandlung dieser Reisen, eine ebenso detailreiche und faszinierende wie durch ihre Spannweite beeindruckende Darstellung, ist das jüngst erschienene Buch von Levathes, *When China Ruled the Seas*.

10 »Zur Zeit der Sung-Dynastie waren die Dschunken schon außerordentlich weit entwickelt. Sie wurden mit Eisennägeln gezimmert und mit Öl des T'ung-Baumes, einem hervorragenden natürlichen Konservierungsmittel, abgedichtet. Zu ihrer Ausstattung gehörten wasserdichte Schotte, Schwimmer, Bambusfender an der Wasserlinie, Schwimmanker, um sie bei Sturm stabil zu halten, Heckruder statt der Steuerruder, Ausleger und Seitenschwertvorrichtungen, Ruder für Flautenzeiten, Schöpfer, um Proben vom Meeresgrund hochzuholen, Lotleinen, um die Wassertiefe zu messen, Navigationskompasse und kleine Raketen zur Selbstverteidigung, die mit Schießpulver abgeschossen wurden.« Elvin, *Pattern of the Chinese Past*, S. 137. Diese Tradition wurde unter der Mongolendynastie fortgeführt: Kublai Khan (Marco Polos Kaiser) verfügte über Schiffe mit mehr als zehn Segeln, die groß genug waren, um tausend Mann zu transportieren. Bei den größten, die ungefähr 150 Meter lang waren, handelte es sich um Binnenseefahrzeuge, »die mit großer Stetigkeit durchs Wasser glitten und den Passagieren das Gefühl gaben, sich auf festem Land zu befinden«. Levathes, *When China Ruled the Seas*, S. 174f. Natürlich sind Binnengewässer keine Meere.

11 Needham gibt die Zahl der Schiffe mit dreiundsiebzig an.

12 Das Obige stützt sich vor allem auf Levathes, *When China Ruled the Seas*, S. 73f.

13 Die Chinesen erforschten auch die Ostküste Asiens bis hinauf nach Kamtschatka, aber auch das gaben sie wieder auf. (Wahrscheinlich erschien ihnen eine Eisscholle wie die andere.)

14 Huang, *China*, S. 155ff.

15 Levathes, *When China Ruled the Seas*, S. 174f.

16 Levathes hebt den Zusammenhang zwischen dem Desinteresse der konfuzianischen Lehre am Handel und dem kaiserlichen Legitimationsanspruch hervor. Handelsbeziehungen zu knüpfen bedeutete zuzugeben, daß China etwas von außerhalb brauchte, »und allein schon das Eingeständnis eines Mangels war des Drachenthrones unwürdig«. *When China Ruled the Seas*, S. 180.

17 Das Gelbe und das Südchinesische Meer waren immer eine berüchtigte Brutstätte der Seeräuberei. Man denke an das schreckliche Schicksal, das in den vergangenen Jahren viele sogenannte Boatpeople bei ihrer Flucht aus Vietnam erlitten.

7
Von der Entdeckung zum Imperium

1 Kolumbus selbst legte Wert darauf, daß sich die Nachricht verbreitete. Nachdem er im März 1493 nach Spanien zurückgekehrt war, wurde sein Brief mit dem Bericht von der Entdeckung dreizehn Mal gedruckt – einmal auf Spanisch, neunmal auf Lateinisch, dreimal auf Italienisch. Gomez, *L'invention*, S. 95.

2 Mag sein, daß dies als Trost für diejenigen gedacht war, die nicht in die Neue Welt kommen und den Amazonen auf ihrem eigenen Grund und Boden begegnen konnten; aus einem Brief von 1533, den Martin de Salinas, Beamter in Valladolid, an den Sekretär von Karl V. schrieb – Gomez, *L'Invention*, S. 120f. Der Sage zufolge paarten sich die Amazonen zwei- oder dreimal im Jahr, um schwanger zu werden; männliche Säuglinge gaben sie weg.

3 *Der Wohlstand der Nationen*, 4. Buch, Kap. 7, Teil 1: »Tatsächlich vertrauen allerdings fast alle Menschen dummerweise zu sehr auf das eigene Glück, so daß viel zuviel Kapital, selbst bereitwillig, in solche Projekte [Gold- und Silberminen] fließt, sobald sich nur die geringste Chance auf Erfolg auftut.« (S. 471)

4 Vgl. Fernandez-Armesto, *Millennium*, S. 246–256, über den Stolz der Azteken auf ihre militärischen Erfolge.

5 Stuart, *The Mighty Aztecs*, S. 73. Bartolomé de las Casas, der große Kämpfer für die Rechte der Indianer, ging schließlich so weit, zwar nicht ihre Opferrituale, wohl aber die Frömmigkeit zu rühmen, mit der diese vollzogen wurden: »Alles bisher Dargelegte«, so schrieb er in seiner *Apologia*, »scheint dadurch bestätigt, daß Gott Abraham den Befehl gab, seinen einzigen Sohn Isaak zu opfern, und so können die Menschen zu der Überzeugung gebracht werden, daß es nicht gänzlich verabscheuungswürdig ist, Gott Menschenopfer darzubringen.« Und weiter heißt es: »...an Religiosität waren sie [die Azteken] diesen anderen [den Christen] weit voraus, und allen Nationen der Welt überlegen waren jene, die zum Wohle ihrer Völker ihre eigenen Kinder zum Opfer darboten.« Zit. in: Todorov, *Die Eroberung Amerikas*, S. 224 und S. 226.

6 Zu dem intellektuellen Dilemma der Anthropologie (Ethnologie) als einer Disziplin, die zwischen »universalen Werten« und »Kulturrelativismus« hin- und hergerissen ist – haben wir das Recht, andere Kulturen von irgendeiner höheren Warte aus zu kritisieren? –, siehe Fluehr-Lobban, »Cultural Relativism and Human Rights«.

7 Diese Art von *Tu quoque*-Rechtfertigung reicht mindestens bis zu Las Casas zurück. Todorov, *Die Eroberung Amerikas*, S. 224f.

8 Es scheint allerdings, daß die Azteken einen erstaunlich breitgefächerten Speiseplan hatten und sich tierisches Protein unter anderem in Gestalt von Hunden, Meerschweinen und Würmern zuführten. Die Würmer sind zu einer Art Kultobjekt für die Anhänger der präkolumbianischen amerikanischen Küche geworden, wenn wir einem Artikel glauben dürfen, der 1990 in der Zeitschrift der Fluglinie American Airlines erschien. Ich bin so rücksichtsvoll und verzichte darauf, den Namen des Autors zu nennen: Er brüstet sich damit, ein paar von diesen Würmern in lebendem Zustand probiert zu haben und für seine Tollkühnheit mit einem Biß in die Zunge bestraft worden zu sein.

9 Sahlins, »Cosmologies of Capitalism«, S. 19, Anm. 24, wo George Macartneys Tagebuch von seiner Reise nach China im Jahre 1793 zitiert wird. Der arme Macartney: Er bemühte sich, durch würdevolles Auftreten die Chinesen davon zu überzeugen, daß die Briten zivilisierte Menschen seien. Aber alle seine Bemühungen, es seinen Gastgebern an würdevollem Betragen gleichzutun, konnte ihnen nur die Gewißheit vermitteln, daß er noch viel zu lernen hatte, ehe er als zivilisiert gelten konnte.

10 Die Kampfhunde waren ebenfalls furchtbar – reißende und tötende Bestien, gegen die die aztekischen Waffen fast nichts ausrichten konnten –; allerdings begrenzte ihre Neigung, sich in ihr Opfer zu verbeißen, den Schaden, den sie anrichten konnten. Die Spanier setzten sie hauptsächlich bei Erkundungsgängen ein oder ließen sie gegen Gefangene und Unbeteiligte los, um sich zu unterhalten und Schrecken zu verbreiten. Vgl. Todorov, *Die Eroberung Amerikas*, S. 170.

11 Vom Chronisten Pedro Aguado, den Gomez, *L'invention*, S. 171, anführt. Vgl. auch Smith, *Der Wohlstand der Nationen*, 4. Buch, Kap. 7, Teil 2.

12 Um den Inka Atahualpa zur Annahme des Christentums zu überreden, versprachen sie ihm, seinen Körper nicht zu verbrennen, wenn er als Christ starb; dem Inkaglauben zufolge bedeutete dies, daß er die Möglichkeit behielt, als Anführer seines Volkes wiederzukehren.

13 Kirkpatrick, *Les conquistadors espagnols*, S. 147.

14 Fernandez-Armesto, *Millennium*, S. 257.

15 Bernand, Das *Gold der Inka*, S. 28.

16 Diamond, *Arm und Reich*, S. 86.

17 Die demographische Geschichte der Ureinwohner Amerikas gibt viel Anlaß zum Streit und regt die Phantasie an. Schätzungen der präkolumbianischen Bevölkerungszahl auf beiden amerikanischen Kontinenten schwanken zwischen 13 Millionen (A. Rosenblatt, *La poblacion de America* [1971]) und 100 Millionen (Berkeley School). Vgl. Woodrow Borah, Sherburne Cook, L. B. Simpson, *Essays in Population History* (1971). Die letztere Zahl dürfte den meisten Forschern als maßlos übertrieben vorkommen; eine Zahl zwischen 50 und 70 Millionen, von denen die überwiegende Mehrheit in den Maisanbaugebieten Mexikos und Perus gelebt haben dürfte, erscheint heute plausibel. Zum Teil hat die Übertreibung ideologische Gründe: Man steigert die demographische Katastrophe, um die Schuld der Europäer zu vergrößern – als ob diese nicht auch so schon groß genug wäre. Besteht die Möglichkeit, daß die indianische Population an der Westküste Südamerikas einem anderen Genpool entstammte, der bereits früher in Kontakt mit diesen Krankheitserregern gekommen war? Siehe die Spekulationen von Dickinson und Mahn-Lot, *1492–1992*, S. 93f.

18 Bei mehr als einer Gelegenheit wurden Aufstandspläne in der Beichte offenbart und von den Geistlichen an die Behörden verraten. Rowe, »The Incas« (1957), S. 158. Vgl. Chklovski, *Voyage of Marco Polo*, S. 162, zur vergleichbaren Rolle der Astrologen (als Traumdeuter) im China der mongolischen Dynastie Kublai Khans. Natürlich hatten diese Astrologen nie gelobt, das Beichtgeheimnis zu wahren.

19 Der Ausdruck wird im abschätzigen Sinn verwendet. Aber die Geschichte erlegt ihre eigenen Verpflichtungen auf, und Fernandez-Armesto, *Millennium*, S. 260,

mahnt deshalb: »...so ist es doch wichtig, die imperiale Geschichte dieser afrikanischen und amerikanischen Staaten innerhalb des verbindlichen historischen Wissenskanons wieder ins rechte Licht zu rücken. ... Ohne ein umfassendes Bild der sich ausweitenden und konvergierenden Bewegungen, die im ›Zeitalter der Expansion‹ zusammentreffen, kann man weder das Wesen der Welt, die durch die europäischen Initiativen in der zweiten Hälfte unseres Jahrtausends geprägt worden ist, noch den Umfang des Erreichten ganz nachvollziehen.«

20 Zu den wichtigsten zählen erstens der Bericht von Pater Bernabé Cobo, *Historia del Nuevo Mundo* (beendet 1635), ins Englische übers. unter dem Titel *History of the Inca Empire: An Account of the Indians' Customs and Their Origin Together with a Treatise on Inca Legends, History and Social Institutions*. Rowe, »Inca Culture«, S. 195, erklärt Pater Cobos *Historia* zur »nach wie vor besten und vollständigsten Beschreibung der Kultur der *Inca*«. Und zweitens Garcilaso de la Vega, *Wahrhaftige Kommentare zum Reich der Inka* (beendet 1616). De la Vega, mütterlicherseits mit der königlichen Inkafamilie verwandt, war der Sohn eines Konquistadors. Zu la Vegas einigermaßen beschönigendem Bericht der Inka-Eroberungen siehe Bernand, *Das Gold der Inka*, S. 28.

21 Der Trotz nahm teilweise Formen an, die für die Spanier ausgesprochen demütigend waren. Bei kriegerischen Treffen mit den Spaniern pflegten die Araukaner gefangene und unübersehbar schwangere spanische Frauen mit hochgesteckten Röcken vor ihren ehemaligen Männern aufmarschieren zu lassen. Vgl. Padden, »Cultural Change and Military Resistance«.

22 Die Völker im Inkareich verstanden sich auf die Anfertigung von Booten, oder besser: Flößen, aus Balsaholz; sie kannten auch kleine Barken und Plattformen, die mittels aufgeblasener Häute und ähnlicher Vorrichtungen über Wasser gehalten und von Schwimmern bewegt wurden. So unsinkbar die größeren Flöße aber auch sein mochten, sie waren kleine, instabile Fahrzeuge, die leicht mit Wasser volliefen und für das offene Meer ungeeignet waren. Vgl. Rowe, »Inca Culture«, S. 240: »Die eigentliche Schranke für die peruanische Schiffahrt bestand nicht aus einem Mangel an Erfindungsgeist, sondern darin, daß kein geeignetes Bauholz in genügender Menge verfügbar war.« Das führt zu der Frage, warum das Holz nicht aus den Bergen geholt wurde. Die Antwort dürfte sein, daß es an eisernen oder stählernen Schneidewerkzeugen und an den Bedingungen für Schwertransporte fehlte.

23 Cobo, *History*, S. 228ff. Von dem ausgezeichneten Zustand der Straßen bei den Inka ist viel Aufhebens gemacht worden; die Spanier selbst waren beeindruckt von den größeren, geraderen Abschnitten. Die Wahrheit gebietet allerdings festzuhalten, daß die Straßen im spanischen Mutterland keinen guten Vergleichsmaßstab abgaben. Zwei Hauptrouten verliefen in nordsüdlicher Richtung, eine entlang der Küste, die andere entlang dem Gebirgskamm. In sie mündeten ostwestliche Querverbindungen und lokale Pfade ein. Aus Sicht des Ökonomen lag die Qualität dieser Straßen in ihrem Praxisbezug: Sie waren so gut, wie sie sein mußten. In schwierigerem Gelände waren sie oft nur eine einfache Wegspur, vielleicht knapp einen Meter breit, erforderlichenfalls mit Steinen gepflastert und mit Stufen versehen, um Entfernungen zu verkürzen. Wo nötig, waren sie gegen Steinschlag geschützt, aber von den Benutzern erwartete man, daß sie selber darauf achteten, nicht abzustürzen. In Ortschaften oder einfach an der Straße hatten die Inka für die Reisenden Unterkünfte und Verpflegungsstellen errichtet. Fast alle Reisenden waren in offizieller Mission unterwegs. Der Inkastaat wollte von privaten kommerziellen Aktivitäten nichts wissen und besaß ein effektives Monopol auf den Fernhandel. Vgl. Rowe, »Inca Culture«, S. 229–233.

24 Diese Läufer verließen sich im übrigen nicht nur auf ihre eigenen Körpersäfte; da gab es als Stimulans das Kokablatt, mit dem man seine Kondition künstlich aufbessern konnte. Tatsächlich war es durchaus üblich, Aufgaben daran zu messen, wieviel Koka (*cocadas*) für ihre Erledigung nötig war, vergleichbar der chinesischen Neigung, Reisschalen als Maß anzugeben.

8
Bittersüße Inseln

1 Chaunu spricht von »Maniok, dem minderwertigen, gefährlichen *pan cazabe* oder *cazabi*. Der Wechsel vom traditionellen Brot zu Maniokmehl erwies sich als Katastrophe« – *L'Amérique*, S. 86. Maniok, auch Kassave genannt, enthält einen Zucker, der Zyanid produziert; die Eingeborenenvölker haben gelernt, dieses Gift durch einen komplizierten Vorgang des Zerstampfens, Ausquetschens und Erhitzens zu beseitigen. Vermutlich verrieten die Karibikbewohner den Spaniern nicht, wie man das machen mußte.

2 Ebenda. Viele Rinder verwilderten und waren für Schwarzhändler und Freibeuter eine leichte Beute. Das englische Wort für diese Freibeuter, *buccaneer*, kommt vom französischen *boucanier*, das sich wiederum von *boucan* herleitet, womit ein hölzerner Grillrost bezeichnet wird, auf dem die frühen Siedler Fleisch räucherten, sowohl für den Eigenbedarf als auch für den Verkauf an vorbeifahrende Schiffe. Als jedoch Häute zur wichtigen Stapelware wurden und die Freibeuter anfingen, ihnen nachzujagen, war es bald aus mit den Herden.

3 Um 1600 zählte die Bevölkerung des spanischen Inselreichs in der Karibik vielleicht 75 000 – 80 000 Menschen; davon war jeder zehnte Spanier, die übrigen waren Schwarze und Mischlinge. Von den Ureinwohnern gab es kaum noch Spuren. Demnach kam 1 Person auf fünf Quadratkilometer, 1 spanischer »Siedler« auf 50 Quadratkilometer. Chaunu, *L'Amérique*, S. 112.

4 Fünfundzwanzig Zuckerraffinerien gab es 1622 allein in Amsterdam. Rich, »Colonial Settlement«, S. 334.

5 Wood, *Spanish Main*, S. 125, beziffert die Gesamtzahl auf unter 5000 Personen.

6 Zu Insekten in der Karibik siehe Starkey, *Economic Geography*, S. 60, zu tierischen Schädlingen Watts, *The West Indies*, S. 195. Unnötig anzumerken, daß die Kombination aus Klima, Schädlingen und Krankheitskeimen für hohe Sterblichkeitsraten sorgte, die bei Arbeitstieren sogar noch höher lagen als bei Menschen. (Diese Informationen verdanke ich Stanley Engerman.)

7 Parry, *Das Zeitalter der Entdeckungen*, S. 490. Dunn, *Sugar and Slaves*, S. 55, erklärt diese Zahl für »unmöglich«. Auf Basis des Kopfsteueraufkommens plädiert er für eine Bevölkerung von 10 000 im Jahre 1640, was ihm zufolge der Einwohnerschaft von Massachusetts oder Virginia entsprach.

8 Parry, *Das Zeitalter der Entdeckungen*, S. 491.

9 Chaunu, *L'Amérique*, S. 113.

10 Smith, *Der Wohlstand der Nationen*, 4. Buch, Kap. 7, Teil 2, S. 493.

11 Littleton, *Groans of the Plantations*, S. 20, zit. in: Dunn, *Sugar and Slaves*, S. 194.

12 Rich, »Coonial Settlement«, S. 322.

13 Joseph Miller in *Way of Death*, seinem Buch über den angolanischen Sklavenhandel.

14 Sheridan, »Eric Williams«, S. 326; er zitiert Williams, *Capitalism and Slavery*, S. VII, S. 52, S. 105. Sheridan zufolge (S. 327) läutete Williams' Buch »die moderne Periode westindischer Geschichtsschreibung« ein.

15 Inikori, »Slavery and the Development of Industrial Capitalism«, S. 101.

16 Sheridan, »Eric Williams«, S. 327.

17 Siehe Oxaal: »Williams griff die moralische Selbstzufriedenheit an, die das britische Verständnis der Sklavenhaltervergangenheit des Landes begleitet.« Er schildert Williams (neben James) als einen »schwarzen Intellektuellen und Außenseiter, dem seine persönlichen Erfahrungen ein Gespür für die Heuchelei vermittelt haben, die hinter der bigotten Selbstbeweihräucherung steckt, die das Mutterland mit Blick auf seinen Umgang mit den Kolonien an den Tag legt«. *Black Intellectuals*, S. 75f.

18 In einer Rezension in der Zeitschrift *American Sociological Review* kritisierte Wilson Gee Williams, weil dieser mit seiner These, daß die Sklaverei »praktisch den

Grundstein für die Errichtung des modernen Kapitalismus bildete«, deren Rolle maßlos übertrieben habe. Zitat bei: Sheridan, »Eric Williams«, S. 320.

19 Anstey, »Capitalism and Slavery«; ebenso sein *Atlantic Slave Trade*. Anstey schätzt anschließend den Anteil der Profite aus der Sklavenwirtschaft an der britischen Kapitalbildung auf 0,11 Prozent – »lächerlich gering« also. Stanley Engerman, »The Slave Trade and British Capital Formation«, spielt »unter einer Reihe von unwahrscheinlichen Annahmen« mit den Zahlen und gelangt zu hypothetischen Ergebnissen, die bewußt und entschieden hoch gegriffen sind und sich im Zeitraum von 1688 bis 1770 zwischen 2,4 und 10,8 Prozent bewegen. Dies müsse, meint er, »jenen zu denken geben, die dem Sklavenhandel einen wesentlichen Anteil an der Bildung von Industriekapital im Verlauf der Industriellen Revolution zuschreiben«. Er vergleicht außerdem den »Gesamtwert der Gewinne aus dem Sklavenhandel« mit dem britischen Nationaleinkommen und kommt auf einen Anteilsdurchschnitt von ungefähr 1 Prozent, der 1770 auf 1,7 Prozent steigt, aber jedenfalls zu klein ist, um viel damit erklären zu können. Anstey schlägt des weiteren vor, den Beitrag des Sklavenhandels in Verbindung mit dem Plantagensystem zu bringen; und beides zusammen wiederum betrachte man besser in einem dynamischen Gesamtsystem von Beziehungen.

20 Inikori, »Market Structure«, S. 761, Anm. 52. Inikori schätzt die Gewinne auf 50 Prozent, mit Unterbrechungen, aber über eine Reihe von Jahren betrachtet. Der Schätzung zugrunde gelegt ist eine Investition, bei der die Schulden unberücksichtigt bleiben, mit denen der Kauf der Handelsgüter unter Umständen belastet war: »Was der einzelne Sklavenhändler tatsächlich als seine eigene Investition in das Unternehmen hineinsteckte (seine realen Barauslagen), deckte unter Umständen weniger als die Hälfte der Auslagen…« (S. 775)

21 Über die Profite der Pflanzer siehe Sheridan, »The Wealth of Jamaica«, und Ward, »The Profitability of Sugar Planting«. Aus makroökonomischer Sicht ist Sheridan widersprochen worden: R. P. Thomas weist in »The Sugar Colonies« in gut Smithscher Manier auf die Gemeinkosten für die Erhaltung des Kolonialreiches hin sowie auf die Zeche, die ein geschützter, monopolistischer britischer Markt den britischen Konsumenten für Zucker von britischen Plantagen präsentierte. Das ist natürlich wieder einmal das alte Lied: Privatisierung der Gewinne und Vergesellschaftung der Unkosten. Stellt man dies in Rechnung, gelangt man zu einem makroökonomischen Resultat, das von den Teilergebnissen abweicht.

22 In diese Richtung argumentiert Zahedieh, »London and the Colonial Consumer«.

23 Solow und Engerman (Hrsg.), *British Capitalism*, S. 10f.

24 Die folgenden Informationen über Zuckerrohranbau in Mexiko entstammen zum größten Teil Cardoso, *Negro Slavery in the Sugar Plantations*.

9
Reich im Osten

1 William Hunter, *History of British India*, Bd. 1, S. 109, zit. in: Masselman, *Cradle of Colonialism*, S. 218. Masselman schreibt: »Es gab viele Beispiele dieser Art, allesamt Teil einer bewußten Einschüchterungspolitik, um die Macht über Indien zu erringen.« Zum Abschneiden von Nase und Händen – einer gezielt geübten Praxis – vgl. Kapitel 5 (oben), wo die Politik der Spanier behandelt wird.

2 Zit. bei: Boxer, *The Portuguese Seaborne Empire*, S. 297.

3 Die Profitraten, die sich erzielen ließen, konnten sich sehen lassen. Das eine Schiff, das von Magellans Weltumsegelung heimkehrte, brachte 26 Tonnen Gewürznelken mit, die für das Zehntausendfache des Einkaufspreises verkauft wurden und gerade genug eintrugen, um die Kosten der Expedition zu decken –

Humble, *The Explorers*, S. 162. (Dazu muß man wissen, daß Nelken wahrscheinlich das wertvollste Gewürz von allen waren, wenn man das Gewicht als Maßstab nimmt: Ein Beutel mit Nelken bedeutete für einen Seemann einen ordentlichen Zuschlag zu seiner Heuer.) Unnötig zu sagen, daß sich solche fabelhaften Gewinnspannen rasch einebneten, da die anderen Lieferquellen auf den Konkurrenzdruck reagierten.

4 Lang, *Portuguese Brazil*, S. 34.

5 Vgl. Boxer, *The Portuguese Seaborne Empire*, S. 59.

6 Das Zitat stammt aus: *The Letter-Book of William Clarke, Merchant in Aleppo*, zit. in: Domenico Sella, »Crisis and Transformation in Venetian Trade«, in: Pullan (Hrsg.), *Crisis and Change in the Venetian Economy*, S. 97.

7 Zu alledem siehe insbesondere die Arbeiten von K. N. Chaudhuri: *The Trading World of Asia and the English East India Company 1660–1760* sowie *Trade and Civilization in the Indian Ocean* und *Asia Before Europe.*

8 Diese Verse entnehme ich Boxer, *The Dutch Seaborne Empire*, S. 115. Zur Schwäche Portugals im Verhältnis zu den Holländern und Engländern siehe Meilink-Roelofsz, *Asian Trade*, S. 116–135.

9 Boxer, *Portuguese Seaborne Empire*, S. 57.

10 Aus Luis da Camoëns, *Die Lusiaden* (*Os Lusiadas*). Für die Niederschrift des großen Epos brauchte er viele Jahre; es erschien schließlich 1572.

11 Zit. bei: Boxer, *Portuguese Seaborne Empire*, S. 147.

12 Der Ausdruck stammt von Pater Antonio Vieira, S. J. (1608–1697), zit. bei: Boxer, *Portuguese Seaborne Empire*, S. 340.

13 Die portugiesischen »Altchristen« bezeichneten sich schließlich selbst als *puritanos.*

14 Seed, *Ceremonies of Possession*, S. 135ff und Anm. 133.

15 Boxer, *Portuguese Seaborne Empire*, S. 350.

16 Nach Brasilien gelangte das Druckereigewerbe erst im Jahre 1807, als der portugiesische Hof dorthin flüchtete. Die neuzeitlichen Verwaltungen führen Akten und veröffentlichen Dekrete und Verordnungen; deshalb war eine Druckerei unentbehrlich. Lang, *Portuguese Brazil*, S. 195.

17 Formulierung von Dom Luis da Cunha, zit. bei: Boxer, *Portuguese Seaborne Empire*, S. 356. Angespielt wird dabei mit Sicherheit auf den Methuen-Vertrag von 1703, in dem Portugal in die zollfreie Einfuhr von Wolle und Wollzeug aus Großbritannien einwilligte, während Großbritannien sich bereit erklärte, die Einfuhrzölle auf portugiesische Weine (Porto und Madeira) stark zu senken.

18 Ebenda, S. 340ff.

19 Ebenda, S. 350.

20 Ebenda, S. 344.

10
Streben nach Gewinn

1 Aus: *Werken*, Bd. III, S. 628f., zit. von: Keene, *The Japanese Discovery of Europe*, S. 3. Bei Keenes Buch, das außerhalb der Japanologie wenig bekannt ist, handelt es sich um ein Juwel.

2 Zit. in: Braudel, *Sozialgeschichte*, Bd. III: *Aufbruch zur Weltwirtschaft*, S. 193. Das Zitat, das dem Bericht eines gewissen Abbé Scaglia entstammt, hat einige Inkarnationen hinter sich gebracht, bis es im vorliegenden Buch erschien.

3 Israel, *Dutch Primacy*, S. 24.

4 Vgl. Peyrefitt, *Du »miracle«*, S. 146f.

5 Vgl. Israel, *The Dutch Republic*, S. 183f.

6 Die Direktoren an Admiral Pieter Verhoef, 29. März 1608, zit. in: Masselman, *Cradle of Colonialism*, S. 257f. Der vorgesehene Termin für die Festschreibung der Gebietsverteilung war der 1. September 1609. Zu den Gewinnspannen bei seltenen Gewürzen siehe Prakash, »Dutch East India Company«, S. 189 und Anm. 6.

7 J. P. Coen an die Heeren XVII (das Direktorium der Holländisch-Ostindischen Gesellschaft), 27. Dezember 1614, zit. bei: Boxer, *Dutch Seaborne Empire*, S. 107. Zur Laufbahn von Coen siehe Masselman, *Cradle of Colonialism*.

8 J. P. Coen an die Heeren XVII, in: Boxer, *Dutch Seaborne Empire*, S. 107.

9 Vgl. C.P. Thunberg, *Reise durch einen Theil von Europa, Afrika und Asien*, zit. in: Boxer, *Dutch Seaborne Empire*, S. 238f.

10 Hannay, *The Great Chartered Companies*, zit. in: Boxer, *Dutch Seaborne Empire*, S. 225f.

11 Furnivall, *Netherlands India*, S. 49.

12 Bereits früh, in den zwanziger Jahren des siebzehnten Jahrhunderts, war die Holländisch-Ostindische Kompanie offenbar bereit, ihr Monopol auf die Gewürzinseln mit den Engländern zu teilen, falls diese sich mit ihnen die Kosten der Unterhaltung von Garnisonen in der Gegend teilten. Den Engländern erschien es billiger, sich zurückzuziehen. Prakash, »Dutch East India Company«, S. 188.

13 Furnivall, *Netherlands India*, S. 39.

14 Mit Blick auf den englischen (britischen) Handel mit den nordamerikanischen Kolonien vertritt Adam Smith die Ansicht, das Monopol aufgrund der Navigationsakte habe die Profitrate über das Niveau steigen lassen, das sie auf einem freien Markt gehabt hätte. Smith, *Der Wohlstand der Nationen*, 4. Buch, Kap. 7, Teil 3. Die Auswirkungen auf die Staatseinnahmen in den Kolonien und also auch auf die Steuereinnahmen im Mutterland stellt er dabei gar nicht in Rechnung. Hätte er es getan, hätte er einen Grund mehr gehabt, solche Eingriffe in den Markt zu verwerfen.

15 Furnivall, *Netherlands India*, S. 39; Vlekke, *Nusantara*, S. 203f.

16 *Der Wohlstand der Nationen*, 3. Buch, Kap. 7, Teil 3, S. 536f.

17 Braudel, *Sozialgeschichte*, Bd. III: *Aufbruch zur Weltwirtschaft*, S. 246.

18 Braudel berichtet (ebenda, S. 247), daß sich Johannes Hudde, Vorstandsvorsitzender am Ende des siebzehnten Jahrhunderts, dieses Mankos wohl bewußt war und auf eine Revision des Abrechnungssystems hinarbeitete. Diese kam jedoch nie zustande: »aus tausenderlei Gründen und wegen unüberwindlicher Hindernisse, vielleicht aber auch, weil es den Direktoren der Kompanie gar nicht so sehr darum zu tun war, der Öffentlichkeit reinen Wein einzuschenken«. Undurchsichtigkeit hat ihre Vorteile, zumal wenn es Interessenkonflikte zwischen Eignern, Vorständen und Direktoren gibt. Auch das ist heutigen Geschäftsleitungen nicht unbekannt.

11
Golconda

1 Golconda: 1. Eine Ruinenstadt im westlichen Andhra Pradesh, Indische Republik, ehemalige Hauptstadt (1512–1687) eines muslimischen Königreiches. 2. Eine Quelle großen Reichtums wie zum Beispiel eine Mine. *The American Heritage Dictionary of the English Language*, 1978.

2 Der Fürst war aus einem mehrjährigen Exil in Ceylon zurückgekehrt. Zit. bei: Vlekke, *Nusantara*, S. 225f.

3 Wegen der Westwinde (Winde benennt man nach der Richtung, aus der sie kommen) und des nach Osten verlaufenden Golfstroms waren die Azoren gewissermaßen der Schlund, den sowohl die von den Westindischen Inseln als auch die aus Ostindien heimkehrenden Fahrzeuge passieren mußten. Zu ihrer Bedeutung

für den amerikanischen Handel siehe Landes, »Finding the Point at Sea«, und auch Broad, »Watery Grave of the Azores«.

4 Sainsbury (Hrsg.), *Calendar of State Papers, East Indies*, Paragr. 321, zit. in: Masselman, *Cradle of Colonialism*, S. 281.

5 Die Engländer, die sich auf einen kaiserlichen Erlaß stützten, der ihnen Zollfreiheit gewährte, nahmen alle möglichen Kaufleute unter ihre Fittiche und verkauften ihnen Pässe, während sie von Agenten und Repräsentanten des Nawab Abgaben verlangten und in dem Gebiet, das ihrer Kontrolle unterstand, Landverkäufe und Eheschließungen besteuerten. Das Ergebnis waren ständige Klagen am bengalischen Hof, die den Krieg unvermeidlich werden ließen. Edwardes, *Battle of Plassey*, S. 23f., wo ein Captain Rennie aus dem Jahre 1756 zitiert wird.

6 Zit. in: Bhattacharya, *East India Company*, S. 19f.

7 Beide Zitate *aus:* ebenda, S. 22.

8 Edwardes, *Battle of Plassey*, S. 24.

9 Chaudhuri, *Trading World of Asia*, S. 195.

10 Zu alledem siehe Steensgaard, »Trade of England«, S. 123–126. Seine Tabelle 3.8 enthält grobe Schätzungen der Importe indischer (und einiger chinesischer) Textilien nach Europa im Zeitraum zwischen 1651 und 1760 durch die englische und die holländische Kompanie. Diese Schätzungen zeigen, daß auch schon vor der Schlacht von Plassey die englische Kompanie in einer stärkeren Position war als ihre Konkurrenten. Steensgaard führt das unter anderem auf die stärkere Dezentralisierung der englischen Kompanie zurück und auf die größere Bewegungsfreiheit, die ihre Agenten vor Ort dadurch gewannen.

11 *Journal of the House of Commons*, 14. Februar 1704, XIV, S. 336, zit. in: Chaudhuri, *Trading World of Asia*, S. 277.

12 Salpeter (Kaliumnitrat, KNO_3) war ein wichtiger Bestandteil des Schwarzpulvers, mithin ein Rohstoff von ungewöhnlicher politischer wie auch ökonomischer Bedeutung. Der Stickstoff wurde aus Jauche gewonnen, die man mit Kalk und Pottasche vermischte. Die Jauche enthält Harnstoff ($CO[NH]_2)_2$, und Indien mit einer Bevölkerung, die so groß war wie die von ganz Westeuropa, produzierte große Mengen von Jauche, bei gleichzeitiger einzigartig günstiger Beschaffenheit der erforderlichen Böden. Stickstoffverbindungen sind ein wesentlicher Bestandteil aller Arten von Explosivstoffen (man denke an Schießbaumwolle und Nitroglyzerin); bereits im fünfzehnten Jahrhundert verfügte Heinrich V., daß Schwarzpulver nicht ohne staatliche Genehmigung aus England ausgeführt werden dürfe. Länder wie Deutschland und Frankreich versuchten, der Natur durch die Anlage von Salpeterplantagen oder Nitrierfarmen nachzuhelfen. Die Erschließung des großen indischen Produktionspotentials verschaffte den Briten einen wichtigen strategischen Vorteil.

13 Als Ballast verlieh der Pfeffer den betreffenden Ostindienschiffen einen besseren Geruch, als er den Fahrzeugen, die auf den langen Ozeanstrecken fuhren, normalerweise eigen war. Allerdings war damit die Unannehmlichkeit verknüpft, daß dieser durchdringende Geruch den Duft der anderen mitgeführten Waren veränderte, vor allem das Aroma des Kaffees. Die englischen Kaufleute mußten sich mit einer Preisminderung für Kaffee abfinden, der auf Pfeffer transportiert worden war. Den Ballast aber brauchten sie, weil er für die Stabilität des Schiffes bei stürmischem Wetter entscheidend war. Chaudhuri, *Trading World of Asia*, S. 313.

14 Moreland, *India at the Death of Akbar*, S. 9–22; zit. in: Habib, »Potentialities«, S. 54, Anm. 6.

15 Habib, »Population«, gibt für 1600 als wahrscheinliche Zahl »knapp unter 150 Millionen an«. Habib, »Potentialities«, S. 34f. Beim Vergleich zwischen 1600 und 1900 sieht Habib den Überfluß an Land (und die dementsprechend höhere durchschnittliche Fruchtbarkeit) in früherer Zeit durch das gewachsene gesamtgesellschaftliche Kapital (britische Investitionen in Bewässerungskanäle, Eisen-

bahnen und so weiter) in späterer Zeit wettgemacht; ausgehend von weitgehend gleichbleibenden Ackerbautechniken in dem fraglichen Zeitraum gelangt er zu dem Schluß, daß die Pro-Kopf-Produktivität in der indischen Landwirtschaft zu Anfang des Zeitraums mindestens so hoch war wie an seinem Ende. Er nimmt auch an, daß die Pro-Kopf-Produktivität im Mogulreich »keineswegs rückständig war, wenn man sie mit der Produktivität anderer gleichzeitiger Gesellschaften, einschließlich der westeuropäischen, vergleicht«. Das halte ich für unwahrscheinlich. Zu ähnlichen Überlegungen siehe Parthasarathi, »Rethinking Wages«.

16 Kautsky, *Politics*, S. 188, wo Lybyer, *The Government of the Ottoman Empire*, S. 295, zitiert wird. Und Kautsky weist daraufhin, daß sich diese Schätzungen auf den Dollar vor dem Ersten Weltkrieg beziehen und deshalb mit 10 multipliziert werden müssen, um sie auf den Stand von 1981 zu bringen. Mein eigener Multiplikator läge bei 20 oder 25 für eine Angleichung an den Dollarwert von 1994.

17 Lybyer, *Government*, S. 293, zitiert Alexander Dow, *The History of Hindostan*, 3 Bde. (London 1770–1772); »als Prinz geboren zu werden« war demnach im Mogulreich »ein Unglück der schlimmsten und unangenehmsten Art. Entweder Gott ließ einen gnädigerweise sterben, oder man watete durch das Blut der eigenen Familie, um sich zu retten und an die Herrschaft zu bringen.« Zit. in: Kautsky, *Politics*, S. 240; er zitiert auch Herbert A. Gibbons, *The Foundation of the Ottoman Empire*, S. 180, der auf die theologische Rechtfertigung dieser blutigen innerfamiliären Konflikte hinweist: »Der neue Emir rechtfertigte sein Verbrechen durch einen Vers, den seine Theologen passenderweise im Koran für ihn gefunden hatten: ›Sie möchten gern, ihr würdet ungläubig, so wie sie selber ungläubig sind, damit ihr alle gleich wäret. Nehmt euch daher niemand von ihnen zu Freunden, solange sie nicht ihrerseits um Gottes willen auswandern [die Pilgerfahrt nach Mekka unternehmen]! Und wenn sie sich abwenden [und der Aufforderung zum Glauben kein Gehör schenken], dann greift sie und tötet sie, wo immer ihr sie findet.‹ (Sure 4, Vers 89) Sie erklärten, die Versuchung zu Verrat und Aufruhr sei bei den Brüdern des Herrschers stets vorhanden, und Mord sei besser als Aufwiegelung.«

18 Zu den riesigen persönlichen Vermögen der herrschenden Klasse im Mogulreich und den Folgen ihrer systematischen Anhäufung von Reichtum siehe Raychaudhuri, »The Mughul Empire«, S. 183. Letztlich waren die Briten die Nutznießer, die den örtlichen Potentaten Pensionen zahlten und immer noch genug für den Raj (die britische Kolonialverwaltung Indiens) und für sich selbst übrigbehielten.

19 Vgl. unter anderem Chaudhury, »Trade, Bullion and Conquest«. In Frage steht hier die Rolle der Europäer in einer bereits von wirtschaftlichem Wohlstand erfüllten Welt. Warum wurde so viel Wirbel um sie gemacht? Wer brauchte sie überhaupt?

20 Vgl. Root, »Le marché des droits de propriété«, S. 299.

21 J. Ovington, *A Voyage to Surat in the Year 1689*, hrsg. von H. G. Rawlinson (London 1929), zit. bei: Raychaudhuri, »The Mughal Empire«, S. 185, der diese Beschreibung der »Angst und Unterwürfigkeit« als »typisch für Hunderte anderer« solcher Schilderungen bezeichnet.

22 Macaulay, »Lord Clive«, S. 222.

23 Zu den geschäftlichen Interessen der Kompanie und ihrer Vertreter, von denen viele in alle möglichen privaten Unternehmungen verwickelt waren, und zum Bedürfnis der Briten, die einheimische Regierung in freundlich gesinnte Hände zu legen, siehe Chaudhury, »Trade, Bullion and Conquest«, S. 27–30.

24 Das Zitat stammt aus einem Brief vom 9. April 1757, den Luke Scrafton an »Clive's Vertrauten« John Walsh schrieb. Chaudhury, »Trade, Bullion and Conquest«, S. 28.

25 Vgl. Adas, »›High Imperialism‹ and the ›New History‹«, S. 9f.; ebenso Edwards, *Battle of Plassey*.

26 Keay, *Honourable Company*, S. 318f.

27 Basis der Umrechnung ist die Gleichsetzung des damals üblichen Jahreslohns für gelernte Arbeiter (50 Pfund) mit dem heutigen (40 000 DM). Bei Umrechnungen dieser Art, bei denen lange Zeiträume übersprungen werden, ist der beste Vergleichsmaßstab der Preis der Arbeit.

28 Was Clive an Belohnungen in Geldform einstrich, entsprach rund 230 Millionen heutigen D-Mark. Manchen erschien diese ungeheure Summe als erpresserisch, aber laut Macaulay hätte Clive genauso leicht das Doppelte herausholen können: »Er gab sich mit zwanzig Lak Rupien [2 Millionen Rupien] zufrieden. Es hätte ihn nur ein Wort gekostet, und aus den zwanzig wären vierzig geworden.« Macaulay, »Clive«, S. 243. Das war jedenfalls die Lesart, für deren Verbreitung Clive sorgte. Vgl. Keay, *Honourable Company*, S. 320f. Macaulay wirft allerdings die Frage auf, ob es sich für einen britischen Untertan schickte, von einem fremden Herrscher ein so großes Geschenk anzunehmen. Gewiß, er habe damit gegen kein Gesetz verstoßen; aber was, so fragt Macaulay, hätten die Leute wohl gesagt, wenn Wellington ein solches Geschenk von Ludwig XVIII. von Frankreich angenommen hätte?

29 Macaulay, »Clive«, S. 253.

30 Ebenda., S. 250.

31 Marshall, *Problems of Empire*, S. 60.

32 Vgl. Pearson, »India and the Indian Ocean«, S. 72: »Für das sechzehnte Jahrhundert sind wir in betrüblichem Maße abhängig von europäischen Quellen.«

33 Habib, *Agrarian System*, S. 90, S. 350, S. 390. Die letztere Anekdote stammt aus John Fryer, *A New Account of East India and Persia being Nine Years' Travels, 1672–81*. Das Ganze findet sich zitiert bei: Kautsky, *Politics of Aristocratic Empires*, S. 103, Anm. 14.

34 So versichert André Wink, daß »zu Beginn der Industriellen Revolution das Pro-Kopf-Einkommen in vielen Teilen Asiens möglicherweise höher lag als in Europa«. Wink, »*Al-Hind*«, S. 65. Vgl. Bairoch, »Ecarts internationaux« und »The Main Trends in National Economic Disparities«, S. 7. Desgleichen Parthasarathi, »Rethinking Wages«.

35 Vgl. Alam, »How Rich Were the Advanced Countries in 1760 After All?«

36 Macaulay, »Clive«, S. 228.

12
Gewinner und Verlierer: Die imperiale Bilanzrechnung

1 In Gebieten wie der Karibik allerdings, wo sich das Reservoir an Sklaven nicht durch natürliche Fortpflanzung zu reproduzieren vermochte, mußte die Schließung der Nachschubwege dem alten Plantagensystem den Garaus machen.

2 Zum Beispiel Salaman, *History and Social Influence*, und Langer, »Europe's Initial Population Explosion«.

3 Einige Ethnomediziner bezweifeln, daß die Syphilis amerikanischen Ursprungs ist, und weisen auf die Existenz von präkolumbianischen Geschlechtskrankheiten in Europa hin, die einen einigermaßen ähnlichen Verlauf nahmen und ähnliche Folgen hatten. Aber ähnlich ist nicht gleich, und es steht außer Frage, daß die Syphilis erst im sechzehnten Jahrhundert epidemische Formen annahm. Vergleichbar verhält es sich mit AIDS, das ebenfalls älter sein mag, als uns bekannt ist, das aber als Epidemie erst in den achtziger Jahren unseres Jahrhunderts in Erscheinung trat.

4 Und nicht nur in früheren Jahrhunderten. Vgl. S. K. Coll, »Anti-Malaria Drugs Pose Hard Choice for Parents«, *International Herald Tribune*, 18. Oktober 1996, S. 11.

5 Curtin, »Epidemiology and the Slave Trade«, Tabelle 1, S. 203, zit. in: Sheridan, *Doctors and Slaves*, S. 12. Diese Zahlen basieren auf Sterblichkeitsziffern weißer und schwarzer britischer Militärangehöriger, die zwischen 1817 und 1836 in verschiedenen Gegenden der Welt stationiert waren. Setzt man gewisse Fortschritte im Umgang mit den Krankheiten voraus, so kann man davon ausgehen, daß die Zahlen im siebzehnten und achtzehnten Jahrhundert noch höher gelegen hatten.

6 Zit. von: Edwy Plénel, »Le conquérant oublié«, *Le Monde*, 1. bis 2. September 1991, S. 2. Bei den erdölreichen Ländern des ausgehenden zwanzigsten Jahrhunderts kann man ähnliche Auswüchse eines selbstzerstörerischen Konsums antreffen.

7 Die spanische Manufaktur konnte zwar mit der in Italien oder in den Ländern Nordwesteuropas nicht konkurrieren, aber ganz unbedeutend war sie im sechzehnten Jahrhundert auch nicht. Vgl. Peyrefitte, *Société*, S. 134. Zu ihrem Rückgang im siebzehnten Jahrhundert siehe Lynch, *Hispanic World*, S. 210ff.

8 Alfonso Nuñez de Castro, zit. in: Cipolla, *Before the Industrial Revolution*, S. 251.

9 Zitiert in: Lewis, *Die Welt der Ungläubigen*, S 203f. Der italienische Historiker und Staatsmann Francesco Guicciardini äußerte in etwa das gleiche, auch wenn er auf die Aneignung des hinzugefügten Werts abhob. Guicciardini, *Relazione di Spagna*, S. 131, zit. in: Cipolla, *Before the Industrial Revolution*, S. 250.

10 Bernaldez, Kap. CXII, S. 257, zit. in: Bernand und Gruzinski, *Histoire du nouveau monde*, Bd. I, S. 78f., S. 643. Anzumerken ist, daß in manchen Kulturen die Gerberei und die mit Leder arbeitenden Handwerke traditionell als von Natur aus unsauber und gemein verachtet wurden; zum Beispiel in Japan, wo solche Handwerker zu den *eta* gezählt wurden, einer Gruppe von Unberührbaren, zu denen auch Bestatter und Totengräber zählten. In der osmanischen Türkei, die wie Spanien die Künste und Gewohnheiten des Krieges pflegte, befanden sich die Handwerke vornehmlich in der Hand religiöser Minoritäten, insbesondere der Armenier.

11 Vgl. Peyrefitte, *Société*, S. 141f.

12 Ironischerweise hat sich bei heutigen Ökonomen zur Bezeichnung dieses Syndroms der Ausdruck »holländische Krankheit« eingebürgert, wegen der Reaktion der holländischen Wirtschaft auf die Entdeckung und Ausbeutung von Naturgas unter der Nordsee. Als ob die Holländer nicht wüßten, wie man aus diesen Ressourcen das Bestmögliche herausholt.

13 Zu den Reichtümern und Handelsgütern des Nordatlantiks siehe Axtell, »At the Water's Edge: Trading in the Sixteenth Century«, in seinem Buch *After Columbus*, S. 144–81. Über Walfischtran schreibt er (S. 146), er sei so »gewinnträchtig wie flüssiges Gold« gewesen (gleichzeitig stach er Freibeutern viel weniger ins Auge). »Denn Walfischtran speiste die Lampen Europas, taugte zur Zubereitung von Seife und Suppen, schmierte alles von Bratpfannen bis zu Uhren und diente – da der Wal als Fisch betrachtet wurde – während der Fastentage, an denen der Fleischgenuß verboten war, als *lard de carême*, Fastenschmalz.«

14 Zum Niedergang der italienischen Tuchmanufaktur (dem mit Abstand wichtigsten Zweigs der handwerklichen Produktion) siehe Cipolla, *Before the Industrial Revolution*, S. 253–263. Darüber, wie sich neue Industrien in kleineren Städten und sogar auf dem flachen Land einnisteten, haben wir noch viel zu lernen. Vgl. Ciriacono, »The Venetian Economy« und »Venise et la Vénétie«. Die älteren städtischen Zentren scheinen allerdings mit aller verfügbaren ökonomischen und politischen Macht danach gestrebt zu haben, die neuen Standorte klein zu halten. Siehe Sella, *Crisis and Continuity*, und Moioli, »De-Industrialization in Lombardy«.

15 [Anthony Walker], *The Holy Life of Mrs. Elizabeth Walker* (1690), zit. in: Thomas, »Cleanliness and Godliness«, S. 56. Dank an Keith Thomas, der mir diese Information noch vor ihrer Veröffentlichung zugänglich gemacht hat.

16 Die beste Analyse des Weberschen Modells stellt nach wie vor Talcott Parsons' *Structure of Social Action* dar. Parsons unterscheidet drei Arten von Handeln: rationales (zweckorientiertes), irrationales (nicht zweckorientiertes) und nichtrationales (als Selbstzweck konzipiertes) Handeln. Ein gutes Beispiel für letzteres: »Vater, ich kann nicht lügen; ich bin es, der den Kirschbaum gefällt hat.« Webers kalvinistische Ethik fällt in den Bereich des nichtrationalen Handelns.

17 Baxter, »Of Redeeming Time«, *Practical Works*, S. 228. Auch hier Dank an Keith Thomas.

18 Vgl. H. M. Robertson, *Aspects of the Rise of Economic Individualism*.

19 Zu dieser älteren, auf dem Rückzug befindlichen Ethik der Vornehmheit siehe den wichtigen Artikel von Arthur Livingston, »Gentleman, Theory of the«, in: *Encyclopedia of the Social Sciences*. Außerdem Kautsky, *Politics of Aristocratic Empires*, S. 177ff.

20 Candolle, *Zur Geschichte der Wissenschaften und der Gelehrten*. Etliche haben diese Zahlen verworfen, weil Candolles Zählung erst in den sechziger Jahren des 17. Jahrhunderts ansetze, in denen die wissenschaftliche Revolution schon in vollem Gange war. Vgl. Smith, *Science and Society*, S. 48. Ein solcher Einwand spricht natürlich nicht gegen die Möglichkeit, daß ein ähnlicher Überblick über die Periode davor ähnliche Ergebnisse erbrächte; genau das allerdings wird suggeriert. Der Punkt ist, daß Candolle über brauchbare Informationen, mit denen sich arbeiten ließ, erst aus der Zeit nach Gründung der wissenschaftlichen Akademien verfügte. Für den Zeitraum, auf den sich die Zahlen beziehen, sprechen sie eine deutliche Sprache: Die protestantische Führung in den Naturwissenschaften war eine Tatsache. Ob die Erklärung dafür im Protestantismus oder in der katholischen Ablehnung der neuen Wissenschaftlichkeit oder in beidem zu suchen ist, steht auf einem anderen Blatt.

21 Zit. bei: Mason, »Scientific Revolution«.

22 Es handelt sich um den schwedischen Historiker Kurt Samuelsson; seine Ansicht vertritt er in einem kleinen Bändchen, das unter dem Titel *Religion and Economic Action* ins Englische übersetzt worden ist.

23 Samuelssons statistische Kritik an den Weberschen Daten über Baden zum Beispiel kann nicht überzeugen, auch wenn seine Feststellung stimmt, daß Protestanten im Zweifelsfall eher in städtischen Gegenden lebten, auf die auch die Gewerbe- und Fachschulen beschränkt waren. Das war schließlich ebenfalls kein Zufall.

24 Landes, *Revolution in Time*, S. 92f. Vgl. de Vries, *Dutch Rural Economy*, S. 219: Hausratsinventaren läßt sich entnehmen, daß im Bezirk Leewarderadeel der Anteil von Haushalten, die Uhren besaßen, von 2 Prozent im Zeitraum zwischen 1677 und 1686 auf 70,5 Prozent zwischen 1711 und 1750 stieg. Natürlich handelte es sich hier um Haushalte, die wohlhabend genug waren, daß sich nach einem Todesfall die Bestandsaufnahme lohnte.

25 Vgl. Michaud, »Orléans au XVIIIe siècle«, S. 11. Auch so blieben allerdings gewisse Ritterorden den Emporkömmlingen verschlossen, und solche Exklusivität wirkte den Bemühungen um eine Würdigung geschäftlichen Erfolges so sehr entgegen, daß einige sich sogar für die Schaffung einer neuen Art von Orden stark machten, um dem Ansehen dieser nicht genug gewürdigten Leistungsträger aufzuhelfen. Diese ostentative Wertschätzung, die den Betreffenden bezeugt wurde, klingt durchaus nicht hohl, beweist allerdings, daß nicht alle sie teilten.

26 Lincei = Luchse. Sie galten als besonders scharfsichtig.

27 Bennassar, *L'Inquisition espagnole*, Kap. VIII: »Refus de la Réforme«, bes. S. 289f. Auch hier wieder war die spanische Reaktion zum Schaden des Landes geprägt von der langen Geschichte einer kompromißlosen religiösen Fügsamkeit und des dadurch hervorgerufenen Fanatismus. Vgl. Goodman, »Scientific Revolution«, S. 163f., wo die These vertreten wird, daß der Mangel an altkatholischen Ärzten im Spanien des sechzehnten Jahrhunderts möglicherweise Folge des ras-

sischen (erblichen) Zusammenhangs war, den manche Spanier zwischen Judentum und Medizin gewahrten. »Es wäre ohne weiteres denkbar, daß in einer Gesellschaft, in der Wertschätzung genoß, wer sich als frei von jüdischer oder maurischer Abstammung präsentieren konnte, die Altchristen den Arztberuf mieden, um sich nicht durch Erfolge in dieser Profession dem Verdacht auszusetzen, jüdisches Blut in den Adern zu haben.« Vergifteter Dienst am Nächsten!

28 Goodman, »Scientific Revolution in Spain and Portugal«, in: Porter und Teich (Hrsg.), *Scientific Revolution*, S. 172. Einige spanische Historiker haben im Bemühen, das nicht zu Verteidigende dennoch zu verteidigen, geltend gemacht, die ausländischen Universitäten seien so armselig und beschränkt gewesen, daß spanische Studenten nicht viel versäumt hätten. Mag sein; jedenfalls waren die protestantischen Universitäten, etwa in England und Holland, wesentlich besser. Aber aus den Quellen der Ketzerei zu trinken kam einfach nicht in Frage. Vgl. Smith, *Der Wohlstand der Nationen*, 5. Buch, Kap. 1, Teil 3, 2. Abschnitt (S. 650ff.), wo es um den Verlust geht, den in katholischen Ländern die Universitäten dadurch erleiden, daß talentierte Köpfe in den Kirchendienst abwandern.

29 Crow, *Spain: The Root and the Flower*, S. 149.

30 In seiner *Carta filosofica, medico-chymica* (Madrid 1687), zit. bei: Goodman, »Scientific Revolution«, S. 173.

31 Trevor-Roper, »Religion, the Reformation and Social Change«, in der Essaysammlung gleichen Titels. Es handelt sich um einen Vortrag, den der Autor 1961 auf dem 5. Irischen Historikerkongreß in Galway hielt. Er muß viele Zuhörer empört haben.

32 Zu Bruno und der Kampagne, durch die sich die Kirche bemühte, die Wissenschaft an die Kandare zu nehmen, siehe Minois, *L'Eglise et la science*, Bd. I, Kap. IX: »Contre-Réforme et reprise en main des sciences«. Zur Herkunft der Brunoschen »Wissenschaft« siehe Yates, *Giordano Bruno*, und die Erörterung in: Copenhaver, »Natural Magic«.

33 Vergleiche dazu die Art und Weise, wie man in Italien seit alters mit pornographischen Veröffentlichungen umgeht: Solange die Publikationen teuer waren und in einer beschränkten Auflage erschienen, konnte man sie tolerieren; billige Ausgaben aber durfte man nicht erlauben, weil die Gefahr bestand, daß dadurch das einfache Volk verdorben wurde, das nicht über das nötige kulturelle Rüstzeug verfügte, um der Versuchung und Sündhaftigkeit zu widerstehen. Zur Angst der Kirche vor der Volkssprache vgl. die Bedrängnis des Giambattista della Porta in den achtziger Jahren des sechzehnten Jahrhunderts. Eamon, »From the Secrets of Nature«, S. 361, Anm. 41.

34 Grenet, *Passion des astres*, S. 87.

35 Ebenda, S. 79.

36 Auch in Italien taten das einige. Man schaue sich etwa die kurzlebige Accadémia del Cimento an, die der Herzog Leopold von Toskana organisierte und protegierte und die sich ebenso schnell, wie er sie ins Leben gerufen hatte, wieder auflöste, als er nach Rom ging, um höhere Aufgaben zu übernehmen. Intellektuelle Autonomie gab es nicht: Die Mitglieder der Akademie berichteten über ihre Experimente, aber das war auch schon alles – mit anderen Worten, Wissen ohne Wissenschaft.

37 Siehe vor allem La Lumia, *Histoire de l'expulsion des Juifs de Sicile*.

13
Worin bestand die Industrielle Revolution?

1 Unter *Fabrik* verstehe ich eine zusammenhängende Produktionseinheit (Arbeiter, die gemeinsam unter Aufsicht arbeiten) mit einer zentralen, in der Regel unbelebten Kraftquelle. Ist diese nicht vorhanden, sprechen wir von vorindustrieller *Protofabrik* oder *Manufaktur.*

2 Siehe *Oxford English Dictionnary*, Stichwort »Revolution«, Bd. III, S. 6, b.

3 Die Technik, die bei Dampfkesseln funktionierte (ein Blech aufrollen, die Nähte verschweißen und dann mit Boden und Deckel verschließen), funktionierte bei diesen Zylindern nicht – es blieb zuviel Luft. Das neue Verfahren, bei dem man ein kompaktes Gußstück ausbohrte, stammte von John Wilkinson (ca. 1776), der es sich beim Ausbohren von Gewehrläufen angeeignet hatte (Patent von 1774). Ein Jahr später konnte Wilkinson mit Hilfe einer Dampfmaschine einen mehr als 60 Pfund schweren Stampfhammer zum Schmieden großer Teile heben. Im Jahre 1783 war er bei 7,5 Tonnen angelangt. Damit baute er bald schon Walzwerke, Münzprägemaschinen, Ziehbänke (für die Drahtherstellung) und dergleichen schwere Geräte. »Es muß an einer seltsamen Laune des öffentlichen Geschmacks liegen«, schreibt Usher, »daß dieser verbissene und unattraktive Mann nie den Ruhm erworben hat, den er als Pionier in der Entstehung der Schwermaschinenindustrie verdient hätte.« *History of Mechanical Inventions*, S. 372. Auch Vulkan war nicht schön.

4 Im späten neunzehnten Jahrhundert kam es dank der Fortschritte in der Thermodynamik zu einer erheblichen Verbesserung der Dampfmaschine. Hatte auf diesem Gebiet bis dahin die Technologie der Wissenschaft den Weg gewiesen, so ging nun die letztere in Führung und erweckte die Dampfmaschine zu neuem Leben.
Zur logistischen Kurve (einer liegenden S-Kurve) der Möglichkeiten, die in einer technologischen Entwicklung stecken – langsame Fortschritte im experimentellen Vorbereitungsstadium, dann rapide Aufwärtsentwicklung, die nach und nach, wenn die Möglichkeiten erschöpft sind, langsamer wird –, siehe den schon zum Klassiker gewordenen Aufsatz von Simon Kuznets, »Retardation of Industrial Growth«.

5 Zum mittelschlächtigen Wasserrad siehe Mokyr, *Lever of Riches*, S. 90ff. Zum Vergleich zwischen Wasserkraft und Dampf siehe Tunzelmann, *Steam Power*, und Greenberg, »Reassessing the Power Patterns«.

6 Das ist die traditionelle Erklärung; siehe Ashton, *Iron and Steel.* Hyde hingegen meint in *Technological Change*, S. 40, dies sei gar nicht der Grund gewesen; Darby habe vielmehr deshalb Erfolg gehabt, weil er dünnwandige Eisenschiffe zu gießen verstand, indem er Sand statt Lehm benutzte und damit die Hälfte der Metallmenge einsparte, und weil diese Schiffe leichter aus koksverhüttetem Roheisen herzustellen waren.

7 Roh-(Guß-)Eisen besitzt einen hohen Kohlenstoffanteil (mehr als 4 Prozent). Es ist sehr hart, unter Stoßeinwirkung wird es jedoch rissig oder bricht. Es läßt sich nicht maschinell bearbeiten, deshalb wird es gegossen, das heißt in Gußformen gefüllt, in denen es abkühlt. Schmiedeeisen hingegen kann gehämmert, gebohrt und sonstwie bearbeitet werden. Unter Stoßeinwirkung bricht es nicht, außerdem ist es äußerst rostbeständig und daher ideal für Balkongitter und ähnliche Dinge, die im Freien benutzt werden (vgl. den Eiffelturm). Um vom Roh- zum Schmiedeeisen zu gelangen, muß man den größten Teil des Kohlenstoffs, bis auf ein Prozent oder weniger, ausbrennen. Schmiedeeisen ist mittlerweile längst durch Stahl ersetzt worden (1 bis 3 Prozent Kohlenstoff), der die Qualitäten beider Eisensorten, also Härte und Formbarkeit, miteinander verbindet; daher ist Schmiedeeisen heutzutage so gut wie nicht mehr zu bekommen, außer als Schrott. Beim ersten koksverhütteten Eisen bestand das Problem darin, daß nach

dem Frischen ein rot- oder warmbrüchiges Eisen herauskam. Bis zur Lösung dieses Problems wurde Schmiedeeisen aus holzkohleverhüttetem Roheisen hergestellt.

8 John U. Nef, *Rise of the British Coal Industry*. Der Wissenschaftler, der den Stellenwert der fossilen Brennstoffe und der Dampfkraft so überzeugend belegt hat, ist E.A. Wrighley. Siehe sein Buch *Continuity, Chance and Change* sowie seinen Aufsatz »The Classical Economists, the Stationary State, and the Industrial Revolution«, S. 31. Adam Smith hat in *Der Wohlstand der Nationen*, 5. Buch, Kap. 2, 4. Abschnitt (S. 751f.), darauf hingewiesen, daß die britische Industrie sich zumeist in der Umgebung von Kohlevorkommen ansiedelte. Den Grund dafür sieht er in dem Einfluß, den billige Brennstoffe auf die Löhne (die dann niedriger sein können) und auf die Kosten der brennstoffintensiven (wärmeabhängigen) Industriezweige wie etwa Glas- und Eisenherstellung hatten. Von Kohle als Brennstoff für Kraft- und Arbeitsmaschinen spricht er nicht; er verliert denn auch kein Wort über Dampfmaschinen und sagt nur wenig über Arbeitsmaschinen. Smith hat eben seine blinden Flecken.

9 Maschinen mit mechanischem Antrieb lieferten zwangsläufig eine neue Ursache für Arbeitsunfälle. Zu den Problemen in Zuckerfabriken und der größeren Sicherheit der handbetriebenen oder von Tieren bedienten Geräte siehe Schwartz, *Sugar Plantations*, S. 143f. Schon Pferde waren gefährlicher als Maulesel oder Ochsen: »Die Schreie des unglücklichen Sklaven ließen die Pferde nur noch schneller laufen.«

10 Dieser Schätzwert stammt von A.P. Usher, *History of Mechanical Inventions*.

11 A. Rees, *The Cyclopaedia*, Bd. 38 (London 1819), zit. nach: Randall, *Before the Luddites*, S. 13.

12 Zit. nach: Kindleberger, *World Economic Primacy*, Kap. VIII, S. 6.

13 Der Formulierung »Herzstück des Prozesses« würden sich weder John Hicks, *A Theory of Economic History*, S. 147, noch Carlo Cipolla, *Before the Industrial Revolution*, S. 291, anschließen. Für Hicks waren die ersten Baumwollmaschinen nicht der Beginn einer neuen Industrie, sondern »ein Anhängsel an der Evolution der alten«. Etwas Ähnliches hätte es seiner Ansicht nach auch im Florenz des fünfzehnten Jahrhunderts geben können, wenn dort Wasserkraft zur Verfügung gestanden hätte (aber Italien hat doch Wasserkraft!). »Vielleicht hätte es keinen Crompton oder Arkwright gegeben, aber gleichwohl eine industrielle Revolution.« Bei Cipolla heißt es: »Weit mehr als die Baumwolle sind Eisen und Kohle die entscheidenden Faktoren für den Beginn der Industriellen Revolution gewesen.« Mag sein; es ist nicht leicht, die Fortschritte nach Wirkung und Stellenwert zu ordnen. Dennoch möchte ich zwei Dinge als vorrangig festhalten: die weit verbreitete und vielseitig anwendbare Mechanisierung sowie die Organisation einer der Aufsicht und Disziplin unterworfenen Arbeit (das Fabriksystem).

14 Hier muß unterschieden werden zwischen Spinnerei und Weberei. Beim Baumwollspinnen hat die Maschine die älteren Handarbeitstechniken einfach beiseite gefegt. Selbst die indische Spinnerin, die für einen Bruchteil des englischen Lohns arbeitete, mußte angesichts des maschinengesponnenen Garns aufgeben. Bei der Weberei hingegen dauerte es Jahrzehnte, bis der mechanische Webstuhl endlich mit feinerem, hochwertigem Garn fertigwerden konnte. So hielten die Weber verbissen am alten Handwebstuhl fest und trugen mit ihrer Weigerung, in der Fabrik zu arbeiten, dazu bei, daß Lebenserwartung und Lebensstandard niedrig blieben, bis sie durch Tod und Alter ausschieden. In der zweiten Hälfte des neunzehnten Jahrhunderts waren Handweber unauffindbar geworden, selbst für diejenigen Fabrikanten, die sie aus speziellen Gründen einstellen wollten. Die Jüngeren waren nicht bereit, in einen aussterbenden Beruf zu gehen.

15 Mit Blick auf eben diese Entwicklung hat A.P. Usher, der als einer der ersten den Zusammenhang zwischen Technologie und Industrie studierte, Prozeß und Zeitplan der Industriellen Revolution nachgezeichnet. *Industrial History*, S. 304–313.

16 Ebenda, S. 306.
17 So etwa T.S. Ashton, der in seinem erstklassigen Klassiker *The Industrial Revolution* den Prozeß zwischen 1760 und 1830 ansiedelt.
18 Vgl. das ganz ähnliche Fazit bei Christopher Freeman, der die Verlangsamung des Produktivitätszuwachses in den fortgeschrittenen Industrieländern der siebziger und achtziger Jahre unseres Jahrhunderts analysiert. *The Economics of Hope*, S. 86–89.
19 Die Volkswirtschaftslehre ist eine Fachdisziplin, die gern eine Wissenschaft sein möchte, und eine Wissenschaft, das weiß jeder, bewegt sich vorwärts. Also weg mit den Monographien und Artikeln der Vorgänger. Daher das Paradox einer Disziplin, die auf dem neuesten Stand sein will, aber fortwährend die Entdeckungen von gestern neu entdeckt – oft ohne es überhaupt zu merken.
20 Siehe Landes, »What Room for Accident in History?«
21 McCloskey, »Statics, Dynamics, and Persuasion«.
22 Aldcroft, »Europe's Third World?«, S. 2. Pionierarbeit auf dem Gebiet dieser historischen Vergleiche hat Paul Bairoch geleistet; siehe seinen Beitrag »Main Trends in National Economic Disparities«.
23 Doch selbst in diesen scheinbar unkomplizierten Dingen kann man haarsträubende Fehler machen. Siehe dazu J. Cuenca Esteban, »British Textile Prices«, über die von N.F.R. Crafts und Knick Harley zur Berechnung des industriellen Wachstums in Großbritannien verwendeten Baumwolltuchpreise. Beide Autoren meinen belegen zu können, daß es im Laufe der Industriellen Revolution bei den Baumwollpreisen Steigerungen (*sic!*) oder Stabilität gegeben habe. Doch für ihre Zwecke waren die Preise – nicht zuletzt wohl, weil sie es bequemer fanden und nichts anderes zur Hand hatten – schlecht ausgewählt (so beruhen die Zahlen zum Beispiel auf Vertrags- und nicht auf Marktpreisen). Dennoch hätten alle Alarmglocken schrillen müssen. Zahlen müssen einen Sinn ergeben, und wer bereit ist zu glauben, daß Garn- oder Tuchpreise nach der Erfindung der wassergetriebenen und der Mulemaschine sowie des mechanischen Webstuhls gleich blieben oder in die Höhe gingen, glaubt einfach alles. Wie riskant und alltäglich die Zahlengläubigkeit ist, wird thematisiert bei Landes, »What Room for Accident in History?«
24 Vorbild war die Arbeit von Simon Kuznets und seinen Kollegen am National Bureau of Economic Research. Nach der Untersuchung von US-amerikanischen Daten setzte sich Kuznets seit den sechziger Jahren für Beratung und Finanzierung ähnlicher Projekte in anderen Ländern ein. Die bahnbrechende Arbeit über die britische Industrieproduktion (Walther Hoffmanns Versuch, sie zu berechnen) ist sogar noch älter, aber mit den Forschungsarbeiten von Phyllis Deane begann eine neue Phase, und nach einer Weile folgten Charles Feinstein, Nick Crafts, Knick Harley und andere.
25 Zu Schwachpunkten und Fallstricken dieser quantitativen Hirngespinste siehe Hoppit, »Counting the Industrial Revolution«, S. 189, wo er eine einschlägige Bemerkung von Thomas Carlyle zitiert: »Leider gibt es so etwas wie eine Zahlenalchimie, die das fragwürdigste historische Material in etwas Reines und Kostbares verwandelt; das Arbeiten mit historischen Statistiken muß man deshalb mit unermüdlicher Wachsamkeit bezahlen.« So desillusioniert klang das schon Mitte des neunzehnten Jahrhunderts.
26 Theodore W. Schultz, »On Investing in Specialized Human Capital«, S. 343.
27 Jeffrey Williamson kommt auf 0,3 Prozent. »New Views on the Impact«, S. 1.
28 Crafts, »British Industrialization in an International Context«, S. 425. Eine verläßlichere empirische Analyse des Wachstums und der Erträge in den einzelnen Industriezweigen findet man bei Temin, »Two Views«.
29 Siehe den Artikel »The Price of Light«, in: *The Economist*, 22. Oktober 1994, S. 84.
30 Ein frühes Beispiel dieser Vermeidung ist Youngson, *Possibilities of Economic Progress*, Kap. VIII: »The Acceleration of Economic Progress in Great Britain,

1750–1800«, besonders S. 117: »Was die Ökonomie als Ganzes angeht, so läßt sich nichts beweisen oder widerlegen.« Youngson behauptet, daß der »Fortschritt niemals konstant« war und die von den verschiedenen Sektoren geleisteten Einzelbeiträge sich ständig änderten. Resultat: viele Bäume, kein Wald.

31 Siehe Ward, »Industrial Revolution and Imperialism«, S. 58, seine Anmerkungen zu Cain und Hopkins, »Gentlemanly Capitalism«, S. 510ff. Mir persönlich scheint, daß Cain und Hopkins das nicht so geschrieben haben.

32 Eric Jones in *Growth Recurring*, S. 19. Siehe Landes, »The Fable of the Dead Horse«, wo es um die allgemeinere Debatte geht.

33 Zit. nach: Massie, *Die Schalen des Zorns*, S. 414f.

14
Warum Europa? Warum damals?

1 Zit. nach: McCloskey, »1780–1860: A Survey«, S. 243.

2 Zit. nach: White, »Cultural Climates and Technological Advance«, in: *Medieval Religion and Technology*, S. 221, Anm. 16. Interessanterweise war die Predigt in der Landessprache abgefaßt. Ich habe die von White angefertigte Übersetzung des Originals leicht verändert.

3 Garcia d'Orta, *Coloquios dos simples e drogas he cousas medicinais da India [Dialoge über Heilpflanzen, Arzneimittel und Probleme der Medizin in Indien]* (Goa 1563), zit. bei: Goodman, »Scientific Revolution«, S. 168f.

4 Zit. nach: Smith, *Science and Society*, S. 51. Vgl. die heutige Variante der Abhängigkeit von der Mathematik, in diesem Fall auf dem Gebiet der Kosmologie: »Supergravitationstheorie, Kaluza-Klein-Theorie, Standard-Modell – alle funktionieren sie, aber wir können partout nicht erklären, warum. ... Die Superstringtheorie gibt es zwar, aber sie macht sich über uns lustig, weil wir nicht schlau genug sind, sie definitiv zu lösen. Das Problem liegt darin, daß die Physik des 21. Jahrhunderts zufällig schon im zwanzigsten Jahrhundert entstanden, während die Mathematik des 21. Jahrhunderts noch nicht erfunden worden ist.« Michio Kaku, *Hyperspace* (New York 1993), zit. nach: *New York Times*, 20. März 1994, »Book Review«, S. 21.

5 Hier beziehe ich mich auf das Buch von Frances Yates, *Giordano Bruno*, und seinen Aufsatz »The Hermetic Tradition«. Yates weist darauf hin, daß die wissenschaftliche Revolution durchaus als Zwei-Phasen-Prozeß betrachtet werden kann: »In der ersten Phase gibt es ein animistisches Universum, auf das man via Magie einwirkt, in der zweiten ein mathematisches Universum, auf das man via Mechanik einwirkt.« »The Hermetic Tradition«, S. 273.

6 Hansen, »Science and Magic«, S. 495.

7 Daher der Giftskandal (*l'affaire des poisons*) in Frankreich: Damals wurden Hunderte von Wahrsagern, Astrologen und deren Kunden verhaftet und zielstrebig verhört; etwa 34 Personen wurden schließlich wegen Beihilfe zum Mord hingerichtet. Nichts hat, so schreibt Grenet in *La passion des astres*, S. 136–159, Astrologie und Magie beim breiten Publikum und bei den staatlichen Behörden mehr in Mißkredit gebracht als dieser Skandal. Die Wissenschaftler hatten diesem Unsinn ohnehin schon den Rücken gekehrt.

8 Siehe Edward Rosen, »Was Copernicus a Hermetist?«, in: Roger H. Stuewer (Hrsg.), *Historical and Philosophical Perspectives of Science*, S. 163–171: »Aus Magie und Astrologie der Renaissance entstanden nicht etwa die modernen Wissenschaften, sondern moderne Magie und Astrologie« (zit. nach: Hansen, »Science and Magic«, S. 505, Anm. 35). Wer freilich die Wissenschaft eher für abgeleitet als für autonom hält, kann dann auch beklagen, »mit wieviel Undank sich die Wissenschaft ›revanchierte‹: indem sie die der Magie eigene Metaphysik in den Bankrott trieb«. Ebenda, S. 497.

9 Ebenda.

10 Diesen Hinweis verdanke ich Noah Efron; er schreibt zur Zeit an der Hebrew University eine Doktorarbeit über die Reaktion jüdischer Gelehrter auf die neue Wissenschaft im siebzehnten Jahrhundert.

11 Siehe Sarton, »Arabic Science«, S. 321: »Während die Menschen im Westen das Geheimnis der experimentellen Wissenschaft entdeckt hatten und die neuen Methoden immer selbstbewußter und häufiger einsetzten, lasen die muslimischen Doktoren die immer gleichen Bücher und drehten sich hoffnungslos im Kreis. In Sachen Fortschritt bedeutet Stagnation immer Rückschritt; der Abstand zwischen westlichem und östlichem Denken vergrößerte sich zusehends, die Menschen des Westens gewannen immer mehr Vorsprung, und die Muslime – die sich nicht vom Fleck bewegten – fielen immer weiter zurück.«

12 Dumas, *Scientific Instruments*, S. 49–55.

13 Bei Sarton heißt es, ein algerischer Türke – Ibn Hamza al-Maghribi – habe Anspruch auf die Erfindung der Logarithmen erhoben. »Arabic Science«, S. 305, Anm. 2. Die entscheidende Frage ist aber: mit welchem Ziel?

14 Zit. nach: R. Lenoble, »The Seventeenth-Century Scientific Revolution«, in: Taton (Hrsg.), *A General History of the Sciences*, Bd. II: *The Beginnings of Modern Science*, S. 183.

15 Dooley, »Processo a Galilei«, S. 8f. (engl. Übers.)

16 Landes, *Revolution in Time*, S. 125ff. Das Problem bestand nicht zuletzt darin, daß Hooke hoffte, er würde von dieser und anderen Ideen zur Zeitmessung nicht wenig profitieren können, und fürchtete, ein Vermögen zu verlieren, wenn er sein Geheimnis preisgab. So hatte er schließlich überhaupt nichts davon.

17 »Dr. Blacks Theorie der latenten Wärme gab zwar nicht unmittelbar den *Anstoß* zu meinen Verbesserungen der Dampfmaschine, aber zweifellos haben sowohl die diversen Kenntnisse, die er mir freundlicherweise mitteilte, als auch das korrekte Schlußfolgern und Experimentieren, das er mir beispielhaft vorführte, zum Fortschreiten meiner Erfindungen beigetragen...« John Robinson, *A System of Mechanical Philosophy* [Edinburgh 1822], Bd. II, S. IX, zit. bei: Fleming, »Latent Heat«.

18 Zu dem ganzen Komplex siehe Musson und Robinson, *Science and Technology*, S. 80f.

19 Zu den Versuchen von Industriespionen, Informationen über eine 1681 im holländischen Utrecht errichtete Seidenspinnerei zu erhalten, siehe Davids, »Openness or Secrecy?«, S. 338.

20 Zu Lombe und der Mechanisierung des Seidenzwirnens siehe Wadsworth und Mann, *Cotton Trade*, S. 106ff.; Usher, *History of Mechanical Inventions*, S. 275f.

21 Zum Widerstand der Arbeiter in der Wollindustrie gegen die Mechanisierung siehe Randall, *Before the Luddites*; der Autor weist darauf hin, daß diese Reaktion nicht zuletzt mit Arbeitsorganisation und Gewinnbeteiligung zusammenhing. Dort, wo die Arbeiter, wie in Yorkshire, faktisch unabhängige Produzenten waren, taten sie sich mit der Übernahme neuer Methoden, die ihnen nützten, gar nicht schwer; wo sie lohnabhängig waren, wie in West Country, kämpften sie gegen die Maschinen, die ihre Arbeitsplätze bedrohten.

22 Die erste in der Reihe der Spinnmaschinen, die das Fabriksystem begründeten, wurde 1738 von Lewis Paul und John Wyatt konstruiert (und auf Pauls Namen patentiert). Das Hauptnovum dabei war die Verwendung sogenannter Streckwalzen, die sich unterschiedlich schnell drehten, um die Faser zu ziehen und zu dehnen – und genau das wurde in der Folge zur Standardausstattung der mit Spinnflügel oder dergleichen arbeitenden Maschinen. Damals war die Arbeitskräfteknappheit noch gar nichts im Vergleich zur nächsten Generation (um mit Wadsworth und Mann zu reden, nicht eigentlich gravierend; *The Cotton Trade*, S. 414). Aber die Ungleichmäßigkeit des von Handspinnern produzierten Garns – das sowohl beim einzelnen Spinner als auch von einem zum andern un-

terschiedlich ausfiel – führte dazu, daß die Weber weit mehr Garn kaufen mußten, als sie tatsächlich verbrauchten, nur um genug Garn einer bestimmten Qualität zu haben. Die Maschine verhieß das Ende dieses Mißstands. Ebenda, S. 416.

23 Diese Einschränkungen waren um so ärgerlicher, als die Verbrauchernachfrage zu steigen begann. Daß die Menschen immer mehr Dinge haben wollten, hätte das Arbeitskräfteangebot eigentlich ansteigen lassen müssen; langfristig geschah das auch. Kurzfristig jedoch lief die Nachfrage dem Angebot davon, und die Fabrikanten wurden ungeduldig. Zum Zusammenhang zwischen Verbrauch und Industrie siehe de Vries, »Industrial Revolution«.

24 Diese Erfahrung machte das kommunistische Regime in China sehr viel später, als es seine Hoffnung auf die Kampagne »Hinter jedem Haus ein Schmelzofen« setzte.

15
England und die anderen

1 Vgl. die Analyse zum Anteil der Landwirtschaft an der wirtschaftlichen Entwicklung Japans in: Ohkawa und Rosovsky, »A Century of Japanese Economic Growth«, und Hayami und Ruttan, »Korean Rice, Taiwan Rice«.

2 Zum kommerziellen Gartenbau siehe F.J. Fisher, »Development of the London Food Market«.

3 Manche Historiker würden die materiellen Zwänge ins Zentrum rücken. So schreibt Wrigley über Kohle als Schlüsselfaktor (*People, Cities and Wealth*, S. 90f.): »In dieser Welt [von Adam Smith] gab es eine Obergrenze für den Umfang der Industrieproduktion; gesetzt war sie durch die Schwierigkeit, die Rohstofflieferung zu konstanten oder abnehmenden Preisen zu steigern, solange die Industrie fast völlig auf organische Rohstoffe angewiesen war. Als dies nicht mehr zutraf, verschwand auch die Obergrenze.« Zum Transportwesen als Schlüsselfaktor siehe Szostak, *Role of Transportation.*

4 Zum Problem des Zufalls in der Wirtschaftsgeschichte siehe Landes, »What Room for Accident in History? Explaining Big Chances by Small Events«. Dieser Beitrag ist nicht zuletzt die Antwort auf einen bekannten und vielleicht absichtlich provokativen Artikel von Nick Crafts zur Frage der *ex ante*-Wahrscheinlichkeiten: »Industrial Revolution in Britain and France: Some Thoughts on the Question ›Why Was England First?‹«

5 Begriffe wie »Werte« und »Kultur« sind bei Ökonomen gar nicht beliebt; sie befassen sich lieber mit quantifizierbaren (präziser abgrenzbaren) Faktoren. Da wir das Leben aber nun mal so nehmen müssen, wie es ist, müssen wir auch von solchen Dingen reden, und deshalb gibt es bei Walt Rostow die »Neigungen« und bei Moses Abramowitz die »soziale Fähigkeit«. Oder was immer es sonst noch für Namen geben mag.

6 Dieser Punkt wirft eine Menge Fragen auf. Manche würden – heute vielleicht weniger als früher – geltend machen, daß die produktivste Volkswirtschaft diejenige ist, die von oben gelenkt wird. Eine solche Kommandowirtschaft heißt, daß der Staat sich das Mehrprodukt aneignet, nur um es nach vorheriger Planung um so besser wieder investieren zu können. Andere würden die These vertreten, daß der Staat wenigstens manches besser macht als der Markt. Aber dieses Thema gehört in ein anderes Buch, das schon andere geschrieben haben. Siehe Kuttner, *Everything for Sale.*

7 Daß sich der Aberglaube in einer Ära der Wissenschaft und des Rationalismus so hartnäckig halten konnte, mag auf den ersten Blick überraschen; aber sofern er darauf zielt, das Schicksal in den Griff zu bekommen, ist er ein Sieg über den Fatalismus. Er ist die Triebkraft der vom Glück Benachteiligten und Untüchtigen

beim Streben nach Glück und bei der Vermeidung von Unglück; ferner eine psychologische Stütze für die Verunsicherten. Daher noch heute der Rekurs auf Horoskope und Wahrsagerei. Dennoch überrascht es, daß man sogar in Wirtschaftsdingen auf die Magie zurückgegriffen hat: So wurde etwa im achtzehnten Jahrhundert die Suche nach Kohlevorkommen an der französischen Nordgrenze (Hainaut) und im Innern des Landes (Rive-de-Gier) fehlgeleitet und verzögert, weil man sich auf Wünschelrutengänger (*tourneurs de baguette*) verlassen hatte. Gillet, *Les charbonnages*, S. 29.

8 Eine der besten Erörterungen zu diesem Punkt findet sich in Liah Greenfeld, »The Worth of Nations«, S. 580 und passim. Man erinnere sich auch daran, wie Adam Smith die englische Navigationsakte mit dem Hinweis auf nationales Machtstreben gerechtfertigt hat. *Der Wohlstand der Nationen*, 4. Buch, Kap 2.

9 Siehe Berend und Ránki, *European Periphery*, S. 66, über die Grenzen staatlichen Handelns in den armen, unterentwickelten Gesellschaften Ost- und Südosteuropas. Ferner Batou und David, »Nationalisme économique«, S. 6, über das Fehlen eines hinreichend breiten »sozialen Konsensus« im Polen des neunzehnten Jahrhunderts.

10 Smith, *Der Wohlstand der Nationen*, 4. Buch, Kap. 5: »Exkurs über den Getreidehandel und die Getreidegesetze«, S. 452.

11 Macfarlane, »On Individualism«. Ländliche Industrie: Wie wir bereits sahen, hat das Verlagswesen auf dem Land eine bedeutsame Rolle gespielt, weil es zuvor ungenutzte oder unterbeschäftigte Arbeitskräfte der Produktion zuführte. Für den Verleger waren solche Arbeitskräfte billig und profitabel; für den ländlichen Heimarbeiter brachten die neuen Arbeitsmöglichkeiten einen erheblichen Anstieg seiner Einkünfte. Vgl. Faujas de Saint Fond, *Journey Through England*, Bd. I. Im Jahre 1778 widersetzte sich ein französischer Inspecteur des Manufactures der Einführung der Spinnmaschine in Frankreich, da sie die Verbreitung der Heimindustrie behindern werde; die wirtschaftliche Entwicklung interessierte ihn weniger als das Einkommen der Landbevölkerung. Wadsworth und Mann, *Cotton Trade*, S. 504, Anm. 2.

12 Fortescue, *Governance*, S. 114f. Vgl. die ähnlichen Empfindungen ein Jahrhundert später bei Bischof John Aylmer, zit. in: Fisher (Hrsg.), *Essays in the Economic and Social History*, S. 12f.

13 Über die Bedeutung eines solchen Gefühls siehe Greenfeld, »The Worth of Nations«.

14 Siehe Crouzet, »Les sources de la richesse de l'Angleterre, vues par les Français du XVIIIe siècle«, in: *De la supériorité*, Kap. 5, sowie die dort angegebenen Quellen, S. 488–493. Ferner Lacoste, *Voyage Philosophique d'Angleterre fait en 1783 et 1784*, Bd. I, S. 93; Chantreau, *Voyage dans les trois royaumes d'Angleterre, d'Ecosse et d'Irlande, fait en 1788 et 1789*, Bd. I, S. 7; Moritz, *Travels*, S. 31. Et al.

15 Defoe, *A Plan of the English Commerce*, S. 76f.

16 Crouzet, *De la supériorité*, S. 115, dort zitiert: J. Meyer, *L'armement nantais dans la deuxième moitié du XVIIIe siècle* (Paris 1968), S. 252; und Crouzet, »Les Français«, S. 28. Die Äußerung stammt von 1792. Über den Zusammenhang zwischen hohem Verbrauchsniveau und Industrialisierung (Nachfrage und Angebot) siehe den wichtigen Artikel von de Vries, »The Industrial Revolution«.

17 Zu Biencourt siehe Crouzet, *De la supériorité*, S. 115.

18 Siehe unter anderem McKendrick, Brewer und Plumb, *The Birth of a Consumer Society*; Hopkins, *Birmingham*; Shammas, *The Pre-industrial Consumer*; Weatherill, *Consumer Behaviour*; Berg (Hrsg.), *Markets and Manufacture*; und Berg, *Age of Manufactures* (2. Aufl.).

19 Siehe Muller, »Justus Möser«, S. 170f.

20 Auch die Briten hatten die Teilnahme religiöser Außenseiter am politischen Leben und deren Zugang zu Universitäten eingeschränkt; aber paradoxerweise bewog das diese »Minderheiten«, sich aufs Geschäft zu werfen, und bewahrte sie vor den Verlockungen des Adelsstandes.

21 Zum Versuch des Habsburger-Kaisers, diese Irrtümer durch eine umstrittene Verordnung von 1731 zu korrigieren, ebenda, S. 162f.

22 So etwa Warren Scoville, *The Persecution of Huguenots.*

23 Zu diesen zwar hartnäckig an ihrem Glauben festhaltenden, aber doch sehr gemäßigten Juden, die zu schneller Assimilation bereit waren, siehe Endelman, *Radical Assimilation*, S. 9–33.

24 Siehe Crouzet, »The Hugeonots and the English Financial Revolution«, in: Higonnet et al. (Hrsg.), *Favorites of Fortune*, S. 221–266.

25 Studeny, *L'invention de la vitesse*, S. 184.

26 Fukazawa, »Non-Agricultural Production«, S. 314f.

27 Raychaudhuri, »Non-Agricultural Production«, S. 286.

28 So etwa ebenda, S. 295: »Wenn es stimmt, daß die Notwendigkeit die Mutter der Erfindung ist, dann hat sie in Indien keinen starken Druck ausgeübt.«

29 Ebenda, S. 286f.

30 F. Buchanan, *A Journey from Madras...* (1807), zit. in: ebenda, S. 291. Raychaudhuri ist derselben Ansicht.

31 Brennig, »Textile Producers«, S. 86. Das Zitat stammt aus seinem Text.

32 Zu diesen Karawanen der Banjara (einer Nomadenkaste) siehe Habib, *Agrarian System*, S. 62, und Brennig, »Textile Producers«, S. 68f. Nach Brennigs Worten »hatte die Zeit wenig Bedeutung«.

33 Chaudhuri, *Trading World*, Anhang 5, Tabelle C.20, S. 540f.

34 Wadsworth und Mann, *The Cotton Trade*, S. 117.

35 Spear, *The Nabobs*, S. 75. Wohlgemerkt: Die indischen Schiffszimmerleute hatten einen ausgezeichneten Ruf und bauten ihre Schiffe nicht nur für einheimische, sondern auch für Käufer aus anderen Teilen Asiens. Die Europäer wandten sich fast ausschließlich an Inder, nicht nur weil deren Arbeit gut (Teakholz war besser als Eiche) und billig war, sondern auch weil europäische Schiffe bei ihrer Ankunft im Indischen Ozean schon arg mitgenommen waren.

36 Habib, »Potentialities«, S. 63.

37 Raychaudhuri, »Non-Agricultural Production«, S. 292, berichtet von indischen Schiffszimmerleuten, die die Planken vernieteten (riveting), und meint, das sei eine dem europäischen Kalfatern überlegene Technik gewesen. Ist hier ein Irrtum unterlaufen und es muß »verfugen« (rabbeting) heißen? Zu den indischen Techniken siehe Barendse, »Shipbuilding«, und Bhattacharya, »A Note on Shipbuilding«. In Europa reicht die Liebe zum Eisen weit zurück. Gimpel, *Die industrielle Revolution des Mittelalters*, S. 41f., führt Anzahl und Vielfalt der in Lagern vorrätigen Nägel auf: eine halbe Million in Calais im Jahr 1390; Zigtausende in einem Dutzend verschiedener Größen (mit Preisen aufgelistet) in York Castle im Jahr 1327. Die Spezialisierung der Nägel durch den Gebrauch zeigt, wie differenziert diese Technik bereits geworden war.

38 Kuppuram, »A Survey of Some Select Industries«, S. 46.

39 Habib, »Potentialities«, S. 62 und Anm. 4; dort erwähnt: J. Ovington, *A Voyage to Surat in the Year 1689* (London 1929), S. 166f. Ovington schreibt, den indischen Handwerkern sei die Herstellung von Uhren schwergefallen, weil sich Staub in die Zahnräder gesetzt hätte. Das leuchtet nicht ein. Es mag ein Problem gewesen sein, aber mit der indischen Technik hätte es gelöst werden können. Was die chinesischen Uhren angeht, so waren sie dürftige Imitationen der europäischen. Zu Claude Martin, der ein riesiges Landgut hinterließ, das noch heute die Gelder für Schulen (unter dem Namen La Martinière) in Lucknow, Kalkutta und Lyons erwirtschaftet, siehe Landes, *Revolution in Time* und *L'heure qu'il est*.

40 Chaudhuri, *Trading World*, S. 273f. Siehe auch Bernier, *Voyage dans les états*, S. 168.

41 Kerr, »Colonialism and Technological Choice«, S. 95ff. Kerr hält die Entscheidung der Inder für sehr rational, aber Rationalität ist eine Funktion der Zwecke ebenso wie der Mittel.

42 Erklären läßt sich das teilweise dadurch, daß in Asien solche Arbeiten Frauen und Kindern zugewiesen wurden, also Menschen, die nicht nein sagen konnten. Vergleichbare Strukturen finden sich auch anderswo, zum Beispiel in Südostasien, wo die Frauen den Reis mit einem Fingermesser ernteten, jeden Halm einzeln, und nicht mit einer Sichel. Angeblich geschah das zu Ehren des Reisgeistes; aber es ist ja nicht ungewöhnlich, daß die schwere Arbeit der Frauen mit der Weihe frommer Mythen umgeben wurde. Hätten Männer den Reis geschnitten, so wäre es zu Ehren des Reisgeistes wohl mit einer schnellen Sichel geschehen, und man hätte ihm eine symbolische Handvoll des Geernteten geopfert. Zur Erntearbeit mit Fingermessern siehe Reid, *Southeast Asia*, Bd. I, S. 5.

16
Albion und seine Verfolger

1 Ein Wort zum Begriff *komparativer (oder relativer) Vorteil*, den ich noch bei anderer Gelegenheit verwenden werde. Er bedeutet nicht, wie es zunächst den Anschein hat, die Fähigkeit, etwas billiger herzustellen als ein beliebiger anderer Produzent. Er bezeichnet vielmehr die Fähigkeit, mit einer bestimmten Tätigkeit mehr Geld zu verdienen als mit einer anderen. Ein Land, das seinen komparativen Vorteil verfolgt, stellt mithin die Dinge her, die ihm am meisten einbringen, und nicht einfach irgend etwas, das es billiger produzieren kann als seine Konkurrenten.

2 Siehe die Verweise auf McCloskey in Landes, »Fable«, S. 163, Anm. 27. In Pollards Buch *Peaceful Conquest* wird die Geschichte der europäischen Industrialisierung nicht als verbissene Reaktion auf die britische Herausforderung, sondern als harmonisch verlaufene Ausbreitung der Technik nach Marktgrundsätzen dargestellt. Das war sie – auch. Siehe Davis, »Industrialization in Britain and Europe«, S. 54f.

3 Zit. nach: Crouzet, *De la supériorité*, S. 105.

4 Ebenda, S. 107.

5 Voltaire, *Essai sur les moeurs et l'esprit des nations* (Paris 1963), Bd. II, S. 695ff., zit. nach: Crouzet, »Les Français«, S. 24. In Wirklichkeit wurde die Navigationsakte erstmals im Jahre 1651 erlassen und 1660, gleich nach der Wiedererrichtung der Monarchie, ergänzt.

6 Crouzet, *De la supériorité*, S. 110. Crouzet merkt an (S. 489, Anm. 28), diese Verärgerung über die englischen Handelspraktiken lasse sich bereits in Jacques Savarys Wirtschaftslehrbuch *Le parfait négociant* (1675, dt. *Der vollkommene Kauff- und Handelsmann*, 1676) finden. Andererseits heißt es in einem Memorandum von 1711, England sei erst dann zu strengen Schutzzollbestimmungen übergegangen, als Frankreich es vorgemacht habe, und im Grunde seien die Engländer beim Handeltreiben viel fairer [*noblement*] als andere Nationen. Solche Ansichten reichen natürlich über persönliche Wahrnehmungen nicht hinaus.

7 So Crouzet ironisch und unter Hinweis auf mehrere Quellen, S. 490, Anm. 31.

8 Andreas Riem, *Reisen durch Deutschland, Frankreich, England und Holland* (8 Bde., Frankfurt/Leipzig 1796–1801), Bd. IV: *Reise durch England in verschiedener, besonders politischer Hinsicht* (1798), S. 17.

9 Mirabeau, S. 47.

10 Karl Marx, Vorwort zu *Das Kapital*, S. 12. Dieser Glaube an Gesetze mündete unter anderem in die Definition eines genuin sozialistischen Entwicklungsweges, die – in einer Art Metall-Fetischismus – ganz auf die Schwerindustrie setzte. (Nicht zufällig legte sich Josef Dschugaschwili als *nom de parti* den Namen Stalin [stählern] zu.)

11 Obgleich die empirische Forschung seit langem belegt hat, wie verschieden die nationalen Entwicklungsmuster aussehen (siehe etwa Clapham, *Economic Deve-*

lopment [1923]), hält sich der Mythos vom »einheitlichen, mehrsträngigen Industrialisierungsmodell auf der Grundlage des englischen Vorbilds« und gibt nach wie vor den unwiderstehlichen Strohmann ab, auf den mit immer neuen Revisionen des angeblichen Konsenses eingeschlagen wird. So etwa die (in mehrerlei Sinn) wunderbaren Erkenntnisse von O'Brien und Keyder in *Economic Growth in Britain and France*, wo die Autoren mit viel Trara verkünden, Frankreich habe seinen eigenen »Weg ins zwanzigste Jahrhundert« gefunden. Einen kritischen, allerdings nachsichtigen Blick auf diese Bilderstürmerversuche wirft David, »Industrialization in Britain and Europe«, S. 48–54.

12 So sieht es Jordi Nadal in seinem Buch *Fracaso de la Revolución industrial en España*, nach seinen Worten eine »Analyse der Ursachen, die dem Versuch, das klassische – englische – Modell der wirtschaftlichen Entwicklung in Spanien anzuwenden, Grenzen setzen«.

13 Wie wichtig die Region als Produktionseinheit ist, hat man bereits vor längerer Zeit entdeckt. Siehe etwa die in den fünfziger Jahren erschienenen Monographien von N.J.G. Pounds; ferner Pounds und Parker, *Coal and Steel*; Wrigley, *Industrial Growth* (eine Studie über die zur Zeit Karls des Großen Neustria genannte Region); sowie eine große Anzahl französischer humangeographischer Studien, die bis zum Beginn des Jahrhunderts zurückreichen. Daraus freilich zu schließen, der Nationalstaat sei kein nützlicher, ja unverzichtbarer Forschungsgegenstand, hieße, das Kind mit dem Bade auszuschütten. Das eine schließt das andere nicht aus. Solange die Wirtschaftstätigkeit von nationalen Interessen und staatlicher Politik geprägt und solange die Nation Hauptquelle und -bezugsrahmen unseres Zahlenmaterials ist – das war schon immer so, und meiner Ansicht nach gibt es keine Aussicht, daß sich das ändert –, so lange werden Länderstudien und -vergleiche den Kern der Forschung bilden. Siehe dazu John Davis' Erörterung von Pollard, *Peaceful Conquest*, in: Davis, »Industrialization in Britain and Europe«, S. 55.

14 Good, *Der wirtschaftliche Aufstieg des Habsburgerreiches 1750–1914*, S. 20. Einen – wie wir heute sagen würden – politisch korrekten Angriff gegen das Vorurteil, das in solchen auf uns zentrierten Zeitvorstellungen steckt, findet man in Fabian, *Time and the Other*. Vgl. auch Landes, »Time of Our Lives«, S. 719, Anm. 7.

15 In der anglo-amerikanischen Geschichtsschreibung wird das Wort »feudal« (von *feudum*, Lehen) nur dann verwendet, wenn es um die Beziehungen zwischen Lehnsherren oder zwischen ihnen und den Vasallen geht – um die Regeln und die Praxis oberhalb der Standesgrenze. Regeln und Praxis zwischen Lehnsherren und Bauern (über die Standesgrenze hinweg) werden in der Regel als »seigneurial« oder »manorial«, als »grundherrschaftlich«, bezeichnet. Auf dem europäischen Kontinent bezeichnet man als »feudal« all jene Aspekte der Gesellschaft und Ökonomie, die auf mittelalterliche Gepflogenheiten zurückgehen, also im Grunde das Ancien régime.

16 Ein ähnliches Gesellschaftsmodell findet man in Indien: Brahmanen, Krieger, Kaufleute und Bauern; außerdem im Japan der Tokugawa-Zeit: Samurai, Bauern und Kaufleute. All dies sind Versuche, der Gesellschaft funktionale Ordnung und Stabilität zu verschaffen und dergestalt die Eliten vor Veränderungen zu schützen. Noch am Vorabend der Revolution von 1789 haben die Franzosen diese Unterteilungen benutzt, um die politische Vertretung in den Generalständen (den *Etats généraux*) festzulegen; allerdings fehlten Berufsschranken. Die Engländer hatten ihre eigene, noch um einiges gröbere politische Version mit der Aufteilung des Parlaments in House of Lords und House of Commons.

17 Siehe Domar, »Causes of Slavery or Serfdom«.

18 Zit. nach: Bradley, *Guns for the Tsar*, S. 132.

19 Das Wort *obrok* bedeutet eine geldförmige Zahlung. Mal bezeichnete man damit die Steuer, mal den Pachtzins.

20 Crisp, »Labour and Industrialization in Russia«, in: Mathias und Postan (Hrsg.), *The Cambridge Economic History of Europe*, Bd. VII, Teil 2, S. 330. Diese Zahl (vier Millionen) steht für etwa 6,5 Prozent der damaligen Bevölkerung. Relativ gesehen also eine kleine, absolut gesehen aber eine große Zahl.

21 Manche Wissenschaftler würden hervorheben, daß vor allem die Halbherzigkeit der Bauernbefreiung (und zumal die Aufrechterhaltung der Abgabe- und Dienstpflichten von Dörfern) für ihre Wirkungslosigkeit verantwortlich ist; siehe Gerschenkron, »Die Vorbedingungen«, S. 25. Wie mein Text deutlich macht, lege ich meinerseits das Gewicht mehr auf die Wirkung, die der Freiheitsgewinn auf die Industriearbeiter ausübte – sowohl auf die, die schon dort waren, als auch auf die, die noch angeworben wurden.

22 Es gab Gerichtsstände, die eine Ausnahme bildeten: das Elsaß, zum größten Teil 1648 erworben (Straßburg 1681); das Franche-Comté in Burgund, 1678 den Händen Spaniens entrissen; Lothringen, 1766 annektiert; sowie die erst kurz zuvor eroberten Gebiete in Flandern – alle zum Teil mit eigenen Gesetzen und Gepflogenheiten. Die europäischen Nationalstaaten waren erst im Entstehen begriffen.

23 Eine Ausnahme waren die Genossenschaften der Handwerksgesellen, von denen viele zum Zweck der Berufsvorbereitung durchs Land zogen und bei jeder Reiseunterbrechung gastfreundlich aufgenommen wurden. Diese sogenannten *compagnonnages* dienten als Netzwerke und lieferten Informationen über Arbeitsstellen und Arbeitgeber, spielten aber im Arbeitskonflikt keine große Rolle. Mit ihren geheimen Begrüßungsformen und ihren viel gereisten, oftmals hochgebildeten Mitgliedern luden sie zu romantischen Tagträumen ein. Aber weder machten sie Ärger, noch bekamen sie welchen.

24 Bericht vom Frühjahr 1859, zit. bei: Hamerow, *Social Foundations*, S. 120. Der Ausdruck »Schutzzollsystem« meint die Schutzzölle auf den Import bestimmter Güter, insbesondere Baumwollwaren, die die noch in den Anfängen steckende einheimische Industrie schützen und fördern sollten.

25 Mitte der sechziger Jahre des neunzehnten Jahrhunderts galt das neue System schon in sechzehn Staaten des Deutschen Bundes mit 34 Millionen Einwohnern; sieben Staaten mit sieben Millionen Einwohnern waren in der Übergangsphase; und zwölf Staaten mit nur 3,5 Millionen Menschen, die meisten von ihnen weitgehend agrarisch, hielten an der alten Ordnung fest. Hamerow, *Social Foundations*, S. 121.

26 Heckscher, *Der Merkantilismus*, Bd. I, S. 46.

27 Heckscher, ebenda, S. 53, behauptet, daß selbst die höchsten Beamten diese Geheimhaltungstaktik stillschweigend duldeten; so wurde dem Zolldirektor in Ostpreußen die Zolltaxe von 1644 mitgeteilt unter der strengen Auflage, sie niemandem zu offenbaren. Eine solche Strategie ist nur verständlich, wenn die unrechtmäßig erworbenen Gewinne mit den jeweils Höherstehenden geteilt wurden.

28 Ein Beispiel mit ökonomischem Hintersinn findet sich bei Koerner, »Linnaeus' Floral Transplants«, der sich mit dem im achtzehnten Jahrhundert unternommenen Versuch befaßt, ausländische Flora unter den klimatischen Bedingungen Schwedens zu züchten. Linnés ehrgeiziger Versuch, im Norden Tee anzubauen, scheiterte zwar, aber er versuchte sich hier im Vorgriff an einem der wichtigsten Wissensfortschritte, die die Entdeckungen auf dem Erdball erbracht haben.

29 Ich beziehe mich hier auf Tortella, »Patterns of Economic Retardation«, S. 8f.

30 Tortella sagt es anders: Der komparative Nachteil der Schweiz auf dem Gebiet der Landwirtschaft war nach seiner Ansicht erheblich größer. Unter Berufung auf Bergier, *Histoire économique*, S. 106, S. 179, weist er darauf hin, daß die Schweiz vom Mittelalter an beinahe 50 Prozent ihrer Nahrungsmittel importiert hat. Aber der komparative Vorteil ist immer relativ, und das heißt einfach: Die schweizerische Industrie war rentabler – trotz der staatlichen Subventionen für die Landwirtschaft.

31 Tortella, »Patterns of Economic Retardation«, S. 11.

32 Dazu siehe Tortella, »La pénurie d'entrepreneurs«, S. 63f.

33 Die beste, jedenfalls besonders leicht erhältliche Quelle ist ein Roman, nämlich Lampedusas *Il Gattopardo (Der Leopard)*.

34 Bradley, *Guns for the Tsar*, S. 45.

35 Man erinnere sich an die Instruktionen, die die Portugiesen ihrer zweiten Indienflotte mitgaben (siehe Kapitel VI): Abstand halten und sie in die Luft jagen. Die Vorliebe für den Dolch gegenüber dem Gewehr zeigt die technische Unterlegenheit an.

36 Siehe Bradley, *Guns for the Tsar*. Auffällig ist die Ähnlichkeit zu den Einstellungen der Japaner. Die japanische Industrie stellt man sich immer außerordentlich effizient vor, aber noch im Zweiten Weltkrieg war die japanische Rüstungsindustrie qualitativ sehr unzuverlässig, und Armeebüchsen, Handfeuerwaffen und Munition der Armee ließen viel zu wünschen übrig. Einen Ausgleich suchten die Soldaten im Bajonett, das oft beständig aufgepflanzt blieb, und sie trieben einen mystischen Kult mit persönlicher Tapferkeit im Nahkampf: »Das Aufpflanzen des Bajonetts ist mehr als die Befestigung der Klinge am Gewehr, denn dabei wird die Seele des Soldaten mit Eisen gefüllt.« Auch die Offiziere verließen sich eher auf das Schwert als auf den Revolver und griffen, wenn sie irgend konnten, lieber zum Samurai-Schwert als zur Armeewaffe. Eine beliebte Mutprobe (oftmals bei Gefangenen): Enthauptung oder Längsspaltung des Körpers auf einen Streich. Siehe M. und S. Harries, *Soldiers of the Sun*, Kap. 35, »›My Sword Is My Soul‹«.

17
Zum Geldverdienen braucht man Geld

1 Manche Industrieunternehmen gründeten ihre eigenen Banken, teils um ihre wirtschaftlichen Transaktionen zu erleichtern, teils um Kapital von ortsansässigen Einlegern anzulocken. Wenn solche Firmen Gelder, die den Einlegern auf deren Aufforderung hin zurückgezahlt werden mußten, immobilisierten (investierten), waren sie durch jeden Konjunkturabschwung und jede Krise gefährdet. Immerhin zeugt die Richtung, in der die Initiative verlief (von der Industrie zum Bankgeschäft), von den reichlichen Ressourcen, über die die britische Industrie verfügte.

2 Die letzteren können die relativen Faktorkosten zwar günstig beeinflussen, aber sie können auch das Gegenteil tun. Die Wahl der Technik ist eine komplizierte Sache. Man nehme die Anlagen: Denkbar ist, daß man die Maschinen nur in der allerneuesten Ausführung bekommt, weil die Maschinenhersteller keine anderen produzieren. Kauft man sie aber aus zweiter Hand, kann man womöglich allerhand dabei einsparen – vorausgesetzt, man weiß sie zu benutzen. Das allerdings ist nicht so einfach; ältere Maschinen können schwerer zu warten sein; und woher bekommt man Ersatzteile – ausrangierte Geräte ausschlachten?

3 Einige dieser Familien begannen als Bürgerliche (die Demidows als Leibeigene), bauten ihr Vermögen in der Industrie auf, erhielten den Adelstitel für die von ihnen geleisteten Dienste, blieben in der Industrie und verbesserten ihren Sozialstatus durch klug gewählte Eheschließungen. So wurde die Hüttenbesitzerdynastie Wendel zu *de* Wendel; zwar heiratete sie nicht in den Hochadel hinein, fand jedoch unter den alteingesessenen Familien mit bescheidenerem Wohlstand ausreichend Begabung und Stolz. Eine dieser *grandes dames*, die aus einer solchen bis ins Mittelalter zurückreichenden Familie stammte und einen Wendel geheiratet hatte, erzählte ihren (natürlich schmunzelnden) Zuhörern immer wieder gern, daß ihre Verwandten den Ehemann nur als *le gros quincaillier* – den großen Eisenwarenhändler – kannten.

4 Freudenberger, »The Schwarzenberg Bank«, S. 51 und passim.
5 Zu dieser Bankierswelt siehe Landes, »Vieille banque et banque nouvelle« und *Bankers and Pashas*.
6 Zu den Rothschild-Interessen in Industrie und Transportwesen siehe Niall Ferguson, *Rothschilds* (1998), eine Geschichte des Bankhauses und der Familie.
7 Siehe Barbier, *Finance et politique*, Kap. 14: »Fould après Fould«, in dem er den diversen Beziehungen der Bankiersfamilie Fould nachgeht: zum Bankhaus Heine und anderen Banken in Deutschland, zu den Gunzburgs in St. Petersburg (Nachfolger von Stieglitz; mittlerweile durch Heirat mit den Bronfmans liiert), zu den Lazards und den Furtados in Frankreich, außerdem zu Adelsfamilien (alter Feudal- oder napoleonischer Adel) mit Weinbergen, Pferden und Kleinstterritorien als Hausmacht.
8 Das französische Gesellschaftsrecht unterschied vier Organisationsformen: erstens offene Handelsgesellschaften (*sociétés en nom collectif*), bei denen alle Partner eine unbeschränkte persönliche Haftung übernahmen; zweitens Kommanditgesellschaften (*sociétés en commandite*), bei denen es sowohl unbeschränkt (persönlich) haftende Gesellschafter als auch beschränkt (nur mit Einlage) haftende Gesellschafter gab; drittens Kommanditgesellschaften auf Aktienbasis (*commandites par actions*), bei denen die beschränkt haftenden Gesellschafter übertragbare Anteile besaßen; und viertens eigentliche Aktiengesellschaften (*sociétés anonymes*), bei denen alle Gesellschafter nur beschränkt hafteten und alle Einlagen die Form von übertragbaren Aktien hatten. Bis zur generellen Einführung der beschränkten Haftung im Jahr 1867 mußten all diese Gesellschaften vom Gesetzgeber offiziell zugelassen werden. Diese Vorschrift machte die Gründung einer Gesellschaft kostspielig und schwierig (was half, waren Beziehungen zu Politikern), aber damals ging man noch allgemein davon aus, beschränkte Haftung sei ein Verstoß gegen geschäftliche Moral und Gepflogenheiten (Geldgeber, so fand man, hätten ein Recht auf besseren Schutz) und dürfe nur in Ausnahmefällen gewährt werden.
9 Neben der Société Générale in Brüssel vor allem der A. Schaffhausen'sche Bankverein in Köln, eine Privatbank, die in der Krise von 1848 in Konkurs ging und dann in eine Kapitalgesellschaft umgewandelt wurde. Der allgemeine Eindruck, die Brüder Pereire hätten sich eine ganz neue Gesellschaftsform ausgedacht, geht zurück auf einzelne Studien; siehe zum Beispiel Plenge, *Gründung und Geschichte des Crédit Mobilier*, auf den Gerschenkron sich in *Economic Backwardness in Historical Perspective* bezieht (der Aufsatz, der den Buchtitel geliefert hat, datiert von 1951).
10 Auch die Deutschen, mit dem Gesetz vom 11. Juni 1870. Die Frage war, ob Geschäftsleute eine Kapitalgesellschaft mit beschränkter Haftung gründen konnten, ohne vorher die Erlaubnis der Regierung einzuholen (sei es in Form einer Konzession durch die Krone oder eines durch das Parlament verabschiedeten Gesetzes). Das zaristische Rußland hat sich nie dazu durchringen können, die routinemäßige Eintragung einzuführen: Ein Erlaß von 1836, der bis zur Revolution von 1917 in Kraft war (danach galt das ohnehin alles nicht mehr), bestimmte, daß jede Gesellschaft gesetzlich zugelassen werden mußte. F. Crouzet, in: Moss und Jobert (Hrsg.), *Naissance et mort*, S. 201. In den Vereinigten Staaten gab es in jedem der Einzelstaaten andere Vorschriften; in einigen Staaten wurde die routinemäßige Gründung von Kapitalgesellschaften zwar schon weit vor dem Bürgerkrieg eingeführt, aber dennoch dominierten bis in die siebziger Jahre des neunzehnten Jahrhunderts die Personengesellschaften. Ein Grund dafür war, daß die Banken bei der Kreditvergabe lieber auf die Sicherheit der unbeschränkten Haftung bauen wollten.
11 Gleichwohl wird in der wissenschaftlichen Literatur noch heute, nach fast hundertjähriger Wiederholung dieser These, der entscheidende Beitrag des Crédit Mobilier hervorgehoben. Gewiß hat er beispielgebend gewirkt, aber nicht in Frankreich, wo er allenfalls ein abschreckendes Beispiel war.

12 Zum Thema »Hilfe für die Starken« siehe R. Tilly, »German Banking, 1850–1914«.

13 Ebenda, S. 113. Ist hier wirklich das ganze industrielle Aktienkapital gemeint? Oder lediglich das der Kapitalgesellschaften mit beschränkter Haftung?

14 Aus der Geschichte der europäischen Zölle geht hervor, daß es stets einen von breitem Konsens getragenen, fast instinktiven Protektionismus gab, der nur hin und wieder von administrativen Maßnahmen einer Elite zugunsten größerer Handelsfreiheit unterbrochen wurde. Beispiele waren das Eden-Abkommen von 1786, das Cobden-Chevalier-Abkommen zwischen England und Frankreich von 1860, der Gemeinsame Markt nach dem Zweiten Weltkrieg und das Allgemeine Zoll- und Handelsabkommen GATT. Im Widerstreit liegen immer die spontane Wahrnehmung von Interessen einerseits und hochreflektiertes ökonomisches Denken andererseits.

15 Theoretisch hätte die Konkurrenz auf dem Binnenmarkt die Preise (und Profite) senken müssen, selbst wenn ein Wall von Schutzzöllen diesen Markt umgibt. Aber die leistungsstärkeren Produzenten nutzten nur allzu gern die Gelegenheit zur Preisgestaltung durch ihre rückständigen Konkurrenten, hinter denen sie sich versteckten, und so strichen sie Monopolgewinne ein. Siehe Guy Thuillier, *Aspects*, S. 255: »Das Überleben [kleiner altmodischer Holzkohlenhütten], die Trägheit des Wirtschaftsmilieus und der Schutz fest etablierter Ansprüche sichern den neuen Hüttenwerken einen Extraprofit; nicht bloß werden sie durch Schutzzölle vor der Konkurrenz ausländischen Eisens geschützt, der Gewinn, den sie daraus ziehen, verdoppelt sich noch durch einen technologischen Gewinn: Denn die noch bestehenden archaischen kleinen Hüttenwerke produzieren zu sehr hohen Preisen.« Siehe auch S. 249f. zum Problem, daß die gehämmerten Gewehrläufe erst sehr spät durch die gewalzten ersetzt wurden: Die Herstellung der letzteren kostete zwar viel weniger, aber die Hersteller wollten denselben Preis dafür haben wie für die anderen. Ziel war hier nicht der Marktanteil, sondern die Profitrate. Aber da es sich bei dem Käufer um den Staat handelte, warum nicht?

16 Zum Sieg der Liberalisierung des Handels siehe Levasseur, *Histoire des classes ouvrières… de 1789 à 1870*, Bd. II, 6. Buch, Kap. 5. Wohlgemerkt, dieser Übergang zu mehr Handelsfreiheit hielt nur kurze Zeit an. Im Gefolge einer gravierenden Finanz- und Wirtschaftskrise (ab 1873) griffen die wichtigsten Industrienationen wieder auf den Protektionismus zurück (Deutschland, Österreich, Italien 1878/79; Frankreich mit dem Méline-Zollgesetz von 1892). Zugleich praktizierten die Vereinigten Staaten einen weit schärferen Protektionismus, als er in Europa (Rußland ausgenommen) vorherrschte. Nur Großbritannien blieb dem Freihandel treu, obgleich auch dort die Propaganda für Schutzzölle zunahm. Zum gesamten Thema siehe Bairoch, *Economics and World History*, S. 16–55; anders als viele Mainstream-Ökonomen vertritt er die These, der Protektionismus habe durchaus seine lohnenden Seiten.

17 Die Stadt Le Creusot liegt im Nivernais, der Region um die Stadt Nevers, 370 Kilometer südöstlich von Paris.

18 Die Fabrik lag genau im Norden von Nevers an der Loire, etwa 230 Kilometer südlich von Paris.

19 Siehe André Thuillier, *Economie et société nivernaises*, Kap. IX und X.

20 Zu diesem nicht seltenen Wechsel von der Industrie ins Bankgewerbe, in der Regel über Geschäfte mit Handelspapieren, siehe Landes, *Bankers and Pashas*, Kap. I.

21 Zum Bankhaus Seillière und zum Werdegang der während der Revolution und im Kaiserreich nach Paris »aufsteigenden« lothringischen Geschäftsleute siehe Bergeron, *Banquiers*, S. 54f. Zur Rolle der Banque Seillière für die Karriere von Ignace de Wendel beim späterem Rückkauf der Hüttenwerke und dem Kauf der Hütte von Moyeuvre siehe Woronoff, *L'industrie sidérurgique*, S. 485.

22 Zum Teil lag das einfach an der Richtung, den der technologische Wandel nahm: Ersetzung der Arbeitskraft durch Kapital; aber auch daran, daß nach Gerschenkrons Ansicht der Weg zu schnellem Wachstum und Aufholen des Rückstands über die Schwerindustrie führt. Vorgefunden hat er das in Deutschland und Rußland, und er erhob es zum Paradigma. Ironischerweise (denn Gerschenkron war alles andere als ein Marxist) hatte die marxistische Wirtschaftstheorie einen ganz ähnlichen Kurs verfolgt.

23 Andere und bisweilen abweichende Ansichten zu diesem Punkt findet man bei Sylla und Toniolo (Hrsg.), *Patterns of European Industrialization.*

18
Der Reichtum des Wissens

1 Harris, »The First British Measures« und »Law, Espionage, and the Transfer of Technology«; Cellard, *John Law*, S. 180f.

2 Jars besichtigte auch metallverarbeitende Betriebe in der Steiermark, in Böhmen, in der Gegend um Lüttich (heute Belgien) sowie in Schweden. Obgleich er bald nach der letzten Reise (zu Hüttenwerken in Ost- und Mittelfrankreich, 1768/69) starb, konnte er seine Entdeckungen noch persönlich an mehrere Hüttenmeister und Techniker weitergeben, darunter Ignace de Wendel. Ein Teil seiner Berichte wurde von seinem Bruder, ebenfalls Gabriel, veröffentlicht unter dem Titel *Voyages métallurgiques* (1774–1781). Woronoff, *L'industrie sidérurgique*, S. 16. Siehe auch Harris, *Essays in Industry*, S. 87f.

3 Landes, *Revolution in Time*, S. 161.

4 Young, *A Six Months Tour through the North of England* (2. Aufl. 1771, dt. *Sechs monathliche Reise durch die nördlichen Provinzen von England*, Leipzig 1772), zit. nach: Musson und Robinson, *Science and Technology*, S. 216, Anm. 3.

5 Es gibt aber durchaus Fälle, in denen patriotische Gefühle über den materiellen Vorteil siegen. Siehe Landes, *Revolution in Time*, Kap. 10: »The French Connection«, zum internationalen Wettlauf um die Erfindung des Schiffschronometers.

6 Zu Boultons unermüdlicher Suche nach Facharbeitern (er »hatte stets ein Auge auf die französischen Erfindungen in der Produktion von Luxusgütern«) siehe Musson und Robinson, *Science and Technology*, S. 218–221.

7 Ebenda, S. 225ff.

8 Harris, »Industrial Espionage in the Eighteenth Century«, in: ders., *Essays in Industry*, S. 164f. Ein detailliertes Porträt von einem dieser Schnüffler hat Harris in »A French Industrial Spy« vorgelegt.

9 Harris, *Essays in Industry*, S. 170.

10 Michael Polanyi bezeichnet das als implizites Wissen (tacit knowledge). Kenneth Arrow spricht vom Lernen in der Praxis. Siehe Polanyi, *Implizites Wissen*; Arrow, »The Economic Implications of Learning by Doing«; J. Howells, »Tacit Knowledge«.

11 Harris, *Essays in Industry*, S. 171. Ganz zu Recht weist Harris darauf hin, daß die Tatsache, daß all diese Spione sich in Großbritannien versammelten, »den zentralen Stellenwert der Technologie für die Industrielle Revolution herausstreicht und die einzigartige technologische Führungsrolle Großbritanniens bestätigt«; ferner daß »der technologische Vorsprung Englands durch Kumulation entstand und die Aufmerksamkeit der anderen schon vor dem großen Start ins Wirtschaftswachstum auf sich zog«. Ebenda, S. 164.

12 Zu Alcock siehe Harris, »Attempts to Transfer English Steel« und »Michael Alcock and the Transfer of Birmingham Technology«. Dem letzteren Artikel zufolge hat der Vater von Alcocks Freundin, als Mrs. Alcock nach La Charité kam, bestritten, daß sie seine Mätresse gewesen sei. Aber das könnte er auch nur gesagt

haben, weil Alcocks französische Konkurrenten Gerüchte über diese Liaison nutzen wollten, um ihn bei den Behörden in Mißkredit zu bringen. (Seither sind die Franzosen über solche Bedenken hinaus und wundern sich über den puritanischen Eifer der amerikanischen Streitkräfte.)

13 Zu den Cockerills siehe Mokyr, *Industrialization in the Low Countries*, Kap. II; ferner Demoulin, *Guillaume Ier*, sowie Henderson, *Britain and Industrial Europe.* Das Zitat entnimmt Mokyr aus Nisard, »Souvenirs de voyage, le pays de Liège«, in: *Revue de Paris*, 24 (1835), S. 130–146. John hatte zwei ältere Brüder, William Jr. und James. Beide ließen sich in Preußen nieder, wo William eine Wollspinnerei in Guben, James eine Maschinenfabrik in Aachen eröffnete. Henderson, *State and the Industrial Revolution*, S. 113.

14 Héron de Villefosse im Jahre 1803, zit. nach: Woronoff, *L'industrie sidérurgique*, S. 318. Die Anspielung mag dem kurzen Frieden von Amiens gelten, der den Franzosen Gelegenheit gab, britische Unternehmer und Techniker ins Land zu holen.

15 Hier das klassische Beispiel: Eine Gruppe von Spinnereibesitzern in Lancashire hatte sich an Richard Roberts, Mitinhaber der Maschinenfabrik Sharp, Roberts, mit der Bitte gewandt, eine vollautomatische Mulemaschine zu bauen, das heißt eine Maschine, die den Spindellaufwagen vor Beginn eines neuen Streck- und Spulzyklus selbsttätig zurückbefördert. Gedacht war das als Knebelung der Mulespinner, die in diesem Gewerbe die stolze, empfindliche und in Lohnverhandlungen schwierige Arbeiteraristokratie darstellten. Als jedoch diese gegen die Arbeiteransprüche gerichtete Innovationsdrohung mit einem Konjunkturabschwung zusammenfiel, beschlossen die Spinnereibesitzer, daß sie die neue Maschine doch nicht brauchten – weil es so billiger war. Ausgezahlt hat sich Roberts' Erfindung erst nach zehn Jahren. Siehe MacLeod, »Strategies for Innovation«, S. 291.

16 Ebenda, S. 302.

17 Kuznets sah den Beginn dieser Epoche im siebzehnten Jahrhundert. Mit dieser Datierung setzt er wohl etwas früh an. Aber der Zusammenhang ist korrekt gesehen: Das Neue ist die Kombination von Wissenschaft und Technologie.

18 Siehe die vernichtende Kritik an Réaumurs Urteil und Einfluß bei Frédéric Le Play, in: *Annales des Mines*, 9 (1846), zit. bei: Harris »Attempts to Transfer Steel Techniques«, in: *Essays in Industry*, S. 109, Anm. 18. Zu Réaumur siehe ebd., S. 84.

19 Woronoff, *L'industrie sidérurgique*, S. 351.

20 Ebenda, S. 352f.

21 Zu Fischer siehe Henderson, *J.C. Fischer.* Fischer hat Tagebücher von unschätzbarem Wert hinterlassen; herausgegeben und publiziert wurden sie von Karl Schib.

22 Alizarin war abgeleitet von Anthracen, das gleichfalls aus Steinkohlenteer gewonnen wird. Synthetisiert wurde es 1869 von Perkin in England sowie Caro, Graebe und Liebermann in Deutschland. Der Markteffekt war überwältigend: 1870 kostete das aus der Krappwurzel gewonnene natürliche Alizarin 90 Mark pro Kilo, das synthetische 8 Mark. Mit den Krappfeldern, die lange Zeit die Landschaft der Provence geprägt hatten, war es nun vorbei. Milward und Saul, *Economic Development*, S. 229.

23 Siehe dazu Haber, *Chemical Industry*, S. 128–136, S. 169–198; ferner Travis, *The Rainbow Makers*, S. 237ff., der darauf hinweist, daß die Aufgeschlossenheit der jungen deutschen Chemiker ihnen eine technologische Erfolgsserie beschert hat.

24 Haber, *Chemical Industry*, S. 84.

25 Milward und Saul, *Economic Development*, S. 230.

19
Neuland

1 Diese Zahlen stammen aus Engerman und Sokoloff, »Factor Endowments«, Tabelle 4; siehe die dort zitierten Quellen. Bedenken muß man dabei, daß solche Schätzwerte, zumal für frühere Jahre, fiktiv sind, das Produkt heroischen Herumprobierens und Ratens – ganz zu schweigen von den Irrtümern und Entstellungen in den Ausgangsdaten. Siehe Randall, »Lies, Damn Lies, and Argentine GDP«. Zusätzlich kompliziert wird das Ganze durch die Fragwürdigkeit internationaler Vergleiche, die nicht auf der Kaufkraftparität beruhen. Würde man zum Beispiel den Zusammenbruch des mexikanischen Pesos zwischen Dezember 1994 und Januar 1995 mit berücksichtigen, sähen die mexikanischen Ergebnisse noch schlechter aus. Immerhin, das allgemeine Bild, daß die Vereinigten Staaten ein viel schnelleres Wachstum durchlaufen, ist in jedem Fall zutreffend. Weitere Schätzungen, die auf der Umwidmung von Vermögenswerten zu Einkommen beruhen (weil beide in etwa einander entsprechen), finden sich bei Garcia, »Economic Growth«, S. 53f.

2 Nicht zu verwechseln mit den klassischen Lehren vom komparativen Vorteil, die im Kern statisch sind und keinerlei Gründe für wirtschaftliche Entwicklung liefern. Vielmehr wurden sie von Beginn an zur Rechtfertigung der herrschenden internationalen Arbeitsteilung benutzt.

3 Siehe unter anderem: Caves, »›Vent for Surplus‹ Models of Trade« und »Export-Led Growth«; Baldwin, »Patterns of Development«; Watkins, »A Staple Theory of Economic«; und Garcia, »Economic Growth and Stagnation«.

4 Das ist die These von Stanley Engerman und Kenneth Sokoloff in ihrem Aufsatz »Factor Endowments«. Eine wichtige und anspruchsvolle Analyse. Parallele Argumente zur Frage der »endogenen« Gewinnung und Produktion von Rohstoffen (die USA hatten mehr als Glück) findet man bei David und Wright, »Increasing Returns«.

5 Das traf besonders auf Neuengland zu. In den mittleren Kolonien am Atlantik – vor allem New York und Pennsylvania – gab es größere Farmen, die für den Markt, auch für entfernte Märkte, produzierten. Siehe Fischer, *Albion's Seed*, S. 174, S. 377f., S. 567, der darauf hinweist, daß sich in den verschiedenen Grundbesitzverhältnissen weniger die geographischen Bedingungen niederschlugen als vielmehr die Verhältnisse der Alten Welt, aus denen die Siedler kamen und ihre Motivationen bezogen.

6 Ebenda, S. 174.

7 Smith, *Der Wohlstand der Nationen*, 4. Buch, Kap. 7: »Ursachen für das Gedeihen neuer Kolonien«, S. 474.

8 Um die Indianer zu schützen, versuchten die britischen Behörden, die Appalachen als westliche Siedlungsgrenze festzulegen. Vergeblich: Alle Rotröcke des Kontinents hätten diese Grenze nicht bewachen können, genausowenig wie es heute den Vereinigten Staaten gelingt, die Grenze nach Mexiko zu kontrollieren.

9 Smith, *Der Wohlstand der Nationen*, 1. Buch, Kap.8: »Der Lohn der Arbeit«, S. 61.

10 Als bestes vergleichbares Beispiel einer Do-it-yourself-Kultur fällt mir der Schweizer Jura ein, wo bäuerliche Heimwerker die Grundlage für die weltweit erfolgreichste Taschenuhrindustrie legten. Landes, *Revolution in Time*, Kap. XVI: »Notwithstanding the Barrenness of the Soil«.

11 Beide Zitate aus: Fischer, *Albion's Seed*, S. 560.

12 Siehe Hartley, *Ironworks on the Saugus*.

13 Zit. nach: Oliver, *Geschichte der amerikanischen Technik*, S. 96.

14 Fischer, *Albion's Seed*, S. 860.

15 Eine neuere Generation von Wirtschaftshistorikern ist eher unzufrieden mit solchen, wie es bei ihnen abfällig heißt, »theoretisch unproduktiven kulturell-essentialistischen Erklärungen«, die »bekanntlich immer zweifelhaft und schwer fest-

zumachen« seien, und plädieren für eine Regressionsanalyse, die mit »klar spezifizierten, allgemein anwendbaren Maßstäben« arbeitet. Carlton und Coclanis, »The Uninventive South?«, S. 304, S. 326. Abgesehen einmal von der Frage, warum der Verweis auf die Kultur eigentlich als »theoretisch unproduktiv« oder »essentialistisch« gelten soll (sie mag schwer zu quantifizieren sein, aber ist das wirklich so wichtig?), stellt sich bei der Regressionsanalyse das Problem, daß alles, was sie wegläßt, auch ausgeschlossen bleibt, und sie dennoch so zu detaillieren ist, daß sich nur ein winziges »nicht erklärtes« Residuum ergibt. Ohne Zweifel kann sie die relative Bedeutung bestimmter Faktoren (meist quantifizierbarer ökonomischer Variablen) messen, aber für alles übrige hat sie kein Gespür.

16 Jeremy, *Transatlantic Industrial Revolution*, S. 254.

17 Gibb, *Saco-Lowell Shops*, S. 10, zit. nach: Oliver, *Geschichte der amerikanischen Technik*, S. 166. Siehe auch Rosenberg, »Anglo-American Wage Differences«, nach dessen Ansicht in Amerika die Löhne für ungelernte Arbeiter zwar höher lagen als in Großbritannien, dafür aber die »besten« Maschinenschlosser für weniger Geld zu haben waren.

18 Zu diesem Rückfluß siehe Musson und Robinson, *Science and Technology*, S. 62ff. Sie zitieren einen Maschinenbauer aus Manchester, Matthew Curtis, der 1841 vor einem Parlamentsausschuß aussagte: »Ich fürchte, der größte Teil ... der wirklich neuen Erfindungen, das heißt der gesamten neuen Ideen, die der Ausführung bestimmter Prozesse durch neue Maschinen gelten, stammt aus dem Ausland, und insbesondere aus Amerika.«

19 Jeremy, *Transatlantic Industrial Revolution*, S. 253.

20 Ebenda, S. 252.

21 Siehe Broadberry, »Comparative Productivity in British and American Manufacturing«.

22 Die Arbeitszeit war lang, aber kürzer als beispielsweise in japanischen Fabriken auf derselben Entwicklungsstufe. Sie wechselte je nach Jahreszeit, belief sich aber grosso modo auf elf bis dreizehn Stunden am Tag. Montgomery, *Die Baumwollen-Manufaktur der Vereinigten Staaten von Nordamerika*, S. 71f.

23 Siehe Eisler (Hrsg.), *The Lowell Offering*.

24 Zu den negativen Seiten der Fabrikarbeit siehe Dublin, *Women at Work*, und Zonderman, *Aspirations and Anxieties*.

25 Zit. nach: Jeremy, *Transatlantic Industrial Revolution*, S. 253.

26 Evans schickte 1787 eine Kopie seiner Pläne nach England, wo der Ingenieur Richard Trevithick, dem die Erfindung oft zugeschrieben wird, sie 1794/95 gesehen haben soll. *Encyclopaedia Britannica*, 11. Aufl., Stichwort: Evans, Oliver. Ein frühes Beispiel also für den permanenten Kampf, den Mutterland und Tochterkolonie um die Frage der Priorität führten. Schon die Tatsache dieses Kampfes zeugt natürlich davon, daß der technologische Vorsprung Amerikas sich früh bemerkbar machte.

27 Rosenberg, *Perspectives on Technology*, S. 39f.

28 Fischer schreibt in *Albion's Seed*, S. 65, die Kombination aus Balkenwerk und Holzverschalung sei in Südostengland »gang und gäbe« gewesen. In den Waldgebieten der Vereinigten Staaten war sie natürlich noch sinnvoller.

29 Zur Bedeutung des Nagelrahmenhauses siehe Giedion, *Space, Time, and Architecture,* sowie Rosenberg, *Perspectives on Technology*, S. 38. Man hat geltend gemacht, daß die Vielzahl von Konsumgütern, einschließlich der Häuser, über die britische Verbraucher verfügten, einen Vorzug bildeten, der sich zwar weder in Standardeinkommen noch in Produktionsziffern niederschlug, den Lebensstandard jedoch erheblich erhöhte. Siehe Prais, »Economic Performance and Education«, S. 155. Aber schon ein paar Aufenthalte in englischen Natur- und Backsteinhäusern – die selbst im August kalt sind – machen einen darauf aufmerksam, daß die – wie immer langweiligen und zweckorientierten – amerikanischen Häuser für das gleiche Geld mehr Raum und Bequemlichkeit boten. Überdies ist es

bei Nagelrahmenhäusern problemlos möglich, in den Wänden Rohre und elektrische Drähte zu verlegen; und genau das trug dazu bei, daß sie schon früh mit so angenehmen Dingen wie fließend kaltem und warmem Wasser sowie Zentralheizung ausgestattet wurden. Andererseits ist der europäische Hausbau mit Mauern und Putz deutlich resistenter gegen Feuer, und das kann den Unterschied zwischen Leben und Tod bedeuten.

30 Rosenberg, *Perspectives on Technology*, S. 42.

31 Zum Unterschied und zu den Standards der Austauschbarkeit siehe Landes, *Revolution in Time*, S. 283ff. und Kap. XIX: »Not One in Fifty Thousand«.

32 Was die Organisationsseite angeht, so fällt einem die Schiffswerft im mittelalterlichen Venedig ein; was die Produktionstechniken betrifft, so sieht man die von Henry Maudslay gebauten Produkte vor sich: Joseph Bramahs Sicherheitsschloß (1790/91) und Marc Isambard Brunels berühmte Flaschenzüge – mit Maudslays Werkzeugmaschinen – auf der Werft in Portsmouth (etwa 1803). Freilich erlauben Schlösser und Flaschenzüge nicht annähernd sowenig Abweichung wie Gewehre oder Uhren. Auch die französischen Vorgänger in der Waffenproduktion darf man nicht vergessen: etwa Gribeauval, der gegen Ende des Ancien régime Lafetten herstellte, und Honoré Blanc, der in den achtziger und neunziger Jahren des achtzehnten Jahrhunderts die Massenproduktion von Musketen plante. Seine Pläne waren vernünftig und durchdacht, wurden aber nie ausgeführt. Eben das ist der Unterschied zwischen Ausdenken und Tun, Logik und Kultur. Siehe Landes, *Revolution in Time*, S. 309, S. 459, Anm. 2; Cohen, »Inventivity«, S. 54 und Anm. 5. Siehe ferner, zu Blancs »Scheitern«, die Arbeiten von Ken Alder: »Innovation and Amnesia« und *Engineering the Revolution*. Alder, dessen Analyse durch seine Konzentration auf die Waffenherstellung zugleich gewinnt und verliert, sieht hinter dem Streben nach Vereinheitlichung in Frankreich eher Machenschaften am Werk – eine Mischung aus machtpolitischen und ästhetischen Überlegungen und vor allem den Wunsch, »die Sicherheit der Nation von der Tätigkeit aufmüpfiger und geldgieriger Handwerker und Kaufleute abzukoppeln« (»Innovation«, S. 310). Diese Abfolge – vom Theoretischen und Schematischen zum Praktischen – war sehr französisch. Sie stand in scharfem Kontrast zur amerikanischen Praxis; hier waren Geld und Markt die Triebkräfte hinter dem Streben nach Austauschbarkeit, und der Fortschritt betraf mehrere Industriezweige gleichzeitig.

33 In *Perspectives in Technology*, S. 17, bezeichnet Nathan Rosenberg dieses Phänomen als *technologische Konvergenz*, weil sich hier verschiedene Industriezweige bei denselben Techniken treffen. Ich selbst würde lieber von *technologischer Vermehrung* oder *technologischem Zusammenhang* reden, um zu verdeutlichen, wie die Techniken sich auf eine Vielzahl von Anwendungsgebieten verteilt haben.

34 George Talcott in: S.V. Benet (Hrsg.), *A Collection of Annual Reports … Relating to the Ordnance Department*, Bd. I, S. 395, zit. nach: Gordon, »Who Turned the Mechanical Idea«, S. 746.

35 Siehe Rosenberg, *American System of Manufactures*.

36 Erickson, *American Industry*, S. 132.

37 Zit. nach: Oliver, *Geschichte der amerikanischen Technik*, S. 379.

38 Man sollte nicht übertreiben. Wenn Land als Parkgelände und Jagdgrund genutzt wurde, so hatte das durchaus etwas mit seiner Produktivität zu tun. Und in Weingegenden, zum Beispiel im Bordelais, legten selbst die reichsten Grundbesitzer Weinberge an (zumal bei den *premiers crus*), die bis ans Herrenhaus heranreichten.

39 Ausnahme war die deutsche Vision von einem »Volkswagen« in den dreißiger Jahren. Verwirklicht wurde sie freilich erst nach dem Krieg.

40 Die französische Post war berüchtigt wegen ihrer Knauserigkeit. Bis in die neunziger Jahre mußte für Luftpostbriefe nach Übersee, die mehr als fünf Gramm wogen, zuzüglich zu den Briefmarken eine Gebühr bezahlt werden. Deshalb be-

nutzte man besonders dünnes und teures Papier – ein Segen für die Papierwarenindustrie. Dennoch hatte die Post nicht immer eine einzelne Briefmarke für das erforderliche Porto und setzte die Summe aus zwei oder drei Marken zusammen, die dann beim Wiegen wieder den Ausschlag geben konnten. Diese Kostproben kleinlicher Tyrannei muß man miterlebt haben, um die retardierenden Auswirkungen bürokratischer Verstopfung zu begreifen. Zum Glück für die Franzosen hat die Europäische Gemeinschaft neue Standards eingeführt.

41 Abramovitz und David, »Convergence and Deferred Catch-up«, S. 21. Die Zahlen stammen aus Angus Maddison, »Explaining the Economic Performance of Nations«, Tabelle 2.1 (S. 22) und 2.4 (S. 28), die Maßeinheit ist der PPE-Dollar als Kaufkraftäquivalent (purchasing power equivalent).

42 Dieses und die folgenden Zitate aus: Smith, *Der Wohlstand der Nationen*, 4. Buch, Kap. 7, Teil 2: »Ursachen für das Gedeihen neuer Kolonien«, S. 489.

43 Ebenda, 2. Buch, Kap. 5: »Verschiedene Verwendung der Kapitalien«, S. 301.

44 Cook, *The Long Fuse*, S. 58f.

45 Neuere, quantitativ arbeitende Wirtschaftshistoriker haben zu messen versucht, wie sehr die Bewohner der Kolonien durch diese Gesetze belastet wurden, und sind zu dem Schluß gekommen, die Belastung sei nur geringfügig gewesen. Implizit heißt das, daß die ökonomischen »Gründe« der Kolonien nur vorgeschoben waren und die Bewohner andere Kriegsmotive hatten oder, schlimmer noch, einfach undankbar waren. Abgesehen einmal von den Fehlern, die bei der Berechnung der Lasten gemacht wurden, und dem Problem irrealer Bedingungssätze, also der kuriosen Vermutungen darüber, was hätte passieren können, wenn nicht die Navigationsakte gewesen wäre – schon der Gedanke, man könne einen von Menschen bemerkten Mißstand quantifizieren und dann ein Urteil über die Rechtmäßigkeit ihrer Beschwerde fällen, kommt mir völlig naiv vor. Zu dieser nicht enden wollenden Debatte siehe Thomas, »A Quantitative Approach«, und – in Erwiderung darauf – Sawers, »The Navigation Acts Revisited«, sowie die dort erwähnten Zeitschriftenartikel.

46 Zit. bei: Cook, *The Long Fuse*, S. 59.

20
Der südamerikanische Weg

1 Auch die nachweisliche Tatsache, daß Spanier und Portugiesen in den aus der Invasion hervorgegangenen kolonialen und postkolonialen Gesellschaften immer die Probleme der Hautfarbe im Blick hatten, spricht gegen diesen Ruf der Aufgeschlossenheit.

2 Siehe Humboldt, *Reise in die Äquinoktial-Gegenden*, Bd. I, S. 289f.

3 Fischer, *Albion's Seed*, S. 26 und Anm. 5. In Virginia, einem Land mit Plantagen und zwangsverpflichteten Arbeitskräften, betrug das Verhältnis 4 zu 1; in Brasilien, einem Land mit Zucker und Sklaven, 100 zu 1.

4 Ein Artikel in der *Quarterly Review*, Bd. 35, berichtet von der Aufspaltung der lateinamerikanischen Gesellschaften durch die Hautfarbe (S. 537), von den »verschiedenen sozialen Klassen, die im Laufe der Zeit, mehr unter dem Einfluß der gesellschaftlichen Regeln als der Gesetze, eine Vielzahl von Rangstufen bildeten, je nach Nähe zur weißen Rasse«. Zit. bei: Rodney und Graham, *Reports of the Present State*, S. 12.

5 Vgl. Fischer, *Albion's Seed*, S. 240–246, zu den hierarchischen Vorstellungen und Institutionen in Südengland.

6 Nicht alle. Vgl. ebenda, S. 252ff., zur selbstzerstörerischen Nostalgie in Virginia. Viele dieser »Tories« gingen einfach wieder weg, eine Abstimmung mit den Füßen gegen die Unabhängigkeit und für die Treue zum Mutterland. Aber damit

nahmen sie den politischen Tod in Kauf, sie verweigerten sich dem Geist, der ansonsten das Land erfüllte und grundverschiedene Einheiten zu einer einzigen Republik zusammenschweißte.

7 »Die Menschen von Buenos Aires haben die Unabhängigkeit eigentlich nicht gesucht, sie wurde ihnen vor die Füße geworfen.« Rodney und Graham, *Reports of the Present State*, S. 28f.

8 Im Gegensatz dazu Furtado, *Die wirtschaftliche Entwicklung Brasiliens*, S. 88.

9 Vgl. Ferns, *Britain and Argentinia*, zit. bei: Faith, *The World the Railways Made*, S. 156: »Die Argentinier selbst waren weder daran interessiert, in solche Projekte zu investieren noch sie zu kontrollieren, auch wenn sie diese Aktivitäten in den Zeitungen und im Parlament offen kritisierten. ... Es war ... einträglicher, spekulative Landkäufe zu tätigen, Vieh und Wolle zu verkaufen und Naturalabgaben für Pächter einzuführen, und all das haben die Eisenbahnen kräftig gefördert, weil sie den Weg zu den Märkten in Buenos Aires und dann in der übrigen Welt eröffneten...«

10 Mullet des Essards, *Voyage en Cochinchine*, S. 95.

11 Natürlich kann man sich irren und einfach ein Kartenhaus errichten. Genau das geschah im Ägypten Muhammad Alis und im Paraguay der beiden Lopez. Siehe unten.

12 Hier beziehe ich mich auf Rock, *Argentina 1516–1987*, S. 25. Zu den Nägeln siehe E.A.J. Clemens, *The La Plata Countries of Latin America* (1886), zit. bei: Rock, »Features of Industrial Development«, S. 8; ferner Mullet des Essards, *Voyage en Cochinchine*, S. 89.

13 Rock, »Features of Industrial Development«, S. 7.

14 Das Zitat stammt von Sarmiento, aus den vierziger Jahren des neunzehnten Jahrhunderts, zit. bei: Rock, ebenda.

15 Juan Bautista Alberdi, *Bases e puntos de partida para la organización politica de la República Argentina* (1852), zit. nach: Shumway, *Invention of Argentina*, S. 149.

16 »Noch heute sind die argentinischen Kirchenführer in ganz Lateinamerika unbestreitbar die konservativsten, wenn nicht gar die reaktionärsten.« Shumway, *Invention of Argentina*, S. 150.

17 Adelman, *Frontier Development*, S. 105.

18 Dies thematisiert H.J. Habakkuks Klassiker *American and British Technology*: Die hohen Kosten der ungelernten Arbeit zwangen die Amerikaner, sich für technische Innovationen einzusetzen; aber wie erklärt sich dann das rapide Wachstum? Antwort: durch die Immigration.

19 Krout und Fox, *The Completion of Independence*, S. 53–57.

20 Fish, *Rise of the Common Man*, S. 130. Wohlgemerkt, nicht jeder war mit dieser allgemeinen Aufforderung zur Besiedlung des Westens einverstanden. Die älteren Staaten widersprachen mit der Begründung, solche großzügigen Bedingungen würden ihre Einwohner zur Auswanderung verlocken, und in der Tat emigrierten sie. Und die Sklavenstaaten waren empört über eine Politik, die Sklavenbesitzern keine Sonderrechte einräumte: Ihre Parzellen sollten nicht größer sein als die der anderen. Das Ziel war die Förderung von Siedlerhöfen, nicht von Plantagen.

21 Ebenda, S. 118.

22 R. Cortés Conde, »The Growth of the Argentine Economy«, in: Bethell (Hrsg.), *Argentina Since Independence*, S. 75.

23 Bethell, ebenda, S. 55. Ein Indikator für den Unterschied zwischen dem nordamerikanischen und dem argentischen Identitätsgefühl und Nationalinteresse ist die Tatsache, daß die Vereinigten Staaten seit Bestehen der Republik alle zehn Jahre eine Volkszählung durchführten, während die erste Volkszählung in Argentinien erst im Jahre 1869, die zweite 1895 stattfand. Ebenda, S. 54.

24 In der ersten Phase war die Einbürgerung ganz unbedeutend: 0,16 Prozent im Jahre 1895; 1,4 Prozent im Jahr 1914. Cornblit, »European Immigrants«, S. 232, Tabelle 11.

25 Hauptquelle für diese Zahlen ist Rock, *Argentina 1516–1987*, S. 141–145, S. 164–167.

26 Stark beeinflußt wurde die Einwanderung durch die Verhältnisse in den Staaten und in Europa, und zwar nicht bloß durch die Wirtschaftskonjunktur, sondern auch durch Krieg und Revolution. Das Scheitern der Revolutionen von 1830 und 1848 erhöhte die Zahl der Auswanderer; der amerikanische Bürgerkrieg reduzierte sie.

27 Diese Zahlen stammen aus *Historical Statistics of the United States*, Folge A und C.

28 Ebenda, Folge C 115–132.

29 Manche Leser mögen diesen Vergleich kränkend (nicht politisch korrekt) finden. Er gibt allerdings die schlichten Tatsachen wieder und unterscheidet sich in nichts von den Versuchen der Ökonomen, den Beitrag der Beschäftigten zum Produktivitätswachstum nach Jahren des Schulbesuchs und anderen Zusätzen zum Humankapital zu gewichten.

30 Die Stacheldrahtimporte beliefen sich in den frühen neunziger Jahren des neunzehnten Jahrhunderts auf 20 000 Tonnen pro Jahr. Rock, *Argentina 1516–1987*, S. 136.

31 Ebenda, S. 89.

32 Juan B. Justo, *Internacionalismo y patria* (Buenos Aires 1933), zit. nach: Cornblit, »European Immigrants«, S. 233.

33 Selbst die effizientesten Bauern mit dem fruchtbarsten Boden mußten (müssen) erleben, wie ihre Gewinne durch niedrigere Preise zusammenschrumpfen. Hierbei profitierten (profitieren) zumeist die Verbraucher. Erik Reinert, »Symptoms and Causes of Poverty«, verweist auf den Gegensatz zwischen diesem »klassischen« Muster einer Gewinnverteilung durch technologischen Wandel, das seiner Ansicht nach besonders typisch für Landwirtschaft und Vertrieb ist, und dem »Kollusions«-Muster in Industriezweigen, die durch Markteintrittsbarrieren und eine Zunahme der durch Wissen erzielten Gewinne gekennzeichnet sind. Das Wort *Kollusion* verwendet er, weil »die gesellschaftlichen Kräfte des Herstellerlandes (Kapital, Arbeit und Regierung) sich in der Praxis – wenngleich ohne ausdrückliche Absprache – diese Gewinne in Kollusion, im geheimen Einverständnis, sichern« (S. 84).

34 Landes, *Revolution in Time*, S. 326.

35 Shumway, *Invention of Argentina*, S. 156, Anm. 3.

36 Zum Großteil hing das mit Nachfrage und Geschmack der neu Eingewanderten und dem Anwachsen der großen Städte zusammen: Städter brauchen verarbeitete Nahrungsmittel. Zwischen 1895 und 1913 wuchs die Zahl der Nahrungsmittelfabriken um mehr als 20 Prozent im Jahr, die Zahl der dort Beschäftigten um 221 Prozent, ihr Kapital um 8 Prozent. Am Ende dieser Epoche machte die Branche etwa 40 Prozent aller Industriebetriebe aus, beschäftigte ein Drittel aller Industriearbeiter und tätigte 43 Prozent der Industrieinvestitionen. Lewis, *Crisis of Argentine Capitalism*, S. 32.

37 Rock, *Argentina 1516–1987*, S. 233.

38 Cortés Conde, *Corrientes Immigratorias*; Cornblit, »European Immigrants«, S. 230. In den ersten Volkszählungen erwies sich etwa ein Zehntel der sogenannten Industriebetriebe nach unseren Maßstäben als Dienstleistungsunternehmen: Schuhreparaturdienste, Photostudios, Nähstuben, Barbier- und Friseursalons – die ganzen unverzichtbaren Dinge des Stadtlebens. Bei der Volkszählung von 1935 wurden sie aus dem Industriesektor herausgenommen. Lewis, *Crisis of Argentine Capitalism*, S. 35.

39 Lewis, ebenda, Kap. 6: »Labor«. Das folgende Zitat findet sich auf S. 103.

40 Siehe ebenda, S. 492.

41 Sparquoten von 5 Prozent und weniger, während sie in Kanada und Australien dreimal höher lagen. Taylor, »Three Phases«, S. 28, Tabelle 4.

42 Pedro de Azevedo, zit. nach: Freyre, *Herrenhaus und Sklavenhütte*, S. 51.

43 Die letzten Worte von Francisco Solano Lopez, Marschall und Präsident der Republik Paraguay, getötet in der letzten Schlacht des Dreiländerkrieges (1864–1870).

44 Batou, *Cent ans*, Kap. 8: »L'essor économique du Paraguay«.

45 Zu dieser sogenannten revisionistischen Schule siehe Pastore, »State-led Industrialisation«, der unter anderem auch Whigham, »The Iron Works of Ybycui«, erwähnt; ein unveröffentlichtes Manuskript von Vera Blinn Reber, »Modernization from Within: Trade and Development in Paraguay, 1810–1870« (Shippensburg Univ., Carlisle/PA 1990); und Batou, *Cent ans*, der hier ein Beispiel unter vielen für die generell feindselige Haltung sieht, die Europa gegenüber den Initiativen der (anachronistisch so genannten) »Dritten Welt« an den Tag legt. Pastore erwähnt eine vergleichbare revisionistische Betrachtung der argentinischen Geschichte: Tulio Halperin Donghi, *El revisionismo historico argentino* (Buenos Aires 1970).

46 Die drei Diktatoren mit ihren Regierungszeiten sind: Gaspar Rodriguez Francia (1814–1840), Carlos Antonio Lopez (1840–1862) und dessen Sohn, Francisco Solano Lopez (1862–1870).

47 Batou, *Cent ans*, S. 223, Anm. 13, wo er den zitierten Begriff auf Gramsci zurückführt.

48 A. Garcia Mellid, *Proceso a los falsificadores de la historia del Paraguay* (Buenos Aires 1963), nach Batou, *Cent ans*, S. 232.

49 Batou, *Cent ans*, S. 260. Zum Vergleich nennt Batou Argentinien mit 8 bis 10 Prozent (1865), Kolumbien mit 10 bis 15 Prozent (vor 1870) und Mexiko mit 18 bis 20 Prozent (1873).

50 In dieser Kampagne haben Machthaber und führende Geschäftsleute in Buenos Aires wiederholt die Mündung des Paraná gesperrt und die »Guarani-Republik« vom Meer abgeschnitten. Eine tabellarische Übersicht über diese Blockaden findet sich in Batou, *Cent ans*, S. 241. Nach den Regeln des internationalen Rechts, das eine Blockade als Kriegshandlung definiert, führte Argentinien von 1827 bis 1852 Krieg gegen Paraguay.

51 Zu diesen Industrien, von denen die meisten in den fünfziger Jahren, unter der Herrschaft von Carlos Antonio Lopez, entstanden, siehe: Batou, *Cent ans*, Kap. 8; Pastore, »State-led Industrialisation«; Whigham, »Iron Works of Ybycui«.

52 Einen pro-paraguayischen Standpunkt vertritt Batou, *Cent ans*, S. 263–266.

53 Man darf nicht übertreiben: Ein Augenzeuge berichtet, weniger als ein Drittel der Geschütze seien einsatzfähig, und die Hälfte der Gewehre stammten aus dem siebzehnten Jahrhundert. Meyer, *The River and the People*, S. 65ff. Meyer stützt sich hier auf Publikationen damaliger Beobachter, darunter Richard F. Burton (Autor der *Arabian Nights*), *Letters from the Battlefields of Paraguay* (London 1870), sowie den Roman *Humaitá*, den zweiten Band einer »romanhaft geschriebenen historischen Trilogie« von Manuel Galvez mit dem Titel *Escenas de la guerra del Paraguay*.

54 Siehe die von Batou, *Cent ans*, auf S. 249 zusammengestellte Tabelle, wo die Einwohnerzahl für 1865 mit 750 000 und für 1872 mit 230 000 angegeben wird. Nicht alle Wissenschaftler halten diese Verlustzahlen für korrekt, die lange Zeit wie ein Evangelium weitergegeben wurden. Reber zum Beispiel meint in »The Demographics of Paraguay«, im Großen Krieg umgekommen seien nicht etwa mehr als die Hälfte der Bevölkerung und die überwiegende Mehrheit der Männer, sondern wohl eher zwischen 8,7 und 18,5 Prozent der Vorkriegsbevölkerung. Andere finden diese von den Revisionisten vorgelegten Schätzwerte, die »auf nichtlinearer Regression mit extrem wenigen Freiheitsgraden beruhen«, wenig plausibel (Pastore, »State-led Industrialisation«, S. 296, Anm.3).

55 Batou, *Cent ans*, S. 267.

21
Das Reich der Mitte: Stagnation und Rückzug

1 Damit die Chinesen nicht als Sonderlinge dastehen, vgl. das Spanien der frühen Neuzeit, wo alle niederknien mußten, wenn bei der Prozession Abendmahlsbrot und -wein vorbeigetragen wurden.

2 Nach Welsh, *A Borrowed Place*, S. 16, wo das Zitat nicht nachgewiesen wird.

3 Zum Morgenzeremoniell siehe Landes, *Revolution in Time*, S. 51f.; ferner Huang, *1587, ein Jahr wie jedes andere.*

4 Nathan Sivin spricht von »einem hohen Maß an sozialer Stabilität und kultureller Homogenität, dank derer die traditionellen Werte und Formen auch dann praktisch nicht in Frage gestellt wurden, als die dahinter stehende Kreativität durch geistige Orthodoxie lahmgelegt wurde«. »Science and Medicine«, in: Ropp (Hrsg.), *Heritage of China*, S. 166.

5 Der neueste Streich: Das englische Wort CD-ROM wird im Französischen (entsprechend der in Frankreich gängigen Aussprache) künftig *cédérom* geschrieben.

6 Brief an den französischen Minister Colbert, ohne Datum, aber von 1675. Landes, *Revolution in Time*, S. 45.

7 Dazu siehe Cipolla, *Die gezählte Zeit*; ferner Landes, *Revolution in Time*, Kap. 2.

8 Spence, *Ich, Kaiser von China*, S. 126.

9 Die Dschurdschen-Tataren (Mandschus), die die Ming-Dynastie stürzten und sie durch die eigenen Ch'ing-Kaiser ersetzten, traten den chinesischen Musketen mit Pfeil und Bogen entgegen. Doch diese Musketen waren so unwirksam, vermutlich weil das Laden zu lange dauerte und weil sie sich schwer bewegen ließen, daß sie eher zur Behinderung als zum Vorteil wurden. Siehe Wakeman, *The Great Enterprise*, Bd. I, S. 68.

10 Wissenschaftler, die sich mit chinesischer Technik und Wissenschaft befassen (vor allem Joseph Needham und seine Mitarbeiter), reiten oft sehr darauf herum, daß China mit seinen Entdeckungen und Erfindungen allen anderen Ländern voraus war; die Ursprünge wichtiger Techniken und Maschinen sehen sie in weit zurückliegenden Zeiten, noch vor ihrem Auftreten in Europa. Ganz zu Recht erscheint ihnen das als Zeichen für außerordentliche Kreativität und Frühreife, doch müßten sie eher die Frage stellen, warum es zum späteren Rückzug und Verlust kam.

11 Der Druck ging in Wirklichkeit von Kaufleuten aus Kanton aus, die Angst hatten, sie müßten ihr Außenhandelsmonopol an diese nützlichen Ausländer abtreten, und die Minister am Kaiserhof mit Bestechungsgeldern dazu brachten, das Projekt wieder abzublasen. Wakeman, *The Great Enterprise*, Bd. I, S. 77 und Anm. 148.

12 Die beste Quelle dazu ist nach wie vor Cipolla, *Guns, Sails, and Empires*, besonders S. 116–119. Cipolla ist kein Sinologe und mußte sich ausschließlich auf europäische Quellen stützen, darunter die Berichte christlicher Missionare und Reisenden; doch seine »globale Perspektive« verschafft ihm wichtige Einsichten, die in der Fachliteratur fehlen.

13 Mu, *The Wilting of the Hundred Flowers* (New York 1963), S. 76f., zit. nach: Cipolla, *Guns, Sails, and Empires*, S. 120.

14 Taton (Hrsg.), *General History*, Bd. II, S. 592.

15 Ebenda, S. 590.

16 Ebenda, S. 589, Anm. 1.

17 Dies gehört zu den wichtigsten Ergebnissen in Alain Peyrefittes Buch *L'empire immobile*. Da der Autor Zugang zu chinesischen Archiven erhielt und auch die vom Kaiser gelesenen und mit Anmerkungen versehenen Papiere einsehen konnte, hatte er die Möglichkeit, von innen her zu zeigen, wie die bürokratische Sprache der Zweideutigkeit funktioniert.

18 Cipolla, *Guns, Sails, and Empires*, S. 120f.

19 Peyrefitte, *L'empire immobile*, S. 286. Das Staunton-Zitat stammt aus der französischen Ausgabe seiner Reiseberichte: *Voyage en Chine et en Tartarie* (6 Bde., Paris 1804), Bd. VI, S. 6. Das Huc-Zitat stammt aus seinen *Souvenirs d'un voyage*, Bd. IV, S. 81. In »The Real Question«, S. 12f., tut Eric Jones solche persönlichen Erinnerungen an die in China herrschende Stagnation als »Schnappschußeindrücke« ab. Ich finde, er hat unrecht. Diese Zeugen stimmen mit anderen überein; sie geben eine Geistesverfassung wieder; und ihre Aussagen passen zu dem, was wir über den technischen Wandel in China wissen. Jones verweist auf den »vergleichbaren« Konservatismus im Nachkriegs-England (Ablehnung amerikanischer Technologie durch die Arbeiter) und argumentiert, dennoch habe England »bald schon viele amerikanische Praktiken übernommen«. Schlechtes Beispiel.

20 Oshima, *Economic Growth*, S. 34, zit. bei: Fairbank und Reischauer, *East Asia*, S. 291. Die Autoren meinen, der Grund für die chinesische »Stabilität« sei »nichts anderes als die Perfektion, die China mit seiner Kultur und sozialen Organisation im dreizehnten Jahrhundert erreicht hatte«. Der Gegensatz zu Europa, mit seinem der Unvollkommenheit entsprungenen Chaos, habe kaum krasser sein können. Vgl. Crone, *Die vorindustrielle Gesellschaft*, S. 193: »Doch in Wirklichkeit ist China das Musterbeispiel einer erfolgreichen Zivilisation ... Unter vorindustriellen Bedingungen erreichte China den Gipfel der damals möglichen Entwicklung und blieb dann stehen: Kräfte, die es in eine andere Richtung getrieben hätten, sind nicht zu erkennen...«

21 Vgl. Jones, »The Real Question«, S. 8f.; auch Jones ist sprachlos angesichts der apriorischen Einwände gegen diese Forschungsrichtung: »Ich sehe nicht ein, warum; [die Sinologen] werden doch gar nicht verantwortlich gemacht, und die Fragestellung selbst scheint mir kein tendenziöser Blick auf eine Gesellschaft zu sein, die so viel geleistet hatte und dann so viele Jahrhunderte lang keine Leistung mehr zustande brachte.«

22 Taton (Hrsg.), *General History*, Bd. II, S. 590.

23 Und das trotz erheblicher Anstrengungen, das Wissen in Enzyklopädien zu sammeln. Eines dieser Projekte, eigentlich eine Textsammlung, könnte durchaus das größte seiner Art gewesen sein: 800 000 Seiten. Spence, *Chinas Weg in die Moderne*, S. 131. Doch eine Überfülle an Enzyklopädien ist ein schlechtes Zeichen: Wie Standfotos wollen sie das Wissen zu einem bestimmten Zeitpunkt fixieren. So nützlich sie, zumal für Historiker, als Quellenwerke sind, so sehr können sie die freie Forschung behindern.

24 Aus einem Gedicht, verfaßt Anfang des neunzehnten Jahrhunderts von dem Sohn des Premierministers, der selbst ein hoher staatlicher Würdenträger war, zit. nach: Taton (Hrsg.), *General History*, Bd. II, S. 593. Natürlich konnte man, als die Zeiten sich änderten, auch andere Positionen mit dem Konfuzianismus begründen. Heilige Schriften lassen sich immer gut anführen. Was die Menschen nicht hindert, sie schlecht zu nutzen.

25 Vgl. Goldstone, »Gender, Work, and Culture«; der Autor weist darauf hin, daß zu solchen Zwangslagen auch die kaiserliche Regierung beitrug, die ihre Hauptfunktion darin sah, *»standesgemäße Rollen* zu oktroyieren« (S. 25). In dieser Hinsicht unterschied sich China stark von Europa oder Japan.

26 Zit. bei: Lippit, »Development of Underdevelopment«, S. 266f. Aus rein stilistischen Gründen habe ich die Übersetzung geringfügig verändert.

27 Sivin, »Science and Medicine«, S. 195.

28 Ebenda. Aus einer Publikation der chinesischen Akademie der Wissenschaften, die sich an jugendliche Leser richtet. Interessanterweise wurde dieser erzieherische Kommentar in der englischen Übersetzung weggelassen, vielleicht weil die Übersetzer meinten, das ideologische Programm sei für Nicht-Chinesen uninteressant.

29 Nathan Sivin, zit. nach: Spence, *Chinese Roundabout*, S. 148. Spence betrachtet die Verteidigungsbemühungen der Needham-Schule eher mit Skepsis. Andererseits

begrüßt er die Aussicht, daß in der von dieser Schule gewiesenen Richtung weiter geforscht wird.

30 Sivin, »Science and Medicine«, S. 164. Vgl. Needham, »Poverties and Triumphs«, in: Crombie (Hrsg.), *Scientific Change*, S. 149: »Modern universal science, yes; Western science, no!«

31 Ebenda, S. 196.

32 Diese Strategie der helfenden Hand ist das genaue Pendant zu den Versuchen einiger – natürlich sehr viel weniger – Wissenschaftler und sogenannter Erzieher, sich für die neue afrozentrische Anschauung vom Aufstieg der westlichen Zivilisation stark zu machen. Vgl. Bernal, *Schwarze Athene*, und zahlreiche Rezensionen.

22
Japan: Denn die Letzten werden die Ersten sein

1 Zit. in: Wilkinson, *Japan ist ganz anders*, S. 51. Eine ähnliche Geringschätzung der japanischen Produktivität bringt im Jahre 1915 ein australischer Sachkenner zum Ausdruck: »...wenn man die Männer bei der Arbeit sah, hatte man den Eindruck eines unbeschwerten Menschenschlags, für den Zeit keinerlei Bedeutung hatte. Als ich darüber mit einigen Unternehmensleitern sprach, sagten sie mir, daß es unmöglich sei, die Gewohnheiten zu ändern, da sie ein Bestandteil des nationalen Erbes seien«; Jagdish Bhagwati, zit. in: Meier und Seers (Hrsg.), *Pioneers in Development*, S. 53.

2 Diese Beschreibung findet sich in Marco Polos *Reisen*, Buch 3, Kap. 2. Polo selbst hat Japan nie besucht.

3 Gaspare Gonsalves im Jahre 1585, zit. nach: Fisher, »The Britain of the East?«, S. 345f., nach: Lach, *Asia in the Making of Europe*, Bd. 1, S. 696.

4 Hugh Murray, *An Encyclopaedia of Geography* (London 1834), S. 1102, zit. nach: Fisher, »The Britain of the East?«, S. 346.

5 Takekoshi, *Economic Aspects*, Bd. I, S. 291.

6 Toyotomi Hideyoshi, der als »Kanzler« (*dajo daijin*) von 1586 bis 1598 Japan faktisch beherrschte, hielt es für durchaus vernünftig, die Eroberung nicht nur Koreas und Chinas, sondern auch Indiens ernsthaft zu erwägen. Die Japaner hatten augenscheinlich keine präzisen Vorstellungen von der Größe und Bevölkerungszahl jener Gegenden. Aber wer weiß das schon? Noch Jahrhunderte später sahen nicht wenige Japaner all diese Länder als legitimerweise zu erobernde Territorien an. So machte etwa Yosoburo Takekoshi, Verfasser des Buches *Ökonomische Aspekte der Geschichte der japanischen Kultur* (1930), bei seiner Beschreibung der Philippinen im sechzehnten Jahrhundert seiner Enttäuschung folgendermaßen Luft (Bd. 1, S. 482): »Ursprünglich hatten die Japaner die Inseln vor den Spaniern besetzt, und da sie dadurch ein Erstwohnrecht erworben hatten, hätte die Oberhoheit auch ihnen zustehen sollen, während Spanien die Inseln später erwarb.« Kein Wunder, daß die Europäer die Japaner mochten: Sie dachten wie sie.

7 Viele japanische Schriftzeichen haben zwei Lesarten, die eine als eigentlich japanische, die andere in einer chinesischen Ableitung; zum Beispiel *hara-kiri* und *seppuku*. Andere Schriftzeichen haben nur die »chinesische« Lesart. Die Übernahme dieser Zeichen und Bedeutungen erweiterte den japanischen Wortschatz um ein Vielfaches, insbesondere im Hinblick auf abstrakte Begriffe.

8 Vgl. Wilkinson, *Japan ist ganz anders*, S. 36f.; er zitiert dort einen Bericht aus dem Jahre 1812, den der damalige Gouverneur von Java, Sir Stamford Raffles, abgefaßt hat.

9 So die Darstellung von Pater Martinez, dem damaligen Bischof von Japan. In einem Brief von 1602 klagt Martinez über die kriegslüsternen Neigungen und Absichten der Spanier; ihre »religiösen Predigten sind ein bloßes Werkzeug der Eroberung … Alle Unbill, der die Kirche jetzt ausgesetzt ist, hat ihren Anfang in der Ankunft dieser Kirchenmänner aus Luzon.« In: Elisseeff, *Hideyoshi*, S. 229.

10 Oishi, »The Bakuhan System«, S. 28. Diese Aufzeichnungen liegen nach wie vor in japanischen Provinzarchiven; sie sind eine unvergleichliche, doch weitgehend unerforschte Quelle für demographische Untersuchungen, wozu auch die Rekonstruktion der Familienzusammensetzung gehört.

11 Hane, *Premodern Japan*, S. 142f.

12 Wer vorausschauender war, wurde Fechtlehrer, unterrichtete Kampfsport oder lehrte den Konfuzianismus. Andere wurden Krieger-Bauern (*goshi*). Wieder andere gingen mit ihrem Herrn in den Tod; diese Fälle waren so zahlreich, daß der Brauch 1663 verboten wurde.

13 Oishi, »The Bakuhan System«, S. 23. Die *ronin*, die nur darauf brannten, ein Übel, das man ihren Herren angetan hatte, zu rächen, glichen einer Zeitbombe, drohten sie doch, noch von jenseits des Grabes Rache zu nehmen. Das berühmteste Beispiel sind die »Siebenundvierzig Ronin«, deren ebenso geschickter wie blutiger Rachefeldzug (1702) noch in Erinnerung ist. Die Regierung hatte für sie ein kollektives *hara-kiri* angeordnet, weil sie Ruhe und Ordnung gestört und die Gesetze gebrochen hatten; aber nichtsdestotrotz blieben sie Helden. Ihre Grabstelle in Tokyo ist ein vielbesuchter Schrein, und die Japaner haben buchstäblich Hunderte von Filmen gedreht, die das Loblied ihrer Heldentaten singen.

14 In manchen Fällen machten die betreffenden Ausgaben mehr als die Hälfte der Einkünfte aus einem *han* aus. Zusätzliche Kosten entstanden durch den Wiederaufbau der Häuser nach Bränden, die in den japanischen Städten mit ihren Holz- und Papierhäusern jederzeit auszubrechen drohten. Auf einem Herrschaftssitz zum Beispiel mußten die Gebäude sechzehnmal wiederaufgebaut werden. Wenn es schon keine Versicherungen gab, so hätte man doch aus Erfahrung klug werden und anders bauen sollen. Vgl. Nakamura und Shimbo, »Why Was Economic Achievement…?«, S. 8.

15 Sakaiya, *What is Japan?*, S. 128f., schreibt, daß Japan im Vergleich zur französischen Armee mit ihren etwa zehntausend Gewehren im Jahre 1600 hunderttausend Gewehre aufzuweisen hatte und daß die Gesamtproduktion des Landes die aller europäischen Länder zusammen übertraf. Vgl. auch Samuels, »*Rich Nation, Strong Army*«, S. 79f.

16 Einige wurden in staatlichen Waffenkammern unter Verschluß gehalten, einige wenige Kanonen wurden in Seehäfen aufgestellt, um unerwünschte Ankömmlinge fernzuhalten. Vgl. dazu Perrin, *Keine Feuerwaffen mehr*.

17 Sawada Taira, zit. nach: Samuels, »*Rich Nation, Strong Army*«, S. 80 und S. 358, Anm. 6.

18 Zu japanischen Zeitmeßgeräten vgl. Robertson, *Evolution of Clockwork*, S. 190–287; Mody, *Japanese Clocks*; Fernandez, »Precision Timekeepers of Tokugawa Japan«.

19 Zum System der Einkünfte in Reis und seinen unerwarteten Konsequenzen vgl. Keisuke, »The VOC and Japanese Rice«.

20 Diese Kredite waren anfangs häufig Vorauszahlungen auf erwartete Reiseinkünfte, die dann in langfristige Kredite mit einem Jahreszins von 10 bis 20 Prozent umgewandelt wurden. Vgl. Miyamoto, »Emergence of National Market«, S. 300f.

21 Im zweiten Viertel des achtzehnten Jahrhunderts verkündete der Shogun Yoshimune eine Reihe von Erlassen, durch die er die *samurai* von ihren durch ihren Reissold abgesicherten Schulden für den Fall befreite, daß der Preis des Reises sank, und die Einleitung rechtsförmiger Verfahren wegen Verschuldung unterband. Die Händler fingen an, ihre Schuldner persönlich zu bedrängen, demon-

strierten vor deren Häusern und hielten in aller Öffentlichkeit deren Sänften und Pferde auf. Manch einer pflanzte eine Protestfahne aus Papier vor dem Haus oder auf dem Tor auf, was in einem Erlaß von 1729 als »höchst beleidigend« und unzulässig bezeichnet wird. Takekoshi, *Economic Aspects*, Bd. 2, S. 362–366.

22 Sakudo, »Management Practices«, S. 150f., S. 154.

23 Aus einem Theaterstück Monzaemon Chikamatsus (1653–1724) aus dem Jahre 1718, zit. nach: Yamamoto, »Capitalist Logic of the Samurai«, S. 2.

24 Hane, *Premodern Japan*, S. 150.

25 Zit. nach: Yamamoto, »A Protestant Ethic«, S. 2.

26 Diese Kennzeichnung, die in der englischsprachigen Literatur die »industrious« von der »industrial revolution« unterscheidet, hat mittlerweile in die wissenschaftliche Auseinandersetzung in Japan Eingang gefunden; sie stammt von Professor Akira Hayami.

27 Zu Kanalbau und Landgewinnung vgl. Takekoshi, *Economic Aspects*, Bd. 3, S. 409–416.

28 Hane, *Premodern Japan*, S. 194. Vgl. auch Miyamoto, »Emergence of National Market«, S. 287; die dort angeführte Datierung entspricht nicht den Angaben Hanes. Aus den Zahlen ist zu schließen, daß Landgewinnung und Urbarmachung weniger fruchtbare Böden betrafen, gewiß zum Teil, um mit dem Bevölkerungswachstum Schritt zu halten, aber auch, weil auf dieses Neuland eine geringere Steuerbelastung entfiel als auf die alten Ländereien. Zu Steueranreizen sowie zur Anwerbung von Landwirten vgl. Takekoshi, *Economic Aspects*, Bd. 3, S. 413f.

29 Zit. in: Nakamura und Shimbo, »Why was Economic Achievement…?«, S. 9.

30 Vgl. Fisher, »Development of the London Food Market«.

31 Die Tokugawa hatten Gold- und Silberbergwerke konfisziert, die zuvor von der jeweiligen Landesherrschaft kontrolliert worden waren.

32 Vgl. Nakamura und Shimbo, »Why was Economic Achievement…?«, S. 18.

33 Vgl. die lehrreiche Darstellung von Satoru Nakamura, »The Development of Rural Industry«, in: Nakane und Oishi (Hrsg.), *Tokugawa Japan*, S. 81–90.

34 Ebenda, S. 96. Cho, »The Evolution of Entrepreneurs«, S. 15, bringt den Erfolg der neuen, importierten Formen industrieller Produktion in Zusammenhang mit einem einheimischen Netzwerk, das bereits Unterstützung sicherstellte. Wo ein solches Netz fehlte, »mußten die ausländischen Gesellschaften ihre Subunternehmer als Lieferanten notwendiger Ersatzteile mitbringen«.

35 Vgl. Rozman, »Edo's Importance«. Zu Londons durchaus vergleichbarem Beitrag zur Wirtschaftsentwicklung Großbritanniens vgl. E.A. Wrigley, »A Simple Model«. Allerdings gibt es einen Unterschied: London, das gegen Ende des achtzehnten Jahrhunderts fast so groß war wie Tokyo, war die Hauptstadt eines Landes von ungefähr 9 Millionen Einwohnern; das entsprach einem Drittel der Bevölkerung Japans.

36 Vgl. Nakamura und Shimbo, »Why was Economic Achievement…?«, S. 7.

37 »Die in Japan praktizierten Wirtschaftsformen wiesen womöglich einen vergleichbaren, wo nicht höheren Grad an technischer Ausgereiftheit auf.« Ebenda, S. 14. Vgl. Hauser, *Economic Institutional Change*.

38 Diese Aufzählung übernehme ich zum Großteil von Nakamura und Shimbo, S. 14f.

39 Ebenda, S. 19. Man vergleiche damit zum Beispiel die Bereitschaft der englischen Hausierer im achtzehnten Jahrhundert oder später der Hausierer in den Vereinigten Staaten, in ländlichen Gebieten ihre Uhren auf Kredit zu verkaufen.

40 Das vollständige Warenverzeichnis ist abgedruckt bei Crawcour, »Tokugawa Heritage«, S. 41.

41 Keene, *Japanese Discovery of Europe*, S. 25.

42 Zit. in: ebenda, S. 25.

43 Offenbar waren sie eine gewisse Zeit so genannt worden, und so waren einige Anhänger des *rangaku* jetzt glücklich, daß sie das in Erinnerung rufen konnten, um die konfuzianischen Lehren in Mißkredit zu bringen. Damit wollte man nicht bloß zum Ausdruck bringen, daß die Chinesen nicht besser seien als die anderen, sondern daß sie schlimmer waren. So geht's zu in Auseinandersetzungen.
44 Zu dieser Verfolgung vgl. Takekoshi, *Economic Aspects*, Bd. 3, S. 233ff.
45 Vgl. Keene, *Japanese Discovery*, S. 21f., zur Sektion der »Alten Mutter Grüner Tee«.
46 Ebenda, S. 26f.
47 Totman, *Early Modern Japan*, S. 519.
48 Craig, *Chōshū in the Meiji Restoration*, S. 71.
49 Tsuru Shigeto, »Development of Capitalism and Business Cycles in Japan« (MS, Harvard Universität), zit. nach: Brown, »Okubo Toshimichi«, S. 186.

23
Die Meiji-Restauration

1 Zu dieser und anderen Episoden aus jenen Jahren der Nervenprobe und des Kräftemessens vgl. Miyoshi, *As We Saw Them*, Kap. 4: »Menschenleben«.
2 Brown, »Okubo Toshimichi«, S. 190.
3 Die Normalzeit brachte gleich lange Stunden und den Gregorianischen Kalender. Dennoch war es weiterhin üblich, die Jahre nach den Herrschaftszeiten der Kaiser zu zählen; auch einhundert Jahre später war dieses Verfahren noch nicht völlig verschwunden. Für Ausländer kommt das einem Schnellkurs in Landesgeschichte gleich.
4 Die Pflichtschulzeit betrug zunächst vier Jahre, ab 1907 dann sechs Jahre. Angesichts der Schwierigkeiten der japanischen Schrift waren allein drei oder vier Jahre nötig, um den Schülern Lesen und Schreiben beizubringen.
5 Anfangs waren Ausnahmen für verheiratete Männer und für Familien mit nur einem Sohn zugelassen. Eine Folge davon war, daß die jungen Männer früh heirateten.
6 Zu all diesen Punkten vgl. Shimada, »Social Time and Modernity in Japan«.
7 Symbole wie diese waren von ungeheurer Bedeutung in einer Gesellschaft, die ihre Besonderheiten zielstrebig zu Tugenden herausgeputzt hatte. Vgl. dazu die Petition Shimazu Hisamitsus, Mitglied des mächtigen Satsuma-Klans, an den Kaiser aus dem Jahre 1875, dieser möge unter anderem das Tragen westlicher Kleidung ächten. Die Denkschrift wurde abgelehnt, und Hisamitsu verließ schmollend Tokyo und verlegte sich aufs Ränkeschmieden. Vgl. Brown, »Okubo Toshimichi«, S. 189, Anm. 21.
8 Dem Innenministerium oblag nicht nur die Wahrung der öffentlichen Ordnung durch die Polizei, es befaßte sich über das Büro für Wirtschaftsförderung auch mit Fragen der wirtschaftlichen Entwicklung.
9 Brown, »Okubo Toshimichi«, S. 191, Anm. 27. Ōkubos Feinde benutzten sein Haus, um ihn zu treffen. Sie sandten sogar Photos eines neuen öffentlichen Gebäudes nach Satsuma und behaupteten, dies sei Ōkubos verwünschte Villa. Angeblich brachte dieses Photo Saigō dazu, mit Ōkubo und seinem Kreis zu brechen.
10 Minami, *Economic Development*, S. 99.
11 Gleichwohl waren sie höchst erfindungsreich. Die Japaner mußten sich mit besonderen Bedingungen bei der Wassernutzung auseinandersetzen, zumal mit unantastbaren Wasserrechten von Besitzern ufernaher Anpflanzungen, die bewässert werden mußten. Die Lösung bestand schließlich darin, Boote in der Strommitte zu verankern, die über Wasserräder verfügten, mit denen man die an Bord aufgestellten Spinnmaschinen betrieb – es handelte sich letztlich um kleine schwimmende Fabriken. Minami, *Power Revolution*.

12 Vgl. Samuels, *Business of the Japanese State*, Kap. 3, besonders die Abbildungen auf S. 76–79.

13 Trotzdem überlebte das Handspinnen in Japan weitaus länger als anderswo, zum Teil durch den Fleiß und die Geduld der Japanerinnen (darüber später mehr). Ein anderer Grund war die Erfindung des Rohrspinnens (*gara*) durch einen Shinto-Mönch namens Tatsuchi Gaun im Jahre 1876. Die Rohbaumwolle wird dabei in Weißblechröhren mit einem Durchmesser von 1 Zoll und einer Länge von ungefähr 6 Zoll eingefüllt; dann wird die Röhre gedreht, während die Baumwolle auf eine Spindel aufgespult wird, wobei die Drehbewegung übertragen wird. Im Grunde war dies die Drosselspinn- oder Spinnflügelmaschine des armen Mannes und zeugt von der Erfindungsgabe der Japaner unter Bedingungen der Kapitalknappheit. Durch diese *gara*-Technik erhöhte sich die Tagesleistung einer Spinnerin von 40–50 auf 650 *monme*, also auf gut das Fünfzehnfache. Aber selbst damit war das Handspinnen nicht mehr konkurrenzfähig, sobald Wasserräder aufgestellt wurden, viele davon auf Spinnereischiffen. Die Gesamtleistung dieser Einfachproduktion nahm bis in die dreißiger Jahre ununterbrochen zu, zum Teil aufgrund der Verwendung von grobem Garn für Teppiche, Decken, Waschlappen, Sohlen von *tabi* (japanische Socken, die in *geta*-Sandalen getragen werden) und ähnliches.

14 Hirschmeier, *Origins of Entrepreneurship*, S. 99; Hane, *Peasants, Rebels, and Outcasts*, S. 173; Ohkawa und Kohama, *Lectures on Developing Economies*, S. 35.

15 Mit einer Ausnahme: der chemischen Industrie, deren entscheidende Rolle für die Erlangung nationaler Stärke noch nicht erkannt worden war. Aber man sollte von Japans Wirtschaftspolitik auch nicht gleich Geschlossenheit und Folgerichtigkeit erwarten. Ein typisches Beispiel für eine übertrieben optimistische Einschätzung der japanischen Politik ist Okimotos, *Between MITI and the Market.*

16 Minami, *Power Revolution*, Kap. 6.

17 Der marxistische Terminus hat im Wortschatz der Sozialwissenschaften zu den allergrößten Mißverständnissen und viel Mißbrauch geführt. Er bezieht sich auf eine universell geltende und unausweichliche Bedingung der Lohnarbeit, gleichgültig ob in einer kapitalistischen oder in einer sozialistischen Ökonomie; daher ist er als unterscheidendes Kriterium bedeutungslos; bei dem Versuch (beziehungsweise Anspruch), mit seiner Hilfe die Ausbeutungsrate quantitativ zu bestimmen, indem die Löhne durch das Produkt dividiert werden (Lohnstunden durch Gesamtstunden), wird in dieser Terminologie widersinnigerweise ein fortschrittlicher Kapitalist, also derjenige, der die Arbeitsproduktivität durch Investitionen in Ausrüstung und Anlagen steigert, um so ausbeuterischer für sein Unternehmen.

18 Landes, »What Do Bosses Really Do?«, S. 593.

19 Fukui, »Japanese State«, S. 205.

20 Die Geschichte liegt in einer halb romanhaften Form vor, als das Prosagedicht *Fuki no tō (Sumpfrhabarberschößlinge)* von Yamashiro Tomoe, einer linken Aktivistin für eine Agrarreform, die mit einem marxistischen Gewerkschafter verheiratet war und von 1940 bis 1945 wegen »gemeingefährlicher Ansichten« im Gefängnis saß. Sie hat die Geschichte dieser Frau offenbar während ihrer Haftzeit erfahren; ich gebe sie hier so wieder, wie sie Hane in *Peasants, Rebels, and Outcasts*, S. 85ff., erzählt. Hane kann man jedem, der sich mit der japanischen Wirtschaftsgeschichte befaßt, nur ans Herz legen.

21 Dazu noch einmal das Keian-Edikt: »Bauern haben früh aufzustehen und Gras zu schneiden, bevor sie die Felder bebauen. An den Abenden sollen sie Strohseile oder Strohsäcke anfertigen. … Der Ehemann muß auf den Feldern, die Frau am Webstuhl arbeiten. Beide müssen auch nachts arbeiten.« Zit. nach: Leupp, *Servants, Shophands*, S. 7.

22 Zur Bedeutung der Sauberkeit für die Japaner und dazu, wie absolut wichtig es für europäische Besucher ist, sich in diesen Gebräuchen auszukennen (»ein dies-

bezügliches Fehlverhalten wird nicht geduldet«), vgl. die kritischen Bemerkungen des Jesuiten Alessandro Valignano in seinen Empfehlungen an seine Missionsbrüder aus dem Jahre 1583, in: *Les Jésuites au Japon*, S. 200.

23 Fukui, »Japanese State«, S. 204; zu Beginn des neuen Jahrhunderts waren nahezu alle Kinder von der Schulbehörde registriert, aber nicht mehr als drei Viertel gingen regelmäßig zur Schule.

24 Hane, *Peasants, Rebels, and Outcasts*, S. 177f.

25 Ebenda, S. 182.

26 Da sich die *burakumin* in nichts von anderen Japanern unterscheiden, sind sie im Laufe der Zeit mehr oder weniger in der Gesellschaft aufgegangen, obwohl viele weiterhin in Elendsvierteln und in einem kriminellen Umfeld leben. Auch heute noch beauftragt ein Japaner oder eine Japanerin eine Detektei oder einen Genealogen, wenn er (oder sie) wissen will, ob der zukünftige Lebenspartner möglicherweise von *burakumin* abstammt. Um das zu unterbinden, haben die Behörden bestimmte amtliche Unterlagen ein für allemal geschlossen. Vgl. N.D. Kristof, »Japan's Invisible Minority«, in: *New York Times*, 30. November 1995, S. A-18.

27 Die Bemerkungen gehen zurück auf Thomas Smith, »The Right to Benevolence: Dignity and Japanese Workers, 1890–1920«, in: Smith, *Native Sources*, S. 236–270.

28 Reading, *Japan*, S. 51. Japan hat zwar kein Öl, dafür aber Geld, um sich welches zu kaufen. Rußland hat zwar Öl, aber es hat nicht das Geld, Ölbrenner aufzustellen oder zum Beispiel die Bergarbeiter zu bezahlen. Im Dezember 1996 waren die Löhne sieben Monate im Rückstand.

24
Ist die Geschichte falsch gelaufen?

1 Als Gegenbeweis mag sich vielleicht mancher Leser an Frankreichs Sträuben erinnern, aus Vietnam oder Algerien herauszugehen. Das ist sicherlich richtig, aber die Franzosen hatten (und haben) einen höheren Stolzquotienten als andere Europäer. Und sobald die Angelegenheit geklärt war, räumten die französischen ebenso wie die übrigen europäischen *colons* Algerien so schnell sie konnten.

2 Vgl. Charnay, *Traumatismes musulmans*, S. 314. Der Feldzug der Christen wurde als Neuauflage des Hasses der Kreuzfahrer gegen das geistliche Erbe des Islam gesehen.

3 Ich lasse bei diesem Vergleich den Vorgang der Zwangskonversion aus, der ja offenkundig keinerlei Anforderung an den Glauben oder die geistige Vorbereitung stellt.

4 Chaudhuri, *Asia before Europe*, S. 71.

5 Zit. nach ebenda, S. 73.

6 Diese anschauliche Formulierung findet sich bei Jones, *Das Wunder Europa*, S. 221. Jones' 9. Kapitel, »Der Islam und das Osmanische Reich«, stellt die wohl beste und griffigste Diskussion dieser Sachverhalte dar.

7 Ebenda, S. 222.

8 Zit. nach: N. Chaudhuri, *Thy Hand*, S. 674ff. Der Autor merkt an, daß dieser entgegengesetzte Stolz von romantisch gesonnenen Orientalisten ermuntert wurde. Aber eigentlich bedurfte es solcher Ermunterung nicht: Die Reaktion war nicht unüblich, wenn die Arroganz der Europäer auf ältere Kulturen traf, die von der Geschichte zugrunde gerichtet worden waren. Vgl. den Unterricht, den Prinz Tewfik, der Sohn des ägyptischen Khediven Ismail, in den sechziger Jahren des neunzehnten Jahrhunderts erhalten hat und wonach sämtliche Errungenschaften der westlichen Wissenschaft und Technologie – Dampfmaschine, Eisenbahn et

cetera – zuallererst aus dem Islam und von den Arabern herstammten. Landes, *Bankers and Pashas*, S. 325.

9 Seither ist dieser Ausdruck zu einer bloßen Metapher herabgesunken; *tête de Turc* meint heutzutage nur noch eine Zielscheibe von Spaß und Spott.

10 Ein derartiger Vergleich findet nicht allgemein Beifall. Eric Jones, *Das Wunder Europa*, meint zum Beispiel, daß Indien zur Zeit der Moguln angenehmer gewesen sei, und begründet das weitgehend unter Berufung auf Bevölkerungsstatistiken (Geburtenüberschuß). Letztere sind allerdings unvollständig; vielleicht aber waren die osmanischen Untertanen weniger gefügig und nicht so leicht auszupressen. Jedenfalls ist es nicht leicht, Unterschiede der Unterdrückung auszumachen. Ich bin der Ansicht, daß die Moguln schlimmer waren; das mag aber auch für die Osmanen gegolten haben.

11 Vgl. Lewis, *Die Welt der Ungläubigen*, S. 196f.

12 Die Bezeichnung findet sich bei Jones, *Das Wunder Europa*, S. 207. Das war natürlich die Perspektive der Christen. Für die Muslime war der Übertritt zum Islam ein Beweis der Aufrichtigkeit.

13 Dies unterschied sich somit deutlich von der zielstrebigen Eingliederung von Begabten aus den verschiedenen deutschen Ländern in den preußischen Beamtenapparat. Ausgangspunkt für eine deutsche nationalstaatliche Identität waren eine gemeinsame Kultur und der damit einhergehende Nationalstolz. Die politischen Grenzen waren zufällig. Das Osmanische Reich brachte unterschiedlichste Kulturen zusammen, und die Spaltungen waren alles andere als oberflächlich oder zufällig.

14 Die Janitscharen waren ursprünglich von den *devshirmen* einberufen und als Muslime erzogen worden; ihnen wurden auch junge Kriegsgefangene zugeteilt. Später wurden auch Türken zur Truppe zugelassen. Zwischen den Kriegen durften sie im Handel tätig sein oder bei der Polizei dienen.

15 Das ist die türkische Fassung von Stambul. Im Türkischen fängt ein Wort in der Regel nicht mit zwei Konsonanten hintereinander an; daher wird Stambul zu Istanbul und Smyrna zu Izmir.

16 Der Bey von Algier stellte seinen Rivalen eine ähnliche Falle. Ebenso Saddam Hussein aus dem Irak. Es ist ja gerade der Zwang der Verpflichtung zur Gastfreundschaft, der ein solches Vorgehen so wirkungsvoll macht.

17 Vgl. Jones, *Das Wunder Europa*, S. 212; er zitiert hier Braudel, *La Méditerranée.*

18 Lewis, *Die Welt der Ungläubigen*, S. 163.

19 Jones, *Das Wunder Europa*, S. 204; Lewis, *Die Welt der Ungläubigen*, S. 206.

20 Lewis, *Die Welt der Ungläubigen*, S. 202f.

21 Jones, *Das Wunder Europa*, S. 212.

22 Weiter oben bin ich auch auf die Chinesen eingegangen und habe dabei meiner Überraschung und auch Skepsis darüber Ausdruck gegeben, wie die Chinesen es fertiggebracht haben, ihre einstmals überlegenen Technologien zu vergessen. Eine solche Regression ist allerdings ohne Zweifel möglich. Die Frage ist, wie und warum.

23 Zu Jumel vgl. Batou, *Cent ans de résistance*, S. 96. Wie viele von seinem Schlage zog es auch ihn der finanziellen Anreize wegen nach Ägypten; aufgemacht hatte er sich wegen einer Herzensangelegenheit (»*une déception sentimentale*«).

24 Damals kam feinere Baumwolle, die sogenannte Inselbaumwolle, ausschließlich von einigen Inseln vor der Küste der amerikanischen Bundesstaaten Georgia sowie Nord- und Südkarolina. Davon wurde überhaupt nur sehr wenig angebaut (um 1835 war die ägyptische Baumwollernte bereits dreimal so groß), und mit der Zeit schrumpfte der Ertrag auf fast Null, weil sich Hotels, Sommerhäuser und der Tourismus auf diesen Sandbänken breitgemacht hatten. Heutzutage ist ägyptische Baumwolle in jeder Hinsicht Weltspitze. Zu den Anfängen von Jumel vgl. Lévy-Leboyer, *Les banques européennes*, S. 199.

25 Issawi, *Economic Development*, S. 362, gibt die Mengen mit »mehr als 200 000 Qantar« bzw. 345 000 Qantar an. Er erwähnt allerdings, S. 518, daß die Mengenbestimmung des Qantar 1835 geändert wurde, und ich habe entsprechend in Kilogramm umgerechnet.

26 Lévy-Leboyer, *Les banques européennes*, S. 189.

27 Issawi, *Economic Development*, S. 362f., sagt beides, obwohl er das ökonomische Ziel als vielleicht unabsichtlich und möglicherweise beabsichtigt darstellt.

28 Die angemessenste Darstellung in englischer Sprache findet sich bei Batou, »Muhammad-'Ali's Egypt«. Batou ist der Ansicht, daß Ägyptens Industrialisierungsvorhaben unterschätzt und nicht anerkannt worden sei. Zudem sei dessen Scheitern das Werk der europäischen Gegenspieler, speziell der Briten, gewesen.

29 Batou, »Muhammad-'Ali's Egypt«, S. 185, Tabelle 1.

30 Dagegen meint Lévy-Leboyer, *Les banques européennes*, S. 189 und Anm. 31, unter Heranziehung von Berichten des britischen Außenministeriums, ägyptische Baumwolle sei überhaupt nur in Ägypten und nach der Eroberung durch Ägypten allenfalls in Syrien absetzbar gewesen.

31 Saint-John, *Egypt of Mohammed Ali*, S. 412.

32 »Am Anfang waren nur schwarze Sklaven aus (den südsudanesischen Regionen) Darfur und Kordofan beschäftigt, die von rascher Auffassungsgabe waren und sich schnell zu kompetenten Arbeitern entwickelten; aber die tiefgreifende Lebensumstellung und die ungesunden Arbeitsbedingungen lichteten nach und nach ihre Reihen, so daß der Pascha bald gezwungen war, Fellachen heranzuziehen.« Zit. nach: Saint-John, *Egypt of Mohammed Ali*, S. 410f.

33 Wieder andere flüchteten aus dem Land, ungeachtet der Versuche, die Grenzen zu schließen. Issawi, »Economic Development«, S. 362, führt die Zahl der Flüchtenden auf die Notzeiten und den Militärdienst zurück. Die Zwangsverpflichtung zur Arbeit dürfte allerdings noch schlimmer gewesen sein.

34 »Unter den 23 oder 24 Baumwollspinnereien in Ägypten ist nicht eine, die nicht irgendwann einmal zufällig oder absichtlich in Brand geraten ist«. Zit. nach: Saint-John, *Egypt*, S. 413.

35 Saint-John, ebenda, S. 425, spricht von »der charakteristischen Beschaffenheit des Staubs, der aus feinen Siliziumpartikeln besteht. Sogar die kompaktesten Häuser und perfekt verglaste Fenster können nicht verhindern, daß dieser Staub in großen Mengen eindringt.«

36 Saint-John, *Egypt*, S. 417.

37 Issawi, »Economic Development«, S. 363.

38 Friedman, »Egypt Runs for the Train«.

39 Mohammed Mannei, Bankkaufmann am Persischen Golf, zit. bei: Jonathan Raban, *Arabia: A Journey Through the Labyrinth*, S. 63.

40 Zum Unterschied zwischen Ressourcenerschöpfung und den Sachzwängen kartellgeregelter Märkte vgl. Dasgupta, »Natural Resources«, S. 112.

41 Universitätsstädte in Europa und Nordamerika sind ein regelrechtes Mekka für studentische Ehrgeizlinge aus dem Vorderen Orient. Offiziell gehen sie einem Studium nach; was will man mehr? In Wirklichkeit aber beehren sie die Klubs, Lasterhöhlen, Kneipen und Spielkasinos vor Ort. Vgl. Michele McPhee, »The Euro-Brats of Boston«, in: *Boston Globe*, 20. September 1995, S. 77. Nach dem Inhalt zu urteilen, ist der Titel eine Irreführung; »politisch korrekt« ist er allerdings.

42 Nicht jeder dürfte der These beipflichten, daß der irakische Einmarsch in Kuwait räuberisch war. Einige Gelehrte, sowohl arabische wie westliche Apologeten der irakischen Position, haben gemeint, daß Saddam Hussein hereingelockt (Samir Amin) oder »gewissermaßen aufgefordert«(Edward Said) worden sei; oder daß der Überfall durch die gerechte Sache der arabischen Einheit oder der Mobilisierung gegen den Zionismus (Saddam als Bismarck oder Saladin) gerechtfertigt gewesen sei; oder, implizit, daß dies keine unvernünftige Methode gewesen sei, international strittige Themen aufs Tapet zu bringen (Noam Chomsky). Derlei

Thesen sprechen Bände über die Zugkraft und Präsenz der Gewalt in der arabischen Welt (selbst wenn es Israel nicht gäbe, würden sie einander an die Kehle gehen) – mehr dazu weiter unten; auch über die Verfälschung und Korrumpierung der Wahrheit und der geistigen Auseinandersetzung unter Berufung auf die gerechte Sache des Nationalismus und der antiwestlichen (antiamerikanischen) Einstellung. Die beste Quelle ist hier Makiya, *Cruelty and Silence*, Kap. 8: »New Nationalist Myths«.

43 Über Freikaufgelder an Extremisten vgl. Goodwin, *Der Himmel der Frau*, S. 25–29.

44 Vgl. Friedman, »Egypt Runs for the Train«.

45 So hat etwa der Islam lange Zeit einen hemmenden Einfluß auf das intellektuelle und wissenschaftliche Leben der Araber ausgeübt. Neue Kenntnisse und neue Ideen fielen unter den Verdacht der *bid'a* oder Ketzerei. Dem liegt die Vorstellung zugrunde, daß sie eine unannehmbare Verunglimpfung der ewigen Wahrheit darstellen. Vgl. Tibi, *Islam*, S. 145.

46 Keddie, in: Keddie und Baron (Hrsg.), *Women in Middle Eastern History*, S. 5.

47 Zu dieser neuen, in arabischen Ländern nur im Untergrundverlag zugänglichen Skandalliteratur vgl. Ami Dockser Morris, »These Potboilers Stir Widespread Interest in ›Islamic Affairs‹«, in: *Wall Street Journal*, 22. Dezember 1995, S. 1.

48 Das Äußerung stammt von Prof. Francis Hamilton aus seiner Besprechung von Lewis, *The Middle East*, im *Times Literary Supplement* vom 8. Dezember 1995, S. 4. Auch Roy Mottahedeh, »The Islamic Movement«, S. 123, ist voller Hoffnung. Er verweist auf die Rolle der Politikerinnen in einer Reihe islamischer (aber nicht arabischer) Länder und behauptet, daß »die Befreiung der Frauen ein zwingender Beweis für die Fähigkeit der islamischen politischen Kultur zur Veränderung ist«. Ja und nein: Was heißt »zwingend«? Der Status der Frauen in diesen Ländern, sogar in der laizistischen Türkei, ist nach wie vor eingeengt durch die Vorschriften und das Brauchtum des Islams, und zwar so sehr, daß wir unsere Annahmen über die befreiende Kraft politischer Rechte etwas zurücknehmen müssen. Außerdem müssen wir die räumliche Segmentierung der Länder in Rechnung stellen, in denen zum Beispiel die Städte sich anders entwickeln als das flache Land. Die Türkei mit Istanbul ist eine eigene Welt und Zeit; Anatolien ist eine ganz andere Welt, und Anatolien, das sich in Istanbul zusammenpfercht, ist die faszinierende Fallstudie einer solchen kulturellen Gleichzeitigkeit. Das erklärt auch die Wende bei den Wahlen Ende 1995, als die Islamistische Partei die Mehrheit der Stimmen bekam.

49 Mottahedeh, »Clash of Civilizations«, S. 11.

50 Barakat, *Arab World*, S. 105.

51 Vgl. die Kurzbesprechung (*Times Literary Supplement,* 1. Oktober 1993, S. 28) eines Buches von Arlene E. Macleod, *Working Women, the New Veiling, and Change in Cairo* (New York 1993), in dem es heißt, daß die Verschleierung sowohl ein symbolischer Akt wie die Lösung eines doppelten Dilemmas sei: Damit werde gegen einen Identitäts- und Statusverlust protestiert und »signalisiert, daß die Frauen das geltende Frauenbild, wonach sie sexuell anrüchig und von Natur aus nur für das Haus geeignet seien, übernehmen und bejahen«. Wir haben es also mit Widerstand und Gefügigkeit, mit einem »willfährigen Protest« zu tun. Falls ein solches gespaltenes Denken und doppelzüngiges Gerede tatsächlich anzutreffen ist – und das mag ja der Fall sein –, dann, ihr Frauen von Kairo, laßt alle Hoffnung fahren.

52 Ebensowenig werden sie in anderen, liberalen islamischen Ländern durch die politische Agitation von Feministinnen eingeschüchtert sein. Zu den Bemühungen, den Islam diesbezüglich neu zu bestimmen, vgl. Barbara Crossette, »Muslim Women's Movement Is Gaining Strength«, in: *New York Times*, 12. Mai 1996, S. A-3. Zu Gegensätzen innerhalb des Islam vgl. Ash Devare, »For Indonesian Families, Smaller Is Now Better«, in: *Boston Globe*, 23. Juni 1996, S. 69.

53 Dieses Urteil wird nicht von jedem geteilt. So hat William J. Parente, seines Zeichens Professor für politische Wissenschaften in Scranton, Pa., in einem Brief an die *New York Times* vom 26. Juli 1995 gegen die »Emanzipation der Frauen« in den arabischen Ländern ins Feld geführt, daß dadurch die dortigen »Arbeitsmärkte überschwemmt und die Löhne noch weiter gedrückt« würden.

54 Zugleich ist mit ernsten demographischen Folgen zu rechnen. Ob Frauen außerhalb des Hauses eigenes Geld verdienen, ist ausschlaggebend für ihre Stellung im Haushalt und ihren Einfluß auf die Familienplanung. So ist etwa eine negative Korrelation zur Reproduktion zu beobachten. Vgl. Dasgupta, »Population Problem«. Nicht zufällig wird die Entscheidung einer muslimischen Ehefrau (häufig nicht-muslimischen Ursprungs), außer Haus einer Arbeit nachzugehen (oder sogar das Haus ohne Einwilligung des Mannes zu verlassen), als Bedrohung des ehelichen Friedens und als Herabsetzung der Würde und Ehre des Hausherrn angesehen und entsprechend behandelt. Vgl. Goodwin, *Der Himmel der Frau*, passim; Barakat, *Arab World*, S. 101.

55 Mosteshar, *Unveiled*, S. 353. Dieses Buch ist eine Grabbelkiste voller Erlebnisse und Beobachtungen und bietet faszinierende Einblicke in einen Iran, der glaubte, sich zu einem modernen Gemeinwesen zu entwickeln, der unter Berufung auf eine größere Freiheit eine Revolution machte und dann von religiösen Fundamentalisten gekidnappt wurde, mit dem Erfolg, daß die Uhr nun um Jahrhunderte zurückgedreht ist. Und es bietet einen erschreckenden Einblick in das Wesen einer schluderigen, launischen Tyrannei: Augen und Ohren überall, böse Zungen ebenso, mißgünstige Spitzel, willkürliche Vorschriften, Gewaltakte aus heiterem Himmel.

56 Zu Lateinamerika vgl. u.a. Calvin Sims, »Justice in Peru: Rape Victim Is Pressed to Marry Attacker«, in: *New York Times*, 3. Dezember 1997, S. A1.

57 Makiya, *Cruelty and Silence*, S. 298, wo eine palästinensische Krankenschwester aus Akka zitiert wird. Vgl. auch Goodwin, *Der Himmel der Frau*, S. 10f.

58 Ajami, *Arab Predicament*, S. 233.

59 Es *wird* auch wieder möglich sein, sagt der Historiker und frühere Dekan der Universität von Tunis, Mohammed Talbi. Er erinnert daran, daß die muslimische Herrschaft, ungeachtet aller Beispiele für Zeiten der Intoleranz, sich keine »systematischen Zwangsbekehrungen oder willkürlichen Ghettoisierungen oder totalen und massiven Vertreibungen oder Völkermorde, geschweige denn einen Holocaust« hat zuschulden kommen lassen. *Le Figaro*, 27. März 1997, S. B-27. Seine Darstellung ist etwas zu großmütig, aber der zugunsten der Muslime ausfallende Vergleich zwischen islamischer und christlicher Minderheitenverfolgung (einschließlich der Juden) ist korrekt.

60 Des letzten englischen Tennischampions Fred Perry, der seine große Zeit in den dreißiger Jahren hatte, wird durch eine Statue am Eingang des Courts in Wimbledon gedacht: als Memento und Gruß an eine glücklichere Ära.

61 Zum Öl als Unglücksbringer vgl. Ajami, *Arab Predicament*.

62 Jean-Paul Mari bemerkt in seinem Artikel »Enquête sur le massacre d'un peuple: Algérie: au-delà de l'horreur«, in: *Le nouvel observateur*, 23.–29. März 1995, S. 58: »Algerien hat immer geglaubt, daß nur durch Gewalt etwas gegründet werde.« Vgl. dazu weiterhin Miller, *God Has Ninety-nine Names*, S. 168ff. Siehe auch Fisk, »Sept journées«.

63 Fisk, »Sept journées«, S. 7; ein äußerst lehrreicher Artikel.

64 Vgl. Landes, »Passionnate Pilgrims«.

65 Said, *Orientalismus*, S. 370.

66 So bei Tidrick, *Heart Beguiling Araby*. Das Buch geht nicht gerade sanft mit den britischen Opfern der romantischen Illusion um. Vgl. das Vorwort von Albert Hourani.

67 Ich halte diese Dichotomie von drinnen und draußen, von dazugehörig und außenstehend, für den verhängnisvollsten antiintellektuellen Zug der ganzen

»Orientalismus«-These. Interessanterweise schweigt sich Said bei seinem Versuch einer Selbstcharakterisierung, der als Nachwort zu einer Neuauflage seines Buches gedacht war, genau hierüber aus. Statt dessen befaßt er sich im wesentlichen mit der Kritik an der dem Buch nachgesagten antiwestlichen Einstellung, die auf einem oder zwei irrigen Rückschlüssen beruhe: zum einen, daß der Orientalismus ein Symbol für den gesamten Westen sei, und zum anderen, daß er, indem er den Islam und die Araber verzerrt darstellt, implizit ein Angriff auf ein »vollkommenes« System sei. Energisch verwahrt er sich damit gegen einen Popanz.

68 Die Zitate entnehme ich Francis Robinson, »Through the Minefield«, S. 3f. Robinson, Professor an der Universität von London und Lewis im allgemeinen wohlgesinnt, achtet dessen wissenschaftlichen Beitrag. Was er zum intellektuellen Klima mitzuteilen hat, ist darum um so bezeichnender.

69 Diese Betonung der Gesinnung zeigt sich auch an Saids Verurteilung der westlichen Forschungsarbeiten zum Islam und den arabischen Gesellschaften. Statt Fakten und Behauptungen gegeneinanderzuhalten, fertigt er das ganze Schrifttum ab, weil es durchzogen sei von »Gegenpositionen und Feindseligkeit«, von »kultureller Antipathie«. Vgl. seine Vorlesung am Collège de France, »Comment l'Occident voit les Arabes«, in: *Le Monde*, 3. Dezember 1996, S. 16.

70 Vgl. Nicholas D. Kristof, »Japan's Feminine Falsetto Falls Right Out of Favor«, *New York Times*, 13. Dezember 1995, S. A-1.

71 Nolte und Hastings, »Meiji's State Policy«, S. 157.

72 Ebenda.

73 Vgl. Sheryl WuDunn, »On Tokyo's Packed Trains, Molesters Are Brazen«, in: *New York Times*, 17. Dezember 1995, S. A-3.

74 Shimai Soshitsu, zit. nach: Uno, »Women and Changes«, S. 33.

25
Empire: Und was kommt danach?

1 Eine vorzügliche Darstellung dieser Begriffe und Differenzierungen je nach Zeit, Ort und Ideologie gibt Klor de Alva, »Postcolonization«. Beim Gebrauch der Termini *Imperialismus* und *Kolonialismus* und in der Unterscheidung von *Postkolonialismus* und *postkolonialem Status* ist er nuancierter als ich. Sein Ansatz hat seine Vorzüge, aber ich ziehe der Differenzierung die Griffigkeit des Ausdrucks vor.

2 In jüngster Zeit ist sehr viel Mühe aufgewandt worden, um auf Heller und Pfennig nachzuweisen, was einmal eine kaum angetastete Lehrmeinung war: vgl. unter anderen Davis und Huttenback, *Mammon and the Pursuit of Empire*; oder, bezogen auf einen Einzelfall, Kimura, »The Economics of Japanese Imperialism in Korea«, vor allem S. 568ff. Michael Adas, »›High‹ Imperialism«, S. 327f., nennt diese »großartigen Versuche, Bilanzen aufzumachen«, eine Übung in »Übersimplifizierung und letztlich wertlos«. Im Klartext: Sie brachten nicht das, was materialistische Interpreten des Imperialismus gerne bewiesen hätten; einfach nicht genug Profit.

3 Klor de Alva, »Postcolonization«, S. 242.

4 Ebenda, S. 267. Vgl. Prakash, in: Prakash (Hrsg.), *After Colonialism*, S. 3.

5 Dazu vgl. vor allem Bartlett, *Die Geburt Europas*.

6 Vgl. das Polyptichon des Abbé Irminon, ein Zensus der auf den Ländereien der Abtei von Saint-Germain (vor den Toren von Paris) ansässigen Bevölkerung im frühen neunten Jahrhundert. Wer trägt einen fränkischen Namen und wer einen gallo-romanischen?

7 Spätere Überfälle und Invasionen der Dänen führten im neunten Jahrhundert zur Abtretung eines beträchtlichen Teils von Ostengland, der als Danelagh, als Gebiet unter dänischem Recht, bekannt ist. Die dänischen Invasoren gingen Mischehen mit Einheimischen ein, und ein halbes Jahrhundert später wurde das Gebiet erneut dem englischen Königreich einverleibt.

8 Gelegentlich wird für das moderne Japan eine Ausnahme gemacht; aber was ist mit dem präkolonialen Afrika? Die gleichen »fortschrittlichen« Theoretiker, die Europas Kolonialismus brandmarken, finden nichts dabei, auf die Expansion der Zulu oder Ashanti stolz zu sein. Zu dieser manichäischen Weltsicht, bei der der weiße Mann dämonisiert wird und die farbigen Völker die Opfer sind, vgl. Bruckners eindringliches Buch *Das Schluchzen des weißen Mannes.*

9 So plante die spanische Regierung anfangs eine strikte Trennung von Spaniern und Indios, aber die unausbleibliche Vermischung von Eindringlingen und Eingeborenen (*castas*) führte zu einer weitgehend durchmischten Bevölkerung, die aufgrund der Verheerungen, die durch Krankheiten angerichtet wurden, schließlich zahlenmäßig fast so groß war wie die der autochthonen Indios. Gerade diese Bevölkerungsgruppe der *mestizos* und *criollos* war es, die sich bewußt von den *castas* absetzte und am Ende den Aufstand gegen die spanische Herrschaft anführte und die Macht in den neuen Nationen ergriff. Vgl. Klor de Alva, »Postcolonization«.

10 Hopkins, *Economic History*, S. 256.

11 In dieser Hinsicht ist der Kontrast zwischen dem portugiesischen Herrschaftsgebiet in Asien in dem in Südamerika (Brasilien) beziehungsweise Afrika (Angola und Mosambik) aufschlußreich. In Südamerika und Afrika trafen die Portugiesen nur auf eine dünne Besiedelung ohne politische Organisation und infolgedessen auf keinen ernsten Widerstand. So nahmen sie Territorien in Besitz, deren Grenzverlauf lange ungeklärt blieb.

12 So zum Beispiel Sir George Robinson, Inspektor der Britischen Kaufleute in Kanton, in einem unterwürfigen Bericht an Lord Palmerston in London: »Ich vertraue darauf, nicht eigens der Versicherung meiner tiefsten Ehrerbietung und Achtung Ausdruck geben zu müssen, mit denen ich dem eigentlichen Geist sämtlicher Anweisungen willfahren und entsprechen werde, die, zu diesem oder anderem Behufe, zu empfangen mir die Ehre wird. Strikteste und unbeirrbare Befolgung aller mir etwa zugestellten Befehle und Anordnungen ... ist das Fundament, auf dem ich baue...« Nachdem er zwei Jahre lang solches Zeug abgesondert hatte, wurde der Speichellecker an die Luft gesetzt. Als strafmildernd durfte gelten, daß Sir George in Englands bester höfischer Tradition handelte. Vgl. Williams Pitts überschwengliche Schwärmereien an König Georg III. Zit. nach: Cook, *The Long Fuse*, S. 111.

13 Hyam, *Britain's Imperial Century*, S. 290, spricht vom Trost durch »Flasche, Flinte und Bibel« (ohne Quellenangabe) und nennt einige Zahlen zum Alkoholkonsum nicht nur der Kolonialbeamten und Offiziere, sondern auch des Fußvolks und der Untergebenen. Zur Sexualität zitiert er Alfred Milner (1854–1925), den energischen Statthalter der englischen Krone in Südafrika: »Sexualität ist aus den Großen Staatsangelegenheiten nicht wegzudenken. Sie gehörte immer dazu, und das wird auch in Zukunft so sein. In den Akten ist von ihr allerdings nie die Rede, daher wird die Geschichte auch nie verständlich werden.« (S. 291) Der Historiker kann freilich getrost davon ausgehen, daß die chaotischen Beziehungen, von denen wir wissen, nur die berühmte Spitze des Eisbergs sind. Vgl. Hyam, *Empire and Sexuality.*

14 Grenzen waren jene Linien, an denen der Stärkere und der Schwächere aufeinandertrafen, und daher Orte, an denen es zu Konflikten kam. Der Earl of Carnavon sprach 1878 von den »Grenzschwierigkeiten«: »Die gleichen, ob realen oder eingebildeten Herausforderungen ... die gleiche Versuchung jener, die in einer Klemme steckten, Land abzubekommen«, waren ein generelles Charakteri-

stikum imperialer Herrschaft. Vgl. Hyam, *Britain's Imperial Century*, S. 283. Zum Imperialismus als Ausdruck eines Machtungleichgewichts vgl. Landes, »Some Thoughts on the Nature of Economic Imperialism« und »An Equilibrium Model of Imperialism«.

15 Cook, *The Long Fuse*, S. 227, zitiert hier eine Stelle aus einem Brief von Charles Stuart an seinen Vater, den Earl of Bute, aus dem Jahre 1775, nachdem er in der Schlacht von Bunker Hill gegen amerikanische Rebellen gekämpft hatte.

16 Zum Empire als Blutrausch vgl. Lindqvist, »Exterminate all the Brutes«, S. 52ff. Ich glaube nicht, daß er übertreibt.

17 Dies der Ansatz für den zukunftsweisenden Aufsatz von Gallagher und Robinson, »The Imperialism of Free Trade«.

18 Vgl. Landes, *Bankers and Pashas*, Kap. 3, über die Praktiken und Vorteile des informellen Imperialismus.

19 Die einschlägige förmliche Erklärung gab im Jahre 1823 Präsident James Monroe ab, faktisch aufgesetzt hatte sie allerdings John Quincy Adams; allerdings hatte sie sich schon in Thesen George Washingtons und Thomas Jeffersons angekündigt. Der unmittelbare Anstoß ging indessen von einem erfolgreichen Aufstand in den früheren spanischen Kolonien aus sowie von der drohenden europäischen Intervention zur Wiederherstellung des *status quo ante*. Ebenso aber von Hinweisen auf eine eventuelle russische Expansion entlang der Pazifikküste Nordamerikas. Die Erklärung wurde nie förmlich im Kongreß verabschiedet, aber sie wurde in der Folge als Ausdruck amerikanischer Politik anerkannt.

20 Aber nur, weil die Vereinigten Staaten gerade mit ihrem Bürgerkrieg beschäftigt waren. Nachdem sich die Amerikaner erneut jenem Eindringling zugewendet und den einheimischen Widerstand gestärkt hatten, war es um Maximilan geschehen. Seine europäischen Gönner rangen zwar die Hände, bewahrten ihn aber nicht vor dem Exekutionskommando – aus Staatsräson.

21 Frankreich ist sozusagen der letzte Mohikaner globaler Herrschaft, hauptsächlich aus Gründen des Prestiges und der Selbstachtung, und die Franzosen sollen angeblich unter dem Druck europäischer Forderungen nach einer Senkung ihres Haushaltsdefizits ihre diesbezügliche Position überdenken (vgl. *Wall Street Journal* vom 25. Januar 1996, S. 1); aber darauf sollte man sich nicht verlassen.

22 Hyam, *Britain's Imperial Century*, S. 164.

23 Vgl. S. Erlanger, »Retired People Are Struggling in the New Russia«, *New York Times*, 8. August 1995, S. A-3: »Dieses Veteranenheim, das 1986 eröffnet wurde und nach typisch sowjetischer Art schon in sich zusammenfällt...«

24 So ergab sich etwa für die Elfenbeinküste nach den guten sechziger und siebziger Jahren im ganzen folgenden Jahrzehnt ein negatives Wachstum: -4,7 Prozent jährlich pro Kopf zwischen 1980 und 1992; Quelle: Weltbank, *Weltentwicklungsbericht 1994*, Tabelle 1. Algerien und Nigeria zeigen den gleichen Verlauf, wenn auch mit schwächerem Rückgang, nämlich -0,5 beziehungsweise -0,4 Prozent zwischen 1980 und 1992. In beiden Ländern hatte der Bürgerkrieg verheerende Auswirkungen auf die Ökonomie, in Nigeria zwischen 1967 und 1970 und heute in Algerien.

25 Harrison, *Inside the Third World*, S. 336.

26 Murray, *The Development of Capitalism in Colonial Indochina*.

27 Zur Verwendung des Terminus *Neokolonialismus* vgl. Stavrianos, *Global Rift*, S. 177f.

28 Zwei Beispiele aus der vormodernen Geschichte: die alten Israeliten nach dem Exodus aus Ägypten und die Azteken, die vor der Sklaverei in die Sümpfe flohen und später, von dort zurückgekehrt, sämtliche umliegenden Völker eroberten.

29 Die Rolle von Widerstand und Selbstbewußtsein, von Michael Adas als »das Ende des weißen Helden in den Tropen« bezeichnet (»›High‹ Imperialism and the ›New‹ History«, S. 318), ist das zentrale Thema eines Großteils der Literatur zur Geschichte des Imperialismus. Während in älteren Untersuchungen die eu-

ropäischen Konquistadoren, Gouverneure und Unternehmerpersönlichkeiten im Mittelpunkt standen und der Akzent auf dem terminologischen Gegensatzpaar europäische Fortschrittlichkeit versus einheimische Rückständigkeit oder Modernisierung versus Stagnation lag, interessiert man sich in der jüngeren Forschung vor allem für die Formen und Konsequenzen des Widerstands, und zwar nicht nur für Ereignisse wie Rebellionen, Aufstände und Aufruhr, sondern auch für den alltäglichen passiven Widerstand und die Verweigerung der Zusammenarbeit. Zu diesem letzten Punkt vgl. Scott, *Weapons of the Weak*. Entscheidend ist die Wiederherstellung der »Handlungsmacht«, das heißt der Nachweis, daß die passiven Opfer zweckmäßig Handelnde sein konnten und daß die Eingeborenenkulturen eine Quelle waren, aus der sie Tatkraft und Inspiration schöpften.

30 Harrison, *Inside the Third World*, Kap. 17: »Die Entfremdungsmaschine: Die Ungebildeten und die Verbildeten.« Vgl. S. 325: »Es ist schon schlimm genug, daß sich die französischen Kinder ihr Gehirn mit diesen hochtrabenden und vollgestopften Werken verwirren lassen müssen, aber daß man das auch noch afrikanischen Kindern beibringt, ist geradezu kriminell.« (Ich weiß nicht so recht. Mich hat *Andromaque* immer berührt.)

31 Mill, *Principles of Political Economy*, zit. nach: Meier, »Theoretical Issues«, S. 42f.

32 Zu den »teuren und fruchtlosen Kriegen« in Lateinamerika vgl. Harrison, *Inside the Third World*, S. 384f. Seiner Liste hinzufügen muß man die Streitigkeiten zwischen Mexiko und den Vereinigten Staaten und die mißlungenen Einfälle der USA nach Kanada. Einige mexikanische Landkarten weisen Texas und die südwestlichen Bundesstaaten der USA noch als mexikanisches Territorium aus, auf das zuzeiten wieder Anspruch erhoben werden könnte.

33 In manchen Fällen hatten die kolonisierten Völker längst ein eigenes Herrschaftsgebiet, bevor der weiße Mann ins Land kam: vor allem natürlich die Azteken und die Inkas, aber auch die Annamiten in Indochina, die Burmesen in Burma, die Zulus in Afrika et cetera. Freiheit von der Kolonialmacht bedeutete nicht zwangsläufig Wiederherstellung der Gleichheit. Gleichheit hatte es nie gegeben, und die staatlichen Strukturen gründeten auf alten Hierarchien.

34 Harrison, *Inside the Third World*, S. 388, führt E. Finer an, der darauf verweist, daß von den 104 Staatsstreichen zwischen 1962 und 1975 lediglich eine Handvoll nicht in Dritte-Welt-Ländern stattfanden. 1975 herrschte in einem Viertel der UN-Mitgliedsstaaten ein Regime, das per Staatsstreich an die Macht gekommen war.

35 Alam, »Colonialism, Decolonisation and Growth Rates«, S. 235 und Anm. 2, würde dem nicht beipflichten. Er merkt an, daß im neunzehnten Jahrhundert gerade die Länder, die moderne Manufakturindustrien entwickelten, »entweder souveräne oder in Selbstverwaltung regierende Staaten« waren, und leitet daraus ab, daß »die inländische Kontrolle der Wirtschaftspolitik die notwendige Voraussetzung der Industrialisierung« gewesen sei.

36 Indien verfügte über 23 627, China nur über 665 Meilen; zit. nach: Kerr, »Colonialism and Technological Choice«, S. 93f. Zur verspäteten Unterstützung der indischen Eisen- und Stahlherstellung durch England vgl. Bahl, »Emergence« sowie ihr *Making of the Indian Working Class*.

37 Es sei angemerkt, daß der technische Standard der indischen Eisenbahnen niedrig war; auch sei nicht vergessen, daß es die indischen Steuerzahler waren, die unfreiwillig einen Großteil der Kosten über Garantieerträge für die Investoren zu tragen hatten. (Bei all ihrem gelegentlichen Reichtum waren die Inder doch nicht gewillt, in solche Projekte zu investieren.) Zu dieser wechselvollen Geschichte vgl. Headrick, *Tentacles of Progress*, Kap. 3.

38 Vgl. die Reaktion auf einen Rückgang der japanischen Industrieimporte während des Ersten Weltkriegs: Ho, »Colonialism and Development«, in: Myers und Peattie (Hrsg.), *Japanese Colonial Empire*, S. 365.

39 Mark Peattie in: Myers und Peattie (Hrsg.), *Japanese Colonial Empire*, S. 23. Hierzu und zu den besonderen Gründen für die Entwicklung in Korea und Taiwan, wo die Politik der Japaner überdies von übergeordneten militärischen Erwägungen und den Bedarf an billigen Nahrungsmitteln bestimmt wurde, vgl. Alam, »Colonialism«, S. 250–253, sowie Hayani und Ruttan, »Korean Rice, Taiwan Rice«.

40 Zur Selbstgefälligkeit Japans, was das Verhältnis zu Korea betrifft, vgl. die *New York Times* vom 12. Oktober 1995, A. A-5, und vom 14. November 1995, S. A-14. Zur Erinnerung der Koreaner und zu den Greueln vgl. Yoichi Serikawa, »Deux peuples empêtrés dans leur passé [Zwei Völker, die nach wie vor in ihre Vergangenheit verstrickt sind]«, *Courrier international*, 211 (17.–25. November 1994), S. 32, mit der Abbildung einer Wachsfigur, die in der koreanischen Unabhängigkeitsgedenkstätte ausgestellt ist und die Folterung eines koreanischen Patrioten durch japanische Armeeangehörige zeigt. Zu der allgemeineren Frage einer Aggression vor und im Zeiten Weltkrieg vgl. Buruma, *Erbschaft der Schuld*. Die jüngste »Aufregung« löste die Behauptung eines japanischen Politikers aus, daß »Japan einige gute Dinge getan hat. Japan hat in jeder koreanischen Stadt Schulen gebaut, um den Bildungsstand zu heben, außerdem Eisenbahnen und Häfen.«

41 Der pro-japanische Standpunkt, hier vertreten von einem Westler, besteht in einem Lob der »modernen und außergewöhnlich effektiven Polizeikräfte, die durch einen geschickten Rückgriff auf das eingeborene System der Gemeindekontrolle ergänzt werden«. Peattie in: Myers und Peattie (Hrsg.), *The Japanese Colonial Empire* , S. 27.

42 Ebenda, S. 47.

43 Eines der eindrucksvollsten Bekenntnisse gegen den Imperialismus war Joseph Conrads kurzer Roman *Herz der Finsternis* (1902). Dieser eindringliche Bericht über die Greuel des Imperialismus und die Beschönigungen des Westens basierte auf eigenen Erlebnissen im Herzen Afrikas: »Diesen Fluß hochzufahren war wie eine Reise zu den frühesten Tagen der Erde...« (S. 65) In der Folgezeit wurde die Novelle als rassistische, »orientalistische« Schrift gebrandmarkt und dementsprechend aus dem Literaturkanon ausgeschlossen. Conrad, so lautete die Kritik, präsentiere die eingeborenen Afrikaner als primitiv und hilflos (Afrika als das Herz der Finsternis), und das darf nicht sein. Aber so sind nun einmal die anachronistischen Erfordernisse der *political correctness*. Mit dieser Attacke auf ein Stück Literatur, das stets als Meisterwerk einer mitfühlenden Darstellungskunst voller Menschlichkeit gegolten hat, kam etwas zustande, was in dem heute gängigen Kauderwelsch etwas gewunden als »Ort der Kontroverse« bezeichnet wird. Vgl. den faszinierenden Artikel von David Denby, »Jungle Fever«.

44 Patel, »Rates of Industrial Growth«.

45 *Der erste Mensch* (Reinbek 1995), ein autobiographischer Roman.

46 *Pieds-noirs*, wörtlich: »Schwarzfüße«. Der Ausdruck wurde für die europäischen Siedler in Algerien in Abgrenzung zu den barfüßigen Einheimischen benutzt.

26
Verlust der Führungsrolle

1 In der Literatur zu diesem Thema wird der Begriff *Niedergang* stillschweigend benutzt, um ebensosehr Fälle von relativem wie von absolutem Abstieg zu bezeichnen. Eine klare Unterscheidung wäre wünschenswert.

2 Israel, *The Dutch Republic*, S. 850. Wie die Japaner, die ebenfalls die Geschichte ihres Landes gern vor dem Hintergrund göttlichen Eingreifens durch günstige Winde (*kamikaze*) sehen, haben auch die Holländer und Engländer den Erfolg

der Invasion einem »protestantischen Wind« zugeschrieben – das heißt starken Ostwinden, vor denen die Armada über die Nordsee fegte, während die englische Flotte in der Themsemündung festsaß, wo sie nichts weiter tun konnte, als zuzusehen, wie der Feind an ihr vorbeirauschte. Ebenda, S. 851.

3 *Der Wohlstand der Nationen*, 1. Buch, Kap. 9: »Der Kapitalgewinn«, S. 79.

4 Smith' Kurzangebundenheit in diesem Zusammenhang kann uns zu der Überzeugung bringen, daß der Vergleich, mochte er nun zutreffen oder nicht, eher die nominellen als die wirklichen Löhne betraf – sich mit anderen Worten nicht auf die Kaufkraft bezog.

5 *Der Wohlstand der Nationen*, 1. Buch, Kap. 8: »Der Lohn der Arbeit«, S. 61.

6 »Der Handel in Holland verfalle, haben manche behauptet, und vielleicht läßt sich das von einigen Handelszweigen tatsächlich sagen.«

7 Natürlich hätte die höhere Rendite auch darin begründet sein können, daß die englischen Geschäfte schlecht liefen, hohe Risiken bargen und sich nur mit Hilfe von Bauernfängerei über Wasser halten ließen – wie bei Mexiko im Jahre 1994. (Trifft in diesem Fall aber nicht zu!) Über die Preise entscheidet die Nachfrage nicht weniger als das Angebot. Hier schaut Smith ausschließlich auf die holländische Seite – die Seite des Angebots – und vernachlässigt den Nachfrageaspekt.

8 Zit. in: Wallerstein, »Dutch Hegemony«, S. 98. Solch scheinbare Exaktheit ist mit Vorsicht zu genießen; dennoch ist der Gesamttrend eindeutig.

9 Vandenbroeke, »Regional Economy«, S. 170, behauptet, diese Niedriglohnindustrien hätten eine große Bedrohung für Großbritannien dargestellt, das ein Gegenmittel in der Mechanisierung der Produktion gefunden habe; damit aber läßt sich auch das Scheitern Hollands erklären, das die Mechanisierung der Produktion versäumte.

10 Das Obige stammt zumeist aus: Israel, *The Dutch Republic*, S. 998–1003. Siehe auch Wallerstein, »Dutch Hegemony«.

11 Israel, *Dutch Republic*, S. 1011.

12 Zum Niedergang der venezianischen Wollstoffproduktion siehe Rapp, *Industry and Economic Decline*, S. 140f., S. 148 und Anm. 24, sowie Sella, »Rise and Fall«. Die Handelspolitik spielte dabei offenbar eine entsetzlich kontraproduktive Rolle. Zur Abwanderung von Kapital auf das Festland siehe Woolf, »Venice and the Terraferma«. Vgl. auch Ciriacono, »Venetian Economy« und »Venise et la Vénétie«.

13 Vgl. van Zanden, »The Dutch Economy in the Very Long Run«.

14 Vgl. Mokyr, *Industrialization in the Low Countries*, wo ein Lohnvergleich mit Belgien angestellt wird. Aber wenn die holländischen Löhne entlang der Küste höher waren als in Belgien, so lagen sie im Landesinneren ebenso niedrig und waren insgesamt niedriger als zum Beispiel in England. Griffiths, *Industrial Retardation*, S. 3, S. 62–65, meint deshalb, die Gründe für die holländische Rückständigkeit müßten anderswo gesucht werden; Belgien habe sich damals auf eine solide Industriebasis gestützt und sich deshalb leichter modernisieren können. Belgien habe außerdem über gute Kohlevorkommen verfügt, über eine bereits hochmechanisierte Woll- und Baumwollfabrikation, über eine zwar alte, aber lebendige Tradition der Metallverarbeitung und über die Anfänge einer Maschinenbauindustrie in der Lütticher Region. Die Niederlande seien einst in industrieller Hinsicht stark gewesen, hätten aber nach einem Jahrhundert des Niedergangs Mühe gehabt, auf Touren zu kommen.

15 Mokyr, *Lever of Riches*, S. 260, verweist auf die anhaltende maschinenstürmerische Ablehnung von Baumwollspinnmaschinen in den Niederlanden.

16 H. J. Koenen, *Voorlezingen over de geschiedenis der nijverheid in Nederland* (Haarlem 1956), S. 140, zit. in: Griffiths, *Industrial Retardation*, S. 41.

17 Peter W. Klein, *Traditionele ondernemers en economische groei in Nederland, 1850–1914* (Haarlem 1966), S. 3, zit. in: Griffiths, *Industrial Retardation*, S. 42.

18 Griffiths, *Industrial Retardation*, S. 121.

19 Zu dieser späteren Periode vgl. Pollard, *Peaceful Conquest*, S. 237f. Der stille Eintritt der Niederlande in die moderne Industriewelt ist in den Wirtschaftsgeschichten fast unbeachtet geblieben. Das Land macht kaum Schlagzeilen.

20 Einer Schätzung von 1614 zufolge erhöhte der Färbe- und Appretierprozeß den Wert der Exporte um 50 bis 100 Prozent. Siehe Supple, *Crisis and Change*, S. 33–51. Das Projekt schlug fehl, weil die Exporteure halbfertigen Tuchs (die Handelsgesellschaft der Merchant Adventurers, die ein Monopol auf die Ausfuhr von Wollwaren hatte) über ihre eigene Lobby und mehr Geld verfügten. Und natürlich kämpften die Holländer gegen die Einfuhr fertig bearbeiteten Tuchs.

21 Zit. von: Chaudhuri, *Trading World of Asia*, S. 5, aus einer Auflage des Traktats aus dem Jahre 1693.

22 Zu französischen Empfindlichkeiten siehe Ratcliffe, »Great Britain and Tariff Reform«, S. 102.

23 Zu Uhren und ihrer amerikanischen Fabrikationsweise siehe Landes, *Revolution in Time*, S. 310–313. Zu Schußwaffen siehe Smith, *Harpers Ferry Armory and the New Techology*, sowie Uselding, »Technical Progress at the Springfield Armory«.

24 Über diesen Weckruf informiert Rosenberg, *American System of Manufactures*.

25 Supple, »Fear of Failing«. Die Rede greift zum großen Teil Gedanken und Einstellungen zum Thema auf, wie sie bereits Clapham in seinem Buch *Economic History of Modern Britain*, Bd. III (1938), Kap. 3: »The Course of Industrial Change«, vorgetragen hat.

26 Das Wort kehrt ständig wieder. Eine kleine Auswahl: Eatwell, *Whatever Happened... The Economics of Decline*; Gamble, *Britain in Decline*; Pollard, *Britain's Prime and Britain's Decline*; Rubinstein, *Capitalism, Culture, and Decline*; Elbaum und Lazonick (Hrsg.), *The Decline of the British Economy*; Coates und Hillard (Hrsg.), *The Economic Decline*. Lorenz, *Economic Decline in Britain*, handelt von einem besonderen Wirtschaftszweig.

27 Vgl. Tomlinson, »Inventing ›Decline‹«, ebenso Supple, »Fear of Failing«, S. 442f.

28 Supple, S. 444, spricht von »irritierenden psychologischen und politischen Erschütterungen«.

29 Supple, S. 444, Anm. 9, zitiert W. A. P. Manser, *Britain in the Balance* (1971), S. 179.

30 Vgl. Clapham, *Economic History*, Bd. II, S. 113, der in der düsteren Zeit des Jahres 1932 über die Handelskrise von 1885 schreibt: »Die Bewegung der Mechanisierung und Industrialisierung hat sich ein für allemal zu einem internationalen Phänomen entwickelt und schreitet ohne große Staffelung voran. ... Maschinen arbeiten ohne Ansehen der Person für jedermann. Mechanische oder wissenschaftliche Monopole auf industriellem Gebiet sind nur von kurzer Dauer.« Clapham kannte das Wort »Konvergenz« noch nicht, aber die Sache selbst war ihm vertraut. Ebenda, Bd. III, S. 122: »Von einem halben Kontinent läßt sich erwarten, daß er mit der Zeit mehr Kohle fördert und mehr Stahl produziert als eine kleine Insel...« Wie tief sind sie gesunken!

31 Über das Glück, zu den Reichen zu gehören, siehe Clapham, ebenda, Bd. III, S. 554, McCloskey, *If You're So Smart*, S. 48, Supple, »Fear of Failing« S. 443; dieser bemerkt: »...die Unterschiede zwischen Großbritannien und anderen fortgeschrittenen Gesellschaften sind viel geringer (und viel weniger wichtig) als die Unterschiede zwischen fortgeschrittenen und weniger entwickelten Gesellschaften.« McCloskey zeigt sich regelrecht empört darüber, daß Menschen, denen es so gut geht, die Tatsache, daß sie gegenüber anderen reichen Leuten an Boden verlieren, zum Anlaß für Klagen nehmen: Er findet das »bestenfalls geschmacklos in einer Welt der wirklichen Tragödien..., schlimmstenfalls... unmoralische Selbstbespiegelung, nationalistischen Quatsch...« Das ist das Problem mit den Menschen: Die Frage nach der Nummer eins beschäftigt sie zuerst und vor allem. In führender Position zu sein halten sie auch für besser, als an zweiter oder vierzehnter Stelle zu rangieren.

32 Zit. in: Burn, *Age of Equipoise*, S. 64.

33 W. S. Jevons, *Methods of Social Reform* (London 1883), S. 181f., zit. in: Supple, »Official Economic Enquiry«, S. 325.

34 Nehmen wir McCloskey, der seinen Landsleuten kalten Trost spendet: »Die Amerikaner sind besser dran, wenn Japan sie im Kraftfahrzeugbau ›schlägt‹, weil sie sich dann Dingen zuwenden, die sie vergleichsweise gut beherschen – sagen wir, Bankgeschäften oder dem Anbau von Sojabohnen –, und den Japanern die Autofabrikation oder die Haushaltselektronik überlassen.« McCloskey, »1066 and a Wave of Gadgets«, in: McCloskey und Dormois (Hrsg.), »British Industrial ›Decline‹«, S. 21.

35 McCloskey, *Econ. Hist. Rev.*, 2. Folge, 3 (1970).

36 Vgl. Wilson, *British Business History*, S. 90–93. Man hätte erwarten können, daß diese Großverteiler eine Selektion bewirkt und sich auf die profitableren Marken verlegt hätten. Oder daß die Industrieproduzenten eigene Verkaufs- und Servicesysteme aufgebaut hätten, wie das in den USA und später auch in Japan geschah.

37 So äußert etwa Clapham mit Blick auf Verbesserungen in der Eisen- und Stahltechnik: »Es ist allerdings schwer zu glauben, daß ein Verfahren, das in den Jahren 1925 und 1913 so allgemein zur Anwendung kam, nicht auch schon im Jahre 1901 und früher mit größerem Vorteil, als es der Fall war, hätte eingesetzt werden können.« *Economic History*, Bd. III, S. 148.

38 Peter H. Lindert und Keith Trace in: McCloskey (Hrsg.), *Essays on Mature Economy*, S. 242.

39 Wilson, »Economy and Society«, S. 185, S. 190, zit. in: Dintenfass, »Converging Accounts«, S. 19.

40 Die Zitate stammen aus: Dintenfass, »Converging Accounts«, S. 22. Ebensowenig wollen die Optimisten von Unternehmerklagen bezüglich mangelhafter unternehmerischer Leistungen etwas wissen. Siehe Edgerton, »Science and Technology in British Business History« und *Science, Technology*, S. 11. Eine pessimistische Sicht aufgrund des Werdegangs von Firmen findet man in Coleman und MacLeod, »Attitudes to New Techniques«.

41 Floud, »Britain«, in: Floud und McCloskey (Hrsg.), *Economic History*, 1. Aufl., Bd. II, S. 23.

42 McCloskey, »International Differences in Productivity?«, in: McCloskey (Hrsg.), *Essays on a Mature Economy*, S. 286f.

43 In der Zeit nach dem Zweiten Weltkrieg kam über die Hälfte der weltweit erzeugten Bruttotonnage von britischen Werften – 1,3 Millionen Tonnen im Jahre 1950. Das waren zugegebenermaßen außergewöhnliche Umstände, denn fast alle potentiellen Konkurrenten hatte der Krieg schachmatt gesetzt. Im folgenden Vierteljahrhundert, das die Einführung radikal neuer Schiffstypen (man denke etwa an die Riesentanker) und ein rasches industrielles Wachstum erlebte, stagnierte die britische Produktion und fiel dann in einem Zeitraum von zwölf Jahren (1975–1987) um 96 Prozent. Ausradiert. E. Lorenz, *Economic Decline in Britain*, Kap. 4, weist auf die protektionistischen Maßnahmen und Subventionen im Ausland hin, vermerkt dann aber »die Unfähigkeit der britischen Schiffbauer, aus … Höchstleistungstechnik« und besseren Methoden der Arbeitsorganisation Nutzen zu ziehen, wobei für letzteres »der Mangel an Vertrauen zwischen Arbeiterschaft und Management« verantwortlich gewesen sei (S. 90f.). Siehe auch D. Thomas, »Shipbuilding«, in: Williams u. a., *Why Are the British Bad?*, S. 179–216.

44 Habakkuk, *American and British Technology*, S. 212.

45 Vgl. Clapham, *Economic History*, Bd. III, S. 131.

46 Davenport-Hines und Jones (Hrsg.), *British Business in Asia*, S. 21. Ähnliches ließ sich bei der britischen Stahlfabrikation beobachten. Die britischen Erzeuger genossen auf dem indischen Markt jeden nur denkbaren Vorzug und Vorteil; und doch fanden sie sich in zunehmendem Maße verdrängt: 8000 Pfund für belgischen Stahl im Jahre 1885/86 gegenüber 98 000 Pfund für Stahl aus Großbritannien; im Jahre 1895/96 280 000 Pfund für belgischen gegenüber 274 000 Pfund

für britischen Stahl – und dies, obwohl der britische Stahl als überlegen galt. Saul, *Studies in British Overseas Trade*, S. 199.

47 Charles Wilson, »Economy and Society«, in: Payne, »Industrial Entrepreneurship«, S. 208.

48 James Foreman-Peck, »The Balance of Technological Transfers 1870–1914«, in: McCloskey und Dormois (Hrsg.), »British Industrial ›Decline‹«, S. 11, verharmlost den Positionsverlust zu »bloß einem anderen Muster internationaler Spezialisierung«. Pollard, *Britain's Prime*, Kap. 3, betrachtet Farbstoffe als Kleinkram.

49 Friswell und Levinstein, zit. in: Haber, *Chemical Industry*, S. 168. (Das sind genau die Art von Zeugen, die den Optimisten gar nicht schmecken; sie lehnen sie deshalb als durch Eigeninteresse voreingenommen ab.) Die bekanntesten Juden in der chemischen Industrie Großbritanniens waren die geschäftsführenden Teilhaber bei Brunner, Mond und Co., der führenden Firma auf dem Gebiet der Alkali-Produktion. Sie führten das Solvay-Verfahren ein, ohne daß dies Auswirkungen auf die veraltete Technik der restlichen Industrie gehabt hätte – oder vielmehr bestand der einzige Effekt darin, daß die restliche Industrie sich ermuntert fühlte, hinter Vereinbarungen über Handelsbeschränkungen Schutz zu suchen. Brunner und Mond hatten freie Bahn und heimsten Monopolrenten ein.

50 Rubinstein, *Capitalism, Culture, and Decline*, S. 94ff., macht viel Aufhebens um die britischen Beiträge zur reinen Wissenschaft, ausgewiesen durch einen unverhältnismäßig hohen Anteil an den Nobelpreisen. Über Anwendungen sagt er allerdings wenig, außer daß er einräumt, die Erfindungen fänden »häufig, mittlerweile regelmäßig« zum größten Teil in anderen Ländern ihre praktische Verwendung. Zur Elektroindustrie, wo die Technik eindeutig eine große Rolle spielt, siehe Byatt, *British Electrical Industry*, S. 188ff.: »Die britischen Geschäftsleute bewiesen im Einsatz ihrer Techniker kein sonderliches Geschick.« Ein positives Bild von der wissenschaftlichen und technischen Ausbildung in Großbritannien entwirft Edgerton, *Science, Technology*, insbesondere in Kap. 5.

51 Ein Aspekt dieses halbspontanen, pluralistischen Vorgehens war die Entstehung von Abendkursen, die vielfach von Arbeitern besucht wurden, die ihre Kenntnisse und Fertigkeiten aufbessern wollten. Diese Kurse gingen auf die Vortragsreisenden des achtzehnten Jahrhunderts zurück; sie sollten Abhilfe für die Mängel des regulären Schulsystems schaffen. Nach Ansicht mancher handelte es sich dabei um nicht zu verachtende, sogar zureichende Ersatzleistungen. Dem kann ich nicht zustimmen: Abendkurse, die von müden Arbeitern auf freiwilliger Basis besucht werden, können ganztägig und professionell abgehaltene, laborgestützte und prüfungskontrollierte Ausbildungsgänge nicht ersetzen.

52 Siehe unter anderem Landes, *Der entfesselte Prometheus*, Kap. 5, und Wiener, *English Culture and the Decline of the Industrial Spirit*. Erwähnenswert ist in diesem Zusammenhang auch eine beiläufige Bemerkung, die Habakkuk in *American and British Technology*, S. 212, macht: »Wenn ein Engländer sich für eine Laufbahn entschied, dann war die Entscheidung in der Tat sehr stark durch Tradition, Konvention und Gewohnheit bestimmt, und dies alles wirkte sich in England ohne Frage dahingehend aus, Talente dem Wirtschaftsleben zu entziehen und in Richtung auf die akademischen Berufe zu disponieren.« Andererseits siehe Dintenfass, *Decline*, S. 61–64.

53 Vgl. Livingston, »Gentleman, Theory of the«. Diese Neigung, sich als erhaben über das Materielle zu gebärden, kann man auch den Aufzeichnungen britischer Besucher in den USA entnehmen. Während im achtzehnten Jahrhundert England wegen seiner sozialen Mobilität und seines materiellen Erfolgs Gegenstand der Kritik oder der Bewunderung war, verkörperten im neunzehnten Jahrhundert die USA diese Tugenden und Laster und wurden gleichermaßen für Snobs und Glücksritter zur Zielscheibe verächtlicher und herablassender Äußerungen.

54 Und nach manchen Berechnungen sogar schon früher. Schätzungen des jährlichen Wertzuwachses pro Stunde Industriearbeit im Zeitraum zwischen 1950 und 1990 zeigen Japan bei 7,4 Prozent, Frankreich bei 4,9, Deutschland bei 4,5, Großbritannien bei 4,1 und die USA bei 2,6. Eaton und Jortum, »Engines of Growth«, S. 6. Selbst wenn man eine Fehlermarge einräumt, liegt auf der Hand, daß dies kein Fall von wirtschaftlichem Niedergang ist; eher handelt es sich um ein offenbares Konvergenzphänomen.

55 Abramovitz und David, »Convergence and Deferred Catch-up«, S. 26f. Die sechzehn zum Vergleich herangezogenen Länder umfassen dreizehn führende europäische Nationen: Österreich, Belgien, Dänemark, Finnland, Frankreich, Deutschland, Italien, die Niederlande, Norwegen, Schweden, die Schweiz, Spanien und Großbritannien; dazu kommen noch Australien, Kanada und Japan.

56 Ebenda, S. 27, Tabelle 1.

57 Von 1960 bis 1973 wuchs die Gesamtproduktivität der Produktionsfaktoren (das heißt der Produktivitätsgewinn nach Abzug der Zunahmen an Kapital und Arbeitskräften) um 1,5 Prozent im Jahr, gegenüber 6,3 Prozent für Japan. Die Ölkrise von 1973 traf Japan schwer und ließ das Wachstum der Gesamproduktivität der Produktionsfaktoren zwischen 1973 und 1979 auf 1,5 Prozent, zwischen 1979 und 1988 auf 2 Prozent sinken. Die Gesamtproduktivität in den USA allerdings rutschte zwischen 1973 und 1979 in die roten Zahlen und brachte es zwischen 1979 und 1988 auf weniger als 0,5 Prozent. Hart, »Comparative Analysis«, S. 207.

58 Nichts ist riskanter, als auf die Entwicklung des letzten Jahres (oder des letzten Quartals) Prognosen zu gründen. Japan scheint besser abzuschneiden als im Jahr 1996; andererseits siehe *Wall Street Journal*, 20. Juni 1996, S. A-13: »Ungeachtet eines Wachstumsspurts befindet sich Japan noch nicht wieder auf der Überholspur.«

59 Steven A. Holmes, »Income Disparity between Poorest and Richest Rises«, *New York Times*, 20. Juni 1996, S. A-1. Siehe auch Keith Bradsher, »More Evidence: Rich get Richer«, ebenda, 22. Juni 1996, S. A-31. Paul Krugmann, *Pop Internationalism*, verwahrt sich scharf gegen die Ansicht, daß der Rückzug der USA im Zusammenhang mit dem Vormarsch der internationalen Konkurrenten stehe. Dennoch scheint mir eine Ähnlichkeit mit früheren Fällen vorzuliegen, in denen Führungspositionen verlorengingen.

60 Robert Samuelson, »Is There a Savings Gap?«, *Newsweek*, 17. Juni 1996, S. 56; das Zitat entstammt einer Untersuchung des McKinsey Global Institute.

61 Lewchuk, *American Technology*, S. 117.

62 Zit. ebenda, S. 117. Von den drei führenden Produzenten der Vorkriegsjahre hinkte nur Großbritannien hinter der Inlandsnachfrage nennenswert hinterher. Frankreich verkaufte mehr als die Hälfte seiner Produktion ins Ausland und war der weltweit führende Exporteur.

63 Ebenda, S. 171f.

64 Eine Fallstudie über funktionsuntüchtiges Management, die in die Jahre zwischen den beiden Weltkriegen zurückreicht, bietet Church, »Deconstructing Nuffield«. Was die Lust zum Müßiggang betrifft, so erwähnt Church (S. 572) die jährlichen monatelangen Reisen Nuffields nach Australien, die auf einem für Decksspiele bestens ausgestatteten langsamen Schiff unternommen wurden.

65 Pollard, *Development of the British Economy*, S. 242f.

66 Vgl. Channon, *Strategy and Structure*, S. 109: »…ihre Strategie wirkte mit Blick auf die langfristige Entwicklung der britischen Automobilindustrie nicht sehr vielversprechend.«

67 Church, »Deconstructing Nuffield«, S. 578, Anm. 127.

68 Pollard, *Development of the British Economy*, S. 400.

69 Church, *Rise and Decline*, S. 77, S. 104, S. 115 und passim; sowie ders., »Effects of American Multinationals«.

70 Pollard, *Development of the British Economy*, S. 401.

27
Gewinner und…

1 Zur anmaßenden Dummheit der Generäle siehe auch die Anmerkungen in Len Deighton, *Blood, Tears, and Folly*. Deighton schreibt zwar hauptsächlich Abenteuer- und Spionageromane, aber auch kompetente Sachbücher.

2 In Wirklichkeit hatte es in den Jahrzehnten vor der NS-Herrschaft viele Warnsignale gegeben, die auf eine ernste Erkrankung der deutschen Gesellschaft hinwiesen. Vgl. Weiss, *Der lange Weg zum Holocaust*.

3 Weitere, aber weniger verbreitete Zahlungsmittel waren Kaffee und Seiden- oder Nylonstrümpfe. Vgl. Kindleberger, *Financial History*, S. 403.

4 Kindleberger, *Financial History*, S. 407: »Ich betrachte die deutsche Währungsreform von 1948 als eine der Großtaten des gesellschaftlichen Managements überhaupt.«

5 Über diese letzten Tage siehe Toland, *The Rising Sun*.

6 Zu diesen Begegnungsritualen vgl. Halberstam, *Die Abrechnung*, S. 248.

7 Über diese (schlechten) Praktiken, die viele amerikanische Ökonomen gerne herunterspielen oder trivialisieren und andere als »Japan-Prügel« abhaken (ein Ausdruck, durch den man sich lästige Vorwürfe vom Hals schaffen will, ohne auf sie einzugehen), siehe Lincoln, *Japan's Unequal Trade*. Das Wort »Prügel« ist ein beliebter Kunstgriff des intellektuellen Komplizen.

8 Über die technologischen Klammern zwischen industrieller Entwicklung und militärischer Stärke in Japan siehe besonders Samuels, »Rich Nation, Strong Army«. Dieser Analyse hinzuzufügen bleibt die Rolle der exportorientierten Produktion bei der expandierenden industriellen Leistungsfähigkeit. Die Japaner haben die strategischen Folgen ihrer relativen industriellen Schwäche im Zweiten Weltkrieg nicht vergessen.

9 Ich übernehme den Ausdruck »globaler Stadtstaat« von Murray und Perera, *Singapore*.

10 Weltbank, *East-Asian Miracle*, S. 28. Wir sprechen von Wachstumsraten von durchschnittlich sechs oder mehr Prozent pro Jahr. Taiwan, das sollte man festhalten, ist trotz seiner ökonomischen Macht eine unsichtbare Größe. Der jährliche Entwicklungsbericht der Weltbank macht keine Angaben über Taiwan und führt die Insel unter den Nationen der Welt gar nicht auf – offenbar um eine Beleidigung der Volksrepublik zu vermeiden, die jede Andeutung mißbilligt, die auf eine Anerkennung der Selbständigkeit Taiwans hinausläuft. Im *East-Asian Miracle* erscheint Taiwan als »Taiwan, China«. Man verleihe der Weltbank eine Blechmedaille für Kleinmütigkeit.

11 Fast jeder, der über die ökonomische Leistungskraft dieser ostasiatischen Staaten schreibt, berichtet über die Qualität des Arbeitskräftepotentials, aber nimmt es auch irgendwie als gegeben hin. Manuel Castells, »Four Asian Tigers«, S. 55 und passim, nennt als das wichtigste gemeinsame Charakteristikum die Rolle des Staates, sogar in Hongkong. Mein einziges Problem damit ist, daß man bald kluger, bald törichter staatlicher Intervention überall in der gesamten Region begegnet. Der Staat mag die ökonomische Entwicklung befördern, doch braucht es eine Welt, die über gute Arbeit und Unternehmergeist verfügt, um den Staat gut dastehen zu lassen.

12 Die Weltbank bezeichnet diese als »hochgetrimmte asiatische Ökonomien«, was angemessen erscheint. Doch dann unterläuft sie ihre Terminologie, indem sie dubiose Wachstumsdaten für andere Länder nennt. Was soll man mit einer Liste anfangen, die Länder nach Wachstum pro Kopf und Jahr für den Zeitraum 1960 bis 1985 rubriziert, auf der Ägypten, Griechenland, Syrien und Portugal zu den ersten zwanzig gehören und Botswana (Diamanten) den gesamten Rest anführt?

13 »A Survey of Multinationals«, *The Economist*, 24. Juni 1995, S. 4.

14 Über Wales siehe *The Times* (London), 6. Januar 1997, S. 40. Über Daewoo: *International Herald Tribune*, 18. Oktober 1996, S. 20; 19./20. Oktober 1996, S. 15. Daewoo bekam seine Portion vom Thomson-Kuchen für einen symbolischen Franc, aber das Geschenk war mit einer Schuldenlast verbunden. (Die französische Regierung versuchte ihre Schulden zu reduzieren, um sich den Weg zum Eintritt in die neue Währungsunion freizumachen.) Wie im Dezember 1996 platzte der Deal auch diesmal. Französische Gegner der Fremdübernahme veranstalteten einen riesigen Wirbel um den symbolischen Franc, sagten aber wenig oder gar nichts über die Schulden. Auf ihrem Rückzug versuchte die französische Regierung, sich hinter der Europäischen Gemeinschaft zu verstecken, doch niemand ließ sich zum Narren halten. In Korea sprachen die Leute vom französischen Rassismus – wenn es ein amerikanischer Käufer gewesen wäre, kein Problem –, und die koreanische Regierung nannte die böse Absicht der Franzosen (die Fremdenfeindlichkeit) »eine nationale Angelegenheit«. »Den Franzosen kann man nicht trauen«, *International Herald Tribune*, 6. Dezember 1996, S. 11. Dazu sei jedoch bemerkt, daß Korea selbst chronisch feindselig gegenüber Fremdbesitz ist. Ein Märchen vom östlichen Topf, der den westlichen Kessel schwarz schimpft. Trotzdem ist Daewoo vielleicht noch interessiert.

15 M. Richardson, »Malaysia Readies a Crackdown on Illegal Workers«, *International Herald Tribune*, 7. Oktober 1996, S. 4.

16 Über Indochina siehe Murray, *Development of Capitalism*, S. 619, Anm. 345. Er zitiert René Dubreuil, *De la condition des Chinois et de leur role économique en Indochine* (Bar-sur-Seine 1910), S. 71: »Als die französische Verwaltung sich in Kotschinchina etablierte, entdeckte sie, daß die Chinesen eine kostenlose Hilfe bei der Durchführung der Kolonisierung waren. Um den Vietnamesen ihre schlechten Gewohnheiten und Feindseligkeiten abzugewöhnen, sie auf dem Gebiet des Handels zu erziehen und sie dazu zu bringen, aus ihren Tonkrügen die für den Administrationsapparat benötigten Münzen herauszugeben, brauchten wir einen Vermittler, der Seite an Seite mit ihnen lebte, ihre Sprache sprach und Frauen aus ihren Reihen ehelichte. Dieser Mittelsmann war der Chinese. Der Chinese ist beweglich, geschickt, vorurteilsfrei und liebt den Gewinn.«

17 Mir wurde jedoch erzählt, daß die Liste von thailändischen Namen, die sie annehmen, dem Kenner den chinesischen Ursprung verrät.

18 Die Thais glauben, bei ihren chinesischen Mittelsmännern beliebter zu sein als die Malaien. Vgl. Kaplan, *Reisen an die Grenzen der Menschheit*, S. 401.

19 Pan, *Sons of the Yellow Emperor*, S. 247; über etliche Aspekte dazu siehe auch Kap. 13: »Cultural and National Identities«.

20 Ohmae, *Der neue Weltmarkt*, S. 256. Über erneute Unruhen in Indonesien siehe *International Herald Tribune*, 11./12. Januar 1997, S. 1.

21 Diese und die vorangegangenen Zahlen stammen aus Rohwer, *Asia Rising*, S. 228f.

22 So Naisbitt, *Megatrends Asien*, S. 27: »Doch nun sind die Chinesen auf dem Vormarsch. In Asien und auch in anderen Teilen der Welt vollzieht sich heute ein Wandel, bei dem die japanische Dominanz durch den Machtfaktor China abgelöst wird.« Wenn Naisbitt recht hat, wäre die Periode japanischer Dominanz eine der kürzesten in der Geschichte gewesen. Doch was kommt danach? Wo läßt sich in einer Welt globalen Unternehmertums noch eine Führungsrolle geltend machen?

23 Auf der anderen Seite macht das chinesische Zusammengehörigkeitsgefühl sie an manchen Orten zu einer bevorzugten Zielscheibe für Verbrechen – um so mehr, wenn sie reicher als die Bevölkerungsmehrheit sind. Dies hält sie umgekehrt von örtlichen Investitionen ab: Wer weiß, wann sie die Flucht ergreifen müssen? Siehe dazu Seth Mydans, »Kidnapping of Ethnic Chinese Rises in Philippines«, *New York Times*, 17. März 1996, S. 3.

24 Achavanuntakul, »Effects of Government Policies«, S. 9. Laut Weltbank belief sich die Inflation von 1970 bis 1980 auf 9,2 Prozent, von 1980 bis 1992 auf 4,2 Prozent.

25 Zu all diesen Aspekten siehe Thomas L. Friedman, »Bangkok Bogs Down«, *New York Times*, 20. März 1996, S. A-19, und Kaplan, *Reisen an die Grenzen der Menschheit*, S. 403ff. Das Problem wird verstärkt durch den extensiven und wachsenden Gebrauch von Kohlenbrennstoff, unter anderem Braunkohle – der schlechtesten Sorte. Über Wagenkolonnen: *International Herald Tribune*, 9. Januar 1997, S. 2.

26 Das Jahreseinkommen pro Haushalt wurde 1995 für die Gegend um Bangkok auf das Zweieinhalbfache des gesamten Landesdurchschnitts geschätzt. Achavanuntakul, »Effect of Government Policies«, S. 9.

27 Über die Vielfalt des T-Modells siehe Flink, »Unplanned Obsolescence«.

28 Das Fließbandprinzip war auf unterschiedliche Fertigungsmethoden anwendbar. Henry Ford legte auf große Produktionsserien Wert und hielt an Technologien fest, auch wenn diese schon lange veraltet waren. Wenn er recht hatte, hatte er sehr, sehr recht. Und wenn er falsch lag, übernahmen andere Hersteller Marktanteile. Flink, »Unplanned Obsolescence«, bemerkt, daß das T-Modell in mancher Hinsicht von Anfang an veraltet war. Aber es war billig. Der Preis des Standardmodells lag zwischen 825 Dollar im Jahre 1908 und 260 Dollar im Jahre 1927. Das war das Ende: Im Mai 1927 rollte das letzte von über 15 Millionen T-Modellen vom Band.

29 Der Beitrag der Rikscha wird leicht unterschätzt, doch war sie *das* Fortbewegungsmittel des urbanen Japans: Im Jahre 1888 existierten allein in Tokyo 38 000. Morris-Suzuki, *Technological Transformation*, S. 97, bemerkt, daß »die Rikscha für Japans moderne wirtschaftliche Entwicklung ebenso wichtig war wie die Eisenbahn«. Die Autorin hebt zwei Aspekte hervor: Die Rikscha war das erste japanische Gefährt, das exportiert wurde und Märkte eröffnete, die später mit Fahrrädern und Motorfahrzeugen beliefert wurden; und die Herstellung von Rikschas erforderte ein Netzwerk kleiner Zulieferer von Bauteilen, wodurch sie die Strukturen der Automobilindustrie und anderer industrieller Montageverfahren vorwegnahm.

30 Cusumano, *Japanese Automobile Industry*, S. 4f.

31 Da damals für Japan keine Feinde in Sicht waren, muß man diese Maßnahme als Vorgriff auf machtvolle Expansionsbestrebungen deuten. Über das Gesetz von 1918 siehe Morris-Suzuki, *Technological Transformation*, S. 124.

32 Dies ist ein altes Thema im nationalistischen japanischen Refrain. Haruhiro Fukui, »The Japanese State«, S. 206, führte dazu 1904 in einer Regierungsrede wortreich aus: »In Friedenszeiten geht der Krieg weiter. In dieser Art Krieg, der ein Überlebenskampf ist, werden diejenigen, die das wissenschaftliche Instrumentarium für die industrielle Expansion nutzen, die Waren zu geringen Kosten produzieren und so die Finanzmittel verwerten, zur Stärkung des eigenen Landes beitragen, seine finanzielle Lage verbessern und so als Gewinner aus dem Kampf hervorgehen…«

33 Meine Quelle ist Cusumano, *Japanese Automobile Industry*, S. 18f. Der Autor bemerkt, daß die Bank von Japan, die Japanische Entwicklungsbank und die Industriebank von Japan ungeachtet aller Vorbehalte in den späten vierziger Jahren große Summen aufbrachten, um Nissan, Toyota und Isuzu vor dem Bankrott zu retten. Hätte MITI nicht am längeren Hebel gesessen, so schreibt er, dann »hätte die japanische Nachkriegsgeschichte erheblich anders ausgesehen« (S. 19).

34 Diese Angaben stammen von Cusumano, *Japanese Automobile Industry*, S. 4f.
35 Die beste und lesbarste Quelle dazu ist Halberstam, *Die Abrechnung*. Die Ökonomen und Wirtschaftshistoriker kann man vergessen. Halberstam versteht die Industrie und mehr noch die Menschen, die darin arbeiten. Vgl. auch, mit ähnlicher Argumentation, Lacey, *Ford*.
36 Aus Womack u.a., *Die zweite Revolution in der Automobilindustrie*, S. 124.
37 Vgl. Lee Iacocca, ehemals Präsident von Chrysler, über die 7- Dollar-pro-Auto-Einsparung beim Rostschutz des *Aspen*, auf die 100 Millionen Dollar an Reparaturen und der noch kostspieligere Verlust des Käufervertrauens folgten. Vgl. Holusha, »Detroit's Push«, S. D-8.
38 März 1983: »Japanische Autohersteller brachten in diesem Frühjahr drei Autos heraus, die die neuesten Modelle aus Detroit schon als überholt erscheinen lassen.« Nag und Simison, »With Three New Cars«, über den zu erwartenden Einfluß des Toyota *Camry*, des Honda *Preludes* und des Mazda 626.
39 Friedman, »Beyond the Age of Ford«. Vgl. Piore und Sabel, *Das Ende der Massenproduktion*.
40 Über den Unterschied zwischen Größe und Flexibilität siehe Landes, »Piccolo e bello. Ma e bello davvéro?«
41 Dertouzos u.a., *Die Krise der USA*, S. 189. Nicht daß die technischen Strategien der Japaner homogen wären. Nissan und Toyota zum Beispiel zeigen deutliche Unterschiede. Nissan steht dem amerikanischen Modell näher, während Toyota auf größere Flexibilität setzt. Vgl. Cusumano, *Japanese Automobile Industry*.
42 Arbeitskämpfe und -unterbrechungen spielen eine entscheidende Rolle. Auf dem Gipfel seiner patriarchalen Unternehmensführung und seiner Niedriglohnpolitik (zwischen 1910 und den frühen zwanziger Jahren) konnte Ford es sich leisten, Lagerbestände von 204 Tagen im Jahre 1903 auf 17 Tage im Jahre 1922 zu reduzieren. Generell, so schreiben Abernathy und Clarke in »Notes on a Trip«, S. 36, »hat die japanische Praxis den Rationalisierungsprozeß nicht allzuweit über das Stadium hinausgetrieben, das im Ford-Werk Rouge River in den zwanziger Jahren erreicht worden war«.
43 Abernathy und Clarke, S. 36, sprechen von »faszinierenden Parallelen bei äußerst krassen Gegensätzen«. Vgl. Cusumano, *Japanese Automobile Industry*, Kap. 5, über das Produktionssystem von Toyota und die außergewöhnliche Karriere von Taiichi Ohno, der von der Mutterfirma (Toyoda: automatische Webstühle) zur Autofabrikation kam, alles aus einem völlig neuen Blickwinkel betrachtete und die Massenproduktion von Grund auf umgestaltete.
44 Halberstam, *Die Abrechnung*, S. 39.
45 Vgl. Womack u.a., *Die zweite Revolution in der Automobilindustrie*, S. 114f., über den Honda *Accord*.
46 Siehe Johnson, *Japan*, S. 31.
47 Die Dinge hätten auch anders kommen können. In den Nachkriegsjahren legte die japanische Arbeiterschaft, häufig unter der Führung militanter Kommunisten, eine kämpferische Haltung an den Tag, die sie erst nach heftigen Auseinandersetzungen mit den Arbeitnehmerverbänden aufgab. Die amerikanische Okkupation spielte auch eine gewisse Rolle: Sie legalisierte die Gewerkschaften. Danach ging es ihr vor allem darum, die Gewerkschaften zu kontrollieren, um den sowjetischen Einfluß zurückzudrängen.
48 Der Ökonom Harvey Leibenstein, »Japanese Management System«, S. 9, formuliert den Gegensatz in allgemeinen Begriffen: »...der Handel im Westen ist eine kurzfristige *vertragliche* Sache oder ein vertragliches *Ideal* verläßlicher Zusammenarbeit, nicht so sehr ein langfristiges Zusammengehörigkeitsideal. Der westliche Ansatz besteht gewissermaßen aus einer Abfolge von einzelnen Verträgen ... er impliziert eher die Konzentration auf eine bestimmte Fertigkeit oder Tätigkeit (sogar ein ›Eigentumsrecht‹ in bezug auf die Arbeit) als eine allgemeine loyale Haltung gegenüber der Firma.« Siehe S. 11 über unterschiedliche Unter-

suchungsergebnisse bezüglich der Einstellung zur Arbeit: 1976 gaben 49 Prozent der japanischen Arbeitnehmer an, sie würden Kollegen helfen, wenn die eigene Arbeit abgeschlossen sei. Nur 16 Prozent der amerikanischen Arbeitnehmer teilten diese Haltung.

49 Über viele dieser Aspekte siehe Tabb, *The Postwar Japanese System*, S. 160.

50 Dasselbe trifft man in japanischen Strafprozessen an: Wenn ein Tatbestand vor Gericht verhandelt wird, hat der Angeklagte meist schon gestanden, so daß die Rate der Verurteilungen bei fast 100 Prozent liegt.

51 Die Eigentümlichkeiten der japanischen Arbeiterschaft zu durchschauen war eine knifflige Angelegenheit für Spezialisten. Markiert dieses Fehlen von Kampfmaßnahmen ein Stadium, über das die Arbeiterschaft irgendwann hinausgelangt? Oder spiegelt es tiefverwurzelte Werte und Traditionen wider? Viele Japaner neigen zu der zweiten Erklärung, doch Galenson und Odaka, »The Japanese Labor Market«, S. 627, halten es nicht für angebracht, »in abgedroschene Verallgemeinerungen über Familienstrukturen und das hierarchisch-traditionalistische Wesen der japanischen Gesellschaft zurückzufallen«. Ist eine Erklärung weniger überzeugend oder gültig, weil sie »abgedroschen« ist?

52 Vgl. Keith Bradsher, »Cost-Cutting Strategy«, *New York Times*, 17. März 1996, S. A-1, über das Pro und Contra des Streiks in der Kombiwagenfabrik von General Motors in Dayton, Ohio.

53 Vgl. Stopford und Strange, *Rival States*, S. 84f.

54 *New York Times*, 13. Mai 1983, S. D-3.

55 Vgl. die Chrysler-Bürgschaft, als die Regierung Aktien als Sicherheit übernahm. Die Aktien stiegen enorm im Wert, als Chrysler sich wieder erholte, die Regierung aber nicht am Kapitalgewinn beteiligen wollte. Man kann sich gut vorstellen, wie Chrysler sich verhalten hätte, wenn die Dinge umgekehrt verlaufen wären. Wo bleibt da die Fairneß?

56 Holusha, »Detroit's New Labor Strategy«.

57 NAFTA ist die Abkürzung für *North American Free Trade Agreement.*

58 Siehe Keith Bradsher, »New Union Tactics«, *New York Times*, 10. März 1996, S. A-16.

28
Verlierer

1 Vgl. Ishac Diwan, »Hard Time for More Labor Economics«, *Forum* (Newsletter of the Economic Research Forum for Arab Countries, Iran and Turkey), 2,2 (Juli/August 1995), S. 1ff.; und N. Fergany, »Unemployment in Arab Countries: The Menace Swept Under the Rug«, ebenda, S. 4f.

2 Field, *Inside the Arab World*, S. 21, betont, daß die Ölquellen im Golf bei den Fördermengen in den frühen neunziger Jahren in 130 Jahren erschöpft sein werden (vorausgesetzt natürlich, daß wir wissen, wieviel überhaupt vorhanden ist; gebohrt wird nach wie vor). Doch der Golf ist eine Sache. Für andere Ölproduzenten im Mittleren Osten und in Nordafrika steht das Ende früher bevor. Inzwischen ist progressive Erschöpfung ein Anreiz, nach neuen Energietechniken zu suchen. Am Ende gilt für Öl dasselbe wie heute für die Kohle: Eine gewisse Menge sollte dem Boden erhalten bleiben.

3 Bulmer-Thomas, *Economic History of Latin America*, S. 278.

4 Das internationale Drogenkontrollprogramm der Vereinten Nationen schätzt in seinem ersten Weltdrogenbericht den Schwarzhandel mit Drogen auf 400 Milliarden Dollar – ungefähr 8 Prozent des gesamten Welthandels. Zwischen 28 und 53 Prozent des bolivianischen Exporteinkommens stammen schätzungsweise aus dem Rauschgifthandel; rund 6 Prozent des kolumbianischen Bruttoinlandsprodukts – *Financial Times,* 26. Juni 1997, S. 4. Alles Vermutungen.

5 Die Sowjets gingen den Deutschen mit ihrem Beispiel voran. Die »Zehntausende« von toten Sklavenarbeitern beim Bau des Verbindungskanals zwischen Ostsee und Weißem Meer (in den frühen dreißiger Jahren) – Hacken, Schaufeln und Schubkarren gegen Schnee, Eis und Hunger – wurden mit dem erlösenden Charakter der Arbeit gerechtfertigt, die aus Volksfeinden gute Sozialisten machen sollte. Der Slogan: »Wir werden die Natur unterweisen und Freiheit ernten«. Man vergleiche damit den Leitspruch über dem Eingangstor eines NS-Todeslagers: »Arbeit macht frei«. Zum sowjetischen (Alp-)Traum eines haltlosen Größenwahns (Götter weinen nicht) siehe Josephson, »›Projects of the Century‹«.

6 Einen faszinierenden Einblick in die traumtänzerischen Ökonomien der sozialistischen Länder, in diesem Falle der DDR, geben Merkel und Mühlberg (Hrsg.), *Wunderwirtschaft*.

7 Feshback und Friendly, *Ecocide in the USSR*, Kap. 4; Kaplan, *Reisen an die Grenzen der Menschheit*, S. 304; David Filipov, »A Sea Dies, Mile by Mile«, *Boston Globe*, 21. April 1996, S. 17.

8 Dies war nicht die offizielle Version der sowjetischen Behörden beziehungsweise der Internationalen Atomenergiebehörde. Vgl. Alexander R. Rich, »10 Years Later, Chernobyl's True Story is Hard to Nail Down«, *Boston Globe*, 23. März 1997, S. A-1.

9 David Filipov, »In Chernobyl Soil, Faatalism Thrives«, *Boston Globe*, 21. April 1996, S. 17.

10 Wie viele Menschen der Tschernobyl-Katastrophe zum Opfer gefallen sind, wird man wohl niemals erfahren. Die offiziellen Stellen, darunter auch das medizinische Personal, stehen unter großem Druck, den Unglücksfall zu verharmlosen. (Anders in Bhopal, wo die Geschädigten zu Schadensersatzforderungen ermutigt wurden.) Feshback und Friedly, *Ecocide in the USSR*, S. 152, behaupten, Ärzte hätten sich abgesetzt, weil sie öffentlichen Unmut fürchteten. Stärker noch fürchteten sie vielleicht die radioaktive Strahlung.

11 Vgl. Josephson, »›Projects of the Century‹«, S. 546f.

12 Shcherbak, »Ten Years of Chernobyl Era«, S. 44. Siehe auch Marples, *Social Impact*; Medvedev, *Verbrannte Seelen*; Michael Specter, »10 Years Later, Through Fear, Chernobyl Still Kills in Belarus«, *New York Times*, 31. März 1996, S. A-1.

13 Davidson, *Black Man's Burden*, S. 216.

14 Weltbank, *Adjustment in Africa*, S. 17. Vgl. auch deren *Weltentwicklungsbericht 1997: Der Staat in einer sich ändernden Welt*. Ein Problem mit diesen Zahlen ist, daß sie nicht sehr zuverlässig sind. Auf der einen Seite frisieren afrikanische Behörden die Statistiken nach Belieben. Auf der anderen Seite entziehen sich alle vergleichbaren ökonomischen Tätigkeitsfelder der Meßbarkeit. Halten sich beide Seiten die Waage?

15 Kamarck, *Economics of African Development*, S. 17.

16 H. J. Spiro, *Politics in Africa*, zit. in: Kamarck, *Economics*, S. 48.

17 Davidson, *The Black Man's Burden*, S. 197.

18 Über diese Zusammenhänge siehe Platteau, »Food Crisis in Africa«.

19 Bezeichnenderweise haben die Bauern genug zu essen (Selbstversorgung), solange die Regierung nicht die Lebensmittelvorräte zwecks Verteilung in den Städten und Export beschlagnahmt. So war es in Europa während des Zweiten Weltkriegs. In der Sowjetunion dagegen führte die Beschlagnahmung der Ernte in den dreißiger Jahre in der Ukraine zu einer furchtbaren Hungersnot, die Millionen das Leben kostete. Doch damals steckte System dahinter, handelte es sich doch um als Feinde der Revolution gebrandmarkte Nationalisten und Großbauern. Eine kurze, lebendige Beschreibung dieses gräßlichen Verbrechens findet sich bei Moynahan, *Das Jahrhundert Rußlands*, S. 130–153. Dies muß man wissen, um den finalen Zusammenbruch eines maroden Regimes zu verstehen.

20 Platteau, »Food Crisis«, S. 451.

21 Manche betrachteten diese vorzeitige Urbanisierung als fruchtbaren Boden für Modernisierung, Demokratisierung und unternehmerische Aktivitäten. Vgl. A. Frachon, »L'Afrique n'est plus rurale«, *Le Monde*, 10./11. November 1996.
22 Vgl. Dasgupta, »Population, Poverty, and the Local Environment«.
23 J. C. McKinley, Jr., »Anguish of Rwanda Echoed in a Baby's Cry«, *New York Times*, 21. Februar 1996, S. A-8. Siehe auch Howard W. French, »Migrant Workers Take Aids Risk Home to Niger«, *New York Times*, 8. Februar 1996, S. A-3.
24 Havinden und Meredith (Hrsg.), *Colonialism and Development*, S. 276.
25 Ebenda, S. 278.
26 Meine Quelle ist Evelyn Waughs Bericht, *Tourist in Africa*, S. 98.
27 Zu solchen Lehmböden siehe Kapitel 1.
28 Ebenda, S. 99.
29 Roberts, »The Coercion of Free Markets«, S. 224; auch Davidson, *Black Man's Burden*, S. 217.
30 Ein gebildeter und weitgereister Polizeioffizier in Mali, zit. in: Biddlecombe, *French Lessons*, S. 247.
31 George B. N. Ayittey, »The U.N.'s Shameful Record in Africa«, *Wall Street Journal*, 26. Juli 1996, S. A-12.
32 Laut Ayittey schätzten die Vereinten Nationen, daß allein im Jahre 1991 rund 200 Milliarden Dollar aus Afrika auf ausländische Banken transferiert wurden. Das sind 90 Prozent des Bruttoinlandsprodukts der südlich der Sahara gelegenen afrikanischen Länder. Ebenda.
33 H. W. French, »Personal Rivals Fight to Finish War in Zaire«, *New York Times*, 6. April 1997.
34 Barbara Crossette, »U.N., World Bank, and IMF Join $25 Billion Drive for Africa«, *New York Times*, 17. März 1996, S. A-6. Der in New York ansässige *African Observer* verurteilt den Plan als Farce, erfunden von Boutros Boutros-Ghali anläßlich einer Kampagne für seine Wiederwahl als Generalsekretär (wenn das stimmt, hat es nichts genutzt). Vgl. Ayittey, »U.N.'s Shameful Record«.
35 *New York Times*, 17. März 1996, S. A-6.
36 Diese Zahlen stammen aus dem *Weltentwicklungsbericht 1994*.
37 Algerische Nationalisten geben heute gern den Franzosen die Schuld am Analphabetismus. Die Hälfte der Bevölkerung, so sagen sie, konnte lesen und schreiben, als die Franzosen 1830 ins Land kamen, einheimische Schulen schlossen und fast nur Nichtmuslime in die neuen Staatsschulen aufnahmen. Man muß bewußt leichtgläubig sein, um diese Angaben zu akzeptieren (vermutlich waren unter den 50 Prozent nur Männer und keine Frauen).
38 Bezogen auf 1993. Field, *Inside the Arab World*, S. 135, bemerkt, daß die Summe den damaligen Auslandsschulden des Landes gleichkam, so daß sich von einer völligen Schuldentilgung träumen ließ. Nur daß man dazu an das Geld hätte herankommen müssen.
39 Dazu siehe Abdelaziz, »Une économie paralysée«.
40 Field, *Inside the Arab World*, S. 134.
41 Fisk, »Sept journées ordinaires«, S. 7.
42 Cardoso und Faletto, *Dependency and Development*, S. 216. (Der zitierte Abschnitt findet sich nicht in der deutschen Übersetzung.)
43 Matt Moffett, »Foreign Investors Help Brazil's Leader Tame Its Raging Inflation«, *Wall Street Journal*, 15. Dezember 1995, S. A-1.
44 Ebenda. Die Zitate basieren auf Übersetzungen ins Englische, die der Verfasser sprachlich leicht vereinfacht hat, ohne den Sinn des Originaltextes zu verfälschen.
45 Sebastian Edwards, »Why Brazil Is Not Mexico – Yet«, *Wall Street Journal*, 26. Juli 1996, S. A-13.

1 Ich werde darauf hingewiesen, daß Aberglauben und Magie nicht tot sind, und manche behaupten, daß religiöser Glaube auch in diesen Kontext gehört. Kein Zweifel: Schwache Sterbliche, die wir sind, suchen wir Trost, wo immer wir können. Selbst Wissenschaftler und Experten sind dafür anfällig, obwohl Wissenschaft und Vernunft robuste Begleiter sind. Dennoch sind Illusionen, Trugbilder und Glauben prinzipiell und praktisch vom Prozeß der Erforschung und Entdeckung ausgeschlossen.

2 Über die negativen Seiten und »Exzesse« der Technik siehe Salomon, *La destin technologique.*

3 Vgl. Holton, *Einstein, die Geschichte und andere Leidenschaften.*

4 Dieser Ansatz hat Anhänger in der Ethnologie gefunden, die mit dem Dilemma ihres traditionellen Selbstverständnisses konfrontiert ist: Entweder sieht sie ihre Aufgabe in der liebevollen Würdigung und Konservierung unter Glas; oder sie forscht und geht dabei das Risiko ein, daß sich der Gegenstand dabei verändert und verschwindet. Über die Tugenden der Primitiven vgl. Diamond, *Kritik der Zivilisation.*

5 Islamoglu-Inan, »Introduction«, S. 122. In einem geistreichen, bewußt zurückhaltenden Exkurs über das Thema weist Khoo Khay Jin darauf hin, daß eine der Ursachen dieser vorwiegend westlichen Bewußtseinskrise der »Kollaps des sozialistischen Projekts in Theorie und Praxis« sei. H-World @ h-net.msu.edu, 31. Oktober 1996.

6 So Tavakoli-Targhi, »Orientalism's Genesis Amnesia«.

7 Islamoglu-Inan, »Introduction«, S. 229.

8 Manche (wie etwa A. G. Frank) würden geltend machen, daß Europas Wissensstand und Know-how bis zur Industriellen Revolution, sagen wir bis um 1800, nicht höher war als der anderer Zivilisation – als ob es sich bei der europäischen Vormachtstellung um einen Zufall und bei der Industriellen Revolution um eine Erleuchtung handelte.

9 Vgl. Hall, »A Theory of the Rise of the West«, S. 231.

10 Über den Zuwachs an »Endzeitbüchern« siehe Ferdinand Mount, »No End in Sight«, *Times Literary Supplement*, 3. Mai 1996, S. 30. Er schreibt: »Etwas ist dieser großen Kakophonie der Prophezeiungen und Rezepturen gemeinsam: die Weigerung, innezuhalten und mit gleicher Sorgfalt alle Argumente der Gegner und alle Schwachstellen in der eigenen Position zu bedenken.«

11 Barton Biggs, Vorsitzender von Morgan Stanley Asset Management, zit. in: Kaplan, *Reisen an die Grenzen der Menschheit*, S. 325.

12 Wohlstandsinseln: Nicht jeder ist begeistert. Paul Kennedy fragt in seinem Buch *In Vorbereitung auf das 21. Jahrhundert*: »Können sie [die drei Handelsblöcke Europa, Nordamerika, Japan] als Wohlstandsinseln in einem Meer der Unzufriedenen existieren?« (S. 181) Rifkin *Das Ende der Arbeit*, ist über den Gegensatz zwischen Arm und Reich ähnlich empört. Wenn die Dinge sich so entwickeln, bewegten wir uns auf eine »Postmarktgesellschaft« zu, was immer darunter zu verstehen ist. Vgl. Mount, »No End in Sight«. Was den wachsenden Boom des Präfix »Post« vor diesem oder jenem Begriff angeht, werden wir es vielleicht bald mit einem »Post-post« und einem »Post-post-post« zu tun bekommen.

13 Smith sieht hier gewisse Grenzen: »Hat ein Land einmal das Höchstmaß an ausgeglichenem Wohlstand erreicht, den es aufgrund der Eigenart seines Bodens und Klimas sowie seiner Lage zu anderen Ländern überhaupt erwerben kann, so daß es sich weder fort- noch rückentwickeln kann...« Vgl. Adam Smith, *Der Wohlstand der Nationen*, 1. Buch, Kap. 9: »Der Kapitalgewinn« (S. 82). Er betrachtet diesen Fall jedoch als Zukunftsmusik, er sei »vermutlich« noch nie eingetreten, und plädiert für die Möglichkeiten, diese Grenzen durch bessere »Gesetze und Institutionen« zu überwinden.

14 Dank botanischer Forschung und der Entwicklung ertragreicherer Reissorten verdoppelte sich die weltweite Reisernte von 1967 bis 1992 nahezu. Indien hatte seine »grüne Revolution«. Heute hat die Nahrungsmittelverknappung erneut zugenommen, und das Internationale Reisforschungsinstitut verspricht einen »Superreis«, der die Erträge zwischen 20 und 25 Prozent steigern soll – Seth Mydans, »Scientists Developing ›Super Rice‹ to Feed Asia«, *New York Times*, 6. April 1997, S. A-9. Wird das genügen? Und wie steht es mit Afrika?
15 Vgl. Dasgupta, »Natural Resources«. Hier ist von einem dritten Stadium die Rede, vom »Zeitalter der Substituierbarkeit«: »In dieser Endphase werden Wirtschaftsaktivitäten fast ausschließlich auf Rohstoffen basieren, die dem Wesen nach unerschöpflich sind und die Lebensqualität kaum mindern.« (S. 1128)
16 Allerdings nicht immer, denn niemand will diesen Müll. Am 7. Mai 1997 protestierten Demonstranten in Deutschland gegen die Rückkehr radioaktiver Abfälle, die aus Deutschland stammten, in Frankreich entsorgt und anschließend nach Deutschland zurückgebracht wurden, um dort vermeintlich sicher deponiert zu werden. Millionen Mark wurden ausgegeben, um die Demonstranten unter Kontrolle zu halten. Darum schlug ein Wirtschaftsexperte unlängst vor, daß die reichen Nationen unerwünschten Müll in armen Ländern wie Afrika abladen. Dort gibt es so viel Sand, und die Afrikaner brauchen Geld. Schon von der symbolischen Ebene her ist diese Idee nicht tragbar.
17 Rußland ist kein sicherer Ort für Geschäfte. Vgl. Remnick, *Lenin's Tomb* und *Resurrection*. In der Ukraine sieht es wohl noch schlechter aus, vgl. R. Bonner, »Ukraine Staggers on Path to the Free Market«, *New York Times*, 9. April 1997, S. A-3.
18 Vgl. Edward A. Gargan, »A Year from Chinese Rule, Dread Grows in Hongkong«, *New York Times*, 1. Juli 1996, S. A-1; Peter Stein, »China Is Slow to Handle Issues on Hongkong«, *Wall Street Journal*, S. B7D.
19 Vgl. die Vorsichtsmaßnahmen russischer Firmen, die ihre Zentralen nach Zypern verlegten, um sich der Kriminalität und dem befürchteten Chaos daheim zu entziehen. Mark M. Nelson, »Economic Fugitives«, *Wall Street Journal*, 9. Mai 1996, S. 1.
20 Krugman, *Pop Internationalism*, S. 70.
21 Smith, *Der Wohlstand der Nationen*, 2. Buch, Kap. 3 (S. 282).
22 *New York Times*, 19. Juni 1996, S. D-5: »Moulinex [französischer Hersteller von Haushaltsartikeln] verlegt seine Produktion nach Mexiko.« Nicht die gesamte: vier von elf Fabriken und 2600 von 11 300 Arbeitsplätzen. Die Firma hatte einen Verlust von 702 Millionen Francs nach 213 Millionen im Jahr zuvor.
23 *Pop Internationalism*, S. 50.
24 Vgl. ebenda, S. 112f. Dort heißt es, daß selbst eine erfolgreiche »strategische Handelspolitik« das amerikanische Nationaleinkommen lediglich um etwa ein Fünfzehntel Prozent steigern würde. Dadurch wird solche Politik auf eine Stufe gestellt mit einer »Preispolitik für Farmer und Bergleute, die öffentliches Land bewirtschaften«. Diese Meinung kann ich nicht teilen. Sofern die Regierung den Wettbewerb fördern kann, sollte sie das tun. Denn mehr Wissen und Leistungskraft wirken ansteckend. Und sofern die Regierung öffentliches Land unter dem Marktwert verpachtet, sollte sie das lassen, weil jede Form der Pfründenwirtschaft eine schlechte Gewohnheit und ebenfalls ansteckend ist. Das einzige Argument gegen staatliche Interventionspolitik ist, daß sie die Sache oft vermasselt. Und auch das ist ansteckend.
25 Vgl. Uchitelle, »Like Oil and Water«. Dieser Artikel vergleicht die volkswirtschaftlichen Theorien von Lester Thurow und Paul Krugman ihrem Inhalt und Stil nach.
26 Zu den neueren Beiträgen gehören die Essays in Krugmans *Pop Internationalism*, die den Protektionismus und andere Versuche, den Handel zu dirigieren, ablehnen. Krugman geht besonders streng mit seinen intellektuellen Gegnern ins Ge-

richt, wenn er »Pop-Internationalismus« als »aalglatte Rhetorik« definiert, »die sich an alle richtet, die den Eindruck der Kultiviertheit erwecken wollen, ohne daß ernsthaftes Nachdenken dahinterstünde«. Zitiert in der Rezension von Charles Wolf Jr. im *Wall Street Journal*, 1. Juni 1996, S. A-12.

27 Eine skeptische Betrachtung der Marktkompetenzen zugunsten der Vorzüge staatlicher Intervention findet sich bei Kuttner, *Everything for Sale*.

28 Siehe Masson, *Faut-il encore aider?*, S. 145.

Bibliographie

Abdelaziz, Malika, »Une économie paralysée«, in: *Courrier international*, 156 (28. Oktober), 1993, S. 12.

Abe, Etsuo, und Robert Fitzgerald (Hrsg.), *The Origins of Japanese Industrial Power: Strategy, Institutions and the Development of Organisational Capability*, London 1995.

Abel, Christopher, und Colin M. Lewis (Hrsg.), *Latin America, Economic Imperialism and the State: The Political Economy of the External Connection from Independence to the Present*, London 1985.

Abernathy, William J., und Kim B. Clark, »Notes on a Trip to Japan: Concepts and Interpretations«, Graduate School of Business Administration 1982, Harvard Univ. Working Paper HBS 82–58.

ders., und Alan M. Kantrow, *Industrial Renaissance: Producing a Competitive Future for America*, New York 1983.

Ablin, Eduardo, und Jorge M. Katz, »From Infant Industry to Technology Exports: The Argentinian Experience in the International Sale of Industrial Plants and Engineering Work«, in: Katz (Hrsg.), *Technology Generation*, S. 446–477.

Abramovitz, Moses, »Manpower, Capital and Technology«, in: Ivar Berg (Hrsg.), *Human Resources and Economic Welfare: Essays in Honor of Eli Ginzburg*, New York 1972.

ders., »Catching-up, Forging Ahead and Falling Behind«, in: *Journal of Economic History*, 46,2 (Juni), 1986, S. 385–406.

ders., *Thinking About Growth; and Other Essays on Economic Growth and Welfare*, Cambridge 1989.

ders., »The Search for the Sources of Growth: Areas of Ignorance, Old and New«, *Journal of Economic History*, 53,2 (Juni), 1993, S. 217–343.

ders., und Paul A. David, »Reinterpreting Economic Growth: Parables and Realities«, in: *American Economic Review*, 63,2 (Mai), 1973, S. 428–439.

ders., »Convergence and Deferred Catch-up: Productivity, Leadership and the Waning of American Exceptionalism«, in: Landau, Taylor und Wright (Hrsg.), *Mosaic of Economic Growth*, S. 21–62.

Achavanuntakul, Sarinee, »Effects of Government Policies on Poverty Incidence and Income Distribution in Thailand«, Harvard College 1996, Senior Honors Essay in Economics.

Adams, Robert McC., *Paths of Fire: An Anthropologist's Inquiry into Western Technology*, Princeton 1996.

Adas, Michael, *Machines as the Measure of Men: Science, Technology, and Ideologies of Western Dominance*, Ithaca 1989.

ders., »›High‹ Imperialism and the ›New‹ History«. in: Adas (Hrsg.), *Islamic and European Expansion*, S. 311–344. Auch erschienen in: »Essays on Global and Comparative History«, Amercian Historical Association, Washington, DC: o. J.

ders. (Hrsg.), *Islamic and European Expansion: The Forging of a Global Order*, Philadelphia 1993.

Adelman, Jeremy, *Frontier Development: Land, Labour, and Capital on the Wheatlands of Argentina and Canada 1890–1914*, Oxford 1994.

Adler, Emanuel, »Ideological Guerillas and the Quest for Technological Autonomy: Brazil's Domestic Computer Industry«, in: *International Organization*, 40 (Sommer), 1986, S. 673–705.

Aerts, Erik, und John H. Munro (Hrsg.), *Textiles of the Low Countries in European History*, Sitzung B-15. Sitzungsberichte des 10. Internationen Ökonomiehistorischen Kongresses. Löwen, August 1990, Löwen 1990.

Ahmad, Jalal Al-i, *Occidentosis: A Plague from the West*, Berkeley 1984. Das persische Original stammt von 1947.

Ainval, Henri d', *Deux siècles de sidérurgie française: De 1003 entreprises à la dernière*, Grenoble 1994.

Ajami, Fouad, *The Arab Predicament: Arab Political Thought and Practice since 1967*, Cambridge 1992.

Alam, M. S., »Colonialism, Decolonisation and Growth Rates: Theory and Empiricial Evidence«, in: *Cambridge Journal of Economics*, 18, 1994, S. 235–257.

ders., »Sovereignty and Human Capital Formation: An Empirical Study of Historical Links«, Dept. of Economics, North Eastern Univ., Boston 1996, Maschinenskript.

ders., »How Rich Were the Advanced Countries in 1760 After All?«, Dept. of Economics, Northeastern Univ., Boston 1996, Maschinenskript.

Alapuro, Risto, *State and Revolution in Finland*, Berkeley 1988.

Albuqerque, Luis de, *As Navegações e Sua Projecção na Ciência e na Cultura*, Lissabon 1987.

Aldcroft, Derek H., »Europe's Third World? The Peripheral Companies in the Interwar Period«, Maschinenskript 1996: Vorlage für einen Kongreß in Lausanne, Oktober 1997.

ders., und Michael Freeman (Hrsg.), *Transport in the Industrial Revolution*, Manchester 1983.

Alden, Dauril, *Royal Government in Colonial Brazil*, Berkeley 1968.

Alder, Ken, *Engineering the Revolution: Areas and Enlightenment in France, 1763–1815*, Princeton 1997.

ders., »Innovation and Amnesia: Engineering Rationality and the Fate of Interchangeable Parts Manufacture in France«, in: *Technology and Culture*, 38,2 (April), 1997, S. 273–311.

Alexander, David, *Retailing in England During the Industrial Revolution*, London 1970.

Algazi, Gadi, »The Social Uses of Private War: Some Late Medieval Views Reviewed«, *Tel Aviver Jahrbuch für Deutsche Geschichte*, 22, 1993, S. 253–273.

al-Hassan, Ahmad Y., und Donald R. Hill, *Islamic Technology: An Illustrated History*, Cambridge 1986.

al-Khalil, Samir, *Republic of Fear*, Berkeley 1989.

Altman, Lawrence K., »Researcher's Infection Raises Concerns for Laboratory Safety«, in: *New York Times*, 23. August 1994, S. C-3.

Amalric, J.-P., und B. Bennassar (Hrsg.), *Aux origines du retard économique de l'Espagne XVIe-XIXe siècle*, Paris 1984.

»American Business: Back on Top?«, in: *The Economist*, 16. September 1995, Überblick, S. 2–18.

Anderson, B. L., »The Attorney and the Early Capital Market in Lancashire«, in: Harris (Hrsg.), *Liverpool and Merseyside*, S. 50–77.

ders., »Money and the Structure of Credit in the Eighteenth Century«, in: *Business History*, XII, 1970.

Anderson, P., Paul Bairoch, Carlo Ginzburg und E. J. Hobsbawm (Hrsg.), *Storia d'Europa*. Bd. IV., Turin 1977.

Andrewes, William J. H. (Hrsg.), *The Quest for Longitude*, Cambridge, Ma., 1996.

Andrews, Kenneth R., *Trade, Plunder and Settlement: Maritime Enterprise and the Genesis of the British Empire 1480–1630*, Cambridge 1984.

Annino, Antonio, »Some Reflections on Spanish American Constitutional and Political History«, in: *Itinerario*, 19,2, 1995, S. 26–47.

Anstey, Roger T., »Capitalism and Slavery: A Critique«, in: *Economic History Review*, 2. Folge, 21 (August), 1968, S. 307–320.

Antony, Robert J., »Aspects of the Socio-Political Culture of South China's Water World, 1740–1840«, in: *The Great Circle*, 15,2 (Oktober), 1993, S. 75–90.

Appelbaum, Richard P., und Jeffrey Henderson (Hrsg.), *States and Development in the Asian Pacific Rim*, Newbury Park, Ca., 1992.
Appleby, Joyce Oldham, *Economic Thought and Ideology in Seventeenth-Century England*, Princeton 1978.
Arasaratnam, S., »Weavers, Merchants and Company: The Handloom Industry in Southeastern India 1750–1790«, in: *Indian Economic and Social History Review*, 17, 1980, S. 257–281.
Aridjis, Homero, *1492. Die Abenteuer des Juan Cabezon von Kastilien*. Zürich 1992.
Armus, D., »Diez años de historiografia sobre la immigracion masiva«, in: *Estudios migratorios latinoamericanos* (Dezember), 1986, S. 431–660.
Arrow, Kenneth J., »Classificatory Notes on the Production and Transmission of Technological Knowledge«, in: *American Economic Review*, Beiträge und Sitzungsberichte, 59 (Mai), 1969, S. 29–35.
ders., »The Economic Implications of Learning by Doing«, in: *Review of Economic Studies*, 29 (Juni), 1962, S. 155–173.
Artz, Frederick B., *The Development of Technical Education in France, 1500–1850*, Cambridge, Ma., und London 1966.
Ashton, T. S., *Iron and Steel in the Industrial Revolution*, Manchester 1924/1951.
ders., *The Industrial Revolution, 1760–1830*, Oxford 1948.
ders., »The Bill of Exchange and Private Banks in Lancashire, 1790–1830«, in: *Economic History Review*, 15,1/2, 1945, S. 25–35.
Ashworth, W., »Typologies and Evidence: Has 19th-Century Europe a Guide to Economic Growth?«, in: *Economic History Review*, Neue Folge, 30 (Februar), 1977, S. 140–158.
Atkins, Keletso E., »›Kafir Time‹: Preindustrial Temporal Concepts and Labour Discipline in Nineteenth-Century Colonial Natal«, in: *J. African Hist.*, 29, 1988, S. 229–244.
Axtell, James, *After Columbus: Essays in the Ethnohistory of Colonial North America*, New York 1988.
Aymard, Maurice (Hrsg.), *Dutch Capitalism and World Capitalism*, Cambridge und Paris 1982.
Aziz, Philippe, *Le paradoxe de Roubaix*, Paris 1996.
Baark, Erik, und Andrew Jamison (Hrsg.), *Technological Development in China, India and Japan: Cross-Cultural Perspectives*, New York 1986.
Baber, Zaheer, *The Science of Empire: Scientific Knowledge, Civilization, and Colonial Rule in India*, Albany 1996.
Baechler, Jean, John A. Hall und Michael Mann (Hrsg.), *Europe and the Rise of Capitalism*, Oxford 1988.
Bagchi, Amiya Kumar, »De-industrialization in India in the Nineteenth Century: Some Theoretical Implications«, in: *Journal of Development Studies*, 12,2 (Januar), 1976, S. 135–164.
Bahl, Vinay, »The Emergence of Large-scale Steel Industry in India under British Colonial Rule, 1880–1907«, in: *Indian Economic and Social History Review*, 31,4 (Oktober-Dezember), 1994, S. 413–460.
ders., *The Making of the Indian Working Class: The Case of the Tata Iron and Steel Company, 1880–1946*, Neu Delhi 1995.
Bailyn, Bernard, *New England Merchants in the Seventeenth Century*, Cambridge, Ma., 1955.
ders., »The Idea of Atlantic History«, in: *Itinerario*, 20,1, 1996, S. 19–44.
Bairoch, Paul, *The Economic Development of the Third World Since 1900*, Berkeley 1975.
ders., »Die Landwirtschaft und die Industrielle Revolution«, in: *Europäische Wirtschaftsgeschichte*, deutsche Ausgabe hrsg. von Knut Borchardt. Bd. 3: *Die Industrielle Revolution*, Stuttgart und New York 1976, S. 297–332.
ders., »Ecarts internationaux des niveaux de vie avant la Révolution industrielle«, in: *Annales: économies, sociétés, civilisations*, 34,1 (Januar-Februar), 1979, S. 145–171.

614 ders., »The Main Trends in National Economic Disparities Since the Industrial Revolution«, in: Bairoch und Lévy-Leboyer (Hrsg.), *Disparities in Economic Development*, S. 3–17.
ders., und Maurice Lévy-Leboyer (Hrsg.), *Disparities in Economic Development Since the Industrial Revolution*. London 1981.
ders., *Economics and World History: Myths and Paradoxes*, Chicago und New York 1993.
ders., *Victoires et déboires: Histoire économique et sociale du monde du XVIe siècle à nos jours*, 3. Bde., Paris 1997; »Folio histoire«.
Baladouni, Vahe, »Armenian Trade with the English East India Company: An Aperçu«, in: *Journal of European Economic History*, 15,1 (Frühjahr), 1986, S. 153–162.
Balazs, Etienne, *Chinese Civilization and Bureaucracy: Variations on a Theme*, New Haven 1964.
ders., *La bureaucratie céleste: Recherches sur l'économie et la société de la Chine traditionelle*, Paris 1968.
Baldwin, K. D. S., *The Niger Agricultural Project: An Experiment in African Development*, Oxford 1957.
Baldwin, R., »Patterns of Development in Newly Settled Regions«, in: *Manchester School of Economic and Social Studies*, 24, 1956.
Bandt, Jacques de, und Philippe Hugon (Hrsg.), *Les tiers nations en mal d'industrie*, Paris und Nanterre 1988.
Bandyopadhyaya, Jayantanuja, »Climate as an Obstacle to Development in the Tropics, in: *International Social Science Journal*, 30,2, 1978, S. 339–352.
ders., *Climate and World Order: An Inquiry into the Natural Cause of Underdevelopment*, Atlantic Highlands, N.J., 1983.
Bankes, George, *Peru Before Pizarro*, Oxford 1977.
Barakt, Halim, *The Arab World: Society, Culture, and the State*, Berkeley 1993.
Barbey-Say, Helene, *Le voyage de France en Allemagne de 1871 à 1914: Voyages et voyageurs français dans l'Empire germanique*, Nancy 1994.
Barbier, Frédéric, *Finance et politique: La Dynastie des Fould XVIIe-XXe siècle*, Paris 1991.
Barbout, Violet, *Capitalism in Amsterdam in the 17th Century*, Ann Arbor 1963.
Barendse, R. J., »Shipbuilding in Seventeenth-Century Western India«, in: *Itinerario*, 19,3, 1995, S. 175–195.
Barnett, Correlli, *The Pride and the Fall: The Dream and Illusion of Britain as a Great Nation*, New York 1986; brit. Ausg., 1986: *The Audit of War*.
Barrett, Ward, »World Bullion Flows, 1450–1800«, in: Tracy (Hrsg.), *Rise of Merchant Empires*, 1990, S. 224–254.
Barro, Robert J., »Economic Growth in a Cross Section of Countries«, in: *Quarterly Journal of Economics*, 106,2, 1991, S. 407–443.
ders., »Determinants of Economic Growth: A Cross-Country Empirical Study«, Nat. Bureau Econ. Research (NBER), Arbeitspapiere, Serie 5698, 1996.
ders., *Wirtschaftswachstum*, München und Wien 1998.
ders., und Xavier Sala-i-Martin, »Convergence Across States and Regions«, in: *Brookings Papers on Economic Activity* 1, 1991, S. 107–182.
Bartlett, Robert, *Die Geburt Europas aus dem Geist der Gewalt. Eroberung, Kolonisierung und kultureller Wandel von 950 bis 1350*, München 1996.
Bartlett, Roger P., *Human Capital: The Settlement of Foreigners in Russia 1762–1804*, Cambridge 1979.
Bataillon, Marcel, und André Saint-Lu (Hrsg.), *Las Casas et la défense des Indiens*, Paris 1971 (»Collection Archives«).
Bates, Marston, *Where Winter Never Comes: A Study of Man and Nature in the Tropics*, New York 1952/1963.
Batou, Jean, *Cent ans de résistance au sous-développement: L'industrialization de l'Amérique latine et du Moyen-Orient face au défi européen, 1770–1870*, Genf 1990, für das Zentrum für Internationale Wirtschaftsgeschichte.

ders. (Hrsg.), *Between Development and Underdevelopment 1800–1870*, Genf 1991, für das Zentrum für Internationale Wirtschaftsgeschichte.
ders., »Muhammad-'Ali's Egypt, 1805–1848. A Command Economy in the 19th Century?«, in: Batou (Hrsg.), *Between Development and Underdevelopment*, S. 181–217.
ders., »Nineteenth-Century Attempted Escapes from the Periphery: The Cases of Egypt and Paraguay«, in: *Review* (Centre d'Etudes Industrielles, Genf), 16,3, 1993, S. 279–318.
ders., und Thomas David, »Nationalisme économique et industrialisation de la périphérie européenne: de la Révolution industrielle à la Deuxième guerre monidale«, auf Italienisch erschienen in: Anderson, Bairoch u.a. (Hrsg.), *Storia d'Europa*, Bd. IV, 1996.
Bauer, P. T., *Equality, the Third World and Economic Delusion*. Cambridge, Ma., 1981.
Baumol, William J., »Multivariate Growth Patterns: Contagion and Common Forces as Possible Sources of Convergence«, in: Baumol u.a. (Hrsg.), *Convergence of Productivity*, 1994, S. 62–85.
ders., Sue Anne Batey Blackman und Edward N. Wolff, *Productivity and American Leadership: The Long View*, Cambridge, Ma., 1989.
ders., Richard R. Nelson und Edward N. Wolff (Hrsg.), *Convergence of Productivity: Cross-National Studies and Historical Evidence*, New York 1994.
Bayly, C. A., »The Middle East and Asia During the Age of Revolutions, 1760–1830«, in: *Itinerario*, 10,2, 1986, S. 69–84.
Beaujouan, Guy, *La science en Espagne aux XIVe et XVe siècles*, Paris 1967.
Beck, Lois, und Nikki Keddie (Hrsg.), *Women in the Muslim World*, Cambridge, Ma., 1978.
Becker, Gary S., und Kevin M. Murphy, »The Division of Labor, Coordination, Costs, and Knowledge«, in: *Quarterly Journal of Economics*, 107,4 (November), 1992, S. 1137–1160.
Bellah, Robert N., *Tokugawa Religion: The Cultural Roots of Modern Japan*, New York 1957/1985.
Bennassar, Bartolomé, *L'homme espagnol: attitudes et mentalités du XVIe au XIXe siècle*, Paris 1975.
ders. (Hrsg.), *L'Inquisition espagnole XVe-XIXe siècles*, Paris 1979/1994.
ders., und Lucile Bennassar, *1492: Un monde nouveau?*, Paris 1991.
ders., u.a., *Histoire des Espagnoles: VIe-XXe siècle*, Paris 1992.
Berend, Ivan T., und Gyorgy Ránki, *The European Periphery and Industrialization 1780–1914*, Cambridge 1982.
Berg, Alan D., »Malnutrition and National Development«, in: *Foreign Affairs*, 46,1 (Oktober), 1967, S. 126–136.
Berg, Maxine (Hrsg.), *Markets and Manufacture in Early Industrial Europe*, London 1991.
dies., *The Age of Manufactures 1700–1820: Industry, Innovation and Work in Britain*, 2. Aufl., London 1994.
dies., »Growth and Change: A Comment on the Crafts-Harley View of the Industrial Revolution«, in: *Economic History Review*, 47, 1994, S. 147–149.
dies., und Pat Hudson, »Rehabilitating the Industrial Revolution«, in: *Economic History Review*, 45,1, 1992, S. 24–50.
Bergeron, Louis, *Banquiers, négociants et manufacturiers parisiens du Directoire à l'Empire*, Paris und Den Haag 1978.
Bernal, Martin, *Schwarze Athene: Die afroasiatischen Wurzeln der griechischen Antike*, München 1992.
Bernaldez, Andres, *Memorias del reinado de los reyes catolicos*, hrsg. von Manuel Gomez Moreno und Juan de Mata Carriazo, Madrid 1962 [urspr. Ende 15. Jahrhundert].
Bernand, Carmen, *Das Gold der Inka*, Ravensburg 1993.
dies., und Serge Gruzinski, *Histoire du nouveau monde*, Bd. I: *De la découverte à la conquête, une expérience européenne 1492–1550*; Bd. II: *Les métissages (1550–1640)*, Paris 1991/93.

Bernecker, Walter L., und Hans Werner Tobler (Hrsg.), *Development and Underdevelopment in America: Contrasts of Economic Growth in North and Latin America in Historical Perspective*, Berlin und New York 1993.
Bernier, François, *Voyage dans les états du Grand Mogol*, Paris 1670–1672/1981.
Bernstein, Gail Lee (Hrsg.), *Recreating Japanese Women, 1600–1945*, Berkeley 1991.
Bernstein, Michael A., und David E. Adler (Hrsg.), *Understanding American Economic Decline*, Cambridge 1994.
Berque, Augustin, *Le Japon: Gestion de l'espace et changement social*, Paris 1976.
Bethell, Leslie (Hrsg.), *Argentina Since Independence*. Cambridge 1993.
Bhattacharya, Bhaswati, »A Note on the Shipbuilding in Bengal in the Late Eighteenth Century«, in: *Itinerario*, 19,3, 1995, S. 167–174.
Bhattacharya, Sukumar, *The East India Company and the Economy of Bengal from 1704 to 1740*, London 1954.
Biagioli, Mario, *Galileo Courtier: The Practice of Science in the Culture of Absolutism*, Chicago 1993.
Biddlecombe, Peter, *French Lessons in Africa: Travels with My Briefcase Through French Africa*, Boston 1993.
Bigelow, Bill, »Good Intentions Are Not Enough: Children's Literature in the Aftermath of the Quincentenary«, in: *The New Advocate* 16,7,4 (Herbst), 1994, S. 265–279.
Birch, Alan, *The Economic History of the British Iron and Steel Industry, 1784–1879*, London 1967.
Biswas, Margaret R., und Asit K. Biswas (Hrsg.), *Food, Climate, and Man*, New York 1979.
Bix, Herbert P., *Peasant Protest in Japan, 1590–1884*, New Haven 1986.
Blackwell, William L., *The Beginnings of Russian Industrialization 1800–1860*, Princeton 1968.
Blaut, James M., *The Colonizer's Model of the World: Geographical Diffusionism and Eurocentric History*, New York 1993.
Blomström, Magnus, »Is Fixed Investment the Key to Economic Growth?«, in: *Quarterly Journal of Economics*, 111,1 (Februar), 1996, S. 269–276.
ders., Robert E. Lipey und Mario Zejan, »What Explains the Growth of Developing Countries?«, in: Baumol u.a. (Hrsg.), *Convergence of Productivity*, 1994, S. 243–259.
Bluestone, Barry, und Bennett Harris, *The Deindustrialization of America: Plant Closings, Community Abandonment, and the Dismantling of Basic Industry*, New York 1982.
Blum, Jerome, »Prices in Russia in the Sixteenth Century«, *Journal of Economic History*, 16,2, 1956, S. 182–199.
Bodmer, Beatriz Pastor (Hrsg.), *The Armature of Conquest: Spanish Accounts of the Discovery of America, 1492–1589*, Stanford 1992.
Bonheur, Gaston, *Qui a cassé le vase de Soissons? L'album de famille de tous les Français*, Paris 1963.
Bonin, Hubert, *La Société Générale en Russie*, [Paris] 1994.
ders., »L'acitivité des banques françaises dans l'Asie du Pacifique des années 1860 aux années 1940«, in: *Revue française d'histoire d'outre-mer*, 81,305, 1994, S. 401–425.
Bonwick, James, *The Lost Tasmanian Race*, London 1884.
Borah, Woodrow, Charles Gibson und Robert Potash, »Colonial Institutions and Contemporary Latin America«, in: *Hispanic American Historical Review*, 43, 1963, S. 371–394.
Borgstrom, Georg, *Der hungrige Planet: Welternährung von der Krise zur Katastrophe?* München u.a. 1967.
Boskin, Michael J., und Lawrence J. Lau, »Capital, Technology, and Economic Growth«, in: Rosenberg, Landau und Mowery (Hrsg.), *Technology and the Wealth of Nations*, 1992, S. 17–55.
Bottineau, Yves, *Le Portugal et sa vocation maritime: Histoire et civilisation d'une nation*, Paris 1977.

Boucher, Philip P., *Cannibal Encounters: Europeans and Island Caribs, 1492–1763*, Baltimore 1992.
Boulnois, Luce, *Die Straßen der Seide*, Wien u.a. 1964.
Bowden, Witt, *Industrial Society in England Towards the End of the Eighteenth Century*, New York 1925.
Boxer, Charles R., *The Golden Age of Brazil, 1695–1750: Growing Pains of a Colonial Society*, Berkeley und Los Angeles 1962, in Zusammenarbeit mit Sociedade de Estudos Historicos Dom Pedro Segundo, Rio de Janeiro.
ders., *The Dutch Seaborne Empire 1600–1800*, London 1965/1990.
ders., *The Portuguese Seaborne Empire 1415–1825*, London 1969, Nachdruck Lissabon 1991.
Boyd-Bowman, Peter, *Patterns of Spanish Emigration to the New World (1493–1580)*, Buffalo 1973; Council on International Studies.
Bradley, Joseph, *Guns for the Tsar: American Technology an the Small Arms Industry in Nineteenth-Century Russia*, De Kalb, Il., 1990.
Braudel, Fernand, *Sozialgeschichte des fünfzehnten bis achtzehnten Jahrhunderts*, 3 Bde., Bd. 3: *Aufbruch zur Weltwirtschaft*, München 1985/86.
Braun, Hans-Joachim, *Technologische Beziehungen zwischen Deutschland und England von der Mitte des 17. bis zum Ausgang des 18. Jahrhunderts*, Düsseldorf 1974.
Bray, Francesca, »Swords into Plowshares: A Study of Agricultural Tecnology and Society in Early China«, in: *Technology and Culture*, 19,1 (Januar), 1978, S. 1–31.
dies., *The Rice Economies: Technology and Development in Asian Societies*, Oxford 1986; Neuaufl. Berkeley 1994.
Brennig, Joseph J., »Textile Producers and Production in Late Seventeenth Century Coromandel«, in: Subrahmanyam (Hrsg.), *Merchants, Markets and the State*, 1990, S. 66–87.
Brewer, John, *The Sinews of Power: War, Money and the English State, 1688–1783*, New York 1988.; 2. Aufl. Cambridge, Ma., 1990.
ders., und Roy Porter (Hrsg.), *Consumption and the World of Goods*, London 1993.
Brezis, Elise, »Foreign Capital Flows in the Century of Britain's Industrial Revolution«, in: *Economic History Review*, 48,1 (Februar), 1995, S. 46–67.
dies., Paul R. Krugman und Daniel Tsiddon, »Leapfrogging in International Competition: A Theory of Cycles in National Technological Leadership«, in: *American Economic Review*, 83,5 (Dezember), 1993, S. 1211–1219.
Britannia Languens, or a Discourse of Trade (London 1680), in: McCulloch (Hrsg.), *Early English Tracts*, S. 275–506.
Broad, William J., »Watery Grave of the Azores to Yield Shipwrecked Riches«, in: *New York Times*, 6. Juni 1995, S. C-1.
Broadberry, S. N., »Comparative Productivity in British and American Manufacturing During the Nineteenth Century«, in: *Explor. Econ. Hist.*, 31, 1994, S. 521–548.
Brockway, George P., *The End of Economic Man: Principles of Any Future Economics*, New York 1995.
Brosse, Jacques, *La découverte de la Chine*, Paris 1981.
Brown, Sidney D., »Okubo Toshimichi: His Political and Economic Policies in Early Meiji Japan«, in: *Journal of Asian Studies*, 21, 1961/62, S. 183–197.
Bruckner, Pascal, *Das Schluchzen des Weißen Mannes. Europa und die dritte Welt. Eine Polemik*, Berlin 1984.
Brunel, Sylvie (Hrsg.), *Tiers mondes: Controverses et realités*, Paris 1987.
Bruno, Michael, und Boris Pleskovic (Hrsg.), *Annual World Bank Conference on Development Economics*, Washington, DC, 1997.
Buc, Philippe, *L'ambiguité du livre: prince, pouvoir et peuple dans les commentaires de la bible au Moyen-Age*, Paris 1994.
Buchanan, J., R. Tollison und G. Tullock (Hrsg.), *Toward a Theory of the Rentseeking Society*, College Station, Tx., 1980.
Bulliet, Richard W., *Islam: The View from the Edge*, New York 1994.

Bulmer-Thomas, Victor, *The Economic History of Latin America Since Independence*, Cambridge 1994.
Burawoy, Michael, *The Politics of Production: Factory Regimes Under Capitalism and Socialism*, London 1985.
Burke, Peter, *Venedig und Amsterdam im 17. Jahrhundert*, Göttingen 1993.
Burn, D. L., »The Genesis of American Engineering Competition, 1850–1870« (1931), in: Saul (Hrsg.), *Technological Change*, 1970, S. 77–98.
Burn, W. L., *The Age of Equipoise: A Study of the Mid-Victorian Generation*, London 1964.
Burrage, Michael, »Culture and British Economic Growth«, in: *British Journal of Sociology*, 20,2 (Juni), 1969, S. 117–133.
Burrish, Onslow, *Batavia illustrata*, 2 Bde., London 1728.
Buruma, Ian, *Erbschaft der Schuld. Vergangenheitsbewältigung in Deutschland und Japan*, München und Wien 1994.
Butel, Paul, »France, the Antilles and Europe in the Seventeenth and Eighteenth Centuries: Renewals of Foreign Trade«, in: Tracy (Hrsg.), *Rise of Merchant Empires*, 1990, S. 153–173.
Byatt, I. C. R., *The British Electrical Industry 1875–1914: The Econonmic Returns to a New Technology*, Oxford 1979.
Cadieux, François, »Western Technology and Early Russian Pipelines, 1877–1917«, in: *Journal of European Economic History*, 15,2 (Herbst), 1986, S. 335–344.
Cain, P. J., »Gentlemanly Capitalism and British Expansion Overseas. I. The Old Colonial System, 1688–1850, in: *Economic History Review*, 39, 1986, S. 501–525.
ders., und A. G. Hopkins, »The Political Economy of British Expansion Overseas, 1750–1914«, in: *Economic History Review*, 2. Folge, 33,4, 1980, S. 463–490.
Cairncross, A. K., *Factors in Economic Development*, New York 1962.
Calvert, Monte A., *The Mechanical Engineer in America, 1830–1910: Professional Cultures in Conflict*, Baltimore 1967.
Cameron, Rondo E., *France and the Economic Development of Europe*, Princeton 1961.
ders. (Hrsg.), *Banking in the Early Stages of Industrialisation: A Study in Comparative History*, New York 1967.
ders. (Hrsg.), *Banking and Economic Development: Some Lessons of History*, New York 1972.
ders., und Charles E. Freedeman, »French Economic Growth: A Radical Revision«, in: *Social Science History*, 7,1 (Winter), 1983, S. 3–30.
Camoëns, Luis de, *Die Lusiaden*, Stuttgart o. J.
Campbell, R. H., *The Rise and Fall of Scottish Industry 1707–1939*, Edinburgh 1980.
Candolle, Alphonse de, *Zur Geschichte der Wissenschaften und der Gelehrten seit zwei Jahrhunderten*, Leipzig 1921.
Cantrell, J. A., »James Nasmyth and the Bridgewater Foundry: Partners and Partnerships«, in: *Business History*, 23,3 (November), 1981, S. 346–358.
ders., *James Nasmyth and the Bridgewater Foundry: A Study of Entrepreneurship in the Early Engineering Industry,* Manchester 1984, für die Chetham-Gesellschaft.
Cardoso, Eliana, und Ann Helwege, *Latin America's Economy: Diversity, Trends, and Conflicts*, Cambridge, Ma., 1995.
Cardoso, Fernando Henrique, und Enzo Faletto, *Abhängigkeit und Entwicklung in Lateinamerika*, Frankfurt/M. 1976.
Cardoso, Gerald, *Negro Slavery in the Sugar Plantations of Veracruz and Pernambuco 1550–1680: A Comparative Study*. Washington, DC, 1983.
Cardwell, D. S. L., *Turning Points in Western Technology: A Study of Technology, Science, and History*, New York 1972.
Carlton, David L, und Peter A. Coclanis, »The Uninventive South? A Quantitative Look at Region and American Inventiveness«, in: *Technology & Culture*, 36,2 (April), 1995, S. 302–326.
Caro Baroja, Julio, *Los judios en la España moderna et contemporanea*, 3 Bde., Madrid 1961, Nachdruck Madrid 1978.

Caron, François, Paul Erker und Wolfram Fischer (Hrsg.), *Innovations in the European Economy Between the Wars*, Berlin 1995.

Carpenter, Kenneth J., *The History of Scurvy and Vitamin C*, Cambridge 1986.

Carpentier, Elisabeth, und Michael Le Mené, *La France du XIe au XVe siècle: Population, société, économie*, Paris 1996.

Carrasco, Raphael, Claudette Derozier und Annie Molinie-Bertrand, *Histoire et civilisation de l'Espagne classique 1492–1808*, Paris 1991.

Carus-Wilson, Eleanora M., »The Woollen Industry«, in: Postan und Rich (Hrsg.), *The Cambridge Economic History of Europe*, Bd. II: *Trade and Industry in the Middle Ages*, 1952, S. 355–428.

Cassidy, Vincent H., »New Worlds and Everyman: Some Thoughts on the Logic and Logistics of Pre-Columbian Discovery«, in: *Terrae incognitae* (Jahrbuch der Gesellschaft für die Geschichte der Entdeckungen), 10, 1978, S. 7–13.

Cassis, Youssef (Hrsg.), *Finance and Financiers in European History 1880–1960*, Cambridge 1992.

Castells, Manuel, »Four Asian Tigers with a Dragon Head: A Comparative Analysis of the State, Economy, and Society in the Asian Pacific Rim«, in: Appelbaum und Henderson (Hrsg.), *States and Development*, 1992, S. 33–70.

Castro, Americo, *Aspectos de vivir hispanico*, Santiago de Chile 1949/87.

Caves, Richard, »›Vent for Surplus‹ Models of Trade and Growth«, in: Robert E. Baldwin u.a. (Hrsg.), *Trade, Growth, and the Balance of Payments*, Chicago 1965.

ders., »Export-led Growth and the New Economic History«, in: J. N. Bhagwati u.a. (Hrsg.), *Trade, Balance of Payments and Growth*, Amsterdam 1971.

Cellard, Jacques, *John Law et la Régence 1715–1729*, Paris 1996.

Chaloner, W. H., und Barrie M. Ratcliffe (Hrsg.), *Trade and Transport: Essays in Economic History in Honour of T. S. Willan*, Manchester und Totowa, N.J., 1977.

Chandeigne, Michel (Hrsg.), *Lisbonne hors les murs, 1415–1580: L'invention du monde par les navigateurs portugais*, Paris 1990.

Chandler, Alfred D., Jr., *Scale and Scope: The Dynamics of Industrial Capitalism*, Cambridge, Ma., 1990.

Chang, Han-yu, und R. H. Myers, »Japanese Colonial Development Policy: A Case of Bureaucratic Entrepreneurship«, in: *Journal of Asian Studies*, 22 (August), 1963, S. 433–449.

Chang, Jen-hu, »The Agricultural Potential of the Humid Tropics«, in: *Geographical Review*, 58,3 (Juli), 1968, S. 333–361.

Chang, Pin-tsun, »The Evolution of Chinese Thought on Maritime Foreign Trade from the Sixteenth to the Eighteenth Century«, in: *International Journal of Maritime History*, 1,1 (Juni), 1989, S. 51–64.

ders., »Maritime China in Historical Perspective«, in: *International Journal of Maritime History*, 4,2 (Dezember), 1992, S. 239–255.

Channon, Derek F., *The Strategy and Structure of British Enterprise*, Boston 1973.

Chantreau, Pierre N., *Voyage dans les trois royaumes d'Angleterre, d'ecosse et d'Irlande, fait en 1788 et 1789*, 3 Bde., Paris 1792.

Charnay, Jean-Paul, *Traumatismes musulmans: Entre chari'a et géopolitique*, Paris 1993.

Chassagne, Serge, »Industrie et proto-industrie en France au XVIIIe siècle«, in: *Bulletin de la Societé d'histoire moderne et contemporaine*, 1–2, 1993, S. 12–20.

Chauchadis, Claude, *Honneur, morale et société dans l'Espagne de Philippe II*, Paris 1984.

ders., »Honneur, morale et société dans l'Espagne de Philippe II«, in: Amalric und Bennassar (Hrsg.), *Aux origines du retard économique de l'Espagne*, 1984.

Chaudhuri, K. N., »The Strucutre of the Indian Textile Industry in the Seventeenth and Eighteenth Centuries«, in: *Indian Economic and Social History Review*, 11 (Juni-September), 1974, S. 127–182.

ders., *The Trading World of Asia and the English East India Company 1660–1760*, Cambridge 1978.

ders., *Trade and Civilisation in the Indian Ocean: An Economic History from the Rise of Islam to 1750*, Cambridge 1985.

ders., *Asia Before Europe: Economy and Civilisation of the Indian Ocean from the Rise of Islam to 1750*, Cambridge 1990.
Chaudhuri, Nirad C., *Thy Hand, Great Anarch! India 1921–1952*, Reading, Ma., 1987.
Chaudhury, Sushil, »Trade, Bullion and Conquest: Bengal in the Mid-Eighteenth Century«, in: *Itinerario*, 15,2, 1991, S. 21–32.
Chaunu, Pierre, *L'Amérique et les Amériques*, Paris 1964.
Chenery, Hollis, T. N. Srinivasan und Paul Streeten (Hrsg.), *Handbook of Development Economics*, Bd. I., Amsterdam 1988.
Chesnais, Jean-Claude, *La revanche du tiers-monde*, Paris 1987.
Chevalier, François, *Land and Society in Colonial Mexico: The Great Hacienda*, Berkeley 1963.
Chevalier, Michel (Hrsg.), *La géographie de la créativité et de l'innovation*. Sitzungsprotokolle des Kolloquiums von 9.–10. Juni 1987 an der Univ. Paris-Sorbonne, Paris 1989, »Espace et Culture«, S. 18.
Chevedden, Paul E., Les Eigenbrod, Vernard Foley und Werner Soedel, »The Trebuchet«, in: *Scientific American*, 273,1 (Juli), 1995, S. 66–71.
Chi, Ch'ao-ting, *Key Economic Areas in Chinese History, as Revealed in the Development of Public Works for Water-Control*, London 1936.
Chiappelli, Fredi (Hrsg.), *First Images of America: The Impact of the New World on the Old*, Berkley, Ca., 1976.
Chirot, Daniel (Hrsg.), *The Origins of Backwardness in Eastern Europe: Economics and Politics from the Middle Ages until the Early Twentieth Century*, Berkeley 1989.
Chklovski, Victor, *Le Voyage de Marco Polo*, Paris 1938/1993.
Chomsky, Noam, *Wirtschaft und Gewalt. Vom Kolonialismus zur Neuen Weltordnung*, Lüneburg 1993.
Christelow, Allan, »Great Britain and the Trades from Cadiz and Lisbon to Spanish America and Brazil, 1759–1783«, in: *Hispanic American Historical Review*, 27, 1947, S. 2–29.
Christensen, Thomas und Carol (Hrsg.), *The Discovery of America & Other Myths: A New World Reader*, San Francisco 1992.
Church, Roy, »The Effects of American Multinationals on the British Motor Industry: 1911–83«, in: Teichova u.a. (Hrsg.), *Multinational Enterprise*, 1986, S. 116–130.
ders., *The Rise and Decline of the British Motor Industry*, London 1994.
ders., »Deconstructing Nuffield: The Evolution of Managerial Culture in the British Motor Industry«, in: *Economic History Review*, 49,3 (August), 1996, S. 561–583.
Cipolla, Carlo M., *Guns, Sails, and Empires: Technological Innovation and the Early Phase of European Expansion 1400–1700*, New York 1965.
ders. (Hrsg.), *The Economic Decline of Empires*, London 1970.
ders., *Before the Industrial Revolution: European Society and Economy, 1000–1700*, 2. Aufl. New York 1980.
ders., *Between Two Cultures: An Introduction to Economic History*, New York 1988/1991/1992.
ders., *Die gezählte Zeit. Wie die mechanische Uhr das Leben veränderte*, Berlin 1997.
Ciriacono, Salvatore, »The Venetian Econonmy and Its Place in the World Economy of the 17th and 18th Centuries. A Comparison with the Low Countries«, in: H.-J. Nitz (Hrsg.), *The Early-Modern World-System in Geographical Perspective*, Stuttgart 1993, S. 120–135.
Clapham, John H., *The Economic Development of France and Germany, 1815–1914*, Cambridge 1923.
ders., *An Economic History of Modern Britain*, 3 Bde., Cambridge 1926/1932/1938 (überarb. und neugedr., 1950/1951/1952).
Clark, Christopher, *The Roots of Rural Capitalism: Western Massachusetts, 1780–1860*, Ithaca 1990.
Clark, Rodney, *The Japanes Company*, New Haven 1979.
Clendinnen, Inga, *Aztecs: An Interpretation*, Cambridge 1991.

dies., »Fierce and Unnatural Cruelty: Cortés and the Conquest of Mexico«, in: Greenblatt (Hrsg.), *New World Encounters*, 1993.
Coase, R. H., *Essays on Economics and Economists*, Chicago 1994.
Coates, David, und John Hillard (Hrsg.), *The Economic Decline of Modern Britain: The Debate Between Left and Right*, London 1986.
Cobb, James C., *Industrialization and Southern Society 1877–1984*, Lexington, Ky., 1984.
ders., »Beyond Planters and Industrialists: A New Perspective on the New South«, in: *Journal of Southern History*, 54 (Februar), 1988, S. 45–68.
Cobo, Pater Bernabé, *Historia del Nuevo Mundo* (1653), unter dem Titel *History of the Inca Empire* ins Englische übers. und hrsg. von Roland Hamilton, Austin 1979.
Cochet, François, und Gérard Marie Henry, *Les révolutions industrielles: Processus historiques, développements économiques*, Paris 1995.
Coe, David T., und Elhanan Helpman, »International R & D Spillovers«, in: *European Economic Review*, 39, 1995, S. 859–887, Cambridge, Ma.: NBER Reprint Nr. 2018.
ders., und Alexander W. Hoffmaister, »North-South R & D Spillovers«, in: *Economic Journal*, 107 (Januar), 1997, S. 134–149.
Cohen, Elie, *La tentation hexagonale: La souveraineté à l'épreuve de la mondialisation*, Paris 1996.
Cohen, Roger, »France vs. U.S.: Warring Views of Capitalism«, in: *New York Times*, 20. Oktober 1997, S. 1.
Cohen, Saul B., »Reflections on the Elimination of Geography at Harvard, 1947–51«, in: *Annals of the Association of Amercican Geographers*, 78,1 (März), 1988, S. 148–151.
Cohen, Yves, »Inventivité organisationnelle et compétitivité: L'interchangeabilité des pièces face à la crise de la machine-outil en France autour de 1900«, in: *Entreprises et histoire*, 5 (Juni), 1994, S. 53–72.
Coleman, Donald C., und Christine MacLeod, »Attitudes to New Techniques: British Businessmen 1800–1950«, in: *Economic History Review*, 39, 1986.
Collins, K. J., und D. F. Roberts (Hrsg.), *Capacity for Work in the Tropics*, Society for the Study of Human Biology, Symposium 26, Cambridge 1988.
Confino, Michael, »Maïtres de forges et ouvriers dans les usines métallurgiques de l'Oural aux XVIIe-XIXe siècles«, in: *Cahier du monde russe et soviétique*, 1 (Januar-März), 1960, S. 239–284.
Conrad, Robert Edgar, *Children of God's Fire: A Documentary History of Black Slavery in Brazil*, Princeton 1984, überarb. Taschenbuchausg. University Park, Pa., 1994.
Conze, Werner, »Sozialgeschichte 1800–1850«, in: Wolfgang Zorn (Hrsg.), *Handbuch der deutschen Wirtschafts- und Sozialgeschichte*, Bd. II: *Das 19. und 20. Jahrhundert*, Stuttgart 1976, S. 426–496.
Cook, Don, *The Long Fuse: How England Lost the American Colonies, 1760–1785*, New York 1995.
Coppock, D. J., »The Climacteric of the 1870's: A Critical Note«, in: *Manchester School of Economic and Social Studies*, 24,1 (Januar), 1956, S. 1–31.
Cornblit, Oscar, »European Immigrants in Argentine Industry and Politics«, in: Veliz (Hrsg.), *Politics of Conformity*, 1967, S. 221–248.
Cortés Conde, Roberto, *Corrientes immigratorias y surgimento de industrias en Argentina 1870–1914*, Buenos Aires 1964.
Cosandey, David, *Le Secret de l'occident: du miracle passé au marasme présent*, Paris 1997.
Cottrell, P. L., *Industrial Finance 1830–1914: The Finance and Organization of English Manufacturing Industry*, London 1980.
ders., und D. H. Aldcroft (Hrsg.), *Shipping, Trade and Commerce: Essays in Memory of Ralph Davis*, Leicester 1981.
Cottret, Bernard, »Le Roi, les Lords et les Communes: monarchie mixte et états du royaume en Angleterre (XVIe-XIIIe siècles)«, in: *Annales E. S. C.*, 1 (Januar-Februar), 1986, S. 127–150.

Crafts, N. F. R., »Industrial Revolution in England and France: Some Thougths on the Question ›Why Was England First?‹«, in: *Economic History Review*, 2. Folge, 30, 1977, S. 429–441. Nachgedruckt in Mokyr, *Economics of the Industrial Revolution*, S. 119–131.
ders., *British Economic Growth During the Industrial Revolution*, Oxford 1985.
ders., »British Industrialization in an International Context«, in: *Journal of Interdisciplinary History*, 19 (Winter), 1989, S. 415–428.
ders., *Can De-industrialization Seriously Damage Your Wealth?*, London 1993.
ders., »The Golden Age of Economic Growth in Western Europe, 1950–1973«, in: *Economic History Review*, 48,3 (August), 1995, S. 429–447.
ders., »Macroinventions, Economic Growth, and ›Industrial Revolution‹ in Britain and France«, in: *Economic History Review*, 48,3 (August), 1995, S. 591–598.
ders., und Knick Harley, »Output Growth and the British Industrial Revolution: A Restatement of the Crafts-Harley View«, in: *Economic History Review*, 45, 1992, S. 703–730.
ders., und T. C. Mills, »The Industrial Revolution as a Macroeconomic Epoch: An Alternative View«, in: *Economic History Review*, 47,4 (November), 1994, S. 769–775.
Craig, Albert M., *Chōshū in the Meiji Restoration*, Cambridge, Ma., 1961.
Crammer-Byng, J. L., »Lord Macartney's Embassy to Peking in 1793 (from Official Chinese Documents)«, in: *Journal of Oriental Studies*, 1, 1957/58, S. 117–187.
ders., *An Embassy to China: Being the Journal Kept by Lord Macartney During His Embassy to the Emperor Ch'ien-lung 1793–94*, London 1962.
Crawcour, E. Sydne, »The Tokugawa Heritage«, in: Lockwood (Hrsg.), *The State and Economic Enterprise in Japan*, 1965, S. 17–44.
Crisp, Olga, »The Pattern of Russia's Industrialization up to 1914«, in: Léon u. a. (Hrsg.), *L'industrialisation en Europe*, 1972, S. 435–466.
Crombie, A. C., *Robert Grosseteste and the Origins of Experimental Science 1100–1700*, Oxford 1953.
ders. (Hrsg.), *Scientific Change: Historical Studies in the Intellectual, Social and Technical Conditions for Scientific Discovery and Technical Invention, from Antiquity to the Present*. Symposion zur Wissenschaftsgeschichte, Oxford University, 9.–15. Juli 1961, London 1963.
Crone, Patricia, *Die vorindustrielle Gesellschaft. Eine Strukturanalyse*, München 1992.
Crosby, Alfred W., Jr., *The Columbian Exchange: Biological and Cultural Consequences of 1492*, Westport, Ct., 1972.
ders., *Germs, Seeds & Animals: Studies in Ecological History*, Armonk, N.Y., 1994.
Crosland, Maurice, *The Society of Arcueil: A View of French Science at the Time of Napoleon I*, Cambridge, Ma., 1967.
Crouzet, François, »Les Français et le ›miracle‹ anglais«, in: *L'Histoire*, 28, 1980, S. 21–30.
ders., »The Sources of England's Wealth: Some French Views in the Eighteenth Century«, in: Cottrell und Aldcroft (Hrs.), *Shipping, Trade, and Commerce*, 1981, S. 61–79.
ders., *De la supériorité de l'Angleterre sur la France: L'économique et l'imaginaire XVIIe-XXe siècles*, Paris 1985.
Crow, John A., *Spain: The Root and the Flower: An Interpretation of Spain & the Spanish People*, 3. Aufl. Berkeley 1985.
Cuenca Esteban, Javier, »British Textile Prices, 1770–1831: Are British Growth Rates Worth Revising Once Again?«, in: *Economic History Review*, 47,1 (Februar), 1994, S. 66–105.
ders., »Further Evidence of Falling Prices of Cotton Cloth, 1768–1816«, in: *Economic History Review*, 48,1 (Februar), 1995, S. 145–150.
Cullen, L. M., *An Economic History of Ireland Since 1660*, London 1972.
ders., und T. C. Smout (Hrsg.), *Comparative Aspects of Scottish and Irish Social and Economic History 1600–1900*, Edinburgh 1978.

Curtin, Philipp D., *The Image of Africa: British Ideas and Action, 1780–1850*, Madison 1964.

ders., »Epidemiology and the Slave Trade«, *Political Science Quarterly*, 83, 1968, S. 190–216.

ders., *Death by Migration: Europe's Encounter with the Tropical World in the Nineteenth Century*, Cambridge 1989.

Cusumano, Michael A., *The Japanese Automobile Industry: Technoloy and Management at Nissan and Toyoto*, Cambridge, Ma., 1985, für Council on East Asian Studies.

Daget, Serge (Hrsg.), *De la traite à l'esclavage: Actes du colloque sur la traite des noirs*. Nantes und Paris 1988.

Danaher, Kevin, *50 Years Is Enough: The Case Against the World Bank and the International Monetary Fund*, Boston 1994.

Daniels, John, und Christian Daniels, »The Origin of the Sugarcane Roller Mill«, in: *Technology and Culture*, 29,3 (Juli), 1988, S. 493–535.

Darity, William, Jr., »British Industries and the West Indies Plantations«, in: *Social Science History*, 14 (Frühjahr), 1990, S. 117–149.

ders., »A Model of ›Original Sin‹: Rise of the West and Lag of the Rest«, in: *American Economic Review*, 82,2 (Mai), 1992, S. 166–171.

Das Gupta, Ashin, und M. N. Pearson (Hrsg.), *India and the Indian Ocean, 1500–1800*, Kalkutta 1987.

Dasgupta, Partha S., *An Inquiry into Well-Being and Destitution*, Oxford 1993.

ders., »Natural Resources in an Age of Substitutability«, in: A. V. Kneese und J. L. Sweeney (Hrsg.), *Handbook of Natural Resource and Energy Economics*, Bd. III, Amsterdam 1993, S. 111–130.

ders., »Population, Poverty, and the Local Environment«, in: *Scientific American*, 272,2 (Februar), 1995, S. 40–45.

ders., »The Population Problem: Theory and Evidence«, in: *Journal of Economic Literature*, 33,4 (Dezember), 1995, S. 1879–1902.

ders., »Nutritional Status, the Capacity for Work and Poverty Traps« (1995). Im Druck bei *Journal of Econometrics*.

Daumas, Maurice, *Scientific Instrument of the Seventeenth and Eighteenth Centuries*, New York 1972 (Übers. der franz. Ausg. von 1953).

ders., und René Taton (Hrsg.), *L'acquisition des techniques par les pays noninitiateurs*. Internationale Colloqien des Centre National de la Recherche Scientifique Nr. 538, Pont-à-Mousson, 28. Juni - 5. Juli 1970, Paris 1973.

Daunton, M. J., »›Gentlemanly Capitalism‹ and British Industry 1820–1914«, in: *Past and Present*, 122 (Februar), 1989, S. 119–158.

Davenport-Hines, R. P. T., und Geoffrey Jones (Hrsg.), *British Business in Asia Since 1860*, Cambridge 1989.

Davids, Karel, »Openness or Secrecy? Industrial Espionage in the Dutch Republic«, in: *J. Europ. Econ. Hist.*, 24,2 (Herbst), 1995, S. 333–348.

Davidson, Basil, *The Black Man's Burden: Africa and the Curse of the Nation-State*, New York 1992.

Davis, John A., »Industrialization in Britain and Europe Before 1850: New Perspectives and Old Problems«, in: Mathias und Davis (Hrsg.), *The First Industrial Revolutions*, 1989, S. 44–68.

Davis, Lance E., und R. A. Huttenback, *Mammon and the Pursuit of Empire: Political Economy of British Imperialism, 1860–1912*, Cambridge 1986.

Davis, Ralph, *The Rise of the Atlantic Economies*, Ithaca 1973.

Dawson, Raymond, *The Chinese Experience*, New York 1978.

Debeir, Jean-Claude, Jean-Paul Deléage und Daniel Hemery, *Prometheus auf der Titanic. Geschichte der Energiesysteme*. Frankfurt und New York 1989.

Decraene, Philippe, *Lettres d'Afrique entre Cancer et Capricorne*, Paris 1995.

Dedieu, Jean-Pierre, »Responsabilité de l'Inquisition dans le retard économique de l'Espagne? Eléments de réponse«, in: Amalric und Bennassar (Hrsg.), *Aux origines du retard économique de l'Espagne*, 1984.

Defoe, Daniel, *A Plan of the English Commerce, Being a Compleat Prospect of the Trade of This Nation, as well the Home Trade as the Foreign*(1728), Oxford 1928.

De Gregori, Thomas R., *Technology and the Economic Development of the Tropical African Frontier*, Cleveland 1969.

Deighton, Len, *Blood, Tears and Folly: An Objective Look at World War II*, New York 1993.

De Moor, J.A., und H.L. Wesseling (Hrsg.), *Imperialism and War: Essays on Colonial Wars in Asia and Africa*, Leiden 1989.

Denby, David, »Jungle Fever«, in: *The New Yorker*, 6. November 1995, S. 118–129.

Denevan, Wm. L. (Hrsg.), *The Native Population in the Americas in 1492*, Madison 1976.

Dertouzos, Michael L., u.a., *Die Krise der USA. Potential für neue Produktivität*, Frankfurt/M. 1990.

Desmond, Ray, *Kew: The History of the Royal Botanic Gardens*, Kew 1995.

Devoto, L. F. J., und G. Rosoli (Hrsg.), *L'Italia nella società argentina*, Rom 1988.

De Vries, Jan, *The Dutch Rural Economy in the Golden Age, 1500–1700*, New Haven 1974.

ders., »Between Purchasing Power and the World of Goods: Understanding the Household Economy in Early Modern Europe«, in: Brewer und Porter (Hrsg.), *Consumption and the World of Goods*, 1993, S. 85–132.

ders., »The Industrial Revolution and the Industrious Revolution«, in: *J. Econ. Hist.*, 54,2 (Juni), 1994, S. 249–270.

Dewey, Clive J. (Hrsg.), *Arrested Development in India: The Historical Dimension*, New Delhi 1988.

Diamond, Jared, *Der dritte Schimpanse. Evolution und Zukunft des Menschen*, Frankfurt/M. 1994.

ders., »Ecological Collapses of Past Civilizations«, in: *Proceedings of the American Philosophical Society*, 138,3 (September), 1994, S. 363–370.

ders., *Arm und reich. Die Schicksale menschlicher Gesellschaften*, Frankfurt/M. 1998.

Diamond, Stanley, *Kritik der Zivilisation. Anthropologie und die Wiederentdeckung des Primitiven*, Frankfurt und New York 1976.

Dickinson, John A., und Marianne Mahn-Lot, *1492–1992: Les Européens découvrent l'Amérique*, Lyon 1991.

Dickson, D., »Aspects of the Rise and Decline of the Irish Cotton Industry«, in: Cullen und Smout (Hrsg.), *Comparative Aspects*, 1978, S. 100–115.

Dickson, P. G. M., *The Financial Revolution in England: A Study in the Development of Public Credit, 1688–1740*, London 1967.

Diffie, Bailey W., *Prelude to Empire: Portugal Overseas Before Henry the Navigator*, Lincoln 1960.

ders., und George D. Winius, *Europe and the World in the Age of Expansion*, Bd. I: *Foundations of the Portuguese Empire 1415–1580*, Minneapolis 1977.

Dintenfass, Michael, *The Decline of Industrial Britain 1870–1980*, London 1992.

ders., »Converging Accounts, Misleading Metaphors, and Persistent Doubts: Reflections on the Historiography of Britain's ›Decline‹«, in: McCloskey und Dormois (Hrsg.), »The British Industrial ›Decline‹ Reconsidered«, 1996, S. 1–37.

Disney, A. R., *Twilight of the Pepper Empire: Portuguese Trade in Southwest India in the Early Seventeenth Century*, Cambridge, Ma., 1978.

Dixon, Christ, *South East Asia in the World-Economy*, Cambridge 1991.

Dixon, William J., und Terry Boswell, »Dependency, Disarticulation, and Denominator Effects: Another Look at Foreign Capital Penetration«, in: *American Journal of Sociology*, 102,2 (September), 1996, S. 543–562.

ders., »Differential Productivity, Negative Externalities, and Foreign Capital Dependency: Reply to Firebaugh«, in: *Amer. J. Sociol.*, 102,2 (September), 1996, S. 576–584.

Dobbin, Christine, *Asian Entrepreneurial Minorities: Conjoint Communities in the Making of the World Economy, 1570–1940*, Richmond, Surrey, 1996.

Dohrn-van Rossum, Gerhard, *Die Geschichte der Stunde. Uhren und moderne Zeitordnung*, München und Wien 1992.
Domar, Evsey, »Causes of Slavery or Serfdom: A Hypothesis«, in: *J. Econ. Hist.*, 30 (März), 1970, S. 18–32.
Dooley, Brendon, »Processo a Galileo« (1995, engl. Übersetzung), erscheint in: *Belfagor.*
ders., »The *Storia letteraria d'Italia* and the Rehabilitation of Jesuit Science« (1995), erscheint in: *Rivista storica italiana.*
Dore, Ronald, *Taking Japan Seriously: A Confucian Perspective in Leading Economic Issues*, Stanford 1987.
Dormois, Jean-Pierre, *L'économie française face à la concurrence britannique à la veille de 1914*, Paris 1997.
Drèze, Jean, »Famine Prevention in Africa: Some Experiences and Lessons«, in: Drèze, Sen und Hussain (Hrsg.), *Political Economy of Hunger*, 1995, S. 554–593.
ders., Amarya Sen und Athar Hussain (Hrsg.), *The Political Economy of Hunger: Selected Essays*, Oxford 1995.
Drouin de Bercy, *L'Europe et l'Amérique comparées*. 2 Bde., Paris 1818, Nachdruck Upper Saddle River, N.J., 1968.
Dublin, Thomas, *Women at Work: The Transformation of Work and Community in Lowell, Massachusetts, 1826–1860*, New York 1979.
Dubreuil, René, *De la condition des Chinois et de leur role économique en Indochine*, Bar-sur-Seine 1910.
Dumas, Maurice, *Scientific Instruments of the Seventeenth and Eighteenth Centuries*, New York 1953/1972.
Dunn, Richard S., *Sugar and Slaves. The Rise of the Planter Class in the English West Indies, 1624–1713*, Chapel Hill und New York 1972.
Du Plessis, Robert, und Martha C. Howell, »Reconsidering the Early Modern Urban Economy: The Cases of Leiden and Lille«, in: *Past and Present*, 94 (Februar), 1982.
Durand, Robert, *Histoire du Portugal*, Paris 1992.
Duus, Peter, »Economic Dimensions of Meiji Imperialism: The Case of Korea«, in: Myers und Peattie (Hrsg.), *Japanese Colonial Empire*, 1984, S. 128–163.
ders., »Zaikabo: Japanese Cotton Mills in China, 1895–1937«, in: Duus u.a. (Hrsg.), *Japanese Informal Empire*, 1989, S. 65–100.
ders., Ramon H. Myers und Mark R. Peattie (Hrsg.), *The Japanese Informal Empire in China, 1895–1937*, Princeton 1989.
Eamon, William, »From the Secrets of Nature to Public Knowledge«, in: Lindberg und Westman (Hrsg.), *Reappraisals*, 1990, S. 333–365.
Easterlin, Richard, »Industrial Revolution and Mortality Revolution: Two of a Kind? in: *Journal of Evolutionary Economics*, 5, 1995 S. 393–408.
Easterly, William, Michael Kremer, Lant Pritchett und Lawrence H. Summers, »Good Policy or Good Luck? Country Growth Performance and Temporary Shocks«, in: *Journal of Monetary Economics*, 1993, 32, S. 459–483.
Eaton, Jonathan, und Samuel Kortum, »Engines of Growth: Domestic and Foreign Sources of Innovation«. Boston University, Inst. for Economic Development, Diskussionspapierserie 63, 1995.
Eatwell, John, *Whatever happened to Britain? The Economics of Decline*, Oxford 1982, New York 1984.
Eckstein, Otto, Christopher Caton, Roger Brinner und Peter Duprey, *The DRI Report on U. S. Manufacturing Industries*, New York 1984.
Edgerton, David, »Science and Technology in British Business History«, in: *Business History Review*, 29, 1987.
ders., *Science, Technology, and the British Industrial »Decline«, 1870–1970*, Cambridge 1996.
Edgerton, Samuel Y., Jr., *The Heritage of Giotto's Geometry: Art and Science on the Eve of the Scientific Revolution*, Ithaca 1991.

Edmonds, Richard Louis, *Northern Frontiers of Qing China and Tokugawa Japan: A Comparative Study of Frontier Policy*, Chicago 1985.
Edwardes, Michael, *The Battle of Plassey and the Conquest of Bengal*, London und New York 1963.
Edwards, Sebastian, *Crisis and Reform in Latin America: From Despair to Hope*, New York 1995, für die Weltbank.
Eichengreen, Barry, »The Australian Recovery of the 1930s in International Comparative Perspective«, in: R. G. Gregory und N. G. Butlin (Hrsg.), *Recovery from the Depression: Australia and the World Economy in the 1930s*, Cambridge 1988.
Eisenstadt, Shmuel N., *The Political Systems of Empires*, New York 1963.
ders. (Hrsg.), *The Protestant Ethic and Modernization: A Comparative View*, New York 1968.
Eisler, Benita (Hrsg.), *The Lowell Offering: Writings by New England Mill Women (1840–1845)*, Philadelphia 1977.
Elbaum, Bernard, und William Lazonick (Hrsg.), *The Decline of the British Economy*, Oxford 1989.
Elisseeff, Danielle, *Hideyoshi: Bătisseur du Japon moderne*, Paris 1986.
Elliott, John H., *Die Neue in der Alten Welt. 1492–1650*, Berlin 1992.
ders., *Spain and Its World 1500–1700*, New Haven 1989.
Ellis, Henry, *Journal of the Proceedings of the Late Embassy to China; Comprising a Correct Narrative of the Public Transactions … etc.*, London 1817, besprochen in *Quarterly Review*, Bd. 17, Nr. 34 (Juli), S. 463–506. Ellis war Dritter Gesandter der Delegation.
Eltis, David, *Economic Growth and the Ending of the Transatlantic Slave Trade*, New York 1987.
Elvin, Mark, *The Pattern of the Chinese Past: A Social and Economic Interpretation*, Stanford 1973.
Emmanuel, Arghiri, »White Settler Colonialism and the Myth of Investment Imperialism«, in: *New Left Review*, 73 (Mai-Juni), 1972, S. 35–57.
ders., »Myths of Development versus Myths of Underdevelopment«, in: *New Left Review*, 85 (Mai-Juni), 1974, S. 61–82.
Endelman, Todd M., *Radical Assimilation in English Jewish History, 1656–1945*, Bloomington 1990.
Endrei, Walter, »Manufacturing a Piece of Woollen Cloth in Medieval Flanders: How Many Work Hours?«, in: Aerts und Munro (Hrsg.), *Textiles of the Low Countries*, 1990, S. 14–23.
Engerman, Stanley L., »The Slave Trade and British Capital Formation in the Eighteenth Century: A Comment on the Williams Thesis«, in: *Business History Review*, 64,4, 1972, S. 430–443.
ders., »Economic Adjustments to Emancipation in the United States and the British West Indies«, in: *J. Interdiscipl. Hist.*, 12 (Herbst), 1982, S. 191–220.
ders., »Contract Labor, Sugar, and Technology in the Nineteenth Century«, in: *Journal of Economic History*, 43 (September), 1983, S. 635–659.
ders., und Kenneth L. Sokoloff, »Factor Endowments, Institutions, and Differential Paths of Growth Among New World Economies: A View from Economic Historians of the United States«. Reihe von NBER-Arbeitspapieren über historische Faktoren des langfristigen Wachstums, Historischer Beitrag Nr. 66, 1994.
Erber, Fabio Stefano, »The Development of the ›Electronics Complex‹ and Government Policies in Brazil«, in: *World Development*, 13 (März), 1985, S. 293–310.
Erickson, Charlotte, *American Industry and the European Immigrant 1860–1885*, Cambridge, Ma., 1957.
Erman, J. P., und F. Reclam, *Mémoires pour servir à l'histoire des réfugiés françois dans les états du roi*, Berlin 1782–1799.
Esposito, John L., *The Islamic Threat: Myth or Reality?* 2. Aufl. New York 1995.

Esquer, Gabriel (Hrsg.), *L'anticolonialisme au XVIIIe: Histoire philosophique et politique des établissements et du commerce des Européensdans les Deux Indes par l'abbé Raynal*, Paris 1951.
Etémad, Bouda, Jean Batou und Thomas David (Hrsg.), *Pour une histoire économique sociale et internationale: Mélanges offerts à Paul Bairoch*, Genf 1995.
Evans, Peter B., »State, Capital, and the Transformation of Dependence: The Brazilian Computer Case«, in: *World Development*, 14 (Juli), 1986, S. 791–808.
Evenson, Robert, »Technology, Productivity Growth, and Economic Development«, in: Ranis und Schultz (Hrsg.), *State of Development Economics*, 1988, S. 486–536.
Fabian, J., *Time and the Other: How Anthropology Makes Its Object*, New York 1983.
Fager, Jan, »Technology and International Differences in Growth Rates«, in: *Journal of Economic Literature*, 32 (September), 1994, S. 1147–1175.
Fairbank, John K., *The United States and China*, 2. Aufl. New York 1962.
ders., und Edwin O. Reischauer, *East Asia: The Great Tradition*, Boston 1960.
Fairnie, D. A., »Commercial Empire of the Atlantic, 1607–1783«, in: *Economic History Review*, 15, 1962, S. 205–218.
Faith, Nicholas, *The World the Railways Made*, London 1990, Pimlico 1994.
Fallows, James, *Looking at the Sun: The Rise of the New East Asian Economic and Political System*, New York 1995.
Farley, John, *Bilharzia: A History of Imperial Tropical Medicine*, Cambridge 1991.
Faroqhi, Suraiya, »The Venetian Presence in the Ottoman Empire (1600–1630)«, in: *Journal of European Economic History*, 15,2 (Herbst), 1986, S. 345–384.
Favier, Jean, *Les grandes découvertes d'Alexandre à Magellan*, Paris 1991.
Fazal, Qazi M., »Let's Pretend Nature Exists: Measuring the Impact of Climate on Economic Growth«, Harvard College 1994, Senior Honors Essay in Economics.
Feachem, Richard G. A., Tord Kjellstrom u.a. (Hrsg.), *The Health of Adults in the Developing World*, Oxford 1992, für die Weltbank.
Felix, David, »Profit Inflation and Industrial Growth: The Historic Record and Contemporary Analogies«, in: *Quarterly Journal of Economics*, 70 (August), 1956, S. 441–463.
Feltham, Owen, *A Brief Character of the Low Countries Under the States, Being Three Weeks Observations of the Vices & Virtues of the Inhabitants*, London 1660.
Fernandez, M. P. und P. C., »Precision Timekeepers of Tokugawa Japan and the Evolution of the Japanese Domestic Clock«, in: *Technology & Culture*, 37,2 (April), 1996, S. 221–248.
Fernandez-Armesto, Felipe, *Before Columbus: Exploration and Colonisation from the Mediterranean to the Atlantic, 1229–1492.* »New Studies in Medieval History«, hrsg. von Maurice Keen, London 1987.
ders., *Columbus*, Oxford 1991.
ders., »›Aztec‹ Auguries and Memories of the Conquest of Mexico«, in: *Renaissance Studies*, 6, 1992, S. 287–305.
ders., *Millenium. Die Weltgeschichte unseres Jahrtausends*, München 1998.
Ferns, H. S., *Britain and Argentina in the Nineteenth Century*, Oxford 1960.
Ferrie, Joseph P., »The Entry into the U.S. Labor Market of Antebellum European Immigrants, 1840–60«. Reihe von NBER-Arbeitspapieren über historische Faktoren des langfristigen Wachstums, Historischer Beitrag Nr. 88, 1996.
Feshbach, Murray, und Alfred Friendly, Jr., *Ecocide in the USSR: Health and Nature Under Siege*, New York 1992.
Feuerwerker, Albert, »A White Horse May or May Not Be a Horse, But Megahistory Is Not Economic History«, in: *Modern China*, 4,3 (Juli), 1978, S. 331–350.
ders., »Chinese Economic History in Comparative Perspective«, in: Ropp (Hrsg.), *Heritage of China*, 1990, S. 224–241.
Field, Michael, *Inside the Arab World.* Cambridge, Ma., 1994.
Fieldhouse, D. K., *Economics and Empire 1830–1914*, Ithaca 1973.
ders., *Merchant Capital and Economic Decolonization: The United Africa Company, 1929–1987*, Oxford 1994.

Firebaugh, Glenn, »Growth Effects of Foreign and Domestic Investment«, in: *American Journal of Sociology*, 98, 1992, S. 105–130.
ders., »Does Foreign Capital Harm Poor Nations? New Estimates Based on Dixon and Boswell's Measures of Capital Penetration«, in: *American Journal of Sociology*, 102,2 (September), 1996, S. 563–575.
Fischer, David Hackett, *Albion's Seed: Four British Folkways in America*, New York 1989.
Fischer, Wolfram, R. Marvin McInnis und Jürgen Schneider (Hrsg.), *The Emergence of a World Economy 1500–1914*. Beiträge zum 9. Internationalen Kongreß für Wirtschaftsgeschichte, 2 Bde., Wiesbaden 1986.
Fish, Carl Russell, *The Rise of the Common Man 1830–1850*. »A History of American Life«, Bd. VI, New York 1927.
Fisher, Charles A., »The Britain of the East? A Study in the Geography of Imitation«, in: *Modern Asian Studies*, 2,4, 1968, S. 343–376.
Fisher, F. J., »The Development of the London Food Market, 1540–1640«, in: *Economic History Review*, 5,2 (April), 1935, S. 46–64.
ders. (Hrsg.), *Essays in the Economic and Social History of Tudor and Stuart England*, Cambridge 1961.
Fisher, H. E. S., »Anglo-Portuguese Trade, 1700–1750«, in: *Economic History Review*, 16, 1963, S. 219–233.
Fisk, Robert, »Sept journées ordinaires dans la vie des Algériens«, in: *Courrier international*, 319 (12.–18. Dezember), 1996, S. 5–7.
Fitton, R. S., *The Arkwrights: Spinners of Fortune*, Manchester 1989.
Fleming, Donald, »Latent Heat and the Invention of the Watt Engine«, in: *Isis*, 43, 1952, S. 3–5.
Fletcher, Anthony, und Peter Roberts (Hrsg.), *Religion, Culture, and Society in Early Modern Britain: Essays in Honour of Patrick Collinson*, Cambridge 1994.
Flink, James J., »Unplanned Obsolescence«, in: *Invention and Technology*, 12,1, 1996, S. 58–62.
Flinn, M. W., *siehe* Svedenstierna.
Floud, Roderick, und D. N. McCloskey (Hrsg.), *The Economic History of Britain, 1700 to the Present*, 3 Bde., 2. Aufl. Cambridge 1994.
Fluehr-Lobban, Carolyn, »Cultural Relativism and Universal Rights«, in: *Chronicle of Higher Education*, 9. Juni 1995, S. B1-B2.
Fogel, Robert W., *Without Consent or Contract: The Rise and Fall of American Slavery*, New York 1989.
Fohlen, Claude, *L'industrie textile au temps du Second Empire*, Paris 1956.
Foley, Vernard, Darlene Sedlock, Carole Widule und David Ellis, »Besson, Da Vinci, and the Evolution of the Pendulum: Some Findings and Observations«, in: *History and Technology*, 6,1, 1988, S. 1–43.
Foreman-Peck, James, *A History of the World Economy: International Economic Relations Since 1850*, 2. Aufl. Hemel Hempstead 1995.
Fortescue, John, *The Governance of England*, hrsg. von Charles Plummer, 2. Aufl. London 1926.
Foster, William (Hrsg.), *The Voyages of Sir James Lancaster to Brazil and the East Indies 1591–1603*, London 1940.
Fox, Robert, und George Weisz (Hrsg.), *The Organization of Science and Technology in France 1808–1914*, Cambridge 1980.
Fox, Robert, und Anna Guagnini (Hrsg.), *Education, Technology, and Industrial Performance in Europe, 1850–1939*, Cambridge 1993.
Francks, Penelope, *Japanese Economic Development: Theory and Practice*, London 1992.
Freedeman, Charles E., *Joint-stock Enterprise in France, 1807–1867: From Privileged Companies to Modern Corporations*, Chapel Hill 1979.
ders., *The Triumph of Corporate Capitalism in France 1867–1914*, Rochester 1993.
Freeman, Christopher, *The Economics of Industrial Innovation*, 2. Aufl. Cambridge, Ma., 1982.

ders., *The Economics of Hope: Essays on Technical Change, Economic Growth and the Environment*, London und New York 1992.
Freudenberger, Herman, »The Schwarzenberg Bank: A Forgotten Contributor to Austrian Economic Development, 1788–1830«, in: *Austrian History Yearbook*, 27, 1996, S. 41–64.
Freyre, Gilberto, *Herrenhaus und Sklavenhütte. Ein Bild der brasilianischen Gesellschaft*, Köln 1965; Stuttgart 1982.
Fridenson, Patrick, und André Straus (Hrsg.), *Le capitalisme français 19e-20e siècles: blocages et dynamismes d'une croissance*, Paris 1987.
Fried, Aaron L., *The Weary Titan: Britain and the Experience of Relative Decline, 1895–1905*, Princeton 1988.
Friedman, David, »Beyond the Age of Ford: The Strategic Basis of the Japanese Success in Automobiles«, in: Zysman und Tyson (Hrsg.), *American Industry in International Competition*, 1983, S. 360–390.
Friedman, Thomas L., »Egypt Runs for the Train«, in: *New York Times*, 18. Oktober 1995, S. A-23.
Fuhrmann, Joseph T., *The Origins of Capitalism in Russia: Industry and Progress in the Sixteenth and Seventeenth Centuries*, Chicago 1972.
Fujimura-Fanselow, Kumiko, und Atsuko Kameda (Hrsg.), *Japanese Women: New Feminist Perspectives on the Past, Present, and Future*, New York 1995.
Fukazawa, Hiroshi, »Non-Agricultural Production: Maharashtra and the Deccan«, in: Raychaudhuri und Habib (Hrsg.), *Cambridge Economic History of India*, Bd. I, 1982, S. 308–315.
Fukui, Haruhiro, »The Japanese State and Economic Development: A Profile of a Nationalist-Paternalist Capitalist State«, in: Appelbaum und Henderson (Hrsg.), *States and Development in the Asian Pacific Rim*, 1992, S. 199–225.
Furner, Mary O., und Barry Supple (Hrsg.), *The State and Economic Knowledge: The American and British Experiences*, New York 1990, für Woodrow Wilson International Center for Scholars.
Furnivall, J. S., *Netherlands India: A Study of Plural Economy*, Cambridge 1939.
ders., *Colonial Policy and Practice: A Comparative Study of Burma and Netherlands India*, Cambridge 1948.
Furtado, Celso, *Die wirtschaftliche Entwicklung Brasiliens*, München 1975.
Gabor, Andrea, *The Man Who Discovered Quality. How W. Edwards Deming brougth the Quality Revolution to America - The Stories of Ford, Xerox and GM*, New York 1992.
Galenson, Walter, und Konosuke Odaka, »The Japanese Labor Market«, in: Patrick and Rosovsky (Hrsg.), *Asia's New Giant*, 1976, S. 587–671.
Gallagher, John, und Ronald Robinson, »The Imperialism of Free Trade«, in: *Economic History Review*, 2. Folge, 6,1, 1953, S. 1–15.
Gallagher, Nancy Elizabeth (Hrsg.), *Approaches to the History of the Middle East: Interviews with Leading Middle East Historians*, Reading 1995.
Gamble, A., *Britain in Decline: Economic Policy, Political Strategy and the British State*, 2. Aufl. London 1985.
Garcia S., Daniel D., »Economic Growth and Stagnation in the Colonial Americas: An Exploratory Essay«, in: Bernecker und Tobler (Hrsg.), *Development and Underdevelopment in America*, 1993, S. 51–87.
Garrett, Laurie, *Die kommenden Plagen. Neue Krankheiten in einer gefährdeten Welt*, Frankfurt/M. 1996.
Garrisson, Janine, *Denn so gefällt es uns … Geschichte einer Intoleranz*, Bad Karlshafen 1995.
Gartman, David, *Auto Slavery: The Labor Process in the American Automobile Industry, 1897–1950*, New Brunswick 1986.
Gates, David M., *Man and His Environment: Climate*, New York 1972.
Gay, Yves, »Matteo Ricci et l'introduction de la mesure du temps en Chine«, in: *Bulletin de l'Association nationale des Collectionneurs et amateurs d'horlogerie ancienne*, 71 (Herbst-Winter), 1994, S. 5–34.

Geiger, Reed G., *The Anzin Coal Company, 1800–1833: Big Business in the Early Stages of the French Industrial Revolution*, Newark, De., 1974.

Gellner, Ernest, *Pflug, Schwert und Buch. Grundlinien der Menschheitsgeschichte*, Stuttgart 1990.

Gemery, Henry A., und Jan S. Hogendorn (Hrsg.), *The Uncommon Market: Essays in the Economic History of the Atlantic Slave Trade*, New York 1979.

Gennaro, Giuseppe de, *Industrializzazione et Mezzogiorno: Le manufatture tessili nel Nord Barese, 1771–1816*, Neapel 1984.

ders., »The Mechanical Spinner and Resistance to Change in the Mezzogiorno«, in: *Journal of Regional Policy* (Englische Ausg., *Mezzogiorno d'Europa*), 10,2 (April-Juni), 1990, S. 273–286.

Gereffi, Gary, und Donald L. Wyman (Hrsg.), *Manufacturing Miracles: Paths of Industrialization in Latin America and East Asia*, Princeton 1990.

Germani, Gino, *Politica y sociedad en una época de transición: De la sociedad tradicional a la sociedad de masas*, Bueonos Aires 1962.

Gernet, Jacques, *Christus kam bis nach China. Eine erste Begegnung und ihr Scheitern*, Zürich und München 1984.

Gerschenkron, Alexander, *Economic Backwardness in Historical Perspective: A Book of Essays*, Cambridge, Ma., 1962.

ders., *Continuity in History and Other Essays*, Cambridge, Ma., 1968.

ders., »Die Vorbedingungen der europäischen Industrialisierungen im 19. Jahrhundert«, in: Wolfram Fischer (Hrsg.), *Wirtschafts- und Sozialgeschichtliche Probleme der frühen Industrialisierung*, Berlin 1968, S. 21–28.

ders., *An Economic Spurt That Failed: Four Lectures in Austrian History*, Princeton 1977.

Gibb, George Sweet, *The Saco-Lowell Shops: Textile Machinery Building in New England 1813–1949*, Cambridge, Ma., 1950.

Gibbons, Herbert Adams, *The Foundation of the Ottoman Empire*, Oxford 1916.

Giblin, James, »Trypanosomiasis Control in African History: An Evaded Issue?« in: *Journal of African History*, 31, 1990, S. 59–80.

Gibson, Charles, *The Aztecs Under Spanish Rule. A History of the Indians of the Valley of Mexico, 1519–1810*, Stanford 1964.

ders., *Spain in America*, New York 1966.

Giedion, Siegfried, *Space, Time, and Architecture*, Cambridge, Ma., 1941.

ders., *Die Herrschaft der Mechanisierung. Ein Beitrag zur anonymen Geschichte*, Frankfurt/M. 1982.

Gies, Frances und Joseph, *Cathedral, Forge, and Waterwheel: Technology and Invention in the Middle Ages*, New York 1994.

Gilder, George, *Reichtum und Armut*, Berlin 1981.

Gille, Bertrand, *La banque et le crédit en France de 1815 à 1848*, Paris 1959.

ders., *La sidérurgie française au XIXe siècle*, Genf 1968.

Gillet, Marcel, *Les charbonnages du nord de la France au XIXe siècle*, Paris und Den Haag 1973.

Gilmartin, Christina K., Gail Hershatter, Lisa Rofel und Tyrene White (Hrsg.), *Engendering China: Women, Culture, and the State*. Cambridge, Ma., 1994.

Gimpel, Jean, *Die industrielle Revolution des Mittelalters*, Zürich und München 1980.

ders., *Das Ende der Zukunft. Der technologische Niedergang des Westens*, Holm 1995.

Gingerich, Owen, *The Eye of Heaven: Ptolemy, Copernicus, Kepler*, New York 1993.

Girard, Albert, *Le commerce français à Seville et à Cadix au temps des Habsbourg: Contribution à l'étude du commerce étranger en Espagne aux XVIe et XVIIe siècles*, Paris und Bordeaux 1932.

Gleave, M. Barrie (Hrsg.), *Tropical African Development: Geographical Perspectives*, Burnt Hill, Harlow 1992.

Glejser, Herbert, »National X-Efficiency«, in: Eternad, Batou und David (Hrsg.), *Pour une histoire économique*, 1995, S. 301–309.

Gluck, Carol, *Japan's Modern Myths: Ideology in the Late Meiji Period*, Princeton 1985.

Godinho, Vitorino Magalhaes, *Os descobrimentos e a economia mundial*, 2 Bde., Lissabon 1963–1965.
ders., »Rŏle du Portugal aux XVe-XVIe siècles - Qu'est-ce que découvrir veut dire? Les nouveaux mondes et un monde nouveau«, in: Thorens u.a. (Hrsg.), *1492*, 1993., S. 55–92.
Godley, Michael R., *The Mandarin-Capitalist from Nanyang: Overseas Chinese Enterprise in the Modernization of China 1893–1911*, Cambridge 1981.
Golay, F. H., »Southeast Asia: The ›Colonial Drain‹ Revisited«, in: C. D. Cowan und O. W. Wolters (Hrsg.), *Southeast Asian History and Historiography*, Ithaca 1976, S. 368–387.
Goldman, Marshall, »The Relocation and Growth of the Pre-Revolutionary Russian Ferrous Metal Industry, in: *Explorations in Entrepreneurial History*, 9,1 (Oktober), 1956, S. 19–36.
Goldstone, Jack A., »Cultural Orthodoxy, Risk, and Innovation: The Divergence of East and West in the Early Modern World«, in: *Sociological Theory*, 5 (Herbst), 1987, S. 119–135.
ders., »The Cause of Long Waves in Early Modern Economic History«, in: *Research in Economic History*, Ergänz. 6, 1991, S. 51–92.
ders., »Gender, Work, and Culture: Why the Industrial Revolution Came Early to England But Late to China«, in: *Sociological Perspectives*, 39,1 (Frühjahr), 1996, S. 1–20.
Gomez, Thomas, *L'invention de l'Amérique: Rěve et réalités de la conquěte*, Paris 1992.
Gommans, Jos, »Trade and Civilization Around the Bay of Bengal. ca. 1650–1800«, in: *Itinerario*, 19,3, 1995, S. 82–108.
Good, David F., *Der wirtschaftliche Aufstieg des Habsburgerreiches 1750–1914*, Wien 1986.
Goodman, David, *Power and Penury: Government, Technology and Science in Philip II.s Spain*, Cambridge 1988.
ders., »The Scientific Revolution in Spain and Portugal«, in: Porter und Teich (Hrsg.), *The Scientific Revolution*, 1992.
Goodman, Jordan, *Tobacco in History: The Culture of Dependence*, London 1993.
Goodwin, Jan, *Der Himmel der Frau ist unter den Füßen ihres Mannes. Muslimische Frauen erzählen*, Bergisch Gladbach 1995.
Goody, Jack, *The East in the West*, Cambridge 1996.
Gordon, Andrew, *The Evolution of Labor Relations in Japan: Heavy Industry, 1853–1955*, Cambridge, Ma., 1985.
Gordon, David M., *Fat and Mean: The Corporate Squeeze of Working Americans and the Myth of Managerial »Downsizing«*, New York 1996.
Gordon, Murray, *Slavery in the Arab World*, New York 1989. Franz. Ausg.: *L'esclavage dans le monde arabe*, Paris 1987.
Gordon, Robert B., »Who Turned the Mechanical Ideal into Mechanical Reality?«, in: *Technology and Culture*, 29,4 (Oktober), 1988, S. 744–778.
Goris, J. A., *Etudes sur les colonies marchandes méridionales (Portugais, Espagnols, Italiens) à Anvers de 1488 à 1567: Contribution à l'histoire des débuts du capitalisme moderne*, Löwen 1925.
Gourou, Pierre, *Terres de bonne espérance: Le monde tropical*, 2. Aufl. Paris 1983.
Graham, A. C., »China, Europe, and the Origins of Modern Science: Needham's ›The Grand Titration‹«, in: Nakayama und Sivin (Hrsg.), *Chinese Science*, 1973.
Gray, H. L., »The Production and Exportation of English Woollens in the Fourteenth Century«, in: *English History Review*, 39, 1924, S. 13–35.
Greasley, David, und Les Oxley, »Rehabilitation Sustained: The Industrial Revolution as a Macroeconomic Epoch«, in: *Economic History Review*, 47,4 (November), 1994, S. 760–768.
Green, William A., »The New World and the Rise of European Capitalist Hegemonoy: Some Historiographical Perspectives«, in: *Itinerario*, 10,2, 1986, S. 53–68.

Greenberg, Dolores, »Reassessing the Power Patterns of the Industrial Revolution: An Anglo-American Comparison«, in: *American History Review*, 87, 1982, S. 1237–1261.
Greenberg, Michael, *British Trade and the Opening of China 1800–1842*, Cambridge 1951.
Greenblatt, Stephen (Hrsg.), *New World Encounters*, Berkeley 1993.
Greenfeld, Liah, *Nationalism: Five Roads to Modernity*, Cambridge, Ma., 1992.
dies., »The Worth of Nations: Some Economic Implications of Nationalism«, in: *Critical Review*, 9,4 (Herbst), 1995, S. 555–584.
Grenet, Micheline, *La passion des astres au XVIIe siècle: De l'astrologie à l'astronomie*, Paris 1994.
Griffin, Charles C., »Economic and Social Aspects of the Era of Spanish-American Independence«, in: *Hispanic American Historical Review*, 29, 1949, S. 170–187.
Griffin, Keith, »The Roots of Underdevelopment: Reflections on the Chinese Experience«, in: *Modern China*, 4,3, 1978, S. 351–357.
ders., und John Gurley, »Radical Analysis of Imperialism, the Third World, and the Transition to Socialism: A Survey Article«, in: *Journal of Economic Literature*, 23 (September), 1985, S. 1089–1143.
Griffiths, Richard T., *Industrial Retardation in the Netherlands 1830–1850*, Den Haag 1979.
Grigg, David, *The Harsh Lands: A Study in Agricultural Development*, London 1970.
ders., *Population Growth and Agrarian Change: An Historical Perspective*, Cambridge 1980.
ders., *The Dynamics of Agricultural Change: The Historical Experience*, London 1982.
Griliches, Zvi, »The Discovery of the Residual: A Historical Note«. Harvard Inst. Economic Research, Diskussionspapier Nr. 1742, 1995.
Grossman, Gene M., und Elhanan Helpman, *Innovation and Growth in the Global Economy*, Cambridge, Ma., 1991.
Grove, Richard H., *Green Imperialism: Colonial Expansion, Tropical Island Edens, and the Origins of Environmentalism, 1600–1860*, Cambridge 1995.
Gruzinski, Serge, *Die Azteken. Kurze Blüte einer Hochkultur*, Ravensburg 1992.
Guerlac, Henry, »Some Areas for Further Newtonian Studies«, in: *History of Science*, 17, 1979, S. 75–101.
Guile, Bruce R., und Harvey Brooks (Hrsg.), *Technology and Global Industry: Companies and Nations in the World Economy*, Washington, DC, 1987, für National Academy of Engineering.
Guy, Donna J., *Argentine Sugar Politics: Tucumán and the Generation of Eighty*, Tempe 1980.
Habakkuk, H. J., *American and British Technology in the Nineteenth Century: The Search for Labour-Saving Inventions*, Cambridge 1962.
Haber, L. F., *The Chemical Industry During the Nineteenth Century: A Study of the Economic Aspect of Applied Chemistry in Europe and North America*, Oxford 1958.
Habib, Irfan, *The Agrarian System of Mughal India (1556–1707)*, London 1963.
ders., »Potentialities of Capitalistic Development in the Economy of Mughal India«, in: *Journal of Economic History*, 29,1 (März), 1969, S. 32–78.
ders., »The Technology and Economy of Mughal India«, in: *Indian Economic and Social History Review*, 17,1 (Januar-März), 1980, S. 1–34.
ders., »Population«, in: Raychaudhuri und Habib (Hrsg.), *Cambridge History of India*, Bd. I, 1982 , S. 163–171.
Hahn, Roger, *The Anatomy of a Scientific Institution: The Paris Academy of Sciences, 1666–1803*, Berkeley 1971.
Hakluyt, Richard, *The Principal Navigations Voyages Traffiques and Discoveries of the English Nation…*, 12 Bde., Glasgow 1599; Nachdruck London 1903 und New York 1905.
Halberstam, David, *Die Abrechnung*, Frankfurt/M. und New York 1988.

Hale, Sondra, »The Politics of Gender in the Middle East«, in: Sandra Morgen (Hrsg.), *Gender and Anthropology: Critical Reviews for Research and Teaching*, Washington, DC, 1989.
dies., »Gender Politics and Islamization in the Sudan«, in: *South Asia Bulletin*, 14,2, 1994, S. 51–66.
Hall, John A., »Will the United States Decline as Did Britain?«, in: J. Michael Mann (Hrsg.), *The Rise and Decline of the Nation State*, Cambridge, Ma., und Oxford 1990.
ders., »A Theory of the Rise of the West«, in: *METU Studies in Development*, 22,3, 1995, S. 231–241.
Hall, John W., »The Tokugawa Legislation«, in: *Transactions of the Asiatic Society of Japan*, 41, 1988.
Halle, Francis, *Un monde sans hiver: Les tropiques, nature et sociétés*, Paris 1993.
Halliday, Fred, *Islam and the Myth of Confrontation: Religion and Politics in the Middle East*, London 1996.
Hamerow, Theodore S., *The Social Foundations of German Unification 1858–1871*, Princeton 1969.
Hamilton, Richard F., »Max Weber's *The Protestant Ethic*: A Commentary on the Thesis and Its Reception in the Academic Community«, Center for Advanced Study in the Social Sciences, Juan March Institute, Working Paper 1995/73, Madrid 1995.
Hammarstrom, I., »The ›Price Revolution‹ of the Sixteenth Century: Some Swedish Evidence«, in: *Scandinavian Economic History Review*, 5, 1957, S. 118–154.
Hancock, Graham, *Händler der Armut. Wohin verschwinden unsere Entwicklungsmilliarden?*, München 1989.
Hane, Mikiso, *Peasants, Rebels, and Outcasts: The Underside of Modern Japan*, New York 1982.
ders., *Premodern Japan: A Historical Survey*, Boulder 1991.
Hanke, Lewis (Hrsg.), *Do the Americas Have a Common History? A Critique of the Bolton Theory*, New York 1964.
Hansen, Bent, »Capital and Lopsided Development in Egypt under British Occupation«, in: Sabagh (Hrsg.), *Modern Economic and Social History*, 1989, S. 66–88.
Hansen, Bert, »Science and Magic«, in: Lindberg (Hrsg.), *Science in the Middle Ages*, 1978, S. 483–506.
Harberger, Arnold C. (Hrsg.), *World Economic Growth: Case Studies of Developed and Developing Nations*, San Francisco 1984.
Hardach, Karl W., *Die Bedeutung wirtschaftlicher Faktoren bei der Wiedereinführung der Eisen- und Getreidezölle in Deutschland 1879*, Berlin 1967.
Harding, Jeremy, *Small Wars, Small Mercies: Journeys in Africa's Disputed Nations*, London 1994.
Harley, C. K., und N. F. R. Crafts, »Cotton Textiles and Industrial Output Growth During the Industrial Revolution«, in: *Economic History Review*, 48,1 (Februar), 1995, S. 134–144.
Harner, Michael, »The Ecological Basis for Aztec Sacrifice«, in: *American Ethnologist*, 4, 1977, S. 117–135.
Harries, Meirion und Susie, *Soldiers of the Sun: The Rise and Fall of the Imperial Japanese Army*, New York 1991.
Harris, John R. (Hrsg.), *Liverpool and Merseyside: Essays in the Economic and Social History of the Port and Its Hinterland*, London 1969.
ders., *Industry and Technology in the Eighteenth Century: Britain and France. An Inaugural Lecture*, Birmingham 1972.
ders., »Attempts to Transfer English Steel Techniques to France in the Eighteenth Century«, in: *Business and Businessmen: Studies in Business, Economic and Accounting History*, Liverpool, 1978, S. 199–233.
ders., »Michael Alcock and the Transfer of Birmigham Technology to France Before the Revolution«, in: *Journal of European Economic History*, 15,1 (Frühjahr), 1986, S. 7–58.

ders., *The British Iron Industry 1700–1850*, Houndmills und London 1988.
ders., »The Transfer of Technology Between Britain and France in the French Revolution«, in: Ceri Crossley und Ian Small (Hrsg.), *The French Revolution and British Culture*, Oxford 1989, S. 156–186.
ders., »Movements of Technology Between Britain and Europe in the Eighteenth Century«, in: Jeremy (Hrsg.), *Transfer of International Technology*, 1992, S. 9–30.
ders., »The First British Measures Against Industrial Espionage«, in: I. Blanchard, A. Goodman und J. Newman (Hrsg.), *Industry and Finance in Early Modern History*, Stuttgart 1992, S. 205–225.
ders., *Essays in Industry and Technology in the Eighteenth Century: England and France*, Hampshire, U.K., 1992.
ders., »A French Industrial Spy: The Engineer Le Turc in England in the 1780s«, in: *Icon*, 1, 1996, S. 16–35.
ders., »Law, Espionage and the Transfer of Technology from Eighteenth Century Britain«, in: Robert Fox (Hrsg.), *Technological Change: Methods and Themes in the History of Technology*, Amsterdam 1996, S. 123–136.
Harris, Nigel, *The End of the Third World: Newly Industrializing Countries and the Decline of an Ideology*, London 1987.
Harrison, Lawrence E., *Underdevelopment Is a State of Mind: The Latin American Case*, Cambridge, Ma., und Lanham, Md., 1985.
Harrison, Paul, »The Curse of the Tropics: It's Hard to Make a Living in Hot Climates«, in: *New Scientist*, 84 (22. November), 1979, S. 602–604.
ders., *Hunger und Armut*, Reinbek 1982.
Hart, Jeffrey A., »A Comparative Analysis of the Sources of Arnerica's Relative Economic Decline«, in: Bernstein und Adler (Hrsg.), *Understanding American Economic Decline*, 1994, S. 199–239.
Hartley, E. N., *Ironworks on the Saugus: The Lynn and Braintree Ventures of the Company of Undertakers of the Ironworks in New England*, Norman 1957.
Haskins, Charles H., »Arabic Science in Western Europe«, in: *Isis*, 7,3, 1925, S. 478–485.
Hassig, Ross, *War and Society in Ancient Mesoamerica*, Berkeley 1993.
Hatton, Timothy J., und Jeffrey G. Williamson (Hrsg.), *Migration and the International Labor Market 1850–1939*, London 1994.
ders., »What Drove the Mass Migrations Fom Europe in the Late Nineteenth Century?«, in: *Population and Development Review*, 20,3 (September), 1994, S. 533–559.
Hau, Michel, *L'industrialisation de l'Alsace (1803–1939)*, Straßburg 1987.
Hauser, William, *Economic Institutional Change in Tokugawa Japan: Osaka and the Kinai Cotton Trade*, Cambridge 1974.
Havinden, Michael, und David Meredith (Hrsg.), *Colonialism and Development: Britain and Its Tropical Colonies, 1855–1960*, London 1993.
Hayami, Yujiro, und V. W. Ruttan, »Korean Rice, Taiwan Rice, and Japanese Agricultural Stagnation: An Economic Consequence of Colonialism«, in: *Quarterly Journal of Economics*, 84,4 (November), 1970, S. 562–589.
Hazlitt, W. Carew, *The Venetian Republic: Its Rise, Its Growth, and Its Fall A.D. 409–1797*, 2 Bde., London 1915.
Head, Thomas, und Richard A. Landes (Hrsg.), *The Peace of God: Social Violence and Religious Response in France around the Year 1000*, Ithaca 1992.
Headrick, Donald R., *The Tools of Empire: Technology and European Imperialism in the Nineteenth Century*, New York 1981.
ders., *The Tentacles of Progress: Technology Transfer in the Age of Imperialism, 1850–1940*. New York 1988.
Heckscher, Eli F., *Der Merkantilismus*, 2 Bde., Jena 1977.
Heerding, A., *The History of N.V. Philips' Gloeilampenfabrieken*, Bd. II: *A Company of Many Parts*, Cambridge 1988.

Heikkinen, Sakari, und Riitta Hjerppe, »The Growth of Finnish Industry in 1860–1913: Causes and Linkages«, in: *Journal of European Economic History*, 16, 1987, S. 227–244.

Helliwell, John, und Alan Chung, »Convergence and Growth Linkages Between North and South.« NBER, Working Paper No. 3948, 1992.

Henderson, W. O., *The State and the Industrial Revolution in Prussia 1740–1870*, Liverpool 1958.

ders., *Studies in the Economic Policy of Frederick the Great*, London 1963.

ders., *J.C. Fischer and His Diary of Industrial England 1814–1851*, London 1966.

ders., *Britain and Industrial Europe 1750–1870: Studies in British Influence on the Industrial Revolution in Western Europe*, Liverpool 1954; Nachdruck Leicester 1965.

ders., *The Rise of German Industrial Power 1834–1914*, London 1975.

Henley, Paul, »Spanish Stew: Justifications of Conquest in the New World«, in: *Times Literary Supplement*, 22. Oktober 1993, S. 4–5.

Hershatter, Gail, *The Workers of Tianjin, 1900–1949*, Stanford 1986.

Hess, Andrew C., *The Forgotten Frontier: A History of the Sixteenth-Century Ibero-African Frontier*, Chicago 1978.

Heston, Alan, und Robert Summers, »Comparative Indian Economic Growth: 1870 to 1970«, in: *American Economic Review*, 70,2 (Mai), 1980, S. 96–101.

Hibbert, Christopher, *The Dragon Wakes: China and the West, 1793–1911*, London 1970.

Higonnet, Patrice, David S. Landes und Henry Rosovsky (Hrsg.), *Favorites of Fortune: Technology, Growth, and Economic Development Since the Industrial Revolution*, Cambridge, Ma., 1991.

Hill, Christopher, *Intellectual Origins of the English Revolution*, Oxford 1965.

Hills, Richard L., *Power in the Industrial Revolution*, Manchester 1970.

Himmelstrand, Ulf, Kabiru Kinyanjui und Edward Mburugu (Hrsg.), *African Perspectives on Development: Controversies, Dilemmas and Openings*, London und New York 1994.

Hirschman, Albert, *Essays in Trespassing*, New York 1981.

ders., *Selbstbefragung und Erkenntnis*, München und Wien 1996.

Hirschmeier, Johannes, *The Origins of Entrepreneurship in Meiji Japan*, Cambridge, Ma., 1964 (Harvard East Asian Series Nr. 17).

ders., »Shibusawa Eiichi: Industrial Pioneer«, in: Lockwood (Hrsg.), *The State and Economic Enterprise*, 1965, S. 209–207.

Hirst, Paul, »The Uniqueness of the West«, in: *Economy and Society*, 4, 1975, S. 446–473.

Ho, Ping-ti, »The Introduction of American Food Crops into China«, in: *American Anthropologists*, 57, 1955, S. 191–201.

ders., *Studies on the Population of China, 1368–1953*, Cambridge, Ma., 1959.

Ho, Samuel Pao-san, »Agricultural Transformation under Colonialism: The Case of Taiwan«, in: *Journal of Economic History*, 28,3 (September), 1968, S. 315–340.

ders., »Colonialism and Development: Korea, Taiwan, and Kwantung«, in: Myers und Peatiie, (Hrsg.), *Japanese Colonial Empire*, 1984, S. 347–398.

Hodder, B. W., *Economic Development in the Tropics*, London 1968.

Hodgson, Marshall G. S., *The Venture of Islam: Conscience and History in a World Civilization*, 3 Bde., Chicago 1974.

Hodne, Fritz, »New Perspectives in Economic History«, in: *Scandinavian Economic History Review*, 40,1, 1992, S. 76–88.

Hoffmann, Walther G., *British Industry, 1700–1950*, Oxford 1955.

ders., »The Take-off in Germany«, in: Rostow (Hrsg.), *The Economics of Take-off*, 1963, S. 95–118.

Hohenberg, Paul M., »Urban Manufactures in the Proto-industrial Economy: Culture versus Commerce?«, in: Berg (Hrsg.), *Markets and Manufacture*, 1991, S. 159–172.

ders., und Lynn Hollen Lees, *The Making of Urban Europe 1000–1950*, Cambridge 1985.

Holtfrerich, Carl-Ludwig (Hrsg.), *Interactions in the World Economy: Perspectives from International Economic History*, New York 1989.
Holton, Gerald J., *Einstein, die Geschichte und andere Leidenschaften. Der Kampf gegen die Wissenschaft am Ende des 20. Jahrhunderts*, Braunschweig 1998.
Holusha, John, »Detroit's New Push to Upgrade Quality«, in: *New York Times*, 12. Mai 1983, S. D-1.
ders., »Detroit's New Labor Strategy«, in: *New York Times*, 13. Mai 1983, S. D-1.
Honig, Emily, *Sisters and Strangers: Women in the Shanghai Cotton Mills, 1919–1949*, Stanford 1986.
Hoodbhoy, Pervez A., *Islam and Science: Religious Orthodoxy and the Battle for Rationality*, London und Atlantic Highlands, N.J., 1991.
Hooykaas, R., *Religion and the Rise of Modern Science*, Edinburgh 1972.
ders., »The Rise of Modern Science: When and Why?«, in: *British Journal for the History of Science*, 20,4, 1987, S. 453–473.
Hopkins, A. G., *An Economic History of West Africa*, New York 1973.
Hopkins, Eric, *Birmingham, the First Manufacturing Town in the World, 1760–1840*, London 1989.
Hoppit, Julian, »Counting the Industrial Revolution«, in: *Economic History Review*, 2. Ser., 43,2 (Mai), 1990, S. 173–193.
Horwitz, Tony, *Baghdad Without a Map, and Other Misadventures in Arabia*, New York 1992.
Hossain, Ahmeeda, »The Alienation of Weavers: Impact of the Conflict between the Revenue and Commercial Interests of the East India Company, 1750–1800«, in: *Indian Economic and Social History Review*, 16 (Juli), 1979, S. 323–325.
Hourani, George F., *Arab Seafaring in the Indian Ocean in Ancient and Early Medieval Times* (1951). Überarb. und erweitert von John Carswell, Princeton 1995.
Howe, Christopher, *The Origins of Japanese Trade Supremacy: Development and Technology in Asia from 1540 to the Pacific War*, London 1996.
Howells, Jeremy, »Tacit Knowledge and Technology Transfer«, ESRC Centre for Business Research, Univ. of Cambridge. Paper No. 16, 1995.
Howells, William W., »Requiem for a Lost People [the Tasmanians]«, in: *Harvard Magazine*, Januar-Februar 1977, S. 48–55.
Howse, Derek, *Greenwich Time and the Discovery of the Longitude*, Oxford 1980.
Hsia, R. Po-Chia, *Social Discipline in the Reformation: Central Europe 1550–1750*, London 1989.
Huang, Ray, *1587, ein Jahr wie jedes andere. Der Niedergang der Ming*, Frankfurt/M. 1986.
ders., *China: A Macro History*, Armonk, N.Y., 1990.
Huc, Evariste, *Souvenirs d'un voyage dans la Tartarie, le Thibet et la Chine*, 4 Bde., Paris 1850/1925–28.
Hufton, Olwen H., *The Poor of Eighteenth-Century France 1750–1789*, Oxford 1974.
Hughes, Thomas P., *Die Erfindung Amerikas. Der technologische Aufstieg in den USA seit 1870*, München 1991.
Hugill, Peter J., *World Trade Since 1431: Geography, Tecbnology, and Capitalism*, Baltimore 1993.
Humble, Richard, *The Seafarers: The Explorers*. Alexandria, Va., 1979.
ders., *Warfare in the Middle Ages*, Wigston und Leicester 1989.
Humboldt, Alexander von, *Reise in die Äquinoktial-Gegenden (1815–1832)*, 2 Bde., Frankfurt/M. 1991.
Hunter, William W., *History of British India*, 2 Bde., London 1912/1919.
Huyghe, Edith, und François-Bernard, *Les coureurs d'épices [sur la route des Indes fabuleuses]*, [Paris] 1995.
Hyam, Ronald, *Empire and Sexuality: The British Experience*, Manchester 1990.
ders., *Britain's Imperial Century, 1815–1914: A Study of Empire and Expansion*, 2. Aufl. London 1993.
Hyde, Charles K., *Technological Change and the British Iron Industry, 1700–1870*, Princeton 1977.

Ignatieff, Michael, *Reisen in den neuen Nationalismus*, Frankfurt/M. und Leipzig 1994.
Ilardi, Vincent, »Eyeglasses and Concave Lenses in Fifteenth-century Florence and Milan: New Documents«, in: *Renaissance Quarterly*, 29,3, 1976, S. 341–366.
ders., *Occhiali alla corte di Francesco e Galeazzo Maria Sforza con documenti inediti del 1462–1466*, Mailand 1978.
ders., »Renaissance Florence: The Optical Capital of the World«, in: *Journal of European Economic History*, 22,3, 1993, S. 507–541.
Iliffe, John, *The Emergence of African Capitalism*, Minneapolis 1983.
Inikori, Joseph E., »Measuring the Atlantic Slave Trade: An Assessment of Curtin and Anstey«, in: *Journal of African History*, 17, 1976, S. 197–223.
ders., »The Import of Firearms into West Africa (1750–1807): A Quantitative Analysis«, in: *Journal of African History*, 18, 1977, S. 339–368.
ders., »Market Structure and the Profits of the British African Trade in the Late Eighteenth Century«, in: *Journal of Economic History*, 41, 1981, S. 745–776.
ders. (Hrsg.), *Forced Migration: The Impact of the Export Slave Trade on African Societies*, New York 1982.
ders., »Slavery and the Development of Industrial Capitalism in England«, in: Solow und Engerman (Hrsg.), *British Capitalism*, 1987, S. 79–101.
Inkster, Ian, »Mental Capital: Transfers of Knowledge and Technique in Eighteenth Century Europe«, in: *Journal of European Economic History*, 19,2, 1991, S. 403–441.
ders., *Science and Technology in History: An Approach to Industrial Development*, London 1991.
Innes, Stephen, *Creating the Commonwealth: The Economic Culture of Puritan New England*, New York 1995.
»The Invasion of the Nina, the Pinta, and the Santa Maria«, *New York Times*, 2. Juni 1991.
Irwin, Douglas A., *Against the Tide: An Intellectual History of Free Trade*, Princeton 1996.
Irwin, Robert, »Burying the Past: The Decline of Arab History and the Perils of Occidentosis«, in: *Times Literary Supplement*, 3. Februar 1995, S. 9–10.
Isaacman, Allen, und Richard Roberts (Hrsg.), *Cotton Colonialism, and Social History in Sub-Saharan Africa*, London 1995.
Ishizaka, Akio, »Die Industrialisierung und Modernisierung Japans vom Standpunkt der vergleichenden Wirtschaftsgeschichte betrachtet«, in: *Hokudai Economic Papers*, 12, 1982/83, S. 46–64.
Islam, Nazrul, »Growth Empirics: A Panel Data Aproach«, in: *Quarterly Journal of Economics*, 110,4 (November), 1995, S. 1127–1170.
Islamo lu-Inan, Huri (Hrsg.), *The Ottoman Empire and the World Economy*, Cambridge 1987.
ders., »Introduction: Why European History?«, in: *METU Studies in Development*, 22,3, 1995, S. 222–230.
Israel, Jonathan I., *European Jewry in the Age of Mercantilism 1550–1750*, 2. Aufl. Oxford 1989.
ders., *Dutch Primacy in World Trade, 1585–1740*, Oxford 1989.
ders., *The Dutch Republic: Its Rise, Greatness, and Fall 1477–1806*, Oxford 1995.
Issawi, Charles, »Egypt Since 1800: A Study in Lopsided Development«, in: *Journal of Economic History*, 21, 1961, S. 1–25; Neudruck als »The Economic Development of Egypt, 1800–1960«, in: Issawi, (Hrsg.), *Economic History of the Middle East*, S. 359–374.
ders. (Hrsg.), *The Economic History of the Middle East 1800–1914: A Book of Readings*, Chicago 1966.
ders., »The Decline of Middle Eastern Trade, 1100–1850«, in: D.S. Ricards (Hrsg.), *Islam and the Trade of Asia: A Colloquium*, Oxford und Philadelphia 1970, S. 245–266.
Itzkowitz, Norman, *Ottoman Empire amd Islamic Tradition*, Chicago 1972.
[Jackson, W. F.], *James Jackson et ses fils*, Paris 1893.

Jacob, Margaret, *Scientific Culture and the Making of the Industrial West*, New York 1997.
Jalal al-ᶜAzm, Sadik, »Orientalism and Orientalism in Reverse«, in: *Khamsin*, 8, 1981, S. 5–26.
James, Cyril L.R., *Die schwarzen Jakobiner: Touissant l'Ouverture und die Unabhängigkeitsrevolution in Haiti*, Köln 1984.
Jansen, Marius, *Sakamoto Ryoma and the Meiji Restoration*, New York 1994 (Originalausg. Princeton 1961).
Jansen, Marius B., und Gilbert Rozman (Hrsg.), *Japan in Transition from Tokugawa to Meiji*, Princeton 1986.
Jenkins, D.T., *The West Riding Wool Textile Industry 1770–1835: A Study of Fixed Capital Formation*, Edington, Wilts., 1975.
Jenkins, Stephen, »The Measurement of Income Inequality«, in: Osberg (Hrsg.), *Economic Inequality*, 1991, S. 3–38.
Jeremy, David J., *Transatlantic Industrial Revolution: The Diffusion of Textile Technologies between Britain and America, 1790–1830s*, Cambridge, Ma., 1981.
ders. (Hrsg.), *The Transfer of International Technology: Europe, Japan and the USA in the Twentieth Century*, Aldershot, Hants., 1992.
Johnson, Chalmers, *Japan: Who Governs? The Rise of the Developmental State*, New York 1995.
Johnson, Donald S., *Phantom Islands of the Atlantic: The Legends of Seven Lands that Never Were*, New York 1994.
Jones, Eric L. (Hrsg.), *Agriculture and Economic Growth in England 1650–1815*, London 1967.
ders., *Growth Recurring: Economic Change in World History*, Oxford 1988.
ders., »The Real Question About China: Why Was the Song Economic Achievement Not Repeated?«, in: *Australian Economic History Review*, 30,2 (September), 1990, S. 5–22.
ders., *Das Wunder Europa. Umwelt, Wirtschaft und Geopolitik in der Geschichte Europas und Asiens*, Tübingen 1991.
Jones, William O., »Environment, Technical Knowledge, and Economic Development in Tropical Africa«, in: *Food Research Institute Studies*, 5,2, 1965, S. 101–116.
Jordan, Glenn, »Flight from Modernity: Time, the Other and the Discourse of Primitvism«, in: *Time and Society*, 4,3, 1995, S. 281–303.
Josephson, Paul R., »›Projects of the Century‹ in Soviet History: Large-Scale Technologies from Lenin to Gorbachev«, in: *Technology and Culture*, 36,3 (Juli), 1995, S. 519–559.
Kadir, Djelal, *Columbus and the Ends of the Earth: Europe's Prophetic Rhetoric as Conquering Ideology*, Berkeley 1993.
Kafadar, Cemal, »When Coins Turned into Drops of Dew and Bankers Became Robbers of Shadows: Ottoman Economic Imagination and Decline Consciousness at the End of the Sixteenth Century« (1995). Im Druck bei Harvard Univ.
Kahan, Arcadius, »Entrepreneurship in the Early Development of Iron Manufacturing in Russia«, in: *Economic Development and Cultural Change*, 10, 1962, S. 395–422.
ders., »Continuity in Economic Activity and Policy During the Post-Petrine Period in Russia, in: *Journal of Economic History*, 25, 1965, S. 61–85.
ders., »The Costs of ›Westernization‹ in Russia: The Gentry and the Economy in the Eighteenth Century«, in: *Slavic Review*, 25, 1966, S. 40–66.
Kamarck, Andrew M., *The Economics of African Development*, New York 1967.
ders., *The Tropics and Economic Development: A Provocative Inquiry into the Poverty of Nations*, Baltimore und London 1976, für die Weltbank.
ders., *Economics and the Real World*, Philadelphia 1983.
Kamen, Henry, »The Decline of Spain: A Historica1 Myth?«, in: *Past and Present*, 81, 1978, S. 24–50.
Kaplan, Robert D., »The Coming Anarchy«, in: *Atlantic Monthly* (Februar), 1994, S. 44ff.

ders., *Reisen an die Grenzen der Menschheit. Wie die Zukunft aussehen wird*, München 1996.
Kaplan, Yosef, »The Jewish Profile of the Spanish-Portuguese Community of London During the Seventeenth Century«, in: *Judaism*, 41,3 (Sommer), 1992, S. 229–240.
Katz, Jorge M. (Hrsg.), *Technology Generation in Latin American Manufacturing Industries*, London 1987.
Kautsky, John H., *The Politics of Aristocratic Empires*, Chapel Hill 1982.
Kearney, Hugh F., »Puritanism, Capitalism, and the Scientific Revolution«, in: *Past and Present*, 28 (Juli), 1964.
Keay, John, *The Honourable Company: A History of the English East India Company*, New York 1991.
Keddie, Nikki R, und Beth Baron (Hrsg.), *Women in Middle Eastern History: Shifting Boundaries in Sex and Gender*, New Haven 1991.
Keene, Donald, *The Japanese Discovery of Europe,1720–1830* (1952). Überarb. Aufl. Stanford 1969.
Keisuke, Yao, »The VOC and Japanese Rice in the Early Seventeenth Century«, in: *Itinerario*, 19,1, 1995, S. 32–47.
Keith, Robert G., »Encomienda, Hacienda and Corregimiento in Spanish America: A Structural Analysis«, in: *Hispanic American Historical Review*, 51,3 (August), 1971, S. 431–446.
ders., »The Encomienda and the Genesis of a Colonial Economy in Spanish America«, in: *Research in Economic Anthroplogy*, 3, 1980, S. 135–160.
Kemp, Tom, *Industrialization in Nineteenth-Century Europe*, London 1969, 2. Aufl. 1985.
ders., *Historical Patterns of Industrialization*, 2. Aufl. London 1993.
Kennedy, Paul, *Aufstieg und Fall der großen Mächte. Ökonomischer Wandel und militärischer Konflikt von 1500 bis 2000*, Frankfurt/M. 1989.
ders., *In Vorbereitung auf das 21. Jahrhundert*, Frankfurt/M. 1993.
Kerr, Ian J., »Colonialism and Technological Choice: The Case of the Railways of India«, in: *Itinerario*, 19,2, 1995, S. 91–111.
Kiesewetter, Hubert, »Europe's Industrialization - Coincidence or Necessity?«, in: *German Yearbook of Business History 1994*, München 1994, S. 9–39.
ders., und Rainer Fremdling (Hrsg.), *Staat, Region und Industrialisierung*, Ostfildern 1985.
Kimura, Mitsuhiko, »The Economics of Japanese Imperialism in Korea, 1910–1939«, in: *Economic History Review*, 48,3 (August), 1995, S. 555–574.
Kindleberger, Charles P., *A Financial History of Western Europe*, 2. Aufl. New York 1993.
ders., *World Economic Primacy: 1500 to 1990*, New York 1996.
Kiple, Kenneth F., *The Caribbean Slave: A Biological History*, Cambridge 1984.
Kirby, Maurice W., und May B. Rose (Hrsg.), *Business Enterprise in Modern Britain from the Eighteenth to the Twentieth Century*, London 1994.
Kirchner, Walther, *Die deutsche Industrie und die Industrialisierung Rußlands 1815–1914*, St. Katharinen 1986.
Kirkpatrick, Frederick A., *Les conquistadors espagnols*, Paris 1935. Dt. Ausgabe: *Die spanischen Konquistadoren*, München 1962.
Klein, Herbert S., »Economic Aspects of the Eighteenth Century Atlantic Slave Trade«, in: Tracy (Hrsg.), *Rise of Merchant Empires*, 1990, S. 287–310.
Klep, Paul, und Eddy van Cauwenberghe (Hrsg.), *Entrepreneurship and the Transformation of the Economy (10th–20th Centuries): Essays in Honour of Herman Van der Wee*, Leuven 1994.
Klitgard, Robert, *Tropical Gangsters: One Man's Experience with Development and Decadence in Deepest Africa*, New York 1990.
Klor de Alva, J. Jorge, »The Postcolonization of the (Latin) American Experience: A Reconsideration of ›Colonialism,‹ ›Postcolonialism,‹ and ›Mestizaje‹«, in: Prakash (Hrsg.), *After Colonialism*, 1995, S. 241–275.

Knight, Franklin W., und Peggy K. Liss (Hrsg.), *Atlantic Port Cities: Economy, Culture, and Society in the Atlantic World, 1650–1850*, Knoxville, Te., 1991.

Koditschek, Theodore, *Class Formation and Urban Industrial Society: Bradford 1750–1850*, Cambridge 1990.

Koerner, Lisbet, »Linnaeus' Floral Transplants«, in: *Representations*, 47 (Sommer), 1994, S. 144–169.

Komroff, Manuel (Hrsg.), *The Travels of Marco Polo [the Venetian]. Revised from Marsden's translation*, New York 1926.

Koning, Hans, *Columbus: His Enterprise. Exploding the Myth*, New York 1976/1991.

Krejci, Jaroslav, *The Civilizations of Asia and the Middle East: Before thc European Challenge*, London 1990.

Kriedte, Peter, »Demographic and Economic Rythms [sic!]: The Rise of the Silk Industry in Krefeld in the Eighteenth Century, in: *Journal of European Economic History*, 15, 2 (Herbst), 1986, S. 259–289.

Kriegel, Maurice, »Autour de Pablo de Santa Maria et d'Alfonso de Cartagena: alignement culturel et originalité ›converso‹«, in: *Revue d'histoire moderne et contemporaine*, 41,2 (April-Juni), 1994, S. 197–205.

Kroker, Werner, *Wege zur Verbreitung technologischer Kenntnisse zwischen England und Deutschland in der zweiten Hälfte des 18. Jahrhunderts*, Berlin 1971.

Krout, John Allen, und Dixon Ryan Fox, *The Completion of Independence 1790–1830*. »A History of American Life«, Bd. V, New York 1944.

Krueger, Anne O., »The Political Economy of the Rent-seeking Society«, in: *American Economic Review*, 64, 1974, S. 291–303.

Krugman, Paul, »The Myth of Asia's Miracle«, in: *Foreign Affairs*, 73,6 (November-Dezember), 1994, S. 62–78.

ders. (Hrsg.), *Trade with Japan: Has the Door Opened Wider?*, Chicago 1995.

ders., *Pop Internationalism*, Cambridge, Ma., 1996.

ders., und Anthony J. Venables, »Globalization and the Inequality of Nations, in: *Quarterly Journal of Economics*, 110,4 (November), 1995, S. 857–880.

Krum, Horst (Hrsg.), *Preußens Adoptivkinder: die Hugenotten. 300 Jahre Edikt von Potsdam*, Berlin 1985.

Kuisel, Richard, *Seducing the French: The Dilemma of Americanization*, Berkeley 1993.

Kulischer, Josef, »Die kapitalistischen Unternehmer in Rußland (insbesondere die Bauern als Unternehmer in den Anfangsstadien des Kapitalismus«, in: *Archiv für Sozialwissenschaft und Sozialpolitik*, 65, 1931, S. 309–355.

Kumar, Deepak, *Science and the Raj, 1857–1905*, Oxford 1990.

Kuppuram, G., und K. Kumudamani (Hrsg.), *History of Science and Technology in India*, 12 Bde., Delhi 1990.

Kuttner, Robert, *Everything for Sale: The Virtues and Limits of Markets*, New York 1997.

Kuznets, Simon, »Retardation of Industrial Growth«, in: *Journal of Economic and Business History*, 1,4 (August), 1929, S. 534–560.

ders., *Six Lectures on Economic Growth*, Glencoe, Ill., 1959.

ders., *Economic Growth and Structure: Selected Essays*, New York 1965.

Lacey, Robert, *Sir Walter Raleigh*, New York 1974.

ders., *Ford. Eine amerikanische Dynastie*, Düsseldorf u.a. 1987.

Lach, Donald F., *Asia in the Making of Europe*, Bd. I: *The Century of Discovery*, Chicago 1965/1994.

Lacoste de, *Voyage philosophique d'Angleterre fait en 1783 et 1784*, 2 Bde., London 1786.

Lafargue, Jean-André, *L'immigration chinoise en Indochine: Sa réglementation, ses conséquences économiques et politiques*, Paris 1909.

Lai, Chi-kong, »The Historiography of Maritime China since c. 1975«, in: *Research in Maritime History*, 9 (Dezember), 1995, S. 1–27.

Lall, Sanjaya, *Learning to Industrialize: The Acquisition of Technological Capability by India*, London 1987.

La Lumia, Isidoro, *Histoire de l'expulsion des Juifs de Sicile 1492*, Paris 1992.

Lambert, Jacques, *Latin America: Social Structure and Political Institutions*, Berkeley 1967.

Lambert, L. Don, »The Role of Climate in the Economic Development of Nations«, in: *Land Economics*, 47,4, 1971, S. 339–344.

Lamoreaux, Naomi R., »Constructing Firms: Partnerships and Alternative Contractual Arrangements in Early-Nineteenth-Century American Business«, Referat für den *Economic History Workshop*, Harvard Univ. Maschinenschriftl. 1995.

dies., und Kenneth Sokoloff, »Patents and the Market for Technology in the Late-Nineteenth and Early-Twentieth Century United States«, Referat für den *Economic History Workshop*, Harvard Univ. Maschinenschriftl. 1994.

Landau, Ralph, und Nathan Rosenberg, »Successful Commercialization in the Chemical Process Industries«, in: Rosenberg, Landau und Mowery (Hrsg.), *Technology and the Wealth of Nations*, 1992, S. 73–119.

ders., Timothy Taylor und Gavin Wright (Hrsg.), *The Mosaic of Economic Growth*, Stanford 1996.

Landes, David S., »Bankers and Pashas: International Finance in Egypt in the 1860's«, in: Miller (Hrsg.), *Men in Business*, 1952, S. 23–70.

ders., »Vieille banque et banque nouvelle: La révolution financière du dix-neuvième siècle«, in: *Revue d'histoire moderne et contemporaine*, 3, 1956, S. 204–222.

ders., *Bankers and Pashas: International Finance and Economic Imperialism in Egypt*, London und Cambridge, Ma., 1958.

ders., »Some Thoughts on the Nature of Economic Imperialism«, in: *Journal of Economic History*, 21 (Dezember), 1961, S. 496–512.

ders., »Factor Costs and Demand: Determinants of Economic Growth: A Critique of Professor Habakkuk's Thesis«, in: *Business History*, 7,1 (Januar), 1965, S. 15–33.

ders., *Der entfesselte Prometheus. Technologischer Wandel und industrielle Entwicklung in Westeuropa von 1750 bis zur Gegenwart*, Köln 1973.

ders., »An Equilibrium Model of Imperialism«, in: S. Bertelli (Hrsg.), *Per Federico Chabod (1901–1960)*, II. *Equilibrio europeo ed espansione coloniale (1870–1914)*, [Annali della Facoltà di Scienze Politiche, Bd. 17], Perugia 1980/81.

ders., »The Foundation of European Expansion and Dominion: An Equilibrium Model«, in: *Itinerario*, 5,1, 1981, S. 46–61.

ders., *Revolution in Time: Clocks and the Making of the Modern World*, Cambridge, Ma., 1983.

ders., »Passionate Pilgrims and Others: Visitors to the Holy Land in the 19th Century«, in: Moshe Davis (Hrsg.), *With Eyes Toward Zion*, Vol II: *Themes and Sources in the Archives of the United States, Great Britain, Turkey and Israel*, New York 1983, S. 3–21.

ders., »What Do Bosses Really Do?«, in: *Journal of Economic History*, 46,3 (September), 1986, S. 585–623.

ders., *L'heure qu'il est: Les horloges, la mesure du temps et la formation du monde moderne*, (überarb. u. erw. Übersetzung der amerik. Fassung), Paris 1987.

ders., »Piccolo e bello. Ma è bello davvero?«, in: Landes (Hrsg.), *A che servono i padroni: le alternative storiche dell'industrializzazione*, Turin 1987, S. 162–178.

ders., »The Time of Our Lives«, in: *Social Science Information*, 29,4, 1990, S. 693–724.

ders., »Why Are We So Rich and They So Poor?«, in: *American Economic Review*, 80,2 (Mai), 1990, S. 1–13.

ders., »Does It Pay to Be Late?«, in: Batou (Hrsg.), *Between Development and Underdevelopment*, 1991, S. 43–66.

ders., »Homo Faber, Homo Sapiens: Knowledge, Technology, Growth, and Development«, in: *Contention*, 1,3 (Frühjahr), 1992, S. 81–107, S. 133–135.

ders., »The Fable of the Dead Horse; or, the Industrial Revolution Revisited«, in: Joel Mokyr (Hrsg.), *The British Industrial Revolution: An Economic Perspective*, Boulder 1993, S. 132–170.

ders., »What Room for Accident in History? Explaining Big Changes by Small Events«, in: *Economic History Review*, 47,4, 1994, S. 637–656.

ders., »Some Further Thoughts on Accident in History: A Reply to Professor Crafts«, in: *Economic History Review*, 48,3 (August), 1995, S. 599–601.

ders., »Convergence and Divergence: What Do Numbers Tell?«, in: Etémad, Batou und David (Hrsg.), *Pour une histoire économique*, 1995, S. 111–119.

ders., »Finding the Point at Sea«, in: Andrewes (Hrsg.), *The Quest for Longitude*, 1996, S. 19–30.

Lane, Frederic C., *Navires et constructeurs à Venise pendant la Renaissance*, Paris 1965.

Lang, James, *Conquest and Commerce: Spain and England in the Americas*, New York 1975.

ders., *Portuguese Brazil: The King's Plantation*, New York 1979.

Langer, William, »Europe's Initial Population Explosion«, in: *American History Review*, 69, 1963, S. 1–17.

Laqueur, Walter, *The Dream That Failed: Reflections on the Soviet Union*, New York 1994.

Larner, John P., »North American Hero: Christopher Columbus 1702–2002«, in: *Proceedings of the American Philosophical Society*, 137,1 (März), 1993, S. 46–63.

Larrain, J., »Classical Political Economists and Marx on Colonialism and ›Backward‹ Nations«, in: *World Development*, 19,2/3, 1991, S. 225–243.

Larraz, José, *La época del mercantilismo en Castilla (1500–1700)*, Madrid 1943.

Las Casas, Bartolomé de, *Kurzgefaßter Bericht von der Verwüstung der Westindischen Länder*, hrsg. von Hans Magnus Enzensberger, Frankfurt/M. 1966.

Latham, A.J.H., und Heita Kawakatsu (Hrsg.), *Japanese Industrialization and the Asian Economy*, London 1994.

Lattimore, Owen, *Inner Asian Frontiers of China*, American Geographical Society, Research Series Nr. 21, New York 1940.

Lau, Lawrence, und Jong-Il Kim, »The Sources of Growth of the East Asian Newly Industrialized Countries«, in: *Journal of the Japanese and International Economies*, 8,3 (September), 1994, S. 235–271.

Laurens, Henry, *L'Orient arabe: Arabisme et islamisme de 1798–1945*, Paris 1993.

Law, Robin, »Dahomey and the Slave Trade: Reflections on the Historiography of the Rise of Dahomey«, in: *Journal of African History*, 27, 1986, S. 237–267.

Lazonick, William, *Competitive Advantage on the Shop Floor*, Cambridge, Ma., 1990.

ders., und Mary O'Sullivan, »Organization, Finance and International Competition«, in: *Industrial and Corporate Change*, 5,1, 1996, S. 1–47.

Lebergott, Stanley, »The Returns to U.S. Imperialism, 1890–1929«, in: *Journal of Economic History*, 40, 1980, S. 229–252.

Lee, J., »Food Supply and Population Growth in South-west China, 1250–1850«, in: *Journal of Asian Studies*, 41,4, 1982, S. 711–746.

Lee, Keun, *New East Asian Economic Development: Interacting Capitalism and Socialism*, Armonk, N.Y., 1993.

Leeming, Frank, *The Changing Geography of China*, Oxford 1993.

Leff, Nathaniel H., *Underdevelopment and Development in Brazil*, Bd. I: *Economic Structure and Change 1822–1947*, London 1982.

ders., und Kazuo Sato, »Homogeneous Preferences and Heterogeneous Growth Performance: International Differences in Saving and Investment Behaviour«, in: *Kyklos*, 46,2, 1993, S. 203–223.

Lefkowitz, Mary, *Not Out of Africa: How Afrocentrism Became an Excuse to Teach Myth as History*, New York 1996.

Lehmann, Hartmut, und Guenther Roth (Hrsg.), *Weber's Protestant Ethic: Origins, Evidence, Contexts*, Cambridge 1995.

Leibenstein, Harvey, *Beyond Economic Man: A New Foundation for Microeconomics*, Cambridge, Ma., 1976.

ders., »The Japanese Management System: An X-Efficiency-Game Theory Analysis«. Harvard Inst. of Economic Research, Discussion Paper No. 938, 1982.

Leithäuser, Joachim G., *Ufer hinter dem Horizont. Die großen Entdecker der Erde von Kolumbus bis zur Weltraumfahrt*, Berlin 1953.

le Masson, Hugues, *Faut-il encore aider les pays en développement? Histoire d'un cas exemplaire*, Paris 1992.
Léon, Antoine, *La Révolution française et l'éducation technique*, Paris 1968.
Léon, Pierre, François Crouzet und Richard Gascon (Hrsg.), *L'industrialisation en Europe au XIXe siècle: cartographie et typologie. Colloques internationaux du Centre National de 1a Recherche Scientifique, Sciences humaines, Lyon 7–10 Octobre*, Paris 1972.
Leon-Portilla, Miguel, *Das vorspanische Denken Mexikos. Die Nahuatl-Philosophie*, Köln 1970.
ders., *Aztec Thought and Culture: A Study af the Ancient Nahuatl Mind*, Norman 1971/1982.
Lequenne, Michel, *Christoph Columbus*, Ravensburg 1993.
Leshi, Bao, »Ruling Out Change: Institutional Impediments to Transfer of Technology in Ship Buildng and Design in the Far East«, in: *Itinerario*, 19,3, 1995, S. 142–151.
Leupp, Gary P., *Servants, Shophands, and Laborers in the Cities of Tokugawa Japan*, Princeton 1992.
Leur, Jacob Cornelis van, *Indonesian Trade and Society: Essays in Asian Social and Economic History*, Den Haag 1955.
Levasseur, Emile, *Histoire des classes ouvrières et de l'industrie en France avant 1789*, 2 Bde., 2. Aufl. Paris 1900.
ders., *Histoire des classes ouvrières et de l'industrie en France de 1789 à 1870*, 2 Bde., 2. Aufl. Paris 1903.
ders., *Questions ouvrières et industrielles en France sous la Troisième République*, Paris 1907.
Levathes, Louise E., *When China Ruled the Seas: The Treasure Fleet of the Dragon Throne, 1405–33*, New York 1994.
Levenson, Jay (Hrsg.), *Circa 1492: Art in the Age of Exploration*. Ausstellung in der National Gallery, Washington, DC, 12. Oktober 1991–12. Januar 1992, Washington, DC, und New Haven 1991.
Lévi, Jean, *Der Große Kaiser und seine Automaten*, München u.a. 1986.
Levine, A. L., *Industrial Retardation in Britain 1880–1914*, London 1967.
Levy, Frank, *Dollars and Dreams: The Changing American Income Distribution*, New York 1988.
Lévy-Leboyer, Maurice, *Les banques européennes et l'Industrialisation internationale dans la première moitié du XlXe siècle*, Paris 1964.
Lewchuk, Wayne, *American Technology and the British Vehicle Industry*, Cambridge 1987.
Lewis, Bernard, *Die Welt der Ungläubigen. Wie der Islam Europa entdeckte*, Frankfurt/M. u.a. 1983.
ders., *Die Juden in der islamischen Welt. Vom frühen Mittelalter bis ins 20. Jahrhundert*, München 1987.
ders., *Stern, Kreuz und Halbmond. 2000 Jahre Geschichte des Nahen Ostens*, München u.a. 1997.
Lewis, Colin M., »Railways and Industrialization: Argentina and Brazil, 1870–1929«, in: Abel und Lewis (Hrsg.), *Latin America*, 1985, S. 199–230.
Lewis, David Levering, *The Race to Fashoda: European Colonialism and African Resistance in the Scramble for Africa*, New York 1987.
Lewis, Gwynne, »Proto-industrialization in France«, in: *Economic History Review*, 47,1, 1994, S. 150–164.
Lewis, Paul H., *The Crisis of Argentine Capitalism*, Chapel Hill 1990.
Lewis, W. Arthur, *Aspects of Tropical Trade 1883–1965*, Wicksell Lectures 1969, Stockholm [1969].
Lincoln, Edward J., *Japan's Unequal Trade*, Washington 1990.
Lindauer, David L., und Michael Roemer (Hrsg.), *Asia and Africa: Legacies and Opportunities in Development*, San Francisco 1994.

Lindberg, David C. (Hrsg.), *Science in the Middle Ages*, Chicago 1978.
ders., *Von Babylon bis Bestiarium. Die Anfänge des abendländischen Wissens*. Stuttgart und Weimar 1994.
ders., und Robert S. Westman (Hrsg.), *Reappraisals of the Scientific Revolution*, Cambridge 1990.
Lindqvist, Sven, *»Exterminate All the Brutes«*, New York 1992/1996.
Link, Perry, »A Harvest of Empty Notes: The Hectic Pace of Modernization in China«, in: *Times Literary Supplement*, 10. September 1993, S. 6–8.
Lippit, Victor D., »The Development of Underdevelopment in China«, in: *Modern China*, 4,3 (Juli), 1978, S. 251–327.
Lis, Catharina, und Hugo Soly, *Poverty and Capitalism in Pre-Industrial Europe*, Atlantic Highlands, N.J., 1979.
Livingston, Arthur, »Gentleman, Theory of the«, in: *Enc. Social Sciences*, VI, 1931, S. 616–620.
Livingstone, David N., »The Moral Discourse of Climate: Historical Considerations on Race, Place and Virtue«, in: *Journal of Historical Geography*, 17,4, 1991, S. 413–434.
ders., *The Geographical Tradition: Episodes in the History of a Contested Enterprise*, Oxford 1992.
Lockhart, James, *Spanish Peru, 1532–1560: A Colonial Society*, Madison 1968.
ders., und Stuart B. Schwartz, *Early Latin America: A History of Colonial Spanish America and Brazil*, Cambridge 1983.
Lockwood, William W. (Hrsg.), *The State and Economic Enterprise in Japan: Essays on the Political Economy of Growth*, Princeton 1965.
Lombroso, Gina, *La rançon du machinisme*, Paris 1931.
Lone, Stewart, und Gavan McCormack, *Korea Since 1850*, Melbourne 1993.
Lopez, Robert S., *The Commercial Revolution of the Middle Ages, 950–1350*, Englewood Cliffs, N.J., 1971.
Lorenz, Edward H., *Economic Decline in Britain: The Shipbuilding Industry 1890–1970*, Oxford 1991.
Lovejoy, Paul E., *Transformations in Slavery: A History of Slavery in Africa*, Cambridge 1983.
ders., »The Impact of the Atlantic Slave Trade on Africa: A Review of the Literature«, in: *Journal of African History*, 30, 1989, S. 365–394.
ders., und Nicholas Rogers (Hrsg.), *Unfree Labour in the Development of the Atlantic World*, Ilford, Essex, 1985.
»The Lunar Society of Birmingham«, Sonderheft des *Univ. of Birmingham Historical Journal*, 11,1 (1967).
Lüthy, Herbert, *La banque protestante en France, de la révocation de l'édit de Nantes à la Révolution*, Paris 1959/1961.
ders., »Calvinisme et capitalisme: après soixante ans de débat«, in: *Cahiers Vilfredo Pareto*, 2 (Dezember), 1963.
Lybyer, Albert Howe, *The Government of the Ottoman Empire in the Time of Suleiman the Magnificent*, Cambridge, Ma., 1913.
Lynch, John, *Spain 1516–1598: From Nation State to World Empire*, Oxford 1991.
ders., *The Hispanic World in Crisis and Change 1598–1700*, Oxford 1992.
Lyon, Bryce, »Medieval Real Estate Developments and Freedom«, in: *American History Review*, 63, 1957, S. 47–61.
Macaulay, William Babington, »Lord Clive«, in: *The Works of Lord Macaulay, Essays and Biographies*, Bd. III, London 1840/1898. Es handelt sich um eine Rezension in der *Edinburgh Review*, Januar 1840, von Sir John Malcolm, *The Life of Robert Lord Clive* (3 Bde., London 1836).
Macfarlane, Alan, »On Individualism«, in: *Proceedings of the British Academy*, 82, 1993, S. 177–199.
Mackenney, Richard, *History of Europe. Sixteenth Century Europe: Expansion and Conflict*, New York 1993.

MacLeod, Christine, *Inventing the Industrial Revolution: The English Patent System, 1660–1800*, Cambridge 1988.
dies., »Strategies for Innovation: The Diffusion of New Technology in Nineteenth-Century British Industry«, in: *Economic History Review*, 45,2 (Mai), 1992, S. 285–307.
Maddison, Angus, »Explaining the Economic Performance of Nations, 1820–1989«, in: Baumol, Nelson und Wolff (Hrsg.), *Convergence of Productivity*, 1994, S. 20–61.
ders., »Chinese Economic Performance in the Long Run«, (Paris, OECD Development Center 1998).
Mahn-Lot, Marianne, *Bartolomé de Las Casas: L'Evangile et la force*, Paris 1991.
Makiya, Kanan, *Cruelty and Silence: War, Tyranny, Uprising and the Arab World*, New York 1993.
Malcomson, Scott L., *Empire's Edge: Travels in South-Eastern Europe, Turkey and Central Asia*, London 1994.
Mamdani, Mahmood, *Citizen and Subject: Contemporary Africa and the Legacy of Late Colonialism*, Princeton 1996.
Mankiw, Gregory, David Romer und David Weil, »A Contribution to the Empirics od Economic Growth«, in: *Quarterly Journal of Economics*, 107,2 (Mai), 1992, S. 407–437.
Manning, Patrick, »The Impact of Slave Trade Exports on the Population of the Western Coast of Africa, 1700–1850«, in: Daget (Hrsg.), *De la traite à l'esclavage*, 1988.
Mannix, Daniel P., mit Malcolm Cowley, *Black Cargoes: A History of the Atlantic Slave Trade, 1518–1865*, New York 1962.
March, Andrew L., *The Idea of China: Myth and Theory in Geographic Thought*, New York 1974.
Marco Polo *siehe* Komroff.
Marcus, G. J., *The Conquest of the North Atlantic*, New York 1981.
Marin, Manuela, und Joseph Perez (Hrsg.), *Minorités religieuses dans l'Espagne médiévale*. Sonderheft der *Revue du monde musulman et de la Méditerranée*, 63–64, Aix-en-Provence 1992.
Markham, Clements R. (Hrsg.), *The Voyages of Sir James Lancaster, Kt, to the East Indies*, London 1877.
Marples, David R., *The Social Impact of the Chernobyl Disaster*, Edmonton 1988.
Marseille, Jacques, *Empire colonial et capitalisme français: Histoire d'un divorce*, Paris 1984.
ders., *Puissance et faiblesses de la France industrielle XIXe-XXe siècle*, Paris 1997.
Marshall, Joseph, *Reisen durch Holland, Flandern, Teutschland, Dännemark... in den Jahren 1768, 1769 und 1770*, 3 Bde., Danzig 1774–1776.
Marshall, Peter James, *Problems of Empire: Britain and India, 1757–1813*, London 1968.
ders., *East Indian Fortunes: The British in Bengal in the Eigteenth Century*, Oxford 1976.
ders. (Hrsg.), *The Writings and Speeches of Edmund Burke*, Bd. 5: *India: Madras and Bengal 1774–1785*, hrsg. von Paul Langford, Oxford 1981.
ders., »British Assessments of the Dutch in Asia in the Age of Raffles«, in: *Itinerario*, 12,1, 1988, S. 1–15.
Marshall, Ray, und Marc Tucker, *Thinking for a Living: Education and the Wealth of Nations*, New York 1992.
Martin Acena, Pablo, und Leandro Prados de la Escosura (Hrsg.), *La nueva historia económica en España*, Madrid 1985.
Martin, John Frederick, *Profits in the Wilderness: Entrepreneurship and the Founding of New England Towns in the Seventeenth Century*, Chapel Hill 1991.
Martinez, Albert B., und Maurice Lewandowski, *Argentinien im zwanzigsten Jahrhundert*, Gotha 1912.
Marx, Karl, *Das Kapital. Kritik der politischen Ökonomie*, 3 Bde., Ausgabe Berlin (Ost) 1962–1964.

Mason, S. F., »The Scientific Revolution and the Protestant Reformation«, in: *Annals of Science*, 9,1 (März), 1953, S. 64–87; 9,2 (Juni), 1953, S. 154–175.
ders., »Science and Religion in Seventeenth-century England«, in: *Past and Present*, 3 (Februar), 1953.
Mass, William, und William Lazonick, »The British Cotton Industry and International Competitive Advantage: The State of the Debates«, in: Rose (Hrsg.), *International Competition*, 1991, S. 9–65.
Masselman, George, *The Cradle of Colonialism*, New Haven 1963.
Massie, Robert K., *Die Schalen des Zorns. Großbritannien, Deutschland und das Heraufziehen des Ersten Weltkrieges*, Frankfurt/M. 1993.
Masters, Bruce, *The Origins of Western Economic Dominance in the Middle East: Mercantilism and the Islamic Economy in Aleppo, 1600–1750*, New York 1988.
Mathias, Peter (Hrsg.), *Science and Society, 1600–1900*, Cambridge 1972.
ders., »Capital Credit and Enterprise in the Industrial Revolution«, in: *Journal of European Economic History*, 2,1 (Frühjahr), 1973, S. 121–143.
ders., »Skills and the Diffusion of Innovations from Britain in the Eighteenth Century«, in: *Transactions of the Royal Historical Society*, 5. Ser., 25, 1975, S. 93–113.
ders., und John A. Davis (Hrsg.), *The First Industrial Revolutions*, Oxford 1989.
ders., und M. M. Postan (Hrsg.), *The Cambridge Economic History of Europe*, Bd. VII: *The Industrial Economies: Capital Labour, and Enterprise*, Teil 2. *The United States, Japan, and Russia*, Cambridge 1978.
Mathur, Gautam, *Planning for Steady Growth*, Oxford 1965.
Matossian, Mary, »Ideologies of Delayed Industrialization: Some Tensions and Ambiguities«, in: *Economic Development and Cultural Change*, 6, 1958.
Matthews, R C. O., C. H. Feinstein und J. C. Odling-Smee, *British Economic Growth 1856–1973*, Stanford 1982.
Mauny, Raymond, *Les navigations médiévales sur les cǒtes sahariennes antérieures à la decouverte portugaies* [sic] *(1434)*, Lissabon 1960.
Mauro, Frédéric, *Le Portugal et l'Atlantique au XVIIe siècle (1570–1670): Etude économique*, Paris 1960.
ders., »Merchant Communities, 1350–1750«, in: Tracy (Hrsg.), *Rise of Merchant Empires*, 1990, S. 255–286.
Mauro, Paolo, »Corruption and Growth«, in: *Quarterly Journal of Economics*, 110,3 (August), 1995, S. 681–712.
Maybury-Lewis, David, »Societies on the Brink«, in: *Harvard Magazine*, 1977 (Januar-Februar), S. 56–61.
McAlister, Lyle N., *Spain and Portugal in the New World, 1492–1700*, Minneapolis 1984.
McCloskey, Donald N., »Did Victorian Britain Fail?«, in: *Economic History Review*, 2. Ser., 23,3 (Dezember), 1970, S. 446–459.
ders. (Hrsg.), *Essays on a Mature Economy: Britain After 1840*, Princeton 1971.
ders., *If You're So Smart: The Narrative of Economic Expertise*, Chicago 1990.
ders., »1780–1860: A Survey«, in: Floud und McCloskey (Hrsg.), *Economic History of Britain*, 2., überarb. Aufl. 1994, I, S. 242–270.
ders., und Lars G. Sandberg, »From Damnation to Redemption: Judgments on the Late Victorian Entrepreneur«, in: *Explorations in Economic History*, 9,1 (Herbst), 1971, S. 89–108.
ders., und Jean-Pierre Dormois (Hrsg.), »The British Industrial ›Decline‹ Reconsidered«. Referate, gehalten auf dem Kongreß »Roots of the British Industrial Decline...«, Montpellier, 22.–23. September 1995, 1996.
McConnell, Anita, »From Craft Workshop to Big Business: The London Scientific Instrument Trade's Response to Increasing Demand, 1750–1820«, in: *London Journal*, 19, 1994, S. 36–53.
McCulloch, J. R. (Hrsg.), *[A Select Collection of] Early English Tracts on Commerce*, London 1856; Nachdruck Cambridge 1952.
McCusker, John J., und Russell R. Menard. *The Economy of British America, 1607–1789*. Chapel Hill 1985.

McKendrick, Neil, »Josiah Wedgwood: An Eighteenth-Century Entrepreneur in Salesmanship and Marketing Techniques«, in: *Economic History Review*, 2. Ser., 3,12 (April), 1960, S. 408–433.

ders., John Brewer und J.H. Plumb, *The Birth of a Consumer Society: Commercialization of Eighteenth-Century England*, London 1982.

McNeill, William H., *The Rise of the West: A History of the Human Community*, Chicago 1963.

ders., *Krieg und Macht. Militär, Wirtschaft und Gesellschaft vom Altertum bis heute*, München 1984.

ders., »American Food Crops in the Old World«, in: A. Viola und C. Margolis (Hrsg.), *Seeds of Change*, 1991.

McRae, Hamish, *The World in 2020: Power, Culture and Prosperity*, Boston 1995.

Medvedev, Grigorij, *Verbrannte Seelen. Die Katastrophe von Tschernobyl*, München und Wien 1993.

Mehrens, Bernhard, *Die Entstehung und Entwicklung der großen französischen Kreditinstitute mit Berücksichtigung ihres Einflusses auf die wirtschaftliche Entwicklung Frankreichs*, Stuttgart und Berlin 1911.

Mehta, Ved, *Portrait of India*, New York 1970; New Haven 1993.

Meier, Gerald M., »Theoretical Issues Concerning the History of International Trade and Economic Development«, in: Holtfrerich (Hrsg.), *Interactions in the World Economy*, 1989, S. 33–58.

ders., und Dudley Seers (Hrsg.), *Pioneers in Development*, New York 1984, für die Weltbank.

Meilink-Roelofsz, M.A.F., *Asian Trade and European Influence*, Den Haag 1962.

Meinig, Donald William, *The Shaping of America: A Geographical Perspective on 500 Years of History*, Bd. I: *Atlantic America, 1492–1800*, New Haven 1986.

Mendelssohn, Kurt, *The Secret of Western Domination*, New York 1976.

Merlin, Pierre, *Espoir pour l'Afrique noire*, 2. Aufl. Dakar 1996.

Mernissi, Fatima, *Die Angst vor der Moderne. Frauen und Männer zwischen Islam und Demokratie*, München 1996.

Meyer, Gordon, *The River and the People*, London 1965.

Meyer, Jean, *Les Européens et les autres: De Cortés à Washington*, Paris 1975.

Michaud, Claude, »Orléans au XVIIIe siècle: Quelques perspectives nouvelles«, in: *Bulletin de la Societé d'histoire moderne et contemporaine* (Ergänzungsheft der *Revue d'histoire moderne et contemporaine*, 42), 1–2, 1995, S. 7–13.

Mill, John Stuart, *Die Hörigkeit der Frau. Texte zur Frauenemanzipation*, Frankfurt/M. 1976.

Miller, Joseph C., *Way of Death: Merchant Capitalism and the Angolan Slave Trade 1730–1830*, Madison 1988.

Miller, Judith, *God Has Ninety-nine Names: Reporting from a Militant Middle East*, New York 1996.

Miller, Rory, »British Investment in Latin America, 1850–1950: A Reappraisal«, in: *Itinerario*, 19,3, 1995, S. 21–52.

Miller, Russell, *The Seafarers. The East Indiamen*, Alexandria, Va., 1980.

Miller, William (Hrsg.), *Men in Business: Essays in the History of Entrepreneurship*, Cambridge, Ma., 1952.

Milward, Alan S., und S. Berrick Saul, *The Economic Development of Continental Europe 1780–1870*, Totowa, N.J., 1973.

Minami, Ryoshin, *Power Revolution in the Industrialization of Japan: 1885–1940*. Institute of Economic Research, Hitotsubashi University, Economic Research Series No. 24, Tokyo 1987.

ders., *The Economic Development of Japan: A Quantitative Study*, 2. Aufl. London 1994.

Minois, Georges, *L'Eglise et 1a science: Histoire d'un malentendu*, 2 Bde., Paris 1990/91.

Mintz, Sidney W., *Die süße Macht. Kulturgeschichte des Zuckers*, Frankfurt/M. und New York 1987.

Miquel, Pierre, *Les Polytechniciens*, Paris 1994.
Mirabeau, Honoré Gabriel Riquetti, Comte de, *Mirabeau's Letters, during His Residences in England*, 2 Bde., London 1832. Die Briefe stammen aus den achtziger Jahren des achtzehnten Jahrhunderts.
Mitchell, Timothy, *Colonising Egypt*, Berkeley, Ca., 1991.
Mitra, Debendra Bijoy, *The Cotton Weavers of Bengal 1757–1833*, Kalkutta 1978.
Mitsui, Takafusa, »Some Observations on Merchants« (engl. Übers. E.S. Crawcour), in: *Transactions of the Asiatic Society of Japan*, 8, 1961, S. 1–139. Der Text stammt aus den zwanziger Jahren des achtzehnten Jahrhunderts.
Miyamoto, Matao, »Emergence of National Market and Commercial Activities in Tokugawa Japan, with Special Reference to the Development of the Rice Market, in: *Osaka Economic Papers*, 36, 1–2 (September), 1986, S. 291–310.
ders., »The Products and Market Strategies of the Osaka Cotton Spinning Company«, in: *Japanese Yearbook on Business History*, 5, 1988, S. 117–159.
Miyoshi, Masao, *As We Saw Them: The First Japanese Embassy to the United States*, New York 1994.
Mody, H.H.N., *Japanese Clocks*, Rutland, Vt., 1967.
Moffett, Matt, und Jonathan Friedland, »A New Latin America Faces a Devil of Old: Rampant Corruption«, in: *Wall Street Journal*, 1. Juli 1996, S. 1.
Moine, Jean-Marie, *Les barons du fer: Les maîtres de forges en Lorraine du milieu du 19e siècle aux années trente; histoire sociale d'un patronat sidérurgique*, Nancy 1989.
Mokyr, Joel, *Industrialization in the Low Countries, 1795–1850*, New Haven 1976.
ders. (Hrsg.), *The Economics of the Industrial Revolution*, London 1985.
ders., *Lever of Riches: Technological Creativity and Economic Progress*, New York 1990.
ders. (Hrsg.), *The British Industrial Revolution: An Economic Perspective*, Boulder 1993.
ders., »Urbanization, Technological Progress and Economic History«, Maschinenskript 1993.
ders., »Technological Change, 1700–1830«, in: Floud und McCloskey (Hrsg.), *Economic History of Britain Since 1700*, 2. Aufl. 1994, I, S. 12–43.
Molinas, C., und Leandro Prados de la Escosura, »Was Spain Different? Spanish Historical Backwardness Revisited«, in: *Explorations in Economic History*, 26,4 (Oktober), 1989, S. 385–402.
Mollat, Michel (Hrsg.), *Les grandes voies maritimes dans le monde: XVe-XIXe siècles*, Paris 1965.
Monaghan, Peter, »A Writer ›to Be Reckoned With‹«, in: *Chronicle of Higher Education*, 40, 45 (13. Juli), 1994, S. A-8, S. A-12.
Mondain, P., »Un conflit oublié: la guerre du Paraguay contre la Triple Alliance, 1864–1870«, in: *Revue historique*, 520, 1976, S. 385–418.
Montenay, Yves, und Le Club de l'Horloge (Hrsg.), *Le socialisme contre le tiers monde*, Paris 1983.
Montgomery, James, *Die Baumwollen-Manufaktur der Vereinigten Staaten von Nordamerika zusammengehalten mit der von Großbritannien […]*, Leipzig 1841.
Moore, Sally Falk, *Power and Property in Inca Peru*, New York 1958.
Morawetz, David, *Twenty-five Years of Economic Development, 1950 to 1975*, Washington, DC, 1977.
Morison, Elting E., *Men, Machines, and Modern Times*, Cambridge, Ma., 1966.
Morita, Akio, mit Edwin M. Reingold und Mitsuko Shimomura, *Made in Japan. Eine Weltkarriere*, München 1988.
Morley, Samuel A., »What to Do about Foreign Direct Investment: A Host County Perspective«, in: *Studies in Comparative International Development*, 10, 1975, S. 45–66.
Mörner, Magnus, »Spanish Migration to the New World Prior to 1810: A Report on the State of the Research«, in: Chiappelli (Hrsg.), *First Images of America*, II, 1976, S. 723–782.
Morris, Jan, *Hongkong. Geschichte und Zukunft der letzten britischen Kronkolonie*, Bergisch Gladbach 1991.

Morris-Suzuki, Tessa, *The Technological Transformation of Japan from the Seventeenth to the Twenty-first Century*, Cambridge 1994.
Morse, Richard M., »The Heritage of Latin America«, in: Louis Hartz u.a., *The Founding of New Societies*, New York 1964, S. 123–177.
Mosk, Sanford A., »Latin America and the World Economy, 1850–1914«, in: *Inter-American Economic Affairs*, 2, 1948, S. 53–82.
ders., »Latin America versus the United States«, in: *American Economic Review*, 41,2 (Mai), 1951, S. 367–383.
Moss, R. P., »Environmental Constraints on Development in Tropical Africa«, in: M.B. Gleave (Hrsg.), *Tropical African Development: Geographical Perspectives*, Burnt Mill, Harlow, und New York 1992, S. 50–92.
Mossner, Ernest Campbell, und Ian Simpson Ross (Hrsg.), *The Correspondence of Adam Smith*, 2. Aufl. Oxford 1987.
Mosteshar, Cherry, *Unveiled: One Woman's Nightmare in Iran*, New York 1995.
Mottahedeh, Roy P., »The Islamic Movement: The Case for Democratic Inclusion«, in: *Contention*, 4,3 (Frühjahr), 1995, S. 107–127.
ders., »The Clash of Civilizations: An Islamicist's Critique«, in: *Harvard Middle Eastern & Islamic Review*, 2,2, 1996, S. 1–26.
Mousnier, Roland, »L'évolution des finances publiques en France et en Angleterre pendant les guerres de la Ligue d'Augsbourg et de la Succession d'Espagne«, in: *Revue historique*, 205, 1951, S. 1–23.
Moussa, Pierre, *The Underprivileged Nations*, London 1962. Frz. Original, *Les nations prolétaires*, Paris 1959.
Mowery, David C., und Nathan Rosenberg, *Technology and the Pursuit of Economic Growth*, Cambridge 1989.
Moynahan, Brian, *Das Jahrhundert Rußlands. 1894–1994*, München 1994.
Muller, Jerry Z.. »Justus Möser and the Conservative Critique of Early Modern Capitalism, in: *Central European History*, 232, 2/3 (Juni-September), 1990, S. 153–178.
Mullet des Essards, Louis-Gabriel, *Voyage en Cochinchine 1787–1789*, Paris 1996. (Mullet, geb. 1763, war Nachschuboffizier *[commis aux revues]* auf dieser Reise.)
Mumford, Lewis, *Technics and Civilization*, New York 1939.
Munro, John H., »Urban Regulation and Monopolistic Competition in the Textile Industries of the Late-Medieval Low Countries«, in: Aerts und Munro (Hrsg.), *Textiles of the Low Countries*, 1990, S. 41–52.
ders., »Patterns of Trade, Money, and Credit«, in: Thomas A. Brady, Jr., u.a.,(Hrsg.), *Handbook of European History 1400–1600: Late Middle Ages, Renaissance and Reformation*, Vol. I: *Structures and Assertions*, Leiden 1994, S. 147–195.
ders., »Anglo-Flemish Competition in the International Cloth Trade, 1340–1520«, in: *Publication du Centre européen d'Etudes bourguignonnes (XIVe-XVIe s.)*, 35, 1995, Rencontres d'Oxford, 22.–25. September 1994.
Murdoch, Tessa, u.a., *The Quiet Conquest: The Huguenots 1685 to 1985*. Ausstellungskatalog, London 1985.
Murphey, Rhoads, »The Treaty Ports and China's Modernization«, in: Mark Elvin und G. William Skinner (Hrsg.), *The Chinese City Between Two Worlds*, Stanford 1974, S. 17–71.
ders., *The Outsiders: The Western Experience in India and China*, Ann Arbor 1977.
Murphy, K., Andre Shleifer und R. Vishny, »Income Distribution, Market Size, and Industrialization«, in: *Quarterly Journal of Economics*, 104, 1989.
ders., »Industrialization and the Big Push«, in: *J. Pol. Econ.*, 97, 1989.
Murray, Geoffrey, und Audrey Perera, *Singapore: The Global City-State*, New York 1996.
Murray, Martin J., *The Development of Capitalism in Colonial Indochina (1870–1940)*, Berkeley 1980.
Musson, A. E., und Eric Robinson, *Science and Technology in the Industrial Revolution*, Manchester 1969.

ders. (Hrsg.), *Technik und Wirtschaftswachstum im 18. Jahrhundert*, Frankfurt/M. 1977.
Myers, Ramon H., »Transformation and Continuity in Chinese Economic and Social History«, in: *Journal of Asian Studies*, 33,2, 1974, S. 265–277.
ders., und M. R. Peattie (Hrsg.), *The Japanese Colonial Empire, 1895–1945*, Princeton 1984.
Nadal Oller, Jordi, »La revolución de los precios españoles en el siglo XVI«, in: *Hispania*, 19, 1959, S. 503–529.
ders., *El fracaso de la Revolución industrial en España, 1814–1913*, Barcelona 1975.
ders., »Der Fehlschlag der Industriellen Revolution in Spanien, 1830–1914«, in: *Europäische Wirtschaftsgeschichte*. Deutsche Ausgabe hrsg. von Knut Borchardt, Bd. 4: *Die Entwicklung der industriellen Gesellschaften*, Stuttgart und New York 1977, S. 341–401.
Nag, Amal, und Robert L. Simison, »With Three New Cars, the Japanese Outdo U.S., Move into New Market«, in: *Wall Street Journal*, 17. März 1983, S. 37.
Naipaul, V. S., *The Return of Eva Perón*, New York 1981.
ders., *Land der Finsternis. Fremde Heimat Indien*, Hamburg 1997.
Naisbitt, John, *Megatrends Asien. Acht Megatrends, die unsere Welt verändern*, Wien 1995.
Nakamura, James, und Hiroshi Shimboi, »Why Was Economic Achievement So Easy for Japan?«, Maschinenskript 1988.
Nakamura, Satoru, »The Development of Rural Industry«, in: Nakane und Oishi (Hrsg.), *Tokugawa Japan*, 1990, S. 81–96.
Nakane, Chie, und Shinzaburo Oishi (Hrsg.), *Tokugawa Japan: The Social and Economic Antecedents of Modern Japan*. Ins Engl. übers. und hrsg. von Conrad Totman, Tokyo 1990.
Nakayama, Shigeru, und Nathan Sivin (Hrsg.), *Chinese Science: Explorations of an Ancient Tradition*, Cambridge, Ma., 1973.
Narain, Brij, *Indian Economic Life*, Lahore 1929.
National Academy of Sciences (USA), *Applied Science and Technological Progress*, Washington, DC, 1967.
Neal, Larry, *The Rise of Financial Capitalism: International Capital Markets in the Age of Reason*, Cambridge 1990.
Needham, Joseph, »Poverties and Triumphs of the Chinese Scientific Tradition«, in: Crombie (Hrsg.), *Scientific Change*, 1963, S. 117–153.
ders., *The Development of Iron and Steel Technology in China*. Dickinson Memorial Lecture to the Newcomen Society 1956, Cambridge 1964.
ders., *The Grand Titration: Science and Society in East and West*, London 1969.
ders., *Clerks and Craftsmen in China and the West. Lectures and Addresses on the History of Science and Technology*, Cambridge 1970.
ders., »The Guns of Khaifeng-fu«, in: *Times Literary Supplement*, 11. Januar 1980, S. 39–42.
ders., *Wissenschaft und Zivilisation in China*. Frankfurt/M. 1984.
ders., Wang Ling und Derek J. de Solla Price, *Heavenly Clockwork: The Great Astronomical Clocks of Medieval China*. Cambridge 1960.
Nef, John U., *Rise of the British Coal Industry*, 2 Bde., London 1932.
Nelson, Richard R., *National Innovation Systems: A Comparative Analysis*, New York 1993.
ders., und Gavin Wright, »The Rise and Fall of American Technological Leadership: The Postwar Era in Historical Perspective«, in: *Journal of Economic Literature*, 30 (Dezember), 1992, S. 1931–1964.
Netanyahu, Benzion, *The Origins of the Inquisition in Fifteenth Century Spain*, New York 1995.
Newland, Carlos, »Spanish American Elementary Education before Independence: Continuity and Change in a Colonial Environment«, in: *Itinerario*, 15,2, 1991, S. 79–95.
New York Times (Hrsg.), *The Downsizing of America*, New York 1996.

Noiriel, Gérard, *Longwy: immigrés et prolétaires 1880–1980*, Paris 1984.
Nolte, Sharon H., und Sally Ann Hastings, »The Meiji States Policy Toward Women, 1890–1910«, in: Berstein (Hrsg.), *Recreating Japanese Women*, 1991, S. 151–174.
Nora, Dominique, *Das Yen-Kartell. Japans globale Wirtschaftsstrategien*, Hamburg 1993.
Nordhaus, William, »The Price of Light«, Cowles Foundation Discussion Paper 1078, 1994.
Norgaard, Richard B., *Development Betrayed: The End of Progress and a Coevolutionary Revisioning of the Future*, London 1994.
Northrup, David, *Indentured Labor in the Age of Imperialism, 1834–1922*, Cambridge 1995.
Nossiter, Bernard D., *The Global Struggle for More: Third World Conflicts with Rich Nations*, New York 1987.
O'Brien, Patrick K. (Hrsg.), *Railways and the Economic Development of Western Europe, 1830–1914*, London 1983.
ders., »Do We Have a Typology for the Study of European Industrialization in the XIXth Century?«, in: *Journal of European Economic History*, 15,2, 1986, S. 291–334.
ders., »The Costs and Benefits of British Imperialism, 1846–1914«, in: *Past and Present*, 120, 1988, S. 163–200.
ders., und Stanley Engerman, »Exports and the Growth of the British Economy from the Glorious Revolution to the Peace of Amiens«, in: Solow (Hrsg.), *Slavery*, 1991, S. 177–209.
ders., T. Griffiths und P.A. Hunt, »Theories of Technological Progress and the British Textile Industry from Kay to Cartwright«, in: *Revista de historia económica*, 14,3 (Herbst-Winter), 1996, S. 533–535.
ders., und Caglar Keyder, *Economic Growth in Britain and France, 1780–1914: Two Paths to the Twentieth Century*, London 1978.
ders., und Roland Quinault (Hrsg.), *The Industrial Revolution and British Society*, Cambridge 1993.
O'Connor, Anthony M., *Poverty in Africa: A Geographical Approach*, London 1991.
Ohkawa, Kazushi, »A Century of Japanese Economic Growth«, in: Lockwood (Hrsg.), *The State and Economic Enterprise*, 1965, S. 47–92.
ders., *Japanese Economic Growth: Trend Acceleration in the Twentieth Century*, Stanford 1973.
ders., »Capital Formation in Japan«, in: Mathias und Postan (Hrsg.), *Cambridge Economic History of Europe*, VII, 2, 1978, S. 134–135.
ders., und Henry Rosovsky, »The Role of Agriculture in Modern Japanese Economic Development«, in: *Economic Development and Cultural Change*, 9 (Oktober), 1960, S. 43–68.
ders., und Gustav Ranis (Hrsg.), *Japan and the Developing Countries: A Comparative Analysis*, Oxford 1985.
ders., und Hirohisa Kohama, *Lectures on Developing Economies: Japan's Experience and Its Relevance*, Tokyo 1989.
Ohmae, Kenichi, *Der neue Weltmarkt. Das Ende des Nationalstaates und der Aufstieg der regionalen Wirtschaftszonen*, Hamburg 1996.
Oishi, Shinzaburo, »The Bakuhan System«, in: Nakane und Oishi (Hrsg.), *Tokugawa Japan*, 1990, S. 11–36.
Okimoto, Daniel I., *Between MITI and the Market: Japanese Industrial Policy for High Technology*, Stanford 1989.
Okyar, Osman, »A New Look at the Problem of Economic Growth in the Ottoman Empire (1800–1914)«, in: *Journal of European Economic History*, 16,1 (Frühjahr), 1987, S. 7–49.
Oliphant, Laurence, *Elgin's Mission to China and Japan*. 2 Bde., Hongkong und Tokyo 1859. Nachdruck des Originals hrsg. von Oliphant, *Narrative of the Earl of Elgin's Mission to China and Japan in the Years 1857, '58, '59*, 2 Bde., Edinburgh und London 1970.

Oliver, John W., *Geschichte der amerikanischen Technik*, Düsseldorf 1959.

Olson, Mancur, *Aufstieg und Niedergang von Nationen. Ökonomisches Wachstum, Stagflation und soziale Starrheit*, Tübingen 1985.

Omoto, Keiko, und Francis Macouin, *Quand le Japon s'ouvrit au monde*, Paris 1990.

Orhant, Francis, *Bartolomé de Las Casas: Un colonisateur saisi par l'Evangile*, Paris 1991. Auf dem Umschlag lautet der Titel *Bartolomé de Las Casas: De la colonisation à la défense des Indiens*.

O'Rourke, Kevin, und Jeffrey G. Williamson, »Open Economy Forces and Late 19th Century Scandinavian Catch-up«. Harvard Inst. Econ. Research, Discussion Paper 1709, NBER Working Paper Series 5112, 1995.

dies., »Around the European Periphery 1870–1913: Globalization, Schooling and Growth«. NBER Working Paper Series 5392, 1995.

Ortiz de Montellano, Bernard R., »Aztec Cannibalism: An Ecological Necessity?«, in: *Science*, 200,4232 (12. Mai), 1978, S. 611–617.

Osborne, Milton, *Southeast Asia: An Introductory History*, 6. Aufl. St. Leonards, NSW, Australia 1995.

Oshima, Harry T., *Economic Growth in Monsoon Asia: A Comparative Survey*, Tokyo 1987.

Osberg, Lars (Hrsg.), *Economic Inequality and Poverty: International Perspectives*, Armonk, N.Y., 1991.

Oxaal, Ivar, *Black Intellectuals Come to Power: The Rise of Creole Nationalism in Trinidad and Tobago*, Cambridge, Ma., 1968.

Oxley, G. W., »The Permanent Poor in South-West Lancashire Under the Old Poor Law«, in: Harris (Hrsg.), *Liverpool and Merseyside*, 1969, S. 16–49.

Pack, Howard, »Industrialization and Trade«, in: Hollis Chenery und T. N. Srinivasan (Hrsg.), *Handbook of Development Economics*, Bd. I, 1988, S. 333–380.

ders., und Larry E. Westphal, »Industrial Strategy and Technological Change: Theory versus Reality«, in: *Journal of Development Economics*, 22, 1986, S. 87–128.

Padden, R. Charles, »Cultural Change and Military Resistance in Araucanian Chile, 1550–1730«, in: *Southwestern Journal of Anthropology*, 13, 1957, S. 103–121.

ders., *The Hummingbird and the Hawk*, Columbus 1967.

Paepke, C. Owen, *The Evolution of Progress: The End of Economic Growth and the Beginning of Human Transformation*, New York 1993.

Pagden, Anthony, *The Fall of Natural Man: The American Indian and the Origins of Comparative Ethnology*, New York 1982.

ders., *Lords of All the World: Ideologies of Empire in Spain, Britain and France, c. 1500-c. 1800*, New Haven 1995.

Page, Thomas J., *La Plata, the Argentine Confederation, and Paraguay*, New York 1859.

Pakenham, Thomas, *The Boer War*, New York 1979.

Pan, Lynn, *Sons of the Yellow Emperor: A History of the Chinese Diaspora*, New York 1994.

Paquette, Robert L., *Sugar Is Made with Blood: The Conspiracy of La Escalera and the Conflict Between Empires Over Slavery in Cuba*, Middletown, Ct., 1988.

Pares, Richard, *War and Trade in the West Indies, 1739–63*, London 1936/1963.

ders., *Yankees and Creoles: The Trade between North America and the West Indies Before the American Revolution*, London 1956.

ders., *Merchants and Planters. Economic History Review*, Supplement, 4, Cambridge 1960.

Park, Yung Chul, und Won-Am Park, »Changing Japanese Trade Patterns and the East Asian NICs«, in: Krugman (Hrsg.), *Trade with Japan*, 1995, S. 85–115.

Parry, John H., *The Spanish Seaborne Empire*, New York 1971.

ders., *The Discovery of the Sea*, New York 1974.

ders., *Das Zeitalter der Entdeckungen*, München 1978.

ders., *Europäische Kolonialreiche. Welthandel und Weltherrschaft im 18. Jahrhundert*, München 1983.

Parry, Vernon J., und M. E. Yapp (Hrsg.), *War, Technology and Society in the Middle East*, London 1975.

Parsons, Talcott, *The Structure of Social Action*, 2. Aufl. Glencoe, Ill., 1949.

Parthasarathi, Prasannan, »Rethinking Backwardness in the Eighteenth Century: Wages and Competitiveness in Britain and South India before the Industrial Revolution«. International Inst. of Social History, Amsterdam, Maschinenskript 1996.

Pastor Bodmer, Beatriz, *The Armature of Conquest: Spanish Accounts of the Discovery of America, 1492–1589*, Stanford 1992.

Pastore, C., »Introducción a una historia económica del Paraguay en el siglo XIX«, in: *Ateneo Paraguayo de historia/Historia Paraguaya* (Asuncion), 16, 1978, S. 103–126.

Pastore, Mario, »State-led Industrialisation: The Evidence on Paraguay, 1852–1870«, in: *Journal of Latin American Studies*, 26,2 (Mai), 1994, S. 295–324.

ders., »Trade Contraction and Economic Decline: The Paraguayan Economy Under Francia, 1810–1840«, in: *Journal of Latin American Studies*, 26,3 (Oktober), 1994.

Patel, Surendra J., »Rates of Industrial Growth in the Last Century, 1860–1958«, in: *Economic Development and Cultural Change*, 9,3 (April), 1961, S. 316–330.

Patrick, Hugh T. (Hrsg.), *Japanese Industrialization and Its Social Consequences*, Berkeley 1976.

ders., und Henry Rosovsky (Hrsg.), *Asia's New Giant: How the Japanese Economy Works*, Washington, DC, 1976.

Pavitt, Keith (Hrsg.), *Technical Change and British Economic Performance*, London 1980.

Payen, Jacques, *Capital et machine à vapeur au XVIIIe siècle: Les frères Perier et l'introduction en France de la machine à vapeur de Watt*, Paris und Den Haag 1969.

Payne, Peter L., »Industrial Entrepreneurship and Management in Great Britain«, in: Peter Mathias und M.M. Postan (Hrsg.), *Cambridge Economic History of Europe*, 1978, Bd. VII: *The Industrial Economies: Capital, Labour, and Enterprise*, Kap. 4, S. 180–230.

Pearson, M. N., *Merchants and Rulers in Gujarat: The Response to the Portuguese in the Sixteenth Century*, Berkeley 1976.

ders., »India and the Indian Ocean in the Sixteenth Century«, in: Das Gupta und Pearson (Hrsg.), *India and the Indian Ocean*, 1987, S. 71–93.

Peattie, Mark R., »Japanese Attitudes Toward Colonialism, 1895–1945«, in: Myers und Peattie (Hrsg.), *Japanese Colonial Empire*, 1984, S. 80–127.

Pedemonte Castillo, Javier, *El Problema judío en la España moderna: Sintesis del hecho diferencial judeoconverso*, Barcelona 1988.

Perdue, Peter C., *Exhausting the Earth: State and Peasant in Hunan, 1500–1850*, Cambridge, Ma., 1987.

Perez, Carlota, »Structural Change and the Assimilation of New Technologies in the Economic and Social Systems«, in: *Futures*, 15,5, 1983, S. 357–375.

ders., »Microelectronics, Long Waves and World Structural Change: New Perspectives for Developing Countries«, in: *World Development*, 13,3 (März), 1985, S. 441–463.

Perlin, Frank, »Proto-Industrialization and Pre-Colonial South Asia«, in: *Past and Present*, 98 (Februar), 1983, S. 30–95.

Perrin, Noel, *Keine Feuerwaffen mehr. Japans Rückkehr zum Schwert, 1543–1879*, Frankfurt/M. 1982.

Persson, Karl Gunnar (Hrsg.), *The Economic Development of Denmark and Norway Since 1870*, Aldershot 1993.

Peterson, Barbara Bennett, »The Ming Voyages of Cheng Ho (Zheng He), 1371–1433«, in: *The Great Circle*, 16,1 (April), 1994, S. 43–51.

Pétré-Grenouilleau, Olivier, *L'argent de la traite: milieu négrier, capitalisme et développement: un modèle*, Paris 1996.

Peyrefitte, Alain, *The Immobile empire*, New York 1992. Frz. Ausg.: *L'empire immobile ou le choc des mondes: Récit historique*, Paris 1989.

ders., *Du »Miracle« en économie: Leçons au Collège de France*, Paris 1995.

ders., *La société de confiance: Essai sur les origines et la nature du développement*, Paris 1995.

Phelps Brown, E. H., und S. J. Handfield-Jones, »The Climacteric of the 1890's«, in: *Oxford Economic Papers*, N.S., 4,3 (Oktober), 1952, S. 266–307.

Philippe, Robert, »L'Eglise et l'énergie pendant le XIe siècle dans les pays entre Seine et Loire«, in: *Cahiers de civilisation médiévale Xe-XIIe siècles*, 27, 1984, S. 107–117.

Phillips, Gregory D., *The Diehards: Aristocratic Society and Politics in Edwardian England*, Cambridge, Ma., 1979.

Picon, Antoine, *L'invention de l'ingénieur moderne: L'Ecole des Ponts et Chaussées, 1747–1851*, Paris 1992.

Pike, Ruth, *Enterprise and Adventure: The Genoese in Seville and the Opening of the New World*, Ithaca 1966.

Piore, Michael J., und Charles F. Sabel, *Das Ende der Massenproduktion. Studie über die Requalifizierung der Arbeit und die Rückkehr der Ökonomie in die Gesellschaft*, Berlin 1985.

Pirenne, Henri, *Geschichte Europas. Von der Völkerwanderung bis zur Reformation*, Berlin u.a. 1956.

Platt, D.C.M., »Dependency and the Historian: Further Objections«, in: Abel und Lewis (Hrsg.), *Latin America*, 1985, S. 29–39.

Platteau, Jean Philippe, »The Food Crisis in Africa: A Comparative Structural Analysis«, in: Drèze, Sen und Hussain (Hrsg.), *Political Economy of Hunger*, 1995, S. 445–553.

Plenge, Johann, *Gründung und Geschichte des Crédit Mobilier*, Tübingen 1903.

Pluchon, Pierre, *Nègres et Juifs au XVIIIe siècle: Le racisme au siècle des Lumières*, Paris 1984.

Polanyi, Michael, *Implizites Wissen*, Frankfurt/M. 1985.

Pollard, Sidney, *Peaceful Conquest: The Industrialization of Europe, 1760–1970*, Oxford 1981.

ders., *The Development of the British Economy, 1914–1980*, 3. Aufl. London 1983.

ders., *Britain's Prime and Britain's Decline*, London 1989.

Pope-Hennessy, James, *Geschäfte mit schwarzer Haut. Die Geschichte des transatlantischen Sklavenhandels*, München 1970.

Portal, Roger, *L'Oural au XVIIIe siècle. Etude d'histoire économique et sociale*, Paris 1950.

ders., »Origines d'une bourgeoisie industrielle en Russie«, in: *Revue d'histoire moderne et contemporaine*, VIII, 1961, S. 35–60.

Porter, Michael E., *Nationale Wettbewerbsvorteile. Erfolgreich konkurrieren auf dem Weltmarkt*, München 1991.

Porter, Roy, und Mikuláš Teich (Hrsg.), *The Scientific Revolution in National Context*, Cambridge 1992.

Postlethwayt, Malachy, *Great-Britain's True System; Wherein is Clearly Shown...*, London 1757. Nachdruck Farnborough 1968.

Pounds, Norman, *An Economic History of Medieval Europe*, London 1974.

Pounds, N.J.G., *The Ruhr: A Study in Historical and Economic Geography*, Bloomington 1952.

ders., *The Upper Silesian Industrial Region*, Bloomington 1958.

ders., und William Parker, *Coal and Steel in Western Europe*, Bloomington 1957.

Powell, Raymond, »Economic Growth in the U.S.S.R.«, in: *Scientific American*, 219,6 (Dezember), 1968, S. 17–23.

Powelson, John P., *Centuries of Economic Endeavor: Parallel Paths in Japan and Europe and Their Contrast with the Third World*, Ann Arbor 1994.

Prado, Caio, Jr., *The Colonial Background of Modern Brazil*, Berkeley 1967.

Prados de la Escosura, Leandro, *De imperio a nación: Crecimiento y atraso económico en España (1780–1930)*, Madrid 1988.

ders., und Vera Zamagni (Hrsg.), *El desarrollo económico en la Europa del sur: España e Italia en perspectiva histórica*, Madrid 1992.

Prais, S. J., »Economic Performance and Education: The Nature of Britain's Deficiencies«, in: *Proceedings of the British Academy*, 84, 1994, S. 151–207.

Prakash, Gyan (Hrsg.), *After Colonialism: Imperial Histories and Postcolonial Displacements*, Princeton 1995.
Prakash, Om, »Opium Monopoly in India and Indonesia in the Eighteenth Century«, in: *Itinerario*, 12,1, 1988, S. 73–90. Wieder abgedruckt in Subrahmanyam (Hrsg.), *Merchants, Markets and the State*, S. 121–138.
ders., »The Dutch East India Company in the Trade of the Indian Ocean«, in: Das Gupta und Pearson (Hrsg.), *India and the Indian Ocean*, 1987, S. 185–200.
Preston, Richard, *American Steel: Hot Metal Men and the Resurrection of the Rust Belt*, New York 1991.
ders., *Hot Zone. Tödliche Viren aus dem Regenwald*, München 1995.
Price, Barbara J., »Demystification, Enriddlement, and Aztec Cannibalism: A Materialist Rejoinder to Harner«, in: *American Ethnologist*, 5, 1978, S. 98–115.
Prins, Gwyn, »But What Was the Disease? The Present State of Health, and Healing in African Studies«, in: *Past* and *Present*, 124 (August), 1989, S. 159–179.
Proust, Jacques, *L'Europe au prisme du Japon: XVIe-XVIIIe siècle: Entre Humanisme, Contre-Réforme et Lumières*, Paris 1997.
Pryor, John H., *Geography, Technology, and War: Studies in the Maritime History of the Mediterranean 649–1571*, Cambridge 1988.
Pullan, Brian (Hrsg.), *Crisis and Change in the Venetian Economy in the Sixteenth and Seventeenth Centuries*, London 1968.
Qadir, C.A., *Philosophy and Science in the Islamic World*, London 1988.
Qian, W.Y., *The Great Inertia: Scientific Stagnation in Traditional China*, London 1985.
Quartely Review siehe Ellis, Henry.
Quinn, Arthur, *A New World: An Epic of Colonial America from the Founding of Jamestown to the Fall of Quebec*, Boston 1994.
Quinn, David Beers (Hrsg.), *New American World: A Documentary History of North America to 1612*, 5 Bde., New York 1979.
Raban, Jonathan, *Arabia: A Journey through the Labyrinth*, New York 1979.
Rahman, Abdur, »Sixteenth- and Seventeenth-Century Science in India and Some Problems of Comparative Studies«, in: Teich und Young (Hrsg.), *Changing Perspectives*, 1973, S. 52–67.
Ralston, David B., *Importing the European Army: The Introduction of European Military Techniques and Institutions into the Extra-European World 1600–1914*, Chicago 1990.
Ram, Rati, »Tropics and Economic Development: An Empirical Investigation«, Economics Dept., Illinois State Univ. Maschinenskript 1996.
Ramaswamy, Vijaya, *Textiles and Weavers in Medieval South India*, Delhi 1985.
Ramsey, John Fraser, *Spain: The Rise of the First World Power*, Tuscaloosa, Al., 1973.
Randall, Adrian, *Before the Luddites: Custom, Community and Machinery in the English Woollen Industry, 1776–1809*, Cambridge 1991.
Randall, Laura, »Lies, Damn Lies, and Argentine GDP«, in: *Latin American Research Review*, 11,1, 1976, S. 137–158.
Randles, W. G., »La signification cosmographique du passage du Cap Bojador«, in: N. Broc (Hrsg.), *La géographie de la Renaissance 1420–1620*, Paris 1961/1986.
Ranis, Gustav, »The Community Centered Entrepreneur in Japanese Development«, in: *Explorations in Entrepreneurial History*, 8,2 (Dezember), 1955, S. 80–98.
ders., und T. Paul Schultz (Hrsg.), *The State of Development Economics: Progress and Perspectives*, New York 1988.
Ransford, Oliver, *The Slave Trade: The Story of Transatlantic Slavery*, Newton Abbot 1972.
Rapp, Richard Tilden, *Industry and Economic Decline in Seventeenth-Century Venice*, Cambridge, Ma., 1976.
Ratcliffe, Barrie, »Great Britain and Tariff Reform in France 1831–36«, in: Chaloner und Ratcliffe (Hrsg.), *Trade and Transport*, 1977, S. 98–135.
ders., und W. H. Chaloner (Hrsg.), *A French Sociologist Looks at Britain: Gustave d'Eichthal and British Society in 1828*, Manchester 1977.

Rau, Virginia, *Estudos de historia*, Porto 1968.

Rawski, Thomas G., und Lillian M. Li (Hrsg.), *Chinese History in Economic Perspective*, Berkeley 1992.

Ray, G.F., »The Diffusion of New Technology: A Study of Ten Processes in Nine Industries«, in: *National Institute Economic Review*, 48, 1969.

Raychaudhuri, Tapan, »The State and the Economy. I. The Mughal Empire«, in: Raychaudhuri und Habib (Hrsg.), *Cambridge Economic History of India*, I, 1982, S. 172–193.

ders., »Non-Agricultural Production: Mughal India«, in: Raychaudhuri und Habib (Hrsg.), *Cambridge Economic History of India*, I, 1982, S. 261–307.

ders., »Historic Roots of Mass Poverty in South Asia: A Hypothesis«, in: *Economic and Political Weekly* (Delhi), 20,18 (4. Mai), 1985, S. 801–06.

ders., und Irfan Habib (Hrsg.), *Cambridge Economic History of India*, Vol. I: *c. 1200-c. 1750*, Cambridge 1982.

Reader, W. J., *Imperial Chemical Industries: A History*, Vol. I: *The Forerunners 1870–1926*, London 1970.

Reading, Brian, *Japan: The Coming Collapse*, London 1993.

Reber, Vera Blinn, »The Demographics of Paraguay: A Reinterpretation of the Great War, 1864–1870«, in: *Hispanic American History Review*, 68,2, 1988, S. 289–319.

Rediker, Marcus, *Between the Devil and the Deep Blue Sea: Merchant Seamen, Pirates, and the Anglo-American Maritime World, 1700–1750*, Cambridge 1987.

Redondo, Augustin, und Marc Vitse (Hrsg.), *Quelques aspects des peurs sociales dans l'Espagne du siècle d'or: L'individu face à la société*, Toulouse 1994.

Reid, Anthony, *Southeast Asia in the Age of Commerce 1450–1680*, Vol. I: *The Lands Below the Winds*, Vol. II: *Expansion and Crisis*, New Haven 1988/1993.

Reinert, Erik S., »Symptoms and Causes of Poverty: Underdevelopment in a Schumpeterian System«, in: *Forum for Development Studies*, 1–2, 1994, S. 73–109.

ders., und Arno Mong Daastol, »Exploring the Genesis of Economic Innovations: The Religious Gestalt-switch and the *Duty to Invent* as Preconditions for Economic Growth« (1995). Erscheint demnächst in Reinert (Hrsg.), *Christian Wolff*, London.

Remnick, David, *Lenin's Tomb: The Last Days of the Soviet Empire*, New York 1993.

ders., *Resurrection: The Struggle for a New Russia*, New York 1997.

Reynolds, Lloyd G., *Economic Growth in the Third World: An Introduction*, New Haven 1986.

Reynolds, Robert L., *Europe Emerges: Transition Toward an Industrial Worldlwide Society 600–1750*, Madison 1961.

Reynolds, Terry S., *Stronger Than a Hundred Men: A History of the Vertical Water Wheel*, Baltimore 1983.

Rich, E. E., »Colonial Settlement and Its Labour Problems«, in: Rich und Charles H. Wilson (Hrsg.), *Cambridge Economic History of Europe*, Vol. IV: *The Economy of Expanding Europe in the 16th and 17th Centuries*, 1967, S. 302–373.

Richardson, Bonham C., *The Caribbean in the Wider World, 1492–1992: A Regional Geography*, Cambridge 1992.

Riem, Andreas, *Europas Politische Lage und Staats-Interesse.* 6 Teile in 2 Bänden, 1795/1797.

ders., *Reisen durch Deutschland, Frankreich, England und Holland*, 8 Bde., Frankfurt und Leipzig 1796/1801.

Riesser, Jacob, *The German Great Banks and Their Concentration in Connection with the Economic Development of Germany*, 61st Congress, 2. Sess., Senate Doc. 593, 3. Aufl. Washington, DC, 1911.

Rifkin, Jeremy, *Das Ende der Arbeit und ihre Zukunft*, Frankfurt/M. und New York 1995.

Ritter, Ulrich Peter, *Die Rolle des Staates in den Frühstadien der Industrialisierung*, Berlin 1961.

Robbins, David, *Aspects of Africa*, New York 1995.

Robequain, Charles, *The Economic Development of French Indo-China*, London 1944.
Roberti, Mark, *The Fall of Hongkong: China's Triumph and Britain's Betrayal*, New York 1994.
Roberts, Richard, »The Coercion of Free Markets: Cotton, Peasants, and the Colonial State in the French Soudan, 1924–1932«, in: Isaacman und Roberts (Hrsg.), *Cotton, Colonialism*, 1995, S. 221–243.
Robertson, H. M., *Aspects of the Rise of Economic Individualism: A Criticism of Max Weber and His School*, London 1933.
Robertson, John Drummond, *The Evolution of Clockwork*, London 1931.
Robinson, Francis, »Through the Minefield: Bernard Lewis and ›the Wonder of Arab Empire‹«, in: *Times Literary Supplement*, 8. Dezember 1995, S. 3f.
Robison, Richard, und David S. G. Goodman (Hrsg.), *The New Rich in Asia: Mobile Phones, McDonalds and Middle-Class Revolution*, London 1996.
Rochebrune, Renaud de, und Jean-Claude Hazera, *Les patrons sous l'occupation*. Bd. I: *Collaboration, résistance, marché noir*, Bd. II: *Pétainisme, intrigues, spoliations*, Paris 1995/1997.
Rock, David, *Argentina 1516–1987: From Spanish Colonization to Alfonsín*, überarb. Fassung, Berkeley 1987.
ders., »Features of Industrial Development in Argentina: 1870, 1910, 1945«. Maschinenschrftl. Referat für eine Konferenz über Lateinamerika, Harvard University 1988.
Rodney, C. A., und John Graham, *The Reports of the Present State of the United Provinces of South America ... Laid Before the Congress of the United States*, New York 1818, Nachdruck 1969.
Rodney, Walter, *Afrika. Die Geschichte einer Unterentwicklung*, Berlin 1975.
Rogers, Everett, *Diffusion of Innovation*, 4. Aufl. New York 1995.
Rohwer, Jim, *Asia Rising: How History's Biggest Middle Class will Change the World*, London 1996.
Romer, Paul M., »Growth Based on Increasing Returns due to Specialization«, in: *American Economic Review*, 77 (Mai), 1987, S. 56–62.
ders., »Why, Indeed, in America? Theory, History and the Origins of Modern Economic Growth«. NBER Working Paper Series 5443, 1996.
Root, Hilton, »The Redistributive Role of Government: Economic Regulation in Old Régime France and England«, in: *Comparative Studies in Society and History*, 33,2 (April), 1991, S. 338–369.
ders., »Le marché des droits de propriété en France et en Angleterre à l'époque moderne«, in: *Journal des économistes et des études humaines*, 5,2/3 (Juni-September), 1994, S. 295–318.
Ropp, Paul S. (Hrsg.), *Heritage of China: Contemporary Perspectives on Chinese Civilization*, Berkeley 1990.
Roques, Georges, *La manière de négocier aux Indes 1676–1691: la Compagnie des Indes et l'art du commerce*, Paris 1996.
Rorabaugh, W. J., *The Craft Apprentice from Franklin to the Machine Age in America*, New York 1986.
Rose, Mary B. (Hrsg.), *International Competition and Strategic Response in the Textile Industries since 1870*, London 1991.
Rosen, Edward, »The Invention of Eyeglasses«, in: *Journal of the History of Medicine and Allied Sciences*, 11, 1956, S. 13–46, S. 183–218.
Rosen, Fred, und Deidre McFayden (Hrsg.), *Free Trade and Economic Restructuring in Latin America*, New York 1995.
Rosenberg, Nathan, »Anglo-American Wage-Differences in the 1820's«, in: *Journal of Economic History*, 27,2 (Juni), 1967, S. 221–229.
ders., *The American System of Manufactures: The Report of the Committee on the Machinery of the United States 1855 and the Special Reports of George Wallis and Joseph Whitworth 1854*, Edinburgh 1969.

ders., *Perspectives on Technology*, Cambridge 1976.
ders., *Inside the Black Box: Technology and Economics*. Cambridge 1982.
ders., »How the Developed Countries Became Rich«, in: *Daedalus*, 123,4 (Herbst), 1994, S. 127–140.
ders., Ralph Landau und David C. Mowery (Hrsg.), *Technology and the Wealth of Nations*, Stanford 1992.
Rosenthal, Franz, *»Sweeter Than Hope«: Complaint and Hope in Medieval Islam*, Leiden 1983.
Rosoli, G. (Hrsg.), *Identità degli italiani in Argentina: Reti sociali, famiglia, lavoro*, Rome 1993.
Rostow, Walt W. (Hrsg.), *The Economics of Take-off into Sustained Growth*, London 1963.
Rothermund, Dietmar, *An Economic History of India from Pre-Colonial Times to 1991*, 2. Aufl. London 1988.
Rouse, Irving, *The Tainos: Rise and Decline of the People Who Greeted Columbus*, New Haven 1992.
Rowe, John Howland, »Inca Culture at the Time of the Spanish Conquest«, in: Julian H. Steward (Hrsg.), *Handbook of South American Indians*, Vol. II: *The Andean Civilizations*. Smithsonian Institution, Bureau of Amerian Ethnology, Bulletin 143. Washington, DC, 1946.
ders., »The Incas under Spanish Colonial Institutions«, in: *Hispanic American Historical Review*, 37,2 (Mai), 1957, S. 155–199.
Rowe, William T., *Hankow: Commerce and Society in a Chinese City, 1796–1889*, Stanford 1984.
Roy, Joseph-Antoine, *Histoire de la famille Schneider et du Creusot*, Paris 1962.
Rozman, Gilbert, »Edo's Importance in the Changing Tokugawa Society«, in: *Journal of Japanese Studies*, 1,1 (Herbst), 1974, S. 91–112.
Rubinstein, Murray A. (Hrsg.), *The Other Taiwan 1945 to the Present*, Armonk, N.Y., 1994.
Rubinstein, W. D., *Capitalism, Culture and Decline in Britain 1750–1990*, London 1993.
Rucquoi, Adeline, *Histoire médiévale de la Péninsule ibérique*, Paris 1993.
Rudolph, Richard L., »Agricultural Structure and Proto-Industrialization in Russia: Economic Development with Unfree Labor«, in: *Journal of Economic History* 45,1 (März), 1985, S. 47–70.
Runge, Joachim, *Justus Mösers Gewerbetheorie und Gewerbepolitik im Fürstbistum Osnabrück in der zweiten Hälfte des 18. Jahrhunderts*, Berlin 1966.
Ruscio, Alain, *Le Credo de l'homme blanc: Regards coloniaux français. XIXe-XXe siècles*, Paris 1995.
Russell, Collin A., *Science and Social Change 1700–1900*, London 1983.
Sabagh, Georges (Hrsg.), *The Modern Economic and Social History of the Middle East in Its World Context*, Cambridge 1989.
Sabben-Clare, E. E., D. J. Bradley und K. Kirkwood (Hrsg.), *Health in Tropical Africa During the Colonial Period*, Oxford 1980.
Sachs, Jeffrey D., und Andrew Warner, »Economic Reform and the Process of Global Integration«, in: *Brookings Papers on Economic Activity*, 1, 1995, S. 1–118, Washington, DC.
Sah, Raaj, »Priorities of Developing Countries in Weather and Climate«, in: *World Development*, 7, 1979, S. 337–347.
Sahlins, Marshall, »Cosmologies of Capitalism: The Trans-Pacific Sector of ›The World System‹«, in: *Proceedings of the British Academy*, 74, 1988, S. 1–51.
ders., *How »Natives« Think: About Captain Cook, for Example*, Chicago 1995.
Said, Edward W., *Orientalismus*, Frankfurt/M. u.a. 1981.
ders., »East Isn't East: The Impending End of the Age of Orientalism«, in: *Times Literary Supplement*, 3. February 1995, S. 3–6.
ders., »Orientalism, an Afterword«, in: *Raritan*, 14,3 (Winter), 1995, S. 32–59.

Saint-John, J. A., *Egypt of Mohammed Ali; or, Travels in the Valley of the Nile*, 2 Bde., London 1834.
Sakaiya, Taichi, *What is Japan? Contradictions and Transformations*, New York 1993.
Sakudo, Yotaro, »The Management Practices of Family Business«, in: Nakane und Oishi (Hrsg.), *Tokugawa Japan*, 1990, S. 147–166.
Salama, Pierre, und Jacques Valier, *Pauvretés et inégalités dans le tiers monde*, Paris 1994.
Salaman, Redcliffe N., *The History and Social Influence of the Potato*, Cambridge 1949.
Salamé, Ghassan (Hrsg.), *Democracy Without Democrats? The Renewal of Politics in the Muslim World*, London und New York 1994.
Sale, Kirkpatrick, *Das verlorene Paradies: Christoph Kolumbus und die Folgen*, München u.a. 1991.
Salomon, Jean-Jacques, *Le destin technologique*, Paris 1992.
Salvucci, Richard J., *Textiles and Capitalism in Mexico: An Economic History of the Obrajes, 1539–1840*, Princeton 1987.
Samuels, Richard J., *The Business of the Japanese State: Energy Markets in Comparative and Historical Perspective*, Ithaca 1987.
ders., *»Rich Nation, Strong Army«: National Security and the Technological Transformation of Japan*, Ithaca 1994.
Samuelson, Paul A., »Illogic of Neo-Marxian Doctrine of Unequal Exchange«, in: David A. Belsley u.a. (Hrsg.), *Inflation, Trade and Taxes: Essays in Honor of Alice Bourneuf*, Columbus 1976, S. 96–107.
Samuelsson, Kurt, *Religion and Economic Action*, New York 1961. Übersetzt aus dem Schwedischen: *Ekonomi och religion*. Stockholm 1957.
Sánchez-Albornoz, Nicolás (Hrsg.), *La modernización económica de España 1830–1930*, Madrid 1985.
Sandberg, Lars G., *Lancashire in Decline: A Study in Entrepreneurship, Technology, and Trade*, Columbus 1974.
ders., »The Case of the Impoverished Sophisticate: Human Capital and Swedish Economic Growth Before World War I«, in: *Journal of Economic History*, 39,1, 1979, S. 225–241.
ders., »Ignorance, Poverty, and Economic Backwardness in the Early Stages of European Industrialization«, in: *Journal of European Economic History*, 11,3, 1982, S. 675–697.
Sarfatti, Magali, *Spanish Bureaucratic-Patrimonialism in America*, Berkeley 1966.
Sarton, George, »Arabic Science and Learning in the Fifteenth Century : Their Decadence and Fall« (1951), in: *Homenaje a [José María] Millas-Vallicrosa*, II, Barcelona 1956, S. 304–322.
Sattaur, Omar, »WHO to Speed Up Work on Drugs for Tropical Diseases«, in: *New Scientist*, 126, 1712 (14. April), 1990, S. 17.
Sauer, Carl O., *The Early Spanish Main*, Berkeley 1966/1992.
Saul, S. Berrick, *Studies in British Overseas Trade 1870–1914*, Liverpool 1960.
ders., »The Motor Industry in Britain to 1914«, in: *Business History Review*, 5, 1962.
ders. (Hrsg.), *Technological Change: The United States and Britain in the Nineteenth Century*, London 1970.
ders., »The Market and the Development of the Mechanical Engineering Industries in Britain, 1860–1914«, in: Saul, (Hrsg.), *Technological Change*, 1970, S. 141–170.
Sawers, Larry, »The Navigation Acts Revisited«, in: *Economic History Review*, 45,2 (Mai), 1992, S. 262–284.
Sawyer, John E., »The Social Basis of the American System of Manufacturing«, in: *Journal of Economic History*, 14,4, 1954, S. 361–379.
Saxonhouse, Gary R., »A Tale of Japanese Technological Diffusion in the Meiji Period«, in: *Journal of Economic History*, 34,1 (März), 1974, S. 149–165.
ders., »Country Girls and Communication Among Competitors in the Japanese Cotton-Spinning Industry«, in: Patrick (Hrsg.), *Japanese Industrialization*, 1976.
Sayous, André-E., »Calvinisme et capitalisme: l'expérience genevoise«, in: *Annales d'histoire économique et sociale*, 7 (Mai), 1935, S. 225–244.

Scammell, G. V., *The World Incompassed: The First European Maritime Empires c.800–1650*, Berkeley 1981.
ders., *The First Imperial Age: European Overseas Expansion c. 1400–1 715*, London 1992.
Schama, Simon, »They All Laughed at Christopher Columbus«, in: *The New Republic*, 5. und 13. Januar 1992, S. 30–41.
Schib, Karl (Hrsg.), *Johann Conrad Fischer, 1773–1854. Tagebücher*, Schaffhausen 1954.
Schneider, Bertrand, *Krieg den Hütten. Der Nord-Süd-Skandal: Wie die Industrienationen die armen Länder ausbeuten*, München 1995.
Schran, Peter, »Japan's East Asia Market, 1870–1940«, in: Latham und Kawakatsu (Hrsg.), *Japanese Industrialization*, 1994, S. 201–238.
Schreiner, Stefan (Hrsg.), *Die Osmanen in Europa: Erinnerungen und Berichte türkischer Geschichtsschreiber*, Graz 1985. Ausgewählt von Richard F. Kreutel (Hrsg.), *Osmanische Geschichtsschreiber*, 10 Bde., Graz 1955–1981.
Schultz, Theodore W., »On Investing in Specialized Human Capital to Attain Increasing Returns«, in: Ranis und Schultz (Hrsg.), *State of Development Economics*, 1988, S. 339–352.
Schumacher, Martin, *Auslandsreisen deutscher Unternehmer 1750–1851 unter besonderer Berücksichtigung von Rheinland und Westfalen*, Köln 1968.
Schwartz, Stuart B., *Sugar Plantations in the Formation of Brazilian Society: Bahia, 1550–1835*, Cambridge 1985.
Scobie, James, *Revolution on the Pampas: A Social History of Argentine Wheat*, Austin 1964.
Scott, James C., *Weapons of the Weak: Everyday Forms of Peasant Resistance*, New Haven 1985.
Scoville, Warren, *The Persecution of Huguenots and French Economic Development, 1680–1720*, Berkeley 1960.
Seagrave, Sterling, *Die Herren des Pazifik. Das unsichtbare Wirtschaftsimperium der Auslandschinesen*, München 1996.
Searle, G. R., *The Quest for National Efficiency: A Study in British Politics and Political Thought, 1899–1914*, Oxford 1971.
Seed, Patricia, *Ceremonies of Possession in Europe's Conquest of the New World, 1492–1640*, New York und Cambridge 1995.
Seers, Dudley, und Leonard Joy (Hrsg.), *Development in a Divided World*, Harmondsworth 1971.
Sejersted, Francis, »A Theory of Economic and Technological Development in Norway in the Nineteehnth Century«, in: *Scandinavian Economic History Review*, 40,1, 1992, S. 40–75.
ders., »The Norwegian ›Sonderweg‹: Aspects of the Modernization Process in Norway«. Maschinenskript 1993. Engl. Fassung der Unterlagen in der Schrift des Autors *Demokratisk kapitalisme* (Oslo 1993), bes. Kap. 5.
ders., »Science and Industry: Modernisation Strategies in Norway 1900–1940«, in: Caron, Erker und Fischer (Hrsg.), *Innovations in the European Economy*, 1995, S. 255–276.
Sella, Domenico, »The Rise and Fal1 of the Venetian Woollen Industry«, in: Pullan (Hrsg.), *Crisis and Change*, 1968, S. 106–26.
Semo, Enrique, *The History of Capitalism in Mexico: Its Origins, 1521–1763*, Austin 1993.
Sen, Amartya, *Poverty and Famines: An Essay on Entitlement and Deprivation*, Oxford und New York 1981.
ders., »The Concept of Development«, in: Hollis Chenery, T. N. Srinivasan und Paul Streeten (Hrsg.), *Handbook of Development Economics*, I, 1988, S. 9–26.
ders., »Freedoms and Needs«, in: *The New Republic*, 10. und 17. Januar 1994, S. 31–38.
ders., »Population: Delusion and Reality«, in: *New York Review of Books*, 41,15 (22. September), 1994, S. 62–71.
Shammas, Carole, *The Pre-industrial Consumer in England and America*, Oxford 1990.
dies., »The Decline of Textile Prices in England and British America Prior to Industrialization«, in: *Economic History Review*, 47,3 (August), 1994, S. 483–507.

Shcherbak, Yuri M., »Ten Years of the Chernobyl Era«, in: *Scientific American*, 274,4 (April), 1996, S. 44–49.
Sheridan, Richard B., »The Wealth of Jamaica in the Eighteenth Century«, in: *Economic History Review*, 2. Ser., 18,2 (August), 1965, S. 292–311.
ders., *Sugar and Slavery: An Economic History of the British West Indies, 1623–1775*, Baltimore 1973.
ders., *Doctors and Slaves: A Medical and Demographic History of Slavery in the British West Indies, 1680–1834*, Cambridge 1985.
ders., »Eric Williams and *Capitalism and Slavery*: A Bibliographical and Historiographical Essay«, in: Solow und Engerman (Hrsg.), *British Capitalism*, 1987, S. 317–345.
Shimada, Shingo, »Social Time and Modernity in Japan: An Exploration of Concepts and a Cultural Comparison«, in: *Time & Society*, 4,2 (Juni), 1995, S. 251–260.
Shumway, Nicolas, *The Invention of Argentina*, Berkeley 1991.
Singer, Charles, E. J. Holmyard, A. R Hall und Trevor I. Williams (Hrsg.), *A History of Technology*, 5 Bde., Oxford 1957.
Singleton, John, »Showing the White Flag: The Lancashire Cotton Industry, 1945–65«, in: Rose (Hrsg.), *International Competition*, 1991, S. 129–149.
Sinoué, Gilbert, *Le dernier Pharaon: Méhémet-Ali (1770–1849)*, Paris 1997.
Sirageldin, Ismail, und Alan Sorkin, *Research in Human Capital and Development: A Research Annual*, Bd. 5: *Public Health and Development*, Greenwich, Ct., 1988.
Sivan, Emmanuel, *Mythes politiques arabes*, Paris 1988/1995.
Sivin, Nathan, »Imperial China: Has Its Present Past a Future?«, in: *Harvard Journal of Asiatic Studies*, 38,2, 1978, S. 449–480.
ders., »Science and Medicine in Chinese History«, in: Ropp (Hrsg.), *Heritage of China*, 1990, S. 164–196.
Smil, Vaclav, *China's Environmental Crisis: An Inquiry into the Limits of National Development*, Armonk, N.Y., 1993.
Smith, Adam, *Der Wohlstand der Nationen. Eine Untersuchung seiner Natur und seiner Ursachen*. 7. Aufl. München 1996.
Smith, Alan G. R., *Science und Society in the Sixteenth and Seventeenth Centuries*, London 1972.
Smith, Anthony D., *The Ethnic Origins of Nations*, Oxford 1986.
Smith, David C., »Climate, Agriculture, History: An Introduction«, in: *Agricultural History*, 63,2 (Frühjahr), 1989, S. 1–6.
Smith, Merritt Roe, *Harpers Ferry Armory and the New Technology: The Challenge of Change*, Ithaca 1977.
Smith, Neil, »›Academic War over the Field of Geography‹: The Elimination of Geography at Harvard, 1947–1951«, in: *Annals of the Association of American Geographers*, 77,2, 1987, S. 155–172.
Smith, Thomas C., »Japan's Aristocratic Revolution«, in: *Yale Review*, 50 (Frühjahr), 1961, S. 370–383.
ders., »Okura Nakatsune and the Technologists«, in: Albert M. Craig und Donald H. Shively (Hrsg.), *Personality in Japanese History*, Berkeley 1970, S. 127–154.
ders., *Native Sources of Japanese Industrialization, 1750–1920*, Berkeley 1988.
Smith, Tony, *The Pattern of Imperialism: The United States, Great Britain, and the Late-Industrializing World Since 1815*, Cambridge 1981.
Smout, T. C. (Hrsg.), *The Search for Wealth and Stability: Essays in Economic and Social History Presented to M. W. Flinn*, London 1979.
Snooks, Graeme Donald (Hrsg.), *Was the Industrial Revolution Necessary?*, London 1994.
Solow, Barbara (Hrsg.), *Slavery and the Rise of the Atlantic System*, Cambridge 1991.
dies., und Stanley L. Engerman (Hrsg.), *British Capitalism and Caribbean Slavery: The Legacy of Eric Williams*, Cambridge 1987.
Soustelle, Jacques, *Das Leben der Azteken. Mexiko am Vorabend der spanischen Eroberung*, Zürich 1986 (erstmals Stuttgart 1956).

Soutif, Michel, *L'Asie, source de sciences et techniques. Histoire comparée des idées scientifiques et techniques de l'Asie*, Grenoble 1995.
Sowell, Thomas, *Race and Culture. A World View*, New York 1994.
Spear, Percival, *The Nabobs: A Study of the Social Life of the English in Eighteenth Century India* (1932), überarb. Ausg., Oxford 1963.
Spence, Jonathan, *Ich, Kaiser von China. Ein Selbstporträt des Kangxi-Kaisers*, Frankfurt/M. 1985.
ders., *Chinese Roundabout: Essays in History and Culture*, New York 1992.
ders., *Chinas Weg in die Moderne*, München und Wien 1995.
Stannard, David E., *American Holocaust: the Conquest of the New World*, New York 1992.
Starkey, Otis P., *The Economic Geography of Barbados: A Study of the Relationships Between Environmental Variations and Economic Development*, New York und Westport 1939.
Staunton, George Leonard, *An Historical Account of the Embassy to the Emperor of China, Undertaken by Order of the King of Great Britain*, London 1797. Amerikan. Ausg.: *An Authentic Account of an Embassy from the King of Great Britain to the Emperor of China*, 2 Bde., Philadelphia 1799. Franz. Ausg.: *Voyage dans l'intérieur de la Chine et de la Tartarie*, 4 Bde., Paris 1798. Dt. Ausg.: *Reise der englischen Gesandtschaft an den Kaiser von China, in den Jahren 1792 und 1793*, Zürich 1798.
Stavrianos, Leften Stavros, *Global Rift: The Third World Comes of Age*, New York 1981.
Steele, Brett D., »Muskets and Pendulums: Benjamin Robins, Leonhard Euler, and the Ballistics Revolution«, in: *Technology and Culture*, 35,2 (April), 1994, S. 348–382.
Steensgaard, Niels, »The Growth and Composition of the Long-distance Trade of England and the Dutch Republic before 1750«, in: Tracy (Hrsg.), *Rise of Merchant Empires*, 1990, S. 102–152.
Stein, Burton, »›Arrested Development‹: But When and Where?«, in: Dewey (Hrsg.), *Arrested Development*, 1988, S. 49–65.
Stein, Stanley und Barbara H., *The Colonial Heritage of Latin America: Essays on Economic Dependence in Perspective*, New York 1970.
Stern, Steve J., *Peru's Indian Peoples and the Challenge of Spanish Conquest: Huamanga to 1640*, 2. Aufl. Madison 1993.
ders., »Africa, Latin America, and the Splintering of Historical Knowledge. From Fragmentation to Reverberation«, in: Frederick Cooper ua., *Confronting Historical Paradigms: Peasants, Labor, and the Capitalist World System in Africa and Latin America*, Madison 1993, S. 3–20.
Stevens, William K., »The High Risks of Denying Rivers Their Flood Plains«, in: *New York Times*, 20. Juli 1993, S. C-1, S. 8.
ders., »The Heavy Hand of European Settlement«, *New York Times*, 10. August 1993, S. C-1.
Stoianovich, Traian, *Balkan Worlds: The First and Last Europe*, Armonk, N.Y., 1994.
Stopford, John, und Susan Strange mit John S. Henley, *Rival States, Rival Firms: Competition for World Market Shares*, Cambridge 1991.
Strien-Chardonneau, M.M.G. van, *Le voyage de Hollande: Récits de voyageurs français dans les Provinces-Unies 1748–1795*, Leiden 1993.
Strong, Frank, »The Causes of Cromwell's West Indian Expedition«, in: *American History Review*, 4,2 (Januar), 1899, S. 228–245.
Stuart, Gene S., *The Mighty Aztecs*, Washington, DC, 1981.
Studeny, Christophe, *L'invention de 1a vitesse: France, XVIIIe-XXe siècles*, Paris 1995.
Subrahmanyam, Sanjay, *The Political Economy of Commerce: Southern India, 1500–1650*, Cambridge 1990.
ders. (Hrsg.), *Merchants, Markets and the State in Early Modern India*, Delhi 1990.
ders., *The Portuguese Empire in Asia 1500–1700: A Political and Economic History*, London 1993.
ders., *The Career and Legend of Vasco da Gama*, Cambridge 1997.
Suehiro, Akira, *Capital Accumulation in Thailand 1855–1985*, Tokyo 1989.

Suleri, Sara, *The Rhetoric of English India*, Chicago 1992.
Summers, Robert, und Alan Heston, »A New Set of International Comparisons of Real Product and Price Levels: Estimates for 130 Countries«, in: *Review of Income and Wealth*, 34, 1988, S. 1–25.
ders., »The Penn World Table (Mark 5): An Extended Set of International Comparisons, 1950–1988«, in: *Quarterly Journal of Economics*, 106,2 (Mai), 1991, S. 327–368.
Sun, Jingzhi (Hrsg.), *The Economic Geography of China*, Hongkong 1988.
Sundararajan, V., »The Impact of the Tariff on Some Selected Products of the U.S. Iron and Steel Industry, 1870–1914«, in: *Quarterly Journal of Economics*, 84,4 (November), 1970, S. 590–610.
Supple, Barry E. (Hrsg.), *The Experience of Economic Growth: Case Studies in Economic History*, New York 1963.
ders., *Crisis and Change in England, 1600–1642*, Berkeley 1964.
ders., »Official Economic Inquiry and Britain's Industrial Decline: The First Fifty Years«, in: Furner und Supple (Hrsg.), *The State and Economic Knowledge*, 1990, S. 325–353.
ders., »Fear of Failing: Economic History and the Decline of Britain«, in: *Economic History Review*, 47,3 (August), 1994, S. 441–458.
»A Survey of Multinationals«, in: *The Economist*, 24. Juni 1995.
Svedenstierna, Eric T., *Svedenstierna's Tour [of] Great Britain 1802–3: The Travel Diary of an Industrial Spy*, hrsg. u. mit e. Einl. von M.W. Flinn. Newton Abbot 1973. Dt. Ausgabe: *Reise durch einen Teil von England und Schottland. In den Jahren 1802–3, besonders in Berg- und hüttenmännischer, technologischer und mineralogischer Hinsicht*, Marburg u.a. 1811.
Sylla, Richard, und Gianni Toniolo (Hrsg.), *Patterns of European Industrialization: The Nineteenth Century*, London 1991.
Szirmai, Adam, Bart Van Ark und Dirk Pilat (Hrsg.), *Explaining Economic Growth: Essays in Honour of Angus Maddison*, Amsterdam 1993.
Szostak, Rick, *The Role of Transportation in the Industrial Revolution: A Comparison of England and France*, Montreal 1991.
Tabb, William K., *The Postwar Japanese System: Cultural Economy and Economic Transformation*, New York 1995.
Taira, Koji, »Factory Labour and the Industrial Revolution in Japan«, in: Mathias und Postan (Hrsg.), *Cambridge Economic History of Europe*, VII, 2, 1978, S. 166–214.
Takekoshi, Yosoburo, *The Economic Aspects of the History of the Civilization of Japan*, 3 Bde., London 1930; Nachdruck 1967.
Taton, René (Hrsg.), *A General History of the Sciences*. Vol. II. *The Beginnings of Modern Science from 1450 to 1800*, London 1964. Frz. Ausg.: *La science moderne*, Paris 1958.
Tavakoli-Targhi, Mohamad, »Orientalism's Genesis Amnesia«, in: *Comparative Studies Of South Asia, Africa and the Middle East*, 16,1, 1996, S. 1–14.
Tawney, Richard H., *Religion und Frühkapitalismus. Eine historische Studie*, Bern 1946.
Taylor, Alan M., »Three Phases of Argentine Economic Growth«. Teil einer Phil. Diss. an der Harvard Univ., Maschinenskript 1992.
ders., »External Dependence, Demographic Burdens, and Argentine Economic Decline after the *Belle Epoque*«, in: *Journal of Economic History*, 52 (Dezember), 1992, S. 907–936.
ders., »Mass Migration to Distant Southern Shores: Argentina and Australia, 1870–1939«, in: Hatton und Williamson, (Hrsg.), *Migration*, 1994, S. 91–115.
Teich, Mikuláš, und Roy Porter (Hrsg.), *The Industrial Revolution in National Context: Europe and the USA*, Cambridge 1996.
ders., und Robert Young (Hrsg.), *Changing Perspectives in the History of Science: Essays in Honour of Joseph Needham*, London 1973.
Teichova, Alice, Maurice Lévy-Leboyer und Helga Nussbaum (Hrsg.), *Multinational Enterprise in Historical Perspective*, Cambridge und Paris 1986.

Teitel, Simon, und Francisco E. Thoumi, »From Import Substitution to Exports: The Manufacturing Exports Experience of Argentina and Brazil«, in: *Economic Development and Cultural Change*, 34 (April), 1986, S. 455–490.
Temin, Peter, *Iron and Steel in 19th Century America*, Cambridge, Ma., 1964.
ders., »Two Views of the British Industrial Revolution«, in: *Journal of Economic History*, 57,1 (März), 1997, S. 63–82.
ders., »Is It Kosher to Talk about Culture?«, in: *Journal of Economic History*, 57,2 (Juni), 1997, S. 267–287.
ders., »The Golden Age of European Growth: Review Essay«, in: *European Review of Economic History*, I,1, 1997, S. 127–149.
Tenenti, Alberto, *Piracy and the Decline of Venice, 1580–1615*, Berkeley 1967. Italienische Ausg.: *Venezia e i corsari, 1580–1615* (Bari 1961).
Tenner, Edward, *Die Tücken der Technik. Wenn Fortschritt sich rächt*, Frankfurt/M. 1997.
Thomas, Hugh, *Die Eroberung Mexikos. Cortés und Montezuma*, Frankfurt/M. 1998.
Thomas, Keith, *Religion and the Decline of Magic: Studies in Popular Beliefs in Sixteenth- and Seventeenth-Century England*, London 1971/1973.
ders., »Cleanliness and Godliness in Early Modern England«, in: Anthony Fletcher und Peter Roberts (Hrsg.), *Religion, Culture, and Society*, 1994.
Thomas, Robert Paul, »A Quantitative Approach to the Study of the Effects of British Imperial Policy on Colonial Welfare«, in: *Journal of Economic History*, 254 (Dezember), 1965, S. 615–638.
ders., »The Sugar Colonies of the Old Empire: Profit or Loss for Great Britain?«, in: *Economic History Review*, 2. Ser., 21,1 (April), 1968, S. 30–45.
ders., »British Imperial Policy and the Economic Interpretations of the American Revolution«, in: *Journal of Economic History*, 3,28 (September), 1968, S. 436–440.
Thomson, Guy P.C., »Protectionism and Industrialization in Mexico, 1821–1854: The Case of Puebla«, in: Abel und Lewis (Hrsg.), *Latin America*, 1985, S. 125–146.
Thorens, Justin u.a. (Hrsg.), *1492: Le choc de deux mondes. Ethnocentrisme, impérialisme juridique et culturel, choc des cultures, droits de l'homme et droits des peuples*. Actes du Colloque international organisé par la Commission Nationale Suisse pour l'UNESCO. Genf, 17.–18. September 1992, o.O. 1993.
Thuillier, André, *Economie et société nivernaises au début du XIXe siècle*, Paris und Den Haag 1974.
Thuillier, Guy, *Georges Dufaud et les débuts du grand capitalisme dans la métallurgie, en Nivernais, au XIXe siècle*, Paris 1959.
ders., *Aspects de l'Economie nivernaise au XIXe siècle*, Paris [1966].
Thuillier, Pierre, *La grande implosion: Rapport sur l'effondrement de l'Occident 1999–2002*, Paris 1995.
Thunberg, Karl Peter, *Reise durch einen Theil von Europa, Afrika und Asien, hauptsächlich in Japan, in den Jahren 1770 bis 1779*, 2 Bde., Berlin 1792.
Thurow, Lester, *Kopf an Kopf. Wer siegt im Wirtschaftskrieg zwischen Europa, Japan und den USA?* Düsseldorf u.a. 1993.
Tibawi, A.L., *Second Critique of English-Speaking Orientalists and Their Approach to Islam and the Arabs*, 1979.
Tibi, Bassam, *Islam and the Cultural Accomodation of Social Change*, Boulder 1990. Dt. Ausgabe: *Der Islam und das Problem der kulturellen Bewältigung sozialen Wandels*, 2. Aufl. Frankfurt/M. 1991.
Tidrick, Kathryn, *Heart Beguiling Araby: The English Romance with Arabia*, überarb. Ausg. London 1989.
Tilly, Louise A., »Connections«, in: *American History Review*, 99,1 (Februar), 1994, S. 1–20.
Tilly, Richard H., »German Banking, 1850–1914: Development Assistance for the Strong«, in: *Journal of European Economic History*, 15,1 (Früjahr), 1986, S. 113–152.
Tipton, Frank B., »Regional History: West Jutland in a Theoretical and Comparative Context«, in: *West Jutland and the World, II; Second Conference on Regional History.*

Gefördert von den Museumsgremien der Bezirke Ringkøbing und Ribe, Lemvig, 3.–5. April 1995.

Tisch, Sarah J., und Michael B. Wallace, *Dilemmas of Development Assistance: The What, Why, and Who of Foreign Aid*, Boulder 1994.

Todorov, Tzvetan, *Die Eroberung Amerikas. Das Problem des Anderen*, Frankfurt/M. 1985.

Toland, John, *The Rising Sun: The Decline and Fall of the Japanese Empire, 1936–1945*, 2 Bde., New York 1970.

Tomlinson, B.R. (Hrsg.), *The New Cambridge History of India*. Bd. III. *The Economy of Modern India, 1860–1970*, Cambridge 1993.

Toniolo, Gianni, *An Economic History of Liberal Italy, 1850–1918*, London 1990.

Tortella, Gabriel, »Patterns of Economic Retardation and Recovery in South-western Europe in the Nineteenth and Twentieth Centuries«, in: *Economic History Review*, 47,1 (Februar), 1994, S. 1–21.

ders., »La pénurie d'entrepreneurs: Explication du retard espagnol?«, in: *Entreprises et histoires*, 8, 1995, S. 63–73.

Totman, Conrad, *Early Modern Japan*, Berkeley 1993.

Toutain, Jean-Claude, »Comparaison entre les différentes évaluations du produit intérieur brut de la France de 1815 à 1938 *ou* L'histoire économique quantitative a-t-elle un sens?«, in: *Revue économique*, 47,4, 1996, S. 893–920.

Tracy, James D. (Hrsg.), *The Rise of Merchant Empires: Long-distance Trade in the Early Modern World 1350–1750*, Cambridge 1990.

Travis, Anthony S., *The Rainbow Makers: The Origins of the Synthetic Dyestuffs Industry in Western Europe*, Bethlehem, Pa., 1993.

Trebilcock, Clive, *The Industrialization of the Continental Powers, 1780–1914*, London 1981.

Trevor-Roper, Hugh R., *Religion, Reformation und sozialer Wandel. Die Krisis des 17. Jahrhunderts*, Berlin 1970.

Troitzsch, Ulrich (Hrsg.), *Technologischer Wandel im 18. Jahrhundert*, Wolfenbüttel 1981.

Tsuru, Shigeto, *Japan's Capitalism: Creative Defeat and Beyond*, Cambridge 1993.

Tsurumi, E. Patricia, »Colonial Education in Korea and Taiwan«, in: Myers und Peattie (Hrsg.), *Japanese Colonial Empire*, 1994, S. 275–311.

Tucker, Barbara M., *Samuel Slater and the Origins of the American Textile Industry, 1790–1860*, Ithaca 1984.

Tunzelmann, G. Nicholas von, *Steam Power and British Industrialization*, Oxford 1978.

ders., »Technological and Organizational Change in Industry During the Industrial Revolution«, in: O'Brien und Quinault (Hrsg.), *Industrial Revolution*, 1993, S. 254–282.

ders., »Time-saving Technical Change: The Cotton Industry in the English Industrial Revolution«, in: *Explorations in Economic History*, 32, 1995, S. 1–27.

Turnbull, S.R., *The Samurai: A Military History*, New York 1977.

Turner, Anthony J., *The Time Museum*, Vol. I: *Time Measuring Instruments*, Part 1: *Astrolabes. Astrolabe Related Instruments*, Rockford, Ill., 1985.

Turner, Frederick, *Beyond Geography: The Western Spirit Against the Wilderness*, New York 1980.

Turshen, Meredeth, *The Political Ecology of Disease in Tanzania*, New Brunswick 1984.

Tweedale, Geoffrey, *Sheffield Steel and America: A Century of Commercial and Technological Interdependence, 1830–1930*, Cambridge 1987.

Uchitelle, Louis, »Like Oil and Water: A Tale of Two Economists«, in: *New York Times*, 16. Februar 1997, S. 3,1.

Ui, Jun (Hrsg.), *Industrial Pollution in Japan*, Tokyo 1992.

Uno, Kathleen S., »Women and Changes in the Household Division of Labor«, in: Bernstein (Hrsg.), *Recreating Japanese Women*, 1991, S. 17–41.

Uselding, Paul J., »Technical Progress at the Springfield Armory, 1820–1850«, in: *Explorations in Economic History*, 9,3 (Frühjahr), 1972, S. 291–316.

Usher, Abbott Payson, *An Introduction to the Industrial History of England*, Boston 1920.
ders., *A History of Mechanical Inventions*, 2. überarb. Aufl. Cambridge, Ma., 1954.
Valignano, Alexandre, *Les Jésuites au Japon: Relation missionnaire (1583)*, Paris 1990.
Vandenbroeke, Christian, »The Regional Economy of Flanders and Industrial Modernization in the Eighteenth Century: A Discussion«, in: *Journal of European Economic History*, 16,1 (Frühjahr), 1987, S. 149–170.
Van Niel, Robert, »Dutch Views and Uses of British Policy in India around 1800«, in: *Itinerario*, 12,1, 1988, S. 17–31.
Van Strien, C.D., *British Travellers in Holland During the Stuart Period: Edward Browne and John Locke as Tourists in the United Provinces*, Leiden 1993.
Vargas, Llosa Mario, »Questions of Conquest: What Columbus Wrought and What He Did Not«, in: *Harper's Magazine*, 281 (Dezember), 1990, S. 45–53.
Vega, Garcilaso de la, *Wahrhaftige Kommentare zum Reich der Inka*. 2. Aufl. Berlin 1986.
Veliz, Claudio (Hrsg.), *Obstacles to Change in Latin America*, London 1965.
ders. (Hrsg.), *The Politics of Conformity in Latin America*, London 1967.
Verley, Patrick, *L'échelle du monde: essai sur l'industrialisation de l'Occident*, Paris 1997.
ders., *La Révolution industrielle*, Paris 1997.
Verlinden, Charles, *The Beginnings of Modern Colonization*, Ithaca 1970.
Verma, Rupalee, »Western Medicine, Indigenous Doctors and Colonial Medical Education«, in: *Itinerario*, 19,3, 1995, S. 130–141.
Vernet, Juan, *Die spanisch-arabische Kultur in Orient und Okzident*, Zürich und München 1984.
Vernon, Raymond, *Sovereignty at Bay: The Multinational Spread of U.S. Enterprises*, New York 1971.
ders., *Technological Development: The Historical Experience*. Economic Development Institute Seminar Paper 39. Washington, DC, 1989, für die Weltbank.
Veyrassat, Béatrice, »Mais où est donc la différence? Modèles comparés de développement technologique (XIXe siecle)«, in: Etémad, Batou und David (Hrsg.), *Pour une histoire économique*, 1995, S. 205–228.
Vicens Vives, Jaime, *An Economic History of Spain*, Princeton 1969.
Vickers, Daniel, *Farmers and Fishermen: Two Centuries of Work in Essex County, Massachusetts, 1630–1850*, Chapel Hill 1994.
Villiers, Patrick, und Jean-Pierre Duteil, *L'Europe, la mer et les colonies XVIIe-XVIIIe siècle*, Paris 1997.
Vincent, Bernard, *1492. »Das Jahr der Wunder«. Spanien 1492: Die Vertreibung der Juden und Mauren und die Einführung der Grammatik*, Berlin 1992.
ders., »Rǒle de l'Espagne aux XVe-XVIe siècles«, in: Thorens u.a., *1492*, 1993, S. 93–100.
Vivero, Rodrigo de (1564–1636), *Du Japon et du bon gouvernement de l'Espagne et des Indes*. Ins Frz. übers. und hrsg. von Juliette Monbeig, Paris 1972.
Vizenor, Gerald, *Heirs of Columbus*, Middletown, Ct., 1991.
Vlekke, Bernard H.M., *Nusantara: A History of Indonesia*, überarb. Aufl. Chicago, Den Haag und Bandung 1960.
Vogel, Barbara (Hrsg.), *Preußische Reformen 1807–1820*, Königstein/Ts. 1980.
Volti, Rudi, »A Century of Automobility«, in: *Technology & Culture*, 37,4 (Oktober), 1996, S. 663–685.
Wade, Nicholas, »Sahelian Drought: No Victory for Western Aid«, in: *Science*, 185 (19. Juli), 1974, S. 234–237.
Wadsworth, A.P., und Julia de L. Mann, *The Cotton Trade and Industrial Lancashire*, Manchester 1931.
Wakeman, Frederic, Jr., *The Great Enterprise: The Manchu Reconstruction of Imperial Order in Seventeenth-Century China*, 2 Bde., Berkeley 1985.
ders., »Voyages«, in: *American History Review*, 98,1 (Februar), 1993, S. 1–17.
Waldron, Arthur, *The Great Wall of China: From History to Myth*, Cambridge 1990.
Waley-Cohen, Ioanna, »China and Western Technology in the Late Eighteenth Century«, in: *American History Review*, 98 (Dezember), 1993, S. 1525–1544.

Waller, Richard D., »Tsetse Fly in Western Narok, Kenya«, in: *Journal of African History*, 31, 1990, S. 81–101.
Wallerstein, Immanuel, »Dutch Hegemony in the Seventeenth-Century World-Economy«, in: Aymard (Hrsg.), *Dutch Capitalism*, 1982, S. 93–145.
ders., *Das moderne Weltsystem*, Bd. 1: *Die Anfänge kapitalistischer Landwirtschaft und die europäische Weltökonomie im 16. Jahrhundert*, Bd. 2: *Der Merkantilismus. Europa zwischen 1600 und 1750*, Frankfurt/M. 1986/1998.
ders., *After Liberalism*, New York 1995.
»War of the Worlds: A Survey of the Global Economy«, in: *The Economist*, 1. Oktober 1994.
Ward, J.R., »The Profitability of Sugar Planting in the British West Indies, 1650–1834«,in: *Economic History Review*, 2. Ser., 31, 1978, S. 197–213.
ders., »The Industrial Revolution and British Imperialism, 1750–1850«, in: *Economic History Review*, 47,1 (Februar), 1994, S. 44–65.
Washbrook, David, »Progress and Problems: South Asian Social and Economic History, c. 1720–1860«, in: *Modern Asian Studies*, 22,1, 1988.
Watkins, M., »A Staple Theory of Economic Growth«, in: *Canadian Journal of Economics and Political Science*, 29, 1963.
Watts, David, *The West Indies: Patterns of Development, Culture and Environmental Change Since 1492*, Cambridge 1987.
Waugh, Evelyn, *Tourist in Africa*, Boston 1960.
Weatherill, Lorna, *Consumer Behaviour and Material Culture, 1660–1760*, London 1988.
Weber, Max, »Die protestantische Ethik und der ›Geist‹ des Kapitalismus«, in: *Archiv für Sozialwissenschaft und Sozialpolitik*, 20, 1904, S.1–54; 21, 1905, S. 1–110. Wieder abgedruckt in: *Gesammelte Aufsätze zur Religionssoziologie* (Tübingen 1920).
Weber, W., »Industriespionage als technologischer Transfer in der Frühindustrialisierung Deutschlands«, in: *Technikgeschichte*, 42, 1975, S. 287–306.
ders., »Probleme des Technologietransfers in Europa im 18. Jahrhundert: Reisen und technologischer Transfer«, in: Troitzsch (Hrsg.), *Technologischer Wandel*, 1981, S. 189–217.
Wei-ming, Tu (Hrsg.), *Confucian Traditions in East Asian Modernity: Moral Education and Economic Culture in Japan and the Four Mini-Dragons*, Cambridge, Ma., 1996.
Weiss, John, *Der lange Weg zum Holocaust. Die Geschichte der Judenfeindschaft in Deutschland und Österreich*, Hamburg 1997.
Welsh, Frank, *A Borrowed Place: The History of Hong Kong*, New York 1993.
Wengenroth, Ulrich, »Igel und Füchse: Zu neueren Verständigungsproblemen über die Industrielle Revolution«, in: *Industrialisierung: Begriffe und Prozesse. Festschrift für Akos Paulinyi*, Darmstadt und Stuttgart, 1994, S. 9–22.
Wesseling, H.L., »The Expansion of Europe, the Division of the World and the Civilisation of Modernity«, in: Keiji Yamada (Hrsg.), *The Transfer of Science and Technology Between Europe and Asia, 1780–1880*. Second Conference on the Transfer of Science and Technology Between Europe and Asia since Vasco da Gama, 3.–7. November 1992, Kyoto und Osaka 1992, S. 241–252.
West, John, *The History of Tasmania*, Sydney 1971.
Westebbe, Richard M., »State Entrepreneurship: King Willem I, John Cockerill, and the Seraing Engineering Works, 1815–1840«, in: *Explorations in Entrepreneurial History*, 8,4 (April), 1956, S. 205–232.
Westerfield, Ray B., *Middlemen in English Business Particularly Between 1660 and 1760*, New Haven 1915.
Westwood, John N., *Geschichte der russischen Eisenbahnen*, Zürich 1966.
Whigham, Thomas L., »The Iron Works of Ybycui: Paraguayan Industrial Development in the Mid-Nineteenth Century«, in: *The Americas*, 35, 1978, S. 201–218.
White, Lynn, Jr., »Technology and Invention in the Middle Ages«, in: *Speculum*, 15, 1940, S. 141–159. Wieder abgedruckt in: White, *Medieval Religion*, S. 1–22.

ders., »Cultural Climates and Techno1ogical Advance in the Middle Ages«, in: *Viator*, 2,74, 1971, S. 171–201.
ders., *Medieval Religion and Technology: Collected Essays*, Berkeley 1978.
Whitley, Richard, *Business Systems in East Asia: Firms, Markets and Societies*, London 1992.
Wiarda, Howard J. (Hrsg.), *Politics and Social Change in Latin America: The Distinct Tradition*, Amherst 1974.
Wickham, Chris, »The Uniqueness of the East«, in: *Journal of Peasant Studies*, 12, 1985, S. 166–196.
Wiener, Martin J., *English Culture and the Decline of the Industrial Spirit, 1850–1980*, Cambridge 1981.
Wilke, Jürgen, »Der Einfluß der Hugenotten auf die gewerbliche Entwicklung«, in: S. Badstübner-Gröger u.a., *Hugenotten in Berlin*, S. 227–280, Berlin 1988.
Wilkinson, Endymion, *Japan ist ganz anders. Geschichte eines großen Mißverständnisses*, Königstein/Ts. 1982.
Williams, Eric, *Capitalism and Slavery*, Chapel Hill 1944.
Williams, John Hoyt, »Paraguayan Isolation Under Dr. Francia: A Reevaluation«, in: *Hispanic American Historical Review*, 52,1 (Februar), 1972, S. 102–122.
Williams, Karel, *From Pauperism to Poverty*, London 1981.
ders., John Williams und Dennis Thomas, *Why Are the British Bad at Manufacturing?*, London 1983.
Williamson, Jeffrey G., »New Views on the Impact of the French Wars on Accumulation in Britain«. Harvard Inst. of Economic Research, Discussion Paper No. 1480, 1990.
ders., »Economic Convergence: Placing Post-Famine Ireland in Comparative Perspective«, in: *J. Econ. Soc. Hist.*, 21, 1994, S. 1–27.
ders., »The Evolution of Global Labor Markets since 1830: Background Evidence and Hypotheses«, in: *Explorations in Economic History*, 32, 1995, S. 141–196.
Wills, Garry, »Goodbye, Columbus«, in: *New York Review*, 22. November 1990, S. 6–10.
Wills, John E., Jr., »European Consumption and Asian Production in the Seventeenth and Eighteenth Centuries«, in: Brewer und Porter (Hrsg.), *Consumption and the World of Goods*, 1993, S. 133–147.
Wilson, Charles »Economy and Society in Late Victorian Britain«, in: *Economic History Review*, 2. Ser., 18,1 (August), 1965, S. 183–198.
Wilson, Derek, *Die Rothschild-Dynastie. Eine Geschichte von Ruhm und Macht*, Wien und Darmstadt 1988.
Wilson, John F., *British Business History, 1720–1994*, Manchester 1995.
Windshuttle, Keith, *The Killing of History: How a Discipline Is Being Murdered by Literary Critics and Social Theorists*, Paddington, NSW, Austr. 1996.
Wink, André, »›Al-Hind‹: India and Indonesia in the Islamic World-Economy, c. 700–1800 A.D.«, in: *Itinerario*, 12,1, 1988, S. 33–72.
Winslow, Charles-Edward Amory, *The Conquest of Epidemic Disease: A Chapter in the History of Ideas*, Princeton 1943; Paperback-Neuausg. Madison 1980.
Wittfogel, Karl A., *Die orientalische Despotie. Eine vergleichende Untersuchung totalitärer Macht*, Frankfurt/M. 1981 (zuerst Köln 1962).
Wolff, Edward N., und Maury Gittleman, »The Role of Education in Productivity Convergence: Does Higher Education Matter?«, in: Adam Szirmai, Bart Van Ark und Dirk Pilat (Hrsg.), *Explaining Economic Growth: Essays in Honour of Angus Maddison*, Amsterdam 1993, S. 147–167.
Wolman, William, und Anne Colamosca, *Der Verrat an der Arbeit. Ist der Kapitalismus noch vor sich selbst zu retten?*, Bern u.a. 1998.
Womack, James P., Daniel T. Jones und Daniel Roos, *Die zweite Revolution in der Autoindustrie. Konsequenzen aus der weltweiten Studie aus dem MIT*, Frankfurt/M. und New York 1991.

Wood, Peter, *The Spanish Main.* »The Seafarers«, Alexandria, Va., 1979.
Woolf, S.J., »Venice and the Terraferma: Problems of the Change from Commercial to Landed Activities«, in: *Boll. dell'Istituto di Storia della Società e dello Stato Veneziano*, 4, 1962, S. 415–441.
World Bank, *The East Asian Miracle: Economic Growth and Public Policy*, New York 1993.
dies., *Adjustment in Africa: Reforms, Results, and the Road Ahead*, New York 1994.
dies., *Will Arab Workers Prosper or Be Left Out in the Twenty-firstCentury?* Regional Perspectives on World Development Report 1995, Washington, DC, 1995.
Woronoff, Denis, *L'industrie sidérurgique en France pendant la Révolution et l'Empire*, Paris 1984.
ders., *Histoire de l'industrie en France du XVIe siècle à nos jours*, Paris 1994.
Woronoff, Jon, *Asia's »Miracle« Economies*, 2. Aufl. Armonk, N.Y., 1992.
Wray, William D., *Mitsubishi and the NYK. 1870–1914: Business Strategy in the Japanese Shipping Industry*. Harvard East Asian Monographs No. 108, Cambridge, Ma., 1984.
Wright, Gavin, *Old South, New South: Revolutions in the Southern Economy Since the Civil War*, New York 1986.
Wright, J.F., *Britain in the Age of Economic Management: An Economic History Since 1939*, Oxford 1979.
Wright, Ronald, *Geraubtes Land. Amerika aus indianischer Sicht seit 1492*, Braunschweig 1992.
ders., »The Two Cultures: Cortés, Moctezuma and the Fall of the Greatest City of the Americas«, in: *Times Literary Supplement*, 17. Dezember 1993, S. 30.
Wrigley, E.A., *Industrial Growth and Population Change*, Cambridge 1961.
ders., »A Simple Model of London's Importance in Changing English Society and Economy, 1650–1750«, in: *Past and Present*, 37, 1967, S. 44–70. Nachdruck in: Wrigley, *People, Cities and Wealth*, S. 33–56.
ders., *People, Cities and Wealth: The Transformation of Traditional Society*, Oxford 1987.
ders., *Continuity, Chance and Change: The Character of the Industrial Revolution in England*, Cambridge 1988.
ders., »The Classical Economists, the Stationary State, and the Industrial Revolution«, in: Snooks (Hrsg.), *Was the Industrial Revolution Necessary?*, 1994, S. 27–42.
ders., und R.S. Schofield, *The Population History of England, 1541–1871*, Cambridge, Ma., 1981.
Wythe, George, *Industry in Latin America*, New York 1949.
Yamada, K. (Hrsg.), *The Transfer of Science and Technology Between Europe and Asia since Vasco da Gama (1498–1998)*, Kyoto 1994.
Yamamoto, Shichihei, »A Protestant Ethic in a Non-Christian Context«, in: *Entrepreneurship: The Japanese Experience*, 1, Tokyo 1982, S. 1–9.
ders., »The Capitalist Logic of the Samurai«, in: *Entrepreneurship: The Japanese Experience*, 7, Tokyo 1983, S. 1–11.
Yamamura, Kozo, »Entrepreneurship, Ownership, and Management in Japan«, in: Mathias und Postan (Hrsg.)., *Cambridge Economic History of Europe*, VII, 2, 1978, S. 215–264.
Yasuba, Yasukichi, »Anatomy of the Debate on Japanese Capitalism«, in: *Journal of Japanese Studies*, 2,1 (Herbst), 1975, S. 63–82.
ders., und Likhit Dhiravegin, »Initial Conditions, Institutional Changes, Policy, and Their Consequences: Siam and Japan, 1850–1914«, in: Ohkawa und Ranis (Hrsg.), *Japan and the Developing Countries*, 1985, S. 19–34.
Yates, Frances A., *Giordano Bruno and the Hermetic Tradition*, Chicago 1964.
ders., »The Hermetic Tradition in Renaissance Science«, in: Charles S. Singleton (Hrsg.), *Art, Science, and History in the Renaissance*, Baltimore 1967, S. 255–274.
Yergin, Daniel, *Der Preis. Die Jagd nach Öl, Geld und Macht*, Frankfurt/M. 1991.
Young, Alwyn, »Learning by Doing and the Dynamic Effects of International Trade«, in: *Quarterly Journal of Economics*, 106,2, 1991, S. 369–405.

ders., »A Tale of Two Cities: Factor Accumulation and Technical Change in Hong Kong and Singapore«, in: *NBER Macroeconomics Annual 1992*, Cambridge, Ma., 1992.

ders., »Lessons from the East Asian NICs: A Contrarian View«, in: *European Economic Review, Papers and Proceedings*, Mai 1994.

ders., »The Tyranny of Numbers: Confronting the Statistical Realities of the East Asian Growth Experience«, in: *NBER Working Paper*, Series 4680, März 1994.

ders., »The Tyranny of Numbers: Confronting the Statistical Realities of the East Asian Growth Experience«, in: *Quarterly Journal of Economics*, 110,3 (August), 1995, S. 641–680.

Young, Arthur, *Reisen durch Frankreich und einen Theil von Italien, in den Jahren 1787 bis 1790*. 3 Bde., Berlin 1793–1795.

Young, Eric Van, »Mexican Rural History since Chevalier: The Historiography of the Colonial Hacienda«, in: *Latin American Research Review*, 18,3, 1983, S.5–61.

Youngson, A. J., *Possibilities of Economic Progress*, Cambridge 1959.

Zahedieh, Nuala, »Trade, Plunder, and Economic Development in Early English Jamaica, 1655–89«, in: *Economic History Review*, 2. Ser., 39,2 (Mai), 1986, S. 205–222.

ders., »London and the Colonial Consumer in the Late Seventeenth Centnury«, in: *Economic History Review*, 47,2 (Mai), 1994, S. 239–261.

Zanden, T. L. van, »The Dutch Economy in the Very Long Run Growth in Production, Energy Consumption and Capital in Holland (1500–1805) and the Netherlands (1805–1910)«, in: Szirmai u.a. (Hrsg.), *Explaining Economic Growth*, 1993, S. 267–283.

ders., »Pre-Modern Economic Growth: Rate, Structure and Spread. The European Economy 1500–1800«. Typoskript in holl. u. engl. Sprache [1994].

ders., »Tracing the Beginning of the Kuznets Curve: Western Europe During the Early Modern Period«, in: *Economic History Review*, 48,4 (November), 1995, S. 643–664.

Zerubavel, Eviatar, *Terra Cognita: The Mental Discovery of America*, New Brunswick 1992.

Ziegler, Jean, *Der Sieg der Besiegten. Unterdrückung und kultureller Widerstand*, Wuppertal 1989.

Zonderman, David A., *Aspirations and Anxieties: New England Workers and the Mechanized Factory System 1815–1850*, New York 1992.

Zysman, John, und Laura Tyson (Hrsg.), *American Industry in International Competition: Government Policies and Corporate Strategies*, Ithaca 1983.

Register